Bisher sind in dieser Reihe erschienen:

- ♦ Business English Wörterbuch
- ♦ Englisch Wörterbuch
- ♦ Englisch Grammatik
- ♦ English Conversation
- ♦ English Idioms
- ♦ Französisch Wörterbuch
- ♦ Französisch Grammatik
- ♦ Spanisch Wörterbuch
- ♦ Spanisch Grammatik
- ♦ Italienisch Wörterbuch
- ♦ Italienisch Grammatik
- ♦ Polnisch Wörterbuch
- ♦ Russisch Wörterbuch
- ♦ Deutsch Rechtschreibung
- ♦ Deutsch Fremdwörter
- ♦ Deutsch Grammatik
- ♦ Deutsch Synonyme
- ♦ Mathematik
- ♦ Physik
- ♦ Chemie

Weitere Titel sind in Vorbereitung.

Redaktion: Helga Aichele
Produktion: Wolfram Friedrich
Umschlaggestaltung: Inga Koch

ISBN 978-3-8174-7764-7
2010 2011 2012 2013 2014 2015 10 9 8 7 6 5 4 3

www.compactverlag.de

BUSINESS ENGLISH
Wörterbuch

Fachbegriffe, Mustersätze
und Redewendungen

compact

Inhalt

Benutzerhinweise

Diese neue Ausgabe ermöglicht mit rund 120.000 Angaben den schnellen Zugriff auf einen umfassenden Fachwortschatz der modernen Industrie- und Wirtschaftssprache. Somit bietet dieses Nachschlagewerk schnelle Hilfe und zuverlässige Unterstützung für alle Bereiche der internationalen Geschäftswelt.

1. Wörterverzeichnis Englisch-Deutsch, Deutsch-Englisch

Alphabetisierung

Alle Stichwörter sind alphabetisch geordnet.

Die Buchstaben ä, ö, ü werden wie a, o, u alphabetisiert; ß wird wie ss eingeordnet.

Abkürzungen stehen in Klammern hinter dem Stichwort: *Master of Business Administration (MBA), Automatic Transferservice (ATS).* Die in Klammern stehenden Abkürzungen unterliegen nicht der Alphabetisierung.

Gliederung der Stichwörter

Abkürzungen, die einer Erläuterung oder mehrerer Übersetzungen bedürfen (z. B. *GmbH & Co. KG*), werden als Stichwörter aufgeführt.

Um einen raschen Zugriff auf das gesuchte Wort zu ermöglichen, steht jedes Stichwort als eigener Eintrag; *multilateral* und *multilateraler Handel* stehen zum Beispiel nicht zusammen in einem Abschnitt, sondern sind selbstständige Stichwörter mit Lautschriftangabe.

Aufbau eines Eintrags

Innerhalb eines Stichworteintrages wird das fett gedruckte Stichwort nicht wiederholt, sondern durch eine Tilde (~) ersetzt, es sei denn, es steht in einer Form, die eine andere Schreibweise nach sich zieht. Im Eintrag *cancel* z. B. steht statt *cancelled* einfach *~led*. Die Tilde bezieht sich nie auf eventuelle Klammerergänzungen im Stichwort.

Innerhalb eines Stichworteintrags sind die einzelnen Übersetzungen nach Wortart und Häufigkeit geordnet. Bedeutungsgleiche (synonyme) Übersetzungen werden durch Komma voneinander getrennt. Nicht bedeutungsgleiche Übersetzungen werden entsprechend der Häufigkeit ihrer Verwendung durchnummeriert und mit Strichpunkt abgetrennt.

Englische Verben werden in diesem Buch im Infinitiv ohne *to* aufgeführt. Eine Ausnahme bilden Wendungen mit *to be*, z. B. *to be in first place.*

Sind Auslassungszeichen (...) direkt an ein Wort angehängt, bedeutet dies, dass das Wort als Teil einer Zusammensetzung wiedergegeben wird.
Beispiel: ***speculative*** ['spekjʊlətɪv] *adj* Spekulations...

Lautschrift

Der Stichwortangabe folgt jeweils in eckigen Klammern die dazugehörige Aussprache. Die Lautschrift richtet sich nach der international gebräuchlichen Phonetik. Eine Übersicht über die Lautschriftzeichen befindet sich auf Seite VIII. Das Betonungszeichen (') steht jeweils vor der Silbe, die betont werden muss. Die Lautschrift eines englischen Stichwortes orientiert sich an der britischen Hochsprache („Received Pronunciation").
Steht in einem Eintrag eine zusätzliche Lautschriftangabe, bedeutet dies, dass alle folgenden Bedeutungen entsprechend dieser Phonetikangabe ausgesprochen werden.

Wortart

Nach Stichwort und Lautschrift wird die Wortart des fett gedruckten Stichwortes in abgekürzter Form angegeben. Sie ist kursiv gedruckt. Die Abkürzungen werden auf Seite VII erläutert. Gibt es für ein Stichwort mehrere Bedeutungen mit unterschiedlichen Wortarten, so werden diese durch Strichpunkt voneinander getrennt aufgeführt.

Hat ein Stichwort sowohl eine maskuline als auch eine feminine Form oder werden für ein Wort zwei unterschiedliche Genera gleich häufig verwendet, so stehen die entsprechenden Angaben kursiv hinter dem betreffenden Wort.

Alle unregelmäßigen Verben sind mit der Abkürzung *v irr* gekennzeichnet. Die unregelmäßigen Formen der Verben beider Sprachen werden im Anhang (Seiten 583–592) aufgeführt.

Redewendungen

Die zahlreichen Wendungen und idiomatischen Ausdrücke sind dem bedeutungstragenden Wort der Wendung – in der Regel dem Substantiv – zugeordnet.
(z. B. stock; *take ~ of the situation* die Lage abschätzen).

Britisches und amerikanisches Englisch

Wichtige Unterschiede und Unregelmäßigkeiten in der Rechtschreibung werden aufgeführt. Ob Wörter oder Wortformen nur im britischen *(UK)* oder nur im amerikanischen *(US)* Englisch gebräuchlich sind, wird hinter dem Wort gekennzeichnet. Können Verben sowohl mit *-ise* als auch mit *-ize* geschrieben werden (*realise/realize, criticise/criticize*), ist in diesem Buch lediglich die Schreibweise mit *-ize* angegeben.

2. Begriffe und Wendungen

Der zweite Teil des Buches „Begriffe und Wendungen" (Seiten 359–556) ist in zehn Kapitel untergliedert. Hier steht der praxisnahe Aspekt der englischen Business-Sprache im Vordergrund. Die Anwendung der häufigsten Begriffe und Wendungen aus dem Geschäftsleben wird in Beispielsätzen, Textbausteinen und Dialogen verdeutlicht. Hierbei sind die Schlüsselbegriffe im Text durch Fettung hervorgehoben.

So wird dem Benutzer der wesentliche Wortschatz einprägsam und praxisnah vermittelt – von der Unternehmensstruktur über die Auftragsabwicklung bis hin zu Besprechungen und Konversation im Geschäftsumfeld.

Ein ausführliches Kapitel widmet sich der Geschäftskorrespondenz mit zahlreichen Textbausteinen und stellt Beispiele für Geschäftsbriefe, Faxe und E-Mails mit den jeweiligen Übersetzungen vor.

3. Anhang

Der ausführliche Anhang (Seiten 557–600) bietet dem Benutzer zusätzliches Informationsmaterial, das übersichtlich in tabellarischer Form dargestellt ist. Enthalten sind jeweils deutsche und englische Übersichten zu Themen wie Berufsbezeichnungen, Rechtsformen, Aufbau von Unternehmen, wichtige Abkürzungen, Maße und Gewichte sowie den Staaten der Welt. Ebenso enthält der Anhang einen Musterlebenslauf, ein SMS-Glossar und eine Darstellung der unregelmäßigen Verben beider Sprachen.

Im Text verwendete Abkürzungen

adj	Adjektiv
adv	Adverb
art	Artikel
dem	demonstrativ
etw	etwas
f	weiblich
fam	umgangssprachlich
fig	bildlich
interj	Interjektion
interr	interrogativ
irr	unregelmäßig
jdm	jemandem
jdn	jemanden
jds	jemandes
jmd	jemand
konj	Konjunktion
m	männlich
n	sächlich
num	Zahlwort
o.s.	oneself
pl	Plural
pref	Präfix
prep	Präposition
pron	Pronomen
rel	relativ
sb	Substantiv
s.o.	someone
sth	something
UK	britisches Englisch
US	amerikanisches Englisch
v	Verb

Lautschrift

Konsonanten

Baum	b	big	Post, ab	p	pass
mich	ç		Rand	r	road
denn	d	day	nass, besser	s	sun, cellar
fünf, vier	f	fish, photo	Schule, Sturm	ʃ	shot
gut	g	get	Tisch, Sand	t	tap
Hemd	h	hat		θ	think
ja, Million	j	yes		ð	that
Kind	k	keep, cat	Weg	v	vote
Lob	l	life		w	wish
mir	m	me	lachen	x	
nein	n	no, knit	sein	z	zoo, is
links, lang	ŋ	hang	Genie	ʒ	pleasure

Vokale

blass	a	
Bahn, Saal	aː	
	ɑː	jar, heart
	æ	back
egal	e	yes
weh, See	eː	
hätte, fett	ɛ	
Säge	ɛː	
gefallen	ə	above
	ɜː	turn, whirl
ist	ɪ	if
Diamant	i	
Liebe	iː	be, meet
Moral	o	
Boot	oː	
von	ɔ	
	ɔː	short, warm
	ɒ	dog
ökonomisch	ø	
Öl	øː	
völlig	œ	
Zunge	u	to
Zug	uː	blue, mood
	ʊ	put, hood
	ʌ	run, shove
Stück	y	
Typ	yː	

Diphthonge

heiß	aɪ	by, buy, lie
Maus	au	
	aʊ	round, now
	eɪ	late, day
	ɛə	chair, stare
	əʊ	mow, go
	ɪə	near, here
neu, Häuser	ɔy	
	ɔɪ	joy, boil
	ʊə	sure, pure

Nasale (nur bei Fremdwörtern)

Orange	ɑ̃	fiancée
Cousin	ɛ̃	
Saison	ɔ̃	bouillon

Englisch – Deutsch

A

abandon [ə'bændən] *v (a plan)* aufgeben
abandonment [ə'bændənmənt] *sb 1. (of a plan)* Aufgabe *f; 2. (of a claim)* Verzicht *m; 3. (a plant)* Stilllegung *f,* Abandon *m*
abatement [ə'beɪtmənt] *sb* Erstattung *f*
ABC evaluation analysis [eɪ bi: 'si: ɪvælju'eɪʃən ə'næləsɪz] *sb* ABC-Analyse *f*
abeyance [ə'beɪəns] *sb 1.* Schwebezustand *m; 2. (legal)* Anwartschaft *f*
ability [ə'bɪlɪtɪ] *sb* Fähigkeit *f,* Befähigung *f,* Können *n*
ability to inherit [ə'bɪlɪtɪ tu ɪn'herɪt] *sb* Erbenfähigkeit *f*
able ['eɪbl] *adj 1.* fähig; *to be ~ to do sth* etw können, imstande sein, etw zu tun; *2. (efficient)* tüchtig
abolition [æbə'lɪʃən] *sb* Abschaffung *f;* Aufhebung *f*
above-average [ə'bʌv 'ævərɪdʒ] *adv* überdurchschnittlich
abroad [ə'brɔ:d] *adv 1. (in another country)* im Ausland; *2. (to another country)* ins Ausland
abrogate ['æbrəgeɪt] *v* aufheben, abschaffen
abrogation [æbrəʊ'geɪʃən] *sb* Widerruf *m,* Aufhebung *f*
absence ['æbsəns] *sb* Abwesenheit *f,* Fehlzeit *f,* Fehlzeiten *f/pl*
absence rate ['æbsəns reɪt] *sb* Fehlzeitenquote *f*
absent ['æbsənt] *adj* abwesend, nicht erschienen
absenteeism [æbsən'ti:ɪzəm] *sb* Absentismus *m*
absolute monopoly ['æbsəlu:t mə'nɒpəlɪ] *sb* absolutes Monopol *n*
absolute value ['æbsəlu:t 'vælju:] *sb* Absolutwert *m,* absoluter Wert *m*
absorption [əb'zɔ:pʃən] *sb* Absorption *f,* Übernahme *f,* Vollkostenrechnung *f*
absorption account [əb'zɔ:pʃən ə'kaʊnt] *sb* Wertberichtigungskonto *n*
absorption costing [əb'zɔ:pʃən 'kɒstɪŋ] *sb* Durchschnittskostenrechnung *f*
absorption of liquidity [əb'zɔ:pʃən əv lɪ'kwɪdɪtɪ] *sb* Liquiditätsabschöpfung *f*
absorption system [əb'zɔ:pʃən 'sɪstəm] *sb* Abschöpfungssystem *n*
absorptive capacity of the market [əb'sɔ:ptɪv kə'pæsətɪ əv ðə 'mɑ:kɪt] *sb* Aufnahmefähigkeit des Marktes *f*
abuse [ə'bju:z] *v 1.* missbrauchen, misshandeln; [ə'bju:s] *sb 2.* Missbrauch *m*
abuse of authority [ə'bju:s əv ɔ:'θɒrɪtɪ] *sb* Amtsmissbrauch *m*
acceleration clause [əkselə'reɪʃən klɔ:z] *sb* Fälligkeitsklausel *f*
acceleration in demand [əkselə'reɪʃən ɪn dɪ'mɑ:nd] *sb* Nachfragebelebung *f*
acceleration maturity [əkselə'reɪʃən mə'tjʊərɪtɪ] *sb* frühzeitige Fälligstellung *f*
acceleration of inflation [əkselə'reɪʃən əv ɪn'fleɪʃən] *sb* Inflationsbeschleunigung *f*
acceleration principle [əkselə'reɪʃən 'prɪnsɪpl] *sb* Akzelerationsprinzip *n*
accelerator [ək'seləreɪtə] *sb* Akzelerator *m,* Beschleuniger *m*
accept [ək'sept] *v 1.* annehmen, akzeptieren; *(responsibility)* übernehmen; *2.* Übernahme *f*
acceptability as collateral [əkseptə'bɪlɪtɪ æz kə'lætərəl] *sb* Lombardfähigkeit *f*
acceptable risk [ək'septəbl rɪsk] *sb* Restrisiko *n*
acceptance [ək'septəns] *sb 1. (receipt)* Annahme *f; 2. (of a bill of exchange)* Akzept *n*
acceptance banks [ək'septəns bæŋks] *pl* Akzepthäuser *n/pl*
acceptance bill [ək'septəns bɪl] *sb* Dokumententratte *f*
acceptance commitments [ək'septəns kə'mɪtments] *pl* Wechselverbindlichkeiten *f/pl*
acceptance credit [ək'septəns 'kredɪt] *sb* Akzeptkredit *m,* Wechselkredit *m,* Trassierungskredit *m*
acceptance credit scheme [ək'septəns 'kredɪt 'ski:m] *sb* Wechselkreditverfahren *n*
acceptance for collection [ək'septəns fɔ: kə'lekʃən] *sb* Inkassoakzept *m*
acceptance in blank [ək'septəns ɪn blæŋk] *sb* Blanko-Akzept *m*
acceptance in the marketplace [ək'septəns ɪn ðə 'mɑ:kɪtpleɪs] *sb* Marktakzeptanz *f*
acceptance liability [ək'septəns laɪə'bɪlɪtɪ] *sb* Akzeptverbindlichkeit *f*
acceptance of a bid [ək'septəns əv ə bɪd] *sb* Auftragsvergabe *f,* Zuschlag *m*
acceptance of a bill [ək'septəns əv ə bɪl] *sb* Wechselakzept *m*
acceptance of a shipment [ək'septəns əv ə 'ʃɪpmənt] *sb* Frachtannahme *f*

acceptance test [ək'septəns test] *sb* Markttest *m*
acceptance without reservation [ək'septəns wɪ'ðaut rezə'veɪʃən] *sb* vorbehaltlose Annahme *f*
accepted bill [ək'septɪd bɪl] *sb* Akzept *n*
accepted finance bill [ək'septɪd 'faɪnæns bɪl] *sb* Finanzakzept *m*
acceptor [ək'septə] *sb* Akzeptant(in) *m/f*
access ['ækses] *sb* Zugang *m,* Zutritt *m,* Zugriff *m*
access code ['ækses kəud] *sb* Zugangscode *m,* Zugriffscode *m*
accession [ək'seʃən] *sb* Eintritt *m,* Beitritt *m*
accident-prevention rules ['æksɪdənt prɪ'venʃən ru:lz] *pl* Unfallverhütungsvorschriften *f/pl*
accommodation [əkɒmə'deɪʃən] *sb* Kulanz *f,* Entgegenkommen *n*
accommodation acceptance [əkɒmə'deɪʃən ək'septəns] *sb* Gefälligkeitsakzept *m*
accommodation allowance [əkɒmə'deɪʃən ə'lauəns] *sb* Wohngeld *n*
accommodation credit [əkɒmə'deɪʃən 'kredɪt] *sb* Überbrückungskredit *m*
accommodation endorsement [əkɒmə'deɪʃən en'dɔ:smənt] *sb* Gefälligkeitsgiro *n*
accompanying documents [ə'kɒmpəni:ɪŋ 'dɒkjumənts] *pl* Begleitpapiere *n/pl*
account [ə'kaunt] *v 1. ~ for (substantiate)* belegen; *~ for (explain)* erklären; *2.* Konto *n*
account analysis [ə'kaunt ə'næləsɪs] *sb* Kostenanalyse *f*
account balance [ə'kaunt 'bæləns] *sb* Kontostand *m*
account billing [ə'kaunt 'bɪlɪŋ] *sb* Werbekostenabrechnung *f*
account books and balance-sheets [ə'kaunt buks ənd 'bælənzʃi:ts] *pl* Geschäftsbücher *n/pl*
account classification [ə'kaunt klæsɪfɪ'keɪʃən] *sb* Kontengliederung *f*
account costing [ə'kaunt 'kɒstɪŋ] *sb* Kontenkalkulation *f*
account current [ə'kaunt 'kʌrənt] für Konto, für Rechnung (a/c)
account day [ə'kaunt deɪ] *sb* Börsentag *m*
account development [ə'kaunt dɪ'veləpmənt] *sb* Kundenakquisition *f*
account executive [ə'kaunt ɪk'zekjutɪv] *sb (in advertising)* Klientenbetreuer(in) *m/f*
account expenditures [ə'kaunt ɪk'spendɪtʃəz] *pl* Aufwandsrechnung *f*
account expenses [ə'kaunt ɪk'spensɪz] *pl* Spesenkonto *n*
account for reimbursements of expenses [ə'kaunt fɔ: ri:ɪm'bɜ:smənts əv ɪk'spensəz] *sb* Aufwandsausgleichkonto *n*
account heading [ə'kaunt 'hedɪŋ] *sb* Kontobezeichnung *f*
account holder [ə'kaunt 'həuldə] *sb* Kontoinhaber(in) *m/f*
account in arrears [ə'kaunt ɪn ə'rɪəz] *sb* Rechnungsrückstand *m*
account in foreign currency [ə'kaunt ɪn 'fɒrən 'kʌrənsɪ] *sb* Fremdwährungskonto *n*
account management [ə'kaunt 'mænɪdʒmənt] *sb* Kontoführung *f*
account movement [ə'kaunt 'mu:vmənt] *sb* Kontenbewegung *f*
account number [ə'kaunt 'nʌmbə] *sb* Kontonummer *f*
account receivable [ə'kaunt rɪ'si:vəbl] *sb* Buchforderung *f*
accountable [ə'kauntəbl] *adj* verantwortlich, rechenschaftspflichtig
accountancy [ə'kauntənsɪ] *sb* Buchführung *f,* Buchhaltung *f,* Rechnungswesen *n*
accountant [ə'kauntənt] *sb* Buchhalter(in) *m/f,* Rechnungsprüfer(in) *m/f*
accounting [ə'kauntɪŋ] *sb* Buchführung *f,* Buchhaltung *f,* Rechnungslegung *f*
Accounting and Reporting Law [ə'kauntɪŋ ænd rɪ'pɔ:tɪŋ lɔ:] *sb* Bilanzrichtliniengesetz *n*
accounting department [ə'kauntɪŋ dɪ'pɑ:tmənt] *sb* Buchhaltung *f,* Rechnungsstelle *f*
accounting exchange on the asset side [ə'kauntɪŋ ɪks'tʃeɪndʒ ɒn ðɪ 'æset saɪd] *sb* Aktivtausch *m*
accounting exchange on the liabilities side [ə'kauntɪŋ ɪks'tʃeɪndʒ ɒn ðə leɪə'bɪlɪti:z saɪd] *sb* Passivtausch *m*
accounting loss [ə'kauntɪŋ lɒs] *sb* Buchverlust *m*
accounting period [ə'kauntɪŋ 'pɪərɪəd] *sb* Abrechnungszeitraum *m*
accounting policy [ə'kauntɪŋ 'pɒlɪsɪ] *sb* Bilanzpolitik *f*
accounting principles [ə'kauntɪŋ 'prɪnsɪpəlz] *pl* Bilanzierungsgrundsätze *m/pl*
accounting profit [ə'kauntɪŋ 'prɒfɪt] *sb* Buchgewinn *m*
accounting reference day [ə'kauntɪŋ 'refrəns deɪ] *sb* Bilanzstichtag *m*
accounting regulations [ə'kauntɪŋ regju'leɪʃənz] *pl* Bilanzierungsvorschriften *f/pl*

accounting rules [ə'kaʊntɪŋ ru:lz] *pl* Buchführungsrichtlinien *f/pl*
accounting statement [ə'kaʊntɪŋ 'steɪtmənt] *sb* Rechnungsaufstellung *f*
accounting system [ə'kaʊntɪŋ 'sɪstəm] *sb* Rechnungswesen *n*, Buchführung *f*
accounting transparency [ə'kaʊntɪŋ trænz'pærənsɪ] *sb* Bilanzklarheit *f*
accounting value [ə'kaʊntɪŋ 'vælju:] *sb* Buchwert *m*
accounting voucher [ə'kaʊntɪŋ 'vaʊtʃə] *sb* Buchungsbeleg *m*
accounts collection method [ə'kaʊnts kə'lekʃən 'meθəd] *sb* Rechnungseinzugsverfahren *n*
accounts payable [ə'kaʊnts 'peɪəbl] *pl* *1.* Verbindlichkeiten *f/pl*; *2.* Lieferkonto *n*
accounts payable department [ə'kaʊnts 'peɪəbl dɪ'pɑ:tmənt] *sb* Kreditorenbuchhaltung *f*
accounts receivable [ə'kaʊnts rɪ'si:vəbl] *pl* Außenstände *m/pl*, Forderungen *f/pl*
accounts receivable accounting [ə'kaʊnts rɪ'si:vəbl ə'kaʊntɪŋ] *sb* Debitorenbuchhaltung *f*
accounts receivable department [ə'kaʊnts rɪ'si:vəbl dɪ'pɑ:tmənt] *sb* Debitorenbuchhaltung *f*
accounts receivable risk [ə'kaʊnts rɪ'si:vəbl rɪsk] *sb* Vertriebswagnis *n*
accredit [ə'kredɪt] *v (a representative)* akkreditieren, beglaubigen
accretion [ə'kri:ʃən] *sb* *1. (growth)* Zunahme *f*, Wachstum *n*; *2. (growing together)* Verschmelzung *f*
accrual basis [ə'kru:əl 'beɪsɪs] *sb* Fälligkeitsbasis *f*
accruals [ə'kru:əlz] *pl* Rückstellungen *f/pl*, Abgrenzungsposten *m/pl*, antizipative Posten *m/pl*
accruals and deferrals [ə'kru:əlz ænd də'fɜ:rəlz] *pl* Rechnungsabgrenzungsposten *m/pl*
accrue [ə'kru:] *v* *1.* anfallen, entstehen; *2. (interest)* auflaufen
accrued expense [ə'kru:d ɪk'spens] *sb* passive Rechnungsabgrenzung *f*
accumulation [əkju:mjʊ'leɪʃən] *sb* Akkumulation *f*, Ansammlung *f*
accumulation of capital [əkju:mjʊ'leɪʃən əv 'kæpɪtl] *sb* Kapitalbildung *f*, Kapitalakkumulation *f*, Thesaurierung *f*, Kapitalansammlung *f*
accumulative investment fund [ə'kju:mjʊlətɪv ɪn'vestmənt fʌnd] *sb* Thesaurierungsfonds *m*
accusation [ækju:'zeɪʃən] *sb* Anklage *f*, Anschuldigung *f*, Beschuldigung *f*
acknowledgement of a debt [ək'nɒlɪdʒmənt əv ə det] *sb* Schuldanerkenntnis *n*
acknowledgement of receipt [ək'nɒlɪdʒmənt əv rɪ'si:t] *sb* Empfangsbestätigung *f*
acquire [ə'kwaɪə] *v* *1.* erwerben, erlangen, aneignen *(fam)*; *2. (purchase)* ankaufen
acquirer model [ə'kweɪrə 'mɒdl] *sb* Erwerbermodell *n*
acquisition [ækwɪ'zɪʃən] *sb* *1.* Erwerb *m*, Anschaffung *f*, Akquisition *f*; *2. (purchase)* Ankauf *m*, Kauf *m*
acquisition agreement [ækwɪ'zɪʃən ə'gri:mənt] *sb* Unternehmenskaufvertrag *m*
acquisition value [ækwɪ'zɪʃən 'vælju:] *sb* Anschaffungswert *m*
acquittal [ə'kwɪtl] *sb* Schulderlass *m*; *(in court)* Freispruch *m*
act [ækt] *v (function)* handeln, tätig sein; *~ upon sth, ~ on sth* aufgrund von etw handeln; *~ for (~ on behalf of)* vertreten
Act on Foreign Trade and Payments [ækt ɒn 'fɒrən treɪd ænd 'peɪmənts] *sb* Außenwirtschaftsgesetz *n*
acting ['æktɪŋ] *adj (president, director)* stellvertretend
action ['ækʃən] *sb* Tat *f*, Handlung *f*, Aktion *f*; *(measure)* Maßnahme *f*
action for damages ['ækʃən fɔ: 'dæmɪdʒɪz] *sb* Schadensersatzklage *f*
action parameters ['ækʃən pə'rɑ:mɪtəz] *pl* Aktionsparameter *m/pl*
active balance ['æktɪv 'bæləns] *sb* Aktivsaldo *m*
active partner ['æktɪv 'pɑ:tnə] *sb* aktiver Teilhaber *m*
activity accounting [æk'tɪvɪtɪ ə'kaʊntɪŋ] *sb* Grenzplankostenrechnung *f*
activity base [æk'tɪvɪtɪ beɪs] *sb* Planbeschäftigung *f*
activity rate [æk'tɪvɪtɪ reɪt] *sb* Erwerbsquote *f*, Erwerbsrate *f*
actual accounting ['æktʃuəl ə'kaʊntɪŋ] *sb* Nachkalkulation *f*
actual amount ['æktʃuəl ə'maʊnt] *sb* ausmachender Betrag *m*
actual costs ['æktʃuəl kɒsts] *pl* Istkosten *pl*, tatsächliche Kosten *pl*
actual cost system ['æktʃuəl kɒst 'sɪstəm] *sb* Istkostenrechnung *f*
actual currency clause ['æktʃuəl 'kʌrɪnsɪ klɔ:z] *sb* Effektivvermerk *m*

actual profit ['ækt∫uəl 'prɒfɪt] *sb* bereinigter Gewinn *m*
actual transaction ['ækt∫uəl træn'zæk∫ən] *sb* Effektivgeschäft *n*
actual value comparison ['æktjuəl 'vælju kəm'pærɪsən] *(production)* Soll-Ist-Vergleich *m*
actual wage ['ækt∫uəl weɪdʒ] *sb* Effektivlohn *m*
actuarial [ækt∫u'ɛərɪəl] *adj* versicherungsstatistisch, versicherungsmathematisch
actuary ['ækt∫uərɪ] *sb* Versicherungsstatistiker *m*, Versicherungsmathematiker *m*
ad [æd] *sb (fam: advertisement)* Anzeige *f*, Annonce *f*, Inserat *n*
ad hoc cooperation [æd 'hɒk kəʊɒpə'reɪ∫ən] *sb* Ad-hoc-Kooperation *f*
ad hoc disclosure [æd 'hɒk dɪs'kləʊʒə] *sb* Ad-hoc-Publizität *f*
ad valorem [æd væl'ɔːrəm] *adj* dem Wert entsprechend, dem Wert nach
ad valorem duty [æd væl'ɔːrəm 'djuːtɪ] *sb* Wertzoll *m*
ad valorem tax [æd væl'ɔːrəm tæks] *sb* Wertzollsteuer *f*
adaptation [ædæp'teɪ∫ən] *sb* Anpassung *f*, Umstellung *f*, Einstellung *f*
adaptive inflation [ə'dæptɪv ɪn'fleɪ∫ən] *sb* Anpassungsinflation *f*
add [æd] *v 1.* hinzufügen, anfügen, anschließen; *2. (contribute)* beitragen; *3. (numbers)* addieren, summieren
added value ['ædɪd 'væljuː] *sb* Wertschöpfung *f*
adding machine ['ædɪŋ mə'∫iːn] *sb* Addiermaschine *f*
adding machine reel ['ædɪŋ mə'∫iːn rɪəl] *sb* Additionsrolle *f*
addition [ə'dɪ∫ən] *sb 1.* Addition *f*; *2. (adding sth to sth)* Beigabe *f*, Zusatz *m*
addition of accrued interest [ə'dɪ∫ən əv ə'kruːd 'ɪntrɪst] *sb* Aufzinsung *f*
additional capital [ə'dɪ∫ənl 'kæpɪtl] *sb* Zusatzkapital *n*, zusätzliches Kapital *n*
additional carriage [ə'dɪ∫ənl 'kærɪdʒ] *sb* Frachtzuschlag *m*
additional contribution [ə'dɪ∫ənl kɔntrɪ'bjuː∫ən] *sb* Zuzahlung *f*
additional cost [ə'dɪ∫ənl kɒst] *sb* Zusatzkosten *pl*
additional delivery [ə'dɪ∫ənl dɪ'lɪvərɪ] *sb* Mehrlieferung *f*, zusätzliche Lieferung *f*
additional expenses [ə'dɪ∫ənl ɪk'spensɪz] *pl* Nebenkosten *pl*, Mehrkosten *pl*
additional payment of taxes [ə'dɪ∫ənl 'peɪmənt əv 'tæksɪz] *sb* Steuernachzahlung *f*
additional period [ə'dɪ∫ənl 'pɪərɪəd] *sb* Nachfrist *f*
additional risk premium [ə'dɪ∫ənl rɪsk 'priːmjəm] *sb* Risikozuschlag *m*
additional sale [ə'dɪ∫ənl seɪl] *sb* Zusatzverkauf *m*
address [ə'dres] *v 1. (a letter)* adressieren; *(speak to)* ansprechen; *sb 2. (where one lives)* Adresse *f*, Anschrift *f*; *3. (speech)* Ansprache *f*
address index [ə'dres 'ɪndeks] *sb* Adresskartei *f*
address labels [ə'dres 'leɪblz] *pl* Adressetiketten *n/pl*
addressee [ədre'siː] *sb* Empfänger *m*, Adressat *m*
adequate and orderly accounting ['ædɪkwət ənd 'ɔːdəlɪ ə'kaʊntɪŋ] *sb* ordnungsgemäße Buchführung *f*
adequate and orderly preparation of a balance sheet ['ædɪkwət ænd 'ɔːdəlɪ prepə'reɪ∫ən əv ə 'bæləns ∫iːt] *sb* ordnungsmäßige Bilanzierung *f*
adhesive [əd'hiːsɪv] *sb* Klebstoff *m*
adhesive stick [əd'hiːsɪv stɪk] *sb* Klebestift *m*
adhesive tape [əd'hiːsɪv teɪp] *sb* Klebeband *n*
adjacent right [ə'dʒeɪsənt reɪt] *sb* Nachbarrecht *n*
adjourn [ə'dʒɜːn] *v 1. (stop for the time being)* vertagen; *2. (to another place)* sich begeben; *3. (end for good) (US)* beenden
adjournment [ə'dʒɜːnmənt] *sb* Vertagung *f*; *(within a day)* Unterbrechung *f*
adjudicated bankrupt [ə'dʒuːdɪkeɪtɪd 'bæŋkrʌpt] *sb* Gemeinschuldner *m*
adjunct ['ædʒʌŋkt] *sb (person)* Mitarbeiter(in) *m/f*, Assistent(in) *m/f*
adjust [ə'dʒʌst] *v 1. (a device)* einstellen, regulieren, justieren; *2. (an account)* ausgleichen; *3. ~ to* sich einstellen auf, sich anpassen an; *4. (settle differences)* schlichten; *5. (coordinate)* abstimmen; *6. (parameter)* bereinigen, korrigieren
adjustment bond [ə'dʒʌstmənt bɒnd] *sb* Gewinnschuldverschreibung *f*
adjustment clause [ə'dʒʌstmənt klɔːz] *sb* Wertanpassungsklausel *f*, Preisanpassungsklausel *f*
adjustment item [ə'dʒʌstmənt 'aɪtəm] *sb* Ausgleichsposten *m/pl*

adjustment lag [ə'dʒʌstmənt læg] *sb* Anpassungsverzögerung *f*
adjustment of an account [ə'dʒʌstmənt əv ən ə'kaʊnt] *sb* Kontobereinigung *f*
adjustment of value [ə'dʒʌstmənt əv 'vælju:] *sb* Wertberichtigung *f*
adjustment project [ə'dʒʌstmənt 'prɔdʒekt] *sb* Anpassungsinvestition *f*
administer [əd'mɪnɪstə] *v (run a business)* verwalten; *~ an oath* vereidigen
administration [ədmɪnɪs'treɪʃən] *sb 1.* Verwaltung *f; 2. (government under a certain leader)* Regierung *f*
administration of the finances [əd'mɪnɪstreɪʃən əv ðə faɪ'nænsəz] *sb* Finanzverwaltung *f*
administrative [əd'mɪnɪstrətɪv] *adj* Verwaltungs..., administrativ
administrator [əd'mɪnɪstreɪtə] *sb* Verwalter(in) *m/f,* Verwaltungsbeamter/Verwaltungsbeamtin *m/f*
administrator in bankruptcy (proceedings) [əd'mɪnɪstreɪtə ɪn 'bæŋkrʌpsɪ (prə'si:dɪŋz)] *sb* Konkursverwalter *m*
administrator of the deceased's estate [əd'mɪnɪstreɪtə əv ðə dɪ'sɪ:sts ɪ'steɪt] *sb* Nachlassverwalter *m*
admission [əd'mɪʃən] *sb* Zulassung *f; (entry)* Zutritt *m*
admission of shares to official quotation [əd'mɪʃən əv ʃeɪz tu ə'fɪʃəl kwəʊ'teɪʃən] *sb* Kotierung *f*
admission to the stock exchange [əd'mɪʃən tu ðə stɒk ɪks'tʃeɪndʒ] *sb* Börsenzulassung *f*
advance [əd'vɑ:ns] *v 1.* fortschreiten, vordringen, vorankommen; *2. (to be promoted)* aufsteigen; *3. (further sth)* fördern; *sb 4. (of money)* Vorschuss *m*
advance against securities [əd'vɑ:ns ə'genst sɪ'kjʊərɪti:z] *sb* Lombardkredit *m*
advance on receivables [əd'vɑ:ns ɒn rɪ'zi:vəbəlz] *sb* Zessionskredit *m*
advance payment [əd'vɑ:ns 'peɪmənt] *sb* Vorauszahlung *f*
advanced vocational training [əd'vɑ:nst vəʊ'keɪʃənəl 'treɪnɪŋ] *sb* berufliche Fortbildung *f,* Weiterbildung *f*
advancement [əd'vɑ:nsmənt] *sb 1. (progress)* Fortschritt *m; 2. (promotion)* Beförderung *f; 3. (career ~)* Aufstieg *m*
advances against securities [əd'vɑ:nsəz ə'genst se'kju:rɪti:z] *pl* Effektenlombard *m*
advantage [əd'vɑ:ntɪdʒ] *sb* Vorteil *m,* Vorzug *m; take ~ of sth* etw ausnutzen
adventure marketing [əd'ventʃə 'mɑ:ketɪŋ] *sb* Erlebnis-Marketing *n*
adverse selection ['ædvɜ:s sɪ'lekʃən] *sb* Adverse Selektion *f*
advert ['ædvɜ:t] *sb (fam: advertisement)* Anzeige *f,* Annonce *f,* Inserat *n*
advertise ['ædvətaɪz] *v 1.* Werbung machen für, anzeigen, ankündigen; *2. (place an advertisement)* annoncieren, inserieren; *3. ~ a vacancy* eine Stelle ausschreiben; *4. (promote)* werben für
advertisement [əd'vɜ:tɪsmənt] *sb 1.* Werbung *f,* Reklame *f; 2. (in the newspaper)* Anzeige *f,* Annonce *f,* Inserat *n; 3. (announcement)* Bekanntmachung *f,* Ankündigung *f; 4. an ~ for sth (fig: a fine representative)* ein Aushängeschild für etw
advertisement of a vacancy [əd'vɜ:tɪsmənt əv ə 'veɪkənsɪ] *sb* Stellenausschreibung *f*
advertiser ['ædvətaɪzə] *sb* Werbekunde/Werbekundin *m/f*
advertising ['ædvətaɪzɪŋ] *sb* Werbung *f,* Reklame *f*
advertising activity ['ædvətaɪzɪŋ æk'tɪvɪtɪ] *sb* Werbeaktion *f*
advertising agency ['ædvətaɪzɪŋ 'eɪdʒənsɪ] *sb* Werbeagentur *f*
advertising aids ['ædvətaɪzɪŋ eɪdz] *pl* Werbemittel *n/pl*
advertising budget ['ædvətaɪzɪŋ 'bʌdʒɪt] *sb* Werbebudget *n,* Werbeetat *m*
advertising campaign ['ædvətaɪzɪŋ kæm'peɪn] *sb* Werbekampagne *f*
advertising copy ['ædvətaɪzɪŋ 'kɒpɪ] *sb* Werbetext *m*
advertising expert ['ædvətaɪzɪŋ 'ekspɜ:t] *sb* Werbefachmann/Werbefachfrau *m/f*
advertising frequency ['ædvətaɪzɪŋ 'fri:kwənsɪ] *sb* Werbefrequenz *f*
advertising gift ['ædvətaɪzɪŋ gɪft] *sb* Werbegeschenk *n*
advertising spot ['ædvətaɪzɪŋ spɒt] *sb* Werbespot *m*
advice [əd'vaɪs] *sb (counsel)* Beratung *f,* Rat *m*
advice note [əd'vaɪs nəʊt] *sb* Benachrichtigung *f,* Avis *m/n*
advice of delivery [əd'vaɪs əv dɪ'lɪvərɪ] *sb* Rückschein *m*
advise [əd'vaɪz] *v 1. (give advice)* raten, anraten, *(professionally)* beraten; *~ against* abraten; *2. (inform)* verständigen, benachrichtigen

adviser [əd'vaɪzə] *sb* Berater(in) *m/f*
advisory board [əd'vaɪzərɪ bɔ:d] *sb* beratendes Gremium *n,* Beratungsgremium *n*
aeroplane ['ɛərəpleɪn] *sb (UK)* Flugzeug *n*
affidavit [æfɪ'deɪvɪt] *sb* Affidavit *n*
affiliated [ə'fɪlɪeɪtɪd] *adj* angegliedert, Tochter…
affiliated company [ə'fɪlɪeɪtɪd 'kʌmpənɪ] *sb* Tochtergesellschaft *f*
affiliation [əfɪlɪ'eɪʃən] *sb* Affiliation *f*
affluent society ['æfluənt sə'saɪtɪ] *sb* Wohlstandsgesellschaft *f*
afford [ə'fɔ:d] *v 1.* sich leisten; *2. (provide)* bieten
affordable [ə'fɔ:dəbl] *adj* erschwinglich
after treatment ['ɑ:ftə 'tri:tmənt] *sb* Nachbereitung *f*
after-date bill ['ɑ:ftə deɪt bɪl] *sb* Datowechsel *m*
after-hours dealing ['ɑ:ftə 'aʊəz 'di:lɪŋ] *sb* Nachbörse *f*
after-sales service ['ɑ:ftə 'seɪlz 'sɜ:vɪs] *sb* Kundendienst *m,* After-Sales-Services *m/pl*
after-sight bill ['ɑ:ftə saɪt bɪl] *sb* Nachsichtwechsel *m*
against cash [ə'genst kæʃ] gegen Barzahlung
against letter of credit [ə'genst 'letə əv 'kredɪt] gegen Akkreditiv
age profile [eɪdʒ 'prəʊfaɪl] *sb* Altersprofil *n*
agency ['eɪdʒənsɪ] *sb 1.* Agentur *f; 2. (government ~)* Amt *n,* Behörde *f*
agency abroad ['eɪdʒənsɪ ə'brɔ:d] *sb* Auslandsvertretung *f*
agency agreement ['eɪdʒənsɪ ə'gri:mənt] *sb* Geschäftsbesorgungsvertrag *m*
agency of equity financing transactions ['eɪdʒənsɪ əv 'ekwɪtɪ faɪ'nænsɪŋ træn'zækʃənz] *sb* Beteiligungsvermittlung *f*
agenda [ə'dʒendə] *sb* Tagesordnung *f,* Agenda *f*
agent ['eɪdʒənt] *sb 1.* Agent(in) *m/f,* Makler(in) *m/f,* Vermittler(in) *m/f; 2. (representative)* Stellvertreter(in) *m/f*
agglomeration [əglɒmə'reɪʃən] *sb* Agglomeration *f,* Anhäufung *f*
aggregate property ['ægrɪgət 'prɒpətɪ] *sb* Gesamtvermögen *n*
aggregation [ægrɪ'geɪʃən] *sb* Agglomeration *f,* Ansammlung *f*
agio ['ædʒɪəʊ] *sb* Aufgeld *n,* Agio *n*
agiotage ['ædʒɪəʊtədʒ] *sb* Agiotage *f*
agree [ə'gri:] *v 1.* übereinstimmen; *(express ~ment)* zustimmen; *2. (come to an ~ment)* sich einigen, vereinbaren, sich absprechen; *3. ~ to, ~ with (approve, consent to)* billigen, einwilligen, auf etw eingehen
agreed [ə'gri:d] *adj* vereinbart; *Agreed!* Abgemacht!
agreement [ə'gri:mənt] *sb 1.* Vereinbarung *f,* Übereinkunft *f,* Verständigung *f; 2. come to an ~* übereinkommen, sich einigen; *3. (consent)* Einwilligung *f,* Zustimmung *f; 4. (between different countries)* Abkommen *n*
agreement between interlocking companies [ə'gri:mənt bɪ'twi:n ɪntə'lɒkɪŋ 'kʌmpənɪ:z] *sb* Organschaftsvertrag *m*
agreement of purchase and sale [ə'gri:mənt əv 'pɜ:tʃəs ænd seɪl] *sb* Kaufvertrag *m*
agreement to cancel an obligatory relation [ə'gri:mənt tu 'kænsəl ən ə'blɪgətrɪ rɪ'leɪʃən] *sb* Aufhebungsvertrag *m*
agricultural [ægrɪ'kʌltʃərəl] *adj* landwirtschaftlich, Landwirtschafts..., Agrar...
agricultural crisis [ægrɪ'kʌltʃərəl 'kraɪsɪs] *sb* Agrarkrise *f*
agricultural economics [ægrɪ'kʌltʃərəl i:kə'nɒmɪks] *sb* Agrarwissenschaften *f/pl*
agricultural enterprise [ægrɪ'kʌltʃərəl 'entəpraɪz] *sb* Agrarbetrieb *m*
agricultural goods [ægrɪ'kʌltʃərəl gʊdz] *pl* Agrargüter *n/pl*
agricultural loan [ægrɪ'kʌltʃərəl ləʊn] *sb* Landwirtschaftskredit *m*
agricultural market [ægrɪ'kʌltʃərəl 'mɑ:kɪt] *sb* Agrarmarkt *m*
agricultural mortgage bond [ægrɪ'kʌltʃərəl 'mɔ:gɪdʒ bɒnd] *sb* Landwirtschaftsbrief *m*
agricultural policy [ægrɪ'kʌltʃərəl 'pɒləsɪ] *sb* Agrarpolitik *f*
agricultural producer cooperative [ægrɪ'kʌltʃərəl prə'djusə kəʊ'ɒprətɪv] *sb* Landwirtschaftliche Produktionsgenossenschaft (LPG) *f*
agricultural protectionism [ægrɪ'kʌltʃərəl prə'tekʃənɪzm] *sb* Agrarprotektionismus *m*
agricultural state [ægrɪ'kʌltʃərəl steɪt] *sb* Agrarstaat *m*
agricultural subsidies [ægrɪ'kʌltʃərəl 'sʌbsɪdi:z] *pl* Agrarsubventionen *f/pl*
agricultural surpluses [ægrɪ'kʌltʃərəl 'sɜ:pləsɪz] *pl* Agrarüberschüsse *m/pl*
agriculture ['ægrɪkʌltʃə] *sb* Landwirtschaft *f,* Ackerbau *m*
aide [eɪd] *sb* Assistent(in) *m/f,* Helfer(in) *m/f*

air freight [ɛə freɪt] *sb* Luftfracht *f*
airline ['ɛəlaɪn] *sb* Fluggesellschaft *f,* Airline *f*
air mail [ɛə meɪl] *sb* Luftpost *f*
air route [ɛə ruːt] *sb* Luftweg *m*
airplane ['ɛəpleɪn] *sb (US)* Flugzeug *n*
airport ['ɛəpɔːt] *sb* Flughafen *m*
airwaybill ['ɛəweɪbɪl] *sb* Luftfrachtbrief *m*
allegiance [ə'liːdʒəns] *sb* Treuepflicht *f*
allocation [ælə'keɪʃən] *sb* Verteilung *f,* Zuteilung *f, (of tasks)* Vergabe *f,* Allokation *f*
allocation of capital [ælə'keɪʃən əv 'kæpɪtəl] *sb* Kapitalallokation *f*
allocation policy [ælə'keɪʃən 'pɒləsɪ] *sb* Allokationspolitik *f*
allonge [ə'lɑ̃ŋ] *sb* Allonge *f*
allot [ə'lɒt] *v* verteilen, zuweisen
allotment [ə'lɒtmənt] *sb* Verteilung *f,* Zuteilung *f,* Zuweisung *f*
allotment right [ə'lɒtmənt raɪt] *sb* Zuteilungsrechte *n/pl*
allowance [ə'laʊəns] *sb 1.* Zuschuss *m; 2. (supplement to salary)* Gehaltszulage *f,* Zuschuss *m; 3. (paid by the state)* Beihilfe *f; 4. (pocket money)* Taschengeld *n,* Bewilligung *f*
allowance for expenses [ə'laʊəns fɔː ɪk'spensɪz] *sb* Spesenpauschale *f*
all-round bank ['ɔːlraʊnd bæŋk] *sb* Universalbank *f*
all-share certificate [ɔːl'ʃɛə sə'tɪfɪkət] *sb* Global-Anleihe *f*
alteration of a balance sheet [ɔːltə'reɪʃən əv ə 'bæləns ʃiːt] *sb* Bilanzänderung *f*
alternating current ['ɔːltəneɪtɪŋ 'kʌrənt] *sb (AC)* Wechselstrom *m*
alternative [ɔːl'tɜːnətɪv] *sb 1. (choice)* Alternative *f,* Wahl *f; 2. I have no other ~.* Ich habe keine andere Wahl. *3. (substitute)* Ersatz *m*
amalgamate [ə'mælgəmeɪt] *v (companies)* verschmelzen, fusionieren
amalgamation [əmælgə'meɪʃən] *sb* Fusion *f*
amalgamation tax [əmælgə'meɪʃən tæks] *sb* Fusionssteuer *f*
amendment [ə'mendmənt] *sb (to a bill)* Abänderung *f,* Änderung *f*
amendment of a contract [ə'mendmənt əv ə 'kɒntrækt] *sb* Vertragsänderung *f*
amendment of the statutes [ə'mendmənt əv ðə 'stætjuːts] *sb* Satzungsänderung *f*
amends [ə'mendz] *pl* Wiedergutmachung *f; make ~ for sth* etw wiedergutmachen
American accounting system [ə'mærɪkən ə'kaʊntɪŋ 'sɪstəm] *sb* amerikanisches Rechnungswesen *n*
American Bankers Association [ə'mærɪkən 'bæŋkəs əsəʊsiː'eɪʃən] *sb* American Bankers Association *f*
amnesty ['æmnəstɪ] *sb* Amnestie *f*
amortizable mortgage loan [ə'mɔːtɪzəbəl 'mɔːgɪdʒ ləʊn] *sb* Tilgungshypothek *f*
amortization [əmɔːtɪ'zeɪʃən] *sb* Amortisierung *f,* Tilgung *f*
amortization fund [əmɔːtɪ'zeɪʃən fʌnd] *sb* Tilgungsfonds *m*
amortization instalment [əmɔːtɪ'zeɪʃən ɪn'stɔːlmənt] *sb* Tilgungsrate *f*
amount [ə'maʊnt] *sb 1. (of money)* Betrag *m,* Summe *f,* Geldbetrag *m; 2. (quantity)* Menge *f,* Quantität *f; v 3. ~ to* sich belaufen auf
analyse ['ænəlaɪz] *v* analysieren, auswerten
analysis [ə'nælɪsɪs] *sb* Analyse *f*
analysis of actual performance [ə'nælɪsɪs əv 'æktʃuəl pə'fɔːməns] *sb* Istanalyse *f*
analysis of competitors [ə'nælɪsɪs əv kəm'petɪtəs] *sb* Konkurrenzanalyse *f*
analysis of fixed-cost allocation [ə'nælɪsɪs əv fɪkstkɒst ælə'keɪʃən] *sb* Fixkostendeckungsrechnung *f*
analysis of purchasing power [ə'nælɪsɪs əv 'pɜːtʃəsɪŋ 'paʊə] *sb* Kaufkraftanalyse *f*
analysis of requirements [ən'ælɪsɪs əv rɪ'kwaɪəmənts] *sb* Bedarfsanalyse *f*
analysis of shares [ə'nælɪsɪs əv ʃɛəs] *sb* Aktienanalyse *f*
anchorage ['æŋkərɪdʒ] *sb 1. (place for anchoring)* Ankerplatz *m,* Liegeplatz *m; 2. (fees)* Liegegebühren *f/pl*
ancillary costs [æn'sɪlərɪ kɒsts] *pl* Nebenkosten *pl*
ancillary wage costs [æn'sɪlərɪ weɪdʒ kɒsts] *pl* Lohnnebenkosten *pl*
angible fixed assets ['ændʒɪbəl fɪkst 'æsets] *pl* Realkapital *n*
anniversary sales [ænɪ'vɜːsərɪ seɪlz] *pl* Jubiläumsverkauf *m*
announcement effect of price [ə'naʊnsmənt ɪ'fekt əv praɪs] *sb* Signalfunktion des Preises *f*
annual ['ænjʊəl] *adj* jährlich, alljährlich, jährlich, Jahres...
annual accounts ['ænjʊəl ə'kaʊnts] *pl* Jahresabschluss *m*
annual audit ['ænjʊəl 'ɔːdɪt] *sb* Jahresabschlussprüfung *f*

annual balance sheet ['ænjʊəl 'bæləns ʃi:t] *sb* Jahresbilanz *f*
annual economic report ['ænjʊəl ɪkə'nɒmɪk rɪ'pɔ:t] *sb* Jahreswirtschaftsbericht *m*
annual general meeting ['ænjʊəl 'dʒenərəl 'mi:tɪŋ] *sb* Jahreshauptversammlung *f*
annual holiday ['ænjʊəl 'hɒlɪdeɪ] *sb* Betriebsferien *pl*
annual income ['ænjʊəl 'ɪnkʌm] *sb* Jahreseinkommen *n*
annual need ['ænjʊəl ni:d] *sb* Jahresbedarf *m*
annual profits ['ænjʊəl 'prɒfɪts] *pl* Jahresgewinn *m*
annual report ['ænjʊəl rɪ'pɔ:t] *sb* Geschäftsbericht *m,* Jahresgutachten *n,* Lagebericht *m*
annual statement of accounts ['ænjʊəl 'steɪtmənt əv ə'kaʊnts] *sb* Jahresabschluss *m*
annual surplus ['ænjʊəl 's3:plʌs] *sb* Jahresüberschuss *m*
annuity [ə'nju:ɪtɪ] *sb* Rente *f,* Jahreszahlung *f,* Annuität *f*
annuity bond [ə'nju:ɪtɪ bɒnd] *sb* Annuitätenanleihe *f*
annuity certificate [ə'nju:ɪtɪ sə'tɪfɪkət] *sb* Rentenbrief *m*
annuity department [ə'nju:ɪtɪ dɪ'pɑ:tmənt] *sb* Rentenabteilung *f*
annuity loan [ə'nju:ɪtɪ ləʊn] *sb* Annuitätendarlehen *n*
annul [ə'nʌl] *v* annullieren; *(a will)* umstoßen
annulment [ə'nʌlmənt] *sb* Annullierung *f,* Aufhebung *f*
anonymous savings accounts [ə'nɒnɪməs 'seɪvɪŋz ə'kaʊnts] *pl* anonyme Sparkonten *n/pl*
answering machine ['ɑ:nsərɪŋ mə'ʃi:n] *sb* Anrufbeantworter *m*
answering service ['ɑ:nsərɪŋ 's3:vɪs] *sb* Telefonauftragsdienst *m*
antedated cheque ['æntɪdeɪtɪd tʃek] *sb* zurückdatierter Scheck *m*
anticipation term [æntɪsɪ'peɪʃən t3:m] *sb* Erwartungswert *m*
anticyclical reserve [æntɪ'saɪklɪkəl rɪ's3:v] *sb* Konjunkturausgleichsrücklage *f*
anti-dumping duty [æntɪ'dʌmpɪŋ 'dju:tɪ] *sb* Antidumpingzoll *m*
antitrust [æntɪ'trʌst] *adj (US)* Antitrust..., kartellfeindlich
antitrust authority [æntɪ'trʌst ɔ:'θɒrɪtɪ] *sb* Kartellbehörde *f*
appeal [ə'pi:l] *sb* Berufung *f,* Rechtsbeschwerde *f; (actual trial)* Revision *f*
applicant ['æplɪkənt] *sb* Bewerber(in) *m/f,* Antragsteller(in) *m/f,* Akkreditivsteller *m*
application [æplɪ'keɪʃən] *sb 1.* Antrag *m,* Bewerbung *f,* Gesuch *n; letter of ~* Bewerbungsschreiben *n; 2. (use)* Verwendung *f,* Anwendung *f; (software ~)* Anwendungsprogramm *n*
application documents [æplɪ'keɪʃən 'dɒkjumənts] *pl* Bewerbungsunterlagen *pl*
application file [æplɪ'keɪʃən faɪl] *sb* Bewerbungsunterlagen *pl*
application form [æplɪ'keɪʃən fɔ:m] *sb* Anmeldeformular *n,* Antragsformular *n*
application for quotation [æplɪ'keɪʃən fɔ: kwəʊ'teɪʃən] *sb* Antrag auf Börsenzulassung *m*
application service provider [æplɪ'keɪʃən 's3:vɪs prə'vaɪdə] *sb* Application Service Provider (ASP) *m*
appointment [ə'pɔɪntmənt] *sb 1. (arranged meeting)* Termin *m,* Verabredung *f; 2. (to office)* Ernennung *f,* Berufung *f,* Bestellung *f*
appointment book [ə'pɔɪntmənt bʊk] *sb* Terminkalender *m*
appointment for a meeting [ə'pɔɪntmənt fɔ:r ə 'mi:tɪŋ] *sb* Gesprächstermin *m*
apportionment [ə'pɔ:ʃənmənt] *sb 1.* Verteilung *f,* Einteilung *f; 2.* Erteilung *f*
apportionment between accounting periods [ə'pɔ:ʃənmənt bɪ'twi:n ə'kaʊntɪŋ 'pɪərɪəds] *sb* Rechnungsabgrenzung *f*
appraisal [ə'preɪzəl] *sb* Bewertung *f,* Schätzung *f,* Taxierung *f*
appraise [ə'preɪz] *v* abschätzen, einschätzen, beurteilen
appreciation [əpri:ʃɪ'eɪʃən] *sb 1.* Wertzuwachs *m; 2. (esteem)* Wertschätzung *f*
apprentice [ə'prentɪs] *sb* Lehrling *m,* Auszubildende(r) *f/m*
apprenticeship [ə'prentɪsʃɪp] *sb* Lehre *f,* Lehrstelle *f,* Ausbildung *f; (period)* Lehrzeit *f*
appropriation account [əprəʊprɪ'eɪʃən ə'kaʊnt] *sb* Bereitstellungskonto *n*
approval procedure [ə'pru:vəl prə'si:dʒə] *sb* Genehmigungsverfahren *n*
aptitude test ['æptɪtju:d test] *sb* Eignungstest *m,* Eignungsprüfung *f*
arbitrage ['ɑ:bɪtrɪdʒ] *sb* Arbitrage *f*
arbitrage clause ['ɑ:bɪtrɪdʒ klɔ:z] *sb* Arbitrageklausel *f*
arbitrage dealings ['ɑ:bɪtrɪdʒ 'di:lɪŋz] *pl* Arbitragegeschäft *n*

arbitrage in bullion ['ɑːbɪtrɪdʒ ɪn 'bʊljən] *sb* Goldarbitrage *f*
arbitrage in securities ['ɑːbɪtrɪdʒ ɪn sɪ-'kjʊərɪtiːz] *sb* Wertpapierarbitrage *f*
arbitrageur [ɑːbɪtrɑː'ʒʊə] *sb* Arbitrageur *m*, Arbitragehändler *m*
arbitrage value ['ɑːbɪtrɪdʒ 'væljuː] *sb* Arbitragewert *m*
arbitrage voucher ['ɑːbɪtrɪdʒ 'vaʊtʃə] *sb* Arbitragerechnung *f*
arbitrate ['ɑːbɪtreɪt] *v* schlichten
arbitration [ɑːbɪ'treɪʃən] *sb* Schlichtung *f*
arbitration in foreign exchange ['ɑːbɪ-treɪʃən ɪn 'fɒrən ɪks'tʃeɪndʒ] *sb* Devisen-arbitrage *f*
arbitrator ['ɑːbɪtreɪtə] *sb* Vermittler(in) *m/f*, Schlichter(in) *m/f*
archive ['ɑːkaɪv] *sb* Archiv *n*
archives ['ɑːkaɪvz] *pl* Aktenablage *f*
area calculation ['ɛərɪə kælkjʊ'leɪʃən] *sb* Flächenbedarfsermittlung *f*
area code ['ɛərɪə kəʊd] *sb (US)* Vorwahl *f*
argue ['ɑːgjuː] *v 1.* streiten; *2. (with one another)* sich streiten; *3. (a case)* diskutieren
argument ['ɑːgjʊmənt] *sb 1.* Wortstreit *m*, Streit *m*, Auseinandersetzung *f*; *2. (reason)* Argument *n*; *3. (line of reasoning)* Beweisführung *f*, Debatte *f*; *4. (discussion)* Diskussion *f*
argumentation [ɑːgjʊmən'teɪʃən] *sb* Argumentation *f*
arithmetical average [ærɪθ'metɪkəl 'ævərɪdʒ] *sb* arithmetisches Mittel *n*
arraign [ə'reɪn] *v to be ~ed* angeklagt werden, beschuldigt werden
arrangement [ə'reɪndʒmənt] *sb* Disposition *f*
arranging for a credit [ə'reɪndʒɪŋ fɔːr ə 'kredɪt] *sb* Kreditvermittlung *f*
arrears of payment [ə'rɪəz əv 'peɪmənt] *pl* Zahlungsrückstände *m/pl*
arrear on interests [ə'rɪə ɒn 'ɪntrɪsts] *sb* Zinsrückstand *m*
arrears [ə'rɪəz] *pl* Rückstand *m*, Rückstände *m/pl*
arrival of goods [ə'raɪvəl əv gʊdz] *sb* Wareneingang *m*
article ['ɑːtɪkl] *sb 1. (item)* Gegenstand *m*; *2. ~ of clothing* Kleidungsstück *n*; *3. (in a contract)* Paragraf *m*; *4. ~s of incorporation* Satzung *f*; *5. (goods)*Ware *f*, Artikel *m*
article coding system ['ɑːtɪkl 'kəʊdɪŋ 'sɪstəm] *sb* Artikelnummernsystem *n*
articulated lorry [ɑː'tɪkjʊleɪtɪd 'lɒrɪ] *sb (UK)* Sattelschlepper *m*
as agreed [æz ə'griːd] *adv* vereinbarungsgemäß, wie vereinbart
as guarantor of payment [æz gærən'tə əv 'peɪmənt] *sb* per aval
ASAP [eɪeseɪ'piː] *(fam: as soon as possible)* so bald wie möglich
Asian Dollar market ['eɪʒən 'dɒlə 'mɑːkɪt] *sb* Asiendollarmarkt *m*
ask [ɑːsk] *v* fragen; *~ a question* eine Frage stellen; *If you ~ me...* Wenn Sie mich fragen... *~ after s.o.* nach jdm fragen; *(require, demand)* verlangen, fordern
ask drawn by lot [ɑːsk drɔːn baɪ lɒt] Brief verlost (BV)
ask(ed) price [ɑːsk(d) 'praɪs] *sb* Briefkurs *m*
asking price ['ɑːskɪŋ praɪs] *sb* offizieller Verkaufspreis *m*
assemble [ə'sembl] *v 1. (come together, convene)* sich versammeln, sich ansammeln, zusammentreten; *2. (an object)* zusammenbauen, montieren
assembler [ə'semblə] *sb* Monteur(in) *m/f*
assembly [ə'semblɪ] *sb 1.* Versammlung *f*, Zusammenkunft *f*; *2. (of an object)* Zusammenbau *m*, Montage *f*
assembly line [ə'semblɪ laɪn] *sb* Fließband *n*, Montageband *n*
assess [ə'ses] *v* bewerten, einschätzen
assessment [ə'sesmənt] *sb* Beurteilung *f*, Bewertung *f*
assessment basis [ə'sesmənt 'beɪsɪs] *sb* Bemessungsgrundlage *f*
assessment centre [ə'sesmənt 'sentə] *sb* Assessment Center *n*
assessment note [ə'sesmənt nəʊt] *sb* Steuerbescheid *m*, Steuerfestsetzung *f*
assessor [ə'sesə] *sb 1.* Beisitzer(in) *m/f*; *2.* Steuereinschätzer(in) *m/f*
asset ['æset] *sb 1.* Vermögenswert *m*; *2. (fig)* Vorzug *m*, Plus *n*, Vorteil *m*
asset and liability statement ['æset ænd leɪə'bɪlɪtɪ 'steɪtmənt] *sb* Vermögensbilanz *f*
asset erosion ['æset ɪ'rəʊʒən] *sb* substanzielle Abnutzung *f*
asset management ['æset 'mænɪdʒmənt] *sb* Asset Management *n*, Vermögensverwaltung *f*
asset market ['æset 'mɑːkɪt] *sb* Asset Market *m*
asset write-down ['æset 'raɪtdaʊn] *sb* Anlagenabschreibung *f*
assets ['æsets] *pl* Vermögen *n*, Guthaben *n*, Güter *pl*; *(on a balance sheet)* Aktiva *pl*

assets account ['æsets ə'kaʊnt] *sb* Bestandskonto *n*

assign [ə'saɪn] *v 1. (a task)* anweisen, zuweisen; *2. (someone to a task)* beauftragen, aufgeben; *3. (sth to a purpose)* bestimmen; *4. (classify)* zuordnen; *5. (transfer rights or titles)* übereignen, übertragen

assignee [əsaɪ'niː] *sb* Zessionar *m,* Assignat(in) *m/f*

assigner [ə'saɪnə] *sb* Zedent *m*

assignment [ə'saɪnmənt] *sb 1. (instruction)* Anweisung *f; 2. (assigned task)* Aufgabe *f,* Auftrag *m; 3. (legally)* Übertragung *f,* Abtretung *f*

assignment by way of security [ə'seɪnmənt baɪ weɪ əv sɪ'kjʊərɪtɪ] *sb* Sicherungsabtretung *f*

assistant [ə'sɪstənt] *sb* Assistent(in) *m/f,* Gehilfe/Gehilfin *m/f*

associate [ə'səʊʃɪət] *sb 1.* Kollege/Kollegin *m/f,* Mitarbeiter(in) *m/f; 2. (partner in a firm)* Gesellschafter(in) *m/f*

associated companies [ə'səʊsɪeɪtəd 'kʌmpəniːz] *pl* verbundene Unternehmen *n/pl*

association [əsəʊsɪ'eɪʃən] *sb* Verein *m,* Verband *m,* Vereinigung *f,* Gemeinschaft *f,* Gesellschaft *f; articles of ~* Gesellschaftsvertrag *m*

Association of German Chambers of Industry and Commerce [əsəʊsɪ'eɪʃən əv dʒɜːmən 'tʃeɪmbəz əv 'ɪndəstrɪ ænd 'kɒməs] *sb* Deutscher Industrie- und Handelstag (DIHT) *m*

association on which the law confers the attributes of a merchant, regardless of the object of its business [əsəʊsɪ'eɪʃən ɒn wɪtʃ ðə lɔː kɒn'fɜːz ðə 'ætrɪbjuːts əv ə 'mɜːtʃənt rɪ'gɑːdlɪs əv ðə 'ɒbdʒekt əv ɪts 'bɪznɪs] *sb* Formkaufmann *m*

associations of shareholders [əsəʊsɪ'eɪʃənz əv 'ʃɛəhəʊldəz] *pl* Aktionärsvereinigungen *f/pl*

assort [ə'sɔːt] *v* sortieren, ordnen, assortieren

assorted [ə'sɔːtɪd] *adj* gemischt, assortiert

assortment [ə'sɔːtmənt] *sb* Sortiment *n,* Mischung *f*

assortment policy [ə'sɔːtmənt 'pɒlɪsɪ] *sb* Sortimentspolitik *f*

assumption of an obligation [ə'sʌmpʃən əv ən ɒblɪ'geɪʃən] *sb* Schuldübernahme *f*

assurance [ə'ʃʊərəns] *sb* Assekuranz *f,* Versicherung *f*

asynchronous data transfer [eɪsɪŋ'krənəs 'deɪtə 'trænsfɜː] *sb* asynchrone Datenübertragung *f*

asynchronous transmission [eɪsɪŋ'krənəs trænz'mɪʃən] *sb* asynchrone Datenübertragung *f*

at best [æt best] bestens

at lowest [æt 'ləʊəst] billigst

atomic energy [ə'tɒmɪk 'enədʒɪ] *sb* Atomenergie *f*

attach [ə'tætʃ] *v* beschlagnahmen, pfänden

attachable [ə'tætʃəbl] *adj* beschlagnahmefähig, pfändbar

attaché case [ə'tæʃeɪ keɪs] *sb* Aktenkoffer *m,* Aktentasche *f*

attached [ə'tætʃt] *adj 1.* verbunden; *2. Please find ~ ...* In der Anlage erhalten Sie ...

attachment [ə'tætʃmənt] *sb 1.* Beschlagnahme *f,* Pfändung *f; 2. (accessory)* Zubehörteil *n,* Zusatzteil *n*

attachment of earnings [ə'tætʃmənt əv 'ɜːnɪŋz] *sb* Lohnpfändung *f*

attendance stock exchange [ə'tendəns stɒk ɪks'tʃeɪndʒ] *sb* Präsenzbörse *f*

attend to [ə'tend tu] *v 1. (see to)* sich kümmern um, erledigen, sorgen für; *2. (serve)* bedienen, betreuen, abfertigen

attest [ə'test] *v* beglaubigen, bescheinigen; *~ to* bezeugen

attestation [ətes'teɪʃən] *sb (document)* Bescheinigung *f,* Attest *n*

attorney [ə'tɜːnɪ] *sb* Anwalt/Anwältin *m/f,* Rechtsanwalt/Rechtsanwältin *m/f; power of ~* Vollmacht *f;* Bevollmächtigte(r) *f/m*

auction ['ɔːkʃən] *sb* Auktion *f,* Versteigerung *f*

audio conference ['ɔːdɪəʊ 'kɒnfərəns] *sb* Audiokonferenz *f*

audit ['ɔːdɪt] *v 1.* prüfen; *2. sb* Buchprüfung *f; 3. (final ~)* Abschlussprüfung *f,* Revision *f*

audit department ['ɔːdɪt dɪ'pɑːtmənt] *sb* Revisionsabteilung *f*

auditing ['ɔːdɪtɪŋ] *sb* Wirtschaftsprüfung *f,* Rechnungsprüfung *f,* Buchprüfung *f*

auditing association ['ɔːdɪtɪŋ əsəʊsɪ'eɪʃən] *sb* Prüfungsverband *m*

auditing requirements ['ɔːdɪtɪŋ rɪ'kwaɪəmənts] *pl* Revisionspflicht *f*

audit of prospectus ['ɔːdɪt əv 'prɒspektəs] *sb* Prospektprüfung *f*

audit opinion ['ɔːdɪt ə'pɪnjən] *sb* Testat *n*

auditor ['ɔːdɪtə] *sb* Wirtschaftsprüfer *m,* Rechnungsprüfer *m*

audit report ['ɔ:dɪt rɪ'pɔ:t] *sb* Prüfungsbericht *m*
autarky ['ɔ:təki:] *sb* Autarkie *f*
authenticate [ɔ:'θentɪkeɪt] *v* beglaubigen, authentifizieren
authentication [ɔ:θentɪ'keɪʃən] *sb* Beglaubigung *f*
authorisation [ɔ:θəraɪ'zeɪʃən] *(UK) see "authorization"*
authoritative style of leadership [ɔ:θ'ɒrɪteɪtɪv staɪl əv 'li:dəʃɪp] *sb* autoritärer Führungsstil *m*
authority [ɔ:'θɒrɪtɪ] *sb 1. (power)* Autorität *f; 2. (of a ruler)* Staatsgewalt *f; 3. authorities pl* Obrigkeit *f; 4. (entitlement)* Befugnis *f; 5. (specifically dedicated)* Vollmacht *f; 6. (government, government department)* Amt *n,* Behörde *f; 7. (an expert)* Sachverständige(r) *f/m,* Fachmann *m,* Fachfrau *f*
authorization [ɔ:θəraɪ'zeɪʃən] *sb 1.* Ermächtigung *f,* Genehmigung *f,* Berechtigung *f; 2. (delegation of authority)* Bevollmächtigung *f,* Mandat *n*
authorization to sign [ɔ:θəraɪ'zeɪʃən tʊ saɪn] *sb* Zeichnungsberechtigung *f*
authorize ['ɔ:θəraɪz] *v* ermächtigen, genehmigen, berechtigen; *(delegate authority)* bevollmächtigen
authorized ['ɔ:θəraɪzd] *adj* berechtigt, befugt
authorized balance sheet ['ɔ:θəraɪzd 'bæləns ʃi:t] *sb* genehmigte Bilanz *f*
authorized capital ['ɔ:θəraɪzd 'kæpɪtəl] *sb* autorisiertes Kapital *n,* genehmigtes Kapital *n*
authorized clerk ['ɔ:θəraɪzd klɑ:k] *sb* Prokurist(in) *m/f*
authorized deposit ['ɔ:θəraɪzd dɪ'pɒzɪt] *sb* Ermächtigungsdepot *n*
authorized person ['ɔ:θəraɪzd 'pɜ:sən] *sb* Bevollmächtigte(r) *f/m*
authorized representative ['ɔ:θəraɪzd reprɪ'zentətɪv] *sb* Prokurist(in) *m/f*
authorized to undertake collection ['ɔ:θəraɪzd tu ʌndə'teɪk kə'lekʃən] *adj* inkassoberechtigt
autocorrelation [ɔ:təʊkɒrə'leɪʃən] *sb* Autokorrelation *f*
automate ['ɔ:təmɪt] *v* automatisieren
automatic quotation [ɔ:tə'mætɪk kwəʊ'teɪʃən] *sb* automatische Kursanzeige *f*
automated teller machine [ɔ:tə'meɪtɪd 'telə mə'ʃi:n] *sb (US)* Geldautomat *m*
Automatic Transfer Service [ɔ:tə'mætɪk 'trænsfɜ: 'sɜ:vɪs] *sb* Automatic Transfer Service (ATS) *m*
automation [ɔ:tə'meɪʃən] *sb* Automation *f,* Automatisierung *f*
automation degree [ɔ:tə'meɪʃən dɪ'gri:] *sb* Automatisationsgrad *m*
automatism [ɔ:'tɒmətɪzm] *sb* Automatismus *m*
automaton [ɔ:'tɒmətən] *sb* Roboter *m,* Automat *m*
autonomous teams [ɔ:'tɒnəməs ti:mz] *pl* autonome Arbeitsgruppen *f/pl*
autonomous variables [ɔ:'tɒnəməs 'værɪəbəlz] *pl* autonome Größen *f/pl*
autonomous wage bargaining [ɔ:'tɒnəməs weɪdʒ 'bɑ:gənɪŋ] *sb* Tarifautonomie *f*
autonomy [ɔ:'tɒnəmɪ] *sb* Autonomie *f*
autumn fair ['ɔ:təm fɛə] *sb* Herbstmesse *f,* Herbstausstellung *f*
auxiliary [ɔ:g'zɪljərɪ] *adj* mitwirkend, Hilfs..., Zusatz...
availability [əveɪlə'bɪlɪtɪ] *sb* Verfügbarkeit *f,* Vorhandensein *n,* Wertstellung *f*
available [ə'veɪləbl] *adj 1.* verfügbar, vorhanden, zu haben; *2. (not busy)* abkömmlich; *3. (to be bought)* erhältlich; *4. (from a supplier)* lieferbar; *5. (in stock)* vorrätig
available funds [ə'veɪləbəl fʌndz] *pl* Finanzdecke *f*
average ['ævərɪdʒ] *adj 1.* durchschnittlich; *sb 2.* Durchschnitt *m; on ~* durchschnittlich
average costs ['ævərɪdʒ kɒsts] *pl* Durchschnittskosten *pl*
averaging ['ævərɪdʒɪŋ] *sb* Averaging *n*
average price ['ævərɪdʒ praɪs] *sb* Durchschnittspreis *m*
average product ['ævərɪdʒ 'prɒdʌkt] *(ecomomics)* Durchschnittserlöse *m/pl*
average rate ['ævərɪdʒ reɪt] *sb* Durchschnittssatz *m*
average value ['ævərɪdʒ 'vælju:] *sb* Mittelwert *m*
average value date ['ævərɪdʒ 'vælju: deɪt] *sb* Durchschnittsvaluta *f*
average yield ['ævərɪdʒ 'ji:ld] *sb* Durchschnittsertrag *m*
avoidance [ə'vɔɪdəns] *sb 1.* Vermeidung *f; 2. tax ~* Steuerhinterziehung *f*
avoirdupois [ævwɑ:dju:'pwɑ:] *sb ~ weight* Handelsgewicht *n*

B

baby bonds ['beɪbi bɒndz] *pl* Baby-Bonds *pl*
back delegation [bæk delɪ'geɪʃən] *sb* Rückdelegation *f*
back instalment [bæk ɪn'stɔːlmənt] *sb* rückständige Rate *f*
backlog ['bæklɔg] *sb* Rückstand *m*
back-office career ['bækɒfɪs kə'rɪə] *sb* Innendienstkarriere *f*
back-office manager ['bækɒfɪs 'mænɪdʒə] *sb* Innendienstleiter(in) *m/f*
backpay ['bækpeɪ] *sb* Nachzahlung *f*
back-to-back letter of credit [bæk tu bæk 'letə əv 'kredɪt] *sb* Gegenakkreditiv *n*
backup ['bækʌp] *sb* Backup *n*, Sicherungskopie *f*
backwardation [bækwə'deɪʃən] *1.* Rückdatierung *f*; *2.* Deport *m*, Kursabschlag *m*
bad debt loss [bæd det lɒs] *sb* Ausfallforderung *f*
bad-weather compensation [bæd 'weðə kɒmpən'seɪʃən] *sb* Schlechtwettergeld *n*
bail [beɪl] *sb* Kaution *f*
bail bond ['beɪl bɒnd] *sb* Sicherheitsleistung *f*
bailiff ['beɪlɪf] *sb* Gerichtsvollzieher *m*
bailment ['beɪlmənt] *sb* Bürgschaftsleistung *f*, Kaution *f*
bail-out ['beɪlaʊt] *sb* Sanierung *f*
balance ['bæləns] *sb 1. (account ~)* Saldo *m*; *~ carried forward* Übertrag *m*; *2. (remainder)* Rest *m*, Restbetrag *m*; *v 3. (to be ~d)* ausgeglichen sein; *4. (~ the accounts, ~ the budget)* ausgleichen
balance analysis ['bæləns ə'næləsɪs] *sb* Bilanzanalyse *f*
balance date ['bæləns deɪt] *sb* Bilanzstichtag *m*
balance of account ['bæləns əv ə'kaʊnt] *sb* Kontenstand *m*, Saldo *m*
balance of capital transactions ['bæləns əv 'kæpɪtl træn'zækʃənz] *sb* Kapitalbilanz *f*
balance of goods and services ['bæləns əv gʊdz ænd 'sɜːvɪsɪz] *sb* Leistungsbilanz *f*
balance of interest ['bæləns əv 'ɪntrəst] *sb* Zinssaldo *m*
balance of payments ['bæləns əv 'peɪmənts] *sb* Zahlungsbilanz *f*
balance of payments deficit ['bæləns əv 'peɪmənts 'defəsɪt] *sb* Zahlungsbilanzdefizit *n*
balance of payments equilibrium ['bæləns əv 'peɪmənts ɪkwə'lɪbrɪəm] *sb* Zahlungsbilanzgleichgewicht *n*
balance of payments surplus ['bæləns əv 'peɪmənts 'sɜːpləs] *sb* Zahlungsbilanzüberschuss *m*
balance of trade ['bæləns əv 'treɪd] *sb* Handelsbilanz *f*
balance sheet ['bæləns ʃiːt] *sb* Bilanz *f*, Handelsbilanz *f*
balance sheet account ['bæləns ʃiːt ə'kaʊnt] *sb* Bilanzkonto *n*
balance sheet analysis ['bæləns ʃiːt ə'nælɪsɪs] *sb* Bilanzanalyse *f*, Bilanzkritik *f*
balance sheet audit ['bæləns ʃiːt 'ɔːdɪt] *sb* Bilanzprüfung *f*
balance sheet continuity ['bæləns ʃiːt kɒntɪ'njuːɪtɪ] *sb* Bilanzkontinuität *f*
balance sheet equation ['bæləns ʃiːt ɪ'kweɪʒən] *sb* Bilanzgleichung *f*
balance sheet figures ['bæləns ʃiːt 'fɪgəz] *pl* Bilanzzahlen *f/pl*
balance sheet statistics ['bæləns ʃiːt stə'tɪstɪks] *pl* Bilanzstatistik *f*
balance sheet total ['bæləns ʃiːt 'təʊtəl] *sb* Bilanzsumme *f*
balance sheet valuation ['bæləns ʃiːt vælјuː'eɪʃən] *sb* Bilanzbewertung *f*
balance sheet value ['bæləns ʃiːt 'væljuː] *sb* Bilanzwert *m*
balance-sheet items ['bælənsʃiːt 'aɪtɪmz] *pl* Bilanzpositionen *f/pl*
balance statement ['bæləns 'steɪtmənt] *sb* Saldoanzeige *f*
balance transparency ['bæləns træns'pærənsɪ] *sb* Bilanzklarheit *f*
balancing item ['bælənsɪŋ 'aɪtɪm] *sb* Ausgleichsposten *m*
balancing of the budget ['bælənsɪŋ əv ðə 'bʌdʒɪt] *sb* Budgetausgleich *m*
ballot ['bælət] *sb* Stimmzettel *m*; *~ vote* geheime Abstimmung *f*
ban on advertising [bæn ɒn 'ædvətaɪzɪŋ] *sb* Werbeverbot *n*
ban on competition [bæn ɒn kɒmpə'tɪʃən] *sb* Wettbewerbsverbot *n*
ban on exports [bæn ɒn 'ekspɔːts] *sb* Ausfuhrverbot *n*
ban on imports [bæn ɒn 'ɪmpɔːts] *sb* Importverbot *n*

ban on new issues [bæn ɒn njuː 'ɪʃuːz] *sb* Emissionssperre *f*
ban on recruitment [bæn ɒn rɪ'kruːtmənt] *sb* Einstellungsstopp *m*
bandwagon effect ['bændwægən ɪ'fekt] *sb* Nachahmungseffekt *m*, Bandwagon-Effekt *m*
bank [bæŋk] *sb (for financial affairs)* Bank *f*
bank acceptance [bæŋk ɪk'septəns] *sb* Bankakzept *n*
bank account [bæŋk ə'kaʊnt] *sb* Bankkonto *n*
bank audit [bæŋk 'ɔːdɪt] *sb* Bankrevision *f*
bank automation [bæŋk ɔːtə'meɪʃən] *sb* Bankautomation *f*
bank balance [bæŋk 'bæləns] *sb* Bankguthaben *n*, Kontostand *m*
bank balance sheet [bæŋk 'bæləns ʃiːt] *sb* Bankbilanz *f*
bank bonds ['bæŋk bɒndz] *pl* Bankanleihen *f/pl*, Bankobligation *f*, Bankschuldverschreibung *f*
bank branch numbering [bæŋk braːntʃ 'nʌmbərɪŋ] *sb* Bankennummerierung *f*
bank charges [bæŋk 'tʃɑːdʒɪz] *pl* Kontogebühren *f/pl*, Bankspesen *pl*
bank clerk ['bæŋk klaːk] *sb* Bankangestellter *m*, Bankkaufmann *m*
bank conditions [bæŋk kən'dɪʃənz] *pl* Bankkonditionen *f/pl*
bank credit [bæŋk 'kredɪt] *sb* Bankkredit *m*
Bank Custody Act [bæŋk 'kʌstɪdi ækt] *sb* Bankdepotgesetz *n*
bank customer [bæŋk 'kʌstəmə] *sb* Bankkunde *m*
bank debit [bæŋk 'debɪt] *sb* Lastschrift *f*, Kontobelastung *f*
bank debts ['bæŋk dets] *pl* Bankschulden *f/pl*
bank deposit [bæŋk dɪ'pɒzɪt] *sb* Bankeinlage *f*
bank deposit insurance [bæŋk dɪ'pɒzɪt ɪn'ʃʊərəns] *sb* Depositenversicherung *f*
bank discount [bæŋk 'dɪskaʊnt] *sb* Wechseldiskont *m*, Bankdiskont *m*
bank endorsed bill [bæŋk ɪn'dɔːst bɪl] *sb* bankgirierter Warenwechsel *m*
Bank for International Settlements (BIS) [bæŋk fɔː ɪntə'næʃənəl 'setəlmənts] *sb* Bank für Internationalen Zahlungsausgleich (BIZ) *f*
bank guarantee [bæŋk gærən'tiː] *sb* Bankgarantie *f*, Bankaval *m/n*
bank holding securities on deposit [bæŋk 'həʊldɪŋ sɪ'kjʊərətiz ɒn dɪ'pɒzɪt] *sb* Depotbank *f*
bank holiday [bæŋk 'hɒlɪdeɪ] *sb* gesetzlicher Feiertag *m*
bank identification number [bæŋk aɪdentɪfɪ'keɪʃən 'nʌmbə] *sb* Bankleitzahl *f*
bank inquiry [bæŋk ɪn'kwaɪrɪ] *sb* Bankauskunft *f*
bank letter of credit [bæŋk 'letə əv 'kredɪt] *sb* Bankakkreditiv *n*
bank liquidity [bæŋk lɪ'kwɪdɪtɪ] *sb* Bankliquidität *f*
bank manager [bæŋk 'mænɪdʒə] *sb* Filialleiter(in) *m/f*
bank money order [bæŋk 'mʌnɪ 'ɔːdə] *sb* Bankanweisung *f*
bank notification [bæŋk nəʊtɪfɪ'keɪʃən] *sb* Bankavis *m/n*
bank of deposit [bæŋk əv dɪ'pɒzɪt] *sb* Depositenbank *f*
bank office network [bæŋk 'ɒfɪs 'netwɜːk] *sb* Bankstellennetz *n*
bank order [bæŋk 'ɔːdə] *sb* Zahlungsanweisung *f*
bank place ['bæŋk pleɪs] *sb* Bankplatz *m*
bank rate ['bæŋk reɪt] *sb* Diskontsatz *m*
bank rate for loans on securities ['bæŋk reɪt fɔː ləʊns ɒn sɪ'kjʊərətɪz] *sb* Lombardsatz *m*
bank rate policy ['bæŋk reɪt 'pɒlɪsɪ] *sb* Diskontpolitik *f*
bank relations [bæŋk rɪ'leɪʃəns] *pl* Bankbeziehungen *f/pl*
bank return [bæŋk rɪ'tɜːn] *sb* Bankausweis *m*
bank shares ['bæŋk ʃɛəz] *pl* Bankaktie *f*
bank sort code [bæŋk 'sɔːt kəʊd] *sb* Bankleitzahl *f*
bank statement [bæŋk 'steɪtmənt] *sb* Kontoauszug *m*, Bankauszug *m*
bank status [bæŋk 'steɪtɪs] *sb* Bankstatus *m*
bank stock ['bæŋk stɒk] *sb* Bankkapital *n*
bank supervision [bæŋk suːpə'vɪʒən] *sb* Bankkontrolle *f*
bank transfer [bæŋk 'trænsfə] *sb* Banküberweisung *f*
bank turnover [bæŋk 'tɜːnəʊvə] *sb* Bankumsätze *m/pl*
bankbook ['bæŋkbʊk] *sb* Kontobuch *n*
banker ['bæŋkə] *sb* Bankier *m*, Banker *m*
banker's commission ['bæŋkəz kə'mɪʃən] *sb* Bankprovision *f*
banker's duty of secrecy ['bæŋkəz 'djuːti əv 'siːkrɪsɪ] *sb* Bankgeheimnis *n*
banker's guarantee ['bæŋkəz gærən'tiː] *sb* Bankgarantie *f*

banker's note ['bæŋkəz nəʊt] *sb* Dispositionsschein *m*
banker's order ['bæŋkəz 'ɔːdə] *sb* Dauerauftrag *m*
banker's reference ['bæŋkəz 'refərɪns] *sb* Bankauskunft *f*
banking ['bæŋkɪŋ] *sb* Bankwesen *n*, Bankgeschäft *n*
banking business ['bæŋkɪŋ 'bɪznɪs] *sb* Bankgewerbe *n*
banking cover ['bæŋkɪŋ 'kʌvə] *sb* Bankdeckung *f*
banking crisis ['bæŋkɪŋ 'kraɪsɪs] *sb* Bankenkrise *f*
banking industry ['bæŋkɪŋ 'ɪndəstrɪ] *sb* Kreditwirtschaft *f*, Bankgewerbe *n*
banking inquiry ['bæŋkɪŋ ɪn'kwaɪərɪ] *sb* Bankenquete *f*
banking interest ['bæŋkɪŋ 'ɪntrɪst] *sb* Bankzinsen *m/pl*
Banking Law ['bæŋkɪŋ lɔː] *sb* Kreditwesengesetz *n*
banking legislation ['bæŋkɪŋ ledʒɪs'leɪʃən] *sb* Bankengesetzgebung *f*
banking organization ['bæŋkɪŋ ɔːgənaɪ'zeɪʃən] *sb* Bankorganisation *f*
banking secrecy ['bæŋkɪŋ 'siːkrəsɪ] *sb* Bankgeheimnis *n*
banking statistics ['bæŋkɪŋ stə'tɪstɪks] *pl* Bankenstatistik *f*
banking stocks ['bæŋkɪŋ stɒks] *pl* Bankaktien *f/pl*, Bankwerte *m/pl*
banking syndicate ['bæŋkɪŋ 'sɪndɪkət] *sb* Bankenkonsortium *n*
banking system ['bæŋkɪŋ 'sɪstɪm] *sb* Bankensystem *n*
banking transactions ['bæŋkɪŋ træn'zækʃənz] *pl* Bankgeschäft *n*
banknote ['bæŋknəʊt] *sb* Banknote *f*, Geldschein *m*
bankrate for advances against collateral ['bæŋkreɪt fɔː æd'vansɪz ə'genst kə'lætərəl] *sb* Lombardsatz *m*
bankrupt ['bæŋkrʌpt] *adj* bankrott, nicht zahlungsfähig
bankruptcy ['bæŋkrʌptsɪ] *sb* Bankrott *m*, Konkurs *m*; ~ *proceedings* Konkursverfahren *n*
Bankruptcy Act ['bæŋkrʌptsɪ ækt] *sb* Konkursordnung *f*
bankruptcy assets ['bæŋkrʌptsɪ 'æsets] *pl* Konkursmasse *f*
bankruptcy court ['bæŋkrʌptsɪ kɔːt] *sb* Konkursgericht *n*
bankruptcy offence ['bæŋkrʌptsɪ ə'fens] *sb* Konkursdelikt *n*
bankruptcy petition ['bæŋkrʌptsɪ pə'tɪʃən] *sb* Konkursantrag *m*
bankruptcy proceedings ['bæŋkrʌptsɪ prə'siːdɪŋz] *pl* Konkursverfahren *n*
bankrupt's creditor ['bæŋkrʌpts 'kredɪtə] *sb* Konkursgläubiger *m*
bankrupt's estate ['bæŋkrʌpts ɪ'steɪt] *sb* Konkursmasse *f*
bank's accounting [bæŋks ə'kaʊntɪŋ] *sb* Bankbuchhaltung *f*
bank's confirmation of a letter of credit [bæŋks kɒnfə'meɪʃən əv ə 'letə əv 'kredɪt] *sb* Bankavis *m/n*
banks' duty to publish [bæŋks 'djuːti tu 'pʌblɪʃ] *sb* Bankpublizität *f*
bank's transaction dealing with cashless [bæŋks træn'zækʃən 'diːlɪŋ wɪθ 'kæʃləs] *sb* Girogeschäft *n*
banks' voting rights [bæŋks 'vəʊtɪŋ raɪts] *pl* Bankenstimmrecht *n*
bar chart ['bɑː tʃɑːt] *sb* Balkendiagramm *n*, Säulenschaubild *n*, Blockdiagramm *n*
bar code ['bɑː kəʊd] *sb* Strichcode *m*, Barcode *m*, Balkencode *m*
bargain ['bɑːgɪn] *v 1.* feilschen, handeln; *2. ~ for* rechnen mit, erwarten; *sb 3. (transaction)* Handel *m*, Geschäft *n*, Abkommen *n*; *4. drive a hard ~* hart feilschen; *5. strike a ~* sich einigen; *6. (sth bought at a ~ price)* Gelegenheitskauf *m*; *7. (lower-than-usual price)* preiswertes Angebot *n*
bargaining ['bɑːgənɪŋ] *sb* Verhandeln *n*, Bargaining *n*
barrel ['bærəl] *sb* Fass *n*, Tonne *f*, Barrel *n*
barriers to entry ['bærɪəz tu 'entrɪ] *pl* Markteintrittsbarrieren *f/pl*
barrister ['bærɪstə] *sb* Rechtsanwalt/Rechtsanwältin *m/f*, Barrister *m*
barter ['bɑːtə] *v* tauschen; *sb* Tauschhandel *m*, Tausch *m*
barter transaction ['bɑːtə træn'zækʃən] *sb* Kompensationsgeschäft *n*, Tauschgeschäft *n*, Bartergeschäft *n*
base [beɪs] *sb* Basis *f*, Grundlage *f*
base level ['beɪs levl] *sb* Ausgangsniveau *n*
base line ['beɪs laɪn] *sb* Vergleichsbasis *f*
base period [beɪs 'pɪərɪəd] *sb* Vergleichszeitraum *m*
base rate ['beɪs reɪt] *sb* Leitzins *m*
base year ['beɪs jɪə] *sb* Vergleichsjahr *n*, Basisjahr *n*

basic collective agreement ['beɪsɪk kə'lektɪv ə'griːmənt] *sb* Manteltarifvertrag *m*
basic income ['beɪsɪk 'ɪnkʌm] *sb* Grundgehalt *n,* Basiseinkommen *n*
basic knowledge ['beɪsɪk 'nɒlɪdʒ] *sb* Grundwissen *n,* Grundkenntnisse *pl*
basic price ['beɪsɪk praɪs] *sb* Basispreis *m*
basic rate ['beɪsɪk reɪt] *sb* Eingangssteuersatz *m*
basic rate of interest ['beɪsɪk reɪt əv 'ɪntrɪst] *sb* Eckzins *m*
basic salary ['beɪsɪk 'sæləri] *sb* Grundgehalt *n,* Basislohn *m*
basic savings ['beɪsɪk 'seɪvɪŋz] *pl* Spareckzins *m*
basic trend ['beɪsɪk trend] *sb* Basistrend *m*
basic wage ['beɪsɪk weɪdʒ] *sb* Grundgehalt *n,* Basislohn *m*
basis ['beɪsɪs] *sb* Basis *f,* Grundlage *f,* Fundament *n*
basis price ['beɪsɪs praɪs] *sb* Grundpreis *m,* Erwerbskurs *m*
basis rate ['beɪsɪs reɪt] *sb* Basiszins *m*
basket currency ['bɑːskɪt 'kʌrɪnsɪ] *sb* Korbwährung *f*
batch of commodities [bætʃ əv kə'mɒdɪtiːz] *sb* Warenkorb *m*
batch production [bætʃ prə'dʌkʃən] *sb* Chargenproduktion *f*
batch size [bætʃ saɪz] *(production)* Losgröße *f,* Seriengröße *f*
baud rate ['bɔːd reɪt] *sb* Baudrate *f*
bear ['bɛə] *sb* Baissespekulant *m,* Baissier *m*
bear clause ['bɛə klɔːz] *sb* Baisseklausel *f*
bearer ['bɛərə] *sb 1. (of a message, of a cheque)* Überbringer(in) *m/f; 2. (of a document)* Inhaber(in) *m/f; 3. (carrier)* Träger(in) *m/f*
bearer bond ['bɛərə bɒnd] *sb* Inhaberschuldverschreibung *f*
bearer cheque ['bɛərə tʃek] *sb* Inhaberscheck *m,* Überbringerscheck *m*
bearer clause ['bɛərə klɔːz] *sb* Inhaberklausel *f*
bearer instrument ['bɛərə 'ɪnstrəmənt] *sb* Inhaberpapier *n*
bearer land charge ['bɛərə lænd tʃɑːdʒ] *sb* Inhabergrundschuld *f*
bearer share ['bɛərə ʃɛə] *sb* Inhaberaktie *f*
bearer-type mortgage ['bɛərə taɪp 'mɔːgɪdʒ] *sb* Inhaberhypothek *f*
bearish ['bɛərɪʃ] *adj (market)* bearish, auf Baisse gerichtet, flau
bear market [bɛə 'mɑːkɪt] *sb* Baisse *f*
bear sale ['bɛə seɪl] *sb* Leerverkauf *m*
bear seller [bɛə 'selə] *(Börse)* Fixer *m*
bear selling [bɛə 'selɪŋ] *sb* Leerverkauf *m*
bear selling position [bɛə 'selɪŋ pə'zɪʃən] *sb* Leerposition *f*
bear slide ['bɛə slaɪd] *sb* Kursrutsch *m*
beat [biːt] *v irr 1. (s.o. to sth)* zuvorkommen; *2. (surpass)* überbieten
beat down [biːt 'daʊn] *v irr (prices)* herunterdrücken, herunterhandeln
before hours dealing [bɪ'fɔːr 'auəz 'diːlɪŋ] *sb* Vorbörse *f*
belong [bɪ'lɒŋ] *v* gehören
belongings [bɪ'lɒŋɪŋz] *pl* Habe *f,* Besitz *m,* Eigentum *n*
benchmark rate ['bentʃmɑːk reɪt] *sb* Ecklohn *m*
benchmarking ['bentʃmɑːkɪŋ] *sb* Benchmarking *n,* Leistungsvergleich *m*
beneficial [benɪ'fɪʃəl] *adj* nützlich, gut, von Vorteil
beneficiary [benɪ'fɪʃəri] *sb* Nutznießer(in) *m/f,* Begünstigte(r) *f/m*
beneficiary of payment [benɪ'fɪʃəri əv 'peɪmənt] *sb* Zahlungsberechtigte(r) *f/m*
benefit ['benɪfɪt] *v 1.* Nutzen ziehen, profitieren, gewinnen; *sb 2.* Vorteil *m,* Nutzen *m,* Gewinn *m; 3. give s.o. the ~ of the doubt* im Zweifelsfalle zu jds Gunsten entscheiden; *(insurance ~)* Leistung *f,* Unterstützung *f*
benefit analysis ['benɪfɪt ə'nælɪsɪs] *sb* Nutzwertanalyse *f*
benefit in money's worth ['benɪfɪt ɪn 'mʌnɪz wɜːθ] *sb* geldwerter Vorteil *m*
bequeath [bɪ'kwiːð] *v* vermachen, vererben
bequest [bɪ'kwest] *sb* Vermächtnis *n; (to a museum)* Stiftung *f*
bespoke [bɪ'spəʊk] *adj (UK)* nach Maß angefertigt, Maß...
best price [best 'praɪs] *adj* billigst
bestow [bɪ'stəʊ] *v* schenken, erweisen
bestseller [best'selə] *sb* Bestseller *m*
bestselling ['bestselɪŋ] *adj* Erfolgs..., bestverkauft
beta factor ['biːtə 'fæktə] *sb* Betafaktor *m*
beverage tax ['bevərɪdʒ tæks] *sb* Getränkesteuer *f*
bid [bɪd] *v irr 1.* bieten; *sb 2.* Angebot *n; 3. (at an auction)* Gebot *n*
bidder ['bɪdə] *sb* Bieter(in) *m/f; the highest ~* der/die Meistbietende *m/f; the lowest ~* der/die Mindestbietende *m/f*
bidding ['bɪdɪŋ] *sb* Bieten *n,* Gebot *n; do s.o.'s ~* wie geheißen tun
bid price [bɪd 'praɪs] *sb* Geldkurs *m*

big bank [bɪg bæŋk] *sb* Großbank *f*
bilateral [baɪ'lætərəl] *adj* zweiseitig, bilateral, beiderseitig
bill [bɪl] *v 1. (charge)* in Rechnung stellen; *sb* 2. Rechnung *f,* Abrechnung *f; 3. (US: banknote)* Banknote *f,* Geldschein *m; 4. ~ of sale* Verkaufsurkunde *f*
billboard ['bɪlbɔːd] *sb* Reklametafel *f,* Werbetafel *f*
bill brokerage provision [bɪl 'brəʊkərɪdʒ prə'vɪʒən] *sb* Wechselcourtage *f*
bill business [bɪl 'bɪznɪs] *sb* Wechselgeschäft *n*
bill discount rate [bɪl 'dɪskaʊnt reɪt] *sb* Wechseldiskontsatz *m*
bill drawn by the drawer himself [bɪl 'drɔːn baɪ ðə 'drɔːə hɪm'self] *sb* trassierteigener Wechsel *m*
billed [bɪld] *adj* in Rechnung gestellt, berechnet
bill endorsement [bɪl ɪn'dɔːsmənt] *sb* Wechselindossament *n*
bill finance [bɪl 'faɪnæns] *sb* Wechselfinanzierung *f*
bill for collection [bɪl fɔː kə'lekʃən] *sb* Inkassowechsel *m*
bill guarantee [bɪl gærən'tiː] *sb* Wechselbürgschaft *f,* Wechselgarantie *f*
bill in foreign currency [bɪl ɪn 'fɒrɪn 'kʌrɪnsɪ] *sb* Devisen-Wechsel *m*
billion ['bɪlɪən] *sb 1. (a thousand millions)* Milliarde *f; 2. (formerly UK: a million millions)* Billion *f*
bill jobbing [bɪl 'dʒɒbɪŋ] *sb* Wechselreiterei *f*
bill of entry [bɪl əv 'entrɪ] *sb* Zolleinfuhrschein *m*
bill of exchange [bɪl əv ɪk'stʃeɪndʒ] *sb* Wechsel *m*
bill of exchange drawn for third-party account [bɪl əv ɪk'stʃeɪndʒ drɔːn fɔː θɜːd 'pɑːti ə'kaʊnt] *sb* Kommissionstratte *f*
bill of lading [bɪl əv 'leɪdɪŋ] *sb* Konnossement *m,* Seefrachtbrief *m*
bill of quantity [bɪl əv 'kwɒntɪtɪ] *sb* Kostenvoranschlag *m*
bill of receipts and expenditures [bɪl əv rɪ'siːts ænd ɪk'spendɪtʃəz] Einnahmen-Ausgabenrechnung *f*
bill on deposit [bɪl ɒn dɪ'pɒzɪt] *sb* Depotwechsel *m*
bill payable [bɪl 'peɪəbəl] *sb* Schuldwechsel *m*
bill payable at sight [bɪl 'peɪəbəl ət saɪt] *sb* Sichtwechsel *m*
bill payable in instalments [bɪl 'peɪəbəl ɪn ɪn'stɔːlmənts] *sb* Ratenwechsel *m*
bills and checks returned unpaid [bɪlz ænd tʃeks rɪ'tɜːnd ʌn'peɪd] *pl (finance)* Retouren *f/pl*
bills discounted [bɪlz 'dɪskaʊntɪd] *pl* Diskonten *pl,* inländische Wechsel *m/pl*
bills discounted ledger [bɪlz 'dɪskaʊntɪd 'ledʒə] *sb* Obligobuch *n*
bills drawn on debtors [bɪlz drɔːn ɒn 'detəz] *pl* Debitorenziehung *f*
bills receivable [bɪlz rɪ'siːvəbəl] *pl* Besitzwechsel *m*
bills rediscountable at the Federal Bank [bɪlz rɪdɪs'kaʊntɪbəl æt ðə 'fedərəl bæŋk] *pl* bundesbankfähige Wertpapiere *n/pl*
binding ['baɪndɪŋ] *adj* verbindlich, bindend, verpflichtend
biodegradable [baɪəʊdɪ'greɪdəbl] *adj* biologisch abbaubar
biotechnology [baɪəʊtek'nɒlədʒɪ] *sb* Biotechnologie *f*
birthday ['bɜːθdeɪ] *sb* Geburtstag *m*
birthplace ['bɜːθpleɪs] *sb* Geburtsort *m*
bit [bɪt] *sb 1.* Stückchen *n,* Stück *n; ~ by ~* stückweise, Stück für Stück; *every ~ as good as ...* genauso gut wie ...; *2. (UK: coin)* Münze *f; 3. (computer)* Bit *n*
black box model [blæk bɒks 'mɒdəl] *sb* Black-Box-Modell *n*
black list [blæk lɪst] *sb* Black list *f,* schwarze Liste *f*
black market [blæk 'mɑːkɪt] *sb* Schwarzmarkt *m*
black stock exchange [blæk stɒk ɪks'tʃeɪndʒ] *sb* schwarze Börse *f*
blank [blæŋk] *adj* Blanko..., leer
blank bill [blæŋk bɪl] *sb* Blanko-Wechsel *m*
blank cheque [blæŋk tʃek] *sb* Blankoscheck *m*
blanket agreement ['blæŋkɪt ə'griːmənt] *sb* Rahmenvereinbarung *f*
blanket allowance for special expenses ['blæŋkɪt ə'laʊəns fɔː 'speʃəl ɪk'spensɪz] *sb* Sonderausgaben-Pauschbetrag *m*
blank form [blæŋk fɔːm] *sb* Blankoformular *n*
blank indorsement [blæŋk ɪn'dɔːsmənt] *sb* Blanko-Indossament *n*
blank signature [blæŋk 'sɪgnətʃə] *sb* Blankounterschrift *f*
block [blɒk] *v (credit)* sperren
block credit [blɒk 'kredɪt] *sb* Rahmenkredit *m*
blocked account [blɒkt ə'kaʊnt] *sb* Sperrkonto *n*

blocked balance [blɒkt 'bæləns] *sb* Sperrguthaben *n*
blocked deposit [blɒkt dɪ'pɒzɪt] *sb* gesperrtes Depot *n*
blocked safe-deposit [blɒkt seɪf dɪ'pɒzɪt] *sb* Sperrdepot *n*
blocked shares [blɒkt 'ʃɛəz] *sb* gesperrte Stücke *n/pl*
block floating [blɒk 'fləʊtɪŋ] *sb* Blockfloating *n*
block grant [blɒk 'grɑːnt] *sb* Pauschalsubvention *f*
block of shares [blɒk əv 'ʃɛəz] *pl* Aktienpaket *n*
blue chips ['bluː tʃɪps] *pl* erstklassige Aktien *f,* Blue Chips *m/pl*
board [bɔːd] *sb 1. (of a computer)* Platine *f; 2. (~ of directors)* Vorstand *m,* Direktorium *n,* Verwaltungsrat *m*
board of directors [bɔːd əv dɪ'rektəz] *sb* Direktion *f,* Vorstand *m*
board of trustees [bɔːd əv trʌs'tiːz] *sb* Kuratorium *n*
boardroom ['bɔːdruːm] *sb* Sitzungssaal *m*
body ['bɒdɪ] *sb 1. (group of people)* Gruppe *f,* Gesellschaft *f; 2. (administrative)* Körperschaft *f*
body of assets ['bɒdɪ əv 'æsets] *sb* Vermögensmasse *f*
bogus company ['bəʊgəs 'kʌmpənɪ] *sb* Briefkastenfirma *f,* Scheinfirma *f*
bond [bɒnd] *sb* Obligation *f,* festverzinsliches Wertpapier *n*
bond and share [bɒnd ænd 'ʃɛə] *sb* Manteltresor *m*
bond capital [bɒnd 'kæpɪtəl] *sb* Anleihekapital *n*
bond certificate [bɒnd sə'tɪfɪkɪt] *sb* Anleiheschein *m*
bond coupon [bɒnd 'kuːpɒn] *sb* Zinsschein *m*
bonded ['bɒndɪd] *adj* unter Zollverschluss *m*
bonded warehouse ['bɒndɪd 'wɛəhaʊs] *sb* Zolllagerhaus *n*
bondholder ['bɒndhəʊldə] *sb* Pfandbriefinhaber *m,* Obligationär *m*
bond issue [bɒnd 'ɪʃuː] *sb* Obligationsausgabe *f*
bond market [bɒnd 'mɑːkɪt] *sb* Rentenmarkt *m*
bond option [bɒnd 'ɒpʃən] *sb* Bond-Option *f*
bonds [bɒndz] *pl* Rentenpapiere *n/pl,* Bonds *m/pl,* Obligation *f*
bond trading [bɒnd 'treɪdɪŋ] *sb* Rentenhandel *m*
bond warrant [bɒnd 'wɒrənt] *sb* Zollbegleitschein *m*
bonus ['bəʊnəs] *sb (monetary)* Prämie *f,* Bonus *m,* Gratifikation *f,* Bonifikation *f,* Zulage *f*
bonus-aided saving ['bəʊnəs 'eɪdɪd 'seɪvɪŋ] *sb* Prämiensparen *n*
bonus savings contract ['bəʊnəs 'seɪvɪŋz 'kɒntrækt] *sb* Prämiensparvertrag *m*
bonus share ['bəʊnəs ʃɛə] *sb* Berichtigungsaktie *f,* Gratisaktie *f,* Zusatzaktie *f*
book [bʊk] *v (reserve)* buchen, reservieren, vorbestellen; *to be ~ed up* ausgebucht sein
book credit [bʊk 'kredɪt] *sb* Buchkredit *m*
book debt [bʊk det] *sb* Buchschuld *f*
booking ['bʊkɪŋ] *f* Buchung *f,* Bestellung *f*
booking amount ['bʊkɪŋ ə'maʊnt] *sb* Buchungsbetrag *m*
bookkeeper ['bʊkkiːpə] *sb* Buchhalter(in) *m/f*
bookkeeping ['bʊkkiːpɪŋ] *sb* Buchhaltung *f,* Buchführung *f*
bookkeeping department ['bʊkkiːpɪŋ dɪ'pɑːtment] *sb* Buchhaltungsabteilung *f*
bookkeeping error ['bʊkkiːpɪŋ 'erə] *sb* Buchungsfehler *m*
book profit [bʊk 'prɒfɪt] *sb* Buchgewinn *m*
books [bʊks] *pl* Bücher *n/pl,* Geschäftsbücher *n/pl; keep the ~s* die Bücher führen
book value [bʊk 'væljuː] *sb* Bilanzkurs *m,* Buchbestände *m/pl;* Buchwert *m*
boom [buːm] *v 1. (prosper)* einen Aufschwung nehmen; *Business is ~ing.* Das Geschäft blüht. *sb 2. (upswing)* Aufschwung *m,* Boom *m,* Hochkonjunktur *f*
boot disk ['buːt dɪsk] *sb* Bootdiskette *f*
borrow ['bɒrəʊ] *v* borgen, sich leihen, sich entleihen
borrowed funds ['bɒrəʊd fʌndz] *pl* aufgenommene Gelder *n/pl,* fremde Mittel *n/pl*
borrower ['bɒrəʊə] *sb* Entleiher(in) *m/f; (with a bank)* Kreditnehmer *m*
borrowing ['bɒrəʊɪŋ] *sb* Passivkredit *m*
borrowing customers' card index ['bɒrəʊɪŋ 'kʌstəməz kɑːd 'ɪndeks] *sb* Kreditkartei *f*
borrowing limit ['bɒrəʊɪŋ 'lɪmɪt] *sb* Kreditlimit *n*
borrowing line ['bɒrəʊɪŋ 'laɪn] *sb* Kreditlinie *f*
bottleneck ['bɒtlnek] *sb (fig)* Engpass *m*
bottle-neck factor ['bɒtlnek 'fæktə] *sb* Engpassfaktor *m*
bottom ['bɒtəm] *v* auf dem Tiefpunkt sein, den tiefsten Stand erreicht haben; *~ out* die Talsohle verlassen

bottom line ['bɒtəm 'laɪn] *sb* Saldo *m*

bottom-up planning system ['bɒtəmʌp 'plænɪŋ 'sɪstɪm] *sb* Gegenstromverfahren *n*

bottom-up principle ['bɒtəmʌp 'prɪnsɪpəl] *sb* Bottom-Up-Prinzip *n*

bottom wage groups ['bɒtəm weɪdʒ gru:ps] *pl* Leichtlohngruppen *f/pl*

bourse [baʊəs] *sb* Börse *f (auf dem europäischen Kontinent)*

box [bɒks] *v 1. (put in boxes)* verpacken; *2. sb* Kasten *m*, Kiste *f*; *(made of thin cardboard)* Schachtel *f*

boxboard ['bɒksbɔ:d] *sb* Wellpappe *f*, Karton *m*

boxcar ['bɒkskɑ:] *sb* geschlossener Güterwagon *m*

box number ['bɒks 'nʌmbə] *sb* Postfach *n*

boycott ['bɔɪkɒt] *sb 1.* Boykott *m*; *v 2.* boykottieren

brain drain [breɪn dreɪn] *sb (fam)* Braindrain *m*, Abwanderung hochqualifizierter Arbeitskräfte *f*

brains trust [breɪnz trʌst] *sb* Expertenausschuss *m*, Braintrust *m*

brainstorming ['breɪnstɔ:mɪŋ] *sb* Brainstorming *n*, Ideensammeln *n*

branch [brɑ:ntʃ] *sb 1. (area)* Zweig *m*, Sparte *f*, Branche *f*; *2. (~ office)* Filiale *f*, Zweigstelle *f*; *v 3. ~ out* sich ausdehnen

branch abroad [brɑ:ntʃ ə'brɔ:d] *sb* Auslandsniederlassung *f*

branch manager [brɑ:ntʃ 'mænɪdʒə] *sb* Filialleiter *m*

branch office [brɑ:ntʃ 'ɒfɪs] *sb* Geschäftsstelle *f*, Zweigstelle *f*, Filiale *f*

branch operation [brɑ:ntʃ ɒpə'reɪʃən] *sb* Zweigstelle *f*

brand [brænd] *sb (name)* Marke *f*, Schutzmarke *f*

brand family [brænd 'fæmɪlɪ] *sb* Markenfamilie *f*

brand leader [brænd 'li:də] *sb* führende Marke *f*

brand management [brænd 'mænɪdʒmənt] *sb* Produktmanagement *n*, Markenmanagement *n*

brand marketing [brænd 'mɑ:kɪtɪŋ] *sb* Brandmarketing *n*

brand name ['brænd neɪm] *sb* Markenname *m*

brand name article ['brænd neɪm 'ɑ:tɪkl] *sb* Markenartikel *m*

brand (name) loyalty [brænd (neɪm) 'lɔɪjəltɪ] *sb* Markentreue *f*

brand switching [brænd 'swɪtʃɪŋ] *sb* Markenwechsel *m*

brand trademark [brænd 'treɪdmɑ:k] *sb* Marke *f*

brand trend survey [brænd trend 'sɜ:veɪ] *sb* Markenanalyse *f*

branding ['brændɪŋ] *sb* Branding *n*

breach [bri:tʃ] *v 1. (a contract)* brechen, verletzen; *sb 2.* Übertretung *f*, Verstoß *m*, Verletzung *f*; *3. ~ of contract* Vertragsbruch *m*

break [breɪk] *v irr 1.* brechen; *2. ~ even* Kosten decken; *3. ~ the news to s.o.* jdm etw eröffnen; *4. (stop functioning)* kaputtgehen; *5. (put out of working order)* kaputtmachen; *sb 6. (pause)* Pause *f*; *take a ~* eine Pause machen

breakage ['breɪkɪdʒ] *sb* Bruch *m*; *(damage)* Bruchschaden *m*

breakage frequency ['breɪkɪdʒ 'fri:kwənsɪ] *sb* Ausschussquote *f*

break down [breɪk 'daʊn] *v irr (machine)* versagen, stehen bleiben

breakdown ['breɪkdaʊn] *sb 1. (of a machine)* Versagen *n*, Betriebsstörung *f*; *2. (of a car)* Panne *f*; *3. (analysis)* Aufgliederung *f*

breakeven analysis [breɪk'i:vən ə'nælɪsɪs] Break-Even-Analyse *f*, Gewinnschwellenanalyse *f*

break-even point [breɪk'i:vən pɔɪnt] *sb* Gewinnschwelle *f*, Rentabilitätsschwelle *f*, Break-Even-Point *m*

breakthrough ['breɪkθru:] *sb* Durchbruch *m*

bribe [braɪb] *v 1.* bestechen, schmieren; *2. sb (money)* Bestechung *f*, Bestechungsgeld *n*

bridging loan ['brɪdʒɪŋ ləʊn] *sb* Überbrückungskredit *m*

brief [brɪ:f] *sb 1.* Instruktionen *f/pl*; *v 2. ~ s.o.* jdn einweisen, jdn instruieren

briefcase ['brɪ:fkeɪs] *sb* Aktentasche *f*, Aktenmappe *f*

briefing ['brɪ:fɪŋ] *sb* Briefing, vorbereitende Besprechung *f*

bring [brɪŋ] *v irr 1.* bringen; *2. ~ a charge against s.o.* gegen jdn Anklage erheben

bring forward [brɪŋ 'fɔ:wəd] *v irr 1.* übertragen; *2. (a meeting)* vorverlegen

broadcast ['brɔ:dkɑ:st] *v irr 1.* senden, übertragen; *sb 2.* Übertragung *f*, Sendung *f*

brochure ['brəʊʃə] *sb* Broschüre *f*, Prospekt *m*

broken-period interest ['brəʊkənpɪərɪəd 'ɪntrest] *sb* Stückzinsen *pl*

broker ['brəʊkə] *sb* Broker *m*; Makler(in) *m/f*

brokerage ['brəʊkərɪdʒ] *sb* Maklergeschäft *n*, Maklergebühr *f*, Provision *f*, Courtage *f*

brokerage bank ['brəʊkərɪdʒ bæŋk] *sb* Maklerbank *f*
brokerage business ['brəʊkərɪdʒ 'bɪznɪs] *sb* Vermittlungsgeschäft *n*
brokers' code of conduct ['brəʊkəz kəʊd əv 'kɒndʌkt] *sb* Maklerordnung *f*
broker's note ['brəʊkəz nəʊt] *sb* Schlussnote *f*
bubble company ['bʌbəl 'kʌmpənɪ] *sb* Briefkastenfirma *f*, Scheinfirma *f*
bucket shop ['bʌkɪt ʃɒp] *sb* Winkelbörse *f*
budget ['bʌdʒɪt] *v 1. ~ for sth* einplanen, einkalkulieren; *sb 2.* Etat *m*, Budget *n*, Haushalt *m*
budget adjustment ['bʌdgɪt ə'dʒʌstmənt] *sb* Planrevision *f*
budgetary deficit ['bʌdʒɪtəri 'defəsɪt] *sb* Haushaltsdefizit *n*, Budgetdefizit *n*
budgetary planning ['bʌdʒɪtəri 'plænɪŋ] *sb* Budgetplanung *f*
budget control ['bʌdʒɪt kən'trəʊl] *sb* Budgetkontrolle *f*
budget credit ['bʌdʒɪt 'kredɪt] *sb* Haushaltskredit *m*
budget cut ['bʌdʒɪt kʌt] *sb* Etatkürzung *f*, Budgetkürzung *f*
budgeted balance sheet ['bʌdʒɪtɪd 'bæləns ʃi:t] *sb* Planbilanz *f*
budgeted costs ['bʌdʒɪtɪd kɒsts] *pl* Sollkosten *pl*
budget law ['bʌdʒɪt lɔ:] *sb* Haushaltsgesetz *n*
budgeting ['bʌdʒɪtɪŋ] *sb* Budgetierung *f*, Finanzplanung *f*
buffer stock ['bʌfə stɒk] *sb* Pufferbestand *m*
bug [bʌg] *v 1.* verwanzen, abhören; *sb 2. (programming error)* Defekt *m*
build [bɪld] *v irr 1.* bauen, erbauen, errichten; *2. (fig: business, career, relationship)* aufbauen; *3. (assemble)* bauen, konstruieren, herstellen
builder ['bɪldə] *sb 1. (contractor)* Bauunternehmer *m*; *2.* Erbauer *m*, Bauträger *m*
building and contracting industry ['bɪldɪŋ ənd kɒn'træktɪŋ 'ɪndəstrɪ] *sb* Bauwirtschaft *f*
building financing ['bɪldɪŋ 'faɪnænsɪŋ] *sb* Baufinanzierung *f*
building loan ['bɪldɪŋ ləʊn] *sb* Baukredit *m*, Baudarlehen *n*
building site ['bɪldɪŋ saɪt] *sb* Bauland *n*, Baustelle *f*
building society ['bɪldɪŋ sə'saɪɪtɪ] *sb (UK)* Bausparkasse *f*
build-up account ['bɪldʌp ə'kaʊnt] *sb* Aufbaukonto *n*
bulk [bʌlk] *sb 1. (size)* Größe *f*, Masse *f*; *2. (large quantity)* Masse *f*
bulk buyer [bʌlk 'baɪə] *sb* Großabnehmer *m*
bulk buying [bʌlk 'baɪɪŋ] *sb* Großeinkauf *m*
bulk carrier [bʌlk 'kærɪə] *sb* Frachtschiff *n*, Frachter *m*
bulk delivery [bʌlk dɪ'lɪvərɪ] *sb* Großlieferung *f*
bulk goods [bʌlk gʊdz] *pl* Massengüter *n/pl*
bulk mail ['bʌlk meɪl] *sb* Postwurfsendung *f*
bull [bʊl] *sb* Haussespekulant *m*, Haussier *m*
bull market [bʊl 'mɑ:kɪt] *sb* Hausse *f*
bullion ['bʊljən] *sb 1.* Bullion *n*; *2.* Barren *m*
bullion broker ['bʊljən 'brəʊkə] *sb* Bullionbroker *m*
bullish ['bʊlɪʃ] *sb* Bullish *n*
buoyant ['bɔɪjənt] *adj* freundlich, lebhaft
burden ['bɜ:dn] *v 1.* belasten; *~ s.o. with sth* jdm etw aufbürden; *sb 2.* Last *f*; *3. (of taxes)* Belastung *f*
burden department ['bɜ:dn dɪ'pɑ:tment] *sb* Kostenstelle *f*
bureau ['bjʊərəʊ] *sb (of the government)* Amt *n*, Behörde *f*
bureaucracy [bjʊə'rɒkrəsɪ] *sb* Bürokratie *f*
bureaucrat ['bjʊərəkræt] *sb* Bürokrat *m*
bureaucratic [bjʊərə'krætɪk] *adj* bürokratisch
business ['bɪznɪs] *sb 1. (firm)* Geschäft *n*, Betrieb *m*, Unternehmen *n*; *2. go out of ~* zumachen; *3. (trade)* Geschäft *n*, Gewerbe *n*; *(matter)* Sache *f*, Affäre *f*, Angelegenheit *f*; *4. get down to ~* zur Sache kommen
business acquisition ['bɪznɪs ækwɪ'zɪʃən] *sb* Geschäftsübernahme *f*
business administration ['bɪznɪs ədmɪnɪ'streɪʃən] *sb* Betriebswirtschaftslehre *f*
business barometer ['bɪznɪs bə'rɒmɪtə] *sb* Konjunkturbarometer *n*
business card ['bɪznɪs kɑ:d] *sb* Geschäftskarte *f*, Visitenkarte *f*
business category costing ['bɪznɪs 'kætəgərɪ 'kɒstɪŋ] *sb* Geschäftsspartenkalkulation *f*
business combination ['bɪznɪs kɒmbɪ'neɪʃən] *sb* Unternehmenszusammenschluss *m*
business concentration ['bɪznɪs kɒnsɪn'treɪʃən] *sb* Unternehmenskonzentration *f*
business connections ['bɪznɪs kə'nekʃənz] *pl* Geschäftsbeziehungen *f/pl*, Geschäftsverbindungen *f/pl*

business consulting ['bɪznɪs̩ kən'sʌltɪŋ] *sb* Unternehmensberatung *f*
business cycle ['bɪznɪs 'saɪkəl] *sb* Konjunkturverlauf *m*, Konjunkturzyklus *m*
business data processing ['bɪznɪs 'deɪtə 'prəʊsesɪŋ] *sb* Wirtschaftsinformatik *f*
business deal ['bɪznɪs diːl] *sb* Geschäftsabschluss *m*
business economics ['bɪznɪs iːkə'nɒmɪks] *pl* Betriebswirtschaftslehre *f*
business engaged in the distributive trade ['bɪznɪs ɪn'geɪdʒd ɪn ðə dɪs'trɪbjutɪv treɪd] *sb* Handelsbetrieb *m*
business enterprise ['bɪznɪs 'entəpraɪz] *sb* Erwerbsbetrieb *m*, Unternehmung *f*
business environment risk index ['bɪznɪs en'vaɪənmənt rɪsk 'ɪndeks] *sb* BERI-Index *m*
business excise tax ['bɪznɪs 'eksaɪz tæks] *sb* Gewerbeertragssteuer *f*
business forecasting ['bɪznɪs 'fɔːkɑːstɪŋ] *sb* Konjunkturprognose *f*
business friend ['bɪznɪs frend] *sb* Geschäftsfreund *m*
business hours ['bɪznɪs 'aʊəz] *sb* Geschäftszeit *f*
business in foreign countries ['bɪznɪs ɪn 'fɒrɪn 'kʌntrɪz] *sb* Auslandsgeschäft *n*
business income ['bɪznɪs 'ɪnkʌm] *sb* Erwerbseinkünfte *f/pl*
business indicator ['bɪznɪs 'ɪndɪkeɪtə] *sb* Konjunkturindikator *m*
business letter ['bɪznɪs 'letə] *sb* Handelsbrief *m*
business licence ['bɪznɪs 'laɪsəns] *sb* Gewerbeschein *m*
businessman ['bɪznɪsmæn] *sb* Geschäftsmann *m*, Kaufmann *m*
business over the counter ['bɪznɪs 'əʊvə ðə 'kaʊntə] *sb* Schaltergeschäft *n*
business papers ['bɪznɪs 'peɪpəz] *pl* Geschäftspapiere *n/pl*
business park ['bɪznɪs pɑːk] *sb* Gewerbegebiet *n*
business partner ['bɪznɪs 'pɑːtnə] *sb* Geschäftspartner(in) *m/f*
business practice ['bɪznɪs 'præktɪs] *sb* Handelsbrauch *m*
business relations ['bɪznɪs rɪ'leɪʃənz] *pl* Geschäftsverbindung *f*, Geschäftsbeziehung *f*
business report ['bɪznɪs rɪ'pɔːt] *sb* Geschäftsbericht *m*
business reply ['bɪznɪs rɪ'plaɪ] *sb* Werbeantwort *f*
business secret ['bɪznɪs 'siːkrət] *sb* Geschäftsgeheimnis *n*
business taxation ['bɪznɪs tæk'seɪʃən] *sb* Unternehmensbesteuerung *f*
business-to-business (B2B) ['bɪznɪs tʊ 'bɪznɪs] *sb* Business-to-Business, B2B (Abwicklung von Geschäftsvorgängen zwischen Unternehmen)
business-to-customer (B2C) ['bɪznɪs tʊ 'kʌstəmə] *sb* Business-to-Costumer, B2C (Abwicklung von Geschäftsvorgängen zwischen Unternehmen und Endkunden)
businesswoman ['bɪznɪswʊmən] *sb* Geschäftsfrau *f*
business year ['bɪznɪs jɪə] *sb* Wirtschaftsjahr *n*
busy ['bɪzɪ] *adj 1.* beschäftigt, tätig; *2. (telephone line) (US)* besetzt
buy [baɪ] *v irr 1.* kaufen, einkaufen; *sb 2. (fam)* Kauf *m; a good ~* ein günstiger Kauf *m*
buy-back ['baɪbæk] *sb* Anteilsrückkauf *m*
buy-back arrangements ['baɪbæk ə'reɪndʒmənts] *pl* Rückkaufgeschäfte *n/pl*
buyer ['baɪə] *sb* Käufer(in) *m/f*, Abnehmer(in) *m/f*
buyer's commission ['baɪəz kə'mɪʃən] *sb* Käuferprovision *f*
buyers ahead ['baɪəz ə'hed] *sb* bezahlt und Geld (BG, bzG)
buyer's market ['baɪəz 'mɑːkɪt] *sb* Käufermarkt *m*
buying or selling for customers ['baɪɪŋ ɔː 'selɪŋ fə 'kʌstəməz] *sb* Anschaffungsgeschäft *n*
buying rate ['baɪɪŋ reɪt] *sb* Geldkurs *m*
buying-up wholesale trade ['baɪɪŋʌp 'həʊlseɪl treɪd] *sb* Aufkaufgroßhandel *m*
buy off [baɪ 'ɒf] *v irr (s.o.)* jdn abfinden
buy out [baɪ 'aʊt] *v irr 1. (s.o.)* auszahlen; *2. (s.o.'s stock)* aufkaufen
by express [baɪ ɪk'spres] per Express
by lorry [baɪ 'lɒrɪ] per Lastkraftwagen
by order [baɪ 'ɔːdə] im Auftrag
by procuration [baɪ prəkju'reɪʃən] per procura
by registered post [baɪ 'redʒɪstəd 'pəʊst] per Einschreiben
by return of post [baɪ rə'tɜːn əv 'pəʊst] postwendend
bylaws ['baɪlɔːz] *pl* Satzung *f*
by-product ['baɪprɒdʌkt] *sb* Nebenprodukt *n*, Abfallprodukt *n*
byte [baɪt] *sb* Byte *n*

C

cable transfer ['keɪbl 'trænsfɜː] *sb* Kabelüberweisung *f*, telegrafische Überweisung *f*
cabotage ['kæbətaʒ] *sb* Kabotage *f*
calculable ['kælkjʊləbl] *adj* berechenbar, kalkulierbar
calculate ['kælkjʊleɪt] *v 1.* rechnen; *(sth)* berechnen, errechnen; *2. (estimate)* kalkulieren
calculation [kælkjʊ'leɪʃən] *sb* Berechnung *f*, Kalkulation *f*, Rechnung *f*
calculation of compound interest [kælkjʊ'leɪʃən əv 'kɒmpaʊnd 'ɪntrɪst] *sb* Zinseszinsrechnung *f*
calculation of earning power [kælkjʊ'leɪʃən əv 'ɜːnɪŋ 'paʊə] *sb* Rentabilitätsberechnung *f*
calculation of price of shares [kælkjʊ'leɪʃən əv praɪs əv ʃɛəz] *sb* Effektenrechnung *f*
calculation of probabilities [kælkjʊ'leɪʃən əv prɒbə'bɪlɪtɪz] *sb* Wahrscheinlichkeitsrechnung *f*
calculation of the budget costs [kælkjʊ'leɪʃən əv ðə 'bʌdʒɪt kɒsts] *sb* Plankostenrechnung *f*
calculation unit [kælkjʊ'leɪʃən 'juːnɪt] *sb* Recheneinheit *f*
calculator ['kælkjʊleɪtə] *sb (pocket ~)* Taschenrechner *m*
calendar year ['kæləndə jɪə] *sb* Kalenderjahr *n*
call [kɔːl] *v 1. (on the telephone)* anrufen; *(a meeting)* einberufen; *2. (a bond)* aufrufen; *3. (a loan)* abrufen; *sb 4. (telephone ~)* Anruf *m; 5. make a ~* telefonieren; *6. (summons)* Aufruf *m*
callable ['kɔːləbl] *adj* rückkaufbar, rückforderbar
callable forward transaction anticipato *m* ['kɔːləbəl 'fɔːwəd træn'zækʃən æntɪsɪ'pato] *sb* Wandelgeschäft *n*
callable bond ['kɔːləbəl 'bɒnd] *sb* Anleihe mit Emittentenkündigungsrecht *f*, Schuldverschreibung mit Emittentenkündigungsrecht *f*
called ['kɔːld] *adj* eingefordert
called in [kɔːld 'ɪn] *adj* eingefordert
called in capital ['kɔːld ɪn 'kæpɪtl] *sb* eingefordertes Kapital *n*
call forwarding [kɔːl 'fɔːwədɪŋ] *sb* Anrufumleitung *f*
call letter [kɔːl 'letə] *sb* Einzahlungsaufforderung *f*
call off [kɔːl 'ɒf] *v (cancel)* absagen
call officer [kɔːl 'ɒfɪsə] *sb* Firmenkundenbetreuer(in) *m/f*
call option [kɔːl 'ɒpʃən] *sb* Kaufoption *f*
call order [kɔːl 'ɔːdə] *sb* Abrufauftrag *m*
call transaction [kɔːl træn'zækʃən] *sb* Call-Geschäft *n*
call up [kɔːl 'ʌp] *v 1.* aufrufen; *2. (telephone)* anrufen
call-box ['kɔːlbɒks] *sb (UK)* Telefonzelle *f*, Münzfernsprecher *m*
caller ['kɔːlə] *sb (on the telephone)* Anrufer *m; (visitor)* Besucher *m*
calling card ['kɔːlɪŋ kɑːd] *sb (fig, US)* Visitenkarte *f*
call-number ['kɔːlnʌmbə] *sb (UK)* Rufnummer *f*
camouflaged advertising ['kæməflɑːʒd 'ædvətaɪzɪŋ] *sb* Schleichwerbung *f*
canban system ['kænbæn 'sɪstɪm] *sb* Kanban-System *n*
cancel ['kænsəl] *v 1.* streichen, durchstreichen; *2. ~ each other out (fig)* sich gegenseitig aufheben; *3. (a command)* widerrufen, aufheben; *4. (call off)* absagen; *5. (an order for goods)* abbestellen, stornieren; *6. (a contract)* annullieren, kündigen; *7. to be ~led* ausfallen
cancellation [kænsə'leɪʃən] *sb 1.* Streichung *f*, Aufhebung *f*, Annullierung *f; 2. (of a contract)* Kündigung *f;* Abbestellung *f*, Stornierung *f*, Löschung *f*
cancellation fee [kænsə'leɪʃən fiː] *sb* Rücktrittsgebühr *f*, Stornogebühr *f*
cancellation notice [kænsə'leɪʃən 'nəʊtɪs] *sb* Kündigungsschreiben *n*
cancellation of a debt [kænsə'leɪʃən əv ə det] *sb* Schuldenerlass *m*
cancelled ['kænsld] *adj 1.* ungültig, gestrichen; *2. (order)* storniert; *3. (meeting)* abgesagt
candidate ['kændɪdeɪt] *sb* Kandidat(in) *m/f*, Anwärter(in) *m/f*, Bewerber(in) *m/f*
candidature ['kændɪdətʃə] *sb* Anwartschaft *f*, Kandidatur *f*
cap [kæp] *sb* Cap *n*, Obergrenze *f*
capable of acting in law ['kæpəbl əv 'æktɪŋ ɪn lɔː] *adv* rechtsfähig
capacity [kə'pæsɪtɪ] *sb 1. (ability)* Fähigkeit *f; 2. (role)* Eigenschaft *f; 3. in an advisory ~* in beratender Funktion; *4. (content)* Inhalt *m*, Umfang *m; 5.* Kapazität *f*, Leistung *f*

capacity to contract [kə'pæsətɪ tu 'kɒntrækt] *sb* Geschäftsfähigkeit *f*
capacity to compete [kə'pæsətɪ tu kəm-'piːt] *sb* Wettbewerbsfähigkeit *f*
capacity to draw cheques [kə'pæsɪtɪ tu drɔː tʃeks] *sb* Scheckfähigkeit *f*
capacity to pay [kə'pæsətɪ tu peɪ] *sb* Zahlungsfähigkeit *f*
capital ['kæpɪtəl] *sb* Kapital *n*
capital account ['kæpɪtəl ə'kaʊnt] *sb* Vermögensrechnung *f*
capital accumulation ['kæpɪtəl əkjuːmjʊ-'leɪʃən] *sb* Kapitalansammlung *f*
capital addition ['kæpɪtəl ə'dɪʃən] *sb* Anlagenzugang *m*
capital adjustment ['kæpɪtəl ə'dʒʌstmənt] *sb* Kapitalberichtigung *f*
capital aid ['kæpɪtəl eɪd] *sb* Kapitalhilfe *f*
capital analysis ['kæpɪtəl ə'næləsɪs] *sb* Kapitalanalyse *f*
capital assets ['kæpɪtəl 'æsets] *pl* Kapitalvermögen *n*
capital base ['kæpɪtəl beɪs] *sb* Kapitalbasis *f*
capital drain ['kæpɪtəl dreɪn] *sb* Kapitalabfluss *m*
capital encouragement treaty ['kæpɪtəl en'kʌrɪdʒmənt 'triːtɪ] *sb* Kapitalförderungsvertrag *m*
capital export ['kæpɪtəl 'ekspɔːt] *sb* Kapitalexport *m*
capital flow ['kæpɪtəl fləʊ] *sb* Capital flow *m*, Kapitalfluss *m*
capital formation ['kæpɪtəl fɔː'meɪʃən] *sb* Vermögensbildung *f*
capital forming payment ['kæpɪtəl 'fɔːmɪŋ 'peɪmənt] *sb* vermögenswirksame Leistungen *f/pl*
capital fund ['kæpɪtəl fʌnd] *sb* Kapitalfonds *m*
capital gains tax ['kæpɪtəl geɪnz tæks] *sb* Kapitalertragssteuer *f*
capital gearing ['kæpɪtəl 'gɪərɪŋ] *sb* Fremdkapitalanteil *m*, Verschuldungsgrad *m*
capital goods ['kæpɪtəl gʊdz] *pl* Investitionsgüter *pl*, Anlagegüter *pl*
capital grant ['kæpɪtəl grɑːnt] *sb* Kapitalzuschuss *m*
capital import ['kæpɪtəl 'ɪmpɔːt] *sb* Kapitalimport *m*
capital industry ['kæpɪtəl 'ɪndəstrɪ] *sb* Produktionsgüterindustrie *f*
capital investment ['kæpɪtəl ɪn'vestmənt] *sb* Kapitalanlage *f*
capital investment company ['kæpɪtəl ɪn'vestmənt 'kʌmpənɪ] *sb* Kapitalanlagegesellschaft *f*
capital investment law ['kæpɪtəl ɪn'vestmənt lɔː] *sb* Kapitalanlagegesetz *n*
capital issue ['kæpɪtəl 'ɪʃuː] *sb* Aktienemission *f*, Effektenemission *f*
capital levy ['kæpɪtəl 'levɪ] *sb* Vermögensabgabe *f*
capital majority ['kæpɪtəl mə'dʒɒrɪtɪ] *sb* Kapitalmehrheit *f*
capital market ['kæpɪtəl 'mɑːkɪt] *sb* Kapitalmarkt *m*
Capital Market Encouragement Law ['kæpɪtəl 'mɑːkɪt ɪn'kʌrɪdʒmənt lɔː] *sb* Kapitalmarktförderungsgesetz *n*
capital market interest rate ['kæpɪtəl 'mɑːkɪt 'ɪntrɪst reɪt] *sb* Kapitalmarktzins *m*
capital market research ['kæpɪtəl 'mɑː-kɪt rɪ'sɜːtʃ] *sb* Kapitalmarktforschung *f*
capital movements ['kæpɪtəl 'muːvmənts] *pl* Kapitalbewegungen *f/pl*
capital outflows ['kæpɪtəl 'aʊtfləʊz] *pl* Kapitalabfluss *m*
capital productivity ['kæpɪtəl prɒdʌk'tɪvɪtɪ] *sb* Kapitalproduktivität *f*
capital program ['kæpɪtəl 'prəʊgræm] *sb* Investitionsprogramm *n*
capital protection ['kæpɪtəl prə'tekʃən] *sb* Kapitalschutz *m*
capital reduction ['kæpɪtəl rɪ'dʌkʃən] *sb* Kapitalherabsetzung *f*
capital requirement calculation ['kæpɪtəl rɪ'kwaɪəmənt kælkjʊ'leɪʃən] *sb* Kapitalbedarfsrechnung *f*
capital requirement(s) ['kæpɪtəl rɪ'kwaɪəmənt(s)] *sb* Kapitalbedarf *m*
capital reserves ['kæpɪtəl rɪ'zɜːvz] *pl* Kapitalrücklage *f*
capital resources ['kæpɪtəl rɪ'sɔːsɪz] *pl* Kapitalausstattung *f*
capital serving as a guarantee ['kæpɪtəl 'sɜːvɪŋ æz ə gærən'tiː] *sb* Garantiekapital *n*
capital share ['kæpɪtəl ʃɛə] *sb* Kapitalanteil *m*
capital spending ['kæpɪtəl 'spendɪŋ] *sb* Investitionsaufwand *m*, Kapitalaufwand *m*
capital stock ['kæpɪtəl stɒk] *sb* Grundkapital *n*
capital sum required as cover ['kæpɪtəl sʌm rɪ'kwaɪəd æz 'kʌvə] *sb* Deckungskapital *n*
capital tie-up ['kæpɪtəl 'taɪʌp] *sb* Kapitalbindung *f*

capital transaction tax ['kæpɪtəl træn'zækʃən tæks] *sb* Kapitalverkehrssteuer *f*
capital transactions ['kæpɪtəl træn'zækʃənz] *pl* Kapitalverkehr *m*
capital transfer tax ['kæpɪtəl 'trænsfɜː tæks] *sb (UK)* Erbschaftssteuer *f*
capital turnover ['kæpɪtəl 'tɜːnəʊvə] *sb* Kapitalumschlag *m*
capital value ['kæpɪtəl 'væljuː] *sb* Kapitalwert *m*
capital yield tax ['kæpɪtəl 'jiːld tæks] *sb* Kapitalertragsteuer *f*
capitalism ['kæpɪtəlɪzm] *sb* Kapitalismus *m*
capitalist ['kæpɪtəlɪst] *sb* Kapitalist(in) *m/f*
capitalization [kæpɪtəlaɪ'zeɪʃən] *sb* Kapitalisierung *f*
capitalized value ['kæpɪtəlaɪzd 'væljuː] *sb* Ertragswert *m*
capitation [kæpɪ'teɪʃən] *sb* Kopfsteuer *f*
cap rate of interest [kæp reɪt əv 'ɪntrɪst] *sb* Zinskappe *f*
car [kɑː] *sb* Auto *n*, Wagen *m*
cardboard ['kɑːdbɔːd] *sb* Karton *m*, Pappe *f*; *~ box* Pappkarton *m*
cardphone ['kɑːdfəʊn] *sb* Kartentelefon *n*
card holder [kɑːd 'həʊldə] *sb* Karteninhaber(in) *m/f*
card index [kɑːd 'ɪndeks] *sb* Kartei *f*
career [kə'rɪə] *sb* Karriere *f*, Laufbahn *f*
cargo ['kɑːgəʊ] *sb* Ladung *f*, Fracht *f*
carnet ['kɑːneɪ] *sb* Zollcarnet *n*, Carnet *n*
car phone ['kɑː fəʊn] *sb* Autotelefon *n*
carriage ['kærɪdʒ] *sb* Fracht *f*
carriage charges ['kærɪdʒ 'tʃɑːdʒɪz] *pl* Frachtkosten *pl*, Transportkosten *pl*
carriage of goods ['kærɪdʒ əv 'gʊdz] *sb* Güterbeförderung *f*, Gütertransport *m*
carriage paid ['kærɪdʒ peɪd] *adj* franko, portofrei
carrier ['kærɪə] *sb 1.* Träger *m*, Frachtführer *m*; *2. (shipping firm)* Spediteur *m*
carry ['kærɪ] *v 1.* tragen; *2. (the cost of sth)* bestreiten; *3. (ship goods)* befördern
carry forward ['kærɪ fɔːwəd] *v* vortragen
carry-forward of the losses [kærɪ'fɔːwəd əv ðə 'lɒsɪz] *sb* Verlustvortrag *m*
carry over ['kærɪ 'əʊvə] *v* vortragen
carte blanche ['kɑːt 'blɒ̃ʃ] *sb* Blankovollmacht *f*, Carte blanche *f*
cartel [kɑː'tel] *sb* Kartell *n*
cartel act [kɑː'tel ækt] *sb* Kartellgesetz *n*
cartel authority [kɑː'tel ɔː'θɒrɪtɪ] *sb* Kartellbehörde *f*
cartel law [kɑː'tel lɔː] *sb* Kartellgesetz *n*
cartel to be registered [kɑː'tel tu biː 'redʒɪstəd] *sb* genehmigungspflichtiges Kartell *n*
carton ['kɑːtən] *sb* Karton *m*, Pappschachtel *f*
cascade tax [kæ'skeɪd tæks] *sb* Kaskadensteuer *f*
case [keɪs] *sb 1. (packing ~)* Kiste *f*; *(display ~)* Vitrine *f*, Schaukasten *m*; *2. (situation)* Angelegenheit *f*, Fall *m*
cash [kæʃ] *sb 1.* Bargeld *n*; *2. ~ on delivery* per Nachnahme; *adj 3.* bar; *v 4.* einlösen, einkassieren
cash accountancy [kæʃ ə'kaʊntənsɪ] *sb* Kassenhaltung *f*
cash against documents (c. a. d.) [kæʃ ə'genst 'dɒkjʊmənts] *sb* Zahlung gegen Dokumente (c.a.d.) *f*
cash and carry [kæʃ ænd 'kærɪ] *sb* Cash & Carry (C & C) *n*
cash-and-carry clause [kæʃənd'kærɪ klɔːz] *sb* Cash-and-carry-Klausel *f*
cash assets [kæʃ 'æsets] *pl* Barvermögen *n*
cash audit [kæʃ 'ɔːdɪt] *sb* Kassenrevision *f*
cash-based ['kæʃbeɪst] *adj* pagatorisch
cash basis of accounting [kæʃ 'beɪsɪs əv ə'kaʊntɪŋ] *sb* Geldrechnung *f*
cash book ['kæʃ bʊk] *sb* Kassenbuch *n*
cash card ['kæʃ kɑːd] *sb* Bankautomatenkarte *f*, Geldautomatenkarte *f*
cash cheque ['kæʃ tʃek] *sb (UK)* Barscheck *m*
cash contribution [kæʃ kɒntrɪ'bjuːʃən] *sb* Bareinlage *f*
cash cover [kæʃ 'kʌvə] *sb* Bardeckung *f*
cash cow [kæʃ kaʊ] *sb* Cashcow *f*
cash credit [kæʃ 'kredɪt] *sb* Kassenkredit *m*, Barkredit *m*
cash deposit [kæʃ dɪ'pɒzɪt] *sb* Bardepot *n*, Bareinlage *f*
cash desk ['kæʃ desk] *sb* Kasse *f*
cash discount [kæʃ 'dɪskaʊnt] *sb* Barzahlungsrabatt *m*, Skonto *n*
cash dispenser [kæʃ dɪs'pensə] *sb* Geldautomat *m*
cash dividend [kæʃ 'dɪvɪdend] *sb* Bardividende *f*
cash flow [kæʃ fləʊ] *sb* Cash-Flow *m*
cashier [kæ'ʃɪə] *sb 1.* Kassierer(in) *m/f*; *2. ~'s check (US)* Bankscheck *m*
cash in [kæʃ 'ɪn] *v ~ on sth* aus etw Kapital schlagen
cash in advance (c. i. a.) [kæʃ ɪn əd'vɑːns] *sb* Vorauszahlung (c.i.a.) *f*
cash in hand ['kæʃ ɪn hænd] *sb* Bargeldbestand *m*, Kassenbestand *m*

cash inpayment [kæʃ 'ɪnpeɪmənt] *sb* Bareinzahlung *f*
cashless checkout systems ['kæʃlɪs 'tʃekaʊt 'sɪstɪmz] *pl* bargeldlose Kassensysteme *n/pl*
cashless payments ['kæʃlɪs 'peɪmənts] *pl* bargeldloser Zahlungsverkehr *m*
cash letter of credit [kæʃ 'letə əv 'kredɪt] *sb* Bar-Akkreditiv *n*
cash loss payment [kæʃ lɒs 'peɪmənt] *sb* Bareinschuss *m*
cash on delivery (c. o. d.) [kæʃ ɒn dɪ'lɪvərɪ] *sb* (Lieferung gegen) Nachnahme *f*, Zahlung per Nachnahme *f*, Cash on delivery (c.o.d.)
cash on shipment (c. o. s.) [kæʃ ɒn 'ʃɪpmənt] *sb* zahlbar bei Verschiffung (c.o.s.)
cash payment [kæʃ 'peɪmənt] *sb* Barzahlung *f*
cash point ['kæʃ pɔɪnt] *sb* Kasse *f*
cash purchase [kæʃ 'pɜːtʃɪs] *sb* Barkauf *m*
cash receipts and disbursement method [kæʃ rɪ'siːts ænd dɪs'bɜːsmənt 'meθɪd] *sb* Überschussrechnung *f*
cash sale [kæʃ seɪl] *sb* Barverkauf *m*
cash transactions [kæʃ træn'zækʃənz] *pl* Bargeschäft *n*, Kassageschäft *n*
cash transfer [kæʃ 'trænsfɜː] *sb* Barüberweisung *f*
cash with order (c. w. o.) [kæʃ wɪθ 'ɔːdə] *sb* Zahlung bei Auftragserteilung (c.w.o.)
casualty insurance ['kæʒʊəltɪ ɪn'sʊərəns] *sb* Schadensversicherung *f*
catalogue-based purchase ['kætəlɒg beɪst 'pɜːtʃɪs] *sb* Katalogkauf *m*
catalogue ['kætəlɒg] *v 1.* katalogisieren; *sb 2.* Katalog *m*, Verzeichnis *n*
catalytic converter [kætə'lɪtɪk kən'vɜːtə] *sb* Katalysator *m*
category of goods ['kætɪgərɪ əv 'gʊdz] *sb* Gütergruppe *f*, Güterkategorie *f*
cause [kɔːz] *v 1.* verursachen, anstiften, bewirken; *~ s.o. to do sth* jdn veranlassen, etw zu tun; *sb 2.* Ursache *f*; *~ and effect* Ursache und Wirkung
caution ['kɔːʃən] *v* warnen; *(officially)* verwarnen
cautionary land charge ['kɔːʃənərɪ lænd tʃɑːdʒ] *sb* Sicherungsgrundschuld *f*
cautionary mortgage ['kɔːʃənərɪ 'mɔːgɪdʒ] *sb* Sicherungshypothek *f*
CD-I [siːdiː'aɪ] *sb* CD-I *f*
CD-ROM [siːdiː'rɒm] *sb* CD-ROM *f*
cease [siːs] *v 1.* aufhören, enden; *2. (payments)* einstellen
ceiling ['siːlɪŋ] *sb* Plafond *m*
ceiling rate ['siːlɪŋ reɪt] *sb* Höchstzinssatz *m*
cellular phone ['seljʊlə fəʊn] *sb* Funktelefon *n*, Handy *n*
centigrade ['sentɪgreɪd] *adj degrees ~* Grad Celsius
centimetre ['sentɪmiːtə] *sb* Zentimeter *m*
central bank ['sentrəl bæŋk] *sb* Zentralbank *f*, Notenbank *f*
Central Bank Council ['sentrəl bæŋk 'kaʊnsəl] *sb* Zentralbankrat *m*
central bank money ['sentrəl bæŋk 'mʌnɪ] *sb* Zentralbankgeld *n*
central credit institution ['sentrəl 'kredɪt ɪnstɪ'tjuːʃən] *sb* Zentralkasse *f*
central depository for securities ['sentrəl dɪ'pɒzɪtərɪ fɔː sə'kjʊərɪtɪz] *sb* Wertpapiersammelbank *f*
central giro institution ['sentrəl 'dʒaɪrəʊ ɪnstɪ'tjuːʃən] *sb* Girozentrale *f*
central rate ['sentrəl reɪt] *sb* Leitkurs *m*
centralization [sentrəlaɪ'zeɪʃən] *sb* Zentralisierung *f*, Zentralisation *f*
centralize ['sentrəlaɪz] *v* zentralisieren
centralized purchasing ['sentrəlaɪzd 'pɜːtʃəsɪŋ] *sb* Zentraleinkauf *m*
certificate [sə'tɪfɪkət] *sb* Bescheinigung *f*, Attest *n*, Urkunde *f*, Zertifikat *n*
certificate of audit [sə'tɪfɪkət əv 'ɔːdɪt] *sb* Prüfungsvermerk *m*
certificate of good delivery [sə'tɪfɪkət əv gʊd dɪ'lɪvərɪ] *sb* Lieferbarkeitsbescheinigung *f*
certificate of indebtedness [sə'tɪfɪkət əv ɪn'detɪdnəs] *sb* Schuldschein *m*, Schuldbrief *m*
certificate of inheritance [sə'tɪfɪkət əv ɪn'herɪtəns] *sb* Erbschein *m*
certificate of insurance (C/I) [sə'tɪfɪkət əv ɪn'ʃʊərəns] *sb* Versicherungszertifikat (C/I) *n*
certificate of origin [sə'tɪfɪkət əv 'ɒrɪdʒɪn] *sb* Ursprungszeugnis *n*, Ursprungszertifikat *n*
certificate of participation in an investment program [sə'tɪfɪkət əv pɑːtɪsɪ'peɪʃən ɪn ən ɪn'vestmənt 'prəʊgræm] *sb* Programmzertifikat *n*
certificate of pledge [sə'tɪfɪkət əv pledʒ] *sb* Pfandschein *m*
certificate of warranty [sə'tɪfɪkət əv 'wɒrəntɪ] *sb* Garantiekarte *f*
certificated land charge [sə'tɪfɪkeɪtɪd lænd tʃɑːdʒ] *sb* Briefgrundschuld *f*

certificated mortgage [sə'tɪfɪkeɪtɪd 'mɔ:gɪdʒ] *sb* Briefhypothek *f*

certificate of deposit [sə'tɪfɪkɪt əv dɪ'pɒzɪt] *sb* Einlagenzertifikat *n*

certification [sɜ:tɪfɪ'keɪʃən] *sb* Bescheinigung *f*, Beurkundung *f*, Beglaubigung *f*

certified ['sɜ:tɪfaɪd] *adj 1.* bescheinigt, bestätigt, beglaubigt; *sb 2. ~ public accountant* amtlich zugelassener Bücherrevisor *m*

certified bonds ['sɜ:tɪfaɪd bɒndz] *pl* zertifizierte Bonds *m/pl*

certified cheque ['sɜ:tɪfaɪd tʃek] *sb* als gedeckt bestätigter Scheck *m*

certified copy ['sɜ:tɪfaɪd 'kɒpɪ] *sb* beglaubigte Abschrift *f*, beglaubigte Kopie *f*

certify ['sɜ:tɪfaɪ] *v* bescheinigen, bestätigen, beglaubigen; *this is to ~* hiermit wird bescheinigt

cessation [se'seɪʃən] *sb* Einstellung *f*, Ende *n*

cessation of payments [se'seɪʃən əv 'peɪmənts] *sb* Zahlungseinstellung *f*

cession ['seʃən] *sb* Abtretung *f*, Zession *f*

chain store [tʃeɪn stɔ:] *sb* Filialbetrieb *m*, Filiale *f*

chair [tʃɛə] *sb 1. (chairmanship)* Vorsitz *m*; *v 2. ~ a committee* den Vorsitz über ein Komitee haben

chairman ['tʃɛəmən] *sb* Vorsitzender *m*

chairman of the board ['tʃɛəmən əv ðə bɔ:d] *sb* Vorstandsvorsitzender *m*

chairman of the supervisory board ['tʃɛəmən əv ðə su:pə'vaɪzəri bɔ:d] *sb* Aufsichtsratsvorsitzender *m*

chairmanship ['tʃɛəmənʃɪp] *sb* Vorsitz *m*

chairwoman ['tʃɛəwʊmən] *sb* Vorsitzende *f*

challenge ['tʃælɪndʒ] *v 1.* anfechten; *sb 2.* Anfechtung *f*; *3.* Ablehnung *f*; *4.* Herausforderung *f*

chamber of commerce ['tʃeɪmbər əv 'kɒmɜ:s] *sb* Handelskammer *f*

chamber of foreign trade ['tʃeɪmbər əv 'fɒrən treɪd] *sb* Außenhandelskammer *f*

chamber of handicrafts ['tʃeɪmbər əv 'hændɪkrɑ:fts] *sb* Handwerkskammer *f*

Chamber of Industry and Commerce ['tʃeɪmbər əv 'ɪndʌstrɪ ænd 'kɒmɜ:s] *sb* Industrie- und Handelskammer (IHK) *f*

Chancellor of the Exchequer ['tʃɑ:nsələr əv ði: ɪks'tʃekə] *sb (UK)* Finanzminister(in) *m/f*

chancery ['tʃɑ:nsərɪ] *sb* Amtsvormundschaft *f*, Vormundschaft *f*

change [tʃeɪndʒ] *sb 1. (money)* Wechselgeld *n*; *(small ~)* Kleingeld *n*; *v 2. (money: into smaller denominations)* wechseln; *3. (money: into another currency)* umtauschen

change in plant operation [tʃeɪndʒ ɪn plɑ:nt ɒpə'reɪʃən] *sb* Betriebsänderung *f*

change of shift [tʃeɪndʒ əv ʃɪft] *sb* Schichtwechsel *m*

changeover ['tʃeɪndʒəʊvə] *sb* Umstellungsmaßnahme *f*, Wechsel *m*

channel ['tʃænl] *sb 1.* Kanal; *2. official ~s pl* Dienstweg *m*, amtlicher Weg *m*

channel discount ['tʃænl 'dɪskaʊnt] *sb* Großkundenrabatt *m*

channel of distribution ['tʃænl əv dɪstrɪ'bju:ʃən] *sb* Absatzweg *m*, Absatzkanal *m*

channel of information ['tʃænəl əv ɪnfə'meɪʃən] *sb* Informationsweg *m*

character ['kærɪktə] *sb (sign)* Zeichen *n*

character reference ['kærɪktə 'refərəns] *sb* Leumundszeugnis *n*, Referenz *f*

charge [tʃɑ:dʒ] *v 1. ~ s.o. with a task* jdn mit einer Arbeit beauftragen; *2. (ask in payment)* berechnen, anrechnen; *3. (set as the price)* fordern; *4. ~ s.o. for sth* jdn mit etw belasten, jdm etw in Rechnung stellen; *5. (arrange to be billed for)* in Rechnung stellen lassen, anschreiben lassen; *~ sth to s.o.* etw auf Rechnung eines anderen kaufen; *6. (a battery)* laden, aufladen; *sb 7.* Belastung *f*; *8. (official accusation)* Anklage *f*, *(in a civil case)* Klage *f*; *press ~s against s.o. pl* gegen jdn Anzeige erstatten; *9. (fee)* Gebühr *f*; *free of ~* kostenlos; *10. in ~* verantwortlich; *put s.o. in ~ of sth* jdm die Leitung übertragen; *Who's in ~ here?* Wer ist hier der Verantwortliche?

charge card [tʃɑ:dʒ kɑ:d] *sb* Kundenkreditkarte *f*

charge levied [tʃɑ:dʒ 'levɪ:d] *sb* Umlage *f*

charge material [tʃɑ:dʒ mə'tɪərɪəl] *sb (manufacturing)* Fertigungslos *n*

chargeable to ['tʃɑ:dʒəbl tu] *adj* zu Lasten von, auf Kosten von

charge-back ['tʃɑ:dʒbæk] *sb* Ausgleichsbuchung *f*

charge-off ['tʃɑ:dʒɒf] *sb* Abschreibung *f*

chart [tʃɑ:t] *sb* Tabelle *f*; *(diagram)* Schaubild *n*

chart analysis [tʃɑ:t ə'nælɪsɪs] *sb* Chartanalyse *f*

chart of accounts [tʃɑ:t əv ə'kaʊnts] *sb* Kontenplan *m*

charter ['tʃɑ:tə] *sb 1.* Charter *f*; *v 2. (plane, bus, ship)* chartern, mieten

charter flight ['tʃɑ:tə flaɪt] *sb* Charterflug *m*

charter member ['tʃɑːtə 'membə] *sb* Gründungsmitglied *n*
chartered accountant ['tʃɑːtəd ə'kaʊntənt] *sb* Wirtschaftsprüfer(in) *m/f*, Bilanzbuchhalter(in) *m/f*
cheap [tʃiːp] *adj* billig, preiswert
cheapen ['tʃiːpn] *v (price)* herabsetzen, senken, verbilligen
cheapening ['tʃiːpnɪŋ] *adj* Verbilligung *f*, Herabsetzung *f*
cheat [tʃiːt] *v (s.o.) 1.* betrügen; *sb 2.* Betrüger *m*, Schwindler *m*
check [tʃek] *v 1. (make sure)* nachprüfen; *2. (~ figures)* nachrechnen; *3. (examine)* prüfen, kontrollieren, nachsehen; *sb 4. (examination)* Kontrolle *f*, Überprüfung *f*; *5. (US: cheque)* Scheck *m*; *6. (US: bill)* Rechnung *f*
checker ['tʃekə] *sb* Kontrolleur(in) *m/f*; *(cashier)* Kassierer(in) *m/f*
check in [tʃek ɪn] *v* sich anmelden; *(at an airport)* einchecken
checking account ['tʃekɪŋ ə'kaʊnt] *sb (US)* Girokonto *n*
check list [tʃek lɪst] *sb* Checkliste *f*
checkout scanner ['tʃekaʊt 'skænə] *sb* Scannerkasse *f*
check truncation procedure [tʃek trʌn'keɪʃən prə'siːdjə] *sb* belegloser Scheckeinzug *m*
cheque [tʃek] *sb (UK)* Scheck *m*; *pay by ~* mit Scheck bezahlen
cheque book ['tʃek bʊk] *sb* Scheckheft *n*
cheque card ['tʃek kɑːd] *sb* Scheckkarte *f*
cheque certification [tʃek sɜːtɪfɪ'keɪʃən] *sb* Scheckbestätigung *f*
cheque clause [tʃek klɔːz] *sb* Scheckklausel *f*
cheque clearance [tʃek 'klɪərəns] *sb* Scheckabrechnung *f*
cheque collection [tʃek kə'lekʃən] *sb* Scheckeinzug *m*
cheque department [tʃek dɪ'pɑːtmənt] *sb* Scheckabteilung *f*
cheque drawn by the drawer himself [tʃek drɔːn baɪ ðə 'drɔːə hɪm'self] *sb* trassiert-eigener Scheck *m*
cheque fraud [tʃek frɔːd] *sb* Scheckbetrug *m*
cheque recourse [tʃek rɪ'kɔːs] *sb* Scheckregress *m*
cheque to bearer [tʃek tu 'bɛərə] *sb* Inhaberscheck *m*
cheque transactions [tʃek træn'zækʃənz] *pl* Scheckverkehr *m*
cheque voucher [tʃek 'vaʊtʃə] *sb* Belegabschnitt *m*
chief accountancy [tʃiːf ə'kaʊntənsɪ] *sb* Hauptbuchhaltung *f*
chief executive officer [tʃiːf ɪg'zekjʊtɪv 'ɒfɪsə] *sb (US)* Generaldirektor(in) *m/f*
child allowance [tʃaɪld ə'laʊəns] *sb* Kinderfreibetrag *m*
child benefit [tʃaɪld 'benɪfɪt] *sb* Kindergeld *n*
child-rearing period ['tʃaɪldrɪərɪŋ 'pɪərɪəd] *sb* Erziehungszeit *f*
chip [tʃɪp] *sb* Chip *m*
choice [tʃɔɪs] *sb 1. (variety to choose from)* Auswahl *f*; *2. (chance to choose, act of choosing)* Wahl *f*; *3. make a ~, take one's ~* wählen, eine Wahl treffen; *4. (thing chosen)* Wahl *f*, Option *f*
choice of location [tʃɔɪs əv ləʊ'keɪʃən] *sb* Standortwahl *f*
circular ['sɜːkjʊlə] *sb (letter)* Rundschreiben *n*
circular letter from board to shareholders ['sɜːkjʊlə 'letə frɒm bɔːd tu 'ʃɛəhəʊldəz] *sb* Aktionärsbrief *m*
circulate ['sɜːkjʊleɪt] *v (blood, money)* fließen; *(news: get around)* in Umlauf sein, kursieren, sich verbreiten
circulation [sɜːkjʊ'leɪʃən] *sb 1.* Kreislauf *m*, Zirkulation *f*; *out of ~* außer Kurs; *2. (number of copies sold)* Auflagenziffer *f*
circulation of money [sɜːkjʊ'leɪʃən əv 'mʌnɪ] *sb* Geldumlauf *m*
circumstances ['sɜːkəmstænsɪz] *pl (financial state)* Vermögensverhältnisse *f/pl*
citizenship ['sɪtɪzənʃɪp] *sb* Staatsangehörigkeit *f*, Staatsbürgerschaft *f*
civic ['sɪvɪk] *adj* bürgerlich, Bürger...
civil ['sɪvəl] *adj* zivil, bürgerlich, Zivil...
civil code ['sɪvəl kəʊd] *sb* bürgerliches Gesetzbuch *n*
civil engineer ['sɪvəl endʒɪ'nɪə] *sb* Bauingenieur(in) *m/f*
civil engineering ['sɪvəl endʒɪ'nɪərɪŋ] *sb* Tiefbau *m*
civil law ['sɪvəl lɔː] *sb* Zivilrecht *n*
civil partnership ['sɪvəl pɑːtnəʃɪp] *sb* Gesellschaft bürgerlichen Rechts (GbR) *f*
civil servant ['sɪvəl 'sɜːvənt] *sb* Beamter/Beamtin *m/f*, Staatsbeamter/Staatsbeamtin *m/f*
civil service ['sɪvəl 'sɜːvɪs] *sb* Staatsdienst *m*
claim [kleɪm] *v 1. (demand)* fordern, Anspruch erheben auf, beanspruchen; *sb 2. (demand)* Anspruch *m*, Forderung *f*; *lay ~ to sth* auf etw Anspruch erheben

claimable ['kleɪməbl] *adj* einforderbar, rückforderbar
claimant ['kleɪmənt] *sb (by application)* Antragsteller(in) *m/f*
claim for return [kleɪm fɔː rɪ'tɜːn] *sb* Herausgabeanspruch *m*
claim in default [kleɪm ɪn də'fɔːlt] *sb* Not leidende Forderung *f*
claim of damages [kleɪm əv 'dæmɪdgɪz] *sb* Schadenersatzansprüche *m/pl,* Schadensforderungen *f/pl*
class of goods ['klɑːs əv gʊdz] *sb* Warenart *f,* Klasse *f*
classified advertisements ['klæsɪfaɪd əd'vɜːtɪsmənts] *pl* Kleinanzeigen *f/pl*
classified directory ['klæsɪfaɪd daɪ'rektərɪ] *sb* Branchenverzeichnis *n*
classify ['klæsɪfaɪ] *v* klassifizieren, einteilen, einstufen
clause [klɔːz] *sb* Klausel *f*
clean bill of lading [kliːn bɪl əv 'leɪdɪŋ] *sb* reines Konossement *n*
clean factoring [kliːn 'fæktərɪŋ] *sb* echtes Factoring *n*
clear [klɪə] *v (approve)* abfertigen; *~ sth through customs* etw zollamtlich abfertigen
clear off [klɪər 'ɒf] *v 1. (debt)* zurückzahlen; *2. (mortgage)* abzahlen
clear up [klɪər 'ʌp] *v (a point, a situation)* klären, bereinigen, ausräumen
clearance ['klɪərəns] *sb 1. (go-ahead)* Freigabe *f; 2. (by customs)* Abfertigung *f; 3. (of a debt)* volle Bezahlung *f*
clearance sale ['klɪərəns seɪl] *sb* Ausverkauf *m,* Räumungsverkauf *m; (end-of-season ~)* Schlussverkauf *m*
clearing bank ['klɪərɪŋ bæŋk] *sb* Clearingbank *f*
clearing house ['klɪərɪŋ haʊs] *sb* Abrechnungsstelle *f*
clearing system ['klɪərɪŋ 'sɪstɪm] *sb* Abrechnungsverkehr *m,* Gironetz *n*
clearing unit ['klɪərɪŋ 'juːnɪt] *sb* Verrechnungseinheit *f*
clerical work ['klerɪkl wɜːk] *sb* Büroarbeit *f*
clerk [klɑːk] *sb 1. (office ~)* Büroangestellte(r) *f/m,* kaufmännische(r) Angestellte(r) *f/m; 2. (US: shop assistant)* Verkäufer(in) *m/f*
client ['klaɪənt] *sb* Kunde/Kundin *m/f,* Auftraggeber(in) *m/f; (of a solicitor)* Klient(in) *m/f; (of a barrister)* Mandant(in) *m/f*
client base ['klaɪənt beɪs] *sb* Kundenstamm *m*
clientele [kliːɒn'tel] *sb* Kundschaft *f,* Kundenkreis *m*
climb [klaɪm] *v (prices)* steigen, klettern
clock off [klɒk 'ɒf] *v* stempeln (wenn man die Arbeit verlässt)
clock on [klɒk 'ɒn] *v* stempeln (wenn man zur Arbeit kommt)
close [kləʊz] *v 1. (sth)* zumachen, schließen, verschließen; *2. (a deal)* abschließen; *3. (bring to an end)* schließen, beendigen; *sb 4.* Ende *n,* Schluss *m; bring to a ~* abschließen, beendigen
close down [kləʊz 'daʊn] *v* schließen, einstellen, beenden
close off [kləʊz 'ɒf] *v* abbuchen
closed-end real estate fund [kləʊzdend rɪəl ɪ'steɪt fʌnd] *sb* geschlossener Immobilienfonds *m*
close of stock exchange business [kləʊz əv stɒk ɪk'stʃeɪndʒ 'bɪznɪs] *sb* Börsenschluss *m*
closed shop principle [kləʊzd ʃɒp 'prɪnsɪpəl] *sb* Closed-Shop-Prinzip *n*
closing balance ['kləʊzɪŋ 'bæləns] *sb* Schlussbilanz *f*
closing date ['kləʊzɪŋ deɪt] *sb* letzter Termin *m,* letzter Tag *m*
closing price ['kləʊzɪŋ praɪs] *sb* Schlusskurs *m,* Schlussnotierung *f*
closing time ['kləʊzɪŋ taɪm] *sb* Geschäftsschluss *m,* Büroschluss *m,* Ladenschluss *m*
closure ['kləʊʒə] *sb* Schließung *f,* Schließen *n,* Stilllegung *f,* Schluss *m*
code [kəʊd] *v 1.* kodieren; *sb* Gesetzbuch *n,* Kodex *m; 2. (of a computer)* Code *m*
code number [kəʊd 'nʌmbə] *sb* Kennzahl *f*
Code of Civil Procedure [kəʊd əv 'sɪvəl prə'siːdjə] *sb* Zivilprozessordnung (ZPO) *f*
codeword ['kəʊdwɜːd] *sb* Kodewort *n,* Kennwort *n*
co-contractor [kəʊkən'træktə] *sb* Mitunternehmer *m*
co-entrepreneur [kəʊɒntrəprə'nɜː] *sb* Mitunternehmer *m*
coin [kɔɪn] *sb* Münze *f,* Geldstück *n*
cold call [kəʊld kɔːl] *sb* Telefonaktion zur Werbung von Neukunden *f*
cold storage lorry [kəʊld 'stɔːrɪdʒ 'lɒrɪ] *sb* Kühlwagen *m*
collaborate [kə'læbəreɪt] *v* zusammenarbeiten, mitarbeiten
collaboration [kəlæbə'reɪʃən] *sb* Zusammenarbeit *f,* Mitarbeit *f*
collaborator [kə'læbəreɪtə] *sb (associate)* Mitarbeiter(in) *m/f*

collapse [kə'læps] *sb* Deroute *f,* Preissturz *m*
collapse of prices [kə'læps əv 'praɪsɪz] *sb* Kurszusammenbruch *m*
collateral credit [kə'lætərəl 'kredɪt] *sb* Lombardkredit *m*
collateral deposit [kə'lætərəl dɪ'pɒzɪt] *sb* Lombarddepot *n*
collateral guarantee [kə'lætərəl gærən-'tiː] *sb* Nachbürgschaft *f*
collateral holdings [kə'lætərəl 'həʊldɪŋz] *pl* Lombard *m*
collateral loan based on a bill of exchange [kə'lætərəl ləʊn beɪst ɒn ə bɪl əv ɪk'stʃeɪndʒ] *sb* Wechsellombard *m*
collateral loan business [kə'lætərəl ləʊn 'bɪznɪs] *sb* Lombardgeschäft *n*
colleague ['kɒliːg] *sb* Kollege/Kollegin *m/f,* Mitarbeiter(in) *m/f*
collect [kə'lekt] *v 1. (accumulate)* sich ansammeln, sich sammeln; *2. (get payment)* kassieren, einkassieren; *3. (taxes)* einnehmen, einziehen; *4. (debts)* einziehen
collect call [kə'lekt kɔːl] *sb (US)* R-Gespräch *n*
collection [kə'lekʃən] *sb 1. (line of fashions)* Kollektion *f; 2. (assortment)* Sortiment *n,* Ansammlung *f; 3. (of taxes)* Einziehen *n; 4. (of debts)* Eintreiben *n,* Inkasso *n*
collection business [kə'lekʃən 'bɪznɪs] *sb* Inkassogeschäft *n,* Einziehungsgeschäft *n*
collection commission [kə'lekʃən kə-'mɪʃən] *sb* Inkassoprovision *f*
collection department [kə'lekʃən dɪ'pɑːtmənt] *sb* Inkasso-Abteilung *f*
collection fee [kə'lekʃən fiː] *sb* Inkassogebühr *f*
collection of bills of exchange [kə'lekʃən əv bɪlz əv ɪk'stʃeɪndʒ] *sb* Wechselinkasso *n*
collection on delivery (c. o. d.) [kə'lekʃən ɒn də'lɪvərɪ] *sb* Zahlung gegen Nachnahme (c.o.d.) *f*
collection procedure [kə'lekʃən prə'siː-dʒə] *sb* Einzugsermächtigungsverfahren *n*
collection receipt [kə'lekʃən rɪ'siːt] *sb* Einzugsquittung *f*
collective [kə'lektɪv] *adj* Kollektiv..., Gemeinschafts...
collective account [kə'lektɪv ə'kaʊnt] *sb* Sammelkonto *n*
collective agreement [kə'lektɪv ə'griː-mənt] *sb* Tarifvertrag *m*
collective bargaining [kə'lektɪv 'bɑːgə-nɪŋ] *sb* Tarifverhandlungen *f/pl*
collective bill [kə'lektɪv bɪl] *sb* Sammeltratte *f*
collective debt register claim [kə'lektɪv det 'redʒɪstə kleɪm] *sb* Sammelschuldbuchforderung *f*
collective deposit [kə'lektɪv dɪ'pɒzɪt] *sb* Sammeldepot *n*
collective order [kə'lektɪv 'ɔːdə] *sb* Sammelauftrag *m*
collective property [kə'lektɪv 'prɒpətɪ] *sb* Gemeinschaftseigentum *n*
collective saving [kə'lektɪv 'seɪvɪŋ] *sb* Kollektivsparen *n*
collective transport [kə'lektɪv 'trænspɔːt] *sb* Sammeltransport *m*
combat ['kɒmbæt] *v (sth)* bekämpfen, kämpfen gegen
combating rising costs ['kɒmbætɪŋ 'raɪsɪŋ kɒsts] *adj* kostendämpfend
combination bank [kɒmbɪ'neɪʃən bæŋk] *sb* Gemeinschaftsbank *f*
combine ['kɒmbaɪn] *sb 1.* Konzern *m;* [kəm-'baɪn] *v 2.* kombinieren, verbinden, vereinigen
combined bank transfer [kəm'baɪnd bæŋk 'trænsfɜː] *sb* Sammelüberweisung *f*
come down [kʌm 'daʊn] *v irr (prices)* sinken, heruntergehen
come off [kʌm 'ɒf] *v irr 1. (take place)* stattfinden; *2. ~ successfully* erfolgreich verlaufen; *3. ~ well/badly* gut/schlecht abschneiden
come out [kʌm 'aʊt] *v irr ~ on the market* erscheinen, herauskommen
commencement of bankruptcy proceedings [kə'mensmənt əv 'bæŋkrʌpsɪ prə'siːdɪŋz] *sb* Konkurseröffnung *f*
comment ['kɒment] *sb ~ on* Stellungnahme *f,* Kommentar *m*
commerce ['kɒmɜːs] *sb* Handel *m,* Handelsverkehr *m*
commercial [kə'mɜːʃəl] *adj 1.* kommerziell, kaufmännisch, geschäftlich; *sb 2. (advertisement)* Werbespot *m*
commercial agency [kə'mɜːʃəl 'eɪdʒənsɪ] *sb* Handelsvertretung *f,* Auskunftei *f*
commercial agent [kə'mɜːʃəl 'eɪdʒənt] *sb* Handelsvertreter *m*
commercial balance sheet [kə'mɜːʃəl 'bæləns ʃiːt] *sb* Handelsbilanz *f*
commercial bank [kə'mɜːʃəl bæŋk] *sb* Handelsbank *f,* Geschäftsbank *f,* Kreditbank *f*
commercial bill [kə'mɜːʃəl bɪl] *sb* Warenwechsel *m,* Handelswechsel *m*
commercial book [kə'mɜːʃəl bʊk] *sb* Handelsbuch *n*

commercial broker [kə'mɜːʃəl 'brəʊkə] *sb* Handelsmakler *m*
Commercial Code [kə'mɜːʃəl kəʊd] *sb* Handelsgesetzbuch *n*
commercial credit [kə'mɜːʃəl 'kredɪt] *sb* Handelskredit *m*, Warenkredit *m*
commercial employee [kə'mɜːʃəl ɪmplɔɪ'iː] *sb* Handlungsgehilfe *m*
commercial enterprise [kə'mɜːʃəl 'entəpraɪz] *sb* Handelsgewerbe *n*
commercial instruments to order [kə'mɜːʃəl 'ɪnstrʊmənts tu 'ɔːdə] *pl* kaufmännische Orderpapiere *n/pl*
commercial invoice [kə'mɜːʃəl 'ɪnvɔɪs] *sb* Handelsfaktura *f*
commercial law [kə'mɜːʃəl lɔː] *sb* Handelsrecht *n*
commercial letter of credit [kə'mɜːʃəl 'letər əv 'kredɪt] *sb* Handelskreditbrief *m*, Akkreditiv (L/C) *n*
commercial paper [kə'mɜːʃəl 'peɪpə] *sb* Commercial Paper *n*
commercial papers [kə'mɜːʃəl 'peɪpəz] *pl* Geschäftspapier *n*, Handelspapiere *n/pl*
commercial policy [kə'mɜːʃəl 'pɒlɪsɪ] *sb* Handelspolitik *f*
commercial power of attorney [kə'mɜːʃəl 'paʊə əv ə'tɜːnɪ] *sb* Handlungsvollmacht *f*
commercial principle [kə'mɜːʃəl 'prɪnsɪpəl] *sb* erwerbswirtschaftliches Prinzip *n*
commercial register [kə'mɜːʃəl 'redʒɪstə] *sb* Handelsregister *n*
commercial sample [kə'mɜːʃəl 'sɑːmpəl] *sb* Warenmuster *n*
commercial transactions [kə'mɜːʃəl træn'zækʃənz] *pl* Handelsgeschäfte *n/pl*
commercialism [kə'mɜːʃəlɪzəm] *sb* Kommerz *m*, Kommerzialisierung *f*
commercialize [kə'mɜːʃəlaɪz] *v* kommerzialisieren, vermarkten
commission [kə'mɪʃən] *v 1. (a person)* beauftragen; *(a thing)* in Auftrag geben; *2. ~ s.o. to do sth* jdn damit beauftragen, etw zu tun; *sb 3. ~ to do sth* Auftrag *m; (form of pay)* Provision *f*, Kommission *f; 4. out of ~* außer Betrieb; *5. (committee)* Kommission *f*, Ausschuss *m*
commission agent [kə'mɪʃən 'eɪdʒənt] *sb* Kommissionär *m*
commission business [kə'mɪʃən 'bɪznɪs] *sb* Kommissionsgeschäft *n*
commission fee [kə'mɪʃən fiː] *sb* Provisionsgebühr *f*
commission for acceptance [kə'mɪʃən fɔː ək'septəns] *sb* Akzeptprovision *f*
commission guarantee [kə'mɪʃən gærən'tiː] *sb* Provisionsgarantie *f*
Commission of the European Union [kə'mɪʃən əv ðə jʊərə'pɪən 'juːnjən] *sb* EU-Kommission *f*
commission on bank guarantee [kə'mɪʃən ɒn bæŋk gærən'tiː] *sb* Aval-Provision *f*
commission on turnover [kə'mɪʃən ɒn 'tɜːnəʊvə] *sb* Umsatzprovision *f*
commission payment [kə'mɪʃən 'peɪmənt] *sb* Provisionszahlung *f*
commission trade [kə'mɪʃən treɪd] *sb* Kommissionshandel *m*
commission-bearing account [kə'mɪʃən 'bɛərɪŋ ə'kaʊnt] *sb* provisionspflichtiges Konto *n*
commissioner [kə'mɪʃənə] *sb* Bevollmächtigte(r) *f/m*
commission-free account [kə'mɪʃənfriː ə'kaʊnt] *sb* provisionsfreies Konto *n*
commissioning [kə'mɪʃənɪŋ] *sb 1.* Auftragsvergabe *f; 2.* Inbetriebnahme *f*
commitment [kə'mɪtmənt] *sb* Engagement *n*
commitment fee [kə'mɪtmən fiː] *sb* Bereitstellungskosten *pl*
committee of inspection [kə'mɪtɪ əv ɪn'spekʃən] *sb* Gläubigerausschuss *m*
commodities [kə'mɒdɪtɪz] *pl 1. manufactured ~* Bedarfsartikel *m; 2. (on the stock exchange)* Rohstoffe *m/pl*, Commodities *f/pl*
commodities cartel [kə'mɒdɪtɪz kɑː'tel] *sb* Rohstoffkartell *n*
commodity [kə'mɒdɪtɪ] *sb* Ware *f*, Artikel *m*
commodity exchange [kə'mɒdɪtɪ ɪks'tʃeɪndʒ] *sb* Warenbörse *f*
commodity forward trading [kə'mɒdɪtɪ 'fɔːwəd 'treɪdɪŋ] Warenterminhandel *m*
commodity forward transaction [kə'mɒdɪtɪ 'fɔːwəd træn'zækʃən] *sb* Rohstoffmarkt *m*
commodity futures [kə'mɒdɪtɪ 'fjuːtʃəz] *pl* Commodity Futures *n/pl*
commodity futures exchange [kə'mɒdɪtɪ 'fjuːtʃəz ɪks'tʃeɪndʒ] *sb* Warenterminbörse *f*
commodity futures trading [kə'mɒdɪtɪ 'fjuːtʃəz 'treɪdɪŋ] *sb* Warentermingeschäft *n*
commodity market [kə'mɒdɪtɪ 'mɑːkɪt] *sb* Gütermarkt *m*
commodity money [kə'mɒdɪtɪ 'mʌnɪ] *sb* Naturalgeld *n*
commodity restriction scheme [kə'mɒdɪtɪ rɪ'strɪkʃən skiːm] *sb* Quotenkartell *n*

commodity securities [kə'mɒdɪtɪ sɪ'kjʊərɪtɪz] *pl* Warenwertpapiere *n/pl*
common business-oriented language ['kɒmən bɪznɪs'ɒrɪəntɪd 'læŋgwɪdʒ] *sb* Programmiersprache *f*
common debtor ['kɒmən 'detə] *sb* Gemeinschaftsschuldner *m*
common law ['kɒmən lɔː] *sb* Gewohnheitsrecht *n*
common market ['kɒmən 'mɑːkɪt] *sb* gemeinsamer Markt *m*
communicate [kə'mjuːnɪkeɪt] *v* *1. (with one another)* kommunizieren, sich verständigen; *2. (news, ideas)* vermitteln, übermitteln, mitteilen
communication facilities [kəmjuːnɪ'keɪʃən fə'sɪlɪtiːz] *pl* Kommunikationsmittel *n*
communism ['kɒmjʊnɪzm] *sb* Kommunismus *m*
community [kə'mjuːnɪtɪ] *sb* Gemeinde *f*, Gemeinschaft *f*
community of heirs [kə'mjuːnɪtɪ əv ɛəz] *sb* Erbengemeinschaft *f*
community of interests [kə'mjuːnɪtɪ əv 'ɪntrɪsts] *sb* Interessengemeinschaft (IG) *f*
community of property [kə'mjuːnɪtɪ əv 'prɒpətɪ] *sb* eheliche Gütergemeinschaft *f*
commute [kə'mjuːt] *v* *1. (travel back and forth)* pendeln; *2. (a right)* umwandeln
commuter [kə'mjuːtə] *sb* Pendler(in) *m/f*
compact ['kɒmpækt] *sb (agreement)* Vereinbarung *f*, Abmachung *f*
Companies Act ['kʌmpənɪz ækt] *sb* Aktiengesetz *n*
company ['kʌmpənɪ] *sb (firm)* Firma *f*, Unternehmen *n*, Gesellschaft *f*
company account ['kʌmpənɪ ə'kaʊnt] *sb* Firmenkonto *n*
company address ['kʌmpənɪ ə'dres] *sb* Firmenanschrift *f*
company assets ['kʌmpənɪ 'æsets] *pl* Gesellschaftsvermögen *n*
company audit ['kʌmpənɪ 'ɔːdɪt] *sb* Unternehmensprüfung *f*, Betriebsprüfung *f*
company board ['kʌmpənɪ bɔːd] *sb* Aufsichtsrat *m*, Verwaltungsrat *m*
company car ['kʌmpənɪ kɑː] *sb* Firmenwagen, Dienstwagen *m*
company exploiting third-party rights ['kʌmpənɪ ɪks'plɔɪtɪŋ θɜːd 'pɑːtɪ raɪts] *sb* Verwertungsgesellschaft *f*
company law ['kʌmpənɪ lɔː] *sb* Aktienrecht *n*, Firmenrecht *n*
company limited by shares ['kʌmpənɪ 'lɪmɪtɪd baɪ ʃɛəz] *sb* Kapitalgesellschaft *f*
company merger ['kʌmpənɪ 'mɜːdʒə] *sb* Firmenzusammenschluss *m*, Fusion *f*
company name ['kʌmpənɪ neɪm] *sb* Firmenname *m*
company objective ['kʌmpənɪ əb'dʒektɪv] *sb* Unternehmensziel *n*
company pension ['kʌmpənɪ 'penʃən] *sb* Betriebsrente *f*
company philosophy ['kʌmpənɪ fɪ'lɒsəfɪ] Unternehmensphilosophie *f*
company planning ['kʌmpənɪ 'plænɪŋ] *sb* Unternehmensplanung *f*
company policy ['kʌmpənɪ 'pɒlɪsɪ] *sb* Unternehmenspolitik *f*
company profile ['kʌmpənɪ 'prəʊfaɪl] *sb* Unternehmensprofil *n*, Firmenportrait *n*
company profit ['kʌmpənɪ 'prɒfɪt] *sb* Unternehmensgewinn *m*
company register ['kʌmpənɪ 'redʒɪstə] *sb* Firmenregister *n*
company stability ['kʌmpənɪ stə'bɪlɪtɪ] *sb* Firmenbeständigkeit *f*
company tax ['kʌmpənɪ tæks] *sb* Gesellschaftssteuer *f*
company-owned shares ['kʌmpənɪ əʊnd ʃɛəz] *pl* eigene Aktien *f/pl*
company's bank ['kʌmpənɪz bæŋk] *sb* Hausbank *f*
company's debts ['kʌmpənɪz dets] *pl* Gesellschaftsschulden *f/pl*
comparative balance sheet [kəm'pærɪtɪv 'bæləns ʃiːt] *sb* Vergleichsbilanz *f*
comparison [kəm'pærɪsən] *sb* Vergleich *m*; *in ~ with* im Vergleich zu; *by way of ~* vergleichsweise
comparison of prices [kəm'pærɪsən əv 'praɪsɪz] *sb* Kursvergleich *m*
compatibility [kəmpætə'bɪlɪtɪ] *sb* Kompatibilität *f*, Vereinbarkeit *f*
compensate ['kɒmpenseɪt] *v* *1. (recompense)* entschädigen; *2. (US: pay in wages)* bezahlen; *3. ~ for (in money, in goods)* ersetzen, vergüten, wettmachen; *4. ~ a loss* jdm einen Verlust ersetzen
compensating item ['kɒmpenseɪtɪŋ 'eɪtəm] *sb* Ausgleichsposten *m*
compensation [kɒmpen'seɪʃən] *sb* *1. (damages)* Entschädigung *f*, Ersatz *m*, Schadenersatz *m*; *2. in ~* als Entschädigung; *3. (settlement)* Abfindung *f*, Kompensation *f*, Verrechnung *f*; *4. (US: pay)* Vergütung *f*, Entgelt *n*
compensation for loss suffered [kɒmpen'seɪʃən fɔː lɒs 'sʌfəd] *sb* Schadensersatz *m*

compensation fund [kɒmpen'seɪʃən fʌnd] *sb* Ausgleichsfonds *m*
compensation offer [kɒmpen'seɪʃən ɒfə] *sb* Abfindungsangebot *n*
compensation payment [kɒmpen'seɪʃən 'peɪmənt] *sb* Ausgleichszahlung *f*
compensatory pricing [kɒmpen'səɪtərɪ 'praɪsɪŋ] *sb* Mischkalkulation *f*
compete [kəm'piːt] *v* konkurrieren, in Wettstreit treten
competence ['kɒmpətəns] *sb 1.* Fähigkeit *f; 2. (authority, responsibility)* Kompetenz *f,* Zuständigkeit *f*
competence to decide ['kɒmpətəns tu dɪ'saɪd] *sb* Entscheidungskompetenz *f*
competent ['kɒmpɪtənt] *adj 1. (responsible)* zuständig; *2. (witness)* zulässig
competing firm [kəm'piːtɪŋ fɜːm] *sb* Konkurrenzfirma *f,* konkurrierende Firma *f*
competition [kɒmpə'tɪʃən] *sb 1.* Konkurrenz *f; 2. to be in ~ with s.o.* mit jdm konkurrieren, mit jdm wetteifern; *3. a ~* Wettbewerb *m,* Wettkampf *m; 4. (write-in contest)* Preisausschreiben *n*
competition supervisory office [kɒmpə'tɪʃən suːpə'vaɪzərɪ 'ɒfɪs] *sb* Wettbewerbsaufsicht *f*
competitive [kəm'petɪtɪv] *adj 1. (able to hold its own)* konkurrenzfähig, wettbewerbsfähig; *2. (nature, person)* vom Konkurrenzdenken geprägt; *3. (industry, market)* mit starker Konkurrenz
competitive advantage [kəm'petɪtɪv əd'vɑːntɪdʒ] *sb* Wettbewerbsvorteil *m*
competitive policy [kəm'petətɪv 'pɒlɪsɪ] *sb* Wettbewerbspolitik *f*
competitiveness [kəm'petɪtɪvnəs] *sb (of a thing)* Wettbewerbsfähigkeit *f,* Konkurrenzfähigkeit *f*
competitor [kəm'petɪtə] *sb* Konkurrent(in) *m/f,* Gegner(in) *m/f*
complain [kəm'pleɪn] *v* sich beklagen, sich beschweren; *~ about* klagen über
complainant [kəm'pleɪnənt] *sb* Kläger(in) *m/f*
complaint [kəm'pleɪnt] *sb 1.* Reklamation *f,* Beanstandung *f; 2.* Strafanzeige *f*
complementary goods [kɒmplə'mentərɪ gʊdz] *pl* komplementäre Güter *pl*
complete [kəm'pliːt] *v (finish)* beenden, abschließen, absolvieren; *(a form)* ausfüllen; *adj (finished)* fertig
completion [kəm'pliːʃən] *sb* Fertigstellung *f,* Beenden *n*
compliance [kəm'plaɪəns] *sb* Einhalten *n,* Befolgung *f*
comply [kəm'plaɪ] *v 1. ~ with (a rule)* befolgen; *2. ~ with (a request)* nachkommen, entsprechen
component [kəm'pəʊnənt] *sb 1.* Bestandteil *m;* Komponente *f; 2. (technical ~)* Bauelement *n*
composition proceedings [kɒmpə'zɪʃən prə'siːdɪŋz] *pl* Ausgleichsverfahren *n,* Vergleichsverfahren *n*
compound interest ['kɒmpaʊnd 'ɪntrəst] *sb* Zinseszins *m*
comprehensive insurance [kɒmprɪ'hensɪv ɪn'ʃʊərəns] *sb* Vollkaskoversicherung *f*
compromise ['kɒmprəmaɪz] *sb 1.* Kompromiss *m; v 2. (agree on a ~)* einen Kompromiss schließen; *3. (put at risk)* kompromittieren, gefährden
compulsory [kəm'pʌlsərɪ] *adj* obligatorisch, Pflicht...
compulsory auction [kəm'pʌlsərɪ 'ɔːkʃən] *sb* Zwangsversteigerung *f*
compulsory contribution [kəm'pʌlsərɪ kɒntrɪ'bjuːʃən] *sb* Pflichteinlage *f*
compulsory disclosure [kəm'pʌlsərɪ dɪs'kləʊʒə] *sb* Publikationspflicht *f*
compulsory health insurance funds [kəm'pʌlsərɪ helθ ɪn'ʃʊərəns fʌndz] *pl* Pflichtkrankenkassen *f/pl*
compulsory loan [kəm'pʌlsərɪ ləʊn] *sb* Zwangsanleihe *f*
compulsory saving [kəm'pʌlsərɪ 'seɪvɪŋ] *sb* Zwangssparen *n*
compulsory settlement [kəm'pʌlsərɪ 'setlmənt] *sb* Zwangsvergleich *m*
computation [kɒmpjʊ'teɪʃən] *sb* Berechnung *f,* Kalkulation *f*
compute [kəm'pjuːt] *v (make calculations)* rechnen; *(sth)* berechnen, errechnen
computer [kəm'pjuːtə] *sb* Computer *m,* Rechner *m*
computer-aided design (CAD) [kəm'pjuːtə 'eɪdɪd dɪ'zaɪn] *sb* Computer Aided Design (CAD) *n*
computer-aided engineering (CAE) [kəm'pjuːtə 'eɪdɪd endʒɪ'nɪərɪŋ] *sb* Computer Aided Engineering (CAE) *n*
computer-aided manufacturing (CAM) [kəm'pjuːtə 'eɪdɪd mænjuː'fæktʃʊərɪŋ] *sb* Computer Aided Manufacturing (CAM) *n*
computer-aided quality assurance (CAQ) [kəm'pjuːtə 'eɪdɪd 'kwɒlɪtɪ ə'ʃʊərəns] *sb* Computer Aided Quality Assurance (CAQ) *f*

computer-aided selling (CAS) [kəm'pju:tə 'eɪdɪd 'selɪŋ] *sb* Computer Aided Selling (CAS) *n*
computer centre [kəm'pju:tə 'sentə] *sb* Rechenzentrum *n*
computer graphics [kəm'pju:tə 'græfɪks] *pl* Computergrafik *f*
computer-integrated manufacturing (CIM) [kəm'pju:tə ɪntə'greɪtɪd mænju:'fæktʃʊərɪŋ] *sb* Computer Integrated Manufacturing (CIM) *n*
computer network [kəm'pju:tə 'netwɜ:k] *sb* Computernetzwerk *n*
computer ordering system [kəm'pju:tə 'ɔ:derɪŋ 'sɪstəm] *sb* EDV-Bestellwesen *n*
computer program [kəm'pju:tə 'prəʊgræm] *sb* Computerprogramm *n*
computerise [kəm'pju:təraɪz] *v* computerisieren, auf Computer umstellen
concentration [kɒnsən'treɪʃən] *sb* Konzentration *f*
concentration of banks [kɒnsen'treɪʃən əv bæŋks] *sb* Bankenkonzentration *f*
concentration of capital [kɒnsen'treɪʃən əv 'kæpɪtəl] *sb* Kapitalkonzentration *f*
concept ['kɒnsept] *sb* Konzept *n,* Vorstellung *f*
conception [kən'sepʃən] *sb* Konzeption *f,* Vorstellung *f*
concern [kən'sɜ:n] *v 1. ~ o.s. with sth* sich mit etw beschäftigen, sich für etw interessieren; *2. (worry)* beunruhigen; *3. to be ~ed about* sich kümmern um; *4. (to be about)* sich handeln um, gehen um
concerted [kən'sɜ:tɪd] *adj* konzertiert, gemeinsam
concession [kən'seʃən] *sb* Zugeständnis *n,* Konzession *f*
concessionary [kən'seʃənərɪ] *adj* in Konzession, Konzessions...
conciliation board [kɒnsɪlɪ'eɪʃən bɔ:d] *sb* Einigungsstelle *f*
conclusion [kən'klu:ʒən] *sb* Abschluss *m*
conclusion of a contract [kən'klu:ʒən əv ə 'kɒntrækt] *sb* Vertragsabschluss *m*
conclusion of a deal [kən'klu:ʒən əv ə di:l] *sb* Geschäftsabschluss *m*
concordance of maturities [kɒn'kɔ:dəns əv mə'tʊərɪtɪz] *sb* Fristenkongruenz *f*
concretion [kən'kri:ʃən] *sb* Konkretisierung *f,* Verwirklichung *f*
concurrent [kən'kʌrənt] *adj* zusammentreffend
condition [kən'dɪʃən] *sb 1. (stipulation)* Bedingung *f,* Voraussetzung *f,* Kondition *f; 2. on ~ that ...* unter der Bedingung, dass ...
condition cartel [kən'dɪʃən cɑ:'tel] *sb* Konditionenkartell *n*
conditional capital increase [kən'dɪʃənəl 'kæpɪtəl 'ɪnkri:s] *sb* bedingte Kapitalerhöhung *f*
conditions [kən'dɪʃənz] *pl* Konditionen *f/pl*
conditions of acceptance [kən'dɪʃənz əv ək'septəns] *pl* Übernahmebedingungen *f/pl*
conditions of competition [kən'dɪʃənz əv kɒmpə'tɪʃən] *pl* Wettbewerbsverhältnisse *n/pl,* Wettbewerbsbedingungen *f/pl*
conditions of a contract [kən'dɪʃənz əv ə 'kɒntrækt] *pl* Vertragsbedingungen *f/pl*
conditions of delivery [kən'dɪʃənz əv dɪ'lɪvərɪ] *pl* Lieferbedingungen *f/pl*
conduct [kən'dʌkt] *v 1. (direct)* führen, leiten, verwalten; *sb 2.* ['kɒndʌkt] *(management)* Führung *f,* Leitung *f; 3. (document)* Geleitbrief *m*
confer [kən'fɜ:] *v 1. (consult together)* sich beraten, sich besprechen; *2. (bestow)* verleihen, übertragen
conference ['kɒnfərəns] *sb* Konferenz *f,* Besprechung *f,* Sitzung *f;* Tagung *f*
conference call ['kɒnfərəns kɔ:l] *sb* Konferenzgespräch *n*
conference date ['kɒnfərəns deɪt] *sb* Besprechungstermin *m*
confidence goods ['kɒnfɪdəns gʊdz] *pl* Vertrauensgüter *n/pl*
confidential [kɒnfɪ'denʃəl] *adj* vertraulich, geheim
confidential communication [kɒnfɪ'denʃəl kəmju:nɪ'keɪʃən] *sb* vertrauliche Mitteilung *f*
confidentiality [kɒnfɪdenʃɪ'ælɪtɪ] *sb* Vertraulichkeit *f,* Schweigepflicht *f*
configuration [kənfɪgjʊ'reɪʃən] *sb* Konfiguration *f*
confirmation [kɒnfə'meɪʃən] *sb* Bestätigung *f*
confirmation note [kɒnfə'meɪʃn nəʊt] *sb* Bestätigungsschreiben *n*
confirmation of cover [kɒnfə'meɪʃən əv 'kʌvə] *sb* Deckungszusage *f*
confirmation of order [kɒnfə'meɪʃən əv 'ɔ:də] *sb* Auftragsbestätigung *f*
confiscate ['kɒnfɪskeɪt] *v* beschlagnahmen, einziehen, sicherstellen
confiscation [kɒnfɪs'keɪʃən] *sb* Beschlagnahme *f,* Einziehung *f*

conglomerate [kən'glɒmərɪt] *sb* Konglomerat *n*
congress ['kɒŋgres] *sb* Kongress *m,* Tagung *f*
congruent ['kɒŋgrʊənt] *adj 1.* deckungsgleich, kongruent; *2. (in agreement, corresponding)* übereinstimmend, sich deckend
connection [kə'nekʃən] *sb* Verbindung *f,* Beziehung *f*
consent [kən'sent] *v 1.* zustimmen, einwilligen, mit einverstanden sein; *sb 2.* Zustimmung *f,* Einwilligung *f,* Genehmigung *f; age of ~* Mündigkeit *f*
consequence ['kɒnsɪkwəns] *sb 1. (importance)* Bedeutung *f,* Wichtigkeit *f; 2. (effect)* Konsequenz *f,* Folge *f,* Wirkung *f; take the ~s* die Folgen tragen
consequential [kɒnsɪ'kwenʃəl] *adj* sich ergebend, folgend
conservation technology [kɒnsə'veɪʃən tek'nɒlədʒɪ] *sb* Umwelttechnik *f*
consign [kən'saɪn] *v* versenden, verschicken, schicken
consignee [kɒnsaɪ'niː] *sb* Adressat *m,* Empfänger *m,* Konsignatar *m*
consignment [kən'saɪnmənt] *sb 1.* Übersendung *f; 2. on ~* in Kommission; *(overseas)* in Konsignation
consignment note [kən'saɪnmənt nəʊt] *sb* Frachtbrief *m*
consignment of goods [kən'saɪnmənt əv gʊdz] *sb* Warensendung *f*
consignment sale [kən'saɪnmənt seɪl] *sb* Kommissionsverkauf *m*
consignment stock [kən'saɪnmənt stɒk] *sb* Konsignationslager *n,* Kommissionslager *n*
consignment with value declared [kən'saɪnmənt wɪð 'væljuː dɪ'klɛəd] *sb* Wertsendung *f*
consistency [kən'sɪstənsɪ] *sb (of a substance)* Konsistenz *f,* Beschaffenheit *f*
consoles ['kɒnsəʊlz] *pl* Konsols *m/pl*
consolidate [kən'sɒlɪdeɪt] *v 1.* konsolidieren, fundieren; *2. (combine)* zusammenlegen, vereinigen, zusammenschließen
consolidated balance sheet [kən'sɒlɪdeɪtɪd 'bæləns ʃiːt] *sb* konsolidierte Bilanz *f*
consolidated financial statement [kən'sɒlɪdeɪtɪd faɪ'nænʃəl 'steɪtmənt] *sb* Konzernabschluss *m*
consolidation [kənsɒlɪ'deɪʃən] *sb 1. (bringing together)* Zusammenlegung *f,* Vereinigung *f,* Zusammenschluss *m,* Unifizierung *f; 2.* Konsolidierung *f*
consolidation of shares [kən'sɒlɪdeɪʃən əv ʃɛəz] *sb* Aktienzusammenlegung *f*
consortium [kən'sɔːtɪəm] *sb* Konsortium *n,* Zusammenschluss *m*
constant issuer ['kɒnstənt 'ɪʃjuːə] *sb* Dauerremittent *m*
Constitutional Court [kɒnstɪ'tjuːʃənəl kɔːt] *sb* Verfassungsgericht *n*
construction [kən'strʌkʃən] *sb (constructing)* Bau *m,* Konstruktion *f,* Errichtung *f; under ~* im Bau
construction industry [kən'strʌkʃən 'ɪndəstrɪ] *sb* Bauindustrie *f*
consular invoice ['kɒnsjuːlə 'ɪnvɔɪs] *sb* Konsulatsfaktura *f*
consult [kən'sʌlt] *v 1.* konsultieren, befragen, um Rat fragen; *2. (files)* einsehen
consultant [kən'sʌltənt] *sb* Berater(in) *m/f*
consultant on pensions [kən'sʌltənt ɒn 'penʃənz] *sb* Rentenberater *m*
consultation [kɒnsəl'teɪʃən] *sb* Beratung *f,* Rücksprache *f*
consulting [kən'sʌltɪŋ] *adj* beratend
consumable [kən'sjuːməbl] *adj* Konsum...
consume [kən'sjuːm] *v (use up)* verbrauchen, verzehren
consumer [kən'sjuːmə] *sb* Verbraucher(in) *m/f,* Konsument(in) *m/f*
consumer acceptance [kən'sjuːmə ək'septəns] *sb* Kaufbereitschaft *f*
consumer advice [kən'sjuːmə əd'vaɪs] *sb* Kundenberatung *f*
consumer cooperative [kən'sjuːmə kəʊ'ɒpərətɪv] *sb* Konsumgenossenschaft *f*
consumer credit [kən'sjuːmə 'kredɪt] *sb* Konsumkredit *m,* Konsumentenkredit *m*
consumer credit act [kən'sjuːmə 'kredɪt ækt] *sb* Verbraucherkreditgesetz *n*
consumer goods [kən'sjuːmə gʊdz] *pl* Verbrauchsgüter *pl,* Konsumgüter *pl*
consumer loan [kən'sjuːmə ləʊn] *sb* Anschaffungsdarlehen *n*
consumer market [kən'sjuːmə 'mɑːkɪt] *sb* Verbrauchermarkt *m*
consumer protection [kən'sjuːmə prə'tekʃən] *sb* Verbraucherschutz *m*
consumer society [kən'sjuːmə sə'saɪɪtɪ] *sb* Konsumgesellschaft *f*
Consumers' Central Offices [kən'sjuːməz 'sentrəl 'ɒfɪsɪz] *sb* Verbraucherzentralen *f/pl*
consumption [kən'sʌmpʃən] *sb* Verbrauch *m,* Konsum *m,* Verzehr *m*
consumption financing [kən'sʌmpʃən faɪ'nænsɪŋ] *sb* Konsumfinanzierung *f*

contact ['kɒntækt] *sb 1. (communication)* Verbindung *f; to be in ~ with s.o.* mit jdm in Verbindung stehen; *lose ~ with s.o.* die Verbindung zu jdm verlieren; *(person to ~)* Kontaktperson *f,* Ansprechpartner(in) *m/f; 2. (useful acquaintance)* Verbindung *f; make ~s* Verbindungen knüpfen; *v 3.* sich in Verbindung setzen mit, Kontakt aufnehmen zu

contain [kən'teɪn] *v (have room for)* fassen, umfassen

container [kən'teɪnə] *sb* Behälter *m,* Gefäß *n,* Container *m*

container transport [kən'teɪnə 'trænspɔ:t] *sb* Behälterverkehr *m*

containerize [kən'teɪnəraɪz] *v* in Container verpacken

contamination [kəntæmɪ'neɪʃən] *sb* Kontamination *f,* Verschmutzung *f*

contango [kən'tæŋgəʊ] *sb* Report *m*

contango securities [kən'tæŋgəʊ sɪ'kju:rɪtiz] *pl* Reporteffekten *f/pl*

contango transaction [kən'tæŋgəʊ træn'zækʃən] *sb* Reportgeschäft *n*

content ['kɒntent] *sb ~s pl* Inhalt *m*

content norms ['kɒntent nɔ:mz] *pl* Inhaltsnormen *f/pl*

contest [kən'test] *v* anfechten; *(dispute)* angreifen, bestreiten

contingency budget [kən'tɪndʒensɪ 'bʌdʒɪt] *sb* Eventualhaushalt *m*

contingency plan [kən'tɪndʒənsɪ plæn] *sb* Ausweichplan *m*

contingent [kən'tɪndʒənt] *adj ~ upon* abhängig von

contingent liability [kən'tɪndʒent laɪə'bɪlɪtɪ] *sb* Eventualverbindlichkeit *f*

continued pay [kən'tɪndju:d peɪ] *sb* Entgeltfortzahlung *f*

continuous flow production [kən'tɪnjuəs fləʊ prə'dʌkʃən] *sb* Fließfertigung *f*

contract ['kɒntrækt] *sb 1.* Vertrag *m; (order)* Auftrag *m; v* [kən'trækt] *2. ~ sth out* etw außer Haus machen lassen; *~ to do sth* sich vertraglich verpflichten, etw zu tun

contract goods ['kɒntrækt gʊdz] *pl* Kontraktgüter *n/pl*

contract of assignment ['kɒntrækt əv ə'saɪnmənt] *sb* Abtretungsvertrag *m*

contract of carriage ['kɒntrækt əv 'kærɪdʒ] *sb* Frachtvertrag *m*

contract of employment ['kɒntrækt əv ɪm'plɔɪmənt] *sb* Arbeitsvertrag *m,* Dienstvereinbarung *f*

contract of pledge ['kɒntrækt əv pledʒ] *sb* Pfandvertrag *m*

contract of sale ['kɒntrækt əv seɪl] *sb* Kaufvertrag *m*

contract of service ['kɒntrækt əv 'sɜ:vɪs] *sb* Dienstvertrag *m*

contract period ['kɒntrækt 'pɪərɪəd] *sb* Vertragsdauer *f*

contraction [kən'trækʃən] *sb* Kontrahierung *f*

contractor [kən'træktə] *sb* Auftragnehmer *m*

contractor work and services [kən'træktə 'wɒk ənd 'sɜ:vɪsɪz] *sb* Werkvertrag *m*

contracts on capital collecting ['kɒntrækts ɒn 'kæpɪtəl kə'lektɪŋ] *pl* Kapitalsammlungsverträge *m/pl*

contractual [kən'træktʃʊəl] *adj* vertraglich, Vertrags...

contractual obligation [kən'trækʃʊəl ɒblɪ'geɪʃən] *sb* Vertragsbindung *f*

contractual penalty [kən'træktʃʊəl 'penəltɪ] *sb* Konventionalstrafe *f,* Vertragsstrafe *f*

contribute [kən'trɪbju:t] *v 1.* beitragen; *2. ~ to charity* spenden; *3. (food, supplies)* beisteuern

contribution [kɒntrɪ'bju:ʃən] *sb 1.* Beitrag *m; make a ~ to sth* einen Beitrag zu etw leisten; *2. (donation)* Spende *f*

contribution margin [kɒntrɪ'bju:ʃən 'mɑ:dʒɪn] *sb* Deckungsbeitrag *m*

contribution receipt [kɒntrɪ'bju:ʃən rɪ'si:t] *sb* Einschussquittung *f*

contribution refund [kɒntrɪ'bju:ʃən 'ri:fʌnd] *sb* Beitragserstattung *f*

contributions [kɒntrɪ'bju:ʃənz] *pl* Beiträge *m/pl*

contributions paid to the building society [kɒntrɪ'bju:ʃənz peɪd tu ðə 'bɪldɪŋ sə'saɪətɪ] *pl* Bausparkassenbeiträge *m/pl*

control [kən'trəʊl] *v (sth) 1.* Kontrolle haben über, kontrollieren; *(regulate)* kontrollieren; *(keep within limits)* in Schranken halten, in Rahmen halten, beschränken; *sb 2.* Kontrolle *f; get under ~* unter Kontrolle bringen; *get out of ~* außer Kontrolle geraten; *3. (authority)* Gewalt *f,* Macht *f,* Herrschaft *f; have no ~ over sth* keinen Einfluss auf etw haben; *4. (check)* Kontrolle *f*

control agreement [kən'trəʊl ə'gri:mənt] *sb* Beherrschungsvertrag *m*

control board [kən'trəʊl bɔ:d] *sb* Aufsichtsamt *n*

control by foreign capital [kən'trəʊl baɪ 'fɒrən 'kæpɪtəl] *sb* Überfremdung *f*
control group [kən'trəʊl gru:p] *sb* Kontrollgruppe *f*
control key [kən'trəʊl ki:] *sb* Control-Taste *f*
controllable [kən'trəʊləbl] *adj* kontrollierbar
controlled company [kən'trəʊld 'kʌmpənɪ] *sb* Organgesellschaft *f*
controlled corporate group [kən'trəʊld 'kɔ:pərət gru:p] *sb* Beteiligungskonzern *m*
controlled economy [kən'trəʊld ɪ'kɒnəmɪ] *sb* Dirigismus *m*
controlling [kən'trəʊlɪŋ] *sb 1.* Controlling; *adj 2. have a ~ interest in sth* eine Mehrheitsbeteiligung an etw besitzen
controlling [kən'trəʊlɪŋ] *sb* Controlling *n*
control of advertising effectiveness [kən'trəʊl əv 'ædvətaɪzɪŋ ɪ'fektɪvnɪs] *sb* Werbeerfolgskontrolle *f*
control panel [kən'trəʊl pænl] *sb* Schalttafel *f*, Bedienungsfeld *n*
convene [kən'vi:n] *v (call together)* einberufen, versammeln
convenience goods [kən'vi:nɪəns gʊdz] *pl* Verbrauchsgüter *pl*, Convenience Goods *pl*
convenient [kən'vi:nɪənt] *adj 1.* günstig, passend, geeignet; *2. ~ly located (shop)* verkehrsgünstig; *3. (functional)* brauchbar, praktisch, zweckmäßig
convention [kən'venʃən] *sb 1. (conference)* Fachkongress *m*, Tagung *f*; *2. (agreement)* Abkommen *n*; *3. (social rule)* Konvention *f*
conversion [kən'vɜ:ʒən] *sb* Konvertierung *f*
conversion charge [kən'vɜ:ʒən tʃɑ:dʒ] *sb* Transaktionskosten *pl*
conversion table [kən'vɜ:ʃən teɪbl] *sb* Umrechnungstabelle *f*
convert [kən'vɜ:t] *v 1.* umwandeln, verwandeln; *2. (measures)* umrechnen; *3. (of currency)* konvertieren, umwandeln
convertibility [kən'vɜ:tɪbɪlɪtɪ] *sb* Konvertibilität *f*, Konvertierbarkeit *f*
convertibility for residents [kənvɜ:tɪ'bɪlɪtɪ fɔ: 'rezɪdənts] *sb* Inländerkonvertibilität *f*
convertible [kən'vɜ:tɪbl] *adj* konvertibel, austauschbar
convertible bonds [kən'vɜ:tɪbl bɒndz] *pl* Wandelschuldverschreibung *f*
convey [kən'veɪ] *v (rights, title)* übertragen
conveyance [kən'veɪəns] *sb* Übertragung *f*
conveyance by agreement [kən'veɪəns baɪ ə'gri:mənt] *sb* Auflassung *f*
conveyor [kən'veɪə] *sb* Fördergerät *n*
conveyor belt [kən'veɪə belt] *sb* Fließband *n*, Förderband *n*
cooperate [kəʊ'ɒpəreɪt] *v 1.* zusammenarbeiten; *2. (comply)* mitmachen
cooperation [kəʊɒpə'reɪʃən] *sb* Zusammenarbeit *f*, Kooperation *f*
cooperation loan [kəʊɒpə'reɪʃən ləʊn] *sb* Kooperationsdarlehen *n*
cooperative [kəʊ'ɒpərətɪv] *adj 1. (prepared to comply)* kooperativ, kollegial; *sb 2.* Genossenschaft *f*
cooperative apartment [kəʊ'ɒpərətɪv ə'pɑ:tmənt] *sb* Eigentumswohnung *f*
cooperative banking sector [kəʊ'ɒpərətɪv 'bæŋkɪŋ 'sektə] *sb* genossenschaftlicher Bankensektor *m*
cooperative central banks [kəʊ'ɒpərətɪv 'sentrəl bæŋks] *pl* genossenschaftliche Zentralbanken *f/pl*
coordination [kəʊɔ:dɪ'neɪʃən] *sb* Koordination *f*, Koordinierung *f*
co-owner [kəʊ'əʊnə] *sb* Mitinhaber(in) *m/f*, Mitbesitzer(in) *m/f*
co-ownership [kəʊ'əʊnəʃɪp] *sb* Miteigentum *n*
co-partner [kəʊ'pɑ:tnə] *sb* Partner(in) *m/f*, Teilhaber(in) *m/f*, Mitunternehmer *m*
copier ['kɒpiə] *sb* Kopierer *m*, Kopierautomat *m*
co-plaintiff [kəʊ'pleɪntɪf] *sb* Nebenkläger *m*
co-product [kəʊ'prɒdʌkt] *sb* Nebenerzeugnis *n*
copy ['kɒpɪ] *v 1. (reproduce)* kopieren, nachbilden; *2. (imitate)* nachmachen; *sb* Kopie *f*; *3. (written out separately)* Abschrift *f*; *4. (text of an advertisement or article)* Text *m*
copy machine ['kɒpɪ mə'ʃi:n] *sb (fam)* Kopierer *m*
copyright ['kɒpɪraɪt] *sb* Copyright *n*, Urheberrecht *n*
copy test ['kɒpɪ test] *sb* Copy-Test *m*
copywriter ['kɒpɪraɪtə] *sb* Werbetexter(in) *m/f*
core time [kɔ: taɪm] *sb* Kernarbeitszeit *f*
corner ['kɔ:nə] *v* in die Ecke treiben; *~ the market* den Markt beherrschen
corporate ['kɔ:pərɪt] *adj (of a corporation)* korporativ, Unternehmens...
corporate culture ['kɔ:pərɪt 'kʌltʃə] *sb* Unternehmenskultur *f*
corporate design ['kɔ:pərɪt dɪ'saɪn] *sb* Corporate Design *n*
corporate identity ['kɔ:pərɪt aɪ'dentɪtɪ] *sb* Corporate Identity *f*

corporate management ['kɔ:pərɪt 'mænɪdʒmənt] *sb* Unternehmensleitung *f*
corporate profit ['kɔ:pərɪt 'prɒfɪt] *sb* Unternehmensgewinn *m*
corporate strategy ['kɔ:pərɪt 'strætədʒɪ] *sb* Unternehmensstrategie *f*
corporate value ['kɔ:pərɪt 'vælju:] *sb* Unternehmungswert *m*
corporation [kɔ:pə'reɪʃən] *sb 1. (UK)* Handelsgesellschaft *f; 2. (US)* Aktiengesellschaft *f,* Unternehmen *n*
corporation tax [kɔ:pə'reɪʃən tæks] *sb* Unternehmenssteuer *f,* Körperschaftssteuer *f*
corporative ['kɔ:pərətɪv] *adj* Unternehmens..., Firmen...
correct [kə'rekt] *v* korrigieren, berichtigen
correction [kə'rektʃən] *sb* Berichtigung *f,* Korrektur *f*
correction of a balance sheet [kə'rekʃən əv ə 'bæləns ʃi:t] *sb* Bilanzberichtigung *f*
correlation [kɒrə'leɪʃən] *sb* Korrelation *f,* Wechselbeziehung *f*
correspond [kɒrɪs'pɒnd] *v (exchange letters)* korrespondieren, in Briefwechsel stehen
correspondence [kɒrɪs'pɒndəns] *sb (letter writing)* Korrespondenz *f,* Briefwechsel *m*
correspondent bank [kɒrəs'pɒndənt bæŋk] *sb* Korrespondenzbank *f*
cost [kɒst] *v irr 1.* kosten; *sb 2.* Kosten *pl; at no ~* kostenlos; *3. (fig)* Preis *m; at all ~s, at any ~* um jeden Preis
cost accounting centre [kɒst ə'kaʊntɪŋ 'sentə] *sb* Kostenstelle *f*
cost advantage [kɒst əd'vɑ:ntɪdʒ] *sb* Kostenvorteil *m*
cost allocation [kɒst ælə'keɪʃən] *sb* Kostenverrechnung *f*
cost and freight (c. & f.) [kɒst ænd freɪt] *sb* Kosten und Fracht (c. & f.)
cost-benefit analysis [kɒst'benɪfɪt ə'nælɪsɪs] *sb* Kosten-Nutzen-Analyse *f*
cost centre [kɒst 'sentə] *sb* Kostenstelle *f*
cost-effective [kɒstɪ'fektɪv] *adj* rentabel
cost escalation [kɒst eskə'leɪʃən] *sb* Kostenexplosion *f*
cost estimate [kɒst 'estɪmət] *sb* Kostenvoranschlag *m*
cost factor [kɒst 'fæktə] *sb* Kostenfaktor *m*
costing expenditures ['kɒstɪŋ ɪks'pendɪtʃəz] *pl* Anderskosten *pl*
costing rate ['kɒstɪŋ reɪt] *sb* Zuschlagssatz *m*
cost, insurance (c. & i.) [kɒst ɪn'ʃʊərəns] *sb* Kosten und Versicherung (c. & i.)
cost, insurance, freight (c. i. f.) [kɒst ɪn-'ʃʊərəns freɪt] *sb* Kosten, Versicherung, Fracht eingeschlossen (c.i.f.)
cost, insurance, freight, commission (c. i. f. & c.) [kɒst ɪn'ʃʊərəns freɪt kə'mɪʃən] *sb* Kosten, Versicherung, Fracht und Kommission eingeschlossen (c.i.f.& c.)
cost, insurance, freight, commission, interest (c. i. f. c. & i.) [kɒst ɪn'ʃʊərəns freɪt kə'mɪʃən 'ɪntrɪst] *sb* Kosten, Versicherung, Fracht, Kommission und Zinsen (c.i.f.c.& i.)
costly ['kɒstlɪ] *adj* teuer, kostspielig
cost of acquisition ['kɒst əv ækwɪ'zɪʃən] *sb* Anschaffungskosten *pl*
cost of capital [kɒst əv 'kæpɪtəl] *sb* Kapitalkosten *pl*
cost of credit [kɒst əv 'kredɪt] *sb* Kreditkosten *pl*
cost of services [kɒst əv 'sɜ:vɪsɪz] *sb* Dienstleistungskosten *pl*
cost-of-service principle [kɒst əv 'sɜ:vɪs 'prɪnsɪpəl] *sb* Äquivalenzprinzip *n*
cost of wages ['kɒst əv 'weɪdʒɪz] *sb* Lohnkosten *pl*
cost per unit [kɒst pə 'ju:nɪt] *sb* Stückkosten *pl*
cost pressure [kɒst 'preʃʊə] *sb* Kostendruck *m*
cost price [kɒst praɪs] *sb* Selbstkostenpreis *m,* Einstandspreis *m*
cost recovery [kɒst rɪ'kʌvərɪ] *sb* Kostendeckung *f*
cost reduction [kɒst rɪ'dʌkʃən] *sb* Kostensenkung *f*
costs [kɒsts] *pl* Kosten *pl*
cost schedule [kɒst 'ʃedju:l] *sb* Kostenplan *m*
cost types [kɒst taɪps] *pl* Kostenarten *f/pl*
cost unit [kɒst 'ju:nɪt] *sb* Kostenträger *m*
cost variance analysis [kɒst 'vɛəriəns ə'nælɪsɪs] *sb* Abweichungsanalyse *f*
Cotton Exchange ['kɒtən ɪks'tʃeɪndʒ] *sb* Baumwollbörse *f*
council tax ['kaʊnsl tæks] *sb (UK)* Gemeindesteuer *f*
counsel ['kaʊnsl] *sb 1.* Rat *m,* Gremium *n; 2. (US)* Anwalt/Anwältin *m/f*
counseling ['kaʊnsəlɪŋ] *sb* Beratung *f*
count [kaʊnt] *v 1.* zählen; *sb 2.* Zählung *f;*
count in [kaʊnt ɪn] *v* mitzählen, mitrechnen
counter ['kaʊntə] *sb* Ladentisch *m,* Tresen *m,* Theke *f*
counterclaim ['kaʊntəkleɪm] *sb* Gegenanspruch *m,* Gegenforderung *f*

countercyclical development [kaʊntə-'sɪklɪkəl də'veləpmənt] *sb* antizyklisches Verhalten *n*
countercyclical fiscal policy [kaʊntə'sɪklɪkəl 'fɪskəl 'pɒlɪsɪ] *sb* antizyklische Finanzpolitik *f*
counter entry ['kaʊntə 'entrɪ] *sb* Storno *n,* Gegenbuchung *f*
counterfeit ['kaʊntəfɪt] *sb 1.* Fälschung *f; adj 2.* gefälscht
counterfeit money ['kaʊntəfɪt 'mʌnɪ] *sb* Falschgeld *n*
counterfeiting ['kaʊntəfɪtɪŋ] *1.* Produktpiraterie *f; 2.* Falschmünzerei *f*
countermand [kaʊntə'mɑːnd] *sb* Abbestellung *f,* Widerruf *m,* Storno *m/n*
counteroffer ['kaʊntərɒfə] *sb* Gegenangebot *n,* Gegengebot *n*
countersign ['kaʊntəsaɪn] *v* gegenzeichnen
counter stock ['kaʊntə stɒk] *sb* Schalterstücke *n/pl*
countertrade ['kaʊntətreɪd] *sb* Gegengeschäft *n*
countervailing duty [kaʊntə'veɪlɪŋ 'djuːtɪ] *sb* Ausgleichsabgabe *f*
counting ['kaʊntɪŋ] *sb* Auszählung *f*
countries outside the customs frontier ['kʌntriz aʊt'saɪd ðə 'kʌstəmz 'frʌntɪə] *pl* Zollausland *n*
country of origin ['kʌntrɪ əv 'ɒrɪdʒɪn] *sb* Herkunftsland *n*
country of purchase ['kʌntrɪ əv 'pɜːtʃɪs] *sb* Einkaufsland *n*
country risk ['kʌntrɪ rɪsk] *sb* Länderrisiko *n*
coupon ['kuːpɒn] *sb (voucher)* Gutschein *m,* Kupon *m,* Zinsschein *m*
coupon collection department ['kuːpɒn kə'lekʃən də'pɑːtmənt] *sb* Kuponkasse *f*
coupon market ['kuːpɒn 'mɑːkɪt] *sb* Kuponmarkt *m*
coupon price ['kuːpɒn praɪs] *sb* Kuponkurs *m*
coupon sheet ['kuːpɒn ʃiːt] *sb* Kuponbogen *m*
coupon tax ['kuːpɒn tæks] *sb* Kuponsteuer *f*
courier ['kʊrɪə] *sb* Eilbote *m,* Kurier *m*
course of business [kɔːs əv 'bɪznɪs] *sb* Geschäftsprozess *m*
court [kɔːt] *sb 1. (~ of law)* Gericht *n; 2. take s.o. to ~* jdn verklagen
court fees ['kɔːt fiːz] *pl* Gerichtskosten *pl,* Prozesskosten *pl*
court of arbitration [kɔːt əv ɑːbɪ'treɪʃən] *sb* Schiedsgericht *n*
Court of Auditors [kɔːt əv 'ɔːdɪtəz] *sb* Rechnungshof *m*
Court of Justice of the European Community [kɔːt əv 'dʒʌstɪs əv ðə jʊərə'piən kə'mjuːnɪtɪ] *sb* Europäischer Gerichtshof (EuGH) *m*
court order [kɔːt 'ɔːdə] *sb* Gerichtsbeschluss *m*
court proceedings for order to pay debt [kɔːt prə'siːdɪŋz fɔː ɔːdə tu peɪ det] *pl* gerichtliches Mahnverfahren *n*
courtroom ['kɔːtruːm] *sb* Gerichtssaal *m*
cover ['kʌvə] *sb 1.* Deckung; *under separate ~* mit getrennter Post; *v 2. (a loan, a check)* decken; *3. (costs)* bestreiten; *4. (insure)* versichern; *5. (include)* einschließen, umfassen, enthalten
cover clause ['kʌvə klɔːz] *sb* Deckungsklausel *f*
cover note ['kʌvə nəʊt] *sb (UK)* Deckungszusage *f*
cover of note circulation ['kʌvə əv nəʊt sɜːkjʊ'leɪʃən] *sb* Notendeckung *f*
coverage ['kʌvrɪdʒ] *sb (insurance ~)* Versicherungsschutz *m,* Deckung *f*
coverage interest rate ['kʌvrɪdʒ 'ɪntrɪst reɪt] *sb* Deckungszinsen *m/pl*
coverage loan ['kʌvrɪdʒ ləʊn] *sb* Deckungsdarlehen *n*
covered cheque ['kʌvəd tʃek] *sb* gedeckter Scheck *m*
covered credit ['kʌvəd 'kredɪt] *sb* gedeckter Kredit *m*
covering claim ['kʌvərɪŋ kleɪm] *sb* Deckungsforderung *f*
covering letter ['kʌvərɪŋ 'letə] *sb* Begleitbrief *m*
covering operation ['kʌvərɪŋ ɒpə'reɪʃən] *sb* Deckungsgeschäft *n*
covin ['kʌvɪn] *sb* Komplott *n*
coworker [kəʊ'wɜːkə] *sb* Mitarbeiter(in) *m/f*
craft [krɑːft] *sb (trade)* Handwerk *n,* Gewerbe *n*
craft trade [krɑːft treɪd] *sb* Handwerk *n*
craftsman ['krɑːftsmən] *sb* Handwerker *m*
crank [kræŋk] *v ~ up the economy* die Wirtschaft ankurbeln
crash [kræʃ] *v 1. (fam: computer)* abstürzen; *sb 2. (stock market ~)* Börsenkrach *m*
crate [kreɪt] *sb* Kiste *f,* Kasten *m*
creation of credit [kri'eɪʃən əv 'kredɪt] *sb* Kreditschöpfung *f*
creation of deposit money [kri'eɪʃən əv dɪ'pɒzɪt 'mʌnɪ] *sb* Giralgeldschöpfung *f*

creation of money [kri'eɪʃən əv 'mʌnɪ] *sb* Geldschöpfung *f*
credential [krɪ'denʃəl] *sb 1.* Beglaubigungsschreiben *n; pl 2. ~s (papers)* Ausweispapiere *pl*
credible promise ['kredɪbəl 'prɒmɪs] *sb* glaubhafte Zusicherung *f*
credit ['kredɪt] *sb 1.* Kredit *m; 2. (balance)* Guthaben *n,* Haben *n; v 3.* gutschreiben
credit account ['kredɪt ə'kaʊnt] *sb* Kreditkonto *n*
credit advice ['kredɪt əd'vaɪs] *sb* Gutschriftsanzeige *f*
credit against securities ['kredɪt ə'genst sɪ'kjʊrɪtiz] *sb* Lombardkredit *m*
credit agreement ['kredɪt ə'gri:mənt] *sb* Krediteröffnungsvertrag *m,* Kreditvertrag *m*
credit authorizing negotiation of bills ['kredɪt 'ɔ:θəraɪzɪŋ nɪgəʊʃi'eɪʃən əv bɪlz] *sb* Negoziationskredit *m*
credit balance ['kredɪt 'bæləns] *sb* Guthaben *n*
credit bank ['kredɪt bæŋk] *sb* Kreditbank *f*
credit based on collateral security ['kredɪt beɪst ɒn kə'lætərəl sɪ'kjʊrɪtɪ] *sb* Sachkredit *m*
credit business ['kredɪt 'bɪznɪs] *sb* Kreditgeschäft *n*
credit by way of bank guarantee ['kredɪt baɪ weɪ əv bæŋk gærən'ti:] *sb* Bürgschaftskredit *m,* Aval-Kredit *m*
credit by way of discount of bills ['kredɪt baɪ weɪ əv 'dɪskaʊnt əv bɪlz] *sb* Wechseldiskontkredit *m*
credit by way of overdraft ['kredɪt baɪ weɪ əv 'əʊvədrɑ:ft] *sb* Überziehungskredit *m,* Dispositionskredit *m*
credit card ['kredɪt kɑ:d] *sb* Kreditkarte *f*
credit ceiling ['kredɪt 'si:lɪŋ] *sb* Kreditplafond *m*
credit check ['kredɪt tʃek] *sb* Bonitätsprüfung *f*
credit-checking sheets [kredɪt'tʃekɪŋ ʃi:ts] *pl* Kreditprüfungsblätter *n/pl*
credit commission ['kredɪt kə'mɪʃən] *sb* Kreditprovision *f*
credit committee ['kredɪt kə'mɪtɪ] *sb* Kreditausschuss *m*
credit control ['kredɪt kən'trəʊl] *sb* Kreditkontrolle *f*
credit cooperative ['kredɪt kəʊ'ɒpərətɪv] *sb* Kreditgenossenschaft *f*
credit culture ['kredɪt 'kʌltʃə] *sb* Kreditkultur *f*
credit demand ['kredɪt də'mɑ:nd] *sb* Kreditbedarf *m*
credit department ['kredɪt də'pɑ:tmənt] *sb* Kreditabteilung *f*
credit facilities ['kredɪt fə'sɪlɪtiz] *pl* Kreditfazilität *f*
credit financing register ['kredɪt faɪ'nænsɪŋ 'redʒɪstə] *sb* Teilzahlungsbuch *n*
credit folder ['kredɪt fəʊldə] *sb* Kreditakte *f*
credit granted in kind ['kredɪt 'grɑ:ntɪd ɪn kaɪnd] *sb* Naturalkredit *m*
credit granted to a local authority ['kredɪt 'grɑ:ntɪd tu ə 'ləʊkəl ə'θɒrɪtɪ] *sb* Kommunalkredit *m*
credit granted to the issuer by the bank ['kredɪt 'grɑ:ntɪd tu ðə 'ɪsjuə baɪ ðə bæŋk] *sb* Emissionskredit *m*
credit guarantee ['kredɪt gærən'ti:] *sb* Kreditgarantie *f*
credit inflation ['kredɪt ɪn'fleɪʃən] *sb* Kreditinflation *f*
credit information ['kredɪt ɪnfə'meɪʃən] *sb* Kreditauskunft *f*
credit institution ['kredɪt ɪnstɪ'tju:ʃən] *sb* Kreditinstitut *n*
credit insurance ['kredɪt ɪn'ʃʊərəns] *sb* Kreditversicherung *f*
credit interest ['kredɪt 'ɪntrəst] *sb* Habenzinsen *pl*
credit item ['kredɪt 'aɪtəm] *sb* Aktivposten *m*
credit limit ['kredɪt 'lɪmɪt] *sb* Kreditlimit *n*
credit limitation ['kredɪt lɪmɪ'teɪʃən] *sb* Kreditplafondierung *f*
credit line ['kredɪt laɪn] *sb* Rahmenkredit *m,* Kreditlinie *f*
credit margin ['kredɪt 'mɑ:dʒɪn] *sb* Kreditrahmen *m*
credit money ['kredɪt 'mʌnɪ] *sb* Kreditgeld *n*
credit on real estate ['kredɪt ɒn rɪəl ɪ'steɪt] *sb* Realkredit *m*
creditor ['kredɪtə] *sb* Gläubiger *m,* Kreditor *m*
creditor paper ['kredɪtə 'peɪpə] *sb* Gläubigerpapier *n*
creditors' meeting ['kredɪtəz 'mi:tɪŋ] *sb* Gläubigerversammlung *f*
credit period ['kredɪt 'pɪərɪəd] *sb* Kreditfrist *f*
credit policy ['kredɪt 'pɒlɪsɪ] *sb* Kreditpolitik *f*
credit purchase ['kredɪt 'pɜ:tʃəs] *sb* Kreditkauf *m*

credit rating ['kredɪt 'reɪtɪŋ] *sb* Kreditwürdigkeit *f*
credit restriction ['kredɪt rɪ'strɪkʃən] *sb* Kreditrestriktion *f*
credit risk ['kredɪt rɪsk] *sb* Kreditrisiko *n*
credit share ['kredɪt ʃɛə] *sb* Kreditaktie *f*
credit side ['kredɪt saɪd] *sb* Habenseite *f*, Haben *n*
credit slip ['kredɪt slɪp] *sb* Einzahlungsbeleg *m*
credits extended to public authorities ['kredɪts ɪks'tendɪd tu 'pʌblɪk ə'θɒrɪtiz] *pl* öffentliche Kredite *m/pl*
credit solvency risk ['kredɪt 'sɒlvənsɪ rɪsk] *sb* Bonitätsrisiko *n*
credit standing ['kredɪt 'stændɪŋ] *sb* Kreditwürdigkeit *f*, Kreditstatus *m*
credit status investigation ['kredɪt 'steɪtəs ɪnvestɪ'geɪʃən] *sb* Kreditprüfung *f*
credit system ['kredɪt 'sɪstɪm] *sb* Kreditwesen *n*
credit tranche ['kredɪt trɑːnʃ] *sb* Kredittranche *n*
credit transaction ['kredɪt træn'zækʃən] *sb* Aktivgeschäft *n*
credit transfer ['kredɪt 'trænsfɜː] *sb* Kredittransfer *m*, Giro *n*
creditworthiness ['kredɪt'wɜːðinəs] *sb* Kreditwürdigkeit *f*
creditworthy ['kredɪtwɜːðɪ] *adj* kreditwürdig
creeping inflation ['kriːpɪŋ ɪn'fleɪʃən] *sb* schleichende Inflation *f*
crisis ['kraɪsɪs] *sb* Krise *f*
crisis feeling ['kraɪsɪs 'fiːlɪŋ] *sb* Krisenstimmung *f*
crisis-proof ['kraɪsɪspruːf] *adj* krisenfest, krisensicher
criteria of decision [kraɪ'tɪərɪə əv də'sɪʒən] *sb* Entscheidungskriterien *n/pl*
critical factors of performance ['krɪtɪkəl 'fæktəz əv pə'fɔːməns] *pl* kritische Erfolgsfaktoren *m/pl*
cross [krɒs] *v (a cheque: UK)* zur Verrechnung ausstellen
cross rate [krɒs reɪt] *sb* Kreuzparität *f*
crossed cheque [krɒst tʃek] *sb* Verrechnungsscheck *m*, gekreuzter Scheck *m*
crowding-out competition ['kraʊdɪŋ aʊt kɒmpə'tɪʃən] *(finance)* Verdrängungswettbewerb *m*
crude oil [kruːd ɔɪl] *sb* Rohöl *n*
cubic measures ['kjuːbɪk 'mæʒəz] *pl* Raummaße *n/pl*
culpa in contrahendo ['kʊlpə ɪn kɒntrə'hendəʊ] *sb* Verschulden vor Vertragsabschluss (culpa in contrahendo) *n*
culpable ['kʌlpəbl] *adj* schuldig, schuldhaft
culprit ['kʌlprɪt] *sb* Täter(in) *m/f*, Schuldige(r) *f/m*
cum [kʌm] *adj* eingeschlossen
cumulate ['kjuːmjʊleɪt] *v* akkumulieren, anhäufen
cumulative dividend ['kjuːmjʊlətɪv 'dɪvɪdend] *sb* kumulative Dividende *f*
cure [kjʊə] *sb* Kur *f*
currency ['kʌrənsɪ] *sb* Währung *f*, Devisen *f/pl*
currency account ['kʌrənsɪ ə'kaʊnt] *sb* Währungskonto *n*
currency accounting ['kʌrənsɪ ə'kaʊntɪŋ] *sb* Devisenbuchhaltung *f*
currency agreement ['kʌrənsɪ ə'griːmənt] *sb* Währungsabkommen *n*
currency area ['kʌrənsɪ 'ɛərɪə] *sb* Währungsgebiet *n*
currency basket ['kʌrənsɪ 'bɑːskɪt] *sb* Währungskorb *m*
currency clause ['kʌrənsɪ klɔːz] *sb* Währungsklausel *f*, Kursklausel *f*
currency conversion ['kʌrənsɪ kən'vɜːʒən] *sb* Währungsumstellung *f*
currency conversion compensation ['kʌrənsi kən'vɜːʒən kɒmpen'seɪʃən] *sb* Währungsausgleich *m*
currency dumping ['kʌrənsɪ 'dʌmpɪŋ] *sb* Währungsdumping *n*
currency erosion ['kʌrənsɪ ɪ'rəʊʒən] *sb* Geldwertschwund *m*
currency exchange business ['kʌrənsɪ ɪks'tʃeɪndʒ 'bɪznɪs] *sb* Geldwechselgeschäft *n*
currency future ['kʌrənsɪ 'fjuːtʃə] *sb* Devisentermingeschäft *n*
currency in circulation ['kʌrənsɪ ɪn sɜːkjuː'leɪʃən] *sb* Bargeldumlauf *m*
currency of investment ['kʌrənsɪ ɒv ɪn'vestmənt] *sb* Anlagewährung *f*
currency policy ['kʌrənsɪ 'pɒlɪsɪ] *sb* Valutapolitik *f*
currency pool ['kʌrənsɪ puːl] *sb* Währungspool *m*
currency risk ['kʌrənsɪ rɪsk] *sb* Währungsrisiko *n*
currency substitution ['kʌrənsɪ sʌbstɪ'tjuːʃən] *sb* Währungssubstitution *f*
currency swap ['kʌrənsɪ swɒp] *sb* Währungsswap *m*
currency transactions ['kʌrənsɪ træn'zækʃənz] *pl* Valutageschäft *n*

currency union ['kʌrənsɪ 'juːnjən] *sb* Währungsunion *f*
currency zone ['kʌrənsɪ zəʊn] *sb* Währungszone *f*
current ['kʌrənt] *sb 1. (of electricity)* Strom *m; adj 2.* gegenwärtig
current account ['kʌrənt ə'kaʊnt] *sb* Girokonto *n,* Kontokorrent *n,* laufende Rechnung *f*
current account credit ['kʌrənt ə'kaʊnt 'kredɪt] *sb* Kontokorrentkredit *m*
current account with a bank ['kʌrənt ə'kaʊnt wɪθ ə bæŋk] *sb* Bankkontokorrent *n*
current assets ['kʌrənt 'æsets] *pl* Umlaufvermögen *n*
current market value ['kʌrənt 'mɑːkɪt 'væljuː] *sb* Zeitwert *m,* gegenwärtiger Marktwert *m*
current quotation ['kʌrənt kwəʊ'teɪʃən] *sb* Tageskurs *m*
current value ['kʌrənt 'væljuː] *sb* Tageswert *m*
curriculum vitae [kə'rɪkjʊləm 'viːtaɪ] *sb (UK)* Lebenslauf *m*
cursor ['kɜːsə] *sb* Cursor *m*
custody ['kʌstədɪ] *sb* Verwahrung *f,* Gewahrsam *m*
custody fee ['kʌstədɪ fiː] *sb* Verwahrungskosten *pl*
custody ledger ['kʌstədɪ 'ledʒə] *sb* Verwahrungsbuch *n*
custom of trade ['kʌstəm əv treɪd] *sb* Handelsusancen *f/pl*
customary law ['kʌstəmεərɪ lɔː] *sb* Stammrecht *n*
custom-built ['kʌstəmbɪlt] *adj* maßgefertigt, spezialgefertigt
customer ['kʌstəmə] *sb* Kunde/Kundin *m/f*
customer account ['kʌstəmə ə'kaʊnt] *sb* Debitorenkonto *n*
customer costing ['kʌstəmə 'kɒstɪŋ] *sb* Kundenkalkulation *f*
customer service ['kʌstəmə 'sɜːvɪs] *sb* Kundenbetreuung *f,* Kundendienst *m*
customer survey ['kʌstəmə 'sɜːveɪ] *sb* Kundenbefragung *f,* Kundenumfrage *f*
customers' credit ['kʌstəməz 'kredɪt] *sb* Kundschaftskredit *m*
customer's liability on bills ['kʌstəməz laɪə'bɪlɪtɪ ɒn bɪlz] *sb* Wechselobligo *n*
customer's order ['kʌstəməz 'ɔːdə] *sb* Kundenauftrag *m*
customer's reference number ['kʌstəməz 'refərəns 'nʌmbə] *sb* Kundennummer *f*
customer's security deposit ['kʌstəməz sɪ'kjʊərɪti də'pɒzɪt] *sb* Personendepot *n*
customize ['kʌstəmaɪz] *v* individuell herrichten, speziell anfertigen
customs ['kʌstəmz] *pl* Zoll *m*
customs application ['kʌstəmz æplɪ'keɪʃən] *sb* Zollantrag *m*
customs convention ['kʌstəmz kən'venʃən] *sb* Zollabkommen *n*
customs declaration ['kʌstəmz deklə'reɪʃən] *sb* Zollerklärung *f*
customs documents ['kʌstəmz 'dɒkjuːmənts] *pl* Zollpapiere *n/pl*
customs drawback ['kʌstəmz 'drɔːbæk] *sb* Rückzoll *m*
customs duties ['kʌstəmz 'djuːtɪz] *pl* Zollgebühren *f/pl*
customs duty ['kʌstəmz 'djuːtɪ] *sb* Zoll *m*
customs frontier ['kʌstəmz 'frʌntɪə] *sb* Zollgrenze *f*
customs inspection ['kʌstəmz ɪn'spekʃən] *sb* Zollkontrolle *f*
customs invoice ['kʌstəmz 'ɪnvɔɪs] *sb* Zollfaktura *f*
customs official ['kʌstəmz ə'fɪʃəl] *sb* Zollbeamter/Zollbeamtin *m/f*
customs procedure ['kʌstəmz prə'siːdʒə] *sb* Zollverkehr *m*
customs seal ['kʌstəmz siːl] *sb* Zollverschluss *m*
customs tariff ['kʌstəmz 'tærɪf] *sb* Zolltarif *m*
customs territory ['kʌstəmz 'terɪtərɪ] *sb* Zollgebiet *n*
customs union ['kʌstəmz 'juːnjən] *sb* Zollunion *f*
customs warehouse ['kʌstəmz 'wεəhaʊs] *sb* Zolllager *n*
customs warehouse procedure ['kʌstəmz 'wεəhaʊs prə'siːdʒə] *sb* Zolllagerung *f*
cut back [kʌt 'bæk] *v irr (reduce)* kürzen, verringern
cut down [kʌt 'daʊn] *v irr (reduce expenditures)* sich einschränken
cut in working time [kʌt ɪn 'wɜːkɪŋ taɪm] *sb* Arbeitszeitverkürzung *f*
cutback ['kʌtbæk] *sb* Verringerung *f,* Kürzung *f*
cybernetics [saɪbə'netɪks] *pl* Kybernetik *f*
cycle ['saɪkl] *sb* Zyklus *m,* Kreislauf *m*
cycle operations ['saɪkəl ɒpə'reɪʃənz] *pl* Taktproduktion *f*
cyclical ['sɪklɪkəl] *adj* zyklisch, konjunkturell
cyclical unemployment ['sɪklɪkəl ʌnɪm'plɔɪmənt] *sb* konjunkturelle Arbeitslosigkeit *f*

D

daily statement ['deɪlɪ 'steɪtmənt] *sb* Tagesauszug *m*
daily trial balance sheet ['deɪlɪ 'traɪəl 'bæləns ʃiːt] *sb* Tagesbilanz *f*
damage ['dæmɪdʒ] *v 1.* schaden, beschädigen, schädigen; *sb 2.* Schaden *m*, Beschädigung *f*; *~s pl 3. (compensation for ~s)* Schadenersatz *m*
damage by sea ['dæmɪdʒ baɪ siː] *sb* Havarie *f*
damage limitation ['dæmɪdʒ lɪmɪ'teɪʃən] *sb* Schadensbegrenzung *f*
damage report ['dæmɪdʒ rɪ'pɔːt] *sb* Schadensbericht *m*, Havariezertifikat *n*
damaged share certificates ['dæmɪdʒd ʃeə sə'tɪfɪkɪts] *pl* beschädigte Aktie *f*
danger ['deɪndʒə] *sb* Gefahr *f*
danger money ['deɪndʒə 'mʌnɪ] *sb* Gefahrenzulage *f*
data ['deɪtə] *sb* Daten *pl*, Angaben *pl*
data access security ['deɪtə 'ækses sɪ-'kjuːrɪtɪ] *sb* Datensicherheit *f*
data acquisition ['deɪtə ækwɪ'zɪʃn] *sb* Datenerfassung *f*
data administration ['deɪtə ədmɪnɪ'streɪʃən] *sb* Datenverwaltung *f*
data analysis ['deɪtə ə'nælɪsɪs] *sb* Datenanalyse *f*
data bank ['deɪtə bæŋk] *sb* Datenbank *f*
database ['deɪtəbeɪs] *sb* Datenbank *f*
database access ['deɪtəbeɪs 'ækses] *sb* Datenbankabfrage *f*
data collection ['deɪtə kə'lekʃən] *sb* Datenerfassung *f*
data entry ['deɪtə 'entrɪ] *sb* Datenerfassung *f*
data integration ['deɪtə ɪntə'greɪʃən] *sb* Datenintegration *f*
data medium ['deɪtə 'miːdɪəm] *sb* Datenträger *m*
data processing ['deɪtə 'prəʊsesɪŋ] *sb* Datenverarbeitung *f*
data protection ['deɪtə prə'tekʃən] *sb* Datenschutz *m*
Data Protection Act ['deɪtə prə'tekʃən ækt] *sb* Datenschutzgesetz *n*
data record ['deɪtə 'rekɔːd] *sb* Datensatz *m*
data security ['deɪtə sɪ'kjʊərɪtɪ] *sb* Datensicherung *f*
data transmission ['deɪtə trænz'mɪʃən] *sb* Datenfernübertragung *f*
date [deɪt] *v* datieren; *sb* Datum *n*, Termin *m*
date bill ['deit bɪl] *sb* Datowechsel *m*
date of application ['deɪt əv æplɪ'keɪʃn] *sb* Bewerbungsdatum *n*, Antragsdatum *n*
date of arrival ['deɪt əv ə'raɪvl] *sb* Ankunftsdatum *n*, Ankunftstermin *m*
date of balance sheet ['deɪt əv 'bæləns ʃiːt] *sb* Bilanzstichtag *m*
date of delivery ['deɪt əv dɪ'lɪvərɪ] *sb* Liefertermin *m*
date of departure ['deɪt əv dɪ'pɑːtʒə] *sb* Abreisedatum *n*, Abreisetermin *m*
date of dispatch ['deɪt əv dɪ'spætʃ] *sb* Versanddatum *n*
date of entry ['deɪt əv 'entrɪ] *sb* Buchungsdatum *n*
date of payment ['deɪt əv 'peɪmənt] *sb* Zahlungstermin *m*
date of receipt ['deɪt əv rɪ'siːt] *sb* Empfangsdatum *n*
date of the balance ['deɪt əv ðə 'bæləns] *sb* Bilanzstichtag *m*
date stamp ['deɪt stæmp] *sb* Datumsstempel *m*
DAX-index [dæks 'ɪndeks] *sb* DAX-Index *m*
day bill ['deɪ bɪl] *sb* Tageswechsel *m*
day of account ['deɪ əv ə'kaʊnt] *sb* Abrechnungstag *m*
day of expiry [deɪ əv ɪks'paɪrɪ] *sb* Verfallstag *m*
day rate ['deɪ reɪt] *sb* Tageskurs *m*
day-to-day money [deɪ tu deɪ 'mʌnɪ] *sb* Tagesgeld *n*
de facto employer/employee relationship [dɪ 'fæktəʊ ɪm'plɔɪə/ɪm'plɔɪiː rɪ'leɪʃənʃɪp] *sb* faktisches Arbeitsverhältnis *n*
de facto group [dɪ 'fæktəʊ gruːp] *sb* faktischer Konzern *m*
de facto standard [dɪ 'fæktəʊ 'stændəd] *sb* De-facto-Standard *m*
dead capital [ded 'kæpɪtl] *sb* totes Kapital *n*, ungenutzte Mittel *n/pl*
dead freight (d.f.) [ded 'freɪt] *sb* Leerfracht (d.f.) *f*
deadline ['dedlaɪn] *sb* letzter Termin *m*, Frist *f*; *set a ~* eine Frist setzen; *meet the ~* die Frist einhalten
deadweight [ded'weɪt] *sb* Leergewicht *n*, Eigengewicht *n*

deal [di:l] *v irr 1. ~ in sth* mit etw handeln; *sb 2.* Geschäft *n,* Handel *m,* Abkommen *n; make a ~ with s.o.* mit jdm ein Geschäft machen
dealer ['di:lə] *sb 1.* Händler(in) *m/f; 2. (wholesaler)* Großhändler(in) *m/f; 3.* Eigenhändler *m; 4.* Händlerfirma *f*
dealer commission ['di:lə kə'mɪʃən] *sb* Händlerprovision *f*
dealer in securities ['di:lə ɪn sɪ'kjʊərɪti:z] *pl* Effektenhändler *m*
dealer transaction ['di:lə træn'zækʃən] *sb* Händlergeschäft *n*
dealer's brand ['di:ləz brænd] *sb* Handelsmarke *f*
dealership ['di:ləʃɪp] *sb* Händlerbetrieb *m*
dealing before official hours ['di:lɪŋ bɪ'fɔ: ə'fɪʃəl 'aʊəz] *adv* Vorbörse *f*
dealing in foreign notes and coins ['di:lɪŋ ɪn 'fɒrən nəʊts ænd kɔɪnz] *sb* Sortenhandel *m*
dealing in large lots ['di:lɪŋ ɪn lɑ:dʒ lɔts] *sb* Pakethandel *m*
debenture [dɪ'bentʃə] *sb* Schuldschein *m*
debenture bond [dɪ'bentʃə bɒnd] *sb* Pfandbrief *m,* Obligation *f,* Schuldverschreibung *f*
debenture loan [dɪ'bentʃə ləʊn] *sb* Obligationsanleihe *f*
debenture stock [dɪ'bentʃə stɒk] *sb* Schuldverschreibung *f*
debit ['debɪt] *v 1.* debitieren, belasten; *sb 2.* Soll *n,* Belastung *f,* Debet *n*
debit card ['debɪt kɑ:d] *sb* Kundenkreditkarte *f,* Lastschriftkarte *f*
debit entry ['debɪt 'entrɪ] *sb* Lastschrift *f*
debiting ['debɪtɪŋ] *sb* Einziehung *f,* Belastung *f*
debit interest ['debɪt 'ɪntrəst] *sb* Kreditzins *m,* Sollzins *m*
debit note ['debɪt nəʊt] *sb* Lastschrift *f,* Debet Nota (D/N) *f*
debt [det] *sb 1.* Schuld *f; to be in ~* verschuldet sein; *repay a ~* eine Schuld begleichen
debt agency [det 'eɪdʒənsɪ] *sb* Inkassobüro *n*
debt capital [det 'kæpɪtəl] *sb* Fremdkapital *n,* Leihkapital *n*
debt deferral [det dɪ'fərəl] *sb* (money) Moratorium *n*
debt discount [det 'dɪskaʊnt] *sb* Damnum *n*
debt facility [det fə'sɪlətɪ] *sb* Dispositionskredit *m,* Kreditrahmen *m*
debt financing [det faɪ'nænsɪŋ] *sb* Fremdfinanzierung *f*
debtor ['detə] *sb* Schuldner(in) *m/f,* Debitor(in) *m/f*
debtor interest rates ['detə 'ɪntrəst reɪts] *pl* Sollzinsen *m/pl*
debtor warrant ['detə 'wɒrənt] *sb* Besserungsschein *m*
debt-register claim [det'redʒɪstə kleɪm] *sb* Schuldbuchforderung *f*
debt rescheduling [det rɪ'ʃedju:lɪŋ] *sb* Umschuldung *f*
debt service [det 'sɜ:vɪs] *sb* Schuldendienst *m*
debt terms ['det tɜ:ms] *pl* Kreditbedingungen *f/pl*
debt to be discharged at the domicile of the debtor [det tu bi: dɪs'tʃɑ:dʒd æt ðə 'dɒmɪsaɪl əv ðə 'detə] *sb* Holschuld *f*
debts [dets] *sb* Schulden *pl*
debts profit levy [dets 'prɒfɪt 'levɪ] *sb* Kreditgewinnabgabe *f*
debug [di:'bʌg] *v* von Fehlern befreien
decease [dɪ'si:s] *v* sterben
deceit [dɪ'si:t] *sb* Betrug *m,* Täuschung *f*
deceitful [dɪ'si:tfʊl] *adj* betrügerisch, falsch, hinterlistig
deceive [dɪ'si:v] *v* täuschen, betrügen
decentralization [di:sentrəlaɪ'zeɪʃn] *sb* Dezentralisierung *f*
decentralize [di:'sentrəlaɪz] *v* dezentralisieren
decimetre ['desɪmi:tə] *sb* Dezimeter *m/n*
decision [dɪ'sɪʒən] *sb* Entscheidung *f,* Entschluss *m,* Beschluss *m; make a ~* eine Entscheidung treffen
decision exercise [dɪ'sɪʒn 'eksəsaɪz] *sb* Unternehmensplanspiel *n*
decision-making [dɪ'sɪʒənmeɪkɪŋ] *sb* Entscheidungsfindung *f*
decision-making hierarchy [dɪ'sɪʒənmeɪkɪŋ 'haɪərarkɪ] *sb* Entscheidungshierarchie *f*
decision of accession [dɪ'sɪʒən əv ək'seʃən] *sb* Beitrittsbeschluss *m*
decision rule [dɪ'sɪʒən ru:l] *sb* Entscheidungsregel *f*
decision to purchase [dɪ'sɪʒən tu 'pɜ:tʃəs] *sb* Kaufentscheidung *f*
declarable [dɪ'kleərəbl] *adj* zu verzollen
declaration inwards [deklə'reɪʃən 'ɪnwədz] *pl* Zolleinfuhrdeklaration *f*
declaration of intention [deklə'reɪʃən əv ɪn'tenʃən] *sb* Willenserklärung *f*
declaration to exercise the subscription right [deklə'reɪʃən tu 'eksəsaɪz ðə sʌb'skrɪpʃən raɪt] *sb* Bezugsrechterklärung *f*

declaratory protest [dɪ'klærətərɪ 'prəʊtest] *sb* Deklarationsprotest *m*
declare [dɪ'kleə] *v (to customs)* verzollen
decline [dɪ'klaɪn] *v 1. (business, prices)* zurückgehen; *2. (not accept)* ablehnen
decline in gross profits [dɪ'klaɪn ɪn grəʊs 'prɒfɪts] *sb* Rohertragsminderung *f*
decline in prices [dɪ'klaɪn ɪn 'praɪsɪz] *sb* Preisverfall *m,* Preisrückgang *m*
declining balance depreciation [dɪ'klaɪnɪŋ 'bæləns dəprɪʃɪ'eɪʃən] *sb* Buchwertabschreibung *f*
decline in profits [dɪ'klaɪn ɪn 'prɒfɪts] *sb* Gewinnabschwächung *f*
decode [diː'kəʊd] *v* dekodieren, entschlüsseln, dechiffrieren
decommission [diːkə'mɪʃən] *v* außer Betrieb setzen, stilllegen
decoration [dekə'reɪʃən] *sb* Schmuck *m,* Dekoration *f,* Verzierung *f*
decrease [dɪ'kriːs] *v 1.* abnehmen, sich vermindern, nachlassen; verringern, vermindern, reduzieren; *sb 2.* Abnahme *f,* Verminderung *f,* Verringerung *f,* Rückgang *m*
decrease in demand ['diːkriːs ɪn 'dɪmɑːnd] *sb* Nachfragerückgang *m,* Verringerung der Nachfrage *f*
decrease in value ['diːkriːs ɪn 'væljuː] *sb* Wertminderung *f*
decree [dɪ'kriː] *sb* Verordnung *f,* Erlass *m/f*
deduct [dɪ'dʌkt] *v* abziehen, abrechnen, absetzen
deductible [dɪ'dʌktɪbl] *adj* abzugsfähig; *(tax ~)* absetzbar
deduction [dɪ'dʌkʃən] *sb 1. (from a price)* Nachlass *m,* Dekort *m; 2. (from one's wage)* Abzug *m*
deduction of input tax [dɪ'dʌkʃən əv 'ɪnpʊt tæks] *sb* Vorsteuerabzug *m*
deduction of travelling expenses [dɪ'dʌkʃən əv 'trævəlɪŋ ɪk'spensɪz] *sb* Reisekostenabrechnung *f,* Reisekostenabzug *m*
deed [diːd] *sb (document)* Urkunde *f,* Dokument *n*
deed of partnership ['diːd əv 'pɑːtnəʃɪp] *sb* Gesellschaftsvertrag *m*
default [dɪ'fɔːlt] *sb 1.* Versäumnis *n,* Nichterfüllung *f; 2. (failure to pay)* Nichtzahlung *f; v ~ on a debt* seine Schuld nicht bezahlen
default action [dɪ'fɔːlt 'ækʃn] *sb* Mahnverfahren *n*
default interest [dɪ'fɔːlt 'ɪntrest] *sb* Verzugszinsen *pl*
default of acceptance [dɪ'fɔːlt əv ək'septəns] *sb* Annahmeverzug *m*
default of delivery [dɪ'fɔːlt əv dɪ'lɪvərɪ] *sb* Lieferverzug *m*
default risk [dɪ'fɔːlt rɪsk] *sb* Ausfallrisiko *n*
defaulter [dɪ'fɔːltə] *sb* säumiger Schuldner *m*
defect ['diːfekt] *sb* Fehler *m,* Defekt *m,* Mangel *m*
defective [dɪ'fektɪv] *adj* fehlerhaft, mangelhaft, schadhaft, defekt
defects rate [dɪ'fekts reɪt] *sb* Ausschussquote *f*
defence of fraud [dɪ'fens əv frɔːd] *sb* Einrede der Arglist *f*
deferment [dɪ'fɜːmənt] *sb* Verschiebung *f,* Verlegung *f*
deferrals [dɪ'fɜːrəlz] *sb* transitorische Posten *m/pl*
deferred payment [dɪ'fɜːd 'peɪmənt] *sb* Ratenzahlung *f*
deferred taxes [dɪ'fɜːd 'tæksɪz] *pl* latente Steuern *f/pl*
deficiency [dɪ'fɪʃənsɪ] *sb 1. (shortage)* Mangel *m,* Fehlen *n; 2. (defect)* Mangelhaftigkeit *f,* Schwäche *f*
deficiency guarantee [dɪ'fɪʃənsɪ gærən'tiː] *sb* Ausfallbürgschaft *f*
deficiency payment [dɪ'fɪʃənsɪ 'peɪmənt] *sb* Ausgleichszahlung *f*
deficient [dɪ'fɪʃənt] *adj* unzulänglich, mangelhaft
deficit ['defɪsɪt] *sb* Defizit *n,* Fehlbetrag *m*
deficit balance ['defɪsɪt 'bæləns] *sb* Unterbilanz *f*
deficit financing ['defɪsɪt faɪ'nænsɪŋ] *sb* Defizitfinanzierung *f*
deficit spending ['defɪsɪt 'spendɪŋ] *sb* Deficit Spending *n*
definite ['defɪnət] *adj 1.* endgültig, eindeutig; *2. (confirmation)* bindend, fest
definitive [dɪ'fɪnətɪv] *adj* maßgeblich
deflation [diː'fleɪʃən] *sb* Deflation *f*
deflection [dɪ'flekʃən] *sb* Umlenkung *f,* Ablenkung *f*
defraud [dɪ'frɔːd] *v* betrügen; *~ the revenue (UK)* Steuern hinterziehen
defrauder [dɪ'frɔːdə] *sb* Steuerhinterzieher *m*
defray [dɪ'freɪ] *v (costs)* tragen, übernehmen
defrayal [dɪ'freɪəl] *sb (of costs)* Übernahme *f*
degradable [dɪ'greɪdəbl] *adj* abbaubar
degree of unionization [dɪ'griː əv juːnjənaɪ'zeɪʃən] *(employees)* Organisationsgrad *m*
degree of utilisation [dɪ'griː əv juːtɪlaɪ'zeɪʃən] *sb* Auslastungsgrad *m*

degression [dɪ'greʃən] *sb* Degression *f*
degressive costs [dɪ'gresɪv kɒsts] *pl* degressive Kosten *pl*
degressive depreciation [dɪ'gresɪv dɪpri:ʃɪ'eɪʃən] *sb* degressive Abschreibung *f*
del credere [del krə'dərə] *sb* Delkredere *n*
delay [dɪ'leɪ] *v 1. (sth, s.o.) (hold up)* aufhalten, hinhalten; *2. (postpone)* verschieben, aufschieben, hinausschieben; *3. to be ~ed* aufgehalten werden; *sb 4.* Verspätung *f,* Verzögerung *f,* Aufschub *m,* Verzug *m*
delay in delivery [dɪ'leɪ ɪn dɪ'lɪvərɪ] *sb* Lieferverzug *m,* Lieferungsverzögerung *f*
delay penalty [dɪ'leɪ 'penəltɪ] *sb* Säumniszuschlag *m*
delegate ['delɪgeɪt] *v 1. (a task)* delegieren, übertragen; *2. (a person)* abordnen, delegieren, bevollmächtigen; *3. sb* Delegierte(r) *f/m,* bevollmächtigter Vertreter *m*
delegated authority ['delɪgeɪtɪd ɔ:'θɒrətɪ] *sb* Untervollmacht *f*
delegation [delɪ'geɪʃən] *sb* Delegation *f,* Abordnung *f*
delete [dɪ'li:t] *v* streichen; *(data)* löschen
delete reservation [dɪ'li:t rezə'veɪʃən] *sb* Löschungsvormerkung *m*
deletion [dɪ'li:ʃən] *sb* Streichung *f*
deliver [dɪ'lɪvə] *v 1.* liefern, zustellen, überbringen; *2. (by car)* ausfahren; *(on foot)* austragen; *3. (a message)* überbringen; *(~ the post each day)* zustellen; *(~ up: hand over)* aushändigen, übergeben, überliefern; *4. (an ultimatum)* stellen
deliverable [dɪ'lɪvərəbl] *adj* lieferbar
deliverable security [dɪ'lɪvərəbl sɪ'kjʊərɪtɪ] *sb* lieferbares Wertpapier *n*
deliverer [dɪ'lɪvərə] *sb* Lieferant(in) *m/f*
delivery [dɪ'lɪvərɪ] *sb* Lieferung *f,* Auslieferung *f; (of the post)* Zustellung *f,* Erfüllungsgeschäft *n*
delivery capacity [dɪ'lɪvərɪ kə'pæsɪtɪ] *sb* Lieferkapazität *f*
delivery clause [dɪ'lɪvərɪ klɔ:z] *sb* Lieferklausel *f*
delivery costs [dɪ'lɪvərɪ kɒsts] *pl* Bezugskosten *pl,* Lieferkosten *pl*
delivery note [dɪ'lɪvərɪ nəʊt] *sb* Lieferschein *m*
delivery order [dɪ'lɪvərɪ 'ɔ:də] *sb* Auslieferungsschein (D.O.) *m*
delivery van [dɪ'lɪvərɪ væn] *sb* Lieferwagen *m*
demand [dɪ'mɑ:nd] *v 1.* verlangen, fordern; *2. (task)* erfordern, verlangen; *sb 3.* Verlangen *n,* Forderung *f; 4. in ~* gefragt, begehrt; *5. (for goods)* Nachfrage *f*
demandable [dɪ'mɑ:ndəbl] *adj* einzufordernd
demand assessment [dɪ'mɑ:nd ə'sesmənt] *sb* Bedarfsermittlung *f*
demand bill [dɪ'mɑ:nd bɪl] *sb* Sichtwechsel *m*
demand for money [dɪ'mɑ:nd fɔ: 'mʌnɪ] *sb* Geldnachfrage *f*
demand for payment [dɪ'mɑ:nd fɔ: 'peɪmənt] *sb* Mahnung *f*
demand instrument [dɪ'mɑ:nd 'ɪnstrʊmənt] *sb* Sichtpapier *n*
demand price [dɪ'mɑ:nd praɪs] *sb* Geldkurs *m*
demarcation [dɪmɑ:'keɪʃən] *sb* Abgrenzung *f,* Begrenzung *f*
demote [dɪ'məʊt] *v* zurückstufen, degradieren
demurrage [dɪ'mʌrɪdʒ] *sb* Liegegeld *n,* Standgeld *n,* Lagergeld *n*
denationalization [di:næʃənlaɪ'zeɪʃən] *sb* Privatisierung *f*
denomination [dɪnɒmɪ'neɪʃən] *sb (of money)* Nennwert *m*
denote [dɪ'nəʊt] *v* kennzeichnen, bezeichnen
density of population ['densɪtɪ əv pɒpju:'leɪʃən] *sb* Bevölkerungsdichte *f*
department [dɪ'pɑ:tmənt] *sb* Abteilung *f;* Ministerium *n,* Ressort *n*
department manager [dɪ'pɑ:tmənt 'mænɪdʒə] *sb* Abteilungsleiter(in) *m/f*
department store [dɪ'pɑ:tmənt stɔ:] *sb* Kaufhaus *n,* Warenhaus *n*
departure [dɪ'pɑ:tʃə] *sb (of a train, of a bus)* Abfahrt *f; (of a plane)* Abflug *m*
deposit [dɪ'pɔzɪt] *v 1. (money)* deponieren, einzahlen; *sb 2. (to a bank account)* Einzahlung, Depot *f; 3. (returnable security)* Kaution, Aufbewahrung *f; 4. (down payment)* Anzahlung *f*
depositary [dɪ'pɔzɪtərɪ] *sb* Treuhänder *m*
deposit account [dɪ'pɒzɪt ə'kaʊnt] *sb* Sparkonto *n*
deposit acknowledgement [dɪ'pɒzɪt æk'nɒlɪdʒmənt] *sb* Depotanerkenntnis *f*
deposit at call [dɪ'pɒzɪt æt kɔ:l] *sb* täglich fälliges Geld *n*
deposit at notice [dɪ'pɒzɪt æt 'nəʊtɪs] *sb* Kündigungsgeld *n*
deposit balance [dɪ'pɒzɪt 'bæləns] *sb* Guthabenkonto *n*

deposit banking [dɪ'pɒzɪt 'bæŋkɪŋ] *sb* Depotgeschäft *n*, Depositengeschäft *n*
deposit book [dɪ'pɒzɪt bʊk] *sb* Depotbuch *n*
deposit business [dɪ'pɒzɪt 'bɪznɪs] *sb* Einlagengeschäft *n*
deposit clause [dɪ'pɒzɪt klɔːz] *sb* Depositenklausel *f*
deposit clearing bank [dɪ'pɒzɪt 'klɪərɪŋ bæŋk] *sb* Girobank *f*
deposited share [dɪ'pɒzɪtɪd ʃeə] *sb* Depotaktie *f*
deposit for insurance payments [dɪ'pɒzɪt fɔː ɪn'ʃʊərəns 'peɪmənts] *sb* Prämiendepot *n*
deposit guarantee fund [dɪ'pɒzɪt gærən'tiː fʌnd] *sb* Einlagensicherungsfonds *m*
deposit money [dɪ'pɒzɪt 'mʌnɪ] *sb* Buchgeld *n*
deposit money creation multiplier [dɪ'pɒzɪt 'mʌnɪ kriː'eɪʃən 'mʌltɪplaɪə] *sb* Buchgeldschöpfungsmultiplikator *m*
deposit of securities [dɪ'pɒzɪt əv sɪ'kjʊərɪtɪz] *sb* Effektendepot *n*
depositor [dɪ'pɒzɪtə] *sb* Einzahler *m*, Deponent *m*
depository [dɪ'pɒzɪtərɪ] *sb* Verwahrungsort *m*, Aufbewahrungsort *m*
deposit payment [dɪ'pɒzɪt 'peɪmənt] *sb* Anzahlung *f*
deposit policy [dɪ'pɒzɪt 'pɒlɪsɪ] *sb* Einlagenpolitik *f*
deposit receipt [dɪ'pɒzɪt rɪ'siːt] *sb* Depotschein *m*
deposit transactions passive [dɪ'pɒzɪt træn'zækʃəns 'pæsɪv] *sb* Passivgeschäft *n*
deposits [dɪ'pɒzɪts] *sb* Depositen *f/pl*
deposits on a current account [dɪ'pɒzɪts ɒn ə 'kʌrənt ə'kaʊnt] *sb* Giroeinlage *f*
depot ['depəʊ] *sb* Depot *n*
depreciate [dɪ'priːʃɪeɪt] *v 1. (fall in value)* an Kaufkraft verlieren; *2. (sth)* mindern
depreciation [dɪpriːʃɪ'eɪʃən] *sb 1.* Kaufkraftverlust *m*, *2.* Abschreibung; *f 3.* Entwertung *f*
depreciation fund [dɪpriːʃɪ'eɪʃən fʌnd] *sb* Abschreibungsfonds *m*
depreciation per period [dɪpriːʃɪ'eɪʃən pɜː 'pɪərɪəd] *sb* Zeitabschreibung *f*
depressed [dɪ'presd] *adj (market)* schleppend
depression [dɪ'preʃən] *sb* Wirtschaftskrise *f*, Depression *f*
depute ['depjʊt] *v* deligieren
deputize ['depjʊtaɪz] *v (for s.o.)* die Vertretung übernehmen
deputy ['depjʊtɪ] *sb* Stellvertreter *m*
deregulate [diː'regjʊleɪt] *v* freigeben
deregulation [diːregjʊ'leɪʃən] *sb* Deregulierung *f*
derelict ['derɪlɪkt] *adj (in one's duties)* pflichtvergessen, nachlässig
dereliction [derɪ'lɪkʃən] *sb* Vernachlässigung *f*, Versäumen *n*
derivative financial instruments [dɪ'rɪvɪtɪv faɪ'nænʃəl 'ɪnstrəmənts] *pl* Derivate *n/pl*
design [dɪ'zaɪn] *v 1.* entwerfen, zeichnen; *2. (machine, bridge)* konstruieren; *sb 3. (planning)* Entwurf *m; 4. (of a machine, of a bridge)* Konstruktion *f; 5. (as a subject)* Design *n; 6. (pattern)* Muster *n; 7. (intention)* Absicht *f*
designation [dezɪg'neɪʃən] *sb* Designation *f*
designer [dɪ'zaɪnə] *sb* Entwerfer(in) *m/f*, Designer(in) *m/f*
design fault [dɪ'zaɪn fɔːlt] *sb* Konstruktionsfehler *m*
design patent [dɪ'zaɪn 'pætɪnt] *sb* Geschmacksmuster *n*
desk [desk] *sb 1.* Schreibtisch *m*, Pult *n; 2. (in a store)* Kasse *f*
desktop ['desktɒp] *sb* Arbeitsfläche *f*
desktop publishing ['desktɒp 'pʌblɪʃɪŋ] *sb* Desktop-Publishing (DTP) *n*
despatch [dɪ'spætʃ] *v* versenden, verschicken
destroyed securities [dɪs'trɔɪd sɪ'kjʊərɪtiːz] *pl* vernichtete Wertpapiere *n/pl*
destructive price cutting [dɪs'trʌktɪv praɪs 'kʌtɪŋ] *sb* Verdrängungswettbewerb *m*
details of order ['diːteɪlz əv 'ɔːdə] *pl* Bestelldaten *pl*, Bestellangaben *pl*
determination [dɪtɜːmɪ'neɪʃən] *sb 1. (specifying)* Bestimmung *f*, Festsetzung *f; 2. (decision)* Entschluss *m*, Beschluss *m*
determination of profits [dɪtɜːmɪ'neɪʃən əv 'prɒfɪts] *sb* Gewinnermittlung *f*
determination of the value [dɪtɜːmɪ'neɪʃən əv ðə 'væljuː] *sb* Wertermittlung *f*
determine [dɪ'tɜːmɪn] *v 1. (resolve)* sich entschließen, beschließen; *2. (fix, set)* festsetzen, festlegen; *3. (be a decisive factor in)* bestimmen, determinieren; *4. (ascertain)* ermitteln
detriment ['detrɪmənt] *sb* Nachteil *m*, Schaden *m; to the ~ of sth* zum Nachteil einer Sache, zum Schaden von etw

devaluation [diːvæljuː'eɪʃən] *sb* Abwertung *f*
devaluation race [diːvæljuː'eɪʃən reɪs] *sb* Abwertungswettlauf *m*
devalue [diː'væljuː] *v* abwerten, entwerten
develop [dɪ'veləp] *v 1. (sth)* entwickeln; *2. (~ something already begun)* weiterentwickeln; *3. (a plot of land)* erschließen
developer [dɪ'veləpə] *sb (property ~)* Baulandentwickler *m*
developing [dɪ'veləpɪŋ] *adj ~ country* Entwicklungsland *n*
development [dɪ'veləpmənt] *sb 1.* Entwicklung *f,* Ausführung *f,* Entfaltung *f,* Erschließung *f; 2. (economic)* Wachstum *n,* Aufbau *m*
development aid [dɪ'veləpmənt eɪd] *sb* Entwicklungshilfe *f*
development area [dɪ'veləpmənt 'eərɪə] *sb* Entwicklungsgebiet *n*
development bank [dɪ'veləpmənt bæŋk] *sb* Entwicklungsbank *f*
development costs [dɪ'veləpmənt kɒsts] *pl* Entwicklungskosten *pl,* Erschließungsbeiträge *m/pl*
development fund [dɪ'veləpmənt fʌnd] *sb* Entwicklungsfonds *m*
development phase [dɪ'veləpmənt feɪz] *sb* Aufbauphase *f,* Entwicklungsphase *f*
deviation [diːvɪ'eɪʃən] *sb* Abweichen *n,* Abweichung *f*
device [dɪ'vaɪs] *sb 1.* Gerät *n,* Vorrichtung *f,* Apparat *m; 2. (scheme)* List *f; 3. leave s.o. to his own ~s* jdn sich selbst überlassen
dexterity [deks'terɪtɪ] *sb* Geschicklichkeit *f,* Gewandtheit *f,* Fingerfertigkeit *f*
dexterous ['dekstərəs] *adj* gewandt, geschickt, behände
diagram ['daɪəgræm] *sb* Diagramm *n,* Schaubild *n,* Schema *n*
dial [daɪl] *v (telephone)* wählen
dialling code ['daɪlɪŋ kəʊd] *sb (UK)* Vorwahl *f*
diameter [daɪ'æmɪtə] *sb* Durchmesser *m,* Diameter *m*
diary ['daɪərɪ] *sb (appointment book)* Terminkalender *m*
dictaphone ['dɪktəfəʊn] *sb* Diktaphon *n,* Diktiergerät *n*
dictate [dɪk'teɪt] *v* diktieren
dictating machine [dɪk'teɪtɪŋ mə'ʃiːn] *sb* Diktiergerät *n*
dictation [dɪk'teɪʃən] *sb* Diktat *n; take ~* ein Diktat aufnehmen
dictionary ['dɪkʃənrɪ] *sb* Wörterbuch *n,* Lexikon *n*
differ ['dɪfə] *v 1.* sich unterscheiden; *2. (hold a different opinion)* anderer Meinung sein
difference between purchase and hedging price ['dɪfrəns bɪ'twiːn 'pɜːtʃəs ænd 'hedʒɪŋ praɪs] *sb* Kursspanne *f*
differential piece-rate system [dɪfə'renʃəl 'piːsreɪt 'sɪstɪm] *sb* Differenziallohnsystem *n*
differentiated tariffs [dɪfə'rentʃieɪtɪd 'tærɪfs] *pl* gespaltener Tarif *m*
differentiation [dɪfərenʃɪ'eɪʃən] *sb* Unterscheidung *f,* Differenzierung *f*
diffusion barriers [dɪ'fjuːʒən 'bæriəz] *pl* Diffusionsbarrieren *f/pl*
diffusion process [dɪ'fjuːʒən 'prɒses] *sb* Diffusion *f*
diffusion strategy [dɪ'fjuːʒən 'strætɪdʒɪ] *sb* Diffusionsstrategie *f*
digest ['daɪdʒest] *sb* Auslese *f,* Auswahl *f*
digit ['dɪdʒɪt] *sb* Ziffer *f,* Stelle *f*
digital ['dɪdgɪtəl] *adj* digital, Digital
diminish [dɪ'mɪnɪʃ] *v (to be ~ed)* sich vermindern, abnehmen; *(sth)* verringern, vermindern, verkleinern
diminished [dɪ'mɪnɪʃt] *adj* verringert, reduziert
dip into [dɪp 'ɪntuː] *v ~ funds* Reserven angreifen
diploma [dɪp'ləʊmə] *sb* Diplom *n*
dipstick ['dɪpstɪk] *sb* Messtab *m*
direct [daɪ'rekt] *v 1. (aim, address)* richten; *2. ~ s.o.'s attention to sth* jds Aufmerksamkeit auf etw lenken; *3. (order)* anweisen, befehlen; *4. (supervise)* leiten, lenken, führen
direct access [daɪ'rekt 'ækses] *sb* Direktzugriff *m*
direct advertising [daɪ'rekt 'ædvɜːtaɪzɪŋ] *sb* Direktwerbung *f*
direct and indirect material [daɪ'rekt ænd 'ɪndaɪrekt mə'tɪrɪəl] *(cost accounting)* Fertigungslos *n*
direct bank [daɪ'rekt bæŋk] *sb* Direktbank *f*
direct cost [daɪ'rekt kɒst] *sb* Einzelkosten *pl*
direct costing [daɪ'rekt kɒstɪŋ] *sb* Direct Costing *n*
direct current [daɪ'rekt 'kʌrənt] *sb* Gleichstrom *m*
direct debit [daɪ'rekt 'debɪt] *sb (UK)* Einzugsermächtigung *f*
direct debit authorization [daɪ'rekt 'debɪt ɔːθəraɪ'zeɪʃən] *sb* Einziehungsermächtigung *f*

direct debit instruction [daɪ'rekt 'debɪt ɪn'strʌkʃən] *sb* Abbuchungsauftrag *m,* Einzugsermächtigung *f*
direct debit procedure [daɪ'rekt 'debɪt prə'siːdʒə] *sb* Abbuchungsverfahren *n*
direct debiting [daɪ'rekt 'debɪtɪŋ] *sb* Bankeinzugsverfahren *n,* Lastschrifteinzugsverfahren *n*
direct debiting transactions [daɪ'rekt 'debɪtɪŋ træn'zækʃənz] *pl* Lastschriftverkehr *m*
direct discount [daɪ'rekt 'dɪskaʊnt] *sb* Direktdiskont *m*
direct exchange [daɪ'rekt ɪks'tʃeɪndʒ] *sb* Mengenkurs *m*
direct export [daɪ'rekt 'ekspɔːt] *sb* Direktausfuhr *f*
direct insurance [daɪ'rekt ɪn'ʃʊərəns] *sb* Direktversicherung *f*
direct investments [daɪ'rekt ɪn'vestmənts] *pl* Direktinvestitionen *pl*
direction [daɪ'rekʃən] *sb 1. (management)* Leitung *f,* Führung *f; 2. ~s pl* Anweisungen *pl; 3. (~s for use)* Gebrauchsanweisung *f*
directive [daɪ'rektɪv] *sb* Direktive *f,* Vorschrift *f*
direct marketing [daɪ'rekt 'mɑːkɪtɪŋ] *sb* Direct Marketing *n*
director [daɪ'rektə] *sb* Direktor(in) *m/f,* Leiter(in) *m/f*
direct ordering [daɪ'rekt 'ɔːdərɪŋ] *sb* Direktbestellung *f*
director general [daɪ'rektə 'dʒenərəl] *sb* Generaldirektor *m*
directorate [daɪ'rektərɪt] *sb (body of directors)* Direktorium *n,* Vorstand *m*
directors' fees tax [daɪ'rektəz fiːz tæks] *sb* Aufsichtsratsteuer *f*
directory [dɪ'rektərɪ] *v 1.* Telefonbuch *n; 2. (yellow pages)* Branchenverzeichnis *n; 3. (table of contents)* Inhaltsverzeichnis *n*
directory enquiries [daɪ'rektərɪ ɪn'kwaɪəriːz] *pl (UK)* Telefonauskunft *f*
direct selling [daɪ'rekt 'selɪŋ] *sb* Direktverkauf *m,* Direktvertrieb *m,* direkter Absatz *m*
direct taxes [daɪ'rekt 'tæksɪz] *pl* direkte Steuern *pl*
direct telex transfer system [daɪ'rekt 'teleks 'trænsfɜː 'sɪstɪm] *sb* Blitzgiro *n*
dirigisme [dɪrɪ'ʒiːzm] *sb* Dirigismus *m*
disability for work [dɪsə'bɪlɪtɪ fɔː wɜːk] *sb* Erwerbsunfähigkeit *f,* Arbeitsunfähigkeit *f*
disabled [dɪs'eɪbld] *adj 1.* behindert, arbeitsunfähig, erwerbsunfähig; *2. (machine)* unbrauchbar
disadvantage [dɪsəd'vɑːntɪdʒ] *sb* Nachteil *m,* Schaden *m*
disaffirm [dɪsə'fɜːm] *v* widerrufen
disagio [dɪs'eɪdʒəʊ] *sb* Disagio *n*
disapproval [dɪsə'pruːvl] *sb (of sth)* Missbilligung *f*
disapprove [dɪsə'pruːv] *v* dagegen sein; *~ of sth* etw missbilligen
disarmament [dɪs'ɑːməmənt] *sb* Abrüstung *f*
disassemble [dɪsə'sembl] *v* auseinander nehmen, zerlegen
disburse [dɪs'bɜːs] *v* auszahlen, ausbezahlen
disbursement [dɪs'bɜːsmənt] *sb* Auszahlung *f,* Ausbezahlung *f*
discard [dɪs'kɑːd] *v* ablegen, aufgeben, ausrangieren
discharge [dɪs'tʃɑːdʒ] *v 1. (electricity)* entladen; *2. (cargo)* löschen; *3. (a debt)* begleichen; *sb* ['dɪstʃɑːdʒ] *4. (of electricity)* Entladung *f; 5. (dismissal)* Entlassung *f; 6. (~ papers)* Entlassungspapier *n; 7.* Freispruch *m*
discharging expenses [dɪs'tʃɑːdʒɪŋ ɪks'pensɪz] *pl* Entladungskosten *pl,* Löschgebühren *pl*
disciplinary ['dɪsəplɪnərɪ] *adj* Disziplinar..., disziplinarisch
discipline ['dɪsəplɪn] *v* disziplinieren; *sb* Disziplin *f*
disclaim [dɪs'kleɪm] *v* ausschlagen, ablehnen
disclaimer [dɪs'kleɪmə] *sb* Dementi *n,* Widerruf *m*
disclose [dɪs'kləʊz] *v* bekannt geben, bekannt machen
disconnection [dɪskə'nekʃən] *sb (on the telephone)* Unterbrechung *f*
discontinue [dɪskən'tɪnjuː] *v 1. (a line of products)* auslaufen lassen; *(2. a subscription)* abbestellen
discount ['dɪskaʊnt] *sb* Preisnachlass *m,* Rabatt *m,* Abschlag *m,* Skonto *n,* Diskont *m*
discountable [dɪs'kaʊntəbl] *adj* abzugsfähig
discountable paper [dɪs'kaʊntəbl 'peɪpə] *sb* Diskontpapier *n*
discount bank ['dɪskaʊnt bæŋk] *sb* Diskontbank *f*
discount broker ['dɪskaʊnt 'brəʊkə] *sb* Diskontmakler *m,* Wechselmakler *m*
discount business ['dɪskaʊnt 'bɪznɪs] *sb* Diskontgeschäft *n*
discount calculation ['dɪskaʊnt kælkjuː'leɪʃən] *sb* Diskontrechnung *f*

discount commission ['dɪskaʊnt kə'mɪʃən] *sb* Diskontprovision *f*
discount credit ['dɪskaʊnt 'kredɪt] *sb* Diskontkredit *m*
discount deduction ['dɪskaʊnt dɪ'dʌkʃən] *sb* Skontoabzug *m*
discount factor ['dɪskaʊnt 'fæktə] *sb* Diskontierungsfaktor *m*
discount houses ['dɪskaʊnt 'haʊzɪz] *pl* Diskonthäuser *n/pl*
discounting ['dɪskaʊntɪŋ] *sb* Diskontierung *f*, Abzinsung *f*
discount market ['dɪskaʊnt 'mɑːkɪt] *sb* Diskontmarkt *m*
discount of bills ['dɪskaʊnt əv bɪls] *sb* Wechseldiskont *m*
discount on advance orders ['dɪskaʊnt ɒn ə'dvɑːns ɔːdəz] *sb* Vorbestellrabatt *m*
discount on repurchase ['dɪskaʊnt ɒn rɪ'pɜːtʃəs] *sb* Rückkaufdisagio *n*
discount rate ['dɪskaʊnt reɪt] *sb* Diskontsatz *m*
discount store ['dɪskaʊnt stɔː] *sb* Discountgeschäft *n*, Discountladen *m*
discredit [dɪs'kredɪt] *v* in Misskredit bringen, in Verruf bringen; *sb* Misskredit *m*
discrepancy [dɪs'krepənsɪ] *sb* Diskrepanz *f*, Unstimmigkeit *f*
discretion [dɪs'kreʃən] *sb 1. (tact)* Diskretion *f; 2. (prudence)* Besonnenheit *f; 3. (freedom to decide)* Gutdünken *n*, Ermessen *n; use your own ~* handle nach eigenem Ermessen; *at one's ~* nach Belieben
discretionary [dɪ'skreʃənrɪ] *adj* Ermessens...
discriminate [dɪ'skrɪmɪneɪt] *v ~ against s.o.* jdn diskriminieren
discrimination [dɪskrɪmɪ'neɪʃən] *sb (differential treatment)* Diskriminierung *f*
discrimination of flags [dɪskrɪmɪ'neɪʃən əv flægz] *sb* Flaggendiskriminierung *f*
discussion [dis'kʌʃən] *sb* Diskussion *f*, Erörterung *f; (meeting)* Besprechung *f*
disencumberment [dɪsɪn'kʌmbəmənt] *sb* Entschuldung *f*
disinflation [dɪsɪn'fleɪʃən] *sb* Deflation *f*
disinvestment [dɪsɪn'vestmənt] *sb* Desinvestition *f*
disk [dɪsk] *sb* Platte *f*, Diskette *f*
disk crash ['dɪsk kræʃ] *sb* Diskcrash *m*, Störung eines Laufwerkes *f*
disk drive ['dɪsk draɪv] *sb* Laufwerk *n*
diskette [dɪs'ket] *sb* Diskette *f*
disloyalty [dɪs'lɔɪjəltɪ] *sb* Untreue *f*
dismantlement [dɪs'mæntlmənt] *sb* Abbruch *m*, Demontage *f*
dismiss [dɪs'mɪs] *v* entlassen, gehen lassen
dismissal [dɪs'mɪsəl] *sb* Entlassung *f*
disparity [dɪs'pærɪtɪ] *sb* Disparität *f*
dispatch [dɪ'spætʃ] *v 1.* senden, schicken, absenden; *sb 2. (sending)* Versand *m*, Absendung *f*, Abfertigung *f*
dispatch agent [dɪ'spætʃ 'eɪdʒənt] *sb* Abfertigungsspediteur *m*
dispatch case [dɪ'spætʃ keɪs] *sb (UK)* Aktenmappe *f*
dispatch department [dɪ'spætʃ dɪ'pɑːtmənt] *sb* Versandabteilung *f*
dispatch manager [dɪ'spætʃ 'mænɪdʒə] *sb* Versandleiter(in) *m/f*
display [dɪs'pleɪ] *v 1. (show)* zeigen, beweisen; *2. (goods)* ausstellen, auslegen; *sb 3.* Zeigen *n*, Zurschaustellung *f*, Vorführung *f; to be on ~* ausgestellt sein; *4. (of goods)* Ausstellung *f*, Auslage *f*
displayer [dɪs'pleɪə] *sb* Aussteller *m*
disposable [dɪs'pəʊzəbl] *adj 1. (to be thrown away)* wegwerfbar; *2. (available)* verfügbar; *~ income* verfügbares Einkommen *n*
disposable income [dɪs'pəʊzəbl 'ɪnkʌm] *sb* verfügbares Einkommen *n*
disposable share [dɪs'pəʊzəbl ʃeə] *sb* Vorratsaktie *f*
disposal [dɪs'pəʊzəl] *sb 1. (throwing away)* Wegwerfen *n; 2. (waste ~ unit)* Müllschlucker *m; 3. (removal)* Beseitigung *f; 4. (control)* Verfügungsrecht *n; 5. place sth at s.o.'s ~* jdm etw zur Verfügung stellen; *have sth at one's ~* über etw verfügen; *6. (positioning)* Aufstellung *f*
disposal business [dɪ'spəʊzl 'bɪznɪs] *sb* Entsorgungsunternehmen *n*
dispose [dɪs'pəʊz] *v ~ of (have at one's disposal)* verfügen über
disposition [dɪspə'zɪʃən] *sb* Verfügung *f*
dispossess [dɪspə'zes] *v* enteignen
disproportionate [dɪsprə'pɔːʃənɪt] *adj* unverhältnismäßig
dispute [dɪs'pjuːt] *v 1.* streiten; *2. (a claim)* anfechten; *sb 3.* Streit *m*, Disput *m*
dissaving [dɪs'seɪvɪŋ] *sb* Entsparen *n*
dissociate [dɪ'səʊʃɪeɪt] *v ~ o.s. from* sich distanzieren von
distribute [dɪ'strɪbjuːt] *v 1. (goods)* vertreiben; *2. (dividends)* ausschütten
distribution [dɪstrɪ'bjuːʃən] *sb 1. (of dividends)* Ausschüttung *f; 2. (of goods)* Vertrieb *m*, Verteilung *f*

distribution centre [dɪstrɪ'bjuːʃən 'sentə] *sb* Auslieferungslager *n*
distribution channel [dɪstrɪ'bjuːʃən 'tʃænl] *sb* Vertriebskanal *m*, Vertriebsweg *m*
distribution cost [dɪstrɪ'bjuːʃən kɒst] *sb* Distributionskosten *pl*
distribution of income [dɪstrɪ'bjuːʃən əv 'ɪnkʌm] *sb* Einkommensverteilung *f*
distribution of profit [dɪstrɪ'bjuːʃən əv 'prɒfɪt] *sb* Gewinnausschüttung *f*
distribution organs [dɪstrɪ'bjuːʃən 'ɔːgənz] *pl* Distributionsorgane *n/pl*
distribution policy [dɪstrɪ'bjuːʃən 'pɒlɪsɪ] *sb* Distributionspolitik *f*
distribution store [dɪstrɪ'bjuːʃən stɔː] *sb* Auslieferungslager *n*
distributor [dɪ'strɪbjʊtə] *sb (wholesaler)* Großhändler(in) *m/f*
diversification [daɪvɜːsɪfɪ'keɪʃən] *sb* Diversifizierung *f*, Streuung der Aktivitäten *f*
diversified holdings [daɪ'vɜːsɪfaɪd 'həʊldɪŋz] *pl* Streubesitz *m*
diversify [daɪ'vɜːsɪfaɪ] *v* diversifizieren, streuen
dividend ['dɪvɪdənd] *sb* Dividende *f*; *pay ~s (fig)* sich bezahlt machen
dividend coupon ['dɪvɪdend 'kuːpɒn] *sb* Gewinnanteilsschein *m*
dividend guarantee ['dɪvɪdend gærən'tiː] *sb* Dividendengarantie *f*
dividend in bankruptcy ['dɪvɪdend ɪn 'bæŋkrʌpsɪ] *sb* Konkursquote *f*
dividend on account ['dɪvɪdend ɒn ə'kaʊnt] *sb* Abschlagsdividende *f*
dividend tax ['dɪvɪdend tæks] *sb* Dividendenabgabe *f*
division [dɪ'vɪʒən] *sb 1.* Teilung *f*, Aufteilung *f*, Einteilung *f*; *2. (of a firm)* Abteilung *f*; 3. Sparte *f*
divisional organization [dɪ'vɪʒənl ɔːgənaɪ'zeɪʃən] *sb* Geschäftsbereichsorganisation *f*
division of labour [dɪ'vɪʒən əv 'leɪbə] *sb* Arbeitsteilung *f*
dock [dɒk] *sb* Dock *n*; *~s* Hafen *m*
dockage ['dɒkɪdʒ] *sb* Hafengebühren *pl*, Dockgebühren *pl*
dockyard ['dɒkjɑːd] *sb* Werft *f*
doctoring a balance sheet ['dɒktərɪŋ ə 'bæləns ʃiːt] *sb* Bilanzverschleierung *f*
document ['dɒkjumənt] *v* beurkunden, dokumentieren; *sb* Dokument *n*, Urkunde *f*, Unterlage *f*
documentary [dɒkju'mentərɪ] *adj ~ evidence* Urkundenbeweis *m*
documentary acceptance credit [dɒkju'mentərɪ ək'septəns 'kredɪt] *sb* Rembourskredit *m*
documentary letter of credit [dɒkju'mentərɪ 'letər əv 'kredɪt] *sb* Dokumentakkreditiv *n*
document of title ['dɒkjumənt əv 'taɪtəl] *sb* Warenpapier *n*
documents against acceptance (D/A) ['dɒkjumənts ə'genst ək'septəns] *pl* Dokumente gegen Akzept (d/a)
documents against payment (D/P) ['dɒkjumənts ə'genst 'peɪmənt] *pl* Dokumente gegen Bezahlung (d/p) *pl*
dole [dəʊl] *sb (fam)* Stempelgeld *n*; *to be on the ~* stempeln gehen
dollar area ['dɒlə 'ærɪə] *sb* Dollarblock *m*
dollar bond ['dɒlə bɒnd] *sb* Dollaranleihe *f*
dollar clause ['dɒlə klɔːz] *sb* Dollarklausel *f*
dollar quotation ['dɒlə kwəʊ'teɪʃn] *sb* Dollarnotierung *f*
dollar standard ['dɒlə 'stændəd] *sb* Dollar-Standard *m*
domestic [də'mestɪk] *adj* Innen..., Inland..., Binnen...
domestic capital [də'mestɪk 'kæpɪtəl] *sb* Inlandsvermögen *n*
domestic customs territory [də'mestɪk 'kʌstəmz 'terɪtərɪ] *sb* Zollinland *n*
domestic market [də'mestɪk 'mɑːkɪt] *sb* Binnenmarkt *m*
domestic trade [də'mestɪk treɪd] *sb* Binnenhandel *m*
donation [dəʊ'neɪʃən] *sb 1. (thing donated)* Spende *f*, Stiftung *f*, Gabe *f*, Schenkung *f*; *2. (the act of donating)* Spenden *n*, Stiften *n*
dormant deposit ['dɔːmənt dɪ'pɒzɪt] *sb* totes Depot *n*
dormant partnership ['dɔːmənt 'pɑːtnəʃɪp] *sb* stille Gesellschaft *f*
double currency ['dʌbl 'kʌrənsɪ] *sb* Doppelwährung *f*
double currency loan ['dʌbl 'kʌrənsɪ ləʊn] *sb* Doppelwährungsanleihe *f*
double entry book-keeping ['dʌbl 'entrɪ 'bʊkkiːpɪŋ] *sb* doppelte Buchführung *f*
double housekeeping ['dʌbl 'haʊskiːpɪŋ] *sb* doppelte Haushaltsführung *f*
double option operation ['dʌbl 'ɒpʃən ɒpə'reɪʃən] *sb* Stellagegeschäft *n*
double taxation ['dʌbl tæk'seɪʃən] *sb* Doppelbesteuerung *f*

double time ['dʌbl taɪm] *sb (payment)* hundert Prozent Überstundenzuschlag *m*
doubtful account ['daʊtfəl ə'kaʊnt] *sb* zweifelhafte Forderung *f*
doubtful debts ['daʊtfəl dets] *pl* dubiose Forderung *f*
down cycle ['daʊn saɪkl] *sb* rückläufiger Konjunkturzyklus *m*
downfall ['daʊnfɔːl] *sb (fig)* Niedergang *m,* Untergang *m*
download ['daʊnləʊd] *v (a computer)* laden
down payment [daʊn 'peɪmənt] *sb* Anzahlung *f,* Abschlagszahlung *f*
down-ship [daʊn'ʃɪp] *sb* Abschwung *m*
downsizing ['daʊnsaɪzɪŋ] *sb* Abbau *m,* Verkleinerung *f*
downswing ['daʊnswɪŋ] *sb* Abwärtstrend *m*
down time ['daʊn taɪm] *sb* Ausfalldauer *f,* Stillstandszeit *f*
downturn ['daʊntɛːn] *sb* Rückgang *m,* Abnahme *f*
downward trend ['daʊnwəd trend] *sb* Abwärtstrend *m*
draft [drɑːft] *v 1. (draw)* entwerfen, skizzieren; *2. (write)* aufsetzen, abfassen; *sb 3.* Entwurf *m,* Tratte *f*
draft book ['drɑːft bʊk] *sb* Wechselbuch *n*
draft collection ['drɑːft kə'lekʃən] *sb* Wechselinkasso *n*
drag [dræg] *sb* Belastung *f*
draw [drɔː] *v irr 1. (money from a bank)* abheben; *2. (a salary)* beziehen
drawee [drɔː'iː] *sb* Bezogener *m,* Trassat *m*
drawer ['drɔːə] *sb* Trassant *m*
drawer of a bill ['drɔːə əv ə bɪl] *sb* Wechselaussteller *m*
drawing ['drɔːɪŋ] *sb* Trassierung *f,* Ziehung *f*
drawing authorization ['drɔːɪŋ ɔːθəraɪ'zeɪʃən] *sb* Kontovollmacht *f,* Verfügungsermächtigung *f*
drawing credit ['drɔːɪŋ 'kredɪt] *sb* Wechselkredit *m,* Trassierungskredit *m*
drawing limit ['drɔːɪŋ 'lɪmɪt] *sb* Abhebungshöchstbetrag *m*
drawing rights ['drɔːɪŋ raɪts] *pl* Ziehungsrechte *pl*
drawing up of a budget ['drɔːɪŋ ʌp əv ə 'bʌdʒɪt] *sb* Budgetierung *f*
drawn bill [drɔːn 'bɪl] *sb* gezogener Wechsel *m*
drive [draɪv] *sb (of a computer)* Laufwerk *n; (energy)* Schwung *m*
drop [drɒp] *sb (fall)* Sturz *m,* Fall *m; (decrease)* Rückgang *m,* Abfall *m*
drop in demand [drɒp ɪn dɪ'mɑːnd] *sb* Nachfragerückgang *m*
drop in expenditure [drɒp ɪn ɪk'spendɪtʃə] *sb* Ausgabensenkung *f*
drop in investment [drɒp ɪn ɪn'vestmənt] *sb* Investitionsrückgang *m*
duality [djuː'ælɪtɪ] *sb* Dualität *f*
dud [dʌd] *sb* ungedeckter Scheck *m*
due [djuː] *adj 1. (owed)* fällig; *(expected)* fällig, erwartet; *2. in ~ time* zur rechten Zeit
due date [djuː deɪt] *sb* Fälligkeitstag *m,* Fälligkeitstermin *m*
due payment reserved [djuː 'peɪmənt rɪ'zɜːvd] *adv* Eingang vorbehalten
dues [djuːz] *pl* Gebühren *pl*
dumping ['dʌmpɪŋ] *sb* Dumping *n*
dun [dʌn] *v* (an)mahnen
duopoly [djuː'ɒpəlɪ] *sb* Dyopol *n*
duplicate ['djuːplɪkət] *v 1.* kopieren, vervielfältigen; *sb 2.* Duplikat *n,* Kopie *f,* Doppel *n; in ~* in zweifacher Ausfertigung
durability [djʊərə'bɪlɪtɪ] *sb (of goods)* Haltbarkeit *f*
durable ['djʊərəbl] *adj (material, goods)* haltbar
durable consumer goods ['djʊərəbl kən'sjuːmə gʊdz] *pl* Gebrauchsgüter *pl*
duration [dju'reɪʃən] *sb* Länge *f,* Dauer *f,* Duration *f*
duration of capital tie-up [dju'reɪʃən əv 'kæpɪtəl 'taɪʌp] *sb* Kapitalbindungsdauer *f*
duration of credit [dju'reɪʃən əv 'kredɪt] *sb* Kreditlaufzeit *f*
dutiable ['djuːtɪəbl] *adj* zollpflichtig
duty ['djuːtɪ] *sb 1. (task)* Aufgabe *f,* Pflicht *f; 2. (working hours)* Dienst *m; on ~* Dienst habend; *3. to be off ~* dienstfrei haben; *4. (tax)* Zoll *m*
duty based on weight ['djuːtɪ beɪst ɒn weɪt] *sb* Gewichtszoll *m*
duty on exports ['djuːtɪ ɒn 'ekspɔːts] *sb* Ausfuhrzoll *m*
duty on imports ['djuːtɪ ɒn 'ɪmpɔːts] *sb* Einfuhrzoll *m*
duty to deliver ['djuːtɪ tu dɪ'lɪvə] *sb* Lieferungspflicht *f*
duty unpaid ['djuːtɪ ʌn'peɪd] *adj* unverzollt
duty-free [djuːtɪ'friː] *adj* zollfrei, unverzollt
duty-paid [djuːtɪ'peɪd] *adj* verzollt

E

early retirement ['ɜːlɪ rɪ'taɪəmənt] *sb* Vorruhestand *m*
earn [ɜːn] *v* verdienen; *(interest)* bringen
earned income [ɜːnd 'ɪnkʌm] *sb* Arbeitseinkommen *n*
earner ['ɜːnə] *sb* Erwerbsfähige(r) *f/m*, Verdiener(in) *m/f*
earnest of intent ['ɜːnɪst əv ɪn'tent] *sb* Absichtserklärung *f*
earning power ['ɜːnɪŋ 'pauə] *sb* Verdienstchancen *f/pl*
earnings ['ɜːnɪŋz] *pl 1.* Verdienst *m*, Bezüge *pl; 2. (of a business)* Einnahmen *f/pl*
earnings after tax ['ɜːnɪŋz 'ɑftə tæks] *pl* Gewinn nach Steuern *m*
earnings analysis ['ɜːnɪŋz ə'næləsɪs] *pl* Erfolgsanalyse *f*
earnings available for distribution ['ɜːnɪŋz ə'veɪləbl fɔː dɪstrɪ'bjuːʃən] *pl* ausschüttungsfähiger Gewinn *m*
earnings before tax ['ɜːnɪŋz bɪ'fɔː tæks] *pl* Bruttogewinn *m*, Vorsteuergewinn *m*
earnings per share ['ɜːnɪŋz pɜː ʃeə] *pl* Aktienrendite *f*
earnings retention ['ɜːnɪŋz rɪ'tenʃən] *pl* Gewinnthesaurierung *f*
earnings statement ['ɜːnɪŋz 'steɪtmənt] *pl* Erfolgsrechnung *f*
ecological [iːkə'lɒdʒɪkəl] *adj* ökologisch
ecological balance [iːkə'lɒdʒɪkəl 'bæləns] *sb* Öko-Bilanz *f*
ecological tax reform [iːkə'lɒdʒɪkəl tæks rɪ'fɔːm] *sb* ökologische Steuerreform *f*
ecologist [ɪ'kɒlədʒɪst] *sb* Ökologe/Ökologin *m/f*, Umweltschützer(in) *m/f*
e-commerce [iː'kɒmɜːs] *sb* elektronischer Handel *m*, E-commerce *m*
economic [iːkə'nɒmɪk] *adj* wirtschaftlich, ökonomisch, Wirtschafts...
economical [iːkə'nɒmɪkəl] *adj* wirtschaftlich, sparsam
economic circulation [iːkə'nɒmɪk sɜːkjuː'leɪʃən] *sb* Wirtschaftskreislauf *m*
economic cycle [iːkə'nɒmɪk 'saɪkl] *sb* Konjunktur *f*
economic miracle [iːkə'nɒmɪk 'mɪrəkəl] *sb* Wirtschaftswunder *n*
economic order [iːkə'nɒmɪk 'ɔːdə] *sb* Wirtschaftsordnung *f*
economic policy [iːkə'nɒmɪk 'pɒlɪsɪ] *sb* Wirtschaftspolitik *f*, Konjunkturpolitik *f*
economic process [iːkə'nɒmɪk 'prəuses] *sb* Wirtschaftskreislauf *m*
economic purchasing quantity [iːkə'nɒmɪk 'pɜːtʃəsɪŋ 'kwɒntɪtɪ] *sb* optimale Bestellmenge *f*
economics [iːkə'nɒmɪks] *pl (subject)* Volkswirtschaft *f*, Wirtschaftswissenschaften *f/pl*
economic union [iːkə'nɒmɪk 'juːnjən] *sb* Wirtschaftsunion *f*
economic upturn [iːkə'nɒmɪk 'ʌptɜːn] *sb* Konjunkturbelebung *f*
economies of scale [ɪ'kɒnəmiz əv skeɪl] *pl* Größenvorteile *m/pl*
economist [ɪ'kɒnəmɪst] *sb* Volkswirtschaftler(in) *m/f*; Betriebswirt(in) *m/f*
economize [ɪ'kɒnəmaɪz] *v* sparen, haushalten
economy [ɪ'kɒnəmɪ] *sb 1. (system)* Wirtschaft *f*, Ökonomie *f*; *2. (thrift)* Sparsamkeit *f*; *3. (measure to save money)* Einsparung *f*, Sparmaßnahme *f*
economy drive [ɪ'kɒnəmɪ draɪv] *sb* Sparprogramm *n*
ECU loan [iːsiːjuː ləun] *sb* ECU-Anleihe *f*
ECU option [iːsiːjuː 'ɒptʃn] *sb* ECU-Option *f*
education [edju'keɪʃən] *sb* Erziehung *f*, Ausbildung *f*, Bildung *f*
educational policy [edju'keɪʃənəl 'pɒlɪsɪ] *sb* Bildungspolitik *f*
effective [ɪ'fektɪv] *adj 1. (getting results)* wirksam, erfolgreich, wirkungsvoll; *2. (in effect)* gültig, in Kraft, rechtskräftig; *3. (real)* effektiv, tatsächlich, wirklich
effective interest [ɪ'fektɪv 'ɪntrəst] *sb* Effektivzins *m*
effective interest yield [ɪ'fektɪv 'ɪntrəst jiːəld] *sb* Effektivverzinsung *f*
effectiveness [ɪ'fektɪvnɪs] *sb* Wirksamkeit *f*
effectivity [efek'tɪvɪtɪ] *sb* Effektivität *f*, Wirksamkeit *f*
efficiency [ɪ'fɪʃənsɪ] *sb 1. (of a person)* Tüchtigkeit *f*, Fähigkeit *f*; *2. (of a method)* Effizienz *f*; *3. (of a machine, of a firm)* Leistungsfähigkeit *f*
efficiency audit [ɪ'fɪʃənsɪ 'ɔːdɪt] *sb* Wirtschaftlichkeitsprüfung *f*

efficiency bonus [ɪ'fɪʃənsɪ 'bəʊnəs] *sb* Leistungsprämie *f*, Leistungszulage *f*
efficiency drive [ɪ'fɪʃənsɪ draɪv] *sb* Rationalisierungsprogramm *n*
efficiency improvement [ɪ'fɪʃənsɪ ɪm'pru:vmənt] *sb* Produktivitätssteigerung *f*
efficiency review [ɪ'fɪʃənsɪ rɪ'vju:] *sb* Erfolgskontrolle *f*
efficient [ɪ'fɪʃənt] *adj (person)* tüchtig, fähig, effizient; *(method)* effizient; *(machine, firm)* leistungsfähig
elasticity of purchasing power [ɪlæs'tɪsɪtɪ əv 'pɜ:tʃəsɪŋ 'paʊə] *sb* Kaufkraftelastizität *f*
electrical engineering [ɪ'lektrɪkəl endʒɪ'nɪərɪŋ] *sb* Elektrotechnik *f*
electricity and fuels funds [ɪlek'trɪsɪtɪ ænd 'fju:əlz fʌndz] *pl* Energiefonds *m/pl*
electronic [ɪlek'trɒnɪk] *adj* elektronisch
electronic commerce [ɪlek'trɒnɪk 'kɒməs] *sb* Electronic Commerce *m*
electronic fund transfer [ɪlek'trɒnɪk fʌnd 'trænsfɜ:] *sb* elektronischer Zahlungsverkehr *m*
electronics [ɪlek'trɒnɪks] *pl* Elektronik *f*
element of costs ['elɪmənt əv kɒsts] *sb* Kostenbestandteil *m*
element in demand ['elɪmənt ɪn dɪ'mɑ:nd] *sb* Nachfragekomponente *f*
eligibility [elɪdʒə'bɪlɪtɪ] *v 1. (entitlement)* Berechtigung *f*, Anspruch *m; 2. (for a job)* Eignung *f*, Qualifikation *f*
eligible paper ['elɪdʒɪbəl 'peɪpə] *sb* discontfähiges Wechselmaterial *n*
e-mail ['i:meɪl] *sb (electronic mail)* elektronische Post *f*, E-Mail *n*
embargo [ɪm'bɑ:gəʊ] *sb* Embargo *n*
embark [ɪm'bɑ:k] *v* einschiffen; *(goods)* verladen
embarkation [embɑ:'keɪʃən] *sb (of freight)* Verschiffung *f*, Verladung *f*
embezzlement [ɪm'bezlmənt] *sb* Veruntreuung *f*, Unterschlagung *f*
emblem ['embləm] *sb* Emblem *n*, Symbol *n*, Abzeichen *n*
emergency meeting [ɪ'mɜ:dʒənsɪ 'mi:tɪŋ] *sb* Krisensitzung *f*
emergency money [ɪ'mɜ:dʒənsɪ 'mʌnɪ] *sb* Notgeld *n*
emission [ɪ'mɪʃən] *sb 1. (bonds)* Ausgabe *f*, Emission *f; 2. (environment)* Schadstoffausstoß *m*, Emission *f*
emit [ɪ'mɪt] *v 1.* ausstoßen; *2. (bonds)* ausgeben, emittieren
empirical contents [ɪm'pɪrɪkəl 'kɒntents] *sb* empirischer Gehalt *m*
empirical economic research [ɪm'pɪrɪkəl ɪkə'nɒmɪk rɪ'sɜ:tʃ] *sb* empirische Wirtschaftsforschung *f*
employ [ɪm'plɔɪ] *v 1.* beschäftigen; *(take on)* anstellen; *2. (use)* anwenden, einsetzen, verwenden
employed [ɪm'plɔɪd] *adj* berufstätig, beschäftigt
employee [ɪmplɔɪ'i:] *sb* Arbeitnehmer(in) *m/f*, Angestellte(r) *f/m*
employee appraisal [ɪmplɔɪ'i: ə'preɪzl] *sb* Mitarbeiterbeurteilung *f*
employee leasing [ɪmplɔɪ'i: 'li:sɪŋ] *sb* Arbeitnehmerüberlassung *f*
employee meeting [ɪmplɔɪ'i: 'mi:tɪŋ] *sb* Betriebsversammlung *f*
employee pension scheme [ɪmplɔɪ'i: 'penʃən ski:m] *sb* betriebliche Altersversorgung *f*
employee's contribution [ɪmplɔɪ'i:z kɒntrɪ'bju:ʃən] *sb* Arbeitnehmeranteil *m*
employee selection [ɪmplɔɪ'i: sɪ'lekʃən] *sb* Personalauswahl *f*
employee's allowable deduction [ɪmplɔɪ'i:z ə'laʊəbəl dɪ'dʌkʃən] *sb* Arbeitnehmer-Freibetrag *m*
employee's savings premium [ɪmplɔɪ'i:z 'seɪvɪŋz 'pri:mɪəm] *sb* Arbeitnehmersparzulage *f*
employee's shares [ɪmplɔɪ'i:z ʃɛəz] *sb* Arbeitnehmeraktie *f*
employee suggestion system [ɪmplɔɪ'i: sʌ'dʒestʃən 'sɪstɪm] *sb* betriebliches Vorschlagswesen *n*
employee's zero bracket amount [ɪmplɔɪ'i:z 'zɪərəʊ 'brækɪt ə'maʊnt] *sb* Arbeitnehmer-Pauschbetrag *m*
employer [ɪm'plɔɪə] *sb* Arbeitgeber(in) *m/f*
employer's association [ɪm'plɔɪəz əsəʊsɪ'eɪʃən] *sb* Arbeitgeberverband *m*
employer's contribution [ɪm'plɔɪəz kɒntrɪ'bju:ʃən] *sb* Arbeitgeberanteil *m*, Arbeitgeberzuschüsse *m/pl*
employer's duty of care [ɪm'plɔɪəz 'dju:tɪ əv kɛə] *sb* Fürsorgepflicht des Arbeitgebers *f*
employer's pension commitment [ɪm'plɔɪəz 'penʃən kə'mɪtmənt] *sb* Pensionszusage *f*
employment [ɪm'plɔɪmənt] *sb 1.* Arbeit *f*, Stellung *f*, Beschäftigung *f*, Dienstverhältnis *n; 2. (employing)* Beschäftigung *f*, *3. (taking*

on) Anstellung *f; 4. (use)* Anwendung *f,* Verwendung *f,* Einsatz *m*
employment agency [ɪm'plɔɪmənt 'eɪdʒənsɪ] *sb* Stellenvermittlung *f*
employment costs [ɪm'plɔɪmənt kɒsts] *pl* Personalkosten *pl*
employment exchange [ɪm'plɔɪmənt ɪks-'tʃeɪndʒ] *sb (UK)* Arbeitsamt *n*
employment policy [ɪm'plɔɪmənt 'pɒlɪsɪ] *sb* Beschäftigungspolitik *f,* Arbeitspolitik *f*
employment protection [ɪm'plɔɪmənt prə'tekʃən] *sb* Arbeitsplatzschutz *m*
employment rate [ɪm'plɔɪmənt reɪt] *sb* Erwerbsquote *f*
employment relationship [ɪm'plɔɪmənt rɪ'leɪʃənʃɪp] *sb* Arbeitsverhältnis *n*
employment structure [ɪm'plɔɪmənt 'strʌkʃə] *sb* Beschäftigtenstruktur *f*
emporium [em'pɔːrɪəm] *sb* Warenhaus *n*
empower [ɪm'paʊə] *v* ermächtigen, bevollmächtigen
enclose [ɪn'kləʊz] *v (in a package)* beilegen, beifügen
enclosure [ɪn'kləʊʒə] *sb (in a package)* Anlage *f*
encode [ɪn'kəʊd] *v* verschlüsseln, chiffrieren, kodieren
end of the month ['end əv ðə mʌnθ] *sb* Ultimo *m,* Monatsende *n*
end of the quarter ['end əv ðə 'kwɔːtə] *sb* Quartalsende *n*
end of the year [end əv ðə jɪə] *sb* Jahresultimo *m*
end of term [end əv tɜːm] *sb* Fristablauf *m*
end-of-period inventory [end əv 'pɪərɪəd 'ɪnventərɪ] *sb* Stichtagsinventur *f*
endogenous variable [en'dɒdʒənəs 'vɛərɪəbəl] *sb* endogene Variable *f*
endorsable [ɪn'dɔːsəbl] *adj* indossabel
endorsable securities [ɪn'dɔːsəbl sɪ'kjʊərɪtɪz] *sb* indossable Wertpapiere *n/pl*
endorse [ɪn'dɔːs] *v 1. (approve of)* billigen, gutheißen; *2. (a cheque)* auf der Rückseite unterzeichnen, indossieren
endorsee [ɪndɔː'siː] *sb* Indossatar(in) *m/f*
endorsement [ɪn'dɔːsmənt] *sb 1. (approval)* Billigung *f; 2. (on a cheque)* Indossament *n,* Giro *n*
endorsement for collection [ɪn'dɔːsmənt fɔː kə'lekʃən] *sb* Inkasso-Indossament *n*
endorsement liabilities [ɪn'dɔːsmənt leɪə'bɪlɪtɪz] *pl* Indossamentverbindlichkeiten *f/pl*
endorsement made out to bearer [ɪn-'dɔːsmənt meɪd aʊt tu 'bɛərə] *sb* Inhaberindossament *n*
endorsement of an overdue bill of exchange [ɪn'dɔːsmənt əv æn 'əʊvədjuː bɪl əv ɪks'tʃeɪndʒ] *sb* Nachindossament *n*
endorser [ɪn'dɔːsə] *sb* Girant *m,* Indossant *m*
endow [ɪn'daʊ] *v* stiften; *~ s.o. with sth* jdm etw schenken
endowment [ɪn'daʊmənt] *sb* Dotierung *f*
endowment funds [ɪn'daʊmənt fʌndz] *pl* Dotationskapital *n*
energizer ['enədʒaɪzə] *sb* Energiequelle *f*
energy ['enədʒɪ] *sb* Energie *f*
energy balance statement ['enədʒɪ 'bæləns 'steɪtmənt] *sb* Energiebilanz *f*
energy policy ['enədʒɪ 'pɒlɪsɪ] *sb* Energiepolitik *f*
energy tax ['enədʒɪ tæks] *sb* Energiesteuer *f*
energy taxation ['enədʒɪ tæk'seɪʃən] *sb* Energiebesteuerung *f*
enforce [ɪn'fɔːs] *v* durchführen, Geltung verschaffen
enforcement [ɪn'fɔːsmənt] *sb* Durchführung *f; (judicial)* Vollstreckung *f*
enforcement fine [ɪn'fɔːsmənt faɪn] *sb* Zwangsgeld *n*
engage [ɪn'geɪdʒ] *v 1. (employ)* anstellen, einstellen; *2. ~ in sth* sich an etw beteiligen, sich mit etw beschäftigen
engagement [ɪn'geɪdʒmənt] *sb (job)* Anstellung *f,* Stellung *f; (appointment)* Verabredung *f*
engagement book [ɪn'geɪdʒmənt bʊk] *sb* Terminkalender *m*
engagement clause [ɪn'geɪdʒmənt klɔːz] *sb* Freizeichnungsklausel *f*
enrol [ɪn'rəʊl] *v 1.* verzeichnen, registrieren; *2. (sign in)* einschreiben
entailment [ɪn'teɪlmənt] *sb* Fideikommiss *n,* unveräußerliches Erbe *n*
enterprise ['entəpraɪz] *sb 1. (an undertaking, a firm)* Unternehmen *n, 2. (in general)* Unternehmertum *n; free ~* freies Unternehmertum *n*
enterprise commercial by its nature ['entəpraɪz kə'mɜːʃəl baɪ ɪts 'neɪtʃə] *sb* Musskaufmann *m*
entitle [ɪn'taɪtl] *v ~ to (authorize)* berechtigen zu, ein Anrecht geben auf
entitlement [ɪn'taɪtlmənt] *sb* Berechtigung *f,* Anspruch *m*
entrant ['entrənt] *sb* Bewerber(in) *m/f*

entrepôt ['ɒntrəpəʊ] *sb (warehouse)* Lagerhalle *f; (port)* Umschlaghafen *m*
entrepreneur [ɒntrəprə'nɜː] *sb* Unternehmer(in) *m/f*
entrepreneurial [ɒntrəprə'nɜːrɪəl] *adj* unternehmerisch
entrepreneurship [ɒntrəprə'nɜːʃɪp] *sb* Unternehmertum *n*
entry ['entrɪ] *sb 1. (notation)* Eintrag *m; 2. (act of entering)* Eintragung *f,* (Ver-)Buchung *f*
entry certificate ['entrɪ sə'tɪfɪkət] *sb* Einfuhrbescheinigung *f*
entry form ['entrɪ fɔːm] *sb* Anmeldeformular *n*
entry formula ['entrɪ 'fɔːmjʊlə] *sb* Buchungssatz *m*
entry inwards ['entrɪ 'ɪnwədz] *sb* Einfuhrerklärung *f,* Einfuhrdeklaration *f*
entry outwards ['entrɪ 'aʊtwədz] *sb* Ausfuhrerklärung *f,* Ausfuhrdeklaration *f*
entry strategies ['entrɪ 'strætədʒiːz] *pl* Eintrittsstrategien *f/pl*
envelope ['envələʊp] *sb* Briefumschlag *m,* Kuvert *n*
environment [ɪn'vaɪrənmənt] *sb* Umwelt *f*
environmental [ɪnvaɪrən'mentəl] *adj* umweltbedingt
environmental label [ɪnvaɪrən'mentəl 'leɪbəl] *sb* Umweltzeichen *n*
environmental levy [ɪnvaɪrən'mentəl 'levɪ] *sb* Umweltabgabe *f*
environmental policy [ɪnvaɪrən'mentəl 'pɒlɪsɪ] *sb* Umweltpolitik *f*
environmental pollution [ɪnvaɪrən'mentəl pɒ'luːʃən] *sb* Umweltverschmutzung *f*
environmentalist [ɪnvaɪrə'mentəlɪst] *sb* Umweltschützer(in) *m/f*
environmentally damaging activities [ɪnvaɪrən'mentəlɪ 'dæmɪdʒɪŋ æk'tɪvɪtɪz] *pl* Umweltbelastungen *f/pl*
equalization and covering claim [iːkwəlaɪ'zeɪʃən ænd 'kʌvərɪŋ kleɪm] *sb* Ausgleichs- und Deckungsforderung *f*
equalization claim [iːkwəlaɪ'zeɪʃən kleɪm] *sb* Ausgleichsforderung *f*
equalization of burdens [iːkwəlaɪ'zeɪʃən əv 'bɜːdənz] *sb* Lastenausgleich *m*
Equalization of Burdens Fund [iːkwəlaɪ'zeɪʃən əv 'bɜːdənz fʌnd] *sb* Lastenausgleichsfonds *m*
equal opportunity ['iːkwəl ɒpə'tjuːnɪtɪ] *sb* Chancengleichheit *f*
equalization right [iːkwəlaɪ'zeɪʃən raɪt] *sb* Ausgleichsrecht *n*
equilibrium interest rate [ɪkwɪ'lɪbrɪəm 'ɪntrɪst reɪt] *sb* Gleichgewichtszins *m*
equilibrium on current account [ɪkwɪ'lɪbrɪəm ɒn 'kʌrənt ə'kaʊnt] *sb* Leistungsbilanzausgleich *m*
equilibrium price [ɪkwɪ'lɪbrɪəm praɪs] *sb* Gleichgewichtspreis *n*
equip [ɪ'kwɪp] *v* ausrüsten, ausstatten, einrichten; *to be ~ped with* verfügen über, ausgestattet sein mit
equipment [ɪ'kwɪpmənt] *sb* Ausrüstung *f; (appliances)* Geräte *n/pl,* Anlagen *f/pl,* Apparatur *f*
equity ['ekwɪtɪ] *sb 1.* Gerechtigkeit *f; 2.* Eigenkapital *n*
equity account ['ekwɪtɪ ə'kaʊnt] *sb* Eigenkapitalkonto *n*
equity capital ['ekwɪtɪ 'kæpɪtl] *sb* Eigenkapital *n*
equity financing ['ekwɪtɪ faɪ'nænsɪŋ] *sb* Beteiligungsfinanzierung *f*
equity financing transactions ['ekwɪtɪ faɪ'nænsɪŋ træns'ækʃənz] *pl* Beteiligungshandel *m*
equity fund ['ekwɪtɪ fʌnd] *sb* Aktienfonds *m,* Beteiligungsfonds *m*
equity holder ['ekwɪtɪ 'həʊldə] *sb* Anteilseigner(in) *m/f,* Aktionär(in) *m/f*
equity investment ['ekwɪtɪ ɪn'vestmənt] *sb* Kapitalinvestition *f,* Kapitalbeteiligung *f*
equity participation ['ekwɪtɪ pɑːtɪsɪ'peɪʃən] *sb* Kapitalbeteiligung *f*
equity ratio ['ekwɪtɪ 'reɪʃɪəʊ] *sb* Eigenkapitalquote *f*
equity return ['ekwɪtɪ rɪ'tɜːn] *sb* Eigenkapitalrentabilität *f*
equity security ['ekwɪtɪ sɪ'kjʊərɪtɪ] *sb* Anteilspapiere *n/pl*
equity yield rate ['ekwɪtɪ jiːld reɪt] *sb* Eigenkapitalzinsen *m/pl*
equivalence coefficient costing [ɪ'kwɪvələns kəʊɪ'fɪʃənt 'kɒstɪŋ] *sb* Äquivalenzzifferkalkulation *f*
error ['erə] *sb 1.* Irrtum *m,* Fehler *m,* Versehen *n; 2. ~ of omission* Unterlassungssünde *f*
errors and omissions excepted (E. & O.E.) ['erəz ænd ə'mɪʃənz ɪk'septɪd] Irrtümer und Auslassungen vorbehalten (E. & O.E.)
escalation clause [eskə'leɪʃən klɔːz] *sb* Gleitklausel *f*
escalation parity [eskə'leɪʃən 'pærɪtɪ] *sb* Gleitparität *f*
escape clause [ɪ'skeɪp klɔːz] *sb* Rücktrittsklausel *f*

establish [ɪ'stæblɪʃ] *v 1. (found)* gründen; *2. (relations)* herstellen, aufnehmen; *3. (power, a reputation)* sich verschaffen
establishment [ɪ'stæblɪʃmənt] *sb (institution)* Institution *f*, Anstalt *f*; *(founding)* Gründung *f*
estate [ɪ'steɪt] *sb 1. (possessions)* Besitz *m*, Eigentum *n*; *2. (land)* Gut *n*; *3. (dead person's)* Nachlass *m*, Erbmasse *f*; *4. (rank)* Stand *m*; *5. the fourth ~ (fam)* die Presse *f*
estate agent [ɪ'steɪt 'eɪdʒənt] *sb (UK)* Immobilienmakler(in) *m/f*
estate register [ɪ'steɪt 'redʒɪstə] *sb* Grundbuch *n*, Kataster *m/n*
estimate ['estɪmeɪt] *v* schätzen; *sb* Schätzung *f*; *rough ~* grober Überschlag *m*; *(of cost)* Kostenvoranschlag *m*
estimated ['estɪmeɪtɪd] *adj* geschätzt
estimated quotation ['estɪmeɪtɪd kwəʊ'teɪʃən] *sb* Taxkurs *m*
estimated value ['estɪmeɪtɪd 'vælju:] *sb* Schätzwert *m*, Taxwert *m*
estimation [estɪ'meɪʃən] *sb* Einschätzung *f*; *in my ~* meiner Einschätzung nach
estimation of cost [estɪ'meɪʃən əv kɒst] *sb* Vorkalkulation *f*
euro ['jʊərəʊ] *sb* Euro *m*
Eurobank ['jʊərəʊbæŋk] *sb* Euro-Bank *f*
Eurobond ['jʊərəʊbɒnd] *sb* Euroanleihe *f*
Eurobond market ['jʊərəʊbɒnd 'mɑ:kɪt] *sb* Euro(bond)markt *m*
Eurocapital market ['jʊərəʊkæpɪtəl 'mɒkɪt] *sb* Euro-Kapitalmarkt *m*
Eurocheque ['jʊərəʊtʃek] *sb* Euroscheck *m*
Eurocheque card ['jʊərəʊtʃek kɑ:d] *sb* Euroscheck-Karte *f*
Eurocurrency ['jʊərəʊkʌrənsɪ] *sb* Eurowährung *f*
Eurocurrency loan market ['jʊərəʊkʌrənsɪ ləʊn 'mɑ:kɪt] *sb* Euro-Anleihenmarkt *m*
Eurocurrency loans ['jʊərəʊkʌrənsɪ ləʊnz] *pl* Euro-Anleihe *f*
Eurocurrency market ['jʊərəʊkʌrənsɪ 'mɑ:kɪt] *sb* Euro-Geldmarkt *m*
Eurodollar ['jʊərəʊdɒlə] *sb* Euro-Dollar *m*
Eurodollar market ['jʊərəʊdɒlə 'mɑ:kɪt] *sb* Euro-Dollarmarkt *m*
Euromarket ['jʊərəʊmɑ:kɪt] *sb* Euromarkt *m*
Euronotes ['jʊərəʊnəʊts] *pl* Euronotes *pl*
European article number (EAN) [jʊərə'pi:ən 'ɑ:tɪkəl 'nʌmbə] *sb* Einheitliche Europäische Artikelnummer (EAN) *f*
European Central Bank (ECB) [jʊərə'pi:ən 'sentrəl bæŋk] *sb* Europäische Zentralbank (EZB) *f*
European Commission [jʊərə'pi:ən kə'mɪʃən] *sb* Europäische Kommission *f*
European Community [jʊərə'pi:ən kə'mju:nɪtɪ] *sb* Europäische Gemeinschaft *f*
European Council [jʊərə'pi:ən 'kaʊnsəl] *sb* Europäischer Rat *m*
European Court of Auditors [jʊərə'pi:ən kɔ:t əv 'ɔ:dɪtəz] *sb* Europäischer Rechnungshof (EuRH) *m*
European Currency Unit (ECU) [jʊərə'pi:ən 'kʌrənsɪ 'ju:nɪt] *sb* Europäische Währungseinheit (ECU) *f*
European Development Fund (EDF) [jʊərə'pi:ən dɪ'veləpmənt fʌnd] *sb* Europäischer Entwicklungsfonds *m*
European Investment Bank [jʊərə'pi:ən ɪn'vestmənt bæŋk] *sb* Europäische Investitionsbank *f*
European Monetary Agreement [jʊərə'pi:ən 'mʌnɪtərɪ ə'gri:mənt] *sb* Europäisches Währungsabkommen *n*
European Monetary Cooperation Fund (EMCF) [jʊərə'pi:ən 'mʌnɪtərɪ kəʊɒpə'reɪʃən fʌnd] *sb* Europäischer Fonds für Währungspolitische Zusammenarbeit (EFWZ) *m*
European Monetary System [jʊərə'pɪən 'mʌnɪtərɪ 'sɪstəm] *sb* Europäisches Währungssystem *n*
European monetary union (EMU) [jʊərə'pi:ən 'mʌnɪtərɪ 'ju:njən] *sb* Europäische Währungsunion *f*
European Parliament [jʊərə'pi:ən 'pɑ:ləment] *sb* Europäisches Parlament *n*
European patent [jʊərə'pi:ən 'peɪtənt] *sb* Europapatent *n*
European Patent Office [jʊərə'pi:ən 'peɪtənt 'ɒfɪs] *sb* Europäisches Patentamt *n*
European Payments Union [jʊərə'pi:ən 'peɪmənts 'ju:njən] *sb* Europäische Zahlungsunion *f*
European single market [jʊərə'pi:ən 'sɪŋgl 'mɑ:kɪt] *sb* EG-Binnenmarkt *m*
European standard specification [jʊərə'pi:ən 'stændəd spesɪfɪ'keɪʃən] *sb* europäische Norm *f*
European stock exchange guide-lines [jʊərə'pi:ən stɒk ɪks'tʃeɪndʒ 'gaɪdlaɪnz] *pl* europäische Börsenrichtlinien *f/pl*
European trading company [jʊərə'pi:ən 'treɪdɪŋ 'kʌmpənɪ] *sb* Europäische Handelsgesellschaft *f*

European Union [jʊərə'piːən 'juːnjən] *sb* Europäische Union *f*
Euro security issue ['jʊərəʊ sɪ'kjʊərɪtɪ 'ɪsjuː] *sb* Euro-Emission *f*
Euro share market ['jʊərəʊ ʃɛə 'mɑːkɪt] *sb* Euro-Aktienmarkt *m*
evade [ɪ'veɪd] *v 1. (taxes)* hinterziehen; *2. (an obligation)* sich entziehen
evaluation [ɪvælju'eɪʃən] *sb* Bewertung *f*, Beurteilung *f*, Einschätzung *f*, Auswertung *f*
evasion of taxes [ɪ'veɪʃən əv 'tæksɪz] *sb* Steuerhinterziehung *f*
evening stock exchange ['iːvnɪŋ stɒk ɪks'tʃeɪndʒ] *sb* Abendbörse *f*
eviction notice [ɪ'vɪkʃən 'nəʊtɪs] *sb* Räumungsbefehl *m*
evidence ['evɪdəns] *sb* Beweis *m*
examination [ɪgzæmɪ'neɪʃən] *sb* Prüfung *f*
examining commission [ɪk'sæmɪnɪŋ kə'mɪʃən] *sb* Prüfungskommission *f*
exceed [ɪk'siːd] *v* überschreiten, übersteigen; *(expectations)* übertreffen
excess [ɪk'ses] *sb* Übermaß *n; (remainder)* Überschuss *m; in ~ of* mehr als
excess of authority [ɪk'ses əv ɔː'θɒrətɪ] *sb* Kompetenzüberschreitung *f*, Währungsgarantie *f*
excess of weight [ɪk'ses əv weɪt] *sb* Mehrgewicht *n*
excessive indebtedness [ɪk'sesɪv ɪn'detɪdnɪs] *sb* Überschuldung *f*
excessive supply of money [ɪk'sesɪv sə'plaɪ əv 'mʌnɪ] *sb* Geldüberhang *m*
exchange [ɪks'tʃeɪndʒ] *v 1.* tauschen; *2. (letters, glances, words)* wechseln; *3. (currency)* wechseln, umtauschen; *4. (ideas, stories)* austauschen; *sb 5.* (Um-)Tausch *m; 6. (act of exchanging)* Wechseln *n, 7. bill of ~* Wechsel *m; 8. (place)* Wechselstube *f; 9. (Stock Exchange)* Börse *f; 10. (telephone ~)* Fernvermittlungsstelle *f; (switchboard)* Telefonzentrale *f*
exchange arbitrage [ɪks'tʃeɪndʒ 'ɑːbɪtrɑːʒ] *sb* Devisenarbitrage *f*
exchange broker [ɪks'tʃeɪndʒ 'brəʊkə] *sb* Devisenkursmakler *m*
exchange clearing [ɪks'tʃeɪndʒ 'kliərɪŋ] *sb* Devisenclearing *n*
exchange cover [ɪks'tʃeɪndʒ 'kʌvə] *sb* Devisendeckung *f*
exchange department [ɪks'tʃeɪndʒ də'pɑːtmənt] *sb* Börsenabteilung *f*
exchange for forward delivery [ɪks'tʃeɪndʒ fɔː 'fɔːwəd də'lɪvərɪ] *sb* Termindevisen *f/pl*
exchange guarantee [ɪks'tʃeɪndʒ gærən'tiː] *sb* Devisenkurssicherung *f*
exchange listing [ɪks'tʃeɪndʒ 'lɪstɪŋ] *sb* Börsennotierung *f*
exchange market intervention [ɪks'tʃeɪndʒ 'mɑːkɪt ɪntə'venʃən] *sb* Devisenmarktinterventionen *f*
exchange of acceptances [ɪks'tʃeɪndʒ əv ɪk'septənsɪz] *sb* Akzeptaustausch *m*
exchange of shares [ɪks'tʃeɪndʒ əv ʃɛəz] *sb* Aktienaustausch *m*
exchange office [ɪks'tʃeɪndʒ 'ɒfɪs] *sb* Wechselstube *f*
exchange option [ɪks'tʃeɪndʒ 'ɒpʃən] *sb* Devisenoption *f*
exchange price [ɪks'tʃeɪndʒ praɪs] *sb* Börsenpreis *m*
exchange rate [ɪks'tʃeɪndʒ reɪt] *sb* Umrechnungskurs *m*, (Wechsel-)Kurs *m*, Devisenkurs *m*
exchange rate formation [ɪks'tʃeɪndʒ reɪt fɔː'meɪʃən] *sb* Devisenkursbildung *f*
exchange rate mechanism [ɪks'tʃeɪndʒ reɪt 'mekənɪzəm] *sb* Wechselkursmechanismus *m*
exchange risk [ɪks'tʃeɪndʒ rɪsk] *sb* Valutarisiko *n*
exchequer [ɪks'tʃekə] *sb (UK)* Schatzamt *n*, Fiskus *m*, Staatskasse *f*
exchequer bond [ɪks'tʃekə bɒnd] *sb (UK)* Schatzanweisung *f*
excisable [ɪk'saɪzəbl] *adj* steuerpflichtig
excise tax ['eksaɪz tæks] *sb* Verbrauchssteuer *f*
exclusion principle [ɪks'kluːʒən 'prɪnsɪpl] *sb* Ausschlussprinzip *n*
exclusive service clause [ɪks'kluːsɪv 'sɜːvɪs klɔːz] *sb* Wettbewerbsklausel *f*
ex coupon [eks 'kuːpɒn] *adj* ohne Kupon
ex dividend [eks 'dɪvɪdənd] *adj* ohne Dividende
ex drawing [eks 'drɔːɪŋ] *adj* ex Ziehung
execute ['eksɪkjuːt] *v (a task)* durchführen, ausführen, erfüllen
execution [eksɪ'kjuːʃən] *sb (of a task)* Durchführung *f*, Ausführung *f*, Erfüllung *f*
executive [ɪg'zekjʊtɪv] *adj 1.* exekutiv, geschäftsführend; *sb 2.* Exekutive *f*, Verwaltung *f; 3. (of a firm)* leitende(r) Angestellte(r) *f/m*
executive employee [ɪg'zekjʊtɪv ɪmplɔɪ'iː] *sb* leitende(r) Angestellte(r) *f/m*
executive level [ɪg'zekjʊtɪv 'levl] *sb* Führungsebene *f*
exemption [ɪg'zempʃən] *sb 1.* Befreiung *f*, Freistellung *f; 2. (tax)* Freibetrag *m*

exemption from liability [ɪg'zempʃən frɒm laɪə'bɪlətɪ] *sb* Haftungsausschluss *m*
exercise ['eksəsaɪz] *v 1. (use)* ausüben, geltend machen, anwenden; *sb 2. (use)* Ausübung *f,* Gebrauch *m,* Anwendung *f*
exhaust [ɪg'zɔːst] *sb* Ermattung *f*
exhibit [ek'zɪbɪt] *v (merchandise)* ausstellen, auslegen
exhibition [eksɪ'bɪʃən] *sb 1.* Ausstellung *f,* Schau *f; 2. (act of showing)* Vorführung *f*
exhibitor [ek'zɪbɪtə] *sb* Aussteller *m*
exodus of capital ['eksədəs əv 'kæpɪtəl] *sb* Kapitalflucht *f*
expand [ɪk'spænd] *v 1.* expandieren, sich ausweiten; *2. (production)* zunehmen
expansion [ɪks'pænʃən] *sb* Ausdehnung *f,* Expansion *f,* Ausweitung *f*
expansion investment [ɪk'spænʃən ɪn'vestmənt] *sb* Erweiterungsinvestition *f*
expansion of credit [ɪk'spænʃən əv 'kredɪt] *sb* Kreditausweitung *f*
expectancy cover procedure [ɪk'spektənsɪ 'kʌvə prəʊ'siːdʒə] *sb* Anwartsschaftsdeckungsverfahren *n*
expected inflation [ɪk'spektɪd ɪn'fleɪʃən] *sb* Inflationserwartung *f*
expend [ɪk'spend] *v 1. (energy, time)* aufwenden; *2. (money)* ausgeben
expenditure [ɪks'pendɪtʃə] *sb 1.* Ausgabe *f; (money spent)* Ausgaben *pl; 3. (time, energy)* Aufwand *m*
expenditure of material [ɪks'pendɪtʃər əv mə'tɪrɪəl] *sb* Materialaufwand *m*
expenditure of time [ɪks'pendɪtʃər əv taɪm] *sb* Zeitaufwand *m*
expense [ɪk'spens] *sb 1.* Kosten *pl; at great ~* mit großen Kosten; *pl 2. ~s (business ~, travel ~)* Spesen *pl,* Kosten *pl; incur ~* Unkosten haben
expense account [ɪk'spens ə'kaʊnt] *sb* Spesenkonto *n,* Aufwandskonto *n*
expenses [ɪk'spensɪz] *pl* Ausgaben *pl,* Spesen *pl*
expenses incurred [ɪk'spensɪz ɪn'kɜːd] *sb* Aufwandskosten *pl*
expensive [ɪk'spensɪv] *adj* teuer, kostspielig
experience curve [ɪk'spiːrɪəns kɜːv] *sb* Erfahrungskurve *f*
expert ['ekspɜːt] *sb* Sachverständige(r) *f/m,* Experte/Expertin *m/f,* Fachmann/Fachfrau *m/f*
expert interview ['ekspɜːt 'ɪntəvjuː] *sb* Expertenbefragung *f*
expert opinion ['ekspɜːt ə'pɪnjən] *sb* Gutachten *n*
expert witness ['ekspɜːt 'wɪtnɪs] *sb* Sachverständige(r) *f/m*
expiration [ekspɪ'reɪʃən] *sb* Ablauf *m,* Verfall *m*
expiration date [ekspɪ'reɪʃən deɪt] *sb (US)* Verfallsdatum *n*
expire [ɪk'spaɪə] *v* ablaufen, ungültig werden
expiry date [ɪks'paɪrɪ deɪt] *sb (UK)* Verfallsdatum *n*
explanation [eksplə'neɪʃən] *sb* Erklärung *f*
exploit [eks'plɔɪt] *v* ausbeuten, ausnutzen; *(commercially)* verwerten
exploitation [eksplɔɪ'teɪʃən] *sb* Ausbeutung *f,* Ausnutzung *f; (commercial)* Verwertung *f*
export ['ekspɔːt] *sb 1.* Export *m,* Ausfuhr *f;* [ɪks'pɔːt] *v 2.* exportieren, ausführen
export clearance ['ekspɔːt 'klɪərəns] *sb* Ausfuhrabfertigung *f*
export control ['ekspɔːt kɒn'trəʊl] *sb* Ausfuhrkontrolle *f,* Exportkontrolle *f*
export coverage ['ekspɔːt 'kʌvərɪdʒ] *sb* Ausfuhrdeckung *f*
Export Credit Company ['ekspɔːt 'kredɪt 'kʌmpənɪ] *sb* Ausfuhrkreditanstalt (AKA) *f*
export credit guarantee ['ekspɔːt 'kredɪt gærən'tiː] *sb* Ausfuhrbürgschaften *f/pl,* Ausfuhrgarantie *f*
export credits ['ekspɔːt 'kredɪts] *pl* AKA-Kredite *m/pl;* Exportkredit *m*
export declaration ['ekspɔːt deklə'reɪʃn] *sb* Ausfuhrerklärung *f,* Zollerklärung *f*
export department ['ekspɔːt də'pɑːtmənt] *sb* Außenhandelsabteilung *f*
export documents ['ekspɔːt 'dɒkjʊmənts] *pl* Ausfuhrpapiere *n/pl,* Exportpapiere *n/pl*
export duties ['ekspɔːt 'djuːtiːz] *pl* Ausfuhrabgaben *f/pl*
export duty ['ekspɔːt 'djuːtɪ] *sb* Exportzoll *m,* Ausfuhrzoll *m*
export exchange ['ekspɔːt ɪks'tʃeɪndʒ] *sb* Exportdevisen *f/pl*
export financing ['ekspɔːt faɪ'nænsɪŋ] *sb* Ausfuhrfinanzierung *f*
export licence ['ekspɔːt 'laɪsəns] *sb* Ausfuhrgenehmigung *f*
export of capital ['ekspɔːt əv 'kæpɪtəl] *sb* Kapitalausfuhr *f*
export premium ['ekspɔːt 'priːmɪəm] *sb* Exportprämie *f*
export promotion ['ekspɔːt prə'məʊʃən] *sb* Exportförderung *f*

export regulations ['ekspɔːt regjʊ'leɪʃənz] *pl* Exportbestimmungen *f/pl,* Ausfuhrbestimmungen *f/pl*
export restriction ['ekspɔːt rɪs'trɪkʃən] *sb* Exportbeschränkung *f,* Ausfuhrbeschränkung *f*
export subsidy ['ekspɔːt 'sʌbsɪdɪ] *sb* Exportsubvention *f*
export surplus ['ekspɔːt 'sɜːpləs] *sb* Exportüberschuss *m,* Ausfuhrüberschuss *m*
export trade ['ekspɔːt treɪd] *sb* Ausfuhrhandel *m*
express delivery [ɪk'spres dɪ'lɪvərɪ] *sb* Eilzustellung *f*
express goods [ɪk'spres gʊdz] *sb* Expressgut *n*
express letter [ɪk'spres 'letə] *sb* Eilbrief *m*
express messenger [ɪk'spres 'mesɪndʒə] *sb* Eilbote *m*
express parcel [ɪk'spres 'pɑːsl] *sb* Eilpaket *n*
express tariff [ɪk'spres 'tærɪf] *sb* Eilguttarif *m*
express train [ɪks'pres treɪn] *sb* Schnellzug *m*
expropriate [ɪk'sprəʊprɪeɪt] *v* enteignen
expropriation [ɪksprəʊprɪ'eɪʃən] *sb* Enteignung *f*
ex-rights markdown [eks'raɪts 'mɑːkdaʊn] *sb* Bezugsrechtabschlag *m*
extension [ɪks'tenʃən] *sb 1.* Verlängerung *f,* Prolongation *f, 2.* Nebenanschluss *m,* Apparat *m; 3. (individual number)* Durchwahl *f*
extension of contract [ɪks'tenʃən əv 'kɒntrækt] *sb* Vertragsverlängerung *f*
extension of credit [ɪks'tenʃən əv 'kredɪt] *sb* Zahlungsaufschub *m*
extension of liability [ɪks'tenʃən əv laɪə'bɪlətɪ] *sb* Haftungserweiterung *f*
extension of time for payment [ɪks'tenʃən əv taɪm fɔː 'peɪmənt] *sb* Zahlungsaufschub *m*
extent [ɪks'tent] *sb 1. (degree)* Grad *m,* Maß *n; to some ~* einigermaßen; *to a certain ~* in gewissem Maße; *to what ~* inwieweit; *2. (scope)* Umfang *m,* Ausmaß *n; 3. (size)* Ausdehnung *f*
external accounting [ɪks'tɜːnəl ə'kaʊntɪŋ] *sb* externes Rechnungswesen *n*
external analysis [ɪks'tɜːnəl ə'nælɪsɪs] *sb* Betriebsvergleich *m*
external balance [ɪks'tɜːnəl 'bæləns] *sb* außenwirtschaftliches Gleichgewicht *n*
external bonds validation [ɪks'tɜːnəl bɒndz vælɪ'deɪʃən] *sb* Auslandsbondsbereinigung *f*
external effects [ɪks'tɜːnəl ɪ'fekts] *pl* externe Effekte *m/pl*
external financing [ɪks'tɜːnəl faɪ'nænsɪŋ] *sb* Außenfinanzierung *f*
external funds [ɪks'tɜːnəl fʌndz] *pl* fremde Gelder *n/pl*
external income [ɪks'tɜːnəl 'ɪnkʌm] *sb* externe Erträge *m/pl*
external indebtedness [ɪks'tɜːnəl ɪn'detɪdnəs] *sb* Auslandsverschuldung *f*
external investment [ɪks'tɜːnəl ɪn'vestmənt] *sb* Fremdinvestition *f*
external market [ɪks'tɜːnəl 'mɑːkɪt] *sb* Außenmarkt *m*
external procurement [ɪks'tɜːnəl prə'kjʊəmənt] *sb* Fremdbezug *m*
external value of the currency [ɪks'tɜːnəl 'væljuː əv ðə 'kʌrənsɪ] *sb* Außenwert der Währung *m*
extort [ɪk'stɔːt] *v* erpressen
extortion [ɪks'tɔːʃən] *sb* Erpressung *f*
extra ['ekstrə] *adv (costing ~)* gesondert berechnet, extra berechnet; *sb* Zugabe *f*
extra charge ['ekstrə tʃɑːdʒ] *sb* Zuschlag *m*
extra dividend ['ekstrə 'dɪvɪdend] *sb* Bonus *m,* Sonderausschüttung *f*
extra pay ['ekstrə peɪ] *sb* Zulage *f*
extradite ['ekstrədaɪt] *v* ausliefern
extradition [ekstrə'dɪʃən] *sb* Auslieferung *f*
extrajudicial [ekstrədʒuː'dɪʃəl] *adj* außergerichtlich
extraordinary budget [ɪk'strɔːdənərɪ 'bʌdʒɪt] *sb* außerordentlicher Haushalt *m*
extraordinary depreciation [ɪk'strɔːdənərɪ dɪpriːʃiː'eɪʃən] *sb* außerordentliche Abschreibung *f*
extraordinary expenditures [ɪk'strɔːdənərɪ ɪk'spendɪtʃəz] *pl* außerordentliche Aufwendungen *f/pl,* außerordentliche Ausgaben *f/pl*
extraordinary expenses [ɪk'strɔːdənərɪ ɪk'spensɪz] *pl* außergewöhnliche Belastung *f*
extraordinary income [ɪk'strɔːdənərɪ 'ɪnkʌm] *sb* außerordentliche Einkünfte *pl,* außerordentliche Einnahmen *f/pl,* außerordentliche Erträge *m/pl*
extraordinary trend [ɪk'strɔːdənərɪ trend] *sb* Sonderbewegung *f*
extrapolation [ɪkstrəpə'leɪʃən] *sb* Extrapolation *f*

F

face value [feɪs 'vælju:] *sb* Nennwert *m*, Nominalwert *m*
face-to-face communication ['feɪs tu feɪs kəmju:nɪ'keɪʃən] *sb* Face-to-Face-Kommunikation *f*, direkte Kommunikation *f*
facility [fə'sɪlɪtɪ] *sb (building)* Anlage *f*
facility location [fə'sɪlɪtɪ ləʊ'keɪʃən] *sb* Betriebsstandort *m*
facility management [fə'sɪlɪtɪ 'mænɪdʒmənt] *sb* Objektverwaltung *f*, Immobilienverwaltung *f*
facsimile [fæk'sɪmɪlɪ] *sb 1.* Reproduktion *f*, Kopie *f*; *2. (fax)* Fax *n*
fact [fækt] *sb* Tatsache *f*
factorage ['fæktərɪdʒ] *sb* Kommissionsgebühr *f*, Provision *f*
factor costs ['fæktə kɒsts] *sb* Faktorkosten *pl*
factor income ['fæktə 'ɪnkʌm] *sb* Leistungseinkommen *n*, Faktoreinkommen *n*
factoring ['fæktərɪŋ] *sb* Finanzierung von Forderungen *f*, Factoring *n*
factory ['fæktərɪ] *sb* Fabrik *f*, Werk *n*, Betrieb *m*
factory costs ['fæktərɪ kɒsts] *pl* Herstellungskosten *pl*, Produktionskosten *pl*
factory outlet store ['fæktərɪ 'aʊtlət stɔ:] *sb* Fabrikverkauf *m*
factory supplies ['fæktərɪ sə'plaɪz] *pl (manufacturing)* Betriebsstoffe *m/pl*
facts [fækts] *pl 1.* Daten *pl*, Sachverhalt *m*; *2. (~ of the case)* Tatbestand *m*
factsheet ['fæktʃi:t] *sb* Tatsachendokument *n*, Informationsblatt *n*
facultative money ['fækəlteɪtɪv 'mʌnɪ] *sb* fakultatives Geld *n*
failure ['feɪljə] *sb 1. (unsuccessful thing)* Misserfolg *m*, Fehlschlag *m*, Scheitern *n*; Pleite *f*; *2. (breakdown)* Ausfall *m*, Versagen *n*, Störung *f*; *3. (to do sth)* Versäumnis *n*, Unterlassung *f*
failure cause ['feɪljə kɔ:z] *sb* Ausfallursache *f*
failure to complete ['feɪljə tu kəm'pli:t] *sb* Nichtfertigstellung *f*
failure to pay on due date ['feɪljə tu peɪ ɒn dju: deɪt] *sb* Zahlungsverzug *m*
failure to perform ['feɪljə tu pə'fɔ:m] *sb* mangelnde Vertragserfüllung *f*, Nichterfüllung *f*
fair [fɛə] *sb (trade show)* Messe *f*, Ausstellung *f*
fair market value [fɛə 'mɑ:kɪt 'vælju:] *sb* Marktwert *m*
fairness in trade ['fɛənɪs ɪn treɪd] *sb* Kulanz *f*
fake [feɪk] *v 1.* vortäuschen, fingieren; *2. (forge)* fälschen; *sb 3.* Fälschung *f*
fall [fɔ:l] *v irr 1. (decrease)* fallen, sinken, abnehmen; *sb 2. (decrease)* Fallen *n*, Sinken *n*, Abnahme *f*
fall-back ['fɔ:lbæk] *sb* Abschwächung *f*, Rückgang *m*
falling ['fɔ:lɪŋ] *adj* rückläufig, nachgebend
fall-off ['fɔ:lɒf] *sb* Rückgang *m*, Abnahme *f*
fallow ['fæləʊ] *sb 1.* brachliegendes Land *n*; *adj 2.* brachliegend
false factoring [fɒ:ls 'fæktərɪŋ] *sb* unechtes Factoring *n*
falsification [fɒ:lsɪfɪ'keɪʃən] *sb* Falsifikat *n*
falsification of the balance sheet [fɒ:lsɪfɪ'keɪʃən əv ðə 'bæləns ʃi:t] *sb* Bilanzfälschung *f*
family allowance ['fæmlɪ ə'laʊəns] *sb* Familienzulage *f*
family-owned companies ['fæmlɪ əʊnd 'kʌmpəniz] *pl* Familiengesellschaften *f/pl*
fare [fɛə] *sb 1. (bus ~, train ~) (charge)* Fahrpreis *m*; *2. air ~* Flugpreis *m*; *3. (money)* Fahrgeld *n*
fare cut [fɛə kʌt] *sb* Tarifsenkung *f*
farm product [fɑ:m 'prɒdəkt] *sb* Agrarprodukt *n*, landwirtschaftliches Produkt *n*
farming ['fɑ:mɪŋ] *sb* Agrarwirtschaft *f*, Landwirtschaft *f*
fashion ['fæʃən] *sb* Mode *f*
fashion article ['fæʃən 'ɑ:tɪkl] *sb* Modeartikel *m*
fax [fæks] *sb 1. (facsimile transmission)* Fax *n*, Telefax *n*; *v 2.* faxen
fax machine ['fæks mə'ʃi:n] *sb* Telefaxgerät *n*, Faxgerät *n*
fax number ['fæks 'nʌmbə] *sb* Telefaxnummer *f*, Faxnummer *f*
feasibility study [fi:zə'bɪlɪtɪ 'stʌdɪ] *sb* Durchführbarkeits-Studie *f*
Federal Administrative Court ['fedərəl əd'mɪnɪstrətɪv kɔ:t] *sb* Bundesverwaltungsgericht (BVerwG) *n*
Federal Audit Office ['fedərəl 'ɔ:dɪt 'ɒfɪs] *sb* Bundesrechnungshof *m*

Federal Bank assets ['fedərəl bæŋk 'æsets] *sb* Bundesbankguthaben *n*
Federal bonds ['fedərəl bɒndz] *sb* Bundesobligation *f*
federal budget ['fedərəl 'bʌdʒɪt] *sb* Bundeshaushalt *m*
Federal Cartel Authority ['fedərəl kɑː'tel ɔː'θɒrɪtɪ] *sb* Bundeskartellamt *n*
Federal Cartel Register ['fedərəl kɑː'tel 'redʒɪstə] *sb* Kartellregister *n*
Federal Collective Agreement for Public Employees ['fedərəl kə'lektɪv ə'griːmənt fɔː 'pʌblɪk ɪmplɔɪ'iːz] *sb* Bundes-Angestellten-Tarifvertrag (BAT) *m*
Federal Constitutional Court ['fedərəl kɒnstɪ'tjuːʃənəl kɔːt] *sb* Bundesverfassungsgericht (BverfG) *n*
Federal Court ['fedərəl kɔːt] *sb* Bundesgericht *n*
Federal Fiscal Court ['fedərəl 'fɪskəl kɔːt] *sb* Bundesfinanzhof (BFH) *m*
Federal guarantee ['fedərəl gærən'tiː] *sb* Bundesbürgschaft *f*
Federal Labour Court ['fedərəl 'leɪbə kɔːt] *sb* Bundesarbeitsgericht *n*
Federal Labour Office ['fedərəl 'leɪbə 'ɒfɪs] *sb* Bundesagentur für Arbeit (BA) *f*
Federal loan ['fedərəl ləʊn] *sb* Bundesanleihe *f*
Federal Official Gazette ['fedərəl ə'fɪʃəl gə'zet] *sb* Bundesanzeiger *m*
federal revenue authorities ['fedərəl 'revɪnjuː ɔː'θɒrɪtiːz] *sb* Bundesfinanzbehörden *f/pl*
Federal Statistical Office ['fedərəl stə'tɪstɪkəl 'ɒfɪs] *sb* Statistisches Bundesamt *n*
Federal Supervisory Office ['fedərəl suːpə'vaɪzərɪ 'ɒfɪs] *sb* Bundesaufsichtsamt *n*
Federal Supreme Court ['fedərəl su'priːm kɔːt] *sb* Bundesgerichtshof (BGH) *m*
federal tax ['fedərəl tæks] *sb* Bundessteuer *f*
federal treasury bill ['fedərəl 'treʒərɪ bɪl] *sb* Bundesschatzbrief *m*
federation [fedə'reɪʃən] *sb* Vereinigung *f*, Verband *m*
fee [fiː] *sb* Gebühr *f*, Honorar *n*
feedback ['fiːdbæk] *sb* Rückkopplung *f*, Feedback *n*
fictitious bill [fɪk'tɪʃəs bɪl] *sb* Kellerwechsel *m*
fictitious formation [fɪk'tɪʃəs fɔː'meɪʃən] *sb* Scheingründung *f*
fictitious independence [fɪk'tɪʃəs ɪndə'pendəns] *sb* Scheinselbständigkeit *f*
fictitious invoice [fɪk'tɪʃəs 'ɪnvɔɪs] *sb* fingierte Rechnung *f*
fictitious order [fɪk'tɪʃəs 'ɔːdə] *sb* fingierte Order *f*
fictitious overheads [fɪk'tɪʃəs 'əʊvəhedz] *pl* unechte Gemeinkosten *pl*
fictitious profit [fɪk'tɪʃəs 'prɒfɪt] *sb* Scheingewinn *m*
fictitious quotation price [fɪk'tɪʃəs kwəʊ'teɪʃən praɪs] *sb* Scheinkurs *m*
fictitious security price [fɪk'tɪʃəs sɪ'kjʊərɪtɪ praɪs] *sb* Ausweichkurs *m*
fictitious transaction [fɪk'tɪʃəs træn'zækʃən] *sb* Scheingeschäft *n*
fiduciary [fɪ'djuːʃɪərɪ] *sb 1.* Treuhänder *m; adj 2.* treuhänderisch
fiduciary account [fɪ'djuːʃɪərɪ ə'kaʊnt] *sb* Anderkonto *n*
fiduciary deposit [fɪ'djuːʃɪərɪ dɪ'pɒzɪt] *sb* Anderdepot *n*, Fremddepot *n*
fiduciary funds [fɪ'djuːʃɪərɪ fʌndz] *sb* fiduziäres Geld *n*
field [fiːld] *sb 1. (profession, ~ of study)* Gebiet *n*, Fach *n*, Bereich *m; 2. the ~ (for a salesman)* Außendienst *m*
field audit [fiːld 'ɔːdɪt] *(accountancy)* Außenprüfung *f*
field of activity [fiːld əv æk'tɪvɪtɪ] *sb* Tätigkeitsfeld *n*, Tätigkeitsbereich *m*
field of application [fiːld əv æplɪ'keɪʃən] *sb* Einsatzgebiet *n*, Anwendungsgebiet *n*
field of reference [fiːld əv 'refrəns] *sb* Sachgebiet *n*
field of the economy [fiːld əv ðiː ɪ'kɒnəmɪ] *sb* Wirtschaftszweig *m*, Wirtschaftsbereich *m*
field office [fiːld 'ɒfɪs] *sb* Außenstelle *f*, Geschäftsstelle *f*
field research [fiːld rɪ'sɜːtʃ] *sb* Feldforschung *f*
field staff [fiːld stɑːf] *sb* Außendienstmitarbeiter *m*
field survey [fiːld 'sɜːveɪ] *sb* Marktforschung vor Ort *f*
field work ['fiːld wɜːk] *sb (for a salesman)* Außendienst *m*
figure ['fɪgə] *sb 1. (number)* Zahl *f; (digit)* Ziffer *f; 2. (sum)* Summe *f; 3. facts and ~s* klare Informationen *pl*, genaue Daten *pl*
figure out ['fɪgə aʊt] *v (calculate)* berechnen, ausrechnen
file [faɪl] *v 1. (put in files)* ablegen, abheften, einordnen; *2. (a petition, a claim)* einreichen, erheben; *sb 3.* Akte *f; on ~* bei den Akten;

4. (holder) Aktenordner *m,* Aktenhefter *m,* Sammelmappe *f; 5. (computer)* Datei *f*

file access [faɪl 'ækses] *sb* Datenzugriff *m*

file card ['faɪlkɑːd] *sb* Karteikarte *f*

file index [faɪl 'ɪndeks] *sb* Aktenverzeichnis *n*

filename ['faɪlneɪm] *sb* Dateiname *m*

filing ['faɪlɪŋ] *sb* Aktenablage *f,* Archivierung *f*

filing cabinet ['faɪlɪŋ 'kæbɪnət] *sb* Aktenschrank *m*

filing clerk ['faɪlɪŋ klɑːk] *sb* Archivar(in) *m/f,* Registrator(in) *m/f*

fill [fɪl] *v 1. (a job opening)* besetzen; *2. (take a job opening)* einnehmen

fill in [fɪl 'ɪn] *v 1. ~ for s.o.* für jdn einspringen; *2. (a form)* ausfüllen; *(information)* eintragen

final control ['faɪnəl kən'trəʊl] *sb* Endkontrolle *f,* Schlusskontrolle *f*

final cost center ['faɪnəl kɒst 'sentə] *sb* Endkostenstelle *f*

final demand ['faɪnəl dɪ'mɑːnd] *sb* Endnachfrage *f*

final dividend ['faɪnəl 'dɪvɪdend] *sb* Schlussdividende *f*

final order ['faɪnəl 'ɔːdə] *sb* Abschlussauftrag *m*

finance ['faɪnæns] *v 1.* finanzieren; *sb 2.* Finanz *f,* Finanzwesen *n; 3. ~s pl* Finanzen *pl,* Vermögenslage *f,* Finanzlage *f*

finance bill ['faɪnæns bɪl] *sb* Finanzwechsel *m,* Leerwechsel *m*

finance deficit ['faɪnæns 'defɪsɪt] *sb* Finanzierungsdefizit *n*

finance house ['faɪnæns haʊs] *sb* Finanzierungsgesellschaft *f,* Kreditinstitut *n*

financial [faɪ'nænʃəl] *adj* finanziell, pagatorisch, Finanz..., Wirtschafts...

financial acceptance [faɪ'nænʃəl ɪk'septəns] *sb* Kreditakzept *n*

financial account [faɪ'nænʃəl ə'kaʊnt] *sb* Finanzkonto *n*

financial accounting [faɪ'nænʃəl ə'kaʊntɪŋ] *sb* Finanzbuchhaltung *f*

financial aid [faɪ'nænʃəl eɪd] *sb* Beihilfe *f*

financial analysis [faɪ'nænʃəl ə'nælɪsɪs] *sb* Finanzanalyse *f*

financial arrangement [faɪ'nænʃəl ə'reɪndʒmənt] *sb* Finanzdisposition *f*

financial assets [faɪ'nænʃəl 'æsets] *sb* Geldvermögen *n,* Finanzanlagevermögen *n,* Finanzvermögen *n*

financial assistance [faɪ'nænʃəl ə'sɪstəns] *sb* finanzieller Beistand *m*

financial capital [faɪ'nænʃəl 'kæpɪtəl] *sb* Finanzkapital *n*

financial credit [faɪ'nænʃəl 'kredɪt] *sb* Finanzkredit *m*

financial difficulties [faɪ'nænʃəl 'dɪfɪkəltiz] *pl* Zahlungsschwierigkeit *f*

financial equalization [faɪ'nænʃəl iːkwəlaɪ'zeɪʃən] *sb* Finanzausgleich *m*

financial equilibrium [faɪ'nænʃəl ɪkwə'lɪbriəm] *sb* finanzielles Gleichgewicht *n*

financial facilities [faɪ'nænʃəl fə'sɪlɪtiz] *pl* Finanzierungsmöglichkeiten *f/pl,* Finanzierungsinstrumente *n/pl*

financial failure [faɪ'nænʃəl 'feɪljə] *sb* finanzieller Zusammenbruch *m*

financial futures contract [faɪ'nænʃəl 'fjuːtʃəz 'kɒntrækt] *sb* Finanzterminkontrakt *n*

financial hedging [faɪ'nænʃəl 'hedʒɪŋ] *sb* Finanzhedging *n*

financial innovation [faɪ'nænʃəl ɪnəʊ'veɪʃən] *sb* Finanzinnovationen *f/pl*

financial institution [faɪ'nænʃəl ɪnstɪ'tjuːʃən] *sb* Geldinstitut *n*

financial investment [faɪ'nænʃəl ɪn'vestmənt] *sb* Finanzanlage *f*

financial market [faɪ'nænʃəl 'mɑːkɪt] *sb* Finanzmarkt *m*

financial mathematics [faɪ'nænʃəl mæθə'mætɪks] *sb* Finanzmathematik *f*

financial obligation [faɪ'nænʃəl ɒblɪ'geɪʃən] *sb* Obligo *n*

financial plan [faɪ'nænʃəl plæn] *sb* Finanzplan *m*

financial policy [faɪ'nænʃəl 'pɒlɪsɪ] *sb* Geldpolitik *f,* Finanzpolitik *f*

financial press [faɪ'nænʃəl pres] *sb* Finanzpresse *f*

financial reform [faɪ'nænʃəl rɪ'fɔːm] *sb* Finanzreform *f*

financial report [faɪ'nænʃəl rɪ'pɔːt] *sb* Finanzbericht *m*

financial requirements [faɪ'nænʃəl rɪ'kwaɪəmənts] *pl* Finanzbedarf *m*

financial reserve [faɪ'nænʃəl rɪ'zɜːv] *sb* Finanzierungsreserve *f*

financial sector [faɪ'nænʃəl 'sektə] *sb* Finanzsektor *m*

financial services [faɪ'nænʃəl 'sɜːvɪsɪz] *pl* Finanzdienstleistungen *f/pl*

financial soundness [faɪ'nænʃəl 'saʊndnɪs] *sb* Bonität *f*

financial sovereignty [faɪ'nænʃəl 'sɒvrɪntɪ] *sb* Finanzhoheit *f*
financial standing [faɪ'nænʃəl 'stændɪŋ] *sb* Kreditfähigkeit *f*
financial statement [faɪ'nænʃəl 'steɪtmənt] *sb* Bilanz *f*
financial strength [faɪ'nænʃəl streŋθ] *sb* Finanzkraft *f*
financial system [faɪ'nænʃəl 'sɪstəm] *sb* Finanzverfassung *f*
financial transaction [faɪ'nænʃəl træn'zækʃən] *sb* Finanztransaktion *f*
financial year [faɪ'nænʃəl jɪə] *sb (UK)* Geschäftsjahr *n*, Rechnungsjahr *n*
financier [faɪ'nænsɪə] *sb* Finanzier *m*
financing [faɪ'nænsɪŋ] *sb* Finanzierung *f*
financing mix [faɪ'nænsɪŋ mɪks] *sb* Kapitalstruktur *f*
financing of building projects [faɪ'nænsɪŋ əv 'bɪldɪŋ 'prɒdʒekts] *sb* Baufinanzierung *f*
financing of capital projects [faɪ'nænsɪŋ əv 'kæpɪtl 'prɒdʒekts] *sb* Investitionsfinanzierung *f*
financing of exports [faɪ'nænsɪŋ əv 'ekspɔːts] *sb* Exportfinanzierung *f*
financing of investment in fixed assets [faɪ'nænsɪŋ əv ɪn'vestmənt ɪn fɪkst 'æsets] *sb* Anlagenfinanzierung *f*
financing power [faɪ'nænsɪŋ 'paʊə] *sb* Finanzierungsvermögen *n*
financing principles [faɪ'nænsɪŋ 'prɪnsɪpəlz] *pl* Finanzierungsgrundsätze *m/pl*
financing ratio [faɪ'nænsɪŋ 'reɪʃɪəʊ] *sb* Finanzierungskennzahl *f*
financing rules [faɪ'nænsɪŋ ruːlz] *sb* Finanzierungsregeln *f/pl*
financing theory [faɪ'nænsɪŋ 'θɪərɪ] *sb* Finanzierungstheorie *f*
fine [faɪn] *v 1.* mit einer Geldstrafe belegen; *sb 2.* Geldstrafe *f*, Bußgeld *n*
fine print [faɪn 'prɪnt] *sb the* ~ das Kleingedruckte *n*
finished product ['fɪnɪʃt 'prɒdʌkt] *sb* Fertigprodukt *n*, Endprodukt *n*
finishing technique ['fɪnɪʃɪŋ tek'niːk] *sb* Abschlusstechnik *f*
fire-fighting fund ['faɪəfaɪtɪŋ fʌnd] *sb* Feuerwehrfonds *m*
firm [fɜːm] *sb* Firma *f*, Unternehmen *n*
firm deal [fɜːm diːl] *sb* Festgeschäft *n*
firm name derived from the object of the enterprise [fɜːm neɪm də'raɪvd frɒm ði 'ɒbdʒɪkt əv ði 'entəpraɪz] *sb* Sachfirma *f*
firm's bank [fɜːmz bæŋk] *sb* Hausbank *f*
first acquisition [fɜːst ækwɪ'zɪʃən] *sb* Ersterwerb *m*
first class [fɜːst klɑːs] *adj 1.* erstklassig; *2. (train ticket)* erster Klasse
first-class quality ['fɜːstklɑːs 'kwɒlɪtɪ] *sb* beste Qualität *f*
first issue [fɜːst 'ɪʃuː] *sb* Erstemission *f*
first of exchange [fɜːst əv ɪks'tʃeɪndʒ] *sb* Prima Warenwechsel *m*
first-quarter ['fɜːstkwɔːtə] *adj* im ersten Quartal
fiscal ['fɪskəl] *adj* fiskalisch, Finanz..., Steuer...
fiscal audit of operating results ['fɪskəl 'ɔːdɪt əv 'ɒpəreɪtɪŋ rɪ'zʌlts] *sb* Betriebsprüfung *f*
fiscal code ['fɪskəl kəʊd] *sb* Abgabenordnung *f*
fiscal fraud ['fɪskəl frɔːd] *sb* Steuerbetrug *m*
fiscal illusion ['fɪskəl ɪ'luːʒən] *sb* Fiskalillusion *f*
fiscal monopoly ['fɪskəl mə'nɒpəlɪ] *sb* Finanzmonopol *n*
fiscal policy ['fɪskəl 'pɒlɪsɪ] *sb* Steuerpolitik *f*, Finanzpolitik *f*, Fiskalpolitik *f*
fitter ['fɪtə] *sb* Monteur *m*; *(for machines)* Schlosser *m*
fixed annual salary [fɪkst 'ænjʊəl 'sælərɪ] *sb* Jahresfixum *n*
fixed assets [fɪkst 'æsets] *pl* feste Anlagen *pl*, Anlagevermögen *n*
fixed cost degression [fɪkst kɒst də'greʃən] *sb* Fixkostendegression *f*
fixed costs [fɪkst kɒsts] *pl* Festkosten *pl*, Fixkosten *pl*
fixed-date land charge ['fɪkstdeɪt lænd tʃɑːdʒ] *sb* Fälligkeitsgrundschuld *f*
fixed-date land mortgage ['fɪkstdeɪt lænd 'mɔːgɪdʒ] *sb* Fälligkeitshypothek *f*
fixed department costs [fɪkst də'pɑːtmənt kɒsts] *pl* bereichsfixe Kosten *pl*
fixed deposit [fɪkst dɪ'pɒsɪt] *sb* Festgeld *n*, befristete Einlagen *f/pl*
fixed exchange rate [fɪkst ɪks'tʃeɪndʒ reɪt] *sb* Mengennotierung *f*, starrer Wechselkurs *m*
fixed income [fɪkst 'ɪnkʌm] *sb* Festeinkommen *n*
fixed-interest bearing account [fɪkst 'ɪntrəst 'bɛərɪŋ ə'kaʊnt] *sb* Festzinskonto *n*
fixed interest (rate) [fɪkst 'ɪntrəst (reɪt)] *sb* fester Zins *m*, Festzins *m*

fixed-interest securities [fɪkst'ɪntrəst sɪ'kjʊərɪtiz] *pl* festverzinsliche Wertpapiere *n/pl*
fixed-interest securities fund [fɪkst'ɪntrəst sɪ'kjʊərɪtiz fʌnd] *sb* Rentenfonds *m*
fixed issue of notes [fɪkst 'ɪʃuː əv nəʊts] *sb* Notenkontingent *n*
fixed price [fɪkst praɪs] *sb* Festpreis *m*
fixed property [fɪkst prɒpətɪ] *sb* Gebäude und Grundstücke *pl*
fixed-rate mortgage ['fɪkstreɪt 'mɔːgɪdʒ] *sb* Festzinshypothek *f*
fixed sum [fɪkst sʌm] *sb* Fixum *n*
fixed value [fɪkst 'væljuː] *sb* Festwert *m*
fixing ['fɪksɪŋ] *sb (fig)* Festsetzen *n*, Fixing *n*
fixing of a quota ['fɪksɪŋ əv ə 'kwəʊtə] *sb* Kontingentierung *f*
fixing of exchange rate ['fɪksɪŋ əv ɪks-'tʃeɪndʒ reɪt] *sb* Valutierung *f*
fixing of prices ['fɪksɪŋ əv 'praɪsɪz] *sb* Kursfestsetzung *f*
flat [flæt] *adj 1. (market)* lau, lahm, lustlos; *2. (rate, fee)* Pauschal...
flat fee [flæt fiː] *sb* Pauschalgebühr *f*
flat rate [flæt reɪt] *sb* Pauschalbetrag *m*
flexibility [fleksɪ'bɪlɪtɪ] *sb* Flexibilität *f*
flexible ['fleksɪbəl] *adj* flexibel
flexible age limit ['fleksɪbəl eɪdʒ 'lɪmɪt] *sb* flexible Altersgrenze *f*
flexible budgeting ['fleksɪbəl 'bʌdʒɪtɪŋ] *sb* flexible Plankostenrechnung *f*
flexible currency rates ['fleksɪbəl 'kʌrənsɪ reɪts] *pl* flexible Wechselkurse *m/pl*
flexible discount rate ['fleksɪbəl 'dɪskaʊnt reɪt] *sb* flexibler Diskontsatz *m*
flexible exchange rate ['fleksɪbəl ɪks-'tʃeɪndʒ reɪt] *sb* flexibler Wechselkurs *m*
flexible retirement ['fleksɪbəl rɪ'taɪəmənt] *sb* gleitender Ruhestand *m*
flexible working hours ['fleksɪbəl 'wɜːkɪŋ aʊəz] *pl* gleitende Arbeitszeit *f*
flexitime ['fleksɪtaɪm] *sb* Gleitzeit *f*
flight into real assets [flaɪt 'ɪntʊ riəl 'æsets] *sb* Flucht in die Sachwerte *f*
float [fləʊt] *sb* Float *m*
floatation [fləʊ'teɪʃən] *sb 1. (bond)* Ausgabe *f*, Emission *f*; *2. (company)* Börseneinführung *f*, Börsengang *m*, Gründung *f*
floater ['fləʊtə] *sb* Springer *m/f*
floating ['fləʊtɪŋ] *sb* Floating *n*
floating assets ['fləʊtɪŋ 'æsets] *pl* Umlaufvermögen *n*
floating debt ['fləʊtɪŋ det] *sb* schwebende Schuld *f*
floating policy ['fləʊtɪŋ 'pɒlɪsɪ] *sb* offene Police (O.P.) *f*
floating rate note ['fləʊtɪŋ reɪt nəʊt] *sb* Floating Rate Note *f*
floor [flɔː] *sb (stock market)* Floor *m*, Parkett *n*
floor price [flɔː praɪs] *sb* Niedrigstkurs *m*
floor trader [flɔː 'treɪdə] *sb* freier Makler *m*
floppy disk ['flɒpɪ 'dɪsk] *sb* Diskette *f*, Floppy Disk *f*
flow chart [fləʊ tʃɑːt] *sb* Flussdiagramm *n*, Ablaufdiagramm *n*
flow of capital [fləʊ əv 'kæpɪtl] *sb* Kapitalverkehr *m*, Kapitalwanderung *f*
flow shop production [fləʊ ʃɒp prə-'dʌkʃən] *sb* Reihenfertigung *f*
flow statement [fləʊ 'steɪtmənt] *sb* Bewegungsbilanz *f*
flow-of-funds analysis [fləʊ əv fʌndz ə'nælɪsɪs] *sb* Geldstromanalyse *f*
fluctuate ['flʌktjʊeɪt] *v* schwanken, fluktuieren
fluctuation [flʌktjʊ'eɪʃən] *sb* Schwankung *f*, Fluktuation *f*
fluctuation inventory [flʌktjʊ'eɪʃən 'ɪnvəntrɪ] *sb* Sicherheitsbestand *m*
folder ['fəʊldə] *sb 1.* Aktendeckel *m*, Mappe *f*, Schnellhefter *m*; *2. (brochure)* Faltblatt *n*, Broschüre *f*
follow-up financing ['fɒləʊʌp faɪ'nænsɪŋ] *sb* Anschlussfinanzierung *f*
follow-up order ['fɒləʊʌp 'ɔːdə] *sb* Folgeauftrag *m*, Nachorder *f*
for account only [fɔː ə'kaʊnt 'əʊnlɪ] *adv* nur zur Verrechnung
for safekeeping [fɔː seɪf'kiːpɪŋ] *adv* zu treuen Händen
for the monthly settlement [fɔː ðə 'mʌnθlɪ 'setəlmənt] *adv* per Ultimo
force [fɔːs] *v 1. ~ sth on s.o.* jdm etw aufdrängen; *2. (conditions)* jdm etw auferlegen
force down [fɔːs 'daʊn] *v (prices)* drücken
force majeure [fɔːs mæ'ʒɜː] *sb* höhere Gewalt *f*
forced sale [fɔːst seɪl] *sb* Zwangsverkauf *m*
forecast ['fɔːkɑːst] *sb* Voraussage *f*, Vorhersage *f*, Prognose *f*
foreclosure [fɔː'kləʊʒə] *sb* Zwangsvollstreckung *f*
foreign acceptance ['fɒrən ək'septəns] *sb* Auslandsakzept *n*
foreign account ['fɒrən ə'kaʊnt] *sb* Auslandskonto *n*
foreign assets ['fɒrən 'æsets] *sb* Auslandsvermögen *n*

foreign bank ['fɒrən bæŋk] *sb* Auslandsbank *f*
foreign bill of exchange ['fɒrən bɪl əv ɪks'tʃeɪndʒ] *sb* Auslandswechsel *m*
foreign bond ['fɒrən bɒnd] *sb* Auslandsanleihe *f*
foreign business ['fɒrən 'bɪznɪs] *sb* Auslandsgeschäft *n*
foreign capital ['fɒrən 'kæpɪtl] *sb* Auslandskapital *n*
foreign cheque ['fɒrən tʃek] *sb* Auslandsscheck *m*
foreign credit ['fɒrən 'kredɪt] *sb* Auslandskredit *m*
foreign currencies eligible as cover ['fɒrən 'kʌrənsiz 'elɪdʒɪbəl æz 'kʌvə] *pl* deckungsfähige Devisen *f/pl*
foreign currency ['fɒrən 'kʌrənsɪ] *sb* Devisen *pl*
foreign currency accept ['fɒrən 'kʌrənsɪ ək'sept] *sb* Valuta-Akzept *n*
foreign currency account ['fɒrən 'kʌrənsɪ ə'kaʊnt] *sb* Währungskonto *n*
foreign currency bill ['fɒrən 'kʌrənsɪ bɪl] *sb* Fremdwährungswechsel *m*
foreign currency bonds ['fɒrən 'kʌrənsɪ bɒndz] *pl* Auslandsbonds *m/pl*
foreign currency clause ['fɒrən 'kʌrənsɪ klɔːz] *sb* Valutaklausel *f*
foreign currency coupon ['fɒrən 'kʌrənsɪ 'kuːpɒn] *sb* Valutakupon *m*
foreign currency debt ['fɒrən 'kʌrənsɪ det] *sb* Währungsschuld *f*
foreign currency loan ['fɒrən 'kʌrənsɪ ləʊn] *sb* Valutakredit *m*
foreign currency rate ['fɒrən 'kʌrənsɪ reɪt] *sb* Sortenkurs *m*
foreign customer ['fɒrən 'kʌstəmə] *sb* Auslandskunde *m*
foreign debts ['fɒrən dets] *pl* Auslandsschulden *pl*
foreign demand ['fɒrən dɪ'mɑːnd] *sb* Auslandsnachfrage *f*
foreigner ['fɒrənə] *sb* Ausländer(in) *m/f*
foreign exchange ['fɒrən ɪks'tʃeɪndʒ] *sb* Devisen *pl*, Valuta *f*
foreign exchange account ['fɒrən ɪks'tʃeɪndʒ ə'kaʊnt] *sb* Devisenkonto *n*
foreign exchange advisor ['fɒrən ɪks'tʃeɪndʒ əd'vaɪzə] *sb* Devisenberater *m*
foreign exchange balance ['fɒrən ɪks'tʃeɪndʒ 'bæləns] *sb* Devisenbilanz *f*
foreign exchange business ['fɒrən ɪks'tʃeɪndʒ 'bɪznɪs] *sb* Devisengeschäft *n*
foreign exchange control ['fɒrən ɪks'tʃeɪndʒ kən'trəʊl] *sb* Devisenbewirtschaftung *f*, Devisenkontrolle *f*
foreign exchange dealer ['fɒrən ɪks'tʃeɪndʒ 'diːlə] *sb* Devisenhändler *m*
foreign exchange dealings ['fɒrən ɪks'tʃeɪndʒ 'diːlɪŋz] *pl* Devisenhandel *m*
foreign exchange market ['fɒrən ɪks'tʃeɪndʒ 'mɑːkɪt] *sb* Devisenmarkt *m*, Devisenbörse *f*
foreign exchange operations ['fɒrən ɪks'tʃeɪndʒ ɒpə'reɪʃənz] *sb* Devisenverkehr *m*
foreign exchange outflow ['fɒrən ɪks'tʃeɪndʒ 'aʊtfləʊ] *sb* Devisenabschluss *m*
foreign exchange quotas ['fɒrən ɪks'tʃeɪndʒ 'kwəʊtəz] *sb* Devisenquoten *f/pl*
foreign exchange quotations ['fɒrən ɪks'tʃeɪndʒ kwəʊ'teɪʃənz] *pl* Devisennotierung *f*
foreign exchange rate ['fɒrən ɪks'tʃeɪndʒ reɪt] *sb* Devisenkurs *m*
foreign exchange risk ['fɒrən ɪks'tʃeɪndʒ rɪsk] *sb* Wechselkursrisiko *n*
foreign exchange spot dealings ['fɒrən ɪks'tʃeɪndʒ spɒt 'diːlɪŋz] *pl* Devisenkassageschäft *n*
foreign exchange spot operations ['fɒrən ɪks'tʃeɪndʒ spɒt ɒpə'reɪʃənz] *pl* Devisenkassakurs *m*
foreign exchange surplus ['fɒrən ɪks'tʃeɪndʒ 'sɜːpləs] *sb* Devisenüberschuss *m*
foreign exchange transactions for customers ['fɒrən ɪks'tʃeɪndʒ træn'zækʃənz fɔː 'kʌstəməz] *pl* Devisenkommissionsgeschäft *n*
foreign investment ['fɒrən ɪn'vestmənt] *sb* Auslandsinvestition *f*
foreign loan ['fɒrən ləʊn] *sb* Auslandsanleihe *f*
foreign markets ['fɒrən 'mɑːkɪts] *pl* Auslandsmärkte *m/pl*
foreign patents ['fɒrən 'pætənts] *pl* Auslandspatente *n/pl*
foreign security ['fɒrən sɪ'kjʊərɪtɪ] *sb* ausländisches Wertpapier *n*
foreign shareholder ['fɒrən 'ʃɛəhəʊldə] *sb* ausländischer Anteilseigner *m*
foreign trade ['fɒrən treɪd] *sb* Außenhandel *m*, Außenwirtschaft *f*
foreign trade and payments transactions ['fɒrən treɪd ænd 'peɪmənts træn'zækʃənz] *pl* Außenwirtschaftsverkehr *m*
foreign trade deficit ['fɒrən treɪd 'defɪsɪt] *sb* Außenhandelsdefizit *n*

foreign trade monopoly ['fɒrən treɪd mə'nɒpəlɪ] *sb* Außenhandelsmonopol *n*
foreign trade structure ['fɒrən treɪd 'strʌkʃə] *sb* Außenhandelsrahmen *m*
foreign workers ['fɒrən 'wɜːkəz] *pl* ausländische Arbeitnehmer *pl*
forfaiting ['fɔːfeɪtɪŋ] *sb* Forfaitierung *f*
forfeit ['fɔːfɪt] *v* verwirken
forfeiture ['fɔːfɪtʃə] *sb* Verwirkung *f*, Verfall *m*
forfeiture of shares ['fɔːfɪtʃə əv ʃɛəz] *sb* Kaduzierung *f*
forge [fɔːdʒ] *v (counterfeit)* fälschen
forged cheque [fɔːdʒd tʃek] *sb* gefälschter Scheck *m*
form [fɔːm] *sb (document)* Formular *n*, Vordruck *m*
form of address ['fɔːm əv ə'dres] *sb* Anrede *f*
form of application [fɔːm əv æplɪ'keɪʃən] *sb* Anmeldeformular *n*, Antragsformular *n*
formal identity ['fɔːməl aɪ'dentɪtɪ] *sb* Bilanzkontinuität *f*
formal requirements ['fɔːməl rɪ'kwaɪəmənts] *pl* Formvorschriften *f/pl*
formality [fɔː'mælɪtɪ] *sb (a ~)* Formalität *f*; *Let's dispense with the formalities.* Lassen wir die Formalitäten beiseite.
format ['fɔːmæt] *(a disk) v* formatieren; *sb* Format *n*
format of the balance sheet ['fɔːmæt əv ðə 'bæləns ʃiːt] *sb* Bilanzgliederung *f*
formation [fɔː'meɪʃən] *sb* Gründung *f*
formation by founders' non-cash capital contributions [fɔː'meɪʃən baɪ 'faʊndəz 'nɒnkæʃ 'kæpɪtəl kɒntrɪ'bjuːʃənz] *pl* Illationsgründung *f*
formation involving subscription in kind [fɔː'meɪʃən ɪn'vɒlvɪŋ sʌb'skrɪpʃən ɪn kaɪnd] *sb* qualifizierte Gründung *f*
formation of capital [fɔː'meɪʃən əv 'kæpɪtəl] *sb* Kapitalbildung *f*
formation report [fɔː'meɪʃən rɪ'pɔːt] *sb* Gründungsbericht *m*
forward ['fɔːwəd] *v 1. (send on)* nachsenden; *2. (dispatch)* befördern
forward contract ['fɔːwəd 'kɒntrækt] *sb* Terminkontrakt *m*
forwarder ['fɔːwədə] *sb* Absender *m*; *(freight)* Spediteur *m*
forward exchange dealings ['fɔːwəd ɪks'tʃeɪndʒ 'diːlɪŋz] *pl* Devisentermingeschäft *n*
forward exchange market ['fɔːwəd ɪks'tʃeɪndʒ 'mɑːkɪt] *sb* Devisenterminmarkt *m*
forward exchange rate ['fɔːwəd ɪks'tʃeɪndʒ reɪt] *sb* Devisenterminkurs *m*
forward exchange trading ['fɔːwəd ɪks'tʃeɪndʒ 'treɪdɪŋ] *sb* Devisenterminhandel *m*
forwarding ['fɔːwədɪŋ] *sb* Versand *m*
forwarding address ['fɔːwədɪŋ ə'dres] *sb* Nachsendeadresse *f*
forwarding agent ['fɔːwədɪŋ 'eɪdʒənt] *sb* Spediteur *m*
forwarding conditions ['fɔːwədɪŋ kən'dɪʃənz] *pl* Beförderungsbedingungen *f/pl*
forwarding goods ['fɔːwədɪŋ gʊdz] *pl* Speditionsgut *n*
forwarding merchandise ['fɔːwədɪŋ 'mɜːtʃəndaɪz] *sb* Speditionsgut *n*
forward merchandise dealings ['fɔːwəd 'mɜːtʃəndaɪz 'diːlɪŋz] *pl* Warentermingeschäft *n*
forward price ['fɔːwəd praɪs] *sb* Terminkurs *m*
forward sale ['fɔːwəd seɪl] *sb* Terminverkauf *m*
forward securities ['fɔːwəd sɪ'kjʊərɪtiz] *pl* Terminpapiere *n/pl*
found [faʊnd] *v* gründen, errichten
foundation [faʊn'deɪʃən] *sb 1. (founding)* Gründung *f*, Errichtung *f*; *2. (institution)* Stiftung *f*; *3. (fig: basis)* Grundlage *f*, Basis *f*
foundation in which founders take all shares [faʊn'deɪʃən ɪn wɪtʃ 'faʊndəz teɪk ɔːl ʃɛəz] *sb* Übernahmegründung *f*
founder ['faʊndə] *sb* Gründer(in) *m/f*
fraction ['frækʃən] *sb* Bruchteil *m*
fractional amount ['frækʃənəl ə'maʊnt] *sb* Kleinstücke *n/pl*
fractional order ['frækʃənəl 'ɔːdə] *sb* Fraktion *f*
fragile ['frædʒaɪl] *adj* zerbrechlich; *"~, handle with care"* „Vorsicht, zerbrechlich"
fragmentation [frægmen'teɪʃən] *sb* Stückelung *f*
framework ['freɪmwɜːk] *sb* Gefüge *n*, Rahmen *m*
franchise ['fræntʃaɪz] *sb* Konzession *f*, Franchise *n*
franchisee [fræntʃaɪ'ziː] *sb* Franchisenehmer *m*
franchising ['fræntʃaɪzɪŋ] *sb* Franchising *n*
frank [fræŋk] *v* frankieren, freimachen
fraud [frɔːd] *sb* Betrug *m*
fraud foundation [frɔːd faʊn'deɪʃən] *sb* Schwindelgründung *f*
fraudulent ['frɔːdjʊlənt] *adj* betrügerisch

fraudulent bankruptcy ['frɔ:djʊlənt 'bæŋkrʌptsɪ] *sb* betrügerischer Bankrott *m*
free [fri:] *adj (~ of charge)* kostenlos, frei, gratis; *get sth ~* etw umsonst bekommen
free access to the market [fri: 'ækses tu ðə 'mɑ:kɪt] *sb* freier Marktzutritt *m*
free alongside ship (f. a. s.) [fri: ə'lɒŋsaɪd ʃɪp] frei Längsseite Schiff (f.a.s.)
free currency area [fri: 'kʌrənsɪ 'ɛərɪə] *sb* freier Währungsraum *m*
free domicile [fri: 'dɒmɪsaɪl] frei Haus
freedom of contract ['fri:dəm əv 'kɒntrækt] *sb* Vertragsfreiheit *f*
freedom of occupation ['fri:dəm əv ɒkju:'peɪʃən] *sb* Berufsfreiheit *f*
freedom of trade ['fri:dəm əv treɪd] *sb* Gewerbefreiheit *f*
free enterprise [fri: 'entəpraɪz] *sb* freies Unternehmertum *n*
free ex station ['fri: eks 'steɪʃən] frei Station
free ex warehouse ['fri: eks 'wɛəhaʊs] frei Lager
free export [fri: 'ekspɔ:t] frei Hafen
free frontier [fri: 'frɒntiə] frei Grenze
free goods [fri: gʊdz] *pl* freie Güter *n/pl*
free in and out (f. i. o.) [fri: ɪn ænd aʊt] freie Ein- und Ausladung (f.i.o.)
freelance ['fri:læns] *v* freiberuflich tätig sein; *adj* freiberuflich, freischaffend
freelancer ['fri:lænsə] *sb 1.* Freiberufler(in) *m/f; 2. (with a particular firm)* freie(r) Mitarbeiter(in) *m/f*
free liquid reserves [fri: 'lɪkwɪd rɪ'zɜ:vz] *pl* freie Liquiditätsreserven *f/pl*
freely convertible ['fri:li kən'vɜ:tɪbəl] *adj* frei konvertierbar
freely convertible currency ['fri:li kən'vɜ:tɪbəl 'kʌrənsɪ] *sb* freie Währung *f*
freely fluctuating exchange rate ['fri:li 'flʌktʃueɪtɪŋ ɪks'tʃeɪndʒ reɪt] *sb* freier Wechselkurs *m*
free market economy [fri: 'mɑ:kɪt ɪ'kɒnəmɪ] *sb* freie Marktwirtschaft *f*
free movement of capital [fri: 'mu:vmənt əv 'kæpɪtl] *sb* freier Kapitalverkehr *m*
free of all average (f. a. a.) [fri: əv ɔ:l 'ævərɪdʒ] frei von jeder Beschädigung (f.a.a.)
free of charge (f. o. c.) [fri: əv 'tʃɑ:dʒ] gratis, kostenfrei, kostenlos, unentgeltlich (f.o.c.)
free of damage (f. o. d.) [fri: əv 'dæmɪdʒ] keine Beschädigung (f.o.d.)
free of defects [fri: əv 'di:fekts] mangelfrei
free on board (f. o. b.) [fri: ɒn bɔ:d] frei an Bord (f.o.b.)
free on board harbour (f. b. h.) [fri: ɒn bɔ:d 'hɑ:bə] frei an Bord im Hafen (f.b.h.)
free on board railroad station (f. o. r.) [fri: ɒn bɔ:d 'reɪlrəʊd 'steɪʃən] frei Bahnhof (f.o.r.)
free on rail [fri: ɒn reɪl] ab Bahnhof
free on ship [fri: ɒn ʃip] frei Schiff
free on steamer (f. o. s.) [fri: ɒn 'sti:mə] frei Schiff (f.o.s.)
free on truck (f. o. t.) [fri: ɒn trʌk] frei Waggon (f.o.t.)
free port [fri: pɔ:t] *sb* Freihafen *m*
free rider principle [fri: 'raɪdə 'prɪnsɪpəl] *sb* Trittbrettfahrer-Verhalten *n*
free station [fri: 'steɪʃən] *sb* frei Station
free trade [fri: treɪd] *sb* Freihandel *m*
free trade area [fri: treɪd 'ɛərɪə] *sb* Freihandelszone *f*
free trade zone [fri: treɪd zəʊn] *sb* Freihandelszone *f*
free warehouse [fri: 'wɛəhaʊs] *sb* frei Lager
freeze [fri:z] *v irr 1. (wages)* stoppen, einfrieren; *2. (assets)* festlegen
freight [freɪt] *sb (goods transported)* Fracht *f*, Frachtgut *n*, Ladung *f*
freight and charges paid [freɪt ænd 'tʃɑ:dʒɪz peɪd] fracht- und spesenfrei
freight basis [freɪt 'beɪsɪs] *sb* Frachtbasis *f*
freight bill (w/b) [freɪt bɪl] *sb* Frachtbrief *m*, Frachtzettel (w/b) *m*
freight charges [freɪt 'tʃɑ:dʒɪz] *pl* Frachtkosten *pl*, Frachtgebühren *pl*
freighter ['freɪtə] *sb* Frachter *m*, Frachtschiff *n*
freight exchange [freɪt ɪks'tʃeɪndʒ] *sb* Frachtbörse *f*
freight forward (frt. fwd.) [freɪt 'fɔ:wəd] *sb* Frachtnachnahme (frt. fwd) *f*
freight goods [freɪt gʊdz] *pl* Frachtgut *n*
freight management [freɪt 'mænɪdʒmənt] *sb* Transportdisposition *f*
freight operator [freɪt 'ɒpəreɪtə] *sb* Fuhrunternehmer *m*
freight paid [freɪt peɪd] Fracht bezahlt
freight per weight or measurement (w/m) [freɪt pə weɪt ɔ: 'meʒəmənt] Fracht nach Gewicht oder Maß (w/m)
freight prepaid (frt. pp.) [freɪt pri:'peɪd] Fracht vorausbezahlt (frt. pp.)
freight train ['freɪt treɪn] *sb* Güterzug *m*
frequency of contact ['fri:kwɪnsɪ əv 'kɒntækt] *sb* Kontakthäufigkeit *f*

fringe benefits [frɪndʒ 'benəfɪts] *pl* zusätzliche Leistungen *f/pl,* freiwillige Sozialleistungen des Arbeitgebers *f/pl*
front desk [frʌnt desk] *sb* Rezeption *f,* Empfang *m*
front money [frʌnt 'mʌnɪ] *sb* Vorschuss *m*
frozen ['frəʊzn] *adj (wages)* eingefroren
frustrate [frʌ'streɪt] *v (plans)* vereiteln, zunichte machen
frustration of contract [frʌ'streɪʃən əv 'kɒntrækt] *sb* Wegfall der Geschäftsgrundlage *m*
full cost [fʊl kɒst] *sb* Vollkosten *pl*
full employment [fʊl ɪm'plɔɪmənt] *sb* Vollbeschäftigung *f*
full power [fʊl 'paʊə] *adj* Vollmacht *f*
full power of attorney [fʊl 'paʊə əv ə'tɜːnɪ] *sb* Prokura *f*
Fullarton reflux principle ['fʊlatən 'riːflʌks 'prɪnsɪpəl] *sb* Fullartonsches Rückströmungsprinzip *n*
full-scale ['fʊlskeɪl] *adj* in vollem Umfang
full-time ['fʊltaɪm] *adj 1.* ganztägig, Ganztags...; *adv 2.* ganztags
full-time job ['fʊltaɪm dʒɒb] *sb* Ganztagsstellung *f,* Full-time-Job *m*
function ['fʌŋkʃən] *v 1.* funktionieren; *sb 2.* Funktion *f; 3. (duties)* Aufgaben *f/pl,* Pflichten *f/pl; 4. (official ceremony)* Feier *f*
function key ['fʌnkʃən kiː] *sb (of a computer)* Funktionstaste *f*
function of markets ['fʌŋkʃən əv 'mɑːkɪts] *sb* Funktionsweise von Märkten *f*
functional ['fʌŋkʃənl] *adj (in working order)* funktionsfähig
functional analysis ['fʌŋkʃənəl ə'nælɪsɪs] *sb* Aufgabenanalyse *f,* Funktionsanalyse *f*
functional organization ['fʌŋkʃənəl ɔːgənaɪ'zeɪʃən] *sb* Funktionalorganisation *f*
functionary ['fʌŋkʃənərɪ] *sb* Funktionär *m*
functions of money ['fʌŋkʃənz əv 'mʌnɪ] *pl* Geldfunktionen *f/pl*
fund [fʌnd] *v 1. (put up money for)* das Kapital aufbringen für; *sb 2.* Fonds *m; pl 3. ~s* Mittel *n/pl,* Gelder *n/pl*
fund assets [fʌnd 'æsets] *pl* Fondsvermögen *n*
funded debts ['fʌndɪd dets] *pl* fundierte Schulden *f/pl*
funding cutback ['fʌndɪŋ 'kʌtbæk] *sb* Mittelkürzung *f*
funding start-up of a business ['fʌndɪŋ 'stɑːtʌp əv ə 'bɪznɪs] *sb* Gründungsfinanzierung *f*
funding loan ['fʌndɪŋ ləʊn] *sb* Fundierungsanleihe *f*
funding paper ['fʌndɪŋ 'peɪpə] *sb* Finanzierungspapier *n*
fund-linked life insurance ['fʌndlɪŋkt laɪf ɪn'ʃʊərəns] *sb* fondsgebundene Lebensversicherung *f*
fund management [fʌnd 'mænɪdʒmənt] *sb* Fondsverwaltung *f*
fund of funds [fʌnd əv fʌndz] *sb* Dachfonds *m*
fund raiser [fʌnd 'reɪzə] *sb* Kapitalnehmer(in) *m/f,* Geldbeschaffer(in) *m/f*
funds flow [fʌndz fləʊ] *sb* Kapitalströme *pl,* Kapitalfluss *m*
funds statement [fʌndz 'steɪtmənt] *sb* Kapitalflussrechnung *f*
funds transfer [fʌndz 'trænsfɜː] *sb* Mittelumschichtung *f*
fungibility [fʌndʒɪ'bɪlɪtɪ] *sb* Fungibilität *f*
fungible securities ['fʌndʒɪbəl sɪ'kjʊərɪtiz] *pl* vertretbare Wertpapiere *n/pl*
fungible security deposit ['fʌndʒɪbəl sɪ'kjʊərɪtɪ dɪ'pɒzɪt] *sb* Aberdepot *n*
further processing ['fɜːðə 'prəʊsesɪŋ] *sb* Weiterverarbeitung *f*
furtherance granted to set up new business ['fɜːðərəns 'grɑːntɪd tu set ʌp njuː 'bɪznɪs] *sb* Existenzgründungsförderung *f*
fuse [fjuːz] *v* verschmelzen, vereinigen
fusion ['fjuːʒən] *sb* Fusion *f,* Verschmelzung *f*
futile ['fjuːtaɪl] *adj* nutzlos, vergeblich
future bonds ['fjuːtʃə bɒndz] *pl* Zukunftswert *m*
future deal ['fjuːtʃə diːl] *sb* Fixkauf *m*
futures exchange ['fjuːtʃəz ɪks'tʃeɪndʒ] *sb* Terminbörse *f*
futures price ['fjuːtʃəz praɪs] *sb* Terminkurs *m,* Terminpreis *m*
future prospects ['fjuːtʃə 'prɒspekts] *pl* Zukunftschancen *pl,* Zukunftsaussichten *pl*
futures ['fjuːtʃəz] *pl* Termingeschäfte *pl,* Futures *pl*
futures business ['fjuːtʃəz 'bɪznɪs] *sb* Termingeschäft *n*
futures market ['fjuːtʃəz 'mɑːkɪt] *sb* Terminbörse *f,* Terminkontraktmarkt *m,* Futures-Markt *m*
futures quotation ['fjuːtʃəz kwəʊ'teɪʃən] *sb* Terminnotierung *f*
futures trading in stocks and bonds ['fjuːtʃəz 'treɪdɪŋ ɪn stɒks ænd bɒndz] *sb* Effektenterminhandel *m*
fuzzy logic ['fʌzɪ 'lɒdʒɪk] *sb* Fuzzy-Logik *f*

G

gain [geɪn] *v 1.* gewinnen, erwerben, sich verschaffen; *2. (profit)* profitieren; *sb 3. (increase)* Zunahme *f,* Zuwachs *m,* Gewinn *m,* Profit *m*

gainful ['geɪnfəl] *adj* Gewinn bringend, einträglich

gainfully-employed ['geɪnfəlɪ ɪm'plɔɪd] *adj* erwerbstätig

gainfully-employed person ['geɪnfəlɪ ɪm'plɔɪd 'pɜːsən] *sb* Erwerbstätige(r) *f/m*

gain in efficiency [geɪn ɪn ɪ'fɪʃnsɪ] *sb* Produktivitätsgewinn *m,* Produktivitätszuwachs *m*

gainings ['geɪnɪŋz] *pl* Gewinn *m,* Verdienst *m,* Einkünfte *n/pl*

gain of redemption [geɪn əv rɪ'dempʃən] *sb* Tilgungsgewinn *m*

gain on disposal [geɪn ɒn dɪs'pəʊzəl] *sb* Veräußerungsgewinn *m*

gains from trade [geɪnz frɒm treɪd] *sb* Außenhandelsgewinn *m*

gains tax [geɪnz tæks] *sb* Gewinnabgabe *f*

galloping inflation ['gæləpɪŋ ɪn'fleɪʃən] *sb* galoppierende Inflation *f*

gambling in futures ['gæmblɪŋ ɪn 'fjuːtʃəz] *sb* Terminspekulation *f*

gambling on the exchange ['gæmblɪŋ ɒn ðɪ ɪks'tʃeɪndʒ] *sb* Börsenspekulation *f*

gap analysis [gæp ə'nælɪsɪs] *sb* Gap-Analyse *f,* Lückenanalyse *f*

gap between interest rates [gæp bɪ'twiːn 'ɪntrəst reɪts] *sb* Zinsgefälle *n*

garnish ['gɑːnɪʃ] *v (impound)* pfänden

garnishment ['gɑːnɪʃmənt] *sb* Zahlungsverbot *n*

gather ['gæðə] *v 1.* erfassen, (auf)sammeln; *2. (taxes)* einziehen

gear up [gɪə ʌp] *v (production)* hochfahren

general agent ['dʒenərəl 'eɪdʒənt] *sb* Generalvertreter *m,* Handelsbevollmächtigter *m*

General Arrangements to Borrow ['dʒenərəl ə'reɪndʒmənts tu 'bɒrəʊ] *sb* Allgemeine Kreditvereinbarung *f*

general assembly ['dʒenərəl ə'semblɪ] *sb* Generalversammlung *f*

general bad-debt provision ['dʒenərəl bæd det prə'vɪʒən] *sb* Pauschalwertberichtigung *f*

general charge ['dʒenərəl tʃɑːdʒ] *sb* Arbeitnehmer-Pauschbetrag *m*

general contractor ['dʒenərəl kən'træktə] *sb* Generalunternehmer *m*

general credit agreements ['dʒenərəl 'kredɪt ə'griːmənts] *sb* allgemeine Kreditvereinbarungen *pl*

General Insurance Conditions ['dʒenərəl ɪn'ʃʊərəns kən'dɪʃənz] *sb* Allgemeine Versicherungsbedingungen *f/pl*

general mortgage ['dʒenərəl 'mɔːgɪdʒ] *sb* Gesamthypothek *f*

general partner ['dʒenərəl 'pɑːtnə] *sb* Komplementär *m*

general partnership ['dʒenərəl 'pɑːtnəʃɪp] *sb* offene Handelsgesellschaft *f*

general power of attorney ['dʒenərəl 'paʊər əv ə'tɜːnɪ] *sb* Generalvollmacht *f*

general public ['dʒenərəl 'pʌblɪk] *sb* Öffentlichkeit *f,* Allgemeinheit *f*

general-purpose ['dʒenərəl 'pɜːpəs] *adj* Mehrzweck..., Universal...

General Standard Terms and Conditions ['dʒenərəl 'stændəd tɜːmz ænd kən'dɪʃənz] *sb* Allgemeine Geschäftsbedingungen (AGB) *f/pl*

general strike ['dʒenərəl straɪk] *sb* Generalstreik *m*

general tax on consumption ['dʒenərəl tæks ɒn kən'sʌmpʃən] *sb* Verbrauchsteuern *f/pl*

generic [dʒə'nerɪk] *adj* nicht geschützt

generic product [dʒə'nerɪk 'prɒdʌkt] *sb* No-Name-Produkt *n*

German bond market ['dʒɜːmən bɒnd 'maːkɪt] *sb* Markt für deutsche Staatsanleihen *m*

German commercial code ['dʒɜːmən kə'mɜːʃəl kəʊd] *sb* Handelsgesetzbuch (HGB) *n*

German Council of Economic Experts ['dʒɜːmən 'kaʊnsəl əv ɪːkə'nɒmɪk 'ekspɜːts] *sb* Sachverständigenrat *m*

German Salaried Employee Union ['dʒɜːmən 'sælərid ɪmplɔɪ'iː 'juːnjən] *sb* Deutsche Angestellten-Gewerkschaft (DAG) *f*

German Trade Union Federation ['dʒɜːmən treɪd 'juːnjən fedə'reɪʃən] *sb* Deutscher Gewerkschaftsbund (DGB) *m*

gestation period [dʒe'steɪʃən 'pɪərɪəd] *sb* Entwicklungszeit *f,* Ausreifungszeit *f*

gift advertising [gɪft 'ædvətaɪzɪŋ] *sb* Zugabewerbung *f*

gift tax [gɪft tæks] *sb* Schenkungssteuer *f*
gilt-edged securities [gɪlt'edʒd sɪ'kjʊərɪtiz] *pl* mündelsichere Wertpapiere *pl*
gilts [gɪlts] *sb* Staatsanleihen *f/pl*, Staatspapiere *f/pl*
giro ['dʒaɪrəʊ] *sb (UK)* Giro *n*
giro account ['dʒaɪrəʊ ə'kaʊnt] *sb (UK)* Girokonto *n*
giro inpayment form ['dʒaɪrəʊ 'ɪnpeɪmənt fɔːm] *sb* Zahlkarte *f*
giro slip ['dʒaɪrəʊ slɪp] *sb* Überweisungsformular *n*
giro transfer ['dʒaɪrəʊ 'trænsfɜː] *sb* Banküberweisung *f*, Postschecküberweisung *f*
giveaway ['gɪvəweɪ] *sb 1. (gift)* Geschenk *n; 2. (of prizes)* Preisraten *n*
giving for a call ['gɪvɪŋ fɔː ə kɔːl] *sb* Erwerb einer Kaufoption *m*
glamour stock ['glæmə stɒk] *sb* spekulativer Wachstumswert *m*
global ['gləʊbəl] *adj* global, Welt..., Global...
global control ['gləʊbəl kən'trəʊl] *sb* Globalsteuerung *f*
global delcredere ['gləʊbəl delkre'dɜːrɪ] *sb* Pauschaldelkredere *n*
globalization [gləʊbəlaɪ'zeɪʃən] *sb* Globalisierung *f*
global share ['gləʊbəl ʃɛə] *sb* Sammelaktie *f*
global value adjustment ['gləʊbəl 'væljuː ə'dʒʌstmənt] *sb* Sammelwertberichtigung *f*
glossary ['glɒsərɪ] *sb* Wörterverzeichnis *n*, Glossar *n*
glut [glʌt] *v 1.* überschwemmen; *sb 2.* Schwemme *f*, Überangebot *n*
go about [gəʊ ə'baʊt] *v irr (set to work at)* anpacken, in Angriff nehmen
go against [gəʊ ə'genst] *v* ungünstig verlaufen
go-ahead ['gəʊəhed] *sb 1.* Zustimmung *f*, grünes Licht *n; adj 2.* fortschrittlich, modern
goal [gəʊl] *sb (objective)* Ziel *n*
go-between ['gəʊbɪtwiːn] *sb* Vermittler *m*, Unterhändler *m*
go down [gəʊ 'daʊn] *v irr (decrease)* zurückgehen, sinken, fallen
going ['gəʊɪŋ] *adj* in Betrieb
go into [gəʊ 'ɪntu] *v irr (a profession)* gehen in, einsteigen in
gold [gəʊld] *sb* Gold *n*
gold and foreign exchange balance [gəʊld ænd 'fɒrən ɪks'tʃeɪndʒ 'bæləns] *sb* Gold- und Devisenbilanz *f*
gold auction [gəʊld 'ɔːkʃən] *sb* Goldauktion *f*
gold backing [gəʊld 'bækɪŋ] *sb* Golddeckung *f*
gold bar [gəʊld 'bɑː] *sb* Goldbarren *m*
gold card ['gəʊld kɑːd] *sb* goldene Kreditkarte *f*
gold certificate [gəʊld sə'tɪfɪkɪt] *sb* Goldzertifikat *n*
gold characteristics [gəʊld kærəktə'rɪstɪks] *pl* Goldeigenschaften *f/pl*
gold coin [gəʊld kɔɪn] *sb* Goldmünze *f*
gold content [gəʊld 'kɒntent] *sb* Goldgehalt *m*
gold convertibility [gəʊld kən'vɜːtəbɪlɪtɪ] *sb* Goldkonvertibilität *f*
gold cover [gəʊld 'kʌvə] *sb* Golddeckung *f*
gold currency [gəʊld 'kʌrənsɪ] *sb* Goldwährung *f*
golden parachute ['gəʊldn 'pærəʃuːt] *sb (fig)* reichliche Abfindung eines leitenden Angestellten *f*
gold quotation [gəʊld kwəʊ'teɪʃn] *sb* Goldnotierung *f*
golden rule of financing ['gəʊldən ruːl əv faɪ'nænsɪŋ] *sb* goldene Finanzierungsregel *f*
gold exchange standard [gəʊld ɪks'tʃeɪndʒ 'stændəd] *sb* Gold-Devisen-Standard *m*
gold in bars [gəʊld ɪn bɑːz] *sb* Barrengold *n*
gold market [gəʊld 'mɑːkɪt] *sb* Goldmarkt *m*
gold option [gəʊld 'ɒpʃən] *sb* Goldoption *f*
gold parity [gəʊld 'pærɪtɪ] *sb* Goldparität *f*
gold point [gəʊld pɔɪnt] *sb* Goldpunkt *m*
gold pool [gəʊld puːl] *sb* Goldpool *m*
gold price [gəʊld praɪs] *sb* Goldpreis *m*
gold production [gəʊld prə'dʌkʃən] *sb* Goldproduktion *f*
gold reserve [gəʊld rə'zɜːv] *sb* Goldreserven *f/pl*
gold reserves [gəʊld rə'zɜːvz] *pl* Goldreserven *pl*
gold share [gəʊld ʃɛə] *sb* Goldaktie *f*
gold specie standard [gəʊld 'spiːʃiː 'stændəd] *sb* Goldumlaufswährung *f*
gold standard [gəʊld 'stændəd] *sb* Goldwährung *f*, Goldstandard *m*
gold swap [gəʊld swɒp] *sb* Goldswap *m*
gold trade [gəʊld treɪd] *sb* Goldhandel *m*
gold transactions [gəʊld træn'zækʃənz] *pl* Goldgeschäft *n*
good faith [gʊd feɪθ] *sb* guter Glauben *m*, Treu und Glaube
goods [gʊdz] *pl* Güter *pl*, Waren *pl*

goods department [gʊdz dɪ'pɑːtmənt] *sb* Güterabfertigungsstelle *f*
goods on approval [gʊdz ɒn ə'pruːvəl] *sb* Ware zur Ansicht *f*
goods on hand [gʊdz ɒn hænd] *sb* Lagerbestand *m*, Warenbestand *m*
goods on sale or return [gʊdz ɒn seɪl ɔː rɪ'tɜːn] *sb* Kommissionsware *f*
goods receipt [gʊdz rɪ'siːt] *sb* Warenempfangsschein *m*
goods returned [gʊdz rɪ'tɜːnd] *sb* Rückwaren *f/pl*, Retouren *f/pl*
goods tariff [gʊdz tærɪf] *sb* Gütertarif *m*
goods to declare [gʊdz tu dɪ'klɛə] *sb* anmeldepflichtige Ware *f*
goodwill [gʊd'wɪl] *sb* (immaterieller) Firmenwert *m*, Geschäftswert *m*
goodwill advertising [gʊd'wɪl 'ædvətaɪzɪŋ] *sb* Vertrauenswerbung *f*, Imagewerbung *f*
go-slow ['gəʊsləʊ] *sb (UK)* Bummelstreik *m*
government ['gʌvənmənt] *sb* Regierung *f*
government assistance ['gʌvənmənt ə'sɪstəns] *sb* staatliche Unterstützung *f*, Subvention *f*
government audit ['gʌvənmənt 'ɔːdɪt] *(taxes)* Außenprüfung *f*
government bond ['gʌvənmənt bɒnd] *sb* Staatsanleihe *f*, Regierungsanleihe *f*
government expenditure rate ['gʌvənmənt ɪk'spendɪtʃə reɪt] *sb* Staatsquote *f*
government grant ['gʌvənmənt grɑːnt] *sb* Staatszuschuss *m*, Regierungszuschuss *m*
government loan ['gʌvənmənt ləʊn] *sb* Staatsanleihen *pl*
government supervision of certain economic branches ['gʌvənmənt suːpə'vɪʒən əv 'sɜːtən iːkə'nɒmɪk 'brɑːntʃɪz] *sb* Fachaufsicht *f*
government unit ['gʌvənmənt 'juːnɪt] *sb* Gebietskörperschaft *f*
government-inscribed debt ['gʌvənmənt ɪn'skraɪbd det] *sb* Wertrechtanleihe *f*
governor ['gʌvənə] *sb (UK: of a bank or prison)* Direktor *m*
grace [greɪs] *sb (until payment is due)* Aufschub *m*, Zahlungsfrist *f*
gradation [grə'deɪʃən] *sb* Gradeinteilung *f*, Abstufung *f*
grade [greɪd] *sb 1. (quality)* Qualität *f*, Handelsklasse *f*, Güteklasse *f*; *v 2. (classify)* klassifizieren, sortieren
grade labeling [greɪd 'leɪblɪŋ] *sb* Qualitätskennzeichnung *f*, Gütekennzeichnung *f*
graduated ['grædjueɪtɪd] *adj* gestaffelt
graduated price ['grædjueɪtɪd praɪs] *sb* Staffelpreis *m*
graduated tariff ['grædjueɪtɪd 'tærɪf] *sb* Staffeltarif *m*
graduated-interest loan ['grædjueɪtɪd 'ɪntrɪst ləʊn] *sb* Staffelanleihe *f*
grain exchange [greɪn ɪks'tʃeɪndʒ] *sb* Getreidebörse *f*
gram [græm] *sb (US) see "gramme"*
gramme [græm] *sb* Gramm *n*
grant [grɑːnt] *v 1. (permission)* erteilen; *2. (a request)* stattgeben; *3. (land, pension)* zusprechen, bewilligen; *sb 4.* Subvention *f*
grant of delay [grɑːnt əv dɪ'leɪ] *sb* Stundung *f*
grant of discharge [grɑːnt əv 'dɪstʃɑːdʒ] *sb* Entlastung *f*
gratis ['grætɪs] *adj* gratis, unentgeltlich, umsonst
gratuitous [grə'tjuːɪtəs] *adj* kostenlos, unentgeltlich, gratis
gratuity [grə'tjuːɪtɪ] *sb* Gratifikation *f*
greenback ['griːnbæk] *sb* US-Dollarnote *f*
green card ['griːn kɑːd] *sb 1. (US: for foreigners)* Arbeits- und Aufenthaltsgenehmigung *f*; *2. (for motorists)* grüne Versicherungskarte *f*
grocery ['grəʊsərɪ] *sb 1. (~ store)* Lebensmittelgeschäft *n*; *pl 2. groceries* Lebensmittel *pl*
gross [grəʊs] *adj (total)* brutto, Brutto...
gross dividend [grəʊs 'dɪvɪdend] *sb* Brutto-Dividende *f*
gross domestic product (GDP) [grəʊs də'mestɪk 'prɒdʌkt] *sb* Bruttoinlandsprodukt *n*
gross earnings [grəʊs 'ɜːnɪŋz] *sb* Bruttoverdienst *m*
gross income [grəʊs 'ɪnkʌm] *sb* Bruttoeinkommen *n*
grossing up ['grəʊsɪŋ ʌp] *sb* Bruttoberechnung *f*
gross monetary reserve [grəʊs 'mɒnətərɪ rɪ'zɜːv] *sb* Bruttowährungsreserve *f*
gross national product (GNP) [grəʊs 'næʃənl 'prɒdʌkt] *sb* Bruttosozialprodukt *n*
gross pay [grəʊs peɪ] *sb* Bruttolohn *m*
gross price [grəʊs praɪs] *sb* Bruttopreis *m*
gross proceeds [grəʊs 'prəʊsiːdz] *sb* Rohertrag *m*
gross profit [grəʊs 'prɒfɪt] *sb* Rohgewinn *m*, Bruttogewinn *m*
gross register(ed) ton [grəʊs 'redʒɪstə(d) tʌn] *sb* Bruttoregistertonne *f*

gross return [grəʊs rɪ'tɜːn] *sb* Bruttoertrag *m*
gross wage [grəʊs weɪdʒ] *sb* Bruttolohn *m*
gross weight [grəʊs weɪt] *sb* Bruttogewicht *n*
ground annual [graʊnd 'ænjʊəl] *sb* Jahrespacht *f*
ground rent [graʊnd rent] *sb* Grundrente *f*
ground work [graʊnd wɜːk] *sb* Vorarbeit *f*, Grundlagenarbeit *f*
group [gruːp] *sb* Konzern *m*
group account [gruːp ə'kaʊnt] *sb* Konzernkonto *n*
group accounting [gruːp ə'kaʊntɪŋ] *sb* Konzernbuchhaltung *f*
group assets [gruːp 'æsets] *sb* Konzernvermögen *n*
group balance sheet [gruːp 'bæləns ʃiːt] *sb* Konzernbilanz *f*
group collection security [gruːp kə'lekʃən sɪ'kjʊərɪtɪ] *sb* Sammelinkassoversicherung *f*
group depreciation [gruːp dəpriːʃɪ'eɪʃən] *sb* Pauschalabschreibung *f*
group funds [gruːp fʌndz] *sb* Konzerneigenmittel *pl*
group holding [gruːp 'həʊldɪŋ] *sb* Konzernbeteiligung *f*
group interim benefits [gruːp 'ɪntərɪm 'benɪfɪts] *sb* Konzernzwischengewinn *m*
group manufacturing [gruːp mænjʊ'fækʃərɪŋ] *sb* Fertigungsinsel *f*
group of Seventy-Seven [gruːp əv 'sevɪntɪ 'sevən] *sb (at UN)* Gruppe der 77 *f* (loser Zusammenschluss von Staaten der Dritten Welt)
group orders [gruːp 'ɔːdəz] *sb* Konzernaufträge *m/pl*
group piece rate [gruːp piːs reɪt] *sb* Gruppenakkordlohn *m*
group piecework [gruːp 'piːswɜːk] *sb* Gruppenakkord *m*
group relationships [gruːp rɪ'leɪʃənʃɪps] *sb* Unternehmensvernetzung *f*
group valuation [gruːp væljuː'eɪʃən] *sb* Pauschalbewertung *f*
grow [grəʊ] *v irr 1.* wachsen, größer werden; *2. (number)* zunehmen
growing ['grəʊɪŋ] *adj 1.* wachsend; *2. (increasing)* zunehmend
growth [grəʊθ] *sb* Wachstum *n*
growth centre [grəʊθ 'sentə] *sb* Entwicklungsschwerpunkt *m*
growth fund [grəʊθ 'fʌnd] *sb* Wachstumsfonds *m*
growth impulse [grəʊθ 'ɪmpʌls] *sb* Wachstumsimpuls *m*
growth industry [grəʊθ 'ɪndəstrɪ] *sb* Wachstumsindustrie *f*
growth policy [grəʊθ 'pɒlɪsɪ] *sb* Wachstumspolitik *f*
growth rate ['grəʊθ reɪt] *sb* Wachstumsrate *f*
guarantee [gærən'tiː] *v 1.* garantieren, Gewähr leisten; *2. (a loan, a debt)* bürgen für; *sb 3.* Garantie *f*; *4. (pledge of obligation)* Bürgschaft *f*; *5. (deposit, money as a ~)* Kaution *f*, Haftsumme *f*
guarantee authorization [gæren'tiː ɔːθəraɪ'zeɪʃən] *sb* Garantiezusage *f*
guarantee business [gærən'tiː 'bɪznɪs] *sb* Garantiegeschäft *n*
guarantee commission [gæren'tiː kə'mɪʃən] *sb* Delkredereprovision *f*
guarantee for proper execution [gærən'tiː fɔː 'prɒpə eksɪ'kjuːʃən] *sb* Gewährleistungsgarantie *f*
guarantee limit [gærən'tiː 'lɪmɪt] *sb* Bürgschaftsplafond *m*
guarantee obligation [gærən'tiː ɒblɪ'geɪʃən] *sb* Garantieverpflichtung *f*
guarantee of a bill [gærən'tiː əv ə bɪl] *sb* Aval *m*
guarantee of delivery [gærən'tiː əv də'lɪvərɪ] *sb* Liefergarantie *f*
guarantee of deposit [gærən'tiː əv dɪ'pɒzɪt] *sb* Einlagensicherung *f*
guarantee of foreign exchange transfer [gærən'tiː əv 'fɒrən ɪks'tʃeɪndʒ 'trænsfɜː] *sb* Transfergarantie *f*
guarantee of tender [gæren'tiː əv 'tendə] *sb* Submissionsgarantie *f*
guarantee period [gæren'tiː 'piəriəd] *sb* Garantiezeit *f*, Gewährleistungsfrist *f*
guarantee securities [gærən'tiː sɪ'kjʊərɪtiz] *pl* Kautionseffekten *f/pl*
guaranteed interest [gærən'tiːd 'ɪntrɪst] *sb* Zinsgarantie *f*, garantierter Zins *m*
guarantor ['gærəntɔː] *sb* Bürge *m*, Garant *m*, Garantiegeber *m*
guaranty ['gærəntɪ] *sb 1.* Garantie *f*; *2. (pledge of obligation)* Bürgschaft *f*
guaranty fund ['gærəntɪ fʌnd] *sb* Garantiefonds *m/pl*
guide price [gaɪd praɪs] *sb* Orientierungspreis *m*
guideline ['gaɪdlaɪn] *sb (fig)* Richtlinie *f*
guild [gɪld] *sb* Gilde *f*, Zunft *f*, Innung *f*
guildsman ['gɪldzmən] *sb* Mitglied einer Innung *n*

H

half-year ['ha:fjɪə] *adj* Halbjahres...
hall [hɔ:l] *sb (building)* Halle *f*
hallmark ['hɔ:lmɑ:k] *sb 1.* Gütesiegel *n*, Kennzeichen *n; 2. (on precious metals)* Feingehaltsstempel *m*
halt [hɔ:lt] *v (come to a ~)* zum Stillstand kommen, anhalten, stehen bleiben
hand [hænd] *sb 1. cash in ~* Kassenbestand *m; 2. (worker)* Arbeitskraft *f*, Arbeiter *m*
hand assembly [hænd ə'semblɪ] *sb* manuelle Fertigung *f*
handfast ['hændfɑ:st] *sb* durch Handschlag besiegeltes Geschäft *n*
handicraft ['hændɪkrɑ:ft] *sb* Kunsthandwerk *n*, Handwerk *n*
handle ['hændl] *v 1. (work with, deal with)* sich befassen mit, handhaben; *2. (succeed in dealing with)* fertig werden mit, erledigen
handling ['hændlɪŋ] *sb 1.* Behandlung *f*, Handhabung *f*, Handling *n; 2.* Beförderung *f*
handling capacity ['hændlɪŋ kə'pæsətɪ] *sb* Umschlagskapazität *f*
handling fee ['hændlɪŋ fi:] *sb* Bearbeitungsgebühr *f*, Verwaltungsgebühr *f*
handling of business ['hændlɪŋ əv 'bɪznɪs] *sb* Geschäftsabwicklung *f*
handling of goods ['hændlɪŋ əv gʊdz] *sb* Güterumschlag *m*
handling of mail ['hændlɪŋ əv meɪl] *sb* Postbearbeitung *f*
hand-made ['hændmeɪd] *adj* handgearbeitet, von Hand gemacht
hand-over ['hændəʊvə] *sb* Übergabe *f*
handwork ['hændwɜ:k] *sb* Handarbeit *f*
handy ['hændɪ] *adj 1. (useful)* praktisch; *2. come in ~* gelegen kommen; *(skilled)* geschickt, gewandt
hanging file ['hæŋɪŋ faɪl] *sb* Hängeordner *m*
hang up [hæŋ 'ʌp] *v irr (a telephone receiver)* auflegen, aufhängen
harbour ['hɑ:bə] *sb* Hafen *m*
harbour dues ['hɑ:bə dju:z] *sb* Hafengebühren *f/pl*
hard currency [hɑ:d 'kʌrənsɪ] *sb* harte Währung *f*
hard disk ['hɑ:d dɪsk] *sb* Festplatte *f*
hardening ['hɑ:dnɪŋ] *sb (stock-exchange)* Befestigung *f*, Anstieg *m*
hardware ['hɑ:dwɛə] *sb* Hardware *f*
hardware failure ['hɑ:dwɛə 'feɪljə] *sb* Maschinenstörung *f*
hard-wearing [hɑ:d'wɛərɪŋ] *adj* verschleißfest, strapazierfähig
harmonization [hɑ:mənaɪ'zeɪʃən] *sb* Harmonisierung *f*
haul [hɔ:l] *v (transport by lorry)* befördern, transportieren
haulage ['hɔ:lɪdʒ] *sb* Spedition *f*, Rollgeld *n*
haulage contractor ['hɔ:lɪdʒ kən'træktə] *sb* Transportunternehmer *m*
haulage fleet ['hɔ:lɪdʒ fli:t] *sb* Fahrzeugpark *m*
haulage trade ['hɔ:lɪdʒ treɪd] *sb* Speditionsgewerbe *n*, Straßengüterverkehr *m*
have in stock [hæv ɪn stɒk] *v irr* auf Lager haben, vorrätig haben
having legal capacity [hævɪŋ 'li:gl kə'pæsɪtɪ] *adj* rechtsfähig
head [hed] *v 1. (lead)* anführen, führen, an der Spitze stehen von; *sb 2. (leader, boss)* Chef(in) *m/f*, Leiter(in) *m/f*, Führer(in) *m/f*
head agency [hed 'eɪdʒənsɪ] *sb* Generalvertretung *f*
head branch [hed brɑ:ntʃ] *sb* Hauptfiliale *f*
head clerk [hed klɑ:k] *sb* Bürovorsteher(in) *m/f*
header information ['hedə ɪnfə'meɪʃən] *sb* Vorlaufinformation *f*
headhunter ['hedhʌntə] *sb* Headhunter *m*
heading ['hedɪŋ] *sb (on a letter)* Briefkopf *m*
head of administration [hed əv ədmɪnɪ'streɪʃən] *sb* Verwaltungsdirektor(in) *m/f*
head of department ['hed əv de'pɑ:tmənt] *sb* Abteilungsleiter(in) *m/f*
head of division [hed əv dɪ'vɪʒn] *sb* Abteilungsleiter(in) *m/f*
head office [hed 'ɒfɪs] *sb* Zentrale *f*, Hauptbüro *n*, Hauptgeschäftsstelle *f*
head organization [hed ɔ:gənaɪ'zeɪʃən] *sb* Dachverband *m*, Dachorganisation *f*
headquarters ['hedkwɔ:təz] *sb* Zentrale *f*, Hauptgeschäftsstelle *f*
head reduction [hed rɪ'dʌkʃən] *sb (US)* Personalabbau *m*
health and safety legislation [helθ ænd 'seɪftɪ ledʒɪs'leɪʃən] *sb* Arbeitsschutzgesetze *n/pl*
health care [helθ kɛə] *sb* Gesundheitsfürsorge *f; ~ reform* Gesundheitsreform *f*
health certificate [helθ sə'tɪfɪkət] *sb* Gesundheitszeugnis *n*

health insurance [helθ ɪn'ʃʊərəns] *sb* Krankenversicherung *f*
health insurance contribution [helθ ɪn-'ʃʊərəns kɒntrɪ'bjuːʃən] *sb* Krankenkassenbeitrag *m*
health insurance society [helθ ɪn'ʃʊərəns sə'saɪətɪ] *sb* Ersatzkasse *f*
health protection [helθ prə'tekʃən] *sb* Gesundheitsschutz *m*
hearing ['hɪərɪŋ] *sb* Verhandlung *f,* Vernehmung *f,* Hearing *n*
heartland ['hɑːtlænd] *sb* Hauptabsatzgebiet *n*
heavy-duty [hevɪ'djuːtɪ] *adj 1.* Hochleistungs...; *2.* strapazierfähig
heavyfreight [hevɪ'freɪt] *sb* Schwergut *n*
heavy-priced securities ['hevɪpraɪst sɪ-'kjʊərɪtiz] *pl* schwere Papiere *n/pl*
hectogram ['hektəgræm] *sb* Hektogramm *n*
hectolitre ['hektəliːtə] *sb* Hektoliter *m*
hedge [hedʒ] *sb* Sicherungsgeschäft *n,* Deckungsgeschäft *n*
hedge fund [hedʒ fʌnd] *sb* spekulativer Fonds *m,* Hedge-Fonds *m*
hedge operation [hedʒ ɒpə'reɪʃən] *sb* Hedgegeschäft *n*
height [haɪt] *sb1.* Höhe *f; 2. (of a person)* Größe *f*
heir [ɛə] *sb* Erbe *m*
heirdom ['ɛədəm] *sb* Erbe *n*
heiress ['ɛəres] *sb* Erbin *f*
heritage ['herɪtɪdʒ] *sb* Erbe *n,* Erbschaft *f*
heterogeneous goods [hetərəʊ'dʒiːnɪəs gʊdz] *pl* heterogene Güter *n/pl*
hidden inflation ['hɪdən ɪn'fleɪʃən] *sb* versteckte Inflation *f*
hidden reserves ['hɪdn rɪ'zɜːvz] *pl* stille Reserve *f*
hidden unemployment ['hɪdən ʌnɪm-'plɔɪmənt] *sb* versteckte Arbeitslosigkeit *f*
hierarchy ['haɪərɑːkɪ] *sb* Hierarchie *f,* Rangordnung *f*
hierarchy of authority ['haɪərɑkɪ əv ɔː'θɒrətɪ] *sb* Entscheidungshierarchie *f*
Hifo-procedure ['haɪfəʊ prə'siːdʒə] *sb* Hifo-Verfahren *n*
high [haɪ] *adj 1.* hoch; *the ~ season* die Hochsaison *f; It's ~ time that...* Es wird höchste Zeit, dass ...; *adv 2. aim ~ (fig)* sich hohe Ziele setzen
high-bay racking ['haɪbeɪ 'rækɪŋ] *sb* Hochregallager *n*
high-coupon [haɪ'kuːpɒn] *adj* hochverzinslich
high-end ['haɪend] *adj* hochwertig
Higher Administrative Court ['haɪə əd-'mɪnɪstrətɪv kɔːt] *sb* Oberverwaltungsgericht (OVG) *n*
higher bid ['haɪə bɪd] *sb* Übergebot *n*
highest-bidding ['haɪɪstbɪdɪŋ] *adj* meistbietend
highest rate ['haɪɪst reɪt] *sb* Höchstkurs *m*
high-freight ['haɪfreɪt] *adj* frachtintensiv
high-income [haɪ'ɪnkʌm] *adj* einkommensstark
high interest rate policy [haɪ 'ɪntrɪst reɪt 'pɒlɪsɪ] *sb* Hochzinspolitik *f*
highly speculative securities ['haɪlɪ 'spekjʊlətɪv sɪ'kjʊərɪtiz] *pl* Exoten *m/pl*
high-margin [haɪ'mɑːdʒɪn] *adj* mit hoher Gewinnspanne, gewinnträchtig
high point [haɪ pɔɪnt] *sb* Höhepunkt *m*
high-return [haɪrɪ'tɜːn] *adj* hochrentierlich
high voltage [haɪ 'vəʊltɪdʒ] *sb* Hochspannung *f*
high-wage [haɪ'weɪdʒ] *adj* lohnintensiv
high-yielding ['haɪjiːldɪŋ] *adj* hochverzinslich, renditenstark
hike [haɪk] *sb* Steigerung *f,* (Preis-)Anstieg *m*
hire [haɪə] *v 1. (give a job to)* anstellen, engagieren; *2.* mieten; *~ out* vermieten, verleihen
hired car ['haɪəd kɑː] *sb* Leihwagen *m,* Mietwagen *m*
hire-purchase ['haɪəpɜtʃɪs] *sb (UK)* Ratenkauf *m,* Teilzahlungskauf *m*
hiring ['haɪərɪŋ] *sb 1.* Anmietung *f; 2. (of personnel)* Anwerbung *f,* Einstellung *f*
histogram ['hɪstəgræm] *sb* Stabdiagramm *n,* Säulengrafik *f*
historical costing [hɪ'stɒrɪkəl 'kɒstɪŋ] *sb* Nachkalkulation *f*
historical securities [hɪs'tɒrɪkəl sɪ'kjʊərɪtiz] *sb* historische Wertpapiere *n/pl*
hitch [hɪtʃ] *sb* Stockung *f,* Störung *f*
hive off [haɪv ɒf] *v* abstoßen, verkaufen, ausgliedern
hold [həʊld] *v irr 1. (shares)* besitzen; *2. (contain)* fassen; *3. (truck, plane)* Platz haben für; *4. (a meeting)* abhalten; *5. (an office, a post)* innehaben, bekleiden; *sb 6.* Laderaum *m*
holder ['həʊldə] *sb (person)* Besitzer(in) *m/f,* Inhaber(in) *m/f*
holder in due course ['həʊldər ɪn djuː kɔːs] *sb* rechtmäßige(r) Inhaber(in) *m/f*
holder of an interest ['həʊldər əv ən 'ɪntrəst] *sb* Anteilsinhaber(in) *m/f,* Miteigentümer(in) *m/f*
holding company ['həʊldɪŋ 'kʌmpənɪ] *sb* Dachgesellschaft *f,* Holdinggesellschaft *f*
holding costs ['həʊldɪŋ kɒsts] *pl* Lagerhaltungskosten *pl*

holding fund ['həʊldɪŋ fʌnd] *sb* Dachfonds *m*
holding level ['həʊldɪŋ levl] *sb* Bestandshöhe *f,* Lagerbestand *m*
holding period ['həʊldɪŋ 'pɪərɪəd] *sb* Sperrfrist *f*
holdings ['həʊldɪŋz] *pl* Besitz *m; (financial)* Anteile *m/pl*
holdings of foreign exchange ['həʊldɪŋz əv 'fɒrən ɪks'tʃeɪndʒ] *pl* Währungsreserven *f/pl,* Devisenbestände *m/pl*
holdings of securities ['həʊldɪŋz əv sɪ'kjʊərɪtiz] *pl* Wertpapierbestand *m*
hold order [həʊld 'ɔːdə] *sb* Arbeitsunterbrechungsanweisung *f*
holdover ['həʊldəʊvə] *sb* übertragene Konzession *f*
hold-up ['həʊldʌp] *sb (delay)* Verzögerung *f*
holiday ['hɒlɪdeɪ] *sb* Feiertag *m; (day off)* freier Tag *m*
holiday allowance ['hɒlɪdeɪ ə'laʊəns] *sb* Urlaubsgeld *n*
holiday closing ['hɒlɪdeɪ 'kləʊzɪŋ] *sb* Feiertagsruhe *f*
holiday deputy ['hɒlɪdeɪ 'depjʊtɪ] *sb* Urlaubsvertretung *f*
home banking [həʊm 'bæŋkɪŋ] *sb* Homebanking *n*
home consumption [həʊm kən'sʌmʃən] *sb* Inlandsverbrauch *m*
home delivery [həʊm dɪ'lɪvərɪ] *sb* Hauszustellung *f*
home demand [həʊm dɪ'mɑːnd] *sb* Inlandsnachfrage *f*
home market [həʊm 'mɑːkɪt] *sb* Binnenmarkt *m*
homepage ['həʊmpeɪdʒ] *sb* Homepage *f*
home trade [həʊm treɪd] *sb* Binnenwirtschaft *f,* Binnenhandel *m*
homework ['həʊmwɜːk] *sb* Heimarbeit *f*
homogeneous products [həʊməʊ'dʒiːnɪəs 'prɒdʌkts] *pl* homogene Güter *n/pl*
honorary degree ['ɒnərərɪ dɪ'griː] *sb* ehrenhalber verliehener akademischer Grad *m*
honour ['ɒnə] *v 1. (a cheque)* annehmen, einlösen; *2. (a credit card)* anerkennen; *3. (a debt)* begleichen; *4. (a commitment)* stehen zu; *5. (a contract)* erfüllen
horizontal corporate concentration [hɒrɪ'zɒntəl 'kɔːpərɪt kɒnsen'treɪʃən] *sb* horizontale Unternehmenskonzentration *f*
horizontal diversification [hɒrɪ'zɒntəl daɪvɜːsɪfɪ'keɪʃən] *sb* horizontale Diversifikation *f*
horizontal financing rules [hɒrɪ'zɒntəl faɪ'nænsɪŋ ruːlz] *pl* horizontale Finanzierungsregeln *f*
horizontal restraints of competition [hɒrɪ'zɒntəl rɪ'streɪnts əv kɒmpɪ'tɪʃən] *pl* horizontale Wettbewerbsbeschränkung *f*
hospitality [hɒspɪ'tælɪtɪ] *sb* Gastfreundschaft *f,* Bewirtung *f*
hotline ['hɒtlaɪn] *sb* Hotline *f*
hourly wage ['aʊəlɪ weɪdʒ] *sb* Stundenlohn *m*
hours of business ['aʊəz əv 'bɪznɪs] *sb* Öffnungszeiten *f/pl,* Geschäftszeiten *f/pl*
hours reduction ['aʊəz rɪ'dʌkʃən] *sb* Arbeitszeitverkürzung *f*
house bill [haʊs bɪl] *sb* Spediteur-Konnossement *n*
house brand [haʊs brænd] *sb* Eigenmarke *f,* Hausmarke *f*
house cheque [haʊs tʃek] *sb* Filialscheck *m*
housebreaking insurance ['haʊsbreɪkɪŋ ɪn'ʃʊərəns] *sb* Einbruchversicherung *f*
household ['haʊshəʊld] *sb* Haushalt *m*
housekeeping account ['haʊskiːpɪŋ ə'kaʊnt] *sb* Wirtschaftsstatistik *f*
housing construction ['haʊzɪŋ kən'strʌkʃən] *sb* Wohnungsbau *m*
hub [hʌb] *sb 1.* Verkehrsknotenpunkt *m; 2. (centre)* Zentrum *n*
huckster ['hʌkstə] *sb 1. (person preparing advertising)* Werbemensch *m; 2. (peddler)* Straßenhändler *m,* Trödler *m*
human assets ['hjuːmən 'æsets] *pl* Humanvermögen *n*
human capital ['hjuːmən 'kæpɪtəl] *sb* Humankapital *n*
human resources ['hjuːmən rə'sɔːsɪz] *pl* Humanvermögen *n,* Arbeitskraft *f*
hundredweight ['hʌndrɪdweɪt] *sb (UK: 50,8 kg) (US: 45,4 kg)* Zentner *m*
hybrid competitive strategies ['haɪbrɪd kɒm'petɪtɪv 'strætɪdʒiːz] *pl* hybride Wettbewerbsstrategien *f/pl*
hybrid financing instruments ['haɪbrɪd faɪ'nænsɪŋ 'ɪnstrumənts] *pl* hybride Finanzierungsinstrumente *n/pl*
hybrid forms of organization ['haɪbrɪd fɔːmz əv ɔːgənaɪ'zeɪʃən] *pl* hybride Organisationsformen *f/pl*
hype [haɪp] *v 1. (promote, publicize)* aggressiv propagieren; *sb 2. (publicity)* Publizität *f,* aggressive Propaganda *f*
hyperinflation [haɪpərɪn'fleɪʃən] *sb* Hyperinflation *f*
hypermarket ['haɪpəmɑːkɪt] *sb (UK)* Großmarkt *m,* Verbrauchermarkt *m*

I

ID card [aɪ'diː kaːd] *sb* Dienstausweis *m*, Personalausweis *m*

idea [aɪ'dɪə] *sb 1.* Idee *f*, Einfall *m; 2. (concept)* Vorstellung *f*, Ansicht *f; give s.o. an ~ of ...* jdm eine ungefähre Vorstellung von ... geben

identification [aɪdentɪfɪ'keɪʃən] *sb (proof of identity)* Ausweis *m*, Legitimation *f*

identification character [aɪdentɪfɪ'keɪʃən 'kærəktə] *sb* Kennung *f*

identification paper [aɪdentɪfɪ'keɪʃən 'peɪpə] *sb* Ausweispapier *n*, Legitimationspapier *n*

idle ['aɪdl] *adj 1. (not working)* müßig, untätig; *2. (machine)* stillstehend, außer Betrieb; *3. (threat, words)* leer

ill-effect [ɪlɪ'fekt] *sb* nachteilige Folge *f*

illegal [ɪ'liːgəl] *adj* illegal, ungesetzlich, gesetzwidrig

illegality [ɪlɪ'gælətɪ] *sb* Rechtswidrigkeit *f*

illegible [ɪ'ledʒɪbl] *adj* unleserlich

illicit [ɪ'lɪsɪt] *adj* verboten, illegal

illicit trade [ɪ'lɪsɪt treɪd] *sb* Schwarzhandel *m*

illicit work [ɪ'lɪsɪt wɜːk] *sb* Schwarzarbeit *f*

illiquidity [ɪlɪ'kwɪdɪtɪ] *sb* Illiquidität *f*

image advertising ['ɪmɪdʒ 'ædvətaɪzɪŋ] *sb* Prestigewerbung *f*

image building ['ɪmɪdʒ 'bɪldɪŋ] *sb* Imagepflege *f*

imaginary profit [ɪ'mædʒɪnərɪ 'prɒfɪt] *sb* imaginärer Gewinn *m*

imitate ['ɪmɪteɪt] *v* nachahmen, imitieren, nachmachen

imitation [ɪmɪ'teɪʃən] *sb* Imitation *f*, Nachahmung *f*

immaterial [ɪmə'tɪərɪəl] *adj* unwesentlich, unerheblich

immediate delivery [ɪ'miːdɪət dɪ'lɪvərɪ] *sb* sofortige Lieferung *f*

immediately [ɪ'miːdɪətlɪ] *adv* umgehend, sofort

immediate payment [ɪ'miːdɪət 'peɪmənt] *sb* sofortige Zahlung *f*

immobilization [ɪməʊbɪlaɪ'zeɪʃən] *sb 1.* Stilllegung *f*, Immobilisierung *f; 2. (money)* Festlegung *f*, Bindung *f*

immovable property [ɪ'muːvəbəl 'prɒpətɪ] *sb* Liegenschaft *f*, unbewegliches Vermögen *n*

immovables [ɪ'muːvəbəlz] *pl* Immobilien *f/pl*

immunity [ɪ'mjuːnɪtɪ] *sb* Immunität *f;* Straffreiheit *f*

impact analysis ['ɪmpækt ə'næləsɪs] *sb* Werbewirksamkeitsanalyse *f*

impact of tax ['ɪmpækt əv tæks] *sb* Steuerbelastung *f*

impairment in value [ɪ'mpɛəmənt ɪn 'væljuː] *sb* Wertminderung *f*

impediment [ɪm'pedɪmənt] *sb* Hindernis *n*, Hemmnis *n*

imperfect market [ɪm'pɜːfekt 'mɑːkɪt] *sb* unvollkommener Markt *m*

impersonal security deposit [ɪm'pɜːsənəl sɪ'kjʊərɪtɪ də'pɒzɪt] *sb* Sachdepot *n*

impersonal taxes [ɪm'pɜːsənəl 'tæksɪz] *pl* Realsteuern *f/pl*

implement ['ɪmplɪment] *v* durchführen, ausführen

implementation [ɪmplɪmen'teɪʃən] *sb 1.* Ausführung *f*, Durchführung *f*, Handhabung *f; 2. (EDV)* Implementierung *f*

implication [ɪmplɪ'keɪʃən] *sb* Auswirkung *f*, Begleiterscheinung *f*

implicit basis of a contract [ɪm'plɪsɪt 'beɪsɪs əv ə 'kɒntrækt] *sb* Geschäftsgrundlage *f*

implicit costs [ɪm'plɪsɪt kɒsts] *sb* kalkulatorische Kosten *pl*

import [ɪm'pɔːt] *v* einführen, importieren; ['ɪmpɔːt] *sb* Einfuhr *f*, Import *m ; ~s pl (goods)* Einfuhrartikel *m/pl*, Einfuhrwaren *f/pl*

import and export merchant ['ɪmpɔːt ənd 'ekspɔːt 'mɜːtʃənt] *sb* Außenhandelskaufmann/Außenhandelskauffrau *m/f*

import cartel ['ɪmpɔːt kɑː'tel] *sb* Importkartell *n*

import ceiling ['ɪmpɔːt 'siːlɪŋ] *sb* Importquote *f*

import declaration ['ɪmpɔːt deklə'reɪʃən] *sb* Einfuhrerklärung *f*, Importerklärung *f*

import deposit ['ɪmpɔːt dɪ'pɒzɪt] *sb* Importdepot *n*

import documents ['ɪmpɔːt 'dɒkjʊmənts] *pl* Einfuhrpapiere *n/pl*, Importdokumente *m/pl*

import duty ['ɪmpɔːt 'djuːtɪ] *sb* Einfuhrzoll *m*, Einfuhrabgabe *f*

import financing ['ɪmpɔːt faɪ'nænsɪŋ] *sb* Importfinanzierung *f*

import levy ['ɪmpɔːt 'levɪ] *sb* Einfuhrabschöpfung *f*

import licence ['ɪmpɔːt 'laɪsəns] *sb* Einfuhrgenehmigung *f,* Importlizenz *f*
import of capital ['ɪmpɔːt əv 'kæpɪtəl] *sb* Kapitalimport *m*
import penetration ['ɪmpɔːt penɪ'treɪʃən] *sb* Importanteil *m*
import permit ['ɪmpɔːt 'pɜːmɪt] *sb* Einfuhrgenehmigung *f,* Importerlaubnis *f*
import quota ['ɪmpɔːt 'kwəʊtə] *sb* Importquote *f,* Importkontingent *n*
import restriction ['ɪmpɔːt rɪ'strɪkʃən] *sb* Einfuhrbeschränkung *f,* Importbeschränkung *f*
import restrictions ['ɪmpɔːt rɪ'strɪkʃənz] *pl* Importrestriktionen *f/pl*
import surcharge ['ɪmpɔːt 'sɜːtʃɑːdʒ] *sb* Einfuhrsonderzoll *m*
import surplus ['ɪmpɔːt 'sɜːpləs] *sb* Importüberschuss *m*
import tariff ['ɪmpɔːt 'tɛərɪf] *sb* Importzoll *m*
import trade ['ɪmpɔːt treɪd] *sb* Importhandel *m*
import turnover tax [ɪm'pɔːt 'tɜːnəʊvə tæks] *sb* Einfuhrumsatzsteuer *f*
imported inflation [ɪm'pɔːtɪd ɪn'fleɪʃən] *sb* importierte Inflation *f*
importer [ɪm'pɔːtə] *sb* Importeur(in) *m/f*
impose [ɪm'pəʊz] *v 1. (a fine)* verhängen; *2. (a tax)* erheben
imposition [ɪmpə'zɪʃən] *sb* Auferlegung *f,* Verhängung *f,* Erhebung *f*
impost ['ɪmpəʊst] *sb 1. (tax, duty)* Ausgleichsabgabe *f,* Steuer; 2. Einfuhrzoll *m*
impound [ɪm'paʊnd] *v* beschlagnahmen, sicherstellen
imprest [ɪm'prest] *sb* Vorschuss *m,* Spesenvorschuss *m*
improper [ɪm'prɒpə] *adj* unsachgemäß, nicht sachgerecht
improve [ɪm'pruːv] *v 1. (sth)* verbessern; *2. (refine)* verfeinern; *3. (sth's appearance)* verschönern
improvement [ɪm'pruːvmənt] *sb* Verbesserung *f,* Besserung *f,* Verschönerung *f*
improvement area [ɪm'pruːvmənt 'ɛərɪə] *sb* Erschließungsgebiet *n*
improvement grant [ɪm'pruːvmənt grɑːnt] *sb* Modernisierungszuschuss *m*
improvement of efficiency [ɪm'pruːvmənt əv ɪ'fɪʃənsɪ] *sb* Rationalisierungserfolg *m*
improver [ɪm'pruːvə] *sb* Praktikant(in) *m/f,* Volontär(in) *m/f*
impulse purchase ['ɪmpʌls 'pɜːtʃɪs] *sb* Impulskauf *m*
imputation [ɪmpjʊ'teɪʃən] *sb* Anrechnung *f,* Zuschreibung *f*
impute [ɪm'pjuːt] *v* zuschreiben, beimessen
in cash [ɪn kæʃ] in bar
in duplicate [ɪn 'djuːplɪkət] in zweifacher Ausfertigung
in lieu of payment [ɪn ljuː əv 'peɪmənt] zahlungsstatt
in liquidation [ɪn lɪkwɪ'deɪʃən] in Liquidation
in prospect [ɪn 'prɔspekt] Exante
in rem [ɪn 'rem] dinglich
in retrospect [ɪn 'retrəspekt] Expost
in stock [ɪn 'stɒk] auf Lager, vorrätig
in total [ɪn 'təʊtəl] unter dem Strich
inactive security [ɪn'æktɪv sɪ'kjʊərɪtɪ] *sb* totes Papier *n*
inaugurate [ɪ'nɔːgjʊreɪt] *v (an official)* ins Amt einsetzen; *(a building)* einweihen
incapacitated [ɪnkə'pæsɪteɪtɪd] *adj (unable to work)* erwerbsunfähig
incapacity to contract [ɪnkə'pæsətɪ tuː kən'trækt] *sb* Geschäftsunfähigkeit *f*
incentive [ɪn'sentɪv] *sb* Ansporn *m,* Anreiz *m*
incentive bonus [ɪn'sentɪv 'bəʊnəs] *sb* Leistungsprämie *f*
incentive payment [ɪn'sentɪv 'peɪmənt] *sb* Erfolgsprämie *f,* Gratifikation *f*
incentive system [ɪn'sentɪv 'sɪstəm] *sb* Anreizsystem *n*
inch [ɪntʃ] *sb (measurement)* Zoll *m; ~ by ~* Zentimeter um Zentimeter
incidence of taxation ['ɪnsɪdəns əv tæk'seɪʃən] *sb* Steuerbelastung *f*
incidental [ɪnsɪ'dentl] *sb (~ expenses)* Nebenkosten *pl*
incidental labour costs [ɪnsɪ'dentl 'leɪbə kɒsts] *sb* Lohnnebenkosten *pl*
incidentals [ɪnsɪ'dentəlz] *pl* Nebenkosten *pl*
include [ɪn'kluːd] *v* einschließen, enthalten, umfassen; *tax ~d* einschließlich Steuer, inklusive Steuer
included [ɪn'kluːdɪd] *adj* eingeschlossen, inbegriffen
included in the price [ɪn'kluːdɪd ɪn ðə praɪs] *adv* im Preis inbegriffen, im Preis enthalten
including [ɪn'kluːdɪŋ] *adv* einschließlich, inklusive
inclusion on the liabilities side [ɪn'kluːʒən ɒn ðə laɪə'bɪlɪtiːz saɪd] *sb* Passivierung *f*
inclusive [ɪn'kluːsɪv] *adj ~ of* einschließlich, inklusive
income ['ɪnkʌm] *sb* Einkommen *n,* Einkünfte *pl,* Erfolgsrechnung *f*

income after tax ['ɪnkʌm 'ɑ:ftə tæks] *sb* Gewinn nach Abzug der Steuern *m*
income band ['ɪnkʌm bænd] *sb* Gehaltsstufe *f,* Gehaltsklasse *f*
income before tax ['ɪnkʌm bɪ'fɔ: tæks] *sb* Gewinn vor Abzug der Steuern *m*
income bond ['ɪnkʌm bɒnd] *sb* Gewinnobligation *f*
income bracket ['ɪnkʌm 'brækɪt] *sb 1.* Einkommensgruppe *f,* Einkommenskategorie *f; 2. (tax)* Einkommensteuerklasse *f*
income declaration ['ɪnkʌm deklə'reɪʃən] *sb* Einkommenserklärung *f*
income effect ['ɪnkʌm ɪ'fekt] *sb* Einkommenseffekt *m*
income from capital ['ɪnkʌm frɒm 'kæpɪtəl] *sb* Kapitalertrag *m*
income from gainful employment ['ɪnkʌm frɒm 'geɪnfəl ɪm'plɔɪmənt] *sb* Erwerbseinkommen *n*
income from interests ['ɪnkʌm frɒm 'ɪntrɪsts] *sb* Zinsertrag *m*
income from investments ['ɪnkʌm frɒm ɪn'vestmənts] *sb* Kapitalerträge *m/pl*
income fund ['ɪnkʌm fʌnd] *sb* Einkommensfond *m*
income generating effect ['ɪnkʌm 'dʒenəreɪtɪŋ ɪ'fekt] *sb* Einkommenseffekt *m*
income limit for the assessment of contributions ['ɪnkʌm 'lɪmɪt fɔ: ði: ə'sesmənt əv kɒntrɪ'bju:ʃənz] *sb* Beitragsbemessungsgrenze *f*
income statement ['ɪnkʌm 'steɪtmənt] *sb* Erfolgsbilanz *f*
income tax ['ɪnkʌm tæks] *sb* Einkommensteuer *f; ~ return* Einkommensteuererklärung *f*
income tax allowance ['ɪnkʌm tæks a'lauəns] *sb* Einkommensteuerfreibetrag *m*
income value ['ɪnkʌm 'vælju:] *sb* Ertragswert *m*
incoming ['ɪnkʌmɪŋ] *adj (post)* eingehend
incoming order ['ɪnkʌmɪŋ 'ɔ:də] *sb* Auftragseingang *m*
incompetence [ɪn'kɒmpɪtəns] *sb* Unfähigkeit *f,* Untauglichkeit *f,* Inkompetenz *f,* Unzuständigkeit *f*
incompetent [ɪn'kɒmpɪtənt] *adj* unfähig; *(for sth)* untauglich, inkompetent; *(legally)* nicht zuständig
incomplete [ɪnkəm'pli:t] *adj* unvollständig, unvollendet, unvollkommen
incorporate [ɪn'kɔ:pəreɪt] *v 1.* gesellschaftlich organisieren; *2. (US)* als Aktiengesellschaft eintragen
incorporation [ɪnkɔ:pə'reɪʃən] *sb* Gründung *f,* Eintragung einer Gesellschaft *f*
increase [ɪn'kri:s] *v 1.* zunehmen; *2. (amount, number)* anwachsen; *3. (sales, demand)* steigen; *4. (sth)* vergrößern; *5. (taxes, price, speed)* erhöhen; *6. (performance)* steigern; ['ɪnkri:s] *sb 7.* Zunahme *f,* Erhöhung *f,* Steigerung *f*
increase in efficiency ['ɪnkri:s ɪn 'ɪfɪʃənsɪ] *sb* Leistungssteigerung *f*
increase in own capital ['ɪnkri:s ɪn əʊn 'kæpɪtəl] *sb* Eigenkapitalerhöhung *f*
increase in salary ['ɪnkri:s ɪn 'sælərɪ] *sb* Gehaltserhöhung *f*
increase in taxes ['ɪnkri:s ɪn 'tæksɪz] *sb* Steuererhöhung *f*
increase in total assets and liabilities ['ɪnkri:s ɪn 'təʊtəl 'æsets ænd laɪə'bɪlɪti:z] *sb* Bilanzverlängerung *f*
increase in wages ['ɪnkri:s ɪn 'weɪdʒɪz] *sb* Lohnerhöhung *f*
increase of capital ['ɪnkri:s əv 'kæpɪtl] *sb* Kapitalerhöhung *f*
increase of the share capital ['ɪnkri:s əv ðə ʃɛə 'kæpɪtl] *sb* Kapitalerhöhung *f*
increased valuation on previous balance-sheet figures [ɪn'kri:st vælju'eɪʃən ɒn 'pri:vɪəs 'bælənsʃi:t 'fɪgəz] *(taxes)* Wertaufholung *f*
increment ['ɪnkrəmənt] *sb* Zuwachs *m,* (Wert-)Steigerung *f*
incriminate [ɪn'krɪmɪneɪt] *v* belasten
incrimination [ɪnkrɪmɪ'neɪʃən] *sb* Belastung *f*
indebtedness [ɪn'detɪdnɪs] *sb* Verschuldung *f*
indemnification [ɪndemnɪfɪ'keɪʃən] *sb 1.* Entschädigung *f; 2. (insurance)* Versicherung *f*
indemnify [ɪn'demnɪfaɪ] *v 1.* entschädigen; *2. (insurance)* versichern
indemnity [ɪn'demnɪtɪ] *sb 1.* Entschädigung *f; 2. (insurance)* Versicherung *f*
indemnity bond [ɪn'demnətɪ bɒnd] *sb* Garantieverpflichtung *f,* Ausfallbürgschaft *f*
indemnity claim [ɪn'demnətɪ kleɪm] *sb* Schadensersatzanspruch *m*
indemnity clause [ɪn'demnətɪ klɔ:z] *sb* Haftungsfreistellungsklausel *f*
independence [ɪndɪ'pendəns] *sb* Unabhängigkeit *f,* Selbstständigkeit *f*
independent [ɪndɪ'pendənt] *adj* unabhängig, selbstständig
index ['ɪndeks] *sb 1. (number showing ratio)* Index *m; 2. (card ~)* Kartei *f*
index card ['ɪndeks kɑ:d] *sb* Karteikarte *f*
index clause ['ɪndeks klɔ:z] *sb* Indexklausel *f*

index numbers ['ɪndeks 'nʌmbəz] *pl* Kennziffern *f/pl*
index tracker fund ['ɪndeks 'trækə fʌnd] *sb* dynamischer Fonds *m,* Indexfonds *m*
indexation [ɪndek'seɪʃən] *sb* Indexierung *f*
index-based ['ɪndeksbeɪsd] *adj* indexgebunden, indexiert, Index…
index-linked ['ɪndekslɪŋkd] *adj* sich nach der Inflationsrate richtend
index-linked currency ['ɪndekslɪŋkt 'kʌrənsɪ] *sb* Indexwährung *f*
index-linked loan ['ɪndekslɪŋkt ləʊn] *sb* Indexanleihe *f*
index-linked wage ['ɪndekslɪŋkt weɪdʒ] *sb* Indexlohn *m*
index-linking ['ɪndeks'lɪŋkɪŋ] *sb* Indexbindung *f*
indicator ['ɪndɪkeɪtə] *sb* Indikator *m*
indifferent goods [ɪn'dɪfərənt gʊdz] *pl* indifferente Güter *n/pl*
indirect center ['ɪndaɪrekt 'sentə] *sb* Nebenkostenstelle *f*
indirect method of depreciation ['ɪndaɪrekt 'meθəd əv dɪpriːʃi'eɪʃən] *sb* indirekte Abschreibung *f*
indirect selling ['ɪndaɪrekt 'selɪŋ] *sb* indirekter Absatz *m*
indirect taxes ['ɪndaɪrekt 'tæksɪz] *pl* indirekte Steuern *f/pl*
individual [ɪndɪ'vɪdjʊəl] *adj* einzeln, Einzel...
individual credit insurance [ɪndɪ'vɪdjʊəl 'kredɪt ɪn'ʃʊərəns] *sb* Einzelkreditversicherung *f*
individual deposit of securities [ɪndɪ'vɪdjʊəl də'pɒzɪt əv sɪ'kjʊərɪtiːz] *sb* Streifbanddepot *n*
individual employment contract [ɪndɪ'vɪdjʊəl ɪm'plɔɪmənt 'kɒntrækt] *sb* Einzelarbeitsvertrag *m*
individual income [ɪndɪ'vɪdjʊəl 'ɪnkʌm] *sb* Individualeinkommen *n*
individual labor law [ɪndɪ'vɪdjʊəl 'leɪbə lɔː] *sb* Individualarbeitsrecht *n*
individually [ɪndɪ'vɪdjʊəlɪ] *adv (separately)* einzeln
individual power of procuration [ɪndɪ'vɪdjʊəl 'paʊə əv prɒkjuː'reɪʃən] *sb* Einzelprokura *f*
individual power of representation [ɪndɪ'vɪdjʊəl 'paʊə əv reprɪzən'teɪʃən] *sb* Einzelvollmacht *f*
individual production *sb* [ɪndɪ'vɪdjʊəl prə'dʌkʃən] *sb* Einzelfertigung *f*
indorsement [ɪn'dɔːsmənt] *sb* Indossament *n*
induce [ɪn'djuːs] *v 1. (a reaction)* herbeiführen; *2. ~ s.o. to do sth (persuade)* jdn veranlassen, etw zu tun/jdn dazu bewegen, etw zu tun/jdn dazu bringen, etw zu tun
inducement [ɪn'djuːsmənt] *sb (incentive)* Anreiz *m,* Ansporn *m*
industrial [ɪn'dʌstriəl] *adj* industriell, Industrie..., Betriebs..., Arbeits...
industrial accident [ɪn'dʌstriəl 'æksɪdənt] *sb* Arbeitsunfall *m*
industrial area [ɪn'dʌstriəl 'ɛəriə] *sb* Industriegebiet *n*
industrial bank [ɪn'dʌstriəl bæŋk] *sb* Gewerbebank *f*
industrial bond [ɪn'dʌstriəl bɒnd] *sb* Industrieobligation *f*
Industrial Constitution Law [ɪn'dʌstriəl kɒnstɪ'tjuːʃən lɔː] *sb* Betriebsverfassungsgesetz (BetrVerfG, BetrVG) *n*
industrial credit [ɪn'dʌstriəl 'kredɪt] *sb* Industriekredit *m*
industrial credit bank [ɪn'dʌstriəl 'kredɪt bæŋk] *sb* Industriekreditbank *f*
industrial design [ɪn'dʌstriəl dɪ'zaɪn] *sb* Industriedesign *n*
industrial enterprise [ɪn'dʌstriəl 'entəpraɪz] *sb* Industriebetrieb *m*
industrial espionage [ɪn'dʌstriəl 'espiənɑːʒ] *sb* Industriespionage *f*
industrial estate [ɪn'dʌstriəl ɪ'steɪt] *sb (UK)* Industriegebiet *n*
industrial injury [ɪn'dʌstriəl 'ɪndʒərɪ] *sb* Arbeitsunfall *m,* Betriebsunfall *m*
industrialism [ɪn'dʌstriəlɪzm] *sb* Industrialismus *m*
industrialist [ɪn'dʌstriəlɪst] *sb* Industrielle(r) *f/m*
industrialization [ɪndʌstriəlaɪ'zeɪʃən] *sb* Industrialisierung *f*
industrial loan [ɪn'dʌstriəl ləʊn] *sb* Industrieanleihe *f,* Industriekredit *m*
industrial plant [ɪn'dʌstriəl plɑːnt] *sb* Industrieanlage *f*
industrial production [ɪn'dʌstriəl prə'dʌkʃn] *sb* Industrieproduktion *f,* industrielle Herstellung *f*
industrial robot [ɪn'dʌstriəl 'rəʊbɒt] *sb* Industrieroboter *m*
industrial shares [ɪn'dʌstriəl ʃɛəz] *pl* Industrieaktie *f*
industrial stock exchange [ɪn'dʌstriəl stɒk ɪks'tʃeɪndʒ] *sb* Industriebörse *f*
industrial syndicate [ɪn'dʌstriəl 'sɪndɪkət] *sb* Industriekonsortium *n*

industrial undertaking [ɪn'dʌstriəl ʌndə'tækɪŋ] *sb* Industrieunternehmen *n*
industry ['ɪndəstrɪ] *sb* Industrie *f*, Branche *f*, Industriezweig *m*
industry ratio ['ɪndəstrɪ 'reɪʃɪəʊ] *sb* Branchenkennziffer *f*
industry standard ['ɪndəstrɪ 'stændəd] *sb* Industriestandard *m*
industry statistics ['ɪndəstrɪ stə'tɪstɪks] *sb* Branchenstatistik *f*
industry survey and appraisal ['ɪndəstrɪ 'sɜːveɪ ænd ə'preɪzəl] *sb* Branchenbeobachtung *f*
industry-wide union ['ɪndəstrɪwaɪd 'juːnjən] *sb* Industriegewerkschaft (IG) *f*
inefficiency [ɪnɪ'fɪʃənsɪ] *sb 1. (of a method)* Unproduktivität *f*; *2. (of a person)* Untüchtigkeit *f*; *3. (of a machine, of a company)* Leistungsunfähigkeit *f*
inefficient [ɪnɪ'fɪʃənt] *adj 1. (method)* unproduktiv; *(person)* untüchtig; *2. (machine, company)* leistungsunfähig
inexpensive [ɪnɪk'spensɪv] *adj* nicht teuer, billig
inexperienced [ɪnɪks'pɪərɪənst] *adj* unerfahren
inexpert [ɪn'ekspɜːt] *adj* unfachmännisch, laienhaft
inferior [ɪn'fɪərɪə] *adj 1.* niedriger, geringer, geringwertiger; *2. to be ~ to s.o.* jdm unterlegen sein; *(low-quality)* minderwertig
inferior goods [ɪn'fɪərɪə gʊdz] *pl* geringwertige Güter *pl*
inflate [ɪn'fleɪt] *v (prices)* hochtreiben, in die Höhe treiben
inflation [ɪn'fleɪʃən] *sb* Inflation *f*; *rate of ~* Inflationsrate *f*
inflation import [ɪn'fleɪʃən 'ɪmpɔːt] *sb* Inflationsimport *m*
inflationary [ɪn'fleɪʃənərɪ] *adj* inflationär
influence ['ɪnfluəns] *sb* Einfluss *m*
influence of demand ['ɪnfluːəns əv də'mɑːnd] *sb* Bedarfsbeeinflussung *f*
influential [ɪnflu'enʃəl] *adj* einflussreich
influx ['ɪnflʌks] *sb* Zufuhr *f*, Zufluss *m*
infomercial [ɪnfəʊ'mɜːʃəl] *sb* Werbesendung *f*
informal [ɪn'fɔːməl] *adj* zwanglos, ungezwungen, inoffiziell
informal groups [ɪn'fɔːməl gruːps] *pl* informelle Gruppen *f/pl*
informal organization [ɪn'fɔːməl ɔːgənaɪ'zeɪʃən] *sb* informelle Organisation *f*
information [ɪnfə'meɪʃən] *sb 1.* Information *f*; *2. (provided)* Auskunft *f*, Informationen *f/pl*
information and communications system [ɪnfə'meɪʃən ænd kəmjuːnɪ'keɪʃənz 'sɪstɪm] *sb* Informations- und Kommunikationssystem (IuK-System) *n*
information broker [ɪnfə'meɪʃən 'brəʊkə] *sb* Informationsbroker *m*
information bureau [ɪnfə'meɪʃən 'bjʊərəʊ] *sb* Auskunftei *f*, Informationsbüro *n*
information centre [ɪnfə'meɪʃən 'sentə] *sb* Evidenzzentrale *f*
information costs [ɪnfə'meɪʃən kɒsts] *pl* Informationskosten *pl*
information desk [ɪnfə'meɪʃən desk] *sb* Auskunft *f*, Information *f*, Informationsstand *m*
information file [ɪnfə'meɪʃən faɪl] *sb* Auskunftdatei *f*
information highway [ɪnfə'meɪʃən 'haɪweɪ] *sb* Datenautobahn *f*, Datenhighway *m*
information markets [ɪnfə'meɪʃən 'mɑːkɪts] *pl* Informationsmärkte *m/pl*
information processing [ɪnfə'meɪʃən 'prəʊsesɪŋ] *sb* Datenverarbeitung *f*
information resource management [ɪnfə'meɪʃən rɪ'sɜːs 'mænɪdʒmənt] *sb* Informationsmanagement *n*
information retrieval [ɪnfə'meɪʃən rɪ'triːvl] *sb* Datenabruf *m*
information science [ɪnfə'meɪʃən 'saɪəns] *sb* Informatik *f*
information search [ɪnfə'meɪʃən sɜːtʃ] *sb* Informationsbeschaffung *f*
information services [ɪnfə'meɪʃən 'sɜːvɪsɪz] *pl* Informationsdienste *m/pl*
information technology [ɪnfə'meɪʃən tek'nɔlədʒɪ] *sb* Informationstechnologie *f*
information theory [ɪnfə'meɪʃən 'θɪərɪ] *sb* Informationstheorie *f*
information value [ɪnfə'meɪʃən 'væljuː] *sb* Informationswert *m*
infrastructural credit [ɪnfrə'strʌktʃərəl 'kredɪt] *sb* Infrastrukturkredit *m*
infrastructural measures ['ɪnfrə'strʌktʃərəl 'meʒəz] *sb* Infrastrukturmaßnahmen *f/pl*
infrastructure ['ɪnfrəstrʌktʃə] *sb* Infrastruktur *f*
infrastructure policy ['ɪnfrəstrʌktʃə 'pɔlɪsɪ] *sb* Infrastrukturpolitik *f*
infringe [ɪn'frɪndʒ] *v 1. ~ upon* verstoßen gegen; *2. (law, copyright)* verletzen; *~ upon s.o.'s rights* in jds Rechte eingreifen
infringement [ɪn'frɪndʒmənt] *sb* Verletzung *f*, Verstoß *m*
inherit [ɪn'herɪt] *v* erben

inheritable [ɪn'herɪtəbl] *adj* vererbbar, erblich
inheritance [ɪn'herɪtəns] *sb* Nachlass *m*, Erbschaft *f*
inheritance tax [ɪn'herɪtəns tæks] *sb* Erbschaftssteuer *f*
in-house training ['ɪnhaʊs 'treɪnɪŋ] *sb* betriebliche Ausbildung *f*
initial allowance set [ɪ'nɪʃəl ə'laʊəns set] *sb* Erstausstattung *f*
initial contribution [ɪ'nɪʃəl kɒntrɪ'bju:ʃən] *sb* Stammeinlage *f*
initial period [ɪ'nɪʃəl 'pɪərɪəd] *sb* Anlaufperiode *f*, Anlaufzeit *f*
initialize [ɪ'nɪʃəlaɪz] *v (a computer)* initialisieren
initiative right [ɪ'nɪʃətɪv raɪt] *sb* Initiativrecht *n*
injection of credit [ɪn'jekʃən əv 'kredɪt] *sb* Kreditspritze *f*
injunction [ɪn'dʒʌŋkʃən] *sb* gerichtliche Verfügung *f*
ink pad ['ɪŋkpæd] *sb* Stempelkissen *n*
inland ['ɪnlænd] *adj 1.* Inland...; *adv 2.* landeinwärts
Inland Revenue ['ɪnlænd 'revənju:] *sb (UK)* Finanzamt *n*
inland revenue office ['ɪnlænd 'revənu: 'ɒfɪs] *sb* Finanzamt *n*
inner notice to terminate ['ɪnə 'nəʊtɪs tu 'tɜ:mɪneɪt] *sb* innere Kündigung *f*
innovate ['ɪnəveɪt] *v* Neuerungen vornehmen
innovation [ɪnə'veɪʃən] *sb* Neuerung *f*, Innovation *f*
innovation management [ɪnə'veɪʃən 'mænɪdʒmənt] *sb* Innovationsmanagement *n*
innovative ['ɪnəvətɪv] *adj* auf Neuerungen aus, innovatorisch, innovativ
innovator ['ɪnəveɪtə] *sb* Neuerer *m*
inoperative [ɪn'ɒpərətɪv] *adj (not working)* außer Betrieb, nicht einsatzfähig
inoperative account [ɪn'ɒpərətɪv ə'kaʊnt] *sb* totes Konto *n*
input ['ɪnpʊt] *v 1.* eingeben; *sb 2.* Input *m*
input factor ['ɪnpʊt 'fæktə] *sb* Einsatzfaktor *m*
input tax ['ɪnpʊt tæks] *sb* Vorsteuer *f*
input-output analysis [ɪnpʊt'aʊtpʊt ə'nælɪsɪs] *sb* Input-Output-Analyse *f*
inquest ['ɪnkwest] *sb* gerichtliche Untersuchung *f*
inquiry [ɪn'kwaɪrɪ] *sb* Anfrage *f*
insert [ɪn'sɜ:t] *v 1. (an advertisement)* setzen; ['ɪnsɜ:t] *sb 2. (in a magazine or newspaper)* Beilage *f*
inserted [ɪn'sɜ:tɪd] *adj* beigefügt, beigelegt, hineingesteckt
insertion of an advertisement [ɪn'sɜ:ʃən əv ən əd'vɜ:tɪsmənt] *sb* Anzeigenschaltung *f*
in-service training ['ɪnsɜ:vɪs 'treɪnɪŋ] *sb* innerbetriebliche Weiterbildung *f*
inside money ['ɪnsaɪd 'mʌnɪ] *sb* Innengeld *n*
insider information ['ɪnsaɪdə ɪnfə'meɪʃən] *sb* Insiderinformation *f*
insider security ['ɪnsaɪdə sɪ'kjʊərɪtɪ] *sb* Insiderpapier *n*
insider trading ['ɪnsaɪdə 'treɪdɪŋ] *sb* Insiderhandel *m*
insolvency [ɪn'sɔlvənsɪ] *sb* Zahlungsunfähigkeit *f*, Insolvenz *f*
insolvent [ɪn'sɔlvənt] *adj* zahlungsunfähig
insourcing ['ɪnsɔ:sɪŋ] *sb* Insourcing *n*
inspect [ɪn'spekt] *v* kontrollieren, prüfen
inspection [ɪn'spekʃən] *sb* Kontrolle *f*, Prüfung *f*, Einsichtnahme *f*
inspection of records [ɪn'spekʃən əv 'rekɔ:ds] *sb* Akteneinsicht *f*
installation [ɪnstə'leɪʃən] *sb* Installation *f*, Montage *f*, Aufbau *m*, Aufstellung *f*
installment *(US see "instalment")*
instalment [ɪn'stɔ:lmənt] *sb (payment)* Rate *f*
instalment arrears [ɪn'stɔ:lmənt ə'rɪəz] *sb* Ratenverzug *m*, Ratenrückstand *m*
instalment contract [ɪn'stɔ:lmənt 'kɒntrækt] *sb* Abzahlungskauf *m*
instalment credit [ɪn'stɔ:lmənt 'kredɪt] *sb* Teilzahlungskredit *m*
instalment loans [ɪn'stɔ:lmənt ləʊnz] *pl* Ratenanleihen *f/pl*
instalment mortgage [ɪn'stɔ:lmənt 'mɔ:gɪdʒ] *sb* Abzahlungshypothek *f*, Amortisationshypothek *f*
instalment plan [ɪn'stɔ:lmənt plæn] *sb (US)* Ratenzahlung *f*
instalment rate [ɪn'stɔ:lmənt reɪt] *sb* Amortisationsquote *f*
instalment sale transaction [ɪn'stɔ:lmənt seɪl træn'zækʃən] *sb* Abzahlungsgeschäft *n*
instalment sales credit [ɪn'stɔ:lmənt seɪlz 'kredɪt] *sb* Ratenkredit *m*
instalment sales financing institution [ɪn'stɔ:lmənt seɪlz faɪ'nænsɪŋ ɪnstɪ'tju:ʃən] *sb* Teilzahlungsbank *f*
instance ['ɪnstəns] *(legal system)* Instanz *f*
institutional investor [ɪnstɪ'tju:ʃənəl ɪn'vestə] *sb* institutioneller Anleger *m*
institutional investors [ɪnstɪ'tju:ʃənəl ɪn'vestəz] *sb* Kapitalsammelstelle *f*

institutional trustee [ɪnstɪ'tju:ʃənəl trʌs'ti:] *sb* Treuhandanstalt *f*
in-store ['ɪnstɔ:] *adj* ladeneigen
instruct [ɪn'strʌkt] *v 1.* unterrichten; *2. (tell, direct)* anweisen; *3. (a jury)* instruieren
instruction [ɪn'strʌkʃən] *sb 1. (order)* Anweisung *f,* Instruktion *f; ~s pl 2. (for use)* Gebrauchsanweisung *f*
instrument made out to order ['ɪnstrʊmənt meɪd aʊt tu 'ɔ:də] *sb* Orderpapier *n*
instruments conferring title ['ɪnstrʊmənts kən'fɜ:rɪŋ 'taɪtəl] *pl* Forderungspapiere *n/pl*
instruments of balance sheet policy ['ɪnstrʊmənts əv 'bæləns ʃi:t 'pɒlɪsɪ] *pl* bilanzpolitische Instrumente *n/pl*
instruments to order by law ['ɪnstrʊmənts tu 'ɔ:də baɪ lɔ:] *pl* geborene Orderpapiere *n/pl*
instruments to order by option ['ɪnstrʊmənts tu 'ɔ:də baɪ 'ɒpʃən] *pl* gewillkürte Orderpapiere *n/pl*
insubordination [ɪnsʌbɔ:dɪ'neɪʃən] *sb* Ungehorsamkeit *f,* Insubordination *f*
insurance [ɪn'ʃʊərəns] *sb* Versicherung *f*
insurance agent [ɪn'ʃʊərəns 'eɪdʒənt] *sb* Versicherungsvertreter *m*
insurance benefit [ɪn'ʃʊərəns 'benɪfɪt] *sb* Versicherungsleistung *f*
insurance clause [ɪn'ʃʊərəns klɔ:z] *sb* Versicherungsklausel *f*
insurance company [ɪn'ʃʊərəns 'kʌmpənɪ] *sb* Versicherungsgesellschaft *f*
insurance company share [ɪn'ʃʊərəns 'kʌmpənɪ ʃeə] *sb* Versicherungsaktie *f*
insurance contract [ɪn'ʃʊərəns 'kæntrɒkt] *sb* Versicherungsvertrag *m*
insurance coverage [ɪn'ʃʊərəns 'kʌvərɪdʒ] *sb* Versicherungsschutz *m*
insurance fund [ɪn'ʃʊərəns fʌnd] *sb* Versicherungsfonds *m*
insurance industry principle [ɪn'ʃʊərəns 'ɪndəstrɪ 'prɪnsɪpəl] *sb* Assekuranzprinzip *n*
insurance of persons [ɪn'ʃʊərəns əv 'pɜ:sənz] *sb* Personenversicherung *f*
insurance policy [ɪn'ʃʊərəns 'pɒlɪsɪ] *sb* Versicherungspolice *f*
insurance premium [ɪn'ʃʊərəns 'pri:mɪəm] *sb* Versicherungsprämie *f*
insurance reserve [ɪn'ʃʊərəns rɪ'zɜ:v] *sb* Deckungsrücklage *f*
insurance system [ɪn'ʃʊərəns 'sɪstəm] *sb* Assekuranz *f*
insure [ɪn'ʃʊə] *v* versichern
insured [ɪn'ʃʊəd] *adj* versichert
insured letter [ɪn'ʃʊəd 'letə] *sb* Wertbrief *m*
insured person [ɪn'ʃʊəd 'pɜ:sən] *sb* Versicherungsnehmer(in) *m/f,* Versicherte(r) *f/m*
insured sum [ɪn'ʃʊəd sʌm] *sb* Versicherungssumme *f*
insurer [ɪn'ʃʊərə] *sb* Versicherer *m,* Versicherungsgesellschaft *f*
intake ['ɪnteɪk] *sb 1.* Aufnahme *f,* Abnahme *f; 2. (of orders)* Eingang *m*
intangible assets [ɪn'tændʒɪbəl 'æsets] *pl* immaterielle Werte *m/pl*
intangible stocks and bonds [ɪn'tændʒɪbəl stɒks ænd bɒndz] *pl* intangible Effekte *f/pl*
integral part ['ɪntɪgrəl pɑ:t] *sb* wesentlicher Bestandteil *m*
integration [ɪntɪ'greɪʃən] *sb* Integration *f,* Eingliederung *f*
interact [ɪntər'ækt] *v* aufeinander wirken, interagieren
interaction [ɪntər'ækʃən] *sb* Wechselwirkung *f,* Interaktion *f*
interactive [ɪntər'æktɪv] *adj* interaktiv
interbank rate ['ɪntəbæŋk reɪt] *sb* Interbankrate *f,* Interbankensatz *m*
intercom ['ɪntəkɒm] *sb* Gegensprechanlage *f; (in a building)* Lautsprecheranlage *f*
inter-company agreements [ɪntə'kʌmpənɪ ə'gri:mənts] *pl* Unternehmensverträge *m/pl*
intercontinental [ɪntəkɒntɪ'nentl] *adj* interkontinental
interdependence [ɪntədɪ'pendəns] *sb* Interdependenz *f*
interest ['ɪntrest] *sb 1.* Zinsen *m/pl; 2. (share, stake)* Anteil *m,* Beteiligung *f; 3. taxation of ~* Zinsbesteuerung *f*
interest account ['ɪntrest ə'kaʊnt] *sb* Zinsmarge *f*
interest balance ['ɪntrest 'bæləns] *sb* Zinssaldo *m*
interest differential ['ɪntrest dɪfə'renʃəl] *sb* Zinsgefälle *n*
interested party ['ɪntrestɪd 'pɑ:tɪ] *sb* Interessent *m*
interest elasticity ['ɪntrest ɪlæs'tɪsɪtɪ] *sb* Zinselastizität *f*
interest-free [ɪntrest'fri:] *adj* zinslos
interest group ['ɪntrest gru:p] *sb* Interessenverband *m*
interest margin ['ɪntrest 'mɑ:dʒɪn] *sb* Zinsmarge *f,* Zinsspanne *f*
interest on borrowed capital ['ɪntrest ɒn 'bɒrəʊd 'kæpɪtəl] *sb* Fremdkapitalzins *m*
interest on capital ['ɪntrest ɒn 'kæpɪtl] *sb* Kapitalzins *m*

interest on debts ['ɪntrest ɒn dets] *sb* Schuldzins *m*
interest on long-term debts ['ɪntrest ɒn 'lɒŋtɜːm dets] *sb* Dauerschuldzinsen *m/pl*
interest on money ['ɪntrest ɒn 'mʌnɪ] *sb* Geldzins *m*
interest parity ['ɪntrest 'pærɪtɪ] *sb* Zinsparität *f*
interest payable ['ɪntrest 'peɪjəbl] *sb* Passivzins *m*
interest payment date ['ɪntrest 'peɪmənt deɪt] *sb* Zinstermin *m*
interest rate ['ɪntrest reɪt] *sb* Zinssatz *m*
interest rate arbitrage ['ɪntrest reɪt 'ɑːbɪtrɪdʒ] *sb* Zinsarbitrage *f*
interest rate control ['ɪntrest reɪt kən'trəʊl] *sb* Zinsbindung *f*
interest rate customary in the market ['ɪntrest reɪt 'kʌstəmərɪ ɪn ðə 'mɑːket] *sb* marktüblicher Zins *m/pl*
interest rate for accounting purposes ['ɪntrest reɪt fɔːr ə'kaʊntɪŋ 'pɜːpəsɪs] *sb* Rechnungszins *m*
interest rate future ['ɪntrest reɪt 'fjuːtʃə] *sb* Interest Rate Future *n*
interest rate level ['ɪntrest reɪt 'levl] *sb* Zinsniveau *n*
interest rate on a loan ['ɪntrest reɪt ɒn ə ləʊn] *sb* Leihzins *m*
interest rate policy ['ɪntrest reɪt 'pɒlɪsɪ] *sb* Zinspolitik *f*
interest rate structure ['ɪntrest reɪt 'strʌktʃə] *sb* Zinsstruktur *f*
interest rate swap ['ɪntrest reɪt swɒp] *sb* Zinsswap *m*
interest rate table ['ɪntrest reɪt 'teɪbl] *sb* Zinsstaffel *f*
interest receivable ['ɪntrest rɪ'siːvəbl] *sb* Aktivzins *m*
interest service ['ɪntrest 'sɜːvɪs] *sb* Zinsendienst *m*
interest surplus ['ɪntrest 'sɜːplʌs] *sb* Zinsüberschuss *m*
interest tender ['ɪntrest 'tendə] *sb* Zinstender *m*
interface ['ɪntəfeɪs] *sb* Interface *n*, Schnittstelle *f*
inter-generation compact [ɪntədʒenə'reɪʃən 'kɒmpækt] *sb* Generationenvertrag *m*
interim ['ɪntərɪm] *adj 1.* vorläufig, Übergangs..., Interims...; *sb 2.* Zwischenzeit *f*
interim account ['ɪntərɪm ə'kaʊnt] *sb* Zwischenkonto *n*
interim balance sheet ['ɪntərɪm 'bæləns ʃiːt] *sb* Zwischenbilanz *f*
interim budget ['ɪntərɪm 'bʌdʒɪt] *sb* Nachtragshaushalt *m*
interim financing ['ɪntərɪm faɪ'nænsɪŋ] *sb* Zwischenfinanzierung, Überbrückungsfinanzierung *f*
interim interest ['ɪntərɪm 'ɪntrest] *sb* Zwischenzinsen *m/pl*
interim loan ['ɪntərɪm ləʊn] *sb* Zwischenkredit *m*
interim retirement pension ['ɪntərɪm rɪ'taɪəmənt 'penʃən] *sb* Überbrückungsrente *f*
interim shareholder ['ɪntərɪm 'ʃɛəhəʊldə] *sb* Zwischenaktionär *m*
interim solution ['ɪntərɪm sə'luːʃən] *sb* Interimslösung *f*, Übergangslösung *f*
interior [ɪn'tɪərɪə] *adj (domestic)* Binnen..., Innen...
interlocking ['ɪntəlɒkɪŋ] *sb* Verschachtelung *f*
interlocking directorate ['ɪntəlɒkɪŋ daɪ'rektərɪt] *sb* Überkreuzverflechtung *f*
intermediary [ɪntə'miːdɪərɪ] *sb 1.* Vermittler *m*, Mittelsmann *m; 2. act as ~* vermitteln
intermediate broker [ɪntə'miːdjət 'brəʊkə] *sb* Untermakler *m*
intermediate company [ɪntə'miːdjət 'kʌmpənɪ] *sb* Zwischengesellschaft *f*
Intermediate Court of Appeals [ɪntə'miːdjət kɔːt əv ə'piːlz] *sb* Oberlandesgericht (OLG) *n*
intermediate inventory [ɪntə'miːdjət 'ɪnventrɪ] *sb* Zwischenlager *n*
intermediate products [ɪntə'miːdjət 'prɒdʌkts] *pl* Vorprodukte *n/pl*
intermediate share certificate [ɪntə'miːdjət ʃɛə sɜː'tɪfɪkɪt] *sb* Anrechtscheine *m/pl*
intermediation [ɪntəmiːdɪ'eɪʃən] *sb* Mitwirkung *f*
internal [ɪn'tɜːnl] *adj 1. (within an organization)* intern; *2. (within a country)* Innen..., Binnen...
internal accounting [ɪn'tɜːnl ə'kaʊntɪŋ] *sb* internes Rechnungswesen *n*
internal audit [ɪn'tɜːnl 'ɔːdɪt] *sb* interne Revision *f*
internal financing [ɪn'tɜːnl faɪ'nænsɪŋ] *sb* Innenfinanzierung *f*
internal interest rate [ɪn'tɜːnl 'ɪntrest reɪt] *sb* interner Zinsfuß *m*
internalization of external effects [ɪntɜːnəlaɪ'zeɪʃən əv 'ekstɜːnl ɪ'fekts] *sb* Internalisierung externer Effekte *f*

Internal Market of the European Community [ɪn'tɜːnl 'mɑːkɪt əv ðɪ 'jʊərəpɪən kə'mjuːnɪtɪ] *sb* Europäischer Binnenmarkt *m*
internal partnership [ɪn'tɜːnl 'pɑːtnəʃɪp] *sb* Innengesellschaft *f*
internal services [ɪn'tɜːnl 'sɜːvɪsɪz] *pl* innerbetriebliche Leistungen *f/pl*
internal supervision system [ɪn'tɜːnl suːpə'vɪʒən 'sɪstɪm] *sb* internes Überwachungssystem *n*
internal syndicate [ɪn'tɜːnl 'sɪndɪkɪt] *sb* Innenkonsortium *n*
international [ɪntə'næʃnəl] *adj* international
international capital transactions [ɪntə'næʃnəl 'kæpɪtəl træn'zækʃənz] *sb* internationaler Kapitalverkehr *m*
international cash position [ɪntə'næʃnəl kæʃ pə'zɪʃən] *sb* internationale Liquidität *f*
International Commodity Agreements [ɪntə'næʃnəl kə'mɒdɪtɪ ə'griːmənts] *sb* Rohstoffabkommen *n*
international commodity exchange [ɪntə'næʃnəl kə'mɔdɪtɪ ɪks'tʃeɪndʒ] *sb* Internationale Warenbörsen *f/pl*
international consignment note [ɪntə'næʃnəl kən'saɪnmənt nəʊt] *sb* internationaler Frachtbrief *m*
international credit markets [ɪntə'næʃnəl 'kredɪt 'mɑːkɪts] *pl* internationale Kreditmärkte *m/pl*
international economic order [ɪntə'næʃnəl ɪːkə'nɒmɪk 'ɔːdə] *sb* Weltwirtschaftsordnung *f*
international economic policy [ɪntə'næʃnəl ɪːkə'nɒmɪk 'pɒlɪsɪ] *sb* Außenwirtschaftspolitik *f*
international economic system [ɪntə'næʃnəl ɪːkə'nɒmɪk 'sɪstɪm] *sb* Weltwirtschaftsordnung *f*
International Federation of Stock Exchanges [ɪntə'næʃnəl fedə'reɪʃən əv stɒk ɪks'tʃeɪndʒɪz] *sb* Internationale Vereinigung der Wertpapierbörsen *f*
international foreign exchange markets [ɪntə'næʃnəl 'fɒrən ɪks'tʃeɪndʒ 'mɑːkɪts] *pl* Internationale Devisenbörsen *f/pl*
internationalization strategy [ɪntə'næʃənəlaɪ'zeɪʃən 'strætɪdʒɪ] *sb* Internationalisierungsstrategie *f*
international law ['ɪntənæʃnəl lɔː] *sb* Völkerrecht *n*
international monetary system [ɪntə'næʃnəl 'mʌnɪtərɪ 'sɪstəm] *sb* Weltwährungssystem *n*, internationales Währungssystem *n*
international payments [ɪntə'næʃnəl 'peɪmənts] *sb* internationaler Zahlungsverkehr *m*
international price system [ɪntə'næʃnəl praɪs 'sɪstɪm] *sb* internationaler Preiszusammenhang *m*
international product liability [ɪntə'næʃnəl 'prɒdʌkt laɪə'bɪlɪtɪ] *sb* internationale Produkthaftung *f*
Internet ['ɪntənet] *sb* Internet *n*
Internet economy ['ɪntənet ɪ'kɒnəmɪ] *sb* Internet-Ökonomie *f*
internship ['ɪntɜːnʃɪp] *sb* Praktikum *n*, Volontariat *n*
interpolation [ɪntəpə'leɪʃən] *sb* Interpolation *f*
interprete [ɪn'tɜːprɪt] *v* dolmetschen, übersetzen
interpreter [ɪn'tɜːprɪtə] *sb* Dolmetscher(in) *m/f*, Übersetzer(in) *m/f*
interrelation [ɪntərɪ'leɪʃən] *sb* Verflechtung *f*, Wechselbeziehung *f*
intertemporal trade [ɪntə'tempərəl treɪd] *sb* intertemporaler Handel *m*
intervene [ɪntə'viːn] *v* intervenieren, eingreifen
intervention [ɪntə'venʃən] *sb* Intervention *f*, Eingreifen *n*
intervention buying [ɪntə'venʃən 'baɪɪŋ] *sb* Interventionskäufe *m/pl*
intervention point [ɪntə'venʃən pɔɪnt] *sb* Interventionspunkte *m/pl*
interview ['ɪntəvjuː] *sb 1. (formal talk)* Gespräch *n; 2. (job ~)* Vorstellungsgespräch *n*
interviewer ['ɪntəvjuːə] *sb (for a job)* Leiter eines Vorstellungsgesprächs *m*
intra-Community deliveries [ɪntrəkə'mjuːnətɪ də'lɪvəriːz] *pl* innergemeinschaftliche Lieferungen *f/pl*
intra-Community trade [ɪntrəkə'mjuːnətɪ treɪd] *sb* innergemeinschaftlicher Verkehr *m*
Intranet ['ɪntrənet] *sb* Intranet *n*
intra-trade statistics ['ɪntrətreɪd stə'tɪstɪks] *pl* Intrahandelsstatistik *f*
intrinsic motivation [ɪn'trɪnzɪk məʊtɪ'veɪʃən] *sb* intrinsische Motivation *f*
intrinsic value [ɪn'trɪnzɪk 'væljuː] *sb* innerer Wert *m*, Substanzwert *m*
introduce [ɪntrə'djuːs] *v (s.o.)* vorstellen; *(to a subject)* einführen; *~ o.s.* sich vorstellen; *(reforms, a method, a fashion)* einführen
introduction [ɪntrə'dʌkʃən] *sb 1. (to a person)* Vorstellung *f; 2. letter of ~* Empfehlungsschreiben *n*, Empfehlungsbrief *m; 3. (of a method)* Einführung *f*

introduction stage [ɪntrə'dʌkʃən steɪdʒ] *sb* Einführungsphase *f*
introductory discount [ɪntrə'dʌktərɪ 'dɪskaʊnt] *sb* Einführungsrabatt *m*
introductory price [ɪntrə'dʌktərɪ praɪs] *sb* Einführungskurs *m*
inure [ɪn'ju:ə] *v* in Kraft treten
invent [ɪn'vent] *v* erfinden
invention [ɪn'venʃən] *sb* Erfindung *f*
inventor [ɪn'ventə] *sb* Erfinder(in) *m/f*
inventory ['ɪnvəntərɪ] *sb* Inventar *n*, Bestandsaufnahme *f*; *take an ~ of sth* Inventar von etw aufnehmen
inventory accounting ['ɪnvəntərɪ ə'kaʊntɪŋ] *sb* Lagerbuchführung *f*, Materialbuchhaltung *f*
inventory balance sheet ['ɪnvəntərɪ 'bæləns ʃi:t] *sb* Inventurbilanz *f*
inventory change ['ɪnvəntərɪ tʃeɪndʒ] *sb* Bestandsveränderung *f*
inventory-sales ratio ['ɪnvəntərɪ seɪlz 'reɪʃɪəʊ] *sb* Umschlagshäufigkeit eines Lagers *f*
inventory valuation at average prices ['ɪnvəntərɪ vælju:'eɪʃən æt 'ævərɪdʒ 'praɪsɪz] *sb* Durchschnittsbewertung *f*
inventory value ['ɪnvəntərɪ 'vælju:] *sb* Inventarwert *m*
inverse interest rate structure ['ɪnvɜ:s 'ɪntrɪst reɪt 'strʌktʃə] *sb* inverse Zinsstruktur *f*
inverse method of cost estimating ['ɪnvɜ:s 'meθəd əv kɒst 'estɪmeɪtɪŋ] *sb* retrograde Kalkulation *f*
inverse method of determining income ['ɪnvɜ:s 'meθəd əv də'tɜ:mɪnɪŋ 'ɪnkʌm] *sb* retrograde Erfolgsrechnung *f*
invested capital [ɪn'vestɪd 'kæpɪtəl] *sb* investiertes Kapital *n*
invested wages [ɪn'vestɪd 'weɪdʒɪz] *pl* Investivlohn *m*
investigation [ɪnvestɪ'geɪʃən] *sb* Nachforschung *f*, Ermittlung *f*
investigation by the tax authorities [ɪnvestɪ'geɪʃən baɪ ðə tæks ɔ:'θɒrɪti:z] *sb* Betriebsprüfung *f*
investigation into tax evasion [ɪnvestɪ'geɪʃən 'ɪntu: 'tæks ɪ'veɪʃən] *sb* Steuerfahndung *f*
investment [ɪn'vestmənt] *sb* Anlage *f*, Geldanlage *f*, Investition *f*, Vermögensanlage *f*
investment accounts [ɪn'vestmənt ə'kaʊnts] *pl* Anlagekonten *n/pl*
investment aid [ɪn'vestmənt æɪd] *sb* Investitionshilfe *f*
investment advisor [ɪn'vestmənt əd'vaɪzə] *sb* Vermögensberater *m*, Anlageberater *m*, Wertpapierberater *m*
investment appraisal [ɪn'vestmənt ə'preɪzəl] *sb* Investitionsrechnung *f*
investment assistance [ɪn'vestmənt ə'sɪstəns] *sb* Investitionshilfe *f*
investment bank [ɪn'vestmənt bæŋk] *sb* Investmentbank *f*, Investitionsbank *f*
investment banking [ɪn'vestmənt 'bæŋkɪŋ] *sb* Effektenbankgeschäft *n*
investment bond [ɪn'vestmənt bɒnd] *sb* festverzinsliches Anlagepapier *n*
investment boom [ɪn'vestmənt bu:m] *sb* Investmentboom *m*
investment business [ɪn'vestmənt 'bɪznɪs] *sb* Emmissionsgeschäft *n*
investment capital [ɪn'vestmənt 'kæpɪtl] *sb* Kapitalanlage *f*, Anlagekapital *n*
investment certificate [ɪn'vestmənt sə'tɪfɪkət] *sb* Investmentzertifikat *n*
investment committee [ɪn'vestmənt kə'mɪtɪ] *sb* Anlageausschuss *m*
investment company [ɪn'vestmənt 'kʌmpənɪ] *sb* Investmentgesellschaft *f*
investment counseling [ɪn'vestmənt 'kaʊnsəlɪŋ] *sb* Anlageberatung *f*, Vermögensberatung *f*, Wertpapierberatung *f*
investment credit [ɪn'vestmənt 'kredɪt] *sb* Investitionskredit *m*, Anlagekredit *m*
investment credit insurance [ɪn'vestmənt 'kredɪt ɪn'ʃʊərəns] *sb* Investitionskreditversicherung *f*
investment fund [ɪn'vestmənt fʌnd] *sb* Investmentfonds *m*
investment fund certificates [ɪn'vestmənt fʌnd sə'tɪfɪkɪts] *pl* Investmentzertifikate *n/pl*
investment grant [ɪn'vestmənt grɑ:nt] *sb* Investitionszulage *f*
investment in kind [ɪn'vestmənt ɪn kaɪnd] *sb* Sacheinlage *f*
investment in securities [ɪn'vestmənt ɪn sɪ'kjʊərɪti:z] *sb* Wertpapieranlage *f*
investment index [ɪn'vestmənt 'ɪndeks] *sb* Investitionskennzahl *f*
investment mix [ɪn'vestmənt mɪks] *sb* Anlagestruktur *f*
investment loan [ɪn'vestmənt ləʊn] *sb* Investitionskredit *m*
investment program [ɪn'vestmənt 'prəʊgræm] *sb* Programmgesellschaft *f*
investment promotion [ɪn'vestmənt prə'məʊʃən] *sb* Investitionsförderung *f*

investment return [ɪn'vestmənt rɪ'tɜːn] *sb* Anlageertrag *m,* Kapitalrendite *f*

investment risk [ɪn'vestmənt rɪsk] *sb* Anlagewagnis *n*

investment scheme [ɪn'vestmənt skiːm] *sb* Investitionsplan *m*

investment securities [ɪn'vestmənt sɪ'kjʊərɪtiːz] *pl* Anlagepapiere *n/pl*

investment share [ɪn'vestmənt ʃɛə] *sb* Investmentanteil *m*

investment subsidy [ɪn'vestmənt 'sʌbsədɪ] *sb* Investitionszuschuss *m*

investment tax [ɪn'vestmənt tæks] *sb* Investitionssteuer *f*

investor [ɪn'vestə] *sb* Kapitalanleger *m,* Investor *m*

invisible hand [ɪn'vɪzɪbəl hænd] *sb* Ausgleichsfunktion des Preises *f;* unsichtbare Hand *f* (nach Adam Smith)

invitation to tender [ɪnvɪ'teɪʃən tu 'tendə] *sb* Ausschreibung *f,* Submission *f*

invoice ['ɪnvɔɪs] *sb 1.* Rechnung *f,* Faktura *f; v 2.* fakturieren, in Rechnung stellen

invoice amount ['ɪnvɔɪs ə'maʊnt] *sb* Rechnungssumme *f*

invoice number ['ɪnvɔɪs 'nʌmbə] *sb* Rechnungsnummer *f*

invoice total ['ɪnvɔɪs 'təʊtl] *sb* Rechnungsbetrag *m*

invoicing ['ɪnvɔɪsɪŋ] *sb 1.* Fakturierung *f,* Rechnungsstellung *f; 2.* Inrechnungstellung *f,* Berechnung *f*

iron and steel producing industry ['aɪən ænd stiːl prə'djuːsɪŋ 'ɪndəstrɪ] *sb* Eisen schaffende Industrie *f*

iron exchange ['aɪən ɪks'tʃeɪndʒ] *sb* Eisenbörse *f*

irredeemable [ɪrɪ'diːməbl] *adj 1. (bonds)* unkündbar; *2. (currency)* nicht einlösbar; *3. (debt, pawned object)* nicht ablösbar

irregularity [ɪregjʊ'lærətɪ] *sb* Unregelmäßigkeit *f*

ISO standards [aɪ es əʊ 'stændədz] *pl* ISO-Normen *f/pl*

issue ['ɪʃuː] *v 1. (a command)* ausgeben, erteilen; *2. (currency)* ausgeben, emittieren; *3. (documents)* ausstellen; *4. (stamps, a newspaper, a book)* herausgeben; *sb 5. (magazine, currency, stamps)* Ausgabe *f; 6. (of documents)* Ausstellung *f;* date of ~ Ausstellungsdatum *n; 7. (of stocks)* Emission *f,* Ausgabe *f; 8. (goods)* Abgang *m*

issue at par ['ɪʃuː æt pɑː] *sb* Pari-Emission *f*

issue below par ['ɪʃuː bə'ləʊ pɑː] *sb* Unter-Pari-Emission *f*

issue broker ['ɪʃuː 'brəʊkə] *sb* Emissionsmakler *m*

issue calendar ['ɪʃuː 'kælɪndə] *sb* Emissionskalender *m*

issue commission ['ɪʃuː kə'mɪʃən] *sb* Emissionsvergütung *f*

issue date ['ɪʃuː deɪt] *sb* Ausstellungstag *m*

issue department ['ɪʃuː də'pɑːtmənt] *sb* Emissionsabteilung *f*

Issue Law ['ɪʃuː lɔː] *sb* Emissionsgesetz *n*

issue market ['ɪʃuː mɑːkət] *sb* Emissionsmarkt *m,* Primärmarkt *m*

issue of securities ['ɪʃuː əv sɪ'kjʊərɪtiːz] *sb* Effektenemission *f,* Wertpapieremission *f*

issue of shares ['ɪʃuː əv ʃɛəz] *sb* Aktienemission *f,* Aktienausgabe *f*

issue permit ['ɪʃuː 'pɜːmɪt] *sb* Emissionsgenehmigung *f*

issue premium ['ɪʃuː 'priːmɪəm] *sb* Emissionsagio *n*

issue price ['ɪʃuː praɪs] *sb* Emissionskurs *m*

issuer ['ɪʃuːə] *sb* Emittent *m,* emittierendes Unternehmen *n*

issue yield ['ɪʃuː jiːld] *sb* Emissionsrendite *f*

issuing ['ɪʃuːɪŋ] *sb* Emission *f,* Erscheinen *n*

issuing bank ['ɪʃuːɪŋ bæŋk] *sb* Effektenbank *f,* Emissionsbank *f*

issuing house ['ɪʃuːɪŋ haʊs] *sb* Emissionshaus *n*

issuing of shares ['ɪʃuːɪŋ əv ʃɛəz] *sb* Aktienausgabe *f*

issuing price ['ɪʃuːɪŋ praɪs] *sb* Ausgabepreis *m,* Begebungspreis *m,* Ausgabekurs *m*

issuing procedure ['ɪʃuːɪŋ prəʊ'siːdʒə] *sb* Emissionsverfahren *n*

item ['aɪtəm] *sb 1. (object, thing)* Stück *n,* Ding *n,* Gegenstand *m; 2. (on an agenda)* Punkt *m; 3. (in an account book)* Posten *m*

item charge ['aɪtəm tʃɑːdʒ] *sb* Postengebühr *f*

item free of charge ['eɪtəm friː əv tʃɑːdʒ] *sb* Frankoposten *m*

itemization [aɪtəmaɪ'zeɪʃən] *sb* Aufgliederung *f,* Spezifizierung *f*

itemize ['aɪtəmaɪz] *v* einzeln aufführen, spezifizieren

item numbering system ['eɪtəm 'nʌmbərɪŋ 'sɪstɪm] *sb* Artikelnummernsystem *n*

item of real estate ['aɪtəm əv 'rɪəl ɪ'steɪt] *sb* Immobilie *f*

itinerant trade [aɪ'tɪnərənt treɪd] *sb* ambulantes Gewerbe *n*

J/K

jacket ['dʒækɪt] *sb* Schutzhülle *f*, Umschlag *m*
jam [dʒæm] *sb* *1. (blockage)* Stauung *f*; *2. traffic ~* (Verkehrs-)Stau *m*
janitor ['dʒænɪtə] *sb* Hausmeister(in) *m/f*
jargon ['dʒɑːgən] *sb* Jargon *m*, Fachsprache *f*
jet [dʒet] *sb* *(~ plane)* Düsenflugzeug *n*, Jet *m*
jingle ['dʒɪŋgl] *sb* Werbemelodie *f*, Erkennungsmelodie *f*
job [dʒɒb] *sb* *1. (employment)* Stelle *f*, Job *m*, Stellung *f*; *2. (piece of work)* Arbeit *f*; *3. to be paid by the ~* pro Auftrag bezahlt werden; *pl 4. odd ~s* Gelegenheitsarbeiten *pl*; *5. (responsibility, duty)* Aufgabe *f*; *That's not my ~*. Dafür bin ich nicht zuständig.
job account log [dʒɒb ə'kaʊnt lɒg] *sb* Auftragsabrechnungsbuch *n*
job account number [dʒɒb ə'kaʊnt 'nʌmbə] *sb* Auftragsnummer *f*
job allocation [dʒɒb ælə'keɪʃən] *sb* Aufgabenverteilung *f*, Aufgabenzuweisung *f*
job application [dʒɒb æplɪ'keɪʃən] *sb* Bewerbung *f*, Stellengesuch *n*
jobbing ['dʒɒbɪŋ] *sb* Jobben *n*
job card [dʒɒb 'kɑːd] *sb* Arbeitszettel *m*
job centre ['dʒɒb sentə] *sb (UK)* Arbeitsamt *n*
job changeover [dʒɒb 'tʃeɪndʒəʊvə] *sb* Auftragswechsel *m*
job controlling [dʒɒb kən'trəʊlɪŋ] *sb* Auftragssteuerung *f*
job counselor [dʒɒb 'kaʊnsələ] *sb* Berufsberater(in) *m/f*
job demand ['dʒɒb dɪ'mɑːnd] *sb* Arbeitsnachfrage *f*
job description ['dʒɒb dɪskrɪpʃən] *sb* Tätigkeitsbeschreibung *f*
job engineering ['dʒɒb endʒɪn'iːrɪŋ] *sb* Arbeitsplatzgestaltung *f*
job enlargement [dʒɒb ɪn'lɑːdʒmənt] *sb* Erweiterung des Aufgabenbereichs *f*
job entrant [dʒɒb 'entrənt] *sb* Berufsanfänger(in) *m/f*
job experience [dʒɒb ɪk'spɪəriəns] *sb* Berufserfahrung *f*
job execution [dʒɒb eksɪ'kjuːʃən] *sb* Auftragsdurchführung *f*
job evaluation ['dʒɒb ɪvælju'eɪʃən] *sb* Arbeitsbewertung *f*
job freeze ['dʒɒb friːz] *sb* Einstellungsstopp *m*, Einstellungssperre *f*
job history [dʒɒb 'hɪstrɪ] *sb* beruflicher Werdegang *m*
job interview [dʒɒb 'ɪntəvjuː] *sb* Vorstellungsgespräch *n*, Bewerbungsgespräch *n*
job layout [dʒɒb 'leɪaʊt] *sb* Arbeitsplatzgestaltung *f*
jobless ['dʒɒbləs] *adj* arbeitslos
job lot [dʒɒb lɒt] *sb (of articles)* Posten *m*
job order [dʒɒb 'ɔːdə] *sb* Arbeitsauftrag *m*, (Lohn-)Fertigungsauftrag *m*
job order costing [dʒɒb 'ɔːdə 'kɒstɪŋ] *sb* Zuschlagskalkulation *f*
job placement [dʒɒb 'pleɪsmənt] *sb* Stellenvermittlung *f*
job preparation [dʒɒb prepə'reɪʃən] *sb* Arbeitsvorbereitung *f*
job pricing [dʒɒb 'praɪsɪŋ] *sb* Lohnkostenkalkulation *f*
job production [dʒɒb prə'dʌkʃən] *sb* Einzelfertigung *f*, Auftragsfertigung *f*
job rate [dʒɒb 'reɪt] *sb* *1.* Tarifgrundlohn *m*; *2. (piece work)* Akkordlohnsatz *m*
job record [dʒɒb 'rekɔːd] *sb* beruflicher Werdegang *m*
job rotation [dʒɒb rəʊ'teɪʃən] *sb* Jobrotation *f*, systematischer Arbeitsplatzwechsel *m*
job satisfaction ['dʒɒb sætɪs'fækʃən] *sb* Arbeitszufriedenheit *f*
job search ['dʒɒb sɜːtʃ] *sb* Stellensuche *f*
job sequence [dʒɒb 'siːkwəns] *sb* Arbeitsfolge *f*, Arbeitsablauf *m*
job sharing [dʒɒb 'ʃɛərɪŋ] *sb* Jobsharing *n*, Teilen einer Arbeitsstelle *n*
job shop operation [dʒɒb ʃɒp ɒpə'reɪʃn] *sb* Werkstattfertigung *f*
job shop schedule [dʒɒb ʃɒp 'ʃedjuːl] *sb* Maschinenbelegungsplan *m*
job time ['dʒɒb taɪm] *sb* Stückzeit *f*, Auftragszeit *f*
join [dʒɔɪn] *v* *1.* eintreten, beitreten; *2. (combine)* zusammenfügen, verbinden
joining ['dʒɔɪnɪŋ] *sb* Beitritt *m*
joint [dʒɔɪnt] *adj* gemeinsam, gemeinschaftlich, Gemeinschafts...; *~ and several* solidarisch
joint account [dʒɔɪnt ə'kaʊnt] *sb* Gemeinschaftskonto *n*, Oder-Konto *n*

joint and several debtor [dʒɔɪnt ænd 'sevərəl 'detə] *sb sb* Gesamtschuldner *m*
joint and several guaranty [dʒɔɪnt ænd 'sevərəl gærən'tiː] *sb* gesamtschuldnerische Bürgschaft *f*
joint and several liability ['dʒɔɪnt ænd 'sevərəl lɑɪlə'bɪlɪtɪ] *sb* Solidarhaftung *f*
joint committee [dʒɔɪnt kə'mɪtɪ] *sb* gemischter Ausschuss *m*
joint debt [dʒɔɪnt det] *sb* Gesamthandschuld *f*
joint debtor [dʒɔɪnt 'detə] *sb* Mitschuldner(in) *m/f*
joint deposit [dʒɔɪnt dɪ'pɒsɪt] *sb* Oderdepot *n*
joint funds [dʒɔɪnt fʌnds] *pl* Gemeinschaftsfonds *m*
joint issue [dʒɔɪnt 'ɪʃjuː] *sb* Gemeinschaftsemission *f*
joint loan [dʒɔɪnt ləʊn] *sb* Gemeinschaftsanleihe *f*
joint loan issue [dʒɔɪnt ləʊn 'ɪʃuː] *sb* Sammelanleihe *f*
joint owner [dʒɔɪnt 'əʊnə] *sb* Miteigentümer *m*, Mitbesitzer *m*
joint power of attorney [dʒɔɪnt 'paʊə əv ə'tɜːnɪ] *sb* Gesamtvollmacht *f*
joint proxy [dʒɔɪnt 'prɒksɪ] *sb* Gesamtprokura *f*
joint property [dʒɔɪnt 'prɒpertɪ] *sb* gemeinschaftliches Eigentum *n*
joint publicity [dʒɔɪnt pʌ'blɪsɪtɪ] *sb* Gemeinschaftswerbung *f*
joint saving [dʒɔɪnt 'seɪvɪŋ] *sb* Gemeinschaftssparen *n*
joint security deposit [dʒɔɪnt sɪk'jʊərɪtɪ dɪ'pɒsɪt] *sb* Gemeinschaftsdepot *n*
joint stock [dʒɔɪnt stɒk] *sb* Aktienkapital *m*
joint stock bank [dʒɔɪnt stɒk bæŋk] *sb* Aktienbank *f*
joint stock company [dʒɔɪnt stɒk 'kʌmpənɪ] *sb* Aktiengesellschaft *f*
joint tenancy [dʒɔɪnt 'tenənsɪ] *sb* Gesamthandeigentum *n*
jointly owned claim ['dʒɔɪntlɪ əʊnd kleɪm] *sb* Gesamthandforderung *f*
joint-stock company ['dʒɔɪntstɒk 'kʌmpənɪ] *sb* Kapitalgesellschaft *f*, Aktiengesellschaft *f*
joint venture [dʒɔɪnt 'ventʃə] *sb* Gemeinschaftsunternehmen *n*, Joint Venture *n*
joint-venture company [dʒɔɪnt'ventʃə 'kʌmpənɪ] *sb* Projektgesellschaft *f*
jottings ['dʒɒtɪŋz] *pl* Notizen *f/pl*
journal ['dʒɜːnəl] *sb 1.* Journal *n; 2. (Rechnungswesen)* Primanota *f*
journeyman ['dʒɜːnɪmən] *sb* Geselle *m*
judge [dʒʌdʒ] *v 1.* urteilen; *2. (sth)* beurteilen; *3. (consider, deem)* halten für, erachten für; *4. (estimate)* einschätzen
judge in bankruptcy [dʒʌdʒ ɪn 'bæŋkrəpsɪ] *sb* Konkursrichter(in) *m/f*
judgement ['dʒʌdʒmənt] *sb 1.* Urteil *n*, Beurteilung *f; 2. (estimation)* Einschätzung *f*
judgement debt ['dʒʌdʒmənt det] *sb* Vollstreckungsschuld *f*
judgement note ['dʒʌdʒmənt nəʊt] *sb* Schuldanerkenntnisschein *m*
judgement on appeal ['dʒʌdʒmənt ɒn ə'piːl] *sb* Berufungsurteil *n*
judicial [dʒuː'dɪʃəl] *adj* gerichtlich, Justiz...
judicial authority [dʒuː'dɪʃəl ɔː'θɒrətɪ] *sb* Gerichtsbehörde *f*, gerichtliche Instanz *f*
jumbo bond issue ['dʒʌmbəʊ bɒnd 'ɪʃuː] *sb* Großemission *f*
jump [dʒʌmp] *v 1.* sprunghaft ansteigen; *sb 2.* sprunghafter Anstieg *m*
jump in prices [dʒʌmp ɪn 'praɪsɪz] *sb* Kurssprung *m*
junior financing ['dʒuːnjə faɪ'nænsɪŋ] *sb* nachrangige Finanzierung *f*
junior lawyer ['dʒuːnɪə 'lɔːjə] *sb* Rechtsreferendar(in) *m/f*
junior market ['dʒuːnɪə 'mɑːkɪt] *sb* nachrangiger Markt *m*
junior mortgage ['dʒuːnɪə 'mɔːgɪdʒ] *sb* nachrangige Hypothek *f*
junior partner ['dʒuːnɪə 'pɑːtnə] *sb* jüngere(r) Teilhaber(in) *m/f*, jüngere(r) Partner(in) *m/f*
junior stock ['dʒuːnɪə stɒk] *sb* junge Emission *f*
junk bond [dʒʌŋk bɒnd] *sb* niedrig eingestuftes Wertpapier *n*
junk mail ['dʒʌŋk meɪl] *sb* Postwurfsendungen *f/pl*, Reklame *f*
jurisdiction [dʒʊərɪs'dɪkʃən] *sb* Zuständigkeitsbereich *m*, Zuständigkeit *f*
jurisdiction at the place of performance [dʒʊərɪs'dɪkʃən ət ðə pleɪs əv pə'fɔːməns] *sb* Gerichtsstand des Erfüllungsortes *m*
jurisdiction clause [dʒʊərɪs'dɪkʃən klɔːz] *sb* Zuständigkeitsklausel *f*
jurisdiction to tax [dʒʊərɪs'dɪkʃen tu 'tæks] *sb* Steuerhoheit *f*

jurisprudence [dʒʊərɪs'pru:dəns] *sb* Rechtswissenschaft *f*
juror ['dʒʊərə] *sb* Geschworene(r) *f/m*, Schöffe/Schöffin *m/f*
jury ['dʒʊərɪ] *sb* Geschworene *pl*
justice ['dʒʌstɪs] *sb* *(system)* Gerichtsbarkeit *f*, Justiz *f*
just-in-time [dʒʌstɪn'taɪm] *adv* just-in-time, produziert zur sofortigen Auslieferung
juxtaposition [dʒʌkstəpə'zɪʃən] *sb* Nebeneinanderdarstellung *f*
keelage ['ki:lɪdʒ] *sb* Hafengebühr *f*
keep [ki:p] *v irr 1. (accounts, a diary)* führen; *2. (an appointment)* einhalten; *3. (a promise)* halten, einhalten, einlösen; *4. (run a shop, a hotel)* führen
keeping of an account ['ki:pɪŋ əv ən ə'kaʊnt] *sb* Kontoführung *f*
keeper ['ki:pə] *sb* Verwahrer(in) *m/f*, Halter(in) *m/f*
keeping in stock ['ki:pɪŋ ɪn stɒk] *sb* Lagerhaltung *f*
keeping of the minutes ['ki:pɪŋ əv ðə 'mɪnɪts] *sb* Protokollführung *f*
keeping of the records ['ki:pɪŋ əv ðə 'rekɔ:dz] *sb* Registerführung *f*, Geschäftsbuchführung *f*
keeping period ['ki:pɪŋ 'pɪərɪəd] *sb* Aufbewahrungsfrist *f*
kerb market [kɜ:b 'mɑ:kɪt] *sb* Nachbörse *f*, Freiverkehr *m*
key [ki:] *sb 1.* Schlüssel *m*; *2. (of a typewriter, of a keyboard)* Taste *f*
key account manager [ki: ə'kaʊnt 'mænɪdʒə] *sb* Key-account-Manager *m*
keyboard ['ki:bɔ:d] *sb* Tastatur *f*
key costs [ki: kɒsts] *sb* Hauptunkosten *f*
key currency [ki: 'kʌrensɪ] *sb* Leitwährung *f*
key customer [ki: 'kʌstəmə] *sb* Hauptkunde *m*, Großkunde *m*
key data [ki: 'deɪtə] *sb* Eckdaten *pl*, Schlüsselwerte *m/pl*
key date [ki: deɪt] *sb* Stichtag *m*
key employee [ki: ɪmplɔɪ'i:] *sb* leitende(r) Angestellte(r) *f/m*
key indicator [ki: 'ɪndɪkeɪtə] *sb* Primärindikator *m*
key industry [ki: 'ɪndəstrɪ] *sb* Schlüsselindustrie *f*
key interest rate [ki: 'ɪntrest reɪt] *sb* Leitzinssatz *m*
keylock ['ki:lɒk] *sb* Tastensperre *f*
key money [ki: 'mʌnɪ] *sb (UK)* Provision *f*
Keynes Theory [ki:ns 'θɪərɪ] *sb* Keynes'sche Theorie *f*
key number [ki: 'nʌmbə] *sb* Kontrollnummer *f*
key of payment [ki: əv 'peɪmənt] *sb* Kostenschlüssel *m*
key of ratings [ki: əv 'reɪtɪŋz] *sb* Bewertungsschlüssel *m*
key operating area [ki: 'ɒpəreɪtɪŋ 'eərɪə] *sb* Hauptgeschäftsbereich *m*
key qualification [ki: kwɒlɪfɪ'keɪʃn] *sb* Schlüsselqualifikation *f*
key rate [ki: reɪt] *sb* Leitzins *m*
key responsibility area [ki: rɪspɒnsə'bɪlətɪ 'eərɪə] *sb* Hauptverantwortungsbereich *m*
keystroke ['ki:strəʊk] *sb* Anschlag *m*
key word [ki: wɜ:d] *sb* Schlüsselwort *n*
key workers [ki: 'wɜ:kəs] *sb* Stammbelegschaft *f*
kill [kɪl] *v 1. (fam) (a proposal)* zu Fall bringen; *2. (an engine)* abschalten
kilobyte ['kɪləbaɪt] *sb* Kilobyte *n*
kilogramme ['kɪləgræm] *sb (UK)* Kilogramm *n*
kilohertz ['kɪləhɜ:ts] *sb* Kilohertz *n*
kilometre [kɪ'lɒmɪtə] *sb* Kilometer *m*; *~s per hour* Stundenkilometer *m/pl*
kiloton ['kɪlətʌn] *sb* Kilotonne *f*
kilovolt ['kɪləvɒlt] *sb* Kilovolt *n*
kilowatt ['kɪləwɒt] *sb* Kilowatt *n*
king-sized ['kɪŋsaɪzd] *adj* Riesen..., sehr groß
kite [kaɪt] *sb 1.* Gefälligkeitswechsel; *2. (uncovered cheque)* ungedeckter Scheck *m*
kite flying [kaɪt 'flaɪɪŋ] *sb* Wechselreiterei *f*
knitwear industry ['nɪtwɛə 'ɪndəstrɪ] *sb* Strickwarenindustrie *f*
knock down [nɒk daʊn] *v (Auktion)* zuschlagen
knock-down price ['nɒkdaʊn praɪs] *sb 1.* Schleuderpreis *m*; *2. (auction)* Mindestgebot *n*
knock-for-knock [nɒkfɔ:'nɒk] *sb (insurance)* gegenseitige Aufrechnung *f*
knockoff ['nɒkɒf] *sb* Imitation *f*
knock-on ['nɒkɒn] *adj ~ effect* Dominoeffekt *m*
knowhow ['nəʊhaʊ] *sb* Sachkenntnis *f*, Know-how *n*
knowhow agreement ['nəʊhaʊ ə'gri:mənt] *sb* Lizenzvertrag *m*
knowledge management ['nɒlɪdʒ 'mænɪdʒmənt] *sb* Wissensmanagement *n*

L

label ['leɪbl] *v 1.* etikettieren; *sb 2.* Etikett *n,* Schild *n*
labeling ['leɪbəlɪŋ] *sb* Etikettierung *f,* Kennzeichnung *f*
labeling provisions ['leɪbəlɪŋ prə'vɪʃns] *pl* Kennzeichnungsverordnung *f*
labor market policy ['leɪbə 'mɑːkɪt 'pɒlɪsɪ] *sb* Arbeitsmarktpolitik *f*
Labor Promotion Law ['leɪbə prɒ'məʊʃn lɔː] *sb* Arbeitsförderungsgesetz (AFG) *n*
labor/employment costs ['leɪbə ɪm'plɔɪmənt kɒsts] *sb (Personal)* Arbeitskosten *f*
laboratory [lə'bɒrətrɪ] *sb* Laboratorium *n,* Labor *n*
labour ['leɪbə] *sb 1.* Arbeit *f,* Anstrengung *f,* Mühe *f; 2. (workers)* Arbeiter *pl,* Arbeitskräfte *pl*
labour and management ['leɪbə ænd 'mænɪdʒmənt] *sb* Tarifpartner *m/pl,* Tarifparteien *f/pl*
labour agreement ['leɪbə ə'griːmənt] *sb* Tarifvertrag *m*
labour cost level ['leɪbə kɒst 'levl] *sb* Lohnkostenniveau *n*
labour costs ['leɪbə kɒsts] *pl* Lohnkosten *pl*
labour cost subsidy ['leɪbə kɒst 'sʌbsədɪ] *sb* Lohnkostenzuschuss *m*
labour court ['leɪbə kɔːt] *sb* Arbeitsgericht *n*
labour exchange ['leɪbər ɪk'stʃeɪndʒ] *sb (UK)* Arbeitsamt *n*
labour grading ['leɪbə 'greɪdɪŋ] *sb* Arbeitsbewertung *f*
labour law ['leɪbə lɔː] *sb* Arbeitsrecht *n*
labour leader ['leɪbə 'liːdə] *sb* Gewerkschaftsführer *m*
labour market ['leɪbə 'mɑːkɪt] *sb* Arbeitsmarkt *m*
labour permit ['leɪbə 'pɜːmɪt] *sb* Arbeitserlaubnis *f,* Arbeitsgenehmigung *f*
labour relations ['leɪbə rɪ'leɪʃənz] *pl* Arbeitsverhältnis, Arbeitsklima *n*
labour time standard ['leɪbə taɪm 'stændəd] *sb* Arbeitszeitvorgabe *f*
labourer ['leɪbərə] *sb* Arbeiter *m,* Arbeitskraft *f*
labour-intensive ['leɪbərɪntensɪv] *adj* arbeitsintensiv
lack [læk] *v 1.* Mangel haben an, nicht haben, nicht besitzen; *sb 2.* Mangel *m*
lack of foreign exchange [læk əv 'fɒrɪn ɪk'stʃeɪndʒ] *sb* Devisenmangel *m*
lack of jurisdiction [læk əv dʒʊərɪs'dɪkʃən] *sb* Unzuständigkeit *f*
lack of liquidity [læk əv lɪ'kwɪdɪtɪ] *sb* Unterliquidität *f*
lading ['leɪːdɪŋ] *sb* Ladung *f*
lag [læg] *sb* Verzögerung *f,* Rückstand *m*
lagged adjustment of variable costs [lægd ə'dʒʌstmənt əv 'vɛəriəbl kɒsts] *sb* Kostenremanenz *f*
land bank ['lænd bæŋk] *sb* Bodenkreditanstalt *f,* Hypothekenbank *f*
land central bank [lænd 'sentrəl bæŋk] *sb* Landeszentralbank (LZB) *f*
land charge ['lænd tʃɑːdʒ] *sb* Grundschuld *f*
land charge certificate [lænd tʃɑːdʒ sə'tɪfɪkət] *sb* Grundschuldbrief *m*
land charge in favour of the owner [lænd tʃɑːdʒ ɪn 'feɪvə əv ðiː 'əʊnə] *sb* Eigentümer-Grundschuld *f*
land charge not repayable until called [lænd tʃɑːdʒ nɒt riː'peɪəbl ʌn'tɪl kɔːld] *sb* Kündigungsgrundschuld *f*
land credit [lænd 'kredɪt] *sb* Immobiliarkredit *m*
land holder [lænd 'həʊldə] *sb* Grundbesitzer *m*
land investment [lænd ɪn'vestmənt] *sb* Grundstücksanlage *f*
land price ['lænd praɪs] *sb* Bodenpreis *m*
land reform [lænd rɪ'fɔːm] *sb* Bodenreform *f*
land surveying [lænd sə'veɪɪŋ] *sb* Landvermessung *f*
land tenancy [lænd 'tenənsɪ] *sb* Landpacht *f,* Grundstückspacht *f*
land transfer tax [lænd 'trænsfɜː tæks] *sb* Grunderwerbssteuer *f*
landlord ['lændlɔːd] *sb* Vermieter *m*
lane [leɪn] *sb 1. (shipping route)* Schifffahrtsweg *m; 2. (of an aircraft)* Route *f*
lapse [læps] *sb 1. (of time)* Zeitspanne *f,* Zeitraum *m; 2. (expiration)* Ablauf *m; 3. (of a claim)* Verfall *m; 4. (mistake)* Fehler *m,* Versehen *n*
lapse profit [læps 'prɒfɪt] *sb* Stornogewinn *m*
lapse provision [læps prə'vɪʒəŋ] *sb* Stornoklausel *f*
laptop ['læptɒp] *sb* Laptop *m*
large container [lɑːdʒ kən'teɪnə] *sb* Großcontainer *m*

large-scale ['lɑːdʒskeɪl] *adj* Groß..., groß, umfangreich
large-scale chain operation ['lɑːdʒskeɪl tʃeɪn ɒpə'reɪʃn] *sb* Massenfilialbetrieb *m*
large-scale lending ['lɑːdʒskeɪl 'lendɪŋ] *sb* Großkredit *m*
large-scale operation ['lɑːdʒskeɪl ɒpə'reɪʃən] *sb* Großbetrieb *m,* Großunternehmen *n*
large-scale order ['lɑːdʒskeɪl 'ɔːdə] *sb* Großauftrag *m*
laser printer ['leɪzə 'prɪntə] *sb* Laserdrucker *m*
last will and testament ['lɑːst wɪl ænd 'testəmənt] *sb* Testament *n*
last-day business [lɑːst'deɪ 'bɪznɪs] *sb* Ultimogeschäft *n*
last-day money [lɑːst'deɪ 'mʌnɪ] *sb* Ultimogeld *n*
latency time ['leɪtənsɪ taɪm] *sb* Zugriffszeit *f,* Wartezeit *f*
lateness ['leɪtnɪs] *sb 1.* Zuspätkommen *n; 2. (of payments, of a train)* Verspätung *f*
latent funds ['leɪtənt fʌndz] *pl* stille Rücklage *f*
launch [lɔːntʃ] *v 1. (a product)* auf den Markt bringen; *2. (with publicity)* lancieren; *3. (a company)* gründen
launch customer [lɔːntʃ 'kʌstəmə] *sb* Pilotkunde/Pilotkundin *m/f*
launch of a product [lɔːntʃ əv ə 'prɒdʌkt] *sb* Produkteinführung *f*
launching costs ['lɔːntʃɪŋ kɒsts] *pl* Anlaufkosten *pl*
launching finance ['lɔːntʃɪŋ 'faɪnæns] *sb* Anschubfinanzierung *f*
law [lɔː] *sb 1. (system)* Recht *n; under German ~* nach deutschem Recht
law of balancing organizational plans [lɔː əv 'bælənsɪŋ ɔːgənaɪ'zeɪʃnl plænz] *sb* Ausgleichsgesetz der Planung *n*
law of non-proportional returns [lɔː əv nɒnprɒ'pɔːʃənl rɪ'tɜːns] *sb* Ertragsgesetz *n*
law of obligations [lɔː əv ɒblɪ'geɪʃns] *sb* Schuldrecht *n*
law of real and personal property [lɔː əv 'rɪəl ænd 'pɜːsənl 'prɒpətɪ] *sb* Sachenrecht *n*
Law of Succession [lɔː əv sʌk'seʃn] *sb* Erbrecht *n*
law of taxation [lɔː əv tæk'seɪʃn] *sb* Steuerrecht *n*
law on competition [lɔː ɒn kɒmpə'tɪʃən] *sb* Wettbewerbsrecht *n*
Law on Environmental Issues [lɔː ɒn ɪnvaɪrən'mentl 'ɪʃuːs] *sb* Umwelthaftungsgesetz (UmweltHG) *n*
Law on food processing and distribution [lɔː ɒn fuːd 'prəʊsesɪŋ ænd dɪstrɪ'bjuːʃn] *sb* Lebensmittelgesetz *n*
Law on old-age part-time employment [lɔː ɒn 'əʊld-eɪdʒ 'pɑːt-taɪm ɪm'plɔɪmənt] *sb* Altersteilzeitgesetz *n*
lawful ['lɔːfəl] *adj* rechtmäßig
lawless ['lɔːləs] *adj* gesetzlos
lawsuit ['lɔːsuːt] *sb* Prozess *m,* Klage *f*
lawyer ['lɔːjə] *sb* Anwalt/Anwältin *m/f,* Rechtsanwalt/Rechtsanwältin *m/f*
lay off [leɪ 'ɒf] *v irr (worker)* entlassen
layoff ['leɪɒf] *sb* Massenentlassung *f*
lay out [leɪ aʊt] *v irr 1. (money)* ausgeben; *2. (invest)* investieren; *3. (design)* anlegen, planen
layout ['leɪaʊt] *sb 1.* Anordnung *f,* Anlage *f,* Planung *f; 2. (of a publication)* Layout *n*
lead [liːd] *v irr* führen; *~ the way* vorangehen
lead contractor [liːd kən'træktə] *sb* Generalunternehmer(in) *m/f*
lead hand ['liːd hænd] *sb* Vorarbeiter(in) *m/f*
leader ['liːdə] *sb (of a project)* Leiter(in) *m/f*
leadership ['liːdəʃɪp] *sb 1.* Führung *f,* Leitung *f; 2. (quality)* Führungsqualitäten *pl*
lead time [liːd taɪm] *sb 1. (production)* Produktionszeit *f; 2. (delivery)* Lieferzeit *f*
leaflet ['liːflɪt] *sb* Prospekt *m,* Flugblatt *n*
learning curve ['lɜːnɪŋ kɜːv] *sb* Lernkurve *f*
lease [liːs] *v 1. (take)* pachten, in Pacht nehmen, mieten; *2. (give)* verpachten, in Pacht geben, vermieten; *sb 3.* Pacht *f,* Miete *f*
leasehold ['liːshəʊld] *sb* Pacht *f*
leasehold rent ['liːshəʊld rent] *sb* Pachtzins *m*
leaseholder ['liːshəʊldə] *sb* Pächter *m*
lease renewal option [liːs rɪ'njuːəl 'ɒpʃn] *sb* Mietverlängerungsoption *f*
lease with option to purchase [liːs wɪθ 'ɒpʃn tuː 'pɜːtʃɪs] *sb* Mietkauf *m*
leasing ['liːsɪŋ] *sb* Leasing *n*
leasing company ['liːsɪŋ 'kʌmpənɪ] *sb* Leasing-Gesellschaft *f*
leasing contract ['liːsɪŋ 'kɒntrækt] *sb* Leasing-Vertrag *m*
leasing payment ['liːsɪŋ 'peɪmənt] *sb* Leasing-Rate *f*
leasing rate ['liːsɪŋ reɪt] *sb* Leasingrate *f*
leasing rental ['liːsɪŋ 'rentl] *sb* Pachtertrag *m*
leave [liːv] *v irr 1.* weggehen; *2. (car, bus, train)* abfahren; *3. (plane)* abfliegen; *~ for* fahren nach; *3. (a message, a scar) ~ behind* hinterlassen; *4. (entrust)* überlassen; *sb 5. (time off)* Urlaub *m*

leave bonus [li:v 'bəʊnəs] *sb* Urlaubsgeld *n*
ledger ['ledʒə] *sb* Hauptbuch *n*
ledger account ['ledʒə ə'kaʊnt] *sb* Sachkonto *n*
legacy ['legəsɪ] *sb* Vermächtnis *n*
legal ['li:gl] *adj (lawful)* legal; *(tender, limit)* gesetzlich
legal action ['li:gl 'ækʃən] *sb* Klage *f*, Rechtsstreit *m; take ~ against s.o.* gegen jdn gerichtlich vorgehen
legal adviser ['li:gl əd'vaɪzə] *sb* Syndikus *m*, Rechtsbeistand *m*
legal aid ['li:gəl eɪd] *sb* Rechtsbeistand *m*, Rechtshilfe *f*
legal capacity ['li:gəl kə'pæsɪtɪ] *sb* Rechtsfähigkeit *f*
legal competence ['li:gl 'kɒmpɪtəns] *sb* Geschäftsfähigkeit *f*
legal costs ['li:gəl kɒsts] *pl* Gerichtskosten *pl*
legal entity ['li:gəl 'entɪtɪ] *sb* juristische Person *f*
legal fees ['li:gəl fi:z] *pl* Gerichtskosten *pl*
legal forms of commercial entities ['li:gəl fɔ:mz əv kə'mɜ:ʃl 'entɪtɪs] *pl* Gesellschaftsformen *f/pl*
legalize ['li:gəlaɪz] *v* legalisieren
legally restricted retained earnings ['li:gəlɪ rɪ'strɪktɪd rɪ'teɪnd 'ɜ:nɪŋs] *pl* gesetzliche Rücklage *f*
legal obligation to capitalize ['li:gəl ɒblɪ'geɪʃn tu: 'kæpɪtəlaɪz] *sb* Aktivierungspflicht *f*
legal obligation to disclose one's results ['li:gəl ɒblɪ'geɪʃn tu: dɪs'kləʊz wʌns rɪ'zʌlts] *sb* Anzeigepflicht *f*
legal position ['li:gəl pə'zɪʃən] *sb* Rechtslage *f*, rechtliche Lage *f*
legal prohibition to capitalize ['li:gəl preʊhɪ'bɪʃn tu: 'kæpɪtəlaɪz] *sb* Aktivierungsverbot *n*
legal recourse for non-payment of a bill ['li:gəl rɪ'kɔ:s fɔ: nɒn'peɪmənt əv a bɪl] *sb* Wechselregress *m*
legal relationship ['li:gəl rɪ'leɪʃənʃɪp] *sb* Rechtsverhältnis *n*
legal remedy ['li:gəl 'remədɪ] *sb* Rechtsbehelf *m*
legal responsibility ['li:gəl rɪspɒnsə'bɪlɪtɪ] *sb* Rechtshaftung *f*
legal settlement in bankruptcy ['li:gəl 'setlmənt ɪn 'bæŋkrʌpsɪ] *sb* Zwangsvergleich *m*
legal situation ['li:gəl sɪtju'eɪʃən] *sb* Rechtslage *f*, rechtliche Lage *f*
legal structure ['li:gəl 'strʌkʃə] *sb* Rechtsform *f*
legal succession ['li:gəl sʌk'seʃn] *sb* Rechtsnachfolge *f*
legal supervision ['li:gəl su:pə'vɪʒn] *sb* Rechtsaufsicht *f*
legal system ['li:gəl 'sɪstəm] *sb* Rechtsordnung *f*
legal tender ['li:gəl 'tendə] *sb* gesetzliches Zahlungsmittel *n*
legal transaction ['li:gəl træn'zækʃən] *sb* Rechtsgeschäft *n*
legal transaction in fulfillment of an obligation ['li:gəl træn'zækʃn ɪn fʊl'fɪlmənt əv ən ɒblɪ'geɪʃn] *sb* Erfüllungsgeschäft *n*
legislation [ledʒɪ'sleɪʃən] *sb* Gesetzgebung *f*; *(laws)* Gesetze *n/pl*
legislative sovereignty ['ledʒɪslətɪv 'sɒvərɪntɪ] *sb* Gesetzgebungshoheit *f*
lend [lend] *v irr* leihen, verleihen
lender ['lendə] *sb* Darlehensgeber *m*
lending limit ['lendɪŋ 'lɪmɪt] *sb* Beleihungssatz *m*
lending margin ['lendɪŋ 'mɑ:dʒɪn] *sb* Kreditrente *f*, Kreditzinsen *pl*
lending on bills ['lendɪŋ ɒn bɪlz] *sb* Wechsellombard *m*
lending on goods ['lendɪŋ ɒn gʊdz] *sb* Warenbeleihung *f*
lending on securities ['lendɪŋ ɒn sɪ'kjʊərɪti:z] *sb* Wertpapierleihe *f*, Lombardgeschäft *n*
lending rate ['lendɪŋ reɪt] *sb* Lombardzinsfuß *m*
lend-lease ['lend'li:s] *sb ~ agreement* Leih-Pacht-Abkommen *n*
less [les] *prep* abzüglich
lessee [le'si:] *sb* 1. Pächter *m*, 2. Mieter *m*, 3. Leasing-Nehmer *m*
lessor ['lesɔ:] *sb* Verpächter(in) *m/f*, Vermieter(in) *m/f*
let [let] *v irr* 1. *(UK: hire out)* vermieten; *sb* 2. Vermietung *f*, Verpachtung *f*
let-down ['letdaʊn] *sb* Abnahme *f*, Rückgang *m*
letter ['letə] *sb (written message)* Brief *m*, Schreiben *n*
letter-box ['letəbɒks] *sb* Briefkasten *m*
letterhead ['letəhed] *sb* Briefkopf *m*; *(paper with ~)* Kopfbogen *m*
letter of acceptance ['letər əv ək'septəns] *sb* Akzept *n*
letter of allotment ['letər əv ə'lɑtmənt] *sb* Bezugsrechtsmitteilung *f*

letter of application ['letər əv æplɪ'keɪʃən] *sb* Bewerbungsschreiben *n,* Bewerbung *f*
letter of authority ['letər əv ɔː'θɒrətɪ] *sb* Vollmachtserklärung *f*
letter of confirmation ['letər əv kɒnfə-'meɪʃn] *sb* Bestätigungsschreiben *n*
letter of credit (L/C) ['letər əv 'kredɪt] *sb* Kreditbrief (L/C) *m,* Akkreditiv *n*
letter of deposit ['letər əv dɪ'pɒzɪt] *sb* Hinterlegungsurkunde *f*
letter of recommendation ['letər əv rekə-men'deɪʃən] *sb* Empfehlungsschreiben *n,* Referenz *f*
letter of reference ['letər əv 'refərəns] *sb* Zeugnis *n*
letter of renunciation ['letər əv rɪnʌnsɪ-'eɪʃən] *sb* Verzichtserklärung *f*
letter of thanks ['letər əv θæŋks] *sb* Dankschreiben *n*
level ['levl] *sb (standard)* Niveau *n,* Ebene *f*
level of employment ['levl əv ɪm'plɔɪmənt] *sb* Beschäftigungsgrad *m*
level of internationalization ['levl əv ɪntənæʃənəlaɪ'zeɪʃn] *sb* Internationalisierungs-grad *m*
level of organization ['levl əv ɔːgənaɪ-'zeɪʃn] *sb (Betrieb)* Organisationsgrad *m*
level of taxation ['levl əv tæk'seɪʃən] *sb* Steuerlastquote *f*
levelling ['levəlɪŋ] *sb* Nivellierung *f*
leverage effect ['liːvərɪdʒ ɪ'fekt] *sb* Leverage-Effekt *m*
leveraged buyout ['liːvərɪdʒd 'baɪaʊt] *sb* Management-Buyout *n*
levy ['levɪ] *sb 1. (tax)* Steuer *f,* Abgaben *pl; 2. (act of ~ing)* Erhebung *f,* Umlage *f*
levy on mortgage profits ['levɪ ɒn 'mɔːgɪdʒ 'prɒfɪts] *sb* Hypothekengewinn-abgabe *f*
liabilities [laɪə'bɪlɪtiːz] *pl* Passiva *pl*
liability [laɪə'bɪlɪtɪ] *sb 1.* Obligo *n,* Verbindlichkeit *f; 2. assets and liabilities* Aktiva und Passiva *pl; 3. (responsibility)* Haftung *f*
liability account [laɪə'bɪlətɪ ə'kaʊnt] *sb* Passivkonto *n*
liability for breach of warranty [laɪə'bɪlɪtɪ fɔː 'briːtʃ əv 'wɒrəntɪ] *sb* Gewährleistungs-haftung *f,* Garantiehaftung *f*
liability for damages [laɪə'bɪlɪtɪ fɔː 'dæmɪdʒɪz] *sb* Schadensersatzpflicht *f*
liability of heirs [laɪə'bɪlɪtɪ əv ɛəz] *sb* Erbenhaftung *f*
liability to insure [laɪə'bɪlɪtɪ tuː ɪn'ʃʊə] *sb* Versicherungspflicht *f*
liable equity capital ['laɪəbl 'ekwɪtɪ 'kæpɪtl] *sb* Haftungskapital *f*
liable funds ['laɪəbl 'fʌnds] *pl* haftendes Eigenkapital *n*
liable to prosecution ['laɪəbl tuː prɒsɪ-'kjuːʃən] *adj* straffällig
liable to tax ['laɪəbl tuː tæks] *adj* abgaben-pflichtig, steuerpflichtig
liaison [liː'eɪzən] *sb 1.* Verbindung *f,* Zusammenarbeit *f; 2. (person)* Verbindungs-mann *m*
liberal ['lɪbərəl] *adj (supply)* großzügig; *(politically)* liberal
liberal profession ['lɪbərəl prɒ'feʃn] *sb* freier Beruf *m*
liberalism ['lɪbərəlɪzm] *sb* Liberalismus *m*
liberalization of foreign trade [lɪbərəlaɪ-'zeɪʃn əv 'fɒrɪn 'treɪd] *sb* Liberalisierung *f*
liberation of capital [lɪbə'reɪʃn əv 'kæpɪtl] *sb* Kapitalfreisetzung *f*
Libor loan ['laɪbə ləʊn] *sb* Liboranleihe *f*
licence ['laɪsəns] *sb* Genehmigung *f,* Erlaubnis *f,* Lizenz *f,* Konzession *f*
licence agreement ['laɪsəns ə'griːmənt] *sb* Lizenzvertrag *m*
licence fee ['laɪsəns fiː] *sb* Lizenzgebühr *f*
licence number ['laɪsəns 'nʌmbə] *sb* Kraftfahrzeugnummer *f,* Kraftfahrzeugkenn-zeichen *n*
license ['laɪsəns] *v 1.* eine Lizenz vergeben an; *2. (a product)* lizensieren, konzessio-nieren; *sb 3. (US: see "licence")*
license to trade ['laɪsəns tuː treɪd] *sb* Gewerbeschein *n*
licensee [laɪsən'siː] *sb* Konzessionsinhaber *m,* Lizenzinhaber *m*
licenser ['laɪsənsə] *sb* Lizenzgeber *m*
licensing application ['laɪsənsɪŋ æplɪ'keɪʃən] *sb* Zulassungsantrag *m*
licensor ['laɪsənsə] *sb (US: siehe „licenser")*
lien ['liːn] *sb* Pfandrecht *n*
life annuity [laɪf ə'njuːɪtɪ] *sb* Leibrente *f*
life assurance [laɪf ə'ʃʊərəns] *sb (UK)* Lebensversicherung *f*
life cycle of a product [laɪf 'saɪkl əv ə 'prɒdʌkt] *sb* Lebenszyklus eines Produkts *m*
life insurance ['laɪf ɪn'ʃʊərəns] *sb* Lebens-versicherung *f*
limit ['lɪmɪt] *v 1.* begrenzen, beschränken, einschränken; *sb 2.* Grenze *f,* Beschränkung *f,* Begrenzung *f; "off ~s" pl* „Zutritt verboten"
limitation [lɪmɪ'teɪʃən] *sb* Beschränkung *f,* Einschränkung *f; (statutory period of ~)* Ver-jährung *f,* Verjährungsfrist *f*

limitation of actions [lɪmɪ'teɪʃən əv 'ækʃənz] *sb* Verjährung *f*
limited ['lɪmɪtɪd] *adj* begrenzt, beschränkt
limited capacity to enter into legal transactions ['lɪmɪtɪd kə'pæsɪtɪ tuː 'entə 'ɪntuː 'liːgəl træn'zækʃns] *sb* beschränkte Geschäftsfähigkeit *f*
limited commercial partnership ['lɪmɪtɪd kɒ'mɜːʃl 'pɑːtnəʃɪp] *sb* Kommanditgesellschaft (KG) *f*
limited company ['lɪmɪtɪd 'kʌmpənɪ] *sb* Aktiengesellschaft *f*
limited dividend ['lɪmɪtɪd 'dɪvɪdend] *sb* limitierte Dividende *f*
limited employment contract ['lɪmɪtɪd ɪm'plɔɪmənt 'kɒntrækt] *sb* befristetes Arbeitsverhältnis *n*
limited liability ['lɪmɪtɪd laɪə'bɪlɪtɪ] *sb* beschränkte Haftung *f*
limited liability company ['lɪmɪtɪd laɪə'bɪlɪtɪ 'kʌmpənɪ] *sb* Gesellschaft mit beschränkter Haftung (GmbH) *f*
limited liability shareholder ['lɪmɪtɪd laɪə'bɪlɪtɪ 'ʃɛəhəʊldə] *sb* Kommanditaktionär *m*
limited partner ['lɪmɪtɪd 'pɑːtnə] *sb* Kommanditist *m*
limited partnership ['lɪmɪtɪd 'pɑːtnəʃɪp] *sb* Kommanditgesellschaft *f*
limiting value ['lɪmɪtɪŋ 'væljuː] *sb* Grenzwert *m*
limit of liability ['lɪmɪt əv laɪə'bɪlətɪ] *sb* Haftungsgrenze *f*
line [laɪn] *sb 1. (of products)* Produktlinie *f*; *2. (type of business)* Branche *f*, Fach *n*; *What's his ~?* Was macht er beruflich? *3. (telephone ~)* Leitung *f*, *Hold the ~!* Bleiben Sie am Apparat! *4. (of products)* Posten *m*
linear depreciation ['lɪnɪə dɪpriːʃɪ'eɪʃən] *sb* lineare Abschreibung *f*
linear measures ['lɪnɪə 'meʒəs] *pl* Längenmaße *n/pl*
line management [laɪn 'mænɪdʒmənt] *sb* Fachgebietsleitung *f*
line of acceptance [laɪn əv ək'septæns] *sb* Akzeptlinie *f*
line of business ['laɪn əv 'bɪznɪs] *sb* Branche *f*, Zweig *m*, Sparte *f*
line of goods [laɪn əv 'gʊdz] *sb* Artikelserie *f*, Warensortiment *n*
line of resistance [laɪn əv rɪ'sɪstəns] *sb* Widerstandslinie *f*
line-staff organization structure ['laɪnstɑːf ɔːrgənaɪ'zeɪʃn 'strʌkʃə] *sb* Stab-Linien-Organisation *f*
linked currency [lɪŋkd 'kʌrənsɪ] *sb* gebundene Währung *f*
liquid assets ['lɪkwɪd 'æsɪts] *pl* flüssige Mittel *n/pl*
liquid money market ['lɪkwɪd 'mʌnɪ 'mɑːkɪt] *sb* flüssiger Geldmarkt *m*
liquid reserves ['lɪkwɪd rɪ'zɜːvz] *pl* Liquiditätsreserve *f*
liquidate ['lɪkwɪdeɪt] *v (a company)* liquidieren, auflösen; *(a debt)* tilgen
liquidating dividend ['lɪkwɪdeɪtɪŋ 'dɪvɪdənd] *sb* Liquidationsrate *f*
liquidation [lɪkwɪ'deɪʃn] *sb* Liquidation *f*, Realisierung *f*, Tilgung *f*
liquidation account [lɪkwɪ'deɪʃn ə'kaʊnt] *sb* Abwicklungskonto *n*
liquidation bond [lɪkwɪ'deɪʃn bʌnd] *sb* Liquidationsschuldverschreibung *f*
liquidation certificate [lɪkwɪ'deɪʃn sɜː'tɪfɪkɪt] *sb* Liquidationsanteilsschein *m*
liquidation fee [lɪkwɪ'deɪʃn fiː] *sb* Liquidationsgebühr *f*
liquidation gain [lɪkwɪ'deɪʃən geɪn] *sb* Verwertungsgewinn *m*
liquidation outpayment rate [lɪkwɪ'deɪʃn aʊt'peɪmənt reɪt] *sb* Liquidationsauszahlungskurs *m*
liquidation-type composition [lɪkwɪ'deɪʃn taɪp kɒmpə'zɪʃn] *sb* Liquidationsvergleich *m*
liquidator ['lɪkwɪdeɪtə] *sb* Liquidator *m*
liquidity [lɪ'kwɪdɪtɪ] *sb (of assets)* Liquidität *f*
liquidity audit [lɪ'kwɪdɪtɪ 'ɔːdɪt] *sb* Liquiditätsprüfung *f*
liquidity crunch [lɪ'kwɪdɪtɪ krʌntʃ] *sb* Zahlungsstockung *f*
liquidity loan [lɪ'kwɪdɪtɪ ləʊn] *sb* Liquiditätsanleihe *f*
liquidity loss [lɪ'kwɪdɪtɪ lɒs] *sb* Liquiditätsentzug *m*
liquidity management [lɪ'kwɪdɪtɪ 'mænɪdʒmənt] *sb* Liquiditätsmanagement *n*, Liquiditätssteuerung *f*
liquidity of the banking system [lɪ'kwɪdɪtɪ əv ðə 'bænkɪŋ 'sɪstəm] *sb* Bankenliquidität *f*
liquidity papers [lɪ'kwɪdɪtɪ 'peɪpəs] *sb* Liquiditätspapier *n*
liquidity ratio [lɪ'kwɪdɪtɪ 'reɪʃɪəʊ] *sb* Deckungsgrad *m*, Liquiditätsgrad *m*, Liquiditätsquote *f*
liquidity reserves [lɪ'kwɪdɪtɪ rɪ'zɜːvz] *pl* Liquiditätsreserve *f*
liquidity risk [lɪ'kwɪdɪtɪ rɪsk] *sb* Liquiditätsrisiko *n*

liquidity squeeze [li'kwɪdɪtɪ skwi:z] *sb* Liquiditätsengpass *m*
liquidity status [lɪ'kwɪdɪtɪ 'steɪtəs] *sb* Liquiditätsstatus *m*
liquidity syndicate bank [lɪ'kwɪdɪtɪ 'sɪndɪkət bæŋk] *sb* Liquiditätskonsortialbank *f*
liquidity theory [lɪ'kwɪdɪtɪ 'θɪərɪ] *sb* Liquiditätstheorie *f*
listing ['lɪstɪŋ] *sb 1.* Auflistung *f; 2. (stockindex)* Börsenzulassung *f,* Börsennotierung *f*
list of balances [lɪst əv 'bælænsɪz] *sb* Saldenbilanz *f*
list of exchange [lɪst əv ɪk'stʃeɪndʒ] *sb* Devisenkurszettel *m*
list of insolvent [lɪst əv ɪn'sɒlvənt] *sb* Schuldnerverzeichnis *n*
list of securities deposited [lɪst əv sɪ-'kjʊərɪti:z dɪ'pɒzɪtɪd] *sb* Depotaufstellung *f*
list of securities eligible as collateral [lɪst əv sɪ'kjʊərɪti:z 'elɪdʒɪbl æz kɒ'lætərəl] *sb* Lombardverzeichnis *n*
list of serial numbers of securities purchases [lɪst əv 'si:rɪəl 'nʌmbəz əv sɪ'kjʊərɪti:z 'pɜ:tʃɪsɪz] *sb* Nummernverzeichnis *n*
list price [lɪst praɪs] *sb* Listenpreis *m*
liter ['li:tə] *sb (US: siehe "litre")*
litigant ['lɪtɪgənt] *sb* Prozess führende Partei *f*
litre ['li:tə] *sb* Liter *m*
load [ləʊd] *v 1.* laden, beladen; *~ up* aufladen; *sb 2. (cargo)* Ladung *f,* Fracht *f*
loading ['ləʊdɪŋ] *sb* Ladung *f,* Fracht *f*
loading charges ['ləʊdɪŋ 'tʃɑ:dʒɪz] *sb* Verladekosten *pl,* Frachtkosten *pl*
loan [ləʊn] *v 1.* leihen; *sb 2.* Darlehen *n,* Anleihe *f,* Kredit *m*
loan at variable rates [ləʊn æt 'værɪəbl reɪts] *sb* zinsvariable Anleihe *f*
loan business [ləʊn 'bɪznɪs] *sb* Anleihegeschäft *n*
loan calculation [ləʊn kælkjʊ'leɪʃn] *sb* Anleiherechnung *f*
loan ceiling ['ləʊn sɪ:liŋ] *sb* Kreditobergrenze *f,* Kredithöchstgrenze *f*
loan custodianship [ləʊn kʌs'təʊdɪənʃɪp] *sb* Anleihetreuhänderschaft *f*
loan extension [ləʊn ɪk'stenʃən] *sb* Kreditvergabe *f,* Kreditgewährung *f*
loan financing [ləʊn faɪ'nænsɪŋ] *sb* Darlehensfinanzierung *f*
loan for special purposes [ləʊn fɔ: 'speʃl 'pɜ:pəsɪz] *sb* Objektkredit *m*
loan granted by way of bank guarantee [ləʊn 'grɑ:ntɪd baɪ 'weɪ əv 'bæŋk gærən'ti:] *sb* Avalkredit *m*
loan granted for building purposes ['ləʊn 'grɑ:ntɪd fɔ: 'bɪldɪŋ 'pɜ:pəsɪz] *sb* Bauspardarlehen *n*
loan granted in form of a mortgage bond ['ləʊn 'grɑ:ntɪd ɪn fɔ:m əv ə 'mɔ:gɪdʒ bɒnd] *sb* Naturadarlehen *n*
loan granted to a local authority ['ləʊn 'grɑ:ntɪd tu: ə 'ləʊkl ɔ:'θɒrɪtɪ] *sb* Kommunaldarlehen *n*
loan guarantee [ləʊn gæren'ti:] *sb* Kreditbürgschaft *f*
loan in foreign currency ['ləʊn ɪn 'fɒrɪn 'kʌrensɪ] *sb* Valuta-Anleihen *f/pl*
loan of credit ['ləʊn əv 'kredɪt] *sb* Kreditleihe *f*
loan on a gold basis ['ləʊn ɒn ə gəʊld 'beɪsɪz] *sb* Goldanleihe *f*
loan on a trust basis ['ləʊn ɒn ə trʌst 'beɪsɪz] *sb* Treuhandkredit *m*
loan on landed property ['ləʊn ɒn 'lændɪd 'prɒpətɪ] *sb* Bodenkredit *m*
loan repayable in full at a due date ['ləʊn ri:'peɪəbl ɪn 'fʊl æt ə dju: deɪt] *sb* Zinsanleihe *f*
loan with profit participation [ləʊn wɪθ 'prɒfɪt pɑ:tɪsɪ'peɪʃn] *sb* Beteiligungsdarlehen *n*
loans granted to members of a managing board [ləʊns 'grɑ:ntɪd tu: 'membəs əv ə 'mænɪdʒɪŋ bɔ:d] *sb* Organkredit *m*
lobby ['lɒbɪ] *v 1.* Einfluss nehmen; *sb 2.* Lobby *f; 3.* Vorzimmer *n*
lobbyist ['lɒbi:ɪst] *sb* Lobbyist *m*
local ['ləʊkəl] *adj* örtlich, Orts...
local authorities bank ['ləʊkl ɔ:'θɒrɪtɪz bæŋk] *sb* Kommunalbank *f*
local authorities loan ['ləʊkl ɔ:'θɒrɪtɪz ləʊn] *sb* Kommunalanleihe *f*
local authority ['ləʊkəl ɔ:'θɒrɪtɪ] *sb (UK)* örtliche Behörde *f*
local authority loan ['ləʊkəl ɔ:'θɒrɪtɪ ləʊn] *sb* Kommunalanleihen *f/pl*
local bank ['ləʊkəl bæŋk] *sb* Lokalbank *f*
local bill [ləʊkəl 'bɪl] *sb* Platzwechsel *m*
local bond [ləʊkəl 'bɒnd] *sb* Kommunalobligation *f*
local call ['ləʊkəl kɔ:l] *sb* Ortsgespräch *n*
local expenses [ləʊkəl ɪks'pensɪz] *sb* Platzspesen *pl*
localization [ləʊkəlaɪ'zeɪʃən] *sb* Lokalisierung *f,* Dezentralisierung *f*
local stock exchange ['ləʊkəl stɒk ɪks-'tʃeɪndʒ] *sb* Lokalbörse *f*
local time ['ləʊkəl taɪm] *sb* Ortszeit *f*

local transfer ['ləʊkəl 'trænsfə] *sb* Platzübertragung *f*
location [ləʊ'keɪʃən] *sb* Standort *m*, Lage *f*
locational [ləʊ'keɪʃənəl] *adj* standortbedingt
location factor [ləʊ'keɪʃən 'fæktə] *sb* Standortfaktor *m*
lock out [lɒk 'aʊt] *v* aussperren
lockage ['lɒkɪdʒ] *sb (fees)* Schleusengebühr *f*
locker ['lɒkə] *sb* Schließfach *n*
lockout ['lɒkaʊt] *sb (of workers)* Aussperrung *f*
log [lɒg] *v ~ in* einloggen
logistics [lɒ'dʒɪstɪks] *pl* Logistik *f*
logo ['ləʊgəʊ] *sb* Logo *n*, Emblem *n*
long-distance call [lɒŋ 'dɪstəns kɔːl] *sb* Ferngespräch *n*
long distance giro [lɒŋ 'dɪstæns 'dʒaɪrɒ] *sb* Ferngiro *n*
long distance traffic [lɒŋ 'dɪstəns 'træfɪk] *sb* Fernverkehr *m*
long run ['lɒŋ rʌn] *sb* lange Sicht *f*
long-term ['lɒŋtɜːm] *adj* langfristig, Langzeit...
long-term credit ['lɒŋtɜːm 'kredɪt] *sb* langfristiger Kredit *m*
long-term deposit ['lɒŋtɜːm dɪ'pɒsɪt] *sb* langfristige Einlage *f*
loose-leaf savings book ['luːsliːf 'seɪvɪŋz bʊk] *sb* Loseblattsparbuch *n*
loro account ['lɒrəʊ ə'kaʊnt] *sb* Lorokonto *n*
loro balance ['lɒrəʊ 'bæləns] *sb* Loroguthaben *n*
lorry ['lɒrɪ] *sb (UK)* Lastwagen *m*, Lastkraftwagen *m*
lorry-load ['lɒrɪləʊd] *sb* Wagenladung *f*, Lastwagenladung *f*
losing business ['luːzɪŋ 'bɪznɪs] *sb* Verlustgeschäft *n*
loss [lɒs] *sb* Damnum *n*, Verlust *m*
loss adjuster [lɒs e'dʒʌstə] *sb* Schadenssachbearbeiter(in) *m/f*
loss advice [lɒs əd'vaɪs] *sb* Schadensanzeige *f*
loss allocation [lɒs ælə'keɪʃn] *sb* Verlustzuweisung *f*
loss assumption [lɒs ə'sʌmpʃən] *sb* Verlustübernahme *f*
loss-compensation [lɒs kɒmpən'seɪʃn] *sb* Verlustausgleich *m*
loss in exchange [lɒs ɪn ɪks'tʃeɪndʒ] *sb* Produktionsausfall *m*
loss in value [lɒs ɪn 'væljuː] *sb* Wertverfall *m*, Wertverlust *m*
lossmaker ['lɒsmeɪkə] *sb (UK)* Verlustgeschäft *n*
loss-making business ['lɒsmeɪkɪŋ 'bɪznɪs] *sb* Verlustgeschäft *n*
loss of production ['lɒs əv prə'dʌkʃən] *sb* Produktionsausfall *m*
loss on goods in transit [lɒs ɒn gʊdz ɪn 'trænsɪt] *sb* Transportschaden *m*
loss on stock prices [lɒs ɒn 'stɒk 'praɪsɪz] *sb* Kursverlust *m*
loss on takeover [lɒs ɒn 'teɪkəʊvə] *sb* Übernahmeverlust *m*
lost shipment [lɒst 'ʃɪpmənt] *sb* verloren gegangene Sendung *f*
lot [lɒt] *sb 1. (property, plot)* Parzelle *f*, Gelände *n*; *2. (quantity)* Posten *m*
lot size ['lɒt saɪz] *sb (Statistik)* Losgröße *f*
lottery bond ['lɒtərɪ bɒnd] *sb* Lotterieanleihe *f*, Auslosungsanleihe *f*
lottery loan ['lɒtərɪ ləʊn] *sb* Prämienanleihe *f*
lottery premium saving ['lɒtərɪ 'priːmjəm 'seɪvɪŋ] *sb* Gewinnsparen *n*
lottery quotation ['lɒtərɪ kwəʊ'teɪʃn] *sb* Loskurs *m*
low-denomination share for small savers ['ləʊdɪnɒmɪ'neɪʃn ʃɛə fɔː smɔːl 'seɪvəz] *sb* Volksaktie *f*
lowest value principle ['ləʊɪst 'væljuː 'prɪnsɪpl] *sb* Niederstwertprinzip *n*
low-grade ['ləʊgreɪd] *adj* minderwertig
low-loader ['ləʊləʊdə] *sb* Tieflader *m*
low-margin [ləʊ'mɑːdʒɪn] *adj* mit niedriger Gewinnspanne, knapp kalkuliert
low-paid employment ['ləʊpeɪd ɪm'plɔɪmənt] *sb* geringfügige Beschäftigung *f*
low-price store ['ləʊpraɪs stɒː] *sb* Kleinpreisgeschäft *n*
low-priced securities ['ləʊpraɪsd si'kjʊərɪtiːz] *sb* leichte Papiere *n/pl*
low-value items [ləʊ'væljuː 'aɪtəms] *pl* geringwertige Wirtschaftsgüter *n/pl*
lull [lʌl] *sb* Stagnation *f*, Flaute *f*
lump sum ['lʌmp sʌm] *sb 1.* Pauschalsumme *f*, Pauschalbetrag *m*; *2.* Arbeitnehmer-Pauschbetrag *m*
lump-sum payment ['lʌmpsʌm 'peɪmənt] *sb* Kapitalabfindung *f*
lunch break ['lʌntʃ breɪk] *sb* Mittagspause *f*
lunch hour ['lʌntʃ aʊə] *sb* Mittagspause *f*
luxury ['lʌkʃərɪ] *sb* Luxus *m*
luxury goods ['lʌkʃərɪ gʊdz] *sb* Luxusgüter *pl*, Luxusartikel *pl*
luxury tax ['lʌkʃərɪ tæks] *sb* Luxussteuer *f*

M

machine [mə'ʃi:n] *sb 1.* Maschine *f*, Apparat *m*; *2. (vending ~)* Automat *m*
machine accounting [mə'ʃi:n ə'kaʊntɪŋ] *sb* Maschinenbuchhaltung *f*
machine breakdown [mə'ʃi:n 'breɪkdaʊn] *sb* Anlagenausfall *m*, Maschinenstörung *f*
machine insurance [mə'ʃi:n ɪn'ʃʊərəns] *sb* Maschinenversicherung *f*
machine loading [mə'ʃi:n ləʊdɪŋ] *sb* Maschinenbelastung *f*
machine operator [mə'ʃi:n 'ɒpəreɪtə] *sb* Maschinist(in) *m/f*
machine overhead rate [mə'ʃi:n 'əʊvəhed reɪt] *sb* Maschinenkostensatz *m*
machine processing [mə'ʃi:n 'prəʊsesɪŋ] *sb* maschinelle Produktion *f*
machine-readable [mə'ʃi:nri:dəbl] *adj* maschinenlesbar, computerlesbar
machinery [mə'ʃi:nərɪ] *sb* Maschinen *f/pl*, Maschinenpark *m*
machine scheduling [mə'ʃi:n 'ʃedju:lɪŋ] *sb* Maschinenbelegung *f*
machine utilization [mə'ʃi:n ju:tɪlaɪ'zeɪʃən] *sb* Maschinenauslastung *f*
machining [mə'ʃi:nɪŋ] *sb* maschinelle Bearbeitung *f*
macroeconomics [mækrəʊi:kə'nɒmɪks] *sb* Makroökonomie *f*
made-to-order [meɪdtu'ɔ:də] *adj* auf Bestellung, kundenspezifisch
magazine ['mægəzi:n] *sb* Zeitschrift *f*, Magazin *n*
magnitude ['mægnɪtju:d] *sb 1.* Größe *f*; *2. (importance)* Bedeutung *f*
maiden name ['meɪdn neɪm] *sb* Mädchenname *m*
mail [meɪl] *sb 1.* Post *f*; *2. by ~* mit der Post; *v 3. (US)* schicken, abschicken
mailbag ['meɪlbæg] *sb* Postsack *m*
mailbox ['meɪlbɒks] *sb (computer ~)* Mailbox *f*; *(US)* Briefkasten *m*
mail distribution [meɪl dɪstrɪ'bju:ʃən] *sb* Postvertrieb *m*
mailing department ['meɪlɪŋ dɪ'pɑ:tmənt] *sb* Postabteilung *f*
mailing list ['meɪlɪŋ lɪst] *sb* Adressenliste *f*, Versandliste *f*
mailing machine ['meɪlɪŋ mə'ʃi:n] *sb* Frankierautomat *m*
mailman ['meɪlmæn] *sb (US)* Briefträger *m*, Postbote *m*
mail-order ['meɪlɔ:də] *adj* Postversand...
mail-order business ['meɪlɔ:də 'bɪznɪs] *sb* Versandhandel *m*, Versandgeschäft *n*
mailshot ['meɪlʃɒt] *sb* Direktwerbung *f*
mail transfer [meɪl 'trænsfɜ:] *sb* postalische Überweisung *f*
main centres [meɪn 'sentəs] *sb* Hauptplätze *m/pl*
mainframe ['meɪnfreɪm] *sb* Großrechner *m*
main line [meɪn laɪn] *sb* Hauptstrecke *f*
maintain [meɪn'teɪn] *v 1. (keep in good condition)* in Stand halten; *2. (a machine)* warten
maintainer [meɪn'teɪnə] *sb* Wärter(in) *m/f*, für die Wartung zuständige Person *f*
maintenance ['meɪntənəns] *sb 1.* Aufrechterhaltung *f*, Beibehaltung *f*; *2. (keeping in good condition)* Instandhaltung *f*, Wartung *f*
maintenance bond ['meɪntənəns bɒnd] *sb (US)* Gewährleistungsgarantie *f*
maintenance costs ['meɪntənəns kɒsts] *sb* Instandhaltungskosten *pl*
maintenance engineer ['meɪntənəns endʒɪ'nɪə] *sb* Kundendiensttechniker *m*
maintenance expenditure ['meɪntənəns ɪks'pendɪtʃə] *sb* Erhaltungsaufwand *m*
maintenance guarantee ['meɪntənəns gærən'ti:] *sb* Gewährleistungsgarantie *f*
maintenance of capital ['meɪntənəns əv 'kæpɪtl] *sb* Kapitalerhaltung *f*
maintenance service ['meɪntənəns 'sɜ:vɪs] *sb* Wartungsdienst *m*
majority [mə'dʒɒrɪtɪ] *sb* Majorität *f*, Mehrheit *f*
majority holding [mə'dʒɒrɪtɪ 'həʊldɪŋ] *sb* Mehrheitsbeteiligung *f*
majority of stock [mə'dʒɒrɪtɪ əv stɒk] *sb* Aktienmehrheit *f*
majority of votes [mə'dʒɒrɪtɪ əv vəʊts] *sb* Stimmenmehrheit *f*
majority-owned [mə'dʒɒrɪtɪəʊnd] *adj* im Mehrheitsbesitz
majority-ownership [mədʒɒrɪtɪ'əʊnəʃɪp] *sb* Mehrheitsbesitz *m*
majority participation [mə'dʒɒrɪtɪ pɑ:tɪsɪ'peɪʃn] *sb* Mehrheitsbeteiligung *f*
majority partner [mə'dʒɒrɪtɪ 'pɑ:tnə] *sb* Mehrheitsgesellschafter *m*

make [meɪk] *v irr 1. (manufacture)* herstellen; *2. (arrangements, a choice)* treffen; *3. (earn)* verdienen; *4. (a profit, a fortune)* machen; *sb 5.* Marke *f*, Fabrikat *n*
make out [meɪk 'aʊt] *v irr 1. (write out)* ausstellen; *2. (a bill)* zusammenstellen
make over [meɪk 'əʊvə] *v irr* übertragen, abtreten
maker ['meɪkə] *sb* Hersteller *m*, Produzent *m*
makeshift ['meɪkʃɪft] *sb 1.* Notlösung *f*, Behelf *m; adj 2.* provisorisch
make up [meɪk 'ʌp] *v irr* ausfertigen, bilden
making ['meɪkɪŋ] *sb* Herstellung *f*
making out an invoice ['meɪkɪŋ aʊt ən 'ɪnvɔɪs] *sb* Fakturierung *f*
making-up price [meɪkɪŋ'ʌp praɪs] *sb* Kompensationskurs *m*, Liquidationskurs *m*
maladjustment [mælə'dʒʌstmənt] *sb* Unausgeglichenheit *f*
maladminister [mæləd'mɪnɪstə] *v* schlecht verwalten, Misswirtschaft betreiben
malfunction [mæl'fʌŋkʃən] *v 1.* versagen, schlecht funktionieren; *sb 2.* Versagen *n*, schlechtes Funktionieren *n*
mall [mɔːl] *sb 1.* Promenade *f; 2. shopping ~* Einkaufszentrum *n*
manage ['mænɪdʒ] *v 1. (supervise)* führen, verwalten, leiten; *2. (a team, a band)* managen
managed currency ['mænɪdʒd 'kʌrənsɪ] *sb* manipulierte Währung *f*
management ['mænɪdʒmənt] *sb 1.* Management *n*, Führung *f*, Verwaltung *f*, Leitung *f; 2. (people)* Geschäftsleitung *f*, Geschäftsführung *f*, Direktion *f*, Betriebsleitung *f*
management accounting ['mænɪdʒmənt ə'kaʊntɪŋ] *sb* internes Rechnungswesen *n*
management board ['mænɪdʒmənt bɔːd] *sb* Vorstand *m*
management bonus ['mænɪdʒmənt 'bəʊnəs] *sb* Tantieme *f*
management consultant ['mænɪdʒmənt kən'sʌltənt] *sb* Unternehmensberater *m*
management employee ['mænɪdʒmənt emplɔɪ'iː] *sb* leitende(r) Angestellte(r) *f/m*
management games ['mænɪdʒmənt geɪmz] *sb* Planspiel *n*
management group ['mænɪdʒmənt gruːp] *sb* Konsortium *n*
management information system ['mænɪdʒmənt ɪnfə'meɪʃn 'sɪstəm] *sb* Führungsinformationssystem *n*, Managementinformationssystem *n*
management of demand ['mænɪdʒmənt əv dɪ'mɑːnd] *sb* Nachfragelenkung *f*, Globalsteuerung *f*
management of property ['mænɪdʒmənt əv 'prɒpətɪ] *sb* Vermögensverwaltung *f*
management techniques ['mænɪdʒmənt tek'niːks] *sb* Führungstechniken *f/pl*
management unit (in organizations) ['mænɪdʒmənt 'juːnɪt] *sb* Instanz (in der Organisation) *f*
manager ['mænɪdʒə] *sb* Geschäftsführer *m*, Leiter *m*, Direktor *m*, Manager *m*
manageress [mænɪdʒə'res] *sb* Managerin *f*
managerial [mænə'dʒɪərɪəl] *adj* Führungs..., leitend
managerial hierarchy [mænə'dʒɪərɪəl 'haɪərɑːkɪ] *sb* Führungshierarchie *f*
managerial principles [mænə'dʒɪərɪəl 'prɪnsɪpls] *sb* Führungsgrundsätze *m/pl*
managerial staff [mænə'dʒɪərɪəl stɑːf] *sb* Geschäftsleitung *f*
manager in bankruptcy ['mænɪdʒə ɪn 'bæŋkrʌpsɪ] *sb* Konkursverwalter *m*
managers commission ['mænɪdʒəs kə'mɪʃn] *sb* Führungsprovision *f*
managing ['mænɪdʒɪŋ] *adj* geschäftsführend, leitend, Betriebs...
managing director ['mænɪdʒɪŋ daɪ'rektə] *sb* Generaldirektor *m*, Hauptgeschäftsführer *m*
mandate ['mændeɪt] *sb 1.* Mandat *n; 2. (authorization)* Vollmacht *f*
mandate to provide credit for a third party ['mændeɪt tu prə'vaɪd 'kredɪt fɔː ə θɜːd 'pɑːtɪ] *sb* Kreditauftrag *m*
mandatory ['mændətərɪ] *adj 1.* obligatorisch; *2. to be ~* Pflicht sein
man-hour ['mænaʊə] *sb* Arbeitsstunde *f*
manipulate [mə'nɪpjʊleɪt] *v 1.* manipulieren; *2. (handle, operate)* handhaben; *3. (a machine)* bedienen
manipulation [mənɪpjʊ'leɪʃən] *sb* Manipulation *f*
manner of delivery ['mænər əv dɪ'lɪvərɪ] *sb* Versandform *f*
manpower ['mænpaʊə] *sb* Arbeitskräfte *f/pl*, Arbeitspotenzial *n*
manpower policy ['mænpaʊə 'pɒlɪsɪ] *sb* Arbeitsmarktpolitik *f*
manual ['mænjʊəl] *adj 1.* mit der Hand, Hand..., manuell; *sb 2.* Handbuch *n*
manual labour ['mænjʊəl 'leɪbə] *sb* Handarbeit *f*
manual work ['mænjʊəl wɜːk] *sb* Handarbeit *f*
manufactory [mænjʊ'fæktərɪ] *sb* Manufaktur *f*

manufacture [mænjʊ'fæktʃə] *v 1.* herstellen; *sb 2.* Herstellung *f; 3. (products)* Waren *f/pl,* Erzeugnisse *n/pl*
manufacture to customer's specifications [mænjʊ'fæktʃə tu 'kʌstəməz spesɪfɪ'keɪʃənz] *sb* Sonderanfertigung *f*
manufactured quantity [mænjʊ'fæktʃəd 'kwɒntɪtɪ] *sb* Fertigungsmenge *f*
manufactured to measure [mænjʊ'fæktʃəd tu 'meʒə] *adj* maßgefertigt
manufacturer [mænjʊ'fæktʃərə] *sb* Hersteller *m,* Erzeuger *m*
manufacture under license [mænjʊ'fæktʃə 'ʌndə 'laɪsəns] *sb* Lizenzfertigung *f*
manufacturing [mænjʊ'fæktʃərɪŋ] *sb* Erzeugung *f,* Herstellung *f*
manufacturing abroad [mænjʊ'fæktʃərɪŋ ə'brɔːd] *sb* Auslandsfertigung *f*
manufacturing data sheet [mænjʊ'fæktʃərɪŋ 'deɪtə ʃiːt] *sb* Fertigungsablaufplan *m*
margin ['mɑːdʒɪn] *sb* Marge *f,* Spanne *f*
margin account ['mɑːdʒɪn ə'kaʊnt] *sb* Effektenkreditkonto *n*
marginal analysis ['mɑːdʒɪnl ə'nælɪsɪs] *sb* Marginalanalyse *f*
marginal cost ['mɑːdʒɪnl 'kɒst] *sb* Grenzkosten *pl*
marginal cost accounting ['mɑːdʒɪnl 'kɒst ə'kaʊntɪŋ] *sb* Differenzkostenrechnung *f*
marginal costing ['mɑːdʒɪnl 'kɒstɪŋ] *sb* Grenzkostenrechnung *f,* Grenzkostenkalkulation *f*
marginal earnings ['mɑːdʒɪnl 'ɜːnɪŋs] *sb* Grenzerlös *m*
marginal productivity ['mɑːdʒɪnl prɒdʌk'tɪvɪtɪ] *sb* Grenzproduktivität *f*
marginal utility ['mɑːdʒɪnl juː'tɪlɪtɪ] *sb* Grenznutzen *m*
marginal value ['mɑːdʒɪnl 'væljuː] *sb* Marginalwert *m*
margin of profit ['mɑːdʒɪn əv 'prɒfɪt] *sb* Gewinnspanne *f*
margin over costs ['mɑːdʒɪn 'əʊvə kɒsts] *sb* Gewinnspanne *f*
margin requirement ['mɑːdʒɪn rɪ'kwaɪəmənt] *sb* Einschuss *m*
margin trading ['mɑːdʒɪn 'treɪdɪŋ] *sb* Effektendifferenzgeschäft *n*
mark [mɑːk] *v 1. (damage)* beschädigen; *2. (scratch)* zerkratzen; *sb 3.* Marke *f*
mark down [mɑːk 'daʊn] *v (prices)* herabsetzen, senken
markdown ['mɑːkdaʊn] *sb (amount lowered)* Preissenkung *f,* Preisabschlag *m*
market ['mɑːkɪt] *sb 1. (demand)* Absatzmarkt *m,* Markt *m; 2. to be in the ~ for* Bedarf haben an; *3. (stock ~)* Börse *f; v 4.* vertreiben, vermarkten
marketable ['mɑːkɪtəbl] *adj* marktfähig, absatzfähig
market acceptance ['mɑːkɪt ək'septəns] *sb* Absatzfähigkeit *f,* Marktaufnahme *f*
market adjustment ['mɑːkɪt ə'dʒʌstmənt] *sb* Marktanpassung *f*
market after official hours ['mɑːkɪt 'ɑːftə ə'fɪʃəl 'aʊəz] *sb* Nachbörse *f*
market analysis ['mɑːkɪt ə'næləsɪs] *sb* Marktanalyse *f*
market approach ['mɑːkɪt ə'prəʊtʃ] *sb* Marktauftritt *m*
market average ['mɑːkɪt 'ævərɪdʒ] *sb* Durchschnittskurs *m*
market barometer ['mɑːkɪt bə'rɒmɪtə] *sb* Börsenbarometer *n*
market before official hours ['mɑːkɪt bɪ'fɔː ə'fɪʃəl 'aʊəz] *sb* Vorbörse *f*
market coverage ['mɑːkɪt 'kʌvərɪdʒ] *sb* Marktanteil *m*
market day ['mɑːkɪt deɪ] *sb* Börsentag *m*
market dominance ['mɑːkɪt 'dɒmɪnæns] *sb* Marktbeherrschung *f*
market economy ['mɑːkɪt ɪ'kɒnəmɪ] *sb* Marktwirtschaft *f*
market fluctuation ['mɑːkɪt flʌktjʊ'eɪʃn] *sb* Marktschwankung *f*
market forecasting ['mɑːkɪt 'fɔːkɑstɪŋ] *sb* Börsenprognose *f*
market forces ['mɑːkɪt 'fɔːsɪz] *sb* Marktkräfte *f/pl*
market form ['mɑːkɪt fɔːm] *sb* Marktform *f*
market gap ['mɑːkɪt gæp] *sb* Marktlücke *f*
marketing ['mɑːkɪtɪŋ] *sb* Marketing *n,* Vermarktung *f,* Absatzwirtschaft *f*
marketing budget ['mɑːkɪtɪŋ 'bʌdʒɪt] *sb* Werbeetat *m*
marketing consultant ['mɑːkɪtɪŋ kən'sʌltənt] *sb* Marketingberater *m*
marketing department ['mɑːkɪtɪŋ dɪ'pɑːtmənt] *sb* Marketingabteilung *f*
marketing logistics ['mɑːkɪtɪŋ lə'dʒɪstɪks] *sb* Distributionslogistik *f*
marketing mix ['mɑːkɪtɪŋ mɪks] *sb* Marketingmix *m*
marketing record ['mɑːkɪtɪŋ 'rekɔːd] *sb* Absatzbilanz *f*

marketing subsidiary ['mɑ:kɪtɪŋ səb'sɪdɪərɪ] *sb* Vertriebstochter *f*
marketing syndicates ['mɑ:kɪtɪŋ 'sɪndɪkəts] *sb* Verwertungskonsortien *n/pl*
market inquiry ['mɑ:kɪt ɪn'kwaɪərɪ] *sb* Marktanalyse *f*
market matrix ['mɑ:kɪt 'meɪtrɪks] *sb* Marktmatrix *f*
market operator ['mɑ:kɪt 'ɒpəreɪtə] *sb* Spekulant(in) *m/f*, Börsianer(in) *m/f*
market organization ['mɑ:kɪt ɔ:gənaɪ'zeɪʃn] *sb* Marktordnung *f*
market outlet ['mɑ:kɪt 'aʊtlet] *sb* Absatzventil *n*
market penetration ['mɑ:kɪt pene'treɪʃn] *sb* Marktdurchdringung *f*
market performance ['mɑ:kɪt pə'fɔ:məns] *sb* Marktergebnis *n*
market pointer ['mɑ:kɪt 'pɔɪntə] *sb* Börsentipp *m*
market position ['mɑ:kɪt pə'sɪʃən] *sb* Marktposition *f*
market potential ['mɑ:kɪt pəʊ'tenʃəl] *sb* Marktpotential *n*, Marktvolumen *n*
market power ['mɑ:kɪt 'paʊə] *sb* Marktmacht *f*
market price ['mɑ:kɪt praɪs] *sb* Kurs *m*, Marktpreis *m*
market quotation ['mɑ:kɪt kwəʊ'teɪʃən] *sb* Börsennotierung *f*
market rate of interest ['mɑ:kɪt reɪt əv 'ɪntrest] *sb* Marktzins *m*
market regulator ['mɑ:kɪt 'regjʊleɪtə] *sb* Aufsichtsbehörde *f*
market research ['mɑ:kɪt rɪ'sɜ:tʃ] *sb* Marktforschung *f*
market research institute ['mɑ:kɪt rɪ'sɜ:tʃ 'ɪnstɪtju:t] *sb* Marktforschungsinstitut *n*
market saturation ['mɑ:kɪt sætʃə'reɪʃn] *sb* Marktsättigung *f*
market segmentation ['mɑ:kɪt segmən'teɪʃn] *sb* Marktsegmentierung *f*
market share ['mɑ:kɪt ʃɛə] *sb* Marktanteil *m*
market-sharing cartel ['mɑ:kɪtʃɛərɪŋ kɑ:'tel] *sb* Gebietskartell *n*
market structure ['mɑ:kɪt 'strʌktʃə] *sb* Marktstruktur *f*
market value ['mɑ:kɪt 'vælju:] *sb* Marktwert *m*, gemeiner Wert *m*
market volume ['mɑ:kɪt 'vɒlju:m] *sb* Marktvolumen *n*
mark of quality [mɑ:k əv 'kwɒlɪtɪ] *sb* *(Patente)* Gütezeichen *n*
mark-up ['mɑ:kʌp] *sb (amount added)* Preiserhöhung *f*, Preisaufschlag *m*
mass communication ['mæs kəmju:nɪ'keɪʃn] *sb* Massenkommunikation *f*
mass-market ['mæsmɑ:kɪt] *adj* Massenwaren...
mass media [mæs 'mi:dɪə] *pl* Massenmedien *n/pl*
mass production [mæs prə'dʌkʃən] *sb* Massenfertigung *f*, Massenproduktion *f*
master ['mɑ:stə] *sb (employer of an apprentice)* Meister *m*
master copy ['mɑ:stə 'kɒpɪ] *sb* Original *n*
master data ['mɑ:stə 'deɪtə] *sb* Stammdaten *pl*
master planning ['mɑ:stə 'plænɪŋ] *sb* Gesamtplanung *f*
master sample ['mɑ:stə sɑ:mpl] *sb* Ausgangsstichprobe *f*
material [mə'tɪərɪəl] *sb 1.* Material *n; pl 2. ~s (files, notes)* Unterlagen *pl; adj 3.* wesentlich, erheblich
material asset investment fund [mə'tɪərɪəl 'æset ɪn'vestmənt fʌnd] *sb* Sachwert-Investmentfonds *m*
material assets [mə'tɪərɪəl 'æsets] *sb* Sachvermögen *n*
material costs [mə'tɪərɪəl kɒsts] *sb* Materialkosten *pl*
material damage [mə'tɪərɪəl 'dæmɪdʒ] *sb* Sachschaden *m*
materialistic [mətɪərɪə'lɪstɪk] *adj* materialistisch
material value loan [mə'tɪərɪəl 'vælju: ləʊn] *sb* Sachwertanleihe *f*
maternity allowance [mə'tɜ:nɪtɪ ə'laʊəns] *sb* Mutterschaftsgeld *n*
matrix organization ['meɪtrɪks ɔ:gənaɪ'zeɪʃn] *sb* Matrix-Organisation *f*
maturity [mə'tjʊərɪtɪ] *sb 1.* Fälligkeit *f; 2. date of ~* Fälligkeitsdatum *n*
maturity distribution [mə'tjʊərɪtɪ dɪstrɪbju:ʃən] *sb* Laufzeitenstruktur *f*
maturity value [mə'tjʊərɪtɪ 'vælju:] *sb* Fälligkeitswert *m*
maximisation of profits [mæksɪmaɪ'zeɪʃən əv 'prɒfɪts] *sb* Gewinnmaximierung *f*
maximize ['mæksɪmaɪz] *v* maximieren
maximum ['mæksɪməm] *sb 1.* Maximum *n; 2. adj* Höchst..., maximal
maximum price ['mæksɪməm praɪs] *sb* Höchstpreis *m*
maximum voting right ['mæksɪməm 'vəʊtɪŋ raɪt] *sb* Höchststimmrecht *n*

mean [miːn] *adj 1.* mittlere(r,s); *sb 2.* Mittel *n,* Mittelwert *m; pl 3.* ~s Mittel *n/pl;* Gelder *n/pl*
mean due date [miːn 'djuː deɪt] *sb* mittlere Verfallszeit *f*
means of advertising ['miːnz əv 'ædvətaɪzɪŋ] *sb* Werbemittel *n*
means of borrowing ['miːnz əv 'bɒrəʊɪŋ] *sb* Kreditinstrument *n*
means of consumption ['miːnz əv kən'sʌmpʃən] *sb* Verbrauchsgüter *f/pl*
means of payment ['miːnz əv 'peɪmənt] *sb* Zahlungsmittel *n*
means of transport ['miːnz əv 'trænspɔːt] *sb* Transportmittel *n,* Beförderungsmittel *n*
means test ['miːnz test] *sb* Einkommensüberprüfung *f*
measurability [meʒərə'bɪlɪtɪ] *sb* Messbarkeit *f*
measurable ['meʒərəbl] *adj* messbar
measure ['meʒə] *v* messen; *sb 2.* Maß *n*
measurements ['meʒəmənts] *sb 1.* Messwerte *m/pl; 2.* Messungen *f/pl*
measure of constraint ['meʒə əv kən'streɪnt] *sb* Zwangsmaßnahme *f*
measures of investment assistance ['meʒəs əv ɪn'vestmənt ə'sɪstəns] *sb* investitionsfördernde Maßnahmen *f/pl*
measures to encourage exports ['meʒəz tu ɪn'kʌrɪdʒ 'ekspɔːts] *pl* Ausfuhrförderung *f,* Exportförderung *f*
measures to spur the economy ['meʒəs tu spɜː ðiː ɪ'kɒnəmɪ] *pl* Wirtschaftsförderung *f*
mechanic [mɪ'kænɪk] *sb* Mechaniker *m*
mechanical [mɪ'kænɪkəl] *adj* mechanisch
mechanical engineering [mɪ'kænɪkəl endʒɪ'nɪərɪŋ] *sb* Maschinenbau *m*
mechanics [mɪ'kænɪks] *sb* Mechanik *f*
mechanize ['mekənaɪz] *v* mechanisieren
media ['miːdɪə] *pl* Medien *n/pl*
media analysis ['miːdɪə ə'næləsɪs] *sb* Werbeträgeranalyse *f*
media event ['miːdɪə ɪ'vent] *sb* Medienereignis *n*
mediate ['miːdɪeɪt] *v* vermitteln
mediation [miːdɪ'eɪʃən] *sb* Vermittlung *f*
mediator ['miːdɪeɪtə] *sb* Vermittler *m,* Mittelsmann *m*
medium ['miːdɪəm] *adj 1.* mittlere(r,s); *sb 2. (mass ~) (TV, radio, press)* Medium *n*
medium price ['miːdɪəm praɪs] *sb* Mittelkurs *m*
medium-sized ['miːdɪəmsaɪzd] *adj* mittelgroß, medium
medium-term ['miːdɪəmtɜːm] *adj* mittelfristig
medium-term bonds ['miːdɪəmtɜːm bɒnds] *sb* Kassenobligationen *f/pl*
meeting ['miːtɪŋ] *sb 1.* Begegnung *f,* Zusammentreffen *n; 2. (arranged ~)* Treffen *n; 3. (business ~)* Besprechung *f; 4. (of a committee)* Sitzung *f*
meeting date ['miːtɪŋ deɪt] *sb* Besprechungstermin *m*
meeting of shareholders ['miːtɪŋ əv 'ʃɛəhəʊldəz] *sb* Gesellschafterversammlung *f*
megabyte ['megəbaɪt] *sb* Megabyte *n*
megahertz ['megəhɜːts] *sb* Megahertz *n*
member ['membə] *sb* Mitglied *n*
member of the board ['membər əv ðə bɔːd] *sb* Vorstandsmitglied *n*
memo ['meməʊ] *sb 1. (fam)* Mitteilung *f; 2. (to o.s.)* Notiz *f*
memorandum [memə'rændəm] *sb 1. (to s.o.)* Mitteilung *f; 2. (to o.s.)* Aktennotiz *f*
memorandum clause [memə'rændəm klɔːz] *sb* Ausschlussklausel *f*
memorandum item [memə'rændəm 'aɪtəm] *sb* Merkposten *m*
memorandum of association [memə'rændəm əv əsəʊsɪ'eɪʃən] *sb* Gründungsurkunde *f,* Gesellschaftsvertrag *m*
memory ['memərɪ] *sb 1.* Speicher *m; 2. (capacity)* Speicherkapazität *f*
mend [mend] *v 1. (sth)* reparieren; *2. (clothes)* ausbessern; *sb 3. (in fabric)* ausgebesserte Stelle *f; 4. (in metal)* Reparatur *f*
mensal ['mensl] *adj* monatlich, Monats...
menu ['menjuː] *sb (of a computer)* Menü *n*
menu-driven ['menjuːdrɪvn] *adj* menügesteuert
mercantile ['mɜːkəntaɪl] *adj* kaufmännisch, Handels...
mercantile system ['mɜːkəntaɪl 'sɪstəm] *sb* Merkantilismus *m*
mercantilism ['mɜːkəntɪlɪzm] *sb* Merkantilismus *m*
merchandise ['mɜːtʃəndaɪz] *sb* Ware *f*
merchandise accounting ['mɜːtʃəndaɪz ə'kaʊntɪŋ] *sb* Warenbuchhaltung *f*
merchandise broker ['mɜːtʃəndaɪz 'brəʊkə] *sb* Produktenmakler(in) *m/f*
merchandise turnover ['mɜːtʃəndaɪz 'tɜːnəʊvə] *sb* Warenumsatz *m*
merchandising ['mɜːtʃəndaɪzɪŋ] *sb* Merchandising *n,* Verkaufsförderung *f*
merchant ['mɜːtʃənt] *sb 1.* Kaufmann *m; 2. (dealer)* Händler *m*

merchant bank ['mɜːtʃənt bæŋk] *sb* Handelsbank *f*
merchant by virtue of registration ['mɜːtʃənt baɪ 'vɜːtjʊ əv redʒɪs'treɪʃn] *sb* Sollkaufmann *m*
merchant entitled but not obliged to be entered on the Commercial Register ['mɜːtʃənt ɪn'taɪtld bʌt nɒt ə'blaɪdʒd tu biː 'entəd ɒn ðə kə'mɜːʃl 'redʒɪstə] *sb* Kannkaufmann *m*
merchant trade ['mɜːtʃənt treɪd] *sb* Transithandel *m*
merge ['mɜːdʒ] *v 1.* zusammenkommen; *2. (companies)* fusionieren
merger ['mɜːdʒə] *sb* Fusion *f*, Verschmelzung *f*
merger balance sheet ['mɜːdʒə 'bæləns ʃiːt] *sb* Fusionsbilanz *f*
merger bid ['mɜːdʒə bɪd] *sb* Fusionsangebot *f*
merger control ['mɜːdʒə kən'trəʊl] *sb* Fusionskontrolle *f*
merit ['merɪt] *sb 1.* Leistung *f*, Verdienst *n*; *2. (advantage, positive aspect)* Vorzug *m*
message ['mesɪdʒ] *sb 1.* Mitteilung *f*, Nachricht *f*, Botschaft *f*; *2. May I take a ~?* Kann ich etwas ausrichten?
messenger ['mesɪndʒə] *sb* Bote *m*
metal cover ['metəl kʌvə] *sb* Metalldeckung *f*
metallic currency [me'tælɪk 'kʌrənsɪ] *sb* Hartgeld *n*, Metallwährung *f*
meter ['miːtə] *sb 1. (measuring device)* Zähler *m*, Messgerät *n*; *2. (unit of measurement) (UK: see "metre")*
method of cost allocation, ['meθəd əv 'kɒst ælə'keɪʃn] *sb 1.* Kostenrechnung *f*; *2. (Sozialversicherung)* Umlageverfahren *n*
metre ['miːtə] *sb (UK)* Meter *m/n*
metric ['metrɪk] *adj* metrisch
microbiology [maɪkrəʊbaɪ'ɒlədʒɪ] *sb* Mikrobiologie *f*
microchip ['maɪkrəʊtʃɪp] *sb* Mikrochip *m*
microcomputer [maɪkrəʊkəm'pjʊtə] *sb* Mikrocomputer *m*
microeconomics [maɪkrəʊiːkə'nɒmɪks] *pl* Mikroökonomie *f*
microelectronics [maɪkrəʊelek'trɒnɪks] *pl* Mikroelektronik *f*
microfiche ['maɪkrəʊfiːʃ] *sb* Mikrofiche *m*
microfilm ['maɪkrəʊfɪlm] *sb* Mikrofilm *m*
microprocessor [maɪkrəʊ'prəʊsesə] *sb* Mikroprozessor *m*
middleman ['mɪdlmæn] *sb* Zwischenhändler *m*
migration of buyers [maɪ'greɪʃn əv 'baɪəz] *sb* Käuferwanderung *f*
mile [maɪl] *sb* Meile *f*
mileage ['maɪlɪdʒ] *sb* Meilenzahl *f*
mileage allowance ['maɪlɪdʒ ə'laʊəns] *sb* Kilometergeld *n*
milestone report ['maɪlstəʊn rɪ'pɔːt] *sb* Fortschrittsbericht *m*
milligramme ['mɪlɪgræm] *sb (UK)* Milligramm *n*
millilitre ['mɪlɪliːtə] *sb* Milliliter *m/n*
millimetre ['mɪlɪmiːtə] *sb* Millimeter *m*
million ['mɪljən] *sb* Million *f*
millionaire ['mɪljənɛə] *sb* Millionär(in) *m/f*
mine [maɪn] *v 1.* Bergbau betreiben; *2. (sth)* fördern, abbauen; *sb 3.* Bergwerk *n*, Mine *f*, Grube *f*
miner ['maɪnə] *sb* Bergarbeiter *m*, Kumpel *m*
mineral ['mɪnərəl] *sb* Mineral *n*
mineral oil ['mɪnərəl ɔɪl] *sb* Mineralöl *n*
mineral oil tax ['mɪnərəl ɔɪl tæks] *sb* Mineralölsteuer *f*
minicomputer [mɪnɪkəm'pjuːtə] *sb* Kleincomputer *m*
minimal damage ['mɪnɪməl 'dæmɪdʒ] *sb* Bagatellschaden *m*
minimisation of costs [mɪnɪmaɪ'zeɪʃən əv kɒsts] *sb* Kostenminimierung *f*
minimize ['mɪnɪmaɪz] *v* minimieren, auf ein Minimum reduzieren, möglichst gering halten
minimum ['mɪnɪməm] *sb 1.* Minimum *n*; *adj 2.* minimal, Mindest...
minimum amount ['mɪnɪməm ə'maʊnt] *sb* Mindesthöhe *f*
minimum capital ['mɪnɪməm 'kæpɪtl] *sb* Mindestkapital *n*
minimum cost ['mɪnɪməm 'kɒst] *sb* Minimalkosten *pl*
minimum import price ['mɪnɪməm 'ɪmpɔːt praɪs] *sb* Mindesteinfuhrpreise *m/pl*
minimum interest rate ['mɪnɪməm 'ɪntrest reɪt] *sb* Mindestzins *m*
minimum inventory level ['mɪnɪməm ɪn'ventərɪ 'levəl] *sb (Betriebswirtschaft)* eiserner Bestand *m*
minimum investment ['mɪnɪməm ɪn'vestmənt] *sb* Mindesteinlage *f*, Mindestbeteiligung *f*
minimum lending rate ['mɪnɪməm 'lendɪŋ reɪt] *sb (UK)* Diskontsatz *m*
minimum nominal amount ['mɪnɪməm 'nɒmɪnəl ə'maʊnt] *sb* Mindestnennbetrag *m*
minimum price ['mɪnɪməm praɪs] *sb* Mindestpreis *m*

minimum purchase ['mɪnɪməm 'pɜːtʃɪs] *sb* Mindestabnahme *f*
minimum quantity order ['mɪnɪməm 'kwɒntɪtɪ 'ɔːdə] *sb* Mindestbestellmenge *f*
minimum (legal) reserve ['mɪnɪməm (liːgəl) rɪ'sɜːv] *sb* Mindestreserve *f,* Mindestreservesatz *m,* Pflichtreserve *f*
minimum turnover ['mɪnɪməm 'tɜːnəʊvə] *sb* Mindestumsatz *m*
minimum wage ['mɪnɪməm 'weɪdʒ] *sb* Mindestlohn *m*
mining ['maɪnɪŋ] *sb* Bergbau *m*
mining company ['maɪnɪŋ 'kʌmpənɪ] *sb* bergrechtliche Gewerkschaft *f*
mining industry ['maɪnɪŋ 'ɪndəstrɪ] *sb* Montanindustrie *f*
mining share ['maɪnɪŋ 'ʃɛə] *sb* Kux *m*
minor ['maɪnə] *adj 1.* klein, unbedeutend; *2. sb* Jugendliche(r) *f/m*
minor prevention from duty ['maɪnə prɪ-'venʃn frəm 'djuːtɪ] *sb* geringfügige Dienstverhinderung *f*
minting ['mɪntɪŋ] *sb* Prägung *f*
minute ['mɪnɪt] *sb ~s pl (of a meeting)* Protokoll *n*
misapplication of deposit [mɪsæplɪ'keɪʃn əv dɪ'pɒsɪt] *sb* Depotunterschlagung *f*
misappropriation [mɪsəprəʊprɪ'eɪʃən] *sb 1.* Entwendung *f; 2. (money)* Veruntreuung *f*
miscalculate [mɪs'kælkjʊleɪt] *v 1.* sich verrechnen; *2. (sth)* falsch berechnen, falsch einschätzen
miscalculation [mɪskælkjʊ'leɪʃən] *sb* Rechenfehler *m,* Fehlkalkulation *f*
miscount [mɪs'kaʊnt] *v 1.* sich verrechnen, sich verzählen; *sb 2.* Rechenfehler *m*
misdirect [mɪsdɪ'rekt] *v (letter)* falsch adressieren
misfit analysis ['mɪsfɪt ə'nælɪsɪs] *sb* Misfit-Analyse *f*
misguided investment [mɪs'gaɪdɪd ɪn'vestmənt] *sb* Kapitalfehlleitung *f*
mishandle [mɪs'hændl] *v* falsch behandeln, schlecht handhaben
mishandling [mɪs'hændlɪŋ] *sb* schlechte Handhabung *f,* Verpatzen *n*
misinform [mɪsɪn'fɔːm] *v* falsch informieren; *You were ~ed.* Man hat Sie falsch informiert.
misinterpretation [mɪsɪntɜːprɪ'teɪʃən] *sb* Fehldeutung *f,* Fehlinterpretation *f*
mismanage [mɪs'mænɪdʒ] *v 1.* schlecht verwalten; *2. (a deal)* unrichtig handhaben
mismanagement [mɪs'mænɪdʒmənt] *sb* schlechte Verwaltung *f,* Misswirtschaft *f*
mismatch ['mɪsmætʃ] *sb* Fehlanpassung *f*
mission statement ['mɪʃən 'steɪtmənt] *sb* Grundsatzerklärung *f*
mistake [mɪs'teɪk] *sb* Fehler *m*
mistake of law [mɪs'teɪk əv 'lɔː] *sb* Rechtsirrtum *m*
misuse [mɪs'juːs] *sb* Missbrauch *m*
mixed cargo [mɪkst 'kɑːgəʊ] *sb* Stückgut *n*
mixed company [mɪkst 'kʌmpənɪ] *sb* gemischte Firma *f*
mixed economy [mɪkst ɪ'kɒnəmɪ] *sb* gemischte Wirtschaftsform *f*
mixed financing [mɪkst 'faɪnænsɪŋ] *sb* Mischfinanzierung *f*
mixed fund [mɪkst 'fʌnd] *sb* gemischter Fonds *m*
mixed manufacturing [mɪkst mænjʊ-'fæktʊərɪŋ] *sb* Gruppenfertigung *f*
mixed tariff [mɪkst 'tærɪf] *sb* Mischzoll *m*
mixed top-down [mɪkst 'tɒpdaʊn] *sb* Gegenstromverfahren *n*
mixture of marketing strategies ['mɪkstʃə əv 'mɑːkɪtɪŋ 'strætɪdʒiz] *sb* Marketingmix *m*
mobbing ['mɒbɪŋ] *sb* Mobbing *n*
mobile ['məʊbaɪl] *adj 1.* beweglich; *2. (object)* fahrbar
mobile phone ['məʊbaɪl fəʊn] *sb* Handy *n,* Mobiltelefon *n,* Funktelefon *n*
mobility allowance [məʊ'bɪlətɪ ə'laʊəns] *sb* Fahrtkostenzuschuss *m*
mobilization draft [məʊbɪlaɪ'zeɪʃn drɑːft] *sb* Mobilisierungstratte *f*
mobilization mortgage bond [məʊbɪlaɪ-'zeɪʃn 'mɔːgɪdʒ bɒnd] *sb* Mobilisierungspfandbrief *m*
mobilization papers [məʊbɪlaɪ'zeɪʃn 'peɪpəs] *sb* Mobilisierungspapiere *n/pl*
modality [məʊ'dælɪtɪ] *sb* Modalität *f*
model ['mɒdl] *sb 1.* Modell *n; 2. (perfect example)* Muster *n; 3. (role ~)* Vorbild *n; adj 4.* vorbildlich, musterhaft, Muster...
model agreement [mɒdl ə'griːmənt] *sb* Mustervertrag *m*
modem ['məʊdem] *sb* Modem *n*
modification [mɒdɪfɪ'keɪʃn] *sb* Formwechsel *m*
monetarism ['mʌnɪtərɪzm] *sb* Monetarismus *m*
monetary ['mʌnɪtərɪ] *adj 1.* geldlich, Geld...; *2. (politically)* Währungs..., monetär

monetary agreement ['mʌnɪtərɪ ə'griːmənt] *sb* Währungsabkommen *n*
monetary arrangement ['mʌnɪtərɪ ə'reɪndʒmənt] *sb* Gelddisposition *f*
monetary authority ['mʌnɪtərɪ ɔː'θɒrɪtɪ] *sb* Währungsbehörde *f*
monetary base ['mʌnɪtərɪ 'beɪs] *sb* Geldbasis *f*, monetäre Basis *f*
monetary base principle ['mʌnɪtərɪ 'beɪs 'prɪnsɪpl] *sb* Geldbasiskonzept *n*
monetary block ['mʌnɪtərɪ 'blɒk] *sb* Währungsblock *m*
monetary capital ['mʌnɪtərɪ 'kæpɪtl] *sb* Geldkapital *n*
monetary crisis ['mʌnɪtərɪ 'kraɪsɪs] *sb* Währungskrise *f*
monetary devaluation ['mʌnɪtərɪ diːvæljʊ'eɪʃn] *sb* Geldentwertung *f*
monetary factor ['mʌnɪtərɪ 'fæktə] *sb* Geldfaktor *m*
monetary fund ['mʌnɪtərɪ fʌnd] *sb* Währungsfonds *m*
monetary parity ['mʌnɪtərɪ 'pærɪtɪ] *sb* Währungsparität *f*
monetary policy ['mʌnɪtərɪ 'pɒlɪsɪ] *sb* Geldpolitik *f*, Währungspolitik *f*
monetary reform ['mʌnɪtərɪ rɪ'fɔːm] *sb* Währungsreform *f*
monetary reserves ['mʌnɪtərɪ rɪ'zɜːvz] *sb* Währungsreserven *f/pl*
monetary restriction ['mʌnɪtərɪ rɪ'strɪkʃən] *sb* Geldverknappung *f*
monetary sovereignty ['mʌnɪtərɪ 'sɒvərɪntɪ] *sb* Münzhoheit *f*
monetary stability ['mʌnɪtərɪ stə'bɪlɪtɪ] *sb* Geldwertstabilität *f*
monetary structure ['mʌnɪtərɪ 'strʌkʃə] *sb* Geldverfassung *f*
monetary system ['mʌnɪtərɪ 'sɪstəm] *1.* Geldwesen *n; 2.* Währungssystem *n*, Währungsordnung *f*
monetary union ['mʌnɪtərɪ 'juːnjən] *sb* Währungsunion *f*
monetary unit ['mʌnɪtərɪ 'juːnɪt] *sb* Währungseinheit *f*
monetization [mʌnɪtaɪ'zeɪʃn] *sb* Monetisierung *f*
money ['mʌnɪ] *sb* Geld *n*
money and capital market ['mʌnɪ ænd 'kæpɪtl 'mɑːkɪt] *sb* Kreditmarkt *m*
money broker ['mʌnɪ 'brəʊkə] *sb* Finanzmakler *m*, Kreditvermittler *m*
moneychanger ['mʌnɪtʃeɪndʒə] *sb 1.* Geldwechsler *m; 2. (machine)* Wechselautomat *m*
money claim ['mʌnɪ kleɪm] *sb* Barforderung *f*
money constraint ['mʌnɪ kən'streɪnt] *sb* Liquiditätsengpass *m*
money counting machine ['mʌnɪ 'kaʊntɪŋ mə'ʃiːn] *sb* Geldzählautomat *m*
money demand ['mʌnɪ dɪ'mɑːnd] *sb* Geldnachfrage *f*
money deposited ['mʌnɪ dɪ'pɒzɪtɪd] *sb* Einlage *f*
money economy ['mʌnɪ ɪ'kɒnəmɪ] *sb* Geldwirtschaft *f*
money export ['mʌnɪ 'ekspɔːt] *sb* Geldexport *m*
money factor ['mʌnɪ 'fæktə] *sb* Geldfaktor *m*, Nominalfaktor *m*
money flow ['mʌnɪ fləʊ] *sb* Kapitalfluktuation *f*
money guarantee clause ['mʌnɪ gærən'tiː klɔːz] *sb* Geldwertsicherungsklausel *f*
money holdings ['mʌnɪ 'həʊldɪŋz] *sb* Geldbestände *m/pl*, Kassenhaltung *f*
money illusion ['mʌnɪ ɪ'luːʒn] *sb* Geldillusion *f*
money import ['mʌnɪ 'ɪmpɔːt] *sb* Geldimport *m*
money in account ['mʌnɪ ɪn ə'kaʊnt] *sb* Buchgeld *n*, Giralgeld *n*
money in cash ['mʌnɪ ɪn kæʃ] *sb* Kassenbestand *m*, Bargeld *n*
money in trust ['mʌnɪ ɪn trʌst] *sb* Treuhandgelder *n/pl*
money laundering ['mʌnɪ 'lɔːndərɪŋ] *sb* Geldwäsche *f*
moneylender ['mʌnɪlendə] *sb* Geldverleiher *m*
money-maker ['mʌnɪmeɪkə] *sb (product)* Renner *m (fam)*, Verkaufserfolg *m*
money management ['mʌnɪ 'mænɪdʒmənt] *sb* Geldhaltung *f*
money market ['mʌnɪ 'mɑːkɪt] *sb* Geldmarkt *m*, Geldbörse *f*
money market account ['mʌnɪ 'mɑːkɪt ə'kaʊnt] *sb* Geldmarktkonto *n*
money market credit ['mʌnɪ 'mɑːkɪt 'kredɪt] *sb* Geldmarktkredit *m*
money market funds ['mʌnɪ 'mɑːkɪt 'fʌnds] *sb* Geldmarktfonds *m*
money market policy ['mʌnɪ 'mɑːkɪt 'pɒlɪsɪ] *sb* Geldmarktpolitik *f*
money market rate ['mʌnɪ 'mɑːkɪt 'reɪt] *sb* Geldmarktsatz *m*
money market securities ['mʌnɪ 'mɑːkɪt sɪ'kjʊərɪtiz] *sb* Geldmarktpapier *n*

money market trading ['mʌnɪ 'mɑːkɪt 'treɪdɪŋ] *sb* Geldmarktdispositionen *f/pl*
money on deposit ['mʌnɪ ɒn dɪ'pɒzɪt] *sb* Einlagen *f/pl*
money order ['mʌnɪ ɔːdə] *sb* Postanweisung *f*, Zahlungsanweisung *f*
money owed ['mʌnɪ əʊd] *sb* Guthaben *n*
money piece rate ['mʌnɪ piːs reɪt] *sb* Geldakkord *m*
money rate ['mʌnɪ reɪt] *sb* Geldsatz *m*
money shop ['mʌnɪ ʃɒp] *sb* Teilzahlungsbank *f*
money sorting machine ['mʌnɪ 'sɔːtɪŋ mə'ʃiːn] *sb* Geldsortiermaschine *f*
money standard ['mʌnɪ 'stændəd] *sb* Währung *f*
money stock ['mʌnɪ stɒk] *sb* Geldmenge *f*
money substitute ['mʌnɪ 'sʌbstɪtjuːt] *sb* Geldsubstitut *n*
money supply ['mʌnɪ sə'plaɪ] *sb* Geldvolumen *n*
money supply target ['mʌnɪ sə'plaɪ 'tɑːgɪt] *sb* Geldmengenziel *n*
money transfer transactions ['mʌnɪ 'trænsfɜː træn'zækʃənz] *sb* Überweisungsverkehr *m*
money wage ['mʌnɪ 'weɪdʒ] *sb* Geldlohn *m*
monitor ['mɒnɪtə] *v 1.* überwachen; *2. (a phone conversation)* abhören; *sb 3. (screen)* Monitor *m*
monitoring ['mɒnɪtərɪŋ] *sb* Monitoring *n*
monopolies commission [mə'nɒpəlɪz kə'mɪʃən] *sb* Monopolkommission *f*
monopolize [mə'nɒpəlaɪz] *v* monopolisieren
monopoly [mə'nɒpəlɪ] *sb* Monopol *n*
monopoly agreement [mə'nɒpəlɪ ə'griːmənt] *sb* Kartellabsprache *f*
monopoly authority [mə'nɒpəlɪ ɔː'θɒrətɪ] *sb* Kartellbehörde *f*
monopoly price [mə'nɒpəlɪ 'praɪs] *sb* Monopolpreis *m*
montage [mɒn'tɑːʒ] *sb* Montage *f*, Zusammenbau *m*
monthly ['mʌnθlɪ] *adj* monatlich, Monats...
monthly balance sheet ['mʌnθlɪ 'bæləns ʃiːt] *sb* Monatsbilanz *f*
monthly income statement ['mʌnθlɪ 'ɪnkʌm 'steɪtmənt] *sb* monatliche Erfolgsrechnung *f*, kurzfristige Erfolgsrechnung *f*
monthly instalment ['mʌnθlɪ ɪn'stɔːlmənt] *sb* monatliche Teilzahlungsrate *f*, monatliche Rate *f*
monthly report of the Deutsche Bundesbank ['mʌnθlɪ rɪ'pɔːt əv ðə 'dɔytʃə 'bundəsbaŋk] *sb* Monatsbericht der Deutschen Bundesbank *m*
monthly return ['mʌnθlɪ rɪ'tɜːn] *sb* Monatsausweis *m*
moratorium [mɒrə'tɔːrɪəm] *sb* Stundung *f*, Zahlungsaufschub *m*
mortgage ['mɔːgɪdʒ] *sb 1.* Hypothek *f*; *v 2.* hypothekarisch belasten, eine Hypothek aufnehmen auf
mortgage as security for a loan ['mɔːgɪdʒ æz ə sɪ'kjʊərɪtɪ fɔː ə 'ləʊn] *sb* Darlehenshypothek *f*
mortgage bank ['mɔːgɪdʒ bæŋk] *sb* Hypothekenbank *f*, Grundkreditanstalt *f*, Bodenkreditinstitut *n*
mortgage bank law ['mɔːgɪdʒ bæŋk lɔː] *sb* Hypothekenbankgesetz *n*
mortgage bond ['mɔːgɪdʒ bɒnd] *sb* (Hypotheken-)Pfandbrief *m*
mortgage bond serving a social purpose ['mɔːgɪdʒ bɒnd 'sɜːvɪŋ ə 'səʊʃəl 'pɜːpɪs] *sb* Sozialpfandbrief *m*
mortgage broker ['mɔːgɪdʒ 'brəʊkə] *sb* Hypothekenmakler(in) *m/f*
mortgage credit ['mɔːgɪdʒ 'kredɪt] *sb* Hypothekenkredit *m*
mortgage creditor ['mɔːgɪdʒ 'kredɪtə] *sb* Hypothekengläubiger(in) *m/f*
mortgage debenture ['mɔːgɪdʒ dɪ'bentʃə] *sb* Hypothekenpfandbrief *m*
mortgage deed ['mɔːgɪdʒ diːd] *sb* Hypothekenbrief *m*
mortgage for the benefit of the owner ['mɔːgɪdʒ fɔː ðə 'benəfɪt əv ðiː 'əʊnə] *sb* Eigentümer-Hypothek *f*
mortgage insurance ['mɔːgɪdʒ ɪn'ʃʊərəns] *sb* Hypothekenversicherung *f*
mortgage interest ['mɔːgɪdʒ 'ɪntrəst] *sb* Hypothekenzinsen *m/pl*, Darlehenszinsen *m/pl*
mortgage law ['mɔːgɪdʒ lɔː] *sb* Pfandbriefgesetz *n*
mortgage loan ['mɔːgɪdʒ ləʊn] *sb* Hypothekarkredit *m*, Pfandbriefdarlehen *n*
mortgage loan repayable after having been duly called ['mɔːgɪdʒ ləʊn rɪ'peɪəbl 'ɑːftə 'hævɪŋ biːn 'djuːlɪ 'cɔːld] *sb* Kündigungshypothek *f*
mortgage rate ['mɔːgɪdʒ reɪt] *sb* Hypothekenzins *m*
mortgage register ['mɔːgɪdʒ 'redʒɪstə] *sb* Hypothekenregister *n*

mortgage repayment ['mɔːgɪdʒ rɪ'peɪmənt] *sb* Hypothekentilgung *f*
most favourable offer [məʊst 'feɪvərəbl 'ɒfə] *sb* günstigstes Angebot *n*, bestes Angebot *n*
most-favoured nation clause [məʊst-'feɪvəd 'neɪʃən klɔːz] *sb* Meistbegünstigungsklausel *f*
most-favoured nation treatment [məʊst-'feɪvəd 'neɪʃən 'triːtmənt] *sb* Meistbegünstigung *f*
motherboard ['mʌðəbɔːd] *sb* Hauptplatine *f*, Motherboard *n*
motion ['məʊʃən] *sb (proposal)* Antrag *m*; *propose a ~* einen Antrag stellen
motivation [məʊtɪ'veɪʃən] *sb* Motivation *f*
motive ['məʊtɪv] *sb* Motiv *n*, Beweggrund *m*
motor insurance ['məʊtər ɪn'sʊərəns] *sb* Kraftfahrzeugversicherung *f*
motor vehicle ['məʊtə 'viːɪkl] *sb* Kraftfahrzeug *n*
motor vehicle tax ['məʊtə 'viːɪkl tæks] *sb* Kraftfahrzeugsteuer *f*
mouse [maʊs] *sb (computer)* Maus *f*
movable goods ['muːvəbl 'gʊds] *pl* Mobilien *pl*
move [muːv] *v 1. (change residences)* umziehen; *2. (transport)* befördern; *sb 3. (to a different job)* Wechsel *m*; *4. (to a new residence)* Umzug *m*
movement certificate ['muːvmənt sə'tɪfɪkət] *sb* Warenverkehrsbescheinigung *f*
mover ['muːvə] *sb (person who moves furniture)* Umzugsspediteur *m*, Möbelpacker *m*
multi ['mʌltɪ] *adj ~...* viel..., mehr..., Multi...
multi-digit [mʌltɪ'dɪdʒɪt] *adj* mehrstellig
multilateral [mʌltɪ'lætərəl] *adj* multilateral
multilateral trade [mʌltɪ'lætərəl treɪd] *sb* multilateraler Handel *m*
multilingual [mʌltɪ'lɪŋgwəl] *adj* mehrsprachig
multimedia [mʌltɪ'miːdɪə] *adj* multimedial, Multimedia…
multimillionaire [mʌltɪmɪlɪə'nɛə] *sb* Multimillionär(in) *m/f*
multimillion credit [mʌltɪ'mɪlɪən 'kredɪt] *sb* Millionenkredit *m*
multinational [mʌltɪ'næʃənəl] *adj* multinational
multinational company [mʌltɪ'næʃənəl 'kʌmpənɪ] *sb* multinationales Unternehmen *n*
multinational group [mʌltɪ'næʃənəl gruːp] *sb* multinationaler Konzern *m*
multipack ['mʌltɪpæk] *sb* Mehrstückpackung *f*
multi-part [mʌltɪ'pɑːt] *adj* mehrteilig
multiple exchange rates ['mʌltɪpl ɪks-'tʃeɪndʒ reɪts] *sb* gespaltener Wechselkurs *m*
multiple-line organization ['mʌltɪpllaɪn ɔːrgənaɪ'zeɪʃən] *sb* Mehrlinienorganisation *f*
multiple-process production ['mʌltɪpl-'prəʊsəs prə'dʌkʃən] *sb* Mehrfachfertigung *f*
multiple voting right ['mʌltɪpl 'vəʊtɪŋ raɪt] *sb* Mehrstimmrecht *n*
multiple voting share ['mʌltɪpl 'vəʊtɪŋ ʃɛə] *sb* Mehrstimmrechtsaktie *f*
multiplication [mʌltɪplɪ'keɪʃən] *sb 1.* Multiplikation *f*; *2. (fig)* Vermehrung *f*
multiply ['mʌltɪplaɪ] *v 1.* multiplizieren; *2. (sth)* vermehren, vervielfachen
multiprocessing [mʌltɪ'prəʊsesɪŋ] *sb* Rechnerverbundbetrieb *m*
multi-product company [mʌltɪ'prɒdʌkt 'kʌmpənɪ] *sb* Mehrproduktunternehmen *n*
multipurpose [mʌltɪ'pɜːpəs] *adj* Mehrzweck...
multi-stage fixed-cost accounting ['mʌltɪ-steɪdʒ fɪksd'kɒst ə'kaʊntɪŋ] *sb* stufenweise Fixkostendeckungsrechnung *f*
multitasking [mʌltɪ'tɑːskɪŋ] *sb* Multitasking *n*
municipal [mjuː'nɪsɪpl] *adj* städtisch, Stadt..., kommunal
municipal bonds [mjuː'nɪsɪpl bɒndz] *pl* Kommunalobligationen *f/pl*
municipal economy [mjuː'nɪsɪpl ɪ'kɒnəmɪ] *sb* Kommunalwirtschaft *f*
municipality [mjuːnɪsɪ'pælɪtɪ] *sb* Kommune *f*, Gemeinde *f*
municipal measures to spur the economy [mjuː'nɪsɪpl 'meʒəs tu spɜː ðiː ɪ'kɒnəmɪ] *sb* kommunale Wirtschaftsförderung *f*
mutual ['mjuːtʃuəl] *adj 1. (shared)* gemeinsam; *2. (bilateral)* beiderseitig
mutual fund ['mjuːtʃuəl fʌnd] *sb (US)* Investmentfonds *m*
mutual insurance ['mjuːtʃuəl ɪn'ʃʊərəns] *sb* Versicherung auf Gegenseitigkeit *f*
mutual life insurance company ['mjuː-tʃuəl laɪf ɪn'ʃʊərəns 'kʌmpənɪ] *sb* Versicherungsverein auf Gegenseitigkeit (VVaG) *m*

N

name [neɪm] *v 1. (specify)* nennen; *2. (appoint)* ernennen; *sb 3.* Name *m; 4. (reputation)* Name *m,* Ruf *m; 5. give s.o. a bad ~* jdn in Verruf bringen; *6. make a ~ for o.s. as* sich einen Namen machen als
name of account [neɪm əv ə'kaʊnt] *sb* Kontenbezeichnung *f*
name of the maker [neɪm əv ðə 'meɪkə] *sb* Name des Ausstellers *m*
name-plate ['neɪmpleɪt] *sb 1.* Namensschild *n; 2. (on a door)* Türschild *n*
name tag ['neɪm tæg] *sb* Namensschild *m*
name transaction [neɪm træn'zækʃən] *sb* Aufgabegeschäft *n*
national ['næʃənəl] *adj* national, öffentlich, Landes...
national accounting ['næʃənəl ə'kaʊntɪŋ] *sb* volkswirtschaftliche Gesamtrechnung *f*
National Audit Office ['næʃənəl 'ɔːdɪt 'ɒfɪs] *sb (UK)* Rechnungshof *m*
national bankruptcy ['næʃənəl 'bæŋkrʌpsɪ] *sb* Staatsbankrott *m*
national bond ['næʃənəl bɒnd] *sb* steuerfreier Schuldschein *m*
national certificate ['næʃənəl sə'tɪfɪkət] *sb* Sparbrief *m*
national economy ['næʃənəl ɪ'kɒnəmɪ] *sb* Volkswirtschaft *f*
national income ['næʃənəl 'ɪnkʌm] *sb* Volkseinkommen *n*
national insurance ['næʃənəl ɪn'ʃʊərəns] *sb (UK)* Sozialversicherung *f*
nationality [næʃə'nælɪtɪ] *sb* Staatsangehörigkeit *f,* Nationalität *f*
nationalization [næʃnəlaɪ'zeɪʃən] *sb* Verstaatlichung *f*
nationalize ['næʃnəlaɪz] *v (an industry)* verstaatlichen
national product ['næʃənəl 'prɒdʌkt] *sb* Sozialprodukt *n*
national sovereignty rights ['næʃənəl 'sɒvərɪntɪ raɪts] *pl* nationale Souveränitätsrechte *n/pl*
national wealth ['næʃənəl 'welθ] *sb* Volksvermögen *n*
nationwide [neɪʃən'waɪd] *adj* landesweit
native ['neɪtɪv] *adj* inländisch, Inlands…
natural person ['nætʃrəl 'pɜːsən] *sb* natürliche Person *f*
naught [nɔːt] *sb* Null *f*
navigability [nævɪgə'bɪlɪtɪ] *sb* Schiffbarkeit *f*
navigable ['nævɪgəbl] *adj* schiffbar
near banks ['nɪə bæŋks] *pl* Nearbanken *f/pl*
near money [nɪə 'mʌnɪ] *sb* Geldsurrogat *n*
near-consumer [nɪəkən'sjuːmə] *adj* verbrauchernah
near-monopoly [nɪəmə'nɒpəlɪ] *sb* Quasimonopol *n*
near-operating [nɪə'ɒpəreɪtɪŋ] *adj* betriebsnah
necessary business property ['nesɪsərɪ 'bɪznəs 'prɒpətɪ] *sb* notwendiges Betriebsvermögen *n*
necessary private property ['nesɪsərɪ 'praɪvət 'prɒpətɪ] *sb* notwendiges Privatvermögen *n*
necessity [nɪ'sesətɪ] *sb 1.* Notwendigkeit *f; 2. of ~* notwendigerweise
need [niːd] *sb 1. (necessity)* Notwendigkeit *f; 2. (requirement)* Bedürfnis *n,* Bedarf *m; 3. to be in ~ of sth* etw dringend brauchen
need for action [niːd fɔː 'ækʃən] *sb* Handlungsbedarf *m*
need-based ['niːdbeɪsd] *adj* bedürfnisorientiert, bedarfsorientiert
negative advance interest ['negətɪv əd'vɑːns 'intrəst] *sb* Vorschusszinsen *m/pl*
negative clause ['negətɪv klɔːz] *sb* Negativklausel *f*
negative declaration ['negətɪv deklə'reɪʃn] *sb* Negativerklärung *f*
negative interest ['negətɪv 'intrest] *sb* Negativzins *m*
negligence ['neglɪdʒəns] *sb 1.* Nachlässigkeit *f,* Unachtsamkeit *f; 2.* Fahrlässigkeit *f*
negligence claim ['neglɪdʒəns kleɪm] *sb* Schadensersatzforderung *f*
negligent ['neglɪdʒənt] *adj* fahrlässig, nachlässig, unachtsam
negligible ['neglɪdʒəbl] *adj* unerheblich, gering
negotiable [nɪ'gəʊʃɪəbl] *adj 1.* verkäuflich; *2. It's ~.* Darüber kann verhandelt werden.
negotiable document of title [nɪ'gəʊʃɪəbl 'dɔkjəmənt əv 'taɪtl] *sb* Traditionspapier *n*
negotiate [nɪ'gəʊʃɪeɪt] *v 1.* verhandeln; *2. (bring about)* aushandeln; *3. (sth)* handeln über
negotiating brief [nɪ'gəʊʃɪeɪtɪŋ briːf] *sb* Verhandlungsmandat *n*

negotiating machinery [nɪ'gəʊʃɪeɪtɪŋ mə'ʃiːnərɪ] *sb* Verhandlungsprozedur *f*
negotiating package [nɪ'gəʊʃɪeɪtɪŋ 'pækɪdʒ] *sb* Verhandlungspaket *n*
negotiating team [nɪ'gəʊʃɪeɪtɪŋ tiːm] *sb* Verhandlungsdelegation *f*
negotiation [nɪgəʊʃi'eɪʃən] *sb 1.* Verhandlung *f; 2. enter into ~s* in Verhandlungen eintreten
negotiation price [nɪ'gəʊʃɪeɪtɪŋ praɪs] *sb* Übernahmepreis *m,* Übernahmekurs *m*
negotiation skills [nɪgəʊʃɪ'eɪʃən skɪlz] *pl* Verhandlungsgeschick *n*
negotiator [nɪ'gəʊʃɪeɪtə] *sb* Unterhändler(in) *m/f,* Verhandelnde(r) *f/m*
neoliberalism [niːəʊ'lɪbərəlɪzm] *sb* Neoliberalismus *m*
neomercantilism [niːəʊ'mɜːkəntaɪlɪzm] *sb* Neomerkantilismus *m*
nepotism ['nepətɪzm] *sb* Nepotismus *m,* Vetternwirtschaft *f*
net [net] *adj 1.* netto, Netto..., Rein...; *v 2.* netto einbringen; *3. (in wages)* netto verdienen
net assets [net 'æsets] *pl* Reinvermögen *n,* Nettovermögen *n*
net book value [net bʊk 'væljuː] *sb* Restwert *m*
net borrowing [net 'bɒrəʊɪŋ] *sb* Nettokreditaufnahme *f*
net dividend [net 'dɪvɪdənd] *sb* Netto-Dividende *f*
net earnings [net 'ɜːnɪŋz] *pl* Nettoertrag *m*
net export [net 'ekspɔːt] *sb* Außenbeitrag *m*
net financial investment [net faɪ'nænʃl ɪn'vestmənt] *sb* Finanzierungssaldo *n*
net foreign demand [net 'fɒrən dɪ'mɑːnd] *sb* Außenbeitrag *m*
net income [net 'ɪnkʌm] *sb* Nettoeinkommen *n*
net income percentage of turnover [net 'ɪnkʌm pə'sentɪdʒ əv 'tɜːnəʊvə] *sb* Umsatzrendite *f*
net indebtedness [net ɪn'detɪdnɪs] *sb* Nettoverschuldung *f*
net interest rate [net 'ɪntrəst reɪt] *sb* Nettozinssatz *m*
net investment [net ɪn'vestmənt] *sb* Nettoinvestition *f*
net loss [net lɒs] *sb* Bilanzverlust *m*
net loss for the year [net lɒs fɔː ðə jiə] *sb* Jahresfehlbetrag *m*
net movement of foreign exchange [net 'muːvmənt əv 'fɒrɪn ɪks'tʃeɪndʒ] *sb* Devisenbilanz *f*
net national product [net 'næʃənəl 'prɒdʌkt] *sb* Nettosozialprodukt *n*
net new indebtedness [net njuː ɪn'detɪdnɪs] *sb* Nettoneuverschuldung *f*
net present value [net 'præsənt 'væljuː] *sb* Kapitalwert *m*
net price [net praɪs] *sb* Nettopreis *m*
net proceeds [net 'prəʊsiːdz] *pl* Nettoertrag *m*
net product [net 'prɒdʌkt] *sb* Wertschöpfung *f*
net profit [net 'prɒfɪt] *sb* Reingewinn *m,* Nettogewinn *m*
net profit for the year [net 'prɒfɪt fɔː θə jiə] *sb* Bilanzgewinn *m*
net profit ratio [net 'prɒfɪt reɪʃɪəʊ] *sb* Umsatzrentabilität *f*
netting out [netɪŋ aʊt] *sb* Saldierung *f*
net turnover [net 'tɜːnəʊvə] *sb* Nettoumsatz *m*
net wages [net 'weɪdʒɪz] *sb* Nettolohn *m*
net weight [net weɪt] *sb* Nettogewicht *n,* Reingewicht *n,* Eigengewicht *n*
network ['netwɜːk] *sb* Netz *n,* Netzwerk *n*
networking ['netwɜːkɪŋ] *sb* Rechnerverbund *m*
network management system ['netwɜːk 'mænɪdʒmənt 'sɪstəm] *sb* Netzplantechnik *f*
network operator [netwɜːk 'ɒpəreɪtə] *sb* Netzbetreiber *m*
neutralization [njuːtrəlaɪ'zeɪʃən] *sb 1.* Neutralisation *f; 2. (of money)* Stilllegung *f*
neutral money ['njuːtrəl 'mʌnɪ] *sb* neutrales Geld *n*
new assessment [njuː ə'sesmənt] *sb* Neuveranlagung *f*
newcomer ['njuːkʌmə] *sb (beginner)* Neuling *m*
new endorsement [njuː ɪn'dɔːrsmənt] *sb* Neugiro *n*
new foundation [njuː faʊn'deɪʃən] *sb* Neugründung *f*
new indebtedness [njuː ɪn'detɪdnɪs] *sb* Neuverschuldung *f*
new market [njuː 'mɑːkɪt] *sb* Neuer Markt *m*
news [njuːz] *pl* Nachricht *f,* Neuigkeiten *f/pl*
news bulletin [njuːz 'bʊlətɪn] *sb* Kurznachrichten *f/pl*
new shares [njuː 'ʃeəz] *pl* junge Aktien *f/pl*
newsletter ['njuːzletə] *sb* Rundschreiben *n,* Rundbrief *m*
newspaper ['njuːspeɪpə] *sb* Zeitung *f*
newsroom ['njuːzruːm] *sb* Nachrichtenredaktion *f*

news value ['nju:z 'vælju:] *sb* Neuigkeitswert *m*
niche [ni:ʃ] *sb* Nische *f*
night desk [naɪt desk] *sb* Nachtschalter *m*
night duty [naɪt 'dju:tɪ] *sb* Nachtdienst *m*
night safe ['naɪt seɪf] *sb* Nachtsafe *m,* Nachttresor *m*
night school ['naɪt sku:l] *sb* Abendschule *f*
night shift ['naɪt ʃɪft] *sb* Nachtschicht *f*
night watchman [naɪt 'wɒtʃmən] *sb* Nachtwächter *m,* Nachtportier *m*
nil tariff [nɪl 'tærɪf] *sb* Nulltarif *m*
no-fault ['nəʊfɔ:lt] *adj (US)* Vollkasko...
nominal ['nɒmɪnəl] *adj* nominell, Nominal...
nominal amount ['nɒmɪnəl ə'maʊnt] *sb* Nominalbetrag *m*
nominal capital ['nɒmɪnəl 'kæpɪtl] *sb* Nominalkapital *n*
nominal capital borrowed ['nɒmɪnəl 'kæpɪtl 'bɒrəʊd] *sb* nominelles Eigenkapital *n*
nominal income ['nɒmɪnəl 'ɪnkʌm] *sb* Nominaleinkommen *n*
nominal rate of interest ['nɒmɪnəl reɪt əv 'ɪntrəst] *sb* Nominalzins *m*
nominal value ['nɒmɪnəl 'vælju:] *sb* Nennwert *m,* Nominalwert *m,* Ausgabewert *m*
nominee [nɒmɪ'ni:] *sb 1.* Kandidat(in) *m/f; 2. (authorized person)* Bevollmächtigte(r) *f/m*
nominee company [nɒmɪ'ni: 'kʌmpənɪ] *sb* Briefkastenfirma *f*
nominee holder [nɒmɪ'ni: 'həʊldə] *sb* Fremdbesitzer(in) *m/f*
non-acceptance [nɒnək'septəns] *sb* Akzeptverweigerung *f*
non-admissible [nɒnəd'mɪsəbl] *adj* unzulässig
non-appealable [nɒnə'pi:ləbl] *adj* formal rechtskräftig
non-assignable [nɒnə'saɪnəbl] *adj* nicht übertragbar
non-attachable [nɒnə'tætʃəbl] *adj* unpfändbar
non-banks ['nɒnbæŋks] *pl* Nicht-Banken *f/pl*
nonbinding price recommendation ['nɒnbaɪndɪŋ praɪs rekɒmən'deɪʃn] *sb* unverbindliche Preisempfehlung *f*
non-branded [nɒn'brændɪd] *adj* markenfrei
non-calling period ['nɒnkɔ:lɪŋ 'pɪərɪəd] *sb* Kündigungssperrfrist *f*
non cash [nɒn kæʃ] *adj* unbar
non-chargeable [nɒn'tʃɑ:dʒəbl] *adj* steuerfrei
non-compliance [nɒnkəm'plaɪəns] *sb (with rules)* Nichterfüllung *f,* Nichteinhaltung *f*
non-conforming [nɒnkən'fɔ:mɪŋ] *adj* nicht vertragsgemäß
non-cyclical [nɒn'saɪklɪkl] *adj* azyklisch
nonexistent [nɒnɪg'zɪstənt] *adj* nicht existierend, nicht vorhanden
non-forfeitability [nɒnfɔ:rfɪtə'bɪlɪtɪ] *sb* Unverfallbarkeit *f*
non-liability [nɒnlaɪə'bɪlətɪ] *sb* Haftungsausschluss *m*
non-liquidity [nɒnlɪ'kwɪdɪtɪ] *sb* Illiquidität *f*
non-negotiable [nɒnnɪ'gəʊʃɪəbl] *adj (ticket)* unübertragbar, nicht übertragbar
non-negotiable bill of exchange ['nɒnnɪ'gəʊʃɪəbl bɪl əv ɪks'tʃeɪndʒ] *sb* Rektawechsel *m*
nonoperating expense ['nɒnɒpəreɪtɪŋ ɪks'pens] *sb* betriebsfremder Aufwand *m,* neutraler Aufwand *m*
nonoperating income ['nɒnɒpəreɪtɪŋ 'ɪnkʌm] *sb* neutraler Ertrag *m*
nonoperating revenue ['nɒnɒpəreɪtɪŋ 'revənju:] *sb* betriebsfremder Ertrag *m*
non-profit-making [nɒn'prɒfɪtmeɪkɪŋ] *adj (UK)* gemeinnützig
nonprofit organization ['nɒnprɒfɪt ɔ:gənaɪ'zeɪʃn] *sb* Nonprofit-Organisation *f*
non-quotation [nɒnkwəʊ'teɪʃn] *sb* Kursstreichung *f*
non-real-estate fixed assets ['nɒnrɪəlɪsteɪt fɪksd 'æsəts] *pl* bewegliches Anlagevermögen *n*
non-recourse [nɒnrɪ'kɔ:s] *adj* regresslos
non-recourse financing [nɒnrɪ'kɔ:s 'faɪnænsɪŋ] *sb* Forfaitierung *f*
non-resident [nɒn'resɪdənt] *sb* Devisenausländer *m,* Gebietsfremder *m*
non-returnable [nɒnrɪ'tɜ:nəbl] *adj* Einweg...
nonstop [nɒn'stɒp] *adj 1.* ohne Halt, pausenlos; *2. (train)* durchgehend
nonsuit ['nɒnsu:t] *sb* Klagezurückweisung *f*
non-voting share ['nɒnvəʊtɪŋ ʃɛə] *sb* stimmrechtslose Vorzugsaktie *f*
norm [nɔ:m] *sb* Norm *f*
normal ['nɔ:ml] *adj* normal, üblich
normal cost ['nɔ:ml kɒst] *sb* Normalkosten *pl*
normal level of capacity utilization ['nɔ:ml 'levl əv kə'pæsɪtɪ jutɪlaɪ'zeɪʃn] *sb* Normalbeschäftigung *f*
normal transactions ['nɔ:ml træn'zækʃnz] *pl* Normalverkehr *m*
norm price [nɔ:m praɪs] *sb* Zielpreis (Zoll) *m*

nostro account ['nɒstrəʊ ə'kaʊnt] *sb* Nostrokonto *n*
North American Freetrade Area (NAFTA) ['nɔːθ ə'merikən 'friːtreɪd ɛərɪə] *sb* Nordamerikanische Freihandelszone *(NAFTA) f*
nostro balance ['nɒstrəʊ 'bæləns] *sb* Nostroguthaben *n*
nostro liability ['nɒstrəʊ laɪə'bɪlɪtɪ] *sb* Nostroverbindlichkeit *f*
notarize ['nəʊtəraɪz] *v* notariell beglaubigen
notary ['nəʊtərɪ] *sb* Notar *m*
not binding [nɒt 'baɪndɪŋ] *adj* unverbindlich
note [nəʊt] *sb* Notiz *f*, Vermerk *m*, Schein *m*
noteholder ['nəʊthəʊldə] *sb* Schuldscheininhaber(in) *m/f*
note issue [nəʊt ɪʃuː] *sb* Notenausgabe *f*
note of acceptance [nəʊt əv ək'septəns] *sb* Annahmevermerk *m*
note of charges [nəʊt əv 'tʃɑːdʒəz] *sb* Gebührenrechnung *f*
note of the minutes [nəʊt əv ðə 'mɪnɪts] *sb* Protokollnotiz *f*
notes and coins in circulation [nəʊts ænd 'kɔɪnz ɪn sɜːkjʊ'leɪʃən] *pl* Zahlungsmittelumlauf *m*
notes appended to quotation [nəʊts ə'pændɪt tu kwəʊ'teɪʃn] *pl* Kurszusätze *m/pl*
notes in circulation [nəʊts ɪn sɜːkjʊ'leɪʃən] *pl* Notenumlauf *m*
notes payable [nəʊts 'peɪəbl] *pl* Wechselverbindlichkeiten *f/pl*
notes receivable [nəʊt rɪ'siːvəbl] *pl* Wechselforderungen *f/pl*
notes to consolidated financial statements [nəʊts tu kən'sɒlɪdeɪtɪd faɪ'nænʃl 'steɪtmənts] *pl* Konzernanhang *m*
notice ['nəʊtɪs] *sb 1. (notification)* Bescheid *m*, Benachrichtigung *f; 2. (in writing)* Mitteilung *f; 3. until further ~* bis auf weiteres; *4. at short ~* kurzfristig; *5. (of quitting a job, of moving out)* Kündigung *f; give s.o. ~ (to an employee, to a tenant)* jdm kündigen; *(to an employer, to a landlord)* bei jdm kündigen; *6. (public announcement)* Bekanntmachung *f*
notice board ['nəʊtɪs bɔːd] *sb* Aushang *m*
notice of action ['nəʊtɪs əv 'ækʃən] *sb* Klagemitteilung *f*
notice of arrival ['nəʊtɪs əv ə'raɪvl] *sb* Eingangsbestätigung *f*
notice of assessment ['nəʊtɪs əv ə'sesmənt] *sb* Steuerbescheid *m*
notice of defect ['nəʊtɪs əv 'diːfekt] *sb* Mängelanzeige *f*
notice of deposit ['nəʊtɪs əv dɪ'pɒzɪt] *sb* Hinterlegungsbescheid *m*
notice of dividend ['nəʊtɪs əv 'dɪvɪdend] *sb* Dividendenbekanntmachung *f*
notice of termination ['nəʊtɪs əv termɪ'neɪʃən] *sb* Kündigung *f*
notice period ['nəʊtɪs pɪərɪəd] *sb* Kündigungsfrist *f*
notice to terminate for operational reasons ['nəʊtɪs tu 'tɜːmɪneɪt fɔː ɒpə'reɪʃənl 'riːzns] *sb* betriebsbedingte Kündigung *f*
notifiable ['nəʊtɪfaɪəbl] *adj* meldepflichtig
notifiable cartel ['nəʊtɪfaɪəbl cɑː'tel] *sb* anmeldepflichtige Kartelle *n*
notification [nəʊtɪfɪ'keɪʃən] *sb* Benachrichtigung *f*, Mitteilung *f*, Meldung *f*
notification of approval [nəʊtɪfɪ'keɪʃən əv ə'pruːvl] *sb* Bewilligungsbescheid *f*
notification of damage [nəʊtɪfɪ'keɪʃən əv 'dæmɪdʒ] *sb* Schadensmeldung *f*
notional ['nəʊʃənl] *adj* symbolisch, fiktiv
novelty ['nɒvəltɪ] *sb (newness)* Neuheit *f*
noxious ['nɒkʃəs] *adj* umweltbelastend, umweltschädlich
nuclear energy ['njuːklɪər enədʒɪ] *sb* Atomenergie *f*, Kernenergie *f*
nuclear power ['njuːklɪə 'paʊə] *sb* Atomkraft *f*
nuclear power plant ['njuːklɪə 'paʊə plɑːnt] *sb* Atomkraftwerk *n*, Kernkraftwerk *n*
nuisance tax ['njuːsəns tæks] *sb* Bagatellsteuer *f*
null [nʌl] *adj* nichtig, ungültig
null and void [nʌl ænd vɔɪd] null und nichtig
nullify ['nʌlɪfaɪ] *v* annullieren, für null und nichtig erklären, ungültig machen
nullity ['nʌlətɪ] *sb* Ungültigkeit *f*
number ['nʌmbə] *sb 1.* Zahl *f; 2. (numeral)* Ziffer *f; 3. (phone ~, house ~)* Nummer *f; 4. (quantity)* Anzahl *f; on a ~ of occasions* des Öfteren
numbered account ['nʌmbəd ə'kaʊnt] *sb* Nummernkonto *n*
numbering ['nʌmbrɪŋ] *sb* Nummerierung *f*
nursing allowance ['nɜːsɪŋ ə'laʊəns] *sb* Pflegegeld *n*
nursing insurance fund ['nɜːsɪŋ ɪn'ʃʊərəns fʌnd] *sb* Pflegekrankenversicherung *f*
nursing pension insurance fund ['nɜːsɪŋ 'penʃn ɪn'ʃʊərəns fʌnd] *sb* Pflegerentenversicherung *f*

O

oath of disclosure [əʊθ əv dɪs'kləʊʒə] *sb* Offenbarungseid *m*
oath of office [əʊθ əv 'ɒfɪs] *sb* Amtseid *m*, Diensteid *m*
obedience [ə'biːdɪəns] *sb* Gehorsamkeit *f*
obey [ə'beɪ] *v 1.* gehorchen, folgen; *2. (an order)* Folge leisten, befolgen
object clause ['ɒbdʒɪkt klɔːz] *sb* Zweckbestimmungsklausel *f*
object insured ['ɒbdʒɪkt ɪn'ʃʊəd] *sb* Versicherungsgegenstand *m*
objection [əb'dʒekʃən] *sb* Beanstandung *f*, Einwand *m*
objective [əb'dʒektɪv] *sb* Ziel *n*
objective of the audit [əb'dʒektɪv əv ðə 'ɔːdɪt] *sb* Prüfungsziel *n*
objectivity [ɒbdʒek'tɪvɪtɪ] *sb* Objektivität *f*
object of discernment ['ɒbdʒɪkt əv dɪ-'sɜːnmənt] *sb* Erkenntnisobjekt *n*
object of the contract ['ɒbdʒɪkt əv ðə 'kɒntrækt] *sb* Vertragsgegenstand *m*
object of the enterprise ['ɒbdʒɪkt əv ðə 'entəpraɪz] *sb* Unternehmensziel *n*
object of negotiations ['ɒbdʒɪkt əv nɪgəʊʃɪ'eɪʃənz] *sb* Verhandlungsgegenstand *m*
object principle ['ɒbdʒɪkt 'prɪnsɪpl] *sb* Objektprinzip *n*
obligation [ɒblɪ'geɪʃən] *sb 1.* Verpflichtung *f*, Pflicht *f*, Schuldverhältnis *n; 2. without ~* unverbindlich
obligation to accept [ɒblɪ'geɪʃən tu ək'-sept] *sb* Annahmepflicht *f*
obligation to buy [ɔblɪ'geɪʃən tu baɪ] *sb* Bezugspflicht *f*
obligation to compensate [ɒblɪ'geɪʃən tu 'kɒmpənseɪt] *sb* Schadensersatzpflicht *f*
obligation to contract [ɒblɪ'geɪʃn tu kən-'trækt] *sb* Kontrahierungszwang *m*
obligation to furnish information [ɒblɪ-'geɪʃn tu 'fɜːnɪʃ ɪnfə'meɪʃn] *sb* Mitteilungspflicht *f*
obligation to give information [ɒblɪ-'geɪʃn tu gɪv ɪnfə'meɪʃn] *sb* Auskunftspflicht *f*
obligation to intervene [ɒblɪ'geɪʃn tu ɪntə-'viːn] *sb* Interventionspflicht *f*
obligation to lodge a complaint [ɒblɪ-'geɪʃn tu 'lɒdʒ ə kəm'pleɪnt] *sb* Rügepflicht *f*
obligation to make an additional contribution [ɒblɪ'geɪʃn tu 'meɪk ən ə'dɪʃnl kɒn-trɪ'bjuːʃn] *sb* Nachschusspflicht *f*
obligation to maintain secrecy [ɒblɪ'geɪ-ʃn tu meɪn'teɪn 'siːkrəsɪ] *sb* Schweigepflicht *f*, Geheimhaltungspflicht *f*
obligation to pay subscription [ɒblɪ-'geɪʃn tu peɪ sʌb'skrɪpʃn] *sb* Einzahlungspflicht *f*
obligation to perform [ɒblɪ'geɪʃn tu pə'fɔːm] *sb* Erfüllungspflicht *f*, Leistungspflicht *f*
obligation to preserve records [ɒblɪ-'geɪʃn tu prɪ'zɜːv 'rekɔːdz] *sb* Aufbewahrungspflicht *f*
obligation to redeem [ɒblɪ'geɪʃn tu rɪ-'diːm] *sb* Einlösungspflicht *f*
obligation to repay [ɒblɪ'geɪʃn tu rɪ'peɪ] *sb* Rückerstattungspflicht *f*
obligation to register [ɒblɪ'geɪʃn tu 'red-ʒɪstə] *sb* Meldepflicht *f*
obligation to take delivery [ɒblɪ'geɪʃn tu 'teɪk dɪ'lɪvərɪ] *sb* Abnahmepflicht *f*
obligation under a warranty [ɒblɪ'geɪʃn 'ʌndə ə 'wɒrəntɪ] *sb* Gewährleistungspflicht *f*
obligatory [ə'blɪgətərɪ] *adj* obligatorisch; *It is ~.* Es ist Pflicht.
obligor [ɒblɪ'gɔː] *sb* Schuldner *m*
observance of the deadline [ɒb'zɜːvəns əv ðə 'dedlaɪn] *sb* Fristwahrung *f*
observation [ɒbzə'veɪʃən] *sb* Beobachtung *f*
observation of markets [ɒbzə'veɪʃən əv 'mɑːkɪts] *sb* Marktbeobachtung *f*
obsolescence [ɒbsə'lesns] *sb* Obsoleszenz *f*
obsolete ['ɒbsəliːt] *adj* veraltet, überholt
obstruct [əb'strʌkt] *v* hindern, blockieren
obtainable [əb'teɪnəbl] *adj* erhältlich
occupancy rate ['ɒkjʊpənsɪ reɪt] *sb* Belegungsrate *f*, Auslastungsquote *f*
occupation [ɒkjʊ'peɪʃən] *sb 1. (employment)* Beruf *m*, Tätigkeit *f*; *2. (pastime)* Beschäftigung *f*, Betätigung *f*, Tätigkeit *f*
occupational [ɒkjʊ'peɪʃənəl] *adj* beruflich, Berufs..., Arbeits...
occupational disability [ɒkjʊ'peɪʃənəl dɪsə'bɪlɪtɪ] *sb* Berufsunfähigkeit *f*
occupational hazard [ɒkjʊ'peɪʃənəl 'hæzəd] *sb* Berufsrisiko *n*

ocean bill of lading ['əʊʃn bɪl əv 'leɪdɪŋ] *sb* Seefrachtbrief *m*, Seekonnossement *n*
odd jobs [ɒd dʒɒbz] *pl* Gelegenheitsarbeiten *f/pl*, Gelegenheitsjobs *m/pl*
odd lot [ɒd lɒt] *sb 1.* krummer Auftrag *m; 2.* Sondermenge *f*, Restposten *m*
oddment ['ɒdmənt] *sb* Restposten *m*
off-duty [ɒf'dju:tɪ] *adj* dienstfrei
offence [ə'fens] *sb* Straftat *f*, Delikt
offer ['ɒfə] *v 1.* anbieten; *2. ~ to do sth* anbieten, etw zu tun/sich bereit erklären, etw zu tun; *3. ~ one's hand* jdm die Hand reichen; *4. (a view, a price)* bieten; *sb 5.* Angebot *n*
offer by competitive bidding ['ɒfə baɪ kəm'petɪtɪv 'bɪdɪŋ] *sb* Ausschreibung *f*
offer for subscription ['ɒfə fɔ: səb'skrɪpʃən] *sb* Zeichnungsangebot *n*
offering premium ['ɒfərɪŋ 'pri:mɪəm] *sb* Emissionsagio *n*, Ausgabezuschlag *m*
offer of composition ['ɒfə əv kɒmpə'zɪʃən] *sb* Vergleichsangebot *n*, Abfindungsangebot *n*
offer of employment ['ɒfər əv ɪm'plɔɪmənt] *sb* Stellenangebot *n*
offer without engagement ['ɒfə wɪð'aʊt ɪn'geɪdʒmənt] *sb* unverbindliches Angebot *n*
offical stock exchange list [ə'fɪʃl stɒk ɪks'tʃeɪndʒ lɪst] *sb* offizielles Kursblatt *n*
office ['ɒfɪs] *sb 1.* Büro *n; 2. (lawyer's)* Kanzlei *f; 3. (public position)* Amt *n; 4. take ~* sein Amt antreten; *5. (department)* Abteilung *f; 6. (department of the government)* Behörde *f*, Amt *n; 7. (one location of a business)* Geschäftsstelle *f*
office automation ['ɒfɪs ɔ:tə'meɪʃn] *sb* Büroautomation *f*
office bearer ['ɒfɪs 'beərə] *sb* Amtsinhaber(in) *m/f*
office block ['ɒfɪs blɒk] *sb* Bürogebäude *n*
office clerk ['ɒfɪs klɑ:k] *sb* Sachbearbeiter(in) *m/f*, Kontorist(in) *m/f*
office communication ['ɒfɪs kəmju:nɪ'keɪʃn] *sb* Bürokommunikation *f*
office copy ['ɒfɪs 'kɒpɪ] *sb* Dienstexemplar *n*
officeholder ['ɒfɪshəʊldə] *sb* Amtsinhaber *m*
office hours ['ɒfɪs aʊəz] *pl 1.* Dienststunden *f/pl*, Geschäftszeit *f; 2. (time available for consultation)* Sprechstunden *f/pl*
office junior ['ɒfɪs 'dʒu:njə] *sb* Bürogehilfe/Bürogehilfin *m/f*
office manager ['ɒfɪs 'mænɪdʒə] *sb* Bürovorsteher(in) *m/f*
office of destination ['ɒfɪs əv destɪ'neɪʃən] *sb* Bestimmungszollstelle *f*
officer ['ɒfɪsə] *sb (official)* Beamter/Beamtin *m/f*, Funktionär(in) *m/f*
officer in charge ['ɒfɪsə ɪn tʃɑ:dʒ] *sb* Sachbearbeiter(in) *m/f*
office supplies ['ɒfɪs sə'plaɪz] *pl* Bürobedarf *m*, Büromaterial *n*
official [ə'fɪʃəl] *adj 1.* offiziell, amtlich; *sb 2.* Beamter/Beamtin *m/f*, Funktionär(in) *m/f*
official business [ə'fɪʃəl 'bɪznɪs] *sb (on a letter)* Dienstsache *f*
officialdom [ə'fɪʃəldəm] *sb* Bürokratie *f*
official fees [ə'fɪʃl fi:z] *sb* Verwaltungsgebühr *f*
officially quoted security [ə'fɪʃəlɪ 'kwəʊtɪd sɪ'kjʊərɪtɪ] *sb* Schrankenwert *m*
official market [ə'fɪʃl 'mɑ:kɪt] *sb* amtlicher Markt *m*
official market broker [ə'fɪʃl 'mɑ:kɪt 'brəʊkə] *sb* Parkettmakler *m*
official receiver [ə'fɪʃəl rɪ'si:və] *sb* Konkursverwalter *m*
official secret [ə'fɪʃəl 'si:krɪt] *sb* Dienstgeheimnis *n*, Amtsgeheimnis *n*
official trading [ə'fɪʃəl 'treɪdɪŋ] *sb* amtlicher Handel *m*
official trading hours [ə'fɪʃəl 'treɪdɪŋ 'aʊəz] *pl* Börsenzeit *f*
off-limits [ɒf'lɪmɪts] *adj* mit Zugangsbeschränkung
offlist ['ɒflɪst] *sb* Nachlass vom Listenpreis *m*
off-peak hours ['ɒfpi:k 'aʊəz] *pl* verkehrsschwache Stunden *pl*
offset ['ɒfset] *sb* Ausgleich *m*
offset account ['ɒfset ə'kaʊnt] *sb* Verrechnungskonto *n*
offset balance ['ɒfset 'bæləns] *sb* Verrechnungssaldo *m*
offset deal ['ɒfset di:l] *sb* Kompensationsgeschäft *n*
offset tax ['ɒfset 'tæks] *sb* Kompensationssteuer *f*
offsetting arbitrage ['ɒfsetɪŋ 'ɑ:rbɪtrɑ:ʒ] *sb* Ausgleichs-Arbitrage *f*
offsetting costs ['ɒfsetɪŋ kɒsts] *pl* kompensatorische Kosten *pl*
offsetting of receivables and payables in the consolidated financial statements ['ɒfsetɪŋ əv rɪ'si:vəbls ænd

'peɪəbls ɪn ðə kən'sɒlɪdeɪtəd faɪ'nænʃl 'steɪtmənts] *sb* Schuldenkonsolidierung *f*
offset transaction ['ɒfset træn'zækʃn] *sb* Kompensationsgeschäft *n*
offshoot ['ɒfʃuːt] *sb* Tochtergesellschaft *f*, Konzerngesellschaft *f*
offshore centres ['ɒfʃɔː 'sentəz] *pl* Offshore-Zentren *n/pl*
offshore dealings ['ɒfʃɔː 'diːlɪŋz] *pl* Offshore-Geschäft *n*
offshore purchases ['ɒfʃɔː 'pɜːtʃəsɪz] *pl* Offshore-Käufe *m/pl*
off-the-board [ɒfðə'bɔːd] *adj* außerbörslich
off-the-job [ɒfðə'dʒɒb] *adj* außerbetrieblich
oil [ɔɪl] *sb* Öl *n*
oil futures dealings [ɔɪl 'fjuːtʃəz 'diːlɪŋz] *pl* Ölterminhandel *m*
oil futures exchange [ɔɪl 'fjuːtʃəz ɪks'tʃeɪndʒ] *sb* Ölterminbörse *f*
old-age pension ['əʊldeɪdʒ 'penʃn] *sb* Altersruhegeld *n*
old-age pensioner ['əʊldeɪdʒ 'penʃənə] *sb* Rentner *m*
old-age social security system *sb* ['əʊldeɪdʒ səʊʃl sɪ'kjʊərɪtɪ sɪstəm] *sb* Altersvorsorge *f*
old-established [əʊldɪs'tæblɪʃd] *adj* alteingesessen, alt
old-fashioned [əʊld'fæʃənd] *adj* altmodisch
omnibus account ['ɒmnɪbəs ə'kaʊnt] *sb* Gemeinschaftskonto *n*, Sammelkonto *n*
omnibus clause ['ɒmnɪbəs klɔːz] *sb* Generalklausel *f*
omnibus item ['ɒmnɪbəs 'aɪtəm] *sb* Sammelposten *m*
on a commission basis [ɒn ə kə'mɪʃən 'beɪsɪs] *adv* auf Provisionsbasis
on approval [ɒn ə'pruːvəl] *adv* zur Ansicht
on call [ɒn 'kɔːl] *adv* auf Abruf
one-item clause ['wʌnaɪtəm klɔːz] *sb* Einpunktklausel *f*
one-man corporation ['wʌnmæn kɔːpə'reɪʃn] *sb* Einpersonengesellschaft *f*
one month money [wʌn mʌnθ 'mʌnɪ] *sb* Monatsgeld *n*
one's own capital [wʌnz 'əʊn 'kæpɪtl] *sb* Eigenkapital *n*
one-stop ['wʌnstɒp] *adj* alles an einem Ort
one-to-one [wʌntu'wʌn] *adj* eins-zu-eins, sich genau entsprechend
one-way ['wʌnweɪ] *adj 1. (traffic)* Einbahn...; *2. (packaging, bottles)* Einweg...
one-year contract of employment ['wʌnjɪə 'kɒntrəkt əv ɪm'plɔɪmənt] *sb* Jahresarbeitsvertrag *m*
ongoing ['ɒngəʊɪŋ] *adj 1.* laufend, im Gang befindlich; *2. (long-term)* andauernd
online [ɒn'laɪn] *adj* online, Online...
online operation [ɒn'laɪn ɒpə'reɪʃn] *sb* Online-Betrieb *m*
on receipt of the invoice [ɒn rɪ'siːt əv ðiː 'ɪnvɔɪs] *adv* nach Erhalt der Rechnung
on schedule [ɒn 'ʃedjuːl] *adv* termingerecht
onshore business ['ɒnʃɔː 'bɪznɪs] *sb* On-shore-Geschäft *n*
on time [ɒn taɪm] *adv* fristgerecht
on trial [ɒn traɪl] *adv* auf Probe
open ['əʊpən] *v 1. (shop)* aufmachen, öffnen; *2. (trial, exhibition, new business)* eröffnen
open account ['əʊpən ə'kaʊnt] *sb* offenes Konto *n*
open cheque ['əʊpən tʃek] *sb* Barscheck *m*
open credit ['əʊpən 'kredɪt] *sb* Blanko-Kredit *m*
open day ['əʊpən deɪ] *sb* Tag der offenen Tür *m*
open-end fund ['əʊpən'end fʌnd] *sb* offener Fonds *m*
opening balance sheet ['əʊpənɪŋ 'bæləns ʃiːt] *sb* Eröffnungsbilanz *f*
opening capital ['əʊpənɪŋ 'kæpɪtl] *sb* Anfangskapital *n*, Startkapital *n*
opening date ['əʊpənɪŋ deɪt] *sb* Submissionstermin *m*
opening of a business ['əʊpənɪŋ əv ə 'bɪznɪs] *sb* Geschäftseröffnung *f*
opening of an account ['əʊpənɪŋ əv ən ə'kaʊnt] *sb* Kontoeröffnung *f*
opening of new markets ['əʊpənɪŋ əv njuː 'mɑːkɪts] *sb* Markterschließung *f*
opening price ['əʊpənɪŋ praɪs] *sb* Eröffnungskurs *m*
opening stock ['əʊpənɪŋ stɒk] *sb* Anfangsbestand *m*
opening time ['əʊpənɪŋ taɪm] *sb (UK)* Öffnungszeit *f*
open-item accounting [əʊpn'aɪtəm ə'kaʊntɪŋ] *sb* Offene-Posten-Buchhaltung *f*
open market ['əʊpn 'mɑːkɪt] *sb* offener Markt *m*
open position [əʊpn pə'sɪʃn] *sb* offene Position *f*
operate ['ɒpəreɪt] *v 1. (machine)* funktionieren, in Betrieb sein; *2. (system, organization)* arbeiten; *3. (manage)* betreiben, führen;

4. *(a machine)* bedienen; 5. *(a brake, a lever)* betätigen
operating ['ɒpəreɪtɪŋ] *adj* Betriebs...
operating account ['ɒpəreɪtɪŋ ə'kaʊnt] *sb* Betriebsrechnung *f*
operating assets ['ɒpəreɪtɪŋ 'æsəts] *pl* Betriebsvermögen *n*
operating capital ['ɒpəreɪtɪŋ 'kæpɪtl] *sb* Betriebskapital *n*
operating costs ['ɒpəreɪtɪŋ kɒsts] *pl* Betriebskosten *pl*
operating expenses ['ɒpəreɪtɪŋ ɪk'spensɪz] *pl* Betriebskosten *pl*, Geschäftskosten *pl*
operating fund ['ɒpəreɪtɪŋ fʌnd] *sb* Betriebsfonds *m*
operating grant ['ɒpəreɪtɪŋ grɑːnt] *sb* Betriebsmittelzuschuss *m*
operating instructions ['ɒpəreɪtɪŋ ɪn'strʌkʃənz] *pl* Betriebsanleitung *f*, Bedienungsvorschrift *f*
operating level ['ɒpəreɪtɪŋ levl] *sb* Kapazitätsauslastung *f*
operating life ['ɒpəreɪtɪŋ laɪf] *sb* Nutzungsdauer *f*, Betriebsdauer *f*
operating margin ['ɒpəreɪtɪŋ 'mɑːdʒɪn] *sb* Handelsspanne *f*, Gewinnspanne *f*
operating performance ['ɒpəreɪtɪŋ pə'fɔːməns] *sb* Betriebsleistung *f*
operating permit ['ɒpəreɪtɪŋ 'pɜːmɪt] *sb* Betriebserlaubnis *f*
operating plan ['ɒpəreɪtɪŋ plæn] *sb* Geschäftsplan *m*
operating ratio ['ɒpəreɪtɪŋ 'reɪʃɪəʊ] *sb* Wirtschaftlichkeitskoeffizient *m*
operating system ['ɒpəreɪtɪŋ 'sɪstəm] *sb* Betriebssystem *n*
operation [ɒpə'reɪʃən] *sb* 1. *(control)* Bedienung *f*, Betätigung *f*; 2. *(running)* Betrieb *m*; *put out of ~* außer Betrieb setzen; 3. *(enterprise)* Unternehmen *n*; 4. Unternehmung *f*, Operation *f*
operational [ɒpə'reɪʃənəl] *adj* 1. *(in use)* in Betrieb, im Gebrauch; 2. *(ready for use)* betriebsbereit, einsatzfähig
operational accountancy [ɒpə'reɪʃənəl ə'kaʊntənsɪ] *sb* betriebliches Rechnungswesen *n*
operational analysis [ɒpə'reɪʃənəl ə'nælɪsɪs] *sb* Betriebsanalyse *f*
operational profitability [ɒpə'reɪʃənəl prɒfɪtə'bɪlɪtɪ] *sb* Betriebsrentabilität *f*
operation chart [ɒpə'reɪʃən tʃɑːt] *sb* Fertigungsablaufplan *m*
operation layout [ɒpə'reɪʃən 'leɪaʊt] *sb* Arbeitsplan *m*
operation manual [ɒpə'reɪʃən 'mænjʊəl] *sb* Betriebsanleitung *f*
operations statistics [ɒpə'reɪʃnz stə'tɪstɪks] *sb* Betriebsstatistik *f*
operator ['ɒpəreɪtə] *sb* 1. *(telephone)* Vermittlung *f*, Dame/Herr von der Vermittlung *m/f*; 2. *(company)* Unternehmer *m*; 3. *(of a machine)* Bedienungsperson *f*, Arbeiter *m*; 4. *(of a lift, of a vehicle)* Führer *m*
opinion [ə'pɪnjən] *sb* *(professional advice)* Gutachten *n*
opinion leader [ə'pɪnjən 'liːdə] *sb* Meinungsführer *m*
opinion poll [ə'pɪnjən pəʊl] *sb* Meinungsumfrage *f*
opinion research [ə'pɪnjən rɪ'sɜːtʃ] *sb* Meinungsforschung *f*, Demoskopie *f*
opportunity costs [ɒpə'tjuːnɪtɪ kɒsts] *pl* Opportunitätskosten *pl*
opportunity for advancement [ɒpə'tjuːnɪtɪ fɔːr əd'vɑːnsmənt] *sb* Aufstiegsmöglichkeit *f*
opposition [ɒpə'zɪʃn] *sb* Opposition *f*
opposition patent [ɒpə'zɪʃn 'peɪtənt] *sb* Einspruchspatent *n*
opposition period [ɒpə'zɪʃn 'pɪərɪəd] *sb* Einspruchsfrist *f*
oppressive contract [ə'presɪv 'kɒntrækt] *sb* Knebelungsvertrag *m*
optimisation [ɒptɪmaɪ'zeɪʃən] *sb* Optimierung *f*
optimisation of operations [ɒptɪmaɪ'zeɪʃən əv ɒpə'reɪʃəns] *sb* Betriebsoptimierung *f*
optimism ['ɒptɪmɪzm] *sb* Optimismus *m*
optimistic [ɒptɪ'mɪstɪk] *adj* optimistisch
optimize ['ɒptɪmaɪz] *v* optimieren
optimum ['ɒptɪməm] *adj* optimal
opting out ['ɒptɪŋ aʊt] *sb* Freizeichnung *f*
option ['ɒpʃn] *sb* Option *f*
optional ['ɒpʃnəl] *adj* 1. freiwillig; 2. *(accessory)* auf Wunsch erhältlich
optional loan ['ɒpʃnəl ləʊn] *sb* Optionsdarlehen *n*
option bond ['ɒpʃn bɒnd] *sb* Optionsanleihe *f*
option buyer ['ɒpʃŋ 'baɪə] *sb* Prämienkäufer *m*
option clause ['ɒpʃn klɔːz] *sb* Fakultativklausel *f*
option contract ['ɒpʃn 'kɒntrækt] *sb* Prämienbrief *m*

option day ['ɒpʃŋ deɪ] *sb* Prämienerklärungstag *m*
option dealing ['ɒpʃn 'diːlɪŋ] *sb* Optionsgeschäft *n,* Prämiengeschäft *n*
option holder ['ɒpʃŋ 'həʊldə] *sb* Optionsberechtigte(r) *f/m*
option of repayment ['ɒpʃŋ əv rɪ'peɪmənt] *sb* Rückzahlungsoption *f*
option of withdrawal ['ɒpʃŋ əv wɪð'drɔːəl] *sb* Rücktrittsvorbehalt *m*
option operator ['ɒpʃŋ 'ɒpəreɪtə] *sb* Prämienspekulant *m*
option price ['ɒpʃn praɪs] *sb* Optionspreis *m*
option right ['ɒpʃn raɪt] *sb* Optionsrecht *n*
option seller ['ɒpʃn 'selə] *sb* Stillhalter *m*
option to buy ['ɒpʃŋ tu baɪ] *sb* Kaufanwartschaft *f*
option to capitalize ['ɒpʃn tu 'kæpɪtəlaɪz] *sb* Aktivierungswahlrecht *n*
option to sell ['ɒpʃn tu sel] *sb* Verkaufsoption *f*
option warrant ['ɒpʃŋ 'wɒrənt] *sb* Bezugsrechtsschein *m,* Optionsschein *m*
oral ['ɔːrəl] *adj (verbal)* mündlich
order ['ɔːdə] *v 1.* bestellen; *2. (place an ~ for)* bestellen; *3. (~ to be manufactured)* in Auftrag geben; *4. (command)* befehlen, anordnen; *~ in* hereinkommen lassen; *5. (arrange)* ordnen; *sb 6. (sequence)* Reihenfolge *f,* Folge *f,* Ordnung *f; in ~ of priority* je nach Dringlichkeit; *7. (working condition)* Zustand *m; to be out of ~* außer Betrieb sein; *8. (command)* Befehl *m,* Anordnung *f; to be under ~s to do sth* Befehl haben, etw zu tun; *by ~ of* auf Befehl von, im Auftrag von; *9. (for goods, in a restaurant)* Bestellung *f; 10. (to have sth made)* Auftrag *m; make to ~* auf Bestellung anfertigen
order accounting ['ɔːdər ə'kaʊntɪŋ] *sb* Auftragsabrechnung *f*
order backlog ['ɔːdə 'bæklɒg] *sb* Auftragsbestand *m*
order bill of lading ['ɔːdə bɪl əv 'leɪdɪŋ] *sb* Orderkonnossement *n*
order book ['ɔːdə bʊk] *sb* Auftragsbuch *n,* Bestellbuch *n*
order booking ['ɔːdə bʊkɪŋ] *sb* Bestellwesen *n*
order book value ['ɔːdə bʊk 'vælјuː] *sb* Auftragsbestandwert *m*
order cheque ['ɔːdə tʃek] *sb* Orderscheck *m*
order clause ['ɔːdə klɔːz] *sb* Orderklausel *f*
order code ['ɔːdə kəʊd] *sb* Bestellnummer *f*
order coupon ['ɔːdə 'kuːpɒn] *sb* Bestellabschnitt *m*
order date ['ɔːdə deɪt] *sb* Auftragsdatum *n,* Bestelldatum *n*
order deadline ['ɔːdə 'dedlaɪn] *sb* Bestellfrist *f*
ordered quantity ['ɔːdəd 'kwɒntɪtɪ] *sb* Bestellmenge *f*
order filling ['ɔːdə 'fɪlɪŋ] *sb* Auftragserledigung *f*
order for payment ['ɔːdə fɔː 'peɪmənt] *sb* Zahlungsauftrag *m,* Zahlungsbefehl *m,* Zahlungsanweisung *f*
order form ['ɔːdə fɔːm] *sb* Bestellschein *m*
order handling ['ɔːdə 'hændlɪŋ] *sb* Auftragsabwicklung *f*
order inflow ['ɔːdər 'ɪnfləʊ] *sb* Auftragseingang *m*
ordering costs ['ɔːdərɪŋ kɒsts] *pl* Bestellkosten *pl*
order number ['ɔːdə 'nʌmbə] *sb* Auftragsnummer *f*
order picking ['ɔːdə 'pɪkɪŋ] *sb* Kommissionieren *n*
order processing ['ɔːdə 'prəʊsesɪŋ] *sb* Auftragsbearbeitung *f*
order scheduling ['ɔːdə 'ʃedjuːlɪŋ] *sb* Auftragsplanung *f*
order size ['ɔːdə saɪz] *sb* Bestellmenge *f,* Auftragsgröße *f*
order slip ['ɔːdə slɪp] *sb* Bestellzettel *m*
order status information ['ɔːdə 'steɪtəs ɪnfə'meɪʃən] *sb* Auftragsbestandübersicht *f*
order to pay ['ɔːdə tu peɪ] *sb* Zahlungsanweisung *f*
ordinary budget ['ɔːdnərɪ 'bʌdʒɪt] *sb* ordentlicher Haushalt *m*
ordinary expenditure ['ɔːdnərɪ ɪks'pændɪtʃə] *sb* ordentliche Ausgaben *f/pl*
ordinary increase in capital ['ɔːdnərɪ 'ɪnkriːs ɪn 'kæpɪtl] *sb* ordentliche Kapitalerhöhung *f*
ordinary revenue ['ɔːdnərɪ 'revənjuː] *sb* ordentliche Einnahmen *f/pl*
ordinary share ['ɔːdnərɪ ʃɛə] *sb* Stammaktie *f*
organization [ɔːgənaɪ'zeɪʃən] *sb* Organisation *f*
organizational [ɔːgənaɪ'zeɪʃnl] *adj* organisatorisch
organizational chart [ɔːgənaɪ'zeɪʃnl tʃɑːt] *sb* Organisationsdiagramm *n,* Organigramm *n*
organizational information system [ɔːgənaɪ'zeɪʃnl ɪnfə'meɪʃn sɪstəm] *sb* betriebliches Informationssystem *n*

organizational standards [ɔːgənaɪ'zeɪʃnl 'stændəds] *pl* Betriebsnormen *f/pl*
organizational structure [ɔːgənaɪ'zeɪʃnl 'strʌkʃə] *sb* Organisationsstruktur *f*
organization and methods department [ɔːgənaɪ'zeɪʃn ænd 'meθəds dɪ'pɑːtmənt] *sb* Organisationsabteilung *f*
organization expense [ɔːgənaɪ'zeɪʃn ɪks-'pæns] *sb* Organisationskosten *pl*
organize ['ɔːgənaɪz] *v* organisieren
organizer ['ɔːgənaɪzə] *sb 1.* Organisator *m; 2. (of an event)* Veranstalter *m*
orientation period [ɔːrɪən'teɪʃən 'pɪərɪəd] *sb* Einarbeitungszeit *f*
origin ['ɒrɪdʒɪn] *sb* Ursprung *m,* Herkunft *f,* Provenienz *f*
original [ə'rɪdʒɪnl] *adj (version)* original, Original...
original capital contribution [ər'ɪdʒɪnl 'kæpɪtl kɒntrɪ'bjuːʃn] *sb* Stammeinlage *f*
original investment [ər'ɪdʒɪnl ɪn'vest-mənt] *sb* Stammeinlage *f*
ostensible company [ɒs'tensɪbl 'kʌm-pənɪ] *sb* Scheingesellschaft *f*
ostensible merchant [ɒs'tensɪbl mɜː-tʃənt] *sb* Scheinkaufmann *m*
ouster ['aʊstə] *sb* Enteignung *f*
outage ['aʊtɪdʒ] *sb* Ausfall *m*
outbid [aʊt'bɪd] *v irr* überbieten
outbound ['aʊtbaʊnd] *adj* ausgehend
outdated [aʊt'deɪtɪd] *adj* überholt, veraltet
outdoor advertising ['aʊtdɔːr 'ædvətaɪ-zɪŋ] *sb* Außenwerbung *f*
outfit ['aʊtfɪt] *v 1.* ausrüsten, ausstatten; *sb 2. (equipment)* Ausrüstung *f,* Ausstattung *f*
outfitter ['aʊtfɪtə] *sb (UK)* Ausrüster *m,* Ausstatter *m*
outlaw ['aʊtlɔː] *v* für ungesetzlich erklären, verbieten
outlay ['aʊtleɪ] *sb* Geldauslage *f*
outlay tax ['aʊtleɪ tæks] *sb* Ausgaben-steuer *f*
outlet ['aʊtlet] *sb 1. (electrical ~)* Steckdose *f; 2. (shop)* Verkaufsstelle *f; 3. (for goods)* Absatzmöglichkeit *f*
outline ['aʊtlaɪn] *v 1.* darlegen, erläutern; *sb 2.* Übersicht *f,* Grundriss *m,* Abriss *m*
outline agreement ['aʊtlaɪn ə'griːmənt] *sb* Rahmenvereinbarung *f*
outlook ['aʊtlʊk] *sb (prospects)* Aus-sichten *pl*
outmoded [aʊt'məʊdɪd] *adj* unzeitgemäß
out-of-court settlement [aʊtəv'kɔːt 'setlmənt] *sb* außergerichtlicher Vergleich *m*
out-of-date [aʊtəv'deɪt] *adj* veraltet, alt-modisch
out-of-town cheque [aʊtəv'taʊn 'tʃek] *sb* Versandscheck *m*
output ['aʊtpʊt] *sb* Produktion *f,* Output *m,* Fördermenge *f*
output-capital ratio ['aʊtpʊtkæpɪtl 'reɪʃɪəʊ] *sb* Kapitalproduktivität *f*
output maximum ['aʊtpʊt 'mæksɪməm] *sb* Leistungsgrenze *f*
output tax ['aʊtpʊt tæks] *sb* Umsatzsteuer *f,* Produktionssteuer *f*
outright owner ['aʊtraɪt 'əʊnə] *sb* Voll-eigentümer(in) *m/f*
outside financing ['aʊtsaɪd faɪ'nænsɪŋ] *sb* Fremdfinanzierung *f*
outsider [aʊt'saɪdə] *sb* Branchenfremder *m,* Betriebsfremder *m,* Außenseiter *m*
outside services ['aʊtsaɪd 'sɜːvɪsɪz] *pl* Fremdleistung *f*
outsource ['aʊtsɔːs] *v* an Fremdfirmen vergeben
outsourcing ['aʊtsɔːsɪŋ] *sb* Fremdvergabe *f*
outstanding [aʊt'stændɪŋ] *adj (not yet paid)* ausstehend
outstanding account [aʊt'stændɪŋ ə'kaʊnt] *sb* offene Rechnung *f*
outstanding accounts [aʊt'stændɪŋ ə'kaʊntz] *pl* Außenstände *m/pl*
outstanding contributions [aʊt'stændɪŋ kɒntrɪ'bjʊʃnz] *pl* ausstehende Einlagen *f/pl*
outstanding debts [aʊt'stændɪŋ dets] *pl* Außenstände *pl*
overachieve [əʊvərə'tʃiːv] *v* besser ab-schneiden als erwartet
overall adjustment [əʊvər'ɔːl ə'dʒʌstmənt] *sb* Globalwertberichtigung *f*
overall assignment [əʊvər'ɔːl ə'saɪnmənt] *sb* Globalzession *f*
overall costs [əʊvər'ɔːl 'kɒsts] *pl* Gesamt-kosten *pl*
overbid ['əʊvəbɪd] *sb* Mehrgebot *n*
overcapitalization [əʊvəkæpɪtəlaɪ'zeɪʃn] *sb* Überkapitalisierung *f*
overcharge [əʊvə'tʃɑːdʒ] *v* zu viel be-rechnen
overdraft ['əʊvədrɑːft] *sb* Kontoüber-ziehung *f*
overdraft commission ['əʊvədrɑːft kə-'mɪʃn] *sb* Überziehungsprovision *f*
overdraft credit ['əʊvədrɑːft 'kredɪt] *sb* Überziehungskredit *m*
overdraft interest ['əʊverdrɑːft 'ɪntrəst] *sb* Überziehungszinsen *m/pl*

overdraft of an account ['əʊvədrɑːft əv ən ə'kaʊnt] *sb* Kontoüberziehung *f*
overdraw [əʊvə'drɔː] *v irr* überziehen
overdue [əʊvə'djuː] *adj* überfällig
overestimate [əʊvər'estɪmeɪt] *v* überschätzen, überbewerten
overfinancing [əʊvəfaɪ'nænsɪŋ] *sb* Überfinanzierung *f*
overflow ['əʊvəfləʊ] *sb* Überschuss *m*
overhaul [əʊvə'hɔːl] *v 1. (a machine)* überholen; *2. (plans)* gründlich überprüfen; *sb 3.* Überholung *f*, gründliche Überprüfung *f*
overhead allocation sheet ['əʊvəhæd ælə'keɪʃn ʃiːt] *sb* Betriebsabrechnungsbogen (BAB) *m*
overhead centre ['əʊvəhed 'sentə] *sb* Gemeinkostenstelle *f*
overhead charge ['əʊvəhed tʃɑːdʒ] *sb* Gemeinkostenzuschlag *m*
overhead cost allocation ['əʊvəhed kɒst ælə'keɪʃən] *sb* Gemeinkostenumlage *f*
overhead costs ['əʊvəhed kɒsts] *pl* Gemeinkosten *pl*, allgemeine Unkosten *pl*
overhead value analysis ['əʊvəhæd 'vælju ə'nælɪsɪs] *sb* Gemeinkostenwertanalyse (GWA) *f*
overinflation [əʊvəɪn'fleɪʃən] *sb* Überteuerung *f*
overinvestment [əʊvəɪn'vestmənt] *sb* Investitionsüberhang *f*
overland [əʊvə'lænd] *adv* auf dem Landweg, über Land
overleaf [əʊvə'liːf] *adv* umseitig
overload [əʊvə'ləʊd] *v 1.* überladen; *2. (with electricity)* überlasten; ['əʊvələʊd] *sb 3.* Überbelastung *f*; *4. (electricity)* Überlastung *f*
overperform [əʊvəpə'fɔːm] *v* mehr als gefordert leisten
overqualified [əʊvə'kwɒlɪfaɪd] *adj* überqualifiziert
overrate [əʊvə'reɪt] *v* überschätzen, überbewerten
override [əʊvə'raɪd] *v irr 1. (cancel out)* umstoßen, aufheben; *2. (an objection)* ablehnen
overrule [əʊvə'ruːl] *v* aufheben, verwerfen
overseas [əʊvə'siːz] *adv* nach Übersee, in Übersee
oversell [əʊvə'sel] *v irr* überbuchen
oversubscribe [əʊvəsəb'skraɪb] *v* überzeichnen
over-subscription [əʊvəsʌb'skrɪpʃn] *sb* Überzeichnung *f*
oversupply [əʊvəsə'plaɪ] *sb* Angebotsüberhang *m*, Überangebot *n*
overtaxation [əʊvətæk'seɪʃən] *sb* Überbesteuerung *f*
over-the-counter business [əʊvəðə'kaʊntə 'bɪznɪs] *sb* Tafelgeschäft *n*
over-the-counter trade [əʊvəðə'kaʊntə 'treɪd] *sb* Freihandel *m*
over-the-counter trading [əʊvəðə'kaʊntə 'treɪdɪŋ] *sb* Effektenverkauf *m*
overtime ['əʊvətaɪm] *sb* Überstunden *pl*
overtime hours ['əʊvətaɪm 'aʊəz] *pl* Überstundenzeit *f*
overtime pay ['əʊvətaɪm peɪ] *sb* Überstundenzulage *f*, Überstundenzuschlag *m*
overturn [əʊvə'tɜːn] *v* außer Kraft setzen
owe [əʊ] *v 1.* schulden, schuldig sein; *2. (have s.o. to thank for sth)* jdm etw verdanken; *3. (owing to)* wegen, infolge, dank
own [əʊn] *v 1.* besitzen, haben; *sb 2. come into one's ~* sein rechtmäßiges Eigentum erlangen
own capital withdrawal [əʊn 'kæpɪtl wɪθ'drɔːəl] *sb* Eigenkapitalentzug *m*
own contributions ['əʊn kɒntrɪ'bjuːʃnz] *pl* Eigenleistungen *f/pl*
owner ['əʊnə] *sb 1.* Besitzer(in) *m/f*; *2. (of a house, of a firm)* Eigentümer(in) *m/f*
owner-manager [əʊnə'mænɪdʒə] *sb* Einzelkaufmann *m*, Einzelkauffrau *f*
owner-occupied home premium [əʊnə'ɒkjʊpaɪd həʊm 'priːmjəm] *sb* Eigenheimzulage *f*
owner-operated municipal enterprise [əʊnə'ɒpəreɪtəd mjuː'nɪsɪpəl 'entəpraɪz] *sb* Eigenbetrieb *m*
owner's risk ['əʊnəs rɪsk] *sb* Eigners Gefahr *f*, Unternehmerrisiko *n*
owner's salary ['əʊnəs 'sælərɪ] *sb* Unternehmerlohn *m*
ownership ['əʊnəʃɪp] *sb 1.* Besitz *m*; *2. under new ~* unter neuer Leitung
ownership account ['əʊnəʃɪp ə'kaʊnt] *sb* Kapitalkonto *f*
ownership claim ['əʊnəʃɪp kleɪm] *sb* Eigentumsanspruch *m*
ownership in fractional shares ['əʊnəʃɪp ɪn 'frækʃənl 'ʃeəs] *sb* Bruchteilseigentum *n*
ownership transfer ['əʊnəʃɪp 'trænsfɜː] *sb* Eigentumsübertragung *f*
ozone-friendly [əʊzəʊn'frendlɪ] *adj* umweltfreundlich
own security deposit [əʊn sɪ'kjʊərɪtɪ dɪ'pɒsɪt] *sb* Eigendepot *n*
own security holdings [əʊn sɪ'kjʊərɪtɪ 'həʊldɪŋ] *sb* eigene Effekten *pl*

P

pack [pæk] *v 1. (a container)* voll packen; *2. (a case)* packen; *3. (things into a case)* einpacken; *sb 4. (packet)* Paket *n*
package ['pækɪdʒ] *sb 1.* Paket *n*, Packung *f; 2. ~s* Frachtstücke *pl*
packaging ['pækɪdʒɪŋ] *sb* Verpackung *f*
packet ['pækɪt] *sb* Paket *n*, Päckchen *n*, Schachtel *f*
packing ['pækɪŋ] *sb (material)* Verpackungsmaterial *n*, Verpackung *f*
packing costs ['pækɪŋ kɒsts] *pl* Verpackungskosten *pl*
packing instructions ['pækɪŋ ɪn'strʌkʃənz] *pl* Verpackungsvorschriften *f/pl*
packing unit ['pækɪŋ 'juːnɪt] *sb* Verpackungseinheit *f*
packing waste ['pækɪŋ weɪst] *sb* Verpackungsmüll *m*, Verpackungsabfall *m*
pad [pæd] *sb* Schreibblock *m*
padded ['pædɪd] *adj* gepolstert
padding [pædɪŋ] *sb* Füllmaterial *n*
paid [peɪd] *adj* bezahlt
paid-up capital ['peɪdʌp 'kæpɪtl] *sb* eingezahltes Kapital *n*
paid vacation [peɪd veɪ'keɪʃn] *sb* bezahlter Urlaub *m*
pair [pɛə] *sb 1.* Paar *n; v 2.* paarweise anordnen
pallet ['pælɪt] *sb* Palette *f*
pane [peɪn] *sb 1.* Glasscheibe *f; 2. window ~* Fensterscheibe *f*
panel ['pænl] *sb 1. (of switches)* Schalttafel *f,* Kontrolltafel *f; 2. (of a car)* Armaturenbrett *n; 3. (of experts, of interviewers)* Gremium *n*
panel control ['pænl kən'trəʊl] *sb* Schalttafelsteuerung *f*
panel envelope ['pænl 'envələʊp] *sb* Fensterbriefumschlag *m*
panel discussion ['pænl dɪs'kʌʃən] *sb* Podiumsdiskussion *f*
panellist ['pænəlɪst] *sb* Diskussionsteilnehmer(in) *m/f*
panel of experts ['pænl əv 'ekspɜːts] *sb* Sachverständigenrat *m*
panel report ['pænl rɪ'pɔːt] *sb* Ausschussbericht *m*
panic buying ['pænɪk 'bajɪŋ] *sb* Panikkauf *m*
panic selling ['pænɪk 'selɪŋ] *sb* Panikverkäufe *m/pl*
paper ['peɪpə] *sb 1.* Papier *n; 2. ~s pl (writings, documents)* Papiere *n/pl*
paper company ['peɪpə 'kʌmpənɪ] *sb* Scheinfirma *f*
paper for collection ['peɪpə fɔː kə'lekʃən] *sb* Inkassopapier *n*
paper gain ['peɪpə geɪn] *sb* Buchgewinn *m*
paper money ['peɪpə 'mʌnɪ] *sb* Papiergeld *n*
paperwork ['peɪpəwɜːk] *sb 1.* Schreibarbeit *f; 2. (in a negative sense)* Papierkram *m*
paper securities ['peɪpə sɪ'kjʊərɪtiːz] *pl* Effekten *pl*
par [pɑː] *adj* pari
parallel currency ['pærələl 'kʌrənsɪ] *sb* Parallelwährung *f*
parallel loan ['pærələl 'ləʊn] *sb* Parallelanleihe *f*
parallel market ['pærələl 'mɑːkɪt] *sb* Parallelmarkt *m*
parcel ['pɑːsl] *sb 1.* Paket *n; 2. (land)* Parzelle *f*
parcel carrier ['pɑːsl 'kærɪə] *sb* Paketdienst *m*
parcel receipt ['pɑːsl rɪ'siːt] *sb* Paketempfangsschein *m*
parcenary ['pɑːsɪnərɪ] *sb* Mitbesitz *m*
par price ['pɑː praɪs] *sb* Parikurs *m*
par value share [pɑː 'væljʊ ʃɛə] *sb* Nennwertaktie *f*
pardon ['pɑːdn] *v 1.* begnadigen; *sb 2.* Begnadigung *f*
parent company ['pɛərənt 'kʌmpənɪ] *sb* Muttergesellschaft *f,* Stammhaus *n*
parent plant ['pɛərənt plɑːnt] *sb* Stammwerk *n*, Stammbetrieb *m*
paring down ['pɛərɪŋ daʊn] *sb* Gesundschrumpfung *f*
parity ['pærɪtɪ] *sb (of currency)* Parität *f*
parity codetermination ['pærɪtɪ kəʊdɪtɜːmɪ'neɪʃn] *sb* paritätische Mitbestimmung *f*
parity grid ['pærɪtɪ grɪd] *sb* Paritätengitter *n*
parity of rates ['pærɪtɪ əv 'reɪts] *sb* Kursparität *f*
parity payment ['pærɪtɪ 'peɪmənt] *sb* Ausgleichszahlung *f*
parol ['pærəl] *adj* mündlich
part delivery [pɑːt dɪ'lɪvərɪ] *sb* Teillieferung *f*

part exchange [pɑːt ɪks'tʃeɪndʒ] *sb 1. offer sth in ~* etw in Zahlung geben; *2. take sth in ~* etw in Zahlung nehmen
partial ['pɑːʃl] *adj* Teil..., teilweise, partiell
partial acceptance ['pɑːʃl ək'sæptəns] *sb* Teilakzept *n*
partial balance sheet ['pɑːʃl 'bæləns ʃiːt] *sb* Teilbilanz *f*
partial bill of lading ['pɑːʃl bɪl əv 'leɪdɪŋ] *sb* Teilkonnossement *n*
partial claim ['pɑːʃl 'kleɪm] *sb* Teilforderung *f*
partial damage ['pɑːʃl 'dæmɪdʒ] *sb* Teilbeschädigung (P.A.) *f*
partial delivery ['pɑːʃl dɪ'lɪvərɪ] *sb* Teillieferung *f*
partial edition ['pɑːʃl ɪd'ɪʃən] *sb* Teilauflage *f*
partial endorsement ['pɑːʃl ɪn'dɔːsmənt] *sb* Teilindossament *n*
partial loss (p. l.) ['pɑːʃl 'lɒs] *sb* Teilverlust (P.L.) *m*
partial payment ['pɑːʃl 'peɪmənt] *sb* Teilzahlung *f*
partial privatisation ['pɑːʃl praɪvətaɪ'zeɪʃən] *sb* Teilprivatisierung *f*
partial rights ['pɑːʃl 'raɪts] *pl* Teilrechte *n/pl*
partial value ['pɑːʃl 'væljuː] *sb* Teilwert *m*
partible ['pɑːtɪbl] *adj* teilbar, trennbar
participant [pɑː'tɪsɪpənt] *sb* Teilnehmer(in) *m/f*
participate [pɑː'tɪsɪpeɪt] *v* sich beteiligen, teilnehmen
participating bond [pɑː'tɪsɪpeɪtɪŋ bɒnd] *sb* Gewinnschuldverschreibung *f*
participating certificate [pɑː'tɪsɪpeɪtɪŋ sə'tɪfɪkət] *sb* Anteilschein *m,* Genussschein *m*
participating debenture [pɑː'tɪsɪpeɪtɪŋ dɪ'bentʃʊə] *sb* Gewinnobligation *f*
participating in yield [pɑː'tɪsɪpeɪtɪŋ ɪn 'jiːld] *sb* Ergebnisbeteiligung *f*
participating receipt [pɑː'tɪsɪpeɪtɪŋ rɪ'siːt] *sb* Partizipationsschein *m*
participation [pɑːtɪsɪ'peɪʃən] *sb* Beteiligung *f,* Teilnahme *f*
participation in profits [pɑːtɪsɪ'peɪʃən ɪn 'prɒfɪts] *sb* Gewinnbeteiligung *f*
participation loan [pɑːtɪsɪ'peɪʃən ləʊn] *sb* Konsortialkredit *m*
participation rights [pɑːtɪsɪ'peɪʃən raɪts] *pl* Genussrecht *n*
participation wage [pɑːtɪsɪ'peɪʃən weɪdʒ] *sb* Investivlohn *m*
particularity [pətɪkjʊ'lærɪtɪ] *sb* Besonderheit *f,* besonderer Umstand *m,* Einzelheit *f*
particularize [pə'tɪkjʊləraɪz] *v* einzeln angeben, detailliert aufführen
particulars [pə'tɪkjʊləz] *pl* Einzelheiten *f/pl*
parties to a collective wage agreement ['pɑːtɪz tu ə kə'lektɪv 'weɪdʒ ə'griːmənt] *pl* Tarifpartner *m/pl*
part interest [pɑːt 'ɪntrest] *sb* Teilanspruch *m*
part-load traffic ['pɑːtləʊd 'træfɪk] *sb* Stückgutverkehr *m*
partly finished product ['pɑːtlɪ 'fɪnɪʃd 'prɒdʌkt] *sb (Produktion)* unfertiges Erzeugnis *n*
partner ['pɑːtnə] *sb 1.* Partner(in) *m/f; 2. (in a limited company)* Gesellschafter(in) *m/f,* Teilhaber(in) *m/f,* Sozius *m*
partnership ['pɑːtnəʃɪp] *sb* Partnerschaft *f,* Personengesellschaft *f,* Sozietät *f*
partnership account ['pɑːtnəʃɪp ə'kaʊnt] *sb* Teilhaberkonto *n*
partnership assets ['pɑːtnəʃɪp 'æsɪts] *pl* Gesellschaftsvermögen *n*
partnership insurance ['pɑːtnəʃɪp ɪn'ʃʊərəns] *sb* Teilhaberversicherung *f*
partnership limited by shares ['pɑːtnəʃɪp 'lɪmɪtɪd baɪ 'ʃɛəz] *sb* Kommanditgesellschaft auf Aktien *f*
partnership property ['pɑːtnəʃɪp 'prɒpətɪ] *sb* Gesellschaftsvermögen *n*
part payment [pɑːt 'peɪmənt] *sb* Abschlagszahlung *f,* Teilzahlung *f*
part performance [pɑːt pə'fɔːməns] *sb* Teilleistung *f*
part-time ['pɑːttaɪm] *adj 1.* Teilzeit...; *2. adv* auf Teilzeit, stundenweise
part-time employment ['pɑːttaɪm ɪm'plɔɪmənt] *sb* geringfügige Beschäftigung *f*
part-time job ['pɑːttaɪm dʒɒb] *sb* Teilzeitstelle *f*
part-time work ['pɑːttaɪm wɜːk] *sb* Teilzeitarbeit *f*
party ['pɑːtɪ] *sb* Partei *f*
party line ['pɑːtɪ laɪn] *sb 1. (of a telephone line)* Gemeinschaftsanschluss *m; 2. (of a political party)* Parteilinie *f*
passage ['pæsɪdʒ] *sb 1. (voyage)* Überfahrt *f,* Reise *f; 2. (fare)* Überfahrt *f*
passage of risk ['pæsɪdʒ əv 'rɪsk] *sb* Gefahrübergang *m*
passbook ['pɑːsbʊk] *sb* Sparbuch *n*
passing of a resolution ['pɑːsɪŋ əv ə resə'luːʃn] *sb* Beschlussfassung *f*
passive deposit transactions ['pæsɪv dɪ'pɒsɪt træn'zækʃnz] *pl* Passivgeschäft *n*
passive reserves ['pæsɪv rɪ'sɜːvz] *pl* passive Rückstellungen *f/pl*

passkey ['pɑːskiː] *sb* Hauptschlüssel *m*
passport ['pɑːspɔːt] *sb* Pass *m*, Reisepass *m*
password ['pɑːswɛːd] *sb* Kennwort *n*, Passwort *n*
pasteboard ['peɪstbɔːd] *sb* Karton *m*, Pappe *f*
patent ['peɪtənt] *v 1.* patentieren lassen; *sb 2.* Patent *n*
patent attorney ['peɪtənt ə'tɛːnɪ] *sb* Patentanwalt/Patentanwältin *m/f*
patentee [peɪtən'tiː] *sb* Patentinhaber *m*
patent licence ['peɪtənt 'laɪsəns] *sb* Patentlizenz *f*
patented ['peɪtəntɪd] *adj* patentrechtlich geschützt
Patent Office ['peɪtənt 'ɒfɪs] *sb* Patentamt *n*
patentor ['peɪtəntə] *sb* Patentgeber *m*
patent protection ['peɪtənt prə'tekʃən] *sb* Urheberschutz *m*, Patentschutz *m*
patron ['peɪtrən] *sb (customer)* Kunde/Kundin *m/f*, Gast *m*
patronage refund ['pætrənɪdʒ 'riːfʌnd] *sb* Kundenrabatt *m*
patronize ['pætrənaɪz] *v (a business)* besuchen (als Stammkunde)
pattern book ['pætən bʊk] *sb* Musterbuch *n*
pattern of organization ['pætən əv ɔːgənaɪ'zeɪʃən] *sb* Organisationsform *f*
pause [pɔːz] *sb 1.* Pause *f*; *2. give s.o. ~* jdm zu denken geben
pawn [pɔːn] *v 1.* verpfänden, versetzen; *sb 2. (thing pawned)* Pfand *n*
pawnbroker ['pɔːnbrəʊkə] *sb* Pfandleiher *m*
pawnbroking ['pɔːnbrəʊkɪŋ] *sb* Pfandleihe *f*
pawnshop ['pɔːnʃɒp] *sb* Pfandhaus *n*
pawn ticket [pɔːn 'tɪkɪt] *sb* Pfandschein *m*
pay [peɪ] *v irr 1.* bezahlen, *2. (a bill, interest)* zahlen; *~ for* bezahlen für; *3. (to be profitable)* sich lohnen, sich auszahlen; *sb 4.* Lohn *m*; *5. (salary)* Gehalt *n*
payable ['peɪəbl] *adj 1.* zahlbar; *2. (due)* fällig; *3. make a cheque ~ to s.o.* einen Scheck auf jdn ausstellen
payable on delivery (p. o. d.) ['peɪəbl ɒn dɪ'lɪvəriː] *adj* zahlbar bei Ablieferung (p.o.d.)
pay advance [peɪ əd'vɑːns] *sb* Gehaltsvorschuss *m*
pay back ['peɪ bæk] *v irr* zurückzahlen
pay bracket [peɪ 'brækɪt] *sb* Lohngruppe *f*, Gehaltsklasse *f*
pay clerk [peɪ klɑːk] *sb* Lohnbuchhalter(in) *m/f*
pay day ['peɪ deɪ] *sb account day* Zahltag *n*, Abrechnungstag *m*
pay down [peɪ daʊn] *v* anzahlen
payee [peɪ'iː] *sb* Zahlungsempfänger *m*, Remittent *m*
payee of a bill of exchange [peɪ'iː əv ə bɪl əv ɪks'tʃeɪndʒ] *sb* Wechselnehmer *m*
payer ['peɪə] *sb* Zahler *m*
pay freeze [peɪ friːz] *sb* Lohnstopp *m*
pay in [peɪ 'ɪn] *v irr* einzahlen
pay increase [peɪ 'ɪnkriːs] *sb* Lohnerhöhung *f*, Gehaltserhöhung *f*
paying authority ['peɪɪŋ ɔː'θɒrətɪ] *sb* Kos-tenträger *m*
paying off ['peɪɪŋ 'ɔf] *sb* Entlohnung *f*
paying out ['peɪɪŋ aʊt] *sb* Auszahlung *f*
paying slip ['peɪɪŋ slɪp] *sb* Einzahlungsschein *m*
paying office ['peɪɪŋ ɒːfɪs] *sb* Zahlstelle *f*
pay interest on [peɪ 'ɪntrəst ɒn] *v* verzinsen
payload ['peɪləʊd] *sb* Nutzlast *f*
payment ['peɪmənt] *sb 1.* Zahlung *f*, Einzahlung *f*; Bezahlung *f*; *2.* Besoldung *f*, Auszahlung *f*
payment against delivery ['peɪmənt ə'genst dɪ'lɪvərɪ] *sb* Lieferung per Nachnahme *f*
payment authorization ['peɪmənt ɔːθəraɪ'zeɪʃən] *sb* Zahlungsermächtigung *f*
payment by instal(l)ments ['peɪmənt baɪ ɪn'stɔːlmənts] *sb* Ratenzahlung *f*
payment by results ['peɪmənt baɪ rɪ'zʌlts] *sb* Leistungslohn *m*
payment guarantee ['peɪmənt gærən'tiː] *sb* Anzahlungsbürgschaft *f*
payment habit ['peɪmənt 'hæbɪt] *sb* Zahlungssitte *f*
payment in advance ['peɪmənt ɪn əd'vɑːns] *sb* Vorauszahlung *f*
payment in arrears ['peɪmənt ɪn ə'rɪəs] *sb* Zahlungsrückstand *m*
payment in full ['peɪmənt ɪn 'fʊl] *sb* vollständige Bezahlung *f*
payment in kind ['peɪmənt ɪn 'kaɪnd] Zahlung in Sachwerten *f*
payment medium ['peɪmənt 'miːdɪəm] *sb* Zahlungsmittel *n*
payment of a bill of exchange ['peɪmənt əv ə bɪl əv ɪk'stʃeɪndʒ] *sb* Wechseleinlösung *f*
payment of interest ['peɪmənt əv 'ɪntrəst] *sb* Verzinsung *f*
payment of redundancy benefit(s) ['peɪmənt əv riː'dʌndənsɪ 'benɪfɪt(s)] *sb* Konkursausfallgeld *n*
payment of taxes ['peɪmənt əv 'tæksɪz] *sb* Steuerzahlung *f*

payment on account ['peɪmənt ɒn ə'kaʊnt] *sb* Akontozahlung *f*
payment order ['peɪmənt 'ɔːdə] *sb* Anweisung *f*
payment risk ['peɪmənt 'rɪsk] *sb* Zahlungsrisiko *n*
payment slip ['peɪmənt 'slɪp] *sb* Zahlschein *m*
payment supra protest ['peɪmənt 'suːprə 'prəʊtest] *sb* Zahlung unter Protest *f*
payment transaction ['peɪmənt træn'zækʃən] *sb* Zahlungsverkehr *m*
payment with order ['peɪmənt wɪθ 'ɔːdə] *sb* Zahlung bei Auftragserteilung *f*
payments office ['peɪmənts 'ɒfɪs] *sb* Zahlstelle *f*
payoff ['peɪɒf] *sb (bribe)* Bestechungsgeld *n*
pay off [peɪ 'ɒf] *v irr 1. (to be profitable) (fam)* sich lohnen; *2. (a debt)* abbezahlen; *3. (a mortgage)* ablösen; *4. (creditors)* befriedigen; *5. (workmen)* auszahlen
payout ['peɪaʊt] *sb 1.* Auszahlung *f; 2. (dividend)* Ausschüttung *f*
pay over duty [peɪ 'əʊvə 'djuːtɪ] *sb* Abführungspflicht *f*
pay packet [peɪ 'pækɪt] *sb* Lohntüte *f*
pay phone [peɪ fəʊn] *sb* Münzfernsprecher *m*
pay raise [peɪ raɪz] *sb (US)* Lohnerhöhung *f*, Gehaltserhöhung *f*
pay rate [peɪ reɪt] *sb* Rückzahlungsrate *f*, Tilgungsrate *f*
pay rise [peɪ raɪz] *sb* Lohnerhöhung *f*, Gehaltserhöhung *f*
payroll [peɪrəʊl] *sb 1.* Lohnliste *f; 2. have s.o. on one's ~* jdn beschäftigen
pay round [peɪ raʊnd] *sb* Lohnrunde *f*
paycheck ['peɪtʃek] *sb (US)* Lohnscheck *m*, Gehaltsscheck *m*
pay the postage ['peɪ ðə 'pɒstɪdʒ] *v* frankieren
peacekeeping duty ['piːskiːpɪŋ 'djʊtɪ] *sb* Friedenspflicht *f*
peak [piːk] *adj* Höchst..., Spitzen...
peak hours [piːk 'aʊəz] *pl* Hauptverkehrszeit *f*, Stoßzeit *f*
peak quotation [piːk kwəʊ'teɪʃn] *sb* Extremkurs *m*
pecuniary [pɪ'kjuːnɪərɪ] *adj* Geld..., finanziell, pekuniär
pedlar ['pedlə] *sb* Hausierer *m*
penalize ['piːnəlaɪz] *v* bestrafen
penalty ['pænltɪ] *sb 1.* Strafe; *2. (punishment)* Bußgeld *n*
penalty cost ['pænltɪ kɒst] *sb* Fehlmengenkosten *pl*
penalty interest ['pænltɪ 'ɪntrəst] *sb* Strafzins *m*
pending ['pendɪŋ] *adj* anhängig, schwebend
pending transactions ['pendɪŋ træn'zækʃns] *pl* schwebende Geschäfte *n/pl*
pension ['penʃən] *sb 1.* Rente *f; 2. (from an employer)* Pension *f*
pensionary ['penʃənərɪ] *adj* Rentner...
pensioner ['penʃənə] *sb* Rentner *m*
pension expectancy ['penʃən ɪks'pektənsɪ] *sb* Pensionsanwartschaft *f*
pension for general disability ['penʃən fɔː 'dʒenrəl dɪsə'bɪlɪtɪ] *sb* Erwerbsunfähigkeitsrente *f*
pension fund ['penʃən fʌnd] *sb* Rentenfonds *m*, Pensionsfonds *m*
pension reserve ['penʃən rɪ'sɜːv] *sb* Pensionsrückstellung *f*
pent-up inflation ['pentʌp ɪn'fleɪʃn] *sb* zurückgestaute Inflation *f*
per annum [pɜː 'ænəm] *adv* pro Jahr
per capita [pɜː 'kæpɪtə] *adv* pro Kopf
per capita income ['pɜː 'kæpɪtə 'ɪnkʌm] *sb* Pro-Kopf-Einkommen *n*
per capita tax ['pɜː 'kæpɪtə 'tæks] *sb* Kopfsteuer *f*
per cent [pɜː 'sent] *sb* Prozent *n*
percentage [pə'sentɪdʒ] *sb 1.* Prozentsatz *m; 2. (proportion)* Teil *m; 3. on a ~ basis* prozentual, auf Prozentbasis
percentage excess [pə'sentɪdʒ ɪk'ses] *sb* Selbstbeteiligung *f*
percentage of profits [pə'sentɪdʒ əv 'prɒfɪts] *sb* Tantieme *f*
percentage premium [pə'sentɪdʒ 'priːmiəm] *sb* Anteilsprämie *f*
per diem [pɜː 'daɪem] *sb (money)* Tagegeld *n*
perforated ['pɜːfəreɪtɪd] *adj* perforiert, gelocht
perform [pə'fɔːm] *v 1.* leisten; *~ well* eine gute Leistung bringen; *2. (a task, a duty)* erfüllen
performance [pə'fɔːməns] *sb 1. (carrying out)* Erfüllung *f*, Durchführung *f; 2. (effectiveness)* Leistung *f*
performance appraisal [pə'fɔːməns ə'preɪzl] *sb* Mitarbeiterbeurteilung *f*
performance bond [pə'fɔːməns bɒnd] *sb* Leistungsgarantie *f*, Liefergarantie *f*
performance date [pə'fɔːməns deɪt] *sb* Erfüllungstag *m*
performance depth [pə'fɔːməns 'depθ] *sb* Leistungstiefe *f*

performance guarantee [pə'fɔːməns gærən'tiː] *sb* Leistungsgarantie *f*
performance-linked [pə'fɔːmənslɪŋkd] *adj* leistungsbezogen
performance-oriented [pə'fɔːmənsɔːriəntɪd] *adj* leistungsorientiert
performance principle [pə'fɔːməns 'prɪnsɪpl] *sb* Erfüllungsprinzip *n*
performance regulations [pə'fɔːməns regjʊ'leɪʃns] *pl* Effizienzregeln *f/pl*
period ['pɪərɪəd] *sb* Frist *f*, Zeitraum *m*
period for application ['pɪərɪəd fɔː æplɪ'keɪʃən] *sb* Anmeldefrist *f*
period for payment ['pɪərɪəd fɔː 'peɪmənt] *sb* Zahlungsziel *n*
period of grace ['pɪərɪəd əv greɪs] *sb* Nachfrist *f*
period of notice ['pɪərɪəd əv 'nəʊtɪs] *sb* Kündigungsfrist *f*
period of protest ['pɪərɪəd əv 'prəʊtest] *sb* Protestzeit *f*
period of respite ['pɪərɪəd əv 'respaɪt] *sb* Zahlungsaufschub *m*
period under review ['pɪərɪəd 'ʌndə 'rɪvjuː] *sb* Berichtsperiode *f*
peripheral [pə'rɪfərəl] *sb* Peripheriegerät *n*
peripheral units [pə'rɪfərəl 'juːnɪts] *pl* Pripheriegeräte *n/pl*
perish ['perɪʃ] *v (goods)* verderben, schlecht werden
perishable ['perɪʃəbl] *adj (goods)* verderblich
perjure ['pɜːdʒə] *v ~ oneself* einen Meineid leisten
perjury ['pɜːdʒərɪ] *sb* Meineid *m*
permanent debts ['pɜːmənent 'dets] *pl* Dauerschuld *f*
permanent establishment abroad ['pɜːmənent ɪs'tæblɪʃmənt ə'brɔːd] *sb* ausländische Betriebsstätte *f*
permanent holding ['pɜːmənent 'həʊldɪŋ] *sb* Dauerbesitz *m*
permanent share-holder ['pɜːmənent 'ʃɛəholdər] *sb* Daueraktionär *m*
permission [pɜː'mɪʃən] *sb* Genehmigung *f*, Erlaubnis *f*
permit [pə'mɪt] *v 1.* erlauben, gestatten; ['pɜːmɪt] *sb 2.* Genehmigung *f*, Erlaubnis *f*
perpetrator ['pɜːpɪtreɪtə] *sb* Täter *m*
perpetual annuity [pə'petjʊəl ən'juːɪtɪ] *sb* ewige Rente *f*
perpetual bonds [pə'petjʊəl bɒndz] *pl* Rentenanleihe *f*
perpetual debt [pə'petjʊəl det] *sb* ewige Schuld *f*
perpetual loan [pə'petjʊəl 'ləʊn] *sb* ewige Anleihe *f*
per procuration endorsement [pɜː prɒkjʊ'reɪʃn ɪn'dɔːsmənt] *sb* Prokuraindossament *f*
perquisite ['pɜːkwɪzɪt] *sb* Vergünstigung *f*
person in charge ['pɜːsən ɪn tʃɑːdʒ] *sb* Verantwortliche(r) *f/m*
person in need of round-the-clock nursing care ['pɜːsən ɪn 'niːd əv 'raʊndðəklɒk 'nɜːsɪŋ kɛə] *sb* Pflegebedürftige(r) *f/m*
person opening a credit in favour of ['pɜːsn 'əʊpənɪŋ ə kredɪt ɪn 'feɪvə əv] *sb* Akkreditivsteller *m*
personal account ['pɜːsənl ə'kaʊnt] *sb* Privatkonto *n*
personal computer ['pɜːsənl kəm'pjuːtə] *sb* Personalcomputer *m*, PC *m*
personal consumption ['pɜːsənl kən'sʌmpʃən] *sb* Eigenverbrauch *m*
personal consumption expenditure ['pɜːsənl kən'sʌmpʃn ɪks'pendɪtʃə] *sb* privater Verbrauch *m*
personal conversation ['pɜːsənl kɒnvə'seɪʃən] *sb* persönliches Gespräch *n*
personal identification number ['pɜːsnəl ɑɪdentɪfɪ'keɪʃn 'nʌmbə] *sb* persönliche Identifikationsnummer (PIN) *f*
personal loan ['pɜːsənl ləʊn] *sb* Personalkredit *m*
personal organizer ['pɜːsənl 'ɔːgənaɪzə] *sb* Terminplaner *m*, Zeitplaner *m*
personnel [pɜːsə'nel] *sb* Personal *n*, Belegschaft *f*
personnel department [pɜːsə'nel dɪ'pɑːtmənt] *sb* Personalabteilung *f*
personnel development [pɜːsə'nel dɪ'veləpmənt] *sb* Personalentwicklung *f*
personnel director [pɜːsə'nel dɑɪ'rektə] *sb* Personalleiter(in) *m/f*, Personalchef(in) *m/f*
personnel layoff [pɜːsə'nel 'leɪɒf] *sb* Personalfreisetzung *f*
personnel leasing [pɜːsə'nel 'liːsɪŋ] *sb* Personal-Leasing *n*
personnel management [pɜːsə'nel 'mænædʒmənt] *sb* Personalführung *f*, Personalmanagement *n*
personnel office [pɜːsə'nel 'ɒfɪs] *sb* Personalbüro *n*
personnel strategy [pɜːsə'nel 'strætədʒɪ] *sb* Personalstrategie *f*
pessimism ['pesɪmɪzm] *sb* Pessimismus *m*
pessimistic [pesɪ'mɪstɪk] *adj* pessimistisch
petition [pə'tɪʃən] *sb* Gesuch *n*, Petition *f*

petition in bankruptcy [pə'tɪʃən ɪn 'bæŋkrəpsɪ] *sb* Konkursantrag *f*
petitioner [pe'tɪʃənə] *sb* Antragsteller *m*
petrodollar ['petrəudɒlə] *sb* Petrodollar *m*
petrol ['petrəl] *sb (UK)* Benzin *n*
petroleum revenue tax [pɪ'trəuliəm 'revənju: tæks] *sb* Mineralölsteuer *f*
petrol station ['petrəl steɪʃən] *sb (UK)* Tankstelle *f*
petty cash ['peti 'kæʃ] *sb* Portokasse *f*
phases of business cycles ['feɪzɪs əv 'bɪsnɪs 'saɪkls] *pl* Konjunkturphasen *f/pl*
phone [fəun] *sb (see "telephone")*
phonecard ['fəunkɑ:d] *sb* Telefonkarte *f*
photo CD ['fəutəu si:'di:] *sb* Foto-CD *f*
photocopier ['fəutəukɒpɪə] *sb* Fotokopiergerät *n*, Kopierer *m*
photocopy ['fəutəukɒpɪ] *v 1.* fotokopieren, kopieren; *sb 2.* Fotokopie *f*, Kopie *f*
photograph ['fəutəgrɑ:f] *v 1.* fotografieren, aufnehmen; *sb 2.* Fotografie *f*, Aufnahme *f*, Lichtbild *n*
physical examination ['fɪzɪkəl ɪgzæmɪ'neɪʃən] *sb* ärztliche Untersuchung *f*
physical handicap ['fɪzɪkəl 'hændɪkæp] *sb* körperliche Behinderung *f*
picket ['pɪkɪt] *sb* Streikposten *m*
piece [pi:s] *sb 1.* Stück *n; 2. (article)* Artikel *m; 3. (coin)* Münze *f*
piece rate [pi:s reɪt] *sb* Leistungslohn *m*
piece time [pi:s taɪm] *sb* Stückzeit *f*
piecework ['pi:swɜ:k] *sb* Akkordarbeit *f*
piecework wage ['pi:swɜ:k weɪdʒ] *sb* Akkordlohn *m*
piecework pay ['pi:swɜ:k peɪ] *sb* Stücklohn *m*
piggy bank ['pɪgɪ bæŋk] *sb* Sparbüchse *f*
piggyback advertisement ['pɪgɪbæk əd'vɜ:tɪsmənt] *sb* Huckepack-Werbung *f*
pile [paɪl] *v 1.* stapeln; *sb 2.* Stapel *m*, Stoß *m*
pilot scheme ['paɪlət ski:m] *sb* Versuchsprojekt *n*, Pilotprogramm *n*
pilot study ['paɪlət stʌdɪ] *sb* Pilot-Studie *f*
piracy ['paɪrəsɪ] *sb (plagiarism)* Plagiat *n*
pirate copy ['paɪrɪt 'kɒpɪ] *sb* Raubkopie *f*
pitchman ['pɪtʃmən] *sb 1. (vendor)* Straßenverkäufer *m; 2. (advertising ~)* Werbeträger *m*
place [pleɪs] *v 1. ~ an order* bestellen, einen Auftrag erteilen; *2. (an advertisement)* platzieren
place of birth ['pleɪs əv bɜ:θ] *sb* Geburtsort *m*
place of business ['pleɪs əv 'bɪznɪs] *sb* Arbeitsstelle *f*, Arbeitsplatz *m*
place of destination ['pleɪs əv destɪ'neɪʃən] *sb* Bestimmungsort *m*
place of employment ['pleɪs əv ɪm'plɔɪmənt] *sb* Arbeitsplatz *m*, Arbeitsstelle *f*
place of jurisdiction ['pleɪs əv dʒuərɪs'dɪkʃən] *sb* Gerichtsstand *m*
place of payment [pleɪz əv 'peɪmənt] *sb* Zahlungsort *m*, Domizilstelle *f*
place of performance [pleɪz əv pə'fɔ:mənz] *sb* Erfüllungsort *m*
place of residence [pleɪz əv 'rezɪdəns] *sb* Wohnort *m*
place without a Federal Bank office [pleɪz wɪθ'aut ə 'fedərəl 'bæŋk ɔfɪs] *sb* Nebenplatz *m*
placement of an advertisement ['pleɪsmənt əv ən əd'vɜ:tɪsmənt] *ab* Anzeigenschaltung *f*
placing ['pleɪsɪŋ] *sb* Platzierung *f*
placing commission ['pleɪsɪŋ kə'mɪʃn] *sb* Bankierbonifikation *f*
placing of an order ['pleɪsɪŋ əv ən 'ɔ:də] *sb* Auftragserteilung *f*
plagiarism ['pleɪdʒərɪzm] *sb* Plagiat *n*
plagiarize ['pleɪdʒəraɪz] *v* plagiieren
plaintiff ['pleɪntɪf] *sb* Kläger(in) *m/f*
plan analysis [plæn ə'næləsɪs] *sb* Plananalyse *f*
plan engineer [plæn endʒɪ'nɪə] *sb* Verfahrenstechniker(in) *m/f*
planned economy [plænd ɪ'kɒnəmɪ] *sb* Planwirtschaft *f*
planning ['plænɪŋ] *sb* Planung *f*
planning control ['plænɪŋ kən'trəul] *sb* Planungskontrolle *f*
planning figures ['plænɪŋ 'fɪgəz] *pl* Planwerte *m/pl*
planning game ['plænɪŋ geɪm] *sb* Planspiel *n*
planning permission ['plænɪŋ pə'mɪʃən] *sb* Baugenehmigung *f*
plan of expenditure [plæn əv ɪks'pendɪdʒuə] *sb* Ausgabenplan *m*
plant [plɑ:nt] *sb 1. (factory)* Werk *n; 2. (equipment)* Anlagen *f/pl*
plant agreement [plɑ:nt ə'gri:mənt] *sb* Betriebsvereinbarung *f*
plant closing [plɑ:nt 'kləuzɪŋ] *sb* Betriebsstilllegung *f*
plant engineering and construction [plɑ:nt endʒə'nɪərɪŋ ænd kɒnstrʌkʃən] *sb* Anlagenbau *m*
plant inspection [plɑ:nt ɪn'spekʃən] *sb* Betriebsaufsicht *f*

plastic ['plæstɪk] *sb 1.* Kunststoff *m*, Plastik *n; adj 2. (made of plastic)* Plastik...
pledge [pledʒ] *v 1. (pawn, give as collateral)* verpfänden; *sb 2. (in a pawnshop)* Pfand *n*, Verpfändung *f*
pledged securities deposit [pledʒd sɪk-'jʊərɪtiːz dɪ'pɒsɪt] *sb* Pfanddepot *n*
pledgee [pledʒ'iː] *sb* Pfandgläubiger *m*
pledge endorsement [pledʒ ɪn'dɔːsmənt] *sb* Pfandindossament *n*
pledging ['pledʒɪŋ] *sb* Verpfändung *f*, Pfandbestellung *f*
pledgor ['pled'ʒə] *sb* Pfandschuldner *m*, Verpfänder *m*
plenipotentiary [plenɪpə'tenʃərɪ] *sb* Generalbevollmächtigte(r) *f/m*
plough back [plaʊ 'bæk] *v* reinvestieren, wieder anlegen
plug [plʌg] *sb 1. (electric)* Stecker *m; 2. (bit of publicity)* Schleichwerbung *f*
plus ['plʌs] *sb* Plus *n*
P.O. box [piː'əʊ bɒks] *(see "post office box")*
point of sale system (POS) [pɔɪnt əv seɪl 'sɪstəm] *sb* bargeldloses Kassensystem *n*
point sampling [pɔɪnt 'sɑːmplɪŋ] *sb* Stichprobenverfahren *n*
policy ['pɒlɪsɪ] *sb 1. (principles of conduct)* Verfahrensweise *f*, Politik *f*, Taktik *f; 2. (insurance ~)* Police *f*
policy holder ['pɒlɪsɪ 'həʊldə] *sb* Versicherungsnehmer *m*
policy limit ['pɒlɪsɪ 'lɪmɪt] *sb* Haftungshöchstbetrag *m*
policy of sterilization funds ['pɒlɪsɪː əv sterɪlaɪ'zeɪʃn fʌnds] *sb* Sterilisierungspolitik *f*
policy relating to capital formation ['pɒlɪsɪ rɪ'leɪtɪŋ tu 'kæpɪtl fɔː'meɪʃn] *sb* Vermögenspolitik *f*
policy value ['pɒlɪsɪ 'væljuː] *sb* Versicherungswert *m*, Deckungssumme *f*
poll [pəʊl] *sb (opinion ~)* Umfrage *f*
pollster ['pəʊlstə] *sb (US)* Meinungsforscher *m*
pollutant [pə'luːtənt] *sb* Schadstoff *m*
pollute [pə'luːt] *v* verschmutzen, verunreinigen
polluter pays principle [pə'luːtə peɪz 'prɪnsɪpl] *sb* Verursacherprinzip *n*
pollution [pə'luːʃən] *sb 1.* Verschmutzung *f; 2. (of the environment)* Umweltverschmutzung *f*
polytechnic [pɒlɪ'teknɪk] *sb (UK)* Polytechnikum *n*, Fachhochschule *f*
pooling of accounts ['puːlɪŋ əv ə'kaʊnts] *sb* Kontenzusammenlegung *f*
pooling of interests ['puːlɪŋ əv 'ɪntrəsts] *sb* Interessengemeinschaft *f*
poor quality [pʊə 'kwɒlɪtɪ] *sb* schlechte Qualität *f*
popular ['pɒpjʊlə] *adj 1. (with the public)* populär, beliebt; *2. (prevalent)* weit verbreitet
popular share ['pɒpjʊlə ʃɛə] *sb* Publikumsaktie *f*
popularity [pɒpjʊ'lærɪtɪ] *sb* Beliebtheit *f*, Popularität *f*
population [pɒpjʊ'leɪʃən] *sb* Bevölkerung *f*, Einwohnerschaft *f*
port [pɔːt] *sb* Hafen *m*
portable ['pɔːtəbl] *adj* tragbar
portage ['pɔːtɪdʒ] *sb* Transportkosten *pl*, Beförderungskosten *pl*
portfolio [pɔːt'fəʊljəʊ] *sb 1.* Portfolio *n; 2. (folder)* Mappe *f*
portfolio analysis [pɔːt'fəʊljəʊ ə'nælɪsɪs] *sb* Portfolio-Analyse *f*, Fundamentalanalyse *f*
portfolio controlling [pɔːt'fəʊljəʊ kən-'trəʊlɪŋ] *sb* Portfeuillesteuerung *f*
portfolio holdings [pɔːt'fəʊljəʊ 'həʊldɪŋz] *pl* Depotbestand *m*
portfolio investments [pɔːt'fəʊljəʊ ɪn-'vestmənts] *pl* indirekte Investition *f*
portfolio manager [pɔːt'fəʊljəʊ 'mænɪdʒə] *sb* Effektenverwalter(in) *m/f*, Depotverwalter(in) *m/f*
portfolio selection [pɔːt'fəʊljəʊ sɪ'lækʃn] *sb* Portfolio Selection *f*
portion of overall costs ['pɔːʃn əv 'əʊvərɔːl kɒsts] *sb* Teilkosten *pl*
position [pə'zɪʃən] *v 1.* aufstellen, platzieren; *sb 2.* Position *f*, Stellung *f; 3. (job)* Stelle *f; 4. (point of view)* Standpunkt *m*, Haltung *f*, Einstellung *f*
positioning [pə'zɪʃənɪŋ] *sb* Platzierung *f*
position offered [pə'zɪʃən 'ɒfəd] *sb* Stellenanzeige *f*
possess [pə'zes] *v* besitzen, haben
possession [pə'zeʃən] *sb* Besitz *m*
possessor [pə'zesə] *sb* Besitzer *m*
post [pəʊst] *sb 1. (mail)* Post *f; by return of ~* postwendend; *2. (job)* Stelle *f*, Posten *m; v 3. put in the ~ (UK)* aufgeben, mit der Post schicken
post office [pəʊst 'ɒfɪs] *sb* Post *f*, Postamt *n*
post office box [pəʊst 'ɒfɪs bɒks] *sb (P. O. box)* Postfach *n*
postage ['pəʊstɪdʒ] *sb* Porto *n*, Gebühr *f*

postage deduction ['pəʊstɪdʒ dɪ'dʌkʃən] *sb* Portoabzug *m*
postage due ['pəʊstɪdʒ djuː] *sb* Strafporto *n*, Nachporto *n*
postage-free ['pəʊstɪdʒfriː] *adj* portofrei, gebührenfrei
postage stamp ['pəʊstɪdʒ stæmp] *sb* Briefmarke *f*
postal ['pəʊstl] *adj* Post...
postal cheque ['pəʊstl tʃek] *sb* Postscheck *m*
postal code ['pəʊstl kəʊd] *sb (UK)* Postleitzahl *f*
postal giro ['pəʊstl 'dʒaɪrəʊ] *sb 1.* Postgiro *n; 2. (cheque)* Postscheck *m*
postal giro account ['pəʊstl 'dʒaɪrəʊ ə'kaʊnt] *sb* Postscheckkonto *n*
postal giro centre ['pəʊstl dʒaɪrəʊ sentə] *sb* Postscheckamt *f*
postal money order ['pəʊstl 'mʌnɪ 'ɔːdə] *sb* Postanweisung *f*
postal order ['pəʊstl 'ɔːdə] *sb (UK)* Postanweisung *f*
Postal Savings Bank ['pəʊstl 'seɪvɪŋz bæŋk] *sb* Postbank *f*
postal service ['pəʊstl 'sɜːvɪs] *sb* Postdienst *m*, Post *f*
postal transfer ['pəʊstl 'trænsfɜː] *sb* Postüberweisung *f*
postal wrapper ['pəʊstl 'ræpə] *sb* Streifband *n*
postbox ['pəʊstbɒks] *sb (UK)* Briefkasten *m*
postcard ['pəʊstkɑːd] *sb* Postkarte *f*
postcode ['pəʊstkəʊd] *sb (UK)* Postleitzahl *f*
postdate [pəʊst'deɪt] *v (a document)* nachdatieren
post-dated [pəʊst'deɪtɪd] *adj* nachdatiert
poste restante [pəʊst res'tɑ̃t] *adv* postlagernd
post-formation acquisition [pəʊstfɔː'meɪʃn əkwɪ'sɪʃn] *sb* Nachgründung *f*
posting reference ['pəʊstɪŋ 'refrəns] *sb* Buchungsvermerk *m*
postman ['pəʊstmən] *sb* Briefträger *m*, Postbote *m*
postmark ['pəʊstmɑːk] *sb* Poststempel *m*
post-paid [pəʊst'peɪd] *adj* freigemacht, frankiert
postpone [pəst'pəʊn] *v 1.* aufschieben; *2. (for a specified period)* verschieben
postponement [pəst'pəʊnmənt] *sb (act of postponing)* Verschiebung *f*, Vertagung *f*, Aufschub *m*
postseason [pəʊst'siːzn] *sb* Nachsaison *f*
potential [pə'tenʃl] *sb* Potenzial *n*
potential cash [pə'tenʃl kæʃ] *sb* potentielles Bargeld *n*
pound [paʊnd] *sb (unit of weight, money)* Pfund *n*
poundage ['paʊndɪdʒ] *sb 1. (weight)* Gewicht in Pfund *n; 2. (fee)* auf Gewichtsbasis errechnete Gebühr *f*
power ['paʊə] *sb 1.* Macht *f; I will do everything in my ~.* Ich werde tun, was in meiner Macht steht. *2. (of an engine, of loudspeakers)* Leistung *f*
power failure ['paʊə feɪljə] *sb* Stromausfall *m*, Netzausfall *m*
power lunch ['paʊə lʌntʃ] *sb (fam)* Geschäftsessen *n*
power of agency ['paʊə əv 'eɪdʒənsɪ] *sb* Handlungsvollmacht *f*, Vertretungsbefugnis *f*
power of attorney ['paʊə əv ə'tɜːnɪ] *sb* Vollmacht *f*, Prokura *f*
power of revocation ['paʊə əv revə'keɪʃən] *sb* Widerrufsrecht *n*
power of signature ['paʊə əv 'sɪgnətʃə] *sb* Zeichnungsvollmacht *f*, Unterschriftsbefugnis *f*
power to contract ['paʊə tu kən'trækt] *sb* Vertragsvollmacht *f*
power pack ['paʊə pæk] *sb* Netzteil *n*
power plant ['paʊə plɑːnt] *sb* Kraftwerk *n*
power to draw on an account ['paʊə tu drɔː ɒn ən ə'kaʊnt] *sb* Kontovollmacht *f*
PR *(see "public relations")*
practicable ['præktɪkəbl] *adj* durchführbar, machbar
practice ['præktɪs] *sb (business ~)* Verfahrensweise *f*
practice of payment ['præktɪs əv 'peɪmənt] *sb* Zahlungsgewohnheit *f*
practise ['præktɪs] *v (a profession, a religion)* ausüben, praktizieren
prearrange [priːə'reɪndʒ] *v* vorher abmachen, vorher bestimmen
precaution [prɪ'kɔːʃən] *sb 1.* Vorsichtsmaßnahme *f; 2. take ~s* Vorsichtsmaßnahmen treffen; *3. as a ~* vorsichtshalber
precautionary holding [prɪ'kɔːʃənərɪ 'həʊldɪŋ] *sb* Vorsichtskasse *f*
precendence ['presɪdəns] *sb* Vorrang *m*, Vorrecht *n*
precedent ['presɪdənt] *sb* Präzedenzfall *m*
precision [prɪ'sɪʒən] *sb* Genauigkeit *f*, Präzision *f*
precondition [priːkən'dɪʃən] *sb* Voraussetzung *f*, Bedingung *f*

predate [priː'deɪt] *v* *1. (come before)* vorausgehen; *2. (a document)* zurückdatieren
predecessor ['priːdɪsesə] *sb* Vorgänger(in) *m/f*
preemption right [priː'empʃn raɪt] *sb* Vorkaufsrecht *n*
preemptive shares [priː'emtɪv ʃɛəz] *pl* Bezugsaktien *f/pl*
pre-export financing [priː'ekspɔːt faɪ'næsɪŋ] *sb* Präexport-Finanzierung *f*
preference ['prefərəns] *sb* *1.* Präferenz *f;* *2.* Vorkaufsrecht *n*
preference bond ['prefərens bɒnd] *sb* Vorzugsobligation *f*
preference share ['prefərens ʃɛə] *sb* Vorzugsaktie *f,* Prioritätsaktie *f*
preferential creditor [prefə'renʃl 'kredɪtə] *sb* bevorrechtigter Gläubiger *m*
preferential discount [prefə'renʃl 'dɪskaʊnt] *sb* Vorzugsrabatt *m*
preferential dividend [prefə'renʃl 'dɪvɪdənd] *sb* Vorzugsdividende *f*
preferential price [prefə'renʃl 'praɪs] *sb* Vorzugskurs *m*
preferential rate [prefə'renʃl 'reɪt] *sb* Ausnahmetarif *m*
preferment [prɪ'fɜːmənt] *sb* *(promotion)* Beförderung *f*
prefinancing [priːfaɪ'nænsɪŋ] *sb* Vorfinanzierung *f*
prejudice ['predʒʊdɪs] *sb* *1.* Vorurteil *n;* *2. (detriment)* Schaden *m*
prejudicial [predʒʊ'dɪʃəl] *adj* schädlich
preliminaries [prɪ'lɪmɪnəriz] *pl* vorbereitende Maßnahmen *f/pl,* Vorarbeit *f*
preliminary [prɪ'lɪmɪnərɪ] *adj* vorläufig
preliminary conditions [priː'lɪmɪnərɪ kɒn'dɪʃnz] *pl* Vorschaltkonditionen *f/pl*
preliminary injunction [priː'lɪmɪnərɪ ɪn'dʒʌnkʃn] *sb* Vorausklage *f*
premises ['premɪsɪz] *pl* *1.* Grundstück *n;* *2. (of a factory)* Gelände *n;* *3. (of a shop)* Räumlichkeiten *pl*
premium ['priːmjʊm] *sb* *1. (bonus)* Bonus *m,* Prämie *f;* *2. (insurance ~)* Prämie *f;* *3. (surcharge)* Zuschlag *m*
premium bond ['priːmjʊm bɒnd] *sb* Prämienanleihe *f*
premium for double option ['priːmjʊm fɔː 'dʌbl 'ɒpʃn] *sb* Stellgeld *n*
premium payable on redemption ['priːmjʊm 'peɪəbl ɒn rɪ'dempʃn] *sb* Rückzahlungsagio *m*
premium-aided saving ['priːmjʊmeɪdɪd 'seɪvɪŋ] *sb* prämienbegünstigtes Sparen *n*
premium on bonds ['priːmjʊm ɒn bɒndz] *sb* Anleiheagio *n*
premium offer ['priːmjʊm 'ɒfə] *sb* Zugabeangebot *n*
prepaid [priː'peɪd] *adj* vorausbezahlt, im Voraus bezahlt
preparation [prepə'reɪʃən] *sb* Vorbereitung *f*
prepay [priː'peɪ] *v irr* vorausbezahlen, im Voraus bezahlen
prepay the postage [priː'peɪ ðə 'pəʊstɪdʒ] *v irr* frankieren
prepayable [priː'peɪəbl] *adj* im Voraus zu bezahlen
prepayment [priː'peɪmənt] *sb* Vorauszahlung *f*
preproduction cost [priːprɒ'dʌkʃn kɒst] *sb* Rüstkosten *pl*
prerequisite [priː'rekwɪzɪt] *sb* Voraussetzung *f,* Vorbedingung *f*
prerogative [prɪ'rɒgətɪv] *sb* Vorrecht *n*
presale ['priːseɪl] *sb* Vorverkauf *m*
presentation [prezn'teɪʃən] *sb* *1. (act of presenting)* Vorlage *f,* Präsentation *f;* *2. (handing over)* Überreichung *f,* *3. (of an award)* Verleihung *f*
presentation clause [prezn'teɪʃn klɔːz] *sb* Präsentationsklausel *f*
presentation for acceptment [prezn'teɪʃən fɔː ək'septmənt] *sb* Vorlage zum Akzept *f*
presentation period [prezn'teɪʃn 'pɪərɪəd] *sb* Präsentationsfrist *f*
present value ['preznt 'væljʊ] *sb* Gegenwartswert *m*
preservation [prezə'veɪʃən] *sb* *1.* Erhaltung *f;* *2. (keeping)* Aufbewahrung *f*
preservation of real-asset values [prezə'veɪʃn əv rɪəl'æsɪt 'væljʊz] *sb* Substanzerhaltung *f*
preservative [prɪ'zɜːvətɪv] *sb* Konservierungsmittel *n*
preserve [prɪ'zɜːv] *v* *1. (maintain)* erhalten; *2. (keep from harm)* bewahren
preside [prɪ'zaɪd] *v* *~ over* den Vorsitz haben über
presidency ['prezɪdənsɪ] *sb* *(of a company)* Vorsitz *m*
president ['prezɪdənt] *sb* *(of a company)* Vorsitzende(r) *f/m,* Präsident(in) *m/f*
press [pres] *sb* Presse *f*
press conference [pres 'kɒnfərəns] *sb* Pressekonferenz *f*
press release [pres rɪ'liːs] *sb* Presseverlautbarung *f,* Pressemitteilung *f*

press report [pres rɪ'pɔːt] *sb* Pressenotiz *f*
pressure group ['preʃə gruːp] *sb* Interessengemeinschaft *f*
prestige [pres'tiːʒ] *sb* Prestige *n*
presumption that securities deposited are fiduciary [prɪ'sʌmpʃn ðæt sɪ'kjʊərətɪz dɪ'pɒzɪtɪd ɑː fɪ'duːʃərɪ] *sb* Fremdvermutung *f*
pre-tax [priː'tæks] *adj* Brutto..., vor Abzug der Steuern
preventive [prɪ'ventɪv] *sb ~ measure* Präventivmaßnahme *f*, Vorsichtsmaßnahme *f*
preview ['priːvjuː] *sb* Vorschau *f*
price [praɪs] *sb 1.* Preis *m; v 2. (fix the ~ of sth)* den Preis von etw festsetzen
price advance [praɪs əd'vɑːns] *sb* Kurssteigerung *f*
price ceiling [praɪs 'siːlɪŋ] *sb* Preisobergrenze *f*
price control [praɪs kɒn'trəʊl] *sb* Preiskontrolle *f*
price deduction [praɪs dɪ'dʌkʃən] *sb* Preisabzug *m*
price-demand function [praɪsdɪ'mɑːnd 'fʌŋkʃn] *sb* Preisabsatzfunktion *f*
price differentiation [praɪs dɪfərentʃ-'jeɪʃn] *sb* Preisdifferenzierung *f*
price-earnings ratio [praɪs'ɜːnɪŋz 'reɪʃəʊ] *sb* Kurs-Gewinn-Verhältnis *n*, Price-Earning Ratio *n*
price elasticity [praɪs eləs'tɪsɪtɪ] *sb* Preiselastizität *f*
price expressed as percentage quotation [praɪs ɪks'presd æz pə'sentɪdʒ kwəʊ-'teɪʃən] *sb* Prozentkurs *m*
price-fixing ['praɪsfɪksɪŋ] *sb* Preisfestlegung *f*
price fixing cartel [praɪs 'fɪksɪŋ kɑː'tel] *sb* Preiskartell *n*
price floor ['praɪs flɔː] *sb* Preisuntergrenze *f*
price formation [praɪs fɔː'meɪʃn] *sb* Preisbildung *f*
price gain [praɪs 'geɪn] *sb* Kursgewinn *m*
price increase [praɪs 'ɪnkriːs] *sb* Preissteigerung *f*, Preiserhöhung *f*
price index [praɪs 'ɪndeks] *sb 1.* Preisindex *m; 2.* Kursindex *m*
price inflation [praɪs ɪn'fleɪʃən] *sb* Preissteigerung *f*
price intervention [praɪs ɪntə'venʃn] *sb* Kursintervention *f*
price level [praɪs 'levl] *sb* Preisniveau *n*
price limit [praɪs 'lɪmɪt] *sb* Kurslimit *n*
price list [praɪs lɪst] *sb* Preisliste *f*
price maintenance [praɪs 'meɪntənəns] *sb* Preisbindung *f*
price margin [praɪs 'mɑːdʒɪn] *sb* Preisspanne *f*
price-marking ['praɪsmɑːkɪŋ] *sb* Preisauszeichnung *f*
price marking ordinance [praɪs 'mɑːkɪŋ 'ɔːdɪnens] *sb* Preisangabeverordnung *f*
price nursing [praɪs 'nɜːsɪŋ] *sb* Kurspflege *f*
price of gold [praɪs əv 'gəʊld] *sb* Goldpreis *m*
price pegging [praɪs 'pegɪŋ] *sb* Kursstützung *f*
price per share [praɪs pɜː 'ʃɛə] *sb* Stückkurs *m*
price policy [praɪs 'pɒlɪsɪ] *sb* Preispolitik *f*
price quotation [praɪs kwəʊ'teɪʃən] *sb* Preisnotierung *f*
price recommendation [praɪs rekəmen-'deɪʃən] *sb* Preisempfehlung *f*
price reduction [praɪs rɪ'dʌkʃən] *sb* Preissenkung *f*, Preisreduzierung *f*
price regulation [praɪs regjʊ'leɪʃn] *sb* Kursregulierung *f*
price risk ['praɪs rɪsk] *sb* Kursrisiko *n*
prices of farm products ['praɪsɪz əv 'fɑːm 'prɒdʌkts] *pl* Agrarpreise *m/pl*
prices quoted [praɪsɪz 'kwəʊtɪd] *pl* Preisnotierung *f*
price-sensitive ['praɪssensɪtɪv] *adj* preissensibel
price stop ['praɪs stɒp] *sb* Preisstopp *m*
price strategy [praɪs 'strætədʒɪ] *sb* Preispolitik *f*
price support [praɪs sə'pɔːt] *sb* Kursstützung *f*
price tag [praɪs tæg] *sb* Preisschild *n*
price war [praɪs wɔː] *sb* Preiskrieg *m*
price watering [praɪs 'wɔːtərɪŋ] *sb* Kursverwässerung *f*
primary demand ['praɪmərɪ dɪ'mɑːnd] *sb* Primärbedarf *m*
primary energy ['praɪmərɪ 'enədʒɪ] *sb* Primärenergie *f*
primary expenses ['praɪmərɪ ɪk'spensɪz] *sb* Primäraufwand *m*
primary market ['praɪmərɪ 'mɑːkɪt] *sb* Emissionsmarkt *m*, Primärmarkt *m*
primary power ['praɪmərɪ 'paʊə] *sb* Hauptvollmacht *f*
primary sector of the economy ['praɪmərɪ 'sektə əv ðiː ɪ'kɒnemɪ] *sb* primärer Sektor *m*
prime [praɪm] *adj 1.* Haupt...; *2. (excellent)* erstklassig

prime acceptance ['praɪm ə'kseptæns] *sb* Privatdiskont *m*
prime cost [praɪm kɒst] *sb* Selbstkosten *pl*, Entstehungskosten *pl*
prime name ['praɪm 'neɪm] *sb* beste Adresse *f*
prime rate [praɪm reɪt] *sb* Prime Rate *f*, Kreditzinssatz der Geschäftsbanken in den USA für Großkunden *m*
principle of common burden ['prɪnsɪpl əv 'kɒmən 'bɜːdn] *sb* Gemeinlastprinzip *n*
principle of equivalence ['prɪnsɪpl əv ɪ'kwɪvəlens] *sb* Äquivalenzprinzip *n*
principle of highest value ['prɪnsɪpl əv 'haɪəst 'vælju] *sb* Höchstwertprinzip *n*
principle of satisfaction of needs ['prɪnsɪpl əv sætɪs'fækʃn əv 'niːdz] *sb* Bedarfsdeckungsprinzip *n*
principle of seniority ['prɪnsɪpl əv siːnɪ'ɒrɪtɪ] *sb* Senioritätsprinzip *n*
principle of subsidiarity ['prɪnsɪpl əv səbsɪdɪ'ærətɪ] *sb* Subsidiaritätsprinzip *n*
principles of capital resources and the banks' liquid assets ['prɪnsɪplz əv 'kæpɪtl rɪ'sɔːses ænd ðə 'bæŋks lɪkwɪd 'æsɪts] *pl* Grundsätze über das Eigenkapital und die Liquidität der Kreditinstitute *m/pl*
principles of orderly bookkeeping and balance-sheet makeup ['prɪnsɪplz əv 'ɔːdəlɪ 'bʊkkiːpɪŋ ænd 'bælænsʃiːt 'meɪkʌp] *pl* Grundsätze ordnungsgemäßer Buchführung und Bilanzierung (GoB) *m/pl*
principles on own capital ['prɪnsɪpls ɒn əʊn 'kæpɪtl] *pl* Eigenkapitalgrundsätze *m/pl*
print [prɪnt] *v 1.* drucken; *2. (not write in cursive)* in Druckschrift schreiben
print advertising ['prɪnt 'ædvətaɪzɪŋ] *sb* Printwerbung *f*
printed matter ['prɪntɪd 'mætə] *sb* Drucksache *f*
printer ['prɪntə] *sb* Drucker *m*
printer's error ['prɪntəz 'erə] *sb* Druckfehler *m*
print-out ['prɪntaʊt] *sb* Ausdruck *m*
priority bonds ['praɪ'ɒrɪtɪ bɒnds] *pl* Prioritätsobligationen *f/pl*
private ['praɪvɪt] *adj 1.* privat, Privat...; *2. (confidential)* vertraulich
private automatic branch exchanges ['praɪvət ɔːtə'mætɪk 'brɑːnʃ ɪks'tʃeɪndʒəs] *pl* Nebenstellenanlagen *f/pl*
private bank ['praɪvət bæŋk] *sb* Privatbank *f*
private consumption ['praɪvət kɒn'sʌmpʃn] *sb* privater Verbrauch *m*, Privatkonsum *m*
private contribution ['praɪvət kɒntrɪ'bjuːʃən] *sb* Privateinlagen *f/pl*
private goods ['praɪvət 'gʊds] *pl* private Güter *n/pl*
private household ['praɪvət 'haʊshəʊld] *sb* privater Haushalt *m*
private insurance ['praɪvət ɪn'ʃʊərəns] *sb* Privatversicherung *f*
private law ['praɪvət lɔː] *sb* Privatrecht *n*
private property ['praɪvət 'prɒpətɪ] *sb* Privateigentum *n*, Privatbesitz *m*
private purchase ['praɪvət 'pɜːtʃəs] *sb* bürgerlicher Kauf *m*
private sector ['praɪvət 'sektə] *sb* privater Sektor *m*
private sickness and accident insurance ['praɪvət 'sɪknəs ænd 'æksɪdənt ɪn'ʃʊəræns] *sb* private Kranken- und Unfallversicherung *f*
private transaction ['praɪvət træn'zækʃn] *sb* Privatgeschäft *n*
private transportation ['praɪvət trænspə'teɪʃn] *sb* Individualverkehr *m*
privatization [praɪvətaɪ'zeɪʃən] *sb* Privatisierung *f*
privatize ['praɪvətaɪz] *v* privatisieren
privilege ['prɪvɪlɪdʒ] *sb* Vorrecht *n*, Privileg *n*
prize-winning ['praɪzwɪnɪŋ] *adj* preisgekrönt
pro [prəʊ] *sb 1. (fam: professional)* Profi *m*; *2. the ~s and cons pl* das Für und Wider, das Pro und Kontra
probation [prə'beɪʃən] *sb (~ period)* Probezeit *f*
probationary employment [prə'beɪʃənərɪ ɪm'plɔɪmənt] *sb* Probearbeitsverhältnis *n*, Probezeit *f*
problem analysis ['prəbləm ə'nælɪsɪs] *sb* Problemanalyse *f*
procedural [prə'siːdʒərəl] *adj* verfahrensmäßig, verfahrenstechnisch
procedure [prə'siːdʒə] *sb* Verfahren *n*, Prozedur *f*
procedure of drawing up a balance sheet [prə'siːdʒə ɒv 'drɔːɪŋ ʌp ə 'bælæns ʃiːt] *sb* Bilanzierung *f*
proceeding [prə'siːdɪŋ] *sb 1.* Vorgehen *n*, Verfahren *n*; *2. (legal) ~s pl* (gerichtliches) Verfahren *n*
proceedings in bankruptcy [prə'siːdɪŋz ɪn 'bæŋkrʌptsɪ] *pl* Konkursverfahren *n*

proceeds ['prəʊsi:dz] *pl* Erlös *m*, Ertrag *m*
proceeds from disposal ['prəʊsi:dz frɒm dɪ'spəʊzl] *pl* Veräußerungserlös *m*
process ['prəʊses] *v 1. (an application)* bearbeiten; *sb 2.* Verfahren *n*, Prozess *m*; *3. due ~ of law* rechtliches Gehör *n*
process chart ['prəʊses tʃɑ:t] *sb* Ablaufdiagramm *n*
process of production ['prəʊses əv prə'dʌkʃən] *sb* Produktionsprozess *m*, Herstellungsprozess *m*
processing ['prəʊsesɪŋ] *sb 1.* Verarbeitung *f*, Bearbeitung *f*; *2. (industrial)* Veredelung *f*
processing of an order [prəʊsesɪŋ əv ən 'ɔ:də] *sb* Auftragsabwicklung *f*, Auftragsbearbeitung *f*
processing time ['prəʊsesɪŋ taɪm] *sb* Durchlaufzeit *f*
process organization ['prəʊses ɔ:gənaɪ'zeɪʃn] *sb* Prozessorganisation *f*
process system of accounting ['prəʊses 'sɪstəm əv ə'kaʊntɪŋ] *sb* Divisionskalkulation *f*
processor ['prəʊsesə] *sb* Prozessor *m*
procuration [prɒkjʊə'reɪʃn] *sb 1. (procurement)* Beschaffung *f*; *2. (power)* Vollmacht *f*, Prokura *f*
procurement [prɒ'kjʊəmənt] *sb* Beschaffung *f*
procurement market [prɒ'kjʊəmənt 'mɑ:kɪt] *sb* Beschaffungsmarkt *m*
procurement of capital [prɒ'kjʊəmənt əv 'kæpɪtl] *sb* Kapitalbeschaffung *f*
procurement planning [prɒ'kjʊəmənt 'plænɪŋ] *sb* Beschaffungsplanung *f*
procurement policy [prɒ'kjʊəmənt 'pɒləsɪ] *sb* Einkaufspolitik *f*
procuring [prɒ'kjʊərɪŋ] *sb* Kuppelei *f*
produce ['prɒdju:s] *sb 1. (agriculture)* Produkte *n/pl*, Erzeugnis *n*; *v* [prə'dju:s] *2.* produzieren, herstellen; *3. (energy)* erzeugen
producer [prə'dju:sə] *sb* Hersteller(in) *m/f*, Erzeuger(in) *m/f*
producer advertising [prə'dju:sə 'ædvətaɪzɪŋ] *sb* Herstellerwerbung *f*
producer price [prə'dju:sə praɪs] *sb* Erzeugerpreis *m*, Herstellerpreis *m*
producer's surplus [prə'dju:səz 'sɜ:pləs] *sb* Produzentenrente *f*
producers' co-operative [prə'dju:səz kəʊ'ɒpərɪtɪv] *sb* Produktionsgenossenschaft *f*, Produktionsgemeinschaft *f*
produce exchange ['prɒdju:s ɪks'tʃeɪndʒ] *sb* Produktenbörse *f*
produce trade ['prɒdju:s 'treɪd] *sb* Produktenhandel *m*
product ['prɒdʌkt] *sb* Produkt *n*
product costing ['prɒdʌkt 'kɒstɪŋ] *sb* Stückkostenrechnung *f*
product business ['prɒdʌkt 'bɪznɪs] *sb* Produktgeschäft *n*
product design ['prɒdʌkt dɪ'zaɪn] *sb* Produktgestaltung *f*
product development ['prɒdʌkt dɪ'veləpmənt] *sb* Produktentwicklung *f*
product differentiation ['prɒdʌkt dɪfərentsɪ'eɪʃn] *sb* Produktdifferenzierung *f*
product diversification ['prɒdʌkt daɪvɜ:sɪfɪ'keɪʃn] *sb* Produktdiversifikation *f*
product elimination ['prɒdʌkt ɪlɪmɪ'neɪʃn] *sb* Produktelimination *f*
product family ['prɒdʌkt 'fæmɪlɪ] *sb* Produktfamilie *f*
production [prə'dʌkʃn] *sb* Herstellung *f*, Produktion *f*
production capacity [prə'dʌkʃn kə'pæsɪtɪ] *sb* Produktionskapazität *f*
production control [prə'dʌkʃn kən'trɔ:l] *sb* Fertigungssteuerung *f*
production cost centres [prə'dʌkʃn kɒst 'sentəs] *pl* Hauptkostenstellen *f/pl*
production costs [prə'dʌkʃn kɒsts] *pl* Herstellungskosten *pl*, Produktionskosten *pl*
production department ['prədʌkʃn dɪ'pa:tmənt] *sb* Fertigungsabteilung *f*
production facilities [prə'dʌkʃn fə'sɪlɪtiz] *pl* Produktionsanlagen *f/pl*
production factors [prə'dʌkʃn 'fæktəz] *pl* Produktionsfaktoren *m/pl*
production limit [prə'dʌkʃn 'lɪmɪt] *sb* Förderlimit *n*
production line [prə'dʌkʃn laɪn] *sb* Fließband *n*, Produktionslinie *f*
production mix ['prədʌkʃn mɪks] *sb* Fertigungssortiment *n*
production planning [prə'dʌkʃn 'plænɪŋ] *sb* Produktionsplanung *f*, Fertigungsvorbereitung *f*
production plant [prə'dʌkʃn plɑ:nt] *sb* Produktionsanlage *f*
production potential [prə'dʌkʃn pɒ'tenʃl] *sb* Produktionspotenzial *n*
production procedure [prə'dʌkʃn prə'si:dʒə] *sb* Fertigungsprozess *m*
production process [prə'dʌkʃn 'prəʊses] *sb* Fertigungsverfahren *n*
production program(me) [prə'dʌkʃn 'prəʊgræm] *sb* Produktionsprogramm *n*

production risk [prə'dʌkʃn rɪsk] *sb* Fabrikationsrisiko *n,* Fertigungswagnis *n*
production run ['prɒdʌkʃn rʌn] *sb* Fertigungsserie *f,* Stückzahl *f*
production scheduling [prə'dʌkʃn 'ʃedju:lɪŋ] *sb* Produktlinie *f*
production shop ['prɒdʌkʃn ʃɒp] *sb* Montagehalle *f*
production theory [prə'dʌkʃn 'θɪərɪ] *sb* Produktionstheorie *f*
production value [prə'dʌkʃn 'vælju:] *sb* Produktionswert *m*
productive [prə'dʌktɪv] *adj 1.* produktiv; *2. (mine, well)* ergiebig
productive property [prə'dʌktɪv 'prɒpətɪ] *sb* Produktivvermögen *n*
productive wealth [prə'dʌktɪv 'welθ] *sb* Produktivvermögen *n*
productivity [prɒdʌk'tɪvətɪ] *sb* Produktivität *f*
productivity of labour [prɒdʌk'tɪvətɪ əv 'leɪbə] *sb* Arbeitsproduktivität *f*
product launch ['prɒdʌkt lɔ:ntʃ] *sb* Produkteinführung *f*
product liability ['prɒdʌkt laɪə'bɪlətɪ] *sb* Produkthaftung *f*
product life cycle ['prɒdʌkt laɪf 'saɪkl] *sb* Lebenszyklus eines Produktes *m*
product line ['prɒdʌkt laɪn] *sb* Produktpalette *f*
product matrix ['prɒdʌkt 'meɪtrɪks] *sb* Produktmatrix *f*
product number ['prɒdʌkt 'nʌmbə] *sb* Artikelnummer *f*
product placement ['prɒdʌkt 'pleɪsmənt] *sb* Produktplatzierung *f,* Productplace-ment *n*
product planning ['prɒdʌkt 'plænɪŋ] *sb* Produktplanung *f*
product promotion ['prɒdʌkt prə'məʊʃən] *sb* Absatzförderung *f*
product standardization ['prɒdʌkt stændədaɪ'zeɪʃn] *sb* Produktstandardisierung *f*
product update ['prɒdʌkt 'ʌpdeɪt] *sb* Produkterneuerung *f*
profession [prə'feʃən] *sb (occupation)* Beruf *m*
professional [prə'feʃənl] *adj 1.* beruflich, Berufs...; *2. (competent, expert)* fachmännisch; *3. (using good business practices)* professionell; *sb 4.* Profi *m*
professional activity description [prə'feʃənl æk'tɪvɪtɪ dɪs'krɪpʃn] *sb* Berufsbild *n*
professional discretion [prə'feʃənl dɪskreʃən] *sb* Schweigepflicht *f*
professional knowledge [prə'feʃənl 'nɒlɪdʒ] *sb* Fachwissen *n*
professional promotion [prə'feʃənl prə'məʊʃn] *sb* Berufsförderung *f*
professional secret [prə'feʃənl 'si:krɪt] *sb* Berufsgeheimnis *n*
professional trader [prə'feʃənl 'treɪdə] *sb* Berufshändler *m*
professional training [prə'feʃənl 'treɪnɪŋ] *sb* Berufsausbildung *f*
profit ['prɒfɪt] *sb 1.* Gewinn *m, make a ~ on sth* mit etw einen Gewinn machen; *2. (fig)* Nutzen *m,* Vorteil *m; v 3.* profitieren
profitability [prɒfɪtə'bɪlɪtɪ] *sb* Rentabilität *f*
profitability rate [prɒfɪtə'bɪlɪtɪ reɪt] *sb* Ertragsrate *f*
profitable ['prɒfɪtəbl] *adj 1.* rentabel; *2. (advantageous)* vorteilhaft
profit and loss ['prɒfɪt ænd lɒs] *sb* Gewinn und Verlust *m*
profit and loss account ['prɒfɪt ænd 'lɒs ə'kaʊnt] *sb* Aufwands- und Ertragsrechnung *f,* Gewinn- und Verlustrechnung *f*
profit and loss transfer agreement ['prɒfɪt ænd 'lɒs 'trænsfɜ: ə'gri:mənt] *sb* Ergebnisabführungsvertrag *m*
profit breakdown ['prɒfɪt 'breɪkdaʊn] *sb* Gewinnaufschlüsselung *f*
profit carried forward ['prɒfɪt 'kæri:d 'fɔ:wəd] *sb* Gewinnvortrag *m*
profit centre ['prɒfɪt sentə] *sb* Profitcenter *n*
profit commission ['prɒfɪt kə'mɪʃən] *sb* Gewinnbeteiligung *f*
profit distribution ['prɒfɪt dɪstrɪ'bju:ʃən] *sb* Gewinnausschüttung *f*
profiteer [prɒfɪ'ti:ə] *v* wuchern, Wucher treiben
profiteering [prɒfɪ'ti:ərɪŋ] *sb* Wucher *m,* Wucherei *f*
profit margin ['prɒfɪt 'mɑ:dʒɪn] *sb* Gewinnspanne *f*
profit mark-up ['prɒfɪt 'mɑ:kʌp] *sb* Gewinnaufschlag *m*
profit of the enterprise ['prɒfɪt əv ði: 'entəpraɪz] *sb* Unternehmensgewinn *m*
profit pool ['prɒfɪt pu:l] *sb* Gewinngemeinschaft *f*
profit rate ['prɒfɪt reɪt] *sb* Profitrate *f*
profit retention ['prɒfɪt rɪ'tənʃən] *sb* Gewinnthesaurierung *f*
profits ['prɒfɪts] *pl* Ertrag *m*
profit-sharing ['prɒfɪtʃεərɪŋ] *sb* Gewinnbeteiligung *f,* Erfolgsbeteiligung *f*

profit squeeze ['prɒfɪt 'skwi:z] *sb* Gewinndruck *m*
profit-taking ['prɒfɪtteɪkɪŋ] *sb* Gewinnmitnahme *f*
profit tax ['prɒfɪt tæks] *sb* Erwerbsteuer *f*
profit-pooling ['prɒfɪt'pu:lɪŋ] *sb* Gewinnpoolung *f*
pro forma invoice [prəʊ 'fɔ:mə 'ɪnvɔɪs] *sb* Proformarechnung *f*
prognosis [prəg'nəʊsɪs] *sb* Prognose *f*
prognosticate [prəg'nɒstɪkeɪt] *v (sth)* prognostizieren
programmable ['prəʊgrəməbl] *adj* programmierbar
programme ['prəʊgræm] *v 1.* programmieren; *sb 2.* Programm *n*
programmer ['prəʊgræmə] *sb* Programmierer *m*
programming language ['prəʊgræmɪŋ 'læŋgwɪdʒ] *sb* Programmiersprache *f*
progress ['prəʊgres] *sb* 1. Fortschritt *m; in ~* im Gange; *make ~* Fortschritte machen; *2. (movement forwards)* Fortschreiten *n,* Vorwärtskommen *n*
progress control ['prəʊgres kən'trəʊl] *sb* Terminkontrolle *f*
progression [prə'greʃən] *sb (taxation)* Progression *f,* Staffelung *f*
progressive depreciation [prə'gresɪv dɪpri:ʃɪ'eɪʃən] *sb* progressive Abschreibung *f*
progress report ['prəʊgres rɪ'pɔ:t] *sb* Zwischenbericht *m*
prohibited [prə'hɪbɪtəd] *adj* verboten
prohibited share issue [prə'hɪbɪtəd 'ʃɛə 'ɪʃjʊ] *sb* verbotene Aktienausgabe *f*
prohibition [prəʊhɪ'bɪʃn] *sb* Verbot *n*
prohibition of assignment [prəʊhɪ'bɪʃn əv ə'saɪnmənt] *sb* Abtretungsverbot *n*
prohibition of investment [prəʊhɪ'bɪʃn əv ɪn'vestmənt] *sb* Investitionsverbot *n*
prohibition of raising of credits [prəʊhɪ'bɪʃn əv 'reɪzɪŋ əv 'kredɪts] *sb* Kreditaufnahmeverbot *n*
prohibition order [prəʊhɪ'bɪʃn 'ɔ:də] *sb* Untersagungsverfügung *f*
prohibition to advertise [prəʊhɪ'bɪʃn tu 'ædvətaɪz] *sb* Werbeverbot *n*
prohibition to compete [prəʊhɪ'bɪʃn tu kɒm'pi:t] *sb* Wettbewerbsverbot *n*
prohibitive duty [prə'hɪbɪtɪv 'dju:tɪ] *sb* Prohibitivzoll *m*
prohibitive price [prə'hɪbɪtɪv 'praɪs] *sb* Prohibitivpreis *m*
project ['prɒdʒekt] *sb* Projekt *n;* [prə'dʒekt] *v (costs)* überschlagen
project financing ['prɒdʒekt 'faɪnænsɪŋ] *sb* Projektfinanzierung *f*
projection [prə'dʒekʃən] *sb* Projektion *f*
project life ['prɒdʒekt laɪf] *sb* Projektdauer *f*
project management ['prɒdʒekt 'mænɪdʒmənt] *sb* Projektmanagement *n*
project-type organization ['prɒdʒekt taɪp ɔ:gənaɪ'zeɪʃn] *sb* Projektorganisation *f*
project write-off company ['prɒdʒekt 'raɪtəv 'kɒmpənɪ] *sb* Abschreibungsgesellschaft *f*
prolongation [prɒlɒŋ'geɪʃn] *sb* Prolongation *f*
prolongation business [prɒlɒŋ'geɪʃn 'bɪznɪs] *sb* Prolongationsgeschäft *n*
prolongation charge [prɒlɒŋ'geɪʃn 'dʒɑ:dʒ] *sb* Belassungsgebühr *f*
prolongation of payment [prɒlɒŋ'geɪʃən əv 'peɪmənt] *sb* Zahlungsaufschub *m*
promise ['prɒmɪs] *sb* Zusage *f*
promise of credit ['prɒmɪs əv 'kredɪt] *sb* Kreditzusage *f*
promise of reward ['prɒmɪs əv rɪ'wɔ:d] *sb* Auslobung *f*
promise to fulfil an obligation ['prɒmɪs tu fʊl'fɪl ən ɒblɪ'geɪʃn] *sb* Schuldversprechen *n*
promise to perform ['prɒmɪs tu pə'fɔ:m] *sb* Leistungszusage *f*
promissory note (p. n.) [prɒ'mɪsərɪ nəʊt] *sb* Schuldschein *m,* Eigenwechsel (p.n.) *m,* eigener Wechsel *m,* Promesse *f,* persönliches Schuldanerkenntnis *n,* vertragliches Schuldversprechen *n,* Solawechsel *m*
promissory note bond [prɒ'mɪsərɪ 'nəʊt bʌnd] *sb* Schuldscheindarlehen *f*
promote [prə'məʊt] *v 1. (in rank)* befördern; *2. (advertise)* werben für
promoter [prə'məʊtə] *sb 1.* Förderer *m; 2. (of an event)* Veranstalter *m,* Promoter *m*
promotion [prə'məʊʃən] *sb 1. (to a better job)* Beförderung *f; 2. (advertising, marketing)* Werbung *f,* Promotion *f; 3. (of an event)* Veranstaltung *f*
promotional gift [prə'məʊʃənl gɪft] *sb* Werbegeschenk *n*
promotion of housing construction [prə'məʊʃn əv 'haʊzɪŋ kɒn'strʌkʃn] *sb* Wohnungsbauförderung *f*
promotion of original innovation [prə'məʊʃn əv ɒ'rɪdʒɪnəl ɪnɒ'veɪʃn] *sb* Innovationsförderung *f*

promotion of residential property [prə'məʊʃn əv 'rezɪdenʃl 'prɒpətɪ] *sb* Wohneigentumsförderung *f*
promotion of saving through building societies [prə'məʊʃn əv 'seɪvɪŋ θruː 'bɪldɪŋ sɒ'saɪətiːz] *sb* Bausparförderung *f*
prompt (ppt.) ['prɒmt] *adj* sofort
prompt shipment ['prɒmt 'ʃɪpmənt] *sb* sofortiger Versand *m*
proof [pruːf] *sb* Beweis *m*, Nachweis *m*
proof of identity ['pruːf əv aɪ'dentɪtɪ] *sb* Identitätsnachweis *m*, Legitimation *f*
propaganda [prɒpə'gændə] *sb* Propaganda *n*
propensity to consume [prɒ'pensɪtɪ tu kɒn'sjuːm] *sb* Konsumquote *f*
propensity to invest [prɒ'pensɪtɪ tu ɪn'vest] *sb* Investitionsquote *f*
property ['prɒpətɪ] *sb 1.* Eigentum *n;* Gut *n*, Vermögen *n; 2. (house, estate)* Besitz *m; 3. (characteristic)* Eigenschaft *f*
property acquisition tax ['prɒpətɪ əkwɪ'sɪʃn tæks] *sb* Grunderwerbssteuer *f*
property deed ['prɒpətɪ diːd] *sb* Eigentumsurkunde *f*
property fund ['prɒpətɪ fʌnd] *sb* Immobilienfonds *m*
property income ['prɒpətɪ 'ɪnkʌm] *sb* Besitzeinkommen *n*
property insurance ['prɒpətɪ ɪn'ʃʊərəns] *sb* Sachversicherung *f*
property law securities ['prɒpətɪ lɔː sɪ'kjʊərɪtiːz] *pl* sachenrechtliche Wertpapiere *n/pl*
property of the bankrupt ['prɒpətɪ əv ðə 'bæŋkrʌpt] *sb* Konkursmasse *f*
property rights ['prɒpətɪ raɪts] *pl* Eigentumsrechte *n/pl*
property tax ['prɒpətɪ tæks] *sb* Grundsteuer *f*
property yield ['prɒpətɪ jiːld] *sb* Immobilienrendite *f*, Objektrendite *f*
proportion [prə'pɒːʃən] *sb* Verhältnis *n*, Proportion *f*
proportional cost [prə'pɔːʃənl 'kɒst] *sb* proportionale Kosten *pl*
proposal [prə'pəʊsl] *sb* Vorschlag *m*
proprietary [prə'praɪətərɪ] *adj* besitzend, Besitz...
proprietor [prə'praɪətə] *sb 1.* Besitzer(in) *m/f*, *2.* Eigentümer(in) *m/f*
proprietor's capital holding [prə'praɪətəz 'kæpɪtl 'həʊldɪŋ] *sb* Geschäftsguthaben *n*
proprietor's loan [prə'praɪətəz 'ləʊn] *sb* Gesellschafter-Darlehen *n*
pro rata [prəʊ 'rɑːtə] *adj* anteilmäßig
prosecute ['prɒsɪkjuːt] *v (s.o.)* strafrechtlich verfolgen, strafrechtlich belangen
prospect ['prɒspekt] *sb* Aussicht *f*
prospectus [prə'spektəs] *sb* Prospekt *m*
prosperity [prɒ'sperɪtɪ] *sb* Prosperität *f*, Wohlstand *m*
prosperous ['prɒspərəs] *adj* florierend, gut gehend, blühend
protection [prə'tekʃn] *sb* Schutz *m*, Protektion *f*
protection against dismissal [prə'tekʃn ə'genst dɪs'mɪsəl] *sb* Kündigungsschutz *m*
protection for the investor [prə'tekʃn fɔː ðiː ɪn'vestə] *sb* Anlegerschutz *m*
protection of a bill [prə'tekʃn əv ə bɪl] *sb* Wechseleinlösung *f*
protection of credit [prə'tekʃn əv 'kredɪt] *sb* Kreditschutz *m*
protection of creditors [prə'tekʃn əv 'kredɪtəz] *sb* Gläubigerschutz *m*
protection of investment [prə'tekʃn əv ɪn'vestmənt] *sb* Investitionsschutz *m*
protection of jobs [prə'tekʃn əv 'dʒɒbs] *sb* Arbeitsplatzschutz *m*
protection of mothers [prə'tekʃn əv 'mʌðəz] *sb* Mutterschutz *m*
protection of tenants [prə'tekʃn əv 'tenənts] *sb* Mieterschutz *m*
protectionism [prə'tekʃənɪzm] *sb* Protektionismus *m*
protective clothing [prə'tektɪv 'kləʊθɪŋ] *sb* Schutzkleidung *f*
protective duty [prə'tektɪv 'djuːtɪ] *sb* Schutzzoll *m*
protest ['prəʊtest] *sb* Protest *m*
protested bill ['prəʊtestɪd 'bɪl] *sb* Protestwechsel *m*
protest for non-delivery ['prəʊtest fɔː 'nɒndɪ'lɪvərɪ] *sb* Ausfolgungsprotest *m*
protocol ['prəʊtəkɒl] *sb* Protokoll *n*
provenance ['prɒvənəns] *sb* Provenienz *f*
provide [prə'vaɪd] *v 1.* besorgen, beschaffen, liefern; *2. (an opportunity)* bieten; *3. (make available)* zur Verfügung stellen
providing of guarantee [prə'vaɪdɪŋ əv gærən'tiː] *sb* Garantieleistung *f*
provision [prə'vɪʒən] *sb 1. (supplying)* Bereitstellung *f; 2. (for oneself)* Beschaffung *f; 3. (supplies)* Vorräte *m/pl; 4. (of a contract)* Bestimmung *f; 5. (allowance)* Berücksichtigung *f*
provisional [prə'vɪʒənl] *adj* provisorisch; *(measures, legislation)* vorläufig
provisional account [prə'vɪʒənl ə'kaunt] *sb* vorläufiger Abschluss *m*

provisional filing of an objection [prə'vɪʒənl 'faɪlɪŋ əv ən ɒb'dʒekʃn] *sb* Widerspruchsvormerkung *f*
provisional inefficacy [prə'vɪʒənəl ɪn'efɪkəsɪ] *sb* schwebende Unwirksamkeit *f*
provisional receipt [prə'vɪʒənl rɪ'si:t] *sb* Zwischenschein *m*
proviso [prə'vaɪzəʊ] *sb 1.* Vorbehalt *m; 2. (clause)* Vorbehaltsklausel *f*
provisory [prə'vaɪzərɪ] *adj 1. (provisional)* provisorisch, vorläufig; *2. (conditional)* vorbehaltlich
proxy ['prɒksɪ] *sb 1. (power)* Vollmacht *f; 2. by ~* in Vertretung; *3. (person)* Vertreter *m*
proxy for disposal ['prɒksɪ fɔ: dɪs'pəʊsəl] *sb* Ermächtigung zur Verfügung *f*
prudence of a businessman ['pru:dəns əv ə 'bɪsnɪsmæn] *sb* kaufmännische Vorsicht *f*
public ['pʌblɪk] *adj 1.* öffentlich; *in the ~ eye* im Lichte der Öffentlichkeit; *make ~* bekannt machen; *sb 2.* Öffentlichkeit *f*
public assistance ['pʌblɪk ə'sɪstəns] *sb* Spezialhilfe *f*
publication [pʌblɪ'keɪʃən] *sb 1.* Veröffentlichung *f; 2. (thing published)* Publikation *f*
public authentication ['pʌblɪk ɔ:θentɪ'keɪʃn] *sb* öffentliche Beurkundung *f*
public authorities ['pʌblɪk ɔ:'θɒrɪti:z] *pl* öffentliche Hand *f*
public bank ['pʌblɪk 'bæŋk] *sb* öffentliche Bank *f*
public body ['pʌblɪk 'bɒdɪ] *sb* öffentlich-rechtliche Körperschaft *f*
public bonds ['pʌblɪk 'bɔnds] *sb* Staatsanleihen *f/pl*
public budget ['pʌblɪk 'bʌdʒɪt] *sb* öffentlicher Haushalt *m*
public certification ['pʌblɪk s3:tɪfɪ'keɪʃn] *sb* öffentliche Beglaubigung *f*
public company ['pʌblɪk 'kʌmpənɪ] *sb* Aktiengesellschaft *f*
public debt ['pʌblɪk 'det] *sb* öffentliche Schuld *f*
public enterprise ['pʌblɪk 'entəpraɪz] *sb* öffentliches Unternehmen *n*
public finance ['pʌblɪk 'faɪnæns] *sb* Finanzwissenschaft *f*
public fund ['pʌblɪk 'fʌnd] *sb* Publikumsfonds *m*
public goods ['pʌblɪk gʊdz] *pl* öffentliche Güter *n/pl*
public health ['pʌblɪk helθ] *sb* Gesundheitswesen *n*
public holiday ['pʌblɪk 'hɒlɪdeɪ] *sb* gesetzlicher Feiertag *m*
public institution ['pʌblɪk ɪnstɪ'tju:ʃən] *sb* gemeinnütziges Unternehmen *n*, öffentliches Unternehmen *n*
publicity [pʌb'lɪsɪtɪ] *sb 1.* Publizität *f; 2.* Werbung *f*, Reklame *f*
publicity department [pʌb'lɪsɪtɪ dɪ'pɑ:tmənt] *sb* Werbeabteilung *f*
publicity effect [pʌb'lɪsɪtɪ ɪ'fekt] *sb* Werbewirkung *f*
publicity expenses [pʌb'lɪsɪtɪ ɪks'pensɪz] *pl* Werbungskosten *pl*
publicity leaflet [pʌb'lɪsɪtɪ 'li:flɪt] *sb* Werbeprospekt *m*
publicize ['pʌblɪsaɪz] *v (promote)* Reklame machen für
public law ['pʌblɪk lɔ:] *sb* öffentliches Recht *n*
public limited company ['pʌblɪk 'lɪmɪtɪd 'kʌmpənɪ] *sb (UK)* Aktiengesellschaft *f*
publicly owned enterprise ['pʌblɪklɪ 'əʊnd 'entəpraɪz] *sb* Regiebetrieb *m*
public mortgage bank ['pʌblɪk 'mɔ:gɪdʒ 'bæŋk] *sb* Grundkreditanstalt *f*
public opinion research ['pʌblɪk ə'pɪnjən rɪ's3:tʃ] *sb* Meinungsforschung *f*
public ownership ['pʌblɪk 'əʊnəʃɪp] *sb* Staatseigentum *n*
public property ['pʌblɪk 'prɒpətɪ] *sb* Staatseigentum *n*
public relations (PR) ['pʌblɪk rɪ'leɪʃənz] *pl* Public Relations (PR) *pl*
public relations of the company ['pʌblɪk rɪ'leɪʃənz əv ðə 'kɒmpənɪ] *pl* Firmenöffentlichkeit *f*
public revenue ['pʌblɪk 'revənju:] *sb* Staatseinnahmen *f/pl*
public sector ['pʌblɪk 'sektə] *sb* öffentlicher Sektor *m*
public securities ['pʌblɪk sɪ'kjʊərɪti:z] *pl* Staatspapiere *n/pl*
public servant ['pʌblɪk 's3:vənt] *sb* Angestellte(r) im öffentlichen Dienst *f/m*
public spending ['pʌblɪk 'spendɪŋ] *sb* Staatsausgaben *f/pl*, öffentliche Ausgaben *f/pl*
public supervision of banking ['pʌblɪk su:pə'vɪʒn əv 'bæŋkɪŋ] *sb* Bankenaufsicht *f*
public tender ['pʌblɪk 'tendə] *sb* offene Ausschreibung *f*
public transportation ['pʌblɪk trænspɔ:'teɪʃn] *sb* öffentliche Verkehrsmittel *n/pl*
publisher ['pʌblɪʃə] *sb* Verleger(in) *m/f*
publisher's mark ['pʌblɪʃəs 'mɑ:k] *sb* Signet *n*

publishing house ['pʌblɪʃɪŋ haʊs] *sb* Verlag *m*
pull-down menu ['pʊldaʊn 'menju:] *sb* Pull-down-Menü *n*
pulling strategy ['pʊlɪŋ str'ætədʒi:] *sb* Pull-Strategie *f*
punctual ['pʌŋktjʊəl] *adj* pünktlich
punctuality [pʌŋktjʊ'ælɪtɪ] *sb* Pünktlichkeit *f*
punishable ['pʌnɪʃəbl] *adj* strafbar
punishment ['pʌnɪʃmənt] *sb 1. (penalty)* Strafe *f; 2. (punishing)* Bestrafung *f*
punter ['pʌntə] *sb (UK: average person)* Otto Normalverbraucher *m*
purchase ['pɜ:tʃəs] *v 1.* kaufen, erwerben; *sb 2.* Kauf *m,* Anschaffung *f,* Ankauf *m*
purchase account ['pɜ:tʃəs ə'kaʊnt] *sb* Wareneingangskonto *n*, Einkaufskonto *n*
purchase against cash in advance ['pɜ:tʃəs ə'genst 'kæʃ ɪn əd'vɑ:ns] *sb* Kauf gegen Vorauszahlung *m*
purchase agreement ['pɜ:tʃəs ə'gri:mənt] *sb* Kaufvertrag *m*
purchase costs ['pɜ:tʃəs kɒsts] *pl* Anschaffungskosten *pl*
purchase-money loan ['pɜ:tʃəs'mʌnɪɪ ləʊn] *sb* Restdarlehen *n*
purchase of accounts receivable ['pɜ:tʃəs əv ə'kaʊnts rɪ'si:vəbl] *sb* Forderungskauf *m*
purchase of foreign exchange for later sale ['pɜ:tʃəs əv 'fərɪn ɪk'tʃeɪndʒ fɔ: 'leɪtə 'seɪl] *sb* Devisenpensionsgeschäft *n*
purchase of securities ['pɜ:tʃəs əv sɪ'kjʊərɪti:z] *sb* Effektenkauf *m*
purchase on credit ['pɜ:tʃəs ɒn 'kredɪt] *sb* Zielkauf *m*
purchase on the spot ['pɜ:tʃəs ɒn ðə 'spɒt] *sb* Platzkauf *m*
purchase pattern ['pɜ:tʃəs 'pætən] *sb* Kaufverhalten *n*
purchase price ['pɜ:tʃəs praɪs] *sb* Kaufpreis *m*
purchase quantity ['pɜ:tʃəs 'kwɒntɪtɪ] *sb* Abnahmemenge *f*
purchaser ['pɜ:tʃəsə] *sb* Käufer(in) *m/f*
purchase right ['pɜ:tʃəs raɪt] *sb* Ankaufsrecht *n*
purchase with delivery by instal(l)ments ['pɜ:tʃəs wɪθ dɪ'lɪvərɪ baɪ ɪn'stɔ:lmənts] *sb* Teillieferungskauf *m*
purchasing association ['pɜ:tʃəsɪŋ əsəʊsɪ'eɪʃn] *sb* Einkaufsgemeinschaft *f*
purchasing cheque ['pɜ:tʃəsɪŋ 'tʃek] *sb* Kaufscheck *m*
purchasing cooperative ['pɜ:tʃəsɪŋ kəʊ'ɒprətɪv] *sb* Einkaufsgenossenschaft *f*
purchasing costs ['pɜ:tʃəsɪŋ kɒsts] *pl* Bezugskosten *pl*
purchasing credit ['pɜ:tʃəsɪŋ 'kredɪt] *sb* Kaufkredit *m*
purchasing management ['pɜ:tʃəsɪŋ 'mænɪdʒmənt] *sb* Beschaffungswesen *n*
purchasing pattern ['pɜ:tʃəsɪŋ 'pætən] *sb* Kaufverhalten *n*
purchasing power ['pɜ:tʃəsɪŋ 'paʊə] *sb* Kaufkraft *f*
purchasing power parity ['pɜ:tʃəsɪŋ paʊə 'pærɪtɪ] *sb* Kaufkraftparität *f*
purchasing terms ['pɜ:tʃəsɪŋ tɜ:mz] *pl* Einkaufsbedingungen *f/pl*
pure endowment insurance ['pjʊər ɪn'daʊmənt ɪn'sʊəræns] *sb* Erlebensfallversicherung *f*
purpose ['pɜ:pəs] *adj on ~* absichtlich, mit Absicht
purpose-built [pɜ:pəs'bɪlt] *adj* spezialgefertigt, Spezial...
pursuant [pə'sju:ənt] *adj ~ to* gemäß, laut
purveyor [pə'veɪə] *sb* Lieferant(in) *m/f*
push [pʊʃ] *v 1. (s.o.) (put pressure on)* drängen, antreiben; *2. (promote)* propagieren
pushing strategy ['pʊʃɪŋ 'strætɪdʒi:] *sb* Push-Strategie *f*
put and call [pʊt ænd 'kɔ:l] *sb* Stellgeschäft *n*
put and call price [pʊt ænd 'kɔ:l praɪs] *sb* Stellkurs *m*
put down [pʊt 'daʊn] *v irr 1. (a deposit)* machen; *2. (write down)* aufschreiben, notieren; *3. (on a form)* angeben
put in [pʊt 'ɪn] *v irr 1. ~ for sth* sich um etw bewerben; *2. (a claim, an application)* einreichen; *3. (time)* zubringen; *4. ~ an hour's work* eine Stunde arbeiten
put off [pʊt 'ɒf] *v irr 1. (postpone)* verschieben; *2. (a decision)* aufschieben; *3. put s.o. off (by making excuses)* jdn hinhalten
put through [pʊt 'θru:] *v irr (connect)* durchstellen
putting into the archives ['pʊtɪŋ ɪntu ði: 'ɑ:kaɪvs] *sb* Archivierung *f*
put together [pʊt tə'gethə] *v irr 1. (assemble)* zusammensetzen, zusammenbauen; *2. (a brochure)* zusammenstellen
put up [pʊt 'ʌp] *v irr put sth up for sale* etw zum Verkauf anbieten
pyramid selling ['pɪrəmɪd 'selɪŋ] *sb* Schneeballsystem *n,* Lawinensystem *n*

Q/R

qualification [kwɒlɪfɪ'keɪʃən] *sb 1. (suitable skill, suitable quality)* Qualifikation *f*, Voraussetzung *f*; *2. (UK: document)* Zeugnis *n*
qualified ['kwɒlɪfaɪd] *adj 1. (person)* qualifiziert, geeignet; *2. (entitled)* berechtigt
qualifying period ['kwɒlɪfaɪɪŋ 'pɪərɪəd] *sb* Karenzzeit *f*
qualitative ['kwɒlɪtətɪv] *adj* qualitativ
qualitative growth ['kwɒlɪtətɪv 'grəʊθ] *sb* qualitatives Wachstum *n*
quality ['kwɒlɪtɪ] *sb* Qualität *f*
quality assurance ['kwɒlɪtɪ ə'sʊərəns] *sb* Qualitätssicherung *f*
quality circle ['kwɒlɪtɪ 'sɜ:kl] *sb* Qualitätszirkel *m*
quality control ['kwɒlɪtɪ kən'trəʊl] *sb* Qualitätskontrolle *f*
quality engineer ['kwɒlɪtɪ endʒɪ'nɪə] *sb* Güteprüfer(in) *m/f*
quality label ['kwɒlɪtɪ 'leɪbl] *sb* Gütezeichen (Marketing) *n*
quality management ['kwɒlɪtɪ 'mænɪdʒmənt] *sb* Qualitätsüberwachung *f*, Qualitätssicherung *f*
quality of service ['kwɒlɪtɪ əv 'sɜ:vɪs] *sb* Leistungsstandard *m*
quantify ['kwɒntɪfaɪ] *v* in Zahlen ausdrücken, quantifizieren
quantitative ['kwɒntɪtətɪv] *adj* quantitativ
quantitative tariff ['kwɒntɪtətɪv 'tærɪf] *sb* Mengenzoll *m*
quantity ['kwɒntɪtɪ] *sb 1.* Quantität *f*; *2. (amount)* Menge *f*
quantity buyer ['kwɒntɪtɪ 'baɪə] *sb* Großabnehmer(in) *m/f*
quantity discount ['kwɒntɪtɪ 'dɪskaʊnt] *sb* Mengenrabatt *m*
quantity equation ['kwɒntɪtɪ ɪ'kweɪʒn] *sb* Quantitätsgleichung *f*
quantity production ['kwɒntɪtɪ prə'dʌkʃn] *sb* Massenproduktion *f*, Massenerzeugnis *n*
quantity surveyor ['kwɒntɪtɪ sə'veɪə] *sb* Aufmaßtechniker(in) *m/f*
quantity theory ['kwɒntɪtɪ 'θɪərɪ] *sb* Quantitätstheorie *f*
quantity unit ['kwɒntɪtɪ 'ju:nɪt] *sb* Mengeneinheit *f*
quantity variance ['kwɒntɪtɪ 'veərɪəns] *sb* Mengenabweichung *f*
quart [kwɔ:t] *sb (UK: 1.14 litres; US: 0.95 litres)* Quart *n*
quarter ['kwɔ:tə] *sb 1. (of a year)* Quartal *n*, Vierteljahr *n*; *2. (US: 25 cents)* 25-Centstück *n*
quarter day ['kwɔ:tə deɪ] *sb* vierteljährlicher Zahltag *m*
quarter days ['kwɔ:tə 'deɪz] *pl* Zinstage *m/pl*
quarterly ['kwɔ:təlɪ] *adj* Quartals...
quarterly invoice ['kwɔ:təlɪ 'ɪnvɔɪs] *sb* Quartalsrechnung *f*
quarterly report ['kwɔ:təlɪ rɪ'pɔ:t] *sb* Quartalsbericht *m*
quarter under review ['kwɔ:tə 'ʌndə rɪ'vju:] *sb* Berichtsquartal *n*
quarter wage ['kwɔ:tə weɪdʒ] *sb* Quartalsgehalt *n*, Vierteljahreszahlung *f*
quasi-equity capital [kweɪzaɪ'ekwɪtɪ 'kæpɪtl] *sb* verdecktes Stammkapital *n*
quasi money ['kweɪzaɪ 'mʌnɪ] *sb* Quasigeld *n*, Beinahegeld *n*
quasi monopoly ['kweɪzaɪ mə'nɒpəlɪ] *sb* Quasimonopol *n*
quasi rent ['kweɪzaɪ 'rent] *sb* Quasirente *f*
quay [ki:] *sb* Kai *m*
quayage ['ki:ɪdʒ] *sb* Kaigebühren *f/pl*
questionnaire [kwestʃə'neə] *sb* Fragebogen *m*
queue [kju:] *sb* (Warte-)Schlange *f*
queue up [kju: 'ʌp] *v* anstehen, Schlange stehen
quid [kwɪd] *sb (fam) (UK)* Pfund *n*
quit [kwɪt] *v irr (leave one's job)* kündigen
quittance ['kwɪtəns] *sb* Schuldenerlass *m*
quorum ['kwɔ:rəm] *sb* Quorum *n*
quota ['kwəʊtə] *sb 1.* Quote *f*; *2. (of goods)* Kontingent *n*
quota allocation ['kwəʊtə ælə'keɪʃən] *sb* Kontingentzuweisung *f*
quota ceiling ['kwəʊtə 'si:lɪŋ] *sb* Höchstkontingent *n*
quota system ['kwəʊtə 'sɪstəm] *sb* Quotensystem *n*
quotation [kwəʊ'teɪʃən] *sb 1. (price ~)* Kostenvoranschlag *m*, Preisangabe *f*; *2. (stock ~)* Börsennotierung *f*, Kursanzeige *f*, Quotation *f*
quotation ex dividend [kwəʊ'teɪʃən eks 'dɪvɪdənd] *sb* Dividendenabschlag *m*

quotation of prices [kwəʊ'teɪʃən əv 'praɪsɪz] *sb* Kursnotierung *f*
quotation on the stock exchange [kwəʊ'teɪʃən ɒn ðə 'stɒk ɪks'tʃteɪndʒ] *sb* Börsenkurs *m*
quotation on the unofficial market [kwəʊ'teɪʃən ɒn ði: 'ʌnəfɪʃl 'mɑ:kɪt] *sb* Kulissenwert *m*
quota transactions ['kwəʊtə træn'zækʃnz] *pl* Quotenhandel *m*
quota wage ['kwəʊtə 'weɪdʒ] *sb* Pensumlohn *m*
quote [kwəʊt] *v 1. (a price)* nennen; *2. (at the stock exchange)* notieren
quote at par [kwəʊt ət pɑ:] *v* zum Nennwert notieren
quote clean [kwəʊt kli:n] *v* ex Dividende notieren
quoted securities ['kwəʊtɪd sɪ'kjʊərɪtiz] *pl* börsengängige Wertpapiere *n/pl*
quotient ['kwəʊʃənt] *sb* Quotient *m*
rack jobbing ['ræk dʒɒbɪŋ] *sb 1.* Streckengeschäft *n; 2.* Regalbestückung *f*
radio advertising ['reɪdiəʊ 'ædvətaɪzɪŋ] *sb* Rundfunkwerbung *f*
rail freight [reɪl freɪt] *sb* Bahnfracht *f*
railroad ['reɪlrəʊd] *sb (US)* Eisenbahn *f,* Bahn *f*
railway ['reɪlweɪ] *sb* Eisenbahn *f,* Bahn *f*
railway advice ['reɪlweɪ əd'vaɪs] *sb* Eisenbahnavis *m/n*
railway tariff ['reɪlweɪ 'tærɪf] *sb* Eisenbahntarif *m*
raise [reɪz] *v 1. (salary, price)* erhöhen, anheben; *2. (gather money)* aufbringen, auftreiben; *3. (an objection)* erheben; *~ one's voice against sth* seine Stimme gegen etw erheben; *sb 4. (in salary)* Gehaltserhöhung *f; (in wages)* Lohnerhöhung *f*
raising of credits ['reɪzɪŋ əv 'kredɪts] *sb* Kreditaufnahme *f*
raising of the bank rate ['reɪzɪŋ əv ðə bæŋk reɪt] *sb* Leitzinserhöhung *f*
rally ['rælɪ] *sb* Markterholung *f,* Kurserholung *f*
RAM [ræm] *sb (random access memory)* RAM *n*
ramp [ræmp] *sb 1.* Rampe *f; 2. (for loading)* Laderampe *f*
random test ['rændəm test] *sb* Stichprobe *f*
range [reɪndʒ] *sb 1. (distance)* Entfernung *f; at close ~* auf kurze Entfernung; *2. (selection)* Reihe *f,* Auswahl *f,* Sortiment *n*
range of products ['reɪndʒ əv 'prɒdʌkts] *sb* Produktpalette *f*
rank [ræŋk] *sb (status)* Stand *m,* Rang *m*
ranking ['ræŋkɪŋ] *sb* Rangfolge *f,* Rangeinteilung *f*
rapid money transfer ['ræpɪd 'mʌnɪ 'trænsfɜ:] *sb* Eilüberweisung *f*
rate [reɪt] *v 1. (estimate the worth of)* schätzen, einschätzen; *sb 2.* Rate *f,* Ziffer *f; 3. at the ~ of* im Verhältnis von; *4. at any ~* jedenfalls; *5. (speed)* Tempo *n; 6. (UK: local tax)* Gemeindesteuer *f; 7. (stock exchange)* Satz *m; 8. (fixed charge)* Tarif *m*
rateable ['reɪtəbl] *adj* steuerpflichtig, zu versteuern
rate for foreign notes and coins ['reɪt fɔ: 'fɒrɪn 'nəʊts ænd 'kɔɪnz] *sb* Sortenkurs *m*
rate of activity [reɪt əv æk'tɪvətɪ] *sb* Beschäftigungsgrad *m*
rate of contribution [reɪt əv kɒntrɪ'bju:ʃən] *sb* Beitragssatz *m*
rate of conversion ['reɪt əv kən'vɜ:ʃən] *sb* Umrechnungskurs *m*
rate of discount [reɪt əv 'dɪskaʊnt] *sb* Diskontsatz *m*
rate of exchange ['reɪt əv ɪks'tʃeɪndʒ] *sb* Umrechnungskurs *m*
rate of flow ['reɪt əv 'fləʊ] *sb* Stromgröße *f*
rate of growth ['reɪt əv grəʊθ] *sb* Wachstumsrate *f*
rate of inflation ['reɪt əv ɪn'fleɪʃən] *sb* Inflationsrate *f*
rate of interest [reɪt əv 'ɪntrest] *sb* Zinssatz *m,* Zins *m*
rate of inventory turnover ['reɪt əv ɪn'ventərɪ 'tɜ:nəʊvə] *sb* Umschlagshäufigkeit eines Lagers *f*
rate of issue ['reɪt əv 'ɪʃu:] *sb* Emissionskurs *m*
rate of return [reɪt əv rɪ'tɜ:n] *sb* Verzinsung *f,* Rendite *f*
rate of taxation [reɪt əv tæk'seɪʃən] *sb* Steuersatz *m*
ratification [rætɪfɪ'keɪʃən] *sb* Ratifikation *f*
rating ['reɪtɪŋ] *sb 1. (assessment)* Schätzung *f; 2. (category)* Klasse *f*
ratio ['reɪʃɪəʊ] *sb* Verhältnis *n*
rational buying ['ræʃənəl 'baɪɪŋ] *sb* Rationalkauf *m*
rationalisation [ræʃnəlaɪ'zeɪʃən] *sb* Rationalisierung *f*
rationalization investment [ræʃnəlaɪ'zeɪʃən ɪn'vestmənt] *sb* Rationalisierungsinvestition *f*

rationalization profit [ræʃnəlaɪ'zeɪʃən 'prɒfɪt] *sb* Rationalisierungsgewinn *m*
rationing ['ræʃənɪŋ] *sb* Rationierung *f*
raw material [rɔː mə'tɪərɪəl] *sb* Rohstoff *m*
raw material funds ['rɔː mə'tɪərɪəl fʌnds] *pl* Rohstoff-Fonds *m*
raw material shortage [rɔː mə'tɪərɪəl 'ʃɔːtɪdʒ] *sb* Rohstoffknappheit *f*
re [riː] *(on a letter)* betrifft
reach [riːtʃ] *v (a conclusion, an agreement)* kommen zu, gelangen zu, erreichen
readily ['redɪlɪ] *adv 1.* bereitwillig; *2. (easily)* leicht
readiness to operate ['redɪnəs tu 'ɒpəreɪt] *sb (Produktion)* Leistungsbereitschaft *f*
readjust [riːə'dʒʌst] *v (~ sth)* anpassen, angleichen
readjustment [riːə'dʒʌstmənt] *sb* Anpassung *f,* Angleichung *f*
ready ['redɪ] *adj 1.* bereit, fertig; *2. (finished)* fertig
ready for collection ['redɪ fɔː kə'lekʃən] *adv* abholbereit
ready for dispatch ['redɪ fɔː dɪ'spætʃ] *adv* versandbereit
ready-made [redɪ'meɪd] *adj* gebrauchsfertig, fertig
ready money ['redɪ 'mʌnɪ] *sb* Bargeld *n,* jederzeit verfügbares Geld *n*
ready-to-wear [redɪtu'wɛə] *adj* Konfektions...
real account [rɪəl ə'kaʊnt] *sb* Bestandskonto *n*
real balance effect [rɪəl 'bæləns ɪ'fekt] *sb* Vermögenseffekten *pl,* Vermögenseinkommen *n*
real capital [rɪəl 'kæpɪtl] *sb (Volkswirtschaft)* Realkapital *n,* Sachkapital *n*
real estate ['rɪəl ɪ'steɪt] *sb* Immobilien *f/pl,* Grundstück *n*
real estate agent ['rɪəl ɪ'steɪt 'eɪdʒənt] *sb* Immobilienmakler *m*
real estate credit ['rɪəl ɪ'steɪt 'kredɪt] *sb* Grundkredit *m,* Immobiliarkredit *m*
real estate credit institution ['rɪəl ɪ'steɪt 'kredɪt ɪnstɪ'tjuːʃn] *sb* Realkreditinstitut *n*
real estate fund ['rɪəl ɪ'steɪt fʌnd] *sb* Immobilienfonds *m*
real estate leasing ['rɪəl ɪ'steɪt liːsɪŋ] *sb* Immobilien-Leasing *n*
real estate property ['rɪəl ɪ'steɪt 'prɒpətɪ] *sb* Immobilienbesitz *m,* Betongold *n (fam)*
realign [riːə'laɪn] *v* neu festsetzen
realignment of parities [rɪ'əleɪnmənt əv 'pærɪtiːz] *sb* Realignment *n*
real income [rɪəl 'ɪnkʌm] *sb* Realeinkommen *n*
real indebtedness [rɪəl ɪn'detɪdnɪs] *sb* effektive Verschuldung *f*
real interest [rɪəl 'ɪntrəst] *sb* Realzins *m*
real investment [rɪəl ɪnvestmənt] *sb* Realinvestition *f*
realization [rɪəlaɪ'zeɪʃən] *sb (of assets)* Realisation *f,* Flüssigmachen *n*
realization loss [rɪəlaɪ'zeɪʃən lɒs] *sb* Veräußerungsverlust *m*
realization of assets [rɪəlaɪ'zeɪʃən əv 'æsets] *sb* Veräußerung von Anlagewerten *f*
realization of pledge [rɪəlaɪ'zeɪʃən əv 'pledʒ] *sb* Pfandverwertung *f*
realization profit [rɪəlaɪ'zeɪʃən 'prɒfɪt] *sb* Liquidationsüberschuss *m*
realize ['rɪəlaɪz] *v 1. (achieve)* verwirklichen; *2. (assets)* realisieren, verflüssigen
real property [rɪəl 'prɒpətɪ] *sb* Grundvermögen *n*
real rate of interest [rɪəl 'reɪt əv 'ɪntrest] *sb* Realzins *m*
real right [rɪəl raɪt] *sb* dingliches Recht *n*
real security [rɪəl sɪ'kjʊərɪtɪ] *sb* dingliche Sicherung *f*
realtor ['rɪəltə] *sb* Immobilienmakler *m*
realty ['rɪəltɪ] *sb* Immobilien *f/pl*
real value [rɪəl 'væljuː] *sb* Substanzwert *m,* Sachwert *m*
real wages [rɪəl 'weɪdʒɪz] *pl* Reallohn *m*
real wealth [rɪəl welθ] *sb* Realvermögen *n*
re-apply [riːə'plaɪ] *v* neu beantragen
reappraisal [riːə'preɪzl] *sb* Neubewertung *f,* Neuschätzung *f*
rearrange [riːə'reɪndʒ] *v* neu anordnen
rearrangement of holdings [riːə'reɪndʒmənt əv 'həʊldɪŋz] *sb* Beteiligungsumschichtung *f*
reasonable ['riːznəbəl] *adj 1. (sensible)* vernünftig; *2. (price)* angemessen; *3. (in price)* preiswert
reasoning ['riːznɪŋ] *sb* Argumentation *f*
reassemble [rɪə'sembl] *v (put back together)* wieder zusammenbauen
reassign [rɪə'saɪn] *v (s.o.)* versetzen
rebate ['riːbeɪt] *sb 1. (money back)* Rückvergütung *f,* Rückzahlung *f; 2. (discount)* Rabatt *m*

rebuke [rɪ'bjuːk] *v 1.* rügen; *sb 2.* Rüge *f*
recall [rɪ'kɔːl] *sb 1.* Rückruf *m*; *2. (withdrawal)* Zurücknahme *f; 3. (of capital)* Aufkündigung *f*
receipt [rɪ'siːt] *sb 1.* Eingang *m,* Erhalt *m,* Quittung *f,* Beleg *m; 2. ~s pl* Einnahmen *f/pl*
receipt of money [rɪ'siːt əv 'mʌnɪ] *sb* Geldeingang *m*
receive [rɪ'siːv] *v 1.* bekommen, erhalten; *2. (take delivery of)* empfangen; *3. (welcome)* empfangen
receiver [rɪ'siːvə] *sb 1.* Empfänger *m; 2. (of the phone)* Hörer *m; 3. (in bankruptcy)* Konkursverwalter *m*
receivership [rɪ'siːvəʃɪp] *sb* Konkursverwaltung *f; go into ~* in Konkurs gehen
reception [rɪ'sepʃən] *sb* Empfang *m*
receptionist [rɪ'sepʃənɪst] *sb* Empfangssekretär(in) *m/f*
reception room [rɪ'sepʃən ruːm] *sb* Empfangsraum *m*
recession [rɪ'seʃən] *sb* Rezession *f,* Konjunkturrückgang *m*
recessionary [rɪ'seʃənərɪ] *adj* Rezessions...
recessive [rɪ'sesɪv] *adj* rezessiv
recipient [rɪ'sɪpɪənt] *sb* Empfänger(in) *m/f*
reciprocal [rɪ'sɪprəkəl] *adj* gegenseitig, wechselseitig, reziprok
reciprocal contract [rɪ'sɪprəkəl 'kɒntrækt] *sb* gegenseitiger Vertrag *m*
reciprocity [resɪ'prɒsɪtɪ] *sb* Gegenseitigkeit *f,* Wechselseitigkeit *f,* Reziprozität *f*
recision [rɪ'sɪʒən] *sb* Stornierung *f,* Streichung *f,* Entwertung *f*
reckon ['rekən] *v 1. (calculate)* rechnen; *2. (calculate sth)* berechnen, errechnen; *3. (estimate)* schätzen
reclaim [rɪ'kleɪm] *v* zurückfordern
reclamation [reklə'meɪʃən] *sb (demanding back)* Zurückforderung *f,* Rückforderung *f*
recognizance [rɪ'kɒgnɪzəns] *sb* schriftliche Verpflichtung *f*
recommend [rekə'mend] *v 1.* empfehlen; *2. She has much to ~ her.* Es spricht sehr viel für sie.
recommendable [rekə'mendəbl] *adj* empfehlenswert
recommendation [rekəmen'deɪʃən] *sb 1.* Empfehlung *f; 2. (letter of ~)* Empfehlungsschreiben *n*
recompense ['rekəmpens] *sb 1. (repayment)* Entschädigung *f; 2. (reward)* Belohnung *f*
reconciliation of accounts [rekənsɪlɪ'eɪʃən əv ə'kaʊnts] *sb* Kontenabstimmung *f*
recondition [riːkən'dɪʃən] *v* generalüberholen
reconsider [riːkən'sɪdə] *v* nochmals überlegen; *He has ~ed his decision.* Er hat es sich anders überlegt.
reconsideration [riːkənsɪdə'reɪʃən] *sb* erneute Betrachtung *f,* Überdenken *n,* Revision *f*
reconstruction [riːkən'strʌkʃn] *sb* Sanierung *f*
record [rɪ'kɔːd] *v 1. (write down)* aufzeichnen; *(register)* eintragen; *2. by ~ed delivery (UK)* per Einschreiben; *3. (keep minutes of)* protokollieren; ['rekɔːd] *sb 4. (account)* Aufzeichnung *f; 5. (of a meeting)* Protokoll *n; on the ~* offiziell; *off the ~* nicht für die Öffentlichkeit bestimmt; *6. (official document)* Unterlage *f,* Akte *f*
record of success ['rekɔːd əv sək'ses] *sb* Erfolgsbilanz *f*
recourse [rɪ'kɔːs] *sb* Regress *m,* Rückgriff *m*
recoverable [rɪ'kʌvərəbl] *adj 1. (damages)* ersetzbar; *2. (deposit)* rückzahlbar
recovery [rɪ'kʌvərɪ] *sb 1.* Aufschwung *m,* Erholung *f; 2. economic ~* Konjunkturaufschwung *m*
recovery of damages [rɪ'kʌvərɪ əv 'dæmɪdʒɪz] *sb* Schadensersatz *m*
recruit [rɪ'kruːt] *v (members)* werben, anwerben, gewinnen
recruitment [rɪ'kruːtmənt] *sb* Anwerbung *f,* Werbung *f*
rectification defects [rektɪfɪ'keɪʃn 'diːfekts] *pl* Nachbesserung *f*
rectify ['rektɪfaɪ] *v* berichtigen, korrigieren
recyclable [riː'saɪkləbl] *adj* wieder verwertbar, recycelbar
recycle [riː'saɪkl] *v* wieder verwerten, recyceln
recycling [riː'saɪklɪŋ] *sb* Recycling *n,* Wiederverwertung *f*
recycling exchange [riː'saɪklɪŋ ɪks'tʃeɪndʒ] *sb* Abfallbörse *f*
red tape [red teɪp] *sb 1. (fig)* Amtsschimmel *m; 2. (paperwork)* Papierkrieg *m*
redeem [rɪ'diːm] *v 1. (a coupon)* einlösen; *2. (a mortgage)* abzahlen; *3. (a pawned object)* auslösen
redeemable [rɪ'diːməbl] *adj* kündbar

redemption [rɪ'dempʃn] *sb* Tilgung *f*, Abzahlung *f*
redemption account [rɪ'dempʃn ə'kaʊnt] *sb* Amortisierungskonto *n*, Tilgungskonto *n*
redemption guarantee [rɪ'dempʃn gærən'tiː] *sb* Rücknahmegarantie *f*
redemption fund [rɪ'dempʃn 'fʌnd] *sb* Tilgungsfonds *m*
redemption in arrears [rɪ'dempʃn ɪn ə'rɪəs] *sb* Tilgungsrückstände *m/pl*
redemption loan [rɪ'dempʃn 'ləʊn] *sb* Ablösungsanleihe *f*, Tilgungsanleihe *f*
redemption premium [rɪ'dempʃn 'priːmɪəm] *sb* Tilgungsprämie *f*
redemption sum [rɪ'dempʃn sʌm] *sb* Ablösesumme *f*
redemption value [rɪ'dempʃn 'væljuː] *sb* Rückkaufswert *m*
redemption yield [rɪ'dempʃn jiːld] *sb* Effektivverzinsung *f*
redirect [riːdaɪ'rekt] *v (forward)* nachsenden, nachschicken
rediscount ['riːdɪskaʊnt] *sb 1.* Rediskont *m*, Rediskontierung *f; 2. v* rediskontieren
reduce [rɪ'djuːs] *v 1. (a price, standards)* herabsetzen; *2. (expenses)* kürzen
reduced tariffs [rɪ'djuːst 'tærɪfs] *pl* ermäßigte Tarife *m/pl*
reduction [rɪ'dʌkʃən] *sb 1.* Verminderung *f*, Reduzierung *f; 2. (of prices)* Herabsetzung *f*
reduction for cash [rɪ'dʌkʃən fɔː kæʃ] *sb* Barzahlungsrabatt *m*
reduction of interest [rɪ'dʌkʃən əv 'ɪntrest] *sb* Zinssenkung *f*
reduction of liquidity [rɪ'dʌkʃən əv lɪ'kwɪdətɪ] *sb* Liquiditätsabschöpfung *f*
reduction of staff [rɪ'dʌkʃən əv stɑːf] *sb* Personalabbau *m*
reduction of the bank rate [rɪ'dʌkʃən əv ðə bæŋk reɪt] *sb* Diskontsenkung *f*
reduction of the interest rate [rɪ'dʌkʃən əv ðiː 'ɪntrest reɪt] *sb* Zinssenkung *f*
reduction of the share capital [rɪ'dʌkʃən əv ðə ʃεə 'kæpɪtl] *sb* Herabsetzung des Grundkapitals *f*
reduction of the workforce [rɪ'dʌkʃən əv ðe 'wɜːkfɔːs] *sb* Personalabbau *m*
reduction of working hours [rɪ'dʌkʃən əv 'wɜːkɪŋ 'aʊəz] *sb* Arbeitszeitverkürzung *f*
redundancy [rɪ'dʌndənsɪ] *sb* Redundanz *f*
redundant [rɪ'dʌndənt] *adj 1.* überflüssig; *2. (UK: worker)* arbeitslos
re-export [riːek'spɔːt] *v* reexportieren, wieder ausführen
reexportation [riːekspɔː'teɪʃən] *sb* Wiederausfuhr *f*
refer [rɪ'fɜː] *v 1. ~ s.o. to s.o.* jdn an jdn verweisen; *2. (regard)* sich beziehen auf; *3. (rule)* gelten für; *4. (consult a book)* nachschauen in
referee [refə'riː] *sb (UK: person giving a reference)* Referenzgeber *m*
reference ['refrəns] *sb 1. (testimonial)* Referenz *f*, Zeugnis *n; 2. (US: person giving a ~)* Referenz *f; 3. with ~ to ...* was ... betrifft; *4. (in a business letter)* bezüglich
reference base ['refrəns beɪs] *sb* Bezugsbasis *f*
reference book ['refrəns bʊk] *sb* Nachschlagewerk *n*
reference rate ['refrəns reɪt] *sb* Richtkurs *m*
reference year ['refrəns jɪə] *sb* Vergleichsjahr *n*
referring to [rɪ'fɜːrɪŋ tuː] *adv* Bezug nehmend, mit Bezug auf
refinancing [rɪfaɪ'nænsɪŋ] *sb* Refinanzierung *f*, Umfinanzierung *f*
refinancing policy [rɪfaɪ'nænsɪŋ 'pɒlɪsɪ] *sb* Refinanzierungspolitik *f*
refinery [rɪ'faɪnərɪ] *sb* Raffinerie *f*
reflate [riː'fleɪt] *v* ankurbeln
reflation [riː'fleɪʃən] *sb* Reflation *f*, Ankurbelung der Konjunktur *f*
reflux ['riːflʌks] *sb* Rückfluss *m*
reform [rɪ'fɔːm] *v 1. (sth)* reformieren; *sb 2.* Reform *f*
refrain [rɪ'freɪn] *v ~ from* Abstand nehmen von, absehen von, sich enthalten
refund [rɪ'fʌnd] *v 1.* zurückzahlen, zurückerstatten; *2. (expenses)* erstatten; ['riːfʌnd] *sb 3.* Rückzahlung *f*, Rückerstattung *f*
refunding [riː'fʌndɪŋ] *sb 1.* Umschuldung *f*, Refundierung *f; 2.* Rückerstattung *f*
refund of tax ['riːfʌnd əv tæks] *sb* Steuerrückerstattung *f*
refurbish [riː'fɜːbɪʃ] *v* renovieren
refusal [rɪ'fjuːzəl] *sb* Ablehnung *f; have first ~ of sth* etw als Erster angeboten bekommen
refusal of delivery [rɪ'fjuːzəl əv dɪ'lɪvərɪ] *sb* Annahmeverweigerung *f*
refusal of pay [rɪ'fjuːzəl əv peɪ] *sb* Zahlungsverweigerung *f*
regional authority ['riːdʒənl ɔː'θɒrɪtɪ] *sb* Gebietskörperschaft *f*
regional bank ['riːdʒənl 'bæŋk] *sb* Landesbank *f*, Regionalbank *f*
regional planning ['riːdʒənl 'plænɪŋ] *sb* Raumplanung *f*

regional policy ['riːdʒənl 'pɒlɪsɪ] *sb* Raumordnung *f*
regional promotion ['riːdʒənl prə'məʊʃn] *sb* Regionalförderung *f*
regional stock exchange ['riːdʒənl 'stɒk ɪks'tʃeɪndʒ] *sb* Provinzbörse *f*
register ['redʒɪstə] *v 1.* sich anmelden; *2. (for classes)* sich einschreiben; *3. (sth)* registrieren; *4. (a trademark)* anmelden, eintragen lassen; *5. (a letter)* als Einschreiben aufgeben; *6. (in files)* eintragen; *7. (a statistic)* erfassen, *sb 8.* Register *n*
registered ['redʒɪstəd] *adj* eingetragen
registered association ['redʒɪstəd əsəʊsɪ'eɪʃn] *sb* eingetragener Verein (e.V.) *m*
registered letter ['redʒɪstəd 'letə] *sb* Einschreibebrief *m*
registered post ['redʒɪstəd pəʊst] *sb 1.* eingeschriebene Sendung *f; 2. by ~* per Einschreiben
registered securities ['redʒɪstəd sɪ'kjʊərɪtiz] *pl* Namenspapier *n*
registered share ['redʒɪstəd ʃɛə] *sb* Namensaktie *f*
registered trader ['redʒɪstəd 'treɪdə] *sb* Vollkaufmann *m*
register office ['redʒɪstər 'ɒfɪs] *sb* Handelsregisteramt *n*
register of land titles ['redʒɪstər əv 'lænd taɪtlz] *sb* Grundbuch *n*
register of ships ['redʒɪstər əv ʃɪps] *sb* Schiffsregister *n*
registration [redʒɪ'streɪʃən] *sb 1.* Anmeldung *f; 2. (by authorities)* Registrierung *f; 3. (of a trademark)* Einschreibung *f; 4. vehicle ~* Kraftfahrzeugbrief *m*
registration document [redʒɪ'streɪʃən 'dɒkjʊmənt] *sb* Kraftfahrzeugbrief *m*
registration form [redʒɪ'streɪʃən fɔːm] *sb* Anmeldeformular *n*
registration in the Commercial Register [redʒɪ'streɪʃən ɪn ðə kɒ'mɜːʃl 'redgɪstə] *sb* Eintragung im Handelsregister *f*
registration number [redʒɪ'streɪʃən 'nʌmbə] *sb (of a car)* Kennzeichen *n*
registration of a title [redʒɪ'streɪʃən əv ə 'taɪtl] *sb* Grundbucheintragung *f*
registration statement [redʒɪ'streɪʃən 'steɪtmənt] *sb* Gründungsbilanz *f*
regress [rɪ'gres] *v* sich rückläufig entwickeln
regression [rɪ'greʃn] *sb* Regression *f*
regressive [rɪ'gresɪv] *adj* regressiv, rückläufig
regular ['regjʊlə] *adj* ordnungsgemäß
regular customer ['regjʊlə 'kʌstəmə] *sb* Stammkunde *m*
regularity [regjʊ'lærɪtɪ] *sb* Regelmäßigkeit *f*
regular meeting ['regjʊlə 'miːtɪŋ] *sb* ordentliche Versammlung *f*
regulate ['regjʊleɪt] *v* regulieren, regeln
regulation [regjʊ'leɪʃən] *sb 1.* Regulierung *f; 2. (rule)* Vorschrift *f; adj 3.* vorschriftsmäßig, vorgeschrieben
rehabilitation [riːhəbɪlɪ'teɪʃn] *sb* Rehabilitation *f*
reimburse [riːɪm'bɜːs] *v 1. (s.o.)* entschädigen; *2. (costs)* zurückerstatten, ersetzen
reimbursement [riːɪm'bɜːsmənt] *sb* Entschädigung *f,* Erstattung *f,* Rückerstattung *f,* Ersatz *m*
reimport [riːɪm'pɔːt] *v* reimportieren, wieder einführen
reimportation [riːɪmpɔː'teɪʃən] *sb* Reimport *m*
reinforce [riːɪn'fɔːs] *v 1.* verstärken; *2. (a statement, an opinion)* bestätigen
reinstatement of original values [riːɪn'steɪtmənt əv ə'rɪdʒɪnəl 'væljʊz] *sb* Wertaufholung *f*
reinsurance [riːɪn'ʃʊərəns] *sb* Rückversicherung *f*
reinsure [riːɪn'ʃʊə] *v* rückversichern
reinvestment [riːɪn'vestmənt] *sb* Reinvestition *f,* Wiederanlage *f*
reinvestment of discount [riːɪn'vestmənt əv 'dɪskaʊnt] *sb* Wiederanlagerabatt *m*
reject [rɪ'dʒekt] *v 1.* ablehnen; *2. (a possibility, a judgment)* verwerfen; *3. (by a machine)* zurückweisen, nicht annehmen
reject rate ['riːdʒekt reɪt] *sb* Ausschussquote *f*
rejection [rɪ'dʒekʃən] *sb* Ablehnung *f,* Verwerfung *f,* Zurückweisung *f*
relationship management [rɪ'leɪʃənʃɪp 'mænɪdʒmənt] *sb* Kundenbetreuung *f*
relaunch ['riːlɔːntʃ] *sb* Wiedereinführung *f*
release [rɪ'liːs] *v 1. (a new product)* herausbringen; *2. (news, a statement)* veröffentlichen; *sb 3. (of a new product)* Neuerscheinung *f; 4. (press ~)* Verlautbarung *f*
release from liability [rɪ'liːs frɒm laɪə'bɪlətɪ] *sb* Haftungsfreistellung *f*
release of funds [rɪ'liːs əv fʌndz] *sb* Mittelfreigabe *f*
reliability [rɪlaɪə'bɪlɪtɪ] *sb (of a company)* Vertrauenswürdigkeit *f*
reliable [rɪ'laɪəbl] *adj 1.* zuverlässig; *2. (company)* vertrauenswürdig
relocate [riːləʊ'keɪt] *v 1.* umziehen; *2. (sth)* verlegen

relocation [riːləʊ'keɪʃən] *sb* Umzug *m*
relocation costs [riːləʊ'keɪʃən kɒsts] *pl* Umzugskosten *pl*
remainder [rɪ'meɪndə] *sb 1.* Rest *m; 2. ~s pl* Restbestände *m/pl*
remaining life expectancy [rɪ'meɪnɪŋ laɪf ɪks'pektənsɪ] *sb* Restnutzungsdauer *f*
remaining stock [rɪ'meɪnɪŋ stɒk] *sb* Restposten *m*
reminder [rɪ'maɪndə] *sb (letter of ~)* Mahnung *f,* Mahnbrief *m*
remission [rɪ'mɪʃən] *sb* (of a sentence) Straferlass *m*
remit [rɪ'mɪt] *v 1.* überweisen, anweisen; *2. (debts)* erlassen
remittal [rɪ'mɪtl] *sb (money)* Überweisung *f*
remittance [rɪ'mɪtəns] *sb* Rimesse *f,* Überweisung *f*
remittance slip [rɪ'mɪtəns slɪp] *sb* Überweisungsträger *m*
remittent [rɪ'mɪtnt] *adj* remittierend
remote control [rɪ'məʊt kən'trəʊl] *sb* Fernsteuerung *f*
removal [rɪ'muːvəl] *sb (UK: move from a house)* Umzug *m*
remunerable [rɪ'mjuːnərəbl] *adj* zu bezahlen, zu vergüten
remunerate [rɪ'mjuːnəreɪt] *v 1. (pay)* bezahlen; *2. (reward)* belohnen
remuneration [rɪmjuːmə'reɪʃn] *sb 1.* Arbeitsentgelt *n,* Entgeld *n,* Vergütung *f,* Bezahlung *f; 2. (reward)* Belohnung *f*
remuneration in kind [rɪmjuːnə'reɪʃn ɪn kaɪnd] *sb* Sachbezüge *pl*
remuneration package [rɪmjʊmə'reɪʃən 'pækɪdʒ] *sb* Gesamtbezüge *pl*
remunerativ [rɪ'mjʊmərətɪv] *adj* einträglich, lukrativ
render ['rendə] *v* leisten, erbringen
rendering of account ['rendərɪŋ əv ə'kaʊnt] *sb* Rechenschaft *f,* Rechenschaftslegung *f*
renew [rɪ'njuː] *v* erneuern
renewal charge [rɪ'njuːəl tʃɑːdʒ] *sb* Prolongationsgebühr *f*
renewal coupon [rɪ'njuːəl 'kuːpɒn] *sb* Stichkupon *m*
renewal funds [rɪ'njuːəl 'fʌnds] *pl* Erneuerungsrücklagen *f/pl*
renewal order [rɪ'njuːəl 'ɔːdə] *sb* Anschlussauftrag *m*
renewal rate [rɪ'njuːəl 'reɪt] *sb* Prolongationssatz *m*
renewal reserve [rɪ'njuːəl rɪ'zɜːv] *sb* Erneuerungsfonds *m*
renovate ['renəveɪt] *v* renovieren
renovation [renə'veɪʃən] *sb* Renovierung *f*
rent [rent] *v 1.* mieten, *(a building)* pachten, *(a machine)* leihen; *2. (~ out)* vermieten, *(a building)* verpachten, *(a machine)* verleihen; *sb 3.* Miete *f,* Pacht *f; 4. for ~ (US)* zu vermieten
rentability [rentə'bɪlɪtɪ] *sb* Rentabilität *f*
rentable ['rentəbl] *adj* zu vermieten
rental ['rentəl] *sb 1.* Miete *f; 2. (for a machine, for a car)* Leihgebühr *f; 3. (for land)* Pacht *f; 4. (rented item)* Leihgerät *n*
rental car [rentəl 'kɑː] *sb* Mietwagen *m*
rental tariff ['rentəl 'tærɪf] *sb* Mietzins *m*
rent control [rent kən'trəʊl] *sb* Mietpreisbindung *f*
renter ['rentə] *sb* Mieter(in) *m/f,* Pächter(in) *m/f*
rent-free [rent'friː] *adj* mietfrei
renunciation [rɪnʌnsɪ'eɪʃən] *sb* Verzichtserklärung *f,* Verzicht *m*
reopen [riː'əʊpən] *v 1. (sth)* wieder eröffnen; *2. (negotiations, a case)* wieder aufnehmen
reorder [riː'ɔːdə] *v 1.* nachbestellen, neu bestellen; *sb 2.* Nachbestellung *f*
reorder system [riː'ɔːdə 'sɪstəm] *sb* Bestellsystem *n*
reorganization [rɪɔːgənaɪ'zeɪʃn] *sb* Reorganisation *f,* Umgründung *f*
reorganize [riː'ɔːgənaɪz] *v* neu organisieren, umorganisieren
re-pack [riː'pæk] *v* umpacken
repair [rɪ'pεə] *v 1.* reparieren; *sb 2.* Reparatur *f,* Ausbesserung *f; 3. damaged beyond ~* nicht mehr zu reparieren; *4. to be in good ~* in gutem Zustand sein
repairable [rɪ'pεərəbl] *adj* zu reparieren, reparabel
repairman [rɪ'pεəmæn] *sb* Handwerker *m*
reparable ['repərəbl] *adj* reparabel, wieder gutzumachen
reparation [repə'reɪʃn] *sb 1.* Reparation *f,* Wiedergutmachung *f; 2. (for damage)* Entschädigung *f*
repartition [riːpɑː'tɪʃən] *sb* (Gewinn-) Verteilung *f*
repay [riː'peɪ] *v irr 1. (a debt)* abzahlen; *2. (expenses)* erstatten; *3. (fig: a visit)* erwidern
repayable [riː'peɪəbl] *adj* rückzahlbar
repayment [riː'peɪmənt] *sb* Rückzahlung *f,* Abzahlung *f,* Rückerstattung *f*
repayment account [riː'peɪmənt ə'kaʊnt] *sb* Tilgungskonto *n*
repayment by instalments [riː'peɪmənt baɪ ɪn'stɔːlmənts] *sb* Rückzahlung in Raten *f*

repayment extension [riː'peɪmənt ɪks'tenʃn] *sb* Tilgungsstreckung *f*
repayment in cash [riː'peɪmənt ɪn kæʃ] *sb* Barablösung *f*
repeat order [rɪ'piːt 'ɔːdə] *sb* Nachbestellung *f*
replace [rɪ'pleɪs] *v 1. (substitute for)* ersetzen; *2. (put back)* zurücksetzen, zurückstellen; *3. ~ the receiver* den Hörer auflegen; *4. (parts)* austauschen, ersetzen
replaceable [rɪ'pleɪsəbl] *adj 1.* ersetzbar; *2. (part)* auswechselbar
replacement [rɪ'pleɪsmənt] *sb 1.* Ersatz *m,* Wiederbeschaffung *f; 2. ~ part* Ersatzteil *n; 3. (person: temporary)* Stellvertreter *m*
replacement delivery [rɪ'pleɪsmənt dɪ'lɪvərɪ] *sb* Ersatzlieferung *f*
replacement funds [rɪ'pleɪsmənt fʌnds] *pl* Erneuerungsrücklagen *f/pl*
replacement investment [rɪ'pleɪsmənt ɪn'vestmənt] *sb* Erhaltungsinvestition *f*
replacement of capital assets [rɪ'pleɪsmənt əv 'kæpɪtl 'æsɪts] *sb* Ersatzinvestition *f*
replacement share certificate [rɪ'pleɪsmənt 'ʃɛə sɛ'tɪfɪkət] *sb* Ersatzaktie *f*
replacement value [rɪ'pleɪsmənt 'væljʊː] *sb* Erneuerungswert *m,* Wiederbeschaffungswert *m*
replica ['replɪkə] *sb* Kopie *f*
replicate ['replɪkeɪt] *v (reproduce)* nachahmen, nachbilden
replication [replɪ'keɪʃən] *sb (duplicate)* Kopie *f,* Nachbildung *f*
reply [rɪ'plaɪ] *sb* Antwort *f*
reply-paid (RP) [rɪ'plaɪpeɪd] *adj* Rückantwort bezahlt
report [rɪ'pɔːt] *v 1. (announce o.s.)* sich melden; *2. ~ for duty* sich zum Dienst melden; *3. (sth)* berichten über; *4. (inform authorities about)* melden; *sb 5.* Bericht *m; 6. (give a ~)* berichten
reporting [rɪ'pɔːtɪŋ] *sb* Berichterstattung *f*
reporting date [rɪ'pɔːtɪŋ deɪt] *sb* Stichtag *m*
reposit [rɪ'pɒzɪt] *v (deposit)* hinterlegen
repository [rɪ'pɒzɪtərɪ] *sb (store)* Laden *m,* Magazin *n*
represent [reprɪ'zent] *v (act for, speak for)* vertreten
representation [reprɪzen'teɪʃən] *sb (representatives)* Vertretung *f*
representative [reprɪ'zentətɪv] *adj 1. (acting for)* vertretend; *2. (typical)* repräsentativ; *3. (symbolic)* symbolisch; *sb 4.* Repräsentant *m,* Vertreter *m; 5. (deputy)* Stellvertreter *m; 6. (legal)* Bevollmächtigte(r) *f/m*

reprieve [rɪ'priːv] *sb (temporary)* Aufschub *m*
reprise [rɪ'priːz] *sb* Reprise *f*
re-privatisation [riːpraɪvɪtaɪ'zeɪʃən] *sb* Reprivatisierung *f*
reproduction [riːprə'dʌkʃən] *sb 1. (copy)* Reproduktion *f; 2. (photo)* Kopie *f*
reproduction cost [riːprə'dʌkʃən kɒst] *sb* Reproduktionskosten *pl*
reproduction value [riːprə'dʌkʃən 'væljuː] *sb* Reproduktionswert *m*
repurchase [rɪ'pɜːtʃəs] *sb* Rückkauf *m*
repurchase clause [rɪ'pɜːtʃəs klɔːz] *sb* Rücknahmeklausel *f*
repurchase guarantee [rɪ'pɜːtʃəs gærən'tiː] *sb* Rücknahmegarantie *f*
reputation [repjʊ'teɪʃən] *sb* Ruf *m*
request [rɪ'kwest] *v 1.* bitten um, ersuchen um; *2. ~ s.o. to do sth* jdn bitten, etwas zu tun; *sb 3.* Bitte *f,* Wunsch *m; 4. (official ~)* Ersuchen *n*
require [rɪ'kwaɪə] *v 1. (need)* brauchen, benötigen; *2. I'll do whatever is ~d.* Ich werde alles Nötige tun. *3. (order)* verlangen, fordern
required [rɪ'kwaɪəd] *adj* erforderlich, notwendig
requirement [rɪ'kwaɪəmənt] *sb 1. (condition)* Erfordernis *n,* Anforderung *f,* Voraussetzung *f; 2. (need)* Bedürfnis *n,* Bedarf *m*
requisite ['rekwɪzɪt] *adj* erforderlich, notwendig
rerate [riː'reɪt] *v* neu bewerten
resale ['riːseɪl] *sb* Wiederverkauf *m*
resale price ['riːseɪl praɪs] *sb* Wiederverkaufspreis *m*
reschedule [riː'ʃedjuːl] *v 1.* verlegen; *2. (to an earlier time)* vorverlegen
rescind [rɪ'sɪnd] *v* annullieren, aufheben
rescission [rɪ'sɪʃən] *sb* Rücktritt *m*
rescue company ['reskjuː 'kʌmpənɪ] *sb* Auffanggesellschaft *f*
rescue deal ['reskjuː diːl] *sb* Sanierungsplan *m*
rescue package ['reskjuː 'pækɪdʒ] *sb* Sanierungsprogramm *n*
research [rɪ'sɜːtʃ] *sb* Forschung *f*
research and development (R&D) ['rɪsɜːtʃ ænd dɪ'veləpmənt] *sb* Forschung & Entwicklung (F&E) *f*
research and development risk ['rɪsɜːtʃ ænd dɪ'veləpmənt rɪsk] *sb* Entwicklungswagnis *n*
reservation [rezə'veɪʃən] *sb 1. (qualification of opinion)* Vorbehalt *m; 2. without ~*

ohne Vorbehalt; 3. *(booking)* Reservierung *f,* Vorbestellung *f*
reservation of price [rezə'veɪʃən əv praɪs] *sb* Preisvorbehalt *m*
reservation of title [resə'veɪʃn əv taɪtl] *sb* Eigentumsvorbehalt *m*
reserve [rɪ'zɜːv] *v 1. (book)* reservieren lassen; *2. (keep)* aufsparen, aufheben; *3. ~ the right to do sth* sich das Recht vorbehalten, etw zu tun; *all rights ~d* alle Rechte vorbehalten; *sb 4. (store)* Reserve *f,* Vorrat *m; in ~* in Reserve
reserve account [rɪ'zɜːv ə'kaʊnt] *sb* Rücklagenkonto *n*
reserve assets [rɪ'zɜːv 'æsets] *pl* Währungsguthaben *n*
reserve bank [rɪ'sɜːv bæŋk] *sb* Reservebank *f*
reserve currency [rɪ'zɜːv 'kʌrənsɪ] *sb* Reservewährung *f*
reserve for bad debts [rɪ'sɜːv fɔː bæd 'dets] *sb* Delkredere *n*
reserve fund [rɪ'zɜːv fʌnd] *sb* Reservefonds *m*
reserve item [rɪ'zɜːv 'aɪtəm] *sb* Rückstellungsposten *m*
reserve price [rɪ'zɜːv praɪs] *sb* Mindestgebot *n*
reserve ratio [rɪ'zɜːv 'reɪʃɪəʊ] *sb* Liquiditätssatz *m,* Deckungsrate *f*
reserves [rɪ'zɜːvz] *pl* Reserven *f/pl,* Rücklagen *f/pl,* Rückstellung *f*
reserve stock [rɪ'zɜːv stɒk] *sb* Reserve *f*
reset [riː'set] *v* rücksetzen, zurücksetzen
residence permit ['rezɪdəns 'pɜːmɪt] *sb* Aufenthaltsgenehmigung *f,* Aufenthaltserlaubnis *f*
resident ['rezɪdent] *sb* Deviseninländer *m,* Gebietsansässiger *m*
residual debt insurance [rɪ'zɪdjʊəl det ɪn'ʃʊərəns] *sb* Restschuldversicherung *f*
residual quota [rɪ'zɪdjʊəl 'kwəʊtə] *sb* Restquote *f*
residual securities of an issue [rɪ'zɪdjʊəl sɪ'kjʊərɪtiz əv ən 'ɪʃuː] *pl* Emissionsreste *f/pl*
residual value [rɪ'zɪdjʊəl 'væljuː] *sb* Restwert *m*
residues ['rezɪdjuːz] *pl* Rückstände *m/pl*
resign [rɪ'zaɪn] *v 1.* kündigen; *2. (from public office, from a committee)* zurücktreten
resignation [rezɪg'neɪʃən] *sb* Rücktritt *m,* Kündigung *f*
resistant [rɪ'zɪstənt] *adj (material)* widerstandsfähig, beständig
resources [rɪ'sɔːsɪz] *pl 1.* Ressourcen *f/pl; 2.* Geldmittel *pl*
respite ['respaɪt] *sb* Stundung *f*
responsibility [rɪspɒnsə'bɪlɪtɪ] *sb 1.* Verantwortung *f; 2. take ~ for* die Verantwortung übernehmen für; *3. (sense of ~)* Verantwortungsgefühl *n*
responsible [rɪ'spɒnsɪbl] *adj 1.* verantwortlich; *2. hold s.o. ~ for sth* jdn für etw verantwortlich machen; *3. (job)* verantwortungsvoll
responsible to a limited extent [rɪs'pɒnsɪbl tu ə 'lɪmɪtɪd ɪk'stent] *adj* beschränkt geschäftsfähig
restitution [restɪ'tjuːʃən] *sb 1.* Rückerstattung *f,* Rückgabe *f; 2. (compensation payment)* Schadenersatz *m,* Entschädigung *f*
restore [rɪ'stɔː] *v 1.* wiederherstellen; *2. (pay back)* rückerstatten; *3. (renew)* in Stand setzen
restraint of competition [rɪ'streɪnt əv kɒmpə'tɪʃən] *sb* Wettbewerbsbeschränkung *f*
restraint of competition clause [rɪ'streɪnt əv kɒmpɪ'tɪʃn klɔːz] *sb* Wettbewerbs-Klausel *f*
restraint on alienation [rɪ'streɪnt ɒn eɪlɪə'neɪʃən] *sb* Veräußerungsverbot *n*
restricted market [rɪ'strɪktɪd 'mɑːkɪt] *sb* enger Markt *m*
restriction [res'trɪkʃən] *sb* Restriktion *f,* Beschränkung *f*
restrictive endorsement [rɪ'strɪktɪv ɪn'dɔːsmənt] *sb* Rektaindossament *n*
restructuring [riː'strʌktʃərɪŋ] *sb* Umstrukturierung *f*
restructuring of assets [riː'strʌktʃərɪŋ əv 'æsets] *sb* Vermögensumschichtung *f*
restructuring of debts [riː'strʌktʃərɪŋ əv dets] *sb* Umschuldung *f*
result [rɪ'zʌlt] *v 1.* sich ergeben, resultieren; *~ from* sich ergeben aus; *~ in* führen zu; *sb 2. (consequence)* Folge *f; as a ~* folglich; *3. (outcome)* Ergebnis *n,* Resultat *n*
results accounting [rɪ'sʌlts ə'kauntɪŋ] *sb* Erfolgsbilanz *f*
results from operations [rɪ'sʌlts frɒm ɒpə'reɪʃns] *pl* Betriebsergebnis *n*
résumé ['rezuːmeɪ] *sb 1. (US: curriculum vitae)* Lebenslauf *m; 2. (summary)* Zusammenfassung *f*
resumption [rɪ'zʌmpʃən] *sb* Wiederaufnahme *f*
retail ['riːteɪl] *v 1.* im Einzelhandel verkaufen; *It ~s at $3.99.* Es wird im Einzelhandel für $3.99 verkauft. *sb 2. (~ trade)* Einzelhandel *m*

retail chain ['ri:teɪl tʃeɪn] *sb* Einzelhandelskette *f*
retail consumer ['ri:teɪl kən'sju:mə] *sb* Endverbraucher *m*
retailer ['ri:teɪlə] *sb* Einzelhändler *m*
retail price ['ri:teɪl praɪs] *sb* Einzelhandelspreis *m*, Ladenpreis *m*
retail price margin ['ri:teɪl praɪs 'mɑ:dʒɪn] *sb* Einzelhandelsspanne *f*
retail trade ['ri:teɪl treɪd] *sb* Einzelhandel *m*
retainer [rɪ'teɪnə] *sb (fee)* Honorar *n*
retaliatory duty [rɪ'tælɪətrɪ 'dju:tɪ] *sb* Kampfzoll *m*
retention [rɪ'tenʃn] *sb* Selbstbeteiligung *f*
retention of payment [rɪ'tenʃn əv 'peɪmənt] *sb* Zahlungsverweigerungsrecht *n*
retention of title [rɪ'tenʃn əv 'taɪtl] *sb* Eigentumsvorbehalt *m*
retention period [rɪ'tenʃn pɪərɪəd] *sb* Aufbewahrungsfrist *f*
retire [rɪ'taɪə] *v 1.* sich zurückziehen, in Pension gehen; *2. (s.o.)* pensionieren
retired [rɪ'taɪəd] *adj* pensioniert
retirement [rɪ'taɪəmənt] *sb 1. (state)* Ruhestand *m; 2. (act of retiring)* Zurückziehen *n*, Ausscheiden *n*, Pensionierung *f*
retirement fund [rɪ'taɪəmənt fʌnd] *sb* Pensionsfonds *m*
retirement offer [rɪ'taɪəmənt 'ɒfə] *sb* Abfindungsangebot *n*
retirement pension [rɪ'taɪəmənt 'penʃən] *sb* Altersruhegeld *n*, Rente *f*
retool [ri:'tu:l] *v (a machine)* umrüsten
retrain [ri:'treɪn] *v* umschulen
retraining [ri:'treɪnɪŋ] *sb* Umschulung *f*
retrospective [retrə'spektɪv] *adj* rückblickend, retrospektiv
return [rɪ'tɜ:n] *v 1. (a letter)* zurücksenden, zurückschicken; *2. (profit, interest)* abwerfen; *sb 3. (giving back)* Rückgabe *f; 4. (profit)* Ertrag *m*
returnable [rɪ'tɜ:nəbl] *adj 1. (purchased item)* umtauschbar; *2. (deposit)* rückzahlbar
return account [rɪ'tɜ:n ə'kaʊnt] *sb* Retourenkonto *n*
return after tax [rɪ'tɜ:n 'ɑ:ftə tæks] *sb* Rendite nach Steuern *f*
returned cheque [rɪ'tɜ:nd tʃek] *sb* Rückscheck *m*
returner [rɪ'tɜ:nə] *sb (to the work force)* Wiedereinsteiger(in) (ins Berufsleben) *m/f*
return of premium [rɪ'tɜ:n əv 'pri:mɪəm] *sb* Beitragsrückvergütung *f*, Beitragsrückerstattung *f*
return on assets [rɪ'tɜ:n ɒn 'æsets] *sb* Betriebsrendite *f*
return on capital [rɪ'tɜ:n ɒn 'kæpɪtl] *sb* Kapitalertrag *m*
return on investment [rɪ'tɜ:n ɒn ɪn'vestmənt] *sb* Kapitalrendite *f*, Kapitalrentabilität *f*, Return on Investment (ROI) *m*
return on net worth [rɪ'tɜ:n ɒn net wɜ:θ] *sb* Eigenkapitalrendite *f*
returns [rɪ'tɜ:nz] *pl* Returen *f/pl*
re-use [ri:'ju:z] *v* wieder verwenden, wieder benutzen
revaluation [ri:vælju'eɪʃən] *sb* Aufwertung *f*
revalue [ri:'vælju:] *v* neu bewerten
revenue accounting ['revenju: ə'kaʊntɪŋ] *sb* Erlösrechnung *f*
revenue accounts ['revenju: ə'kaʊnts] *pl* Erlöskonten *m/pl*
revenue correction ['revenju: kə'rekʃn] *sb* Erlösberichtigung *f*
revenue planning ['revenju: 'plænɪŋ] *sb* Erlösplanung *f*
revenue reduction ['revenju: rɪ'dʌkʃn] *sb* Erlösminderung *f*
revenue reserves ['revenju: rɪ'zɜ:vz] *pl* Gewinnrücklagen *f/pl*
reversal [rɪ'vɜ:səl] *sb* Storno *n*
reversing entry [rɪ'vɜ:sɪŋ 'entrɪ] *sb* Stornobuchung *f*
reversion to private ownership [rɪ'vɜ:ʒn tu 'praɪvət 'əʊnəʃɪp] *sb* Reprivatisierung *f*
review [rɪ'vju:] *v 1. (a situation)* überprüfen; *(re-examine)* erneut prüfen, nochmals prüfen; *sb 2. (re-examination)* Prüfung *f*, Nachprüfung *f; 3. (summary)* Überblick *m*
revival [rɪ'vaɪvəl] *sb (coming back)* Wiederaufleben *n*, Wiederaufblühen *n*
revival of demand [rɪ'vaɪvəl əv dɪ'mɑ:nd] *sb* Nachfragebelebung *f*
revive [rɪ'vaɪv] *v 1. (a business)* wieder aufleben; *2. (a product)* wieder einführen
revocation [revə'keɪʃən] *sb* Aufhebung *f*, Widerruf *m*
revocation clause [revə'keɪʃən klɔ:z] *sb* Widerrufsklausel *f*
revoke [rɪ'vəʊk] *v 1. (licence)* entziehen; *2. (a decision)* widerrufen; *3. (a law)* aufheben
revolving letter of credit [rɪ'vɒlvɪŋ 'letər əv 'kredɪt] *sb* revolvierendes Akkreditiv *n*
reward [rɪ'wɔ:d] *v 1.* belohnen; *sb 2.* Belohnung *f*
rewarding [rɪ'wɔ:dɪŋ] *adj 1. (financially)* lohnend; *2. (task)* dankbar

rework [riː'wɜːk] *v 1.* überarbeiten, neu fassen; *sb 2.* Nachbesserung *f*
rhetoric ['retərɪk] *sb* Rhetorik *f*
rich [rɪtʃ] *adj* reich
rider ['raɪdə] *sb* Zusatzklausel *f*
right [raɪt] *sb 1. (to sth)* Anrecht *n,* Anspruch *m,* Recht *n; have a ~ to sth* einen Anspruch auf etw haben; *2. equal ~s pl* Gleichberechtigung *f*
right issue ['raɪt 'ɪʃuː] *sb* Bezugsangebot *n*
right of disposal ['raɪt əv dɪs'pəʊzl] *sb* Verfügungsrecht *n*
right of pre-emption ['raɪt əv priː'empʃən] *sb* Vorkaufsrecht *n*
right of redemption ['raɪt əv rɪ'dempʃən] *sb* Rückgaberecht *n*
right of revocation ['raɪt əv rəvə'keɪʃən] *sb* Widerrufswert *n*
rights equivalent to real property ['raɪts ɪ'kwɪvələnt tu 'rɪəl 'prɒpətɪ] *pl* grundstücksgleiche Rechte *n/pl*
right to a cumulative dividend ['raɪt tu ə 'kjuːmjʊlətɪv 'dɪvɪdənd] *sb* Nachbezugsrecht *n*
right to be given information ['raɪt tu bi 'gɪvən ɪnfə'meɪʃn] *sb* Informationsrecht *n*
right to benefits [raɪt tu 'benɪfɪts] *sb* Leistungsanspruch *m*
right to cancel credit entry ['raɪt tu 'kænsl 'kredɪt 'entrɪ] *sb* Stornorecht *n*
right to claim ['raɪt tu 'kleɪm] *sb* Forderungsrecht *n*
right to refund [raɪt tu 'riːfʌnd] *sb* Rückerstattungsanspruch *m*
right to rescind a contract ['raɪt tu rɪ'sɪnd ə 'kɒntrækt] *sb* Rücktrittsrecht *n*
right to use ['raɪt tu juːz] *sb* Benutzungsrecht *n*
right to vote [raɪt tu vəʊt] *sb* Stimmrecht *n*
rise [raɪz] *sb (in prices, in pay)* Erhöhung *f*
rise in price [raɪz ɪn praɪs] *sb* Preisanstieg *m,* Preiserhöhung *f*
risk [rɪsk] *v irr 1.* riskieren; *sb 2.* Risiko *n; calculated ~* kalkuliertes Risiko; *put at ~* gefährden; *run a ~* ein Risiko eingehen
risk assessment [rɪsk ə'sesmənt] *sb* Risikobewertung *f*
risk coverage [rɪsk 'kʌvərɪdʒ] *sb* Risikoabsicherung *f*
risk-induced costs ['rɪskɪndjuːst 'kɒsts] *pl* Risikokosten *pl*
risk of payment ['rɪsk əv 'paɪmənt] *sb* Zahlungsrisiko *n*
risk of transfer ['rɪsk əv 'trænsfɜː] *sb* Transferrisiko *n*
risk premium [rɪsk 'priːmɪəm] *sb* Risikoprämie *f*
risky ['rɪskɪ] *adj 1.* riskant; *2. (dangerous)* gefährlich
rival ['raɪvəl] *sb* Konkurrent(in) *m/f*
rock-bottom ['rɒkbɒtəm] *sb* Tiefststand *m,* absoluter Tiefpunkt *m*
roll [rəʊl] *sb (list)* Liste *f,* Register *n*
roll-over credit ['rəʊləʊvə 'kredɪt] *sb* Roll-over-Kredit *m*
roster ['rɒstə] *sb* Dienstplan *m*
rotation [rəʊ'teɪʃən] *sb (taking turns)* turnusmäßiger Wechsel *m*
rough balance [rʌf 'bæləns] *sb* Rohbilanz *f*
round table [raʊnd 'teɪbl] *sb* runder Tisch *m*
route [ruːt] *sb* Route *f,* Strecke *f*
route sheet [ruːt ʃiːt] *sb* Arbeitsablaufkarte *f*
routine [ruː'tiːn] *adj 1. (everyday)* alltäglich, immer gleich bleibend, üblich; *2. (happening on a regular basis)* laufend, regelmäßig, routinemäßig; *sb 3.* Routine *f*
royalty ['rɔɪəltɪ] *sb* Lizenzgebühr *f*
ruinous ['ruːɪnəs] *adj (financially)* ruinös
ruinous exploitation ['ruːɪnəs eksplɔɪ'teɪʃən] *sb* Raubbau *m*
rule [ruːl] *v (give a decision)* entscheiden
rule-bound policy ['ruːlbaʊnd 'pɒlɪsɪ] *sb* Regelbindung *f*
rules for investment of resources ['ruːlz fɔː ɪn'vestmənt əv rɪ'sɔːsɪs] *pl* Anlagevorschriften *f/pl*
rules of procedure ['ruːlz əv prə'siːdʒə] *pl* Geschäftsordnung *f,* Verfahrensordnung *f*
rummage sale ['rʌmɪdʒ seɪl] *sb (clearance sale)* Ramschverkauf *m,* Ausverkauf *m*
run [rʌn] *v irr 1. (machine)* laufen; *2. ~ low, ~ short* knapp werden; *3. (fig: resources)* ausgehen; *4. ~ a risk* ein Risiko eingehen; *5. (US: for office)* kandidieren; *6. ~ against s.o.* jds Gegenkandidat(in) sein; *7. (manage)* führen, leiten; *8. (operate a machine)* betreiben; *9. (with a person as operator)* bedienen; *sb 10.* Lauf *m,* Run *m*
run back [rʌn bæk] *v (production)* zurückfahren
run out [rʌn 'aʊt] *v irr 1. (period of time)* ablaufen; *We're running out of time.* Wir haben nicht mehr viel Zeit. *2. (supplies, money)* ausgehen; *He ran out of money.* Ihm ging das Geld aus.
rural economy ['rʊərəl ɪ'kɒnəmɪ] *sb* Agrarwirtschaft *f*
rush hour ['rʌʃ aʊə] *sb* Hauptverkehrszeit *f,* Stoßzeit *f*

S

sabbatical [sə'bætɪkəl] *sb* Bildungsurlaub *m*, Forschungsurlaub *m*
sabotage ['sæbətɑːʒ] *v 1.* sabotieren; *sb 2.* Sabotage *f*
sack [sæk] *sb get the ~* gefeuert werden
safe [seɪf] *v 1. sichern; sb 2.* Safe *m*, Tresor *m*
safe custody account [seɪf 'kʌstədɪ ə'kaʊnt] *sb* offenes Depot *n*
safe custody charges [seɪf 'kʌstədɪ 'tʃɑːdʒəs] *pl* Depotgebühren *f/pl*
safe custody department [seɪf 'kʌstədɪ dɪ'pɑːtmənt] *sb* Depotabteilung *f*
safe deposit [seɪf dɪ'pɒzɪt] *sb* verschlossenes Depot *n*
safe deposit box [seɪf dɪ'pɒzɪt bɒks] *sb* Bankschließfach *n*
safeguard ['seɪfgɑːd] *sb 1.* Vorsichtsmaßnahme *f*, Vorkehrung *f*; *2. (guarantee)* Garantie *f*; *v 3.* gewährleisten, garantieren
safeguarding of credit ['seɪfgɑːdɪŋ əv 'kredɪt] *sb* Kreditsicherung *f*
safeguarding of the currency ['seɪfgɑːdɪŋ əv ðə 'kʌrənsɪ] *sb* Währungsabsicherung *f*
safekeeping [seɪf'kiːpɪŋ] *sb* sichere Verwahrung *f*, Gewahrsam *m*; *for ~* zur sicheren Aufbewahrung
safekeeping period [seɪf'kiːpɪŋ piəriəd] *sb* Aufbewahrungsfrist *f*
safety ['seɪftɪ] *sb* Sicherheit *f*
safety bond ['seɪftɪ bɒnd] *sb* Sicherheitsleistung *f*, Kaution *f*
safety catch ['seɪftɪ kætʃ] *sb* Sicherung *f*
salaried ['sælərid] *adj* angestellt
salary ['sælərɪ] *sb* Gehalt *n*
salary account ['sælərɪ ə'kaʊnt] *sb* Gehaltskonto *n*
salary advance ['sælərɪ əd'vɑːns] *sb* Gehaltsvorschuss *m*
salary bracket ['sælərɪ 'brækɪt] *sb* Gehaltsgruppe *f*
salary continuation ['sælərɪ kəntɪnjʊ'eɪʃən] *sb* Gehaltsfortzahlung *f*
salary increase ['sælərɪ 'ɪnkriːs] *sb* Gehaltserhöhung *f*
salary statement ['sælərɪ 'steɪtmənt] *sb* Gehaltsabrechnung *f*
sale [seɪl] *sb 1.* Verkauf *m*; *for ~* zu verkaufen; *not for ~* unverkäuflich; *2. (at reduced prices)* Ausverkauf *m*; *on ~* reduziert; *3. (a transaction)* Geschäft *n*, Abschluss *m*; *~s pl 4. (department)* Verkaufsabteilung *f*; *~s pl 5. (turnover)* Absatz *m*; Verkauf *m*, Veräußerung *f*; *6. I'm in ~s. (fam)* Ich bin im Verkauf.
saleable ['seɪləbl] *adj* absatzfähig; *in ~ condition* verkäuflich
sale by tender [seɪl baɪ 'tendə] *sb* Submissionsverkauf *m*
sale for quick delivery ['seɪl fɔː kwɪk dɪ'lɪvərɪ] *sb* Promptgeschäft *n*
sale of goods [seɪl əv 'gʊdz] *sb* Warenausgang *m*
sale on approval [seɪl ɒn ə'pruːvəl] *sb* Kauf auf Probe *m*
sale on commission [seɪl ɒn kə'mɪʃən] *sb* Provisionsverkauf *m*
sale proceeds [seɪl 'prəʊsiːdz] *pl* Verkaufserlös *m*
sales analysis [seɪlz ə'nælɪsɪs] *sb* Absatzanalyse *f*
sales campaign [seɪlz kæm'peɪn] *sb* Verkaufskampagne *f*
sales chain ['seɪlz tʃeɪn] *sb* Handelskette *f*
salesclerk ['seɪlzklɑːk] *sb (US)* Verkäufer *m*
sales commission [seɪlz kə'mɪʃən] *sb* Verkäuferprovision *f*, Umsatzprovision *f*
sales contract [seɪlz 'kɒntrækt] *sb* Verkaufsabschluss *m*
sales cost accounting [seɪlz kɒst ə'kaʊntɪŋ] *sb* Vertriebskostenrechnung *f*
sales crisis [seɪlz 'kraɪsɪs] *sb* Absatzkrise *f*
sales discount [seɪlz 'dɪskaʊnt] *sb* Skonto *m/n*
sales financing [seɪlz 'faɪnænsɪŋ] *sb* Absatzfinanzierung *f*
sales force [seɪlz 'fɔːs] *sb* Vertriebspersonal *n*, Außendienst *m*
sales ledger [seɪlz 'ledʒə] *sb* Debitorenbuch *n*
salesman ['seɪlzmən] *sb* Verkäufer *m*
salesmanship ['seɪlzmənʃɪp] *sb* Verkaufskunst *f*
sales manager [seɪlz 'mænɪdʒə] *sb* Verkaufsleiter *m*
sales note [seɪlz nəʊt] *sb* Schlussbrief *m*
sales pitch [seɪlz pɪtʃ] *sb* Verkaufsjargon *m*
sales planning [seɪlz 'plænɪŋ] *sb* Absatzplanung *f*
sales possibilities [seɪlz pɒsɪ'bɪlɪtiːz] *pl* Verkaufschance *f*

sales promotion [seɪlz prəˈməʊʃən] *sb* Absatzförderung *f,* Verkaufsförderung *f*
sales prospects [seɪlz ˈprɒspekts] *pl* Absatzchance *f*
sales publicity [seɪlz pʌbˈlɪsətɪ] *sb* Absatzwerbung *f*
sales report [seɪlz rɪˈpɔːt] *sb* Verkaufsbericht *m*
salesroom [ˈseɪlzruːm] *sb* Auktionsraum *m*
sales segment [seɪlz ˈsegmənt] *sb* Absatzsegment *n*
sales slip [seɪlz slɪp] *sb* Kassenbon *m*
sales staff [seɪlz stɑːf] *pl* Verkaufsstab *m*
sales statistics [seɪlz stəˈtɪstɪks] *pl* Absatzstatistik *f*
sales strategy [seɪlz ˈstrætɪdʒɪ] *sb* Verkaufsmethoden *pl*
sales target [seɪlz ˈtɑːgɪt] *sb* Absatzziel *n*
sales tax [seɪlz tæks] *sb (US)* Verkaufssteuer *f*
sales technique [seɪlz tekˈniːk] *sb* Verkaufstechnik *f*
sales training [seɪlz ˈtreɪnɪŋ] *sb* Verkäuferschulung *f*
saleswoman [ˈseɪlzwʊmən] *sb* Verkäuferin *f*
sample [ˈsɑːmpl] *v 1.* probieren; *(food, drink)* kosten; *sb 2. (of blood, of a mineral)* Probe *f,* Muster *n,* Warenprobe *f; 3. (for tasting)* Kostprobe *f; 4. (statistical)* Sample *n,* Stichprobe *f*
sample bag [ˈsɑːmpl bæg] *sb* Mustermappe *f*
sample book [ˈsɑːmpl bʊk] *sb* Musterbuch *n*
sample consignment [ˈsɑːmpl kənˈsaɪnmənt] *sb* Mustersendung *f*
samples fair [ˈsɑːmplz fɛə] *sb* Mustermesse *f*
sample with no commercial value [ˈsɑːmpl wɪð ˈnəʊ kəˈmɜːʃəl ˈvæljuː] *sb* Muster ohne Wert *n*
sampling inspection [ˈsɑːmplɪŋ ɪnˈspekʃən] *sb* Stichprobenprüfung *f*
sampling procedure [ˈsɑːmplɪŋ prəˈsiːdʒə] *sb* Stichprobenverfahren *n*
sanction [ˈsæŋkʃən] *v 1.* sanktionieren; *sb 2. (punishment)* Sanktion *f; 3. (permission)* Zustimmung *f*
satellite office [ˈsætəlaɪt ˈɒfɪs] *sb* Zweigstelle *f,* Außenstelle *f*
satisfaction [sætɪsˈfækʃən] *sb 1. (of conditions)* Erfüllung *f; 2. (state)* Zufriedenheit *f*
satisfactory [sætɪsˈfæktərɪ] *adj* ausreichend, akzeptabel, zufrieden stellend
satisfy [ˈsætɪsfaɪ] *v 1.* befriedigen; *2. (customers)* zufrieden stellen; *3. (conditions, a contract)* erfüllen
save [seɪv] *v 1. (avoid using up)* sparen; *2. (keep)* aufheben, aufbewahren; *3. (money)* sparen; *4. (computer)* speichern
saver [ˈseɪvə] *sb* Sparer *m*
savers' tax-free amount [ˈseɪvəs ˈtæks friː əˈmaʊnt] *sb* Sparerfreibetrag *m*
saving [ˈseɪvɪŋ] *sb 1.* Sparen *n; adj 2. (economical)* sparend, einsparend
savings [ˈseɪvɪŋz] *pl* Ersparnisse *pl*
savings account [ˈseɪvɪŋz əˈkaʊnt] *sb* Sparguthaben *n,* Sparkonto *n*
savings agreement with the building society [ˈseɪvɪŋs əˈgriːmənt wɪθ ðə ˈbɪldɪŋ səˈsaɪətɪ] *sb* Bausparvertrag *m*
savings bank [ˈseɪvɪŋz bæŋk] *sb* Sparkasse *f*
savings bond [ˈseɪvɪŋz bɒnd] *sb* Sparobligation *f*
savings bonus [ˈseɪvɪŋz ˈbəʊnəs] *sb* Sparzulage *f*
savings book [ˈseɪvɪŋz bʊk] *sb* Sparbuch *n*
savings certificate [ˈseɪvɪŋz səˈtɪfɪkət] *sb* Sparbrief *m*
savings club [ˈseɪvɪŋz klʌb] *sb* Sparverein *m*
savings department [ˈseɪvɪŋz dɪˈpɑːtmənt] *sb* Sparabteilung *f*
savings deposit [ˈseɪvɪŋz dɪˈpɒsɪt] *sb* Spareinlage *f*
savings gift credit voucher [ˈseɪvɪŋz ˈgɪft ˈkredɪt ˈvaʊtʃə] *sb* Spargeschenkgutschein *m*
savings plans [ˈseɪvɪŋz plæns] *pl* Sparpläne *m/pl*
savings premium [ˈseɪvɪŋz ˈpriːmɪəm] *sb* Sparprämie *f*
savings promotion [ˈseɪvɪŋz prɒˈməʊʃn] *sb* Sparförderung *f*
savings ratio [ˈseɪvɪŋz ˈreɪʃɪəʊ] *sb* Sparquote *f*
savings scheme [ˈseɪvɪŋs skiːm] *sb* Sparplan *m*
savings stamp [ˈseɪvɪŋz ˈstæmp] *sb* Sparmarke *f*
savings-bank book [ˈseɪvɪŋzbæŋk bʊk] *sb* Sparbuch *n*
saving through building societies [ˈseɪvɪŋ θruː ˈbɪldɪŋ səˈsaɪətiːz] *sb* Bausparen *n*
scalage [ˈskeɪlɪdʒ] *sb* Schwundgeld *n*
scale [skeɪl] *sb 1. (indicating a reading)* Skala *f; 2. (measuring instrument)* Messgerät *n;*

3. *(table, list)* Tabelle *f;* 4. *(of a map)* Maßstab *m;* 5. *(fig)* Umfang *m,* Ausmaß *n*
scale rate ['skeɪl reɪt] *sb* Tarifpreis *m*
scan [skæn] *v (an image)* scannen
scanner ['skænə] *sb* Scanner *m,* Abtaster *m*
scant [skænt] *adj (supply)* spärlich
scarce [skɛəs] *adj 1. (not plentiful)* knapp; *2. (rare)* selten
scarcity ['skɛəsətɪ] *sb* Mangel *m,* Knappheit *f*
schedule ['ʃedju:l] *v 1.* planen; *(add to a timetable)* ansetzen; *sb 2. (list)* Verzeichnis *n; 3. (timetable)* Plan *m; ahead of ~* vor dem planmäßigen Zeitpunkt; *to be behind ~* Verspätung haben; *on ~* planmäßig, pünktlich
scheduled ['ʃedju:ld] *adj 1. (planned)* vorgesehen, geplant; *2. (time)* planmäßig
schedule of accounts ['ʃedju:l əv ə'kaʊnts] *sb* Kontenrahmen *m*
schedule of charges ['ʃedju:l əv 'tʃɑ:dʒəz] *sb* Gebührentabelle *f,* Gebührenordnung *f*
scheduler ['ʃedju:lə] *sb* Disponent(in) *m/f*
scheduling ['ʃedju:lɪŋ] *sb* Terminplanung *f*
scheme [ski:m] *sb 1. (plan)* Plan *m,* Programm *n; 2. (dishonest plan)* Intrige *f; 3. (system)* System *n*
science ['saɪəns] *sb* Wissenschaft *f*
science of banking ['saɪəns əv 'bæŋkɪŋ] *sb* Bankbetriebslehre *f*
science park ['saɪəns pɑ:k] *sb* Forschungspark *m*
scientific [saɪən'tɪfɪk] *adj* wissenschaftlich
scientist ['saɪəntɪst] *sb* Wissenschaftler(in) *m/f*
scramble ['skræmbl] *sb* starke Nachfrage *f*
scrap [skræp] *v 1. (a vehicle, a machine)* verschrotten; *2. (plans)* fallen lassen
screen [skri:n] *v 1. (applicants)* überprüfen; *2. sb* Bildschirm *m*
screen job ['skri:n dʒɒb] *sb* Bildschirmarbeitsplatz *m*
screen work ['skri:n wɜ:k] *sb* Bildschirmarbeit *f*
sea bill ['si: bɪl] *sb* Seewechsel *m*
sea bill of lading ['si: bɪl əv 'leɪdɪŋ] *sb* Seekonnossement *n*
seal [si:l] *sb* Siegel *n*
seaproof packing ['si:pru:f 'pækɪŋ] *sb* seemäßige Verpackung *f*
sea route ['si: ru:t] *sb* Seeweg *m*
season ['si:zn] *sb (of the year)* Jahreszeit *f*
seasonal ['si:zənəl] *adj* Saison...
seasonal adjustment ['si:zənəl ə'dʒʌstmənt] *sb* Saisonbereinigung *f*
seasonal fluctuations ['si:zənəl flʌktju'eɪʃənz] *pl* Saisonschwankungen *f/pl*
seasonal loan ['si:zənəl ləʊn] *sb* Saisonkredit *m*
seasonally adjusted ['si:zənəlɪ ə'dʒʌstɪd] *adj* saisonbedingt, saisonbereinigt
seasonal reserves ['si:zənəl rɪ'zɜ:vs] *pl* Saison-Reserven *f/pl*
seasonal sale ['si:zənəl seɪl] *sb* Schlussverkauf *m,* Saisonausverkauf *m*
seasoned securities ['si:znd sɪ'kjʊərɪti:z] *pl* Favoriten *m/pl*
sea-tight packing ['si:taɪt 'pækɪŋ] *sb* seemäßige Verpackung *f*
seat of business [si:t əv 'bɪznɪs] *sb* Niederlassung *f,* Firmensitz *m*
secondary benefit ['sekəndərɪ 'benəfɪt] *sb* Zweitnutzen *m*
secondary energy ['sekəndərɪ 'enədʒɪ] *sb* Sekundärenergie *f*
secondary liquidity ['sekəndərɪ lɪ'kwɪdɪtɪ] *sb* Sekundär-Liquidität *f*
secondary market ['sekəndərɪ 'mɑ:kɪt] *sb* Umlaufmarkt *m,* Sekundär-Markt *m*
secondary occupation ['sekəndərɪ ɒkjʊ'peɪʃn] *sb* Nebentätigkeit *f*
secondary sector ['sekəndərɪ 'sektə] *sb* sekundärer Sektor *m*
second-class [sekənd'klɑ:s] *adj 1.* zweitklassig, zweitrangig; *2. (compartment, mail)* zweiter Klasse
second-hand [sekənd'hænd] *adj 1.* gebraucht; *2. (fig: information)* aus zweiter Hand
second of exchange ['sekənd əv ɪks'tʃeɪndʒ] *sb* Sekunda-Wechsel *m*
second-rate ['sekənd'reɪt] *adj* zweitklassig, zweitrangig
secretarial [sekrə'tɛərɪəl] *adj* Sekretariats...
secretariat [sekrə'tɛərɪət] *sb (UK)* Sekretariat *n*
secretary ['sekrətrɪ] *sb 1.* Sekretär(in) *m/f; 2. (US: minister)* Minister(in) *m/f*
section ['sekʃən] *sb (of a law)* Paragraf *m*
section head ['sekʃən hed] *sb* Referent(in) *m/f,* Bereichsleiter(in) *m/f*
sector ['sektə] *sb* Gebiet *n,* Sektor *m,* Branche *f*
secular inflation ['sekjʊlə ɪn'fleɪʃn] *sb* säkulare Inflation *f*
securities [sɪ'kjʊərɪti:z] *pl* Effekten *pl,* Valoren *f/pl,* Stücke *n/pl*
securities account [sɪ'kjʊərɪti:z ə'kaʊnt] *sb* Effektenkonto *n*
securities business [sɪ'kjʊərɪti:z 'bɪznɪs] *sb* Effektengeschäft *n;* Wertpapiergeschäft *n*
securities capitalism [sɪ'kjʊərɪti:z 'kæpɪtəlɪzm] *sb* Effektenkapitalismus *m*

securities commission agent [sɪ'kjʊərɪtiːz kɒ'mɪʃn 'eɪdʒənt] *sb* Effektenkommissionär *m*
securities dealer [sɪ'kjʊərɪtiːz 'diːlə] *sb* Börsenhändler(in) *m/f*, Effektenhändler(in) *m/f*
securities department [sɪ'kjʊərɪtiːz dɪ'pɑːtmənt] *sb* Wertpapierabteilung *f*, Effektenabteilung *f*
Securities Deposit Act [sɪ'kjʊərɪtiːz dɪ'pɒsɪt 'ækt] *sb* Depotgesetz *n*
securities deposit audit [sɪ'kjʊərɪtiːz dɪ'pɒsɪt 'ɔːdɪt] *sb* Depotprüfung *f*
securities deposit contract [sɪ'kjʊərɪtiːz dɪ'pɒsɪt 'kɒntrækt] *sb* Depotvertrag *m*
securities deposit reconciliation [sɪ'kjʊərɪtiːz dɪ'pɒsɪt rɪkɒnsɪlɪ'eɪʃn] *sb* Depotabstimmung *f*
securities discount [sɪ'kjʊərɪtiːz 'dɪskaʊnt] *sb* Effektendiskont *m*
securities eligible as cover [sɪ'kjʊərɪtiːz 'elɪdʒɪbl æz 'kʌvə] *pl* deckungsfähige Wertpapiere *n/pl*
securities fund [sɪ'kjʊərɪtiːz fʌnd] *sb* Wertpapierfonds *m*
securities held by a bank at another bank [sɪ'kjʊərɪtiːz 'held bɒɪ ə bæŋk æt ə'nʌθə bæŋk] *pl* Nostroeffekten *pl*
securities issue [sɪ'kjʊərɪtiːz 'ɪʃuː] *sb* Wertpapieremission *f*
securities-linked savings scheme [sɪ'kjʊərɪtiːzlɪŋkt 'seɪvɪŋs 'skiːm] *sb* Wertpapiersparvertrag *m*
securities market [sɪ'kjʊərɪtiːz 'mɑːkɪt] *sb* Wertpapierbörse *f*, Wertpapiermarkt *m*
securities placing [sɪ'kjʊərɪtiːz 'pleɪsɪŋ] *sb* Effektenplatzierung *f*
securities portfolio [sɪ'kjʊərɪtiːz pɔːt'fəʊliəʊ] *sb* Wertpapierdepot *n*
securities price [sɪ'kjʊərɪtiːz praɪs] *sb* Effektenkurs *m*
securities publicly notified as lost [sɪ'kjʊərɪtiːz 'pʌblɪklɪ 'nəʊtɪfɒɪd æs 'lɒst] *sb* aufgerufene Wertpapiere *n/pl*
securities redeemable [sɪ'kjʊərɪtiːz rɪ'diːməbl] *sb* Agiopapiere *n/pl*
securities research [sɪ'kjʊərɪtiːz riː'sɜːtʃ] *sb* Wertpapieranalyse *f*
securities serving as collateral [sɪ'kjʊərɪtiːz 'sɜːvɪŋ æz kɒ'lætərəl] *sb* Lombardeffekten *pl*
securities statistics [sɪ'kjʊərɪtiːz stə'tɪstɪks] *pl* Effektenstatistik *f*
securities substitution [sɪ'kjʊərɪtiːz sʌbstɪ'tjuːʃn] *sb* Effektensubstitution *f*
securities transactions on commission [sɪ'kjʊərɪtiːz træn'zækʃnz ɒn kə'mɪʃn] *pl* Effektenkommissionsgeschäft *n*
security [sɪ'kjʊərɪtɪ] *sb* 1. Wertpapier *n*, Papier *n*; 2. *(guarantee)* Bürgschaft *f*; 3. *(deposit)* Kaution *f*
security dealing [sɪ'kjʊərɪtɪ 'diːlɪŋ] *sb* Effektenhandel *m*, Wertpapierhandel *m*
security department counter [sɪ'kjʊərɪtɪ dɪ'pɑːtmənt 'kaʊntə] *sb* Effektenkasse *f*
security deposit [sɪ'kjʊərɪtɪ dɪ'pɒsɪt] *sb* Tauschdepot *n*
security deposit account [sɪ'kjʊərɪtɪ dɪ'pɒsɪt ə'kaʊnt] *sb* Depotbuchhaltung *f*, Depotkonto *n*
security discount [sɪ'kjʊərɪtɪ 'dɪskaʊnt] *sb* Effektendiskont *m*
security financing [sɪ'kjʊərɪtɪ 'faɪnænsɪŋ] *sb* Effektenfinanzierung *f*
security held on giro-transferable deposit [sɪ'kjʊərɪtɪ held ɒn 'dʒaɪrɒtrænsˈfɜːrəbl dɪ'pɒsɪt] *sb* Girosammelstück *n*, Girosammeldepotstück *n*
security house [sɪ'kjʊərɪtɪ haʊs] *sb* Effektenbank *f*
security issue for third account [sɪ'kjʊərɪtɪ 'ɪʃuː fɔː 'θɜːd ə'kaʊnt] *sb* Fremdemission *f*
security note [sɪ'kjʊərɪtɪ 'nəʊt] *sb* Sicherungsschein *m*
security of credit [sɪ'kjʊərɪtɪ əv 'kredɪt] *sb* Kreditsicherheit *f*
security-taking syndicate [sɪ'kjʊərɪtɪ 'teɪkɪŋ 'sɪndɪkət] *sb* Übernahmekonsortium *n*
security only traded on a regional stock [sɪ'kjʊərɪtɪ 'əʊnlɪ 'treɪdɪd ɒn ə 'riːdʒənəl stɒk] *sb* Lokalpapier *n*
security trading for own account [sɪ'kjʊərɪtɪ 'treɪdɪŋ fɔː 'əʊn ə'kaʊnt] *sb* Effekteneigengeschäft *n*
security transaction [sɪ'kjʊərɪtɪ træn'zækʃn] *sb* Sicherungsgeschäft *n*
security transactions under repurchase [sɪ'kjʊərɪtɪ træn'zækʃns ʌndə riː'pɜːtʃəs] *pl* Pensionsgeschäft *n*
segment ['segmənt] *sb* 1. Geschäftsbereich *m*; 2. Marktsegment *n*, Sparte *f*
seize [siːz] *v* 1. *(an opportunity)* ergreifen; 2. *(power)* an sich reißen; 3. *(confiscate)* beschlagnahmen
seizure ['siːʒə] *sb* *(confiscation)* Beschlagnahme *f*, Pfändung *f*
seizure of all the debtor's goods ['siːʒə əv ɔːl ðə 'detəz 'gʊdz] *sb* Kahlpfändung *f*

select [sɪ'lekt] *v 1.* auswählen; *adj 2.* auserwählt, auserlesen; *3. (exclusive)* exklusiv
selection [sɪ'lekʃən] *sb 1.* Auswahl *f,* Auslese *f; 2.* Wahl *f*
selection interview [sɪ'lekʃən 'ɪntəvju:] *sb* Vorstellungsgespräch *n*
selection procedure [sɪ'lekʃən prɒ'si:dʒʊə] *sb* Auswahlverfahren *n*
self-addressed [selfə'dresd] *adj (envelope)* an die eigene Anschrift adressiert
self-balancing item [self'bælænsɪŋ 'aɪtəm] *sb* durchlaufende Posten *m*
self-contained market [selfkən'teɪnd 'mɑ:kɪt] *sb* geschlossener Markt *m*
self-defence [selfdɪ'fens] *sb* Notwehr *f*
self-employed [selfɪm'plɔɪd] *adj 1.* selbstständig erwerbstätig, freiberuflich; *sb 2. (person)* Selbstständige(r) *f/m*
self-financing [self'faɪnænsɪŋ] *sb* Eigenfinanzierung, Selbstfinanzierung *f*
self-service [self'sɜ:vɪs] *sb* Selbstbedienung *f*
self-starter [self'stɑ:tə] *sb (person)* Mensch mit Eigeninitiative *m*
sell [sel] *v irr 1. (have sales appeal)* sich verkaufen lassen; *2. (sth)* verkaufen
sell-by date ['selbaɪ deɪt] *sb* Haltbarkeitsdatum *n; pass one's ~ (fig)* seine besten Tage hinter sich haben
seller ['selə] *sb* Verkäufer *m*
seller's commission ['seləz kə'mɪʃən] *sb* Umsatzbeteiligung *f,*
sellers competition ['seləz kɒmpə'tɪʃən] *sb* Verkäuferwettbewerb *m*
seller's market ['seləz 'mɑ:kɪt] *sb* Verkäufermarkt *m*
selling commission ['selɪŋ kə'mɪʃn] *sb* Schalterprovision *f*
selling costs ['selɪŋ kɒsts] *pl* Vertriebskosten *pl,* Absatzkosten *pl*
selling price ['selɪŋ praɪs] *sb* Briefkurs *m*
selling value ['selɪŋ 'vælju:] *sb* Verkaufswert *m*
sell off [sel ɒf] *v irr 1.* verkaufen; *2. (quickly, cheaply)* abstoßen
sell out [sel aʊt] *v irr 1.* alles verkaufen; *(sth)* ausverkaufen; *2. (one's share)* verkaufen; *3. sold out* ausverkauft
sell up [sel ʌp] *v irr* zu Geld machen, ausverkaufen
semi-annual [semɪ'ænjʊəl] *adj (US)* halbjährlich
semi-annual balance sheet [semɪ'ænjʊəl 'bælæns ʃi:t] *sb* Halbjahresbilanz *f*
semi-finished goods [semɪ'fɪnɪʃt gʊdz] *pl* Halberzeugnis *n*
semi-fixed [semɪ'fɪksd] *adj* teilvariabel
semi-monthly [semɪ'mʌnθlɪ] *adj (US)* zweimal monatlich
semiskilled [semɪ'skɪld] *adj* angelernt
send [send] *v irr* schicken
send away [send ə'weɪ] *v irr ~ for sth* etw kommen lassen, etw anfordern
send back [send bæk] *v irr* zurückschicken; *(food in a restaurant)* zurückgehen lassen
send down [send daʊn] *v (prices)* drücken, fallen lassen
sender ['sendə] *sb* Absender *m; return to ~* zurück an Absender
send for [send fɔ:] *v irr* kommen lassen, sich bestellen
send in [send ɪn] *v irr* einschicken
send off [send ɒf] *v irr (a letter)* abschicken
send up [send ʌp] *v (prices)* hochtreiben
senior ['si:nɪə] *adj* älter, ältere(r); *(in time of service)* dienstälter; *(in rank)* vorgesetzt
senior citizen ['si:nɪə 'sɪtɪzən] *sb 1.* Senior *m; 2. (pensioner)* Rentner *m*
senior position ['si:nɪə pɒ'sɪʃn] *sb* leitende Position *f*
sentiment ['sentɪmənt] *sb* Stimmungslage *f,* Tendenz *f*
separate account ['sepərɪt ə'kaʊnt] *sb* Sonderkonto *n*
separate deposit ['sepərɪt dɪ'pɒsɪt] *sb* Sonderdepot *n*
separate item ['sepərɪt 'aɪtəm] *sb* Sonderposten *m*
sequence ['si:kwəns] *sb* Folge *f; (order)* Reihenfolge *f*
sequestration [si:kwe'streɪʃən] *sb* Beschlagnahme *f,* Zwangsvollstreckung *f*
sequestrator [si:kwe'streɪtə] *sb* Gerichtsvollzieher(in) *m/f,* Zwangsvollstrecker(in) *m/f*
serial ['sɪərɪəl] *adj* Serien...
serial number ['sɪərɪəl 'nʌmbə] *sb 1.* laufende Nummer *f; 2. (on goods)* Fabrikationsnummer *f,* Seriennummer *f*
serial port ['sɪərɪəl pɔ:t] *sb* serieller Anschluss *m*
series ['sɪəri:z] *sb* Serie *f,* Reihe *f*
series production ['sɪəri:z prə'dʌkʃən] *sb* Serienfertigung *f*
seriousness ['sɪərɪəsnɪs] *sb* Seriosität *f*
serve [sɜ:v] *v 1. (sth, s.o.)* dienen; *2. (a summons)* zustellen; *3. ~ notice on s.o.* jmd. kündigen; *4. It ~s no purpose.* Es hat keinen

Zweck. 5. *(in a restaurant, in a shop)* bedienen; *(food, drinks)* servieren

server ['sɜːvə] *sb* Server *m*

service ['sɜːvɪs] *sb* 1. Dienst *m*, Dienstleistung *f*; *I'm at your ~.* Ich stehe Ihnen zur Verfügung. 2. *to be of ~* nützlich sein; *Can I be of ~?* Kann ich Ihnen behilflich sein? 3. *(to customers)* Service *m*; *(in a restaurant, in a shop)* Bedienung *f*; 4. *(regular transport, air ~)* Verkehr *m*; 5. *(operation)* Betrieb *m*; 6. *(upkeep of machines)* Wartung *f*

service business ['sɜːvɪs 'bɪznɪs] *sb* Dienstleistungsunternehmen *n*

service center ['sɜːvɪs 'sentə] *(US)* *sb* Kundendienststelle *f*

service charge ['sɜːvɪs tʃɑːdʒ] *sb* Bearbeitungsgebühr *f*

service company ['sɜːvɪs 'kʌmpənɪ] *sb* Dienstleistungsgesellschaft *f*

service contract ['sɜːvɪs 'kɒntrækt] *sb* Wartungsvertrag *m*, Servicevertrag *m*

service contractor ['sɜːvɪs kən'træktə] *sb* Wartungsunternehmen *n*

service control ['sɜːvɪs kən'trəʊl] *sb* Dienstaufsicht *f*

service economy ['sɜːvɪs ɪ'kɒnəmɪ] *sb* Dienstleistungsgesellschaft *f*

service engineer ['sɜːvɪs endʒɪ'niə] *sb* Kundendiensttechniker(in) *m/f*

service income ['sɜːvɪs 'ɪnkʌm] *sb* Arbeitseinkommen *n*

service industry ['sɜːvɪs 'ɪndəstrɪ] *sb* Dienstleistungsgewerbe *n*

service life ['sɜːvɪs laɪf] *sb* Nutzungsdauer *f*

service marketing ['sɜːvɪs 'mɑːkɪtɪŋ] *sb* Dienstleistungsmarketing *n*

service obligation ['sɜːvɪs ɒblɪ'geɪʃn] *sb* Dienstverpflichtung *f*

service of capital ['sɜːvɪs əv 'kæpɪtl] *sb* Kapitaldienst *m*

service organisation ['sɜːvɪs ɔːgənaɪ'zeɪʃən] *sb* Kundendienstorganisation *f*

service sector ['sɜːvɪs 'sektə] *sb* Dienstleistungssektor *m*

setback ['setbæk] *sb* Rückschlag *m*

set of bills of exchange [set əv bɪls əv ɪk'stʃeɪndʒ] *sb* Wechselserie *f*

set-off ['setɒf] *sb* Aufrechnung *f*

set of figures [set əv 'fɪgəz] *sb* Statistik *f*

setting day ['setɪŋ deɪ] *sb* Abrechnungstag *m*

setting procedure ['setɪŋ prə'siːdʒə] *sb* Abrechnungsverfahren *n*

settle ['setl] *v (a bill)* begleichen, bezahlen

settlement[1] ['setlmənt] *sb* Abwicklung *f*

settlement[2] ['setlmənt] *sb* 1. *(sorting out)* Erledigung *f*, Regelung *f*; 2. *(of a debt)* Begleichung *f*; 3. *(agreement)* Übereinkommen *n*, Abmachung *f*; 4. *an out-of court ~* ein außergerichtlicher Vergleich *m*

settlement account ['setlmənt ə'kaʊnt] *sb* Abwicklungskonto *n*

settlement clause ['setlmənt klɔːz] *sb* Zahlungsklausel *f*

settlement date ['setlmənt deɪt] *sb* Erfüllungstermin *m*, Fälligkeit *f*

settlement day ['setlmənt deɪ] *sb* Abrechnungstag *m*

settlement discount ['setlmənt 'dɪskaʊnt] *sb* Skonto *m/n*

settlement in cash ['setlmənt ɪn 'kæʃ] *sb* Barabfindung *f*

settlement of accounts ['setlmənt əv ə'kaʊnts] *sb* Abrechnung *f*

settlement offer ['setlmənt 'ɒfə] *sb* Vergleichsangebot *n*, Abfindungsangebot *n*

settlement of time bargains ['setlmənt əv 'taɪm 'bɑːgɪns] *sb* Skontration *f*

settle on [setl ɒn] *v (agree on)* sich einigen auf

settle up [setl ʌp] *v* bezahlen

settling days ['setlɪŋ deɪz] *pl* Bankstichtage *f/pl*

set up [set ʌp] *v irr* 1. *(arrange)* arrangieren, vereinbaren; 2. *(establish)* gründen; 3. *(fit out)* einrichten

severance claim ['sevərəns kleɪm] *sb* Abfindungsanspruch *m*

shape [ʃeɪp] *sb* 1. *(figure)* Gestalt *f*; 2. *(state)* Zustand *m*; 3. *(physical condition)* Kondition *f*, Zustand *m*

share [ʃɛə] *v* 1. teilen; 2. *~ in sth* an etw teilnehmen; *sb* 3. (Geschäfts-)Anteil *m*; 4. *(in a public limited company)* Aktie *f*

share account [ʃɛər ə'kaʊnt] *sb* Aktienkonto *n*

share at a fixed amount [ʃɛər æt ə 'fɪkst ə'maʊnt] *sb* Summenaktie *f*

share block ['ʃɛə blɒk] *sb* Aktienpaket *n*

share capital [ʃɛə 'kæpɪtl] *sb* Aktienkapital *n*, Stammkapital *n*

share certificate [ʃɛə sə'tɪfɪkət] *sb* Aktienzertifikat *n*, Anteilscheine *m/pl*, Mantel *m*

share denomination [ʃɛə dɪnɒmɪ'neɪʃən] *sb* Aktienstückelung *f*

share deposit [ʃɛə dɪ'pɒzɪt] *sb* Aktiendepot *n*

share discount [ʃɛə 'dɪskaʊnt] *sb* Aktienagio *n*, Emissionsagio *n*

share fund [ʃɛə fʌnd] *sb* Aktienfonds *m*
shareholder ['ʃɛəhəʊldə] *sb* Aktionär *m*, Anteilseigner *m*
shareholder value ['ʃɛəhəʊldə 'vælju:] *sb* Shareholder Value *m*
shareholding ['ʃɛəhəʊldɪŋ] *sb* Aktienbestand *m*
share in capital [ʃɛər ɪn 'kæpɪtl] *sb* Kapitalanteil *m*
share index [ʃɛər 'ɪndeks] *sb* Aktienindex *m*
share in the loss [ʃɛər ɪn ðə 'lɒs] *sb* Verlustanteil *m*
share in the market [ʃɛər ɪn ðə 'mɑ:kɪt] *sb* Marktposition *f*, Marktanteil *m*
share in the profits [ʃɛər ɪn ðə 'prɒfɪts] *sb* Gewinnanteil *m*
share issue [ʃɛər 'ɪʃu:] *sb* Aktienausgabe *f*
share market [ʃɛə 'mɑ:kɪt] *sb* Aktienmarkt *m*
share of no par value [ʃɛər əv nəʊ pɑ: 'vælju:] *sb* Quotenaktie *f*
share price [ʃɛə praɪs] *sb* Aktienkurs *m*
share purchase warrant [ʃɛə 'pɜ:tʃəs 'wɒrənt] *sb* Optionsschein *m*
share quorum [ʃɛə 'kwɔ:rəm] *sb* Aktienquorum *n*
share quotation [ʃɛə kwəʊ'teɪʃən] *sb* Aktiennotierung *f*
share register [ʃɛə 'redʒɪstə] *sb* Aktienbuch *n*, Aktienregister *n*
shares account [ʃɛəz ə'kaʊnt] *sb* Stückekonto *n*
share stock option [ʃɛə stɒk 'ɒpʃn] *sb* Aktienoption *f*
shareware ['ʃɛəwɛə] *sb* Shareware *f*
share with low par value [ʃɛə wɪθ ləʊ pɑ: 'vælju:] *sb* Kleinaktie *f*
shelf [ʃelf] *sb 1.* Brett *n*, Bord *n; 2. (in a cupboard)* Fach *n, put sth on the ~ (fig)* etw an den Nagel hängen; *off the ~* von der Stange
shelf life [ʃelf laɪf] *sb* Lagerfähigkeit *f*, Haltbarkeit *f*
shell company [ʃel 'kʌmpənɪ] *sb* Briefkastenfirma *f*
shelve [ʃelv] *v 1. (put on a shelf)* in ein Regal stellen; *2. (fig: a plan)* beiseite legen, zu den Akten legen
shelving ['ʃelvɪŋ] *sb* Regale *pl*
shift [ʃɪft] *sb (work period)* Schicht *f*
shift work [ʃɪft wɜ:k] *sb* Schichtarbeit *f*
ship [ʃɪp] *v 1. (send)* versenden, befördern; *2. (grain, coal)* verfrachten
ship broker [ʃɪp 'brəʊkə] *sb* Schiffsmakler *m*
shipbuilding ['ʃɪpbɪldɪŋ] *sb* Schiffbau *m*
shipment ['ʃɪpmənt] *sb 1.* Sendung *f; (by sea)* Verschiffung *f; 2. (batch of goods)* Lieferung *f*
ship mortgage [ʃɪp 'mɔ:gɪdʒ] *sb* Schiffshypothek *f*
shipowner ['ʃɪpəʊnə] *sb* Schiffseigner *m*, Reeder *m*
shipper ['ʃɪpə] *sb* Spediteur *m*
shipping ['ʃɪpɪŋ] *sb 1.* Schifffahrt *f; 2. (transportation)* Versand *m; 3. (by sea)* Verschiffung *f*
shipping company ['ʃɪpɪŋ 'kʌmpənɪ] *sb* Reederei *f*
shipping document ['ʃɪpɪŋ 'dɒkjʊmənt] *sb* Versanddokument *n*
shipping exchange ['ʃɪpɪŋ ɪks'tʃeɪndʒ] *sb* Frachtbörse *f*, Schifffahrtsbörse *f*
shipping line ['ʃɪpɪŋ laɪn] *sb* Reederei *f*
shipyard ['ʃɪpjɑ:d] *sb* Werft *f*, Schiffswerft *f*
shockproof ['ʃɒkpru:f] *adj* stoßfest
shop [ʃɒp] *sb1.* Laden *m*, Geschäft *n; set up ~* einen Laden eröffnen, ein Geschäft eröffnen; *2. talk ~* fachsimpeln; *3. closed ~* Unternehmen mit Gewerkschaftszwang *n; v 4.* einkaufen; *go ~ping* einkaufen gehen
shop assistant [ʃɒp ə'sɪstənt] *sb* Verkäufer(in) *m/f*
Shop Closing Hours Law [ʃɒp 'kləʊzɪŋ 'aʊəs lɔ:] *sb* Ladenschlussgesetz *n*
shop hours [ʃɒp aʊəs] *pl* Ladenöffnungszeiten *f/pl*
shopkeeper ['ʃɒpki:pə] *sb* Ladenbesitzer(in) *m/f*
shopping mall ['ʃɒpɪŋ mɔ:l] *sb* Einkaufsgalerie *f*
short [ʃɔ:t] *adj 1. to be ~ (not have enough)* zu wenig haben; *~ of cash* knapp bei Kasse; *2. (expectations) fall ~ of* nicht erreichen; nicht entsprechen
shortage ['ʃɔ:tɪdʒ] *sb 1.* Knappheit *f; 2. (of people, of money)* Mangel *m*
shortage of goods ['ʃɔ:tɪdʒ əv 'gʊdz] *sb* Warenknappheit *f*
shortage of staff ['ʃɔ:tɪdʒ əv 'stɑ:f] *sb* Personalmangel *m*
shortcoming ['ʃɔ:tkʌmɪŋ] *sb* Unzulänglichkeit *f*, Mangel *m*
short covering [ʃɔ:t 'kʌvərɪŋ] *sb* Deckungskäufe *m/pl*
short delivery [ʃɔ:t dɪ'lɪvərɪ] *sb* Minderlieferung *f*
shortfall ['ʃɔ:tfɔ:l] *sb* Fehlbetrag *m*
shorthand ['ʃɔ:thænd] *sb* Kurzschrift *f*
short sale [ʃɔ:t seɪl] *sb* Blankoverkauf *m*
short-term ['ʃɔ:ttɜ:m] *adj* kurzfristig

short-term credit ['ʃɔːttɜːm 'kredɪt] *sb* kurzfristiger Kredit *m*
short-time work ['ʃɔːttaɪm wɜːk] *sb* Kurzarbeit *f*
shredder ['ʃredə] *sb 1.* Zerkleinerungsmaschine *f; 2. (paper-~)* Reißwolf *m*
shutdown ['ʃʌtdaʊn] *sb* Stilllegung *f*
sick-leave ['sɪkliːv] *sb to be on ~* krankgeschrieben sein
sick note ['sɪk nəʊt] *sb* Krankmeldung *f*
sick pay ['sɪk peɪ] *sb* Krankengeld *n*
side agreement [saɪd ə'griːmənt] *sb* Sonderabkommen *n*
sight balance [saɪt 'bæləns] *sb* Sichtguthaben *n*
sight credit [saɪt 'kredɪt] *sb* Kontokorrentkredit *m*
sight deposits ['saɪt dɪ'pɒzɪts] *pl* Sichteinlagen *f/pl*
sight draft ['saɪt drɑːft] *sb* Sichtwechsel *m*
sight letter of credit [saɪt 'letə əv 'kredɪt] *sb* Sichtakkreditiv *n*
sight rate ['saɪt reɪt] *sb* Sichtkurs *m*
sign [saɪn] *v* unterschreiben
signatory ['sɪgnətrɪ] *sb* Unterzeichner(in) *m/f,* Vertragspartner(in) *m/f*
signature ['sɪgnətʃə] *sb* Unterschrift *f*
signature authorization ['sɪgnətʃə ɔːθəraɪ'zeɪʃən] *sb* Zeichnungsberechtigung *f*
sign for ['saɪn fɔː] *v* den Empfang bestätigen
sign in [saɪn 'ɪn] *v* sich eintragen
sign off [saɪn 'ɒf] *v (letter)* Schluss machen
sign on [saɪn 'ɒn] *v (for unemployment benefits)* sich arbeitslos melden
sign up [saɪn 'ʌp] *v 1. (by signing a contract)* sich verpflichten; *2. (s.o.)* verpflichten, anstellen
silent partner ['saɪlənt 'pɑːtnə] *sb* stiller Teilhaber *m*
simulate ['sɪmjʊleɪt] *v* simulieren
simulation [sɪmjʊ'leɪʃən] *sb 1.* Simulation *f; 2. (feigning)* Vortäuschung *f*
simulator ['sɪmjʊleɪtə] *sb* Simulator *m*
single [sɪŋgl] *adj 1. (only one)* einzige(r,s); *not a ~ one* kein Einziger/keine Einzige/kein Einziges; *2. (not double or triple)* einzeln
single-asset depreciation [sɪŋgl'æsɪt dɪprɪʃɪ'eɪʃn] *sb* Einzelabschreibung *f*
single-item manufacturing ['sɪŋglaɪtəm mænjʊ'fæktʃʊrɪŋ] *sb* Einzelfertigung *f*
single operation [sɪŋgl ɒpə'reɪʃn] *sb* Sologeschäft *n*
single-price market ['sɪŋglpraɪs 'mɑːkɪt] *sb* Einheitsmarkt *m*
single-product firm [sɪŋgl'prɒdʌkt fɜːm] *sb* Einproduktbetrieb *m*
situation [sɪtjʊ'eɪʃən] *sb (job)* Stelle *f*
situations wanted [sɪtjʊ'eɪʃənz 'wɒntɪd] *pl* Stellengesuche *n/pl*
size [saɪz] *sb 1.* Größe *f; v 2. ~ up* abschätzen
sizeable ['saɪzəbl] *adj (sum, difference)* beträchtlich
size of an order ['saɪz əv ən 'ɔːdə] *sb* Auftragsgröße *f*
skeleton agreement ['skelɪtn ə'griːmənt] *sb* Rahmenabkommen *n*
skill [skɪl] *sb (acquired technique)* Fertigkeit *f*
skilled [skɪld] *adj 1.* geschickt; *2. (trained)* ausgebildet
skim [skɪm] *v (fig: profits)* abschöpfen
slack [slæk] *adj* geschäftslos, lustlos
slash [slæʃ] *v (fig: reduce)* stark herabsetzen
slip [slɪp] *sb* Zettel *m,* Abschnitt *m,* Beleg *m*
slow down [sləʊ daʊn] *v 1. (in an activity)* etw langsamer machen; *2. (sth)* verlangsamen
slump [slʌmp] *sb* Krise *f,* Rezession *f*
slump-proof ['slʌmppruːf] *adj* krisenfest
small and medium-sized enterprises ['smɔːl ənd 'miːdɪəmsaɪzd 'entəpraɪzɪz] *pl* Klein- und Mittelbetrieb *m,* mittelständische Unternehmen *n/pl*
small business [smɔːl 'bɪznɪs] *sb* Kleinbetrieb *m*
small change [smɔːl 'tʃeɪndʒ] *sb* Kleingeld *n*
small package [smɔːl 'pækɪdʒ] *sb* Päckchen *n*
small personal loan [smɔːl 'pɜːsənl 'ləʊn] *sb* Kleinkredit *m*
small saver [smɔːl 'seɪvə] *sb* Kleinsparer *m*
small shareholder [smɔːl 'ʃɛəhəʊldə] *sb* Kleinaktionär *m*
small trader [smɔːl 'treɪdə] *sb* Minderkaufmann *m*
snowball system ['snəʊbɔːl 'sɪstəm] *sb* Schneeballsystem *n*
soar [sɔː] *v (prices)* in die Höhe schnellen
sociable ['səʊʃəbl] *adj* gesellig, umgänglich
social ['səʊʃəl] *adj* gesellschaftlich, Gesellschafts..., sozial
social compensation plan [səʊʃəl kɒmpən'seɪʃn plæn] *sb* Sozialplan *m*
social fund [səʊʃəl fʌnd] *sb* Sozialfonds *m*
social insurance ['səʊʃəl ɪn'ʃʊərəns] *sb* Sozialversicherung *f*
Social Insurance Office ['səʊʃəl ɪn'ʃʊərəns 'ɒfɪs] *sb* Versicherungsanstalt *f*

socialism ['səʊʃəlɪzm] *sb* Sozialismus *m*
social market economy ['səʊʃəl 'mɑːkɪt ɪ'kɒnəmɪ] *sb* soziale Marktwirtschaft *f*
social policy ['səʊʃəl 'pɒlɪsɪ] *sb* Sozialpolitik *f*
social security ['səʊʃəl sɪ'kjʊərɪtɪ] *pl* Sozialversicherung *f*, Sozialhilfe *f*
social services ['səʊʃəl 'sɜːvɪsɪz] *pl* Sozialleistung *f*
societal [sə'saɪətl] *adj* gesellschaftlich
society [sə'saɪətɪ] *sb* Gesellschaft *f*
socio-economic [səʊʃiəʊiːkə'nɒmɪk] *adj* sozioökonomisch
soft currency [sɒft 'kʌrənsɪ] *sb* weiche Währung *f*
soften ['sɒfn] *v* nachgeben, sich abschwächen
solar energy ['səʊlər 'enədʒɪ] *sb* Sonnenenergie *f*
solar power ['səʊlə 'paʊə] *sb* Sonnenenergie *f*, Solarenergie *f*
sole [səʊl] *adj 1.* einzig; *2. (exclusive)* alleinig
sole agency [səʊl 'eɪdʒənsɪ] *sb* Alleinvertretung *f*
sole heir [səʊl 'ɛə] *sb* Alleinerbe *m*
sole owner [səʊl 'əʊnə] *sb* Alleininhaber *m*
solicit [sə'lɪsɪt] *v* umwerben, erbitten
solicitation [səlɪsɪ'teɪʃən] *sb* (Kunden-) Werbung *f*
solicitor [sə'lɪsɪtə] *sb (UK)* Rechtsanwalt/ Rechtsanwältin *m/f*
solve [sɒlv] *v (a problem)* lösen
solvency ['sɒlvənsɪ] *sb* Zahlungsfähigkeit *f*, Solvenz *f*
solvent ['sɒlvənt] *adj* zahlungsfähig
sort [sɔːt] *v 1.* sortieren; *sb 2.* Art *f*, Sorte *f*; *all ~s of things* alles Mögliche; *that sort of thing* diese Sachen; *nothing of the ~* nichts dergleichen
sort out [sɔːt aʊt] *v (straighten out)* in Ordnung bringen, klären
sound [saʊnd] *adj (company, investment)* solide
source [sɔːs] *sb 1. (of information)* Quelle *f*; *2. (origin)* Ursprung *m*
source of revenue [sɔːs əv 'revənjuː] *sb* Einnahmequelle *f*, Steuerquelle *f*
source of supply [sɔːs əv sə'plaɪ] *sb* Bezugsquelle *f*
source principle [sɔːs 'prɪnsɪpl] *sb* Quellenprinzip *n*
span of control [spæn əv kɒn'trəʊl] *sb* Kontrollspanne *f*
spare [spɛə] *v 1. (do without)* entbehren, verzichten auf; *2. (use sparingly)* sparen mit; *adj* übrig, überschüssig; *(meagre)* dürftig
spare part [spɛə pɑːt] *sb* Ersatzteil *n*
spare time [spɛə 'taɪm] *sb* Freizeit *f*
sparingly ['spɛərɪŋlɪ] *adv use sth ~* mit etw sparsam umgehen
special ['speʃəl] *adj 1.* besondere(r,s), Sonder...; *nothing ~* nichts Besonderes; *2. (specific)* bestimmt; *Were you looking for anything ~?* Suchten Sie etwas Bestimmtes? *sb 3. (reduced price)* Sonderangebot *n*
special agreements ['speʃəl ə'griːmənts] *pl* Sondervereinbarung *f*
special allowance ['speʃəl ə'laʊəns] *sb* Sondervergütung *f*
special business property ['speʃəl 'bɪznɪs 'prɒpətɪ] *sb* Sonderbetriebsvermögen *n*
special delivery ['speʃəl dɪ'lɪvərɪ] *sb (US)* Eilzustellung *f*
special depreciation ['speʃəl dɪprɪʃɪ'eɪʃn] *sb* Sonderabschreibung *f*
special direct cost ['speʃəl 'daɪrekt kɒst] *sb* Sondereinzelkosten *pl*
special discount ['speʃəl 'dɪskaʊnt] *sb* Sonderrabatt *m*
special expenses ['speʃəl ɪk'spensɪz] *pl* Sonderausgaben *pl*
special fund ['speʃəl fʌnd] *sb* Sondervermögen *n*
special interests ['speʃəl 'ɪntrests] *pl* Sonderzinsen *m/pl*
special lombard facility ['speʃəl 'lɒmbəd fə'sɪlɪtɪ] *sb* Sonderlombard *m*
special meeting ['speʃəl 'miːtɪŋ] *sb* Sondersitzung *f*
special offer ['speʃəl 'ɒfə] *sb* Sonderangebot *n*
special power ['speʃəl 'paʊə] *sb* Spezialvollmacht *f*
special remuneration ['speʃəl rɪmjuːnə'reɪʃən] *sb* Sondervergütung *f*
specialist ['speʃəlɪst] *sb* Fachmann/Fachfrau *m/f*, Spezialist(in) *m/f*
specialization [speʃəlaɪ'zeɪʃən] *sb* Spezialisierung *f*
specialize ['speʃəlaɪz] *v ~ in sth* sich auf etw spezialisieren
specialized fund ['speʃəlaɪzd 'fʌnd] *sb* Spezialfonds *m*
specialized lawyer ['speʃəlaɪzd 'lɔːɪə] *sb* Fachanwalt *m*
special-purpose association [speʃəl-'pɜːpəs əsəʊʃɪ'eɪʃn] *sb* Zweckgemeinschaft *f*
specialty debt ['speʃəltɪ 'det] *sb* verbriefte Schuld *f*
specialty store ['speʃəltɪ stɔː] *sb* Fachgeschäft *n*

specie ['spiːʃiː] *sb* Hartgeld *n*, Münzgeld *n*
specific duty [spe'sɪfɪk 'djuːtɪ] *sb* Mengenzoll *m*
specification [spesɪfɪ'keɪʃən] *sb* Spezifikation; *(stipulation)* Bedingung *f*
specifications [spesɪfɪ'keɪʃənz] *pl (design)* technische Daten *pl*
specify ['spesɪfaɪ] *v* genau angeben
specimen ['spesɪmɪn] *sb (sample)* Muster *n*
speculate ['spekjuleɪt] *v* spekulieren
speculation [spekju'leɪʃən] *sb* Spekulation *f*
speculation in foreign currency [spekju'leɪʃən ɪn 'fɒrɪn 'kʌrənsɪ] *sb* Devisenspekulation *f*
speculation in futures [spekjʊ'leɪʃən ɪn 'fjuːtʃəz] *sb* Terminspekulation *f*
speculative ['spekjʊlətɪv] *adj* Spekulations...
speculative operations ['spekjʊlətɪv ɒpə'reɪʃənz] *pl* Spekulationsgeschäft *n*
speculative profit ['spekjʊlətɪv 'prɒfɪt] *sb* Spekulationsgewinn *m*
speculative security ['spekjʊlətɪv sɪ'kjʊərɪtɪ] *sb* Hoffnungswert *m*, Spekulationspapier *n*
speculative transaction ['spekjʊlətɪv træn'zækʃən] *sb* Spekulationsgeschäft *n*
speculator ['spekjʊleɪtə] *sb* Spekulant *m*
speculator for a fall ['spekjʊleɪtə fɔː ə 'fɔːl] *sb* Baissespekulant(in) *m/f*, Baissier *m*
speculator for a rise ['spekjʊleɪtə fɔː ə 'raɪz] *sb* Haussespekulant(in) *m/f*, Haussier *m*
spell out [spel aʊt] *v irr* buchstabieren
spend [spend] *v irr 1. (money)* ausgeben; *2. (energy, resources)* verbrauchen; *3. (time: pass)* verbringen, *4. (time: use)* brauchen
spending ['spendɪŋ] *sb* Ausgaben *pl*
spending costs ['spendɪŋ kɒsts] *pl* ausgabenwirksame Kosten *pl*
sphere of responsibility [sfiə əv rɪspɑnsə'bɪlətɪ] *sb* Zuständigkeitsbereich *m*
spiel [ʃpiːl] *sb (salesman's)* Verkaufsmasche *f*
spokesperson ['spəʊkspɛːsn] *sb* Sprecher(in) *m/f*
sponsor ['spɒnsə] *v 1.* fördern; *sb 2.* Förderer/Förderin *m/f*
sponsored ['spɒnsəd] *adj* gesponsert, gefördert, unterstützt
sponsorship ['spɒnsəʃɪp] *sb* Sponsern *n*, Unterstützung *f*, Förderung *f*
spot [spɒt] *sb (commercial)* Werbespot *m*
spot exchange [spɒt ɪks'tʃeɪndʒ] *sb* Kassadevisen *pl*
spot market [spɒt 'mɑːkɪt] *sb* Kassamarkt *m*, Spotmarkt *m*
spot price ['spɒt praɪs] *sb* Kassakurs *m*
spot transaction [spɒt træn'zækʃn] *sb* Lokogeschäft *n*, Spotgeschäft *n*
spreadsheet ['spredʃiːt] *sb* Tabellenkalkulation *f*
squander ['skwɔːndə] *v 1. (money)* vergeuden; *2. (opportunities)* vertun
square [skwɛə] *adj 1. to be ~ (debts)* in Ordnung sein; *2. to be all ~ (not to owe)* quitt sein; *v 3. (debts)* begleichen
square measurement [skwɛə 'meʒəmənt] *sb* Flächenmaße *n/pl*
stability [stə'bɪlɪtɪ] *sb* Stabilität *f*
stability of prices [stə'bɪlɪtɪ əv 'praɪsɪz] *sb* Preisstabilität *f*
stability of the value of money [stə'bɪlɪtɪ əv ðə 'væljuː əv 'mʌnɪ] *sb* Geldwertstabilität *f*
stability policy [stə'bɪlɪtɪ 'pɒlɪsɪ] *sb* Stabilitätspolitik *f*
stabilization [steɪbɪlaɪ'zeɪʃən] *sb* Stabilisierung *f*
stabilize ['steɪbɪlaɪz] *v* sich stabilisieren; *(sth)* stabilisieren
stable [steɪbl] *adj* stabil, dauerhaft
stable exchange rates [steɪbl iks'tʃeɪndʒ reɪts] *pl* stabile Wechselkurse *m/pl*
staff [stɑːf] *sb (personnel)* Personal *n*, Belegschaft *f*; *to be on the ~ of* Mitarbeiter sein bei
staff administration [stɑːf ədmɪnɪ'streɪʃən] *sb* Personalverwaltung *f*
staff changes [stɑːf 'tʃeɪndʒɪz] *pl* Personalwechsel *m*
staffer ['stɑːfə] *sb* feste(r) Mitarbeiter(in) *m/f*
staff manager [stɑːf 'mænɪdʒə] *sb* Personalleiter(in) *m/*
staff pension fund [stɑːf 'penʃn fʌnd] *sb* Pensionskasse *f*
staff shares ['stɑːf ʃɛəs] *sb* Belegschaftsaktie *f*
stagnate [stæg'neɪt] *v* stagnieren
stagnation [stæg'neɪʃən] *sb 1.* Stagnieren *n*; *2. (of a market)* Stagnation *f*
stake [steɪk] *v 1. ~ a claim to sth* sich ein Anrecht auf etw sichern; *sb 2. (financial interest)* Anteil *m*
stamp [stæmp] *v 1. (sth)* stempeln; *2. (with a machine)* prägen; *3. (put postage on)* frankieren; *sb 4. (postage ~)* Briefmarke *f*; *5. (mark instrument)* Stempel *m*
stamp duty ['stæmp 'djuːtɪ] *sb* Transfersteuer *f*, Stempelsteuer *f*

stamping ['stæmpɪŋ] *sb* Abstempelung *f*
stamping of bank notes ['stæmpɪŋ əv 'bæŋk nəʊts] *sb* Notenabstempelung *f*
standard ['stændəd] *adj 1.* handelsüblich, Standard..., Norm...; *sb 2.(monetary)* Standard *m*, Norm *f; 3.* Feingehalt *m*, Feingewicht *n*
standard bill ['stændəd bɪl] *sb* Einheitswechsel *m*
standard inventory ['stændəd ɪn'ventərɪ] *sb* Durchschnittsbestand *m*
standardization [stændədaɪ'zeɪʃn] *sb* Standardisierung *f*
standardize ['stændədaɪz] *v* vereinheitlichen, normen, normieren
standard price ['stændəd praɪs] *sb* fester Verrechnungspreis *m*
standard value ['stændəd 'vælju:] *sb* Einheitswert *m*
standard wages ['stændəd 'weɪdʒɪz] *pl* Tariflohn *m*
stand-by ['stændbaɪ] *sb on ~* in Bereitschaft *f*
stand-by costs ['stændbaɪ kɒsts] *pl* Bereitschaftskosten *pl*
stand-by man ['stændbaɪ mæn] *sb* Springer *m*
stand in [stænd ɪn] *v irr ~ for s.o.* jdn vertreten
stand-in ['stændɪn] *sb* Ersatz *m*
standing ['stændɪŋ] *sb 1. (position)* Rang *m; of long ~* langjährig, alt; *sb 2. (repute)* Ruf *m*
standing costs ['stændɪŋ kɒsts] *pl* fixe Kosten *pl*
standing order ['stændɪŋ 'ɔ:də] *sb* Dauerauftrag *m*
standstill agreement ['stændstɪl ə'gri:mənt] *sb* (Recht) Moratorium *n*
standstill credit ['stændstɪl 'kredɪt] *sb* Stillhalte-Kredit *m*
staple goods [steɪpl gʊdz] *pl* Stapelware *f*
stapler ['steɪplə] *sb* Heftmaschine *f*
start [stɑ:t] *v 1. (engine)* anspringen; *2. (found)* gründen; *3. (career, argument)* anfangen, beginnen
starting date ['stɑ:tɪŋ deɪt] *sb* Einstellungstermin *m*
starting salary ['stɑ:tɪŋ 'sælərɪ] *sb* Anfangsgehalt *n*
start up [stɑ:t ʌp] *sb* Start-Up *m*
startup costs ['stɑ:tʌp 'kɒsts] *pl* Ingangsetzungskosten *pl*
start-up grant ['stɑ:tʌp grɑ:nt] *sb* Unternehmensgründungsbeihilfe *f*
startup money ['stɑ:tʌp 'mʌnɪ] *sb* Startkapital *n*
state [steɪt] *sb 1.* Staat *m; 2. ~ of affairs* Stand *m*, Lage *f; 3. (condition)* Zustand *m; adj 4.* staatlich
state bank ['steɪt bæŋk] *sb* Staatsbank *f*
state bound by the rule of law ['steɪt baʊnd baɪ ðə ru:l əv 'lɔ:] *sb* Rechtsstaat *m*
state indebtedness [steɪt ɪn'detɪdnəs] *sb* Staatsverschuldung *f*
stated ['steɪtɪd] *adj* angegeben, genannt, aufgeführt, aufgelistet
statement ['steɪtmənt] *sb* Ausweisung *f*, Kontoauszug *m*
statement analysis ['steɪtmənt ə'næləsɪs] *sb* Bilanzanalyse *f*
statement of account ['steɪtmənt əv ə'kaʊnt] *sb* Kontoauszug *m*
statement of commission ['steɪtmənt əv kə'mɪʃən] *sb* Provisionsabrechnung *f*
statement of costs ['steɪtmənt əv 'kɒsts] *sb* Kostenrechnung *f*, Erfolgskonto *n*
statement of damages ['steɪtmənt əv 'dæmɪdʒɪz] *sb* Schadensrechnung *f*
statement of earnings ['steɪtmənt əv 'ɜ:nɪŋs] *sb* Ertragsbilanz *f*
statement of expenses ['steɪtmənt əv ɪks'pensɪz] *sb* Spesenrechnung *f*
statement of intent ['steɪtmənt əv ɪn'tent] *sb* Absichtserklärung *f*
statement of net assets ['steɪtmənt əv net 'æsets] *sb* Vermögensaufstellung *f*
statement of operating results ['steɪtmənt əv 'ɒpəreɪtɪŋ rɪ'zʌlts] *sb* Ergebnisrechnung *f*
statement of overindebtedness ['steɪtmənt əv əʊvəɪn'detɪdnəs] *sb* Überschuldungsbilanz *f*
statement of quantity ['steɪtmənt əv 'kwɒntətɪ] *sb* Mengenangabe *f*
statement of securities ['steɪtmənt əv sɪ'kjʊərɪti:z] *sb* Depotauszug *m*
state of the market ['steɪt əv ðə 'mɑ:kɪt] *sb* Marktlage *f*
state supervision of credit institutions ['steɪt su:pə'vɪʒn əv 'kredɪt ɪnstɪ'tju:ʃnz] *sb* Kreditaufsicht *f*
station of destination ['steɪʃən əv destɪ'neɪʃən] *sb* Bestimmungsbahnhof *m*
statistical cost accounting [stə'tɪstɪkl 'kɒst ə'kaʊntɪŋ] *sb* Nachkalkulation *f*
statistics [stə'tɪstɪks] *pl* Statistik *f*
status ['steɪtəs] *sb 1.* Status *m; 2. marital ~* Familienstand *m*

status in law ['steɪtəs ɪn 'lɔː] *sb* Rechtscharakter *m*
status inquiry ['steɪtəs ɪn'kwaɪərɪ] *sb* Vermögensauskunft *f*, Kreditauskunft *f*
status report ['steɪtəs rɪ'pɔːt] *sb* Lagebericht *m*
statute ['stætʃuːt] *sb (of an organization)* Statut *n*
statutes ['stætʃuːts] *pl* Satzung *f*
statutory accident insurance ['stætʃʊtərɪ 'æksɪdənt ɪn'ʃʊərəns] *sb* gesetzliche Unfallversicherung *f*
statutory audit ['stætʃʊtərɪ 'ɔːdɪt] *sb* Prüfungspflicht *f*
statutory damage ['stætʃʊtərɪ 'dæmɪdʒ] *sb* Konventionalstrafe *f*
statutory health insurance fund ['stætʃʊtərɪ 'helθ ɪn'ʃʊərəns fʌnd] *sb* gesetzliche Krankenversicherung *f*
statutory pension insurance fund ['stætʃʊtərɪ 'penʃn ɪn'ʃʊərəns fʌnd] *sb* gesetzliche Rentenversicherung *f*
statutory period of notice ['stætʃʊtərɪ piːrɪəd əv 'nəʊtɪs] *sb* gesetzliche Kündigungsfrist *f*
stenographer [stə'nɒgrəfə] *sb* Stenograf(in) *m/f*
stenography [stə'nɒgrəfɪ] *sb* Kurzschrift *f*, Stenografie *f*
stimulant ['stɪmjʊlənt] *sb* Konjunkturspritze *f*, Auftriebsimpuls *m*
stimulus ['stɪmjʊləs] *sb* Stimulus *m*; *(incentive)* Anreiz *m*
stint [stɪnt] *sb* Schicht *f*
stipend ['staɪpənd] *sb* Lohn *m*
stipulate ['stɪpjʊleɪt] *v (specify)* festsetzen; *(make a condition)* voraussetzen
stipulation [stɪpjʊ'leɪʃən] *sb* Bedingung *f*
stock [stɒk] *v 1. (a product)* führen; *sb 2. (supply)* Vorrat *m*, (Waren-) Bestand *m*; *3. (financial)* Aktien *pl*; *in ~* vorrätig; *take ~ of the situation* die Lage abschätzen
stock committee [stɒk kɒ'mɪtiː] *sb* Börsenausschuss *m*
stock corporation [stɒk kɔːpə'reɪʃn] *sb* Aktiengesellschaft (AG) *f*
stock dividend [stɒk 'dɪvɪdənd] *sb* Stockdividende *f*
stock exchange ['stɒk ɪks'tʃeɪndʒ] *sb* Börse *f*, Börsenumsätze *m/pl*, Effektenbörse *f*, Stock Exchange *f*
Stock Exchange Act ['stɒk ɪks'tʃeɪndʒ ækt] *sb* Börsengesetz *n*
stock exchange average [stɒk iks-'tʃeɪndʒ 'ævərɪdʒ] *sb* Börsenindex *m*
stock exchange centre ['stɒk ɪks'tʃeɪndʒ 'sentə] *sb* Börsenplatz *m*
stock exchange customs ['stɒk ɪks-'tʃeɪndʒ 'kʌstəms] *pl* Börsenusancen *f/pl*
stock exchange dealings ['stɒk ɪks-'tʃeɪndʒ 'diːlɪŋz] *pl* Börsenhandel *m*
stock exchange index ['stɒk ɪks'tʃeɪndʒ ɪndeks] *sb* Börsenindex *m*, Kursindex *m*
stock exchange list ['stɒk ɪks'tʃeɪndʒ lɪst] *sb* Kursblatt *n*, Kurszettel *m*
stock exchange operations ['stɒk ɪks-'tʃeɪndʒ ɒpə'reɪʃns] *pl* Börsengeschäfte *n/pl*
stock exchange order ['stɒk ɪks'tʃeɪndʒ 'ɔːdə] *sb* Börsenauftrag *m*
stock exchange price ['stɒk ɪks'tʃeɪndʒ praɪs] *sb* Börsenkurs *m*
stock exchange quotation ['stɒk ɪks-'tʃeɪndʒ kwəʊ'teɪʃən] *sb* Börsennotierung *f*
stock exchange regulations ['stɒk ɪks-'tʃeɪndʒ regjʊ'leɪʃnz] *pl* Börsenordnung *f*
stock exchange report ['stɒk ɪks'tʃeɪndʒ rɪ'pɔːt] *sb* Börsenbericht *m*
stock exchange rules ['stɒk ɪks'tʃeɪndʒ ruːlz] *pl* Börsenrecht *n*
stock exchange supervision ['stɒk ɪks-'tʃeɪndʒ suːpə'vɪʒn] *sb* Börsenaufsicht *f*
stock market ['stɒk 'mɑːkɪt] *sb* Börse *f*
stock market crash ['stɒk 'mɑːkɪt kræʃ] *sb* Börsenkrach *m*
stock market information ['stɒk 'mɑːkɪt ɪnfə'meɪʃn] *sb* Börsenauskunft *f*
stock market notice board ['stɒk 'mɑːkɪt 'nəʊtɪs bɔːd] *sb* Börsenaushang *m*
stock market transactions ['stɒk 'mɑːkɪt træn'zækʃənz] *pl* Börsengeschäfte *n/pl*
stockbook ['stɒkbʊk] *sb* Effektenbuch *n*
stockbroker ['stɒkbrəʊkə] *sb* Börsenmakler *m*, Effektenmakler *m*, Kursmakler *m*
stockholder ['stɒkhəʊldə] *sb (US)* Aktionär *m*
stockkeeping ['stɒkkiːpɪŋ] *sb* Lagerhaltung *f*
stockpile ['stɒkpaɪl] *sb 1.* Vorrat *m*, Stapelbestand *m*; *v 2.* aufstapeln
stockpiling ['stɒkpaɪlɪŋ] *sb* Vorratshaltung *f*
stock profits [stɒk 'prɒfɪts] *pl* Neubewertungsgewinn *m*
stockroom ['stɒkrʊm] *sb* Lager *n*
stocks [stɒks] *sb* Bestand *m*
stock-taking ['stɒkteɪkɪŋ] *sb* Bestandsaufnahme *f*
stock warrant [stɒk 'wɑrənt] *sb* Aktienbezugsrechtsschein *m*
stone [stəʊn] *sb (UK: unit of weight)* 6,35 kg

stop [stɒp] *v 1. (come to a halt)* anhalten; *2. Stop!* Halt! *3. (cease)* aufhören; ~ *at nothing* vor nichts zurückschrecken; *(an action)* aufhören mit; *4. (interrupt temporarily)* unterbrechen; *5. (a machine)* abstellen; *6. (payments, production)* einstellen; *7. (a cheque)* sperren; *sb 8.* Stillstand *m; come to a* ~ zum Stillstand kommen

stoppage ['stɒpɪdʒ] *sb 1. (interruption)* Unterbrechung *f; 2. (strike)* Streik *m*

stopping payment ['stɒpɪŋ 'peɪmənt] *sb* Schecksperre *f*

storage ['stɔːrɪdʒ] *sb* (Ein-)Lagerung *f; put into* ~ lagern

storage capacity ['stɔːrɪdʒ kə'pæsɪtɪ] *sb* Lagerkapazität *f*

store [stɔː] *v 1.* lagern; *(documents)* aufbewahren; *sb 2. (large shop)* Geschäft *n; (US: shop)* Laden *m; 3. (storage place)* Lager *n; (supply)* Vorrat *m; 4. (UK: computer)* Speicher *m*

storehouse ['stɔːhaʊs] *sb* Lagerhaus *n*

storekeeper ['stɔːkiːpə] *sb* Ladenbesitzer(in) *m/f*

storeroom ['stɔːrʊm] *sb* Lagerraum *m*

stores [stɔːz] *pl* Vorräte *pl,* Bestände *pl*

stowage ['stəʊɪdʒ] *sb 1. (stowing)* Beladen *n,* Verstauen *n; 2. (charge)* Staugebühr *f*

stow away [stəʊ ə'weɪ] *v (sth)* verstauen

strategic [strə'tiːdʒɪk] *adj* strategisch

strategic business area [strə'tiːdʒɪk 'bɪznɪs ɜəriːə] *sb* strategisches Geschäftsfeld *n*

strategic management [strə'tiːdʒɪk mænɪdʒmənt] *sb* strategische Führung *f*

strategic planning [strə'tiːdʒɪk 'plænɪŋ] *sb* strategische Planung *f*

strategy ['strætɪdʒɪ] *sb* Strategie *f*

streamline ['striːmlaɪn] *v* rationalisieren, bereinigen

strictly confidential ['strɪktlɪ kɒnfɪ'denʃəl] *adj* streng vertraulich

strike [straɪk] *v irr 1. (employees)* streiken; *sb 2. (by workers)* Streik *m,* Ausstand *m*

strikebound ['straɪkbaʊnd] *adj* bestreikt, von Streik betroffen

strike-breaker ['straɪkbreɪkə] *sb* Streikbrecher *m*

strike pay ['straɪk peɪ] *sb* Streikgelder *n/pl*

striker ['straɪkə] *sb* Streikende(r) *f/m,* Ausständige(r) *f/m*

structural ['strʌktʃərəl] *adj* strukturell, Struktur...

structural change ['strʌktʃərəl 'tʃeɪndʒ] *sb* Strukturwandel *m*

structural loan ['strʌktʃərəl 'ləʊn] *sb* Strukturkredit *m*

structural policy ['strʌktʃərəl 'pɒlɪsɪ] *sb* Strukturpolitik *f*

structural reform ['strʌktʃərəl rɪ'fɔːm] *sb* Strukturreform *f*

structure ['strʌktʃə] *v 1.* strukturieren; *2. (an argument)* aufbauen, gliedern; *sb 3.* Struktur *f*

structure of distribution ['strʌktʃə əv dɪstrɪ'bjuːʃən] *sb* Vertriebsstruktur *f*

structure of the balance sheet ['strʌktʃə əv ðə 'bæləns ʃiːt] *sb* Bilanzstruktur *f*

structuring of operations ['strʌktʃərɪŋ əv ɒpə'reɪʃns] *sb* Ablauforganisation *f*

suable ['sjuːəbl] *adj* einklagbar

subaccount [sʌbə'kaʊnt] *sb* Unterkonto *n*

subagent ['sʌbeɪdʒənt] *sb* Untervertreter *m*

subbranch ['sʌbbrɑːntʃ] *sb* Zweigstelle *f*

subcontractor ['sʌbkəntræktə] *sb* Subunternehmer *m,* Zulieferer *m*

subdivision ['sʌbdɪvɪʒn] *sb* Aufgliederung *f,* Untergliederung *f*

subject to confirmation ['sʌbtʃekt tu kɒnfɜː'meɪʃn] *adj* freibleibend

sublease ['sʌbliːs] *sb* Untervermietung *f,* Unterverpachtung *f*

submission [səb'mɪʃən] *sb* Vorlage *f,* Einreichung *f*

subordinate [sə'bɔːdɪneɪt] *sb* Untergebene(r) *f/m,* Mitarbeiter(in) *m/f*

subscribe [səb'skraɪb] *v* ~ *to (a publication)* abonnieren

subscribed capital [səb'skraɪbd 'kæpɪtl] *sb* gezeichnetes Kapital *n*

subscriber [səb'skraɪbə] *sb* Abonnent *m*

subscription agency [səb'skrɪpʃn 'eɪdʒənsɪ] *sb* Bezugsstelle *f*

subscription blank [səb'skrɪpʃn blæŋk] *sb* Zeichnungsschein *m*

subscription conditions [səb'skrɪpʃn kən'dɪʃnz] *pl* Bezugsbedingungen *f/pl*

subscription day [səb'skrɪpʃn deɪ] *sb* Bezugstag *m*

subscription for shares [səb'skrɪpʃn fɔː ʃɛəs] *sb* Aktienzeichnung *f*

subscription form [səb'skrɪpʃn fɔːm] *sb* Zeichnungsschein *m*

subscription period [səb'skrɪpʃn piːrɪəd] *sb* Bezugsfrist *f,* Zeichnungsfrist *f*

subscription premium [səb'skrɪpʃn 'priːmiəm] *sb* Zeichnungsagio *n*

subscription price [səb'skrɪpʃn praɪs] *sb* Bezugskurs *m,* Bezugsrechtnotierung *f,* Bezugsrechtskurs *m*

subscription right [səb'skrɪpʃn raɪt] *sb* Bezugsrecht *n*
subscription rights parity [səb'skrɪpʃn raɪts 'pærɪtɪ] *sb* Bezugsrechtsparität *f*
subscription warrant [səb'skrɪpʃn wɒrənt] *sb* Bezugsschein *m*
subsequent ['sʌbsɪkwənt] *adj* nachfolgend, nachträglich
subsequent payment ['sʌbsɪkwent 'peɪmənt] *sb* Nachschuss *m*
subsidiary [səb'sɪdɪərɪ] *adj 1.* Tochter..., Neben...; *sb 2.* Tochtergesellschaft *f*
subsidiary agreement [səbsɪdɪərɪ ə'griːmənt] *sb* Nebenabreden *f/pl*
subsidize ['sʌbsɪdaɪz] *v* subventionieren
subsidy ['sʌbsədɪ] *sb* Subvention *f,* Zuschuss *m*
subsistence [səb'sɪstəns] *sb (means of ~)* Lebensunterhalt *m*
subsistence minimum [səb'sɪstəns 'mɪnɪməm] *sb* Existenzminimum *n*
subsistence wage [səb'sɪstəns weɪdʒ] *sb* Mindestlohn *m*
substance ['sʌbstəns] *sb* Substanz *f*
substitute ['sʌbstɪtjuːt] *v 1. ~ for s.o.* jdn vertreten, als Ersatz für jdn dienen; *sb* Ersatz *m; 2. (person)* Vertretung *f; adj* Ersatz...
substitute delivery ['sʌbstɪtjuːt dɪ'lɪvərɪ] *sb* Ersatzlieferung *f*
substitute goods ['sʌbstɪtjuːt 'gʊdz] *sb* Substitutionsgüter *n/pl*
substitute purchase ['sʌbstɪtjuːt 'pɜːtʃɪs] *sb* Ersatzkauf *m*
substitute transfer ['sʌbstɪtjuːt 'trænsfə] *sb* Ersatzüberweisung *f*
substitution [sʌbstɪ'tjuːʃən] *sb* Substitution *f,* Ersetzen *n,* Einsetzen *n*
substitution of debt [sʌbstɪ'tjuːʃən əv det] *sb* Schuldenauswechslung *f*
subtract [seb'trækt] *v* abziehen, subtrahieren
succession [sək'seʃən] *sb (to a post)* Nachfolge *f*
successor [sək'sesə] *sb* Nachfolger(in) *m/f*
successor company [sək'sesə 'kʌmpənɪ] *sb* Betriebsnachfolge *f*
success-oriented [sək'ses'ɔːrɪəntɪd] *adj* erfolgsorientiert
success rate [sək'ses reɪt] *sb* Erfolgsquote *f*
sue [suː] *v* klagen, Klage erheben; *~ s.o.* gegen jdn gerichtlich vorgehen, jdn belangen; *~ s.o. for damages* jdn auf Schadenersatz verklagen

sufficient [sə'fɪʃənt] *adj* genügend, genug, ausreichend
suit [suːt] *sb* Prozess *m,* Verfahren *n*
suitability [suːtə'bɪlɪtɪ] *sb (of an applicant)* Eignung *f*
suitable ['suːtəbl] *adj* geeignet, passend
sum [sʌm] *sb 1.* Summe *f; 2. (of money)* Betrag *m,* Summe *f,* Geldsumme *f; v 3.* summieren, zusammenzählen
sum due [sʌm djuː] *sb* ausstehender Betrag *m,* fälliger Betrag *m*
sum total [sʌm 'təʊtəl] *sb* Gesamtbetrag *m*
summons ['sʌmənz] *sb* gerichtliches Mahnverfahren *n*
Sunday work ['sʌndeɪ wɜːk] *sb* Sonntagsarbeit *f*
super-dividend ['suːpədɪvɪdənd] *sb* Überdividende *f*
superficial [suːpə'fɪʃəl] *adj* oberflächlich
superfluous [sʊ'pɜːfluəs] *adj* überflüssig
superior [sʊ'pɪərɪə] *adj 1. (better)* besser; *(abilities)* überlegen; *(in rank)* höher; *sb 2. (in rank)* Vorgesetzte(r) *f/m*
superstore ['suːpəstɔː] *sb* Verbrauchermarkt *m*
supervise ['suːpəvaɪz] *v* beaufsichtigen, überwachen
supervision [suːpə'vɪʒn] *sb* Dienstaufsicht *f,* Aufsicht *f,* Beaufsichtigung *f*
supervisor ['suːpəvaɪzə] *sb* Aufseher(in) *m/f*
supervisory board [suːpə'vaɪzərɪ bɔːd] *sb* Aufsichtsrat *m*
supplement ['sʌplɪmənt] *v 1.* ergänzen; *sb 2.* Ergänzung *f; 3. (in a newspaper)* Beilage *f*
supplementary [sʌplɪ'mentərɪ] *adj* zusätzlich, Zusatz...
supplementary payment [sʌplɪ'mentərɪ 'peɪment] *sb* Nachzahlung *f*
supplementary staff costs [sʌplɪ'mentərɪ 'stɑːf kɒsts] *pl* Personalnebenkosten *pl*
supplier [sə'plaɪə] *sb* Lieferant *m*
supplier's credit [sə'plaɪəz 'kredɪt] *sb* Lieferantenkredit *m*
supplies [sə'plaɪz] *pl* Betriebsstoffe *m/pl,* Hilfsstoffe *m/pl*
supply [sə'plaɪ] *v 1.* sorgen für; *2. (goods, public utilities)* liefern; *sb 3. (act of supplying)* Versorgung *f; 4. ~ and demand* Angebot und Nachfrage; *5. (thing supplied)* Lieferung *f, (delivery)* Lieferung *f; 6. (stock)* Vorrat *m*
supply bond [sə'plaɪ bɒnd] *sb* Leistungsgarantie *f,* Erfüllungsgarantie *f*

supply contract [sə'plaɪ 'kɒntrækt] *sb* Liefervertrag *m*
supply of capital [sə'plaɪ əv 'kæpɪtl] *sb* Kapitalangebot *n*
supply of money [sə'plaɪ əv 'mʌnɪ] *sb* Geldangebot *n*
supply-oriented economic policy [sə'plaɪ-'ɔːrɪentɪd iːkə'nɒmɪk 'pɒlɪsɪ] *sb* angebotsorientierte Wirtschaftspolitik *f*
supply structure [sə'plaɪ 'strʌkʃə] *sb* Angebotsstruktur *f*
support [sə'pɔːt] *sb 1.* Unterstützung *f; 2.* Kursunterstützung *f,* Kurspflege *f*
support buying [sə'pɔːt 'baɪŋ] *sb* Stützungskauf *m*
support fee [sə'pɔːt fiː] *sb* Avalprovision *f*
support level [sə'pɔːt 'levəl] *sb* Unterstützungslinie *f*
supreme [sʊ'priːm] *adj the Supreme Court* das oberste Gericht *n*
surcharge ['sɜːtʃɑːdʒ] *sb* Zuschlag *m*
surety ['ʃʊərətɪ] *sb* Sicherheit *f,* Kaution *f,* Delkredere *n*
surety bond ['ʃʊərətɪ bɒnd] *sb* Kautionsurkunde *f,* Bürgschaftserklärung *f*
surpass [sə'pɑːs] *v* übersteigen, übertreffen
surplus ['sɜːplʌs] *sb 1.* Überschuss *m; adj 2.* überschüssig
surplus on current account ['sɜːplʌs ɑn 'kʌrənt ə'kaʊnt] *sb* Leistungsbilanzüberschuss *m*
surplus reserve ['sɜːplʌs rɪ'zɜːv] *sb* Überschussreserve *f*
surplus saving ['sɜːplʌs 'seɪvɪŋ] *sb* Plus-Sparen *n,* Überschuss-Sparen *n*
surtax ['sɜːtæks] *sb* Steuerzuschlag *m*
survey [sɜː'veɪ] *v 1. (fam: poll)* befragen; ['sɜːveɪ] *sb 2. (poll)* Umfrage *f*
survey report ['sɜːveɪ rɪ'pɔːt] *sb* Haveriezertifikat *n*
suspension of payments [sʌs'penʃən əv 'peɪmənts] *sb* Zahlungseinstellung *f*
swap [swɒp] *v 1.* tauschen; *~ sth for sth* etw gegen etw austauschen; *sb 2.* Tausch *m*
swap agreement [swɒp ə'griːmənt] *sb* Swapabkommen *n*
swap credit [swɒp 'kredɪt] *sb* Swapkredit *m*
swap market [swɒp 'mɑːkɪt] *sb* Swapmarkt *m*
swap policy [swɒp 'pɒlɪsɪ] *sb* Swappolitik *f*
swap rate ['swɒp reɪt] *sb* Swapsatz *m*
swap transaction [swɒp træn'zækʃn] *sb* Swapgeschäft *n*
swing [swɪŋ] *sb* Swing *m,* Kreditmarge *f*
swing shift ['swɪŋ ʃɪft] *sb (US)* Spätschicht *f*
switchboard ['swɪtʃbɔːd] *sb 1.* Telefonvermittlung *f; (in an office)* Telefonzentrale *f; 2. (panel)* Schalttafel *f*
switch off [swɪtʃ ɒf] *v* ausschalten, abschalten
switch on [swɪtʃ ɒn] *v* einschalten, anschalten
switch premium [swɪtʃ 'priːmiəm] *sb* Switchprämie *f*
switch-type financing ['swɪtʃtaɪp 'faɪnænsɪŋ] *sb* Umfinanzierung *f*
sworn statement [swɔːn 'steɪtmənt] *sb* beeidigte Erklärung *f*
synchronization [sɪŋkrənaɪ'zeɪʃən] *sb* Abstimmung *f*
synchronize ['sɪŋkrənaɪz] *v 1.* abstimmen; *(two or more things)* aufeinander abstimmen; *2. (clocks)* gleichstellen; *~ your watches* stimmen Sie Ihre Uhren aufeinander ab
synchronous production ['sɪŋkrənəs prɒ-'dʌkʃn] *sb* Synchronfertigung *f*
syndic ['sɪndɪk] *sb* Syndikus *m*
syndicate ['sɪndɪkət] *sb* Konsortium *n*
syndicated credit ['sɪndɪkeɪtɪd 'kredɪt] *sb* Konsortialkredit *m*
syndicate department ['sɪndɪkət dɪ'pɑːtmənt] *sb* Konsortialabteilung *f*
syndicate holdings ['sɪndɪkət 'həʊldɪŋz] *pl* Konsortialbeteiligungen *f/pl*
syndicate transaction ['sɪndɪkət træn-'zækʃn] *sb* Konsortialgeschäft *n*
syndication [sɪndɪ'keɪʃən] *sb* Syndizierung *f*
synergy ['sɪnədʒiː] *sb* Synergieeffekte *m/pl*
synodal bond [sɪ'nəʊdl 'bɒnd] *sb* Synodalobligation *f*
system ['sɪstəm] *sb* System *n*
systematic [sɪstə'mætɪk] *adj* systematisch
system control ['sɪstəm kɒn'trəʊl] *sb* Systemsteuerung *f*
system of exchange rates ['sɪstəm əv ɪks'tʃeɪndʒ reɪts] *sb* Wechselkurssystem *n*
system of internal audits ['sɪstəm əv ɪn-'tɜːnəl 'ɔːdɪts] *sb* internes Kontrollsystem (IKS) *n*
system of specialized banking ['sɪstəm əv 'speʃəlaɪzd 'bæŋkɪŋ] *sb* Trennbanksystem *n*
system of taxation ['sɪstəm əv tæk'seɪʃən] *sb* Steuersystem *n*
systems engineering [sɪstəmz endʒɪ'nɪərɪŋ] *sb* Anlagenbau *m*

T

tab [tæb] *sb (on a file card)* Reiter *m*
table [teɪbl] *sb* Tabelle *f*
table of costs [teɪbl əv 'kɒsts] *sb* Gebührenverzeichnis *n*
tablet ['tæblɪt] *sb (US: note pad)* Notizblock *m*
table work [teɪbl wɜːk] *sb* Tabellensatz *m*
tabular ['tæbjʊlə] *adj* tabellarisch
tabulate ['tæbjʊleɪt] *v* tabellarisch darstellen, tabellarisieren
tactics ['tæktɪks] *pl* Taktik *f*
tag [tæg] *sb (label)* Schild *n; (name ~)* Namensschild *n; (with manufacturer's name)* Etikett *n*
tailboard ['teɪlbɔːd] *sb* Ladeklappe *f*
tailor-made ['teɪləmeɪd] *adj (fig)* genau zugeschnitten
take [teɪk] *v irr 1. (~ over)* übernehmen; *2. (measure)* messen; *3. (transport)* bringen; *4. (a poll)* durchführen; *5. (dictation)* aufnehmen
take in [teɪk 'ɪn] *v irr (money)* einnehmen
take off [teɪk 'ɒf] *v irr 1. (start to have success)* ankommen; *2. (a day from work)* frei nehmen
take on [teɪk 'ɒn] *v irr 1. (undertake)* übernehmen; *2. (an opponent)* antreten gegen; *3. (give a job to)* einstellen, anstellen
take out [teɪk 'aʊt] *v irr (money from a bank)* abheben; *~ an insurance policy* eine Versicherung abschließen
take over [teɪk 'əʊvə] *v irr* die Leitung übernehmen
takeover ['teɪkəʊvə] *sb* Übernahme *f,* Machtergreifung *f*
takeover of a business ['teɪkəʊvə əv ə 'bɪznɪs] *sb* Geschäftsübernahme *f*
takeover offer ['teɪkəʊvə 'ɒfə] *sb* Übernahmeangebot *n*
take-over profit [teɪk'əʊvə 'prɒfɪt] *sb* Übernahmegewinn *m*
take-over speculation [teɪk'əʊvə spekjʊ'leɪʃn] *sb* Aufkaufspekulation *f*
takeover target ['teɪkəʊvə 'tɑːgɪt] *sb* Übernahmekandidat *m*
taker ['teɪkə] *sb* Käufer *m*
taking of the inventory ['teɪkɪŋ əv ðiː ɪn-'ventərɪ] *sb* Inventur *f*
talk [tɔːk] *sb* Gespräch *n; have a ~ with s.o.* mit jdm reden
talk over [tɔːk 'əʊvə] *v* besprechen
tally sheet ['tælɪ ʃiːt] *sb* Kontrollliste *f*
talon for renewal of coupon sheet ['tælən fɔː rɪ'njuːəl əv 'kuːpən ʃiːt] *sb* Erneuerungsschein *m*
tangible fixed assets ['tændʒɪbl fɪkst 'æsets] *pl* Sachanlagevermögen *n*
tap issue [tæp 'ɪʃuː] *sb* Daueremission *f*
tardy ['tɑːdɪ] *adj* spät; *(person)* säumig
tare [tɛə] *sb* Tara *f*
target band ['tɑːgɪt bænd] *sb* Zielkorridor *m*
target calculation ['tɑːgɪt kælkjʊ'leɪʃən] *sb* Plankalkulation *f*
target cost accounting ['tɑːgɪt kɒst ə'kaʊntɪŋ] *sb* Zielkostenrechnung *f*
target date ['tɑːgɪt deɪt] *sb* Stichtag *m,* Termin *m*
target figures ['tɑːgɪt 'fɪgəz] *pl* Sollzahlen *f/pl*
target group ['tɑːgɪt gruːp] *sb* Zielgruppe *f*
target price ['tɑːgɪt praɪs] *sb* Zielpreis *m*
target saving ['tɑːgɪt 'seɪvɪŋ] *sb* Zwecksparen *n*
target-performance comparison [tɑːgɪt-pə'fɔːməns kɒm'pærɪsn] *sb* Soll-Ist-Vergleich (Betriebswirtschaft) *m*
target value ['tɑːgɪt 'væljuː] *sb* Richtwert *m,* Zielwert *m*
target yield ['tɑːgɪt jiːld] *sb* Sollaufkommen *n*
tariff ['tærɪf] *sb 1.* (Zoll-)Tarif *m,* Zollgebühr *f; 2. (price list)* Preisverzeichnis *n*
tariff barriers ['tærɪf 'bærɪəz] *pl* tarifäre Handelshemmnisse *n/pl*
tariff quota ['tærɪf 'kwəʊtə] *sb* Zollkontingent *n*
tariff value ['tærɪf 'væljuː] *sb* Tarifwert *m*
task-oriented synthesis ['tɑːskɔːrɪentɪd 'sɪnθɪsɪs] *sb* Aufgabensynthese *f*
task wage ['tɑːsk weɪdʒ] *sb* Akkordlohn *m*
taskwork ['tɑːskwɜːk] *sb* Akkordarbeit *f*
tax [tæks] *sb* Steuer *f; v (s.o., sth)* besteuern
taxable ['tæksəbl] *adj* steuerpflichtig
tax abatement [tæks ə'beɪtmənt] *sb* Steuernachlass *m*
tax accounting [tæks ə'kaʊntɪŋ] *sb* Steuerbuchhaltung *f*
tax adviser [tæks əd'vaɪzə] *sb* Steuerberater(in) *m/f*
tax assessment [tæks ə'sesmənt] *sb* Steuerveranlagung *f,* Veranlagung *f*
taxation [tæk'seɪʃn] *sb* Besteuerung *f*

taxation of specific property [tæk'seɪʃn əv spə'sɪfɪk 'prɒpətɪ] *sb* Objektbesteuerung *f*
taxation privilege [tæk'seɪʃən 'prɪvəlɪdʒ] *sb* Steuervergünstigung *f*
taxation procedure [tæk'seɪʃn prə'si:dʒə] *sb* Besteuerungsverfahren *n*
tax at source [tæks æt 'sɔ:s] *sb* Quellensteuer *f*
tax auditor [tæks 'ɔ:dɪtə] *sb* Steuerprüfer(in) *m/f*
tax balance sheet [tæks 'bæləns ʃi:t] *sb* Steuerbilanz *f*
tax basis [tæks 'beɪsɪs] *sb* Besteuerungsgrundlage *f*
tax bracket [tæks 'brækɪt] *sb* Steuerklasse *f*
tax deduction [tæks dɪ'dʌkʃn] *sb* Steuerabzug *m*
tax deferral [tæks dɪ'fɜ:rəl] *sb* Steuerstundung *f*
taxes deemed to be imposed on a person ['tæksɪz 'di:md tu bi: ɪm'pəʊzd ɒn ə 'pɜ:sn] *pl* Personensteuern *f/pl*
taxes from income and property ['tæksɪz frɒm 'ɪnkʌm ænd 'prɒpətɪ] *pl* Besitzsteuern *f/pl*
taxes on transactions ['tæksɪz ɒn træn'zækʃns] *pl* Verkehrsteuern *f/pl*
tax evasion [tæks ɪ'veɪʒən] *sb* Steuerhinterziehung *f*
tax exemption [tæks əks'empʃn] *sb* Steuerbefreiung *f*
tax form [tæks fɔ:m] *sb* Steuerformular *n*
tax-free ['tæksfri:] *adj* steuerfrei
tax-free amount ['tæksfri: ə'maʊnt] *sb* Freibetrag *m*
tax haven [tæks 'heɪvn] *sb* Steueroase *f*
tax increase [tæks 'ɪŋkri:s] *sb* Steuererhöhung *f*
tax inspection [tæks ɪn'spekʃən] *sb* Steuerprüfung *f*
tax item [tæks 'aɪtəm] *sb* Steuerposten *m*
taxless ['tæksləs] *adj* unbesteuert
tax loss carryback [tæks lɒs 'kerɪbæk] *sb* Verlustrücktrag *m*
tax on earnings [tæks ɒn 'ɜ:nɪŋz] *sb* Ertragsteuer *f*
tax on income [tæks ɒn 'ɪnkʌm] *sb* Ertragssteuer *f*
tax on investment income [tæks ɒn ɪn'vestmənt 'ɪnkʌm] *sb* Kapitalertragsteuer *f*
tax on real estate [tæks ɒn rɪəl ɪs'teɪt] *sb* Realsteuern *f/pl*
tax on speculative gains [tæks ɒn 'spekjʊlətɪv 'geɪnz] *sb* Spekulationssteuer *f*
taxpayer ['tækspeɪə] *sb* Steuerzahler(in) *m/f*
tax-privileged saving ['tæksprɪvɪlɪdʒd 'seɪvɪŋ] *sb* steuerbegünstigtes Sparen *n*
tax-privileged securities ['tæksprɪvɪlɪdʒd sɪ'kjʊərɪtiz] *pl* steuerbegünstigte Wertpapiere *n/pl*
tax reform ['tæks rɪ'fɔ:m] *sb* Steuerreform *f*
tax return ['tæks rɪ'tɜ:n] *sb* Steuererklärung *f*, Deklaration *f*
tax sheltered [tæks 'ʃeltəd] *adj* steuerbegünstigt
tax treatment of yield [tæks 'tri:tmənt əv 'ji:ld] *sb* Ertragsbesteuerung *f*
tax write-off [tæks 'raɪtɒf] *sb* Steuerabschreibung *f*
tax yield [tæks ji:ld] *sb* Steueraufkommen *n*
team [ti:m] *sb* Mannschaft *f*, Team *n*
team work ['ti:m wɜ:k] *sb* Teamarbeit *f*, Gruppenarbeit *f*
tech issue [tek 'ɪʃu:] *sb* Technologiewert *m*, Technologieaktie *f*
technical ['teknɪkl] *adj* technisch, Fach...
technical analysis ['teknɪkl ə'nælɪsɪs] *sb* technische Analyse *f*
technical book ['teknɪkl bʊk] *sb* Fachbuch *n*
Technical Control Board ['teknɪkl kən'trəʊl bɔ:d] *sb* Technischer Überwachungsverein (TÜV) *m*
technical journal ['teknɪkl 'dʒɜ:nəl] *sb* Fachzeitschrift *f*
technical term ['teknɪkl tɜ:m] *sb* Fachausdruck *m*, Fachterminus *m*
technicality [teknɪ'kælɪtɪ] *sb (petty detail)* Formsache *f*
technician [tek'nɪʃən] *sb* Techniker *m*
technique [tek'ni:k] *sb* (Arbeits-)Technik *f*
technological [teknə'lɒdʒɪkəl] *adj* technologisch
technology centre [tek'nɒlədgɪ sentə] *sb* Technologiezentrum *n*
technology payment order [tek'nɒlədʒɪ 'peɪmənt 'ɔ:də] *sb* telegrafische Anweisung *f*
technology push [tek'nɒlədʒɪ pʊʃ] *sb* Innovationsschub *m*
technology stock market [tek'nɒlədʒɪ stɒk 'mɑ:kɪt] *sb* Technologiebörse *f*
telebanking ['telɪbæŋkɪŋ] *sb* Tele-Banking *n*
telecommunications [telɪkəmjʊnɪ'keɪʃns] *pl* Telekommunikation *f*
telecommuter ['telɪkəmju:tə] *sb* Telearbeiter(in) *m/f*
teleconference [telɪ'kɒnfərens] *sb* Telekonferenz *f*

telegram ['telɪgræm] *sb* Telegramm *n; send a ~* telegrafieren
telegraphic transfer [telɪ'græfɪk 'trænsfɜ:] *sb* telegrafische Auszahlung *f*
telemarketing ['telɪmɑ:kətɪŋ] *sb* Telefonmarketing *n*, Telemarketing *n*
teleorder ['telɪɔ:də] *v* elektronisch bestellen
telephone ['telɪfəʊn] *sb 1.* Telefon *n*, Fernsprecher *m; to be on the ~* am Telefon sein; *v 2. (s.o.)* anrufen; telefonieren
telephone call ['telɪfəʊn kɔ:l] *sb* Telefonanruf *m*
telephone carrier ['telɪfəʊn 'kærɪə] *sb* Telefonnetzbetreiber *m*
telephone conversation ['telɪfəʊn kɒnvə'seɪʃən] *sb* Telefongespräch *n*
telephone dealings ['telɪfəʊn 'di:lɪŋs] *pl* Telefonverkehr *m*
telephone directory ['telɪfəʊn dɑɪ'rektərɪ] *sb* Telefonbuch *n*, Telefonverzeichnis *n*
telephone marketing ['telɪfəʊn 'mɑ:kɪtɪŋ] *sb* Telefonmarketing *n*
telephone subscriber ['telɪfəʊn səb'skraɪbə] *sb* Fernspechteilnehmer(in) *m/f*
teleprinter ['telɪprɪntə] *sb* Fernschreiber *m*
teleselling ['telɪselɪŋ] *sb (UK)* Telefonverkauf *m*
teleservice ['telɪsɜ:vɪs] *sb* Teleservice *m*
teleshopping ['telɪʃɒpɪŋ] *sb* Teleshopping *n*
telework ['telɪwɜ:k] *sb* Telearbeit *f*
telex ['teleks] *sb (message)* Telex *n; (machine)* Fernschreiber *m*
teller ['telə] *sb (in a bank)* Kassierer(in) *m/f*
temp [temp] *sb (fam)* Aushilfe *f*, Aushilfskraft *f*
temporality [tempə'rælɪtɪ] *sb* zeitliche Befristung *f*
temporary ['temprərɪ] *adj 1. (provisional)* vorläufig, provisorisch; *sb 2. (~ employee)* Aushilfe *f*, Aushilfskraft *f*
temporary assistance ['temprərɪ ə'sɪstəns] *sb* Überbrückungsgeld *n*
temporary help ['temprərɪ help] *sb* Aushilfe *f*, Aushilfskraft *f*
temporary injunction ['temprərɪ ɪn'dʒʌŋkʃən] *sb* einstweilige Verfügung *f*
temporary joint venture ['temprərɪ dʒɔɪnt 'ventʃə] *sb* Gelegenheitsgesellschaft *f*
temporary restraining order ['temprərɪ rɪ'streɪnɪŋ 'ɔ:də] *sb* einstweilige Verfügung *f*
tenancy ['tenənsɪ] *sb* Mietverhältnis *n*, Pachtverhältnis *n*
tenant ['tenənt] *sb* Mieter(in) *m/f*
tenant's contribution to the construction costs ['tenənts kɒntrɪ'bju:ʃn tu ðə kən'strʌkʃn kɒsts] *sb* Baukostenzuschuss *m*
tenant's credit ['tenənts 'kredɪt] *sb* Pächterkredit *m*
tend [tend] *v (a machine)* bedienen
tendency ['tendənsɪ] *sb* Richtung *f*, Tendenz *f*
tender ['tendə] *sb 1.* Angebot *n*, Offerte *f*; Tender *m; 2. legal ~* gesetzliches Zahlungsmittel *n*
tender agreement ['tendə ə'gri:mənt] *sb* Submissionsvertrag *m*
tender date ['tendə deɪt] *sb* Ausschreibungstermin *m*
tender guarantee ['tendə gærən'ti:] *sb* Bietungsgarantie *f*
tender procedure ['tendə prə'si:dʒə] *sb* Tenderverfahren *n*
term [tɜ:m] *sb (period)* Zeit *f*, Dauer *f*, Laufzeit *f; (limit)* Frist *f*
term account [tɜ:m ə'kaʊnt] *sb* Festgeldkonto *n*
term for acceptance [tɜ:m fɔ: ək'septəns] *sb* Annahmefrist *f*, Akzeptfrist *f*
term for filing [tɜ:m fɔ: 'faɪlɪŋ] *sb* Einreichungsfrist *f*
term fund [tɜ:m fʌnd] *sb* Laufzeitfonds *m*
terminable ['tɜ:mɪnəbl] *adj* befristet, begrenzt
terminate ['tɜ:mɪneɪt] *v 1. (contract)* ablaufen; *2. (sth)* beenden, beschließen; *3. (a contract)* kündigen
termination [tɜ:mɪ'neɪʃn] *sb* Kündigung *f*
termination agreement [tɜ:mɪ'neɪʃən ə'gri:mənt] *sb* Abfindungsvertrag *m*
termination of business [tɜ:mɪ'neɪʃn əv 'bɪznɪs] *sb* Betriebsaufgabe *f*
termination without notice [tɜ:mɪ'neɪʃən wɪð'aʊt 'nəʊtɪs] *sb* fristlose Kündigung *f*
term of a contract [tɜ:m əv ə 'kɒntrækt] *sb* Vertragsdauer *f*
term of delivery [tɜ:m əv dɪ'lɪvərɪ] *sb* Lieferfrist *f*
term of maturity [tɜ:m əv mə'tjʊərətɪ] *sb* Laufzeit *f*
term of protection [tɜ:m əv prə'tekʃən] *sb* Schutzfrist *f*
terms and conditions of business [tɜ:mz ænd kən'dɪʃnz əv 'bɪznɪs] *pl* Geschäftsbedingungen *f/pl*
terms and conditions of employment [tɜ:mz ænd kən'dɪʃnz əv ɪm'plɔɪmənt] *pl* Arbeitsbedingungen *f/pl*

terms and conditions of issue [tɜːmz ænd kən'dɪʃnz əv 'ɪʃuː] *pl* Emissionsbedingungen *f/pl*
terms of delivery ['tɜːmz əv dɪ'lɪvərɪ] *pl* Lieferbedingung *f*
terms of payment ['tɜːmz əv 'peɪmənt] *pl* Zahlungsbedingung *f*, Zahlungsfrist *f*
territory ['terɪtərɪ] *sb (sales ~)* Bezirk *m*, Bereich *m*
tertiary demand ['tɜːʃərɪ dɪ'mɑːnd] *sb* Tertiärbedarf *m*
tertiary sector ['tɜːʃərɪ 'sektə] *sb* tertiärer Sektor *m*
test [test] *v 1.* testen, prüfen; *sb 2.* Test *m*, Prüfung *f*, Probe *f*; *put sth to the ~* etw auf die Probe stellen; *stand the ~ of time* die Zeit überdauern; *3. (check)* Kontrolle *f*
test case [test keɪs] *sb* Musterfall *m*
test market [test 'mɑːkɪt] *sb* Testmarkt *m*
testate ['testeɪt] *adj* ein Testament hinterlassend
testify ['testɪfaɪ] *v (in a courtroom, at the police)* aussagen
testimonial [testɪ'məʊnjəl] *sb 1.* Zeugnis *n*; *2. (character recommendation)* Empfehlungsschreiben *n*
testimony ['testɪmənɪ] *sb* Aussage *f*
text configuration [tekst kɒnfɪgjə'reɪʃən] *sb* Textgestaltung *f*
theory ['θɪərɪ] *sb* Theorie *f*
theory of income determination ['θɪərɪ əv 'ɪnkʌm dɪtɜːmɪ'neɪʃn] *sb* Einkommenstheorie *f*
theory of interaction ['θɪərɪ əv ɪntə'ækʃn] *sb* Interaktionstheorie *f*
theory of interest ['θɪərɪ əv 'ɪntrəst] *sb* Zinstheorie *f*
think tank ['θɪŋk tæŋk] *sb* Denkfabrik *f*
third countries [θɜːd 'kʌntriːz] *pl* Drittländer *f/pl*
third-party debtor [θɜːd'pɑːtɪ 'detə] *sb* Drittschuldner *m*
third-party information [θɜːd'pɑːtɪ ɪnfə'meɪʃn] *sb* Drittauskunft *f*
third-party liability insurance [θɜːd'pɑːtɪ laɪə'bɪlɪtɪ ɪn'ʃʊərəns] *sb* Haftpflichtversicherung *f*
third-party mortgage [θɜːd'pɑːtɪ 'mɔːgɪdʒ] *sb* Fremdhypothek *f*
third-rate ['θɜːdreɪt] *adj* drittklassig, drittrangig
three months' money ['θriː mʌnθs 'mʌnɪ] *sb* Dreimonatsgeld *n*
three months' papers ['θriː mʌnθs 'peɪpəz] *pl* Dreimonatspapier *n*
three-mile zone [θriː'maɪl zəʊn] *sb (nautical)* Dreimeilenzone *f*
thriftiness ['θrɪftɪnɪs] *sb* Sparsamkeit *f*, Wirtschaftlichkeit *f*
thrifty ['θrɪftɪ] *adj* sparsam
thrive [θraɪv] *v irr (fig: do well)* blühen, Erfolg haben
throw away [θrəʊ ə'weɪ] *v irr* wegwerfen; *(fam: money)* verschwenden
throw in [θrəʊ 'ɪn] *v irr (with a purchase)* mit in den Kauf geben, dazugeben, dreingeben
throw-in ['θrəʊɪn] *sb* Zugabe *f*
ticker ['tɪkə] *sb* Börsentelegraf *m*
ticker tape ['tɪkə teɪp] *sb* Lochstreifen *m*
ticket day ['tɪkɪt deɪ] *sb* Tag vor dem Abrechnungstag *m*
tide-over credit ['taɪdəʊvə 'kredɪt] *sb* Überbrückungskredit *m*
tied production [taɪd prə'dʌkʃən] *sb* Koppelproduktion *f*
tight [taɪt] *adj 1. (fig: money)* knapp; *(schedule)* knapp bemessen; *2. (control)* streng
till [tɪl] *sb* Ladenkasse *f*
time ['taɪm] *sb* Zeit *f*; *~ and a half* fünfzig Prozent Zuschlag
time bargain [taɪm 'bɑːgən] *sb* Termingeschäft *n*
timecard ['taɪmkɑːd] *sb* Stempelkarte *f*
time clock [taɪm klɒk] *sb* Stechuhr *f*
time deposit [taɪm dɪ'pɒsɪt] *sb* Termineinlagen *f/pl*, Termingeld *n*, Festgeld *n*
time draft [taɪm drɑːft] *sb* Zeitwechsel *m*, Zeittratte *f*
time for delivery [taɪm fɔː dɪ'lɪvərɪ] *sb* Lieferfrist *f*
time-lag ['taɪmlæg] *sb* Zeitverschiebung *f*
time limit ['taɪm 'lɪmɪt] *sb* Befristung *f*, Ablauffrist *f*
time loan ['taɪm ləʊn] *sb* Ratenkredit *m*
timely ['taɪmlɪ] *adj* fristgerecht
time of expiration [taɪm əv ekspɪ'reɪʃn] *sb* Verfallzeit *f*
time of validity [taɪm əv və'lɪdətɪ] *sb* Geltungsdauer *f*
time off [taɪm 'ɒf] *sb* Fehlzeiten *f/pl*
timescale ['taɪmskeɪl] *sb* zeitlicher Rahmen *m*
time-share ['taɪmʃɛə] *adj* Timesharing...
time study [taɪm 'stʌdɪ] *sb* Zeitstudie *f*
timetable ['taɪmteɪbl] *sb* Zeittabelle *f*, Fahrplan *m (fam)*
time wages [taɪm 'weɪdʒɪz] *pl* Zeitlohn *m*
time wasted [taɪm 'weɪstɪd] *sb* Leerlauf *m*
time-weighted life insurance ['taɪmweɪtɪd 'laɪf ɪn'ʃʊərəns] *sb* dynamische Lebensversicherung *f*

time work [taɪm wɜːk] *sb* nach Zeit bezahlte Arbeit *f*, Zeitarbeit *f*
time work rate [taɪm wɜːk reɪt] *sb* Stundenlohnsatz *m*
time zone ['taɪm zəʊn] *sb* Zeitzone *f*
tip [tɪp] *sb (for rubbish)* Abladeplatz *m; (for coal)* Halde *f*
tipper ['tɪpə] *sb (lorry)* Kipplaster *m*
title [taɪtl] *sb 1.* Rechtsanspruch *m; 2. (to property)* Eigentumsrecht *n; 3. (document)* Eigentumsurkunde *f*
title deed [taɪtl diːd] *sb* Eigentumsurkunde *f*, Besitzurkunde *f*
title-evidencing instrument [taɪtl'evɪdensɪŋ 'ɪnstrəmənt] *sb* Legitimationspapiere *n/pl*
title of account [taɪtl əv ə'kaʊnt] *sb* Kontenbezeichnung *f*
titre [tiːtrə] *sb* Feingehalt *m*
tobacco exchange [tə'bækəʊ ɪks'tʃeɪndʒ] *sb* Tabakbörse *f*
token ['təʊkən] *sb 1. (voucher)* Gutschein *m; 2. (sign)* Zeichen *n*
token payment ['təʊkən 'peɪmənt] *sb* symbolische Bezahlung *f*
toll [təʊl] *sb 1.* Zoll *m*, Gebühr *f; 2. (for a road)* Straßengebühr *f*, Maut *f*
toll road ['təʊl rəʊd] *sb* gebührenpflichtige Straße *f*, Mautstraße *f*
tonnage ['tʌnɪdʒ] *sb* Tonnage *f*
tonne [tʌn] *sb* Tonne *f*
tool [tuːl] *sb* Werkzeug *n*, Gerät *n*, Instrument *n*
tool wear [tuːl wɛə] *sb* Maschinenverschleiß *m*
top [tɒp] *adj 1.* oberste(r,s), höchste(r,s); *2. (first-rate)* erstklassig, Top... *(fam)*, Spitzen...
top-down principle [tɒp'daʊn 'prɪnsɪpl] *sb* Top-Down-Prinzip *n*
topical ['tɒpɪkəl] *adj* aktuell
top-level [tɒp'levl] *adj* Spitzen...
top management [tɒp 'mænɪdʒmənt] *sb* Top-Management *n*
top price [tɒp praɪs] *sb* Höchstpreis *m*
top wage [tɒp weɪdʒ] *sb* Spitzenlohn *m*
total [təʊtl] *v 1. (add)* zusammenzählen, zusammenrechnen; *2. (amount to)* sich belaufen auf; *sb 3.* Gesamtsumme *f*, Gesamtbetrag *m*
total amount [təʊtl ə'maʊnt] *sb* Gesamtsumme *f*, Gesamtbetrag *m*
total capital profitability [təʊtl 'kæpɪtl prɒfɪtə'bɪlɪtɪ] *sb* Gesamtkapitalrentabilität *f*
total claim [təʊtl kleɪm] *sb* Gesamtforderung *f*
total costs [təʊtl kɒsts] *pl* Gesamtkosten *pl*
total credit outstanding [təʊtl 'kredɪt aʊt'stændɪŋ] *sb* Kreditvolumen *n*
total debt [təʊtl det] *sb* Gesamtschuld *f*
total delivery [təʊtl dɪ'lɪvərɪ] *sb* Gesamtlieferung *f*
total loss [təʊtl lɒs] *sb* Totalschaden *m*
total loss only (t. l. o.) [təʊtl lɒs 'əʊnlɪ] *adv* nur gegen Totalverlust versichert (t.l.o.)
total market value [təʊtl 'mɑːkɪt 'væljuː] *sb* Gesamtkurs *m*
total proceeds [təʊtl 'prəʊsiːdz] *pl* Gesamtertrag *m*
total result [təʊtl rɪ'zʌlt] *sb* Totalerfolg *m*
touch screen [tʌtʃ skriːn] *sb* Sensorbildschirm *m*
tour schedule ['tʊə 'ʃedjuːl] *sb* Tourenplan *m*
toxic ['tɒksɪk] *adj* giftig
toxic waste ['tɒksɪk 'weɪst] *sb* Giftmüll *m*
toxin ['tɒksɪn] *sb* Giftstoff *m*
tracer note ['treɪsə nəʊt] *sb* Kontrollmitteilung *f*
trade [treɪd] *v 1.* handeln, Handel treiben; *~ in sth* mit etw handeln; *~ sth for sth* etw gegen etw tauschen; *~ in one's car* sein Auto in Zahlung geben; *sb 2. (commerce)* Handel *m*, Gewerbe *n; 3. (exchange)* Tausch *m; 4. (line of work)* Branche *f; know all the tricks of the ~* alle Kniffe kennen; *by ~* von Beruf
trade and commerce [treɪd ænd 'kɒmɜːs] *sb* Handelsverkehr *m*
trade analysis [treɪd ə'nælɪsɪs] *sb* Branchenanalyse *f*
trade association [treɪd əsəʊsɪ'eɪʃən] *sb* Wirtschaftsverband *m*
trade balance [treɪd 'bæləns] *sb* Handelsbilanz *f*
trade barrier [treɪd 'bærɪə] *sb* Handelsschranke *f*
trade brand [treɪd brænd] *sb* Handelsmarke *f*
trade certificate [treɪd sə'tɪfɪkət] *sb* Gewerbeschein *m*
trade centre [treɪd 'sentə] *sb* Handelsplatz *m*, Handelszentrum *n*
trade clause [treɪd klɔːz] *sb* Handelsklausel *f*
trade comparison [treɪd kəm'pærɪsən] *sb* Branchenvergleich *m*
trade credit [treɪd 'kredɪt] *sb* Warenkredit *m*
trade cycle [treɪd saɪkl] *sb* Konjunkturzyklus *m*, Wirtschaftskreislauf *m*
trade debtor [treɪd 'detə] *sb* Kontokorrentschuldner(in) *m/f*
trade discount [treɪd 'dɪskaʊnt] *sb* Händlerrabatt *m*

trade-earnings tax [treɪd'ɜ:nɪŋs tæks] *sb* Gewerbeertragssteuer *f*
trade embargo [treɪd ɪm'bɑ:gəʊ] *sb* Handelsembargo *n*
trade expert [treɪd 'ekspɜ:t] *sb* Branchenkenner *m*
trade fair [treɪd fəe] *sb* Handelsmesse *f*
trade-in ['treɪdɪn] *sb* In-Zahlung-Gegebenes *n*
trademark ['treɪdmɑ:k] *v 1.* gesetzlich schützen lassen; *sb 2.* Markenzeichen *n,* Warenzeichen *n*
trademark protection ['treɪdmɑ:k prə'tekʃən] *sb* Markenschutz *m*
trade mission [treɪd 'mɪʃən] *sb* Handelsmission *f*
trade name [treɪd neɪm] *sb* Handelsname *m*
trade practice [treɪd 'præktɪs] *sb* Handelsbrauch *m,* Handelsusancen *f/pl*
trader ['treɪdə] *sb 1. (person)* Händler *m; (ship)* 2. Handelsschiff *n*
trade-registered article [treɪd'redʒɪstəd 'ɑ:tɪkəl] *sb* Markenartikel *m*
Trade Regulation Act [treɪd regjʊ'leɪʃn ækt] *sb* Gewerbeordnung (GewO) *f*
trade relations [treɪd rɪ'leɪʃənz] *pl* Handelsbeziehungen *f/pl*
trade restrictions [treɪd rɪ'strɪkʃənz] *pl* Handelsbeschränkungen *f/pl*
trade school [treɪd sku:l] *sb* Berufsschule *f*
trade secret [treɪd 'si:krɪt] *sb* Betriebsgeheimnis *n*
tradesman ['treɪdzmən] *sb 1.* Händler *m; 2. (craftsman)* Handwerker *m*
trade structure [treɪd 'strʌktʃə] *sb* Branchenstruktur *f*
trade supervisory authority [treɪd su:pə'vaɪzərɪ ɔ:'θɒrɪtɪ] *sb* Gewerbeaufsichtsamt *n*
trade surplus [treɪd 'sɜ:pləs] *sb* Handelsüberschuss *m*
trade tariff [treɪd 'tærɪf] *sb* Gütertarif *m*
trade tax [treɪd tæks] *sb* Gewerbesteuer *f*
trade tax on capital [treɪd tæks ɒn 'kæpɪtl] *sb* Gewerbekapitalsteuer *f*
trade union [treɪd 'ju:nɪən] *sb* Gewerkschaft *f*
trade union bank [treɪd 'ju:njən bæŋk] *sb* Gewerkschaftsbank *f*
trade war [treɪd wɔ:] *sb* Handelskrieg *m*
trading ['treɪdɪŋ] *sb* Handel *m,* Handeln *n*
trading account ['treɪdɪŋ ə'kaʊnt] *sb* Verkaufskonto *n*
trading area ['treɪdɪŋ 'eərɪə] *sb* Absatzgebiet *n,* Handelszone *f*
trading chain ['treɪdɪŋ tʃeɪn] *sb* Handelskette *f*
trading estate ['treɪdɪŋ ɪ'steɪt] *sb* Gewerbegebiet *n*
trading in calls ['treɪdɪŋ ɪn kɔ:ls] *sb* Vorprämiengeschäft *n*
trading in foreign exchange ['treɪdɪŋ ɪn 'fɒrən ɪks'tʃeɪndʒ] *sb* Usancenhandel *m*
trading in futures on a stock exchange ['treɪdɪŋ ɪn 'fju:tʃəs ɒn ə stɒk ɪks'tʃeɪndʒ] *sb* Börsentermingeschäfte *n/pl*
trading in options ['treɪdɪŋ ɪn 'ɒpʃəns] *sb* Optionshandel *m*
trading in security futures ['treɪdɪŋ ɪn sɪ'kjʊərɪtɪ 'fju:tʃəs] *sb* Wertpapier-Terminhandel *m*
trading limit ['treɪdɪŋ 'lɪmɪt] *sb* Kurslimit *n*
trading margin ['treɪdɪŋ 'mɑ:dʒɪn] *sb* Handelsspanne *f*
trading on own account ['treɪdɪŋ ɒn əʊn ə'kaʊnt] *sb* Eigenhandel *m*
trading partner ['treɪdɪŋ 'pɑ:tnə] *sb* Handelspartner *m*
trading-up ['treɪdɪŋʌp] *sb* Sortimentsanhebung *f*
traffic ['træfɪk] *sb 1.* Verkehr *m; 2. (trade)* Handel *m*
train [treɪn] *v (s.o.)* ausbilden
trainee [treɪ'ni:] *sb* Auszubildende(r) *f/m,* Lehrling *m,* Praktikant(in) *m/f*
trainer ['treɪnə] *sb (instructor)* Ausbilder *m*
training ['treɪnɪŋ] *sb* Ausbildung *f,* Schulung *f*
training relationship ['treɪnɪŋ rɪ'leɪʃnʃɪp] *sb* Ausbildungsverhältnis *n*
training staff ['treɪnɪŋ stɑ:f] *sb* Schulungspersonal *n*
tranche ['trænʃ] *sb* Tranche *f*
transact [træn'zækt] *v* führen, abschließen
transaction [træn'zækʃən] *sb* Geschäft *n,* Transaktion *f*
transaction balance [træn'zækʃn 'bæləns] *sb* Transaktionskasse *f*
transaction number [træn'zækʃn 'nʌmbə] *sb* Transaktionsnummer (TAN) *f*
transactions for third account [træn'zækʃnz fɔ: θɜ:d ə'kaʊnt] *sb* Kundengeschäft *n*
transactions on own account [træn'zækʃnz ɒn əʊn ə'kaʊnt] *sb* Eigengeschäft *n*
transcript ['trænskrɪpt] *sb* Kopie *f; (of a tape)* Niederschrift *f*
transcription error [træn'skrɪpʃən 'erə] *sb* Übertragungsfehler *m*

transfer [træns'fɜː] *v 1. (money between accounts)* überweisen; *2. (an employee)* versetzen; ['trænsfɜː] *sb 3. (handing over)* Transfer *m,* Übertragung *f; (of funds)* Überweisung *f; 4. (of an employee)* Versetzung *f*
transferable [træns'fɜːrəbl] *adj* übertragbar
transfer account ['trænsfɜː ə'kaʊnt] *sb* Kontokorrentkonto *n,* Girokonto *n*
transfer agreement ['trænsfɜː ə'griːmənt] *sb* Transferabkommen *n*
transfer bank ['trænsfɜː bæŋk] *sb* Girobank *f*
transfer cheque ['trænsfɜː tʃek] *sb* Überweisungsscheck *m*
transfer expenditure ['trænsfɜː ɪks'pendɪdʒʊə] *sb* Transferausgaben *f/pl*
transfer in blank ['trænsfɜː ɪn blæŋk] *sb* Blankozession *f*
transfer of an entry ['trænsfɜː əv ən 'entrɪ] *sb* Umbuchung *f*
transfer of money by means of a clearing ['trænsfɜː əv 'mʌnɪ baɪ miːns əv ə 'kliːrɪŋ] *sb* Giroverkehr *m*
transfer of ownership ['trænsfɜː əv 'əʊnəʃɪp] *sb* Eigentumsübertragung *f*
transfer of profit ['trænsfɜː əv 'prɒfɪt] *sb* Gewinnabführung *f*
transfer of resources ['trænsfɜː əv rɪ'sɔːsɪz] *sb* Ressourcentransfer *m*
transfer of technology ['trænsfɜː əv tek'nɒlədʒɪ] *sb* Technologietransfer *m*
transfer payments ['trænsfɜː 'peɪmənts] *pl* Transferleistungen *f/pl*
transfer prices ['trænsfɜː 'praɪsɪz] *pl* Verrechnungspreise *m/pl*
transfer voucher ['trænsfɜː 'vaʊtʃə] *sb* Überweisungsbeleg *m,* Überweisungsformular *n*
transit ['trænzɪt] *sb* Durchreise *f,* Transit *m*
transit certificate ['trænzɪt sə'tɪfɪkət] *sb* Durchgangsschein *m*
transit duty ['trænzɪt 'djuːtɪ] *sb* Transitzoll *m*
transition [træn'zɪʃən] *sb* Übergang *m*
transitional arrangement [træn'zɪʃənəl ə'reɪndʒmənt] *sb* Übergangsregelung *f*
transitional pay [træn'zɪʃənəl peɪ] *sb* Übergangsgeld *n*
transit item ['trænzɪt 'aɪtəm] *sb* durchlaufender Posten *m*
transit trade ['trænzɪt treɪd] *sb* Transithandel *m*
transmission [trænz'mɪʃən] *sb* Übertragung *f; (of news)* Übermittlung *f*
transmitted accounts [trænz'mɪtɪd ə'kaʊnts] *pl* durchlaufende Gelder *n/pl*
transmitted loans [træns'mɪtɪd 'ləʊns] *pl* durchlaufende Kredite *m/pl*
transnational corporations [træns'næʃənl kɔrpɒ'reɪʃnz] *pl* transnationale Unternehmung *f*
transparency [træn'spærənsɪ] *sb* Transparenz *f*
transparency of the market [træns'pærənsɪ əv ðə 'mɑːkɪt] *sb* Markttransparenz *f*
transport [træns'pɔːt] *v 1.* transportieren, befördern; ['trænspɔːt] *sb 2.* Transport *m,* Beförderung *f*
transportation [trænspɔː'teɪʃən] *sb 1.* Transport *m,* Beförderung *f; 2. (means of ~)* Beförderungsmittel *n*
transportation insurance against all risks (a. a. r.) [trænspɔː'teɪʃn ɪn'ʃʊərəns ə'gænst ɔːl rɪsks] *sb* Transportversicherung gegen alle Risiken (a.a.r.) *f*
transport chain ['trænspɔːt tʃeɪn] *sb* Transportkette *f*
transport documents ['trænspɔːt 'dɒkjʊmənts] *sb* Transportpapiere *n/pl*
transport insurance ['trænspɔːt ɪn'sʊərəns] *sb* Transportversicherung *f*
transship [træns'ʃɪp] *v* umladen, umschlagen
transshipment [træns'ʃɪpmənt] *sb* Umschlag *m*
travel accident ['trævəl 'æksɪdənt] *sb* Wegeunfall *m*
traveling salesman ['trævəlɪŋ 'seɪlzmən] *sb* Handlungsreisender *m*
traveller's letter of credit ['trævələz 'letə əv 'kredɪt] *sb* Reisekreditbrief *m*
travelling expenses ['trævəlɪŋ ɪk'spensɪz] *pl* Reisespesen *pl*
tray [treɪ] *sb (for papers)* Ablagekorb *m*
treasury ['treʒərɪ] *sb the Treasury (UK)* Finanzministerium *n;* Fiskus *m*
treasury bill ['treʒərɪ bɪl] *sb* Schatzwechsel *m,* Treasury Bill *m*
treasury bond ['treʒərɪ bɒnd] *sb* Schatzanweisung *f,* Treasury Bond *m*
treasury note ['treʒərɪ nəʊt] *sb* Treasury Note *f*
treasury stock ['treʒərɪ stɒk] *sb* Verwaltungsaktien *f/pl*
trend analysis [trend ə'nælɪsɪs] *sb* Trendanalyse *f*
trend in prices [trend ɪn 'praɪsez] *sb* Preisentwicklung *f*
trend of demand [trend əv dɪ'mɑːnd] *sb* Nachfrageentwicklung *f*
trend of the market [trend əv ðə 'mɑːkɪt] *sb* Börsenentwicklung *f*

trespass ['trespəs] *v* unbefugt betreten; *"no ~ing"* „Betreten verboten"
trespasser ['trespəsə] *sb* Unbefugte(r) *f/m*
triable ['traɪəbl] *adj* verhandelbar, verhandlungsfähig
triad ['traɪəd] *sb* Triade *f*
trial ['traɪəl] *sb 1.* Prozess *m,* Verfahren *n; 2. (test)* Probe *f; on a ~ basis* probeweise
trial package ['traɪəl 'pækɪdʒ] *sb* Probepackung *f*
trial period ['traɪəl 'piːrɪəd] *sb* Probezeit *f*
trial run ['traɪəl rʌn] *sb* Versuchslauf *m*
trial shipment ['traɪəl 'ʃɪpmənt] *sb* Probelieferung *f*
triangular arbitrage [traɪ'æŋgjʊlə 'ɑːbɪtrɪdʒ] *sb* Dreiecksarbitrage *f*
triangular transaction [traɪ'æŋgjʊlə træn'zækʃən] *sb* Dreiecksgeschäft *n*
trillion ['trɪljən] *sb (UK)* Trillion *f; (US)* Billion *f*
trim [trɪm] *v (fig: a budget)* kürzen
trivial damage ['trɪvɪəl 'dæmɪdʒ] *sb* Bagatellschaden *m*
troy ounce ['trɔɪ aʊns] *sb* Feinunze *f*
truck [trʌk] *sb (US)* Lastwagen *m,* Laster *m*
truckage ['trʌkɪdʒ] *sb 1. (transport)* Transport *m; 2. (charge)* Transportkosten *pl,* Rollgeld *n*
trucking ['trʌkɪŋ] *sb 1.* Transport *m; 2. (bartering)* Tauschgeschäfte *n/pl*
truckload ['trʌkləʊd] *sb* Lkw-Ladung *f*
trunk call [trʌŋk kɔːl] *sb (UK)* Ferngespräch *n*
trust [trʌst] *sb 1.* Treuhand *f; 2.* Stiftung *f; 3.* Investmentfonds *m*
trust account [trʌst ə'kaʊnt] *sb* Treuhandkonto *n,* Anderkonto *n*
trust assets [trʌst 'æsəts] *pl* Treuhandvermögen *n*
trust banks ['trʌst bæŋks] *pl* Treuhandbanken *f/pl*
trust business [trʌst 'bɪznɪs] *sb* Treuhandwesen *n*
trust company [trʌst 'kʌmpənɪ] *sb* Treuhandgesellschaft *f,* Verwaltungsgesellschaft *f*
trust deposits [trʌst dɪ'pɒzɪts] *pl* Treuhanddepots *n/pl*
trust funds [trʌst fʌndz] *pl* Treuhandfonds *m*
trust investment [trʌst ɪn'vestmənt] *sb* Fondsanlagen *f/pl*
trust manager [trʌst 'mænɪdʒə] *sb* Fondsverwalter(in) *m/f*
trustee [trʌs'tiː] *sb* Treuhänder *m; (of an institution)* Verwalter *m*
trustee securities [trʌs'tiː sɪ'kjʊərɪtiːz] *pl* mündelsichere Papiere *n/pl*
trusteeship [trʌs'tiːʃɪp] *sb* Treuhandschaft *f,* Mandat *n*
try [traɪ] *v (a case)* verhandeln
turn down [tɜːn daʊn] *v* ablehnen, absagen
turn out [tɜːn aʊt] *v (produce)* hervorbringen
turnabout ['tɜːnəbaʊt] *sb* Wende *f,* Wendung *f*
turnaround ['tɜːnəraʊnd] *sb* Turnaround *n*
turnkey projects ['tɜːnkiː 'prɒdʒekts] *pl* Turnkey-Projekte *n/pl*
turnout ['tɜːnaʊt] *sb* Beteiligung *f,* Teilnahme *f*
turnover ['tɜːnəʊvə] *sb* Umsatz *m*
turnover allowance ['tɜːnəʊvə ə'laʊəns] *sb* Umsatzbonifikation *f*
turnover balance ['tɜːnəʊvə 'bæləns] *sb* Summenbilanz *f*
turnover forecast ['tɜːnəʊvə 'fɔːkɑːst] *sb* Umsatzprognose *f*
turnover increase ['tɜːnəʊvə 'ɪnkriːs] *sb* Umsatzanstieg *m*
turnover of money ['tɜːnəʊvə əv 'mʌnɪ] *sb* Geldumsatz *m*
turnover plan ['tɜːnəʊvə plæn] *sb* Umsatzplan *m*
turnover tax ['tɜːnəʊvə tæks] *sb* Umsatzsteuer *f*
turnover trend ['tɜːnəʊvə trend] *sb* Umsatzentwicklung *f*
tutorial [tjuː'tɔːrɪəl] *sb* Benutzerhandbuch *n*
two-tier exchange rate [tuː'tiər ɪks'tʃeɪndʒ reɪt] *sb* gespaltene Wechselkurse *m/pl*
two-tier foreign exchange market ['tuː-tiər 'fɒrən ɪks'tʃeɪndʒ 'mɑːkɪt] *sb* gespaltener Devisenmarkt *m*
two-way package ['tuːweɪ 'pækɪdʒ] *sb* Mehrwegverpackung *f*
type [taɪp] *v (use a typewriter)* Maschine schreiben, tippen *(fam); (sth)* tippen, mit der Maschine schreiben
type purchase [taɪp 'pɜːtʃəs] *sb* Typenkauf *m*
types of deposit [taɪps əv dɪ'pɒzɪt] *pl* Depotarten *f/pl*
types of issuing [taɪps əv 'ɪʃuːɪŋ] *pl* Emissionsarten *f/pl*
types of property [taɪps əv 'prɒpətɪ] *pl* Vermögensarten *f/pl*
typification [taɪpɪfɪ'keɪʃn] *sb* Typisierung *f*
typist ['taɪpɪst] *sb* Schreibkraft *f*
typographical error [taɪpə'græfɪkəl 'erə] *sb* Tippfehler *m; (printing error)* Druckfehler *m*

U

ultimate ['ʌltɪmət] *adj 1. (last)* letzte(r,s), endgültig; *2. (greatest possible)* äußerste(r,s)
ultimate buyer ['ʌltɪmət 'baɪə] *sb* Endabnehmer *m*
ultimate consumer ['ʌltɪmət kən'sju:mə] *sb* Endverbraucher *m*, Endkonsumer *m*
ultimatum [ʌltɪ'meɪtəm] *sb* Ultimatum *n*
ultimo ['ʌltɪməʊ] *adv* am letzten des Monats
umbrella agreement [ʌm'brelə ə'gri:mənt] *sb* Rahmenabkommen *n*
umbrella brand [ʌm'brelə brænd] *sb* Dachmarke *f*
umbrella company [ʌm'brelə 'kʌmpənɪ] *sb* Dachgesellschaft *f*
umbrella effect [ʌm'brelə ɪ'fekt] *sb* Umbrella-Effekt *m*
umbrella logo [ʌm'brelə 'ləʊgəʊ] *sb* Konzernlogo *n*
umbrella marketing [ʌm'brelə 'mɑ:kɪtɪŋ] *sb* Gemeinschaftswerbung *f*
unable to contract [ʌn'eɪbl tu kən'trækt] *adj* geschäftsunfähig
unacceptability of continued employment [ʌnəksептə'bɪlɪtɪ əv kən'tɪnju:d ɪm'plɔɪmənt] *sb* Unzumutbarkeit der Weiterbeschäftigung *f*
unacceptable [ʌnək'septəbl] *adj* nicht akzeptabel, unannehmbar
unaddressed printed matter posted in bulk ['ʌnədrest 'prɪntɪd 'mætə 'pəʊstɪd ɪn 'bʌlk] *sb* Postwurfsendung *f*
unanimity [ju:nə'nɪmətɪ] *sb* Einstimmigkeit *f*
unanimous [ju:'nænɪməs] *adj* einstimmig
unannounced [ʌnə'naʊnst] *adj* unangemeldet
unauthorized [ʌn'ɔ:θəraɪzd] *adj* unbefugt
unavailable [ʌnə'veɪləbl] *adj* nicht erhältlich, nicht verfügbar
uncertified [ʌn'sɜ:tɪfaɪd] *adj* unbeglaubigt
unconditional [ʌnkən'dɪʃənl] *adj* bedingungslos; *(offer, agreement)* vorbehaltlos
unconvertible [ʌnkən'vɜ:təbl] *adj* nicht konvertierbar
uncovered cheque [ʌn'kʌvəd 'tʃek] *sb* ungedeckter Scheck *m*
uncovered credit [ʌn'kʌvəd 'kredɪt] *sb* ungedeckter Kredit *m*
uncredited [ʌn'kredɪtɪd] *adj* nicht gutgeschrieben
undeclared [ʌndɪ'klɛəd] *adj* unverzollt
under separate cover ['ʌndə 'sepərɪt 'kʌvə] *sb* mit getrennter Post
underbidder [ʌnde'bɪdə] *sb* Unterbieter(in) *m/f*
undercapitalization [ʌndekæpɪtəlaɪ'zeɪʃən] *sb* Unterkapitalisierung *f*
undercharge [ʌndə'tʃɑ:dʒ] *v* zu wenig berechnen
undercut [ʌndə'kʌt] *v irr (prices)* unterbieten
underemployment [ʌndəɪm'plɔɪmənt] *sb* Unterbeschäftigung *f*
underestimate [ʌndər'estɪmeɪt] *v* unterschätzen
underground economy ['ʌndegraʊnd ɪ'kɒnəmɪ] *sb* Schattenwirtschaft *f*
underpaid [ʌndə'peɪd] *adj* unterbezahlt
underprice [ʌndə'praɪs] *v* unter Preis anbieten
underquote [ʌndə'kwəʊt] *v* unterbieten
undersell [ʌnde'sel] *v* unterbieten
understaffed [ʌndə'stɑ:ft] *adj* unterbesetzt
understanding [ʌndə'stændɪŋ] *sb (agreement)* Vereinbarung *f*, Abmachung *f*; *come to an ~ with s.o.* zu einer Einigung mit jdm kommen; *on the ~ that ...* unter der Voraussetzung, dass ...
understood [ʌndə'stʊd] *adj (agreed)* vereinbart, festgesetzt
undertake [ʌndə'teɪk] *v irr* unternehmen; *(a task)* übernehmen; *(a risk)* eingehen
undertaking [ʌndə'teɪkɪŋ] *sb 1.* Unternehmen *n*; *2. (task)* Aufgabe *f*; *3. (risky ~, bold ~)* Unterfangen *n*
undertaking of guarantee [ʌndə'teɪkɪŋ əv gærən'ti:] *sb* Garantieleistung *f*
undervaluation [ʌndəvælju:'eɪʃən] *sb* Unterbewertung *f*
undervalue [ʌndə'vælju:] *v* unterschätzen, unterbewerten
underwriter ['ʌndəraɪtə] *sb* Versicherer *m*
underwriting agent [ʌndə'raɪtɪŋ 'eɪdʒənt] *sb* Versicherungsvertreter(in) *m/f*, Versicherungsagent(in) *m/f*
underwriting bank [ʌndə'raɪtɪŋ bæŋk] *sb* Syndikatsbank *f*
underwriting business [ʌndə'raɪtɪŋ 'bɪsnɪs] *sb* Versicherungsgeschäft *n*
underwriting commission [ʌndə'raɪtɪŋ kə'mɪʃən] *sb* Konsortia lprovision *f*, Bonifikation *f*

underwriting commitment [ʌndə'raɪtɪŋ kə'mɪtmənt] *sb* Konsortialverpflichtung *f*
underwriting costs [ʌndə'raɪtɪŋ kɒsts] *sb* Kapitalkosten *pl*, Emissionskosten *pl*
underwriting limit [ʌndə'raɪtɪŋ 'lɪmɪt] *sb* *(insurance)* Zeichnungsgrenze *f*
underwriting premium [ʌndə'raɪtɪŋ 'priːmɪəm] *sb* Emissionsagio *n*
unearned income [ʌn'ɜːnd 'ɪnkʌm] *sb* Kapitaleinkommen *n*, Besitzeinkommen *n*
uneconomical [ʌnekə'nɒmɪkl] *adj* unwirtschaftlich, unökonomisch
unemployed [ʌnɪm'plɔɪd] *adj* arbeitslos
unemployed person [ʌnɪm'plɔɪd 'pɜːsn] *sb* Erwerbslose(r) *f/m*
unemployment [ʌnɪm'plɔɪmənt] *sb* Arbeitslosigkeit *f*
unemployment benefit [ʌnɪm'plɔɪmənt 'benɪfɪt] *sb* Arbeitslosengeld *n*
unemployment insurance [ʌnɪm'plɔɪmənt ɪn'ʃʊərəns] *sb* Arbeitslosenversicherung *f*
unemployment rate [ʌnɪm'plɔɪmənt reɪt] *sb* Arbeitslosenrate *f*
unencumbered [ʌnɪn'kʌmbəd] *adj* schuldenfrei, hypothekenfrei
unethical [ʌn'eθɪkl] *adj* sittenwidrig
unfair advertising ['ʌnfeə 'ædvətaɪzɪŋ] *sb* unlautere Werbung *f*
unfair competition ['ʌnfeə kɒmpə'tɪʃn] *sb* unlauterer Wettbewerb *m*
unfilled [ʌn'fɪld] *adj* *1.* unerledigt; *2. (vacant)* offen, frei, vakant
unfitness for work [ʌn'fɪtnɪs fɔː wɜːk] *sb* Arbeitsunfähigkeit *f*
unified balance sheet ['juːnɪfaɪd 'bælæns ʃiːt] *sb* Einheitsbilanz *f*
unified company ['juːnɪfaɪd 'kʌmpənɪ] *sb* Einheitsgesellschaft *f*
unified currency ['juːnɪfaɪd 'kʌrənsɪ] *sb* Einheitswährung *f*
uniform ['juːnɪfɔːm] *adj* einheitlich, gleich
uniform classification of accounts for industrial enterprises ['juːnɪfɔːm klæsɪfɪ'keɪʃn əv ə'kaʊnts fɔː ɪn'dʌstrɪəl 'entəpraɪzɪz] *sb* Industriekontenrahmen (IKR) *m*
uniform duty ['juːnɪfɔːm 'djuːtɪ] *sb* Einheitszoll *m*
uniformity [juːnɪ'fɔːmɪtɪ] *sb* Einförmigkeit *f*, Gleichförmigkeit *f*, Eintönigkeit *f*
uniform price ['juːnɪfɔːm praɪs] *sb* Einheitskurs *m*
uniform system of accounts for the wholesale trade ['juːnɪfɔːm 'sɪstəm əv ə'kaʊnts fɔː ðə həʊlseɪl treɪd] *sb* Großhandelskontenrahmen *m*
unilateral [juːnɪ'lætərəl] *adj* einseitig
unilateral transfer [juːnɪ'lætərəl 'trænsfɜː] *sb* einseitige Übertragung *f*
union ['juːnjən] *sb 1. (group)* Vereinigung *f*, Verband *m*, Verein *m*; *2. (labor ~, trade ~)* Gewerkschaft *f*
union affiliation ['juːnjən əfɪlɪ'eɪʃən] *sb* Gewerkschaftszugehörigkeit *f*
union contract ['juːnjən 'kɒntrækt] *sb* Tarifvertrag *m*, Tarifabschluss *m*
union funds ['juːnjən fʌnds] *sb* Gewerkschaftskasse *f*
union leader ['juːnjən 'liːdə] *sb* Gewerkschaftsführer(in) *m/f*
union official ['juːnjən ə'fɪʃl] *sb* Gewerkschaftsfunktionär(in) *m/f*
unionism ['juːnjənɪzm] *sb* Gewerkschaftswesen *n*
unionist ['juːnjənɪst] *sb* Gewerkschaftler(in) *m/f*
unit ['juːnɪt] *sb* Einheit *f*
unit billing ['juːnɪt 'bɪlɪŋ] *sb* Sammelabrechnung *f*
unit certificate ['juːnɪt sə'tɪfɪkət] *sb* Anteilscheine *m/pl*
unit cost accounting ['juːnɪt kɒst ə'kaʊntɪŋ] *sb* Stückkostenkalkulation *f*
unit depreciation ['juːnɪt dɪpriːʃɪ'eɪʃən] *sb* Einzelabschreibung *f*
unit holder ['juːnɪt 'həʊldə] *sb* Anteilsscheinbesitzer(in) *m/f*
unit-linked ['juːnɪtlɪŋkt] *adj* fondsgebunden
unit of account ['juːnɪt əv ə'kaʊnt] *sb* Rechnungseinheit *f*
unit of manufacture ['juːnɪt əv mænjʊ'fæktʃə] *sb* Fertigungseinheit *f*
unit of organization ['juːnɪt əv ɔːgənaɪ'zeɪʃn] *sb* Unternehmenseinheit *f*
unit of reference ['juːnɪt əv 'refrəns] *sb* Bezugsgröße *f*
unit of value ['juːnɪt əv 'væljuː] *sb* Währungseinheit *f*, Werteinheit *f*
unit of work ['juːnɪt əv wɜːk] *sb* Arbeitseinheit *f*
unit production ['juːnɪt prə'dʌkʃn] *sb* Stückproduktion *f*, Einzelfertigung *f*
unit trust fund ['juːnɪt trʌst fʌnd] *sb* Investmentfonds *m*
United Nations Conferences on Trade and Development [jʊ'naɪtɪd 'neɪʃns 'kɒnfərensɪz ɒn 'treɪd ænd dɪ'veləpmənt] *sb* Welthandelskonferenzen *f/pl*
United Nations Industrial Development Organization [jʊ'naɪtɪd 'neɪʃns ɪn'dʌstrɪəl

dɪ'veləpmənt ɔːgənaɪ'zeɪʃən] *sb* Organisation der Vereinten Nationen für industrielle Entwicklung *f*

universal [juːnɪ'vɜːsəl] *adj 1.* universal, Universal..., Welt...; *2. (general)* allgemein

unlawful [ʌn'lɔːfʊl] *adj* rechtswidrig, gesetzwidrig, ungesetzlich

unlimited power ['ʌnlɪmɪtɪd 'paʊə] *sb* Generalvollmacht *f*

unlimited tax liability ['ʌnlɪmɪtɪd tæks laɪə'bɪlɪtɪ] *sb* unbeschränkte Steuerpflicht *f*

unlisted [ʌn'lɪstɪd] *adj 1.* nicht verzeichnet; *2. (stock-exchange)* unnotiert

unlisted securities [ʌn'lɪstɪd sɪ'kjʊərɪtiːz] *pl* unnotierte Werte *m/pl*

unload [ʌn'ləʊd] *v (freight)* ausladen

unmortgaged [ʌn'mɔːgɪdʒd] *adj* hypothekenfrei, unbelastet

unofficial [ʌnə'fɪʃəl] *adj* inoffiziell

unofficial dealings [ʌnə'fɪʃl 'diːlɪŋs] *pl* Freiverkehr *m*

unofficial dealings committee [ʌnə'fɪʃl 'diːlɪŋs kɒ'mɪtiː] *sb* Freiverkehrsausschuss *m*

unofficial market [ʌnə'fɪʃl 'mɑːkɪt] *sb* geregelter Freiverkehr *m*

unofficial stock market [ʌnə'fɪʃl 'stɒk 'mɑːkɪt] *sb* Kulisse *f*

unpacked [ʌn'pækt] *adj* unverpackt

unpaid [ʌn'peɪd] *adj* unbezahlt

unpaid bill of exchange [ʌn'peɪd bɪl əv ɪks'tʃeɪndʒ] *sb* Rückwechsel *m*

unpaid vacation [ʌn'peɪd veɪ'keɪʃən] *sb* unbezahlter Urlaub *m*

unproductive [ʌnprə'dʌktɪv] *adj* unproduktiv, unergiebig

unprofitable [ʌn'prɒfɪtəbl] *adj* wenig einträglich, unrentabel

unqualified [ʌn'kwɒlɪfaɪd] *adj (applicant)* unqualifiziert, nicht qualifiziert

unquoted securities ['ʌnkwəʊtɪd sɪ'kjʊrɪtiːz] *pl* amtlich nicht notierte Werte *m/pl*

unquoted share ['ʌnkwəʊtɪd ʃɛə] *sb* nichtnotierte Aktie *f*

unredeemable bond [ʌnrɪ'diːməbl bɒnd] *sb* Dauerschuldverschreibung *f*

unreserved [ʌnrɪ'zɜːvd] *adj* uneingeschränkt

unrestricted retained earnings [ʌnrɪ'strɪktɪd rɪ'teɪnd 'ɜːnɪŋs] *pl* freie Rücklage *f*

unsalable [ʌn'seɪləbl] *adj* unverkäuflich

unsecured credit [ʌnsɪ'kjʊəd 'kredɪt] *sb* Blankokredit *m*

unsettled account [ʌn'setld ə'kaʊnt] *sb* offene Rechnung *f*

untaxed [ʌn'tækst] *adj* steuerfrei, unbesteuert

unused [ʌn'juːzd] *adj* ungenutzt

unwarranted [ʌn'wɒrəntɪd] *adj* ohne Garantie

upbeat ['ʌpbiːt] *adj* optimistisch

update [ʌp'deɪt] *v* auf den neuesten Stand bringen

upkeep ['ʌpkiːp] *sb 1.* Instandhaltung *f; 2. (costs)* Instandhaltungskosten *pl*

uptake ['ʌpteɪk] *sb* Akzeptanz *f*, Annahme *f*

upturn ['ʌptɜːn] *sb 1.* Aufwärtstrend *m*, Aufschwung *m; 2. (stock-exchange)* Kurssteigerung *f*

upvaluation ['ʌpvæljʊeɪʃən] *sb* Aufwertung *f*

upvalue [ʌp'væljuː] *v* höher bewerten, aufwerten

upward trend ['ʌpwəd trend] *sb* Aufwärtstrend *m*

usage ['juːsɪdʒ] *sb* Usancen *f/pl*

usance ['juːsəns] *sb* Uso *m*, Usance *f*, Handelsbrauch *m*

use [juːs] *sb* Nutzung *f*

user cost ['juːzə kɒst] *sb* kalkulatorische Abschreibung *f*

user friendliness ['juːzə 'frendlɪnes] *sb* Benutzerfreundlichkeit *f*

user-friendly ['juːzəfrendlɪ] *adj* benutzerfreundlich, anwenderfreundlich

user interface ['juzər 'ɪntəfeɪs] *sb* Benutzeroberfläche *f*

usual conditions (u. c.) ['juːʒuəl kən'dɪʃnz] *pl* übliche Bedingungen (u.c., u.t.) *f/pl*

usual terms (u. t.) ['juːʒuəl 'tɜːmz] *pl* übliche Bedingungen (u.c., u.t.) *f/pl*

usufruct ['juːsjufrʌkt] *sb* Nießbrauch *m*

usufructury right [juːsju'frʌktərɪ raɪt] *sb* Nutzungsrecht *n*

usury ['juːʒərɪ] *sb* Wucher *m*, Zinswucher *m*

utility [juː'tɪlɪtɪ] *1.* Nutzen; *m 2. public utilities pl (services)* Leistungen der öffentlichen Versorgungsbetriebe *f/pl*

utility analysis [juː'tɪlɪtɪ ə'næləsɪs] *sb* Nutzwertanalyse *f*

utility costs [juː'tɪlɪtɪ kɒsts] *pl* Nutzkosten *pl*

utility-model patent [juː'tɪlɪtɪ'mɒdəl 'peɪtənt] *sb* Gebrauchsmuster *n*

utilization of capacity [juːtɪlaɪ'zeɪʃən əv kə'pæsɪtɪ] *sb* Kapazitätsauslastung *f*

utilization rights [juːtɪlaɪ'zeɪʃən raɪts] *pl* Verwertungsrechte *n/pl*

utilize ['juːtɪlaɪz] *sb* verwerten, verwenden, benutzen

V

vacancy ['veɪkənsɪ] *sb (job)* freie Stelle *f*
vacant ['veɪkənt] *adj 1.* frei, leer, unbesetzt, vakant; *2. (building)* unbewohnt, unvermietet
vacate [veɪ'keɪt] *v (a job)* aufgeben
vacation [veɪ'keɪʃən] *sb (US)* Ferien *pl*, Urlaub *m*
valid ['vælɪd] *adj* gültig; *(argument)* stichhaltig
valid contract ['vælɪd 'kɒntrækt] *sb* rechtsgültiger Vertrag *m*
valid today ['vælɪd tʊ'deɪ] heute gültig
validate ['vælɪdeɪt] *v* gültig machen; *(claim)* bestätigen
validity [və'lɪdɪtɪ] *sb 1.* Gültigkeit *f*; *2. (of an argument)* Stichhaltigkeit *f*
validity in law [və'lɪdɪtɪ ɪn lɔː] *sb* Rechtsgültigkeit *f*
validity of a claim [və'lɪdɪtɪ əv ə kleɪm] *sb* Anspruchsberechtigung *f*
valorization [vælərаɪ'zeɪʃn] *sb* Valorisation *f*
valorize ['væləraɪz] *v* valorisieren, aufwerten
valuable ['væljʊəbl] *adj 1.* wertvoll; *sb 2.* Wertgegenstand *m*
valuation [væljʊ'eɪʃən] *sb 1. (process)* Schätzung *f*, Bewertung *f*, Wertansatz *m*; *2. (estimated value)* Schätzwert *m*
valuation account [væljʊ'eɪʃən ə'kaʊnt] *sb* Wertberichtigungskonto *n*
valuation of assets based on standard values [væljʊ'eɪʃən əv 'æsɪts beɪsd ɒn 'stændəd 'væljuːz] *sb* Festbewertung *f*
valuation of enterprises [væljʊ'eɪʃən əv 'entəpraɪzɪz] *sb* Bewertung von Unternehmen *f*
valuation standards [væljʊ'eɪʃən 'stændəds] *pl* Bewertungsmaßstäbe *m/pl*
valuator ['væljʊeɪtə] *sb* Schätzer *m*
value ['væljuː] *v 1. (estimate the ~ of)* schätzen, abschätzen; *sb 2.* Wert *m*, Preis *m*
value added ['væljuː 'ædɪd] *sb* Mehrwert *m*
value-added tax [væljuː'ædɪd tæks] *sb (VAT)* Mehrwertsteuer *f*
value compensated ['væljuː 'kɒmpənseɪtɪd] *sb* kompensierte Valuta *f*, Valuta kompensiert *f*
value date ['væljuː deɪt] *sb* Wertstellung *f*
value guarantee ['væljuː gærən'tiː] *sb* Wertsicherung *f*
value in cash ['væljuː ɪn kæʃ] *sb* Barwert *m*
value in use ['væljuː ɪn juːs] *sb* Gebrauchswert *m*
value of collateral ['væljuː əv kə'lætərəl] *sb* Beleihungswert *m*
value of custody ['væljuː əv 'kʌstədɪ] *sb* Verwahrungsbetrag *m*
value of money ['væljuː əv 'mʌnɪ] *sb* Geldwert *m*
value of the subject matter at issue ['væljuː əv ðə 'sʌbtʃekt 'mætə æt 'ɪʃuː] *sb* Geschäftswert *m*
value to be attached ['væljuː tu biː ə'tætʃt] *sb* beizulegender Wert *m*
valuer ['væljʊə] *sb* Schätzer *m*
van [væn] *sb* Lieferwagen *m*
variable ['vɛərɪəbl] *adj 1.* veränderlich, wechselnd; *2. (adjustable)* regelbar, verstellbar; *sb 3.* Variable *f*, veränderliche Größe *f*
variable cost ['vɛərɪəbl 'kɒst] *sb (Kostenrechnung)* Arbeitskosten *pl*
variable costing ['vɛərɪəbl 'kɒstɪŋ] *sb* Teilkostenrechnung *f*
variable costs ['vɛərɪəbl kɒsts] *pl* variable Kosten *pl*
variable market ['vɛərɪəbl 'mɑːkɪt] *sb* variabler Markt *m*
variable price ['vɛərɪəbl praɪs] *sb* variabler Kurs *m*
variable price quoting ['vɛərɪəbl praɪs 'kwəʊtɪŋ] *sb* fortlaufende Notierung *f*
variable rate of interest ['vɛərɪəbl reɪt əv 'ɪntrest] *sb* variabler Zins *m*
variable value ['vɛərɪəbl 'væljuː] *sb* variabler Wert *m*
variance ['vɛərɪəns] *sb* Varianz *f*
variant ['vɛərɪənt] *sb* Variante *f*
variety [və'raɪətɪ] *sb 1. (assortment)* Vielfalt *f*; *2. (selection)* Auswahl *f*
vary ['vɛərɪ] *v 1. (to be different)* unterschiedlich sein; *(fluctuate)* schwanken; *2. (give variety to)* variieren
vault [vɔːlt] *sb (of a bank)* Tresorraum *m*
veil of money [veɪl əv 'mʌnɪ] *sb* Geldschleier *m*
velocity of circulation of money [ve'lɒsɪtɪ əv sɜːkjʊ'leɪʃn əv 'mʌnɪ] *sb* Geldumlaufsgeschwindigkeit *f*
venal ['viːnl] *adj* käuflich, korrupt
vendible ['vendɪbl] *adj* verkäuflich, gängig

vending machine ['vendɪŋ mə'ʃi:n] *sb* Verkaufsautomat *m*
vendition [ven'dɪʃən] *sb* Verkauf *m*
vendor ['vendə] *sb 1.* Verkäufer(in) *m/f; 2. (machine)* Automat *m*
venture ['ventʃə] *sb* Wagnis *n*
venture capital ['ventʃə 'kæpɪtl] *sb* Venture-Kapital *n,* Risikokapital *n*
verbal ['vɜ:bəl] *adj (oral)* mündlich
verbatim [vɜ:'beɪtɪm] *adv* wortwörtlich
verdict ['vɜ:dɪkt] *sb* Urteil *n*
verification [verɪfɪ'keɪʃən] *sb 1. (check)* Überprüfung *f,* Kontrolle *f; 2. (confirmation)* Bestätigung *f,* Nachweis *m*
verification of documents [verɪfɪ'kaɪʃən əv 'dɒkjʊmənts] *sb* Belegprüfung *f*
verify ['verɪfaɪ] *v 1. (check)* prüfen, nachprüfen; *2. (confirm)* bestätigen
versatile ['vɜ:sətaɪl] *adj* vielseitig
versatility [vɜ:sə'tɪlɪtɪ] *sb* Vielseitigkeit *f*
version ['vɜ:ʒən] *sb* Modell *n*
versus ['vɜ:səs] *prep* kontra
vertical integration ['vɜ:tɪkl ɪntɪ'greɪʃn] *sb* vertikale Integration *f,* vertikale Konzentration *f*
vested interest stock ['vestɪd 'ɪntrest stɒk] *sb* Interessenwert *m*
veto ['vi:təʊ] *sb 1.* Veto *n; v 2. ~ sth* ein Veto gegen etw einlegen
via ['vaɪə] *prep* per, über
viability study [vaɪə'bɪlɪtɪ 'stʌdɪ] *sb* Wirtschaftlichkeitsstudie *f*
viable ['vaɪəbl] *adj (fig)* durchführbar
video conference ['vɪdɪəʊ 'kɒnfərəns] *sb* Videokonferenz *f*
videodisc ['vɪdɪəʊdɪsk] *sb* Video-Disc *f,* Bildplatte *f*
videophone ['vɪdɪəʊfəʊn] *sb* Bildschirmtelefon *n*
videotape ['vɪdɪəʊteɪp] *sb* Videoband *n*
videotext ['vɪdɪəʊtekst] *sb* Videotext *m*
videotext account ['vɪdɪəʊtekst ə'kaʊnt] *sb* Tele-Konto *n*
violate ['vaɪəleɪt] *v 1. (a contract, a treaty, an oath)* verletzen; *2. (a law)* übertreten
violation [vaɪə'leɪʃən] *sb 1. (of a contract)* Verletzung *f; 2. (of a law)* Gesetzübertretung *f*
violation of competition rule [vaɪə'leɪʃən əv kɒmpə'tɪʃən ru:l] *sb* Wettbewerbsverstoß *m*
virtual companies ['vɜ:tjʊəl 'kʌmpəni:z] *pl* virtuelle Unternehmen *n/pl*
virtual reality ['vɜ:tʃʊəl rɪ'ælɪtɪ] *sb* virtuelle Realität *f*
virtualization [vɜ:tjʊəlaɪ'zeɪʃn] *sb* Virtualisierung *f*
virus ['vaɪrəs] *sb (computer)* Virus *n*
visa ['vi:zə] *sb* Visum *n*
visiting card ['vɪzɪtɪŋ kɑ:d] *sb (UK)* Visitenkarte *f*
visiting hours ['vɪzɪtɪŋ 'aʊəz] *pl* Besuchszeiten *f/pl*
visitor ['vɪzɪtə] *sb* Besucher(in) *m/f,* Gast *m*
vocation [vəʊ'keɪʃən] *sb (profession)* Beruf *m*
vocational [vəʊ'keɪʃənl] *adj* Berufs...
vocational retraining [vəʊ'keɪʃənl ri:'treɪnɪŋ] *sb* berufliche Umschulung *f*
voice mail [vɔɪs meɪl] *sb* Voice-Mail *f*
void [vɔɪd] *adj* ungültig, nichtig; *become ~* verfallen; *declare ~* für ungültig erklären; *stand~* ungültig sein
void bill [vɔɪd bɪl] *sb* präjudizierter Wechsel *m*
voidable ['vɔɪdəbl] *adj* aufhebbar, anfechtbar
volatility [vɒlə'tɪlɪtɪ] *sb* Volatilität *n*
volt [vɒlt] *sb* Volt *n*
voltage ['vɒltɪdʒ] *sb* Spannung *f*
volume ['vɒlju:m] *sb 1. (measure)* Volumen *n; 2. (fig: of business, of traffic)* Umfang *m*
volume of business ['vɒlju:m əv 'bɪznɪs] *sb* Geschäftsvolumen *n*
volume of foreign trade ['vɒlju:m əv 'fɒrɪn treɪd] *sb* Außenhandelsvolumen *n*
volume of money ['vɒlju:m əv 'mʌnɪ] *sb* Geldvolumen *n*
volume order ['vɒlju:m 'ɔ:də] *sb* Großauftrag *m,* Mengenauftrag *m*
volume variance ['vɒlju:m 'vɛərɪəns] *sb* Beschäftigungsabweichungen *f/pl*
voluntary ['vɒləntərɪ] *adj* freiwillig, ehrenamtlich
voluntary contributions ['vɒləntərɪ kɒntrɪ'bju:ʃnz] *pl* Spenden *f/pl*
voluntary disclosure ['vɒləntərɪ dɪs'kləʊʒə] *sb* Selbstauskunft *f*
voluntary retirement ['vɒləntərɪ rɪ'taɪəmənt] *sb* Austritt *m*
vostro account ['vɒstrəʊ ə'kaʊnt] *sb* Vostrokonto *n*
voting rights of nominee shareholders ['vəʊtɪŋ raɪts əv nɒmɪ'ni: 'ʃɛəhəʊldəz] *pl* Depotstimmrecht *n*
voting share ['vəʊtɪŋ ʃɛə] *sb* Stimmrechtsaktie *f*
voucher ['vaʊtʃə] *sb 1. (coupon)* Gutschein *m,* Bon *m; 2. (receipt)* Beleg *m*
vouchsafe [vaʊtʃ'seɪf] *v* gewähren

W/X/Y/Z

wage [weɪdʒ] *sb (~s)* Lohn *m*
wage agreement ['weɪdʒ ə'gri:mənt] *sb* Lohnvereinbarung *f*
wage arriers [weɪdʒ ə'rɪez] *pl* Lohnrückstände *m/pl*
wage bargaining [weɪdʒ 'bɑ:gɪnɪŋ] *sb* Lohnverhandlungen *f/pl*
wage bracket [weɪdʒ 'brækɪt] *sb* Lohngruppe *f,* Lohnklasse *f*
wage claim ['weɪdʒ kleɪm] *sb* Lohnforderung *f*
wage continuation [weɪdʒ kəntɪnjʊ'eɪʃən] *sb* Lohnfortzahlung *f*
wage costs ['weɪdʒ kɒsts] *pl* Lohnkosten *pl*
wage cut ['weɪdʒ kʌt] *sb* Lohnkürzung *f,* Lohnsenkung *f*
wage-earner ['weɪdʒɜ:nə] *sb* Lohnempfänger(in) *m/f*
wage freeze ['weɪdʒfri:z] *sb* Lohnstopp *m*
wage in cash ['weɪdʒ ɪn 'kæʃ] *sb* Barlohn *m*
wage-induced [weɪdʒɪn'dju:st] *adj* lohnkostenbedingt
wage-intensive [weɪdʒɪn'tensɪv] *sb* lohnintensiv
wage on a piecework [weɪdʒ ɒn ə 'pi:swɜ:k] *sb* Stücklohn *m*
wage per hour [weɪdʒ pɜ: 'aʊə] *sb* Stundenlohn *m*
wage-price spiral ['weɪdʒ'praɪs 'spaɪrəl] *sb* Lohn-Preis-Spirale *f*
wage scale ['weɪdʒ skeɪl] *sb* Lohntarif *m*
wages paid in kind ['weɪdʒɪz peɪd ɪn 'kaɪnd] *pl* Naturallohn *m*
wages policy ['weɪdʒɪz 'pɒlɪsɪ] *sb* Lohnpolitik *f*
wage rate ['weɪdʒ reɪt] *sb* Lohntarif *m*
wage tax ['weɪdʒ tæks] *sb* Lohnsteuer *f*
wage tax class ['weɪdʒ tæks klɑ:s] *sb* Lohnsteuerklasse *f*
wait-and-see attitude [weɪtænd'si: 'ætɪtju:d] *sb* Attentismus *m*
waiting allowance ['weɪtɪŋ ə'laʊəns] *sb* Karenzentschädigung *f*
waive [weɪv] *v* verzichten
waiver ['weɪvə] *sb 1.* Verzicht *m; 2. (form, written ~)* Verzichterklärung *f*
waiver of a claim ['weɪvər əv ə kleɪm] *sb* Anspruchsverzicht *m*
wallet ['wɒlɪt] *sb* Brieftasche *f*
Wall Street ['wɔ:l stri:t] *sb* New Yorker Börse *f,* Wall Street *f*
want [wɒnt] *sb 1. (need)* Bedürfnis *n; 2. (lack)* Mangel *m; for ~ of* mangels; *3. (poverty)* Not *f*
wantage ['wɑ:ntɪdʒ] *sb* Fehlbetrag *m*
wanting ['wɒntɪŋ] *adj* fehlend, mangelnd; *to be found ~* sich als mangelhaft erweisen
war loan ['wɔ: ləʊn] *sb* Kriegsanleihe *f*
ware [wɛə] *sb* Ware *f,* Erzeugnis *n*
warehouse ['wɛəhaʊs] *sb* Lagerhaus *n,* (Waren-)Lager *n*
warehouse costs ['wɛəhaʊs kɒsts] *pl* Lagerhaltungskosten *pl*
warehouse loan ['wɛəhaʊs ləʊn] *sb* Einlagerungskredit *f*
warehouse receipt ['wɛəhaʊs rɪ'si:t] *sb* Lagerempfangsschein (D/W) *m*
warehouse rent ['wɛəhaʊs rent] *sb* Lagermiete *f*
warehouse warrant ['wɛəhaʊs 'wɒrənt] *sb* Lagerschein *m*
warehousing ['wɛəhaʊzɪŋ] *sb* Lagerung *f*
warning ['wɔ:nɪŋ] *sb (notice)* Ankündigung *f,* Benachrichtigung *f*
warrant ['wɒrənt] *sb* Befehl *m; (search ~)* Durchsuchungsbefehl *m; (for arrest)* Haftbefehl *m*
warrant for goods ['wɒrənt fɔ: gʊdz] *sb* Lagerpfandschein *m*
warrant issue ['wɒrənt 'ɪʃu:] *sb* Optionsanleihe *f*
warrant of attachment ['wɒrənt əv ə'tætʃmənt] *sb* Beschlagnahmeverfügung *f*
warrantor ['wɒrəntɔ:] *sb* Garantiegeber *m*
warrants ['wɒrənts] *sb* Warrants *pl*
warranty ['wɒrəntɪ] *sb* Garantie *f,* Gewährleistung *f*
warranty clause ['wɒrəntɪ klɔ:z] *sb* Gewährleistungsklausel *f*
warranty deed ['wɒrəntɪ di:d] *sb* Bürgschaftsurkunde *f*
warranty of authority ['wɒrəntɪ əv ɔ:'θɑrətɪ] *sb* Ermächtigung *f*
waste [weɪst] *v 1. (sth)* verschwenden, vergeuden; *(a chance)* vertun; *sb 2.* Verschwendung *f; (rubbish)* Abfall *m; (~ material)* Abfallstoffe *pl*
waste disposal ['weɪst dɪs'pəʊzəl] *sb* Abfallbeseitigung *f*

waste management ['weɪst 'mænɪdʒmənt] *sb* Abfallwirtschaft *f*
waterage ['wɔːtərɪdʒ] *sb* Transport auf dem Wasserweg *m*
watering of capital stock [wɔːtərɪŋ əv 'kæpɪtl stɒk] *sb* Kapitalverwässerung *f*
waterproof ['wɔːtəpruːf] *adj* wasserundurchlässig, wasserdicht
watt [wɒt] *sb* Watt *n*
wattage ['wɒtɪdʒ] *sb* Wattleistung *f*
waybill ['weɪbɪl] *sb* Frachtbrief *m*
wealth tax ['welθ tæks] *sb* Vermögenssteuer *f*
wear and tear ['wɛər ənd 'tɛə] *sb* Abnutzung und Verschleiß
wearproof ['wɛəpruːf] *adj* strapazierfähig
web [web] *sb the Web* das World Wide Web *n*, das Netz *n*
web browser ['web 'braʊzə] *sb* Webbrowser *m*
web page ['web peɪdʒ] *sb* Web-Seite *f*, Webpage *f*
web server ['web 'sɛːvə] *sb* Internetrechner *m*
web site ['websaɪt] *sb* Website *f*
weekday ['wiːkdeɪ] *sb* Wochentag *m*
weekend ['wiːkend] *sb* Wochenende *n*
weigh [weɪ] *v 1.* wiegen; *(sth)* wiegen; *2. (fig: pros and cons)* abwägen; *~ one's words* seine Worte abwägen
weight [weɪt] *sb* Gewicht *n; lose ~/gain ~ (person)* abnehmen/zunehmen
weight guaranteed (w.g.) [weɪt gærən'tiːd] garantiertes Gewicht (w.g.) *n*
weighting ['weɪtɪŋ] *sb (UK: ~ allowance)* Zulage *f*
weight loaded [weɪt 'ləʊdɪd] *sb* Abladegewicht *n*
weight of taxation [weɪt əv tæk'seɪʃən] *sb* Steuerlast *f*
welfare ['welfɛə] *sb* Wohlfahrt *f*, Sozialhilfe *f*
welfare state ['welfɛə steɪt] *sb* Wohlfahrtsstaat *m*
well-connected [wel kə'nektɪd] *adj be ~* gute Beziehungen haben
well-deserved [weldɪ'zɜːvd] *adj* wohlverdient
well-equipped [welɪ'kwɪpt] *adj* gut ausgerüstet
well-informed [welɪn'fɔːmd] *adj (person)* gut informiert
well-intentioned [welɪn'tenʃənd] *adj* wohl gemeint; *(person)* wohlmeinend
well-known ['welnəʊn] *adj* bekannt
wharf [wɔːf] *sb* Kai *m*
wharfage ['wɔːfɪdʒ] *sb* Kaigebühren *pl*
whispering campaign ['wɪspərɪŋ kæm'peɪn] *sb* Verleumdungskampagne *f*
white collar worker [waɪt 'kɒlə 'wɜːkə] *sb* Angestellte(r) *f/m*, Büroangestellte(r) *f/m*
white goods [waɪt gʊds] *sb* weiße Ware *f*
white knight [waɪt 'naɪt] *sb* Investor, der eine Firma vor einer Übernahme rettet *m*, Retter in der Not
white-collar crime ['waɪtkɒlə kraɪm] *sb* White-Collar-Kriminalität *f*, Wirtschaftskriminalität *f*
white-collar union ['waɪtkɒlə 'juːnjən] *sb* Angestelltengewerkschaft *f*
whiteout ['waɪtaʊt] *sb (fam)* Tipp-Ex *n*
whole-bank interest margin calculation ['həʊlbæŋk 'ɪntrest mɑːdʒɪn kælkjʊ'leɪʃn] *sb* Gesamtzinsspannenrechnung *f*
wholesale ['həʊlseɪl] *sb* Großhandel *m; adv* im Großhandel
wholesale bank ['həʊlseɪl bæŋk] *sb* Universalbank *f*
wholesale banking ['həʊlseɪl bæŋkɪŋ] *sb* Firmenkundengeschäft *n*
wholesale insurance ['həʊlseɪl ɪn'ʃʊərəns] *sb* Gruppenversicherung *f*
wholesale market ['həʊlseɪl 'mɑːkɪt] *sb* Großmarkt *m*
wholesale merchant ['həʊlseɪl 'mɛːtʃənt] *sb* Großhandelskaufmann/Großhandelskauffrau *m/f*
wholesale price ['həʊlseɪl praɪs] *sb* Großhandelspreis *m*
wholesale trade ['həʊlseɪl treɪd] *sb* Großhandel *m*
wholesaler ['həʊlseɪlə] *sb* Großhändler(in) *m/f*, Grossist(in) *m/f*
wholly-owned [həʊlɪ'əʊnd] *adj a ~ subsidiary* eine hundertprozentige Tochtergesellschaft *f*
width [wɪdθ] *sb* Breite *f*
wield [wiːld] *v (power)* ausüben
wildcat ['waɪldkæt] *adj* spekulativ, riskant; *~ security* unsicheres Wertpapier
wilful ['wɪlfʊl] *adj (deliberate)* vorsätzlich, mutwillig
willingness ['wɪlɪŋnɪs] *sb* Bereitwilligkeit *f*, Bereitschaft *f*
willingness to achieve ['wɪlɪŋnɪs tuː ə'tʃiːv] *sb* Leistungsbereitschaft *f*
windbill ['wɪndbɪl] *sb* Reitwechsel *m*
winding-up [waɪndɪŋ'ʌp] *sb* Geschäftsauflösung *f*, Liquidation *f*

winding-up accounts [waındıŋ'ʌp ə'kaʊnts] *pl* Abwicklungsbilanz *f*
winding-up period [waındıŋ'ʌp 'pıərıəd] *sb* Abwicklungszeitraum *m*
winding-up petition [waındıŋ'ʌp pı'tıʃən] *sb* Antrag auf Liquidation *m*
window-dressing ['wındəʊdresıŋ] *sb* Schaufenstergestaltung *f*
window envelope ['wındəʊ 'envələʊp] *sb* Fensterbriefumschlag *m*
winter bonus ['wıntə 'bəʊnəs] *sb* Winterausfallgeld *n*
wire [waıə] *v (send a telegram to)* telegrafieren
with a fixed rate of interest [wıθ ə 'fıkst reıt əv 'ıntrest] *sb* festverzinslich
withdrawal [wıθ'drɔːəl] *sb* Entnahme *f*
withdrawal of an order [wıθ'drɔːəl əv ən 'ɔːdə] *sb* Auftragsstornierung *f*
withdrawal of shares [wıθ'drɔːəl əv 'ʃɛəs] *sb* Aktieneinziehung *f*
withdrawal period [wıθ'drɔːəl 'piəriəd] *sb* Kündigungsfrist *f*
withhold [wıð'həʊld] *v* einbehalten, zurückhalten
withholding of income tax [wıð'həʊldıŋ əv 'ıŋkʌm tæks] *sb* Lohnsteuerabzug *m*
withholding of payment [wıð'həʊldıŋ əv 'peımənt] *sb* Zahlungsverweigerung *f*
withholding rate [wıð'həʊldıŋ reıt] *sb* Kapitalertragssteuersatz *m*, Lohnsteuersatz *m*
without competition [wıθ'aʊt kɒmpə'tıʃən] *adv* konkurrenzlos
without guarantee [wıθ'aʊt gærən'tiː] *adv* ohne Gewähr
without obligation [wıθ'aʊt ɒblı'geıʃən] *adv* ohne Obligo
without prior notice [wıθ'aʊt 'praıə 'nəʊtıs] *adv* fristlos
witness ['wıtnıs] *v 1.* bezeugen, Zeuge sein; *sb 2.* Zeuge/Zeugin *m/f*
word processing [wɜːd 'prəʊsesıŋ] *sb* Textverarbeitung *f*
work [wɜːk] *v 1.* arbeiten; *~ on* arbeiten an; *2. (a machine)* bedienen; *3. (to be successful)* klappen; *4. (function)* funktionieren; *sb 5.* Arbeit *f*; *to be at ~ on sth* an etw arbeiten; *out of ~* arbeitslos; *make short ~ of sth (fam)* mit etw kurzen Prozess machen; *He's at ~.* Er ist in der Arbeit. *~s pl 6. (factory)* Betrieb *m*, Fabrik *f*
workable ['wɜːkəbl] *adj 1.* brauchbar, durchführbar; *2. (mining)* abbaufähig
workaholic [wɜːkə'hɒlık] *sb* Arbeitssüchtige(r) *f/m*, Workaholic *m*
workbench ['wɜːkbentʃ] *sb* Werkbank *f*
worker ['wɜːkə] *sb* Arbeiter(in) *m/f*
worker participation ['wɜːkə pɑːtısı'peıʃən] *sb* Arbeitnehmerbeteiligung *f*
work ethic [wɜːk 'eθık] *sb* Arbeitsmoral *f*
work experience [wɜːk ık'spiəriəns] *sb* Berufserfahrung *f*, Berufspraxis *f*
workforce ['wɜːkfɔːs] *sb* Belegschaft *f*, Arbeiterschaft *f*
working assets ['wɜːkıŋ 'æsets] *sb* Betriebskapital *n*, Umlaufvermögen *n*
working capital ['wɜːkıŋ 'kæpıtl] *sb* Betriebskapital *n*
working conditions and human relations ['wɜːkıŋ kən'dıʃənz ənd 'hjuːmən rı'leıʃənz] *pl* Betriebsklima *n*
working credit ['wɜːkıŋ 'kredıt] *sb* Betriebskredit *m*
working day ['wɜːkıŋ deı] *sb* Arbeitstag *m*
working expenses ['wɜːkıŋ ıks'pensız] *pl* Betriebskosten *pl*
working funds ['wɜːkıŋ fʌndz] *pl* Betriebsmittel *n/pl*
working hours ['wɜːkıŋ 'aʊəz] *pl* Arbeitszeit *f*
working knowledge ['wɜːkıŋ 'nɒlıdʒ] *sb (in languages)* Grundkenntnisse *f/pl*
working lunch ['wɜːkıŋ lʌntʃ] *sb* Arbeitsessen *n*
working party ['wɜːkıŋ 'pɑːtı] *sb* Arbeitsgruppe *f*, Arbeitsgemeinschaft *f*
working time standard ['wɜːkıŋ taım 'stændəd] *sb* Regelarbeitszeit *f*
work injury [wɜːk 'ındʒərı] *sb* Betriebsunfall *m*, Arbeitsunfall *m*
work in process [wɜːk ın 'prəʊses] *sb* unfertige Erzeugnisse *n/pl*
work in the field [wɜːk ın ðə 'fiːld] *sb* Außendienst *m*
work label [wɜːk 'leıbl] *sb* Laufzettel *m*
work layout [wɜːk 'leıaʊt] *sb* Arbeitsdisposition *f*
workload ['wɜːkləʊd] *sb* Arbeitslast *f*
workmanship ['wɜːkmənʃıp] *sb* Arbeitsqualität *f*
workmate ['wɜːkmeıt] *sb* Arbeitskollege *m*
work out [wɜːk 'aʊt] *v (figures)* ausrechnen
work output [wɜːk 'aʊtpʊt] *sb* Arbeitsleistung *f*
work performed [wɜːk pə'fɔːmd] *sb* Arbeitsertrag *m*
work permit ['wɜːk 'pɜːmıt] *sb* Arbeitserlaubnis *f*
workplace ['wɜːkpleıs] *sb* Arbeitsplatz *m*

work procurement [wɜːk prə'kjʊəmənt] *sb* Arbeitsbeschaffung *f*
workshop ['wɜːkʃɒp] *sb* Werkstatt *f*; *(fig: seminar)* Seminar *n*
works pension [wɜːks 'penʃn] *sb* Betriebsrente *f*, Firmenrente *f*
works protection force [wɜːks prə'tekʃən fɔːs] *sb* Werkschutz *m*
workstandard [wɜːk'stændəd] *sb* Werknorm *f*
workstation ['wɜːksteɪʃn] *sb* Arbeitsplatzrechner *m*
work together [wɜːk tə'geθə] *v* zusammenarbeiten
work to rule [wɜːk tə 'ruːl] *sb* Dienst nach Vorschrift *m*
workweek ['wɜːkwiːk] *sb* Arbeitswoche *f*
World Bank [wɜːld bæŋk] *sb* Weltbank *f*
world economic summit [wɜːld iːkə'nɒmɪk 'sʌmɪt] *sb* Weltwirtschaftsgipfel *m*
world economy [wɜːld ɪk'ɒnəmɪ] *sb* Weltwirtschaft *f*
world fair [wɜːld fɛə] *sb* Weltausstellung *f*
world market [wɜːld 'mɑːkɪt] *sb* Weltmarkt *m*
world market price [wɜːld 'mɑːkɪt praɪs] *sb* Weltmarktpreis *m*
world trade [wɜːld treɪd] *sb* Welthandel *m*
World Trade Organization [wɜːld treɪd ɔːgənaɪ'zeɪʃən] *sb* Welthandelsorganisation *f*
world-wide [wɜːld'waɪd] *adj* weltweit
worldwide economic crisis ['wɜːldwaɪd iːkə'nɒmɪk 'kraɪsɪs] *sb* Weltwirtschaftskrise *f*
worldwide financial statements ['wɜːldwaɪd faɪ'nænʃl 'steɪtmənts] *sb* Weltbilanz *f*
worst-case ['wɜːstkeɪs] *adj ~ scenario* Annahme des ungünstigsten Falles *f*
worth [wɜːθ] *sb* Wert *m*
wrapper ['ræpə] *sb* Schutzumschlag *m*, Schutzhülle *f*
wrapping ['ræpɪŋ] *sb* Verpackung *f*
wrapping paper ['ræpɪŋ 'peɪpə] *sb* Packpapier *n*
writ [rɪt] *sb* Verfügung *f*, Anordnung *f*
writ of summons [rɪt əv 'sʌmənz] *sb* Vorladung *f*
write-down value ['raɪtdaʊn 'væljuː] *sb* Buchwert *m*
written ['rɪtn] *adj* schriftlich
writing down allowance ['raɪtɪŋ daʊn ə'laʊəns] *sb* Abschreibungsfreibetrag *m*
write off [raɪt 'ɒf] *v irr* abschreiben
write-off ['raɪtɒf] *sb (tax ~)* Abschreibung *f*
write out [raɪt 'aʊt] *v irr (cheque)* ausstellen
wrongful ['rɒŋfʊl] *adj* unrechtmäßig, widerrechtlich
XYZ analysis ['ekswaɪzed ə'nælɪsɪs] *sb* XYZ-Analyse *f*
yard [jɑːd] *sb (0.914 metres)* Yard *n*
year-ago ['jɪərəgəʊ] *adj* Vorjahres…
yearly ['jɪəlɪ] *adj* jährlich, Jahres...
year-on-year [jɪərɒn'jɪə] *adj* im Jahresvergleich, gegenüber dem Vorjahr
Yellow Pages ['jeləʊ 'peɪdʒɪz] *pl the ~* die Gelben Seiten *pl*
yen [jen] *sb* Yen *m*
yield [jiːld] *v 1. (a crop, a result)* hervorbringen, ergeben; *(interest)* abwerfen; *sb 2.* Ertrag *m*, Rendite *f*
yield after tax [jiːld 'ɑːftə tæks] *sb* Nachsteuerrendite *f*
yield before tax [jiːld bɪ'fɔː tæks] *sb* Gewinn vor Steuern *m*
yield capacity [jiːld kə'pæsətɪ] *sb* Ertragspotenzial *n*
yield level [jiːld levl] *sb* Renditenniveau *n*
yield on bonds outstanding [jiːld ɒn 'bɒnds aʊt'stændɪŋ] *sb* Umlaufrendite *f*
yield on price [jiːld ɒn praɪs] *sb* Kursrendite *f*
yield on shares [jiːld ɒn ʃɛəs] *sb* Aktienrendite *f*
yield rate [jiːld reɪt] *sb* effektiver Zins *m*, Effektivverzinsung *f*
yield to maturity [jiːld tu mə'tjʊərətɪ] *sb* Ablaufrendite *f*
young businessman [jʌŋ 'bɪznɪsmən] *sb* Jungunternehmer *m*
youth employment protection ['juːθ ɪm'plɔɪmənt prə'tekʃn] *sb* Jugendarbeitsschutz *m*
youth representatives [juːθ reprɪ'zentətɪvz] *sb* Jugendvertretung *f*
zealous ['zeləs] *adj* eifrig
zero ['zɪərəʊ] *sb* Null *f*; *(on a scale)* Nullpunkt *m*
zero balance ['zɪərəʊ 'bæləns] *sb* ausgeglichene Bilanz *f*, Nullsaldo *m*
zero bonds ['zɪərəʊ bɒndz] *pl* Zerobonds *pl*
zero growth ['zɪərəʊ grəʊθ] *sb* Nullwachstum *n*
zero item ['zɪərəʊ 'aɪtəm] *sb* Nullposten *m*
zero rate ['zɪərəʊ reɪt] *sb* Nullsatz *m*
zero-rated ['zɪərəʊreɪtɪd] *adj* mehrwertsteuerfrei
ZIP code [zɪp kəʊd] *sb (US)* Postleitzahl *f*
zone [zəʊn] *sb* Zone *f*, Gebiet *f*; Bereich *m*
zonetime ['zəʊntaɪm] *sb* Zeitzonensystem

Deutsch – Englisch

A

ab Bahnhof [ap 'ba:nho:f] free on rail
ab Kai [ap kaɪ] ex quay
ab Werk [ap vɛrk] ex works
abändern ['apɛndərn] *v* alter, change, modify
Abänderung ['apɛndəruŋ] *f* alteration, change, modification
Abänderungsantrag ['apɛndəruŋsantra:k] *m* (motion for) amendment
Abänderungsvorschlag ['apɛndəruŋsfo:r-ʃla:k] *m* proposal for alteration, proposed alteration
Abandon [abɑ̃'dɔ̃:] *m* abandonment
abarbeiten ['aparbaɪtən] *v* work off
Abbau ['apbau] *m* *1.* reduction, *2. (im Bergbau)* mining, exploitation, exhaustion
abbaubar ['apbauba:r] *adj* degradable, decomposable
abbauen ['apbauən] *v* *1. (verringern)* reduce; *2. (zerlegen)* dismantle, pull down, take to pieces; *3. (im Bergbau)* mine, work
abbestellen ['apbəʃtɛlən] *v* cancel
Abbestellung ['apbəʃtɛluŋ] *f* cancellation
abbezahlen ['apbətsa:lən] *v* pay off, repay
abbrechen ['apbrɛçən] *v irr* abort, sever
abbröckeln ['apbrœkəln] *v* *(Börsenkurs)* ease off, drop off
abbuchen ['apbu:xən] *v* *1.* deduct, debit; *2. (abschreiben)* write off
Abbuchung ['apbu:xuŋ] *f* debiting
Abbuchungsauftrag ['apbu:xuŋsauf-tra:k] *m* direct debit instruction
Abbuchungsverfahren ['apbu:xuŋsfɛr-fa:rən] *n* direct debit (procedure)
ABC-Analyse [abe'tse:analy:zə] *f* ABC evaluation analysis
Abendbörse ['a:bəntbœrzə] *f* evening stock exchange
Aberdepot ['a:bərdepo:] *n* fungible security deposit
aberkennen ['apɛrkɛnən] *v irr* deprive, disallow, dispossess
Aberkennung ['apɛrkɛnuŋ] *f* deprivation, abjudication, disallowance
Abfahrtszeit ['apfa:rtstsaɪt] *f* time of departure
Abfall ['apfal] *m* waste
Abfallbeseitigung ['apfalbəsaɪtiguŋ] *f* waste disposal
Abfallbörse ['apfalbœrsə] *f* recycling exchange
Abfallprodukt ['apfalprodukt] *n* waste product
Abfallverwertung ['apfalfɛrve:rtuŋ] *f* recycling, waste utilization
Abfallwirtschaft ['apfalvɪrtʃaft] *f* utilization of waste products, waste management
abfeiern ['apfaɪərn] *v* *Überstunden ~* take time off to make up for overtime
abfertigen ['apfɛrtɪgən] *v* *1. (Zoll)* clear; *2. (Kunde)* attend to, serve
Abfertigung ['apfɛrtɪguŋ] *f* dispatch, *1. (Zoll)* clearance; *2. (Kunde)* service
abfinden ['apfɪndən] *v irr* settle with, indemnify, pay off; *(jdn ~)* pay off, *(Teilhaber ~)* buy out
Abfindung ['apfɪnduŋ] *f* settlement, indemnification; compensation
Abfindungsangebot ['apfɪnduŋsangəbo:t] *n* compensation offer
Abfindungssumme ['apfɪnduŋszumə] *f* compensation, severance pay
abflauen ['apflauən] *v* flag, slacken, slow down
Abfrage ['apfra:gə] *f* inquiry
abführen ['apfy:rən] *v (Gelder)* pay
Abführungspflicht ['apfy:ruŋspflɪçt] *f* pay over duty
Abfülldatum ['apfylda:tum] *n* filling date, bottling date
Abgabe ['apga:bə] *f (Steuer)* duty, levy, tax
Abgabemenge ['apga:bəmɛŋə] *f* quantity sold
abgabenfrei ['apga:bənfraɪ] *adj* duty-free, tax-free, tax-exempt
Abgabenordnung ['apga:bənɔrdnuŋ] *f* fiscal code
abgabenpflichtig ['apga:bənpflɪçtɪç] *adj* taxable, liable to tax
Abgabensystem ['apga:bənzʏste:m] *n* taxation system
Abgabetermin ['apga:bətɛrmi:n] *m* submission date
Abgang ['apgaŋ] *m* *(Waren)* outlet, sale, market
abgelten ['apgɛltən] *v irr* pay off, compensate
Abgleich ['apglaɪç] *m* alignment, balance
Abgrenzung ['apgrɛntsuŋ] *f* demarcation
Abgrenzungspolitik ['apgrɛntsuŋspoliti:k] *f* policy of separation, policy of polarization

Abgrenzungsposten ['apgrɛntsuŋspɔstən] *m/pl* deferred and accrued items *pl*
abheben ['aphe:bən] *v irr (Geld)* withdraw, take out, draw
Abhebung ['aphe:buŋ] *f (von Geld)* withdrawal
abholbereit ['apho:lbəraɪt] *adj* ready for collection
abholen ['apho:lən] *v* collect, come for, fetch, pick up
abkaufen ['apkaufən] *v* buy, purchase
Abkommen ['apkɔmən] *n* deal, agreement
Abladegewicht ['apla:dəgəvɪçt] *n* weight loaded
Ablage ['apla:gə] *f* file, filing
Ablagekorb ['apla:gəkɔrp] *m* filing tray
Ablauf ['aplauf] *m 1. (Frist)* expiry, expiration *(US)*; *2.* procedure, process
ablaufen ['aplaufən] *v irr (Frist)* run out
Ablauffrist ['aplauffrɪst] *f* time limit
ablegen ['aple:gən] *v 1. (Akten)* file; *2. (ein Geständnis)* confess
Ablehnung ['aple:nuŋ] *f* refusal
ablichten ['aplɪçtən] *v* photocopy
Ablichtung ['aplɪçtuŋ] *f* photocopy
abliefern ['apli:fərn] *v* deliver
Ablieferung ['apli:fəruŋ] *f* delivery, submission
Ablöse ['aplø:zə] *f* redemption
ablösen ['aplø:zən] *v (tilgen)* redeem, pay off
Ablösesumme ['aplø:zezumə] *f* redemption price, redemption sum
Ablösung ['aplø:zuŋ] *f (Tilgung)* redemption, repayment
Ablösungsanleihe ['aplø:zuŋsanlaɪə] *f* redemption loan
Abmachung ['apmaxuŋ] *f* agreement, settlement
abmahnen ['apma:nən] *v* caution
Abmahnung ['apma:nuŋ] *f* warning, reminder
ABM-Stelle [a:be:'ɛmʃtɛlə] *f* make-work job
Abnahme ['apna:mə] *f 1. (Verminderung)* decrease, decline, diminution; *2. (amtliche ~)* official acceptance, inspection
Abnahmemenge ['apna:məmɛŋə] *f* purchased quantity
Abnahmepflicht ['apna:məpflɪçt] *f* obligation to take delivery
abnehmen ['apne:mən] *v irr 1. (entgegennehmen)* take; *2. (abkaufen)* buy; *jdm etw ~* relieve s.o. of sth; *3.* inspect
Abnehmer ['apne:mər] *m* buyer, purchaser
Abnehmerkreis ['apne:mərkraɪs] *m* consumers *pl*, consumer group, market
Abnehmerland ['apne:mərlant] *n* buyer country
Abnutzung ['apnutsuŋ] *f* wear, wearing out
Abonnement [abɔnə'mɑ̃:] *n* subscription
abonnieren [abɔ'ni:rən] *v* subscribe
abordnen ['apɔrdnən] *v* delegate, deputize *(US)*
Abordnung ['apɔrdnuŋ] *f* delegation
abrechnen ['aprɛçnən] *v 1.* settle; *2. (etw abziehen)* deduct
Abrechnung ['aprɛçnuŋ] *f 1. (Abzug)* deduction; *2. (Aufstellung)* statement; *3. (Schlussrechnung)* settlement (of accounts), bill
Abrechnungsstelle ['aprɛçnuŋsʃtɛlə] *f* clearing house
Abrechnungstag ['aprɛçnuŋsta:k] *m* settling day
Abrechnungstermin ['aprɛçnuŋstɛrmi:n] *m* accounting date
Abrechnungsverfahren ['aprɛçnuŋsfɛrfa:rən] *n* settling procedure
Abrechnungsverkehr ['aprɛçnuŋsfɛrke:r] *m* clearing system
Abrechnungszeitraum ['aprɛçnuŋstsaɪtraum] *m* accounting period
Abruf ['apru:f] *m* retrieval
Abrufauftrag ['apru:fauftra:k] *m* call order
abrufbereit ['apru:fbəraɪt] *adj* ready on call; retrievable
abrufen ['apru:fən] *v irr* request delivery of; retrieve
Absage ['apza:gə] *f* refusal
absagen ['apza:gən] *v 1. (streichen)* cancel; *2. (Angebot)* turn down; *3. (verzichten)* renounce
Absatz ['apzats] *m* sales *pl*
Absatzanalyse ['apzatsanaly:zə] *f* sales analysis
Absatzbeschränkung ['apzatsbəʃrɛŋkuŋ] *f* restriction on the sale of sth
Absatzchance ['apzatsʃɑ̃:sə] *f* sales prospects
absatzfähig ['apzatsfɛ:ɪç] *adj* marketable, saleable
Absatzfinanzierung ['apzatsfɪnantsi:ruŋ] *f* sales financing
Absatzflaute ['apzatsflautə] *f* slump in sales
Absatzförderung ['apzatsfœrdəruŋ] sales promotion

Absatzgebiet ['apzatsgəbi:t] *n* marketing area
Absatzkanal ['apzatskana:l] *m* channel of distribution
Absatzkontrolle ['apzatskɔntrɔlə] *f* sales control
Absatzkrise ['apzatskri:zə] *f* sales crisis
Absatzmarkt ['apzatsmarkt] *m* market
Absatzmöglichkeit ['apzatsmø:klıçkaıt] *f* sales potential, sales prospect
Absatzorganisation ['apzatsɔrganiza-tsjo:n] *f* sales organization
Absatzplanung ['apzatspla:nuŋ] *f* sales planning
Absatzpolitik ['apzatspoliti:k] *f* sales policy, marketing policy
Absatzstatistik ['apzatsʃtatıstık] *f* sales statistics
Absatzsteigerung ['apzatsʃtaıgəruŋ] *f* increase in sales, increase of trade
Absatzvolumen ['apzatsvolu:mən] *n* sales volume
Absatzweg ['apzatsve:k] *m* channel of distribution
Absatzwirtschaft ['apzatsvırtʃaft] *f* marketing
Absatzziel ['apzatstsi:l] *n* sales target
Abschlag ['apʃla:k] *m* *1. (Rate)* part payment; *2. (Preissenkung)* markdown; discount; *3. (Kursabschlag)* marking down
Abschlagsdividende ['apʃla:ksdividɛndə] *f* dividend on account
Abschlagssumme ['apʃla:kszumə] *f* lump sum
Abschlagszahlung ['apʃla:kstsa:luŋ] *f* down payment, part payment, instalment rate
abschließen ['apʃli:sən] *v irr* *1. (beenden: Sitzung)* conclude, bring to a close, end; *2. (Geschäft)* transact, conclude; *3. (Konten, Rechnungen)* settle; *4. (Rechnungsbücher)* balance, close
Abschluss ['apʃlus] *m* *1. (Beendigung)* end; *zum ~ bringen* bring to a conclusion; *zum ~ kommen* come to an end; *2. (Vertragsschluss)* signing of an agreement, conclusion of a contract; *3. (Geschäftsabschluss)* (business) transaction, (business) deal; *zum ~ kommen* finalize; *4. (Bilanz)* financial statement, annual accounts
Abschlussauftrag ['apʃlusauftra:k] *m* final order
Abschlussbilanz ['apʃlusbılants] *m* final annual balance sheet
Abschlusskurs ['apʃluskurs] *m* closing rate
Abschlussprovision ['apʃlusprovizjo:n] *f* sales commission, acquisition commission
Abschlussprüfer(in) ['apʃluspry:fər(ın)] *m/f* auditor
Abschlussprüfung ['apʃluspry:fuŋ] *f* audit
Abschlussstichtag ['apʃlusʃtıçta:k] *m* closing date of accounts
Abschlusstechnik ['apʃlustɛçnık] *f* finishing technique
abschöpfen ['apʃœpfən] *v* skim off
Abschöpfung ['apʃœpfuŋ] *f* skimming off (of profits), siphoning off
Abschöpfungs-Preispolitik ['apʃœpfuŋs-praıspoliti:k] *f* skimming-the-market pricing policy
Abschöpfungssystem ['apʃœpfuŋszys-te:m] *n* absorption system
abschreiben ['apʃraıbən] *v irr* write off
Abschreibung ['apʃraıbuŋ] *f* *(Wertverminderung)* depreciation, writing off
Abschreibungsbetrag ['apʃraıbuŋsbətra:k] *m* depreciation allowance, depreciation amount
Abschreibungsfonds ['apʃraıbuŋsfɔ̃:] *m* depreciation fund
Abschreibungsgesellschaft ['apʃraıbuŋs-gəzɛlʃaft] *f* project write-off company
Abschreibungsmethode ['apʃraıbuŋs-meto:də] *f* method of depreciation
Abschreibungsobjekt ['apʃraıbuŋsɔp-jɛkt] *n* object of depreciation
Abschreibungssatz ['apʃraıbuŋszats] *m* rate of depreciation
Abschreibungsvergünstigung ['apʃraı-buŋsfɛrgʏnstıguŋ] *f* tax privilege (in respect of depreciation)
Abschrift ['apʃrıft] *f* copy
Abschwung ['apʃvuŋ] *m* recession
absenden ['apzɛndən] *v* (send) forward, dispatch
Absendung ['apzɛnduŋ] *f* *1. (Verschickung)* dispatch, sending, sending off; *2. (Abordnung)* delegation
Absendungsvermerk ['apzɛnduŋsfɛrmɛrk] *m* note confirming dispatch
Absentismus [apzɛn'tısmus] *m* absenteeism
absetzbar ['apzɛtsba:r] *adj* *1. (verkäuflich)* marketable, saleable; *2. (steuerlich ~)* deductible
absetzen ['apzɛtsən] *v* *1. (verkaufen)* sell; *2. (abschreiben)* deduct

Absetzung ['apzɛtsuŋ] *f* *(Abschreibung)* deduction, depreciation, allowance
absorbieren [apzɔr'bi:rən] *v* absorb
Absorption [apzɔrp'tsjo:n] *f* absorption
abspalten ['apʃpaltən] *v* split (off)
abspeichern ['apʃpaıçərn] *v* save, store
Abspeicherung ['apʃpaıçəruŋ] *f* saving, storing
Absprache ['apʃpra:xə] *f* agreement, arrangement
absprachegemäß ['apʃpra:xəgəmɛ:s] *adj* as agreed, as per arrangement
absprechen ['apʃprɛçən] *v irr 1. (vereinbaren)* agree, arrange, settle; *2. (aberkennen)* disallow, deny
Abstand ['apʃtant] *m 1.* distance; *2. (Zahlung)* indemnity payment
Abstandssumme ['apʃtantszumə] *f* compensation, indemnification
Abstandszahlung ['apʃtantstsa:luŋ] *f* indemnity
Abstempelung ['apʃtɛmpəluŋ] *f* stamping
Abstimmung ['apʃtımuŋ] *f* voting, vote
Abstimmungsergebnis ['apʃtımuŋsɛrge:pnıs] *n* voting result
abstoßen ['apʃto:sən] *v irr (verkaufen)* get rid of, sell off, dispose of
Abstrich ['apʃtrıç] *m (Abzug)* cut, curtailment
Absturz ['apʃturts] *m* crash, fall
abstürzen ['apʃtʏrtsən] *v* crash, fall
abtasten ['aptastən] *v* read, scan
Abteilung [ap'taıluŋ] *f* department, section
Abteilungsleiter(in) [ap'taıluŋslaıtər(ın)] *m/f* head of department, department manager
abtragen ['aptra:gən] *v irr (Schulden)* pay off
Abtragung ['aptra:guŋ] *f (von Schulden)* paying off, payment
Abtransport ['aptranspɔrt] *m* conveyance, transport
abtransportieren ['aptranspɔrti:rən] *v* transport away, carry off
abtreten ['aptre:tən] *v irr (überlassen)* relinquish, transfer, cede
Abtretung ['aptre:tuŋ] *f* assignment, cession, transfer
Abtretungsurkunde ['aptre:tuŋsu:rkundə] *f 1. (bei Übertragung)* transfer deed, deed of transfer; *2. (bei Konkurs)* assignment
Abtretungsverbot ['aptre:tuŋsfɛrbo:t] *n* prohibition of assignment
Abtretungsvertrag ['aptre:tuŋsfɛrtra:k] *m* contract of assignment
Abwärtsentwicklung ['apvɛrtsɛntvıkluŋ] *f* downward trend, downward tendency, downward movement
Abwärtstrend ['apvɛrtstrɛnt] *m* downward trend
Abweichung ['apwaıçuŋ] *f* deviation
Abweichungsanalyse ['apwaıçuŋsanaly:zə] *f* cost variance analysis
Abweisung ['apvaızuŋ] *f* dismissal
abwerben ['apvɛrbən] *v irr* entice away, contract away, hire away, bid away
Abwerbung ['apvɛrbuŋ] *f* enticement, wooing
abwerfen ['apvɛrfən] *v irr (einbringen)* yield, return
abwerten ['apve:rtən] *v* devaluate, depreciate, devalue
Abwertung ['apve:rtuŋ] *f* devaluation
Abwertungswettlauf ['apve:rtuŋsvɛtlauf] *m* devaluation race
Abwesenheitsquote ['apve:zənhaitskvo:tə] *f* absenteeism rate, absentee figures *pl*
abwickeln ['apvıkəln] *v 1. (Vorgang)* transact; *2. (abschließen)* settle, conclude; *3. (liquidieren)* wind up
Abwickler ['apvıklər] *m* liquidator
Abwicklung ['apvıkluŋ] *f* completion, settlement, handling, liquidation
Abwicklungskonto ['apvıkluŋskɔnto] *n* settlement account
abwirtschaften ['apvırtʃaftən] *v* mismanage, ruin by mismanagement
Abwurf ['apvurf] *m* yield, profit, return
abzahlen ['aptsa:lən] *v (Raten)* pay off, repay, pay by instalments
Abzahlung ['aptsa:luŋ] *f (Raten)* payment by instalments, repayment
Abzahlungsgeschäft ['aptsa:luŋsgəʃɛft] *n* instalment sale transaction
Abzahlungshypothek ['aptsa:luŋshypote:k] *f* instalment mortgage
Abzahlungskauf ['aptsa:luŋskauf] *m* instalment contract
Abzahlungskonto ['aptsa:luŋskɔnto] *n* charge account, credit account
Abzahlungsplan ['aptsa:luŋspla:n] *m* instalment plan
Abzahlungsrate ['aptsa:luŋsra:te] *f* part payment, instalment
Abzahlungsvertrag ['aptsa:luŋsfɛrtra:k] *m* instalment agreement
abzeichnen ['aptsaıçnən] *v (unterschreiben)* initial, sign, tick off

abziehen ['aptsi:ən] *v irr* subtract; take off; *(Rabatt)* deduct; *etwas vom Preis* ~ take sth off the price
Abzinsung ['aptsınzuŋ] *f* discounting
Abzug ['aptsu:k] *m 1. (Kopie)* copy, duplicate, print; *2. (Rabatt)* discount, deduction, rebate
abzüglich ['aptsy:klıç] *prep* less, minus, deducting
abzugsfähig ['aptsu:ksfɛ:ıç] *adj* deductible, allowable
Achtstundentag [axt'ʃtundənta:k] *m* eight-hour day
Achtung ['axtuŋ] *f (Recht)* observance (of laws)
Ackerbau ['akərbau] *m* agriculture
Addition [adı'tsjo:n] *f* addition
Ad-hoc-Kooperation [at'hɔkkoɔpəra'tsjo:n] *f* ad hoc cooperation
Ad-hoc-Publizität [at'hɔkpublitsi'tɛ:t] *f* ad hoc disclosure
Adjustable Peg [ə'dʒʌstəbl peg] *m* adjustable peg
Administration [atmınıstra'tsjo:n] *f* administration
administrativ [atministra'ti:f] *adj* administrative
Adoption [adɔp'tsjo:n] *f* adoption
Adressant [adrɛ'sant] *m* sender, consignor
Adressat [adrɛ'sa:t] *m* addressee, consignee
Adresse [a'drɛsə] *f* address
adressieren [adrɛ'si:rən] *v* address
Adverse Selection ['ædvɜ:s sı'lekʃən] *f* adverse selection
Advokat [atvo'ka:t] *m* lawyer
Affidavit [afi'da:vıt] *n* affidavit
Affiliation [afilja'tsjo:n] *f* affiliation
After-Sales-Services ['ɑftəseılz'sɜ:vısız] *f/pl* after-sales services *pl*
Agenda [a'gɛnda] *f* agenda
Agent [a'gɛnt] *m* agent, representative
Agentur [agɛn'tu:r] *f* agency, representation
Agglomeration [aglomera'tsjo:n] *f* agglomeration
Agio ['adʃo] *n* agio, premium
Agiopapiere ['a:dʒopapi:rə] *n/pl* securities redeemable *pl*
Agiotage [a:dʒo'ta:ʒə] *f* agiotage
Agrarbetrieb [a'gra:rbətri:p] *m* agricultural enterprise
Agrarerzeugnis [a'gra:rɛrtsɔyknıs] *n* agricultural product, produce
Agrargüter [a'gra:rgy:tər] *n/pl* agricultural goods *pl*
Agrarimporte [a'gra:rımpɔrtə] *m/pl* agricultural imports *pl*
Agrarindustrie [a'gra:rındustri:] *f* agricultural industry
Agrarkrise [a'gra:rkri:zə] *f* agricultural crisis
Agrarland [a'gra:rlant] *n* agrarian country, agrarian nation
Agrarmarkt [a'gra:rmarkt] *m* agricultural market
Agrarpolitik [a'gra:rpoliti:k] *f* agricultural policy
Agrarpreis [a'gra:rpraıs] *m* prices of farm products *pl*
Agrarreform [a'gra:rəfɔ:rm] *f* agricultural reform
Agrarprotektionismus [a'gra:rprotɛktsjonısmus] *m* agricultural protectionism
Agrarstaat [a'gra:rʃta:t] *m* agricultural state
Agrarsubventionen [a'gra:rzubvɛntsjo:nən] *f/pl* agricultural subsidies *pl*
Agrarüberschüsse [a'gra:ry:bərʃysə] *m/pl* agricultural surpluses *pl*
Agrarwirtschaft [a'gra:rvırtʃaft] *f* rural economy
Agrarwissenschaften [a'gra:rvısənʃaftən] *f/pl* agricultural economics
Akademiker(in) [aka'de:mıkər(ın)] *m/f* university graduate
AKA-Kredite [aka'a'kredi:tə] *m/pl* export credits *pl*
Akkord [a'kɔrt] *m (Stücklohn)* piece-work wage
Akkordarbeit [a'kɔrtarbaıt] *f* piecework
Akkordarbeiter(in) [a'kɔrtarbaıtər(ın)] *m/f* pieceworker
Akkordlohn [a'kɔrtlo:n] *m* piece-rate, payment by the job, piece wages *pl*
Akkordsatz [a'kɔrtzats] *m* piece rate
Akkordsystem [a'kɔrtzʏste:m] *n* piece-work system
Akkordzulage [a'kɔrttsu:la:gə] *f* piece-rate bonus
akkreditieren [akredi'ti:rən] *v* to open a credit, *jdn für etw* ~ credit sth to s.o.'s account
Akkreditierung [akredi'ti:ruŋ] *f* opening a credit
Akkreditiv [akredı'ti:f] *n* (commercial) letter of credit
Akkreditivauftrag [akredi'ti:fauftra:k] *m* order to open a credit
Akkreditiveröffnung [akredı'ti:fɛrœfnuŋ] *f* opening of a letter of credit

Akkreditivstellung [akredɪ'ti:fʃtɛluŋ] *f* opening a letter of credit
Akkreditivzwang [akredi'ti:ftsvaŋ] *m* obligation to open a (letter of) credit
Akkumulation [akumula'tsjo:n] *f* accumulation
akkumulieren [akumu'li:rən] *v* accumulate
Akontozahlung [a'kɔnto'tsa:luŋ] *f* payment on account
Akquisition [akvizi'tsjo:n] *f* acquisition
Akt [akt] *m* act, deed
Akte ['aktə] *f* file
Aktenauszug ['aktənaustsu:k] *m* excerpt from the records
Aktendeckel ['aktəndɛkl] *m* folder
Akteneinsicht ['aktənaɪnzɪçt] *f* inspection of records
Aktenhülle ['aktənhʏlə] *f* file cover
Aktenkoffer ['aktənkɔfər] *m* attaché case
aktenkundig ['aktənkundɪç] *adj (Fähigkeit)* on file, on record
Aktenmappe ['aktənmapə] *f* portfolio, briefcase, folder
Aktennotiz ['aktənnoti:ts] *f* memorandum
Aktenordner ['aktənɔrdnər] *m* file
Aktenschrank ['aktənʃraŋk] *m* filing cabinet
Aktentasche ['aktəntaʃə] *f* briefcase, portfolio
Aktenzeichen ['aktəntsaɪçən] *n* reference number, file number, case number
Aktie ['aktsjə] *f* share, stock *(US)*
Aktienanalyse ['aktsjənanaly:zə] *f* analysis of shares
Aktienausgabe ['aktsjənausga:bə] *f* issuing of shares
Aktienaustausch ['aktsjənaustauʃ] *m* exchange of shares
Aktienbank ['aktsjənbaŋk] *f* joint-stock bank
Aktienbestand ['aktsjənbəʃtant] *m* shareholding
Aktienbezugsrecht [aktsjənbə'tsu:ksrɛçt] *n* subscription right
Aktienbörse ['aktsjənbœrzə] *f* stock exchange
Aktienbuch ['aktsjənbu:x] *n* share register, stock register
Aktiendepot ['aktsjəndepo:] *n* share deposit
Aktieneinziehung ['aktsjənaɪntsi:uŋ] *f* withdrawal of shares
Aktienemission ['aktsjənemɪsjo:n] *f* issue of shares
Aktienfonds ['aktsjənfõ:] *m* share fund
Aktiengesellschaft (AG) ['aktsjəngəzɛlʃaft] *f* joint stock company, stock corporation, public limited company *(PLC)*
Aktiengesetz ['aktsjəngəzɛts] *n* Companies Act, Company Law
Aktienindex ['aktsjənɪndɛks] *m* share index, stock market index
Aktienkapital ['aktsjənkapɪta:l] *n* share capital, capital stock
Aktienkurs ['aktsjənkurs] *m* share price
Aktienmarkt ['aktsjənmarkt] *m* stock market, share market
Aktienmehrheit ['aktsjənme:rhaɪt] *f* majority of stock
Aktiennotierung ['aktsjənnoti:ruŋ] *f* share quotation, stock quotation
Aktienoption ['aktsjənɔptsjo:n] *f* share option, stock option *(US)*
Aktienpaket ['aktsjənpake:t] *n* block of shares
Aktienquorum ['aktsjənkvo:rum] *n* share quorum
Aktienrecht ['aktsjənrɛçt] *n* company law
Aktienregister ['aktsjənregɪstər] *n* share register
Aktienrendite ['aktsjənrendi:tə] *f* earning per share, yield on stocks, yield on shares
Aktienspekulation ['aktsjenʃpɛkulatsjo:n] *f* stock speculation, stock jobbing
Aktienumtausch ['aktsjənumtauʃ] *m* exchange of share certificates for new
Aktienzeichnung ['aktsjəntsaɪçnuŋ] *f* subscription for shares
Aktienzertifikat ['aktsjəntsɛrtifika:t] *n* share certificate, stock certificate
Aktienzusammenlegung ['aktsjəntsuzamənle:guŋ] *f* consolidation of shares
Aktionär [aktsjo'nɛ:r] *m* shareholder, stockholder *(US)*
Aktionärsbrief [aktsjo'nɛ:rsbri:f] *m* circular letter from board to shareholders
Aktionärsvereinigungen [aktsjo'nɛ:rsfɛraɪnɪguŋən] *f/pl* associations of shareholders *pl*
Aktionärsversammlung [aktsjo'nɛ:rsfɛrzamluŋ] *f* shareholders' meeting, stockholders' meeting
Aktion [ak'tsjo:n] *f* campaign, action
Aktionsparameter [ak'tsjo:nspara:metər] *m* action parameters *pl*
Aktionsplakat [ak'tsjo:nsplaka:t] *n* advertising bill
Aktionspreis [ak'tsjo:nspraɪs] *m* special campaign price

aktiv [ak'ti:f] *adj (Bilanz)* favourable
Aktiva [ak'ti:va] *pl* assets *pl*
Aktivbestand [ak'ti:fbəʃtant] *m* assets
aktiver Teilhaber [ak'ti:fər 'taɪlha:bər] *m* active partner
Aktivgeschäft [ak'ti:fgəʃɛft] *n* credit transaction
aktivieren [akti'vi:rən] *f* enter on the assets side
Aktivierung [akti'vi:ruŋ] *f* entering on the assets side
Aktivierungspflicht [akti'vi:ruŋspflɪçt] *f* legal obligation to capitalize
Aktivierungsverbot [akti'vi:ruŋsfɛrbo:t] *n* legal prohibition to capitalize
Aktivierungswahlrecht [akti'vi:ruŋsva:lrɛçt] *n* option to capitalize
Aktivposten [ak'ti:fpɔstən] *m* assets *pl*, credit item
Aktivsaldo [ak'ti:fzaldo] *n* credit balance, active balance
Aktivtausch [ak'ti:ftauʃ] *m* accounting exchange on the asset side
Aktivzins [ak'ti:ftsɪns] *m* interest receivable
aktualisieren [aktuali'zi:rən] *v* reload
Aktualisierung [aktuali'zi:ruŋ] *f* update
Akzelerationsprinzip [aktselera'tsjo:nsprɪntsi:p] *n* acceleration principle
Akzelerator [aktsele'ra:to:r] *m* accelerator
Akzept [ak'tsɛpt] *n* acceptance
akzeptabel [aktsɛp'ta:bəl] *adj* acceptable
Akzeptant [aktsɛp'tant] *m* acceptor
Akzeptanz [aktsɛp'tants] *f* (market) acceptance
Akzeptaustausch [ak'tsɛptaustauʃ] *m* exchange of acceptances
Akzeptbank [ak'tsɛptbaŋk] *f* accepting house, acceptance house
akzeptfähig [ak'tsɛptfɛ:ɪç] *adj* negotiable, bankable
Akzeptgeschäft [ak'tsɛptgəʃɛft] *n* acceptance business
akzeptieren [aktsɛp'ti:rən] *v (Rechnung)* honour
Akzeptkredit [ak'tsɛptkredi:t] *m* acceptance credit
Akzeptlinie [ak'tsɛptli:njə] *f* line of acceptance
Akzeptprovision [ak'tsɛptprovizjo:n] *f* commission for acceptance
Akzeptverbindlichkeit [ak'tsɛptfɛrbɪnt'ɪçkaɪt] *f* acceptance liability
Akzisen [ak'tsi:zən] *f/pl* excise taxes *pl*
A-Länder ['a lændər] *n/pl* A countries *pl*
Alimente [ali'mɛntə] *pl* maintenance, support
Aliud ['a:liut] *n* delivery of goods other than those ordered
Alleinberechtigung [a'laɪnbərɛçtɪguŋ] *f* exclusive right
Alleinbesitz [a'laɪnbəzɪts] *m* sole ownership, exclusive possession
Alleinerbe [a'laɪnɛrbə] *m* sole heir
Alleininhaber [a'laɪnɪnha:bər] *m* sole owner, sole holder
Alleinverkaufsrecht [a'laɪnfɛrkaufsrɛçt] *n* exclusive right to sell (sth)
Alleinvertreter [a'laɪnfɛrtre:tər] *m* sole representative, sole agent
Alleinvertretung [a'laɪnfɛrtre:tuŋ] *f* sole agency
Alleinvertretungsrecht [a'laɪnfɛrtre:tuŋsrɛçt] *n* monopoly
Alleinvertrieb [a'laɪnfɛrtri:p] *m* sole distribution rights *pl*, exclusive distribution rights *pl*
allgemeine Geschäftsbedingungen [algə'maɪnə gə'ʃɛftsbədɪŋuŋən] *f/pl* general terms of contract *pl*, general standard terms and conditions *pl*
allgemeine Kreditvereinbarungen [algə'maɪnə kre'di:tfɛraɪnba:ruŋən] *f/pl* general credit agreements *pl*
allgemeine Versicherungsbedingungen [algə'maɪnə fɛr'zɪçəruŋsbədɪŋuŋən] *f/pl* general insurance conditions *pl*
Allianz [al'jants] *f* alliance
Allokation [aloka'tsjo:n] *f* allocation
Allokationspolitik [aloka'tsjo:nspoliti:k] *f* allocation policy
Allonge [a'lɔ̃:ʒə] *f* allonge
Altersgrenze ['altərsgrɛntsə] *f* age limit
Altersprofil ['altərsprofi:l] *n* age profile
Altersrente ['altərsrɛntə] *f* old-age pension
Altersruhegeld ['altərsru:əgɛlt] *n* pension
Altersteilzeitgesetz ['altərstaɪltsaɪtgəzɛts] *n* part-time retirement pension
Altersversorgung ['altərsfɛrzɔrguŋ] *f* old-age pension
Altersvorsorge ['altərsfo:rzɔrgə] *f* old-age social security system
Altlast ['altlast] *f* old hazardous waste
Altwährung ['altvɛ:ruŋ] *f* legacy currency
ambulantes Gewerbe [ambu'lantəs ge'vɛrbə] *n* itinerant trade
American Bankers' Association (ABA) [ə'merɪkən 'bæŋkəz əsəusɪ'eɪʃən] *f* American Bankers Association

American National Standards Institute (ANSI) [ə'merɪkən 'næʃənl 'stændədz 'ɪnstɪtju:t] *n* American National Standards Institute
amerikanisches Rechnungswesen [ameri'ka:nɪʃəs 'rɛçnuŋsve:zən] *n* American accounting system
Amortisation [amɔrtiza'tsjo:n] *f* amortisation, amortization *(US)*
Amortisationshypothek [amɔrtiza'tsjo:nshypote:k] *f* instalment mortgage
amortisieren [amɔrti'zi:rən] *v* write off, amortise
Amt [amt] *n* office, agency
amtlich nicht notierte Werte ['amtlɪç nɪçt no'ti:rtə 've:rtə] *m/pl* unquoted securities *pl*
amtlicher Handel ['amtlɪçər 'handəl] *m* official trading
amtlicher Markt ['amtlɪçər markt] *m* official market
Amtsanmaßung ['amtsanma:suŋ] *f* usurpation of authority, assumption of authority
Amtsgericht ['amtsgərɪçt] *n* local court, County Court *(UK)*, Municipal Court *(US)*
Amtsinhaber(in) ['amtsɪnha:bər(ɪn)] *m/f* officeholder
Amtsmiene ['amtsmi:nə] *f* bureaucrat's impassive look, official air
Amtsrichter(in) ['amtsrɪçtər(ɪn)] *m/f* judge of the local court
Amtsschimmel ['amtsʃɪməl] *m (fam)* red tape, bureaucracy
an Zahlungs statt [an 'tsa:luŋs ʃtat] in lieu of payment
analog [ana'lo:k] *adj* analog
Analogrechner [ana'lo:krɛçnər] *m* analog computer
Analogtechnik [ana'lo:kteçnɪk] *f* analog technology
Analyse [ana'ly:zə] *f* analysis
Analyst [ana'lyst] *m* analyst
anbei [an'baɪ] *adv (bei Bewerbungsunterlagen)* enclosed, herewith
anbieten ['anbi:tən] *v* offer
Anbieter ['anbi:tər] *m 1. (einer Dienstleistung)* service provider; *2. (einer Ware)* supplier
Anderdepot ['andərdepo:] *n* fiduciary deposit
Anderkonto ['andərkɔnto] *n* fiduciary account
Anderskosten ['andərskɔstən] *pl* costing expenditures
Änderungskündigung ['ɛndəruŋskyndɪguŋ] *f* notice of dismissal with offer for reemployment at less favorable terms
Andrang ['andraŋ] *m (Ansturm)* run
Anfangsbestand ['anfaŋsbəʃtant] *m* opening stock
Anfangsgehalt ['anfaŋsgəhalt] *n* starting salary
Anfangskapital ['anfaŋskapita:l] *n* opening capital
anfechtbar ['anfɛçtba:r] *adj* contestable
anfechten ['anfɛçtən] *v irr* challenge, appeal
Anfechtung ['anfɛçtuŋ] *f* appeal, contestation, challenge
anfertigen ['anfɛrtɪgən] *v* manufacture, produce
Anfertigung ['anfɛrtɪguŋ] *f* manufacture, production
anfordern ['anfɔrdərn] *v 1.* request, demand; *2. (Material)* indent (for)
Anforderung ['anfɔrdəruŋ] *f 1.* demand; *2. (Bestellung)* request
Anforderungsprofil ['anfɔrdəruŋsprofi:l] *n* job profile
Anfrage ['anfra:gə] *f* inquiry
anfragen ['anfra:gən] *v* inquire, enquire, ask
Angaben ['anga:bən] *f/pl* details; statement
Angebot ['angəbo:t] *n* offer; quotation
Angebot und Nachfrage ['angəbo:t unt 'na:xfra:gə] supply and demand
Angebotslage ['angəbo:tsla:gə] *f* supply situation
Angebotsmenge ['angəbo:tsmɛŋə] *f* supply volume
angebotsorientierte Wirtschaftspolitik ['angəbo:tsɔrjɛnti:rtə 'vɪrtʃaftspoliti:k] *f* supply-oriented economic policy
Angebotspreis ['angəbo:tspraɪs] *m* asking price, price quoted in an offer
Angebotssteuerung ['angəbo:tsʃtɔyəruŋ] *f* supply control
Angebotsstruktur ['angəbo:tsʃtruktu:r] *f* supply structure
angeschmutzt ['angəʃmutst] *adj* shop-soiled
angestellt ['angəʃtɛlt] *adj* employed
Angestellte(r) ['angəʃtɛltə(r)] *f/m* employee
Angestelltengewerkschaft ['angəʃtɛltəngəvɛrkʃaft] *f* employees' union
Angestelltenrentenversicherung ['angəʃtɛltənrɛntənfɛrzɪçəruŋ] *f* salary earners pension insurance

Angestelltenverhältnis ['angəʃtɛltənfɛr-hɛltnis] *n* non-tenured employment
angliedern ['angli:dərn] *v (Betrieb)* affiliate
Angliederung ['angli:dəruŋ] *f* affiliation, incorporation
Anhang (einer Bilanz) ['anhaŋ] *m* notes (to the financial statement)
anhängig ['anhɛŋɪç] *adj* pending
Anhörung ['anhø:ruŋ] *f* hearing
Ankauf ['ankauf] *m* purchase
ankaufen ['ankaufən] *v* purchase, acquire
Ankäufer(in) ['ankɔyfər(ɪn)] *m/f* buyer, purchaser
Ankaufskurs ['ankaufskurs] *m* buying price, buying rate
Ankaufspreis ['ankaufsprais] *m* purchase price, buying-in price
Ankaufsrecht ['ankaufsrɛçt] *n* purchase right, right to acquire
Anklage ['ankla:gə] *f* charge, accusation, indictment
anklicken ['anklɪkən] *v etw* ~ click on sth
Ankunftsdatum ['ankunftsda:tum] *n* date of arrival
Ankunftsort ['ankunftsɔrt] *m* place of arrival, destination
Ankunftszeit ['ankunftstsaɪt] *f* time of arrival, arrival time
Anlage ['anla:gə] *f 1. (Fabrik)* plant, works, factory; *2. (Geldanlage)* investment; *3. (Briefanlage)* enclosure
Anlageausschuss ['anla:gəausʃus] *m* investment committee
Anlageberater ['anla:gəbəra:tər] *m* investment consultant
Anlageberatung ['anla:gəbəra:tuŋ] *f* investment counseling
Anlagegüter ['anla:gəgy:tər] *n/pl* capital goods *pl*, capital assets *pl*
Anlagekapital ['anla:gəkapita:l] *n* investment capital
Anlagekonten ['anla:gəkɔntən] *n/pl* investment accounts *pl*
Anlagenbau ['anla:gənbau] *m* plant engineering and construction, systems engineering
Anlagendeckung ['anla:gəndɛkuŋ] *f* ratio of equity capital to fixed assets
Anlagenfinanzierung ['anla:gənfɪnantsi:ruŋ] *f* financing of investment in fixed assets
Anlagenintensität ['anla:gənɪntɛnzitɛ:t] *f* investment volume, volume of investment
Anlagenstreuung ['anla:gənʃtrɔyuŋ] *f* capital diversification, diversification of capital
Anlagepapiere ['anla:gəpapi:rə] *n/pl* investment securities *pl*
Anlagevermögen ['anla:gəfɛrmø:gən] *n* fixed assets *pl*
Anlagevorschriften ['anla:gəfo:rʃrɪftən] *f/pl* rules for investment of resources *pl*
Anlagewagnis ['anla:gəva:knɪs] *n* investment risk
Anlagewährung ['anla:gəvɛ:ruŋ] *f* currency of investment
Anlagewert ['anla:gəve:rt] *m* value of fixed assets, investment securities *pl*
Anlagezinsen ['anla:gətsɪnzən] *m/pl* capital investment interest
Anlaufkosten ['anlaufkɔstən] *pl* launching costs *pl*
Anlaufperiode ['anlaufperjo:də] *f* initial period
anlegen ['anle:gən] *v 1. (Geld)* invest; *2. eine Akte* ~ start a file
Anleger ['anle:gər] *m* investor
Anlegerschutz ['anle:gərʃuts] *m* protection for the investor
Anleihe ['anlaɪə] *f* loan, loan stock, debenture
Anleiheablösung ['anlaɪəaplø:zuŋ] *f* loan redemption
Anleihegeschäft ['anlaɪəgəʃɛft] *n* loan business
Anleihekapital ['anlaɪəkapita:l] *n* bonded dept
Anleihepapiere ['anlaɪəpapi:rə] *n/pl* bonds *pl*
Anleiherechnung ['anlaɪərɛçnuŋ] *f* loan calculation
Anleiheschuld ['anlaɪəʃuld] *f* bonded debt, loan debt
Anleihetreuhänderschaft ['anlaɪətrɔyhɛndərʃaft] *f* loan custodianship
Anleihezins ['anlaɪətsɪns] *m* loan interest (rate)
Anlernberuf ['anlɛrnbəru:f] *m* semi-skilled occupation
anlernen ['anlɛrnən] *v* train
Anlernzeit ['anlɛrntsaɪt] *f* training period
anliefern ['anli:fərn] *v* supply, deliver
Anlieferung ['anli:fəruŋ] *f* supply, delivery
Anmeldefrist ['anmɛldəfrɪst] *f* period for application
anmeldepflichtige Kartelle ['anmɛldəpflɪçtɪçə kar'tɛlə] *n/pl* notifiable cartels *pl*

Anmeldung ['anmɛlduŋ] *f* registration
Annahme ['anna:mə] *f* *1. (Lieferung)* receipt, acceptance; *2. (Zustimmung)* acceptance, approval
Annahmeverweigerung ['anna:məfɛrvaɪgəruŋ] *f* refusal of delivery
Annonce [a'nɔ̃:sə] *f* advertisement
Annuität [anui'tɛ:t] *f* annuity
Annuitätenanleihe [anui'tɛ:tənanlaɪə] *f* annuity bond, perpetual bond
Annuitätendarlehen [anui'tɛ:tənda:rle:ən] *n* annuity loan
annullieren [anu'li:rən] *v* cancel, annul
anonyme Sparkonten [ano'ny:mə 'ʃpa:rkɔntən] *n/pl* anonymous savings accounts *pl*
Anordnung ['anɔrdnuŋ] *f* order
Anpassungsinflation ['anpasuŋsɪnflatsjo:n] *f* adaptive inflation
Anpassungsinvestition ['anpasuŋsɪnvɛstitsjo:n] *f* adjustment project
Anpassungskosten ['anpasuŋskɔstən] *pl* adjustment costs *pl*
anrechnen ['anrɛçnən] *v* *1. (berechnen)* charge for; *2. (gutschreiben)* take into account
Anrechtscheine ['anrɛçtʃaɪnə] *m/pl* intermediate share certificate
Anrede ['anre:də] *f* form of address, salutation
Anreiz ['anraɪts] *m* incentives *pl*, inducement, spur
Anreizsystem ['anraɪtszyste:m] *n* incentive system
Anruf ['anru:f] *m* call
Anrufbeantworter ['anru:fbəantvɔrtər] *m* answering machine, automatic answering set
anrufen ['anru:fən] *v irr (telefonieren)* telephone, call *(US)*, ring up, to give a ring *(fam)*
Anrufer(in) ['anru:fər(ɪn)] *m/f* caller
anschaffen ['anʃafən] *v* buy, acquire, purchase
Anschaffung ['anʃafuŋ] *f* acquisition
Anschaffungsgeschäft ['anʃafuŋsgəʃɛft] *n* buying or selling for customers
Anschaffungskosten ['anʃafuŋskostən] *pl* acquisition cost
Anschaffungspreis ['anʃafuŋspraɪs] *m* purchase price, initial cost
Anschaffungswert ['anʃafuŋsve:rt] *f* acquisition value
Anschlussfinanzierung ['anʃlusfɪnantsi:ruŋ] *f* follow-up financing
Anschrift ['anʃrɪft] *f* address
Ansprechpartner(in) ['anʃprɛçpartnər(ɪn)] *m/f* contact person
Anspruch ['anʃprux] *m* claim
anstellen ['anʃtɛlən] *v* employ
Anstellung ['anʃtɛluŋ] *f* *1. (Einstellung)* employment, engagement, hiring; *2. (Stellung)* job, position, post
Anstellungsvertrag ['anʃtɛluŋsfɛrtra:k] *m* employment contract
Anteil ['antaɪl] *m* interest, share *(US)*, unit *(UK)*
Anteilscheine ['antaɪlʃaɪnə] *m/pl* share certificate, unit certificate, participating certificate
Anteilseigner(in) ['antaɪlsaɪgnər(ɪn)] *m/f* shareholder, equity holder
Anteilspapiere ['antaɪlspapi:rə] *n/pl* equity security
Antidumpingzoll [anti'dʌmpɪŋtsɔl] *m* antidumping duty
Anti-Trust... [anti'trʌst] *adj* antitrust
antizipative Posten [antitsipa'ti:fə 'pɔstən] *m/pl* accruals *pl*
antizyklische Finanzpolitik [anti'tsy:klɪʃə fɪ'nantspoliti:k] *f* countercyclical fiscal policy
antizyklisches Verhalten [anti'tsy:klɪʃəs fɛr'haltən] *n* countercyclical development
Antrag ['antra:k] *m* application; *~ stellen* make an application; *~ ablehnen* reject a request
Antragsformular ['antra:ksfɔrmula:r] *n* application form
Antragsteller(in) ['antra:kʃtɛlər(ɪn)] *m/f* applicant, proposer, claimant
Antwort ['antvɔrt] *f* reply
Antwortschreiben ['antvɔrtʃraɪbən] *n* reply, answer
Anwalt ['anvalt] *m* lawyer, solicitor, attorney
Anwältin ['anvɛltɪn] *f* female lawyer
Anwärter(in) ['anvɛrtər(ɪn)] *m/f (Amtsanwärter)* candidate
Anwartschaft ['anvartʃaft] *f* beneficial estate, right in course of acquisition
anwartschaftlich ['anvartʃaftlɪç] *adj* reversionary
Anwartsschaftsdeckungsverfahren ['anvartʃaftsdɛkuŋsfɛrfa:rən] *n* expectancy cover procedure
anweisen ['anvaɪzən] *v irr* remit, assign, transfer
Anweisung ['anvaɪzuŋ] *f* transfer, remittance, payment order
Anweisungsbetrag ['anvaɪzuŋsbətra:k] *m* amount to be remitted
Anweisungsempfänger(in) ['anvaɪzuŋs ɛmpfɛŋər(ɪn)] *m/f* payee
Anwender(in) ['anvɛndər(ɪn)] *m/f* user

anwenderfreundlich ['anvɛndərfrɔyntlɪç] *adj* user-friendly
Anwenderprogramm ['anvɛndərprɔgram] *n* user programme
anwerben ['anvɛrbən] *v irr* recruit
Anwerbung ['anvɛrbuŋ] *f* recruitment
Anzahlung ['antsa:luŋ] *f* down payment, deposit
Anzahlungsbürgschaft ['antsa:luŋsbyrkʃaft] *f* payment guarantee
Anzahlungssumme ['antsa:luŋszumə] *f* amount paid as a part payment
Anzeige ['antsaɪgə] *f 1. (Werbung)* advertisement; *2. (Recht)* report
Anzeigenformat ['antsaɪgənfɔrma:t] *n* size of an advertisement
Anzeigenschaltung ['antsaɪgənʃaltuŋ] *f* placement of an advertisement
Anzeigenschluss ['antsaɪgənʃlus] *m* deadline for advertisements
Anzeigenteil ['antsaɪgəntaɪl] *m* advertising section
Anzeigenvermittlung ['antsaɪgənfɛrmɪtluŋ] *f* advertising agency
Anzeigepflicht ['antsaɪgəpflɪçt] *f* legal obligation to disclose one's results
anzeigepflichtig ['antsaɪgəpflɪçtɪç] *adj* notifiable
Application Service Provider (ASP) [æplɪ'keɪʃən 'sɜ:vɪs prə'vaɪdə] *m* application service provider
Äquivalenzprinzip [ɛkviva'lɛntsprɪntsi:p] *n* cost-of-service principle, principle of equivalence
Äquivalenzzifferkalkulation [ɛkviva'lɛntstsɪfərkalkulatsjo:n] *f* equivalence coefficient costing
Arbeit ['arbaɪt] *f 1.* labour, work; *2. (Berufstätigkeit)* employment
arbeiten ['arbaɪtən] *v* work, labour
Arbeiter(in) ['arbaɪtər(ɪn)] *m/f* worker, employee, labourer
Arbeiterbewegung ['arbaɪtərbəve:guŋ] *f* Labour movement
arbeiterfeindlich ['arbaɪtərfaɪntlɪç] *adj* antilabour
arbeiterfreundlich ['arbaɪtərfrɔyntlɪç] *adj* prolabour
Arbeitergewerkschaft ['arbaɪtərgəvɛrkʃaft] *f* trade union, labor union *(US)*
Arbeitermangel ['arbaɪtərmaŋəl] *m* manpower shortage
Arbeiterschaft ['arbaɪtərʃaft] *f* labour force
Arbeiterschutz ['arbaɪtərʃuts] *m* protection of workers, protection of labourers
Arbeiterunfallgesetz ['arbaɪtərunfalgəzɛts] *n* workmen's compensation act
Arbeiterversicherung ['arbaɪtərfɛrzɪçəruŋ] *f* industrial insurance
Arbeiterwohlfahrt ['arbaɪtərvo:lfa:rt] *f* industrial welfare organization
Arbeitgeber(in) ['arbaɪtge:bər(ɪn)] *m/f* employer
Arbeitgeberanteil ['arbaɪtge:bərantaɪl] *m* employer's contribution
Arbeitgeberverband ['arbaɪtge:bərfɛrbant] *m* employers' association
Arbeitgeberzuschüsse ['arbaɪtge:bərtsu:ʃysə] *m/pl* employer's contributions *pl*
Arbeitnehmer(in) ['arbaɪtne:mər(ɪn)] *m/f* employee
Arbeitnehmeraktie ['arbaɪtne:məraktsjə] *f* employees' shares *pl*
Arbeitnehmeranteil ['arbaɪtne:mər'antaɪl] *m* employee's contribution
Arbeitnehmerbeteiligung ['arbaɪtne:mərbətaɪlɪguŋ] *f* worker participation
Arbeitnehmer-Erfindungen ['arbaɪtne:mərɛrfɪnduŋən] *f/pl* employee inventions *pl*
Arbeitnehmer-Freibetrag ['arbaɪtne:mərfraɪbətra:k] *m* employee's allowable deduction
Arbeitnehmer-Pauschbetrag ['arbaɪtne:mərpauʃbətra:k] *m* employee's zero bracket amount; general charge; lump sum
Arbeitnehmer-Sparzulage ['arbaɪtne:mərʃpa:rtsu:la:gə] *f* employees' savings premium
Arbeitnehmerüberlassung ['arbaɪtne:mərу:bərlasuŋ] *f* employee leasing
Arbeitnehmervertretung ['arbaɪtne:mərfɛrtre:tuŋ] *f* employee representatives *pl*
Arbeitsablauf ['arbaɪtsaplauf] *m* workflow, working process, sequence of operations
Arbeitsamt ['arbaɪtsamt] *n* employment office, labour exchange, employment exchange, local labour office
Arbeitsanfall ['arbaɪtsanfal] *m* volume of work
Arbeitsauffassung ['arbaɪtsauffasuŋ] *f* attitude to work
Arbeitsauftrag ['arbaɪtsauftra:k] *m* job order
Arbeitsaufwand ['arbaɪtsaufvant] *m* amount of work involved, expenditure of work
Arbeitsausfall ['arbaɪtsausfal] *m* loss of working hours

Arbeitsbedingungen ['arbaɪtsbədɪŋuŋən] *f/pl* terms and conditions of employment *pl*
Arbeitsbelastung ['arbaɪtsbəlastuŋ] *f* work load
Arbeitsbeschaffung ['arbaɪtsbəʃafuŋ] *f* job creation
Arbeitsbeschaffungsmaßnahme ['arbaɪtsbəʃafuŋsma:sna:mə] *f* job-creating measure
Arbeitsbeschaffungsprogramm ['arbaɪtsbəʃafuŋsprogram] *n* employment scheme
Arbeitsbesprechung ['arbaɪtsbəʃprɛçuŋ] *f* work conference
Arbeitsbewertung ['arbaɪtsbəvɛrtuŋ] *f* job evaluation
Arbeitseinkommen ['arbaɪtsaɪnkɔmən] *n* earned income
Arbeitsentgelt ['arbaɪtsɛntgɛlt] *n* remuneration
Arbeitserlaubnis ['arbaɪtsɛrlaupnɪs] *f* work permit
Arbeitsertrag ['arbaɪtsɛrtra:k] *m* work performed
Arbeitsessen ['arbaɪtsɛsən] *n* working lunch
Arbeitsfeld ['arbaɪtsfɛlt] *n* sphere of work, work sphere
Arbeitsförderungsgesetz (AFG) ['arbaɪtsfœrdəruŋsgəzɛts] *n* Labour Promotion Law
Arbeitsgang ['arbaɪtsgaŋ] *m* operation, routine
Arbeitsgemeinschaft ['arbaɪtsgəmaɪnʃaft] *f* working group, team
Arbeitsgenehmigung ['arbaɪtsgəne:mɪguŋ] *f* work(ing) permit
Arbeitsgericht ['arbaɪtsgərɪçt] *n* industrial tribunal
Arbeitsgesetzgebung ['arbaɪtsgəzɛtsge:buŋ] *f* labour legislation
Arbeitskosten ['arbaɪtskɔstən] *pl 1. (Personal)* labor cost, employment cost; *2. (Kostenrechnung)* variable cost
Arbeitskraft ['arbaɪtskraft] *f 1. (Person)* worker; *2. (Fähigkeit)* working capacity
Arbeitsleistung ['arbaɪtslaɪstuŋ] *f* productivity
arbeitslos ['arbaɪtslo:s] *adj* unemployed, jobless, out of work
Arbeitslose(r) ['arbaɪtslo:zə(r)] *f/m* unemployed person
Arbeitslosengeld ['arbaɪtslo:zəngɛlt] *n* unemployment benefit
Arbeitslosenhilfe ['arbaɪtslo:zənhɪlfə] *f* unemployment benefit
Arbeitslosenrate ['arbaɪtslo:zənra:tə] *f* unemployment rate
Arbeitslosenversicherung ['arbaɪtslo:zənfɛrzɪçəruŋ] *f* unemployment insurance
Arbeitslosigkeit ['arbaɪtslo:ziçkaɪt] *f* unemployment
Arbeitsmarkt ['arbaɪtsmarkt] *m* labour market
Arbeitsmarktpolitik ['arbaɪtsmarktpoliti:k] *f* labour market policy, manpower policy
Arbeitsnachfrage ['arbaɪtsna:xfra:gə] *f* job demand
Arbeitsplatz ['arbaɪtsplats] *m* place of employment
Arbeitsplatzgestaltung ['arbaɪtsplatsgəʃtaltuŋ] *f* job engineering
Arbeitsplatzrechner ['arbaɪtsplatsrɛçnər] *m* workstation
Arbeitsplatzschutz ['arbaɪtsplatsʃuts] *m* protection of jobs, employment protection
Arbeitsproduktivität ['arbaɪtsproduktivitɛ:t] *f* productivity of labour
Arbeitspsychologie ['arbaɪtspsyçologi:] *f* industrial psychology
Arbeitsrecht ['arbaɪtsrɛçt] *n* labour law
Arbeitsschutz ['arbaɪtsʃuts] *m* industrial safety
Arbeitssicherheit ['arbaɪtszɪçərhaɪt] *f* safety at work
Arbeitsspeicher ['arbaɪtsʃpaɪçər] *m* main memory
Arbeitsstelle ['arbaɪtsʃtɛlə] *f 1.* place of work; *2. (Stellung)* job
Arbeitssuche ['arbaɪtszu:xə] *f* looking for work, job search
Arbeitstag ['arbaɪtsta:k] *m* workday, working day
Arbeitsteilung ['arbaɪtstaɪluŋ] *f* division of labour
arbeitsunfähig ['arbaɪtsunfɛ:ɪç] *adj* unable to work, disabled, unfit for work
Arbeitsunfähigkeit ['arbaɪtsunfɛ:ɪçkaɪt] *f* unfitness for work, disability
Arbeitsunfall ['arbaɪtsunfal] *m* industrial accident
Arbeitsverfahren ['arbaɪtsfɛrfa:rən] *n* (working) method, technique
Arbeitsverhältnis ['arbaɪtsfɛrhɛltnɪs] *n* employment relationship
Arbeitsvermittlung ['arbaɪtsfɛrmɪtluŋ] *f* employment agency
Arbeitsvertrag ['arbaɪtsfɛrtra:k] *m* contract of employment

Arbeitsvorbereitung ['arbaɪtsfo:rbəraɪtuŋ] *f* job preparation
Arbeitswelt ['arbaɪtsvɛlt] *f* world of employment
Arbeitszeit ['arbaɪtstsaɪt] *f* working hours *pl*
Arbeitszeitersparnis ['arbaɪtstsaɪtɛrʃpa:rnɪs] *f* saving in working hours, reduction in working time
Arbeitszeitverkürzung ['arbaɪtstsaɪtfɛrkyrtsuŋ] *f* cut in working time, reduction of working hours
Arbeitszufriedenheit ['arbaɪtstsufri:dənhaɪt] *f* job satisfaction
Arbitrage [arbi'tra:ʒ(ə)] *f* arbitrage
Arbitragegeschäft [arbi'tra:ʒəgəʃɛft] *n* arbitrage dealings *pl*
Arbitrageklausel [arbi'tra:ʒəklausəl] *f* arbitrage clause
Arbitragerechnung [arbi'tra:ʒərɛçnuŋ] *f* arbitrage voucher
Arbitrageur [arbitra:'ʒø:r] *m* arbitrager
Arbitragewert [arbi'tra:ʒəve:rt] *m* arbitrage value, arbitrage stocks *pl*
Archiv [ar'çi:f] *n* archives *pl*
archivieren [arçi'vi:rən] *v* file, archive
Archivierung [arçi'vi:rəuŋ] *f* filing, putting into the archives
Argumentation [argumɛnta'tsjo:n] *f* argumentation
arithmetisches Mittel [arɪt'me:tɪʃəs 'mɪtəl] *n* arithmetical average
Arrangement [arãʒə'mã:] *n* deal, package, arrangement
arrangieren [ara'ʒi:rən] *v* arrange, come to an arrangement
arrondieren [arɔn'di:rən] *v* to round off
Artikel [ar'tɪkəl] *m* product, commodity, good
Artikelnummernsystem [ar'tɪkəlnumərnzyste:m] *n* article coding system, item numbering system
Artvollmacht ['a:rtfɔlmaxt] *f* specialized power of attorney
Asiendollarmarkt ['azjəndɔlarmarkt] *m* Asian Dollar market
Assekuranz [aseku'rants] *f* assurance
Assekuranzprinzip [aseku'rantsprɪntsi:p] *n* insurance industry principle
Assessmentcenter [ə'sesmənt'sentə] *n* assessment center
Asset-Management ['æsət'mɛnədʃmənt] *n* asset management
Asset-Markt ['æset'ma:kt] *m* asset market
Asset-Swap ['æsetswɔp] *n* asset swap
Assistent(in) [asɪs'tɛnt(ɪn)] *m/f* assistant
Assoziation [asotsja'tsjo:n] *f* association
asynchrone Datenübertragung ['azynkro:nə 'da:tәny:bərtra:guŋ] *f* asynchronous data transfer, data transmission
Atomwirtschaft [a'to:mvɪrtʃaft] *f* nuclear economy
Attentismus [atɛn'tɪsmus] *m* wait-and-see attitude
Audiokonferenz ['audjokɔnferɛnts] *f* audioconference
Auditing ['ɔ:dɪtɪŋ] *n* auditing
auf Abruf [auf 'apru:f] on call
Aufbaukonto ['aufbaukɔnto] *n* build-up account
Aufbauorganisation ['aufbauɔrganizatsjo:n] *f* company organization structure
Aufbauphase ['aufbaufa:zə] *f* development phase
aufbereiten ['aufbəraɪtən] *v* process, prepare, treat; *wieder ~* reprocess
Aufbereitung ['aufbəraɪtuŋ] *f (Vorbereitung)* processing
Aufbereitungsanlage ['aufbəraɪtuŋsanla:gə] *f* processing plant
aufbessern ['aufbɛsərn] *v (Kurse)* improve
Aufbewahrung ['aufbəva:ruŋ] *f* deposit
Aufbewahrungsfrist ['aufbəva:ruŋsfrɪst] *f* retention period
Aufbewahrungsgebühr ['aufbəva:ruŋsgəby:r] *f 1. (Waren)* storage fee; *2. (Bank)* safe deposit charge
Aufbewahrungspflicht ['aufbəva:ruŋspflɪçt] *f* obligation to preserve records
Aufenthaltserlaubnis ['aufɛnthaltsɛrlaupnɪs] *f* residence permit
Auffanggesellschaft ['auffaŋgəzɛlʃaft] *f* recipient company
Aufgabe ['aufga:bə] *f (Arbeit)* task, assignment, responsibility; *mit einer ~ betraut sein* to be charged with a task
Aufgabegeschäft ['aufga:bəgəʃɛft] *n* name transaction
Aufgabenanalyse ['aufga:bənanaly:zə] *f* functional analysis
Aufgabengebiet ['aufga:bəngəbi:t] *n* area of responsibility
Aufgabensynthese ['aufga:bənzynte:zə] *f* task-oriented synthesis
Aufgeld ['aufgɛlt] *n* premium, extra charge, agio
aufgenommene Gelder ['aufgənɔmənə 'gɛldər] *n/pl* borrowed funds *pl,* creditors' account

aufgerufene Wertpapiere ['aufgərufənə 've:rtpapi:rə] *n/pl* securities publicly notified as lost *pl*
Aufhebung ['aufhe:buŋ] *f* cancellation, elimination
Aufhebungsvertrag ['aufhe:buŋsfɛrtra:k] *m* agreement to cancel an obligatory relation
aufholen ['aufho:lən] *v 1. (Preise)* pick up; *2. (Börsenkurse)* rally
Aufholung ['aufho:luŋ] *f* catching up, gaining ground
aufkaufen ['aufkaufən] *v* buy up, take over, acquire
Aufkäufer(in) ['aufkɔyfər(ɪn)] *m/f* buyer, purchaser
Aufkaufgroßhandel ['aufkaufgro:shandəl] *m* buying-up wholesale trade
Aufkaufspekulation ['aufkaufʃpekulatsjo:n] *f* take-over speculation
Aufkleber ['aufkle:bər] *m* sticker
Aufkommen ['aufkɔmən] *n* yield, revenue
auf Kommissionsbasis [auf kɔmɪ'sjo:nsba:zɪs] on a commission basis
auf Lager [auf 'la:gər] in stock
Auflassung ['auflasuŋ] *f* conveyance by agreement
auflösen ['auflø:zən] *v 1. (Geschäft)* liquidate, dissolve; *2. (Vertrag)* cancel
Auflösung ['auflø:zuŋ] *f (Geschäft)* dissolution, liquidation
Aufnahmefähigkeit (des Marktes) ['aufna:məfɛ:ɪçkaɪt (dɛs 'marktəs)] *f* absorptive capacity (of the market)
Aufpreis ['aufpraɪs] *m* additional charge
auf Probe [auf 'pro:bə] on trial
auf Provisionsbasis [auf provi'zjo:nsba:zɪs] on a commission basis
Aufrechnung ['aufrɛçnuŋ] *f* set-off
aufrufen ['aufru:fən] *v irr* call up, retrieve
Aufschiebung ['aufʃi:buŋ] *f* deferment, delay, postponement
Aufschlag ['aufʃla:k] *m (Preisaufschlag)* surcharge, extra charge
Aufschwung ['aufʃvuŋ] *m* recovery, boom, upswing
auf Sicht [auf'zɪçt] at sight, on demand
Aufsicht ['aufzɪçt] *f* supervision
Aufsichtsamt ['aufzɪçtsamt] *n* control board
Aufsichtsbehörde ['aufzɪçtsbəhœrdə] *f* supervisory authority
Aufsichtspflicht ['aufzɪçtspflɪçt] *f* duty of supervision
Aufsichtsrat ['aufzɪçtsra:t] *m* supervisory board
Aufsichtsratsvorsitzende(r) ['aufzɪçtsra:tsfo:rzɪtsəndə(r)] *f/m* chairwoman/chairman of the supervisory board
Aufstiegsmöglichkeit ['aufʃti:ksmø:klɪçkaɪt] *f* opportunity for advancement
Auftrag ['auftra:k] *m (Aufgabe)* assignment, instruction, job, contract, orders *pl*
Auftraggeber(in) ['auftra:kge:bər(ɪn)] *m/f* client, customer
Auftragnehmer(in) ['auftra:kne:mər(ɪn)] *m/f* contractor, company accepting an order
Auftragsabwicklung ['auftra:ksapvɪkluŋ] *f* processing of an order
Auftragsbearbeitung ['auftra:ksbəarbaɪtuŋ] *f* order processing
Auftragsbestätigung ['auftra:ksbəʃtɛtɪguŋ] *f* confirmation of an order
Auftragseingang ['auftra:ksaɪngaŋ] *m* incoming order
Auftragserteilung ['auftra:ksɛrtaɪluŋ] *f* placing of an order
auftragsgemäß ['auftra:ksgəmɛ:s] *adj* as ordered, as per order
Auftragsgröße ['auftra:ksgrø:sə] *f* lot size
Auftragslage ['auftra:ksla:gə] *f* order situation
Auftragsnummer ['auftra:ksnumər] *f* order number, trade number
Auftragsplanung ['auftra:kspla:nuŋ] *f* order scheduling
Auftragsrückgang ['auftra:ksrʏkgaŋ] *m* drop in orders
Aufwand ['aufvant] *m 1. (Einsatz)* effort; *2. (Kosten)* expense(s), cost, expenditure
Aufwands- und Ertragsrechnung ['aufvants unt ɛr'tra:ksrɛçnuŋ] *f* profit and loss account
Aufwandsausgleichkonto ['aufvantsausglaɪçkɔnto] *n* account for reimbursements of expenses
Aufwandsentschädigung ['aufvantsɛntʃɛ:dɪguŋ] *f* expense allowance
Aufwandsfaktor ['aufvantsfaktɔr] *m* expenditure factor
Aufwandskonto ['aufvantskɔnto] *n* expense account
Aufwandskosten ['aufvantskɔstən] *pl* expenses incurred *pl*
Aufwärtskompatibilität ['aufvɛrtskɔmpatibilitɛ:t] *f* upward compatibility
Aufwärtstrend ['aufvɛrtstrɛnt] *m* upward trend, upside trend

Aufwendungen ['aufvɛnduŋən] *f/pl (Kosten)* expenses *pl*, charges *pl*
aufwerten ['aufvɛrtən] *v* upvalue, appreciate
Aufwertung ['aufve:rtuŋ] *f (Währung)* upvaluation, appreciation
Aufzinsung ['auftsɪnzuŋ] *f* accumulation addition of accrued interest
Auktion [auk'tsjo:n] *f* auction
Auktionator [auktsjo'na:tɔr] *m* auctioneer
ausarbeiten ['ausarbaɪtən] *v* work out, develop
Ausbilder(in) ['ausbɪldər(ɪn)] *m/f* trainer, instructor
Ausbildung ['ausbɪlduŋ] *f* apprenticeship, schooling, education
Ausbildungsbeihilfe ['ausbɪlduŋsbaɪhɪlfə] *f* grant, tuition aid *(US)*
Ausbildungsverhältnis ['ausbɪlduŋsfɛrhɛltnɪs] *n* trainee position
Ausbrechen des Kurses ['ausbrɛçən dɛs 'kurzəs] *n* erratic price movements *pl*
Ausbringung ['ausbrɪŋuŋ] *f* out-put
Ausfall ['ausfal] *m 1.* financial loss; *2.* breakdown
Ausfallbürgschaft ['ausfalbyrkʃaft] *f* deficiency guarantee
ausfallen ['ausfalən] *v irr (Maschine)* fail, break down
Ausfallforderung ['ausfalfɔrdəruŋ] *f* bad debt loss
Ausfallrisiko ['ausfalri:ziko] *f* default risk
Ausfallzeit ['ausfaltzaɪt] *f* downtime, outage time
ausfließen ['ausfli:sən] *v* flow out
Ausfolgungsprotest ['ausfɔlguŋsprotɛst] *m* protest for non-delivery
Ausfuhr ['ausfu:r] *f* export, exportation
Ausfuhrabfertigung ['ausfu:rapfɛrtiguŋ] *f* customs clearance of exports
Ausfuhrabgaben ['ausfu:rapga:bən] *f/pl* export duties *pl*
Ausfuhrbescheinigung ['ausfu:rbəʃaɪnɪguŋ] *f* export certificate
Ausfuhrbeschränkung ['ausfu:rbəʃrɛŋkuŋ] *f* export restriction
Ausfuhrbestimmungen ['ausfu:rbəʃtɪmuŋən] *f/pl* export regulations *pl*
Ausfuhrbürgschaften ['ausfu:rbyrkʃaftən] *f/pl* export credit guarantee
Ausfuhrdeckung ['ausfu:rdɛkuŋ] *f* export coverage
ausführen ['ausfy:rən] *v* export
Ausfuhrfinanzierung ['ausfu:rfɪnantsi:ruŋ] *f* export financing
Ausfuhrförderung ['ausfu:rfœrdəruŋ] *f* measures to encourage exports *pl*
Ausfuhrgarantie ['ausfu:rgaranti:] *f* export credit guarantee
Ausfuhrgenehmigung ['ausfu:rgəne:mɪguŋ] *f* export permit, export licence
Ausfuhrhandel ['ausfu:rhandəl] *m* export trade
Ausfuhrkontrolle ['ausfu:rkɔntrɔlə] *f* export control
Ausfuhrkreditanstalt (AKA) ['ausfu:rkredi:tanʃtalt] *f* Export Credit Company
Ausfuhrpapiere ['ausfu:rpapi:rə] *n/pl* export documents *pl*
Ausfuhrüberschuss ['ausfu:ry:bərʃus] *m* export surplus
Ausfuhrverbot ['ausfu:rfɛrbo:t] *n* export ban, export prohibition
Ausfuhrzoll ['ausfu:rtsɔl] *m* export duty
Ausgaben ['ausga:bən] *f/pl* expenses *pl*
Ausgabenkontrolle ['ausga:bənkɔntrɔlə] *f* expenditure control
Ausgabenplan ['ausga:bənpla:n] *m* plan of expenditure
Ausgabensteuer ['ausga:bənʃtɔyər] *f* outlay tax
ausgabenwirksame Kosten ['ausga:bənvɪrkza:mə 'kɔstən] *pl* spending costs *pl*
Ausgabepreis ['ausga:bəpraɪs] *m* issuing price
Ausgabewert ['ausga:bəve:rt] *m* nominal value
ausgeben ['ausge:bən] *v irr (Geld)* spend; *(Aktien)* issue
ausgleichen ['ausglaɪçən] *v irr* equalize, compensate, settle
Ausgleichs- und Deckungsforderung ['ausglaɪçs unt 'dɛkuŋsfɔrdəruŋ] *f* equalization and covering claim
Ausgleichsabgabe ['ausglaɪçsapga:bə] *f* countervailing duty
Ausgleichsarbitrage ['ausglaɪçsarbitra:ʒə] *f* offsetting arbitrage
Ausgleichsfonds ['ausglaɪçsfɔ̃:] *m* compensation fund
Ausgleichsforderung ['ausglaɪçsfɔrdəruŋ] *f* equalization claim
Ausgleichsfunktion des Preises ['ausglaɪçsfuŋktsjo:n dɛs 'praɪzəs] *f* invisible hand
Ausgleichsposten ['ausglaɪçspɔstən] *m* balancing item, adjustment item, compensating item
Ausgleichsrecht ['ausglaɪçsrɛçt] *n* equalization right

Ausgleichsverfahren ['ausglaıçsfɛrfa:rən] *n* composition proceedings *pl*
Ausgleichszahlung ['ausglaıçstsa:luŋ] *f* deficiency payment, compensation payment
aushandeln ['aushandəln] *v* negotiate
Aushängeschild ['aushɛŋəʃılt] *n (Reklame)* advertisement
Aushilfe ['aushılfə] *f* temporary help
Aushilfsarbeit ['aushılfsarbaıt] *f* temporary work
Aushilfskraft ['aushılfskraft] *f* temporary worker, casual worker
Auskunft ['auskunft] *f 1.* information; *2. (in einem Büro)* information desk; *3. (am Telefon)* directory enquiries *(UK)*, directory assistance *(US)*
Auskunftdatei ['auskunftdataı] *f* information file
Auskunftei [auskunf'taı] *f* commercial agency, mercantile agency, credit reporting agency *(UK)*
Auskunftspflicht ['auskunftspflıçt] *f* obligation to give information
Auslage ['ausla:gə] *f (Geld)* expenditure, disbursement, outlay
auslagern ['ausla:gərn] *v* dislocate
Ausländer(in) ['auslɛndər(ın)] *m/f* foreigner, nonresistent
ausländische Arbeitnehmer ['auslɛndıʃə 'arbaıtne:mər] *m/pl* foreign workers *pl*
ausländische Betriebsstätte ['auslɛndıʃə 'bətri:psʃtɛtə] *f* permanent establishment abroad
ausländischer Anteilseigner ['auslɛndıʃər 'antaılsaıgnər] *m* foreign shareholder
ausländisches Wertpapier ['auslɛndıʃəs 've:rtpapi:r] *n* foreign security
Auslandsakzept ['auslantsaktsɛpt] *n* foreign acceptance
Auslandsanleihe ['auslantsanlaıə] *f* foreign loan, foreign bond, external loan
Auslandsbank ['auslantsbaŋk] *f* foreign bank
Auslandsbonds ['auslantsbɔnds] *m/pl* foreign currency bonds *pl*
Auslandsbondsbereinigung ['auslantsbɔndsbəraınıguŋ] *f* external bonds validation
Auslandsgeschäft ['auslantsgəʃɛft] *n* business in foreign countries, foreign business
Auslandsinvestitionen ['auslantsınvɛstitsjo:nən] *f/pl* capital invested abroad, foreign investments *pl*
Auslandskapital ['auslantskapita:l] *n* foreign capital
Auslandskonto ['auslantskɔnto] *n* foreign account, rest-of-the-world account
Auslandskredit ['auslantskredi:t] *m* foreign credit, foreign lending
Auslandskunde ['auslantskundə] *m* foreign customer
Auslandsmärkte ['auslantsmɛrktə] *m/pl* foreign markets *pl*
Auslandsnachfrage ['auslantsna:xfra:gə] *f* foreign demand
Auslandsniederlassung ['auslantsni:dərlasuŋ] *f* branch abroad
Auslandspatente ['auslantspatɛntə] *n/pl* foreign patents *pl*
Auslandsscheck ['auslantsʃɛk] *m* foreign cheque
Auslandsschulden ['auslantsʃuldən] *f/pl* foreign debts *pl*
Auslandsstatus ['auslantsʃta:tus] *m* foreign assets and liabilities *pl*
Auslandsvermögen ['auslantsfɛrmø:gən] *f* foreign assets
Auslandsverschuldung ['auslantsfɛrʃulduŋ] *f* foreign debt
Auslandsvertretung ['auslantsfɛrtre:tuŋ] *f* agency abroad
Auslandswechsel ['auslantsvɛksəl] *m* foreign bill of exchange
auslasten ['auslastən] *v 1.* utilize fully, make full use of; *2. (Maschine)* use to capacity
Auslastung ['auslastuŋ] *f* utilization to capacity
Auslastungsgrad ['auslastuŋsgra:t] *m* degree of utilization
ausliefern ['ausli:fərn] *v* deliver, hand over
Auslieferung ['ausli:fəruŋ] *f* delivery, handing over
Auslieferungslager ['ausli:fəruŋsla:gər] *n* distribution store
Auslobung ['auslo:buŋ] *f* promise of reward, public ... offer
Auslosungsanleihe ['auslo:zuŋsanlaıə] *f* lottery bond
ausmachender Betrag ['ausmaxəndər bə'tra:k] *m* actual amount
Ausnahmeregelung ['ausna:məre:gəluŋ] *f* special provision
Ausnahmetarif ['ausna:mətari:f] *m* preferential rate
Ausnutzungsgrad ['ausnutsuŋsgra:t] *m* utilization rate
Ausprägung ['auspre:guŋ] *f* coinage, minting; attribute

ausrechnen ['ausreçnən] *v* calculate, compute
Ausrüster ['ausrystər] *m* fitter
Aussage ['ausza:gə] *f* testimony, statement, evidence
aussagen ['ausza:gən] *v* testify
ausschließlich Berechtigungsaktie (exBA) ['ausʃli:sliç bə'rεıçtiguŋsaktsjə] ex capitalization issue
ausschließlich Bezugsrecht (exBR) ['ausʃli:slıç bə'tsu:ksrεçt] ex cap(italization)
ausschließlich Dividende (exD) ['ausʃli:slıç dıvı'dεndə] ex d(ividend), coupon detached; dividend off
Ausschließlichkeitserklärung ['ausʃlı:slıçkaıtsεrklε:ruŋ] *f* undertaking to deal exclusively with one bank or firm
Ausschlussprinzip ['ausʃlusprıntsi:p] *n* exclusion principle
ausschreiben ['ausʃraıbən] *v irr (Scheck)* issue, write out, make out
Ausschreibung ['ausʃraıbuŋ] *f* call for tenders, invitation to tender
Ausschussquote ['ausʃuskvo:tə] *f* defects rate
ausschütten ['ausʃytən] *v (Dividenden)* distribute, pay
Ausschüttung ['ausʃytuŋ] *f* distribution, payout
Außenbeitrag ['ausənbaıtra:k] *m* net export, net foreign demand
Außendienst ['ausəndi:nst] *m* field work
Außendienstmitarbeiter ['ausəndi:nstmıtarbaıtər] *m/pl* field staff
Außenfinanzierung ['ausənfınantsi:ruŋ] *f* external financing
Außenhandel ['ausənhandəl] *m* foreign trade, external trade
Außenhandelmultiplikator ['ausənhandəlmultiplika:to:r] *m* foreign trade multiplier
Außenhandelsabteilung ['ausənhandəlsaptaıluŋ] *f* export department
Außenhandelsbilanz ['ausənhandəlsbılants] *f* foreign trade balance
Außenhandelsdefizit ['ausənhandəlsde:fıtsıt] *n* foreign trade deficit
Außenhandelsfinanzierung ['ausənhandəlsfınantsi:ruŋ] *f* foreign trade financing
Außenhandelsfreiheit ['ausənhandəlsfraıhaıt] *f* free trade
Außenhandelsgewinn ['ausənhandəlsgəvın] *m* gains from trade *pl*
Außenhandelskammer ['ausənhandəlskamər] *f* chamber of foreign trade
Außenhandelsmonopol ['ausənhandəlsmonopo:l] *n* foreign trade monopoly
Außenhandelsquote ['ausənhandəlskvo:tə] *f* ratio of total trade turnover to national income
Außenhandelsrahmen ['ausənhandəlsra:mən] *m* foreign trade structure
Außenhandelsstatistik ['ausənhandəlsʃtatıstık] *f* foreign trade statistics
Außenhandelsvolumen ['ausənhandəlsvolu:mən] *n* volume of foreign trade
Außenmarkt ['ausənmarkt] *m* external market
Außenprüfung ['ausənpry:fuŋ] *f 1. (Rechnungswesen)* field audit; *2. (Steuern)* government audit
Außenstände ['ausənʃtεndə] *pl* outstanding accounts *pl,* accounts receivable *pl*
Außenwerbung ['ausənvεrbuŋ] *f* outdoor advertising
Außenwert der Währung ['ausənve:rt de:r 'vε:ruŋ] *m* external value of the currency
Außenwirtschaft ['ausənvırtʃaft] *f* external economic relations, foreign trade
außenwirtschaftliches Gleichgewicht ['ausənvırtʃaftlıçəs 'glaıçgəvıçt] *n* external balance
Außenwirtschaftsgesetz ['ausənvırtʃaftsgəzεts] *n* Act on Foreign Trade and Payments, Foreign Trade Law
Außenwirtschaftspolitik ['ausənvırtʃaftspoliti:k] *f* international economic policy
Außenwirtschaftsverkehr ['ausənvırtʃaftsfεrke:r] *m* foreign trade and payments transactions *pl*
außergerichtlich ['ausərgərıçtlıç] *adj* extrajudicial, out-of-court
außergerichtlicher Vergleich ['ausərgərıçtlıçər fεr'glaıç] *m* out-of-court settlement
außergewöhnliche Belastungen ['ausərgəvø:nlıçə bə'lastuŋən] *f/pl* extraordinary expenses *pl,* extraordinary financial burden
außerordentliche Abschreibung ['ausərɔrdəntlıçə 'apʃraıbuŋ] *f* extraordinary depreciation
außerordentliche Aufwendungen ['ausərɔrdəntlıçə 'aufvεnduŋən] *f/pl* extraordinary expenditures *pl,* non recurrent expenditures *pl*
außerordentliche Ausgaben ['ausərɔrdəntlıçə 'ausga:bən] *f/pl* extraordinary expenditures *pl*
außerordentliche Einkünfte ['ausərɔrdəntlıçə 'aınkynftə] *pl* extraordinary income

außerordentliche Einnahmen ['ausərɔrdəntlıçə 'aınna:mən] *f/pl* extraordinary income
außerordentliche Erträge ['ausərɔrdəntlıçə ɛr'trɛ:gə] *m/pl* extraordinary income
außerordentliche Hauptversammlung ['ausərɔrdəntlıçə 'hauptfɛrzamluŋ] *f* special meeting of stockholders
außerordentliche Kündigung ['ausərɔrdəntlıçə 'kyndıguŋ] *f* notice to quit for cause
außerordentlicher Haushalt ['ausərɔrdəntlıçər 'haushalt] *m* extraordinary budget
Aussetzung ['auszɛtsuŋ] *f* suspension
Aussonderung ['auszɔndəruŋ] *f* separation of property belonging to a bankrupt's estate
aussortieren ['auszɔrti:rən] *v 1.* sort out, separate out; *2.* grade
aussperren ['ausʃpɛrən] *v (Streik)* lock out
Aussperrung ['ausʃpɛruŋ] *f* lock-out
Ausstand ['ausʃtant] *m (Streik)* strike; *in den ~ treten* come out on strike, take industrial action
Ausstattung ['ausʃatuŋ] *f 1. (Kapital)* endowment; *2. (Anleihe)* terms *3. (Verpackung)* get-up; *serienmäßige ~* standard fitting; *finanzielle ~* funding
ausstehende Einlagen ['ausʃte:əndə 'aınla:gen] *f/pl* outstanding contributions *pl*
Ausstelldatum ['ausʃtɛlda:tum] *n* date of issue
ausstellen ['ausʃtɛlən] *v (Waren)* display, lay out, exhibit; *(Rechnung, Scheck)* make out (to); *(Quittung, Rezept)* write out
Aussteller ['ausʃtɛlər] *m* exhibitor
Ausstellung ['ausʃtɛluŋ] *f* exhibition
Ausstellungsfläche ['ausʃtɛluŋsflɛçə] *f* exhibition space
Austritt ['austrıt] *m* voluntary retirement (of a partner)
Ausverkauf ['ausfɛrkauf] *m* clearance sale
Ausverkaufspreise ['ausfɛrkaufspraızə] *m/pl* sale prices *pl,* clearance prices *pl*
ausverkauft ['ausfɛrkauft] *adj* sold out
Auswahlverfahren ['ausva:lfɛrfa:rən] *n* selection procedure
Ausweichkurs ['ausvaıçkurs] *m* fictitious security price
Ausweis der Kapitalherabsetzung ['ausvaıs de:r kapi'ta:lhɛrapzɛtsuŋ] *m* return of capital reduction
Ausweisung ['ausvaızung] *f* statement
Auswertung ['ausve:rtuŋ] *f* evaluation
auszahlen ['austsa:lən] *v* pay; *sich ~* pay off, to be worthwhile
Auszahlung ['austsa:luŋ] *f* payment
Auszählung ['austsɛ:luŋ] *f* counting
auszeichnen ['austsaıçnən] *v (Waren)* mark
Auszubildende(r) ['austsubıldəndə(r)] *f/m* trainee, apprentice
Auszug ['austsu:k] *m (Kontoauszug)* statement (of account)
Auszug aus dem Grundbuch ['austsu:k aus dem gruntbux] *m* abstract of title
autark [au'tark] *adj* self-supporting
Autarkie [autar'ki:] *f* autarky, autarchy, self-sufficiency
Autokorrelation [autokɔrela'tsjo:n] *f* autocorrelation
Automatic Transfer Service (ATS) [ɔ:tə'mætık træns'fɜ: 'sɜ:vıs] *m* Automatic Transfer Service
Automation [automa'tsjo:n] *f* automation
Automatisationsgrad [automatiza'tsjo:nsgra:t] *m* automation degree
automatische Kursanzeige [auto'ma:tıʃə 'kursantsaıgə] *f* automatic quotation
Automatisierung [automati'zi:ruŋ] *f* automation
Automatismus [automa'tısmus] *m* automatism
Automobilindustrie [automo'bi:lındustri:] *f* automobile industry
autonome Arbeitsgruppen [auto'no:mə 'arbaıtsgrupən] *f/pl* autonomous teams *pl*
autonome Größen [auto'no:mə 'grø:sən] *f/pl* autonomous variables *pl*
Autonomie [autono'mi:] *f* autonomy
autorisiertes Kapital [autori'zi:rtəs kapi'ta:l] *n* authorized capital
autoritär [autori'tɛ:r] *adj* authoritarian
autoritärer Führungsstil [autori'tɛ:rər 'fy:ruŋsʃti:l] *m* authoritative style of leadership
Aval [a'val] *m* guarantee of a bill
Avalkredit [a'valkredi:t] *m* loan granted by way of bank guarantee, credit by way of bank guarantee
Avalprovision [a'valprovizjo:n] *f* commission on bank guarantee
Averaging ['ævərıdʒıŋ] *n* averaging
Avis [a'vi:] *m/n* advice
avisieren [avi'zi:rən] *v* advise, notify; *Wechsel ~* advise a draft
Azubi [a'tsu:bi] *m/f (Auszubildende(r))* trainee, apprentice

B

Baby-Bonds ['be:bibɔnds] *pl* baby bonds *pl*
Backwardation ['bækwədeɪʃən] *f* backwardation
Bagatellbetrag [baga'tɛlbətra:k] *m* trifle, trifling amount, petty amount
Bagatelldelikt [baga'tɛldelɪkt] *n* petty offence, minor offence
Bagatellsache [baga'tɛlzaxə] *f* petty case
Bagatellschaden [baga'tɛlʃa:dən] *m* petty damage, trivial damage, minimal damage
Bagatellverfahren [baga'tɛlfɛrfa:rən] *n* summary proceeding
Bahn [ba:n] *f* *(Eisenbahn)* railway, railroad *(US)*
bahnbrechend ['ba:nbrɛçənt] *adj* *(fam)* pioneering, trailblazing
Bahnbrecher(in) ['ba:nbrɛçər(ɪn)] *m/f* pioneer, trailblazer
Bahnfracht ['ba:nfraxt] *f* rail freight
Bahntransport ['ba:ntranspɔrt] *m* railway transportation
Baisse ['bɛ:sə] *f* bear market, slump
Baisseklausel ['bɛ:sklausəl] *f* bear clause
Baisser ['bɛ:se] *f* bear
Balkencode ['balkənkəʊd] *m* bar code
Balkendiagramm ['balkəndiagram] *n* bar chart; bar graph
Balkenwaage ['balkənva:gə] *f* balance, beam and scales
Ballen ['balən] *m* bale
Ballungsgebiet ['baluŋsgəbi:t] *n* agglomeration area, area of industrial concentration
Ballungszentrum ['baluŋstsɛntrʊm] *n* *1. (Bevölkerung)* centre of population; *2. (Industrie)* centre of industry
Band [bant] *n* *1. (EDV)* tape; *2. (Fließband)* assembly line
Bandbreite ['bantbraɪtə] *f* margin
Bandenwerbung ['bandənvɛrbuŋ] *f* sideline advertising
Bandwagon-Effekt ['bantwagɔ̃efekt] *m* bandwaggon effect
Bank [baŋk] *f* bank
Bank für Internationalen Zahlungsausgleich (BIZ) ['baŋk fy:r 'intərnatsjona:len tsa:luŋsausglaɪç] *f* Bank for International Settlements (BIS)
Bankakademie ['baŋkakademi:] *f* banking academy
Bankakkreditiv ['baŋkakrediti:f] *n* bank letter of credit
Bankaktie ['baŋkaktsjə] *f* bank shares
Bankakzept ['baŋkaktsɛpt] *n* bank acceptance
Bankangestellte(r) ['baŋkangəʃtɛltə(r)] *f/m* bank employee, bank clerk
Bankanleihen ['baŋkanlaɪhən] *f/pl* bank bonds *pl*
Bankanweisung ['baŋkanvaɪzuŋ] *f* bank transfer, bank money order
Bankauftrag ['baŋkauftra:k] *m* bank order, instruction to a bank
Bankauskunft ['baŋkauskunft] *f* banker's reference
Bankausweis ['baŋkauswaɪs] *m* bank return
Bankauszug ['baŋkaustsu:k] *m* bank statement
Bankautomat ['baŋkautoma:t] *m* automatic cash dispenser
Bankautomation ['baŋkautoma'tsjo:n] *f* bank automation
Bankaval ['baŋkava:l] *n* bank guarantee
Bankavis ['baŋkavi:(s)] *m/n* bank notification (of a letter of credit)
Bankbetriebslehre ['baŋkbətri:psle:rə] *f* science of banking
Bankbeziehungen ['baŋkbətsi:uŋən] *f/pl* bank relations *pl*
Bankbilanz ['baŋkbilants] *f* bank balance sheet
Bankbuchhaltung ['baŋkbuxhaltuŋ] *f* bank's accounting department; bank accounting system
Bankdarlehen ['baŋkda:rle:ən] *n* bank loan, bank credit
Bankdeckung ['baŋkdəkuŋ] *f* banking cover
Bankdepositen ['baŋkdəpɔsitən] *pl* bank deposits *pl*
Bankdepotgesetz ['baŋkdepo:gezɛts] *n* Bank Custody Act
Bankdirektor(in) ['baŋkdirɛktɔr(ɪn)] *m/f* bank manager, bank director
Bankdiskont ['baŋkdɪskɔnt] *m* bank discount
Bankdiskontsatz ['baŋkdɪskɔntzats] *m* discount rate
Bankeinlage ['baŋkaɪnla:gə] *f* bank deposit

Bankeinzugsverfahren ['baŋkaɪntsuksfərfa:rən] *n* direct debiting
Bankenaufsicht ['baŋkənaufsiçt] *f* public supervision of banking
Bankenerlass ['baŋkənɛrlas] *m* banking decree
Bankengesetzgebung ['baŋkəngezɛtsgebuŋ] *f* banking legislation
Bankenkonsortium ['baŋkənkɔnzɔrtsjum] *n* banking syndicate
Bankenkonzentration ['baŋkənkɔntsəntra'tsjon] *f* concentration of banks
Bankenkrise ['baŋkənkri:zə] *f* banking crisis
Bankennummerierung ['baŋkənnuməri:ruŋ] *f* bank branch numbering
Bankenquete ['baŋkɑ̃kɛt] *f* banking inquiry
Bankenstatistik ['baŋkənʃtatɪstɪk] *f* banking statistics
Bankenstimmrecht ['baŋkənʃtɪmrɛxt] *n* banks' voting rights
Bankensystem ['baŋkənsyste:m] *n* banking system
Bankenverband ['baŋkənfɛrband] *m* banking association
Bankfach ['baŋkfax] *n* *1. (Gewerbe)* banking business, banking line; *2. (Safe)* safe box
bankfähig ['baŋkfɛ:ɪç] *adj* bankable, negotiable
Bankfähigkeit ['baŋkfɛ:ɪçkaɪt] *f* bankability, negotiability
Bankfeiertage ['baŋkfaɪərta:gə] *m/pl* bank holidays *pl*
Bankfiliale ['baŋkfɪlja:lə] *f* branch bank
Bankgarantie ['baŋkgaranti:] *f* bank guarantee
Bankgeheimnis ['baŋkgəhaɪmnɪs] *n* confidentiality in banking, banking secrecy
Bankgeschäft ['baŋkgəʃɛft] *n* banking; banking transactions
Bankgewerbe ['baŋkgəwɛrbə] *n* banking business
bankgirierter Warenwechsel ['baŋkʒɪrɪ:rtər wa:rənwɛksəl] *m* bank endorsed bill
Bankguthaben ['baŋkgu:tha:bən] *n* bank credit balance
Bankhaus ['baŋkhaus] *n* bank, banking house
Bankier [baŋk'je:] *m* banker
Bankierbonifikation [baŋk'je:bonifikatsjon] *f* placing commission
Bankkalkulation ['baŋkkalkulatsjon] *f* bank's cost and revenue accounting
Bankkapital ['baŋkkapita:l] *n* bank stock
Bankkauffrau ['baŋkkaufrau] *f* trained bank clerk, trained band employee
Bankkaufmann ['baŋkkaufman] *m* trained bank clerk, trained bank employee
Bankkonditionen ['baŋkkɔnditsjonən] *f/pl* bank conditions *pl*
Bankkonto ['baŋkkɔnto] *n* bank account
Bankkontokorrent ['baŋkkɔntokɔrɛnt] *n* current account with a bank
Bankkontrolle ['baŋkkɔntrolə] *f* bank supervision
Bankkonzern ['baŋkkɔntsɛrn] *m* bank(ing) group
Bankkredit ['baŋkkrɛdi:t] *m* bank credit
Bankkreise ['baŋkkraizə] *pl* banking circles *pl*
Bankkunde ['baŋkkundə] *m* bank client, bank customer
Bankleitzahl ['baŋklaɪttsa:l] *f* bank code number, sort code *(UK)*, bank identification number *(US)*
Bankliquidität ['baŋklikviditɛ:t] *f* bank liquidity
Banknote ['baŋkno:tə] *f* banknote, bill *(US)*
Bankobligation ['baŋkɔbli:gatsjon] *f* bank bond
Bankorganisation ['baŋkorganisatjon] *f* bank's organization system
Bankplatz ['baŋkplats] *m* bank place
Bankprovision ['baŋkprovizjon] *f* banker's commission
Bankprüfung ['baŋkpry:fuŋ] *f* audit of the bank balance sheet
Bankpublizität ['baŋkpublitsitɛ:t] *f* banks' duty to publish
Bankrate ['baŋkra:tə] *f* bank discount, (official) discount rate
Bankregel ['baŋkre:gəl] *f* Golden Bank Rule
Bankreserven ['baŋkrezɛrvən] *f/pl* bank reserves *pl*, bank savings *pl*
Bankrevision ['baŋkrevizjon] *f* bank audit
bankrott [baŋ'krɔt] *adj* bankrupt
Bankrott [baŋ'krɔt] *m* bankruptcy, insolvency
Bankrotterklärung [baŋ'krɔtɛrklɛ:ruŋ] *f* declaration of bankruptcy
Bankrotteur [baŋkrɔ'tø:r] *m* *1. (Person)* bankrupt (person); *2. (Firma)* bankrupt firm
Banksafe ['baŋkseɪf] *m* bank safe
Banksaldo ['baŋkzaldo] *n* bank balance
Bankscheck ['baŋkʃɛk] *m* cheque
Bankschließfach ['baŋkʃli:sfax] *n* safe deposit box, safety-deposit box

Bankschulden ['baŋkʃuldən] *pl* bank debts *pl*
Bankschuldverschreibung ['baŋkʃuldfɛrʃraɪbuŋ] *f* bank bond
Bankspesen ['baŋkʃpe:zən] *pl* bank charges *pl*
Bankstatistik ['baŋkʃtatistik] *f* banking statistics
Bankstatus ['baŋkʃta:tus] *m* bank status
Bankstellennetz ['baŋkʃtɛlənnɛts] *n* bank office network
Bankstichtage ['baŋkʃtiçta:gə] *m/pl* settling days *pl*
Banküberweisung ['baŋky:bərvaɪzuŋ] *f* bank transfer
Bankumsätze ['baŋkumzɛtsə] *m/pl* bank turnover
Bankverbindung ['baŋkfɛrbɪnduŋ] *f* *1.* banking details *pl;* *2. (Konto)* bank account
Bankwesen ['baŋkve:zən] *n* banking
Bankwirtschaft ['baŋkvɪrtʃaft] *f* banking industry
bankwirtschaftlich ['baŋkvɪrtʃaftlɪç] *adj* relating to banking operations
Bankzinsen ['baŋktsinzən] *m/pl* banking interest
bar [ba:r] *adj* cash; ~ *bezahlen* pay cash, pay in cash
Barabfindung ['ba:rapfɪnduŋ] *f* settlement in cash
Barakkreditiv ['ba:rakrediti:f] *n* cash in letter of credit
Barcode ['ba:rkəud] *m* bar code
Bardeckung ['ba:rdɛkuŋ] *f* cash cover
Bardepot ['ba:rdepo:] *n* cash deposit
Bardividende ['ba:rdividɛndə] *f* cash dividend
Bareinlage ['ba:raɪnlagə] *f* cash deposit
Bareinschuss ['ba:raɪnʃus] *m* cash los payment
Barerlös ['ba:rɛrlø:s] *m* net proceeds *pl,* cash proceeds *pl,* takings *pl*
Barfinanzierung ['ba:rfinantsi:ruŋ] *f* direct financing
Bargaining ['ba:gɪniŋ] *n* bargaining
Bargeld ['ba:rgɛlt] *n* cash, ready money
Bargeldbestand ['ba:rgɛltbəʃtant] *m* cash in hand
Bargeldkasse ['ba:rgɛltkasə] *f* petty cash
bargeldlos ['ba:rgɛltlo:s] *adj* non-cash, cashless
bargeldlose Kassensysteme ['ba:rgɛlt-lo:sə 'kasənzystemə] *n/pl* cashless checkout systems *pl*
bargeldloser Zahlungsverkehr ['ba:rgɛlt-lo:sər 'tsa:luŋsfɛrkɛr] *m* cashless payments *pl;* bank giro credit system
Bargeldumlauf ['ba:rgɛltumlauf] *m* currency in circulation
Bargeldumstellung ['ba:rgɛltumʃtɛluŋ] *f* conversion of notes and coins
Bargeldverkehr ['ba:rgɛltfɛrke:r] *m* cash transactions *pl*
Bargeschäft ['ba:rgəʃɛft] *n* cash transactions *pl*
Bargründung ['ba:rgrynduŋ] *f* formation of stock corporation by cash subscriptions
Barkauf ['ba:rkauf] *m* cash purchase
Barkredit ['ba:rkredi:t] *m* cash credit
Barlohn ['ba:rlo:n] *m* wage in cash
Barrel ['bærəl] *n* barrel
Barren ['barən] *m* (gold)bar, bullion
Barrengold ['barəngɔlt] *n* gold bullion
Barrensilber ['barənsɪlbər] *n* silver bullion
Barschaft ['ba:rʃaft] *f* cash stock, ready money
Barscheck ['ba:rʃɛk] *m* cash cheque, open cheque, uncrossed cheque
Bartergeschäft ['bartərgəʃɛft] *n* analysis of requirements
Barüberweisung ['ba:ry:bərvaizuŋ] *f* cash transfer
Barvergütung ['ba:rfɛrgy:tuŋ] *f* cash compensation, cash imbursement
Barverkauf ['ba:rfɛrkauf] *m* cash sale
Barvermögen ['ba:rfɛrmø:gən] *n* cash assets *pl,* liquid assets *pl*
Barwert ['ba:rwɛrt] value in cash
Barzahlung ['ba:rtsa:luŋ] *f* cash payment, payment in cash
Barzahlungsgeschäft ['ba:rtsa:luŋsgə-ʃɛft] *n* cash transaction, cash business
Barzahlungsrabatt ['ba:rtsa:luŋsrabat] *m* cash discount
Basis ['ba:zɪs] *f* basis, base
Basiseinkommen ['ba:zɪsainkɔmən] *n* basic income
Basisjahr ['ba:zɪsja:r] *n* base year
Basislohn ['ba:zɪslo:n] *m* basic wage
Basispreis ['ba:zɪspraɪz] *m* basic price
Basistrend ['ba:zɪstrɛnt] *m* basic trend
Batterie [batə'ri:] *f* battery
Bau ['bau] *m* construction
Bauabschnitt ['bauapʃnɪt] *m* *1. (Gebiet)* building section; *2. (Stand der Bauarbeiten)* stage of construction
Bauantrag ['bauan'tra:k] *m* application for building license

Bauarbeiter ['bauarbaɪtər] *m* construction worker
Bauboom ['baubu:m] *m* building boom
Baudarlehen ['baudarle:n] building loan
Bauelement ['bauelemɛnt] *n* component part, guzzinta
Baufinanzierung ['baufinantsi:ruŋ] *f* financing of building projects
Baufirma ['baufɪrma] *f* construction firm
Baugenehmigung ['baugəne:mɪguŋ] *f* building permission, planning permission, building permit
Baugewerbe ['baugəvɛrbə] *n* construction industry, building trade
Bauindustrie ['baurndustri:] *f* construction industry
Baukastensystem ['baukastənsyste:m] *n* building block concept
Baukosten ['baukɔstən] *pl* building costs *pl*, construction costs *pl*
Baukostenzuschuss ['baukɔstəntsu:ʃuz] tenant's contribution to the construction costs
Baukredit ['baukrɛdɪt] *m* building loan
Bauland ['baulant] *n* building site
Baumarkt ['baumarkt] *m* *(Grundbesitz)* property market
Baunorm ['baunɔrm] *f* building standard
Bauplan ['baupla:n] *m* architect's plan
Bauspardarlehen ['bausparda:rle:n] loan granted for building purposes
bausparen ['bauspa:rən] *v* saving through building societies
Bausparfinanzierung ['bausparfinantsɪ:ruŋ] *f* building society funding
Bausparförderung ['bausparførderuŋ] *f* promotion of saving through building societies
Bausparkasse ['bauʃparkasə] *f* home savings bank, building society *(UK)*
Bausparvertrag ['bauʃpa:rfɛrtra:k] *m* building loan agreement, savings agreement with the building society
Baustelle ['bauʃtɛlə] *f* construction site, building site
Bauträger ['bautrɛ:gər] *m* property developer
Bauwirtschaft ['bauwɪrtʃaft] *f* building and contracting industry
Bauzinsen ['bautsɪnzən] *m/pl* fixed-interest coupons
Beamter [bə'amtər] *m* civil servant, public servant, official
beanstanden [bə'anʃtandən] *v* object, complain, challenge
Beanstandung [bə'anʃtanduŋ] *f* objection
beantragen [bə'antra:gən] *v* apply for; *(vorschlagen)* propose
bearbeiten [bə'arbaɪtən] *v* *1. (erledigen)* deal with, handle, manage; *2.* work, process
Bearbeitung [bə'arbaɪtuŋ] *f* treatment, processing; *in ~* in preparation
Bearbeitungsgebühr [bə'arbaɪtuŋsgəby:r] *f* handling fee, service charge, processing fee
beaufsichtigen [bə'aufzɪçtɪgən] *v* supervise, control, oversee
beauftragen [bə'auftra:gən] *v* charge, commission, instruct
Beauftragte(r) [bə'auftra:ktə(r)] *f/m* representative
Beauftragung [bə'auftra:guŋ] *f* instruction, direction
bebauen [bə'bauən] *v (Grundstück)* build on
Bebauungsplan [bə'bauuŋsplan] *m* development plan, building scheme
Bedarf [bə'darf] *m* demand, need, requirements *pl*
Bedarfsanalyse [bə'darfsanaly:zə] *f* analysis of requirements
Bedarfsartikel [bə'darfsartɪkəl] *pl* necessities *pl*
Bedarfsbeeinflussung ['bedarfsbeaɪnflusuŋ] *f* influence of demand
Bedarfsdeckungsprinzip ['bedarfsdɛkuŋsprinzi:p] *n* principle of satisfaction of needs
Bedarfsermittlung ['bedarfsɛrmitluŋ] *f* demand assessment
bedarfsformende Faktoren [bedarfsformɛndə fak'to:rən] *m/pl* demand-forming factors *pl*
Bedarfsschwankung [be'darfsʃvaŋkuŋ] *f* fluctuations in requirements *pl*
bedenken [bə'dɛŋkən] *v irr (erwägen)* consider, take into consideration, think over
Bedenkzeit [bə'dɛŋktsaɪt] *f* time to think about sth, time to think sth over
bedienen [bə'di:nən] *v 1. (Kunde)* attend; *2. (Gerät)* operate
Bedienung [bə'di:nuŋ] *f (Gerät)* operation, control
Bedienungsanleitung [bə'di:nuŋsanlaɪtuŋ] *f* operating instructions *pl*, working instructions *pl*
Bedienungsfehler [bə'di:nuŋsfe:lər] *m* operating error
Bedienungsgeld [bə'di:nuŋsgɛlt] *n* service charge

bedingt [bə'dɪŋt] *adj 1.* conditional; *~ durch* contingent on; *2. (beschränkt)* limited; *nur ~ richtig* partially right

bedingte Kapitalerhöhung [bə'diŋtə kapi'ta:lɛrhø:uŋ] *f* conditional capital increase

Bedingung [bə'dɪŋuŋ] *f* condition, provision, term; *unter der ~, dass ...* on condition that ...

Bedürfnis [bə'dyrfnɪs] *n* need

Bedürfnisbefriedigung [bə'dyrfnɪsbəfri:dɪguŋ] *f* satisfaction of needs

Bedürfnishierarchie [bə'dyrfnɪshɪrarxi:] *f* hierarchy of needs

beeidigte Erklärung [bəaɪdɪgtə ɛr'klæruŋ] *f* sworn statement

Befähigung [bə'fɛ:ɪguŋ] *f 1.* capacity, competence, aptitude; *2. (Voraussetzung)* qualifications *pl*

befolgen [bə'fɔlgən] *v 1. (Vorschriften)* observe; *2. (Befehl)* obey

Beförderer [bə'fœrdərər] *m* carrier

befördern [bə'fœrdərn] *v 1. (transportieren)* transport, convey, carry; *2. (dienstlich aufrücken lassen)* promote, advance

Beförderung [bə'fœrdəruŋ] *f 1. (Waren)* transport, conveying, shipping; *2. (eines Angestellten, eines Offiziers)* promotion, advancement

Beförderungsbedingungen [bə'fœrdəruŋsbədɪŋuŋən] *f/pl* terms of transport *pl*, forwarding conditions *pl*

Beförderungsgebühr [bə'fœrdəruŋsgəby:r] *f 1. (Portokosten)* postage charges *pl; 2. (Transportkosten)* transport charges *pl*

Beförderungsmittel [bə'fœrdəruŋsmɪtəl] *n* means of transport *pl*

Befragung [bə'fra:guŋ] *f* personal interview, questioning, poll

befreien [bə'fraɪən] *v* acquit, discharge, *(von Steuern)* exempt

Befreiung [bə'fraɪuŋ] *f* exemption

befristen [bə'frɪstən] *v* limit

befristet [bə'frɪstət] *adj* limited

befristete Einlagen [bə'frɪstətə 'aɪnla:gən] *f/pl* fixed deposits *pl*

befristetes Arbeitsverhältnis [bə'frɪstətəs 'arbaɪtsfɛrhæltnɪs] *n* limited employment contract

Befristung [be'frɪstuŋ] *f* time limit, setting a deadline

Befugnis [bə'fu:knɪs] *f* jurisdiction, authority, authorization

befugt [bə'fu:kt] *adj* authorized, entitled, competent

befürworten [bə'fy:rvɔrtən] *v* advocate, recommend, support

Befürworter(in) [bə'fy:rvɔrtər(ɪn)] *m/f* supporter, advocate

Begebung [bə'gebuŋ] *f* issue

beglaubigen [bə'glaubɪgən] *v* attest, certify, authenticate

Beglaubigung [bə'glaubɪguŋ] *f* authentication, certification, attestation

begleichen [bə'glaɪçən] *v irr* pay, settle

Begleichung [bə'glaɪçuŋ] *f (von Schulden)* payment, settlement

Begleitpapiere [be'glaɪtpapi:rə] *n/pl* accompanying documents *pl*

Begleitschreiben [bə'glaɪtʃraɪbən] *n* accompanying letter

begründen [bə'gryndən] *v* establish, found, set up

Begründer(in) [bə'gryndər(ɪn)] *m/f* founder

Begrüßung [bə'gry:suŋ] *f* salutation

begünstigen [bə'gynstɪgən] *v* favour, help

Begünstigte(r) [bə'gynstɪgtə(r)] *f/m* beneficiary

begutachten [bə'gu:taxtən] *v* examine, give a professional opinion on

Behälterverkehr [bə'hɛltərfɛrke:r] *m* container transport

Beherrschungsvertrag [bə'hɛrʃuŋsfɛrtra:k] *m* control agreement

behilflich [bə'hɪlflɪç] *adj jdm ~ sein* to be of assistance, to be helpful, to be of service; *Kann ich Ihnen ~ sein?* May I help you?

Behinderte(r) [bə'hɪndərtə(r)] *f/m* handicapped person, disabled person

Behörde [bə'hø:rdə] *f* public authority, administrative agency

behördlich [bə'hø:rtlɪç] *adj* official

Beihilfe ['baɪhɪlfə] *f* financial aid

Beilage ['baɪla:gə] *f* supplement

beilegen ['baɪle:gən] *v 1. (hinzufügen)* insert, enclose; *2. (Streit)* settle

Beirat ['baɪrat] *m* advisory council; advisory board

Beistandskredit ['baɪʃtantskredi:t] standby credit

Beistandspakt ['baɪʃtantspakt] *m* mutual assistance treaty

beisteuern ['baɪʃtɔyərn] *v* contribute, pitch in *(fam)*

Beiträge ['baɪtrɛgə] *m/pl* contributions *pl*

Beitragsbemessungsgrenze ['baɪtra:ksbəmɛsuŋsgrɛntsə] *f* income threshold analysis of requirements

Beitragserhöhung [ˈbaɪtraːksɛrhøːuŋ] *f* increased contributions *pl*

Beitragserstattung [ˈbaɪtraːksɛrʃtatuŋ] *f* contribution refund

beitragspflichtig [ˈbaɪtraːkspflɪçtɪç] *adj* liable to contribution

Beitragssatz [ˈbaɪtraːkszats] *m* rate of contribution

Beitragszahlung [ˈbaɪtraːkstsaːluŋ] *f* contribution payment

Beitritt [ˈbaɪtrit] *m* joining

Beitrittsbeschluss [ˈbaɪtritsbəʃlus] *m* decision of accession

Beitrittsgesuch [ˈbaɪtrɪtsgəzuːx] *n* admission application

Beitrittskriterien [ˈbaɪtrɪtskriteːriən] *n/pl* criteria for accession *pl*

Beitrittsverhandlungen [ˈbaɪtrɪtsfɛrhantluŋən] *f/pl* membership negotiations *pl*

Beitrittsvoraussetzungen [ˈbaɪtrɪtsforauszɛtsuŋən] *f/pl* conditions for participation *pl*

beizulegender Wert [ˈbaɪtsulɛgəndər ˈvɛrt] *m* value to be attached

Bekanntmachung [bəˈkantmaxuŋ] *f* notification

Beklagte(r) [bəˈklaːktə(r)] *f/m* defendant

Bekleidungsindustrie [bəˈklaɪduŋsɪndustriː] *f* clothing industry

beladen [bəˈlaːdən] *v irr* load

belangen [bəˈlaŋən] *v* prosecute, take legal action

Belassungsgebühr [bəˈlasuŋsgebyːr] *f* prolongation charge

belasten [bəˈlastən] *v* *1. (laden)* load; *2. (beanspruchen)* burden, strain; *3. (Haus)* mortgage, encumber; *4. (Konto)* debit, charge to; *5. (beschuldigen)* charge, incriminate

Belastung [bəˈlastuŋ] *f* *1. (Hypothek)* mortgage; *2. (Steuer)* burden; *3. (Konto)* debit; *4. (Beschuldigung)* incrimination, charge

Belastungsprobe [bəˈlastuŋsproːbə] *f* loading test, test

belaufen [bəˈlaufən] *v irr sich ~ auf* amount to, come to, add up to; *sich auf hundert Dollar ~* amount to one hundred dollars

Beleg [bəˈleːk] *m* *1. (Beweis)* proof, evidence; *2.* document, slip, record, receipt, voucher

belegen [bəˈleːgən] *v* account for; *(beweisen)* prove, substantiate, furnish proof of

belegloser Datenträgeraustausch (DTA) [beˈleːkloːsər ˈdaːtəntrægəraustauʃ] *m* paperless exchange of data media

belegloser Scheckeinzug [beˈleːkloːsər ˈʃɛkaɪntsuk] *m* check truncation procedure

Belegschaft [bəˈleːkʃaft] *f* staff

Belegschaftsaktie [bəˈleːkʃaftsaktsjə] *f* staff shares *pl*

beleihen [bəˈlaɪhən] *v* to lend money on sth

Beleihungssatz [bəˈlaɪhuŋssats] *m* lending limit

Beleihungswert [bəˈlaɪuŋsvɛrt] *m* value of collateral

bemessen [bəˈmɛsən] *v irr* proportion, allocate; *(einteilen)* calculate

Bemessungsgrundlage [bəˈmesuŋsgrundlaːgə] *f* assessment basis

Bemessungszeitraum [bəˈmɛsuŋstsaɪtraum] *m* income year

benachrichtigen [bəˈnaːxrɪctɪgən] *v* inform, advise

Benachrichtigung [bəˈnaːxrɪçtɪguŋ] *f* notification, notice

Benachrichtigungspflicht [bəˈnaxrɪçtɪguŋspflɪçt] *f* duty of notification

Benchmarking [ˈbentʃmɑːkiŋ] *n* benchmarking

benutzen [bəˈnutsən] *v* use, make use of

Benutzer(in) [bəˈnutsər(ɪn)] *m/f* user

benutzerfreundlich [bəˈnutsərfrɔyntlɪç] *adj* user-friendly

Benutzerfreundlichkeit [bəˈnutsərfrɔyntliçkaɪt] *f* user friendliness

Benutzungsgebühr [bəˈnutsuŋsgəbyːr] *f* user fee

Benutzungsrecht [bəˈnutsuŋsrɛçt] *n* right to use

Benzin [bɛnˈtsiːn] *n* petrol, gasoline

Benzingutscheine [bɛnˈtsiːngutʃaɪnə] *m/pl* petrol voucher

Benzinpreis [bɛnˈtsiːnpraɪs] *m* petrol price, gasoline price *(US)*

Benzinverbrauch [bɛnˈtsiːnfɛrbraux] *m* petrol consumption, gasoline consumption *(US)*

Berater(in) [bəˈraːtər(ɪn)] *m/f* adviser, consultant, counsellor

Beraterfirma [bəˈraːtərfɪrma] *f* consulting firm

Beraterfunktion [bəˈraːtərfunktsjoːn] *f* advisory function

beratschlagen [bəˈraːtʃlaːgən] *v irr* confe

Beratung [bəˈraːtuŋ] *f* consultation, advice counseling

Beratungsgespräch [bəˈraːtuŋsgəʃprɛːç] *n* consultation

berechenbar [bə'rɛçənba:r] *adj (abschätzbar)* calculable, computable
berechnen [bə'rɛçnən] *v* calculate, work out, compute; *jdm etw ~* charge s.o. for sth
Berechnung [bə'rɛçnuŋ] *f* calculation, computation; *meiner ~ nach* according to my calculations
berechtigen [bə'rɛçtɪgən] *v* entitle to, give a right to, authorize
berechtigt [bə'rɛçtɪçt] *adj (befugt)* authorized, entitled; *~ zu* entitled to
Berechtigte(r) [bə'rɛçtɪçtə(r)] *f/m* party entitled
Berechtigung [bə'rɛçtɪguŋ] *f (Befugnis)* authorization, entitlement
Bereich [bə'raɪç] *m (Fachbereich)* field, sphere, area
bereichsfixe Kosten [bə'raɪçsfiksə 'kɔstən] *pl* fixed department costs *pl*
bereinigter Gewinn [bə'raɪnɪgtər 'gɛvɪn] *m* actual profit
bereithalten [bə'raɪthaltən] *v irr* have ready
Bereitschaftskosten [bə'raɪtʃaftskɔstən] *pl* standby costs *pl*
bereitstellen [bə'raɪtʃtɛlən] *v* make available, provide
Bereitstellungskosten [bə'raɪtʃtɛluŋskɔstən] *pl* commitment fee
Bereitstellungsplanung [bə'raɪtʃtɛluŋspla:nuŋ] *f* procurement budgeting
Bergarbeiter ['bɛrkarbaɪtər] *m* miner
Bergbau ['bɛrkbau] *m* mining
Bergbaugesellschaft ['bɛrkbaugəzɛlʃaft] *f* mining company
Bergwerk ['bɛrkvɛrk] *n* mine
Bericht [bə'rɪçt] *m* report, account, statement
Berichterstattung [bə'rɪçtɛrʃtatuŋ] *f* reporting
berichtigen [bə'rɪçtɪgən] *v* correct, rectify, set right
Berichtigung [bə'rɪçtɪguŋ] *f* correction
Berichtigungsaktie [bə'rɪçtɪguŋsaktsjə] *f* bonus share
Berichtsperiode [bə'rɪçtsperɪodə] *f* period under review
Berichtspflicht [bə'rɪçtspfliçt] *f* obligation to report
BERI-Index ['bɛrɪ ɪndeks] *m* business environment risk index
berücksichtigen [bə'rykzɪçtɪgən] *v* consider, bear in mind, take into account
Berücksichtigung [bə'rykzɪçtɪguŋ] *f* consideration
Beruf [bə'ru:f] *m* profession
beruflich [bə'ru:flɪç] *adj* professional, occupational
berufliche Fortbildung [bə'ru:flɪçə 'fortbɪlduŋ] *f* advanced vocational training
berufliche Umschulung [bə'ru:flɪçə 'umʃu:luŋ] *f* vocational retraining
berufliche Weiterbildung [bə'ru:flɪçə 'vaɪtərbɪlduŋ] *f* advanced vocational training
Berufsanfänger(in) [bə'ru:fsanfɛŋər(ɪn)] *m/f* person starting a career
Berufsausbildung [bə'ru:fsausbɪlduŋ] *f* vocational training, professional training, job training
berufsbedingt [bə'ru:fsbədɪŋt] *adj* professional, occupational, due to one's occupation
berufsbegleitend [bə'ru:fsbəglaɪtənt] *adj* in addition to one's job
Berufsbild [bə'ru:fsbɪld] *n* professional activity description
Berufserfahrung [bə'ru:fsɛrfa:ruŋ] *f* professional experience
Berufsförderung [bə'ru:fsfø:rdəruŋ] *f* professional promotion
Berufsfreiheit [bə'ru:fsfraɪhaɪt] *f* freedom of occupation
Berufsgeheimnis [bə'ru:fsgəhaɪmnɪs] *n* professional secret
Berufsgenossenschaften [bə'ru:fsgənɔsənʃaftən] *f/pl* social insurance against occupational accidents
Berufshandel [bə'ru:fshandəl] *m* professional trading, professional dealing
Berufskleidung [bə'ru:fsklaɪduŋ] *f* working clothes *pl*
Berufskrankheit [bə'ru:fskraŋkhaɪt] *f* occupational disease
Berufsleben [bə'ru:fsle:bən] *n* professional life, working life
Berufsrisiko [bə'ru:fsrɪ:zɪko] *n* occupational hazard
Berufsschule [bə'ru:fsʃu:lə] *f* vocational school
berufstätig [bə'ru:fstɛ:tɪç] *adj* working, (gainfully) employed
Berufstätigkeit [bə'ru:fstɛ:tɪçkaɪt] *f* employment, work, occupation, professional activity
Berufsunfähigkeit [bə'ru:fsunfɛ:ɪçkaɪt] *f* occupational disability
Berufsunfall [bə'ru:fsunfal] *m* occupational accident
Berufsverbot [bə'ru:fsfɛrbo:t] *n jdm ~ erteilen* ban s.o. from a profession

Berufsverkehr [bə'ru:fsfɛrke:r] *m* rush-hour traffic, commuter traffic
Berufswechsel [bə'ru:fsvɛksəl] *m* career change
Berufung [bə'ru:fuŋ] *f (Ernennung)* nomination, appointment
Berufungsinstanz [bə'ru:fuŋsɪnstants] *f* higher court, court of appeal
Berufungsverfahren [bə'ru:fuŋsfɛrfa:rən] *n* appellate procedure
beschädigen [bə'ʃɛ:dɪgən] *v* damage, harm, injure
beschädigte Aktie [bə'ʃɛ:dɪgtə 'aktsjə] *f* damaged share certificates *pl*
Beschädigung [bə'ʃɛ:dɪguŋ] *f* damage, harm
beschaffen [bə'ʃafən] *v* procure, obtain, get
Beschaffung [bə'ʃafuŋ] *f* procurement
Beschaffungsmarkt [bə'ʃafuŋsmarkt] *m* procurement market
Beschaffungsplanung [bə'ʃafuŋsplanuŋ] *f* procurement planning
beschäftigen [bə'ʃɛftɪgən] *v 1. (jdn ~)* occupy, engage, employ; *2. sich mit etw ~* concern o.s. with sth, occupy o.s. with sth, engage in sth; *damit beschäftigt sein, etw zu tun* to be busy doing sth
Beschäftigtenstruktur [bə'ʃɛftɪgtənʃtruktu:r] *f* employment structure
Beschäftigung [bə'ʃɛftɪguŋ] *f* employment
Beschäftigungsabbau [bə'ʃɛftɪguŋsapbau] *m* reduction in employment
Beschäftigungsabweichungen [bə'ʃɛftɪguŋsapvaɪçuŋən] *f/pl* volume variance
Beschäftigungsgrad [bə'ʃɛftɪguŋsgrat] *m* level of employment
Beschäftigungspolitik [bə'ʃɛftɪguŋspoliti:k] *f* employment policy
Bescheid [bə'ʃaɪt] *m* reply, notification
Bescheinigung [bə'ʃaɪnɪguŋ] *f 1. (Dokument)* certificate; *2. (das Bescheinigen)* certification
Beschlagnahme [bə'ʃla:kna:mə] *f* confiscation
beschlagnahmen [bə'ʃla:kna:mən] *v* confiscate, seize
beschließen [bə'ʃli:sən] *v irr 1. (entscheiden)* decide, resolve; *2. (beenden)* terminate, end, conclude
Beschluss [bə'ʃlus] *m* decision
beschlussfähig [bə'ʃlusfɛ:ɪç] *adj ~ sein* to be a quorum, have a quorum
Beschlussfassung [bə'ʃlusfasuŋ] *f* passing of a resolution
beschränkte Geschäftsfähigkeit [bə'ʃrɛŋktə gə'ʃɛftsfɛɪgkaɪt] *f* limited capacity to enter into legal transactions
Beschuldigung [bə'ʃuldɪguŋ] *f* accusation, charge
Beschwerde [bə'ʃve:rdə] *f* appeal, complaint
beschweren [bə'ʃve:rən] *v sich ~* complain; *sich ~ über* complain about
besetzt [bə'zɛtst] *adj* engaged, busy *(US)*
Besicherungswert [bə'sɪçəruŋsvɛrt] *m* collateral value
Besitz [bə'zɪts] *m* possession, *(Immobilien)* property, estate
Besitzanspruch [bə'zɪtsanʃprux] *m* possessory claim
Besitzeinkommen [bə'zɪtsaɪnkɔmən] *n* property income
besitzen [bə'zɪtsən] *v irr* possess, own, hold
Besitzer(in) [bə'zɪtsər(ɪn)] *m/f* owner
Besitznachweis [bə'zɪtsna:xvaɪs] *m* proof of ownership
Besitzsteuern [bə'zɪtsʃtɔyɛrn] *f/pl* taxes from income and property *pl*
Besitzwechsel [bə'zɪtsveksəl] *m* bills receivable
Besoldung [bə'zolduŋ] *f* salary, pay
besprechen [bə'ʃprɛçən] *v irr* discuss, talk over
Besprechung [bə'ʃprɛçuŋ] *f* discussion
Besprechungsraum [bə'ʃprɛçuŋsraum] *m* conference room, meeting room
Besprechungstermin [bə'ʃprɛçuŋstɛrmɪn] *m* conference date, meeting date
Besserungsschein ['bɛsəruŋsʃaɪn] *m* debtor warrant, income adjustment bond
Besserverdienende(r) ['bɛsərfɛrdi:nəndə(r)] *f/m* person in a higher income bracket
Bestand [bə'ʃtant] *m 1. (Kassenbestand)* cash assets *pl; 2. (Vorrat)* stock, stores *pl,* supply
Bestandsaufnahme [bə'ʃtantsaufna:mə] *f* inventory, stock-taking
Bestandsgröße [bə'ʃtantsgrø:sə] *f* stock variable
Bestandskonto [bə'ʃtantskɔnto] *n* real account
Bestandsveränderung [bə'ʃtantsfɛrɛnderuŋ] *f* inventory change
Bestätigung [bə'ʃtɛ:tɪguŋ] *f* confirmation
Bestätigungsschreiben [bə'ʃtɛ:tɪguŋsʃraɪbən] *n* letter of confirmation
bestechen [bə'ʃtɛçən] *v irr* bribe, corrupt
bestechlich [bə'ʃtɛçlɪç] *adj* bribable, corruptible

Bestechlichkeit [bə'ʃtɛçlɪçkaɪt] *f* corruptibility
Bestechung [bə'ʃtɛçuŋ] *f* bribery, corruption
Bestechungsgeld [bə'ʃtɛçuŋsgelt] *n* bribe money
Bestelldaten [bə'ʃtɛlda:tən] *pl* details of order *pl*
Bestelleingang [bə'ʃtɛlaɪngaŋ] *m* incoming orders *pl,* new orders *pl,* intake of new orders
bestellen [bə'ʃtɛlən] *v (in Auftrag geben)* order, place an order, commission
Besteller(in) [bə'ʃtɛlər(ɪn)] *m/f* customer
Bestellformular [bə'ʃtɛlfɔrmula:r] *n* order form
Bestellkosten [bə'ʃtɛlkɔstən] *pl* ordering costs *pl*
Bestellliste [bə'ʃtɛllɪstə] *f* list of orders
Bestellmenge [bə'ʃtɛlmɛŋə] *f* ordered quantity
Bestellnummer [bə'ʃtɛlnumər] *f* order number
Bestellschein [bə'ʃtɛlʃaɪn] *m* order form
Bestellung [bə'ʃtɛluŋ] *f 1. (Waren)* order; *2. (auf einen Posten, für eine Aufgabe)* appointment (for specific tasks or posts)
bestens ['bɛstəns] *adv* at best
besteuern [bə'ʃtɔyərn] *v* tax, impose a tax
Besteuerung [bə'ʃtɔyəruŋ] *f* taxation
Besteuerungsgrundlage [bə'ʃtɔyəruŋsgrundla:gə] *f* tax basis
Besteuerungsverfahren [bə'ʃtɔyəruŋsfɛrfa:rən] *n* taxation procedure
bestimmen [bə'ʃtɪmən] *v 1. (festlegen)* determine, decide; *2. (zuweisen)* appoint, assign, appropriate
Bestimmtheitsmaß [bə'ʃtɪmthaɪtsma:s] *n* determination coefficient
Bestimmung [bə'ʃtɪmuŋ] *f 1. (Vorschrift)* provision, decree, regulations *pl; 2. (Zweck)* purpose
Bestimmungsbahnhof [bə'ʃtɪmuŋsba:nho:f] *m* station of destination
Bestimmungskauf [bə'ʃtɪmuŋskauf] *m* sale subject to buyer's specifications
Bestimmungsort [bə'ʃtɪmuŋsɔrt] *m* (place of) destination
Bestleistung ['bɛstlaɪstuŋ] *f* record
bestrafen [bə'ʃtra:fən] *v* punish, penalize
Bestrafung [bə'ʃtra:fuŋ] *f* punishment, penalty
bestreiken [bə'ʃtraɪkən] *v* strike against
Bestseller ['bɛstsɛlər] *m* bestseller
Besuch [bə'zu:x] *m* visit
besuchen [bə'zu:xən] *v (besichtigen)* visit
Besuchserlaubnis [bə'zu:xsɛrlaupnɪs] *f* visitor's pass
Betafaktor ['betafaktɔ:r] *m* beta factor
Betätigung [bə'tɛ:tɪguŋ] *f 1.* operation; *2. (Tätigkeit)* activity
Betätigungsfeld [bə'tɛ:tɪguŋsfɛlt] *n* range of activities, field of activity
beteiligen [bə'taɪlɪgən] *v sich ~* participate, take part, join; *jdn an etw ~* give a person a share, make a person a partner, let s.o. take part
Beteiligte(r) [bə'taɪlɪçtə(r)] *f/m* participant
Beteiligung [bə'taɪlɪguŋ] *f* participation
Beteiligungsdarlehen [bə'taɪlɪguŋsdarle:ən] *n* loan with profit participation
Beteiligungsfinanzierung [bə'taɪlɪguŋsfɪnantsi:ruŋ] *f* equity financing
Beteiligungshandel [bə'taɪlɪguŋshandəl] *m* equity financing transactions *pl*
Beteiligungskonzern [bə'taɪlɪguŋskɔntsɛrn] *m* controlled corporate group
Beteiligungsvermittlung [bə'taɪlɪguŋsfɛrmɪtluŋ] *f* agency of equity financing transactions
Betongold [bə'tɔŋgɔlt] *n* real estate property
Betrag [bə'trak] *m* amount
betragen [bə'tra:gən] *v irr (sich belaufen auf)* amount to, add up to, come to
Betreff [bə'trɛf] *m* subject, subject matter; *in ~ einer Sache* with regard to sth
betreffen [bə'trɛfən] *v irr (angehen)* affect, concern, regard
betreffend [bə'trɛfənt] *prep* regarding, concerning
betreffs [bə'trɛfs] *prep* regarding
betreiben [bə'traɪbən] *v irr 1. (leiten)* operate, manage, run; *2. (ausüben)* do, pursue
Betreiber(in) [bə'traɪbər(ɪn)] *m/f* operator
betreuen [bə'trɔyən] *v 1. (Sachgebiet)* be in charge of; *2. (Kunden)* serve
Betreuung [bə'trɔyuŋ] *f (der Kunden)* service
Betrieb [bə'tri:p] *m 1. (Firma)* business, enterprise, firm, undertaking; *2. (Werk)* factory, works *pl,* plant, operation; *3. etw in ~ nehmen* start using sth, put sth into operation; *außer ~* out of order
betrieblich [bə'tri:plɪç] *adj* operational, operating, internal
betriebliche Altersversorgung [bə'tri:plɪçə 'altərsfɛrzɔrguŋ] *f* employee pension scheme

betriebliche Ausbildung [bə'tri:plıçə 'ausbıldʊŋ] *f* in-house training
betriebliches Informationssystem [bə'tri:plıçəs ınfɔrma'tsjonzsyste:m] *n* organizational information system
betriebliches Rechnungswesen [bə'tri:plıçəs 'rɛçnuŋsve:zən] *n* operational accountancy
betriebliches Vorschlagswesen [bə'tri:plıçəs 'fo:rʃla:ksve:zən] *n* employee suggestion system; company suggestion system
Betriebsabrechnungsbogen (BAB) [bə'tri:psaprɛçnuŋsbogən] *m* overhead allocation sheet
Betriebsanalyse [bə'tri:psanaly:zə] *f* operational analysis
Betriebsänderung [bə'tri:psɛnderuŋ] *f* change in plant operation
Betriebsangehörige(r) [bə'tri:psangəhø:rıgə(r)] *f/m* employee
Betriebsanleitung [bə'tri:psanlaıtuŋ] *f* operating instructions *pl*
Betriebsarzt [bə'tri:psartst] *m* company doctor
Betriebsaufgabe [bə'tri:psaufga:bə] *f* termination of business
Betriebsausflug [bə'tri:psausflu:k] *m* company outing
Betriebsausgaben [bə'tri:psausga:bən] *f/pl* operating expenses *pl*
betriebsbedingte Kündigung [bə'tri:psbədıŋtə 'kyndıguŋ] *f* notice to terminate for operational reasons
betriebsbereit [bə'tri:psbəraıt] *adj* operational, ready for use, operative
betriebsblind [bə'tri:psblınt] *adj* blind to organizational deficiencies, blunted by habit
Betriebsdauer [bə'tri:psdauər] *f* operating period, service life
Betriebsergebnis [bə'tri:psɛrge:pnıs] *n* results from operations *pl*
Betriebserlaubnis [bə'tri:psɛrlaubnıs] *f* operating license
Betriebseröffnung [bə'tri:psɛrœfnuŋ] *f* opening of a business
Betriebsferien [bə'tri:psfɛ:rjən] *f* annual holiday, plant holidays *pl*
Betriebsfest [bə'tri:psfɛst] *n* staff party
Betriebsfonds [bə'tri:psfɔ̃] *m* operating fund
betriebsfremder Aufwand [bə'tri:psfrɛmdər 'aufvant] *m* non-operating expense
betriebsfremder Ertrag [bə'tri:psfrɛmdər ɛr'trak] *m* non-operating revenue
Betriebsführung [bə'tri:psfy:ruŋ] *f* plant management
Betriebsgeheimnis [bə'tri:psgəhaımnıs] *n* trade secret, industrial secret
Betriebsgröße [bə'tri:psgrø:sə] *f* size of the company
betriebsintern [bə'tri:psıntɛrn] *adj* internal; *adv* within the company
Betriebskapital [bə'tri:pskapita:l] *n* working capital
Betriebsklima [bə'tri:pskli:ma] *n* working conditions and human relations *pl*
Betriebskosten [bə'tri:pskɔstən] *pl* operating costs *pl*, working expenses *pl*
Betriebsmittel [bə'tri:psmıtəl] *n/pl* working funds *pl*
Betriebsnachfolge [bə'tri:psna:xfɔlgə] *f* successor company, successor
Betriebsnormen [bə'tri:psnɔrmən] *f/pl* organizational standards *pl*
betriebsnotwendiges Kapital [bə'tri:psnotvɛndıgəs kapı'ta:l] *n* necessary operating capital
betriebsnotwendiges Vermögen [bə'tri:psnotvɛndıgəs 'fɛrmø:gən] *n* necessary business assets *pl*
Betriebsprüfer [bə'tri:pspry:fər] *m* auditor
Betriebsprüfung [bə'tri:pspry:fuŋ] *f* fiscal audit of operating results, investigation by the tax authorities
Betriebsrat [bə'tri:psra:t] *m* works council
Betriebsrentabilität [bə'tri:psrɛntabılıtɛ:t] *f* operational profitability
Betriebsrente [bə'tri:psrɛntə] *f* company pension
Betriebsspaltung [bə'tri:psʃpaltuŋ] *f* split of a unitary enterprise
Betriebsstatistik [bə'tri:psʃtatıstik] *f* operations statistics
Betriebsstilllegung [bə'tri:psʃtılle:guŋ] *f* plant closing
Betriebsstoffe [bə'tri:psʃtɔfə] *m/pl* 1. *(Rechnungswesen)* supplies *pl*; 2. *(Fertigung)* factory supplies *pl*
Betriebssystem [bə'tri:pszyste:m] *n* 1. *(EDV)* operating system; 2. production system
Betriebsunfall [bə'tri:psunfal] *m* industrial accident, accident at work
Betriebsunterbrechungsversicherung [bə'tri:psuntərbrɛçuŋsfɛrsıçəruŋ] *f* business interruption insurance
Betriebsvereinbarung [bə'tri:psfɛraınba:ruŋ] *f* plant agreement

Betriebsverfassungsgesetz (BetrVerfG, BetrVG) [bə'tri:psfɛrfasuŋsgəzɛts] *n* Industrial Constitution Law
Betriebsvergleich [bə'tri:psfɛrglaɪç] *m* external analysis
Betriebsvermögen [bə'tri:psvɛrmø:gən] *n* operating assets *pl*
Betriebsversammlung [bə'tri:psfɛrsamluŋ] *f* employee meeting
Betriebswirt(in) [bə'tri:psvɪrt(ɪn)] *m/f* business economist, management expert
Betriebswirtschaft [bə'tri:psvɪrtʃaft] *f* business economics
Betriebswirtschaftslehre (BWL) [bə'tri:psvɪrtʃaftsle:rə] *f* business management, business administration
Betrug [bə'tru:k] *m* fraud
betrügerischer Bankrott [bə'try:gərɪʃər baŋ'krɔt] *m* fraudulent bankruptcy
beurkunden [bə'u:rkundən] *v (bezeugen)* prove (by documentary evidence); record (in an official document), document
Beurkundung [bə'u:rkunduŋ] *f (Bezeugung)* documentary evidence; recording, certification, documentation
beurlauben [bə'u:rlaubən] *v 1.* grant leave, give leave; *2. (suspendieren)* suspend
Beurlaubung [bə'u:rlaubuŋ] *f* granting of leave
Beurteilung [bə'urtaɪluŋ] *f* assessment, judgement, judgment *(US)*, opinion
Bevölkerung [bə'fœlkəruŋ] *f* population
Bevölkerungsdichte [bə'fœlkəruŋsdɪçtə] *f* density of population
Bevölkerungsschicht [bə'fœlkəruŋsʃɪçt] *f* demographic stratum
bevollmächtigen [bə'fɔlmɛçtɪgən] *v* authorize, empower, give power of attorney
Bevollmächtigte(r) [bə'fɔlmɛçtɪçtə(r)] *f/m* authorized person, person holding power of attorney, proxy (for votes), representative
Bevollmächtigung [bə'fɔlmɛçtɪguŋ] *f* power of attorney, authorization
bevorrechtigte Gläubiger [bə'fo:rrɛçtɪçtə 'glɔybɪgər] *m/pl* preferential creditors *pl*
bewegliche Güter [bə've:glɪçə 'gy:tər] *n/pl* movable goods *pl*
bewegliches Anlagevermögen [bə've:glɪçəs 'anla:gəfɛrmø:gən] *n* non-real-estate fixed assets *pl*
Bewegungsbilanz [bə've:guŋsbɪlants] *f* flow statement
Bewegungsdaten [bə've:guŋsda:tən] *pl* transaction data *pl*
Beweis [bə'vaɪs] *m* proof
Beweismittel [bə'vaɪsmɪtəl] *n* evidence
bewerben [bə'vɛrbən] *v irr sich ~ um* apply for
Bewerber(in) [bə'vɛrbər(ɪn)] *m/f* applicant
Bewerbung [bə'vɛrbuŋ] *f* application
Bewerbungsschreiben [bə'vɛrbuŋsʃraɪbən] *n* letter of application
Bewerbungsunterlagen [bə'vɛrbuŋsuntərla:gən] *f/pl* application documents *pl*
Bewertung [bə'vɛrtuŋ] *f 1.* evaluation, assessment; *2. (Feststellung des Werts)* valuation, appraisal
Bewertung von Unternehmen und Kapitalkosten [bə'vɛrtuŋ fɔn untər'ne:mən unt kapɪ'ta:lkɔstən] *f* valuation of enterprises
bewilligen [bə'vɪlɪgən] *v* permit, grant, agree to
Bewilligung [bə'vɪlɪguŋ] *f* allowance, granting, permission, grant
Bewirtung [bə'vɪrtuŋ] *f* hospitality
Bewirtungskostenbeleg [bə'vɪrtuŋskɔstənbəle:k] *m* hospitality expenses form
bezahlen [bə'tsa:lən] *v* pay, pay for
bezahlt [bə'tsa:lt] *adj* paid; *gut ~* well-paid; *schlecht ~* low-paid
bezahlt Brief (bB) [bə'tsa:lt bri:f] more sellers than buyers, sellers ahead
bezahlt Geld (bG) [bə'tsa:lt gɛlt] more buyers than sellers, buyers ahead
bezahlter Urlaub [bə'tsa:ltər 'urlaup] *m* paid vacation, paid holidays
Bezahlung [bə'tsa:luŋ] *f 1.* payment; *2. (Lohn)* pay
bezeugen [bə'tsɔygən] *v* testify to, bear witness to
beziehen [bə'tsi:ən] *v irr (Gehalt)* receive, draw
Bezieher [bə'tsi:ər] *m* subscriber, buyer
Bezogener [bə'tso:gənər] *m* drawee
Bezug [bə'tsu:k] *m* reference
Bezüge [bə'tsy:gə] *pl* earnings
Bezug nehmend [bə'tsu:k ne:ment] referring to
Bezugsaktien [bə'tsu:ksaktsjən] *f/pl* preemptive shares *pl*
Bezugsangebot [bə'tsu:ksangəbo:t] *n* right issue
Bezugsbedingungen [bə'tsu:ksbədɪŋuŋən] *f/pl* subscription conditions *pl*
Bezugsfrist [bə'tsu:ksfrɪst] *f* subscription period

Bezugskosten [bə'tsu:kskɔstən] *pl* delivery costs *pl*, purchasing costs *pl*
Bezugskurs [bə'tsu:kskurs] *m* subscription price
Bezugsquelle [bə'tsu:kskvɛlə] *f* source of supply
Bezugsrecht [bə'tsu:ksrɛçt] *n* subscription right, stock option, pre-emptive right
Bezugsrechtabschlag [bə'tsu:ksrɛçtapʃla:k] *m* ex-rights markdown
Bezugsrechterklärung [bə'tsu:ksrɛçtɛrklɛ:ruŋ] *f* declaration to exercise the subscription right
Bezugsrechthandel [bə'tsu:ksrɛçthandəl] *m* trading in suscription rights
Bezugsrechtnotierung [bə'tsu:ksrɛçtnoti:ruŋ] *f* subscription price
Bezugsrechtsbewertung [bə'tsu:ksrɛçtsbəvɛrtuŋ] *f* subscription rights evaluation
Bezugsrechtsdisposition [bə'tsu:krɛçtsdɪspɔsɪtsjo:n] *f* subscription rights disposition
Bezugsrechtskurs [bə'tsu:krɛçtskurs] *m* subscription price
Bezugsrechtsparität [bə'tsu:ksrɛçtspari:tɛ:t] *f* subscription rights parity
Bezugsschein [bə'tsu:ksʃaɪn] *m* purchasing permit, subscription warrant
Bezugstag [bə'tsu:ksta:k] *m* subscription day
bezuschussen [bə'tsu:ʃusən] *v* subsidize
Bezuschussung [bə'tsu:ʃusuŋ] *f* subsidy
Bietungsgarantie ['bi:tuŋsgaranti:] tender guarantee
Bilanz [bi'lants] *f* balance-sheet, financial statement, balance
Bilanzanalyse [bi'lantsanaly:zə] *f* balance analysis
Bilanzänderung [bi'lantsɛndəruŋ] *f* alteration of a balance sheet
Bilanzberichtigung [bi'lantsbərɪçtɪguŋ] *f* correction of a balance sheet
Bilanzbewertung [bi'lantsbəvɛrtuŋ] *f* balance sheet valuation
Bilanzfälschung [bi'lantsfɛlʃuŋ] *f* falsification of the balance sheet
Bilanzgewinn [bi'lantsgəvɪn] *m* net profit for the year
Bilanzgleichung [bi'lantsglaɪçuŋ] *f* balance sheet equation
Bilanzgliederung [bi'lantsgli:dəruŋ] *f* format of the balance sheet
Bilanzidentität [bi'lantsi:dɛntɪtɛ:t] *f* balance sheet continuity
bilanzieren [bilan'tsi:rən] *v* balance (accounts)
Bilanzierung [bi'lantsi:ruŋ] *f* procedure to draw up a balance sheet
Bilanzierungsgrundsätze [bilan'tsi:ruŋsgrundsɛtsə] *m/pl* accounting principles *pl*
Bilanzierungsvorschriften [bilan'tsi:ruŋsfɔrʃrɪftən] *f/pl* accounting regulations *pl*
Bilanzklarheit [bi'lantsklarhaɪt] *f* balance transparency, accounting transparency
Bilanzkontinuität [bi'lantskɔntinuitɛ:t] *f* balance sheet continuity
Bilanzkonto [bi'lantskɔnto] *n* balance sheet account
Bilanzkritik [bi'lantskrɪti:k] *f* balance sheet analysis
Bilanzkurs [bi'lantskurs] *m* book value, balance sheet rate
Bilanzpolitik [bi'lantspoliti:k] *f* accounting policy
bilanzpolitische Instrumente [bi'lantspɔlɪtɪʃə ɪnstru'mɛntə] *n/pl* instruments of balance sheet policy *pl*
Bilanzpositionen [bi'lantspɔsɪtsjo:nən] *f/pl* balance-sheet items *pl*
Bilanzprüfung [bi'lantspry:fuŋ] *f* balance sheet audit
Bilanzrichtliniengesetz [bi'lantsrɪçtlɪ:njəngəsɛts] *n* Accounting and Reporting Law
Bilanzstatistik [bi'lantsʃtatɪstɪk] *f* balance sheet statistics
Bilanzstichtag [bi'lantsʃtiçta:k] *m* date of the balance
Bilanzstruktur [bi'lantsʃtruktu:r] *f* structure of the balance sheet
Bilanzsumme [bi'lantssumə] *f* balance sheet total
Bilanzverlängerung [bi'lantsfɛrlɛŋəruŋ] *f* increase in total assets and liabilities
Bilanzverlust [bi'lantsfɛrlust] *m* net loss
Bilanzverschleierung [bi'lantsfɛrʃlaɪəruŋ] *f* doctoring a balance sheet
Bilanzwert [bi'lantsvɛrt] *m* balance sheet value
bilateral ['bilatəra:l] *adj* bilateral
Bildschirm ['bɪltʃɪrm] *m* screen
Bildschirmarbeit ['bɪltʃɪrmarbaɪt] *f* work at a computer terminal
Bildschirmarbeitsplatz ['bɪltʃɪrmarbaɪtsplats] *m* job working at a computer, screen job
Bildschirmtext ['bɪltʃɪrmtɛkst] *m* viewdata
Bildtelefon ['bɪlttelefo:n] *n* videophone, picturephone

Bildungspolitik ['bɪlduŋspoliti:k] *f* educational policy
Bildungsurlaub ['bɪlduŋsu:rlaup] *m* sabbatical, paid educational leave
billig ['bɪlɪç] *adj (preiswert)* cheap, inexpensive
Billigflaggen ['bɪlɪçflagən] *f/pl* flags of convenience *pl*
billigst [bɪlɪçst] *adv* at best price, at lowest price
Billigware ['bɪlɪçva:rə] *f* marked-down product
binär [bi'nɛ:r] *adj* binary
Binärzahl [bi'nɛ:rtsa:l] *f* binary number
Binnenhandel ['bɪnənhandəl] *m* domestic trade, inland trade
Binnenmarkt ['bɪnənmarkt] *m* common market, domestic market, home market
Binnenwirtschaft ['bɪnənvɪrtʃaft] *f* domestic trade and payments
Binnenzoll ['bɪnəntsɔl] *m* internal customs duty, internal tariff
Bit [bɪt] *n* bit
B-Länder ['be: lændər] *n/pl* B countries *pl*
Black List [blæk 'lɪst] *f* black list
Black-Box-Modell ['blækboksmodɛl] *n* black box model
Blankett ['blaŋkɛt] *n* blank form
blanko ['blaŋko] *adj* blank
Blanko-Akzept ['blaŋkoaktsept] *n* acceptance in blank
Blankoformular ['blaŋkofɔrmula:r] *n* blank form
Blanko-Indossament ['blaŋkoɪndɔsamɛnt] *n* blank indorsement
Blankokredit ['blaŋkokredi:t] *m* unsecured credit, open credit
Blankoregister ['blaŋkoregɪstər] *n* blank index, plain index
Blankoscheck ['blaŋkoʃɛk] *m* blank cheque, blank check *(US)*
Blanko-Unterschrift ['blaŋkountərʃrɪft] *f* blank signature
Blankoverkauf ['blaŋkofɛrkauf] *m* short sale
Blankovollmacht ['blaŋkofɔlmaxt] *f* carte blanche, full power (of attorney)
Blankowechsel ['blaŋkoveksəl] *m* blank bill
Blankozession ['blaŋkotsesjo:n] *f* transfer in blank
Blitzgiro ['blitsʒi:ro:] *n* direct telex transfer system
Blockdiagramm ['blokdɪagram] *n* bar chart
Blockfloating ['blokfləutɪŋ] *n* block floating
Blockverkauf ['blokfɛrkauf] *m* block sale
Blue Chips ['blu:tʃɪps] *pl* blue chips *pl*
Bodenkredit ['bo:dənkredi:t] *m* loan on landed property
Bodenkreditinstitut ['bo:dənkredi:tɪnstɪtu:t] *n* mortgage bank
Bodenpreis ['bo:dənpraɪs] *m* land price
Bodenreform ['bo:dənrəfɔrm] *f* land reform
Bodensatz ['bo:dənsats] *m* deposit base, undeclared securities *pl*
Bon [bɔŋ] *m* cash register slip, voucher
Bond [bɔnt] *m* bond
Bond-Option ['bɔntɔptsjo:n] *f* bond option
Bonifikation [boni:fika'tsjo:n] *f* bonus
Bonität [bo:ni'tɛ:t] *f* solvency, credit standing, credit worthiness, financial standing
Bonitätsprüfung [bo:ni'tɛ:tspry:fuŋ] *f* credit check
Bonitätsrisiko [bo:ni'tɛ:tsri:si:ko] *n* credit solvency risk
Bonus ['bo:nus] *m* bonus, extra dividend
Boom [bu:m] *m* boom
Börse ['bœrzə] *f* stock exchange, market
Börsenabteilung ['bœrzənaptaɪluŋ] *f* exchange department
Börsenaufsicht ['bœrzənaufsɪçt] *f* stock exchange supervision
Börsenauftrag ['bœrzənauftrak] *m* stock exchange order
Börsenaushang ['bœrzənaushaŋ] *m* stock market notice board
Börsenauskunft ['bœrzənauskunft] *f* stock market information
Börsenausschuss ['bœrzənausʃus] *m* stock committee
Börsenbehörde ['bœrzənbəhœ:rdə] *f* stock exchange authority
Börsenbericht ['bœrzənbərɪçt] *m* stock exchange news, stock exchange report
börsengängige Wertpapiere ['bœrzəngɛŋɪgə 'vɛrtpapi:rə] *n/pl* quoted securities *pl*
Börsengeschäfte ['bœrzəngəʃɛftə] *n/pl* stock market transactions *pl*, stock exchange operations *pl*
Börsengesetz ['bœrzəngəzets] *n* Stock Exchange Act, German Stock Exchange Law
Börsenhandel ['bœrzənhandəl] *m* stock market trading, stock market transactions *pl*, stock market dealing
Börsenindex ['bœrzənɪndɛks] *m* stock exchange index
Börsenkrach ['bœrzənkrax] *m* stock market crash

Börsenkurs ['bœrzənkurs] *m* market price, market rate, stock exchange price, quotation on the stock exchange
Börsenkurszusätze ['bœrzənkurstsu:sɛtsə] *m/pl* stock exchange price additions *pl*
Börsenmakler ['bœrzənma:klər] *m* stockbroker, exchange broker
Börsennotierung ['bœrzənnoti:ruŋ] *f* market exchange quotation
Börsenordnung ['bœrzənɔrdnuŋ] *f* stock exchange regulations *pl*
Börsenorganisation ['bœrzənɔrganɪsatsjo:n] *f* stock exchange organization
Börsenpapier ['bœrzənpapi:r] *n* listed security, stocks and shares *pl*
Börsenplatz ['bœrzənplats] *m* stock exchange centre
Börsenpreis ['bœrzənpraɪs] *m* exchange price
Börsenrecht ['bœrzənrɛçt] *n* stock exchange rules *pl*
Börsenreform ['bœrzənrəfɔrm] *f* reorganization of the stock exchange
Börsenschluss ['bœrzənʃlus] *m* closing of the exchange
Börsensegmente ['bœrzənsɛgmɛntə] *n/pl* sectors of the stock exchange *pl*
Börsenspekulant ['bœrzənʃpekulant] *m* speculator on the stock market
Börsentage ['bœrzənta:gə] *m/f* market days *pl*, trading days *pl*
Börsentendenz ['bœrzəntɛndɛnts] *f* stock market trend
Börsentermingeschäfte ['bœrzəntɛrmi:ngəʃɛftə] *n/pl* trading in futures on a stock exchange, futures dealings *pl*
Börsenumsätze ['bœrzənumsɛtsə] *m/pl* stock exchange turnover
Börsenumsatzsteuer ['bœrzənumsatsʃtɔyər] *f* stock exchange turnover tax
Börsenusancen ['bœrzənusuɑ̃zən] *f/pl* stock exchange customs *pl*
Börsenzeit ['bœrzəntsaɪt] *f* official trading hours
Börsenzulassung ['bœrzəntsu:lasuŋ] *f* admission to the stock exchange
Bottom-Up-Prinzip ['bɔtəmʌpprɪntsi:p] *n* bottom-up principle
Boykott [bɔy'kɔt] *n* boycott
boykottieren [bɔykɔ'ti:rən] *v* boycott
Brainstorming ['bre:nsto:mɪŋ] *n* brainstorming
Branche ['brɑ̃ʃə] *f* branch, line of business, business, industry, industrial segment
Branchenanalyse ['brɑ̃ʃənanaly:zə] *f* trade analysis
Branchenbeobachtung ['brɑ̃ʃənbəo:baxtuŋ] *f* industry survey and appraisal
Branchenerfahrung ['brɑ̃ʃənɛrfa:ruŋ] *f* experience in the field
Branchenkenntnis ['brɑ̃ʃənkɛntnɪs] *f* knowledge of the field
Branchenkennziffer ['brɑ̃ʃənkɛntsɪfər] *f* industry ratio
Branchensoftware ['brɑ̃ʃənsɔftvɛ:r] *f* industry software
Branchenstatistik ['brɑ̃ʃənʃtatɪstɪk] *f* industry statistics
Branchenstruktur ['brɑ̃sənʃtruktu:r] *f* trade structure
Branchenvergleich ['brɑ̃ʃənfɛrglaɪç] *m* trade comparison
Branchenverzeichnis ['brɑ̃ʃənfɛrtsaɪçnɪs] *n* classified directory, yellow pages *pl*
Brand-Image ['brɛndimɛdʃ] *n* brand image
Brandmarketing ['brɛndmarkətiŋ] *n* brand marketing
Brandversicherung ['brantfɛrsɪçəruŋ] *f* fire insurance
Brauchwasser ['brauxvasər] *n* water for industrial use, water that is not for drinking
Brauindustrie ['brauindustri:] *f* brewing industry
Break-Even-Analyse [breɪk'i:vən analy:zə] *f* break-even analysis
Break-Even-Point [breɪk'i:vən pɔɪnt] *m* break-even point
Brief ['bri:f] *m* letter
Brief verlost (BV) ['bri:f fɛrlo:zt] *adj* ask drawn by lot
Briefbogen ['bri:fbo:gən] *m* sheet of stationery
Briefgrundschuld ['bri:fgrundʃult] *f* certificated land charge
Briefhypothek ['bri:fhypote:k] *f* certificated mortgage
Briefing ['bri:fɪŋ] *n* briefing
Briefkasten ['bri:fkastən] *m* letter-box
Briefkastenfirma ['bri:fkastənfɪrma] *f* dummy corporation, bogus company
Briefkopf ['bri:fkɔpf] *m* letterhead
Briefkurs ['bri:fkurs] *m* selling price
Briefmarke ['bri:fmarkə] *f* stamp
Briefqualität ['bri:fkvalitɛ:t] *f* letter-quality print
Briefträger ['bri:ftrɛ:gər] *m* postman
Briefumschlag ['bri:fumʃla:k] *m* envelope

Briefwechsel ['bri:fvɛksəl] *m* correspondence, exchange of letters
Bringschuld ['brɪŋʃult] *f* debt by speciality
Broker ['bro:kər] *m* broker
Broschüre [bro'ʃyrə] *f* brochure
Broterwerb ['bro:tɛrvɛrp] *m* (earning one's) living, (earning one's) livelihood
brotlos ['bro:tlo:s] *adj (fig: nicht einträglich)* unprofitable
Bruch [brux] *m 1. (Vertragsbruch)* breach of contract, *2. (Mathematik)* fraction
Bruchschaden ['bruxʃa:dən] *m* breakage
Bruchteil ['bruxtaɪl] *m* fraction
Bruchteilseigentum ['bruxtaɪlsaɪgəntu:m] *n* ownership in fractional shares
Bruchteilseigentümer ['bruxtaɪlsaɪgənty:mər] *m* co-owner
brutto ['bruto] *adj* gross
Bruttodividende ['brutodividɛndə] *f* gross dividend
Brutto-Einkommen ['brutoaɪnkɔmən] *n* gross income
Brutto-Einnahme ['brutoaɪnna:mə] *f* gross earnings *pl*
Brutto-Ertrag ['brutoɛrtra:k] *m* gross proceeds *pl*, gross return
Bruttogewicht ['brutogəvɪçt] *n* gross weight
Bruttogewinn ['brutogəvɪn] *m* gross profit, gross profits *pl*
Bruttoinlandsprodukt [bruto'ɪnlantsprodukt] *n* gross domestic product
Bruttolohn ['brutolo:n] *m* gross salary, gross pay, gross wage
Bruttopreis ['brutopraɪs] *m* gross price
Bruttoregistertonne ['brutoregistərtonə] *f* gross register(ed) ton
Bruttosozialprodukt [brutozo'tsja:lprodukt] *n* gross national product
Bruttoverdienst ['brutofɛrdi:nst] *m* gross earnings *pl*
Bruttowährungsreserve ['brutovɛruŋsrəsɛrvə] *f* gross monetary reserve
Buchbestände ['bu:xbəʃtɛndə] *m/pl* book value
Bücher ['by:çər] *n/pl (in der Buchhaltung)* books and records (in accounts departments) *pl*
Buchforderung ['bu:xfɔrdəruŋ] *f* account receivable
Buch führen ['bu:x fy:rən] *v* keep accounts
Buchführung ['bu:xfy:ruŋ] *f* bookkeeping, accounting
Buchführungspflicht ['bu:xfy:ruŋspflɪçt] *f* duty to keep books of account
Buchführungsrichtlinien ['bu:xfy:ruŋsrɪçtli:niən] *f/pl* accounting rules *pl*
Buchgeld ['bu:xgɛlt] *n* deposit money, money in account
Buchgeldschöpfungsmultiplikator ['bu:xgɛltʃœpfuŋsmulti:plɪkatɔr] *m* deposit money creation multiplier
Buchgewinn ['bu:xgəvɪn] *m* book profit
Buchgrundschuld ['bu:xgruntʃult] *f* uncertificated land charge
Buchhalter(in) ['bu:xhaltər(ɪn)] *m/f* bookkeeper
Buchhaltung ['bu:xhaltuŋ] *f* accounting
Buchhypothek ['bu:xhy:pote:k] *f* uncertificated mortgage
Buchkredit ['bu:xkredi:t] *m* book credit
Buchprüfung ['bu:xpry:fuŋ] *f* audit, auditing
Buchschuld ['bu:xʃult] *f* book debt
Buchung ['bu:xuŋ] *f* entry
Buchungsbeleg ['bu:xuŋsbəle:k] *m* accounting voucher
Buchungsfehler ['bu:xuŋsfe:lər] *m* bookkeeping error
Buchungssatz ['bu:xuŋszats] *m* entry formula
Buchwert ['bu:xvert] *m* book value, accounting value
Buchwertabschreibung ['bu:xvɛrtapʃraɪbuŋ] *f* declining balance depreciation
Budget [by'dʒe:] *n* budget
Budgetausgleich [by'dʒe:ausglaɪç] *m* balancing of the budget
Budgetierung [by'dʒe:ti:ruŋ] *f* budgeting, drawing up of a budget
Budgetkontrolle [by'dʒe:kɔntrɔlə] *f* budget control
Bullion ['bʊljən] *m* bullion
Bullionbroker ['bʊljənbrəʊkə] *m* bullion broker
Bundesagentur für Arbeit (BA) ['bundəsagəntu:ɐ fy:r 'arbaɪt] *f* Federal Labor Office
Bundes-Angestellten-Tarifvertrag (BAT) [bundəs'angəʃtɛltəntari:ffɛrtra:k] *m* Federal Collective Agreement for Public Employees
Bundesanleihe ['bundəsanlaɪhə] *f* federal loan
Bundesanleihekonsortium ['bundəsanlaɪhəkɔnsɔrtsɪjum] *n* federal loan syndicate
Bundesanleihen ['bundəsanlaɪhən] *f/pl* federal loan
Bundesanzeiger ['bundəsantsaɪgər] *m* Federal Official Gazette

Bundesarbeitsgericht [bundəs'arbaɪtsgəɾɪçt] *n* Federal Labor Court
Bundesaufsichtsamt [bundəs'aufsɪçtsamt] *n* Federal Supervisory Office
Bundesbank ['bundəsbaŋk] *f* Bundesbank, German Federal Bank
bundesbankfähige Wertpapiere ['bundəsbaŋkfɛ:ɪgə 'vɛrtpapi:rə] *n/pl* bills rediscountable at the Federal Bank *pl*
Bundesbankgewinn ['bundəsbaŋkgəvɪn] *m* Bundesbank profit
Bundesbankguthaben ['bundəsbaŋkgu:thabən] *n* Federal Bank assets *pl*
Bundesbürgschaft ['bundəsbyrgʃaft] *f* Federal guarantee
Bundesfinanzbehörden [bundəsfi'nantsbəhœ:rdən] *f/pl* federal revenue authorities *pl*
Bundesfinanzhof (BFH) [bundəsfi'nantsho:f] *m* Federal Fiscal Court
Bundesgericht ['bundəsgərɪçt] *n* Federal Court
Bundesgerichtshof (BGH) [bundəsgə'rɪçtsho:f] *m* Federal Supreme Court
Bundesgesetzblatt (BGBl) [bundəsgə'zɛtsblat] *n* Official Federal Gazette
Bundeshaushalt ['bundəshaushalt] *m* federal budget
Bundeskartellamt [bundəskar'tɛlamt] *n* Federal Cartel Authority
Bundesobligation ['bundəsopligatsjo:n] *f* Federal bonds *pl*
Bundesrechnungshof [bundəs'rɛçnuŋsho:f] *m* Federal Audit Office
Bundesschatzbrief [bundəs'ʃatsbri:f] *m* federal treasury bill
Bundesschuldbuch [bundəs'ʃultbux] *n* Federal Debt Register
Bundessozialgericht [bundəsso'tsja:lgərɪçt] *n* Federal Court for Social Security and Related Matters
Bundessteuer ['bundəsʃtɔyər] *f* federal tax
Bundesverfassungsgericht (BVerfG) [bundəsfɛr'fasuŋsgərɪçt] *n* Federal Constitutional Court
Bundesverwaltungsgericht (BVerwG) [bundəsfɛr'valtuŋsgərɪçt] *n* Federal Administrative Court
Bürge ['by:rgə] *m* guarantor
bürgen ['byrgən] *v* guarantee, vouch for; *jdm für etw ~* to be answerable to s.o. for sth
bürgerlicher Kauf ['byrgərlɪçər kauf] *m* private purchase
Bürgschaft ['by:rgʃaft] *f* guarantee
Bürgschaftskredit ['by:rgʃaftskredi:t] *m* credit by way of bank guarantee
Bürgschaftsplafond ['by:rgʃaftsplafɔ̃] *f* guarantee limit
Büro [by'ro:] *n* office
Büroangestellte(r) [by'ro:angəʃtɛltə(r)] *f/m* office clerk, white collar worker *(US)*, office employee
Büroarbeit [by'ro:arbaɪt] *f* office work, clerical work
Büroautomation [by'ro:automatsjo:n] *f* office automation
Bürobedarf [by'ro:bədarf] *m* office supplies *pl*
Büroflächen [by'ro:flæçən] *f/pl* office spaces *pl*, office premises *pl*
Bürohaus [by'ro:haus] *n* office building
Bürokaufmann/ [by'ro:kaufman] *m* office administrator
Bürokommunikation [by'ro:kɔmunikatsjo:n] *f* office communication
Bürokrat [byro'kra:t] *m* bureaucrat
Bürokratie [byrokra'ti:] *f* bureaucracy
bürokratisch [byro'kra:tɪʃ] *adj* bureaucratic
Bürokratisierung [byrokrati'zi:ruŋ] *f* bureaucratization
Büromaschine [by'ro:maʃi:nə] *f* office appliance, office machine
Büromaterial [by'ro:materja:l] *n* office supplies *pl*
Büromöbel [by'ro:mø:bəl] *pl* office furniture
Büroraum [by'ro:raum] *m* office
Büroschluss [by'ro:ʃlus] *m* closing time
Bürozeit [by'ro:tsaɪt] *f* office hours
Bußgeld ['bu:sgɛlt] n *n* penalty
Bußgeldbescheid ['bu:sgɛltbəʃaɪt] *m* notification of a fine
Business-to-Business (B2B) ['biznis tu: 'biznis] *(Abwicklung von Geschäftsvorgängen zwischen Unternehmen)* business-to-business, B2B
Business-to-Costumer (B2C) ['biznis tu: 'kʌstəmər] *(Abwicklung von Geschäftsvorgängen zwischen Unternehmen und Endkunden)* business-to-customer, B2C
Busunternehmen ['busuntərne:mən] *n* bus company
Buying-Center ['baiiŋsentə] *n* buying center
Byte [baɪt] *n* byte

C

CAD [siːeɪ'diː] *n* computer aided design
Call [kɔːl] *m* call, option to buy
Call-by-Call ['koːl-baɪ-'koːl] *n* internet by call
Call Center ['kɔːlsentə] *n* call center
Call-Geld ['kɔːlgɛlt] *n* call money
Call-Geschäft ['kɔːlgəʃɛft] *n* call transaction
Camcorder ['kɛmkɔːdə] *m* camcorder
Cap [kæp] *n* cap
Capital flow ['kæpɪtəl fləʊ] *m* capital flow
Capped Warrants ['kæpt 'wɔrəntz] *pl* capped warrants *pl*
Cash & Carry (c & c) ['kæʃændkerɪ] cash and carry (c & c)
Cash Flow ['kæʃfləʊ] *m* cash flow
Cash-and-carry-Klausel ['kæʃændkerɪklausəl] *f* cash-and-carry clause
Cash on delivery (c. o. d.) [kæʃɔndə'lɪvəriː] cash on delivery (c. o. d.)
CD [tseː'deː] *f* Compact Disc, CD
CD-ROM [tseːdeː'rɔm] *f* CD-ROM
CD-Ständer [tseː'deːʃtɛndər] *m* CD rack
Chance ['ʃɑ̃sə] *f* chance, opportunity
Chancengleichheit ['ʃɑ̃sənglaɪçhaɪt] *f* equal opportunity
chancenlos ['ʃɑ̃sənloːs] *adj (Vorhaben, Plan)* bound to fail
Change-Agent ['tʃaɪŋʃaɪdʒənt] *m* change agent
Chargenproduktion ['ʃaːrʒənproduktsjoːn] *f* batch production
Chartanalyse ['tʃaːrtanalyːzə] *f* chart analysis
Charter ['tʃaːrtər] *m* charter
Charterflug ['tʃartərfluːk] *m* charter flight
Charterflugzeug ['tʃartərfluːktsɔyk] *n* charter plane, chartered aircraft
Chartergeschäft ['tʃartərgəʃɛft] *n 1. (Gewerbe)* charter trade; *2. (Geschäftsabschluss)* charter transaction
Chartergesellschaft ['tʃartərgəzɛlʃaft] *f* charter carrier, charter airline
Chartermaschine ['tʃartərmaʃiːnə] *f* chartered aircraft
chartern ['tʃartərn] *v* charter
Chat [tʃɛt] *m* chat
chatten ['tʃɛtən] *v* chat
Chauffeur [ʃɔ'føːr] *m* chauffeur, driver
checken ['tʃɛkən] *v* test, check
Checkliste ['tʃɛklɪstə] *f* checklist
Chef(in) ['ʃɛf(ɪn)] *m/f* head, boss *(fam)*
Chefetage ['ʃɛfetaːʒə] *f* executive floor
Chefingenieur(in) ['ʃɛfɪnʒɛnjøːr(ɪn)] *m/f* chief engineer
Chefredakteur(in) ['ʃɛfredaktøːr(ɪn)] *m/f* editor-in-chief
Chefsekretärin ['ʃɛfzekretɛːrɪn] *f* executive secretary
Chefunterhändler(in) ['ʃɛfuntərhɛntlər(ɪn)] *m/f* chief negotiator
Chefzimmer ['ʃɛftsɪmər] *n* executive's office
Chemiearbeiter(in) [çe'miːarbaɪtər(ɪn)] *m/f* worker in the chemical industry
Chemiefaser [çe'miːfaːzər] *f* chemical fibre, man-made fibre
Chemieindustrie [çe'miːindustriː] *f* chemical industry
Chemieunternehmen [çe'miːuntərneːmən] *n* chemicals company
Chemikalie [çemɪ'kaːljə] *f* chemical
Chemiker(in) ['çeːmɪkər(ɪn)] *m/f* chemist
Chiffre ['ʃɪfrə] *f* cipher
chiffrieren [ʃɪ'friːrən] *v* encode, encipher
Chip [tʃɪp] *m* chip
Chipkarte ['tʃɪpkartə] *f* chip card
Clearing ['klɪrɪŋ] *n* clearing
Clearinghouse ['klɪrɪŋhaʊs] *n (Computer)* clearing house
Clearingverkehr ['klɪrɪŋfɛrkeːr] *m* clearing
Cliquenwirtschaft ['klɪkənvɪrtʃaft] *f* cliquism
Closed-Shop-Prinzip ['kləʊzdʃɔpprɪntsiːp] *n* closed shop principle
Cluster ['klastər] *m* cluster
Code [koːd] *m* code
Codeschlüssel ['kəʊdʃlʏsəl] *m* (de)cipher key
codieren ['kodiːrən] *v* code
Commercial Paper [kɔ'mərʃəl peɪpə] *n* commercial paper
Commodites [kɔ'mɔdɪtiːz] *pl* commodities *pl*
Commodity futures [kɔ'mɔdɪtɪ 'fjuːtʃəz] *pl* commodity futures *pl*
Computer [kɔm'pjuːtər] *m* computer

Computer Aided Design (CAD) [kɔm'pju:tər 'eɪdəd di'zaɪn] *n* computer-aided design (CAD)
Computer Aided Engineering (CAE) [kɔm'pju:tər 'eɪdəd enʒi'ni:rɪŋ] *n* computer aided engineering (CAE)
Computer Aided Manufacturing (CAM) [kɔm'pju:tər 'eɪdəd menju'fɛktʃəriŋ] *n* computer aided manufacturing (CAM)
Computer Aided Quality Assurance (CAQ) [kɔm'pju:tər 'eɪdəd 'kwɔlɪti ə'ʃu-rənts] *f* computer aided quality assurance (CAQ)
Computer Aided Selling (CAS) [kɔm-'pju:tər 'eɪdəd 'sɛliŋ] *n* computer aided selling (CAS)
Computer Assisted Instruction (CAI) [kɔm'pju:tər ɛ'sɪstəd in'straktʃən] *f* computer assisted instruction (CAI)
Computer Integrated Manufacturing (CIM) [kɔm'pju:tər 'ɪntəgreitəd menju-'fɛktʃərɪŋ] *n* computer integrated manufacturing (CIM)
Computeranimation [kom'pju:tərani-matsjo:n] *f* computer animation
Computerarbeitsplatz [kom'pju:tərar-baɪtsplats] *m* (computer) workplace, work station
Computereinsatz [kɔm'pju:tərainzats] *m* use of computers
Computeretiketten [kom'pju:təretikɛtən] *f/pl* computer labels *pl*
Computerfachmann [kom'pju:tərfaxman] *m* computer expert
Computerfirma [kom'pju:tərfirma] *f* computer company
computergerecht [kom'pju:tərgərɛçt] *adj* compatible for computer, computer-compatible
computergesteuert [kom'pju:tərgəʃtɔy-ərt] *adj* computer-controlled
computergestützt [kom'pju:tərgəʃtytst] *adj* computer-aided
computergestütztes Informationssystem (CIS) [kɔm'pju:tərgəʃtytstəs ɪnfɔr-ma'tsjo:nszyste:m] *n* computer-aided information system (CIS)
computergestütztes Lernen [kom'pju:-tərgəʃtʏtstəs lɛrnən] computer based training (CBT)
Computergrafik [kom'pju:tərgra:fɪk] *f* computer graphics *pl*
Computerindustrie [kom'pju:tərɪndus-tri:] *f* computer industry
computerisieren [kompju:təri'zi:rən] *v* computerize
Computerkriminalität [kɔm'pju:tərkrɪmɪ-na:lɪtɛ:t] *f* computer criminality
computerlesbar [kom'pju:tərle:zba:r] *adj* machine-readable, readable by computer
Computermöbel [kom'pju:tərmø:bəl] *pl* computer furniture
Computerprogramm [kɔm'pju:tərprɔ-gram] *n* computer program
computerunterstützt [kom'pju:təruntər-ʃtʏtst] *adj* computer-aided, computer-controlled
Computerverbundsystem [kɔm'pju:tər-fɛrbuntzyste:m] *n* computer network
Computervirus [kom'pju:tərvi:rus] *n* computer virus
Conférence [kõfe'rã:s] *f* presentation
Conference-Call ['kɔnfərənsko:l] *m* conference call
Container [kɔn'teɪnər] *m* container
Containerbahnhof [kɔn'teɪnərba:nho:f] *m* container depot
Containerfracht [kɔn'teɪnərfraxt] *f* containerized fright
Containerhafen [kɔn'teɪnərha:fən] *m* container terminal
Containersendung [kɔn'teɪnərzɛndʊŋ] *f* container shipment
Controlling ['kɔntrəʊliŋ] *n* controlling *(US)*, controllership
Convenience goods [kɔn'vi:nɪəns gu:dz] *pl* convenience goods *pl*
Cookie ['kuki:] *m* cookie
Copyright ['kɔpɪraɪt] *n* copyright
Copy-Test ['kɔpɪtest] *m* copy test
Corporate Design ['kɔ:pərɪt dɪ'zaɪn] *n* corporate design
Corporate Identity (CI) ['kɔ:pərɪt aɪ'denti-ti:] *f* corporate identity (CI)
Cost Center [kɔst 'sentə] *n* cost center
Cote [kəut] *f* share list
Counterparts ['kauntərparts] *m/pl* counterpart funds *pl*
Coupon [ku'pɔ̃n] *m* coupon
Courtage [kur'ta:ʒə] *f* brokerage
Cracker ['krɛkər] *m* cracker, hacker
Crashkurs ['krɛʃkurs] *m* crash course
Crawling peg ['krɔ:lɪŋ pɛg] *n* crawling peg
Currency future ['kʌrənsɪ fju:tʃə] currency future
Cursor ['kø:rsər] *m* cursor
Cutter ['katər] *m* editor
Cyberspace ['saɪbəspeɪs] *m* cyberspace

D

Dachfonds ['daxfɔ̃] *m* pyramiding fund, holding fund
Dachgesellschaft ['daxgəzɛlʃaft] *f* holding company, parent company
Dachorganisation ['daxɔrganizatsjo:n] *f* roof organization
Dachverband ['daxfɛrbant] *m* umbrella organization
Damnum ['damnum] *n* loss, loan discount
Dankschreiben ['daŋkʃraɪbən] *n* letter of thanks
Darbietung ['da:rbi:tuŋ] *f* presentation
Darlehen ['da:rle:ən] *n* loan
Darlehensbank ['da:rle:ənsbaŋk] *f* loan bank
Darlehensbedingungen ['da:rle:ənsbədɪŋuŋən] *f/pl* terms of the loan *pl*
Darlehensfinanzierung ['da:rle:ənsfinantsi:ruŋ] *f* loan financing
Darlehensgeber(in) ['da:rle:ənsge:bər(ɪn)] *m/f* lender
Darlehenshypothek ['da:rle:ənshy:po:te:k] *f* mortgage as security for a loan
Darlehensnehmer(in) ['da:rle:ənsne:mər(ɪn)] *m/f* borrower
Darlehensschuld ['da:rle:ənsʃult] *f* loan debt
Darlehenszinsen ['da:rle:ənstsɪnzən] *m/pl* interest on loans
Datei [da'taɪ] *f* file
Dateienpflege [da'taɪənpfle:gə] *f* maintenance of a database
Dateimanager [da'taɪmɛnɪdʒr] *m (Computer)* file manager
Dateiverwaltung ['da:taɪfɛrvaltuŋ] *f* file management
Dateiverzeichnis ['da:taɪfɛrtsaɪçnɪs] *n* (file) directory
Daten ['da:tən] *pl* data *pl*, facts and figures *pl*
Datenanalyse ['da:tənanaly:zə] *f* data analysis
Datenaufbereitung ['da:tənaufbəraɪtuŋ] *f* data preparation
Datenautobahn ['da:tənautoba:n] *f* information highway
Datenbank ['da:tənbaŋk] *f* data bank
Datenbankabfrage ['da:tənbaŋkapfra:gə] *f* data base access
Datenbanksystem ['da:tənbaŋkzystem] *n* data base system
Datenbestand ['da:tənbəʃtant] *m* database
Datenerfassung ['da:tənɛrfasuŋ] *f* data collection, data acquisition, data logging
Datenerhebung ['da:tənɛrhe:buŋ] *f* data collection
Datenfernübertragung [da:tən'fɛrny:bərtra:guŋ] *f* data transmission
Datenintegration ['da:tənɪntegra:tsjo:n] *f* data integration
Datenmissbrauch ['da:tənmɪsbraux] *m* data abuse
Datennetz ['da:tənnɛts] *n* data network
Datenpflege ['da:tənpfle:gə] *f* data management
Datenschutz ['da:tənʃuts] *m* data protection
Datenschutzbeauftragte(r) ['da:tənʃutsbəauftra:ktə(r)] *f/m* data protection registrar, data protection commissioner *(US)*
Datenschutzgesetz ['da:tənʃutsgəsɛts] *n* Data Protection Act
Datensicherheit ['da:tənzɪçərhaɪt] *f* data security, data access security
Datensicherung ['da:tənzɪçəruŋ] *f* data security
Datensteuerung ['da:tənʃtɔyəruŋ] *f* computer control
Datentausch ['da:təntauʃ] *m* data interchange
Datenträger ['da:təntrɛ:gər] *m* data medium, data carrier
Datentypistin ['da:tənty:pɪstɪn] *f* terminal operator
Datenübertragung ['da:təny:bərtra:guŋ] *f* data transmission
Datenverarbeitung ['da:tənfɛrarbaɪtuŋ] *f* data processing
Datenzentrale ['da:təntsɛntra:lə] *f* data centre
datieren [da'ti:rən] *v* date
Datierung [da'ti:ruŋ] *f* dating
Datowechsel ['da:to:vɛçsəl] *m* after-date bill
Datum ['da:tum] *n* date
Datumsgrenze ['da:tumsgrɛntsə] *f* international date line
Datumsstempel ['da:tumsʃtɛmpəl] *m* date stamp, dater
Daueraktionär ['dauəraktsjo:nɛ:r] *m* permanent share-holder

dauerarbeitslos ['dauərarbaɪtslo:s] *adj* long-term unemployed
Dauerarbeitslose(r) ['dauərarbaɪtslo:zə(r)] *f/m* chronically unemployed person
Dauerarbeitslosigkeit ['dauərarbaɪtslo:zɪçkaɪt] *f* chronic unemployment
Dauerauftrag ['dauərauftrak] *m* standing order, banker's order
Dauerbeschäftigung ['dauərbəʃɛftɪguŋ] *f* constant employment
Dauerbesitz ['dauərbəsɪts] *m* permanent holding
Dauerremittent ['dauərrəmɪtənt] *m* constant issuer
Dauerschulden ['dauərʃuldən] *f/pl* permanent debts *pl*
Dauerschuldverschreibung ['dauərʃultfɛrʃraɪbuŋ] *f* unredeemable bond
Dauerschuldzinsen ['dauərʃulttsɪnsən] *m/pl* interest on long-term debts *pl*
DAX-Index ['daksɪndeks] *m* DAX-index
dazurechnen [da'tsu:rɛçnən] *v* add in; *(fig)* factor in
dazuverdienen [da'tsu:fɛrdi:nən] *v* earn additionally, earn on the side
Debatte [de'batə] *f* debate
debattieren [deba'ti:rən] *v* debate
Debet ['de:bɛt] *n* debit
Debet nota (D/N) ['de:bɛt nota] *f* debit note
Debetposten ['de:bɛtpɔstən] *m* debit entry
Debetsaldo ['de:bɛtzaldo] *n* balance due, debit balance
Debetseite ['de:bɛtzaɪtə] *f (Konto)* debit side
debitieren [de:bi'ti:rən] *v* debit, charge
Debitor ['de:bito:r] *m* debtor
Debitoren ['de:bito:rən] *m/pl 1. (Schuldner)* debtors *pl; 2. (Bilanz)* accounts receivable *pl*
Debitorenbuchhaltung ['de:bito:rənbu:xhaltuŋ] *f* accounts receivable department, accounts receivable accounting
Debitorenkonto ['de:bito:rənkɔnto] *n* customer account
Debitorenziehung ['de:bito:rəntsi:uŋ] *f* bills drawn on debtors *pl*
Debüt [de'by:] *n* debut
dechiffrieren [deʃɪ'fri:rən] *v* decode, decipher
Deckadresse ['dɛkadrɛsə] *f* address of convenience, cover address
Deckblatt ['dɛkblat] *n* cover
decken ['dɛkən] *v 1. (Bedarf)* meet, cover; *2. (Scheck)* cover
Deckung ['dɛkuŋ] *f* cover, coverage
Deckungsbeitrag ['dɛkuŋsbaɪtrak] *m* contribution margin
Deckungsbeitragsrechnung ['dɛkuŋsbaɪtraksrɛçnuŋ] *f* confirmation of cover
Deckungsbescheid ['dɛkuŋsbəʃaɪt] *m* cover note
Deckungsbetrag ['dɛkuŋsbətra:k] *m* amount covered, insured sum
Deckungsdarlehen ['dɛkuŋsda:rle:ən] *n* coverage loan
deckungsfähig ['dɛkuŋsfɛ:ɪç] *adj* eligible as cover
deckungsfähige Devisen ['dɛkuŋsfɛ:igə 'devi:sən] *f/pl* foreign currencies eligible as cover *pl*
deckungsfähige Wertpapiere ['dɛkuŋsfɛ:igə 'vɛrtpapi:rə] *n/pl* securities eligible as cover *pl*
Deckungsforderung ['dɛkuŋsfɔrdəruŋ] *f* covering claim
Deckungsgeschäft ['dɛkuŋsgəʃɛft] *n* covering operation
deckungsgleich ['dɛkuŋsglaɪç] *adj* identical
Deckungsgrad ['dɛkuŋsgra:t] *m* liquidity ratio, cover ratio
Deckungsgrenze ['dɛkuŋsgrɛntsə] *f* cover limit
Deckungskapital ['dɛkuŋskapɪta:l] *n* capital sum required as cover
Deckungsklausel ['dɛkuŋsklausəl] *f* cover clause
Deckungsloch ['dɛkuŋslox] *n* budget hole, hole in the budget
Deckungsmittel ['dɛkuŋsmɪtəl] *n/pl* cover(ing) funds *pl*
Deckungszinsen ['dɛkuŋstsɪnzən] *m/pl* coverage interest rate
Deckungszusage ['dɛkuŋstsu:sa:gə] *f* confirmation of cover
De-facto-Standard ['de:faktoʃtandart] *m* de facto standard
defekt [de'fɛkt] *adj* defective, faulty
Defekt [de'fɛkt] *m* defect, fault
Defensive [defɛn'zivə] *f* defensive
Deficit Spending ['defɪsɪt spɛndɪŋ] *n* deficit spending
Defizit ['de:fɪtsɪt] *n* deficit
defizitär [de:fitsi'tɛ:r] *adj* in the deficit
Defizitfinanzierung ['de:fitsɪtfɪnantsi:ruŋ] *f* deficit financing
Defizitquote ['de:fitsɪtkvo:tə] *f* deficit ratio

Defizitwirtschaft ['de:fitsıtvırtʃaft] *f* deficit budgeting
Deflation [defla'tsjo:n] *f* deflation
Degenerationsphase ['degənəratsjo:nsfa:zə] *f* degeneration phase
Degression ['degrɛsjo:n] *f* degression
degressive Abschreibung [degrɛ'si:və 'apʃraıbuŋ] *f* degressive depreciation
degressive Kosten [degrɛ'si:və 'kɔstən] *pl* degressive costs *pl*
Deklaration ['deklaratsjo:n] *f* customs declaration *(Zoll);* tax return *(Steuer)*
Deklarationsprotest ['deklaratsjo:nsprotest] *m* declaratory protest
deklarieren [dekla'ri:rən] *v* declare
Dekort [de'kɔrt] *n* deduction
Dekret [de'kre:t] *n* decree
Delegation [delega'tsjo:n] *f* delegation
Delegationsleiter(in) [delega'tsjo:nslaıtər(ın)] *m/f* head of the delegation
delegieren [dele'gi:rən] *v* delegate
Delikt [de'lıkt] *n* offence, crime, civil wrong
Delkredere [del'kredərə] *n* del credere, reserve for bad debts
Dementi [de'mɛnti] *n* official denial
dementieren [demɛn'ti:rən] *v* deny officially
Demografie [demɔgrafi:] *f* demography
Demonetisierung [demonetisi:ruŋ] *f* demonetization
Demonstration [demɔnstra'tsjo:n] *f* demonstration
demonstrieren [demɔn'stri:rən] *v (darlegen)* demonstrate, illustrate, show
Demontage [demɔn'ta:ʒə] *f* disassembly, dismantling
demontieren [demɔn'ti:rən] *v* dismantle, disassemble
Demoskopie [demɔsko'pi:] *f* public opinion research
demoskopisch [demɔs'ko:pıʃ] *adj* opinion poll …
Denkanstoß ['dɛŋkanʃto:s] *m* food for thought
Denkart ['dɛŋka:rt] *f* mentality, way of thinking
Denkschrift ['dɛŋkʃrıft] *f* memorandum, written statement
Deponent [depo'nənt] *m* depositor
Deponie [depo'ni:] *f* dump, disposal site
deponieren [de'po:ni:rən] *v* deposit
Deport [de'pɔrt] *m* discount
Depositen [depo:'zi:tən] *pl* deposits *pl*
Depositenbank [de'po:zi:tənbaŋk] *f* bank of deposit
Depositengelder [de'po:zi:təngɛldər] *n/pl* deposits *pl*
Depositengeschäft [de'po:zi:təngəʃɛft] *n* deposit banking
Depositenklausel [de'po:zi:tənklausəl] *f* deposit clause
Depositenversicherung [de'po:zi:tənfɛrzıçəruŋ] *f* bank deposit insurance
Depot [de'po:] *n 1.* deposit; *2.* storehouse, warehouse, call station
Depotabstimmung [de'po:apʃtımuŋ] *f* securities deposit reconciliation
Depotabteilung [de'po:aptaıluŋ] *f* safe custody department
Depotaktie [de'po:aktsjə] *f* deposited share
Depotanerkenntnis [de'po:anɛrkɛntnıs] *f* deposit acknowledgement
Depotarten [de'po:artən] *f/pl* types of deposit *pl*
Depotaufstellung [de'po:aufʃtɛluŋ] *f* list of securities deposited
Depotauszug [de'po:austsu:k] *m* statement of securities
Depotbank [de'po:baŋk] *f* bank holding securities on deposit
Depotbuch [de'po:bu:x] *n* deposit book, deposit ledger
Depotbuchhaltung [de'po:bu:xhaltuŋ] *f* security deposit account
Depotgebühren [de'po:gəby:rən] *f/pl* safe custody charges *pl*
Depotgeschäft [de'po:gəʃɛft] *n* deposit banking
Depotgesetz [de'po:gəzɛts] *n* Securities Deposit Act
Depotkonto [de'po:kɔnto] *n* security deposit account
Depotprüfung [de'po:pry:fuŋ] *f* securities deposit audit
Depotschein [de'po:ʃaın] *m* deposit receipt
Depotstimmrecht [de'po:ʃtımrɛçt] *n* voting rights of nominee shareholders *pl*
Depotunterschlagung [de'po:untərʃla-guŋ] *f* misapplication of deposit
Depotvertrag [de'po:fɛrtrak] *m* securities deposit contract
Depotverwaltung [de'po:fɛrvaltuŋ] *f* portfolio management
Depotwechsel [de'po:vɛçsəl] *m* bill on deposit
Depotzwang [de'po:tsvaŋ] *m* compulsory safe custody

Depression [deprɛ'sjo:n] *f* depression
Deputat ['depu:ta:t] *n* payment in kind
Deregulierung [de:'reguli:ruŋ] *f* deregulation
Derivate [de:'rɪva:tə] *n/pl* derivative financial instruments
Deroute [de:'ru:t] *f* collapse
Design [di'zaɪn] *n* design
Designation [de'zɪgnatsjo:n] *f* designation
Designer(in) [dɪ'zaɪnər(ɪn)] *m/f* designer
Desinformation [dɛsɪnfɔrma'tsjo:n] *f* misinformation, disinformation
Desinteresse ['desɪntərɛsə] *n* disinterest, indifference
desinteressiert ['dɛsɪntərɛsi:rt] *adj* disinterested, indifferent
Desinvestition ['dezɪnvɛstɪtsjo:n] *f* disinvestment
desolat [deso'la:t] *adj* desolate
detailgetreu [de:'taɪgətrɔy] *adj* accurate
Deutsche Angestellten-Gewerkschaft (DAG) [dɔytʃə 'angəʃtɛltəngəvɛrkʃaft] *f* German Salaried Employee Union
Deutsche Bundesbank [dɔytʃə 'bundəsbaŋk] *f* German Central Bank, Bundesbank
Deutscher Gewerkschaftsbund (DGB) [dɔytʃər 'gəvɛrkʃaftsbund] *m* German Trade Union Federation
Deutscher Industrie- und Handelstag (DIHT) [dɔytʃər 'ɪndustri: unt 'handelsta:k] *m* Association of German Chambers of Industry and Commerce
Devinkulierung [de:'vɪŋkuli:ruŋ] *f* unrestricted transferability
Devisen [de'vi:zən] *pl* foreign currency, foreign exchange
Devisenabfluss [de'vi:zənapflus] *m* foreign exchange outflow
Devisenabkommen [de'vi:zənapkɔmən] *n* foreign exchange agreement
Devisenabteilung [de'vi:zənaptaɪluŋ] *f* foreign exchange department
Devisenankauf [de'vi:zənankauf] *m* purchase of foreign currencies
Devisenarbitrage [de'vi:zənarbɪtra:ʒə] *f* exchange arbitrage, arbitration in foreign exchange
Devisenausgleichsabkommen [de'vi:zənausglaɪçsapkɔmən] *n* foreign exchange offset agreement
Devisenausländer [de'vi:zənauslɛndər] *m* non-resident
Devisenberater(in) [de'vi:zənbəra:tər(ɪn)] *m/f* foreign exchange advisor
Devisenbeschränkung [de'vi:zənbəʃrɛŋkuŋ] *f* exchange restrictions *pl*
Devisenbestimmung [de'vi:zənbəʃtɪmuŋ] *f* currency regulation
Devisenbewirtschaftung [de'vi:zənbəvɪrtʃaftuŋ] *f* foreign exchange control
Devisenbilanz [de'vi:zənbilants] *f* foreign exchange balance, foreign exchange account
Devisenbörse [de'vi:zənbø:rzə] *f* foreign exchange market, currency market
Devisenbringer [de'vi:zənbrɪŋər] *m* foreign-exchange earner
Devisenbuchhaltung [de'vi:zənbu:xhaltuŋ] *f* currency accounting
Devisengeschäft [de'vi:zəngəʃɛft] *n* foreign exchange business, foreign exchange transactions *pl*, foreign exchange trading
Devisenhandel [de'vi:zənhandəl] *m* currency trading, foreign exchange dealings *pl*
Devisenhändler [de'vi:zənhɛndlər] *m* foreign exchange dealer
Deviseninländer [de'vi:zənɪnlɛndər] *m* resident
Devisenkassageschäft [de'vi:zənkasagəʃɛft] *n* foreign exchange spot dealings *pl*
Devisenkassakurs [de'vi:zənkasakurs] *m* foreign exchange spot rate
Devisenkassamarkt [de'vi:zənkasamarkt] *m* foreign exchange spot market
Devisenkommissionsgeschäft [de'vi:zənkɔmɪsjo:nsgəʃɛft] *n* foreign exchange transactions for customers *pl*
Devisenkonto [de'vi:zənkɔnto] *n* foreign exchange account
Devisenkontrolle [de'vi:zənkɔntrɔlə] *f* foreign exchange control
Devisenkredit [de'vi:zənkrɛ'dɪt] *m* foreign exchange loan
Devisenkurs [de'vi:zənkurs] *m* foreign exchange rate
Devisenkursbildung [de'vi:zənkursbɪlduŋ] *f* exchange rate formation
Devisenkursmakler [de'vi:zənkursma:klər] *m* exchange broker, currency broker
Devisenmarkt [de'vi:zənmarkt] *m* foreign exchange market
Devisenmarktinterventionen [de'vi:zənmarktɪntərvɛntsjo:nən] *f/pl* exchange market intervention
Devisennotierung [de'vi:zənno:ti:ruŋ] *f* foreign exchange quotations *pl*
Devisenoption [de'vi:zənɔptsjo:n] *f* exchange option

Devisenpensionsgeschäft [de'vi:zənpɛnzjo:nsgəʃɛft] *n* purchase of foreign exchange for later sale
Devisenportefeuille [de'vi:zənpɔrtfœɪ] *n* foreign exchange holdings *pl*
Devisenposition [de'vi:zənpozɪtsjo:n] *f* foreign exchange position
Devisenquoten [de'vi:zənkvo:tən] *f/pl* foreign exchange quotas *pl*
Devisenrechnung [de'vi:zənrɛçnuŋ] *f* foreign exchange calculation
Devisenreserve [de'vi:zənrezervə] *f* foreign exchange reserves *pl*
Devisenspekulation [de'vi:zənʃpeku:latsjo:n] *f* speculation in foreign currency
Devisensperre [de'vi:zənʃpɛrə] *f* exchange embargo
Devisentermingeschäft [de'vi:zəntɛrmi:ngəʃɛft] *n* forward exchange dealings *pl*
Devisenterminhandel [de'vi:zəntɛrmi:nhandəl] *m* forward exchange trading
Devisenterminkurs [de'vi:zəntɛrmi:nkurs] *m* forward exchange rate
Devisenterminmarkt [de'vi:zəntɛrmi:nmarkt] *m* forward exchange market
Devisenüberschuss [de'vi:zəny:bərʃus] *m* foreign exchange surplus
Devisenverkehr [de'vi:zənfɛrke:r] *m* currency transactions *pl*, foreign exchange operations *pl*
Devisenwechsel [de'vi:zənvɛksəl] *m* bill in foreign currency
Devisenwert [de'vi:zenve:rt] *m* foreign exchange asset
dezentralisieren [detsɛntralɪ'zi:rən] *v* decentralize
Dezentralisierung [detsɛntralɪ'zi:ruŋ] *f* decentralisation
Dia ['di:a] *n* slide
Diagramm [dia'gram] *n* diagram
Dialog [dia'lo:k] *m* dialogue
Dialogbereitschaft [dia'lo:kbəraɪtʃaft] *f* readiness to talk
dialogfähig [dia'lo:kfɛ:ɪç] *adj* capable of two-way communication
Diebstahlversicherung ['di:pʃta:lfɛrzɪçəruŋ] *f* theft insurance
Dienstanweisung ['di:nstanvaɪzuŋ] *f* instructions *pl*
Dienstaufsicht ['di:nstaufsɪçt] *f* service control, supervision
dienstfrei ['di:nstfraɪ] *adj ~er Tag* day off; *~ sein* to be off duty
Dienstgang ['di:nstgaŋ] *m* (business) errand
Dienstgeheimnis ['di:nstgəhaɪmnɪs] *n* official secret
Dienstgespräch ['di:nstgəsprɛ:ç] *n* business call
Dienstleister ['di:nstlaɪstər] *m* (service) provider
Dienstleistung ['di:nstlaɪstuŋ] *f* service, business service
Dienstleistungsbilanz ['di:nstlaɪstuŋsbilants] *f* balance of service transactions
Dienstleistungsgesellschaft ['di:nstlaɪstuŋsgəsɛlʃaft] *f 1. (Volkswirtschaft)* service economy; *2. (Recht)* non-trading partnership; *3. (Betriebswirtschaft)* service company
Dienstleistungskosten ['di:nstlaɪstuŋskɔstən] *pl* cost of services
Dienstleistungsmarketing ['di:nstlaɪstuŋsma:rkətɪŋ] *n* service marketing
Dienstleistungssektor ['di:nstlaɪstuŋszɛktor] *m* service sector
Dienstleistungsunternehmen ['di:nstlaɪstuŋsuntərne:mən] *n* service business
Dienstleistungswirtschaft ['di:nstlaɪstuŋsvɪrtʃaft] *f* services *pl*
dienstlich ['di:nstlɪç] *adj* official; *adv* officially, on official business, on business
Dienstpflicht ['di:nstpflɪçt] *f* duty
Dienstreise ['di:nstraɪzə] *f* business trip, business travel
Dienstsache ['di:nstzaxə] *f* official matter
Dienstschluss ['di:nstʃlus] *m* closing time
Dienststelle ['di:nstʃtɛlə] *f* office, department, agency
dienstunfähig ['di:nstunfɛ:ɪç] *adj* not fit for service, unfit for service
Dienstunfähigkeit ['di:nstunfɛ:ɪçkaɪt] *f* incapacity to work
Dienstvereinbarung ['di:nstfɛraɪnba:ruŋ] *f 1. (Recht)* contract of service; *2. (Personal)* contract of employment
Dienstverhältnis ['di:nstfɛrhɛltnɪs] *n* employment
Dienstvermerk ['di:nstfɛrmɛrk] *m* official entry
Dienstverpflichtung ['di:nstfɛrpflɪçtuŋ] *f* service obligation
Dienstvertrag ['di:nstfɛrtra:k] *m 1. (Recht)* contract of service; *2. (Personal)* contract of employment
Dienstvorschrift ['di:nstfo:rʃrɪft] *f* (service) regulation
Dienstwagen ['di:nstva:gən] *m* company car

Dienstweg ['di:nstve:k] *m* official channels *pl,* authorized channels *pl*
Dienstwohnung ['di:nstvo:nuŋ] *f* official residence
Differenz [dɪfə'rɛnts] *f* *1.* difference; *2. (Streit)* dispute, difference of opinion
Differenzbetrag ['dɪfərɛntsbətra:k] *m* difference sum
Differenzgeschäft ['dɪfərɛntsgəʃɛft] *n* margin business
Differenziallohnsystem ['dɪfərɛntsja:l-lo:nzyste:m] *n* differential piece-rate system
Differenzkostenrechnung ['dɪfərɛnts-kɔstənrɛçnuŋ] *f* marginal cost accounting
Diffusion ['difusjo:n] *f* diffusion process
Diffusionsbarrieren ['difusjo:nsbarɪje:-rən] *f/pl* diffusion barriers *pl*
Diffusionsphasen ['difusjo:nsfa:sən] *f/pl* diffusion phases *pl*
Diffusionsstrategie ['difusjo:nsʃtrategi:] *f* diffusion strategy
digital [dɪgɪ'ta:l] *adj* digital
digitalisieren [digitali'zi:rən] *v* digitalize
Digitalrechner [dɪgɪ'ta:lrɛçnər] *m* digital computer
Diktafon [dɪkta'fo:n] *n* dictaphone
Diktat [dɪk'ta:t] *n* dictation
Diktatzeichen [dɪk'tattsaɪçən] *n* reference
diktieren [dɪk'ti:rən] *v* dictate
Diktiergerät [dɪk'ti:rgərɛt] *n* dictaphone
dinglich ['dɪŋlɪç] *adj* in rem
dingliche Sicherung [dɪŋlɪçə 'zɪçəruŋ] *f* real security
dingliches Recht [dɪŋlɪçəs 'rɛçt] *n* real right
Diplomarbeit [di'plo:marbaɪt] *f* dissertation, thesis
Diplomingenieur(in) [di'plo:mɪnʒenjø:r(ɪn)] *m/f* academically trained engineer
Diplomkauffrau [di'plo:mkauffrau] *f* Bachelor of Commerce
Diplomkaufmann [di'plo:mkaufman] *m* Bachelor of Commerce
Diplomökonom(in) [di'plo:møkonom(ɪn)] *m/f* master's degree in business economics
Diplomphysiker(in) [di'plo:mfy:zɪkər(ɪn)] *m/f* Bachelor of Science (in Physics)
Diplomvolkswirt(in) [di'plo:mfolkswɪrt(ɪn)] *m/f* master's degree in economics
Direct Costing ['daɪrɛkt çɔstɪŋ] *n* direct costing
Direct Marketing ['daɪrɛkt 'ma:rkətɪŋ] *n* direct marketing
Direktausfuhr [di'rɛktausfu:r] *f* direct export
Direktbank [di'rɛktbaŋk] *f* direct bank
Direktbestellung [di'rɛktbəʃtɛluŋ] *f* direct ordering
Direktdiskont [di'rɛktdɪskɔnt] *m* direct discount
direkter Absatz [di'rɛktər 'apsats] *m* direct selling
direkter Vertrieb [di'rɛktər fer'trɪ:p] *m* direct selling
direkte Steuer [di'rɛktə 'ʃtɔyər] *f* direct taxes *pl*
Direktinvestitionen [di'rɛktɪnvɛstitsjo:-nən] *f/pl* direct investments *pl*
Direktion [dirɛk'tsjo:n] *f* board of directors
Direktive [dirɛk'ti:və] *f* directive, general instruction
Direktor(in) [di'rɛktɔr/dirɛk'tɔ:rɪn] *m/f* director
Direktorium [dirɛk'to:rjum] *n* directorate, board of directors
Direktübertragung [di'rɛktybərtra:guŋ] *f* live transmission
Direktverkauf [di'rɛktfɛrkauf] *m* direct selling
Direktversicherung [di'rɛktfɛrzɪçəruŋ] *f* direct insurance
Direktvertrieb [di'rɛktfɛrtri:p] *m* direct selling
Direktwerbung [di'rɛktvɛrbuŋ] *f* direct advertising
Dirigismus [diri'gɪsmus] *m* controlled economy
Disagio [diz'za:dʒo] *n* disagio
Discount [dɪs'kaunt] *m* discount
Discounter ['dɪskauntər] *m* discounter
Diskette [dɪs'kɛtə] *f* disk
Diskettenetiketten [dɪs'kɛtənetikɛtən] *f/pl* disk labels *pl*
Diskettenlaufwerk [dis'kɛtənlaufvɛrk] *n* disk drive
Diskont [dɪs'kɔnt] *m* discount
Diskontbank [dɪs'kɔntbaŋk] *f* discount bank
Diskonten [dɪs'kɔntən] *m/pl* bills discounted *pl*
Diskonterhöhung [dɪs'kɔntɛrhø:uŋ] *f* rise of the discount rate
diskontfähig [dɪs'kɔntfɛ:ɪç] *adj* eligible, eligible for (re)discount
Diskontgeschäft [dɪs'kɔntgəʃɛft] *n* discount business

Diskonthäuser [dɪs'kɔnthɔysər] *n/pl* discount houses *pl*
diskontieren [dɪskɔn'ti:rən] *v* discount
Diskontierung [dɪs'kɔnti:ruŋ] *f* discounting
Diskontierungsfaktor [dɪs'kɔnti:ruŋsfaktɔr] *m* discount factor
Diskontkredit [dɪs'kɔntkre'di:t] *m* discount credit
Diskontmakler(in) [dɪs'kɔntma:klər(ɪn)] *m/f* discount broker, bill broker
Diskontmarkt [dɪs'kɔntmarkt] *m* discount market
Diskontpapier [dɪs'kɔntpapi:r] *n* discountable paper
Diskontpolitik [dɪs'kɔntpoli'tɪk] *f* bank rate policy, discount policy
Diskontprovision [dɪs'kɔntprovɪzjo:n] *f* discount commission
Diskontrechnung [dɪs'kɔntrɛçnuŋ] *f* discount calculation
Diskontsatz [dɪs'kɔntzats] *m* discount rate
Diskontsenkung [dɪs'kɔntsɛnkuŋ] *f* lowering of the discount rate
Diskretion [dɪskre'tsjo:n] *f* discretion; *(vertrauliche Behandlung)* confidentiality
diskriminieren [dɪskrɪmɪ'ni:rən] *v* discriminate, *jdn ~* discriminate against s.o.
Diskussion [dɪskus'jo:n] *f* discussion, debate, argument
Diskussionsleiter(in) [dɪskus'jo:nslaɪtər(ɪn)] *m/f* moderator
Diskussionsrunde [dɪskus'jo:nsrundə] *f* round of discussions
Diskussionsteilnehmer(in) [dɪskus'jo:nstaɪlne:mər(ɪn)] *m/f* participant in a discussion
Diskussionsthema [dɪskus'jo:nste:ma:] *n* topic of discussion
diskutieren [dɪsku'ti:rən] *v* discuss, debate
Disparität [dɪsparite:t] *f* disparity
Display ['dɪsple:] *n* display
Disponent(in) [dɪspo'nɛnt(ɪn)] *m/f* managing clerk
disponieren [dɪspɔ'ni:rən] *v* make arrangements for; *über etw ~* have sth at one's disposal
Disposition [dɪspɔzɪ'tsjo:n] *f* *1. (Vorbereitung)* preparations, arrangements; *2. (Verfügung) jdm zur ~ stehen* to be at s.o.'s disposal; *jdn zur ~ stellen* send s.o. into temporary retirement; *3. (Gliederung)* layout, plan
dispositionsfähig [dɪspɔzɪ'tsjo:nsfɛ:ɪç] *adj* qualified to contract
Dispositionsfonds [dɪspɔzɪ'tsjo:nsfɔ̃] *m* reserve funds *pl*
Dispositionskredit [dɪspɔzɪ'tsjo:nskredi:t] *m* drawing credit, overdraft facility
Dispositionsschein [dɪspɔzɪ'tsjo:nsʃaɪn] *m* banker's note
Disput [dɪs'pu:t] *m* dispute
distanzieren [dɪstan'tsi:rən] *v sich ~* distance o.s.
distinguiert [dɪstɪŋ'gi:rt] *adj* distinguished
Distribution ['dɪstrɪbutsjo:n] *f* distribution
Distributionskosten ['dɪstrɪbutsjo:nskɔstən] *pl* distribution cost
Distributionslogistik ['dɪstrɪbutsjo:nlo'gistɪk] *f* marketing logistics
Distributionsorgane ['dɪstrɪbutsjo:nor'ga:nə] *n/pl* distribution organs *pl*
Distributionspolitik ['dɪstrɪbutsjo:ns'pɔlitɪk] *f* distribution policy
Disziplin [dɪstsi'pli:n] *f* discipline
disziplinarisch [dɪstsipli'na:rɪʃ] *adj* disciplinary
Disziplinarverfahren [dɪstsi'plina:rfɛrfa:rən] *n* disciplinary action
disziplinieren [dɪstsipli'ni:rən] *v* discipline
diszipliniert [dɪstsipli'ni:rt] *adj* disciplined
divergieren [divɛr'gi:rən] *v* diverge
Diversifikation [divɛrzifika'tsjo:n] *f* diversification
diversifizieren [di:vɛrzifi'tsi:rən] *v* diversify
Dividende [divi'dɛndə] *f* dividend
Dividendenabgabe [divi'dɛndən'apga:bə] *m* dividend tax
Dividendenabschlag [divi'dɛndən'apʃla:g] *m* quotation ex dividend
Dividendenausschüttung [divi'dɛndənausʃy:tuŋ] *f* dividend distribution, dividend payout
dividendenberechtigt [divi'dɛndənbərɛçtɪçt] *adj* entitled to divident
Dividendengarantie [divi'dɛndəngaran'ti:] *f* dividend guarantee
Dividendenrücklage [divi'dɛndənrykla:gə] *f* dividend reserve fund
dividieren [divi'di:rən] *v* divide
Divisionskalkulation [divi'zjo:nskalkula'tsjo:n] *f* process system of accounting
D-Mark ['de:mark] *f (ehemalige deutsche Währung)* German mark
Dock [dɔk] *n* dock
Doktorarbeit ['dɔktɔrarbaɪt] *f* doctoral thesis

Dokumentenakkreditiv [doku'mɛntən-'akre:diti:f] *n* documentary letter of credit
Dokument [doku'mɛnt] *n* document
Dokumentation [dokumɛnta'tsjo:n] *f* documentary report
Dokumente gegen Akzept (d/a) [doku-'mɛnte gegən ak'tsɛpt] *n/pl* documents against acceptance (D/A) *pl*
Dokumente gegen Bezahlung (d/p) [do-ku'mɛnte gegən bə'tsa:luŋ] *n/pl* documents against payment (D/P) *pl*
Dokumentenakkreditiv [doku'mɛnten-'akrediti:f] *f* documentary credit, letter of credit
Dokumententratte [doku'mɛnten'tratə] *f* acceptance bill
dokumentieren [dokumɛn'ti:rən] *v* document; *(fig)* demonstrate, reveal, show
Dollar ['dɔlar] *m* dollar
Dollaranleihe ['dɔlar'anlaɪə] *f* dollar bond
Dollarblock ['dɔlarblɔk] *m* dollar area
Dollarklausel ['dɔlar'klauzəl] *f* dollar clause
Dollarkurs ['dɔlarkurs] *m* dollar rate
Dollarstandard ['dɔlarʃtandart] *m* dollar standard
Dollarzeichen ['dɔlartsaɪçən] *n* dollar sign
dolmetschen ['dɔlmɛtʃən] *v* interpret
Dolmetscher(in) ['dɔlmɛtʃər(ɪn)] *m/f* interpreter
Dolmetscherbüro ['dɔlmɛtʃərbyro:] *n* translation bureau, interpreter agency
Dominanz [domɪ'nants] *f* dominance
Doppelbesteuerung ['dɔpəlbəʃtoɪeruŋ] *f* double taxation of corporate profits
doppelte Buchführung ['dɔpəltə bu:x-fy:ruŋ] *f* double entry bookkeeping
doppelte Haushaltsführung [dɔpɛltə 'haus-haltsfy:ruŋ] *f* double housekeeping
doppelte Währungsbuchhaltung ['dɔpəltə 'vɛ:ruŋsbu:xhaltuŋ] *f* dual currency accounting, dual currency bookkeeping
Doppelverdiener ['dɔpəlfɛrdi:nər] *m* double wage-earner
Doppelwährung ['dɔpəlvɛ:ruŋ] *f* double currency
Doppelwährungsanleihe ['dɔpəlvɛ:ruŋs-anlaɪ:ə] *f* double currency loan
Doppelwährungsphase ['dɔpəlvɛ:ruŋs-fa:zə] *f* dual currency phase
Doppelzentner ['dɔpəltsɛntnər] *m* one hundred kilogrammes *pl*, quintal
Dotation ['dɔta:tsjo:n] *f* endowment
Dotationskapital ['dɔtatsjo:nskapita:l] *n* endowment funds *pl*
dotieren [dɔ'ti:rən] *v* endow, fund
Dotierung [dɔ'ti:ruŋ] *f* *1.* donation, grant, endowment; *2. (von Posten)* remuneration
Dow-Jones-Index ['dəudʒəunzɪndɛks] *m* Dow Jones Index
Dozent(in) [do'tsɛnt(ɪn)] *m/f* lecturer, assistant professor *(US)*
dozieren [do'tsi:rən] *v (fig: belehrend vorbringen)* hold forth; give lectures
drahtlos ['dra:tlo:s] *adj* wireless
Drahtseilakt ['dra:tzaɪlakt] *m (fig)* tightrope act
drängen ['drɛŋən] *v (fig)* urge; press, push, force
drastisch ['drastɪʃ] *adj* drastic
Draufgabe ['draufga:bə] *f* bargain money, earnest money
Drehachse ['dre:aksə] *f* rotary axis, pivot
Drehstrom ['dre:ʃtro:m] *m* three-phase current
Dreiecksarbitrage ['draɪɛksarbɪtra:ʒə] *f* triangular arbitrage, three-point arbitrage
Dreiecksgeschäft ['draɪɛksgəʃɛft] *n* triangular transaction
Dreimonatsgeld ['draɪmonatsgɛlt] *n* three months' money
Dreimonatspapier ['draɪmonatspapi:r] *n* three months' papers
Dreiviertelmehrheit [draɪ'fɪrtəlme:rhaɪt] *f* three-fourths majority
dringend ['drɪŋənt] *adj* urgent, pressing, imperative; *(Gründe)* compelling
Dringlichkeit ['drɪŋlɪçkaɪt] *f* urgency
Drittauskunft ['drɪtauskunft] *f* third-party information
Drittel ['drɪtəl] *n* third
Drittpfändung ['drɪtpfɛnduŋ] *f* garnishee proceedings *pl*
Drittschuldner ['drɪtʃuldnər] *m* third-party debtor
drohen ['dro:ən] *v* threaten
Drohung ['dro:uŋ] *f* threat
Drosselung ['drɔsəluŋ] *f (fig: Abschwächung)* curbing, restraint
Druck [druk] *m* pressure; *(Belastung)* burden, load; *unter ~ stehen* to be under pressure; *jdn unter ~ setzen* put pressure on s.o.
Druckbuchstabe ['drukbuxʃta:bə] *m* block letter
drucken ['drukən] *v* print

drücken ['drykən] *v (Preise)* force down
Drucker ['drukər] *m (Gerät)* printer
Druckfehler ['drukfe:lər] *m* misprint
Druckmittel ['drukmɪtəl] *n* means of exercising pressure, lever
druckreif ['drukraɪf] *adj* ready for printing
Drucksache ['drukzaxə] *f* printed matter
Druckschrift ['drukʃrɪft] *f* block letters
Dualismus [dua'lɪsmus] *m* dualism
Dualität [dua'lɪtɛt] *f* duality
dubiose Forderung ['dubio:zə 'fɔrdəruŋ] *f* doubtful debts *pl*
dulden ['duldən] *v 1. (hinnehmen)* tolerate, put up with, permit; *2. (ertragen)* bear, endure
Dumping ['dʊmpɪŋ] *n* dumping
Dunkelziffer ['duŋkəltsɪfər] *f* estimated number of unreported cases
Duplikat [dupli'ka:t] *n* duplicate
Duration ['du:ratsjo:n] *f* duration
durcharbeiten ['durçarbaɪtən] *v 1.* work without stopping; *2. etw ~* work through sth
durchblicken ['durçblɪkən] *v etw ~ lassen* hint at sth
Durchbruch ['durçbrux] *m (fig)* breakthrough
Durchfuhr ['durçfu:r] *f* transit
Durchführbarkeits-Studie ['durçfy:rbarkaɪtsʃtu:djə] *f* feasibility study
durchführen ['durçfy:rən] *v (ausführen)* carry out, implement, execute
Durchführung ['durçfy:ruŋ] *f* carrying out, execution, implementation
Durchgangsschein ['durçgaŋsʃaɪn] *m* transit certificate
durchgreifen ['durçgraɪfən] *v irr (fig)* take drastic measures
durchkreuzen [durç'krɔytsən] *v (fig: Pläne)* frustrate
durchlaufende Gelder ['durçlaufəndə 'gɛldər] *n/pl* transmitted accounts *pl*
durchlaufende Kredite ['durçlaufəndə 'kredi:tə] *m/pl* transmitted loans *pl*
durchlaufende Posten ['durçlaufəndə 'pɔstən] *m/pl* self-balancing items *pl*
Durchlaufzeit ['durçlauftsaɪt] *f* processing time, throughput time
Durchsage ['durçza:gə] *f* announcement
Durchschlag ['durçʃla:k] *m* (carbon) copy
Durchschlagpapier ['durçʃla:kpapi:r] *n* carbon paper
Durchschnitt ['durçʃnɪt] *m* average
durchschnittlich ['durçʃnɪtlɪç] *adj* average, ordinary; *adv* on average
Durchschnittsbestand ['durçʃnɪtsbəʃtant] *m* standard inventory
Durchschnittsbewertung ['durçʃnɪtsbəvɛrtuŋ] *f* inventory valuation at average prices
Durchschnittsbürger ['durçʃnɪtsbyrgər] *m* average citizen, man in the street
Durchschnittseinkommen ['durçʃnɪtsaɪnkɔmən] *n* average income
Durchschnittserlöse ['durçʃnɪtsɛrlø:zə] *m/pl 1. (Volkswirtschaft)* average product, *2. (Geld)* average yield
Durchschnittsertrag ['durçʃnɪtsɛrtra:k] *m* average yield
Durchschnittskosten ['durçʃnɪtskɔstən] *pl* average costs *pl*
Durchschnittsleistung ['durçʃnɪtslaɪstuŋ] *f* average output
Durchschnittspreis ['durçʃnɪtspraɪs] *m* average price
Durchschnittssatz ['durçʃnɪtssats] *m* average rate
Durchschnittsvaluta ['durçʃnɪtsvalu:ta] *n* average value date
Durchschnittsverdiener(in) ['durçʃnɪtsfɛrdi:nər(ɪn)] *m/f* average wage earner, average salary earner
Durchschnittswert ['durçʃnɪtsve:rt] *m* average value, mean value
Durchschrift ['durçʃrɪft] *f* carbon copy
durchsetzen ['durçzɛtsən] *v 1. sich ~* prevail, assert o.s.; *2. sich ~ (Erzeugnis)* prove its worth
Durchsetzungsvermögen ['durçzetsuŋsfɛrmø:gən] *n* ability to get things done, drive
Durchsicht ['durçzɪçt] *f* looking through, examination, inspection
durchstellen ['durçʃtɛlən] *v (fig: telefonisch)* put through
durchstreichen ['durçʃtraɪçən] *v irr* cross out, delete
Durchsuchung ['durçzu:xuŋ] *f* search
Durchsuchungsbefehl [durç'zu:xuŋsbəfe:l] *m* search warrant
Durchwahl ['durçva:l] *f* extension
Dutzend ['dutsənt] *n* dozen
dutzendweise ['dutsəntvaɪzə] *adv* by the dozen, in dozens
DVD-ROM [de: fau de: 'rɔm] *f* DVD-ROM
Dynamik [dy'na:mɪk] *f* dynamics
dynamisch [dy'na:mɪʃ] *adj* dynamic
Dynamisierung [dy'na:mɪzi:ruŋ] *f* dynamization
Dyopol [dyo'po:l] *n* duopoly

E

Ebenmaß ['e:bənma:s] *n* symmetry, beautiful proportions *pl*, evenness
echt [ɛçt] *adj* real, genuine, authentic
echtes Factoring [ɛçtəs 'fæktɔrıŋ] *n* clean factoring, old-line factoring
Echtheit ['ɛçthaıt] *f* genuineness, authenticity
Echtheitszertifikat ['ɛçthaıtstsertifika:t] *n* proof of authenticity, authenticity certificate
Echtzeit ['ɛçttsaıt] *f* real-time
Echtzeitverarbeitung ['ɛçttsaıtfɛrarbaıtuŋ] *f* real-time processing
Eckdaten ['ɛkda:tən] *pl* basic data, key data
Ecklohn ['ɛklo:n] *m* benchmark rate
Eckzins ['ɛktsıns] *m* basic rate of interest
ECOFIN-Rat ['e:co:fin'ra:t] *m* ECOFIN council
ECU (European Currency Unit) [e:'ky:] *m* ECU
ECU-Anleihe [e:'ky:anlaı:ə] *f* ECU loan
Edelmetallgeschäft ['e:dəlmetalgəʃɛft] *n* precious metals business, bullion trade
Edelstahl ['e:dəlʃta:l] *m* high-grade steel
EDV [e:de:'fau] *f (elektronische Datenverarbeitung)* electronic data processing; ~-... computer ...
EDV-Anlage [e:de:'fauanla:gə] *f* computer equipment, electronic data processing equipment
Effekt [e'fɛkt] *m* effect
Effekten [e'fɛktən] *f/pl* securities *pl*, stocks and shares *pl*
Effektenabteilung [e'fɛktənaptaılυŋ] *f* securities department, investment department
Effektenbank [e'fɛktənbaŋk] *f* issuing bank, investment bank
Effektenbörse [e'fɛktənbœrzə] *f* stock exchange, stock market
Effektenbuch [e'fɛktənbu:x] *n* stockbook
Effektendepot [e'fɛktənde:po:] *n* deposit of securities
Effektendiskont [e'fɛktəndıskɔnt] *m* securities discount
Effekteneigengeschäft [e'fɛktənaıgəngəʃɛft] *n* security trading for own account
Effektenemission [e'fɛktənemısjo:n] *f* issue of securities
Effektenfinanzierung [e'fɛktənfınantsi:ruŋ] *f* security financing
Effektengeschäft [e'fɛktəngəʃɛft] *n* securities business
Effektenhandel [e'fɛktənhandəl] *m* stockbroking, securities trading
Effektenhändler [e'fɛktənhɛndlər] *m* dealer in securities, securities trader, stock dealer
Effektenindex [e'fɛktənındɛks] *m* share index, stock index *(US)*
Effektenkapitalismus [e'fɛktənkapıtalısmus] *m* securities capitalism
Effektenkasse [e'fɛktənkasə] *f* security department counter
Effektenkauf [e'fɛktənkauf] *m* purchase of securities
Effektenkommissionär [e'fɛktənkɔmısjo:nɛr] *m* securities commission agent
Effektenkommissionsgeschäft [e'fɛktənkɔmısjo:nsgəʃɛft] *n* securities transactions on commission
Effektenkonto [e'fɛktənkɔnto] *n* securities account, stock account
Effektenkurs [e'fɛktənkurs] *m* stock exchange quotation, securities price
Effektenlombard [e'fɛktənlɔmba:rd] *m* advances against securities
Effektenmakler [e'fɛktənma:klər] *m* stock broker
Effektenmarkt [e'fɛktənmarkt] *m* stock market
Effektennotierung [e'fɛktənnoti:ruŋ] *f* stock quotation, quotation of shares
Effektenpensionierung [e'fɛktənpɛnsjo:ni:ruŋ] *f* raising money on securities by cash sale coupled with sequent repurchase
Effektenpensionsgeschäft [e'fɛktənpɛnsjo:nsgəʃɛft] *n* security transactions under repurchase agreement *pl*
Effektenplatzierung [e'fɛktənplatsi:ruŋ] *f* securities placing
Effektenrechnung [e'fɛktənrɛçnuŋ] *f* calculation of effective interest rate
Effektenstatistik [e'fɛktənʃtatıstık] *f* securities statistics
Effektensubstitution [e'fɛktənsupstitutsjo:n] *f* securities substitution
Effektenterminhandel [e'fɛktəntermi:nhandəl] *m* futures trading in stocks and bonds
Effektenverkauf [e'fɛktənfɛrkauf] *m* sale of securities, over-the-counter trading

Effektenverwaltung [e'fɛktənfɛrvaltuŋ] *f* portfolio management, *(Bank)* security deposit department
effektiv [efɛk'tiːf] *adj* effective
Effektivbestand [efɛk'tiːfbəʃtant] *m* actual stock
Effektivgeschäft [efɛk'tiːfgəʃɛft] *n* actual transaction
Effektivität [efɛktivi'tɛːt] *f* effectivity
Effektivklausel [efɛk'tiːfklausəl] *f* effective clause
Effektivleistung [efɛk'tiːflaɪstuŋ] *f* effective output
Effektivlohn [efɛk'tiːfloːn] *m* actual wage
Effektivvermerk [efɛk'tiːffɛrmɛrk] *m* actual currency clause
Effektivverzinsung [efɛk'tiːffɛrtsɪnzuŋ] *f* effective interest yield, true yield
Effektivzins [efɛk'tiːftsɪns] *m* effective interest
effizient [ɛfi'tsjɛnt] *adj* efficient
Effizienz [ɛfi'tsjɛnts] *f* efficiency
Effizienzregeln [ɛfi'tsjɛntsreːgəln] *f/pl* performance regulations *pl*
EG (Europäische Gemeinschaft) [eː'geː] *f* European Community (EC)
EG-Binnenmarkt [eːgeː'bɪnənmarkt] *m* European single market
ehemalig ['eːəmaːlɪç] *adj* former, ex-...
ehrenamtlich ['eːrənamtlɪç] *adj* unpaid, honorary; *adv* without payment, in an honorary capacity
Ehrenerklärung ['eːrənɛrklɛːruŋ] *f* public apology
Ehrengast ['eːrəngast] *m* guest of honour
Ehrenkodex ['eːrənkoːdɛks] *m* code of honour
Ehrenmitglied ['eːrənmɪtgliːt] *n* honorary member
Ehrgeiz ['eːrgaɪts] *m* ambition
ehrgeizig ['eːrgaɪtsɪç] *adj* ambitious
Ehrung ['eːruŋ] *f* honour, tribute, homage
eichen ['aɪçən] *v* calibrate, gauge
Eichung ['aɪçuŋ] *f* adjusting, calibration
eidesstattlich ['aɪdəsʃtatlɪç] *adj* in lieu of an oath
eidesstattliche Erklärung ['aɪdəsʃtatlɪçə ɛr'klɛːruŋ] *f* declaration in lieu of an oath
eifrig ['aɪfrɪç] *adj* eager, zealous, avid; *adv* eagerly, zealously, avidly
Eigenbeteiligung ['aɪgənbətaɪlɪguŋ] *f* self-participation
Eigenbetrieb ['aɪgənbətriːp] *m* owner-operated municipal enterprise
Eigenbewirtschaftung ['aɪgənbevɪrtʃaftuŋ] *f* self management
Eigendepot ['aɪgəndeːpoː] *n* own security deposit
eigene Aktien ['aɪgənə 'aktsjən] *f/pl* company-owned shares *pl*
eigene Effekten ['aɪgənə e'fɛktən] *pl* own security holdings *pl*
eigener Wechsel ['aɪgənər 'vɛksəl] *m* promissory note
Eigenfinanzierung ['aɪgənfinantsiːruŋ] *f* self-financing, financing from own resources, equity financing
Eigengeschäft ['aɪgəngəʃɛft] *n* transactions on own account
Eigengewicht ['aɪgəngəvɪçt] *n* net weight
Eigenhandel ['aɪgənhandəl] *m* trading on own account
eigenhändig ['aɪgənhɛndɪç] *adj* with one's own hands, *(Brief)* "hand to addressee only"
Eigenhändler(in) ['aɪgənhɛndlər(ɪn)] *m/f* businessman/businesswoman trading on own account
Eigenheimzulage ['aɪgənhaɪmtsuːlaːgə] *f* owner-occupied home premium
Eigeninitiative ['aɪgəninitsjatiːvə] *f* own initiative
Eigeninvestition ['aɪgənɪnvɛstitsjoːn] *f* self-financed investment
Eigenkapital ['aɪgənkapitaːl] *n* equity capital, one's own capital
Eigenkapitalentzug ['aɪgənkapitaːlɛntsuːk] *m* own capital withdrawal
Eigenkapitalerhöhung ['aɪgənkapitaːlɛrhøːuŋ] *f* increase in own capital
Eigenkapitalgrundsätze ['aɪgənkapitaːlgruntsɛtsə] *m/pl* principles on own capital *pl*
Eigenkapitalkonto ['aɪgənkapitaːlkɔnto] *n* equity account
Eigenkapitalquote ['aɪgənkapitaːlkvoːtə] *f* equity ratio
Eigenkapitalrentabilität ['aɪgənkapitaːlrɛntabilitɛːt] *f* equity return, income-to-equity ratio
Eigenkapitalzinsen ['aɪgənkapitaːltsɪnzən] *m/pl* equity yield rate
Eigenleistungen ['aɪgənlaɪstuŋən] *f/pl* own contributions *pl*, own funding
eigenmächtig ['aɪgənmɛçtɪç] *adj* arbitrary, high-handed, done on one's own authority
Eigenmächtigkeit ['aɪgənmɛçtɪçkaɪt] *f* arbitrary action

Eigenmarke ['aɪgənmarkə] *f* private brand, own brand
Eigenmittel ['aɪgənmɪtəl] *n/pl* own resources *pl,* own reserves *pl*
Eigennutzung ['aɪgənnutsuŋ] *f* internal use, own use
eigenständig ['aɪgənʃtɛndɪç] *adj* independent
Eigenständigkeit ['aɪgənʃtɛndɪçkaɪt] *f* independence
Eigentum ['aɪgəntu:m] *n* property
Eigentümer(in) ['aɪgənty:mər(ɪn)] *m/f* owner, proprietor
Eigentümergrundschuld ['aɪgənty:mərgruntʃult] *f* land charge in favour of the owner
Eigentümerhypothek ['aɪgənty:mərhy:pote:k] *f* mortgage for the benefit of the owner, owner's mortgage
Eigentümerversammlung ['aɪgənty:mərfɛrsamluŋ] *f* general meeting of condo owners
Eigentumsanspruch ['aɪgəntu:msanʃprux] *m* claim of ownership
Eigentumsaufgabe ['aɪgəntu:msaufga:bə] *f* relinquishing of ownership
Eigentumsbildung ['aɪgentu:msbɪlduŋ] *f* creation of private property
Eigentumserwerb ['aɪgəntu:msɛrvɛrp] *m* acquisition of property, property acquisition
Eigentumsnachweis ['aɪgəntu:msna:xvaɪs] *m* proof of ownership, evidence of ownership
Eigentumsrechte ['aɪgəntu:msrɛçtə] *n/pl* property rights *pl*
Eigentumsübertragung ['aɪgəntu:msy:bərtra:guŋ] *f* transfer of ownership, transfer of property
Eigentumsvorbehalt ['aɪgəntu:msfo:rbəhalt] *m* reservation of title
Eigentumswohnung ['aɪgənstu:msvo:nuŋ] *f* condominium; cooperative apartment
eigenverantwortlich ['aɪgənfɛrantvɔrtlɪç] *adj* responsible
Eigenverantwortlichkeit ['aɪgənfɛrantvɔrtlɪçkaɪt] *f* responsibility
Eigenverantwortung ['aɪgənfɛrantvɔrtuŋ] *f* responsibility
Eigenverbrauch ['aɪgənfɛrbraux] *m* personal consumption
Eigenvermögen ['aɪgənfɛrmø:gən] *n* own capital
Eigenwechsel ['aɪgənvɛksəl] *m* promissory note
eigenwillig ['aɪgənvɪlɪç] *adj* with a mind of one's own, highly individual
Eigner(in) ['aɪgnər(ɪn)] *m/f* *(Eigentümer)* owner, proprietor
Eigners Gefahr (o.r.) ['aɪgnərs gə'fa:r] *f* owner's risk
Eignung ['aɪgnuŋ] *f* suitability; *(Befähigung)* aptitude
Eignungstest ['aɪgnuŋstest] *m* *1. (Personal)* aptitude test *2. (Betriebswirtschaft)* acceptance test
Eilauftrag ['aɪlauftra:k] *m* rush order
Eilbote ['aɪlbo:tə] *m* express messenger, courier
Eilbrief ['aɪlbri:f] *m* express letter
Eilfracht ['aɪlfraxt] *f* express goods *pl,* fast freight *(US)*
Eilgut ['aɪlgu:t] *n* goods sent by express *pl*
eilig ['aɪlɪç] *adj* hurried, rushed, hasty; *es ~ haben* to be in a hurry
Eilpaket ['aɪlpake:t] *n* express parcel
Eilschrift ['aɪlʃrɪft] *f* high-speed shorthand, abbreviated shorthand
Eilüberweisung ['aɪly:bərvaɪsuŋ] *f* rapid money transfer
Eilzug ['aɪltsu:k] *m* semi-fast train
Eilzustellung ['aɪltsu:ʃtɛluŋ] *f* express delivery
einarbeiten ['aɪnarbaɪtən] *v* train s.o. for a job, familiarize s.o. with a job
Einarbeitung ['aɪnarbaɪtuŋ] *f* getting used to one's work, training, vocational adjustment
Einarbeitungszeit ['aɪnarbaɪtuŋstsaɪt] *f* training period, settling-in period
einbehalten ['aɪnbəhaltən] *v irr* keep back, retain
einberechnen ['aɪnbərɛçnən] *v etw mit ~* factor sth in
einberufen ['aɪnbəru:fən] *v irr (Versammlung)* convene, call, summon
Einberufung ['aɪnbəru:fuŋ] *f (einer Versammlung)* convening, calling, convocation
einbinden ['aɪnbɪndən] *v irr (fig)* include, integrate, involve
Einblick ['aɪnblɪk] *m* insight
einbringen ['aɪnbrɪŋən] *v* earn, yield, bring in; *(Verlust)* make up for
Einbruch ['aɪnbrux] *m (Preise)* slump, fall in prices
Einbruchversicherung ['aɪnbruxfɛrzɪçəruŋ] *f* housebreaking insurance
Einbuße ['aɪnbu:sə] *f* loss, damage
einbüßen ['aɪnby:sən] *v 1. (Geld)* lose; *2. (Recht)* forfeit

eindecken ['aɪndɛkən] *v sich mit etw ~* stock up on sth, lay in a supply of sth; *jdn mit etw ~* provide s.o. with sth
eindeutig ['aɪndɔytɪç] *adj* clear, unmistakable; *adv* clearly, unmistakably
eineinhalb [aɪnaɪn'halp] *num* one and a half
Einflussgrößenrechnung ['aɪnflusgrøːsənrɛçnuŋ] *f* factor impacting calculation
einfordern ['aɪnfɔrdərn] *v* call in, claim
Einfuhr ['aɪnfuːr] *f* import(ation)
Einfuhrartikel ['aɪnfuːrartɪkəl] *m/pl* foreign imports *pl*, imported articles *pl*
Einfuhrbeschränkung ['aɪnfuːrbəʃrɛŋkuŋ] *f* import restriction
Einfuhrbewilligung ['aɪnfuːrbəvɪlɪguŋ] *f* import permit, import licence
einführen ['aɪnfyːrən] *v 1. (etw Neues)* introduce; *2. (importieren)* import
Einfuhrerklärung ['aɪnfuːrɛrklɛːruŋ] *f* import declaration
Einfuhrerleichterung ['aɪnfuːrɛrlaɪçtəruŋ] *f* import facilities *pl*
Einfuhrgenehmigung ['aɪnfuːrgəneːmɪguŋ] *f* import permit, import licence
Einfuhrhandel ['aɪnfuːrhandəl] *f* import trade
Einfuhrhändler(in) ['aɪnfuːrhɛndlər(ɪn)] *m/f* importer
Einfuhrkontingentierung ['aɪnfuːrkɔntɪngɛntiːruŋ] *f* quota allocation for imported goods
Einfuhrlenkung ['aɪnfuːrlɛŋkuŋ] *f* import control
Einfuhrlizenz ['aɪnfuːrlitsɛnts] *f* import licence
Einfuhrpapiere ['aɪnfuːrpapiːrə] *n/pl* import documents *pl*
Einfuhrstopp ['aɪnfuːrʃtɔp] *m* import embargo, import ban
Einführung ['aɪnfyːruŋ] *f (von etw Neuem)* introduction, launch
Einführungsangebot ['aɪnfyːruŋsangəboːt] *n* initial offer, introductory offer
Einführungsanzeige ['aɪnfyːruŋsantsaɪgə] *f* launch
Einführungskurs ['aɪnfyːruŋskurs] *m (Aktien)* issue price
Einführungsphase ['aɪnfyːruŋsfaːzə] *f* introduction stage
Einführungspreis ['aɪnfyːruŋspraɪs] *m* introductory offer, initial price
Einführungsrabatt ['aɪnfyːruŋsrabat] *m* introductory discount
Einführungstest ['aɪnfyːruŋstɛst] *m* product placement
Einfuhrverbot ['aɪnfuːrfɛrboːt] *n* import prohibition, ban on imports
Einfuhrzoll ['aɪnfuːrtsɔl] *m* import duty, import levy
Eingabe ['aɪngaːbə] *f 1. (Daten)* input, entry; *2. (Antrag)* petition, application, request
Eingang ['aɪngaŋ] *m 1. (Wareneingang)* arrival receipt of goods; *2. (Geldeingang)* receipt
Eingang vorbehalten ['aɪngaŋ 'foːrbəhaltən] due payment reserved
Eingangsbestätigung ['aɪngaŋsbəʃtɛːtɪguŋ] *f* confirmation of receipt
Eingangsstempel ['aɪngaŋsʃtɛmpəl] *m* receipt stamp
Eingangsvermerk ['aɪngaŋsfɛrmɛrk] *m* notice of receipt, receipt notice
eingeben ['aɪngeːbən] *v irr 1. (Daten)* input, enter, feed; *2. (einreichen)* submit, hand in
eingehen ['aɪngeːən] *v irr 1. (auf einen Vorschlag)* agree to, consent to; *2. (Verpflichtung)* enter into, embark on
eingeschlossen ['aɪngəʃlɔsən] *adj* included, cum
eingespielt ['aɪngəʃpiːlt] *adj* used to working together
Eingeständnis ['aɪngəʃtɛntnɪs] *n* admission, confession
eingestehen ['aɪngəʃteːən] *v irr* admit, confess, avow
eingetragen ['aɪngətraːgən] *adj* registered, entered; *nicht ~* unregistered
eingetragener Verein (e.V.) ['aɪngətraːgɛnər fɛr'aɪn] *m* registered association
eingezahltes Kapital ['aɪngətsaːltəs kapi'taːl] *n* paid-up capital
eingreifen ['aɪngraɪfən] *v irr (einschreiten)* intervene, step in
Eingriff ['aɪngrɪf] *m (Einschreiten)* intervention, interference
Einhalt ['aɪnhalt] *m* check; *~ gebieten* stop, put a stop to, halt
einhalten ['aɪnhaltən] *v 1. (befolgen)* observe, stick to, adhere to; *2. (Versprechen)* keep; *3. (beibehalten)* follow, keep to
Einhaltung ['aɪnhaltuŋ] *f 1. (Befolgung)* observance of, compliance to; *2. (Beibehaltung)* holding to, adherence to
einheften ['aɪnhɛftən] *v (Akten)* file
Einheit ['aɪnhaɪt] *f* unity; *(eine ~)* unit
Einheitliche Europäische Artikelnummer (EAN) ['aɪnhaɪtlɪçə ɔyro'pɛːɪʃə ar'tɪkəlnumər] *f* European article number *(EAN)*

Einheitsbilanz ['aɪnhaɪtsbilants] *f* unified balance sheet
Einheitsgesellschaft ['aɪnhaɪtsgəzɛlʃaft] *f* unified company
Einheitskurs ['aɪnhaɪtskurs] *m* uniform price, spot price
Einheitsmarkt ['aɪnhaɪtsmarkt] *m* single-price market
Einheitspreis ['aɪnhaɪtspraɪs] *m* standard price, uniform price
Einheitssatz ['aɪnhaɪtszats] *m* standard rate
Einheitsscheck ['aɪnhaɪtsʃɛk] *m* standard cheque
Einheitssteuer ['aɪnhaɪtsʃtɔyər] *f* uniform tax
Einheitstarif ['aɪnhaɪtstari:f] *m* uniform rate, uniform tariff
Einheitsvordruck ['aɪnhaɪtsfo:rdruk] *m* standard form
Einheitswährung ['aɪnhaɪtsvɛ:ruŋ] *f* unified currency
Einheitswechsel ['aɪnhaɪtsvɛksəl] *m* standard bill
Einheitswert ['aɪnhaɪts've:rt] *m* standard value, rateable value
Einheitszoll ['aɪnhaɪtstsɔl] *m* uniform duty
einhellig ['aɪnhɛlɪç] *adj* unanimous
einig ['aɪnɪç] *adj 1. sich über etw ~ werden* come to an agreement on sth; *wir sind uns ~, dass ...* we agree that ..., we are in agreement that ...; *2. (geeint)* united
einigen ['aɪnɪgən] *v 1. sich ~* come to an agreement, agree, come to terms; *2. sich ~ über* agree on
Einigkeit ['aɪnɪçkaɪt] *f* unity, harmony, unanimity
Einigung ['aɪnɪguŋ] *f* agreement, understanding, settlement
Einigungsstelle ['aɪnɪguŋsʃtɛlə] *f* conciliation board
Einigungsversuch ['aɪnɪguŋsfɛrzu:x] *m* attempt at reconciliation
Einigungsvorschlag ['aɪnɪguŋsfo:rʃla:k] *m* conciliatory proposal
einkalkulieren ['aɪnkalkuli:rən] *v* take into account
Einkauf ['aɪnkauf] *m* purchasing, purchase
einkaufen ['aɪnkaufən] *v* buy, purchase, shop (for)
Einkäufer(in) ['aɪnkɔyfər(ɪn)] *m/f* buyer
Einkaufsabteilung ['aɪnkaufsaptaɪluŋ] *f* purchasing department
Einkaufsagent ['aɪnkaufsagɛnt] *m* purchasing agent
Einkaufsbedingungen ['aɪnkaufsbədɪŋuŋən] *f/pl* purchasing terms *pl*
Einkaufsgemeinschaft ['aɪnkaufsgəmaɪnʃaft] *f* purchasing association
Einkaufsgenossenschaft ['aɪnkaufsgənɔsənʃaft] *f* purchasing cooperative
Einkaufsland ['aɪnkaufslant] *n* country of purchase
Einkaufspassage ['aɪnkaufspasa:ʒə] shopping mall *(US)*, shopping passage
Einkaufspolitik ['aɪnkaufspɔliti:k] *f* procurement policy
Einkaufspreis ['aɪnkaufspraɪs] *m* wholesale price, cost price, purchase price
Einkaufszentrum ['aɪnkaufstsɛntrum] *n* shopping centre, shopping mall *(US)*
einklagen ['aɪnkla:gən] *v* sue for
Einkommen ['aɪnkɔmən] *n* income, earnings; revenue; *festes ~* fixed income; regular income; *verfügbares ~* disposable income; *Jahres~* annual income, annual earnings
Einkommenseffekt ['aɪnkɔmənsefɛkt] *m* income effect; income generating effect
Einkommenserklärung ['aɪnkɔmənsɛrklɛ:ruŋ] *f* income declaration
Einkommensfonds ['aɪnkɔmənsfɔ̃] *m* income fund
einkommensschwach ['aɪnkɔmənsʃvax] *adj* of low wage
einkommensstark ['aɪnkɔmensʃtark] *adj* high-income
Einkommenssteuer ['aɪnkɔmənsʃtɔyər] *f* income tax
Einkommenssteuerbescheid ['aɪnkɔmənsʃtɔyərbəʃaɪt] *m* income tax assessment
Einkommenssteuererklärung ['aɪnkɔmənsʃtɔyərɛrklɛ:ruŋ] *f* income tax return, declaration of income tax
einkommenssteuerpflichtig ['aɪnkɔmənsʃtɔyərpflɪçtɪç] *adj* liable to income tax
Einkommensstufe ['aɪnkɔmensʃtu:fə] *f* income bracket
Einkommenstheorie ['aɪnkɔmənste:ori:] *f* theory of income determination
Einkommensumverteilung ['aɪnkɔmənsumfɛrtaɪluŋ] *f* redistribution of income
Einkommensverteilung ['aɪnkɔmənsfɛrtaɪluŋ] *f* distribution of income
Einkünfte ['aɪnkynftə] *pl* income, earnings *pl*, *(des Staates)* revenue
Einladung ['aɪnla:duŋ] *f* invitation
Einlage ['aɪnla:gə] *f* stake, investment, money deposited

Einlagekapital ['aɪnla:gəkapita:l] *n* invested capital, investment, inital share
Einlagekonto ['aɪnla:gəkɔnto] *n* *1. (Bank)* deposit account; *2. (Unternehmen)* investment account
Einlagen ['aɪnla:gən] *f/pl* deposit
Einlagengeschäft ['aɪnla:gəngəʃɛft] *n* deposit business
Einlagenpolitik ['aɪnla:gənpoliti:k] *f* deposit policy
Einlagensicherung ['aɪnla:gənzɪçəruŋ] *f* guarantee of deposit
Einlagensicherungsfonds ['aɪnla:gənzɪçəruŋsfɔ̃] *m* deposit guarantee fund
Einlagenzertifikat ['aɪnla:gəntsɛrtifika:t] *n* certificate of deposit
einlagern ['aɪnla:gərn] *v* store
Einlagerung ['aɪnla:gəruŋ] *f* storage
einlegen ['aɪnle:gən] *v* *1.* put in; *2. Protest* ~ lodge a protest; *3. (Geld)* deposit
einlesen ['aɪnle:zən] *v irr* read in
Einlinienorganisation ['aɪnlinjənɔrganizatsjo:n] *f* straight-line organization
einloggen ['aɪnlɔgən] *v sich* ~ log in, log on
einlösen ['aɪnlø:zən] *v (Scheck)* cash
Einlösung ['aɪnlø:zuŋ] *f* payment, encashment
Einlösungspflicht ['aɪnlø:zuŋspflɪçt] *f* obligation to redeem
Einnahmen ['aɪnna:mən] *f/pl* receipts *pl*
Einnahmen-Ausgaben-Rechnung ['aɪnna:mən'ausga:bənrɛçnuŋ] *f* bill of receipts and expenditures
Einnahmeposten ['aɪnna:məpɔstən] *m* item of income, income item
Einnahmequelle ['aɪnna:məkvɛlə] *f* *1. (privat)* source of income; *2. (Staat)* source of revenue
einnehmen ['aɪnne:mən] *v irr (verdienen)* earn
Einnehmer(in) ['aɪnne:mər(ɪn)] *m/f* collector
Einpersonengesellschaft ['aɪnpɛrso:nəngəzɛlʃaft] *f* one-man corporation
einplanen ['aɪnpla:nən] *v* include in the plan, plan on
Einproduktbetrieb ['aɪnprɔduktbətri:p] *m* single-product firm
Einpunktklausel ['aɪnpunktklauzəl] *f* one-item clause
Einrede ['aɪnredə] *f* defence, plea
Einrede der Arglist ['aɪnredə de:r 'arglist] *f* defence of fraud
Einrede der Vorausklage ['aɪnredə de:r fo'rauskla:gə] *f* defence of lack of prosecution

Einsatz ['aɪnzats] *m* *1. (Kapitaleinsatz)* investment; *2. (Anwendung)* employment, use, application; *3. (Hingabe)* effort, commitment, dedication
einsatzbereit ['aɪnzatsbəraɪt] *adj* ready for use
Einsatzfaktor ['aɪnzatsfaktɔr] *m* input factor
einschränken ['aɪnʃrɛŋkən] *v* restrict, limit
Einschränkungsklausel ['aɪnʃrɛŋkuŋsklauzəl] *f* restrictive clause
Einschränkungsmaßnahmen ['aɪnʃrɛŋkuŋsma:sna:mən] *f/pl* restrictive measures *pl,* austerity measures *pl*
Einschreibebrief ['aɪnʃraɪbəbri:f] *m* registered letter
Einschreiben ['aɪnʃraɪbən] *n per* ~ by registered post, by registered mail *(US)*
Einschreibung ['aɪnʃraɪbuŋ] *f* registration
Einschuss ['aɪnʃus] *m* margin requirement
Einschussquittung ['aɪnʃuskvɪtuŋ] *f* contribution receipt
einseitige Übertragung ['aɪnzaɪtɪgə y:bər'tra:guŋ] *f* unilateral transfer
einsenden ['aɪnzɛndən] *v irr* send in
Einsender ['aɪnzɛndər] *m* sender
Einsendung ['aɪnzɛnduŋ] *f* letter, contribution
Einsichtnahme ['aɪnzɪçtna:mə] *f* inspection
einsortieren ['aɪnzɔrti:rən] *v* sort in
einsparen ['aɪnʃpa:rən] *v* economize, save money
Einsparung ['aɪnʃpa:ruŋ] *f* saving, economization
Einsparungsmaßnahmen ['aɪnʃpa:ruŋsma:sna:mən] *f/pl* economy measures *pl*
Einspruch ['aɪnʃprux] *m* objection, protest
Einspruch erheben ['aɪnʃprux ɛr'he:bən] *v* raise an objection, disagree
Einspruchsfrist ['aɪnʃpruxsfrɪst] *f* period for objection
Einspruchsrecht ['aɪnʃpruxsrɛçt] *n* right to appeal
einstampfen ['aɪnʃtampfən] *v* pulp, crush
Einstandspreis ['aɪnʃtantspraɪs] *m* cost price
einstellen ['aɪnʃtɛlən] *v* *1. (Arbeitskräfte)* employ, engage; *2. (beenden)* stop, cease, leave off; *3. (regulieren)* adjust, regulate
Einstellung ['aɪnʃtɛluŋ] *f* *1. (Arbeitskräfte)* employment; *2. (Beendigung)* cessation, suspension; *3. (Regulierung)* setting, adjustment

Einstellungsbedingung ['aɪnʃtɛluŋsbədɪŋuŋ] *f* employment condition
Einstellungsgespräch ['aɪnʃtɛluŋsgəʃprɛ:ç] *n* job interview
Einstellungsgesuch ['aɪnʃtɛluŋsgəzu:x] *n* application (for a job), job application
Einstellungsstopp ['aɪnʃtɛluŋsʃtɔp] *m* freeze on further recruitment, job freeze
Einstimmigkeitsregel ['aɪnʃtɪmiçkaɪtsregəl] *f* unanimity rule
einstufen ['aɪnʃtu:fən] *v* grade, classify, rate
Einstufung ['aɪnʃtu:fuŋ] *f* classification
einstweilig ['aɪnstvaɪlɪç] *adj* in the interim, temporary, *~e Verfügung* temporary injunction, temporary restraining order
Eintragung ['aɪntra:guŋ] *f* registration, entering; *amtliche ~* incorporation
Eintragung im Handelsregister ['aɪntra:guŋ ɪm 'handəlsrəgɪstər] *f* registration in the Commercial Register
Eintrittsbedingung ['aintrɪtsbədɪŋuŋ] *f* conditions for participation *pl*
Eintrittsstrategien ['aɪntrɪtsʃtrategi:ən] *f/pl* entry strategies *pl*
Einvernehmen ['aɪnfɛrne:mən] *n* agreement, understanding
einvernehmlich ['aɪnfɛrne:mlɪç] *adj* in mutual agreement
einverstanden ['aɪnfɛrʃtandən] *v mit etw ~ sein* agree with sth, consent to sth, be agreeable to sth; *Einverstanden!* Agreed!
Einverständnis ['aɪnfɛrʃtɛntnɪs] *n* agreement, consent, approval
Einverständniserklärung ['aɪnfɛrʃtɛntnɪsɛrklɛ:ruŋ] *f* declaration of consent
Einwand ['aɪnvant] *m* objection
einwandfrei ['aɪnvantfraɪ] *adj* faultless, impeccable, irreproachable
einwechseln ['aɪnvɛksəln] *v 1. (Devisen)* exchange, change; *2. (Scheck)* cash
Einwechslung ['aɪnvɛksluŋ] *f 1. (Devisen)* exchanging, changing; *2. (Scheck)* cashing
Einwegflasche ['aɪnve:kflaʃə] *f* non-returnable bottle
Einwegverpackung ['aɪnve:kfɛrpakuŋ] *f* non-returnable packaging
einweihen ['aɪnvaɪən] *v* inaugurate
Einweihung ['aɪnvaɪuŋ] *f* inauguration, ceremonial opening
einweisen ['aɪnvaɪzən] *v irr (anleiten)* introduce, instruct
Einweisung ['aɪnvaɪzuŋ] *f* induction; *(Instruktionen)* instructions *pl*
einwilligen ['aɪnvɪlɪgən] *v* agree, consent, approve
Einwilligung ['aɪnvɪlɪguŋ] *v* approval, consent, agreement
einzahlen ['aɪntsa:lən] *v* pay in, deposit
Einzahler(in) ['aɪntsa:lər(ɪn)] *m/f* depositer, payer
Einzahlung ['aɪntsa:luŋ] *f* payment, deposit
Einzahlungsbeleg ['aɪntsa:luŋsbəle:k] *m* paying-in slip, deposit slip
Einzahlungspflicht ['aɪntsa:luŋspflɪçt] *f* obligation to pay subscription
Einzelabschreibung ['aɪntsəlapʃraɪbuŋ] *f* single-asset depreciation
Einzelarbeitsvertrag ['aɪntsəlarbaɪtsfɛrtra:k] *m* individual employment contract
Einzelbetrag ['aɪntsəlbətra:k] *m* single amount
Einzelbetrieb ['aɪntsəlbətri:p] *m* individual enterprise, sole trader
Einzelfall ['aɪntsəlfal] *m* individual case, particular case
Einzelfertigung ['aɪntsəlfɛrtiguŋ] *f* individual production; single-item manufacturing
Einzelhandel ['aɪntsəlhandəl] *m* retail trade
Einzelhandelsgeschäft ['aɪntsəlhandəlsgəʃɛft] *n* retail store
Einzelhandelspreis ['aɪntsəlhandəlspraɪs] *m* retail price
Einzelhandelsspanne ['aɪntsəlhandəlsʃpanə] *f* retail price margin
Einzelhändler ['aɪntsəlhɛndlər] *m* retailer
Einzelkaufmann ['aɪntsəlkaufman] *m* sole trader
Einzelkosten ['aɪntsəlkɔstən] *pl* direct cost
Einzelkredit ['aɪntsəlkredi:t] *m* personal loan
Einzelkreditversicherung ['aɪntsəlkredi:tfɛrzɪçəruŋ] *f* individual credit insurance
Einzellohn ['aɪntsəllo:n] *m* individual salary, individual wage
einzeln ['aɪntsəln] *adj* individual, single, particular; *im Einzelnen* in detail; *adv* individually, separately, one by one
Einzelposten ['aɪntsəlpɔstən] *m* single item, unique item
Einzelprokura ['aɪntsəlprɔku:ra] *n* individual power of procuration
Einzelstück ['aɪntsəlʃtyk] *n* unique piece
Einzelverkauf ['aɪntselfɛrkauf] *m* retail sale
Einzelverkaufspreis ['aɪntsəlfɛrkaufspraɪs] *m* retail price, selling price

Einzelverpackung ['aɪntsəlfɛrpakuŋ] *f* unit packing
Einzelvollmacht ['aɪntsəlfɔlmaxt] *f* individual power of representation
Einzelwerbung ['aɪntsəlvɛrbuŋ] *f* direct advertising
einziehen ['aɪntsiːən] *v* *1. (beschlagnahmen)* confiscate, impound, withdraw; *2. Auskünfte über etw ~* gather information about sth; *3. (kassieren)* collect, call in; *4. (aus dem Verkehr ziehen)* call in
Einziehungsauftrag ['aɪntsiːuŋsauftraːk] *m* direct debit order, collection order, direct debit instruction
Einziehungsermächtigung ['aɪntsiːuŋsɛrmɛçtɪguŋ] *f* direct debit authorization
Einziehungsgeschäft ['aɪntsiːuŋsgəʃɛft] *n* collection business
Einziehungsvollmacht ['aɪntsiːuŋsfɔlmaxt] *f* right to collect
Einzug ['aɪntsuːk] *m* *1. (Beschlagnahme)* confiscation, seizure, impounding; *2. (von Geld, Steuern)* collection, cashing
Einzugsermächtigung ['aɪntsuːksɛrmɛçtɪguŋ] *f* direct debit instruction
Einzugsermächtigungsverfahren ['aɪntsuːksɛrmɛçtɪguŋsfɛrfaːrən] *n* collection procedure
Einzugsgebiet ['aɪntsuːksgəbiːt] *n* area of supply, catchment area, trading area
Einzugsquittung ['aɪntsuːkskvɪtuŋ] *f* collection receipt
Einzugsspesen ['aɪntsuːksʃpeːzən] *pl* collecting charges *pl,* collecting expenses *pl*
Einzugsverfahren ['aɪntsuːksfɛrfaːrən] *n* collection procedure
Eisen schaffende Industrie ['aɪzən ʃafəndə ɪndus'triː] *f* iron and steel producing industry
Eisenbahn ['aɪzənbaːn] *f* railway
Eisenbahnnetz ['aɪzənbaːnnɛts] *n* railway network
Eisenbahntarif ['aɪzənbaːntariːf] *m* railway tariff
Eisenbahnwagen ['aɪzənbaːnvaːgən] *m* railway carriage, railroad car *(US)*
Eisenbörse ['aɪzənbøːrzə] *f* iron exchange
Eisenindustrie ['aɪzənɪndustriː] *f* iron industry
Eisen verarbeitend ['aɪzən fɛrarbaɪtənt] *adj* iron-processing
eiserner Bestand ['aɪzərnər bə'ʃtant] *m* *(Betriebswirtschaft)* minimum inventory level, *(Geld)* reserve fund
Electronic Banking [ɪlek'trɔnɪk 'bæŋkɪŋ] *n* electronic banking
Electronic Business [ɪlek'trɔnɪk 'bɪznɪs] *n* electronic business
Electronic Cash [ɪlek'trɔnɪk kæʃ] *n* electronic cash
Electronic Commerce [ɪlek'trɔnɪk 'kɔmɜs] *m* electronic commerce
Elefantenhochzeit [ele'fantənhoxtsaɪt] *f* *(fig)* jumbo merger, giant merger, megadollar merger *(US)*
Elektrik [e'lɛktrɪk] *f* *1.* electrical equipment; *2. (Elektrotechnik)* electrical engineering
Elektriker(in) [e'lɛktrɪkər(ɪn)] *m/f* electrician
elektrisch [e'lɛktrɪʃ] *adj* electric, electrical
Elektrizität [elɛktritsi'tɛːt] *f* electricity, electric current
Elektrizitätswerk [elɛktritsi'tɛːtsvɛrk] *n* power station, generating plant
Elektroindustrie [e'lɛktroɪndustrɪː] *f* electrical engineering industry
Elektronik [elɛk'troːnɪk] *f* electronics
elektronisch [elɛk'troːnɪʃ] *adj* electronic
Elektrotechnik [e'lɛktrotɛçnɪk] *f* electrical engineering
Elektrotechniker(in) [e'lɛktrotɛçnɪkər(ɪn)] *m/f* electrician
E-Mail ['iːmeɪl] *n* e-mail
Embargo [ɛm'bargo] *n* embargo, *ein ~ aufheben* to lift an embargo
Emission [emɪs'joːn] *f* issue, issuing
Emissionsabteilung [emɪs'joːnsaptaɪluŋ] *f* issue department
Emissionsagio [emɪs'joːnsaːdʒo] *n* issue premium
Emissionsarten [emɪs'joːnsartən] *f/pl* types of issuing *pl*
Emissionsbank [emɪs'joːnsbaŋk] *f* issuing bank, issuing house
Emissionsbedingungen [emɪs'joːnsbədiŋuŋən] *f/pl* terms and conditions of issue *pl*
emissionsfähig [emɪs'joːnsfɛːɪç] *adj* issuable
Emissionsgenehmigung [emɪs'joːnsgəneːmiguŋ] *f* issue permit
Emissionsgeschäft [emɪs'joːnsgəʃɛft] *n* investment business, underwriting business
Emissionsgesetz [emɪs'joːnsgəzɛts] *n* Issue Law
Emissionshaus [emɪs'joːnshaus] *n* issuing house
Emissionskalender [emɪs'joːnskalɛndər] *m* issue calendar

Emissionskonsortium [emɪs'jo:nskɔnsɔrtsjum] *n* underwriting syndicate
Emissionskontrolle [emɪs'jo:nskɔntrɔlə] *f* security issue control
Emissionskosten [emɪs'jo:nskɔstən] *pl* underwriting costs *pl*
Emissionskredit [emɪs'jo:nskredi:t] *m* credit granted to the issuer by the bank
Emissionskurs [emɪs'jo:nskurs] *m* rate of issue, issue price
Emissionsmarkt [emɪs'jo:nsmarkt] *m* primary market
Emissionsrendite [emɪs'jo:nsrɛndi:tə] *f* issue yield
Emissionsreste [emɪs'jo:nsrɛstə] *m/pl* residual securities of an issue *pl*
Emissionssperre [emɪs'jo:nsʃpɛrə] *f* ban on new issues
Emissionsstatistik [emɪs'jo:nsʃtatɪstɪk] *f* new issue statistics
Emissionssyndikat [emɪs'jo:nszyndika:t] *n* underwriting syndicate
Emissionsverfahren [emɪs'jo:nsfɛrfa:rən] *n* issuing procedure
Emissionsvergütung [emɪs'jo:nsfɛrgy:tuŋ] *f* issue commission
Emissionswährung [emɪs'jo:nsvɛ:ruŋ] *f* issue currency, currency of issue
emittieren [emɪ'ti:rən] *v* issue
Empfang [ɛm'pfaŋ] *m 1. (Erhalt)* receipt; *2. (Begrüßung)* reception, welcome; *3. (Veranstaltung)* reception; *4. (Rezeption)* reception area; *5. (TV)* reception
empfangen [ɛm'pfaŋən] *v irr 1.* receive; *2. (begrüßen)* welcome, greet, meet
Empfänger [ɛm'pfɛŋər] *m 1.* recipient, *2. (Gerät)* receiver
empfangsberechtigt [ɛm'pfaŋsbərɛçtɪçt] *adj* authorized to receive
Empfangsbescheinigung (rect.) [ɛm'pfaŋsbəʃaɪniguŋ] *f* receipt, acknowledgement of receipt
Empfangsbestätigung [ɛm'pfaŋsbəʃtɛ:tɪguŋ] *f* receipt, acknowledgement of receipt
Empfangschef(in) [ɛm'pfaŋsʃɛf(ɪn)] *m/f* reception clerk
Empfangsdame [ɛm'pfaŋsda:mə] *f* receptionist
Empfangshalle [ɛm'pfaŋshalə] *f* foyer
Empfangszimmer [ɛm'pfaŋstsɪmər] *n* reception room
empfehlen [ɛm'pfe:lən] *v irr* recommend; *es empfiehlt sich, etw zu tun* it is a good idea to do sth
empfehlenswert [ɛm'pfe:lənsve:rt] *adj* to be recommended, *(ratsam)* advisable
Empfehlung [ɛm'pfe:luŋ] *f* recommendation
Empfehlungsschreiben [ɛm'pfe:luŋsʃraɪbən] *n* letter of recommendation, reference *(UK)*, letter of introduction
empirisch [ɛm'pi:rɪʃ] *adj* empirical
empirische Marktforschung [ɛm'pi:rɪʃə 'marktfɔrʃuŋ] *f* empirical market research
empirische Wirtschaftsforschung [ɛm'pi:rɪʃə 'vɪrtʃaftsfɔrʃuŋ] *f* empirical economic research
empirischer Gehalt [ɛm'pi:rɪʃər gə'halt] *m* empirical contents *pl*
Endabnehmer ['ɛntapne:mər] *m* ultimate buyer
Endabrechnung ['ɛntaprɛçnuŋ] *f* final account
Endabstimmung ['ɛntapstɪmuŋ] *f* final vote
Endbetrag ['ɛntbətra:k] *m* final amount
Endergebnis ['ɛntɛrge:pnɪs] *n* final result
Endkontrolle ['ɛntkɔntrɔlə] *f* final control
Endkostenstelle ['ɛntkɔstənʃtɛlə] *f* final cost center
endlagern ['ɛntla:gərn] *v* permanently dump, permanently dispose of
Endlagerung ['ɛntla:gəruŋ] *f* permanent storage (of radioactive waste)
Endnachfrage ['ɛntna:xfra:gə] *f* final demand
endogene Variable ['ɛndoge:nə vari'a:blə] *f* endogenous variable
Endpreis ['ɛntpraɪs] *m* final price
Endprodukt ['ɛntprɔdukt] *n* finished product, final product
Endverbraucher ['ɛntfɛrbrauxər] *m* (ultimate) consumer, end user
Endwert ['ɛntve:rt] *m* final value
Energie [enɛr'gi:] *f* energy
energiearm [enɛr'gi:arm] *adj* low-energy
Energiebedarf [enɛr'gi:bədarf] *m* energy requirements *pl*
Energiebesteuerung [enɛr'gi:bəʃtɔyəruŋ] *f* energy taxation
energiebewusst [enɛr'gi:bəvust] *adj* energy-conscious
Energiebilanz [enɛr'gi:bilants] *f* energy balance statement
Energieersparnis [enɛr'gi:ɛrʃpa:rnɪs] *f* energy savings *pl*
Energiefonds [enɛr'gi:fɔ̃] *m* electricity and fuels funds *pl*

Energiekrise [enɛr'gi:kri:zə] *f* energy crisis
Energiepolitik [enɛr'gi:politi:k] *f* energy policy
Energiequelle [enɛr'gi:kvɛlə] *f* energy source
Energiesteuer [enɛr'gi:ʃtɔyər] *f* energy tax
Energieverbrauch [enɛr'gi:fɛrbraux] *m* energy consumption
Energieversorgung [enɛr'gi:fɛrzɔrguŋ] *f* energy supply
Energiewirtschaft [enɛr'gi:vɪrtʃaft] *f* power-producing industry
Engagement [ãŋgaʒə'mã] *n* 1. *(Einsatz)* commitment, involvement; 2. *(Anstellung)* engagement
enger Markt ['ɛŋər 'markt] *m* restricted market
Engineering [endʒɪ'niərɪŋ] *n* engineering
Engpass ['ɛŋpas] *m* bottleneck, shortage
Engpassfaktor ['ɛŋpasfakto:r] *m* bottleneck factor
Engpassplanung ['ɛŋpaspla:nuŋ] *f* overall planning with special attention to bottleneck areas
en gros [ã: 'gro:] *adj* in bulk
Entdeckung [ɛnt'dɛkuŋ] *f* discovery, detection, finding
enteignen [ɛnt'aɪgnən] *v* expropriate
Enteignung [ɛnt'aɪgnuŋ] *f* expropriation, dispossession
Entgelt [ɛnt'gɛlt] *n* compensation, payment, remuneration
Entgeltfortzahlung [ɛnt'gɛltfɔrttsa:luŋ] *f* continued pay
entheben [ɛnt'he:bən] *v irr* 1. *(der Verantwortung)* dispense, exempt, release; 2. *(eines Amtes)* remove, dismiss
entladen [ɛnt'la:dən] *v irr (abladen)* unload
Entladung [ɛnt'la:duŋ] *f* 1. *(im Transportwesen)* unloading; 2. *(elektrisch)* discharge
Entladungskosten [ɛnt'la:duŋskɔstən] *pl* discharging expenses *pl*
entlassen [ɛnt'lasən] *v irr* discharge; *(Arbeitskraft)* dismiss, fire *(fam)*, sack *(fam)*
Entlassung [ɛnt'lasuŋ] *f (einer Arbeitskraft)* dismissal
Entlassungsgesuch [ɛnt'lasuŋsgəzu:x] *n* letter of recognition
Entlassungspapiere [ɛnt'lasuŋspapi:rə] *pl* marching orders *pl*, walking papers *(US) pl*
entlasten [ɛnt'lastən] *v* reduce the pressure on, relieve the strain on
entlastend [ɛnt'lastənt] *adj* exonerating
Entlastung [ɛnt'lastuŋ] *f* relief; *Wir schicken Ihnen Ihre Unterlagen zu unserer ~ zurück.* We are returning your documents to you for your files.
Entlastungsmaterial [ɛnt'lastuŋsmaterja:l] *n* exonerating evidence
Entlastungszeuge [ɛnt'lastuŋstsɔygə] *m* witness for the defence
entlohnen [ɛnt'lo:nən] *v* pay off, remunerate
Entlohnung [ɛnt'lo:nuŋ] *f* remuneration, paying, paying off
entmündigen [ɛnt'myndɪgən] *v* declare incapable of managing his/her own affairs
Entmündigung [ɛnt'myndɪguŋ] *f* legal incapacitation
Entnahme [ɛnt'na:mə] *f* withdrawal
entnehmen [ɛnt'ne:mən] *v irr (Geld)* draw (out), withdraw
entrichten [ɛnt'rɪçtən] *v* pay
Entrichtung [ɛnt'rɪçtuŋ] *f* payment
entschädigen [ɛnt'ʃɛ:dɪgən] *v* compensate, repay, reimburse
Entschädigung [ɛnt'ʃɛ:dɪguŋ] *f* compensation, indemnification, reimbursement
Entschädigungsanspruch [ɛnt'ʃe:dɪguŋsanʃprux] *m* claim to compensation
Entschädigungssumme [ɛnt'ʃɛ:dɪguŋszumə] *f* amount of compensation
entscheiden [ɛnt'ʃaɪdən] *v irr* decide, determine, settle; *sich gegen etw ~* decide against sth
Entscheidung [ɛnt'ʃaɪduŋ] *f* decision; *eine ~ treffen* make a decision
Entscheidungsbefugnis [ɛnt'ʃaɪduŋsbəfu:knɪs] *f* competence, jurisdiction
Entscheidungsfindung [ɛnt'ʃaɪduŋsfɪnduŋ] *f* decision-making
Entscheidungsgrund [ɛnt'ʃaɪduŋsgrunt] *m* decisive factor
Entscheidungshierarchie [ɛnt'ʃaɪduŋshierarçi:] *f* decision-making hierarchy
Entscheidungskompetenz [ɛnt'ʃaɪduŋskɔmpetɛnts] *f* competence to decide
Entscheidungskriterien [ɛnt'ʃaɪduŋskri:tɛrijən] *pl* criteria of decision *pl*
Entscheidungsregel [ɛnt'ʃaɪduŋsregəl] *f* decision rule
entschieden [ɛnt'ʃi:dən] *adj* decided, definite, settled; *adv* decidedly, definitely, positively
Entschiedenheit [ɛnt'ʃi:dənhaɪt] *f* determination, resoluteness, decisiveness
entschlackte Produktion [ɛnt'ʃlaktə produk'tsjo:n] *f* lean production

entschließen [ɛnt'ʃliːsən] *v irr sich ~* decide, make up one's mind, determine
entschlossen [ɛnt'ʃlɔsən] *adj* determined, resolved, resolute; *adv* with determination, resolutely
Entschlossenheit [ɛnt'ʃlɔsənhaɪt] *f* determination
Entschluss [ɛnt'ʃlus] *m* resolution, decision
entschuldigen [ɛnt'ʃuldɪgən] *v sich ~* apologize; *sich ~ (sich abmelden)* excuse o.s., ask to be excused
Entschuldigung [ɛnt'ʃuldɪguŋ] *f (Abbitte)* apology; *~!* Excuse me! Sorry! *(Ausrede)* excuse
Entschuldigungsgrund [ɛnt'ʃuldɪguŋsgrunt] *m* excuse
Entschuldung [ɛnt'ʃulduŋ] *f* disencumberment
entsenden [ɛnt'zɛndən] *v irr* dispatch, send out
entsorgen [ɛnt'zɔrgən] *v Abfall ~* dispose of waste
Entsorgung [ɛnt'zɔrguŋ] *f* waste management
Entsorgungswirtschaft [ɛnt'zɔrguŋsvɪrtʃaft] *f* waste industry
entspannen [ɛnt'ʃpanən] *v (wirtschaftliche Beziehungen)* ease, lose tension
Entspannung [ɛnt'ʃpanuŋ] *f (von wirtschaftlichen Beziehungen)* easing (of tension)
Entspannungsgespräche [ɛnt'ʃpanuŋsgəʃprɛːçə] *n/pl* conciliatory talks *pl*
Entspannungspolitik [ɛnt'ʃpanuŋspoliti:k] *f* policy of détente
Entsparen [ɛnt'ʃpaːrən] *n* dissaving
entwerten [ɛnt'vɛrtən] *v (Geld)* devalue; *(fig)* devalue, depreciate
Entwertung [ɛnt'vɛrtuŋ] *f* depreciation, devaluation, demonetization
entwickeln [ɛnt'vɪkəln] *v* develop, evolve
Entwicklung [ɛnt'vɪkluŋ] *f* development
Entwicklungsbank [ɛnt'vɪkluŋsbaŋk] *f* development bank
entwicklungsfähig [ɛnt'vɪkluŋsfɛːɪç] *adj Es ist ~.* It has potential.
Entwicklungsfähigkeit [ɛnt'vɪkluŋsfɛːɪçkaɪt] *f* capacity for development, potential to develop
Entwicklungsfonds [ɛnt'vɪkluŋsfɔ̃] *m* development fund
Entwicklungshelfer(in) [ɛnt'vɪkluŋshɛlfər(ɪn)] *m/f* development aid volunteer
Entwicklungshilfe [ɛnt'vɪkluŋshɪlfə] *f* development aid, aid to developing countries
Entwicklungskosten [ɛnt'vɪkluŋskɔstən] *pl* development costs *pl*
Entwicklungsland [ɛnt'vɪkluŋslant] *n* developing country
Entwicklungsplan [ɛnt'vɪkluŋsplaːn] *m* development program
Entwicklungsstufe [ɛnt'vɪkluŋsʃtuːfə] *f* developmental stage
Entwicklungswagnis [ɛnt'vɪkluŋsvaːknɪs] *n* research and development risk
Entwurf [ɛnt'vurf] *m* design, plan, draft, rough copy, outline
Equity-Methode ['ɛkvɪtiːmetoːdə] *f* equity accounting
Erachten [ɛr'axtən] *n meines ~s* in my opinion
Erbbaurecht ['ɛrpbaurɛçt] *n* hereditary building right
Erben ['ɛrbən] *m/pl* heirs *pl*
Erbenfähigkeit ['ɛrbənfɛːɪçkaɪt] *f* ability to inherit; heritability
Erbengemeinschaft ['ɛrbəngəmaɪnʃaft] *f* community of heirs
Erbenhaftung ['ɛrbənhaftuŋ] *f* liability of heirs
Erbrecht ['ɛrprɛçt] *n* Law of Succession
Erbschaft ['ɛrpʃaft] *f* inheritance
Erbschaftssteuer ['ɛrpʃaftsʃtɔyər] *f* inheritance tax
Erbschein ['ɛrpʃaɪn] *m* certificate of inheritance
Erdöl ['eːrtøːl] *n* crude oil, petroleum; *~ exportierend* oil exporting
Erdölförderung ['eːrtøːlfœrdəruŋ] *f* oil production
Erdöl importierende Länder ['eːrtøːl ɪmpɔr'tiːrəndə 'lɛndər] oil-importing countries
Erdölproduktion ['eːrtøːlproduktsjoːn] *f* oil production
Erdölvorkommen ['eːrtøːlfoːrkɔmən] *f* oil field, source of oil
Erdung ['eːrduŋ] *f* earthing
Erdwärme ['eːrtvɛrmə] *f* the Earth's natural heat
erfahren [ɛr'faːrən] *adj* experienced, skilled, expert
Erfahrung [ɛr'faːruŋ] *f* experience; *in ~ bringen* find out
Erfahrungsaustausch [ɛr'faːruŋsaustauʃ] *m* exchange of experiences, exchange of information
erfahrungsgemäß [ɛr'faːruŋsgəmɛːs] *adv* according to experience

Erfahrungskurve [ɛr'fa:ruŋskurfə] *f* experience curve
erfinden [ɛr'fɪndən] *v irr* invent, devise
Erfinder(in) [ɛr'fɪndər(ɪn)] *m/f* inventor
erfinderisch [ɛr'fɪndərɪʃ] *adj* inventive, imaginative
Erfolg [ɛr'fɔlk] *m* success; ~ *haben* succeed, ~ *versprechend* promising
erfolglos [ɛr'fɔlklo:s] *adj* unsuccessful, fruitless
Erfolglosigkeit [ɛr'fɔlklo:zɪçkaɪt] *f* ineffectiveness, lack of success
erfolgreich [ɛr'fɔlkraɪç] *adj* successful
Erfolgsaussicht [ɛr'fɔlksauszɪçt] *f* chances of success *pl*
Erfolgsbeteiligung [ɛr'fɔlksbətaɪlɪguŋ] *f* profit-sharing
Erfolgsbilanz [ɛr'fɔlksbilants] *f* results accounting; income statement
Erfolgskonto [ɛr'fɔlkskɔnto] *n* statement of costs
Erfolgskontrolle [ɛr'fɔlkskɔntrɔlə] *f* efficiency review
Erfolgskurve [ɛr'fɔlkskurvə] *f* success cycle
erfolgsorientiert [ɛr'fɔlksori:jɛnti:rt] *adj* success-oriented
Erfolgsrechnung [ɛr'fɔlksrɛçnuŋ] *f* income; earnings statement
Erfolg versprechend [ɛr'fɔlk fɛr'ʃprɛçənt] *adj* promising
erforderlich [ɛr'fɔrdərlɪç] *adj* necessary, required
Erfordernis [ɛr'fɔrdərnɪs] *n* requirement, necessity
erforschen [ɛr'fɔrʃən] *v 1.* explore; *2. (prüfen)* examine, investigate
erfreulich [ɛr'frɔylɪç] *adj* pleasant, welcome
erfreulicherweise [ɛr'frɔylɪçər'vaɪzə] *adj* fortunately, happily
erfüllbar [ɛr'fylba:r] *adj* satisfiable
erfüllen [ɛr'fylən] *v 1. (Pflicht)* fulfil, carry out; *2. (Wunsch)* fulfil
Erfüllung [ɛr'fyluŋ] *f* execution, compliance, performance
Erfüllungsgeschäft [ɛr'fyluŋsgəʃɛft] *n* delivery; legal transaction in fulfillment of an obligation
Erfüllungsort [ɛr'fyluŋsɔrt] *m 1. (bei einem Scheck)* place of payment; *2. (bei einem Vertrag)* place where a contract is to be fulfilled, place of performance
Erfüllungsprinzip [ɛr'fyluŋsprɪntsi:p] *n* performance principle
Erfüllungstag [ɛr'fyluŋsta:k] *m* duedate
Ergänzung [ɛr'gɛntsuŋ] *f* supplementing; *(Vervollständigung)* completion
Ergänzungsabgabe [ɛr'gɛntsuŋsapga:bə] *f* supplementary levy
Ergänzungshaushalt [ɛr'gɛntsuŋshaushalt] *m* supplementary budget
Ergebnis [ɛr'ge:pnɪs] *n 1.* result, outcome; *2. (Folgen)* consequences *pl; 3. (Wirkung)* effect; *4. (einer Untersuchung)* findings *pl*
Ergebnisabführungsvertrag [ɛr'ge:pnɪsapfy:ruŋsfɛrtra:k] *m* profit and loss transfer agreement
Ergebnisbeteiligung [ɛr'ge:pnɪsbətaɪlɪguŋ] *f* participating in yield
ergebnislos [ɛr'ge:pnɪslo:s] *adj* fruitless, ineffective, without success
Ergebnisrechnung [ɛr'ge:pnɪsrɛçnuŋ] *f* statement of operating results
ergiebig [ɛr'gi:bɪç] *adj* productive, lucrative, rich
Ergiebigkeit [ɛr'gi:bɪçkaɪt] *f* productiveness
Ergonomie [ɛrgono'mi:] *f* ergonomics
ergreifen [ɛr'graɪfən] *v irr Maßnahmen ~* take measures
erhältlich [ɛr'hɛltlɪç] *adj* obtainable
Erhaltungsaufwand [ɛr'haltuŋsaufvant] *m* maintenance expenditure
Erhaltungsinvestition [ɛr'haltuŋsɪnvɛstitsjo:n] *f* replacement investment
erheben [ɛr'he:bən] *v irr 1. (Steuern)* levy, impose; *2. (Klage)* file (a complaint), bring an action against
Erhebung [ɛr'he:buŋ] *f 1. (Steuer)* imposition, levy; investigation, inquiry, *2. (Statistik)* survey, census
Erhebungszeitraum [ɛr'he:buŋstsaɪtraum] *m* period under survey
erhöhen [ɛr'hø:ən] *v* increase, raise, elevate
Erhöhung [ɛr'hø:uŋ] *f* increase, raising, heightening
Erholung [ɛr'ho:luŋ] *f* recuperation, recreation, relaxation, recovery
Erholungsurlaub [ɛr'ho:luŋsurlaup] *m* holiday, vacation *(US); (aus gesundheitlichen Gründen)* convalescent leave
erkennen [ɛr'kɛnən] *v* recognize
erkenntlich [ɛr'kɛntlɪç] *adj* grateful, thankful
Erkenntnisobjekt [ɛr'kɛntnɪsɔpjɛkt] *n* object of discernment
Erklärung [ɛr'klɛ:ruŋ] *f (Erläuterung)* explanation
erkundigen [ɛr'kundɪgən] *v sich ~* inquire

Erlass [ɛr'las] *m* decree
erlassen [ɛr'lasən] *v irr 1. (Strafe)* remit; *2. (Gebühren)* waive; *3. (Verpflichtung)* exempt, release
Erlaubnis [ɛr'laupnɪs] *f* permission; *(Schriftstück)* permit
erläutern [ɛr'lɔytərn] *v* explain, clarify
Erläuterung [ɛr'lɔytəruŋ] *f* explanation, clarification
Erlebensfallversicherung [ɛr'le:bənsfalfɛrzɪçəruŋ] *f* pure endowment insurance
Erlebnis-Marketing [ɛr'le:pnismarkətɪŋ] *n* adventure marketing
erledigen [ɛr'le:dɪgən] *v* handle, deal with, take care of; finish
erledigt [ɛr'le:dɪçt] *adj 1. (abgeschlossen)* completed; *2. (ruiniert)* finished, through with
Erledigung [ɛr'le:dɪguŋ] *f* handling, dealing with, carrying out
Erlös [ɛr'lø:s] *m* proceeds *pl*, revenue, profit
Erlösberichtigung [ɛr'lø:sbərɪçtiguŋ] *f* revenue correction
Erlöskonten [ɛr'lø:skɔntən] *n/pl* revenue accounts *pl*
Erlösminderung [ɛr'lø:smɪndəruŋ] *f* revenue reduction
Erlösplanung [ɛr'lø:spla:nuŋ] *f* revenue planning
Erlösrechnung [ɛr'lø:srɛçnuŋ] *f* revenue accounting
ermächtigen [ɛr'mɛçtɪgən] *v* authorize, empower
Ermächtigung [ɛr'mɛçtɪguŋ] *f 1.* authorization, power; *2. (Urkunde)* warrant, licence
Ermächtigung zur Verfügung [ɛr'mɛçtɪguŋ tsu:r fɛr'fy:guŋ] *f* proxy for disposal
Ermächtigungsdepot [ɛr'mɛçtɪguŋsde:po:] *n* authorized deposit
Ermahnung [ɛr'ma:nuŋ] *f* admonition
ermäßigte Tarife [ɛr'mɛ:sɪçtə ta'ri:fə] *m/pl* reduced tariffs *pl*
Ermäßigung [ɛr'mɛ:sɪguŋ] *f* reduction, discount
Ermattung [ɛr'matuŋ] *f* exhaust
Ermessen [ɛr'mɛsən] *n (Einschätzung)* estimation; *nach menschlichem ~* as far as it is possible to tell; *(Gutdünken)* discretion
ermitteln [ɛr'mɪtəln] *v* investigate, inquire into
Ermittlungsverfahren [ɛr'mɪtluŋsfɛrfa:rən] *n* preliminary investigation
Ermüdung [ɛr'my:duŋ] *f (Material)* fatigue
ernennen [ɛr'nɛnən] *v irr* nominate, appoint, designate
Ernennung [ɛr'nɛnuŋ] *f* nomination, appointment, designation
Ernennungsurkunde [ɛr'nɛnuŋsu:rkundə] *f* letter of appointment, deed of appointment
Erneuerungsfonds [ɛr'nɔyəruŋsfɔ̃] *m* renewal reserve
Erneuerungsrücklagen [ɛr'nɔyəruŋsrykla:gən] *f/pl* renewal funds *pl;* replacement funds *pl*
Erneuerungsschein [ɛr'nɔyəruŋsʃaɪn] *m* talon for renewal of coupon sheet
Erneuerungswert [ɛr'nɔyəruŋsvɛrt] *m* replacement value
Erniedrigung [ɛr'ni:drɪguŋ] *f (Verminderung)* reduction
ernst [ɛrnst] *adj 1.* serious; *~ gemeint* serious, genuine; *~ zu nehmend* serious, to be taken seriously; *2. (streng)* severe; *3. (bedenklich)* grave; *adv* seriously
ernst zu nehmend ['ɛrnst tsu ne:mənt] *adj* serious, to be taken seriously
Ernte ['ɛrntə] *f 1. (Tätigkeit)* harvest; *2. (Ertrag)* crop
Ernteausfälle ['ɛrntəausfɛlə] *m/pl* crop failures *pl*
eröffnen [ɛr'œfnən] *v* open; set up
Eröffnung [ɛr'œfnuŋ] *f 1.* opening; *2. (Einweihung)* inauguration; *3. (Mitteilung)* revelation, notification, disclosure
Eröffnungsbilanz [ɛr'œfnuŋsbilants] *f* opening balance sheet
Eröffnungskurs [ɛr'œfnuŋskurs] *m* opening price
Eröffnungsrede [ɛr'œfnuŋsre:də] *f* opening address
erörtern [ɛr'œrtərn] *v* discuss, argue, debate
Erörterung [ɛr'œrtəruŋ] *f* discussion, debate
erpressen [ɛr'prɛsən] *v jdn ~* blackmail s.o.
Erpressung [ɛr'prɛsuŋ] *f* blackmail
erproben [ɛr'pro:bən] *v* test, put to the test
erprobt [ɛr'pro:pt] *adj* tested, reliable
Erprobung [ɛr'pro:buŋ] *f* test, testing
errechnen [ɛr'rɛçnən] *v* calculate, work out, compute
erreichbar [ɛr'raɪçba:r] *adj 1.* achievable, reachable, attainable, within reach; *2. (verfügbar)* available
Erreichbarkeit [ɛr'raɪçba:rkaɪt] *f 1.* attainability; *2. (Verfügbarkeit)* availability
erreichen [ɛr'raɪçən] *v* reach; *(fig)* reach, attain, achieve; *(fig: erlangen)* obtain
errichten [ɛr'rɪçtən] *v 1.* build, construct erect; *2. (gründen)* open, set up, establish

errichtende Umwandlung [ɛr'rɪçtɛndə 'umvandluŋ] *f* setting up conversion
Errichtung [ɛr'rɪçtuŋ] *f* *1.* construction, erection, building; *2. (Gründung)* establishment, foundation
Ersatz [ɛr'zats] *m* *1. (Vergütung)* compensation; *2. (Austauschstoff)* substitute, ersatz; *3. (Ersetzendes)* replacement, alternative; *4. (Entschädigung)* indemnification
Ersatzaktie [ɛr'zatsaktsjə] *f* replacement share certificate
Ersatzanspruch [ɛr'zatsanʃprux] *m* claim for damages
Ersatzbeschaffung [ɛr'zatsbəʃafuŋ] *f* replacement
Ersatzdeckung [ɛr'zatsdɛkuŋ] *f* substitute cover
Ersatzinvestition [ɛr'zatsɪnvɛstitsjo:n] *f* replacement of capital assets
Ersatzkasse [ɛr'zatskasə] *f* (private) health insurance society
Ersatzkauf [ɛr'zatskauf] *m* substitute purchase
Ersatzlieferung [ɛr'zatsli:fəruŋ] *f* replacement delivery, substitute delivery
Ersatzscheck [ɛr'zatsʃɛk] *m* substitute cheque
Ersatzteil [ɛr'zatstaɪl] *n* spare part, replacement part
Ersatzüberweisung [ɛr'zatsy:bərvaɪsuŋ] *f* substitute transfer
Erscheinen [ɛr'ʃaɪnən] *n (einer Aktie)* issuing
erschließbar [ɛr'ʃli:sba:r] *adj (Rohstoffe)* exploitable
erschließen [ɛr'ʃli:sən] *v irr 1. (Märkte)* open up; *2. (Baugelände)* develop
Erschließung [ɛr'ʃli:suŋ] *f 1. (Märkte)* opening up; *2. (eines Baugeländes)* development
Erschließungsbeiträge [ɛr'ʃli:suŋsbaɪtrɛ:gə] *m/pl* development costs *pl*
erschöpfen [ɛr'ʃœpfən] *v* exhaust; *sich in etw ~* to be limited to sth
erschöpft [ɛr'ʃœpft] *adj* exhausted
erschweren [ɛr'ʃve:rən] *v* make difficult, complicate; *(hemmen)* hinder
Erschwernis [ɛr'ʃve:rnɪs] *f* difficulty, additional burden
Erschwerniszulage [ɛr'ʃve:rnɪstsu:la:gə] *f* allowance for aggravating circumstances
erschwinglich [ɛr'ʃvɪŋlɪç] *adj* attainable, affordable, within one's means
ersetzbar [ɛr'zɛtsba:r] *adj* replaceable
Ersetzbarkeit [ɛr'zɛtsba:rkaɪt] *f* replaceability
ersetzen [ɛr'zɛtsən] *v 1. (austauschen)* replace; *2. (entschädigen)* compensate for; *3. (Unkosten)* reimburse for
ersichtlich [ɛr'zɪçtlɪç] *adj* obvious, clear, evident
Ersparnis [ɛr'ʃpa:rnɪs] *f* savings *pl*
erstatten [ɛr'ʃtatən] *v 1. (Kosten)* reimburse; *2. Anzeige ~* file charges; *3. Bericht ~* report
Erstattung [ɛr'ʃtatuŋ] *f (Kosten)* repayment, refund, reimbursement
Erstausgabe ['e:rstausga:bə] *f* first edition
Erstausstattung ['e:rstausʃtatuŋ] *f* initial allowance set
ersteigern [ɛr'ʃtaɪgərn] *v* buy at an auction
erstellen [ɛr'ʃtɛlən] *v (Rechnung, Übersicht)* draw up
Erstemission ['e:rstemɪsjo:n] *f* first issue
Ersterwerb ['e:rstɛrvɛrp] *m* first acquisition
erstklassig ['e:rstklasɪç] *adj* first-class, first-rate, prime
erstrebenswert [ɛr'ʃtre:bənsvert] *adj* desirable
Erstzulassung ['e:rsttsu:lasuŋ] *f* initial registration
Ersuchen [ɛr'zu:xən] *n* request, petition
ersuchen [ɛr'zu:xən] *v* request
Ertrag [ɛr'tra:k] *m* return, profit, income, proceeds *pl,* revenue
Ertragfähigkeit [ɛr'tra:kfɛ:ɪçkaɪt] *f* productivity, earning capacity
ertragreich [ɛr'tra:kraɪç] *adj* productive, profitable, lucrative
ertragsabhängig [ɛr'tra:ksaphɛŋɪç] *adj* depending on profits
Ertragsbesteuerung [ɛr'tra:ksbəʃtɔyəruŋ] *f* tax treatment of yield
Ertragsbeteiligung [ɛr'tra:ksbətaɪliguŋ] *f* profit sharing
Ertragsbilanz [ɛr'tra:ksbilants] *f* statement of earnings
Ertragseinbruch [ɛr'tra:ksaɪnbrux] *m* profit shrinkage
Ertragsgesetz [ɛr'tra:ksgəzɛts] *n* law of non-proportional returns
Ertragslage [ɛr'tra:ksla:gə] *f* profit situation, profitability
Ertragsrate [ɛr'tra:ksra:tə] *f* profitability rate
Ertragsrechnung [ɛr'tra:ksrɛçnuŋ] *f* profit and loss account
Ertragsteuer [ɛr'tra:kʃtɔyər] *f* tax on earnings

Ertragswert [ɛr'tra:ksvɛrt] *m* capitalized value
erwägen [ɛr'vɛ:gən] *v irr* consider, think about, ponder
Erwägung [ɛr'vɛ:guŋ] *f* consideration; *in ~ ziehen* take into consideration
erwarten [ɛr'vartən] *v* expect, anticipate
Erwartung [ɛr'vartuŋ] *f* expectation, anticipation
Erwartungswert [ɛr'vartuŋsvɛrt] *m* anticipation term
Erweiterung [ɛr'vaɪtəruŋ] *f* extension, expansion, distension
erweiterungsfähig [ɛr'vaɪtəruŋsfɛ:ɪç] *adj* expandable
Erweiterungsinvestition [ɛr'vaɪtəruŋsɪnvɛstitsjo:n] *f* expansion investment
Erwerb [ɛr'vɛrp] *m (Kauf)* purchase, acquisition
erwerben [ɛr'vɛrbən] *v irr 1.* acquire, obtain; *2. (durch Arbeit)* earn; *3. (kaufen)* purchase, buy
Erwerbermodell [ɛr'vɛrbərmodɛl] *n* acquirer model
Erwerbsbetrieb [ɛr'vɛrpsbətri:p] *m* business enterprise
Erwerbseinkommen [ɛr'vɛrpsaɪnkɔmən] *n* income from gainful employment
Erwerbseinkünfte [ɛr'vɛrpsaɪnkynftə] *pl* business income
erwerbsfähig [ɛr'vɛrpsfɛ:ɪç] *adj* able to work, capable of gainful employment, capable of earning a living
Erwerbsfähigkeit [ɛr'vɛrpsfɛ:ɪçkaɪt] *f* earning capacity
erwerbslos [ɛr'vɛrpslo:s] *adj* unemployed
Erwerbslose(r) [ɛr'vɛrpslosə(r)] *f/m* unemployed person
Erwerbsperson [ɛr'vɛrpsperso:n] *f* gainfully employed person
Erwerbsquote [ɛr'vɛrpskvo:tə] *f* activity rate
Erwerbssteuer [ɛr'vɛrpsʃtɔyər] *f* profit tax
erwerbstätig [ɛr'vɛrpstɛ:tɪç] *adj* gainfully employed
Erwerbstätige(r) [ɛr'vɛrpstɛ:tɪgə(r)] *f/m* gainfully employed person
erwerbsunfähig [ɛr'vɛrpsunfɛ:ɪç] *adj* incapable of gainful employment, incapacitated
Erwerbsunfähigkeit [ɛr'vɛrpsunfɛ:ɪçkaɪt] *f* physical disability, incapacity to work, disability to earn a living
Erwerbsunfähigkeitsrente [ɛr'vɛrpsunfɛ:ɪçkaɪtsrɛntə] *f* pension for general disability
erwerbswirtschaftliches Prinzip [ɛr'vɛrpsvɪrtʃaftlɪçəs prɪn'tsi:p] *n* commercial principle
erwirtschaften [ɛr'vɪrtʃaftən] *v* make a profit, earn
Erwirtschaftung [ɛr'vɪrtʃaftuŋ] *f* profit making, earning
erzeugen [ɛr'tsɔygən] *v 1. (herstellen)* produce, manufacture, make; *2. (hervorrufen)* evoke, bring about, give rise to
Erzeuger [ɛr'tsɔygər] *m* manufacturer
Erzeugerland [ɛr'tsɔygərlant] *n* country of origin
Erzeugerpreis [ɛr'tsɔygərpraɪs] *m* producer price
Erzeugnis [ɛr'tsɔyknɪs] *n* product
Erziehungsgeld [ɛr'tsi:uŋsgɛlt] *n* benefit for a child-raising parent
Erziehungsurlaub [ɛr'tsi:uŋsu:rlaup] *m (der Mutter)* maternity leave; *(des Vaters)* paternity leave
Erziehungszeiten [ɛr'tsi:uŋstsaɪtən] *f/pl* child-rearing periods *pl*
erzielen [ɛr'tsi:lən] *v* achieve, realize, reach
eskomptieren [ɛskɔmp'ti:rən] *v* discount
etablieren [eta'bli:rən] *v 1. sich ~* establish o.s., settle down; *2. (geschäftlich)* set up
Etage [e'ta:ʒə] *f* floor, storey
Etat [e'ta:] *m* budget
Etatkürzung [e'ta:kyrtsuŋ] *f* budget cut
etatmäßig [e'ta:mɛ:sɪç] *adj* budgeted
Ethik ['e:tɪk] *f* ethics, morality
Etikett [eti'kɛt] *n* label, tag
etikettieren [etikɛ'ti:rən] *v* label, tag
Etikettierung [etikɛ'ti:ruŋ] *f* labelling
etwas bezahlt und Brief (ebB) [ɛtvas bə'tsa:lt unt 'bri:f] only some limited sell orders were filled at the current published quotation
etwas bezahlt und Geld (ebG) [ɛtvas bə'tsa:lt unt 'gɛlt] only some limited buy orders were filled at the current published quotation
EU-Kommission [e:u:kɔmɪ'sjo:n] *f* Commission of the European Union
EU-Mitgliedsstaat [e:u:'mɪtgli:tsʃta:t] *m* EU member state
Euro ['ɔyro] *m* euro
Euro-Aktienmarkt ['ɔyroaktsjənmarkt] *m* Euro share market
Euro-Anleihe ['ɔyroanlaɪ:ə] *f* Eurocurrency loans *pl*
Euro-Anleihenmarkt ['ɔyroanlaɪ:ənmarkt] *m* Eurocurrency loan market

Euro-Bank ['ɔyrobaŋk] *f* Eurobank
Euro-Banknote ['ɔyrobaŋkno:tə] *f* euro banknote
Euro-Bond ['ɔyrobɔnd] *m* Eurobond
Euro-Bondmarkt ['ɔyrobɔndmarkt] *m* Eurobond market
Eurocheque ['ɔyroʃɛk] *m* Eurocheque
Euro-Devisen ['ɔyrodəvi:zən] *pl* Euro currencies *pl*
Euro-Dollar ['ɔyrodɔlar] *m* Eurodollar
Euro-Dollarmarkt ['ɔyro'dɔlarmarkt] *m* Eurodollar market
Euro-Emission ['ɔyroemɪsjo:n] *f* Euro security issue
Eurogeld ['ɔyrogɛlt] *n* Eurocurrency
Euro-Geldmarkt ['ɔyrogɛltmarkt] *m* Eurocurrency market
Euro-Kapitalmarkt ['ɔyrokapita:lmarkt] *m* Eurocapital market
Euro-Markenzeichen ['ɔyromarkəntsaɪçən] *n* Eurobrand
Euromarkt ['ɔyromarkt] *m* Euromarket
Euronorm ['ɔyronɔrm] *f* Eurostandard
europäische Börsenrichtlinien [ɔyro'pɛ:ɪʃə 'børzənrɪçtlinjən] *f/pl* European stock exchange guide-lines *pl*
Europäische Gemeinschaft [ɔyro'pɛ:ɪʃə gə'maɪnʃaft] *f* European Community
Europäische Handelsgesellschaft [ɔyro'pɛ:ɪʃə 'handəlsgəzɛlʃaft] *f* European trading company
Europäische Investitionsbank [ɔyro'pɛ:ɪʃə ɪnvɛsti'tsjo:nsbaŋk] *f* European Investment Bank
Europäische Kommission [ɔyro'pɛ:ɪʃə kɔmɪ'sjo:n] *f* European Commission
europäische Norm [ɔyro'pɛ:ɪʃə nɔrm] *f* European standard specification
Europäische Union [ɔyro'pɛ:ɪʃə un'jo:n] *f* European Union (EU)
Europäische Währungseinheit (ECU) [ɔyro'pɛ:ɪʃə 'vɛ:ruŋsaɪnhaɪt] *f* European Currency Unit (ECU)
Europäische Währungsunion [ɔyro'pɛ:ɪʃə 'vɛ:ruŋsunjo:n] *f* European monetary union (EMU)
Europäische Wirtschafts- und Währungsunion [ɔyro'pɛ:ɪʃə vɪrtʃafts- unt 'vɛ:ruŋsunjo:n] *f* European Economic and Monetary Union
Europäische Zahlungsunion [ɔyro'pɛ:ɪʃə tsa:luŋsunjo:n] *f* European Payments Union
Europäische Zentralbank (EZB) [ɔyro'pɛ:ʃə tsen'tra:lbaŋk] *f* European Central Bank
Europäischer Binnenmarkt [ɔyro'pɛ:ɪʃər 'bɪnənmarkt] *m* Internal Market of the European Community
Europäischer Börsenverband [ɔyro'pɛ:ɪʃər 'bœrzənfɛrbant] *m* Federation of European Stock exchanges
Europäischer Entwicklungsfonds [ɔyro'pɛ:ɪʃər ɛnt'vɪkluŋsfɔ̃] *m* European Development Fund (EDF)
Europäischer Fonds für regionale Entwicklung (EFRE) [ɔyro'pɛ:ɪʃər fɔ̃ fy:r regjo'na:lə ɛnt'vɪkluŋ] *m* European Regional Development Fund (ERDF)
Europäischer Fonds für Währungspolitische Zusammenarbeit (EFWZ) [ɔyro'pɛ:ɪʃər fɔ̃ fy:r 'vɛ:ruŋspolitɪʃə tsu'zamənarbaɪt] *m* European Monetary Cooperation Fund (EMCF)
Europäischer Gerichtshof (EuGH) [ɔyro'pɛ:ɪʃər gə'rɪçtsho:f] *m* Court of Justice of the European Communities
Europäischer Rat [ɔyro'pɛ:ɪʃər ra:t] *m* European Council
Europäischer Rechnungshof (EuRH) [ɔyro'pɛ:ɪʃər 'rɛçnuŋsho:f] *m* European Court of Auditors
Europäisches Parlament [ɔyro'pɛ:ɪʃəs pa:rla'mɛnt] *n* European Parliament
Europäisches Patentamt [ɔyro'pɛ:ɪʃəs pa'tɛntamt] *n* European Patent Office
Europäisches Polizeiamt [ɔyro'pɛ:ɪʃəs polɪ'tsaɪamt] *n* European Police Office
Europäisches System der Zentralbanken (ESZB) [ɔyro'pɛ:ɪʃəs zʏs'te:m de:r tsɛn'tra:lbaŋkən] *n* European System of Central Banks (ESCB)
Europäisches Währungsabkommen [ɔyro'pɛ:ɪʃəs 'vɛ:ruŋsapkɔmən] *n* European Monetary Agreement
Europäisches Währungsinstitut [ɔyro'pɛ:ɪʃəs 'vɛ:ruŋsɪnstitu:t] *n* European Monetary Institute (EMI)
Europäisches Währungssystem (EWS) [ɔyro'pɛ:ɪʃəs 'vɛ:ruŋszyste:m] *n* European Monetary System (EMS)
Europapatent [ɔy'ro:papatɛnt] *n* European patent
Europarat [ɔy'ro:para:t] *m* European Council
Euroscheck ['ɔyroʃɛk] *m* eurocheque
Euroscheckkarte ['ɔyroʃɛkkartə] *f* eurocheque card
Eurotunnel ['ɔyrotunəl] *m* Eurotunnel, Channel tunnel, Chunnel *(fam)*

Euro-Währungsgebiet ['ɔyrovɛ:ruŋsgəbi:t] *n* European currency area
Eventualhaushalt [evɛntu'a:lhaushalt] *m* contingency budget
Eventualität [evɛntuali'tɛ:t] *f* eventuality
Eventualverbindlichkeit [evɛntu'a:lfɛrbɪndlɪçkaɪt] *f* contingent liability
Evidenzzentrale [evi'dɛntstsentra:lə] *f* information centre
ewige Anleihe ['e:vɪgə 'anlaɪ:ə] *f* perpetual loan
ewige Rente ['e:vɪgə 'rɛntə] *f* perpetual annuity
ewige Schuld ['e:vɪgə 'ʃult] *f* perpetual debt
Examen [ɛ'ksa:mən] *n* examination
ex ante [ɛks 'antə] *adj* in prospect
Existenzaufbaudarlehen [ɛksɪs'tɛntsaufbaudarle:ən] *n* business set-up loan
Existenzgründungsförderung [ɛksɪs'tɛntsgryndunŋsfø:rdəruŋ] *f* furtherance granted to set up new business
Existenzminimum [ɛksɪs'tɛntsmɪnɪmum] *n* subsistence minimum
exklusiv [ɛksklu'zi:f] *adj* exclusive; select; *adv* exclusively
Exklusivrechte [ɛksklu'zi:frɛçtə] *n/pl* exclusive rights *pl*
Exklusivvertrag [ɛksklu'zi:ffɛrtra:k] *m* exclusive distribution contract, exclusive licensing agreement
exogene Variable [eksogenə vari'a:blə] *f* exogenous variable
exogenes Geld [eksogenəs 'gɛlt] *n* exogenous money base
Exoten [e'kso:tən] *m/pl* highly speculative securities *pl*
Exotenfonds [e'kso:tənfɔ̃] *m* securities offered by issuers from exotic countries
expandieren [ɛkspan'di:rən] *v* expand
Expansion [ɛkspans'jo:n] *f* expansion
expansiv [ɛkspan'zi:f] *adj* expansive
Experiment [ɛksperɪ'mɛnt] *n* experiment
experimentell [ɛksperimɛn'tɛl] *adj* experimental
experimentieren [ɛkspɛrɪmɛn'ti:rən] *v* experiment; *mit etw ~* experiment with sth; *an etw ~* experiment on sth
Experte [ɛks'pɛrtə] *m* expert
Expertenbefragung [ɛks'pɛrtənbəfra:guŋ] *f* expert interview
Expertensystem [ɛks'pɛrtənzyste:m] *n* expert system
Expertise [ɛkspɛr'ti:zə] *f* expert assessment, survey
Exponat [ɛkspo'na:t] *n* exhibit
Export [ɛks'pɔrt] *m* export, exportation
Exportartikel [ɛks'pɔrtartɪkəl] *m* export article
Exportauftrag [ɛks'pɔrtauftra:k] *m* export order
Exportbeschränkung [ɛks'pɔrtbəʃrɛŋkuŋ] *f* export restriction
Exportdevisen [ɛks'pɔrtdəvi:sən] *pl* export exchange
Exporteur [ɛkspɔr'tø:r] *m* exporter
Export-Factoring [ɛks'pɔrtfæktɔrɪŋ] *f* export factoring
Exportfinanzierung [ɛks'pɔrtfɪnantsi:ruŋ] *f* financing of exports
Exportförderung [ɛks'pɔrtfø:rdəruŋ] *f* export promotion
Exportgeschäft [ɛks'pɔrtgəʃɛft] *n* export business
Exporthandel [ɛks'pɔrthandəl] *m* export trade
Exporthilfe [ɛks'pɔrthɪlfə] *f* export subsidy
exportieren [ɛkspɔr'ti:rən] *v* export
Exportkontrolle [ɛks'pɔrtkɔntrɔlə] *f* export control
Exportkredit [ɛks'pɔrtkredi:t] *m* export credits *pl*
Exportprämie [ɛks'pɔrtprɛ:mjə] *f* export premium
Exportquote [ɛks'pɔrtkvo:tə] *f* export quota
Exportsubvention [ɛks'pɔrtsubvɛntsjo:n] *f* export subsidy
Exportüberschuss [ɛks'pɔrty:bərʃus] *m* export surplus
Exportware [ɛks'portwa:rə] *f* exported articles *pl*
Exportwirtschaft [ɛks'pɔrtvɪrtʃaft] *f* export trade, export-oriented economy
Expressgut [ɛks'prɛsgu:t] *n* express goods *pl*
extern [ɛks'tɛrn] *adj* external
externe Effekten [eks'tɛrnə e'fɛktən] *m/pl* external effects
externe Erträge [eks'tɛrnə ɛr'trɛ:gə] *m/pl* external income
externes Rechnungswesen [eks'tɛrnəs 'rɛçnuŋsve:zən] *n* external accounting
Extrapolation [ɛkstrapola'tsjo:n] *f* extrapolation
Extremkurs [ɛks'tre:mkurs] *m* peak quotation
ex Ziehung [ɛks 'tsi:uŋ] *f* ex drawing

F

Fabrik [fa'bri:k] *f* factory, works *pl,* plant
Fabrikant [fabri'kant] *m* factory owner, manufacturer
Fabrikarbeit [fab'ri:karbaɪt] *f* *1.* factory work; *2. (Erzeugnis)* factory-made goods *pl*
Fabrikarbeiter(in) [fa'bri:karbaɪtər(ɪn)] *m/f* factory worker
Fabrikat [fabri'ka:t] *n* manufactured article, product, make
Fabrikation [fabrika'tsjo:n] *f* manufacture
Fabrikationsfehler [fabrika'tsjo:nsfe:lər] *m* manufacturing defect
Fabrikationskapazität [fabrika'tsjo:nskapatsitɛ:t] *f* manufacturing capacity
Fabrikationskosten [fabrika'tsjo:nskɔstən] *pl* manufacturing costs *pl*
Fabrikationsrisiko [fabrika'tsjo:nsri:ziko:] *n* production risk
Fabrikationszweig [fabrika'tsjo:nstsvaɪk] *m* line of production, production line
Fabrikgelände [fa'bri:kgəlɛndə] *n* factory site, factory premises, plant premises
Fabrikhalle [fa'bri:khalə] *f* factory building
fabrikmäßig [fa'bri:kmɛ:sɪç] *adj* industrial
fabrikneu [fa'bri:knɔy] *adj* brand new, sparkling new
Fabriknummer [fa'bri:knumər] *f* serial number
Fabrikpreis [fa'bri:kpraɪs] *m* factory price, manufacturer's price
Fabrikverkauf [fabri:kfɛr'kauf] *m* factory outlet store
Fabrikware [fa'bri:kva:rə] *f* factory product
Fach [fax] *n (Spezialgebiet)* subject, special area
Fachakademie ['faxakade'mi:] *f* specialist college
Fachanwalt ['faxanwalt] *m* specialized lawyer
Fachanwältin ['faxanwɛltɪn] *f* (female) specialized lawyer
Facharbeiter(in) ['faxarbaɪtər(ɪn)] *m/f* skilled worker, craftsman
Fachaufsicht ['faxaufziçt] *f* government supervision of certain economic branches
Fachausbildung ['faxausbɪlduŋ] *f* professional education, specialized training, technical training
Fachausschuss ['faxausʃus] *m* committee of experts, blue ribbon committee *(US)*
Fachausstellung ['faxausʃtɛluŋ] *f* trade fair
Fachbereich ['faxbəraɪç] *m* special field, speciality
fachbezogen ['faxbətso:gən] *adj* specialised, technical
Fachbuch ['faxbu:x] *n* technical book
Fachgebiet ['faxgəbi:t] *n* special field; *jds ~ sein* to be one's area of expertise
fachgemäß ['faxgəmɛ:s] *adj* skilled, professional, specialized
Fachgeschäft ['faxgəʃɛft] *n* specialty store
Fachgruppe ['faxgrupə] *f* trade group
Fachhandel ['faxhandəl] *m* specialty shops *pl,* specialized trade
Fachhochschule (FH) ['faxho:xʃu:lə] *f* technical college
Fachkenntnis ['faxkɛntnɪs] *f* specialized knowledge
Fachkompetenz ['faxkɔmpetɛnts] *f* expertise
Fachkreis ['faxkraɪs] *m (branchenbezogen)* experts in trade *pl*
Fachlehrgang ['faxle:rgaŋ] *m* technical course, technical training
Fachliteratur ['faxlitəratu:r] *f* specialized literature, technical literature
Fachmann ['faxman] *m* expert, specialist
fachmännisch ['faxmɛnɪʃ] *adj* expert
Fachmesse ['faxmɛsə] *f* trade fair
Fachoberschule ['faxo:bərʃu:lə] *f* specialized upper high school
Fachsprache ['faxʃpra:xə] *f* technical language, technical terminology
Fachwirt(in) ['faxvɪrt(ɪn)] *m/f* Fachwirt (operational specialist)
Fachwörterbuch ['faxvœrtərbu:x] *n* technical term dictionary, specialist dictionary
Fachzeitschrift ['faxtsaɪtʃrɪft] *f* professional journal, technical journal
Factoring ['fɛktəriŋ] *n* factoring
Fahrgelderstattung ['fa:rgəlterʃtatuŋ] *f* reimbursement of travel expenses
Fahrkarte ['fa:rkartə] *f* ticket; *einfache ~* one-way-ticket
Fahrkosten ['fa:rkɔstən] *pl* travelling expenses *pl*
fahrlässig ['fa:rlɛsɪç] *adj* negligent
Fahrlässigkeit ['fa:rlɛsɪçkaɪt] *f* negligence, carelessness, recklessness

Fahrplan ['fa:rpla:n] *m* schedule, timetable
fahrplanmäßig ['fa:rpla:nmɛ:sɪç] *adj* scheduled; *adv* on schedule, on time
Fahrstuhl ['fa:rʃtu:l] *m* lift, elevator *(US)*
Fahrt [fa:rt] *f* drive, ride
Fahrtenbuch ['fa:rtənbu:x] *n (Auto)* log book
Fahrtenschreiber ['fa:rtənʃraɪbər] *m* recording speedometer, tachograph
Fahrverbot ['fa:rfɛrbo:t] *n (Durchfahrverbot)* no thoroughfare, no entry
Fahrzeug ['fa:rtsɔyk] *n* vehicle
Fahrzeugbau ['fa:rtsɔykbau] *m* vehicle construction, vehicle production
Fahrzeugbrief ['fa:rtsɔykbri:f] *m* vehicle registration (document)
Fahrzeughalter(in) ['fa:rtsɔykhaltər(ɪn)] *m/f* vehicle owner
Fahrzeugschein ['fa:rtsɔykʃaɪn] *m* motor vehicle certificate
faktischer Konzern ['faktɪʃər kon'tsɛrn] *m* de facto group
faktisches Arbeitsverhältnis ['faktɪʃəs 'arbaɪtsfərhɛltnis] *n* de facto employer/employee relationship
Faktor ['fakto:r] *m* factor
Faktur [fak'tu:r] *f* invoice
fakturieren [faktu'ri:rən] *v* invoice
Fall [fal] *m* case, matter
fällen ['fɛlən] *v (eine Entscheidung ~)* take a decision, make a decision *(US)*
fallieren [fa'li:rən] *v* go bankrupt, become insolvent
fällig ['fɛlɪç] *adj* due, matured, payable; *~ werden* become due
Fälligkeit ['fɛlɪçkaɪt] *f* maturity
Fälligkeitsdatum ['fɛlɪçkaɪtsda:tum] *n* due date, maturity date
fälschen ['fɛlʃən] *v* falsify, fake, forge
Falschbuchung ['falʃbu:xuŋ] *f* false entry, fraudulent entry
Falschgeld ['falʃgɛlt] *n* counterfeit money
Falschmeldung ['falʃmelduŋ] *f* false report
Fälschung ['fɛlʃuŋ] *f* fake, falsification, forgery
fälschungssicher ['fɛlʃuŋszɪçər] *adj* forgeproof
Faltblatt ['faltblat] *n* leaflet
Faltschachtel ['faltʃaxtəl] *f* folding carton
Falz [falts] *m* fold
falzen ['faltsən] *v* fold
Familienbetrieb [fa'mi:ljənbətri:p] *m* family-run company
Familiengesellschaft [fa'mi:ljəngəzelʃaft] *f* family-owned company
Familienname [fa'mi:ljənna:mə] *m* surname, last name *(US)*
Familienpackung [fa'mi:ljənpakuŋ] *f* family-size package
Familienstand [fa'mi:ljənʃtant] *m* marital status
Familienzulage [fa'mi:ljəntsu:la:gə] *f* family allowance
Farbabstufung ['farpapʃtu:fuŋ] *f* colour gradation, colour graduation, shade
Farbband ['farpbant] *n* ink ribbon
farbecht ['farpɛçt] *adj* colourfast
Farbfoto ['farpfo:to:] *n* colour photo
farbig ['farbɪç] *adj* coloured
Farbkopierer ['farpkopi:rər] *m* colour copier
Farbkorrektur ['farpkɔrɛktur] *f* adjustment in colour
Farbstoff ['farpʃtɔf] *m* colouring, pigment, dye
Fass [fas] *n* barrel, cask, *(kleines)* keg
Fax [faks] *n* fax, facsimile transmission
Faxanschluss ['faksanʃlus] *m* fax line
faxen ['faksən] *v* fax
Faxgerät ['faksgərɛ:t] *n* fax machine
Faxnummer ['faksnumər] *f* fax number
Faxpapier ['fakspapi:r] *n* fax paper
Fazilität [fatsɪlitɛ:t] *f* credit facility, facility
Fazit ['fa:tsɪt] *n* net result; *das ~ aus etw ziehen* sum sth up
federführend ['fe:dərfy:rənt] *adj* leading, handling a contract
Federung ['fe:dəruŋ] *f* springs *pl,* springiness, elasticity
Fehlbetrag ['fe:lbətra:k] *m* deficit, shortfall, shortage
Fehlentscheidung ['fe:lɛntʃaɪduŋ] *f* wrong decision
Fehler ['fe:lər] *m 1.* mistake, error; *2. (Defekt)* defect, fault, imperfection
fehlerhaft ['fe:lərhaft] *adj* faulty, defective, unsound
fehlerlos ['fe:lərlo:s] *adj* faultless, flawless
Fehlerquelle ['fe:lerkvɛlə] *f* source of error
Fehlerquote ['fe:lərkvo:tə] *f* error rate
Fehlfunktion ['fe:lfuŋktsjo:n] *f* disfunction, malfunction
Fehlinvestition ['fe:lɪnvɛstɪtsjo:n] *f* unprofitable investment
Fehlkalkulation ['fe:lkalkulatsjo:n] miscalculation

Fehlkonstruktion ['fe:lkɔnstruktsjo:n] *f* misconstruction
Fehlschlag ['fe:lʃla:k] *m (fig: Misserfolg)* failure
fehlschlagen ['fe:lʃla:gən] *v irr (fig)* fail, go wrong
Fehlspekulation ['fe:lʃpekulatsjo:n] *f 1. (in der Branche)* wrong speculation; *2. (gescheiterter Plan)* wrong assumption
Fehlverhalten ['fe:lfɛrhaltən] *n* inappropriate behaviour, lapse
Fehlzeiten ['fe:ltsaɪtən] *f/pl* time off; absence
Fehlzeitenquote ['fe:ltsaɪtənkvo:tə] *f* absence rate
Feierabend ['faɪəra:bənt] *m* finishing time, quitting time; ~ *machen* finish work, stop working
Feierschicht ['faɪərʃɪçt] *f* idle shift
Feiertag ['faɪərta:k] *m* holiday
Feiertagsarbeit ['faɪərta:ksarbaɪt] *f* Sunday and Holiday working
feilschen ['faɪlʃən] *v* bargain, haggle, dicker *(US)*
Feinmechanik ['faɪnmeça:nɪk] *f* high-precision engineering
Feldforschung ['feltfɔrʃuŋ] *f* field research
Fensterbriefumschlag ['fɛnstərbri:fumʃla:k] *m* window envelope
Ferien ['fe:rjən] *pl* holidays *pl,* vacation *(US)*
Ferienjob ['fe:rjəndʒɔp] *m* holiday job, vacation job *(US)*
Fernamt ['fɛrnamt] *n* telephone exchange, trunk exchange, long-distance exchange
Fernbedienung ['fɛrnbədi:nuŋ] *f* remote control
Fernfahrer(in) ['fɛrnfa:rər(ɪn)] *m/f* long-distance lorry driver, long-haul truck driver
ferngelenkt ['fɛrngəlɛnkt] *adj* remote controlled
Ferngespräch ['fɛrngəʃprɛ:ç] *n* long-distance call, trunk call
ferngesteuert ['fɛrngəʃtɔyərt] *adj* remote-controlled
Fernkurs ['fɛrnkurs] *m* correspondence course
Fernlehrinstitut ['fɛrnle:rinstitu:t] *n* correspondence school
Fernmeldeamt ['fɛrnmɛldəamt] *n* telephone exchange
fernmündlich ['fɛrnmyntlɪç] *adj* by telephone
Fernschreiber ['fɛrnʃraɪbər] *m* telex, teleprinter
Fernsehen ['fɛrnze:ən] *n* television
Fernsprecher ['fɛrnʃprɛçər] *m* telephone
Fernsteuerung ['fɛrnʃtɔyəruŋ] *f* remote control
Ferntransport ['fɛrntranspɔrt] *m* long distance transport
Fernuniversität ['fɛrnunivɛrzitɛ:t] *f* distance learning institute
Fernverkehr ['fɛrnfɛrke:r] *m* long distance traffic
Fernwärme ['fɛrnvɛrmə] *f* district heating
fertigen ['fɛrtɪgən] *v* produce, manufacture
Fertigerzeugnis ['fɛrtɪçɛrtsɔyknɪs] *n* finished product
Fertigprodukt ['fɛrtɪçprodukt] *n* finished product
Fertigung ['fɛrtɪguŋ] *f* manufacture, production, manufacturing
Fertigungsbereich ['fɛrtɪguŋsbəraɪç] *m (Branche)* manufacturing sector
Fertigungsbetrieb ['fɛrtɪguŋsbətri:p] *m* production plant
Fertigungsinsel ['fɛrtɪguŋsɪnsəl] *f* group manufacturing
Fertigungskosten ['fɛrtɪguŋskɔstən] *pl* production costs *pl*
Fertigungslos ['fɛrtɪguŋslo:s] *n 1. (Kostenrechnung)* direct and indirect material; *2. (Fertigung)* charge material
Fertigungssteuerung ['fɛrtɪguŋsʃtɔyəruŋ] *f* production control
Fertigungsvorbereitung ['fɛrtɪguŋsfo:rbəraɪtuŋ] *f* production planning
Fertigungswagnis ['fɛrtɪguŋswa:gnis] *n* production risk
fertig verpackt ['fɛrtɪç fɛr'pakt] *adj* already packed, prepacked
Fertigware ['fɛrtɪçwa:rə] *f* finished product
Festakt ['fɛstakt] *m* ceremonial act
fest angelegt [fɛst 'angəle:kt] *adj* tied-up
Festangestellte(r) ['fɛstangəʃtɛltə(r)] *f/m* permanent employee
Festauftrag ['fɛstauftra:k] *m* firm order
Festbetrag ['fɛstbətra:k] *m* fixed amount
Festbewertung ['fɛstbəve:rtuŋ] *f* valuation of assets based on standard values
Festgeld ['fɛstgɛlt] *n (Rücklagen)* fixed deposit
festhalten ['fɛsthaltən] *v irr* detain
Festigkeit ['fɛstɪçkaɪt] *f (von Preisen, Währung)* stability, steadyness, firmness
Festkosten ['fɛstkɔstən] *pl* fixed costs *pl*
Festkurs ['fɛstkurs] *m (Börse)* fixed quotation

festlegen ['fɛstle:gən] *v 1.* set, fix, specify; *2. (verpflichten)* commit; *sich ~* commit o.s.
festliegen ['fɛstli:gən] *v irr (Gelder)* to be frozen, to be locked up
Festlohn ['fɛstlo:n] *m* fixed salary, fixed wage
Festplatte ['fɛstplatə] *f (EDV)* hard disk
Festplattenlaufwerk ['fɛstplatənlaufvɛrk] *n (EDV)* hard disk drive
Festpreis ['fɛstpraɪs] *m* fixed price
festsetzen ['fɛstzɛtsən] *v* lay down, fix, determine
Festsetzung ['fɛstzɛtsuŋ] *f* setting, determination
feststehen ['fɛstʃte:ən] *v (Termin)* to be set
festverzinslich ['fɛstfɛrtsɪnslɪç] *adj* fixed-interest bearing
festverzinsliche Wertpapiere ['fɛstfɛrtsɪnslɪçə 'wertpapi:rə] *n/pl* fixed-interest securities *pl*
feuerbeständig ['fɔyərbəʃtɛndɪç] *adj* fire-resistant, fireproof
feuergefährlich ['fɔyərgəfɛ:rlɪç] *adj* flammable, combustible, inflammable
Feuermelder ['fɔyərmɛldər] *m* fire alarm
Feuerwehrfonds ['fɔyərwe:rfɔ̃] *m* fire-fighting fund
Fiasko ['fjasko] *n* fiasco
Filialbetrieb [fil'ja:lbətri:p] *m* branch operation; chain store
Filiale [fil'ja:lə] *f* branch, branch office
Filialgeschäft [fil'ja:lgəʃɛft] *n* branch store
Filialleiter(in) [fil'ja:llaɪtər(ɪn)] *m/f* branch manager
Filter ['fɪltər] *m/n* filter
Filzstift ['fɪltsʃtɪft] *m* felt-tip pen
Finanzamt [fɪ'nantsamt] *n* inland revenue, tax office
Finanzanlage [fɪ'nantsanla:gə] *f* financial investment
Finanzausgleich [fɪ'nantsausglaɪç] *m* tax revenue sharing
Finanzbeamter [fɪ'nantsbəamtər] *m* revenue official
Finanzbeamtin [fɪ'nantsbəamtɪn] *f* (female) revenue official
Finanzbuchhaltung [fɪ'nantsbu:xhaltuŋ] *f* financial accounting
Finanzdienstleistungen [fɪ'nantsdi:nstlaɪstuŋən] *f/pl* financial services *pl*
Finanzen [fɪ'nantsən] *pl* finances *pl*
Finanzexperte [fɪ'nantsɛkspɛrtə] *m* financial expert
Finanzgeschäft [fɪ'nantsgəʃɛft] *n* financing
Finanzgruppe [fɪ'nantsgrupə] *f* group of financiers
Finanzhoheit [fɪ'nantsho:haɪt] *f* financial autonomy
finanziell [fɪnan'tsjɛl] *adj* financial
finanzielle Mittel [fɪnan'tsjɛlə 'mɪtəl] *pl* financial resources *pl*, funds *pl*
finanzielles Gleichgewicht [fɪnan'tsjɛləs 'glaɪçgəwɪçt] *n* financial equilibrium
Finanzier [fɪnan'tsje:] *m* financier
finanzieren [fɪnan'tsi:rən] *v* finance
Finanzierungsart [fɪnan'tsi:ruŋsart] *f* financing type, type of financing
Finanzierungsgesellschaft [fɪnan'tsi:ruŋsgəzɛlʃaft] *f* finance company
Finanzierungshilfe [fɪnan'tsɪ:ruŋshɪlfə] *f* financing aid
Finanzierungskosten [fɪnan'tsi:ruŋskɔstən] *pl* financing costs *pl*
Finanzimperium [fɪ'nantsɪmpe:rium] *n* financial empire
finanzkräftig [fɪ'nantskrɛftɪç] *adj* financially strong, financially sound
Finanzkrise [fɪ'nantskri:zə] *f* financial crisis
Finanzlage [fɪ'nantsla:gə] *f* financial state, financial situation
Finanzloch [fɪ'nantslɔx] *n* fiscal gap
Finanzmanagement [fɪ'nantsmɛnɪtʃmənt] *n* financial management
Finanzmärkte [fɪ'nantsmɛrktə] *m/pl* financial markets *pl*
Finanzminister(in) [fɪ'nantsministər(ɪn)] *m/f* Finance Minister, Chancellor of the Exchequer *(UK)*, Secretary of the Treasury *(US)*
Finanzplan [fɪ'nantspla:n] *m* financing scheme, budget scheme
Finanzplatz [fɪ'nantsplats] *m* financial centre
Finanzpolitik [fɪ'nantspoliti:k] *f* financial policy, fiscal policy
finanzpolitisch [fɪ'nantspoli:tɪʃ] *adj* of fiscal policy
Finanzschulden [fɪ'nantsʃuldən] *f/pl* corporate borrowings *pl*
finanzschwach [fɪ'nantsʃvax] *adj* financially weak
Finanzspritze [fɪ'nantsʃprɪtsə] *f (fam)* cash injection
Finanzverwaltung [fɪ'nantsfɛrvaltuŋ] *f* finance administration
Finanzwesen [fɪ'nantsve:zən] *n* finance
Finanzzoll [fɪ'nantstsɔl] *m* revenue tariff

Firma ['fɪrma] *f* firm, company; *die ~ Coors* the Coors company
Firmenbeständigkeit ['fɪrmənbəʃtɛndiçkaɪt] *f* company stability
Firmenchef(in) ['fɪrmənʃɛf(ɪn)] *m/f* head of the firm, head of the company
Firmeninhaber(in) ['fɪrmənɪnha:bər(ɪn)] *m/f* owner of the firm, owner of the company
Firmenkundengeschäft ['fɪrmənkundəngəʃɛft] *n* wholesale banking
Firmenname ['fɪrmənna:mə] *m* firm name, company name
Firmenöffentlichkeit ['fɪrmənœfəntliçkaɪt] *f* public relations of the company
Firmenregister ['fɪrmənregɪstər] *n* register of companies
Firmenschild ['fɪrmənʃɪlt] *n* company name-plate
Firmenstempel ['fɪrmənʃtɛmpəl] *m* company stamp
Firmenwagen ['fɪrmənva:gən] *m* company car
Firmenwahrheit ['fɪrmənva:rhaɪt] *f* company truth
Firmenwert ['fɪrmənve:rt] *m* goodwill
Fischerei [fɪʃə'raɪ] *f* fishing
fiskalisch [fɪs'ka:lɪʃ] *adj* fiscal
Fiskus ['fɪskus] *m* treasury, fiscal authorities *pl*, Exchequer *(UK)*
Fixer(in) ['fɪksər(ɪn)] *m/f* bear seller
Fixkosten ['fɪkskɔstən] *pl* fixed costs *pl*
Fixkostendeckungsrechnung ['fɪkskɔstəndɛkuŋsrɛçnuŋ] *f* analysis of fixed-cost allocation
Fixkostendegression ['fɪkskɔstəndegrɛsjo:n] *f* fixed cost degression
Fixpreis ['fɪkspraɪs] *m* fixed price
Flächenmaße ['flɛçənma:sə] *n/pl* square measurement
Flaggendiskriminierung ['flagəndiskrimini:ruŋ] *f* discrimination of flags
Flaute ['flautə] *f* slump, recession, slackness
Fleiß [flaɪs] *m* diligence, industry, assiduousness
fleißig ['flaɪsɪç] *adj* diligent, hard-working, industrious
flexibel [flɛk'si:bəl] *adj* flexible
Flexibilität [flɛksibɪlɪ'tɛ:t] *f* flexibility, versatility
flexible Altersgrenze [flɛk'si:blə 'altərsgrɛntsə] *f* flexible age limit
flexible Plankostenrechnung [flɛk'si:blə pla:nkɔstənrɛçnuŋ] *f* flexible budgeting
flexible Wechselkurse [flɛk'si:blə 'vɛkzəlkursə] *m/pl* flexible currency rates *pl*
Fließband ['fli:sbant] *n* conveyor belt; *(als Einrichtung)* assembly line
Fließbandarbeiter(in) ['fli:sbantarbaɪtər(ɪn)] *m/f* assembly line worker
Fließfertigung ['fli:sfɛrtiguŋ] *f* continuous flow production
Floor [flo:r] *m* floor
Floppydisk ['flɔpɪdɪsk] *f* floppy disk
Flugblatt ['flu:kblat] *n* leaflet, handbill
Flugdauer ['flu:kdauər] *f* duration of the flight, flight duration
Fluggesellschaft ['flu:kgəzɛlʃaft] *f* airline
Flughafen ['flu:kha:fən] *m* airport
Fluglinie ['flu:kli:njə] *f* *1. (Strecke)* air route; *2. (Fluggesellschaft)* airline
Flugplan ['flu:kpla:n] *m* flight schedule, timetable
Flugverkehr ['flu:kvɛrke:r] *m* air traffic
Flugzeug ['flu:ktsɔyk] *n* airplane, plane, aircraft
Flugzeugbau ['flu:ktsɔykbau] *m* aircraft construction
Fluktuation [fluktua'tsjo:n] *f* fluctuation
fluktuieren [fluktu'i:rən] *v* fluctuate
Flussbild ['flusbɪlt] *n* flow chart
Folgekosten ['fɔlgəkɔstən] *pl* consequential costs *pl*
Folie ['fo:ljə] *f* foil
folienverpackt ['fo:ljənfɛrpakt] *adj* in foil packaging
Fonds [fɔ̃] *m* fund
forcieren [fɔr'si:rən] *v* force
Förderanlage ['fœrdəranla:gə] *f* transporting plant, transporting equipment, transporter
Förderband ['fœrdərbant] *n* conveyor belt
Fördermenge ['fœrdərmɛngə] *f* output, transporting capacity, conveying capacity, hauling capacity
Forderung ['fɔrdəruŋ] *f* *(Geldforderung)* claim, debt
Form [fɔrm] *f* *1.* form, shape; *zu großer ~ auflaufen* to be in great shape; *2. (Gussform)* mould, casting mould, mold *(US)*
Formalität [fɔrmali'tɛ:t] *f* formality
Format [fɔr'ma:t] *n* *(Maß)* format, shape, size
formatieren [fɔrma'ti:rən] *v* format
Formatierung [fɔrma'ti:ruŋ] *f* formatting
formbeständig ['fɔrmbəʃtɛndɪç] *adj* shape-retaining
Formblatt ['fɔrmblat] *n* form
Formel ['fɔrməl] *f* formula
Formfehler ['fɔrmfe:lər] *m* irregularity

Formkaufmann ['fɔrmkaufman] *m* association on which the law confers the attributes of a merchant, regardless of the object of its business
formlos ['fɔrmloːs] *adj (fig)* informal, unconventional, unceremonious; *adv (fig)* informally
Formsache ['fɔrmzaxə] *f* mere formality
Formular [fɔrmu'laːr] *n* form
Formvorschriften ['fɔrmfoːrʃrɪftən] *f/pl* formal requirements *pl*
Formwechsel ['fɔrmvɛksəl] *m* modification
forschen ['fɔrʃən] *v (wissenschaftlich)* research
Forscher ['fɔrʃər] *m (wissenschaftlicher ~)* researcher, research scientist
Forschung ['fɔrʃuŋ] *f* research, study, investigation
Forschung & Entwicklung (F & E) ['fɔrʃuŋ unt ɛnt'vɪkluŋ] *f* research and development (R & D)
Forschungsauftrag ['fɔrʃuŋsauftraːk] *m* research assignment
Forschungsinstitut ['fɔrʃuŋsɪnstituːt] *n* research institute
Forschungslabor ['fɔrʃuŋslaboːr] *n* research laboratory
Forschungszentrum ['fɔrʃuŋstsɛntrum] *n* research centre
Fortbildung ['fɔrtbɪlduŋ] *f* further education, advanced training
Fortschritt ['fɔrtʃrɪt] *m* progress, advancement
fortschrittlich ['fɔrtʃrɪtlɪç] *adj* progressive
Foto ['foːto] *n* photograph, picture, photo; *~-Handy* (mobile) camera phone
Foto-CD ['foːtotseːdeː] *f* photo CD
Fotografie [foːtogra'fiː] *f* photography
fotografieren [foːtogra'fiːrən] *v* photograph
Fotokopie [foːtoko'piː] *f* photocopy
fotokopieren [foːtoko'piːrən] *v* photocopy, make a photocopy
Fotokopierer [foːtoko'piːrər] *m* copier, photocopier, copying machine
Fracht [fraxt] *f 1. (Preis)* freight; *2. (Ware)* cargo, freight
Fracht nach Gewicht oder Maß (w/m) ['fraxt naːç gə'vɪçt oːdər 'maːs] freight per weight or measurement (w/m)
Fracht vorausbezahlt (frt. pp.) ['fraxt fo'rausbətsaːlt] freight prepaid (frt. pp.)
Frachtbasis ['fraxtbaːzis] *m* freight basis
Frachtbrief ['fraxtbriːf] *m* consignment note, bill of lading
Frachtbuchung ['fraxtbuːxuŋ] *f* freight booking
Frachter ['fraxtər] *m* cargo ship, freighter
frachtfrei ['fraxtfraɪ] *adj* freight paid, carriage paid
Frachtführer ['fraxtfyːrər] *m* carrier, bailor
Frachtgut ['fraxtguːt] *n* freight, freight goods *pl*
Frachtkosten ['fraxtkɔstən] *pl* freightage, freight charges *pl*, carrying charges *pl*
Frachtnachnahme (frt. fwd) ['fraxtnaːxnaːmə] *f* freight forward (frt. fwd.)
Frachtraum ['fraxtraum] *m* cargo compartment
Frachtschiff ['fraxtʃɪf] *n* freighter
Frachtzettel (w/b) ['fraxttsɛtəl] *m* freight bill (w/b)
Fragebogen ['fraːgəboːgən] *m* questionnaire
frei [fraɪ] *adj (kostenlos)* free, complimentary, gratis, free of charge
frei an Bord (f.o.b.) ['fraɪ an 'bort] *adj* free on board (f.o.b.)
frei an Bord im Hafen (f.b.h.) ['fraɪ an 'bort ɪm 'haːfən] *adj* free on board harbor (f.b.h.)
frei Bahnhof (f.o.r.) ['fraɪ 'baːnhoːf] *adj* free on board railroad station (f.o.r.)
frei Längsseite Schiff (f.a.s.) ['fraɪ 'lɛŋszaɪtə 'ʃif] *adj* free alongside ship (f.a.s.)
frei Schiff (f.o.s.) ['fraɪ 'ʃif] *adj* free on steamer (f.o.s.)
frei von jeder Beschädigung (f.a.a.) ['fraɪ fɔn 'jeːdər bə'ʃɛːdɪguŋ] *adj* free of all average (f.a.a.)
frei von Teilbeschädigung (f.p.a.) ['fraɪ fɔn 'taɪlbəʃɛːdiguŋ] *adj* free of particular average (f.p.a.)
frei Waggon (f.o.t.) ['fraɪ va'gɔŋ] *adj* free on truck (f.o.t.)
freiberuflich ['fraɪbəruːflɪç] *adj* self-employed, freelance; *adv* freelance
Freibetrag ['fraɪbətraːk] *m* tax allowance, tax-exempt amount
freibleibend ['fraɪblaɪbənt] *adj* subject to confirmation, not binding, subject to change without notice
freie Ein- und Ausladung (f.i.o.) ['fraɪə 'aɪn unt 'auzlaːduŋ] *f* free in and out (f.i.o.)
freie Güter ['fraɪə gyːtər] *n/pl* free goods
freie Marktwirtschaft ['fraɪə 'marktvɪrtʃaft] *f* free market economy

freie(r) Mitarbeiter(in) ['fraɪə(r) 'mɪtarbaɪtər(ɪn)] *m/f* freelance
freier Beruf ['fraɪər bə'ru:f] *m* liberal profession
Freihandel ['fraɪhandəl] *m* free trade, over-the-counter trade
Freihandelszone ['fraɪhandəlstso:nə] *f* free trade zone
freihändig ['fraɪhɛndɪç] *adv (Verkauf)* directly, in the open market, over the counter *(US)*
freimachen ['fraɪmaxən] *v (frankieren)* stamp
Freizeit ['fraɪtsaɪt] *f* free time, spare time, leisure time
Freizone ['fraɪtso:nə] *f* free zone
Fremdfinanzierung ['frɛmtfɪnantsi:ruŋ] *f* outside financing, debt financing
Fremdkapital ['frɛmtkapita:l] *n* borrowed capital, debt capital
Fremdleistung ['frɛmtlaɪstuŋ] *f* outside services *pl*
Fremdsprache ['frɛmtʃpra:xə] *f* foreign language
fremdsprachig ['frɛmtʃpra:xɪç] *adj* in a foreign language, foreign-language
Fremdverschulden ['frɛmtfɛrʃuldən] *n* third-party fault
Fremdwährungswechsel ['frɛmtve:ruŋswɛksəl] *m* foreign currency bill
Friedenspflicht ['fri:dənspflɪçt] *f* peace-keeping duty
Frist [frɪst] *f* period, *(äußerste ~)* deadline, time span, time limit
Frühinvalide ['fry:ɪnvali:də] *m* person disabled before retirement age
Frührentner(in) ['fry:rɛntnər(ɪn)] *m/f* person taking early retirement
Frühschicht ['fry:ʃɪçt] *f* early shift
Frühstückskartelle ['fry:ʃtykskar'tɛlə] *n/pl* gentlemen's agreements *pl*
führen ['fy:rən] *v 1.* lead, direct, guide; *2. (leiten)* manage, lead, run; *3. (Ware)* carry; *Verhandlungen ~* negotiate; *eine Liste ~* keep a list
Fuhrpark ['fu:rpark] *m* fleet
Führung ['fy:ruŋ] *f 1. (Leitung)* control, management, leadership; *2. (Benehmen)* behaviour, conduct
Führungshierarchie ['fy:ruŋshierarçi:] *f* managerial hierarchy
Führungsinformationssystem ['fy:ruŋsɪnfɔrmatsjo:nszyste:m] *n* management information system
Führungskraft ['fy:ruŋskraft] *f* manager, executive
Führungsposition ['fy:ruŋspositsjo:n] *f* management position
Führungsstil ['fy:ruŋsʃti:l] *m* management style, leadership style
Führungstechniken ['fy:ruŋstɛçnikən] *f/pl* management techniques *pl*
Führungswechsel ['fy:ruŋsvɛksəl] *m* change in leadership
Führungszeugnis ['fy:ruŋstsɔyknɪs] *n* certificate of conduct
Fuhrunternehmen ['fu:runtərne:mən] *n* haulage company, trucking company *(US)*
Fuhrunternehmer ['fu:runtərne:mər] *m* haulage contractor, carrier
Füllmaterial ['fylmaterja:l] *n* filler
fungieren [fuŋ'gi:rən] *v ~ als* function as, act as
Funkanlage ['fuŋkanla:gə] *f* radio equipment, radio set
Funkstörung ['fuŋkʃtø:ruŋ] *f* radio interference
Funktion [fuŋk'tsjo:n] *f* function; *beratende ~* advisory function
funktional [fuŋktsjo'na:l] *adj* functional
Funktionalorganisation [fuŋktjo'na:lɔrganisatsjo:n] *f* functional organization
Funktionär [fuŋktsjo'nɛ:r] *m* functionary
funktionell [fuŋktsjo'nɛl] *adj* functional
funktionieren [fuŋktjo'ni:rən] *v* function, work, operate; *Dieses Gerät funktioniert nicht.* This device doesn't work.
funktionstüchtig [fuŋk'tsjo:nstyçtɪç] *adj* efficient, functional
Funktionsmanager [fuŋk'tsjo:nsmænædʒər] *m* functional manager
für Konto (a/c) [fy:r 'kɔnto:] *f* account current (a/c)
Fürsorgepflicht des Arbeitgebers ['fy:rzɔrgəpfliçt dɛs 'arbaɪtge:bərs] *f* employer's duty of care
Fürsprache ['fy:rʃpra:xə] *f ~ für jdn einlegen* put in a good word for s.o.
Fürsprecher ['fy:rʃprɛçər] *m* advocate, interceder, intercessor
Fusion [fu'zjo:n] *f* merger
fusionieren [fuzjo'ni:rən] *v* merge, consolidate
Fusionsbilanz [fuz'jo:nsbilants] *f* merger balance sheet
Fusionsvertrag [fu'zjo:nsfɛrtra:k] *m* merger agreement
Futures ['fju:tʃərs] *pl* futures *pl*

G

Gage ['ga:ʒə] *f* salary
galoppierend [galo'pi:rənt] *adj (Preise, Kurse)* galloping, runaway
galoppierende Inflation [galo'pi:rendə infla'tsjo:n] *f* galloping inflation
gängig ['gɛŋɪç] *adj (gut verkaufbar)* marketable
Gängigkeit ['gɛŋɪçkaɪt] *f* marketability
ganzjährig ['gantsjɛ:rɪç] *adj* all year (round), twelvemonth
ganztägig ['gantstɛ:gɪç] *adj* all day
Ganztagsbeschäftigung ['gantsta:ksbəʃɛftɪguŋ] *f* full time job
Gap-Analyse ['gæpanaly:zə] *f* gap analysis
Garant [ga'rant] *m (Bürge)* guarantor
Garantie [ga:ran'ti:] *f 1.* guaranty, guarantee; *2.* warranty
Garantieanspruch [ga:ran'ti:anʃprux] *m* warranty claim, claim under warranty
Garantiebedingung [ga:ran'ti:bədɪŋuŋ] *f* term of a guarantee
Garantiefonds [ga:ran'ti:fɔ̃] *m* guaranty fund
Garantiegeschäft [ga:ran'ti:gəʃɛft] *n* guaranty business
Garantiehaftung [ga:ran'ti:haftuŋ] *f* liability for breach of warranty
Garantiekapital [ga:ran'ti:kapita:l] *n* capital serving as a guarantee
Garantiekarte [ga:ran'ti:kartə] *f* certificate of warranty
Garantiekonsortium [ga:ran'ti:kɔnzɔrtsium] *n* underwriting syndicate
Garantieleistung [ga:ran'ti:laɪstuŋ] *f* providing of guarantee
Garantiertes Gewicht (w.g.) [ga:ran'ti:rtəs gə'vixt] *n* weight guaranteed (w.g.)
Garantiestempel [ga:ran'ti:ʃtɛmpəl] *m* warranty stamp
Garantieverpflichtung [ga:ran'ti:fərpfliçtuŋ] *f* guarantee obligation
Garantiewechsel [ga:ran'ti:vɛksəl] *m* security bill
Garantiezeit [ga:ran'ti:tsaɪt] *f* guarantee
GATT [gat] *(Allgemeines Zoll- und Handelsabkommen)* General Agreement on Tariffs and Trade (GATT)
Gattungskauf ['gatuŋskauf] *m* sale by description
Gattungsschuld ['gatuŋsʃult] *f* obligation to supply certain articles
Gattungsvollmacht ['gatuŋsfɔlmaxt] *f* generic power
Gebietsansässiger [gə'bi:tsa:nzɛsigər] *m* resident
Gebietsfremder [gə'bi:tsfrɛmdər] *m* nonresident
Gebietskartell [gə'bi:tskartɛl] *n* market sharing cartel
Gebietskörperschaft [gə'bi:tskørpərʃaft] *f* regional authority
Gebietsleiter(in) [gə'bi:tslaɪtər(ɪn)] *m/f* regional manager
Gebietsvertreter [gə'bi:tsfərtre:tər] *m* area representative
gebietsweise [gə'bi:tsvaɪzə] *adj* regionally, locally
Gebilde [gə'bɪldə] *n* entity
geborene Orderpapiere [gə'bo:rənə 'ɔrdərpa:pi:rə] *n/pl* original order papers *pl*; instruments to order by law *pl*
Gebot [gə'bo:t] *n (Vorschrift)* rule
Gebrauchsanweisung [gə'brauxsanvaɪzuŋ] *f* instructions *pl*, instructions for use *pl*
Gebrauchsartikel [gə'brauxsartɪkəl] *m/pl* utility articles *pl*, durable consumer goods *pl*
gebrauchsfertig [gə'brauxsfɛrtɪç] *adj* ready for use
Gebrauchsgüter [gə'brauxsgy:tər] *n/pl* durable consumer goods *pl*
Gebrauchsmuster [gə'brauxsmustər] *n* utility-model patent
Gebrauchsschutz [gə'brauxsʃuts] *m* protection of patents
Gebrauchswert [gə'brauxsvɛrt] *m* value in use
Gebrauchtwagen [gə'brauxtva:gən] *m* used car
Gebrauchtwaren [gə'brauxtva:rən] *f/pl* second-hand articles *pl*
gebrochene Preise [gə'brɔxənə 'praɪzə] *m/pl* odd prices *pl*
gebrochener Schluss [gə'brɔxənər ʃlus] *m* odd lot
Gebrüder [gə'bry:dər] *pl* Brothers *pl*
Gebühr [gə'by:r] *f* fee
Gebührenerhöhung [gə'by:rənɛrhø:uŋ] increase in fees
Gebührenerlass [gə'by:rənɛrlas] *m* remission of fees

gebührenfrei [gə'by:rənfraɪ] *adj* free of charge
gebührenpflichtig [gə'by:rənpflɪçtɪç] *adj* liable to charge
Gebührensatz [gə'by:rənzats] *m* rate
gebundene Währung [gə'bundənə 'vɛ:ruŋ] *f* linked currency
Geburtsdatum [gə'burtsda:tum] *n* date of birth
Geburtsort [gə'burtsɔrt] *m* place of birth
Geburtstag [gə'burtsta:g] *m* birthday
gedeckt [gə'dɛkt] *adj (Scheck)* covered
gedeckter Kredit [gə'dɛktər krə'di:t] *m* covered credit
gedeckter Scheck [gə'dɛktər ʃɛk] *m* covered cheque
gedeihen [gə'daɪən] *v irr (Umsätze)* prosper, flourish
gediehen [gə'di:ən] *adj* good-quality, solid (-quality)
gedrückt [gə'drʏkt] *adj (Kurse)* depressed
geeignet [gə'aɪgnət] *adj* suitable, proper
Gefahr [gə'fa:r] *f* risk, peril, danger
Gefahrenbereich [gə'fa:rənbəraɪç] *m* danger area, danger zone
Gefahrenherd [gə'fa:rənhɛrt] *m* source of trouble
Gefahrenmoment [gə'fa:rənmo:mɛnt] *n* hazard, risk
Gefahrenzulage [gə'fa:rəntsu:la:gə] *f* danger money
Gefahrgüter [gə'fa:rgy:tər] *n/pl* hazardous materials *pl*
Gefahrgütertransport [gə'fa:rgy:tərtranspɔrt] *m* transport of hazardous materials
gefährlich [gə'fɛ:rlɪç] *adj* hazardous
Gefahrübergang [gə'fa:ry:bərgaŋ] *m* passage of risk
gefahrvoll [gə'fa:rfɔl] *adj* dangerous, risky
Gefälligkeitsakzept [gə'fɛliçkaɪtsaktsəpt] *n* accommodation acceptance
Gefälligkeitsgiro [gə'fɛliçkaɪtsʃi:ro] *n* accommodation endorsement
Gefälligkeitsvertrag [gə'fɛlɪçkaɪtsfɛrtra:k] *m* accomodation contract, accomodation agreement
gefälscht [gə'fɛlʃt] *adj* counterfeit, forged, fake
gefälschter Scheck [gə'fɛlʃtər ʃɛk] *m* forged cheque
gefragt [gə'fra:kt] *adj (Ware)* (much) in demand, sought after
gegen Akkreditiv ['ge:gən akredɪ'ti:f] against letter of credit
gegen Barzahlung ['ge:gən 'ba:rtsa:luŋ] against cash
gegen Bezahlung ['ge:gən bə'tsa:luŋ] for (ready) money
gegen Nachnahme ['ge:gən 'na:xna:mə] cash on delivery
Gegenakkreditiv ['ge:gənakredɪti:f] *n* back-to-back letter of credit
Gegenangebot ['ge:genangəbo:t] *n* counter offer
Gegenbuchung ['ge:gənbu:xuŋ] *f* counter entry
Gegenentwurf ['ge:gənɛntvurf] *m* counter project, alternative (project)
Gegenforderung ['ge:gənfɔrdəruŋ] *f* counterclaim
Gegengeschäft ['ge:gəngəʃɛft] *n* countertrade, counterdeal, back-to-back transaction
Gegenleistung ['ge:genlaɪstuŋ] *f 1.* return; *2. (wirtschaftlich)* valuable consideration
Gegenmaßnahmen ['ge:gənma:sna:mən] *f/pl* countermeasures *pl*
Gegenposten ['ge:gənpɔstən] *m* contra entry
Gegenquittung ['ge:gənkvɪtuŋ] *f* counter-receipt
Gegenrechnung ['ge:gənrɛçnuŋ] *f* contra account, check account, counterclaim
Gegensaldo ['ge:gənzaldo] *m* counter-balance
gegenseitiger Vertrag ['ge:gənsaɪtɪgər fɛr'tra:k] *m* reciprocal contract
Gegenseitigkeitsabkommen ['ge:gənzaɪtɪçkaɪtsapkɔmən] *n* reciprocal (trade) agreement
Gegenseitigkeitsklausel ['ge:gənzaɪtɪçkaɪtsklauzəl] *f* reciprocity clause
Gegenstromverfahren ['ge:gənʃtro:mfɛrfa:rən] *n* mixed top-down/bottom-up planning system
Gegenwartswert ['ge:gənvartsvɛrt] *m* present value
Gehalt [gə'halt] *n* salary
Gehaltsabrechnung [gə'haltsaprɛçnuŋ] *f* salary statement
Gehaltsabzug [gə'haltsaptsu:k] *m* deduction from salary
Gehaltserhöhung [gə'haltsɛrhø:uŋ] *f* salary raise, pay raise
Gehaltsforderung [gə'haltsfɔrdəruŋ] *f* salary claim
Gehaltskonto [gə'haltskɔnto:] *n* salary account
Geheimkonferenz [gə'haɪmkɔnferɛnts] *f* secret conference

Geheimkonto [gəˈhaɪmkɔnto] *n* secret account
Geheimvertrag [gəˈhaɪmfɛrtraːk] *m* secret treaty
gekreuzter Scheck [gəˈkrɔytstər ʃɛk] *m* crossed cheque
Geld [gɛlt] *n* money
Geldabfindung [ˈgɛltapfɪnduŋ] *f* compensation, monetary compensation
Geldakkord [ˈgɛltakɔrt] *m* money piece rate
Geldangebot [ˈgɛltangəboːt] *n* supply of money
Geldanlage [ˈgɛltanlaːgə] *f* investment
Geldanleihe [ˈgɛltanlaɪə] *f* loan
Geldbasis [ˈgɛltbaːzɪs] *f* monetary base
Geldbasiskonzept [ˈgɛltbaːzɪskɔntsɛpt] *n* monetary base principle
Geldbetrag [ˈgɛltbətraːk] *m* amount of money
Geldbörse [ˈgɛltbœrzə] *f* money market
Gelddeckung [ˈgɛltdɛkuŋ] *f* sum total of liquid funds
Gelddisposition [ˈgɛltdɪspɔzɪtsjoːn] *f* money operations; cash management
Geldeingang [ˈgɛltaɪngaŋ] *m* receipt of money
Geldeinlage [ˈgɛltaɪnlaːgə] *f* investments *pl*, invested capital
Geldexport [ˈgɛltɛkspɔrt] *m* money export
Geldfaktor [ˈgɛltfaktoːr] *m* monetary factor
Geldforderung [ˈgɛltfɔrdəruŋ] *f* outstanding debt, moneyclaim
Geldfrage [ˈgɛltfraːgə] *f* financial matter
Geldfunktionen [ˈgɛltfunktsjoːnən] *f/pl* functions of money *pl*
Geldgeber(in) [ˈgɛltgeːbər(ɪn)] *m/f* sponsor
Geldgeschäft [ˈgɛltgəʃɛft] *n* 1. *(Vorgang)* money transaction, financial transaction; 2. *(Branche)* financial business, banking business
Geldhaltung [ˈgɛlthaltuŋ] *f* money management
Geldherrschaft [ˈgɛlthɛrʃaft] *f* plutocracy
Geldimport [ˈgɛltɪmpɔrt] *m* money import
Geldkapital [ˈgɛltkapitaːl] *n* monetary capital
Geldkreislauf [ˈgɛltkraɪslauf] *m* money circulation, money circuit
Geldkrise [ˈgɛltkriːzə] *f* monetary crisis
Geldkurs [ˈgɛltkurs] *m* buying rate, bid price, demand price, money rate
Geldleistung [ˈgɛltlaɪstuŋ] *f* payment
Geldlohn [ˈgɛltloːn] *m* money wage
Geldmacherei [ˈgɛltmaxəraɪ] *f* money-making
Geldmacht [ˈgɛltmaxt] *f* financial power
Geldmarkt [ˈgɛltmarkt] *m* money market
Geldmarktfonds [ˈgɛltmarktfõː] *m* money market funds *pl*
Geldmarktkonto [ˈgɛltmarktkɔnto] *n* money market account
Geldmarktkredit [ˈgɛltmarktkrediːt] *m* money market credit
Geldmarktpapier [ˈgɛltmarktpapiːr] *n* money market securities *pl*
Geldmarktpolitik [ˈgɛltmarktpolitiːk] *f* money market policy
Geldmarktsatz [ˈgɛltmarktzats] *m* money market rate
Geldmenge [ˈgɛltmɛŋə] *f* money supply, monetary supply
Geldmengenziel [ˈgɛltmɛŋəntsiːl] *n* money supply target
Geldnachfrage [ˈgɛltnaːxfraːgə] *f* demand for money
Geldnutzen [ˈgɛltnutsən] *m* utility of funds
Geldpolitik [ˈgɛltpolitiːk] *f* monetary policy
Geldrechnung [ˈgɛltrɛçnuŋ] *f* cash basis of accounting
Geldsatz [ˈgɛltzats] *m* money rate
Geldschleier [ˈgɛltʃlaɪər] *m* veil of money
Geldschöpfung [ˈgɛltʃœpfuŋ] *f* creation of money
Geldschöpfungsmultiplikator [ˈgɛltʃœpfuŋsmultiplikaːtor] *m* money creation ratio
Geldsog [ˈgɛltzoːk] *m* money drain, drain of money
Geldsortiermaschine [ˈgɛltsɔrtiːrmaʃiːnə] *f* money sorting machine
Geldstrafe [ˈgɛltʃtraːfə] *f* fine
Geldstromanalyse [ˈgɛltʃtroːmanalyːzə] *f* flow-of-funds analysis
Geldsubstitut [ˈgɛltzubstituːt] *n* money substitute
Geldsurrogate [ˈgɛltzurogaːtə] *n/pl* substitute money
Geldüberhang [ˈgɛltyːbərhaŋ] *m* excessive supply of money
Geldüberweisung [ˈgɛltyːbərvaɪzuŋ] *f* money transfer, transfer of money
Geldumlauf [ˈgɛltumlauf] *m* money circulation, money circuit
Geldumlaufsgeschwindigkeit [ˈgɛltumlaufsgəʃvɪndɪçkaɪt] *f* velocity of circulation of money

Geldumsatz ['gɛltumzats] *m* turnover of money
Geldumstellung ['gɛltumʃtɛluŋ] *f* currency conversion, money conversion
Geldverdiener(in) ['gɛltfɛrdi:nər(ɪn)] *m/f* moneymaker
Geldverfassung ['gɛltfɛrfasuŋ] *f* monetary structure
Geldverknappung ['gɛltfɛrknapuŋ] *f* monetary restriction, contraction of money supply
Geldverlust ['gɛltfɛrlust] *m* financial loss, pecuniary loss
Geldvermögen ['gɛltfɛrmø:gən] *n* financial assets *pl*
Geldvermögenswert ['gɛltfɛrmø:gənsve:rt] *m* financial asset
Geldvernichtung ['gɛltfɛrnɪçtuŋ] *f* reduction of the volume of money
Geldverschwendung ['gɛltfɛrʃvɛnduŋ] *f* waste of money
Geldvolumen ['gɛltvolu:mən] *n* volume of money
Geldwachstum ['gɛltvakstu:m] *n* money growth
Geldwäsche ['gɛltvɛʃə] *f* money laundering
Geldwechselgeschäft ['gɛltvɛksəlgəʃɛft] *n* currency exchange business
Geldwert ['gɛltve:rt] *m* value of money
geldwerter Vorteil ['gɛltve:rtər 'fo:rtaɪl] *m* benefit in money's worth
Geldwertbestimmungen ['gɛltve:rtbəʃtɪmuŋən] *f/pl* valuation
Geldwertschwund ['gɛltve:rtʃvunt] *m* currency erosion
Geldwertsicherungsklausel ['gɛltve:rtzɪçəruŋsklauzəl] *f* money guarantee clause
Geldwertstabilität ['gɛltve:rtʃtabilitɛ:t] *f* stability of the value of money, monetary stability
Geldwesen ['gɛltve:zən] *n* monetary system
Geldwirtschaft ['gɛltvɪrtʃaft] *f* money economy
geldwirtschaftlich ['gɛltvɪrtʃaftlɪç] *adj* monetary, financial
Geldzählautomat ['gɛlttsɛ:lautoma:t] *m* money counting machine
Geldzahlung ['gɛlttsa:luŋ] *f* payment
Geldzins ['gɛlttsɪns] *m* interest on money
Geldzirkulation ['gɛlttsɪrkulatsjo:n] *f* money circulation, money circuit

Gelegenheitsgesellschaft [gə'le:gənhaɪtsgəzɛlʃaft] *f* temporary joint venture
Geltung ['gɛltuŋ] *f (Gültigkeit)* validity
Geltungsdauer ['gɛltuŋsdauər] *f 1.* validity; *2. (Vertrag)* term; *3. (Patent)* life
Gemeinde [gə'maɪndə] *f* community
Gemeineigentum [gə'maɪnaɪgəntu:m] *n* public property
gemeiner Wert [gə'maɪnər ve:rt] *m* market value
Gemeinkostenwertanalyse (GWA) [gə'maɪnkɔstənve:rtanaly:zə] *f* overhead value analysis
Gemeinlastprinzip [gə'maɪnlastprɪntsi:p] *n* principle of common burden
gemeinnütziges Unternehmen [gə'maɪnnytsɪgəs untər'ne:mən] *n* public institution
gemeinsamer Markt [gə'maɪnsa:mər markt] *m* common market
Gemeinschaftsanleihe [gə'maɪnʃaftsanlaɪə] *f* joint loan, community loan
Gemeinschaftsbank [gə'maɪnʃaftsbank] *f* combination bank
Gemeinschaftsdepot [gə'maɪnʃaftsdepo:] *n* joint security deposit
Gemeinschaftseigentum [gə'maɪnʃaftsaɪgəntu:m] *n* collective property
Gemeinschaftsemission [gə'maɪnʃaftsemisjo:n] *f* joint issue
Gemeinschaftsfinanzierung [gə'maɪnʃaftsfɪnantsi:ruŋ] *f* group financing
Gemeinschaftsfonds [gə'maɪnʃaftsfõ:] *m* joint funds *pl*
Gemeinschaftskonto [gə'maɪnʃaftskɔnto:] *n* joint account
Gemeinschaftsschuldner [gə'maɪnʃaftsʃuldnər] *m* common debtor
Gemeinschaftssparen [gə'maɪnʃaftsʃpa:rən] *n* joint saving
Gemeinschaftswerbung [gə'maɪnʃaftsvɛrbuŋ] *f* joint publicity
Gemeinschuldner [gə'maɪnʃuldnər] *m* adjudicated bankrupt
Gemeinsteuer [gə'maɪnʃtɔyər] *f* local tax
Gemeinwirtschaft [gə'maɪnvɪrtʃaft] *f* social economy
gemeinwirtschaftlich [gə'maɪnvɪrtʃaftlɪç] *adj* non-profit, public
gemischte Firma [gə'mɪʃtə 'fɪrma] *f* mixed company
gemischter Fonds [gə'mɪʃtər fõ:] *m* mixed fund

genannt [gə'nant] *adj* indicated
genehmigen [gə'ne:mɪgən] *v* 1. *(Vorschlag)* accept; 2. *(offizieller Antrag)* approve, grant; 3. *(Vertrag)* ratify
genehmigte Bilanz [gə'ne:mɪgtə bi:'lants] *f* authorized balance sheet
genehmigtes Kapital [gə'ne:mɪgtəs kapi'ta:l] *n* authorized capital
Genehmigungsbescheid [gə'ne:mɪguŋsbəʃaɪt] *m* notice of approval
Genehmigungspflicht [gə'ne:mɪguŋspflɪçt] *f* duty to obtain a permit
genehmigungspflichtig [gə'ne:mɪguŋspflɪçtɪç] *adj* requiring approval
genehmigungspflichtige Kartelle [gə'ne:mɪguŋspflɪçtɪgə kar'tɛlə] *n/pl* cartel to be registered
Generalausnahmeklausel [genə'ra:lausna:məklauzəl] *f* general exception clause
Generalbevollmächtigte(r) [genə'ra:lbəfɔlmɛçtɪçtə(r)] *f/m* universal agent
Generaldirektor(in) [genə'ra:ldirɛkto:r(ɪn)] *m/f* director general
Generalpolice [genə'ra:lpoli:sə] *f* floating policy
Generalstreik [genə'ra:lʃtraɪk] *m* general strike
Generalunternehmer [genə'ra:luntɛrne:mər] *m* general contractor
Generalvertreter [genə'ra:lfɛrtre:tər] *m* general agent
Generationenvertrag [genəra'tsjo:nənfɛrtra:k] *m* inter-generation compact
genormt [gə'nɔrmt] *adj* standardized
Genossenschaft [gə'nɔsənʃaft] *f* cooperative society
genossenschaftliche Zentralbanken [gə'nɔsənʃaftlɪçə tsən'tra:lbankən] *f/pl* cooperative central banks *pl*
genossenschaftlicher Bankensektor [gə'nɔsənʃaftliçər 'bankənsɛkto:r] *m* cooperative banking sector
Genussrecht [gə'nusrɛçt] *n* participation rights *pl*
Genussrechtskapital [gə'nusrɛçtskapita:l] *n* participating rights capital
Genussschein [gə'nusʃaɪn] *m* participating certificate
gerechtfertigt [gə'rɛçtfɛrtɪçt] *adj* justified
geregelter Freiverkehr [gə're:geltər 'fraɪfɛrke:r] *adj* unofficial market
gerichtliches Mahnverfahren [gə'rɪçtlɪçəs 'ma:nfɛrfa:rən] *n* court proceedings for order to pay debt, summons
Gerichtsstand [gə'rɪçtsʃtant] *m* place of jurisdiction
Gerichtsvollzieher(in) [gə'rɪçtsfɔltsi:ər(ɪn)] *m/f* bailiff
geringfügige Beschäftigung [gə'rɪŋfy:gɪgə bə'ʃɛftɪguŋ] *f* low-paid employment, part-time employment
geringfügige Dienstverhinderung [gə'rɪŋfy:gɪgə 'di:nstfɛrhɪndəruŋ] *f* minor prevention from duty
geringwertige Wirtschaftsgüter [gə'rɪŋve:rtɪgə 'vɪrtʃaftsgy:tər] *n/pl* depreciable movable fixed assets of low value *pl*
Gesamtabsatz [gə'zamtapzats] *m* overall sales *pl*
Gesamtausgaben [gə'zamtausga:bən] *f/pl* overall expenditure, total expenditure
Gesamtbetriebsrat [gə'zamtbətri:psra:t] *m* central works council
Gesamtertrag [gə'zamtɛrtra:k] *m* total proceeds
Gesamtforderung [gə'zamtfɔrdəruŋ] *f* total claim
Gesamthandeigentum [gə'zamthandaɪgəntu:m] *n* joint tenancy
Gesamthandforderung [gə'zamthandfɔrdəruŋ] *f* jointly owned claim
Gesamthandschuld [gə'zamthandʃuld] *f* joint debt
Gesamthypothek [gə'zamthypote:k] *f* general mortgage
Gesamtkapitalrentabilität [gə'zamtkapita:lrɛntabilitɛ:t] *f* total capital profitability
Gesamtkosten [gə'zamtkɔstən] *pl* total costs *pl*, overall costs *pl*
Gesamtkurs [gə'zamtkurs] *m* total market value
Gesamtlieferung [gə'zamtli:fəruŋ] *f* total delivery
Gesamtplanung [gə'zamtpla:nuŋ] *f* master planning, general planning
Gesamtprokura [gə'zamtproku:ra:] *f* joint proxy
Gesamtschuld [gə'zamtʃuld] *f* total debt
Gesamtschuldner [gə'zamtʃuldnər] *m* joint and several debtor
gesamtschuldnerische Bürgschaft [gə'zamtʃuldnərɪʃə 'byrgʃaft] *f* joint and several guaranty
Gesamtsumme [gə'zamtzumə] *f* total amount, grand total
Gesamtvermögen [gə'zamtfɛrmø:gən] *n* aggregate property; total assets *pl*

Gesamtvollmacht [gə'zamtfɔlmaçt] *f* joint power of attorney
Gesamtzinsspannenrechnung [gə'zamttsɪnzʃpanənrɛçnuŋ] *f* whole-bank interest margin calculation
Geschäftsbank [gə'ʃɛftsbank] *f* commercial bank
Geschäftsbedingungen [gə'ʃɛftsbədɪŋuŋən] *f/pl* terms and conditions of business *pl*
Geschäftsbereichsorganisation [gə'ʃɛftsbəraɪçsɔrganizatsjo:n] *f* divisional organization
Geschäftsbesorgung [gə'ʃɛftsbəzɔrguŋ] *f* business errand
Geschäftsbesorgungsvertrag [gə'ʃɛftsbəzɔrguŋsfɛrtra:k] *m* agency agreement
Geschäftsbeziehung [gə'ʃɛftsbətsi:uŋ] *f* business connections *pl*
Geschäftsbücher [gə'ʃɛftsby:çər] *n/pl* account books and balance-sheets *pl*
Geschäftsfreund [gə'ʃɛftsfrɔynt] *m* business friend
Geschäftsführer(in) [gə'ʃɛftsfy:rər(ɪn)] *m/f* manager, chief executive
Geschäftsgeheimnis [gə'ʃɛftsgəhaɪmnɪs] *n* business secret
Geschäftsgrundlage [gə'ʃɛftsgrundla:gə] *f* implicit basis of a contract
Geschäftsguthaben [gə'ʃɛftsgu:tha:bən] *n* proprietor's capital holding
Geschäftsjahr [gə'ʃɛftsja:r] *n* financial year
Geschäftsjubiläum [gə'ʃɛftsju:bilɛ:um] *n* jubily
Geschäftspapier [gə'ʃɛftspapi:r] *n* commercial papers
Geschäftspapiere [gə'ʃɛftspapi:rə] *n/pl* business papers *pl*
Geschäftsprozess [gə'ʃɛftsprotsəs] *m* course of business
geschäftsschädigend [gə'ʃɛftsʃɛ:dɪgənt] *adj* damaging to business, damaging to interests
Geschäftsschädigung [gə'ʃɛftsʃɛ:dɪguŋ] *f* malpractice, trade libel
Geschäftssinn [gə'ʃɛftszɪn] *m* a sense for business, business sense
Geschäftsspartenkalkulation [gə'ʃɛftspartənkalkulatsjo:n] *n* business category costing
Geschäftsträger(in) [gə'ʃɛftstrɛ:gər(ɪn)] *m/f* representative
geschäftstüchtig [gə'ʃɛftstʏçtɪç] *adj* capable in business
Geschäftsübergabe [gə'ʃɛftsy:bərga:bə] *f* handing over of business
Geschäftsübernahme [gə'ʃɛftsy:bərna:mə] *f* takeover of a business
Geschäftsvolumen [gə'ʃɛftsvolu:mən] *n* volume of business
Geschäftswert [gə'ʃɛftsve:rt] *m* value of the subject matter at issue
Geschäftszeit [gə'ʃɛftstsaɪt] *f* business hours *pl*, opening hours *pl*
Geschenksparbuch [gə'ʃɛŋkʃpa:rbu:x] *n* gift savings book
geschlossener Immobilienfonds [gəʃlɔsənər ɪmo'bi:ljənfõ:] *m* closed-end real estate fund
geschlossener Markt [gə'ʃlɔsənər markt] *m* self-contained market
Geschmacksmuster [gə'ʃmaksmustər] *n* design patent
Gesellschaft bürgerlichen Rechts (GbR) [gə'zɛlʃaft 'byrgərlɪçən 'rɛçts] *f* civil-law association
Gesellschaft mit beschränkter Haftung (GmbH) [gə'zɛlʃaft mɪt bə'ʃrɛŋktər 'haftuŋ] *f* limited liability company
Gesellschafterdarlehen [gə'zɛlʃaftər da:rle:hən] *n* proprietor's loan
Gesellschafterversammlung [gə'zɛlʃaftərfɛrsamluŋ] *f* meeting of shareholders
Gesellschaftsformen [gə'zɛlʃaftsfɔrmən] *f/pl* legal forms of commercial entities *pl*
Gesellschaftsschulden [gə'zɛlʃaftsʃuldən] *f/pl* company's debts *pl*
Gesellschaftssteuer [gə'zɛlʃaftsʃtɔyər] *f* company tax
Gesellschaftsvermögen [gə'zɛlʃaftsfɛrmø:gən] *n* company assets *pl*, partnership assets *pl*
Gesetz [gə'zɛts] *n* law
Gesetzesänderung [gə'zɛtsəsɛndəruŋ] *f* amendment of a law
Gesetzgebungshoheit [gə'zɛtsge:buŋsho:haɪt] *f* legislative sovereignty
gesetzliche Krankenversicherung [gə'zɛtslɪçə 'kraŋkənfɛrzɪçəruŋ] *f* statutory health insurance fund
gesetzliche Kündigungsfrist [gə'zɛtslɪçə 'kyndɪguŋsfrɪst] *f* statutory period of notice
gesetzliche Rentenversicherung [gə'zɛtslɪçə 'rɛntənfɛrzɪçəruŋ] *f* statutory pension insurance fund
gesetzliche Rücklage [gə'zɛtslɪçə 'rykla:gə] *f* legally restricted retained earnings *pl*

gesetzliche Unfallversicherung [gə'zɛtslıçə 'unfalfɛrzıçəruŋ] *f* statutory accident insurance
gesetzliches Zahlungsmittel [gə'zɛtslıçes 'tsa:luŋsmıtəl] *n* legal tender
gesetzlich geschützt [gə'zɛtsliç gə'ʃytst] *adj* patented; proprietary
gespaltene Wechselkurse [gə'ʃpaltənə 'vɛksəlkurzə] *m/pl* two-tier exchange rate
gespaltener Devisenmarkt [gə'ʃpaltənər də'vi:zənmarkt] *m* two-tier foreign exchange market
gespaltener Tarif [gə'ʃpaltənər ta'ri:f] *m* differentiated tariffs *pl*
gespaltener Wechselkurs [gə'ʃpaltənər 'vɛksəlkurs] *m* multiple exchange rates *pl*
gesperrtes Depot [gə'ʃpɛrtəs də'po:] *n* blocked deposit
gesperrtes Konto [gə'ʃpɛrtəs 'kɔnto] *n* blocked account
Gesprächstermin [gə'ʃprɛ:çstɛrmi:n] *m* appointment for a meeting
gestaffelt [gə'ʃtafəlt] *adj* graduated
gestrichen Geld (-G) [gə'ʃtrıçən gɛlt] *n* quotation cancelled-money
gestrichen Taxe (-T) [gə'ʃtrıçən 'taksə] *f* quotation cancelled-government-fixed price
Gesundheitsschutz [gə'zunthaıtsʃuts] *m* health protection
Gesundheitswesen [gə'zunthaıtsve:zən] *n* public health
Gesundheitszeugnis [gə'zunthaıtstsɔyknıs] *n* health certificate
Gesundschrumpfung [gə'zuntʃrumpfuŋ] *f* paring down
Getränkesteuer [gə'trɛŋkəʃtɔyer] *f* beverage tax
Getreidebörse [gə'traıdəbœrzə] *f* grain exchange
Gewährleistung [gə'vɛ:rlaıstuŋ] *f* warranty
Gewährleistungsgarantie [gə'vɛ:rlaıstuŋsgaranti:] *f* guarantee for proper execution
Gewährleistungsvermögen [gə'vɛ:rlaıstuŋsfɛrmø:gən] *n* capability to warrant
Gewerbeaufsichtsamt [gə'vɛrbəaufzıçtsamt] *n* trade supervisory authority, the factory inspectorate
Gewerbebank [gə'vɛrbəbaŋk] *f* industrial bank
Gewerbeertragssteuer [gə'vɛrbəertraksʃtɔyər] *f* trade earnings tax
Gewerbefreiheit [gə'vɛrbəfraıhaıt] *f* freedom of trade
Gewerbekapitalsteuer [gə'vɛrbəkapita:lʃtɔyər] *f* trade tax on capital
Gewerbeordnung (GewO) [gə'vɛrbəɔrdnuŋ] *f* Trade Regulation Act
gewerblicher Betrieb [gə'vɛrbliçər bə'tri:p] *m* industrial undertaking
Gewerkschaft [gə'vɛrkʃaft] *f* trade union, labor union *(US)*
Gewerkschaftsbank [gə'vɛrkʃaftsbaŋk] *f* trade union bank
Gewichtszoll [gə'vıçtstsɔl] *m* duty based on weight
gewillkürte Orderpapiere [gə'vılky:rtə 'ɔrdərpapi:rə] *n/pl* instruments to order by option *pl*
Gewinn [gə'vın] *m* profit, gain; return
Gewinn- und Verlustrechnung [ge'vın und fɛrlustrɛçnuŋ] *f* profit and loss account
Gewinnabführung [gə'vınapfy:ruŋ] *f* transfer of profit
Gewinnanteil [gə'vınantaıl] *m* share in the profits
Gewinnanteilsschein [gə'vınantaılsʃaın] *m* dividend coupon; profit sharing certificate
Gewinnaufschlag [gə'vınaufʃla:k] *m* profit mark-up
Gewinndruck [gə'vındruk] *m* profit squeeze
Gewinnermittlung [gə'vınɛrmıtluŋ] *f* determination of profits
Gewinngemeinschaft [gə'vıngəmaınʃaft] *f* profit pool
Gewinnmarge [gə'vınmarʒə] *f* profit margin
Gewinnmaximierung [gə'vınmaksimi:ruŋ] *f* maximisation of profits
Gewinnobligation [gə'vınɔbligatsjo:n] *f* participating debenture, income bond
Gewinnpoolung [gə'vınpu:luŋ] *f* profit-pooling
Gewinnrücklagen [gə'vınrykla:gən] *f/pl* revenue reserves *pl*
Gewinnschuldverschreibung [gə'vınʃultfərʃraıbuŋ] *f* participating bond
Gewinnschwelle [gə'vınʃvɛlə] *f* break-even point
Gewinnschwellenanalyse [gə'vınʃvɛlənanaly:zə] *f* breakeven analysis
Gewinnsparen [gə'vınʃpa:rən] *n* lottery premium saving
Gewinnthesaurierung [gə'vınte:zauri:ruŋ] *f* earnings retention

Gewinnvortrag [gə'vɪnfo:rtra:k] *f* profit carried forward
gezeichnetes Kapital [gə'tsaɪçnətəs kapi'ta:l] *n* subscribed capital
gezogener Wechsel [gə'tso:gənər 'vɛksəl] *m* drawn bill
Giralgeld [ʒi'ra:lgɛlt] *n* book money, money in account
Giralgeldschöpfung [ʒi'ra:lgɛltʃøpfuŋ] *f* creation of deposit money
Girant [ʒi'rant] *m* endorser
Giroabteilung ['ʒi:roaptaɪluŋ] *f* clearing department, giro department
Girobank ['ʒi:robaŋk] *f* deposit clearing bank
Giro-Einlage ['ʒi:roaɪnla:gə] *f* deposit on a current account
Girogeschäft ['ʒi:rogəʃɛft] *n* bank's transaction dealing with cashless payment
Girosammeldepot ['ʒi:rozaməldepo:] *n* omnibus deposit, safe custody account
Girosammelverkehr ['ʒi:rozaməlfɛrke:r] *m* collective securities deposit operations *pl*
Giroverkehr ['ʒi:rofɛrke:r] *m* giro transaction, transfer of money by means of a clearing
glaubhafte Zusicherung ['glauphaftə 'tsu:zɪçəruŋ] *f* credible promise
Gläubigerausschuss ['glɔybɪgərausʃus] *m* committee of inspection
Gläubigerpapier ['glɔybɪgərpapi:r] *n* creditor paper
Gläubigerschutz ['glɔybɪgərʃuts] *m* protection of creditors
Gläubigerversammlung ['glɔybɪgərfɛrzamluŋ] *f* creditors' meeting
Gleichgewicht ['glaɪçgəvɪçt] *n* balance, equilibration; wirtschaftliches ~ economic equilibrium
Gleichgewichtspreis ['glaɪçgəvɪçtspraɪs] *m* equilibrium price
gleitende Arbeitszeit ['glaɪtəndə 'arbaɪtstsaɪt] *f* flexible working hours *pl*, flexitime
gleitende Paritätsanpassung ['glaɪtəndə pari'tɛ:tsanpasuŋ] *f* crawling exchange rate adjustment
gleitender Ruhestand ['glaɪtəndər 'ru:əʃtant] *m* flexible retirement
Gleitklausel ['glaɪtklauzəl] *f* escalator clause
Gleitparität ['glaɪtpa:ritɛ:t] *f* escalator parity, crawling peg
Globalanleihe [glo'ba:lanlaɪhə] *f* all-share certificate, blanket loan
Globalsteuerung [glo'ba:lʃtɔyəruŋ] *f* global control
Globalwertberichtigung [glo'ba:lve:rtbərɪçtiguŋ] *f* overall adjustment
Globalzession [glo'ba:ltsesjo:n] *f* overall assignment
GmbH & Co. KG ['ge:əmbe:ha: unt 'ko: ka:ge:] *f* limited commercial partnership with a limited liability company as general partner and members of the GmbH or others as limited partners
Gold [gɔlt] *n* gold
Gold- und Devisenbilanz [gɔlt unt de'vi:zənbilants] *f* gold and foreign exchange balance
Goldaktie ['gɔltaktsjə] *f* gold share
Goldanleihe ['gɔltanlaɪhə] *f* loan on a gold basis
Goldarbitrage ['gɔltarbitra:ʒə] *f* arbitrage in bullion
Goldauktion ['gɔltauktsjo:n] *f* gold auction
Goldbarren ['gɔltbarən] *m* gold bar
Golddeckung ['gɔltdɛkuŋ] *f* gold cover
Gold-Devisen-Standard [gɔltde'vi:zen 'ʃtandart] *m* gold exchange standard
goldene Finanzierungsregel ['gɔldənə fɪnan'tsi:ruŋsre:gəl] *f* golden rule of financing
Goldfeingehalt [gɔlt'faɪngəhalt] *m* fine gold content
Goldgehalt ['gɔltgəhalt] *m* gold content
Goldgeschäft ['gɔltgəʃɛft] *n* gold transactions *pl*
Goldgewichte ['gɔltgəvɪçtə] *n/pl* troy weights *pl*
Goldhandel ['gɔlthandəl] *m* gold trade
Goldkonvertibilität ['gɔltkɔnvɛrtibilitɛ:t] *f* gold convertibility
Goldmarkt ['gɔltmarkt] *m* gold market
Goldmünze ['gɔltmyntsə] *f* gold coin
Goldoption ['gɔltɔptsjo:n] *f* gold option
Goldparität ['gɔltparitɛ:t] *f* gold parity
Goldpreis ['gɔltpraɪs] *m* gold price, price of gold
Goldpreisbildung ['gɔltpraɪsbɪlduŋ] *f* gold pricing
Goldproduktion ['gɔltprɔduktsjo:n] *f* gold production
Goldpunkt ['gɔltpuŋkt] *m* gold point
Goldreserve ['gɔltrəzɛrvə] *f* gold reserves *pl*
Goldstandard ['gɔltʃtandart] *m* gold standard
Goldswap ['gɔltsvɔp] *m* gold swap

Goldzertifikat ['gɔlttsɛrtɪfika:t] *n* gold certificate
Gratisaktie ['gra:tɪsaktsi:ə] *f* bonus share
Grenzerlös ['grɛntsɛrlø:z] *m* marginal earnings *pl*, marginal revenue
Grenzkosten ['grɛntskɔstən] *pl* marginal cost
Grenzkostenkalkulation ['grɛntskɔstənkalkulatsjo:n] *f* marginal costing
Grenzkostenrechnung ['grɛntskɔstənrɛçnuŋ] *f* marginal costing
Grenzleistungsfähigkeit des Kapitals ['grɛntslaɪstuŋsfɛ:ɪçkaɪt dɛs kapi'ta:ls] *f* marginal efficiency of capital
Grenznutzen ['grɛntsnutsən] *m* marginal utility
Grenzproduktivität ['grɛntsproduktivitɛ:t] *f* marginal productivity
Grenzwert ['grɛntsve:rt] *m* limiting value
Großabnehmer ['gro:sapne:mər] *m* bulk buyer
Großcontainer ['gro:skɔnteɪnər] *m* large container
Größenvorteile ['grø:sənfortaɪlə] *m/pl* economies of scale *pl*
Großhandel ['gro:shandəl] *m* wholesale
Großhandelskontenrahmen ['gro:shandəlskɔntənra:mən] *m* uniform system of accounts for the wholesale trade
Großhandelspreis ['gro:shandəlspraɪs] *m* wholesale price, trade price
Grossist ['grosɪst] *m* wholesaler
Großkredit ['gro:skredi:t] *m* large-scale lending
Großmarkt ['gro:smarkt] *m* wholesale market
Grundbuch ['gruntbu:x] *n* register of land titles
Grunderwerbssteuer ['grunterwɛrpsʃtɔyər] *f* property acquisition tax
Grundgehalt ['gruntgəhalt] *n* basic salary
Grundkapital ['gruntkapita:l] *n* capital stock
Grundkenntnisse ['gruntkɛntnɪsə] *f/pl* basic knowledge
Grundkosten ['gruntkɔstən] *pl* organization costs *pl*
Grundkredit ['gruntkredi:t] *m* real estate credit
Grundkreditanstalt ['gruntkredi:tanʃtalt] *f* mortgage bank
Grundpfandbrief ['gruntpfantbri:f] *m* mortgage bond
Grundrente ['gruntrɛntə] *f* ground rent
Grundsätze ordnungsgemäßer Buchführung und Bilanzierung (GoB) ['gruntzɛtsə 'ɔrdnuŋsgəmɛ:sər 'buxfy:ruŋ unt bilan'tsi:ruŋ] *m/pl* principles of orderly bookkeeping and balance-sheet makeup *pl*
Grundschuld ['gruntʃult] *f* mortgage, land charge
Grundschuldbrief ['gruntʃultbri:f] *m* mortgage certificate, land charge certificate
grundstücksgleiche Rechte ['gruntʃtyksglaɪçə 'rɛçtə] *n/pl* rights equivalent to real property *pl*
Gründungsbericht ['grynduŋsbərɪçt] *m* formation report
Gründungsbilanz ['grynduŋsbilants] *f* commencement balance sheet
Gründungsfinanzierung ['grynduŋsfɪnantsi:ruŋ] *f* funding at commencement of a business enterprise
Grundvermögen ['gruntfɛrmø:gən] *n* real property
Gruppenakkord ['grupənakɔrt] *m* group piecework
Gruppenarbeit ['grupənarbaɪt] *f* team work
Gruppenfertigung ['grupənfɛrtɪguŋ] *f* mixed manufacturing
günstigstes Angebot ['gynstigstəs 'angəbo:t] *n* most favourable offer
Güteklasse ['gy:təklasə] *f* grade, class
Güter ['gy:tər] *n/pl* goods *pl*
guter Glaube ['gu:tər 'glaubə] *m* good faith
Güterbeförderung ['gy:tərbəfœrdəruŋ] *f* carriage of goods
Gütergruppe ['gy:tərgrupə] *f* category of goods
Gütermarkt ['gy:tərmarkt] *m* commodity market
Gütertarif ['gy:tərtari:f] *m* goods tariff
Gütertrennung ['gy:tərtrɛnuŋ] *f* separation of property, separate estate
Güterzustellung ['gy:tərtsu:ʃtɛluŋ] *f* delivery of goods
Gütezeichen ['gy:tətsaɪçən] *n* *(Marketing)* quality label, *(Patente)* mark of quality
Guthabensaldo [gu:tha:bn'zaldo] *n* credit balance
gutschreiben ['gu:tʃraibn] *v* credit
Gutschrift ['gu:tʃrift] *f* credit entry
Gutschriftsanzeige ['gu:tʃriftsantsaɪgə] *f* credit advice

H

Habe ['ha:bə] *f* possessions *pl,* property; *bewegliche ~* moveables *pl; unbewegliche ~* real estate
Haben ['ha:bən] *n* credit side, credit item
Habenbestand ['ha:bənbəʃtant] *m* assets *pl*
Habensaldo ['ha:bənzaldo] *m* credit balance
Habenseite ['ha:bənzaɪtə] *f* credit site
Habenzinsen ['ha:bəntsɪnzən] *m/pl* credit interest
Hafen [ha:fən] *m* port
Hafenanlagen ['ha:fənanla:gən] *f/pl* docks *pl*
Hafengebühren ['ha:fəngəby:rən] *f/pl* harbour dues *pl*
haftbar ['haftba:r] *adj* liable
Haftbarkeit ['haftba:rkaɪt] *f* liability
haften ['haftən] *v (einstehen)* be liable
haftendes Eigenkapital ['haftəndəs eɪgənkapita:l] *n* liable funds *pl*
Haftpflicht ['haftpflɪçt] *f* liability
Haftpflichtversicherung ['haftpflɪçtfɛrzɪçəruŋ] *f* liability insurance, third party insurance
Haftsumme ['haftsumə] *f* guarantee
Haftungsausschlussklausel ['haftuŋsausʃlusklausəl] *f* disclaimer
Haftungsbeschränkungen ['haftuŋsbəʃrɛnkuŋən] *f/pl* restrictions of liability *pl,* limitations of liability *pl*
Haftungskapital ['haftuŋskapita:l] *n* liable equity capital
Halberzeugnis ['halpɛrtsɔyknɪs] *n* semi-finished good
Halbfabrikat ['halpfabrika:t] *n* semi-finished article
halbfertig ['halpfərtɪç] *adj (Erzeugnis)* semi-finished
Halbjahresbericht ['halpja:rəsbərɪçt] *m* semi-annual report
Halbjahresbilanz ['halpja:rəsbilants] *f* semi-annual balance sheet
halbjährlich ['halpjɛ:rliç] *adj* half-yearly
halbmonatlich ['halpmo:natlɪç] *adj* half-monthly, semi-monthly
Halbtagsarbeit ['halpta:ksarbaɪt] *f* part-time job
Halbtagsbeschäftigte(r) ['halpta:ksbəʃɛftɪgtə(r)] *f/m* part-time employee

Handel ['handəl] *m* trade, commerce, business; *~ treibend* trading, dealing, selling
handelbar ['handəlba:r] *adj 1. (verkäuflich)* saleable, marketable; *2. (verhandelbar)* negotiable
handeln ['handəln] *v 1. (aktiv werden)* act, take action; *2. (Waren)* deal, trade, sale; *3. (feilschen)* bargain
Handelsabkommen ['handəlsapkɔmən] *n* trade agreement
Handelsagentur ['handəlsagɛntu:r] *f* merchandise agency
Handelsartikel ['handəlsartɪkəl] *m/pl* commercial goods *pl*, commodities *pl*, articles *pl*
Handelsbank ['handəlsbaŋk] *f* merchant bank
Handelsbarriere ['handəlsbarje:rə] *f* trade barrier
Handelsbedingungen ['handəlsbədɪŋuŋən] *f/pl* terms of trade *pl*, trade terms *pl*
Handelsbericht ['handəlsbərɪçt] *m* market report
Handelsbeschränkungen ['handəlsbəʃrɛ:ŋkuŋən] *f/pl* trade restrictions *pl*
Handelsbesprechung ['handəlsbəʃpreçuŋ] *f* commercial talks *pl,* trade talks *pl*
Handelsbetrieb ['handəlsbətri:p] *m* business engaged in the distributive trade
Handelsbevollmächtigte(r) ['handəlsbəfɔlmɛ:çtiçtə(r)] *f/m* general agent
Handelsbezeichnung ['handəlsbətsaɪçnuŋ] *f* trade name, trademark, brand
Handelsbeziehungen ['handəlsbətsi:uŋən] *f/pl* trade relations *pl*
Handelsbilanz ['handəlsbilants] *f* trade balance
Handelsblatt ['handəlsblat] *n* trade journal
Handelsbrauch ['handəlsbraux] *m* trade practice, commercial usage
Handelsbrief ['handəlsbri:f] *m* business letter, commercial letter
Handelsbuch ['handəlsbu:x] *n* commercial book of account
Handelsdefizit ['handəlsde:fɪtsɪt] *n* trade deficit
Handelseinheit ['handəlsaɪnhaɪt] *f (Börse)* trade unit, unit of trade
handelseinig ['handəlsaɪnɪç] *adj ~ werden* come to terms, agree (upon)

Handelsembargo ['handəlsɛmbargoː] *n* trade embargo
Handelserlaubnis ['handəlsɛrlaupnɪs] *f* trading licence, trading permit
handelsfähig ['handəlsfɛːɪç] *adj (Aktien)* negotiable
Handelsfaktura ['handəlsfaktuːra] *f* commercial invoice
Handelsfreiheit ['handəlsfraɪhaɪt] *f* freedom of trade, liberty of trade
handelsgängig ['handəlsgɛŋɪç] *adj* commercial, marketable, saleable
Handelsgeist ['handəlsgaɪst] *m* commercial spirit
Handelsgeschäfte ['handəlsgəʃɛftə] *n/pl* commercial transactions *pl*
Handelsgesellschaft ['handəlsgəzɛlʃaft] *f* trading enterprise, (trading) cooperative
Handelsgesetz ['handəlsgəzɛts] *n* commercial law
Handelsgesetzbuch ['handəlsgəsɛtsbuːx] *n* Commercial Code
Handelsgewerbe ['handəlsgəwɛrbə] *n* commercial enterprise
Handelsgewinne ['handəlsgəvɪnə] *m/pl* trading profits *pl*
Handelsindex ['handəlsɪndɛks] *m* business index
Handelskammer ['handəlskamər] *f* Chamber of Commerce
Handelskapital ['handəlskapitaːl] *n* trading stock
Handelskette ['handəlskɛtə] *f* sales chain
Handelsklasse ['handəlsklasə] *f* grade
Handelsklausel ['handəlsklausəl] *f* trade clause
Handelskreditbrief ['handəlskreditbriːf] *m* commercial letter of credit
Handelskredite ['handəlskreditə] *m/pl* commercial credits *pl*
Handelskrieg ['handəlskriːk] *m* trading warfare
Handelskrise ['handəlskriːzə] *f* commercial crisis
Handelsmakler ['handəlsmaːklər] *m* commercial broker
Handelsmarke ['handəlsmarkə] *f* dealer's brand
Handelsmesse ['handəlsmɛsə] *f* trade fair
Handelsmission ['handəlsmɪsjoːn] *f* trade mission
Handelsmonopol ['handəlsmonopoːl] *n* trade monopoly
Handelsniederlassung ['handəlsniːdərlasuŋ] *f* business establishment
Handelspapiere ['handəlspapiːrə] *n/pl* commercial papers *pl*
Handelspartner ['handəlspaːrtnər] *m* trading partner
Handelspolitik ['handəlspolitiːk] *f* trade policy
handelspolitisch ['handəlspoliːtɪʃ] *adj* commercial
Handelsqualität ['handəlskvalitɛːt] *f* trading quality
Handelsrecht ['handəlsrɛçt] *n* commercial law
handelsrechtlich ['handəlsrɛçtlɪç] *adj* under commercial law
Handelsregister ['handəlsregɪstər] *n* commercial register
Handelsschranke ['handəlsʃrankə] *f* trade barrier
Handelsschule ['handəlsʃuːlə] *f* business school
Handelssitz ['handəlszɪts] *m* registered seat
Handelsspanne ['handəlsʃpanə] *f* (profit) margin
Handelsstadt ['handəlsʃtat] *f* commercial town, commercial centre
Handelsstraße ['handəlsʃtraːsə] *f* trade route, commercial route
Handelsstreitigkeiten ['handəlsʃtraɪtɪçkaɪtən] *f/pl* trade disputes *pl*
Handelsüberschüsse ['handəlsyːbərʃʏsə] *m/pl* trading surplus
handelsüblich ['handəlsyːplɪç] *adj* commercial; *~e Bezeichnung* trade name, (trade) brand
Handelsusancen ['handəlsyzãːsən] *f/pl* trade practice, custom of trade
Handelsverbot ['handəlsfɛrboːt] *n* prohibition, embargo
Handelsverkehr ['handəlsfɛrkeːr] *m* commercial intercourse
Handelsvertreter(in) ['handəlsfɛrtreːtər(ɪn)] *m/f* commercial representative, salesman, saleswoman
Handelsvertretung ['handəlsfɛrtreːtuŋ] *f* commercial agency
Handelswechsel ['handəlsvɛksəl] *m* trade bill
Handelswert ['handəlsveːrt] *m* trade value, commercial value
Handelszentrum ['handəlstsɛntrum] *n* trading center

Handelszweig ['handəlstsvaɪk] *m* line of business, business sector
handgearbeitet ['hantgəarbaɪtət] *adj* handmade
Handgeld ['hantgɛlt] *n* earnest money
handhaben ['hantha:bən] *v (anwenden)* handle, deal with, take care of
Handhabung ['hantha:buŋ] *f* handling, dealing
Handikap ['hɛndikɛp] *n (geschäftlicher Nachteil)* drawback
Handlanger ['hantlaŋər] *m* helper, handy man *(US)*
Händler(in) ['hɛndlər(ɪn)] *m/f* trader, merchant
Händlergeschäft ['hɛndlərgəʃɛft] *n* dealer transaction
Händlerorganisation ['hɛndlərɔrganizatsjo:n] *f* dealers' organization
Händlerpreis ['hɛndlərpraɪs] *m* trade price, retail price
Händlerrabatt ['hɛndlərrabat] *m* discount (price)
Handlungsagent(in) ['handluŋsagɛnt(ɪn)] *m/f* mercantile agent
Handlungsbevollmächtigte(r) ['handluŋsbəfɔlmɛçtɪçtə(r)] *f/m* (authorized) agent
Handlungsgehilfe ['handluŋsgəhɪlfə] *m* commercial employee, commercial clerk
Handlungsgehilfin ['handluŋsgəhɪlfɪn] *f* (female) commercial employe, commercial clerk
Handlungsreisende(r) ['handluŋsraɪzəndə(r)] *f/m* travelling salesman, travelling saleswoman
Handlungsspielraum ['handluŋsʃpi:lraum] *m* scope (of action), room for manoeuvre
Handlungsvollmacht ['handluŋsfɔlmaxt] *f* commercial power of attorney
Harmonisierung [harmonɪ'zi:ruŋ] *f* harmonization
harte Währung ['hartə 'vɛ:ruŋ] *f* hard currency
Härtefall ['hɛrtəfal] *m* hardship case, case of hardship
Härtefonds ['hɛrtəfõ:] *m* hardship fund
Härteklausel ['hɛrtəklausəl] *f* hardship clause
Hartgeld ['hartgɛlt] *n* metallic currency
Hauptabnehmer(in) ['hauptapne:mər(ɪn)] *m/f* biggest buyer, biggest purchaser
Hauptaktionär(in) ['hauptaktsjo:nɛ:r(ɪn)] *m/f* principal shareholder
Hauptanteil ['hauptantaɪl] *m* lion's share, principal share
Hauptartikel ['hauptartɪkəl] *m 1. (erhältliche Ware)* main article; *2. (Herstellung)* major product
Hauptbank ['hauptbaŋk] *f* head bank, parent bank
Hauptbeschäftigung ['hauptbəʃɛftɪguŋ] *f* main job
Hauptbilanz ['hauptbilants] *f* general balance (sheet)
Hauptbuchhaltung ['hauptbu:xhaltuŋ] *f* chief accountancy
Hauptfiliale ['hauptfilja:lə] *f* main branch
Hauptgeschäft ['hauptgəʃɛft] *n* head office
Hauptgewinn ['hauptgəvɪn] *m (finanzieller Ertrag)* main profit
Hauptgläubiger(in) ['hauptglɔybɪgər(ɪn)] *m/f* main creditor, principal creditor
Hauptkostenstellen ['hauptkɔstənʃtɛlən] *f/pl* production cost centres *pl*
Hauptplatz ['hauptplats] *m* main centre
Hauptschuld ['hauptʃult] *f* main debt, principal debt
Hauptschuldner(in) ['hauptʃuldnər(ɪn)] *m/f* main debtor, principal debtor
Hauptsitz ['hauptzɪts] *m* head office, main office
Hauptversammlung ['hauptfɛrzamluŋ] *f* general meeting, general assembly
Hauptvollmacht ['hauptfɔlmaxt] *f* primary power
Hausbank ['hausbaŋk] *f* company's bank, firm's bank
Haushaltsdefizit ['haushaltsde:fitsɪt] *n* budgetary deficit
Haushaltsgesetz ['haushaltsgəsɛts] *n* budget law
Haushaltsjahr ['haushaltsja:r] *n* fiscal year, financial year
Haushaltskredit ['haushaltskredi:t] *m* budget credit
Haushaltsloch ['haushaltslɔx] *n* budget deficit, whole in the budget
Haushaltsplan ['haushaltspla:n] *m* budget; in *den ~ aufnehmen* include in the budget
Haushaltsüberschuss ['haushaltsy:bərʃus] *f* budget surplus
Haushaltsvorlage ['haushaltsfo:rla:gə] *f* proposed budget, estimated budget
Haussier [(h)o'sje:] *m* bull
Havarie [hava'ri:] *f* damage by sea
Havariezertifikat [hava'ri:tsɛrtifika:t] *n* damage report
Headhunter ['hɛd'hantər] *m* head hunter

Hedgegeschäft ['hɛdʃgəʃɛft] *n* hedge operation
Hedging ['hɛdʃɪŋ] *n* hedging
heißes Geld ['haɪses 'gɛlt] *n* hot money
Herabsetzung des Grundkapitals [hɛ-'rapsɛtsuŋ dɛs 'gruntkapita:ls] *f* reduction of the share capital
Herausgabeanspruch [hɛ'rausga:bəan-ʃprux] *m* claim for return
Herbstmesse ['hɛrpstmɛsə] *f* autumn fair
Herkunftsland ['he:rkunftsland] *n* country of origin
herstellen ['herstɛlən] *v* manufacture, produce, fabricate
Hersteller(in) ['herstɛlər(ɪn)] *m/f* manufacturer
Herstellkosten ['herstɛlkɔstən] *pl* product cost, cost of production
heterogene Güter ['heteroge:nə 'gy:tər] *n/pl* heterogeneous goods *pl*
Hifo (highest in – first out) ['hi:fo] *adj* highest in – first out (hifo)
Hifo-Verfahren ['hi:fofɛr'fa:rən] *n* Hifo-procedure
Hilfskostenstelle ['hɪlfskɔstənʃtɛlə] *f* service cost centres *pl*
Hilfsstoffe ['hɪlfsʃtɔfə] *m/pl* supplies *pl*
Hinterlegung ['hɪntərle:guŋ] *f* deposit
Hinterziehung ['hɪntərtsi:uŋ] *f* evasion of taxes
historische Wertpapiere [hɪsto:rɪʃə 've:rt-papi:rə] *n/pl* historical securities *pl*
Hochkonjunktur [ho:x'kɔnjʊnktuər] *f* booming economy; ~ *haben* boom; *finanzielle* ~ financial boom; *wirtschaftliche* ~ economic boom; *Inflation bei* ~ boomflation
Hochregallager ['ho:xrega:lla:gər] *n* high-bay storage
Höchstkurs ['hø:çstkurs] *m* highest rate
Höchstpreis ['hø:çstpraɪs] *m* top price, maximum price
Höchststimmrecht ['hø:çstʃtɪmrɛçt] *n* maximum voting right
Höchstwertprinzip ['hø:çstwe:rtprɪn-tsi:p] *n* principle of highest value
Hochzinspolitik ['ho:xtsɪnspoliti:k] *f* high interest rate policy
Hoffnungswert ['hɔfnuŋswe:rt] *m* speculative security
Höherversicherung ['hø:ərfɛrsɪxəruŋ] *f* upgraded insurance
Holdinggesellschaft ['ho:ldɪŋgəsɛlʃaft] *f* holding company
Holschuld ['ʜo:lʃult] *f* debt to be discharged at the domicile of the debtor
Homebanking ['ho:mbɛŋkɪŋ] *n* home banking
homogene Güter [ho:mo'ge:nə 'gy:tər] *n/pl* homogeneous products *pl*
Honorar ['honora:r] *n* fee
horizontale Diversifikation [horitsɔn'ta:-lə 'divɛrzifikatsjo:n] *f* horizontal diversification
horizontale Finanzierungsregeln [horit-sɔn'ta:lə finatsi:ruŋsre:gəln] *f/pl* horizontal financing rules *pl*
horizontale Unternehmenskonzentration [horitsɔn'ta:lə untər'ne:mənskɔntsɛn-tratsjo:n] *f* horizontal corporate concentration
horizontale Wettbewerbsbeschränkung [horitsɔn'ta:lə 'vɛtbəwərpsbəʃrɛŋkuŋ] *f* horizontal restraints of competition *pl*
Human Relations ['ju:mɛn ri:'le:ʃəns] *f/pl* human relations *pl*
Human Resources ['ju:mɛn ri:'zɔrsəs] *f/pl* human resources *pl*
Humanvermögen [hu:'ma:nfərmø:gən] *n* human assets *pl*
hybride Finanzierungsinstrumente [hy-'bri:də finan'tsi:ruŋsɪnstrumɛntə] *n/pl* hybrid financing instruments *pl*
hybride Organisationsformen [hy'bri:də ɔrganizatsjo:nsfɔrmən] *f/pl* hybrid forms of organization *pl*
hybride Wettbewerbsstrategien [hy-'bri:də 'vɛtbəwɛrbsʃtrategi:ən] *f/pl* hybrid competitive strategies *pl*
Hyperinflation ['hy:pərɪnflatsjo:n] *f* hyperinflation
Hypothek [hypo'te:k] *f* mortgage
Hypothekarkredit [hypote:'ka:rkre:dit] *m* mortgage loan
Hypothekenbank [hypo'te:kənbaŋk] *f* mortgage bank
Hypothekenbankgesetz [hypo'te:kən-baŋkgəsets] *n* mortgage bank law
Hypothekenbrief [hypo'te:kənbri:f] *m* mortgage deed
Hypothekengewinnabgabe [hypo'te:kən-gəvɪnapga:bə] *f* levy on mortgage profits
Hypothekenpfandbrief [hypo'te:kənpfand-bri:f] *m* mortgage debenture
Hypothekenregister [hypo'te:kənre:gɪstər] *n* mortgage register
Hypothekenversicherung [hypo'te:kən-fɛrzɪçəruŋ] *f* mortgage insurance

I/J

Icon ['aɪkɔn] *n (EDV)* icon
Identifikationsnummer (PIN, PIN-Code) [idɛntifikats'jo:nsnumər] *f* personal identity number
identifizierbar [idɛntifi'tsi:rba:r] *adj* identifiable
Identität [idɛnti'tɛ:t] *f* identity
Identitätsnachweis [idɛnti'tɛ:tsnaxvaɪz] *m* proof of identity
Illationsgründung ['ɪlatsjo:nsgryndʊŋ] *f* formation by founders' non-cash capital contributions
Illiquidität [ɪlikvidi'tɛ:t] *f* non-liquidity, illiquidity
im Auftrag [ɪm 'auftra:k] by order
im Aufwind [ɪm 'aufvɪnt] under upward pressure
im Ausland [ɪm 'auslant] abroad
im Markt sein [ɪm 'markt saɪn] *v* to be in the market
im Preis inbegriffen [ɪm praɪz 'ɪnbəgrɪfən] *adj* included in the price
Image ['ɪmɪtʃ] *n* image
Imagepflege ['ɪmɪtʃpfle:gə] *f* image cultivation, building of (an) image
imaginärer Gewinn ['ɪma:ginɛ:rər gə'vin] *m* imaginary profit
Imitation [imita'tsjo:n] *f 1. (Fälschung)* fake; *2. (Imitation)* copy
immaterielle Werte ['ɪmaterjɛlə 've:rtə] *m/pl* intangible assets *pl*
immaterielles Vermögen ['ɪmaterjɛləs fɛr'mø:gən] *n* intangible assets *pl*
Immobiliarkredit [ɪmobil'ja:rkredi:t] *m* real estate credit
Immobilie [ɪmo'bi:ljə] *f* item of real estate
Immobilien [ɪmo'bi:ljən] *f/pl* immovables *pl*
Immobilienfonds [ɪmo'bi:ljənfɔ̃] *m* real estate fund
Immobilienleasing [ɪmo'bi:ljənli:sɪŋ] *n* real estate leasing
Immobilienmakler(in) [ɪmo'bɪ:ljənma:klər(ɪn)] *m/f* (real) estate agent
Immobilienmarkt [ɪmo'bi:ljənmarkt] *m* property market
Immunität [ɪmu:ni'tɛ:t] *f* immunity
Implementierung [ɪmpləmən'ti:rʊŋ] *f* implementation
Importartikel [ɪm'pɔrtartɪkəl] *m* imported goods *pl*
Importbeschränkungen [ɪm'pɔrtbəʃrɛŋkuŋən] *f/pl* import restrictions *pl*
Import [ɪm'pɔrt] *m* import
Importdepot [ɪm'pɔrtde:po:] *n* import deposit
Importfinanzierung [ɪm'pɔrtfinantsi:rʊŋ] *f* import financing
Importhandel [ɪm'pɔrthandəl] *m* import trade
importierte Inflation [ɪmpɔr'ti:rtə ɪnfla-'tsjo:n] *f* imported inflation
Importkartell [ɪm'pɔrtkartɛl] *n* import cartel
Importkontingent [ɪm'pɔrtkɔntiŋgɛnt] *n* import quota
Importquote [ɪm'pɔrtkvo:tə] *f* import quota, propensity of import
Importrestriktionen [ɪm'pɔrtre:strɪktsjo:nən] *f/pl* import restrictions *pl*
Importrückgang [ɪm'pɔrtrʏkgaŋ] *m* decline in import
Importstopp [ɪm'pɔrtʃtɔp] *m* ban on imports
Importzoll [ɪm'pɔrttsɔl] *m* import tariff
Impulskauf [ɪm'pulzkauf] *m* impulse purchase
in bar [ɪn 'ba:r] in cash
in Kraft [ɪn 'kraft] effective, in force
in Liquidation [ɪn lɪkvɪdat'sjo:n] in liquidation
in zweifacher Ausfertigung [ɪn 'tsvaɪfaxər 'auzfɛrtigʊŋ] in duplicate
Inanspruchnahme von Kredit [ɪn'anʃpruxna:mə fɔn kre'di:t] *f* availment of credit
Incentives [ɪn'zɛntɪfs] *f/pl* incentives *pl*
Incoterms (International Commercial Terms) ['iŋkotœrms (ɪntər'nɛʃɔnəl kɔ-'mərʃəl 'tœrms)] *m/pl* Incoterms *pl*
Index ['ɪndɛks] *m* index
Indexanleihe ['ɪndɛksanlaɪjə] *f* index-linked loan
Indexbindung ['ɪndɛksbɪndʊŋ] *f* index-linking
Indexierung [ɪndɛks'i:rʊŋ] *f* indexation
Indexklausel ['ɪndɛksklauzəl] *f* index clause
Indexlohn ['ɪndɛkslo:n] *m* index-linked wage
Indexwährung ['ɪndɛksvɛ:rʊŋ] *f* index-linked currency
indifferente Güter ['ɪndɪfərɛntə 'gy:tər] *n/pl* indifferent goods *pl*

Indikator [ɪndi'ka:tor] *m* indicator
indirekte Abschreibung ['ɪndirɛktə 'ap-ʃraibuŋ] *f* indirect method of depreciation
indirekte Investition ['ɪndirɛktə ɪnvɛs-ti'tsjo:n] *f* portfolio investments *pl*
indirekte Steuern ['ɪndirɛktə 'ʃtɔyərn] *f/pl* indirect taxes *pl*
indirekter Absatz ['ɪndirɛktər 'apzats] *m* indirect selling
Individualarbeitsrecht [ɪndividu'a:lar-baɪtsrɛçt] *n* individual labor law
Individualbedürfnis [ɪndividu'a:lbədyrf-nɪs] *n* individual need
Individualeinkommen [ɪndividu'a:laɪnkɔ-mən] *n* individual income
Individualverkehr [ɪndividu'a:lfɛrke:r] *m* private transportation
individuelles Sparen [ɪndividu'ɛləs 'ʃpa:-rən] *n* saving by private households
indossable Wertpapiere [ɪndɔ'sa:blə 've:rtpapi:rə] *n/pl* endorsable securities *pl*
Indossament [ɪndɔsa'mɛnt] *n* endorsement
Indossamentverbindlichkeiten [ɪndɔsa-'mɛntfərbɪndlɪçkaɪtən] *f/pl* endorsement liabilities *pl*
Indossant [ɪndɔ'sant] *m* endorser
Indossatar [ɪndɔsa'ta:r] *m* endorsee
Industrial Design [ɪn'dastriəl di'zaɪn] *n* industrial design
Industrieabfall [ɪndus'tri:apfal] *m* industrial waste
Industrieaktie [ɪndus'tri:aktsjə] *f* industrial shares *pl*
Industrieanleihe [ɪndus'tri:anlaɪjə] *f* industrial loan, corporate loan
Industrieberater(in) [ɪndus'tri:bəra:tər(ɪn)] *m/f* industrial consultant
Industriebetrieb [ɪndus'tri:bətri:p] *m* industrial enterprise
Industriebörse [ɪndus'tri:bœrzə] *f* industrial stock exchange
Industrieerzeugnisse [ɪndus'tri:ɛrtsɔyk-nɪsə] *n/pl* industrial products *pl*
Industriegebiet [ɪndus'tri:gəbi:t] *n* industrial area, industrial region
Industriegesellschaft [ɪndus'tri:gəzɛl-ʃaft] *f* industrial society, industrial association
Industriegewerkschaft (IG) [ɪndus'tri:ge-vərkʃaft] *f* industry-wide union
Industriekonsortium [ɪndus'tri:kɔnzɔr-tsjum] *n* industrial syndicate
Industriekontenrahmen (IKR) [ɪndus-'tri:kɔntənra:mən] *m* uniform classification of accounts for industrial enterprises
Industriekonzern [ɪndus'tri:kɔntsɛrn] *m* industrial enterprise
Industriekredit [ɪndus'tri:kredi:t] *m* industrial loan
Industriekreditbank [ɪndus'tri:kredi:tbaŋk] *f* industrial credit bank
Industrienorm [ɪndus'tri:nɔrm] *f* industrial standard
Industrieobligation [ɪndus'tri:ɔpligatsjo:n] *f* industrial bond
Industriepotenzial [ɪndus'tri:potɛntsja:l] *n* industrial capacity
Industrieroboter [ɪndus'tri:ro:bɔtər] *m* industrial robot
Industriespionage [ɪndus'tri:ʃpiona:ʒə] *f* industrial espionage
Industriestandard [ɪndus'tri:ʃtandart] *m* industry standard
Industrie- und Handelskammer (IHK) [ɪn-dus'tri: unt 'handəlskamər] *f* Chamber of Industry and Commerce
Industriewirtschaft [ɪndus'tri:vɪrtʃaft] *f* industry
inferiore Güter [ɪnfər'jo:rə 'gy:tər] *n/pl* inferior goods *pl*
Inflation [ɪnflats'jo:n] *f* inflation
inflationär [ɪnflatsjo'nɛ:r] *adj* inflationary
Inflationsausgleich [ɪnflats'jo:nsausglaɪç] *m* inflationary adjustment, adjustment in inflation
Inflationsbekämpfung [ɪnflats'jo:nsbə-kɛmpfuŋ] *f* struggle against inflation
Inflationsbeschleunigung [ɪnflats'jo:ns-bəʃlɔyniguŋ] *f* acceleration of inflation
Inflationserscheinungen [ɪnflats'jo:nsɛr-ʃaɪnuŋən] *f/pl* inflationary symptoms *pl*
Inflationserwartung [ɪnflats'jo:nsɛrvar-tuŋ] *f* expected inflation
inflationshemmend [ɪnflats'jo:nshɛmənt] *adj* anti-inflationary, against inflation
Inflationsimport [ɪnflats'jo:nsɪmpɔrt] *m* inflation import
Inflationsrate [ɪnflats'jo:nsra:tə] *f* rate of inflation
Inflationsrückgang [ɪnflats'jo:nsrʏkgaŋ] *m* drop in inflation
Inflationszeit [ɪnflats'jo:nstsait] *f* inflationary period
Informatik [ɪnfɔr'ma:tɪk] *f* data processing
Informatiker(in) [ɪnfɔr'ma:tikər(ɪn)] *m/f* computer scientist
Information [ɪnfɔrma'tsjo:n] *f* information
Informationsaustausch [ɪnfɔrma'tsjo:ns-austauʃ] *m* information exchange, exchange of information

Informationsbedarf [ɪnfɔrma'tsjo:nsbədarf] *m* requirement of information
Informationsbeschaffung [ɪnfɔrma'tsjo:nsbəʃafuŋ] *f* information search
Informationsbroker(in) [ɪnfɔrma'tsjo:nsbro:kər(ɪn)] *m/f* information broker
Informationsdienste [ɪnfɔrma'tsjo:nsdi:nstə] *m/pl* information services *pl*
Informationsinhalt [ɪnfɔrma'tsjo:nsɪnhalt] *m* information content
Informationsmanagement [ɪnfɔrma'tsjo:nsmɛnɛtʃmɛnt] *n* information resource management
Informationsmärkte [ɪnfɔrma'tsjo:nsmɛrktə] *m/pl* information markets *pl*
Informationsrecht [ɪnfɔrma'tsjo:nsrɛçt] *n* right to be given information
Informationssystem [ɪnfɔrma'tsjo:nszyste:m] *n* information system
Informationstechnologie [ɪnfɔrma'tsjo:nstɛçnologi:] *f* information technology
Informationstheorie [ɪnfɔrma'tsjo:nste:ori:] *f* information theory
Informations- und Kommunikationssystem (IuK-System) [ɪnfɔrma'tsjo:ns unt 'kɔmunikatsjo:nszyste:m] *n* information and communications system
Informationsweg [ɪnfɔrma'tsjo:nsve:k] *m* channel of information
Informationswert [ɪnfɔrma'tsjo:nsve:rt] *m* information value
informelle Gruppen ['ɪnfɔrmɛlə 'grupən] *f/pl* informal groups *pl*
informelle Organisation ['ɪnfɔrmɛlə ɔrgani:za'tsjo:n] *f* informal organization
Infrastruktur ['ɪnfraʃtruktu:r] *f* infrastructure
Infrastrukturkredit ['ɪnfraʃtruktu:rkredi:t] *m* infrastructural credit
Infrastrukturmaßnahmen ['ɪnfraʃtruktu:rmazna:mən] *f/pl* infrastructural measures *pl*
Infrastrukturpolitik ['ɪnfraʃtruktu:rpoliti:k] *f* infrastructure policy
Ingangsetzung [ɪn'gaŋsɛtsuŋ] *f* start-up; *~en f/pl* startings
Ingangsetzungskosten [ɪn'gaŋsɛtsuŋskɔstən] *pl* startup costs *pl*
Inhaber(in) ['ɪnha:bər(ɪn)] *m/f* proprietor, occupant, holder
Inhaberaktie ['ɪnha:bəraktsje:] *f* bearer share
Inhabergrundschuld ['ɪnha:bərgruntʃʊlt] *f* bearer land charge
Inhaberhypothek ['ɪnha:bərhypote:k] *f* bearer-type mortgage
Inhaberindossament ['ɪnha:bərɪndɔsament] *n* endorsement made out to bearer
Inhaberklausel ['ɪnha:bərklauzəl] *f* bearer clause
Inhaberpapier ['ɪnha:bərpapi:r] *n* bearer instrument, bearer securities *pl*
Inhaberscheck ['ɪnha:bərʃɛk] *m* bearer cheque
Inhaberschuldverschreibung ['ɪnha:bərʃʊltfɛrʃraɪbuŋ] *f* bearer bond
Inhaberzertifikat ['ɪnha:bərtsɛrtifika:t] *n* bearer certificate, certificate of bearer
Inhaltsnormen ['ɪnhaltsnɔrmən] *f/pl* content norms *pl*
Inhouse-Banking ['ɪnhauzbɛŋkɪŋ] *n* in-house banking
Initiativrecht [ɪnitsja'ti:fsrɛçt] *n* initiative right
Initiator(in) [ini'tsja:to:r/initsja'to:rɪn] *m/f* initiator
Inkasso [ɪn'kaso] *n 1.* collection, collection procedure; *2.* cash against documents
Inkassoabteilung [ɪn'kasoaptaɪluŋ] *f* collection department
Inkassoakzept [ɪn'kasoaktsɛpt] *n* acceptance for collection
inkassoberechtigt [ɪn'kasobərɛçtiçt] *adj* authorised to undertake collection
Inkassogebühr [ɪn'kasogəby:r] *f* collection fee
Inkassogeschäft [ɪn'kasogəʃɛft] *n* collection business
Inkasso-Indossament [ɪn'kasoɪndɔsamɛnt] *n* endorsement for collection
Inkassoprovision [ɪn'kasoprovizjo:n] *f* collection commission
Inkassovollmacht [ɪn'kasofɔlmaxt] *f* right to collect
Inkassowechsel [ɪn'kasovɛksəl] *m* bill for collection, collection draft
Inklusivpreise [ɪnklu'zi:fpraizə] *m/pl* inclusive prices *pl*, all-in-all prices *pl*
inkulant ['ɪnkulant] *adv* unaccomodating, petty
Inländer ['ɪnlɛndər] *m* national resident
Inländerkonvertibilität ['ɪnlɛndərkɔnvɛrtibilitɛ:t] *f* convertibility for residents
inländisch ['ɪnlɛndɪʃ] *adj* home, domestic
Inlandsabsatz ['ɪnlantsapzats] *m* domestic sales *pl*
Inlandshandel ['ɪnlantshandəl] *m* domestic trade

Inlandsmarkt ['ɪnlantsmarkt] *m* domestic market
Inlandsnachfrage ['ɪnlantsna:xfra:gə] *f* home demand
Inlandstarif ['ɪnlantstari:f] *m* domestic rate
Inlandsvermögen ['ɪnlantsfərmø:gən] *n* domestic capital
Innenfinanzierung ['ɪnənfinantsi:ruŋ] *f* internal financing
Innenfinanzierungskennzahl ['ɪnənfinantsi:ruŋskɛntsa:l] *f* self-generated financing ratio
Innengeld ['ɪnəngɛlt] *n* inside money
Innengesellschaft ['ɪnəngəsɛlʃaft] *f* internal partnership
Innenkonsortium ['ɪnənkɔnzɔrtsjum] *n* internal syndicate
innerbetrieblich ['ɪnərbətri:plɪç] *adj* internal
innerbetriebliche Leistungen ['ɪnərbətri:pliçə 'laɪstuŋən] *f/pl* internal services *pl*
innerbetriebliche Weiterbildung ['ɪnərbətri:pliçə 'vaɪtərbɪlduŋ] *f* in-service training
innere Kündigung ['ɪnərə 'kyndiguŋ] *f* inner notice to terminate
innerer Wert ['ɪnərər ve:rt] *m* intrinsic value
innergemeinschaftliche Lieferungen ['ɪnərgəmaɪnʃaftlɪçə 'li:fəruŋən] *f/pl* intra-community deliveries *pl*
innergemeinschaftlicher Verkehr ['ɪnərgəmaɪnʃaftlɪçər fər'ke:r] *m* intra-community trade
Innovation [ɪnova'tsjo:n] *f* innovation
Innovationsförderung [ɪnova'tsjo:nsfœrdəruŋ] *f* promotion of original innovation
innovationsfreudig [ɪnova'tsjo:nsfrɔydɪç] *adj* innovative
Innovationsmanagement [ɪnova'tsjo:nsmɛnɛtʃmɛnt] *n* innovation management
Innovationspotenzial [ɪnova'tsjo:nspotɛntsja:l] *n* innovative capabilities *pl*, innovative potential
Innovationsschub [ɪnova'tsjo:nsʃup] *m* technology push
Innung ['ɪnuŋ] *f* trade guild
Innungsverband ['ɪnuŋsfɛrbant] *m* society of trade guilds
Input ['ɪnput] *m* input
Input-Output-Analyse ['ɪnput'autputana-'ly:zə] *f* input-output analysis
Insichgeschäft ['ɪnsɪçgəʃɛft] *n* self-dealing, self contracting
Insiderhandel ['ɪnzaɪdərhandəl] *m* insider trading
Insiderinformation ['ɪnzaɪdərɪnfɔrmatsjo:n] *f* insider information
Insiderpapier ['ɪnzaɪdərpapi:r] *n* insider security
insolvent [ɪnzɔl'vənt] *adj* insolvent
Insolvenz [ɪnzɔl'vɛnts] *f* insolvency, inability to pay
Instanz [ɪn'stants] *f* 1. *(Rechtswesen)* instance; 2. *(Organisation)* management unit
institutionelle Anleger ['ɪnstitutsjonɛlə 'anle:gər] *m/pl* institutional investors *pl*
intangible Effekte [ɪntaŋ'gi:blə e'fɛktə] *m/pl* intangible stocks and bonds *pl*
Interaktionstheorie [ɪntərak'tsjo:nste:ori:] *f* theory of interaction
Interbankensätze ['ɪntərbaŋkənsɛtsə] *m/pl* interbank rates *pl*
Interbankrate ['ɪntərbaŋkra:tə] *f* interbank rate
Interdependenz [ɪntərde:pɛn'dɛnts] *f* interdependence
Interesse [ɪntə'rɛsə] *n* interest
Interessenausgleich [ɪntə'rɛsənausglaɪç] *m* accomodation of conflicting interests
Interessengemeinschaft [ɪntə'rɛsəngəmaɪnʃaft] *f* pooling of interests, community of interests
Interessent [ɪntərɛ'sɛnt] *m* interested party
Interessentenkreis [ɪntərɛ'sɛntənkrais] *m* prospective purchasers *pl*
Interessenverband [intə'rɛsənfɛrbant] *m* interest group
Interessenvertretung [intə'rɛsənfɛrtre:tuŋ] *f* lobby
Interessenwert [ɪntə'rɛsənve:rt] *m* vested interest stock
Interimsabkommen ['ɪnterɪmsapkɔmən] *n* temporary agreement, temporary solution
Interimslösung ['ɪntərɪmslø:zuŋ] *f* interim solution
Internalisierung externer Effekte [ɪntɛrnali'zi:ruŋ ɛks'tɛrnər e'fɛktə] *f* internalization of external effects
international ['ɪntɛrnatsjona:l] *adj* international
International Commercial Terms (Incoterms) [ɪntər'nɛʃənəl kɔ'mœrʃəl tœrms ('ɪnkɔtœrms)] *pl* International Commercial Terms (Incoterms)
Internationale Devisenbörsen ['ɪntɛrnatsjona:lə də'vi:zənbœrzən] *f/pl* international foreign exchange markets *pl*
Internationale Entwicklungsorganisation ['ɪntɛrnatsjona:lə ɛnt'vikluŋsɔrga-

niːzatsjoːn] *f* International Development Association (IDA)
Internationale Finanzierungsgesellschaft ['ɪntɛrnatsjonaːlə finan'tsiːruŋsgəsɛlʃaft] *f* International Finance Corporation (IFC)
internationale Kreditmärkte ['ɪntɛrnatsjonaːlə kre'diːtmɛrktə] *m/pl* international credit markets *pl*
internationale Liquidität ['ɪntɛrnatsjonaːlə likvidi'tɛːt] *f* international cash position
internationale Produkthaftung ['ɪntɛrnatsjonaːlə pro'dukthaftuŋ] *f* international product liability
Internationale Vereinigung der Wertpapierbörsen ['ɪntɛrnatsjonaːlə fər'aɪniguŋ deːr 'veːrtpapiːrbœrzən] *f* International Federation of Stock Exchanges
internationale Verschuldung ['ɪntɛrnatsjonaːlə fər'ʃulduŋ] *f* international indeptedness
internationale Warenbörsen ['ɪntɛrnatsjonaːlə 'vaːrənbœrzən] *f/pl* international commodity exchange
internationaler Frachtbrief ['ɪntɛrnatsjonaːlər 'fraxtbriːf] *m* international consignment note
internationaler Kapitalverkehr ['ɪntɛrnatsjonaːlər kapi'taːlfərkeːr] *m* international capital transactions *pl*, international capital movements *pl*
internationaler Preiszusammenhang ['ɪntɛrnatsjonaːlər 'praɪztsuzamənhaŋ] *m* international price system
Internationaler Währungsfonds (IWF) ['ɪntɛrnatsjonaːlər 'veːruŋsfõː] *m* International Monetary Funds (IMF)
internationaler Zahlungsverkehr ['ɪntɛrnatsjonaːlər 'tsaːluŋsfərkeːr] *m* international payments *pl*
internationales Finanzsystem ['ɪntɛrnatsjonaːləs fɪ'nantszʏsteːm] *n* international financial system
internationales Währungssystem ['ɪntɛrnatsjonaːləs 'vɛːruŋszysteːm] *n* international monetary system
Internationalisierungsgrad ['ɪntɛrnatsjonaliziːruŋsgraːt] *m* level of internationalization
Internationalisierungsstrategie ['ɪntɛrnatsjonaliziːruŋsʃtrategiː] *f* internationalization strategy
interne Revision [ɪn'tɛrnə reːvi'zjoːn] *f* internal audit
interner Zinsfuß [ɪn'tɛrnər 'tsɪnsfuːz] *m* internal interest rate
internes Kontrollsystem (IKS) [ɪn'tɛrnəs kɔn'trɔlzysteːm] *n* system of internal audits
internes Rechnungswesen [ɪn'tɛrnəs 'rɛçnuŋsveːzən] *n* internal accounting
internes Überwachungssystem [ɪn'tɛrnəs ybər'vaxuŋszysteːm] *n* internal supervision system
Internet-Ökonomie ['ɪntərnɛtœkonomiː] *f* Internet economy
Interpolation [ɪntərpola'tsjoːn] *f* interpolation
intertemporaler Handel [intərtɛmpo'raːlər 'handəl] *m* intertemporal trade
intervenieren [ɪntərvɛn'iːrən] *v* interfere
Intervention [ɪntərvɛn'tsjoːn] *f* intervention
Interventionskäufe [ɪntərvɛn'tsjoːnskɔyfə] *m/pl* intervention buying
Interventionspflicht [ɪntərvɛn'tsjoːnspflɪçt] *f* obligation to intervene
Interventionspunkte [ɪntərven'tsjoːnspuŋktə] *m/pl* intervention point
Intrahandelsstatistik ['ɪntrahandəlsʃtatɪstɪk] *f* intra-trade statistics
Intranet ['ɪntranɛt] *n* intranet
intrinsische Motivation [ɪn'trɪnzɪʃə motiva'tsjoːn] *f* intrinsic motivation
Inventar [ɪnvɛn'taːr] *n* inventory
Inventarwert [ɪnvɛn'taːrveːrt] *m* inventory value
Inventur [ɪnvɛn'tuːr] *f* stocktaking, inventory
Inventurbilanz [ɪnvɛn'tuːrbiːlants] *f* inventory balance sheet
Inventurbuch [ɪnvɛn'tuːrbuːx] *n* inventory book
inverse Zinsstruktur [ɪn'vɛrzə 'tsɪnsʃtruktuːr] *f* inverse interest rate structure
investiertes Kapital [ɪnvɛs'tiːrtəs kapi'taːl] *n* invested capital
Investition [ɪnvɛsti'tsjoːn] *f* investment
Investitionsabgaben [ɪnvɛsti'tsjoːnsapgaːbən] *f/pl* investment taxes *pl*
Investitionsbank [ɪnvɛsti'tsjoːnsbaŋk] *f* investment bank
investitionsfördernde Maßnahmen [ɪnvɛsti'tsjoːnsfœrdərndə 'maːsnaːmən] *f/pl* measures of investment assistance *pl*
Investitionsförderung [ɪnvɛsti'tsjoːnsfœrdəruŋ] *f* investment promotion
Investitionsgüter [ɪnvɛsti'tsjoːnsgyːtər] *n/pl* capital goods *pl*

Investitionskennzahl [ɪnvɛsti'tsjo:nskɛn-tsa:l] *f* investment index
Investitionskraft [ɪnvɛsti'tsjo:nskraft] *f* investment potential, investment capacity
Investitionskredit [ɪnvɛsti'tsjo:nskredi:t] *m* investment loan
Investitionskreditversicherung [ɪnvɛsti-'tsjo:nskredi:tfɛrzɪçəruŋ] *f* investment credit insurance
Investitionsobjekt [ɪnvɛsti'tsjo:nsɔp-jɛkt] *n* object of capital expenditure
Investitionsplan [ɪnvɛsti'tsjo:nspla:n] *m* investment scheme
Investitionsquote [ɪnvɛsti'tsjo:nskvotə] *f* propensity to invest
Investitionsrechnung [ɪnvɛsti'tsjo:nsrɛç-nuŋ] *f* investment appraisal
Investitionsrisiko [ɪnvɛsti'tsjo:nsrisiko] *n* business risk
Investitionsschutz [ɪnvɛsti'tsjo:nsʃʊts] *m* protection of investment
Investitionssteuer [ɪnvɛsti'tsjo:nsʃtɔyər] *f* investment tax
Investitionsverbot [ɪnvɛsti'tsjo:nsfərbo:t] *n* prohibition of investment
Investitionszulage [ɪnvɛsti'tsjo:nstsu:-la:gə] *f* investment grant
Investmentanteil [ɪn'vɛstmɛntantaɪl] *m* investment share
Investmentbank [ɪn'vɛstmɛntbaŋk] *f* investment bank
Investmentgesellschaft [ɪn'vɛstmɛntgə-zɛlʃaft] *f* investment company
Investmentzertifikat [ɪn'vɛstmɛnttsɛrtifi-ka:t] *n* investment certificate
Irrtum vorbehalten ['ɪrtu:m fo:rbəhaltən] errors excepted
Irrtümer und Auslassungen vorbehalten (E. & O.E.) ['ɪrty:mər unt 'auslasuŋən 'fo:rbəhaltən] errors and omissions excepted (E. & O.E.)
ISO-Normen ['i:zonɔrmən] *f/pl* ISO standards *pl*
Istanalyse ['ɪstanaly:zə] *f* analysis of actual performance
Istkosten ['ɪstkɔstən] *pl* actual costs *pl*
Istkostenrechnung ['ɪstkɔstənrɛçnuŋ] *f* actual cost system
Istzahlen ['ɪsttsa:lən] *f/pl* actual figures *pl*
Jahresabschluss ['ja:rəsapʃlʊs] *m* annual accounts *pl*, year-end results *pl*
Jahresabschlussprüfung ['ja:rəsapʃlʊs-pry:fuŋ] *f* annual audit
Jahresarbeitsvertrag ['ja:rəsarbaɪtsfɛr-tra:k] *m* one-year contract of employment
Jahresbedarf ['ja:rəsbədarf] *m* annual need
Jahresbilanz ['ja:rəsbilants] *f* annual balance sheet
Jahreseinkommen ['ja:rəsaɪnkɔmən] *n* annual income
Jahresfehlbetrag [ja:rəs'fe:lbətra:k] *m* net loss for the year
Jahresfixum ['ja:rəsfɪksʊm] *n* fixed annual salary
Jahresgewinn ['ja:rəsgəvɪn] *m* annual profits *pl*
Jahresgutachten ['ja:rəsgu:taxtən] *n* annual report
Jahreshauptversammlung [ja:rəs'haupt-fɛrzamluŋ] *f* annual general meeting
Jahresplaner ['ja:rəspla:nər] *m* year planner
Jahresüberschuss ['ja:rəsy:bərʃʊs] *m* annual surplus
Jahreswirtschaftsbericht [ja:rəs'vɪrt-ʃaftsbərɪçt] *m* Annual Economic Report
jährlich ['jɛ:rlɪç] *adj* annual
Job Enlargement ['tʃɔp ɪn'lartʃmɛnt] *n* job enlargement
Job Enrichment ['tʃɔp ɪn'rɪtʃmɛnt] *n* job enrichment
Job Evaluation ['tʃɔp 'ivɛljueɪʃən] *f* job evaluation
Jobkiller ['tʃɔp'kɪlər] *m* job killer
Job Rotation ['tʃɔp rota'tsjo:n/ro'teɪʃən] *f* job rotation
Jobsharing ['tʃɔp'ʃɛ:riŋ] *n* job sharing
Jobber ['tʃɔbər] *m* jobber
Joint Venture ['tʃɔynt 'vɛntʃər] *n* joint venture
Journal [ʒur'na:l] *n* journal
Jubiläumsverkauf [ju:bi'lɛ:umsfɛrkauf] *m* anniversary sales *pl*
Jugendarbeitsschutz [jugənd'arbaɪts-ʃʊts] *m* youth employment protection
Jugendvertretung ['ju:gəndfɛrtre:tuŋ] *f* youth representatives *pl*
junge Aktien [jʊŋə 'aktsi:ən] *f/pl* new shares *pl*
Jungscheinverkehr ['jʊŋʃaɪnfɛrke:r] *m* new issue giro transfer system
juristische Person [ju'rɪstɪʃə pɛr'zo:n] *f* legal person, legal entity
just in time [tʃast ɪn taɪm] *adj* just in time

K

Kabel ['ka:bəl] *n* cable
Kabotage [kabɔ'ta:ʒ(ə)] *f* cabotage
kaduzieren [kadu'tsi:rən] *v* cancel
Kaduzierung [kadu'tsi:ruŋ] *f* forfeiture of shares, exclusion of defaulting shareholders
Kahlpfändung ['ka:lpfɛnduŋ] *f* seizure of all the debtor's goods
Kaizen [kaɪ'tsɛn] *n* kaizen
Kalenderjahr [ka'lɛndərja:r] *n* calendar year
Kalkül [kal'ky:l] *n* calculation, consideration
Kalkulation [kalkula'tsjo:n] *f* calculation, estimation
Kalkulationsfehler [kalkula'tsjo:nsfe:lər] *m* miscalculation, misestimation
Kalkulationszinssatz [kalkula'tsjo:nstsɪnszats] *m* calculation interest rate
Kalkulator(in) [kalku'la:to:r/kalkula'to:rɪn] *m/f* cost accountant, cost clerk
kalkulatorische Kosten [kalkula'to:riʃə 'kɔstən] *pl* implicit costs *pl*
kalkulierbar [kalku'li:rba:r] *adj* calculable
Kammer ['kamər] *f* *1. (Handels~)* chamber; *2. (Gericht)* court division
Kämmerei [kɛmə'raɪ] financing department
Kämmerer [kɛmə'rər] *m* treasurer
Kampfpreis ['kampfpraɪs] *m* cut rate price
Kanban-System [kan'ba:nzyste:m] *n* canban system
Kannkaufmann ['kankaufman] *m* merchant, undertaking entitled, but not obliged, to be entered on the Commercial Register
Kapazitäten [kapatsi'tɛ:tən] *f/pl* capacities *pl*
Kapazitätsabbau [kapatsi'tɛ:tsapbau] *m* capacity cutback, cutback in capacity
Kapital [kapi'ta:l] *n* capital, funds *pl*
Kapitalabdeckung [kapi'ta:lapdɛkuŋ] *f* capital cover, coverage of capital
Kapitalabfindung [kapi'ta:lapfɪnduŋ] *f* lump sum settlement
Kapitalabfluss [kapi'ta:lapflus] *m* capital outflows *pl*
Kapitalakkumulation [kapi'ta:lakumulatsjo:n] *f* accumulation of capital
Kapitalallokation [kapi'ta:llokatsjo:n] *f* allocation of capital
Kapitalanalyse [kapi'ta:lanalyzə] *f* capital analysis
Kapitalangebot [kapi'ta:langəbo:t] *n* supply of capital
Kapitalanlagegesellschaft [kapi'ta:lanle:gəgəzɛlʃaft] *f* capital investment company
Kapitalanlagegesetz [kapi'ta:lanla:gəgəzɛts] *n* capital investment law
Kapitalanlagen [kapi'ta:lanla:gən] *f/pl* investments *pl*, capital investments *pl*
Kapitalanlegearten [kapi'ta:lanle:gəartən] *f/pl* types of capital investment
Kapitalanleger(in) [kapi'ta:lanle:gər(ɪn)] *m/f* investor
Kapitalanteil [kapi'ta:lantaɪl] *m* capital share
Kapitalaufstockung [kapi'ta:laufstokuŋ] *f* increase in capital
Kapitalausfuhr [kapi'ta:lausfu:r] *f* export of capital
Kapitalausstattung [kapi'ta:lausʃtatuŋ] *f* capital resources *pl*
Kapitalbasis [kapi'ta:lba:zis] *f* capital base
Kapitalbedarf [kapi'ta:lbədarf] *m* capital requirements *pl*, funding needs *pl*
Kapitalbedarfsrechnung [kapi'ta:lbedarfsrɛçnuŋ] *f* capital requirement calculation
Kapitalbeschaffung [kapi'ta:lbəʃafuŋ] *f* procurement of capital
Kapitalbesitz [kapi'ta:lbəzits] *m* capital holdings *pl*
Kapitalbestand [kapi'ta:lbəʃtant] *m* total capital stock
Kapitalbeteiligung [kapi'ta:lbətaɪliguŋ] *f* equity participation
Kapitalbewegungen [kapi'ta:lbəve:guŋən] *f/pl* capital movements *pl*
Kapitalbewilligung [kapi'ta:bəvɪliguŋ] *f* appropriation of funds, appropriation of capital
Kapitalbilanz [kapi'ta:lbi:lants] *f* balance of capital transactions
Kapitalbildung [kapi'ta:lbɪlduŋ] *f* formation of capital
Kapitalbindung [kapi'ta:lbɪnduŋ] *f* capital tie-up
Kapitalbindungsdauer [kapi'ta:lbɪnduŋsdauər] *f* duration of capital tie-up
Kapitaldienst [kapi'ta:ldi:nst] *m* service of capital, debt service
Kapitaleinkommen [kapi'ta:laɪnkɔmən] *n* unearned income

Kapitaleinlagen [kapi'ta:lainla:gen] *f/pl* capital contributions *pl*
Kapitalerhaltung [kapi'ta:lɛrhaltuŋ] *f* maintenance of capital
Kapitalerhöhung [kapi'ta:lɛrhø:uŋ] *f* increase of capital
Kapitalertrag [kapi'ta:lɛrtra:k] *m* return on capital, capital yield
Kapitalexport [kapi'ta:lɛkspɔrt] *m* capital export, export of capital
Kapitalfehlleitung [kapi'ta:lfe:llaɪtuŋ] *f* misguided investment
Kapitalflucht [kapi'ta:lfluxt] *f* flight of capital
Kapitalfluss [kapi'ta:lflus] *m* capital flow, flow of funds
Kapitalflussrechnung [kapi'ta:lflusrɛçnuŋ] *f* funds statement
Kapitalfonds [kapi'ta:lfɔ̃] *m* capital fund
Kapitalförderungsvertrag [kapi'ta:lfœrdəruŋsfərtra:k] *m* capital encouragement treaty
Kapitalfreisetzung [kapi'ta:lfraɪzɛtsuŋ] *f* liberation of capital
Kapitalgeber(in) [kapi'ta:lge:ber(ɪn)] *m/f* sponsor, donator
Kapitalgesellschaft [kapi'ta:lgəzɛlʃaft] *f* corporation
Kapitalgewinn [kapi'ta:lgəvɪn] *m* capital gains *pl,* capital profits *pl*
Kapitalgüter [kapi'ta:lgy:tər] *n/pl* capital goods *pl,* capital products *pl*
Kapitalherabsetzung [kapi'ta:lhərapzɛtsuŋ] *f* capital reduction
Kapitalhilfe [kapi'ta:lhɪlfə] *f* capital aid
Kapitalimport [kapi'ta:lɪmpɔrt] *m* capital import
kapitalintensiv [kapi'ta:lɪntɛnzi:f] *adj* capital-intensive
kapitalisieren [kapita:li'zi:rən] *v* capitalize
Kapitalisierung [kapita:li'zi:ruŋ] *f* capitalization
Kapitalisierungsanleihe [kapita:li'zi:ruŋsanlaɪə] *f* funding loan
Kapitalknappheit [kapi'ta:lknaphaɪt] *f* shortage of capital, capital shortage
Kapitalkonto [kapi'ta:lkɔnto] *n* capital account
Kapitalkonzentration [kapi'ta:lkɔntsəntratsjo:n] *f* concentration of capital
Kapitalkosten [kapi'ta:lkɔstən] *pl* cost of capital, cost of borrowed funds
Kapitalkraft [kapi'ta:lkraft] *f* financial strength
kapitalkräftig [kapi'ta:lkrɛftɪç] *adj* financially powerful
Kapitalmangel [kapi'ta:lmaŋəl] *m* lack of capital, scarcity of capital
Kapitalmarkt [kapi'ta:lmarkt] *m* capital market
Kapitalmarkteffizienz [kapi'ta:lmarktɛfitsjɛnts] *f* capital market efficiency
Kapitalmarktförderungsgesetz [kapi'ta:lmarktsfœrdəruŋsgəzɛts] *n* Capital Market Encouragement Law
Kapitalmarktforschung [kapi'ta:lmarktfɔrʃuŋ] *f* capital market research
Kapitalmarktkommission [kapi'ta:lmarktkɔmisjo:n] *f* capital market committee
Kapitalmarktzins [kapi'ta:lmarkttsins] *m* capital market interest rate
Kapitalmehrheit [kapi'ta:lme:rhaɪt] *f* capital majority
Kapitalproduktivität [kapi'ta:lproduktivitɛ:t] *f* productivity of capital
Kapitalrendite [kapi'ta:lrəndi:tə] *f* return on investment
Kapitalrentabilität [kapi'ta:lrɛntabilitɛ:t] *f* return on investment, return on capital employed, earning power of capital employed
Kapitalrücklage [kapi'ta:lrykla:gə] *f* capital reserves *pl*
Kapitalsammelstelle [kapi'ta:lzaməlʃtɛlə] *f* institutional investors *pl*
Kapitalsammlungsverträge [kapi'ta:lzamluŋsfɛrtrɛ:gə] *m/pl* contracts on capital collecting *pl*
Kapitalschutz [kapi'ta:lʃuts] *m* capital protection
Kapitalschutzvertrag [kapi'ta:lʃutsfɛrtra:k] *m* capital protection agreement
Kapitalspritze [kapi'ta:lʃprɪtsə] *f (fam)* cash injection
Kapitalübertragung [kapi'ta:ly:bərtra:guŋ] *f* transfer of capital, capital transfer
Kapitalumschlag [kapi'ta:lumʃla:k] *m* capital turnover
Kapitalverkehr [kapi'ta:lfɛrke:r] *m* turnover of capital, capital transaction
Kapitalverkehrssteuer [kapi'ta:lfɛrke:rsʃtɔyər] *f* capital transaction tax
Kapitalvermögen [kapi'ta:lfɛrmø:gən] *n* capital assets *pl*
Kapitalverwässerung [kapi'ta:lfɛrwɛsəruŋ] *f* watering of capital stock
Kapitalwert [kapi'ta:lve:rt] *m* capital value, net present value

Kapitalzins [kapi'taːltsɪns] *m* interest on capital
Kapitalzufluss [kapi'taːltsuːflus] *m* capital influx
Kapitalzuwachs [kapi'taːltsuːvaks] *m* capital gain, increase in capital
Karenzentschädigung [ka'rɛntsɛntʃɛːdiguŋ] *f* compensation paid for the period of prohibition of competition
Karenzzeit [ka'rɛntstsaɪt] *f* cooling period, qualifying period
Kartell [kar'tɛl] *n* cartel
Kartellabsprache [kar'tɛlapʃpraːxə] *f* cartel agreement, monopoly agreement
Kartellbildung [kar'tɛlbɪlduŋ] *f* cartel formation, formation of a cartel
Kartellgesetz [kar'tɛlgəzɛts] *n* Cartel Act, Cartel Law
Kartellpolitik [kar'tɛlpolitiːk] *f* antitrust policy
Kartellregister [kar'tɛlregɪstər] *n* Federal Cartel Register
Kartellvorschrift [kar'telfoːrʃrɪft] *f* cartel regulation
Kaskadensteuer [kas'kaːdənʃtɔyər] *f* cascade tax
Kassadevisen ['kasadeviːzən] *f/pl* spot exchange
Kassageschäft ['kasagəʃɛft] *n* cash transactions *pl*, cash bargain
Kassakurs ['kasakurs] *m* spot price
Kassamarkt ['kasamarkt] *m* spot market
Kassazahlungen ['kasatsaːluŋən] *f/pl* cash payments *pl*, payments in cash *pl*
Kassenabrechnung ['kasənaprɛçnuŋ] *f* accounts *pl*
Kassenanweisung ['kasənanvaɪzuŋ] *f* payment order
Kassenbericht ['kasənbərɪct] *m* financial report
Kassenbilanz ['kasənbilants] *f* cash balance
Kassenbuch ['kasənbuːx] *n* cash book
Kassenhaltung ['kasənhaltuŋ] *f* cash accountancy
Kassenkredite ['kasənkrediːtə] *m/pl* cash credit, cash advance
Kassenkurs ['kasənkurs] *m* spot price
Kassenobligationen ['kasənɔbligatsjoːnən] *f/pl* medium-term bonds *pl*
Kassenprüfer(in) ['kasənpryːfər(ɪn)] *m/f* auditor
Kassenprüfung ['kasənpryːfuŋ] *f* audit
Kassensturz ['kasənʃturts] *m* cashing-up
Kassenverstärkungskredit [kasənfɛr'ʃtɛrkuŋskrediːt] *m* cash lending
Kassenwart(in) ['kasənvart(ɪn)] *m/f* treasurer
Kassenzettel ['kasəntsɛtəl] *m* receipt
Katalogkauf [kata'loːgkauf] *m* catalogue based purchase
Katalogpreis [kata'loːkpraɪs] *m* list price, catalogue price
Kataster [ka'tastər] *m/n* cadastre, land register
Katasteramt [ka'tastəramt] *n* land registry (office)
Kauf [kauf] *m* buy, purchase
Kauf auf Probe [kauf auf 'proːbə] *m* sale on approval
Kauf gegen Vorauszahlung [kauf 'geːgən fo'raustsaːluŋ] *m* purchase against cash in advance
Kaufentscheidung ['kaufɛntʃaɪduŋ] *f* decision to purchase
Käufer(in) ['kɔyfər(ɪn)] *m/f* buyer, purchaser
Käufergruppe ['kɔyfərgrupə] *f* *1.* group of buyers; *2. (Kunden)* group of customers
Käufermarkt [kɔyfərmarkt] *m* buyer's market, loose market
Käuferprovision ['kɔyfərprovizjoːn] *f* buyer's commission
Käuferwanderung ['kɔyfərvandəruŋ] *f* migration of buyers
Kaufgelegenheit ['kaufgəleːgənhaɪt] *f* opportunity to purchase
Kaufkraft ['kaufkraft] *f* purchasing power
Kaufkraftanalyse ['kaufkraftanalyːzə] *f* analysis of purchasing power
Kaufkraftelastizität ['kaufkraftelastitsitɛːt] *f* elasticity of purchasing power
kaufkräftig ['kaufkrɛftɪç] *adj* well-funded
Kaufkraftparität ['kaufkraftpaːritɛːt] *f* purchasing power parity
Kaufkraftschwund ['kaufkraftʃvunt] *m* decrease in purchasing power
Kaufkredit ['kaufkrediːt] *m* purchasing credit, loan to finance purchases
Kauflust ['kauflust] *f* inclination to buy, urge to spend
kaufmännische Orderpapiere ['kaufmɛniʃə 'ɔrdərpapiːrə] *n/pl* commercial instruments to order *pl*
kaufmännische Vorsicht ['kaufmɛniʃə 'foːrziçt] *f* prudence of a businessman
kaufmännische(r) Angestellte(r) ['kaufmɛniʃə(r) 'angəʃtɛltə(r)] *m/f* clerk
Kaufoption ['kaufɔptsjoːn] *f* call option

Kaufpreis ['kaufpraɪs] *m* purchase prize
Kaufvertrag ['kauffɛrtraːk] *m* sales contract, purchase contract
Kaufverhalten ['kauffɛrhaltən] *n* purchase pattern
Kaufwert ['kaufveːrt] *m* market value, purchase value
Kaution [kau'tsjoːn] *f* security
Kautionseffekten [kau'tsjoːnsefɛktən] *f/pl* guarantee securities *pl*
keine Beschädigung (f.o.d.) ['kaɪnə bə'ʃɛːdiguŋ] *adj* free of damage (f.o.d.)
Kellerwechsel ['kɛlərvɛksəl] *m* fictitious bill, windmill
Kennwort ['kɛnvɔrt] *n* code word
Kennzahl ['kɛntsaːl] *f* code number
Kennzeichnungsverordnung ['kɛntsaɪçnuŋsfɛrɔrdnuŋ] *f* labeling provisions *pl*
Kernarbeitszeit ['kɛrnarbaɪtstsaɪt] *f* core time
Kette ['kɛtə] *f (Warenhäuser)* chain
Kettengeschäft ['kɛtəngəʃɛft] *n* chain store
Key-Account-Manager ['kiːəkaunt'mɛnɛtʃər] *m* key account manager
Kiste ['kɪstə] *f* crate
Kladde ['kladə] *f* waste book
Klage ['klaːgə] *f (Recht)* action, lawsuit, process in law
Klageschrift ['klaːgəʃrɪft] *f* statement of claim
Klageweg ['klaːgeveːk] *m* legal proceedings *pl*
Klasse ['klasə] *f (Güteklasse)* quality
Klassifikation [klasifika'tsjoːn] *f* classification
klassifizieren [klasifi'tsiːrən] *v* classify
Klausel ['klauzəl] *f* clause
Kleinaktie ['klaɪnaktsjə] *f* share with low par value
Kleinaktionär ['klaɪnaktsjonɛːr] *m* small shareholder
Kleinbetrieb ['klaɪnbətriːp] *m* small business
Kleincontainer ['klaɪnkɔnteːnər] *m* small container
Kleinerzeuger ['klaɪnɛrtsɔygər] *m* small-scale manufacturer
Kleinhandel ['klaɪnhandəl] *m* retail trade, retail business
Kleinhändler(in) ['klaɪnhɛndlər(ɪn)] *m/f* retailer
Kleinkredit ['klaɪnkrediːt] *m* small personal loan, loan for personal use
Kleinpreisgeschäft ['klaɪnpraɪsgəʃɛft] *n* low-price store
Kleinsparer ['klaɪnʃpaːrər] *m* small saver
Kleinstücke ['klaɪnʃtyke] *n/pl* fractional amount
Klient(in) [kli'ɛnt(ɪn)] *m/f* client
Klientel [kliɛn'teːl] *f* clientele
Knappheit ['knaphaɪt] *f (Waren, Gelder)* shortage
Knappschaftsversicherung ['knapʃaftsfɛrziçəruŋ] *f* miners' social insurance system
Knebelungsvertrag ['kneːbəluŋsfɛrtraːk] *m* oppressive contract, adhesion contract
Know-how [noː'hau] *n* know-how
Kohäsionsfonds [kohɛ'zjoːnsfõ] *m* Cohesion Fund
Kolchose [kɔl'çoːzə] *f* kolchose, collective farm
Kollaps ['kɔlaps] *m* breakdown, collapse
Kollektion [kɔlɛk'tsjon] *f* collection
Kollektivarbeitsrecht [kɔlɛk'tiːfaːrbaɪtsrɛçt] *n* collective labor law
Kollektivgüter [kɔlɛk'tiːfgyːtər] *n/pl* collective goods *pl*
Kollektivsparen [kɔlɛk'tiːfʃpaːrən] *n* collective saving
Kollektivwirtschaft [kɔlɛk'tiːfvɪrtʃaft] *f* collective economy
Komitee [komi'teː] *n* committee, body
Kommanditaktionär [kɔman'ditaktsjoːnɛːr] *m* limited liability shareholder
Kommanditgesellschaft (KG) [kɔman'ditgəzɛlʃaft] *f* limited commercial partnership
Kommanditgesellschaft auf Aktien (KgaA) [kɔman'ditgəzɛlʃaft auf 'aktsjən] *f* partnership limited by shares
Kommanditist [kɔmandi'tɪst] *m* limited partner
Kommerz [kɔ'mɛrts] *m* commerce
kommerziell [kɔmɛr'tsjɛl] *adj* commercial
Kommission [kɔmɪs'joːn] *f* commission
Kommissionär [kɔmɪsjo'nɛːr] *m* commission agent
Kommissionsgeschäft [kɔmɪs'joːnsgəʃɛft] *n* commission business
Kommissionshandel [kɔmɪs'joːnshandəl] *m* commission trade
Kommissionslager [kɔmɪs'joːnslaːgər] *n* consignment stock
Kommissionstratte [kɔmɪs'joːnstratə] *f* bill of exchange drawn for third-party account
Kommissionswaren [kɔmɪs'joːnsvaːrən] *f/pl* consigned goods *pl*

Kommittenten [kɔmi'tɛntən] *m/pl* consigners *pl*
Kommunalabgabe [kɔmu'na:lapga:bə] *f* local rate, local tax *(US)*
Kommunalanleihen [kɔmu'na:lanlaɪən] *f/pl* local authority loan
Kommunalbank [kɔmu'na:lbaŋk] *f* local authorities bank
Kommunaldarlehen [kɔmu'na:ldarle:ən] *n* loan granted to a local authority
kommunale Wirtschaftsförderung ['kɔmuna:le 'vɪrtʃaftsfœrdəruŋ] *f* municipal measures to spur the economy *pl*
Kommunalkredit [kɔmu'na:lkredi:t] *m* credit granted to a local authority
Kommunalobligation [kɔmu'na:lɔbligatsjo:n] *f* local bond
Kommunalpolitik [kɔmu'na:lpoliti:k] *f* local politics *pl*
Kommunalwirtschaft [kɔmu'na:lvɪrtʃaft] *f* municipal economy
Kommunikationsfluss [kɔmunika'tsjo:nsflus] *m* intercommunication
Kommunikationsmittel [kɔmunɪka'tsjo:nsmɪtəl] *n* communication facilities *pl*
Kommunikationspolitik [kɔmunɪka'tsjo:nspoliti:k] *f* communications policy
Kompensation [kɔmpɛnza'tsjo:n] *f* compensation
Kompensationsgeschäft [kɔmpənza'tsjo:nsgəʃɛft] *n* barter transaction, offset transaction
Kompensationskurs [kɔmpənza'tsjo:nskurs] *m* making-up price
Kompensationssteuer [kɔmpənza'tsjo:nsʃtɔyər] *f* offset tax
kompensatorische Kosten [kɔmpənza'to:rɪʃə 'kɔstən] *pl* offsetting costs *pl*
kompensierte Valuta [kɔmpən'zi:rtə va'lu:ta] *f* value compensated
Komplementär [kɔmpləmɛn'tɛ:r] *m* general partner
komplementäre Güter [kɔmpləmɛn'tɛ:rə 'gy:tər] *n/pl* complementary goods *pl*, joint goods *pl*
Konditionenkartell [kɔndi'tsjo:nənkartɛl] *n* condition cartel
Konferenz [kɔnfə'rɛnts] *f* conference
Konferenzschaltung [kɔnfe'rɛntsʃaltuŋ] *f* conference circuit
Konglomerat [kɔnglome'ra:t] *n* conglomerate group
Konjunktur [kɔnjuŋk'tu:r] *f* economic cycle, business cycle
Konjunkturanalyse [kɔnjuŋk'tu:ranaly:zə] *f* economic analysis
Konjunkturausgleichsrücklage [kɔnjuŋk'tu:rausglaɪçsrykla:gə] *f* anticyclical reserve
Konjunkturbarometer [kɔnjuŋk'tu:rbarome:tər] *n* business barometer
Konjunkturbelebung [kɔnjuŋk'tu:rbəle:buŋ] *f* economic upturn
konjunkturelle Arbeitslosigkeit [kɔnjuŋktu'rɛlə 'arbaɪtslo:ziçkaɪt] *f* cyclical unemployment
Konjunkturentwicklung [kɔnjuŋk'tu:rɛntvɪkluŋ] *f* economic trend
Konjunkturflaute [kɔnjunk'tu:rflautə] *f* economic slowdown, economic halt
Konjunkturphasen [kɔnjuŋk'tu:rfa:zən] *f/pl* phases of business cycles *pl*
Konjunkturpolitik [kɔnjuŋk'tu:rpoliti:k] *f* economic policy
Konjunkturschwankung [kɔnjunk'tu:rʃvankuŋ] *f* business fluctuation
Konjunkturspritze [kɔnjunk'tu:rʃprɪtsə] *f* *(fam)* fiscal shot
Konjunkturwende [kɔnjunk'tu:rvɛndə] *f* economic turnabout
Konjunkturzyklus [kɔnjuŋk'tu:rtsy:klus] *m* business cycle
Konkurilanz [kɔnkuri'lants] *f* statement of bankrupt's assets and liabilities
Konkurrenz [kɔnku'rɛnts] *f* competition
Konkurrenzanalyse [kɔnku'rɛntsanaly:zə] *f* analysis of competitors
Konkurrenzfirma [kɔnku'rɛntsfɪrma] *f* competing firm
Konkurrenzunternehmen [kɔnku'rɛntsuntərne:mən] *n* competitor
Konkurs [kɔn'kurs] *m* bankruptcy
Konkursantrag [kɔn'kursantra:k] *m* bankruptcy petition
Konkursausfallgeld [kɔn'kursausfalgɛlt] *n* payment of net earnings for three months prior to start of bankruptcy proceedings
Konkursdelikt [kɔn'kursdelɪkt] *n* bankruptcy offence
Konkurserklärung [kɔn'kursɛrklɛ:ruŋ] *f* declaration of bankruptcy, notice of bankruptcy
Konkursgericht [kɔn'kursgərɪçt] *n* bankruptcy court
Konkursgläubiger [kɔn'kursglɔybɪgər] *m* bankrupt's creditor
Konkursmasse [kɔn'kursmasə] *f* bankrupt's assets *pl*

Konkursordnung [kɔn'kursɔrdnuŋ] *f* Bankruptcy Act
Konkursquote [kɔn'kurskvo:tə] *f* dividend in bankruptcy
Konkursverwalter(in) [kɔn'kursfɛrvaltər(ɪn)] *m/f* receiver, liquidator
Konnossement (B/L) [kɔnɔsə'mɛnt] *n* bill of lading (B/L)
Konsignatar [kɔnzɪgna'ta:r] *m* consignee
Konsignationslager [kɔnzɪgna'tsjo:nsla:gər] *n* consignment stock
konsolidierte Bilanz [kɔnzoli'di:rtə bi'lants] *f* consolidated balance sheet
Konsortialabteilung [kɔnzɔr'tsja:laptaɪluŋ] *f* syndicate department
Konsortialgeschäft [kɔnzɔr'tsja:lgəʃɛft] *n* syndicate transaction
Konsortialkredit [kɔnzɔr'tsja:lkredi:t] *m* syndicated credit
Konsulatsfaktura [kɔnzu'la:tsfaktu:ra] *f* consular invoice
Konsumentenkredit [kɔnzu'mɛntənkredi:t] *m* consumer credit
Konsumerismus [kɔnzumə'rismus] *m* consumerism
Konsumfinanzierung [kɔn'zu:mfinantsi:ruŋ] *f* consumption financing
Konsumforschung [kɔn'zu:mfɔrʃuŋ] *f* consumer research, market research
Konsumgenossenschaft [kɔn'zu:mgənɔsənʃaft] *f* consumer cooperative
Konsumklima [kɔn'zu:mkli:ma] *n* purchaser demand, buyer demand
Konsumkredit [kɔn'zu:mkredi:t] *m* consumer credit
Konsumquote [kɔn'zu:mkvo:tə] *f* propensity to consume
Konsumverhalten [kɔn'zu:mfɛrhaltən] *n* consumer behaviour, consumer habits *pl*
Kontakthäufigkeit [kɔn'takthɔyfiçkaɪt] *f* frequency of contact
Kontenkalkulation ['kɔntənkalkulatsjo:n] *f* account costing
Kontennummerierung ['kɔntənumәri:ruŋ] *f* account numbering
Kontenplan ['kɔntənpla:n] *m* chart of accounts
Kontenrahmen ['kɔntənra:mən] *m* standard form of accounts
Kontingent [kɔntɪŋ'gɛnt] *n* quota
Kontingentierung [kɔntɪŋgɛn'ti:ruŋ] *f* fixing of a quota
Konto ['kɔnto] *n* account
Kontoauszug ['kɔntoaustsu:k] *m* statement of account
Kontoeröffnung ['kɔntoɛrœfnuŋ] *f* opening of an account
Kontoführung ['kɔntofy:ruŋ] *f* keeping of an account
Kontogebühren ['kɔntogəby:rən] *f/pl* bank charges *pl*
Kontokorrent [kɔntokɔ'rɛnt] *n* current account
Kontokorrentkonto [kɔntokɔ'rɛntkɔnto] *n* current account
Kontokorrentkredit [kɔntokɔ'rɛntkredi:t] *m* current account credit
Kontonummer ['kɔntonumər] *f* account number
Kontoüberziehung ['kɔntoy:bərtsi:uŋ] *f* overdraft of an account
Kontovollmacht ['kɔntofɔlmaxt] *f* power to draw on an account
Kontrahierung [kɔntra'hi:ruŋ] *f* contraction
Kontrahierungszwang [kɔntra'hi:ruŋstsvaŋ] *m* obligation to contract
Kontraktgüter [kɔn'traktgy:tər] *n/pl* contract goods *pl*
Kontrollmitteilung [kɔn'trɔlmɪtaɪluŋ] *f* tracer note
Kontrollspanne [kɔn'trɔlʃpanə] *f* span of control
Konvergenz [kɔnvɛr'gɛnts] *f* convergence
Konvergenzkriterien [kɔnvɛr'gɛntskri:te:rjən] *n/pl* convergence criteria *pl*
Konvergenzphase [kɔnvɛr'gɛntsfa:zə] *f* convergence phase
Konvergenzpolitik [kɔnvɛr'gɛntspoliti:k] *f* convergence policy
Konvergenzprogramm [kɔnvɛr'gɛntsprogram] *n* convergence programme
Konversionskurs [kɔnvɛr'zjo:nskurs] *m* conversion rate
Konvertibilität [kɔnvɛrtibili'tɛ:t] *f* convertibility
Konvertierung [kɔnvɛr'ti:ruŋ] *f* conversion
Konzentration [kɔntsəntra'tsjo:n] *f* concentration
Konzernabschluss [kɔn'tsɛrnapʃlus] *m* consolidated financial statement
Konzernanhang [kɔn'tsɛrnanhaŋ] *m* notes to consolidated financial statements *pl*
Konzernaufträge [kɔn'tsɛrnauftrɛ:gə] *m/pl* group orders *pl*
Konzernbilanz [kɔn'tsɛrnbilants] *f* group balance sheet

konzernintern [kɔn'tsɛrnintɛrn] *adj* intercompany, intragroup
Konzernzwischengewinn [kɔntsɛrn'tsvıʃəngəvın] *m* group interim benefits *pl*
konzertierte Aktion [kɔntsɛr'tiːrtə ak'tsjoːn] *f* "concerted action"
Konzertzeichnung [kɔn'tsɛrttsaıçnuŋ] *f* stagging
Kooperationsdarlehen [koɔpəra'tsjoːnsdaːrleːən] *n* cooperation loan
Kopfsteuer ['kɔpfʃtɔyər] *f* per capita tax
Koppelproduktion ['kɔpəlproduktsjoːn] *f* lied production
Korbwährung ['kɔrpvɛːruŋ] *f* basket currency
Körperschaftssteuer ['kœrpərʃaftsʃtɔyər] *f* corporation tax
Korrelation [korəla'tsjoːn] *f* correlation
Korrespondenzbank [kɔrəspɔn'dɛntsbaŋk] *f* correspondent bank
korrigieren [kɔri'giːrən] *v* correct, rectify, remedy
Kosten und Fracht (c. & f.) ['kɔstən unt 'fraxt] cost and freight (c. & f.)
Kosten und Versicherung (c. & i.) ['kɔstən unt fər'ziçəruŋ] cost and insurance (c. & i.)
Kosten, Versicherung, Fracht eingeschlossen (c.i.f.) ['kɔstən, fɛr'zıçəruŋ, fraxt 'aıngəʃlɔsən] cost, insurance, freight (c.i.f.)
Kosten, Versicherung, Fracht und Kommission eingeschlossen (c.i.f. & c.) ['kɔstən, fɛr'zıçəruŋ, fraxt unt kɔmı'sjoːn 'aıngəʃlɔsən] cost, insurance, freight, commission (c.i.f. & c.)
Kosten, Versicherung, Fracht, Kommission und Zinsen (c.i.f.c. & i.) ['kɔstən, fɛr'zıçəruŋ, fraxt, kɔmı'sjoːn unt 'tsınzən] cost, insurance, freight, commission, interest (c.i.f.c. & i.)
Kostenart ['kɔstənaːrt] *f* cost type
Kostendämpfung ['kɔstəndɛmpfuŋ] *f* combating rising costs *pl*
Kostendeckung ['kɔstəndɛkuŋ] *f* cost recovery
Kostendruck ['kɔstəndruk] *m* cost pressure
Kostenexplosion ['kɔstənɛksplozjoːn] *f* cost escalation
Kostenfaktor ['kɔstənfaktoːr] *m* cost factor
kostenfrei (f.o.c.) ['kɔstənfraı] *adj* free of charge (f.o.c.)
Kostenminimierung ['kɔstənmınimiːruŋ] minimisation of costs
Kosten-Nutzen-Analyse ['kɔstən'nutsənanalyːzə] *f* cost-benefit analysis
Kostenplan ['kɔstənplaːn] *m* cost schedule
Kostenrechnung [kɔstənrɛçnuŋ] *f* statement of costs
Kostenremanenz ['kɔstənrəmanɛnts] *f* lagged adjustment of variable costs
Kostensenkung ['kɔstənzɛŋkuŋ] *f* cost reduction
Kostenstelle ['kɔstənʃtɛlə] *f* cost (accounting) centre
Kostenträger ['kɔstəntrɛːgər] *m* paying authority, cost unit
Kostenverrechnung ['kɔstənfɛrrɛçnuŋ] *f* cost allocation
Kotierung [ko'tiːruŋ] *f* admission of shares to official quotation
Kraftfahrzeug ['kraftfaːrtsɔyk] *n* motor vehicle
Kreditabteilung [kre'diːtaptaıluŋ] *f* credit department
Kreditaktie [kre'diːtaktsjə] *f* credit share
Kreditakzept [kre'diːtaktsɛpt] *n* financial acceptance
Kreditaufnahmeverbot [kre'diːtaufnaːməfɛrboːt] *n* prohibition of raising of credits
Kreditaufsicht [kre'diːtaufzıçt] *f* state supervision of credit institutions
Kreditauftrag [kre'diːtauftraːk] *m* credit-extending instruction
Kreditauskunft [kre'diːtauskunft] *f* credit information, banker's reference *(UK)*
Kreditausschuss [kre'diːtausʃus] *m* credit committee
Kreditausweitung [kre'diːtausvaıtuŋ] *f* expansion of credit
Kreditbedarf [kre'diːtbədarf] *m* credit demand
Kreditbrief (L/C) [kre'diːtbriːf] *m* letter of credit (L/C)
Krediteröffnungsvertrag [kre'diːtɛrœfnuŋsfɛrtraːk] *m* credit agreement
Kreditfähigkeit [kre'diːtfɛːiçkaıt] *f* financial standing
Kreditfazilität [kre'diːtfatsilitɛːt] *f* credit facilities *pl*
Kreditfinanzierung [kre'diːtfinantsiːruŋ] *f* financing by way of credit
Kreditfrist [kre'diːtfrıst] *f* credit period
Kreditgarantie [kre'diːtgaːrantiː] *f* credit guarantee
Kreditgefährdung [kre'diːtgəfɛːrduŋ] *f* endangering the credit of a person or a firm

Kreditgeld [kre'di:tgɛlt] *n* credit money
Kreditgenossenschaft [kre'di:tgənɔsənʃaft] *f* credit cooperative
Kreditgeschäft [kre'di:tgəʃɛft] *n* credit business
Kreditgewinnabgabe [kre'di:tgəvɪnapga:bə] *f* debts profit levy
Kreditinflation [kre'di:tɪnflatsjo:n] *f* credit inflation
Kreditkarte [kre'di:tkartə] *f* credit card
Kreditkartei [kre'di:tkartaɪ] *f* borrowing customers' card index
Kreditkauf [kre'di:tkauf] *m* credit purchase
Kreditkontrolle [kre'di:tkɔntrɔlə] *f* credit control
Kreditkosten [kre'di:tkɔstən] *pl* cost of credit
Kreditkultur [kre'di:tkultu:r] *f* credit culture
Kreditlaufzeit [kre'di:tlauftsaɪt] *f* duration of credit
Kreditleihe [kre'di:tlaɪə] *f* loan of credit
Kreditlimit [kre'di:tlɪmɪt] *n* borrowing limit, credit limit
Kreditlinie [kre'di:tli:njə] *f* credit line
Kreditmarkt [kre'di:tmarkt] *m* money and capital market
Kreditnehmer(in) [kre'di:tne:mər(ɪn)] *m/f* borrower
Kreditoren [kredi'to:rən] *m/pl* creditors *pl*
Kreditorenbuchhaltung [kredi'to:rənbu:xhaltuŋ] *f* accounts payable department
Kreditplafond [kre'di:tplafɔ̃] *m* credit ceiling
Kreditplafondierung [kre'di:tplafɔ̃di:ruŋ] *f* credit limitation
Kreditpolitik [kre'di:tpoliti:k] *f* credit policy
Kreditprovision [kre'di:tprovizjo:n] *f* credit commission
Kreditprüfung [kre'di:tpry:fuŋ] *f* credit status investigation
Kreditprüfungsblätter [kre'di:tpry:fuŋsblɛtər] *n/pl* credit checking sheets *pl*
Kreditrahmen [kre'di:tra:mən] *m* credit margin, credit facilities *pl*
Kreditrestriktion [kre'di:trɛstrɪktsjo:n] *f* credit restriction
Kreditrisiko [kre'di:triziko:] *n* credit risk
Kreditschöpfung [kre'di:tʃœpfuŋ] *f* creation of credit
Kreditschutz [kre'di:tʃuts] *m* protection of credit
Kreditsicherheit [kre'di:tzɪçərhaɪt] *f* security of credit
Kreditsicherung [kre'di:tzɪçəruŋ] *f* safeguarding of credit
Kreditspritze [kre'di:tʃprɪtsə] *f (fam)* injection of credit
Kreditstatus [kre'di:tʃta:tus] *m* credit standing
Kredittranche [kre'di:ttrɑ̃ʃ(ə)] *f* credit tranche
Kreditvermittler [kre'di:tfɛrmɪtlər] *m* money broker
Kreditvermittlung [kre'di:tfɛrmɪtluŋ] *f* arranging for a credit
Kreditversicherung [kre'di:tfɛrzɪçəruŋ] *f* credit insurance
Kreditvertrag [kre'di:tfɛrtra:k] *m* credit agreement
Kreditvolumen [kre'di:tvo:lu:mən] *n* total credit outstanding
Kreditwesen [kre'di:tve:zən] *n* credit system
Kreditwesengesetz [kre'di:tve:zəngəzɛts] *n* Banking Law
Kreditwürdigkeit [kre'di:tvyrdiçkaɪt] *f* creditworthiness
Kreditzinsen [kre'di:ttsɪnsən] *m/pl* interest on borrowings, loan interest
Kreditzusage [kre'di:ttsuza:gə] *f* promise of credit
Kreuzparität ['krɔytsparitɛ:t] *f* cross rate
Kriegsanleihe ['kri:ksanlaɪhə] *f* war loan
krisenfest ['kri:zənfɛst] *adj* crisis-proof
Krisenstimmung ['kri:zənʃtɪmuŋ] *f* crisis feeling
kritische Erfolgsfaktoren ['kritɪʃə ɛr'fɔlksfakto:rən] *m/pl* critical factors of performance *pl*
krummer Auftrag ['krumər 'auftra:k] *m* uneven order
Kulisse [ku'lɪsə] *f* unofficial stock market
Kulissenwert [ku'lɪsənve:rt] *m* quotation on the unofficial market
kumulative Dividende ['kumulativə divi'dɛndə] *f* cumulative dividend
Kumulierungsverbot [kumu'li:ruŋsfərbo:t] *n* rule against accumulation
kündbar ['kyntba:r] *adj* redeemable
Kundenauftrag ['kundənauftra:k] *m* customer's order
Kundenberatung ['kundənbɛra:tuŋ] *f* consumer advice
Kundengeschäft ['kundəngəʃɛft] *n* transactions for third account *pl*
Kundenkalkulation ['kundənkalkulatsjo:n] *f* customer costing

Kundennummer ['kundənumər] *f* customer's reference number
kundenorientiert ['kundənorjɛnti:rt] *adj* customer-oriented
Kundenorientierung ['kundənorjɛnti:ruŋ] *f* customer orientation
Kundenpotenzial ['kundənpotɛntsja:l] *n* prospective customer, customer potencial
Kundenprofil ['kundənprofi:l] *n* customer profile
Kundenrabatt ['kundənrabat] *m* sales discount
Kundenreklamation ['kundənreklamatsjo:n] *f* customer complaint
Kundenschutz ['kundənʃuts] *m* customer protection
Kundenstamm ['kundənʃtam] *m* regular customers *pl*
Kundenstock ['kundənʃtɔk] *m* regular clientele
Kündigungsgeld ['kyndɪguŋsgɛlt] *n* deposit at notice
Kündigungsgrundschuld ['kyndɪguŋsgruntʃult] *f* land charge not repayable until called
Kündigungshypothek ['kyndɪgungshypote:k] *f* mortgage loan repayable after having been duly called
Kündigungssperrfrist ['kyndɪguŋsʃpɛrfrɪst] *f* non-calling period
Kundschaft ['kuntʃaft] *f* clientele
Kundschaftskredit ['kuntʃaftskredi:t] *m* customers' credit
Kupon [ku'pɔ̃] *m* coupon, warrant
Kuponbogen [ku'pɔ̃bo:gən] *m* coupon sheet
Kuponkasse [ku'pɔ̃kasə] *f* coupon collection department
Kuponkurs [ku'pɔ̃kurs] *m* coupon price
Kuponmarkt [ku'pɔ̃markt] *m* coupon market
Kuponsteuer [ku'pɔ̃ʃtɔyər] *f* coupon tax
Kuppelprodukte ['kupəlproduktə] *n/pl* complementary products *pl*
Kur [ku:r] *f* cure
Kurantmünze [ku'rantmyntsə] *f* specie
Kuratorium [kura'to:rjum] *n* board of trustees
Kursanzeige ['kursantsaɪgə] *f* quotation
Kursblatt ['kursblat] *n* quotations list
Kursfestsetzung ['kursfɛstzɛtsuŋ] *f* fixing of prices
Kursgewinn ['kursgəvɪn] *m* stock price gain, exchange profit, market profit
Kurs-Gewinn-Verhältnis [kursgə'vɪnfɛrhɛltnɪs] *n* price-earnings ratio
Kursindex ['kursɪndɛks] *m* stock exchange index
Kursindexniveau ['kursɪndɛksnivo:] *n* price level
Kursintervention ['kursɪntərvɛntsjo:n] *f* price intervention
Kurslimit ['kurslɪmɪt] *n* price limit
Kursmakler ['kursma:klər] *m* stock broker
Kursnotierung ['kursnoti:ruŋ] *f* quotation of prices
Kursparität ['kursparitɛ:t] *f* parity of rates
Kurspflege ['kurspfle:gə] *f* price nursing
Kursregulierung ['kursreguli:ruŋ] *f* price regulation
Kursrisiko ['kursri:ziko] *n* price risk
Kursspanne ['kursʃpanə] *f* difference between purchase and hedging price
Kurssprung ['kursʃpruŋ] *m* jump in prices
Kurssteigerung ['kursʃtaɪgəruŋ] *f* price advance
Kursstreichung ['kursʃtraɪçuŋ] *f* non-quotation
Kursstützung ['kursʃtytsuŋ] *f* price pegging
Kursvergleich ['kursfɛrglaɪç] *m* comparison of prices
Kursverlust ['kursfɛrlust] *m* loss on stock prices
Kursverwässerung ['kursfɛrvɛsəruŋ] *f* price watering
Kurszettel ['kurstsɛtəl] *m* stock exchange list
Kurszusammenbruch ['kurstsuzamənbrux] *m* collapse of prices
Kurszusätze ['kurstsu:zɛtsə] *m/pl* notes appended to quotation *pl*
Kurtage [kur'ta:ʒ(ə)] *f* courtage
Kurve ['kurvə] *f* curve, graph
kurzfristige Erfolgsrechnung ['kurtsfrɪstɪgə ɛr'fɔlksrɛçnuŋ] *f* monthly income statement
kurzfristiger Kredit ['kurtsfrɪstɪgər kre'di:t] *m* short-term credit
Kurzindossament ['kurtsɪndɔsamɛnt] *n* short-form endorsement
Kurzmitteilung ['kurtsmɪttaɪluŋ] *f* memo, memo letter
Küstengewässer ['kʏstəngəvɛsər] *n/pl* coastal waters *pl*
Kuvert [ku'vɛrt] *n* envelope
Kux [kuks] *m* mining share
Kybernetik [kybər'ne:tɪk] *f* cybernetics

L

Labor [la'bo:r] *n* laboratory
Lack [lak] *m* varnish, lacquer
Ladebühne ['la:dəby:nə] *f* loading platform, elevating platform
Ladefläche ['la:dəflɛçə] *f* loading surface
Ladegebühren ['la:dəgəby:rən] *f/pl* loading charges *pl*
Ladegerät ['la:dəgərɛ:t] *n* battery charger
laden ['la:dən] *v irr 1. (LKW, Schiff)* load; *2. (Batterie)* charge; *3. (vor Gericht)* summon, cite
Laden ['la:dən] *m* shop
Ladenhüter ['la:dənhy:tər] *m/pl* soiled goods *pl*
Ladenöffnungszeiten ['la:dənœfnuŋstsaɪtən] *f/pl* shop hours *pl*
Ladenpreis ['la:dənpraɪs] *m* retail price
Ladenschluss ['la:dənʃlus] *m* closing time
Ladenschlussgesetz ['la:dənʃlusgəzɛts] *n* Shop Closing Hours Law
Ladeplatz ['la:dəplats] *m* loading area
Laderampe ['la:dərampə] *f* loading ramp
Laderaum ['la:dəraum] *m* loading space
Ladeschein ['la:dəʃaɪn] *m* bill of lading
lädiert [lɛ'di:rt] *adj (beschädigt)* damaged, battered
Ladung ['la:duŋ] *f 1.* load, cargo, freight; *2. (elektrische ~)* charge, amount of electricity; *3. (am Gericht)* summons *pl*
Lagebericht ['la:gəbərɪçt] *m* status report; annual report
Lager ['la:gər] *n (Warenlager)* store, stock, inventory, warehouse; *auf ~ haben* have in store
Lagerbestand ['la:gərbəʃtant] *m* stock, goods in stock *pl*, stock on hand
Lagerbestandsaufnahme ['la:gərbəʃtantsaufna:mə] *f* inventory, stocktaking
Lagerbuchführung ['la:gərbu:xfy:ruŋ] *f* inventory accounting
Lagerempfangsschein (D/W) [la:gərɛmpfaŋsʃaɪn] *m* warehouse receipt
lagerfähig ['la:gərfɛ:ɪç] *adj* storable
Lagergebühr ['la:gərgeby:r] *f* storage, storage charge
Lagerhalle ['la:gərhalə] *f* warehouse
Lagerhaltung ['la:gərhaltuŋ] *f* stockkeeping, warehousing
Lagerhaus ['la:gərhaus] *n* warehouse
Lagerist [la:gə'rɪst] *m* stockkeeper, stockroom clerk, storekeeper
Lagerkosten ['la:gərkɔstən] *pl* storage cost
Lagerkapazität ['la:gərkapatsitɛ:t] *f* storage capacity
Lagerliste ['la:gərlɪstə] *f* stock list, inventory list
Lagermenge ['la:gərmɛŋə] *f* stock quantity, quantity in store
Lagermiete ['la:gərmi:tə] *f* warehouse rent
lagern ['la:gərn] *v* store, stock, put in storage
Lagerplatz ['la:gərplats] *m* depot
Lagerraum ['la:gərraum] *m* storage space
Lagerschein ['la:gərʃaɪn] *m* warehouse warrant
Lagerung ['la:gəruŋ] *f* storage, storing, warehousing
Lagerverwaltung ['la:gərfɛrvaltuŋ] *f* warehouse management
lancieren [lɑ̃'si:rən] *v* launch (a product)
Länderrisiko ['lɛndərri:ziko] *n* country risk
Landesbank ['landəsbaŋk] *f* regional bank
Landeserzeugnisse ['landəsɛrtsɔyknɪsə] *n/pl* domestic products *pl*
Landesgrenze ['landəsgrɛntsə] *f* national border, frontier
landesüblich ['landəsy:plɪç] *adj* common in the country, normal for the country
Landeswährung ['landəsvɛ:ruŋ] *f* national currency
Landeszentralbank (LZB) [landəstsɛn'tra:lbaŋk] *f* land central bank
Landweg ['lantve:k] *m auf dem ~* overland
Landwirtschaft ['lantvɪrtʃaft] *f* agriculture, farming
landwirtschaftlich ['lantvɪrtʃaftlɪç] *adj* agricultural, farming
Landwirtschaftsbrief ['lantvɪrtʃaftsbri:f] *m* agricultural mortgage bond
Landwirtschaftskredit ['lantvɪrtʃaftskredi:t] *m* agricultural loan
lange Sicht ['laŋə 'zɪçt] *f* long run
Längenmaße ['lɛŋənma:sə] *n/pl* linear measures *pl*
langfristig ['laŋfrɪstɪç] *adj* long-term
langfristige Anleihen ['laŋfrɪstɪgə 'anlaɪən] *f/pl* long-term bonds *pl*
langfristige Einlagen ['laŋfrɪstɪgə 'aɪnla:gən] *f/pl* long-term deposits *pl*

langfristiger Kredit ['laŋfrɪstɪgər kre'di:t] *m* long-term credit
langlebig ['laŋle:bɪç] *adj* durable
Langlebigkeit ['laŋle:bɪçkaɪt] *f* durability
Langzeitarbeitslose(r) ['laŋtsaɪtarbaɪts-lo:zə(r)] *f/m* long-term unemployed person
Langzeitarbeitslosigkeit ['laŋtsaɪtarbaɪts-lo:zɪçkaɪt] *f* long-term unemployment
Laptop ['læptɔp] *m* laptop
Lärmbekämpfung ['lɛrmbəkɛmpfuŋ] *f* noise control, sound-level control
Lärmbelästigung ['lɛrmbəlɛstɪguŋ] *f* noise pollution
Lärmpegel ['lɛrmpe:gəl] *m* noise level
Lärmschutz ['lɛrmʃuts] *m* noise protection
Laserdrucker ['leɪzərdrukər] *m* laser printer
Lasertechnik ['leɪzərtɛçnɪk] *f* laser technology
Lasten ['lastən] *f/pl (finanzielle Belastungen)* expense, costs *pl*
Lastenaufzug ['lastənauftsu:k] *m* goods lift, freight elevator *(US)*
Lastenausgleich ['lastənausglaɪç] *m* equalization of burdens
Lastenausgleichsbank [lastən'ausglaɪçs-baŋk] *f* equalization of burdens bank
Lastenausgleichsfonds [lastən'ausglaɪçs-fɔ̃:] *m* equalization of burdens fund
Lastenverteilung ['lastənfɛrtaɪluŋ] *f* burden-sharing
Lastkraftwagen ['lastkraftva:gən] *m (LKW)* lorry *(UK)*, truck *(US)*
Lastschrift ['lastʃrɪft] *f* debit entry
Lastschrifteinzugsverfahren [lastʃrɪft-'aɪntsu:ksfɛrfa:rən] *n* direct debiting
Lastschriftkarte ['lastʃrɪftkartə] *f* debit card
Lastschriftverkehr ['lastʃrɪftfɛrke:r] *m* direct debiting transactions *pl*
Lastwagen ['lastva:gən] *m* lorry *(UK)*, truck *(US)*
Lastzug ['lasttsu:k] *m* pulley
latente Steuern [la'tɛntə 'ʃtɔyərn] *f/pl* deferred taxes *pl*
Laufbahn ['laufba:n] *f (fig)* career
laufende Rechnung ['laufəndə 'rɛçnuŋ] *f* current account
Laufkundschaft ['laufkuntʃaft] *f* walk-in business
Laufwerk ['laufvɛrk] *n* drive
Laufzeit ['lauftsaɪt] *f* term, duration, life
Laufzeitfonds ['lauftsaitfɔ̃:s] *m/pl* term funds *pl*

Lean Management ['li:n 'mænɪdʒmənt] *n* lean management
Lean Production [li:n prɔ'dʌkʃən] *f* lean production
leasen ['li:zən] *v* lease
Leasing ['li:zɪŋ] *n* leasing
Leasing-Geber [li:zɪŋ'ge:bər] *m* lessor
Leasing-Nehmer [li:zɪŋ'ne:mər] *m* lessee
Leasing-Rate ['li:zɪŋra:tə] *f* leasing payment
Leasing-Vertrag ['li:zɪŋfɛrtra:k] *m* leasing contract
Lebensbedingungen ['le:bənsbədɪŋuŋən] *f/pl* living conditions *pl*, standard of living
Lebensbedürfnisse ['le:bənsbədʏrfnɪsə] *n/pl* (bare) necessities of life *pl*
Lebensdauer [le:bənsdauər] *f* life
Lebenshaltung ['le:bənshaltuŋ] *f* standard of living
Lebenshaltungskosten ['le:bənshaltuŋs-kɔstən] *pl* cost of living
Lebenslauf ['le:bənslauf] *m* curriculum vitae
Lebensmittel ['le:bənsmɪtəl] *n (als Kaufware)* groceries *pl*
Lebensmittelgesetz ['le:bənsmɪtəlgəzɛts] *n* law on food processing and distribution
Lebensqualität ['le:bənskvali'tɛ:t] *f* quality of life
Lebensstandard ['le:bənsʃtandart] *m* standard of living
Lebensunterhalt ['le:bənsuntərhalt] *m* livelihood
Lebensverhältnisse ['le:bənsfɛrhɛltnɪsə] *pl* living conditions *pl*
Lebensversicherung ['le:bənsfɛrzɪçəruŋ] *f* life assurance
Lebenszyklus eines Produkts ['le:bəns-tsy:klus 'ainəs pro'dukts] *m* life cycle of a product
Leeraktie ['le:raktsjə] *f* corporate share not fully paid up
Leerfracht (d.f.) ['le:rfraxt] *f* dead freight (d.f.)
Leergewicht ['le:rgəvɪçt] *n* unloaded weight, tare weight
Leergut ['le:rgu:t] *n* empties *pl*
Leerlauf ['le:rlauf] *m (Motor, Maschine)* neutral, idle running
Leerpackung ['le:rpakuŋ] *f* empty package
Leerposition ['le:rpozitsjo:n] *f* bear selling position
Leerstelle ['le:rʃtɛlə] *f* space
Leerverkauf ['le:rfɛrkauf] *m* forward sale, bear selling

Leerwechsel ['le:rvɛksəl] *m* finance bill
legal [le'ga:l] *adj* legal, legitimate
Legat [le'ga:t] *n (Vermächtnis)* legacy
Legitimation [legitima'tsjo:n] *f* proof of identity
Legitimationspapiere [legitima'tsjo:ns-papi:rə] *n/pl* title-evidencing instrument
Lehre ['le:rə] *f (Ausbildung)* apprenticeship
Lehrgang ['le:rgaŋ] *m* course, class, training course
Lehrling ['le:rlɪŋ] *m* apprentice
Lehrstelle ['le:rʃtɛlə] *f* apprenticeship place
leichte Papiere ['laɪçtə pa'pi:rə] *n/pl* low-priced securities *pl*
Leichtlohngruppen ['laɪçtlo:ngrupən] *f/pl* bottom wage groups *pl*
Leihanstalt ['laɪanʃtalt] *f* pawnshop
Leiharbeit ['laɪarbaɪt] *f* casual labour
Leiharbeiter(in) ['laɪarbaɪtər(ɪn)] *m/f* subcontracted employee
Leiharbeitsverhältnis ['laɪarbaɪtsfɛrhɛltnɪs] *n* secondment
Leihkapital ['laɪkapita:l] *n* debt capital
Leihwagen ['laɪva:gən] *m* hired car
Leihzins ['laɪtsɪns] *m* interest rate on a loan
Leistung ['laɪstuŋ] *f* *1.* performance, achievement; *2. (technisch)* power, capacity, output
Leistungsabfall ['laɪstuŋsapfal] *m* drop in performance, decrease in performance
Leistungsbereitschaft ['laɪstuŋsbəraitʃaft] *f* *1. (Produktion)* readiness to operate *2. (Personal)* willingness to achieve
Leistungsbilanz ['laɪstuŋsbilants] *f* balance of goods and services
leistungsfähig ['laɪstuŋsfɛ:ɪç] *adj* efficient, capable, productive
Leistungsfähigkeit ['laɪstuŋsfɛ:içkaɪt] *f* efficiency
Leistungsgarantie ['laɪstuŋsgaranti:] *f* performance guarantee
Leistungslohn ['laɪstuŋslo:n] *m* piece rate
leistungsorientiert ['laɪstuŋsorjɛnti:rt] *adj* performance-oriented
Leistungsorientierung ['laɪstuŋsorjɛnti:ruŋ] *f* performance-orientation
Leistungspflicht ['laɪstuŋspflɪçt] *f* liability
leistungssteigernd ['laɪstuŋsʃtaɪgərnt] *adj* performance-increasing
Leistungssteigerung ['laɪstuŋsʃtaigəruŋ] *f* increase in efficiency
Leistungstiefe ['laɪstuŋsti:fə] *f* performance depth
leiten ['laɪtən] *v* *1. (führen)* lead; *2. (lenken)* guide, direct, conduct; *3. (technisch)* conduct, transmit
leitend ['laɪtənt] *adj* managing; *~e Angestellte* executive
leitende(r) Angestellte(r) ['laɪtəndə(r) 'angəʃtɛltə(r)] *f/m* executive employee; management employee
Leiter ['laɪtər] *m (technisch)* conductor
Leiter(in) ['laɪtər(ɪn)] *m/f (Vorgesetzte(r))* head, director, manager
Leitkurs ['laɪtkurs] *m* central rate
Leitung ['laɪtuŋ] *f* *1. (Geschäftsleitung)* management; *2. (Rohrleitung)* pipeline; *3. (Kabel)* wire, line
Leitwährung ['laɪtvɛ:ruŋ] *f* key currency
Leitzins ['laɪttsɪns] *m* base rate, key rate
Lernkurve ['lɛrnkurvə] *f* learning curve
Letter of intent ['letə əv ɪn'tent] *m* letter of intent
Leumund ['lɔymunt] *m* reputation
Leumundszeugnis ['lɔymuntstsɔyknɪs] *n* certificate of good character, character reference
Leveraged Buyout (LBO) ['li:vərɪdʒt 'baɪaʊt] *m* leveraged buyout
Leverage-Effekt ['li:vərɪdʒɛ'fɛkt] *m* leverage effect
liberalisieren [libera:li'zi:rən] *v* liberalize foreign trade, decontrol
Liberalisierung [liberali'zi:ruŋ] *f* liberalization of foreign trade
Libor-Anleihen ['li:bor'anlaɪən] *f/pl* Libor loans *pl*
Lieferant [lɪfə'rant] *m* supplier
Lieferantenkredit [lɪfə'rantənkredi:t] *m* supplier's credit
lieferbar ['li:fərba:r] *adj* available
lieferbares Wertpapier ['li:fərba:rəs 've:rtpapi:r] *n* deliverable security
Lieferbarkeitsbescheinigung ['li:fərba:rkaɪtsbəʃaɪnɪguŋ] *f* certificate of good delivery
Lieferbedingung ['li:fərbədɪŋuŋ] *f* terms of delivery *pl,* terms and conditions of sale *pl*
Lieferengpass ['li:fərɛŋpas] *m* supply shortage
Lieferfirma ['li:fərfɪrma] *f* supplier
Lieferfrist ['li:fərfrɪst] *f* time for delivery, deadline for delivery
Liefergarantie ['li:fərgaranti:] *f* guarantee of delivery
Lieferklausel ['li:fərklauzəl] *f* delivery clause, commercial term

Lieferkonto ['li:fərkɔnto] *n* accounts payable *pl*
Lieferkosten ['li:fərkɔstən] *pl* charges for delivery *pl*, delivery charges *pl*
Liefermenge ['li:fərmɛŋə] *f* ordered quantity
liefern ['li:fərn] *v* supply, deliver, provide
Lieferschein ['li:fərʃaɪn] *m* delivery note
Liefertermin ['li:fərtɛrmi:n] *m* date of delivery
Lieferung ['li:fəruŋ] *f* delivery, supply
Lieferung gegen Nachnahme ['li:fəruŋ 'ge:gən 'na:xna:mə] *f* cash on delivery
Lieferungsverzögerung ['li:fəruŋsfɛrtsø:gəruŋ] *f* delay in delivery
Liefervertrag ['li:fərfɛrtra:k] *m* supply contract
Lieferverzug ['li:fərfɛrtsu:k] *m* default of delivery
Lieferwagen ['li:fərva:gən] *m* van
Lieferzeit ['li:fərtsaɪt] *f* *1. (Zeitraum)* delivery period; *2. (Termin)* delivery deadline
Liegenschaften ['li:gənʃaftən] *f/pl* real estate, property
Lifo (last in – first out) ['li:fo:] last in – first out (lifo)
Limit ['lɪmɪt] *n (Beschränkung)* limit, ceiling
limitieren [limi'ti:rən] *v (beschränken)* put a limit on
limitierte Dividende [limi'ti:rtə divi'dɛndə] *f* limited dividend
lineare Abschreibung [line'ɑ:rə 'apʃraɪbuŋ] *f* linear depreciation
lineares Wachstum [line'ɑ:rəs 'vakstu:m] *n* linear growth
Linienflug ['li:njənflu:k] *m* scheduled flight
Linienverkehr ['li:njənfɛrke:r] *m* scheduled service, regular traffic
Liquidation [likvida'tsjo:n] *f* liquidation, winding-up *(UK)*
Liquidationsauszahlungskurs [likvida'tsjo:nsaustsa:luŋskurs] *m* liquidation outpayment rate
Liquidationsbilanz [likvida'tsjo:nsbilanz] *f* liquidation balance sheet, winding-up balance sheet *(UK)*
Liquidationserlös [likvida'tsjo:nsɛrlø:s] *m* remaining assets after liquidation *pl*
Liquidationsgebühr [likvida'tsjo:nsgəby:r] *f* liquidation fee
Liquidationskurs [likvida'tsjo:nskurs] *m* making-up price
Liquidationsrate [likvida'tsjo:nsra:tə] *f* liquidating dividend
Liquidationstermin [likvida'tsjo:nstɛrmi:n] *m* pay day
Liquidationsüberschuss [likvida'tsjo:nsy:bərʃus] *m* realization profit
Liquidationsvergleich [likvida'tsjo:nsfɛrglaɪç] *m* liquidation-type composition
Liquidator [likvi'da:to:r] *m* liquidator
liquide [li'kvi:də] *adj* liquid, solvent, flush with cash
liquidieren [lɪkvɪ'di:rən] *v* liquidate, wind up *(UK)*
Liquidität [likvidi'tɛ:t] *f* *1. (Zahlungsfähigkeit)* liquidity, solvency; *2. (Zahlungsmittel)* liquid assets *pl*
Liquiditätsanleihe [likvidi'tɛ:tsanlaɪə] *f* liquidity loan
Liquiditätsengpass [likvidi'tɛ:tsɛŋpas] *m* liquidity squeeze
Liquiditätsgrad [likvidi'tɛ:tsgra:t] *m* liquidity ratio
Liquiditätskonsortialbank [likvidi'tɛ:tskonzortsja:lbaŋk] *f* liquidity syndicate bank
Liquiditätspapier [likvidi'tɛ:tspapi:r] *n* liquidity papers *pl*
Liquiditätsquote [likvidi'tɛ:tskvo:tə] *f* liquidity ratio
Liquiditätsreserve [likvidi'tɛ:tsrezɛrvə] *f* liquidity reserves *pl*
Liquiditätsrisiko [likvidi'tɛ:tsri:ziko] *n* liquidity risk
Liquiditätsstatus [likvidi'tɛ:tsʃta:tus] *m* liquidity status
Liquiditätstheorie [likvidi'tɛ:tsteori:] *f* liquidity theory
Listenpreis ['lɪstənpraɪs] *m* list price
Liter ['li:tər] *m* litre *(UK)*, liter *(US)*
Lizenz [li'tsɛnts] *f* licence, license *(US)*
Lizenzgeber [li'tsɛntsge:bər] *m* licencer
Lizenzgebühr [li'tsɛntsgəby:r] *f* royalty, licence fee
Lizenznehmer [li'tsɛntsne:mər] *m* licencee
Lizenzvertrag [li'tsɛntsfɛrtra:k] *m* licence agreement
Lobby ['lɔbi] *f* lobby, pressure group
Lockangebot ['lɔkangəbo:t] *n* loss leader
Lockartikel ['lɔkartɪkəl] *m* loss leader
Logistik [lo'gɪstɪk] *f* logistics
logistisch [lo'gɪstɪʃ] *adj* logistic, logistical
Logo ['lo:go] *n* logo, logograph
Lohn [lo:n] *m (Bezahlung)* wage(s), pay, earnings *pl*
Lohnabkommen ['lo:napkɔmən] *n* wage agreement, salary agreement
Lohnabrechnung ['lo:naprɛçnuŋ] *f* wages slip

Lohnanstieg ['lo:nanʃti:k] *m* rise in wages, salary raise
Lohnausgleich ['lo:nausglaɪç] *m* levelling of wages, cost of living adjustment, wage adjustment
Lohnbuchhaltung ['lo:nbu:xhaltuŋ] *f* *(Lohnbuchführung)* payroll accounting; *(Betriebsabteilung)* payroll department
Lohndifferenz ['lo:ndɪfərɛnts] *f* wages gap, salary gap
Lohnempfänger ['lo:nɛmpfɛŋər] *m* wage earner
Lohnerhöhung ['lo:nɛrhø:uŋ] *f* pay increase, wage increase, pay raise *(US)*
Lohnforderung ['lo:nfɔrdəruŋ] *f* wage claim, pay claim
Lohnfortzahlung ['lo:nfɔrttsa:luŋ] *f* *(im Krankheitsfall)* sick pay, continuing payment of wages
lohnintensiv ['lo:nɪntɛnzi:f] *adj* wageintensive, man power intensive
Lohnkosten ['lo:nkɔstən] *pl* labour costs *pl,* payload, costs incurred in wages *pl*
Lohnkürzung ['lo:nkyrtsuŋ] *f* pay cut
Lohnnebenkosten [lo:n'ne:bənkɔstən] *pl* incidental labour costs *pl,* nonwage labour costs *pl*
Lohnniveau ['lo:nnivo:] *n* average wage, going rate of pay
Lohnpolitik ['lo:npoliti:k] *f* wages policy
Lohn-Preis-Spirale [lo:n'praɪsʃpira:lə] *f* wage-price spiral
Lohnrunde ['lo:nrundə] *f* pay round
Lohnsteuer ['lo:nʃtɔyər] *f* wage tax, withholding tax
Lohnsteuerkarte ['lo:nʃtɔyərkartə] *f* tax card
Lohnsteuerklasse ['lo:nʃtɔyərklasə] *f* wage tax class
Lohnstopp ['lo:nʃtɔp] *m* wage freeze
Lohnstreifen ['lo:nʃtraɪfən] *m* payroll
Lohnvereinbarung ['lo:nfɛraɪnba:ruŋ] *f* wage agreement
Lokalbörse [lo'ka:lbœrzə] *f* local stock exchange
Lokalpapier [lo'ka:lpapi:r] *n* security only traded on a regional stock
Lokalmarkt [lo'ka:lmarkt] *m* *(Börse)* local stocks *pl*
Lokaltermin [lo'ka:ltɛrmi:n] *m* hearing at the locus in quo, on-the-spot investigation
Lokogeschäft ['lo:kogəʃɛft] *n* spot transaction
Lombard ['lɔmbart] *m/n* collateral holdings *pl*
Lombarddepot ['lɔmbartdepo:] *n* collateral deposit
Lombardeffekten ['lɔmbartɛfɛktən] *pl* securities serving as collateral *pl*
Lombardfähigkeit ['lɔmbartfɛ:ɪçkaɪt] *f* acceptability as collateral
Lombardgeschäft ['lɔmbartgəʃɛft] *n* collateral loan business
Lombardkredit ['lɔmbartkredi:t] *m* advance against securities, collateral credit
Lombardsatz ['lɔmbartzats] *m* lombard rate, bank rate of loans on securities
Lombardverzeichnis ['lɔmbartfɛrtsaɪçnɪs] *n* list of securities eligible as collateral
Lombardzinsfuß ['lɔmbarttsɪnsfu:s] *m* lending rate
Loroguthaben ['lo:rogu:tha:bən] *n* loro balance
Lorokonto ['lo:rokɔnto] *n* loro account
löschen ['lœʃən] *v* *1. (Fracht)* unload; *2. (Daten)* delete, erase
Löschgebühren ['lœʃgəbʏ:rən] *f/pl* discharging expenses *pl*
Löschtaste ['lœʃtastə] *f* delete key
Löschung ['lœʃuŋ] *f* cancellation
Löschungsvormerkung ['lœʃuŋsfo:rmɛrkuŋ] *f* delete reservation
Loseblattausgabe [lo:zə'blatausga:bə] *f* loose-leaf edition
Losgröße ['lo:sgrø:sə] *f* *(Statistik)* lot size, *(Produktion)* batch size
Loskurs ['lo:skurs] *m* lottery quotation
Losnummer ['lo:snumər] *f* *(Produktion)* lot number
Lotterieanleihen [lɔtə'ri:anlaɪən] *f/pl* lottery bonds *pl*
loyal [lo'ja:l] *adj* loyal, staunch
Loyalität [loja:lɪ'tɛ:t] *f* loyalty
Lückenanalyse ['lykənanaly:zə] *f* gap analysis
Luftfracht ['luftfraxt] *f* air freight
Luftfrachtbrief ['luftfraxtbri:f] *m* airwaybill
Luftpolsterversandtasche ['luftpɔlstərfɛrzanttaʃə] *f* air-padded envelope
Luftpost ['luftpɔst] *f* air mail
Luftpostbriefumschlag ['luftpɔstbri:fumʃla:k] *m* airmail envelope
Luftverschmutzung ['luftfɛrʃmutsuŋ] *f* air pollution
lukrativ [lukra'ti:f] *adj* lucrative, profitable
Luxusgüter ['luksusgy:tər] *n/pl* luxury goods *pl,* luxuries *pl*
Luxussteuer ['luksusʃtɔyər] *f* luxury tax

M

Maastrichter Vertrag ['ma:strɪçtər 'fɛrtra:k] *m* Maastricht Treaty
Machart ['maxa:rt] *f* style, design
machbar ['maxba:r] *adj* feasible
Machbarkeit ['maxba:rkaɪt] *f* feasibility
Macher(in) ['maxər(ɪn)] *m/f* man of action, woman of action, doer, mover
Magazin [maga'tsi:n] *n (Lager)* warehouse, storehouse, stacker
magazinieren [magatsi'ni:rən] *v* store
magisches Vieleck ['ma:gɪʃəs 'fi:lɛk] *n* magic polygon
Mahnbescheid ['ma:nbəʃaɪt] *m* court notice to pay a debt
Mahnbrief ['ma:nbri:f] *m* reminder
mahnen ['ma:nən] *v 1. (warnen)* admonish, warn; *2. (auffordern)* urge
Mahnformular ['ma:nfɔrmula:r] *n* reminder form
Mahngebühr ['ma:ngəby:r] *f* dunning charge, reminder fee
Mahnschreiben ['ma:nʃraɪbən] *n* reminder, letter demanding payment
Mahnung ['ma:nuŋ] *f* demand for payment, reminder
Mahnverfahren ['ma:nfɛrfa:rən] *n* summary proceedings for debt recovery *pl*
Mailbox ['meɪlboks] *f* mailbox
Mailingliste ['meɪlɪŋlɪstə] *f* mailing list
majorisieren [majori'si:rən] *v* outvote
Majorisierung [majori'zi:ruŋ] *f* holding of the majority
Majoritätsbeschluss [majori'tɛ:tsbəʃlus] *m* majority vote
Majoritätskäufe [majori'tɛ:tskɔyfə] *m/pl* buying of shares to secure the controlling interest in a company
Majoritätsprinzip [majori'tɛ:tsprɪntsi:p] *n* majority rule principle
Makel ['ma:kəl] *m (Erzeugnisse)* flaw, imperfection, defect
makellos ['ma:kəllo:s] *adj (Erzeugnisse)* flawless, perfect
Makler(in) ['ma:klər(ɪn)] *m/f* broker
Maklerbank ['ma:klərbaŋk] *f* brokerage bank
Maklerbuch ['ma:klərbu:x] *n* broker's journal
Maklerfirma ['ma:klərfɪrma] *f* firm of brokers
Maklergebühr ['ma:klərgəby:r] *f* broker's commission
Maklergeschäft ['ma:klərgəʃɛft] *n* broker's business, broker's line
Maklerordnung ['ma:klərɔrdnuŋ] *f* brokers' code of conduct
Makroökonomie ['makroøkonomi:] *f* macroeconomics
Makulatur [makula'tu:r] *f* waste paper, waste
Management ['mænɪdʒmənt] *n* management
Managementberatung ['mænɪdʒməntbəra:tuŋ] *f* management consulting
Managementinformationssystem ['mænɪdʒməntɪnfɔrma'tsjo:nszyste:m] *n* management information system
Manager(in) [mænɪdʒər(ɪn)] *m/f* manager
Managerkrankheit ['mænɪdʒərkraŋkhaɪt] *f* executive stress, executivitis *(fam)*
Mandant [man'dant] *m* client
Mandat [man'da:t] *n* authorization, brief, retainer
Mandatsträger(in) [man'da:tstrɛ:gər(ɪn)] *m/f* representative
Mangel ['maŋəl] *m 1. (Fehlen)* lack, deficiency, want; *2. (Fehler)* defect, shortcoming, fault
Mängelanzeige ['mɛŋlantsaɪgə] *f* notice of defect
Mangelberufe ['maŋəlbəru:fə] *m/pl* understaffed professions *pl*
Mängelbeseitigung ['mɛŋəlbəzaɪtɪguŋ] *f* correction of defects, correction of faults
mangelfrei ['maŋlfraɪ] *adj* free of defects
mangelhaft ['maŋəlhaft] *adj 1. (unvollständig)* lacking, deficient, imperfect; *2. (fehlerhaft)* defective, faulty
Mängelliste ['mɛŋəllɪstə] *f* complaint list, complaint sheet
Mängelrüge ['mɛŋgəlry:gə] *f* complaint letter, notification of a defective product
Mangelware ['maŋəlva:rə] *f* product in short supply
Manipulierbarkeit [manipu'li:rba:rkaɪt] *f* manipulability
manipulieren [manipu'li:rən] *v* manipulate
manipulierte Währung [manipu'li:rtə 'vɛ:ruŋ] *f* managed currency
Manipulierung [manipu'li:ruŋ] *f* manipulation

Manko ['maŋko] *n (Fehlbetrag)* deficit
Mantel ['mantl] *m (zu einer Aktie)* share certificate
Manteltarif ['mantəltari:f] *m* industry-wide collective agreement
Manteltarifvertrag [mantlta'ri:ffɛrtra:k] *m* basic collective agreement
Manteltresor ['mantltrɛzo:r] *m* bond and share
manuell [manu'ɛ:l] *adj* manual; *adv* manually
Manufaktur [manufak'tu:r] *f* manufactory
Marge ['marʒə] *f* margin
marginal [margi'na:l] *adj* marginal
Marginalwert [margi'na:lve:rt] *m* marginal value
Marke ['markə] *f* brand, mark, trademark
Markenartikel ['markənartɪkəl] *m* name brand, trade-registered article
Markenartikler ['markənartɪklər] *m* producer of brand-name products
Markenbewusstsein ['markənbəvustzaɪn] *n* brand awareness
Markenfamilie ['markənfami:ljə] *f* brand family
Markenname ['markənna:mə] *m* brand name, proprietary label
Markenschutz ['markənʃuts] *m* trademark protection, protection of proprietary rights
Markentreue ['markəntrɔyə] *f* brand name loyalty, brand insistence
Markenwechsel ['markənvɛksəl] *m* brand switching
Markenzeichen ['markəntsaɪçən] *n* trademark, brand figure
Marketing ['markətɪŋ] *n* marketing
Marketingabteilung ['markətɪŋaptaɪluŋ] *f* marketing department
Marketingberater(in) ['markətɪŋbəra:tər(ɪn)] *m/f* marketing consultant
Marketingdirektor(in) ['markətiŋdirɛkto:r(ɪn)] *m/f* marketing manager, marketing director
Marketingkonzept ['markətɪŋkɔntsɛpt] *n* marketing concept
Marketing-Mix ['markətɪŋmiks] *m* mixture of marketing strategies
Markt ['markt] *m* market, marketplace
Marktanalyse ['marktanaly:zə] *f* market analysis
Marktanpassung ['marktanpasuŋ] *f* market adjustment
Marktanteil ['marktantaɪl] *m* share of the market, market share
marktbeherrschend ['marktbəhɛrʃənt] *adj* dominant
Marktbeherrschung ['marktbəhɛrʃuŋ] *f* market dominance
Marktbeobachtung [marktbə'o:baxtuŋ] *f* observation of markets
Marktbericht ['marktbərɪçt] *m* market report
Marktchancen ['marktʃansən] *f/pl* market prospects *pl,* sales opportunities *pl*
Marktdurchdringung [marktdurç'drɪŋuŋ] *f* market penetration
Markteintrittsbarrieren ['marktaɪntritsbarje:rən] *f/pl* barriers to entry *pl*
Marktentwicklung ['marktɛntvɪkluŋ] *f* market trend
Marktergebnis ['marktɛrge:pnɪs] *n* market performance
Markterschließung ['marktɛrʃli:suŋ] *f* opening of new markets
marktfähig ['marktfɛ:iç] *adj* marketable
Marktform ['marktfɔrm] *f* market form
Marktforscher(in) ['marktfɔrʃər(ɪn)] *m/f* market researcher, market analyst
Marktforschung ['marktfɔrʃuŋ] *f* market research
Marktforschungsinstitut ['marktfɔrʃuŋsinstitu:t] *n* market research institute
Marktführer ['marktfy:rər] *m* market leader
marktgängig ['marktgɛŋɪç] *adj* marketable, saleable
marktgerecht ['marktgərɛçt] *adj* in accordance with market requirements, according to market requirements
Marktlage ['marktla:gə] *f* state of the market, market situation
Marktlücke ['marktlykə] *f* market niche, market gap
Marktmacht ['marktmaxt] *f* market power
Marktordnung ['marktɔrdnuŋ] *f* market organization
Marktposition ['marktpozitsjo:n] *f* market position
Marktpotenzial ['marktpotɛntsja:l] *n* market potential
Marktpreis ['marktpraɪs] *m* market price
marktreif ['marktraɪf] *adj* ready for the market, fully developed, market ripe
Marktsättigung ['marktzɛtɪguŋ] *f* market saturation
Marktschwankung ['marktʃvaŋkuŋ] *f* market fluctuation
Marktsegmentierung ['marktzɛgmɛnti:ruŋ] *f* market segmentation

Marktstruktur ['marktʃtruktu:r] *f* market structure
Marktstudie ['marktʃtu:diə] *f* market analysis, market research
Marktübersättigung ['markty:bərzɛtɪguŋ] *f* market saturation
Markttest ['markttɛst] *m* acceptance test
Markttransparenz ['markttransparɛnts] *f* transparency of the market
marktüblicher Zins ['markty:pliçər 'tsɪns] *m* interest rate customary in the market
Marktuntersuchung ['marktuntərzu:xuŋ] *f* market survey
Marktvolumen ['marktvolu:mən] *n* market volume
Marktwert ['marktve:rt] *m* fair market value, commercial value
Marktwirtschaft ['marktvɪrtʃaft] *f* free market economy, free enterprise economy
marktwirtschaftlich ['marktvɪrtʃaftlɪç] *adj* free-enterprise, free-economy
Marktzins ['markttsɪns] *m* market rate of interest
Maschine [ma'ʃi:nə] *f* machine
maschinell [maʃi'nɛl] *adj* mechanical; *adv* mechanically
Maschinenanlagen [ma'ʃi:nənanla:gən] *f/pl* plants *pl*
Maschinenbau [ma'ʃi:nənbau] *m* mechanical engineering
Maschinenbauer(in) [ma'ʃi:nənbauər(ɪn)] *m/f* mechanical engineer
maschinenlesbar [ma'ʃi:nənle:sba:r] *adj* machine-readable
Maschinenschaden [ma'ʃi:nənʃa:dən] *m* engine trouble, engine failure
Maschinenschlosser(in) [ma'ʃi:nənʃlɔsər(ɪn)] *m/f* mechanic, fitter
Maschinenversicherung [ma'ʃi:nənfɛrzɪçəruŋ] *f* machine insurance
Maschinenzeitalter [ma'ʃi:nəntsaɪtaltər] *n* machine age
Maschinist(in) [maʃi'nɪst(ɪn)] *m/f* machine operator
Maß [ma:s] *n* measure
Maßarbeit ['ma:sarbaɪt] *f* work made to measure
Mass-Customization ['mæskastəmaɪ'zeɪʃən] *f* mass customization
Massegläubiger ['masəglɔybigər] *m* preferential creditor
Maßeinheit ['ma:saɪnhaɪt] *f* unit of measurement

Massenabsatz ['masənapzats] *m* bulk selling, bulk vending
Massenarbeitslosigkeit ['masənarbaɪtslo:zɪçkaɪt] *f* mass unemployment
Massenartikel ['masənartɪkəl] *m* high-volume product, mass-produced article
Massenbedarf ['masənbədarf] *m* mass demand, mass requirement
Massenentlassung ['masənɛntlasuŋ] *f* mass dismissal, layoff
Massenfabrikation ['masənfabrikatsjo:n] *f* mass production
Massenfertigung ['masnfɛrtɪguŋ] *f* mass production
Massenfilialbetrieb [masn'filja:lbətri:p] *m* large-scale chain operation
Massengüter ['masngy:tər] *n/pl* bulk goods *pl*, commodities *pl*
Massenkommunikation ['masnkɔmunikatsjo:n] *f* mass communication
Massenproduktion ['masənproduktsjo:n] *f* mass production
maßgebliche Beteiligung ['ma:sge:plɪçə bə'taɪlɪguŋ] *f* controlling interest
maßgefertigt ['ma:sgəfɛrtɪct] *adj* manufactured to measure
Maßstab ['ma:sʃta:p] *m* *1.* criterion; *2.* yardstick
Master of Business Administration (MBA) ['ma:stər ɔv 'bɪznəs ədmɪnə'streɪʃən] *m* Master of Business Administration (MBA)
Material [mate'rja:l] *n* material
Materialanforderung [mate'rja:lanfɔrdəruŋ] *f* material request
Materialaufwand [mate'rja:laufvant] *m* expenditure for material
Materialbuchhaltung [mate'rja:lbu:xhaltuŋ] *f* inventory accounting
Materialfehler [mate'rja:lfe:lər] *m* defect in the material
Materialknappheit [mater'ja:lknaphaɪt] *f* shortage of material, material shortage
Materialkosten [mate'rja:lkɔstən] *pl* material costs *pl*
Materialprüfung [mater'ja:lpry:fuŋ] *f* material test
Materialschaden [mater'ja:lʃa:dən] *m* material defect, defective material
Materialwert [mater'ja:lve:rt] *m* material value
Matrix ['ma:trɪks] *f* matrix
Matrix-Organisation ['ma:trɪksɔrganizatsjo:n] *f* matrix organization

Maus ['maus] *f (EDV)* mouse
Mautgebühr ['mautgəby:r] *f* toll
Maximalbetrag [maksi'ma:lbətra:k] *m* maximum amount
Maximalgewicht [maksi'ma:lgəvɪçt] *n* maximum weight
Maximierung ['maksimɪ:ruŋ] *f* maximization
Maximum ['maksimum] *n* maximum
Mechaniker(in) [me'ça:nɪkər(ɪn)] *m/f* mechanic
mechanisch [me'ça:nɪʃ] *adj* mechanical
mechanisieren [meçani'zi:rən] *v* mechanize
Mechanisierung [meçani'zi:ruŋ] *f* mechanization
Mediaplanung ['me:djapla:nuŋ] *f* media planning
Megabyte ['megabaɪt] *n* megabyte
Megatonne ['megatɔnə] *f* megaton
Mehrarbeit ['me:rarbaɪt] *f* additional work, overtime
Mehraufwand ['me:raufvant] *m* additional expenditure, additional expenses *pl*
Mehrausgaben ['me:rausga:bən] *f/pl* extra costs *pl,* additional costs *pl*
Mehrbedarf ['me:rbədarf] *m* increased demand
Mehrbeteiligung ['me:rbətaɪlɪguŋ] *f* majority holding
Mehreinnahme ['me:raɪnna:mə] *f* additional receipt, additional income
Mehrfachfertigung ['me:rfaxfɛrtɪguŋ] *f* multiple-process production
Mehrheitsbeschluss ['me:rhaɪtsbəʃlus] *m* majority decision
Mehrheitsbeteiligung ['me:rhaɪtsbətaɪlɪguŋ] *f* majority interest
Mehrkosten ['me:rkɔstən] *pl* additional costs *pl*
Mehrlieferung ['me:rli:fəruŋ] *f* additional delivery
Mehrlinienorganisation ['me:rli:njənɔrganisatjo:n] *f* multiple-line organization
Mehrproduktunternehmen ['me:rproduktuntərne:mən] *n* multi-product company
mehrstellig ['me:rʃtɛlɪç] *adj (Zahlen)* multidigit
Mehrstimmrecht ['me:rʃtɪmrɛxt] *n* multiple voting right
Mehrstimmrechtsaktie ['me:rʃtɪmrɛxtsaktsjə] *f* multiple voting share
Mehrwegverpackung ['me:rve:kfɛrpakuŋ] *f* two-way package
Mehrwert ['me:rve:rt] *m* value added
Mehrwertsteuer ['me:rvɛrtʃtɔyər] *f* value-added tax
Meineid ['maɪnaɪt] *m* perjury
Meinung ['maɪnuŋ] *f* opinion
Meinungsforschung ['maɪnuŋsfɔrʃuŋ] *f* public opinion research
Meinungsführer(in) ['maɪnuŋsfy:rər(ɪn)] *m/f* opinion leader
Meinungskäufe ['maɪnuŋskɔyfə] *m/pl* speculative buying
Meinungsumfrage ['maɪnuŋsumfra:gə] *f* opinion poll
Meistbegünstigung ['maɪstbəgynstɪguŋ] *f* most-favoured nation treatment
Meistbegünstigungsklausel ['maɪstbəgynstɪguŋsklauzl] *f* most-favoured nation clause
meistbietend ['maɪstbi:tənt] *adj* highest-bidding
Meistbietende(r) ['maɪstbi:təndə(r)] *f/m* highest bidder
Meister(in) ['maɪstər(ɪn)] *m/f (Handwerker)* master craftsman/craftswoman, foreman/forewoman
Meisterbetrieb ['maɪstərbətri:p] *m* master craftsman's business
Meisterbrief ['maɪstərbri:f] *m* master craftsman's diploma
Meisterprüfung ['maɪstərpry:fuŋ] *f* master craftsman qualifying examination
Meldebehörde ['mɛldəbəhœrdə] *f* registration office
Meldebestand ['mɛldəbəʃtant] *m* reordering quantity, reorder point
Meldefrist ['mɛldəfrɪst] *f* registration deadline
melden ['mɛldən] *v 1. (mitteilen)* report; *2. (ankündigen)* announce; *3. (anmelden)* register; *4. (am Telefon) sich ~* answer
Meldepflicht ['mɛldəpflɪçt] *f* obligation to register, compulsory registration, duty to report
meldepflichtig ['mɛldəpflɪçtɪç] *adj* required to register
Menge ['mɛŋə] *f (bestimmte Anzahl)* amount, quantity
Mengenabschreibung ['mɛŋənapʃraɪbuŋ] *f* production-method of depreciation
Mengenangabe ['mɛŋənanga:bə] *f* statement of quantity
Mengenkontingent ['mɛŋənkɔntɪngɛnt] *n* quantity quota
Mengenkurs ['mɛŋənkurs] *m* direct exchange

Mengennotierung ['mɛŋənnotiːruŋ] *f* indirect quotation, indirect method of quoting foreign exchange
Mengenrabatt ['mɛŋənrabat] *m* quantity discount, bulk discount, volume discount
Mengenzoll ['mɛŋəntsɔl] *m* quantitative tariff
Menschenführung ['mɛnʃənfyːruŋ] *f* leadership, management
Mergers & Acquisitions (M & A) ['mɛːdʒərs ən ækvɪ'zɪʃəns] *pl* mergers & acquisitions
Merkantilismus [mɛrkanti'lɪsmus] *m* mercantile system
Merkposten ['mɛrkpɔstn] *m* memorandum item
messbar ['mɛsbaːr] *adj* measurable
Messdaten ['mɛsdaːtən] *pl* measurements *pl*
Messe ['mɛsə] *f* *(Ausstellung)* fair, trade show
Messebesucher(in) ['mɛsəbəzuːxər(ɪn)] *m/f* visitor to the fair, visitor to the trade show
Messegelände ['mɛsəgəlɛndə] *n* exhibition grounds *pl*
Messeneuheit ['mɛsənɔyhaɪt] *f* newcomer
Messestand ['mɛsəʃtant] *m* booth at a trade show
Messtechnik ['mɛstɛçnɪk] *f* measuring technology
Messung ['mɛsuŋ] *f* measuring
Messwert ['mɛsveːrt] *m* measured value, reading
Metallarbeiter(in) [me'talarbaɪtər(ɪn)] *m/f* metalworker
Metallbörse [me'talbœrzə] *f* metal exchange
Metalldeckung [me'taldekuŋ] *f* metal cover
Metallgeld [me'talgɛlt] *n* metallic money
Metallindustrie [me'talɪndustriː] *f* metalworking industry
Metallwährung [me'talvɛːruŋ] *f* metallic currency
Meter ['meːtər] *m* metre *(UK)*, meter *(US)*
Miete ['miːtə] *f* rent, lease, tenancy
mieten ['miːtən] *v* rent, hire
Mieter(in) ['miːtər(ɪn)] *m/f* tenant
Mietkauf ['miːtkauf] *m* lease with option to purchase
Mietpreis ['miːtpraɪs] *m* rent
Mietpreisbindung ['miːtpreɪsbɪnduŋ] *f* rent control
Mietspiegel ['miːtʃpiːgəl] *m* representative list of rents
Mietverlängerungsoption ['miːtfɛrlɛŋəruŋsɔptsjoːn] *f* lease renewal option
Mietvertrag ['miːtfɛrtraːk] *m* tenancy agreement, lease
Mietwagen ['miːtvaːgən] *m* hire car, rented car
Mietwucher ['miːtvuːxər] *m* exorbitant rent
Mietzins ['miːttsɪns] *m* rent
Mikrochip ['miːkrotʃɪp] *m* microchip
Mikrocomputer ['mikrokɔmpjuːtər] *m* microcomputer
Mikroelektronik [miːkroelɛk'troːnɪk] *f* microelectronics
Mikrofiche ['miːkrofɪʃ] *m/n* microfiche
Mikrofilm ['miːkrofɪlm] *m* microfilm
Mikroökonomie ['mikroøkonomiː] *f* microeconomics
Mikroprozessor [miːkropro'tsɛsɔr] *m* microprocessor
Milliarde [mil'jardə] *f* thousand millions *(UK)*, billion *(US)*
Milligramm ['mɪligram] *n* milligramme *(UK)*, milligram
Milliliter ['mɪliliːtər] *m* millilitre *(UK)*, milliliter *(US)*
Millimeter [mili'meːtər] *m* millimetre *(UK)*, millimeter *(US)*
Million [mil'joːn] *f* million
Minderertrag ['mɪndərɛrtraːk] *m* reduced profit
Minderkaufmann ['mɪndərkaufman] *m* small trader
Minderlieferung ['mɪndərliːfəruŋ] *f* short delivery, short shipment
mindern ['mɪndərn] *v* *(verringern)* diminish, lessen, reduce
Minderung ['mɪndəruŋ] *f* reduction
minderwertig ['mɪndərveːrtɪç] *adj* inferior, substandard
Minderwertigkeit ['mɪndərveːrtɪçkaɪt] *f* *(Waren)* inferior quality
Mindestabnahme ['mɪndəstapnaːmə] *f* minimum purchase quantity
Mindestbestellmenge ['mɪndəstbəʃtɛlmɛŋə] *f* minimum quantity order
Mindestbetrag ['mɪndəstbətraːk] *m* minimum amount
Mindesteinfuhrpreise ['mɪndəstaɪnfuːrpraɪzə] *m/pl* minimum import price
Mindesteinlage ['mɪndəstaɪnlaːgə] *f* minimum investment
Mindestfracht ['mɪndəstfraːxt] *f* minimum freight rate

Mindestgehalt ['mɪndəstgəhalt] *n* minimum wage
Mindestgebot ['mɪndəstgəbo:t] *n* minimum bid
Mindesthöhe ['mɪndəsthø:ə] *f* minimum amount
Mindestkapital ['mɪndəstkapita:l] *n* minimum capital
Mindestlohn ['mɪndəstlo:n] *m* minimum wage
Mindestpreis ['mɪndəstpraɪs] *m* minimum price
Mindestreserve ['mɪndəstrezɛrvə] *m* minimum (legal) reserves *pl*
Mindestreservesystem ['mɪndəstrezɛrvəzyste:m] *n* minimum reserve system
Mindestzins ['mɪndəsttsɪns] minimum interest rate
Mineralöl [mine'ra:lø:l] *n* mineral oil
Mineralölkonzern [mine'ra:lø:lkɔntsɛrn] *m* oil company
Mineralölsteuer [mine'ra:lø:lʃtɔyər] *f* mineral oil tax
Minimalkosten [mini'malkɔstən] *pl* minimum cost
Minimum ['mɪnimum] *n* minimum
Minus ['mi:nus] *n* deficit
Mischfinanzierung ['mɪʃfinantsi:ruŋ] *f* mixed financing
Mischkalkulation ['mɪʃkalkulatsjo:n] *f* compensatory pricing
Mischzoll ['mɪʃtsɔl] *m* mixed tariff
Misfit-Analyse ['mɪsfɪtana'ly:zə] *f* misfit analysis
Missbrauch ['mɪsbraux] *m* improper use
missbrauchen [mɪs'brauxən] *v* abuse; *(falsch gebrauchen)* misuse
Misswirtschaft ['mɪsvɪrtʃaft] *f* mismanagement
mit getrennter Post [mɪt gə'trɛntər 'pɔst] under separate cover
Mitarbeit ['mɪtarbaɪt] *f* collaboration
Mitarbeiter(in) ['mɪtarbaɪtər(ɪn)] *m/f* *1.* coworker; *2. (Angestellte(r))* employee; *3. (an Projekt)* collaborator; *4. freie(r)* ~ freelancer
Mitarbeiterbeurteilung ['mɪtarbaɪtərbəurtaɪluŋ] *f* performance appraisal
Mitarbeitergespräch ['mɪtarbaɪtərgəʃprɛ:ç] *n* employee interview
Mitbegründer(in) ['mɪtbəgryndər(ɪn)] *m/f* cofounder
mitbestimmen ['mɪtbəʃtɪmən] *v* share in a decision
Mitbestimmung ['mɪtbəʃtɪmuŋ] *f* codetermination, workers' participation
Mitbewerber(in) ['mɪtbəvɛrbər(ɪn)] *m/f* other applicant, competitor
Miteigentum ['mɪtaɪgəntum] *n* co-ownership
Mitglied ['mɪtgli:t] *n* member
Mitgliedschaft ['mɪtgli:tʃaft] *f* membership
Mitinhaber(in) ['mɪtinha:bər(ɪn)] *m/f* co-owner
Mitläufereffekt ['mɪtlɔyfərɛfɛkt] *m* bandwagon effect
Mitteilungspflicht ['mɪtaɪluŋspflɪçt] *f* obligation to furnish information
Mittel ['mɪtəl] *pl (Geld)* means *pl*, funds *pl*, money
mittelfristig ['mɪtəlfrɪstɪç] *adj* medium-term, medium-range
Mittelkurs ['mɪtəlkurs] *m* medium price
Mittelstand ['mɪtəlʃtant] *m* middle class
mittelständisch ['mɪtəlʃtɛndɪʃ] *adj* middle-class
Mittelwert ['mɪtlve:rt] *m* average value
mittlere Verfallszeit ['mɪtlərə fɛr'falstsaɪt] *f* mean due date
Mitunternehmer(in) ['mɪtuntərne:mər(ɪn)] *m/f* co-partner, co-entrepreneur
Mitwirkung ['mɪtvɪrkuŋ] *f* intermediation
Mobbing ['mobɪŋ] *n* mobbing
mobil [mo'bi:l] *adj* movable
Mobilfunk [mo'bi:lfuŋk] *m* mobile communication, mobile telephone service
Mobilien [mo'bi:ljən] *pl* movable goods *pl*
Mobilisierungspapiere [mobili'zi:ruŋspapi:rə] *n/pl* mobilization papers *pl*
Mobilisierungspfandbriefe [mobili'zi:ruŋspfantbri:fə] *m/pl* mobilization mortgage bond
Mobilisierungstratte [mobili'zi:ruŋstratə] *f* mobilization draft
Mobilität [mobili'tɛ:t] *f* mobility
Mobiltelefon [mo'bi:ltelefo:n] *n* mobile phone, cellular phone
Mode ['mo:də] *f* fashion
Modeartikel ['mo:dəartɪkəl] *m* fashionable article
Modell [mo'dɛl] *n* model
Modellreihe [mo'dɛl'rɑɪə] *f* model range
Modellversuch [mo'dɛlfɛrzu:x] *m* test
Modem ['mo:dəm] *m/n* modem
modern[1] [mo'dɛrn] *adj (modisch)* fashionable
modern[2] [mo:dərn] *v (faulen)* moulder
modifizieren [modifi'tsi:rən] *v* modify

monatlich ['mo:natlɪç] *adj* monthly
monatliche Erfolgsrechnung ['mo:natlɪçə ɛr'fɔlgsrɛçnuŋ] *f* monthly income statement
Monatsberichte der Deutschen Bundesbank ['mo:natsbərɪçtə de:r 'dɔytʃən 'bundəsbaŋk] *m/pl* monthly reports of the German Federal Bank
Monatsbilanz ['mo:natsbilants] *f* monthly balance sheet
Monatsgeld ['mo:natsgɛlt] *n* one month money
Mondpreis ['mo:ntpraɪs] *m* unreal (high or low) price
monetär [monetɛ:r] *adj* monetary
Monetary Fund (IMF) ['mʌnɪtri 'fant] *m* Monetary Fund
Monetisierung ['moneti'zi:ruŋ] *f* monetization
Monitor ['mo:nɪto:r] *m* monitor
Monitoring ['monɪtoriŋ] *n* monitoring
Monokultur ['mo:nokultu:r] *f* monoculture
Monopol [mono'po:l] *n* monopoly
Monopolkommission [mono'po:lkɔmɪsjo:n] *f* monopolies commission
Monopolpreis [mono'po:lpraɪs] *m* monopoly price
Montage [mɔn'ta:ʒə] *f (Einrichten)* installation
Montagehalle [mɔn'ta:ʒəhalə] *f* assembly shop, assembly building
Montanindustrie [mɔn'ta:nɪndustri:] *f* coal and steel industry
Monteur(in) [mɔn'tø:r(ɪn)] *m/f* fitter, assembler
montieren [mɔn'ti:rən] *v* mount, fit; *(zusammenbauen)* assemble
Moratorium [mora'to:rjum] *n 1. (Recht)* standstill agreement; *2. (Geld)* debt deferral
Motor ['mo:tɔr] *m* engine, motor
Müll [myl] *m* waste, rubbish, refuse
Mülldeponie ['myldeponi:] *f* rubbish dump, waste disposal site
Müllverbrennung ['mylfɛrbrɛnuŋ] *f* refuse incineration
Müllvermeidung ['mylfɛrmaɪduŋ] *f* avoidance of excess rubbish
multifunktional [multifuŋktsjo'na:l] *adj* multifunctional
multilateral [multilate'ra:l] *adj* multilateral
multilateraler Handel ['multilatera:lər handəl] *m* multilateral trade
Multimedia [multi'me:dja] *n* multimedia
multimedial [multi'me:djal] *adj* multimedia
multinationales Unternehmen ['multinatsjona:ləs untər'ne:mən] *n* multinational company
Multiplikation [multiplika'tsjo:n] *f* multiplication
multiplizieren [multipli'tsi:ərn] *v* multiply
Multitasking ['multita:skɪŋ] *n (Computer)* multitasking
Mündelgeld ['myndəlgɛlt] *n* money held in trust for a ward
mündelsichere Papiere ['myndəlzɪçəre pa'pi:rə] *n/pl* trustee securities *pl*
Mündigkeit ['myndɪçkaɪt] *f* majority
mündlich ['myndlɪç] *adj* oral, vebal; *adv* orally, verbally
Münze ['myntsə] *f* coin
Münzfernsprecher ['myntsfɛrnʃprɛçər] *m* call-box *(UK),* pay phone *(US)*
Münzgeld ['myntsgɛlt] *n* species *pl*
Münzgewinn ['myntsgəvɪn] *m* seignorage
Münzhandel ['myntshandəl] *m* dealings in gold and silver coins *pl*
Münzhoheit ['myntshohaɪt] *f* monetary sovereignty
Münzregal ['myntsrega:l] *n* exclusive right of coinage
Musskaufmann ['muskaufman] *m* enterprise commercial by its nature
Muster ['mustər] *n 1. (Vorlage)* pattern; *2. (Probe)* sample, specimen; *3. (Design)* pattern, design
Musterbrief ['mustərbri:f] *m* specimen letter
Musterkoffer ['mustərkɔfər] *m* samples case
Mustermappe ['mustərmapə] *f* sample bag
Mustermesse ['mustərmɛsə] *f* samples fair
Muster ohne Wert ['mustər 'o:nə 've:rt] *n* sample with no commercial value
Mustersendung ['mustərzɛnduŋ] *f* sample consignment
Muttergesellschaft ['mutərgəzɛlʃaft] *f* parent company
Mutterschaftsgeld ['mutərʃaftsgɛlt] *n* maternity allowance
Mutterschaftsurlaub ['mutərʃaftsurlaup] *m* maternity leave
Mutterschutz ['mutərʃuts] *m* protective legislation for working mothers
Muttersprache ['mutərʃpra:xə] *f* native language, mother tongue

N

nachahmen ['na:xa:mən] *v 1. (imitieren)* imitate, copy; *2. (fälschen)* fake, forge
Nachahmung ['na:xa:muŋ] *f 1. (Imitation)* imitation, copy; *2. (Fälschung)* fake, forgery
Nachbarrecht ['naxba:rrɛçt] *n* adjacent right
Nachbau ['naxbau] *m* copy, reproduction, imitation
nachbehandeln ['na:xbəhandəln] *v* give sth a follow-up treatment
Nachbehandlung ['na:xbəhandluŋ] *f* follow-up treatment
nachberechnen ['na:xbərɛçnən] *v* make a supplementary charge
Nachbereitung ['na:xbəraɪtuŋ] *f* after treatment
nachbessern ['na:xbɛsərn] *v* touch up, apply finishing touches to
Nachbesserung ['na:xbɛsəruŋ] *f* rectification of defects, rework
nachbestellen ['na:xbəʃtɛlən] *v* reorder, repeat an order, place a repeat order
Nachbestellung ['na:xbəʃtɛluŋ] *f* repeat order, reorder, additional order
nachbezahlen ['na:xbətsa:lən] *v* pay afterwards, pay later
Nachbezahlung ['na:xbətsa:luŋ] *f 1. (zu einem späteren Zeitpunkt)* supplementary payment; *2. (zusätzliche Zahlung)* additional payment
Nachbezugsrecht ['na:xbətsu:ksrɛçt] *n* right to a cumulative dividend
Nachbörse ['na:xbœrzə] *f* after-hours dealing
Nachbürgschaft ['na:xbyrkʃaft] *f* collateral guarantee
nachdatiert ['na:xdati:rt] *adj* post-dated
nach Diktat verreist ['na:x dɪktat fərraɪst] dictated by ... signed in his absence
Nachdividende ['na:xdividɛndə] *f* dividend payable for previous years
nach Erhalt der Rechnung [na:x ɛr'halt de:r 'rɛçnuŋ] on receipt of the invoice
Nachfasswerbung ['na:xfasvɛrbuŋ] *f* follow-up publicity
Nachfolge ['na:xfɔlgə] *f* succession
Nachfolgekonferenz ['na:xfɔlgəkɔnferɛnts] *f* follow-up conference
Nachfolger(in) ['na:xfɔlgər(ɪn)] *m/f* successor
nachfordern ['na:xfɔrdərn] *v* request in addition
Nachforderung ['na:xfɔrdəruŋ] *f* additional demand, additional requirement
Nachfrage ['na:xfra:gə] *f (Bedarf)* demand
Nachfragerückgang ['na:xfra:gərykgaŋ] *m* decrease in demand
Nachfrageschub ['na:xfra:gəʃu:p] *m* surge in demand
Nachfrist ['na:xfrɪst] *f* period of grace, extension of time
Nachgebühr ['na:xgəby:r] *f* surcharge, additional postage
Nachgründung ['na:xgrynduŋ] *f* post-formation acquisition
nachhelfen ['na:xhɛlfən] *v irr (einer Sache)* help sth along, push sth further
Nachholbedarf ['na:xho:lbədarf] *m (auf den Markt bezogen)* demand, additional demand
Nachindossament ['na:xɪndɔsamɛnt] *n* endorsement of an overdue bill of exchange
Nachkalkulation ['na:xkalkulatsjo:n] *f* statistical cost accounting, actual costing
nachkontrollieren ['na:xkɔntrɔli:rən] *v* check again, doublecheck
Nachlass ['na:xlas] *m* inheritance
Nachlassgericht ['na:xlasgərɪçt] *n* probate court
Nachlässigkeit ['na:xlɛsɪçkaɪt] *f* negligence, carelessness
Nachlasssteuer ['na:xlasʃtɔyər] *f* estate tax
Nachlassverwalter(in) ['na:xlasfɛrvaltər(ɪn)] *m/f* executor (of the estate)
nachliefern ['na:xli:fərn] *v* furnish an additional supply, deliver subsequently
Nachlieferung ['na:xli:fəruŋ] *f* additional supply, subsequent delivery
Nachnahme ['na:xna:mə] *f* cash on delivery, collect on delivery *(US)*
Nachnahmegebühr ['na:xna:məgəby:r] *f* cash on delivery charges (COD charges)
Nachnahmesendung ['na:xna:məzɛnduŋ] *f* COD delivery, consignment
Nachname ['na:xna:mə] *m* last name, surname, family name
Nachorder ['na:xɔrdər] *f* follow-up order
Nachporto ['na:xpɔrto] *n* postage due

nachprüfen ['na:xpry:fən] *v* check, make sure, verify
Nachprüfung ['na:xpryfuŋ] *f* re-examination
nachrangige Finanzierung ['na:xraŋɪgə finan'tsi:ruŋ] *f* junior financing
nachrechnen ['na:xrɛçnən] *v* recalculate, check a calculation, examine
Nachricht ['na:xrɪçt] *f* news
Nachrichtentechnik ['na:xrɪçtəntɛçnɪk] *f* telecommunications
nachrüsten ['na:xrystən] *v (Gerät)* upgrade, modernize, refit
Nachrüstung ['na:xrʏstuŋ] *f (Gerät)* upgrade, modernization
Nachsaison ['na:xzɛzɔŋ] *f* postseason
Nachschub ['na:xʃu:p] *m (Waren)* additional supply
Nachschuss ['na:xʃus] *m (an der Börse)* margin
Nachschusspflicht ['na:xʃuspflɪçt] *f* obligation to make an additional contribution
Nachschusszahlung ['na:xʃustsa:luŋ] *f* additional payment
Nachsendeanschrift ['na:xzɛndəanʃrɪft] *f* forwarding address
Nachsendeauftrag ['na:xzɛndəauftra:k] *m* application to have mail forwarded
nachsenden ['na:xzɛndən] *v irr* forward, redirect
Nachsichtwechsel ['na:xzɪçtvɛksəl] *m* after-sight bill
Nachtarbeit ['naxtarbaɪt] *f* night work
Nachtdienst ['naxtdi:nst] *m* night duty, night service
Nachteil ['na:xtaɪl] *m* disadvantage, drawback
nachteilig ['na:xtaɪlɪç] *adj* disadvantageous, detrimental, harmful
Nachtragshaushalt ['na:xtra:kshaushalt] *m* interim budget, supplementary budget
Nachtschicht ['naxtʃɪçt] *f* night shift
Nachttarif ['naxttari:f] *m* off-peak rate, night rate
Nachttresor ['naxttrezo:r] *m* night safe
Nachweis ['na:xvaɪs] *m (Echtheitszertifikat)* certificate, proof
nachzahlen ['na:xtsa:lən] *v* pay afterwards, make a back payment
Nachzahlung ['na:xtsa:luŋ] *f* supplementary payment
Nachzugsaktie ['na:xtsu:ksaktsjə] *f* deferred stock
Nadeldrucker ['na:dəldrukər] *m* matrix printer, wire printer
nagelneu ['na:gəlnɔy] *adj* brand new
Näherungswert ['nɛ:əruŋsve:rt] *m* approximate value
Nährwert ['nɛ:rve:rt] *m (Nutzen)* practical value
Nahverkehr ['na:fɛrke:r] *m* local traffic
Nahverkehrszug ['na:fɛrke:rstsu:k] *m* commuter train
Nahziel ['na:tsi:l] *n* short-term target
Namensaktie ['na:mənsaktsjə] *f* registered share
Namensetikett ['na:mənsetikɛt] *n* name badge
Namenspapier ['na:mənspapi:r] *n* registered security
Namensschild ['na:mənsʃɪlt] *n* nameplate
nasse Stücke ['nasə 'ʃtykə] *n/pl* unissued mortgage bonds still in trustee's hands *pl*
national [natsjo'na:l] *adj* national
nationale Souveränitätsrechte [natsjo-'na:lə zuvərɛni'tɛ:tsrɛçtə] *n/pl* national sovereignty rights *pl*
Nationalfeiertag [natsjo'na:lfaɪərta:k] *m* national holiday
Nationalökonomie [natsjo'na:løkonomi:] *f* economics
Naturalabgabe [natu'ra:lapga:bə] *f* payment in kind
Naturalbezüge [natu'ra:lbətsy:gə] *pl* payment in kind, remuneration in kind
Naturaldarlehen [natu'ra:lda:rle:ən] *n* loan granted in form of a mortgage bond
Naturalgeld [natu'ra:lgɛlt] *n* commodity money
Naturalkredit [natu'ra:lkredi:t] *m* credit granted in kind
Naturallohn [natu'ra:llo:n] *m* wages paid in kind *pl*
Naturaltilgung [natu'ra:ltɪlguŋ] *f* redemption in kind
Naturalwirtschaft [natu'ra:lvɪrtʃaft] *f* barter economy
natürliche Person [na'ty:rlɪçə 'pɛrzo:n] *f* natural person
Naturwissenschaft [na'tu:rvɪsənʃaft] *f* natural science
Nearbanken ['ni:rbaŋkən] *f/pl* near banks *pl*
Nebenabreden ['ne:bənapre:dən] *f/pl* subsidiary agreement
Nebenanschluss ['ne:bənanʃlus] *m* extension

Nebenausgabe ['ne:bənausga:bə] *f* incidental expense
Nebenberuf ['ne:bənbəru:f] *m* secondary occupation, second job, sideline
nebenberuflich ['ne:bənbəru:flɪç] *adj* part-time
Nebenbeschäftigung ['ne:bənbəʃɛftɪguŋ] *f* second occupation, spare time work, additional occupation
Nebeneinkünfte ['ne:bənaɪnkynftə] *pl* additional income, side income
Nebenerwerb ['ne:bənɛrvɛrp] *m* extra income, sideline, job on the side
Nebengebühr ['ne:bəngəby:r] *f* extra charge, extra fee
Nebenklage ['ne:bənkla:gə] *f* civil action incidental to criminal proceedings
Nebenkläger ['ne:bənklɛ:gər] *m* co-plaintiff
Nebenkosten ['ne:bənkɔstən] *pl* incidental expenses *pl,* additional expenses *pl,* ancillary costs *pl*
Nebenkostenstelle ['ne:bənkɔstənʃtɛlə] *f* indirect centre
Nebenplatz ['ne:bənplats] *m* place without a Federal Bank office
Nebenprodukt ['ne:bənprodukt] *n* by-product
Nebenrechte ['ne:bənrɛçtə] *n/pl* subsidiary rights *pl*
Nebenstellenanlagen ['ne:bənʃtɛlənanla:gən] *f/pl* private automatic branch exchanges *pl*
Nebentätigkeit ['ne:bəntɛ:tɪçkaɪt] *f* secondary occupation
Nebenverdienst ['ne:bənfɛrdi:nst] *m* extra income, additional earnings *pl*
Nebenzweck ['ne:bəntsvɛk] *m* secondary aim
Negativbilanz ['negati:fbilants] *f* debit balance
Negativerklärung ['negati:fɛrklɛ:ruŋ] *f* negative declaration
Negativhypothek ['negati:fhypote:k] *f* borrower's undertaking to create no new
Negativimage ['ne:gati:fɪmɪdʒ] *n* negative image
Negativklausel ['negati:fklauzl] *f* negative clause
Negativwerbung ['negati:fvɛrbuŋ] *f* negative advertising
Negativzins ['negati:ftsɪns] *m* negative interest
negieren [ne'gi:rən] *v (verneinen)* negate
Negierung [ne'gi:ruŋ] *f (Verneinung)* negation, denial
Negotiation [negotsja'tsjo:n] *f* negotiation
Negotiationskredit [negotsja'tsjo:nskredi:t] *m* credit authorizing negotiation of bills
Neigung ['naɪguŋ] *f (wirtschaftlich)* trend, tendency
Nennbetrag ['nɛnbətra:k] *m* nominal amount
Nennwert ['nɛnve:rt] *m* nominal value, face-value
Nennwertaktie ['nɛnve:rtaktsjə] *f* par value share
nennwertlose Aktie ['nɛnve:rtlo:zə 'aktsjə] *f* no par value share
netto ['nɛto] *adv* net
Nettoanlagevermögen ['nɛtoanla:gəfɛrmø:gən] *n* net fixed assets *pl*
Nettodividende ['nɛtodividɛndə] *f* net dividend
Netto-Einkommen ['nɛtoaɪnkɔmən] *n* net income
Nettoertrag ['nɛtoɛrtra:k] *m* net earnings *pl,* net proceeds *pl,* net return, net yield
Nettogehalt ['nɛtogəhalt] *n* net salary
Nettogeschäft ['nɛtogəʃɛft] *n* net-price transaction
Nettogewicht ['nɛtogəvɪçt] *n* net weight
Nettogewinn ['nɛtogəvɪn] *m* net profit, net earnings *pl*
Nettoinvestition ['nɛtoɪnvɛstitsjo:n] *f* net investment
Nettokreditaufnahme ['nɛtokredi:taufna:me] *f* net (government) borrowing, net credit intake
Nettokurs ['nɛtokurs] *m* net price
Nettolohn ['nɛtolo:n] *m* net wages *pl*
Nettoneuverschuldung [nɛto'nɔyfɛrʃulduŋ] *f* net new indebtedness
Nettopreis ['nɛtopraɪs] *m* net price
Nettosozialprodukt [nɛtoso'tsja:lprodukt] *n* net national product
Nettoumsatz ['nɛtoumzats] *m* net turnover
Nettoverdienst ['nɛtofɛrdi:nst] *m* net earnings *pl*
Nettovermögen ['nɛtofɛrmø:gən] *n* net assets *pl*
Nettoverschuldung ['nɛtofɛrʃulduŋ] *f* net indebtedness
Nettozinssatz ['nɛtotsɪnszats] *m* net interest rate
Netzanschluss ['nɛtsanʃlus] *m (Stromnetz)* mains connection, power supply line

Netzgerät ['nɛtsgərɛ:t] *n* power pack
Netzplan ['nɛtspla:n] *m* network planning
Netzplantechnik (NPT) ['nɛtspla:ntɛçnɪk] *f* network planning technique
Netzstecker ['nɛtsʃtɛkər] *m (Stromanschluss)* plug
Netzwerk ['nɛtsvɛrk] *n* network
Netzzugang ['nɛtstsu:gaŋ] *m* net access, Internet access
Neuanschaffung ['nɔyanʃafuŋ] *f* new acquisition
neuartig ['nɔya:rtɪç] *adj* novel, original
Neuartigkeit ['nɔyartɪçkaɪt] *f* novelty, originality
Neuauflage ['nɔyaufla:gə] *f (von Erzeugnissen)* new edition
Neubauhypothek ['nɔybauhypote:k] *f* mortgage loan to finance building of new dwelling-house
Neuentwicklung ['nɔyɛntvɪkluŋ] *f* innovation, recent development, new development
Neuer Markt ['nɔyər 'markt] *m* new market
Neueröffnung ['nɔyɛrœfnuŋ] *f* opening; *(Wiedereröffnung)* reopening
Neuerung ['nɔyəruŋ] *f 1. (neues Produkt)* innovation; *2. (Änderung)* change
Neuerwerb ['nɔyɛrvɛrp] *m* new acquistion
Neugestaltung ['nɔygəʃtaltuŋ] *f* rearrangement, redesign
Neugiro ['nɔyʒi:ro] *n* new endorsement
Neugründung ['nɔygrynduŋ] *f* new foundation
Neuheit ['nɔyhaɪt] *f* novelty
Neupreis ['nɔypraɪs] *m* new price
Neuregelung ['nɔyre:gəluŋ] *f* new regulation
neutraler Aufwand [nɔy'tra:lər 'aufvant] *m* nonoperating expense
neutraler Ertrag [nɔy'tra:lər ɛr'tra:k] *m* nonoperating income
neutrales Geld [nɔy'tra:ləs gɛlt] *n* neutral money
Neutralität [nɔytrali'tɛ:t] *f* neutrality
Neuveranlagung ['nɔyfɛranla:guŋ] *f* new assessment
Neuverschuldung ['nɔyfɛrʃulduŋ] *f* incurring new debt
Neuwert ['nɔyve:rt] *m* value when new; *(eines versicherten Gegenstandes)* replacement value
Neuwertversicherung ['nɔyve:rtfɛrzɪçəruŋ] *f* new for old insurance
Newsletter ['nju:slɛtər] *m (abonnierbarer E-Mail-Service)* newsletter

nicht an Order [nɪçt an 'o:rdər] not to order
nicht übertragbar [nɪçt y:bər'tra:kba:r] *adj* non-negotiable
nichtamtlich ['nɪçtamtlɪç] *adj* non-official
Nicht-Bank ['nɪçtbaŋk] *f* non-bank
Nichtberufstätige(r) ['nɪçtbəru:fstɛ:tigə(r)] *f/m* non-employed person, person without employment
Nichteinhaltung ['nɪçtaɪnhaltuŋ] *f* non-compliance
nichtig ['nɪçtɪç] *adj* void
Nichtmitglied ['nɪçtmɪtgli:t] *n* non-member
nichtnotierte Aktie ['nɪçtnoti:rtə 'aktsjə] *f* unquoted share
nichttarifäre Handelshemmnisse [nɪçttari'fɛ:rə 'handəlshɛmnɪsə] *n/pl* non-tariff trade barriers *pl*
Niederlassung ['ni:dərlasuŋ] *f* site, location, place of business, branch office
Niederlegung ['ni:dərle:guŋ] *f (der Arbeit)* stoppage
Niederstwertprinzip ['ni:dərstve:rtprɪntsi:p] *n* lowest value principle
Niedrigstkurs ['ni:drɪçstkurs] *m* floor price
Nießbrauch ['ni:sbraux] *m* usufruct, lifelong right of use
Nießbraucher ['ni:sbrauxər] *m* usufructuary
Nischenstrategie ['ni:ʃənʃtrategi:] *f* concentration strategy
Niveau [ni'vo:] *n* level; ~ *haben (fig)* to be of a high standard
Niveau-Unterschied [ni'vo:untərʃi:t] *m* difference in standard
Nominalbetrag [nomi'na:lbətra:k] *m* nominal amount
Nominaleinkommen [nomi'na:laɪnkɔmən] *n* nominal income
Nominalkapital [nomi'na:lkapita:l] *n* nominal capital
Nominallohn [nomi'na:llo:n] *m* nominal wage
Nominalverzinsung [nomi'na:lfɛrtsɪnzuŋ] *f* nominal interest rate
Nominalwert [nomi'na:lve:rt] *m* face value
Nominalzins [nomi'na:ltsɪns] *m* nominal rate of interest
nominelles Eigenkapital [nomi'nɛləs 'aɪgənkapita:l] *n* nominal capital borrowed
No-Name-Produkt [nouneɪmpro'dukt] *n* generic product

Nonprofit-Organisation [nɔnprofitɔrganiza'tsjo:n] *f* nonprofit organization
Nordamerikanische Freihandelszone (NAFTA) ['nortamerika:nɪʃə fraɪ'handəlstso:nə ('nafta)] *f* North American Freetrade Area (NAFTA)
Norm [nɔrm] *f* norm, standard; *(Regel)* rule
normal [nɔr'ma:l] *adj* normal, regular, standard
Normalbeschäftigung ['nɔrma:lbəʃɛftɪguŋ] *f* normal level of capacity utilization, standard capacity
Normalgewinn [nɔr'ma:lgəvɪn] *m* normal profit
Normalkosten [nɔr'ma:lkostən] *pl* normal cost
Normalverbraucher(in) [nɔr'ma:lfɛrbrauxər(ɪn)] *m/f* average consumer; *Otto ~* Joe Bloggs, Mr Average, John Smith, Joe Sixpack
Normalverkehr [nɔr'ma:lfɛrke:r] *m* normal transactions *pl*
Normung ['nɔrmuŋ] *f* standardization
Nostroeffekten ['nɔstroɛfɛktən] *pl* securities held by a bank at another bank
Nostroguthaben ['nɔstrogu:tha:bən] *n* nostro balance
Nostrokonto ['nɔstrokɔnto] *n* nostro account
Nostronotadresse [nɔstro'no:tadrɛsə] *f* nostro address in case of need
Nostroverbindlichkeit ['nɔstrofɛrbɪntlɪçkaɪt] *f* nostro liability
Notanzeige ['no:tantsaɪgə] *f* notice of dishonour
Notar(in) [no'ta:r(ɪn)] *m/f* notary
notariell [notar'jɛl] *adj* notarial; *adv ~ beglaubigt* notarized
Note ['no:tə] *f (Banknote)* bank-note, bill
Notebook ['nəʊtbʊk] *n* notebook
Notenabstempelung ['no:tənapʃtɛmpəluŋ] *f* stamping of bank notes
Notenausgabe ['no:tənausga:bə] *f* note issue
Notenbank ['no:tənbaŋk] *f* central bank
Notendeckung ['no:təndɛkuŋ] *f* cover of note circulation
Noteneinlösungspflicht ['no:tənaɪnlø:zuŋspflɪçt] *f* obligation to redeem notes
Notenkontingent ['no:tənkɔntɪŋgɛnt] *n* fixed issue of notes
Notenumlauf ['no:tənumlauf] *m* notes in circulation *pl*
Notfall ['no:tfal] *m* emergency
Notgeld ['no:tgɛlt] *n* emergency money
notieren [no'ti:rən] *v* quote, list
Notierung [no'ti:ruŋ] *f* quotation
Notifikation [notifika'tsjo:n] *f* notification
Notiz [no'ti:ts] *f* note
Notizblock [no'ti:tsblɔk] *m* note pad
Notizbuch [no'ti:tsbu:x] *n* notebook
Notizzettel [no'ti:tstsɛtəl] *m* note slip
Notleidende Forderung ['no:tlaɪdəndə 'fɔrdəruŋ] *f* claim in default
notwendiges Betriebsvermögen ['no:tvɛndɪgəs bə'tri:psfɛrmø:gn] *n* necessary business property
notwendiges Privatvermögen ['no:tvɛndɪgəs priva:tfɛrmø:gn] *n* necessary private property
Nullrunde ['nulrundə] *f* wage freeze
Nulltarif ['nultari:f] *m* nil tariff
Nullwachstum ['nulvakstu:m] *n* zero growth
Nummerierung [numə'ri:ruŋ] *f* numbering
Nummernkonto ['numərnkɔnto] *n* number account, numbered account
Nummernverzeichnis ['numərnfɛrtsaɪçnɪs] *n* list of serial numbers of securities purchased
nur gegen Totalverlust versichert (t.l.o.) [nu:r 'ge:gən to'ta:lfɛrlust fɛr'zɪçərt] total loss only (t.l.o.)
nur zur Verrechnung [nu:r tsu:r fɛrɛçnuŋ] for account only
Nutzbarmachung ['nutsba:rmaxuŋ] *f* exploitation
Nutzeffekt ['nutsɛfɛkt] *m* efficiency, practical use
Nutzen ['nutsən] *m* use; *von ~ sein* to be of use; *(Vorteil)* advantage, benefit
Nutzfahrzeug ['nutsfa:rtsɔyk] *n (Lastkraftwagen)* lorry *(UK)*, truck *(US)*
Nutzkosten ['nutskɔstən] *pl* utility costs *pl*
nutzlos ['nutslo:s] *adj* useless, futile, pointless
Nutznießer(in) ['nutsni:sər(ɪn)] *m/f* beneficiary
Nutzung ['nutsuŋ] *f* use
Nutzungsdauer ['nutsuŋsdauər] *f* service life, operating life, working life
Nutzungsrecht ['nutsuŋsrɛçt] *n* usufructury right
Nutzwertanalyse ['nutsve:rtanaly:zə] *f* benefit analysis

O

oben genannt ['o:bən gə'nant] *adj* above, mentioned above, as said before
Obergesellschaft [o:bər'gəselʃaft] *f* common parent company, umbrella company
Obergrenze ['o:bərgrɛntsə] *f* upper limit
Oberlandesgericht (OLG) [o:bər'landəsgərɪçt] *n* Intermediate Court of Appeals
Oberverwaltungsgericht (OVG) [o:bərfɛr'valtuŋsgərɪçt] *n* Higher Administrative Court
Objekt [ɔp'jɛkt] *n (Eigentum)* property
Objektbesteuerung [ɔp'jɛktbəʃtɔyəruŋ] *f* taxation of specific property
Objektkredit [ɔp'jɛktkredi:t] *m* loan for special purposes
Objektprinzip [ɔp'jɛktprɪntsi:p] *n* object principle
Obligation [ɔbliga'tsjo:n] *f* bond, debenture, debenture bond
Obligationär(in) [obligatsjo'nɛ:r(ɪn)] *m/f* bondholder, debenture holder
Obligationsanleihe [obliga'tsjo:nsanlaɪə] *f* debenture loan
Obligationsausgabe [obliga'tsjo:nsausga:bə] *f* bond issue
obligatorisch [ɔbliga'to:rɪʃ] *adj* obligatory, compulsory, mandatory
Obligo ['ɔbligo] *n* financial obligation, liability
Obligobuch ['ɔbligobux] *n* bills discounted ledger
Obsoleszenz [ɔpzolɛs'tsɛnts] *f* obsolescence
Oderdepot ['o:dərdepo:] *n* joint deposit
Oderkonten ['o:dərkɔntən] *n/pl* joint account
offen ['ɔfən] *adj 1. (geöffnet)* open; ~ *bleiben* stay open; ~ *halten (geöffnet lassen)* leave open; *2. (fig: nicht besetzt)* vacant; *3. (Rechnung)* outstanding
Offenbarungseid [ɔfən'ba:ruŋsaɪt] *m* oath of disclosure, oath of manifestation
offene Ausschreibung ['ɔfənə 'ausʃraɪbuŋ] *f* public tender
Offene Handelsgesellschaft (OHG) ['ɔfənə 'handəlsgəzɛlʃaft] *f* general partnership
Offene Police (O.P.) ['ɔfənə po'li:sə] *f* floating policy
offene Position ['ɔfənə pozi'tsjo:n] *f* open position
Offene-Posten-Buchhaltung ['ɔfənə'pɔstənbuxhaltuŋ] *f* open-item accounting
offene Rechnung ['ɔfənə 'rɛçnuŋ] *f* outstanding account, unsettled account
offener Fonds ['ɔfənər 'fɔ̃:] *m* open-end fund
offener Immobilienfonds ['ɔfənər ɪmo'bi:ljənfɔ̃:] *m* open-end real estate fund
offenes Depot ['ɔfənəs de'po:] *n* safe custody account
offenes Konto ['ɔfənəs 'kɔnto] *n* open account
Offenlegung ['ɔfənle:guŋ] *f* disclosure
Offenlegungspflicht ['ɔfənle:guŋspflɪçt] *f* duty to disclose one's financial conditions
Offenmarktpolitik ['ɔfənmarktpoliti:k] *f* open market policy
öffentlich ['œfəntlɪç] *adj* public; *adv* publicly
öffentliche Anleihe ['œfəntlɪçə 'anlaɪə] *f* government security
öffentliche Ausgaben ['œfəntlɪçə 'ausga:bən] *f/pl* public spending
öffentliche Bank ['œfəntlɪçə baŋk] *f* public bank
öffentliche Beglaubigung ['œfəntlɪçə bə'glaubɪguŋ] *f* public certification
öffentliche Beurkundung ['œfəntlɪçə bə'u:rkunduŋ] *f* public authentication
öffentliche Güter ['œfəntlɪçə 'gy:tər] *n/pl* public goods *pl*
öffentliche Kredite ['œfəntlɪçə kre'di:tə] *m/pl* credits extended to public authorities *pl*
öffentliche Schuld ['œfəntlɪçə ʃult] *f* public debt
öffentliche Verkehrsmittel ['œfəntlɪçə fɛr'ke:rsmɪtəl] *n/pl* public transport(ation)
öffentlicher Haushalt ['œfəntlɪçər 'haushalt] *m* public budget
öffentlicher Schuldenstand ['œfəntlɪçər ʃuldənʃtant] *m* government debt
Öffentliches Recht ['œfəntlɪçəs rɛçt] *n* public law
Öffentlichkeit ['œfəntlɪçkaɪt] *f* public
Öffentlichkeitsarbeit ['œfəntlɪçkaɪtsarbaɪt] *f* public relations work, PR activities *pl*
öffentlich-rechtliche Körperschaft ['œfəntlɪçrɛçtlɪçə 'kœrpərʃaft] *f* public body
offerieren [ɔfə'ri:rən] *v* offer
Offerte [ɔ'fɛrtə] *f* offer

offiziell [ɔfi'tsjɛl] *adj* official; *adv* officially
offizielles Kursblatt [ɔfi'tsjɛləs 'kursblat] *n* offical stock exchange list
Öffnungszeiten ['œfnuŋstsaɪtən] *f/pl* opening hours *pl*, hours of business *pl*
Offshore-Auftrag ['ɔfʃo:rauftra:k] *m* offshore purchase order
Offshore-Steuergesetz ['ɔfʃo:r'ʃtɔyərgəsets] *n* offshore tax agreement
Offshore-Zentrum ['ɔfʃo:r'tsɛntrum] *n* offshore centre
ohne Dividende ['o:nə dɪvɪ'dɛndə] ex dividend
ohne Gewähr ['o:nə ge'vɛ:r] without guarantee
ohne Kupon ['o:nə ku'põ:] ex coupon
ohne Obligo ['o:nə 'ɔbligo] without obligation
Ökobilanz ['økobilants] *f* ecological balance
Ökologie [økolo'gi:] *f* ecology
ökologisch [øko'lo:gɪʃ] *adj* ecological
ökologische Steuerreform [øko'lo:gɪʃə 'ʃtɔyərefɔrm] *f* ecological tax reform
Ökonom(in) [øko'no:m(ɪn)] *m/f* economist
Ökonomie [ø:kono'mi:] *f* economy
ökonomieverträglich [økonomi'fɛrtrɛ:klɪç] *adj* economically sustainable
ökonomisch [ø:ko'no:mɪʃ] *adj* economic
ökonomischer Unterschied [øko'no:mɪʃər 'untərʃi:t] *m* economic divergence
Ökosteuer ['økoʃtɔyər] *f* ecological tax, eco-tax
Ökosystem ['ø:kozyste:m] *n* ecological system
Ölembargo ['ø:lɛmbargo] *n* oil embargo
Ölförderland ['ø:lfœrdərlant] *n* oil-producing country, oil-producing nation
Ölförderung ['ø:lfœrdəruŋ] *f* oil extraction, oil production
Oligopol [oligo'po:l] *n* oligopoly
Ölindustrie ['ø:lɪndustri:] *f* oil industry
Ölkrise ['ø:lkri:zə] *f* oil crisis
Ölpreis ['ø:lpraɪs] *m* price of oil
Ölraffinerie ['ø:lrafinəri:] *f* oil refinery
Ölterminbörse ['ø:ltɛrmi:nbœrzə] *f* oil futures exchange
Ölterminhandel ['ø:ltɛrmi:nhandl] *m* oil futures dealings *pl*
Ombudsfrau ['ɔmbutsfrau] *f* ombudswoman, spokeswoman
Ombudsmann ['ɔmbutsman] *m* ombudsman, representative, spokesman
One-Stop-Banking [wanstɔp'bæŋkɪŋ] *n* one-stop banking
One-Stop-Shopping [wanstɔp'ʃɔpɪŋ] *n* one-stop shopping
online ['ɔnlaɪn] *adj* online
Onlinebetrieb ['ɔnlaɪnbətri:p] *m* online operation
Onlinedienst ['ɔnlaɪndi:nst] *m* online service
Onlinezahlungssystem ['ɔnlaɪntsa:luŋszyste:m] *n* online payment system
Onshore-Geschäft ['ɔnʃɔ:rgə'ʃɛft] *n* onshore business
OPEC (Organisation Erdöl exportierender Länder) [opec (organiza'tsjo:n 'erdø:l ɛkspɔr'ti:rəndər 'lɛndə)] *f* OPEC (Organization of Petroleum Exporting Countries)
Operations Research (OR) [ɔpə'reɪʃəns rɪ:'sɛ:tʃ] *n* operations research
operative Planung [opəra'ti:və 'pla:nuŋ] *f* operational planning
Operator [opə'ra:tɔr] *m* operator, computer operator
Opportunitätskosten [ɔpɔr'tunitɛ:tskɔstən] *pl* opportunity costs *pl*
Opposition [ɔposi'tsjo:n] *f* opposition
oppositionell [ɔpositsjo:'nel] *adj* oppositional
Oppositionsführer(in) [ɔposi'tsjo:nsfy:rər(ɪn)] *m/f* leader of the opposition
optimal [ɔpti'ma:l] *adj* ideal, optimal; *adv* to an optimum, optimally
optimale Bestellmenge [ɔpti'ma:lə bə'ʃtɛlmɛŋə] *f* economic purchasing quantity
Optimalleistung [ɔpti'ma:llaɪstuŋ] *f* optimum capacity
optimieren [ɔpti'mi:rən] *v* optimize, optimalize
Optimierung [ɔpti'mi:ruŋ] *f* optimization
optimistisch [ɔpti'mɪstɪʃ] *adj* optimistic; *adv* optimistically
optimistische Börse [ɔpti'mɪstɪʃə 'bœrzə] *f* bullish market
Optimum ['ɔptimum] *n* optimum
Option [ɔp'tsjo:n] *f* option, choice
Optionsanleihe [ɔp'tsjo:nsanlaɪə] *f* option bond
Optionsdarlehen [ɔp'tsjo:nsda:rle:ən] *n* optional loan
Optionsgeschäft [ɔp'tsjo:nsgəʃɛft] *n* options tradings *pl*, options dealings *pl*, option bargain
Optionspreis [ɔp'tsjo:nspraɪs] *m* option price

Optionsrecht [ɔp'tsjo:nsrɛçt] *n* option right
Optionsschein [ɔp'tsjo:nsʃaɪn] *m* share purchase warrant
ordentliche Ausgaben ['ɔrdəntlɪçə 'ausga:bən] *f/pl* ordinary expenditure
ordentliche Einnahmen ['ɔrdəntlɪçə 'aɪnna:mən] *f/pl* ordinary revenue
ordentliche Kapitalerhöhung ['ɔrdəntlɪçə kapi'ta:lɛrhø:uŋ] *f* ordinary increase in capital
ordentlicher Haushalt ['ɔrdəntlɪçər 'haushalt] *m* ordinary budget
Order ['ɔrdər] *f* order
Orderklausel ['ɔrdərklauzl] *f* order clause
Orderkonnossement ['ɔrdərkɔnɔsəmɛnt] *n* order bill of lading
ordern ['ɔrdərn] *v* order
Orderpapier ['ɔrdərpapi:r] *n* order paper, order instrument
Orderscheck ['ɔrdərʃɛk] *m* order cheque
Ordner ['ɔrdnər] *m (Hefter)* folder, standing file
Ordnerrückenschild ['ɔrdnərrykənʃɪlt] *n* file support label
Ordnungsamt ['ɔrdnuŋsamt] *n* town clerk's office
ordnungsgemäß ['ɔrdnuŋsgəmɛ:s] *adj* correct, proper; *adv* correctly, according to the regulations, properly
Ordnungsmappe ['ɔrdnuŋsmapə] *f* file folder
ordnungsmäßige Bilanzierung ['ɔrdnuŋsmɛ:sɪgə bilan'tsi:ruŋ] *f* adequate and orderly preparation of a balance sheet
Ordnungsstrafe ['ɔrdnuŋsʃtra:fə] *f* administrative fine, disciplinary penalty
ordnungswidrig ['ɔrdnuŋsvi:drɪç] *adj* irregular, illegal; *adv* contrary to regulations, illegally
Organgesellschaft [ɔr'ga:ngəzɛlʃaft] *f* controlled company
Organhaftung [ɔr'ga:nhaftuŋ] *f* liability of a legal person for its executive organs
Organigramm [ɔrga:nɪ'gram] *n* organizational chart
Organisation [ɔrganiza'tsjo:n] *f* organization
Organisation für wirtschaftliche Zusammenarbeit und Entwicklung (OECD) [ɔrganiza'tsjo:n fy:r 'wɪrtʃaftlɪçə tsu'zamənarbaɪt unt ɛnt'vɪkluŋ] *f* Organization for Economic Cooperation and Development (OECD)
Organisationsabteilung [ɔrganiza'tsjo:nsaptaɪluŋ] *f* organization and methods department
Organisationsdiagramm [ɔrganiza'tjo:nsdiagram] *n* organizational chart
Organisationsgrad [ɔrganiza'tsjo:nsgra:t] *m 1. (Betrieb)* level of organization; *2. (Personal)* degree of unionization
Organisationskosten [ɔrganiza'tsjo:nskɔstən] *pl* organization expense
Organisationsplanung [ɔrganiza'tsjo:nspla:nuŋ] *f* organizational planning
Organisationsstruktur [ɔrganiza'tsjo:nsʃtruktu:r] *f* organizational structure
organisatorisch [ɔrganiza'to:rɪʃ] *adj* organizational
organisieren [ɔrgani'zi:rən] *v* organize
Organkredit [ɔrga:nkre'di:t] *m* loans granted to members of a managing board
Organschaftsvertrag [ɔr'ga:nʃaftsfɛrtra:k] *m* agreement between interlocking companies
Orientierungspreis [orjɛn'ti:ruŋsprais] *m* guide price
Original [origi'na:l] *n (Dokument, Brief etc.)* original
örtlich ['ø:rtlɪç] *adj* local; *adv* locally
ortsansässig ['ɔrtsanzɛsɪç] *adj* resident, local
Ortsgespräch ['ɔrtsgəʃprɛ:ç] *n* local call
Ortsnetz ['ɔrtsnɛts] *n* local telephone exchange network
Ortsverkehr ['ɔrtsfɛrke:r] *m* local calls *pl*
Ortszeit ['ɔrtstsaɪt] *f* local time
Österreichische Nationalbank ['ø:stəraɪçɪʃə natsjo'na:lbaŋk] *f* National Bank of Austria
Otto Normalverbraucher ['ɔto nɔr'ma:lfɛrbrauxər] *m* John Smith, Joe Sixpack, Mr Average *(fam)*
Outplacement ['autpleɪsmənt] *n* outplacement
Output ['autput] *m* output
Output-Analyse ['autputanaly:zə] *f* output analysis
Outright-Termingeschäft ['autraɪttɛrmi:ngəʃɛft] *n* outright futures transactions *pl*
outsourcen ['autsɔ:sən] *v* outsource
Outsourcing ['autsɔ:sɪŋ] *n* outsourcing
Overheadprojektor ['o:vərhɛdprojɛktɔr] *m* overhead projector
Over-the-counter-Markt [əuvərðə'kauntərmarkt] *m* over-the-counter market

P

Paar [pa:r] *n* pair
paarweise ['pa:rvaɪzə] *adv* in pairs, two by two
Pacht [paxt] *f* *1. (Überlassung)* lease; *2. (Entgelt)* rent
Pachtdauer ['paxtdauər] *f* duration of a lease
pachten ['paxtən] *v* lease, take on lease, rent
Pächterkredit ['pɛçtərkredi:t] *m* tenant's credit
Pachtverlängerung ['paxtfɛrlɛŋəruŋ] *f* extension of a lease
Pachtvertrag ['paxtfɛrtra:k] *m* lease, lease agreement, concession
Pachtzins ['paxttsɪns] *m* rent
Päckchen ['pɛkçən] *n* small package, small parcel
Packpapier ['pakpapi:r] *n* wrapping paper, packing paper
Packung ['pakuŋ] *f* packet, pack
pagatorisch [paga'to:rɪʃ] *adj* cash-based, financial
Paket [pa'ke:t] *n* package, packet, parcel
Pakethandel [pa'ke:thandl] *m* dealing in large lots
Paketzustellung [pa'ke:ttsu:ʃtɛluŋ] *f* parcel delivery
Palette [pa'lɛtə] *f* *1. (Auswahl)* selection, choice, range; *2. (Transporteinheit)* pallet
Panel ['pɛnl] *n* panel
Papier [pa'pi:r] *n* *1. (Wertpapier)* security, share; *2. (Dokument)* document, paper
Papiergeld [pa'pi:rgɛlt] *n* paper money
Papierindustrie [pa'pi:rɪndustri:] *f* paper industry
Pappe ['papə] *f* cardboard
Paragraph [para'gra:f] *m* *1.* paragraph; *2. JUR* section, article
Parallelanleihe [para'le:lanlaɪə] *f* parallel loan
Parallelmarkt [para'le:lmarkt] *m* parallel market
Parallelumlauf [para'le:lumlauf] *m* parallel circulation
Parallelwährung [para'le:lvɛ:ruŋ] *f* parallel currency
pari ['pa:ri] *adj* par
Pariemission ['pa:riemisjo:n] *f* issue at par
Parikurs ['pa:rikurs] *m* par price
Pariplätze ['pa:riplɛtsə] *m/pl* places where cheques are collected by banks free of charge
Parität [pari'tɛ:t] *f* parity, equality
Paritätengitter [pari'tɛ:təngɪtər] *n* parity grid
paritätisch [pari'tɛ:tɪʃ] *adj* on an equal footing, in equal numbers
paritätische Mitbestimmung [pari'tɛ:tiʃə 'mɪtbəʃtɪmuŋ] *f* parity codetermination
Parkett [par'kɛt] *n (Börse)* floor
Parkettmakler [par'kɛtma:klər] *m* official market broker
parteiisch [par'taɪɪʃ] *adj* prejudiced, biased
Partie [par'ti:] *f (größere Menge einer Ware, Posten)* batch
Partizipationsschein [partitsipa'tsjo:nsʃaɪn] *m* participating receipt
Partner(in) ['partnər(ɪn)] *m/f* *1. (Geschäftspartner)* business partner, associate; *2. (Vertragspartner)* party (to a contract)
Partnerschaft ['partnərʃaft] *f* partnership
Parzelle [par'tsɛlə] *f* parcel (of land)
Passierschein [pa'si:rʃaɪn] *m* pass, permit
passiv ['pasi:f] *adj* passive; *adv* passively
Passiva [pa'si:va] *pl* liabilities *pl*
passive Rechnungsabgrenzung ['pasi:və 'rɛçnuŋsapgrɛntsuŋ] *f* accrued expense
passive Rückstellungen ['pasi:və 'rykʃtɛluŋən] *f/pl* passive reserves *pl*
passiver Partner ['pasi:vər 'partnər] *m* sleeping partner
Passivgeschäft ['pasi:fgəʃɛft] *n* passive deposit transactions *pl*
Passivhandel ['pasɪ:fhandəl] *m* passive trade
Passivierung [pasi'vi:ruŋ] *f* inclusion on the liabilities side
Passivierungspflicht [pasi'vi:ruŋspflɪçt] *f* requirement to accrue in full
Passivkredit ['pasi:fkredi:t] *m* passive borrowing
Passivposten ['pasi:fpɔstən] *m* debit item
Passivtausch ['pasi:ftauʃ] *m* accounting exchange on the liabilities side
Passivzins ['pasi:ftsɪns] *m* interest payable
Passkontrolle ['paskɔntrɔlə] *f* passport control, examination of passports
Passus ['pasus] *m* passage
Patent [pa'tɛnt] *n* patent
Patentamt [pa'tɛntamt] *n* Patent Office
Patentanwalt [pa'tɛntanvalt] *m* patent attorney

Patenterteilung [pa'tɛntɛrtaɪluŋ] *f* issue of a patent
patentfähig [pa'tɛntfɛːɪç] *adj* patentable
patentieren [patɛn'tiːrən] *v* patent
Patentinhaber(in) [pa'tɛntɪnhaːbər(ɪn)] *m/f* patentee
Patentlizenz [pa'tɛntlitsɛnts] *f* patent licence
Patentrecht [pa'tɛntrɛçt] *n* patent law
Patentregister [pa'tɛntregɪstər] *n* patent rolls *pl*
Patentschutz [pa'tɛntʃuts] *m* patent protection
Patentverschluss [pa'tɛntfɛrʃlus] *m* *(bei Chemikalien, Medikamenten etc.)* childproof cap
pauschal [pau'ʃaːl] *adj* lump-sum, overall; *adv* on a flat-rate basis
Pauschalabschreibung [pau'ʃaːlapʃraɪbuŋ] *f* group depreciation
Pauschalbetrag [pau'ʃaːlbətraːk] *m* flat rate
Pauschalbewertung [pau'ʃaːlbəveːrtuŋ] *f* group valuation
Pauschaldeckung [pau'ʃaldɛkuŋ] *f* blanket coverage
Pauschaldelkredere [pau'ʃaːldɛlkreːdərə] *n* global delcredere
Pauschale [pau'ʃaːlə] *f* lump sum payment, flat charge
Pauschalgebühr [pau'ʃaːlgəbyːr] *f* flat fee, flat charge
Pauschalpreis [pau'ʃaːlpraɪs] *m* flat rate, lump-sum price
Pauschalsumme [pau'ʃaːlzumə] *f* lump sum
Pauschaltarif [pau'ʃaːltariːf] *m* flat rate
Pauschalwert [pau'ʃaːlveːrt] *m* overall value
Pauschalwertberichtigung [pau'ʃaːlveːrtbərɪçtɪguŋ] *f* general bad-debt provision
Pause ['pauzə] *f* break, interval, interruption
pausieren [pau'ziːrən] *v* pause, take a break
pekuniär [pɛku'njɛːr] *adj* pecuniary
Pendelverkehr ['pɛndəlfɛrkeːr] *m* commuter traffic, shuttle service (flights)
Pendler(in) ['pɛndlər(ɪn)] *m/f* commuter
Pendlerzug ['pɛndlərtsuːk] *m* commuter train
Pension [pɛ̃n'zjoːn] *f* (Ruhestand) retirement; (Rente) retirement pension
pensionieren [pɛ̃nzjo'niːrən] *v* pension off, retire; *sich ~ lassen* retire
Pensionsalter [pɛ̃n'zjoːnsaltər] *n* retirement age
Pensionsanspruch [pɛ̃n'zjoːnsanʃprux] *m* pension claim
Pensionsanwartschaft [pɛ̃n'zjoːnsanvartʃaft] *f* pension expectancy
Pensionsfonds [pɛ̃n'zjoːnsfɔ̃ː] *m* *(Finanzwesen)* retirement fund, *(Personal)* pension fund
Pensionsgeschäft [pɛ̃n'zjoːnsgəʃɛft] *m* security transactions under repurchase *pl*
Pensionskasse [pɛ̃n'zjoːnskasə] *f* staff pension fund
Pensionsrückstellungen [pɛ̃n'zjoːnsrykʃtɛluŋən] *f/pl* pension reserve
Pensionszusage [pɛ̃n'zjoːnstsuːsaːgə] *f* employer's pension commitment
Pensum ['pɛnzum] *n* workload
Pensumlohn ['pɛnzumloːn] *m* quota wage
per aval [pɛr a'val] *adv* as guarantor of payment
per Einschreiben [pɛr 'aɪnʃraɪbn] *adv* by registered post
per Express [pɛr ɛks'pres] by express
per Lastkraftwagen [pɛr 'lastkraftwaːgən] by lorry
per procura [pɛr pro'kuːra] *adv* by procuration
per Ultimo [pɛr 'ultimo] *adv* for the monthly settlement
perfekt [pɛr'fɛkt] *adj* perfect; *adv* perfectly
Perfektion [pɛrfɛk'tsjoːn] *f* perfection
Peripheriegeräte [pɛrife'riːgərɛtə] *n/pl* peripheral units *pl*
permanent [pɛrma'nɛnt] *adj* permanent; *adv* permanently
Personal [pɛrzo'naːl] *n* staff, personnel, employees *pl*
Personal Computer (PC) ['pɜːsənəl kɔm'pjuːtər] *m* personal computer
Personalabbau [pɛrzo'naːlapbau] *m* reduction of staff, reduction of personnel
Personalabteilung [pɛrzo'naːlaptaɪluŋ] *f* personnel department
Personalakte [pɛrzo'naːlaktə] *f* personnel file, personnel dossier
Personalaufwand [pɛrzo'naːlaufvant] *m* personnel costs *pl*, employment costs *pl*
Personalauswahl [pɛrzo'naːlausvaːl] *f* employee selection
Personalbedarf [pɛrzo'naːlbədarf] *m* requirement of manpower
Personalbüro [pɛrzo'naːlbyroː] *n* personnel office
Personalchef(in) [pɛrzo'naːlʃɛf(ɪn)] *m/f* personnel manager

Personalentwicklung [perzo'na:lentvıkluŋ] *f* personnel development
Personalfreisetzung [perzo'na:lfraızεtsuŋ] *f* personnel layoff
Personalführung [perzo'na:lfy:ruŋ] *f* personnel management
Personalkosten [perzo'na:lkɔstən] *pl* employment costs *pl*
Personalkredit [perzo'na:lkredi:t] *m* personal loan
Personalleasing ['pε:sənəl'li:zıŋ] *n* personnel leasing
Personalleiter(in) [perzo'na:llaıtər(ın)] *m/f* staff manager
Personalmanagement [pε:rzo'na:lmænıdʒmənt] *n* personnel management
Personalmangel [perzo'na:lmaŋl] *m* shortage of staff
Personalnebenkosten [perzo'na:lne:bənkɔstən] *pl* supplementary staff costs *pl*
Personalplanung [perzo'na:lpla:nuŋ] *f* personnel planning, manpower planning, human resources planning, forecasting of labour requirements
Personalrat [perzo'na:lra:t] *m* personnel committee
Personalstand [perzo'na:lʃtant] *m* staff number
Personalstrategie [perzo'na:lʃtrategi:] *f* personnel strategy
Personalwechsel [perzo'na:lvεksl] *m* staff changes *pl*
Personalwesen [perzo'na:lve:zən] *n* personnel management
Personendepot [per'zonəndepo:] *n* customer's security deposit
Personengesellschaft [per'zo:nəngəzεlʃaft] *f* partnership
Personenkonten [per'zonənkɔntən] *n/pl* personal accounts *pl*
Personenkraftwagen [per'zo:nənkraftva:gən] *m* motor car, automobile
Personensteuern [per'zonənʃtɔyərn] *f/pl* taxes deemed to be imposed on a person
persönlich [per'zø:nlıç] *adj* personal, private; *adv* personally
persönliche Identifikations-Nummer (PIN) [per'zø:nlıçə identifika'tsjo:nsnumər] *f* personal identification number (PIN)
pessimistisch [pesi'mıstıʃ] *adj* pessimistic
Petrochemie [petroçε'mi:] *f* petrochemistry
Petrodollar ['petrodɔlar] *m* petrodollar
Pfand [pfant] *n* pledge
Pfandbrief ['pfantbri:f] *m* mortgage bond, mortgage debenture
Pfandbriefanstalt ['pfantbri:fanʃtalt] *f* mortgage bank
Pfandbriefdarlehen ['pfantbri:fda:rle:n] *n* mortgage loan
Pfandbriefgesetz ['pfantbri:fgəzεts] *n* mortgage law
Pfanddepot ['pfantdepo:] *n* pledged securities deposit
pfänden ['pfεndən] *v* impound, seize
Pfandgeld ['pfantgεlt] *n* deposits *pl*
Pfandindossament ['pfantındɔsamεnt] *n* pledge endorsement
Pfandleihe ['pfantlaıə] *f* pawnbroking
Pfandrecht ['pfantrεçt] *n* pledge, lien
Pfandschein ['pfantʃaın] *m* certificate of pledge
Pfändung ['pfεnduŋ] *f* attachment of property, levy of attachment, seizure
Pfandvertrag ['pfantfertra:k] *m* contract of pledge
Pfandverwertung ['pfantferve:rtuŋ] *f* realization of pledge
Pflegegeld ['pfle:gəgεlt] *n* nursing allowance
Pflegekasse ['pfle:gəkasə] *f* nursing insurance scheme
Pflegekrankenversicherung ['pfle:gəkraŋkənferzıçəruŋ] *f* nursing insurance fund
Pflegerentenversicherung ['pfle:gərεntənferzıçəruŋ] *f* nursing pension insurance fund
Pflegeversicherung ['pfle:gəferzıçəruŋ] *f* long-term-care insurance
Pflicht [pflıçt] *f* duty, obligation
pflichtbewusst ['pflıçtbəvust] *adj* responsible, conscious of one's duties, dutiful; *adv* responsibly, dutifully, conscientiously
Pflichtbewusstsein ['pflıçtbəvustzaın] *n* sense of duty
Pflichteinlage ['pflıçtaınla:gə] *f* compulsory contribution
Pflichtkrankenkasse ['pflıçtkraŋkənkasə] *f* compulsory health insurance funds *pl*
Pflichtreserve ['pflıçtrezervə] *f* minimum reserve
Pflichtteil ['pflıçttaıl] *m* compulsory portion, obligatory share
pflichtvergessen ['pflıçtfergεsən] *adj* irresponsible, derelict in one's duty
Pflichtversicherung ['pflıçtferzıçeruŋ] *f* compulsory insurance

Pfund [pfunt] *n 1. (Maßeinheit)* pound; *2. (Währungseinheit)* pound sterling
Pharmaindustrie ['farmaɪndustriː] *f* pharmaceutical industry
pharmazeutisch [farma'tsɔytɪʃ] *adj* pharmaceutical
Pilotstudie [pi'loːtʃtuːdjə] *f* pilot study
plädieren [plɛ'diːrən] *v* plead
Plädoyer [plɛdo'jeː] *n* address to the jury, closing argument, summation *(US)*
Plafond [pla'fɔ̃ː] *m* ceiling
Plagiat [plag'jaːt] *n* plagiarism
Plakat [pla'kaːt] *n* placard, poster
Plakatwand [pla'kaːtvant] *f* billboard
Plakatwerbung [pla'kaːtvɛrbuŋ] *f* poster advertising, outdoor advertising
Planbeschäftigung ['plaːnbəʃɛftɪguŋ] *f* activity base
Planbilanz ['plaːnbilants] *f* budgeted balance sheet
Planer ['plaːnər] *m* planner
Plankalkulation ['plaːnkalkulatsjoːn] *f* target calculation
Plankostenrechnung ['plaːnkɔstənrɛçnuŋ] *f* calculation of the budget costs
Planrevision ['plaːnrevizjoːn] *f* budget adjustment
Planspiel ['plaːnʃpiːl] *n* planning game
Planung ['plaːnuŋ] *f* planning, layout, policy-making
Planungsabteilung ['plaːnuŋsaptaɪluŋ] *f* planning department
Planungsausschuss ['plaːnuŋsausʃus] *m* planning committee
Planungsbüro ['plaːnuŋsbyroː] *n* planning office
Planungskontrolle ['plaːnuŋskɔntrɔlə] *f* planning control
Planungsstadium ['plaːnuŋsʃtaːdjum] *n* planning stage
Planwerte ['plaːnveːrtə] *m/pl* planning figures *pl*
Planwirtschaft ['plaːnvɪrtʃaft] *f* planned economy
Planziel ['plaːntsɪːl] *n* planned target, operational target
Plastik ['plastɪk] *n (Kunststoff)* plastics
Platine [pla'tiːnə] *f* board
Platzanweisung ['platsanvaɪzuŋ] *f* cheques and orders payable at a certain place
Platzbedarf ['platsbədarf] *m* space requirements *pl*
platzieren [pla'tsiːrən] *v* place, locate, position
Platzierung [pla'tsiːruŋ] *f* placing
Platzkauf ['platskauf] *m* purchase on the spot
Platzspesen ['platsʃpeːzən] *pl* local expenses *pl*
Platzübertragung ['platsybərtraːguŋ] *f* local transfer
Platzwechsel ['platsvɛksəl] *m* local bill
pleite ['plaɪtə] *adj* broke, bankrupt; ~ *sein* not have a bean; ~ *gehen* go bust, go broke
Pleite ['plaɪtə] *f* bankruptcy; ~ *machen* go bankrupt
Pleitier [plaɪ'tjeː] *m (fam)* bankrupt
Plotter ['plɔtər] *m (EDV)* plotter
Plus [plus] *n (Überschuss)* surplus; *(fig)* advantage, asset, plus *(fam)*
Point of Information (POI) [pɔɪnt ɔv ɪnfɔ'meɪʃən] *m (Ort der Information)* point of information
Point of Sale (POS) [pɔɪnt ɔv 'seɪl] *m (Ort des Verkaufs)* point of sale
Point of Sale Banking [pɔɪnt ɔv 'seɪl 'bæŋkɪŋ] *n* point of sale banking
Police [po'liːs(ə)] *f* policy
Polier [po'liːr] *m* site foreman
Politik [poli'tiːk] *f* politics; policy
Polypol [poly'poːl] *n* polypoly
populär [popu'lɛːr] *adj* popular
Popularität [popularɪ'tɛːt] *f* popularity
POP-Werbung ['popvɛrbuŋ] *f* point of purchase promotion
Portfeuillesteuerung [pɔrt'føːjʃtɔyəruŋ] *f* portfolio controlling
Portfolio [pɔrt'foːljo] *n* portfolio
Portfolio Selection [pɔrt'foːljo səlekʃən] *f* portfolio selection
Portfolio-Analyse [pɔrt'foːljoanalyːzə] *f* portfolio analysis
Portfolio-Management [pɔrt'foːljomænɪdʒmənt] *n* portfolio management
Porto ['pɔrto] *n* postage
Portoabzug ['pɔrtoaptsuːk] *m* postage deduction
portofrei ['pɔrtofraɪ] *adj/adv* post-paid, prepaid, postage-free
portopflichtig ['pɔrtopflɪçtɪç] *adj* subject to postage
Post [pɔst] *f* post, mail; *(~amt)* post office; *(~dienst)* postal service
postalisch [pɔs'taːlɪʃ] *adj* postal; *auf ~em Weg* by mail
Postamt ['pɔstamt] *n* post office
Postanweisung ['pɔstanvaɪzuŋ] *f* postal order, money order
Postbank ['pɔstbaŋk] *f* post office bank

Posten ['pɔstən] *m 1. (Anstellung)* position, post, job; *2. (Warenmenge)* quantity, lot; *3. (Einzelziffer)* item, entry
Postfach ['pɔstfax] *n* post office box, P.O. box
Postformular ['pɔstfɔrmula:r] *n* postal form
Postgiro ['pɔstʒi:ro] *n* postal giro
Postkarte ['pɔstkartə] *f* postcard
postlagernd ['pɔstlagərnt] *adj* poste restante, left till called for
Postleitzahl ['pɔstlaɪttsa:l] *f* postal code, postcode, ZIP code *(US)*
Postscheck ['pɔstʃɛk] *m* girocheque *(UK)*, postal cheque
Postscheckamt ['pɔstʃɛkamt] *n* postal giro centre
Postscheckkonto ['pɔstʃɛkkɔnto] *n* postal giro account
Postsparbuch ['pɔstʃpa:rbux] *n* post office savings book
Poststempel ['pɔstʃtɛmpəl] *m* postmark
Postüberweisung ['pɔstybərvaɪzuŋ] *f* postal transfer
postwendend ['pɔstvɛndənt] *adv* by return of post, by return mail *(US)*
Postwurfsendung ['pɔstvurfzɛnduŋ] *f* direct mail advertising, unaddressed mailing, bulk mail
Potenzial [potɛn'tsja:l] *n* potential
potenzielles Bargeld [potɛn'tsjɛləs 'ba:rgɛlt] *n* potential cash
PR-Abteilung [pe:'ɛraptaɪluŋ] *f* PR department
Prädikat [prɛdi'ka:t] *n (Bewertung)* rating, grade, mark
Präexport-Finanzierung ['prɛ:ɛkspɔrtfinantsi:ruŋ] *f* pre-export financing
Präferenz [prɛfə'rɛnts] *f* preference
Prägung ['prɛ:guŋ] *f* minting
präjudizierter Wechsel ['prɛ:juditsi:rtər 'vɛksl] *m* void bill
Praktikant(in) [praktɪ'kant(ɪn)] *m/f* trainee, intern
Praktiker(in) ['praktɪkər(ɪn)] *m/f* practician
Praktikum ['praktɪkum] *n* practical course, internship
praktisch ['praktɪʃ] *adj 1.* practical, useful; *adv 2.* practically, to all practical purposes *(UK)*, for all practical purposes *(US)*
Prämie ['prɛ:mjə] *f* premium, bonus
Prämienanleihe ['prɛ:mjənanlaɪə] *f* lottery loan
prämienbegünstigtes Sparen ['prɛ:mjənbəgynstɪgtəs 'ʃpa:rən] *n* premium-aided saving
Prämienbrief ['prɛ:mjənbri:f] *m* option contract
Prämiendepot ['prɛ:mjəndepo:] *n* deposit for insurance payments
Prämiengeschäft ['prɛ:mjəngəʃɛft] *n* option dealing
Prämienlohn ['prɛ:mjənlo:n] *m* time rate plus premium wage
Prämiensparen ['prɛ:mjənʃpa:rən] *n* bonus-aided saving
Prämiensparvertrag ['prɛ:mjənʃpa:rfɛrtra:k] *m* bonus savings contract
Prämisse [prɛ'mɪsə] *f* premise
Präsentation [prɛzənta'tsjo:n] *f* presentation
Präsentationsfrist [prɛzɛnta'tsjo:nsfrɪst] *f* presentation period
Präsentationsklausel [prɛzɛnta'tsjo:nsklauzəl] *f* presentation clause
Präsentationsmappe [prɛzɛnta'tsjo:nsmapə] *f* presentation folder
präsentieren [prɛzən'ti:rən] *v* present
Präsenzbörse [prɛ'zɛntsbœrzə] *f* attendance stock exchange
Präsident(in) [prɛzi'dɛnt(ɪn)] *m/f* president
präsidieren [prɛzi'di:rən] *v* preside; *etw ~* preside over sth
Präsidium [prɛ'zi:djum] *n (Vorsitz)* presidency, chairmanship
Präzisionsarbeit [prɛtsi'zjo:nsarbaɪt] *f* precision work
Preis [praɪs] *m* price
Preis frei bleibend [praɪs 'fraɪ blaɪbənt] open price, price subject to change
Preisabsatzfunktion [praɪsap'zatsfunktsjo:n] *f* price-demand function
Preisabsprache ['praɪsapʃpra:xə] *f* price fixing, price rigging, price cartel
Preisabweichung ['praɪsapvaɪçuŋ] *f* price variance
Preisabzug ['praɪsaptsu:k] *m* price deduction
Preisangabeverordnung ['praɪsanga:bəfɛrɔrdnuŋ] *f* price marking ordinance
Preisanstieg ['praɪsanʃti:k] *m* price increase, rise in prices
Preisausschreiben ['praɪsausʃraɪbən] *n* competition
Preisauszeichnung ['praɪsaustsaɪçnuŋ] *f* price-marking
Preisbildung ['praɪsbɪlduŋ] *f* price formation
Preisbindung ['praɪsbɪnduŋ] *f* price fixing

Preisdifferenzierung ['praɪsdɪfərɛntsi:-ruŋ] *f* price differentiation
Preiselastizität ['praɪselastitsitɛ:t] *f* price elasticity
Preisempfehlung ['praɪsɛmpfe:luŋ] *f* price recommendation; *unverbindliche* ~ suggested retail price
Preisentwicklung ['praɪsɛntvɪkluŋ] *f* price trend
Preiserhöhung ['praɪsɛrhø:uŋ] *f* price increase
preisgebunden ['praɪsgəbundən] *adj* price-controlled
Preisgefälle ['praɪsgəfɛlə] *n* price differential
preisgünstig ['praɪsgynstɪç] *adj* reasonably priced, worth the money, favourably priced
Preisindex ['praɪsɪndɛks] *m* price index
Preiskartell ['praɪskartɛl] *n* price fixing cartel
Preiskontrolle ['praɪskɔntrɔlə] *f* price control
Preislage ['praɪsla:gə] *f* price, price range
Preisliste ['praɪslɪstə] *f* price list, list of prices
Preis-Lohn-Spirale [praɪslo:nʃpi'ra:lə] *f* wage-price spiral
Preisnachlass ['praɪsna:xlas] *m* price reduction
Preisniveau ['praɪsnivo:] *n* price level
Preisnotierung ['praɪsnoti:ruŋ] *f* price quotation
Preisobergrenze [praɪs'o:bərgrɛntsə] *f* price ceiling
Preispolitik ['praɪspoliti:k] *f* price policy
Preisrückgang ['praɪsrykgaŋ] *m* drop in prices, fall in prices, price recession
Preisschere ['praɪsʃe:rə] *f* price gap
Preisschild ['praɪsʃɪlt] *n* price tag, price label
Preisschwankung ['praɪsʃvaŋkuŋ] *f* price fluctuation
Preissenkung ['praɪszɛnkuŋ] *f* price reduction
Preisstabilität ['praɪsʃtabilitɛ:t] *f* stability of prices
Preissteigerung ['praɪsʃtaɪgəruŋ] *f* price increase
Preisstopp ['praɪsʃtɔp] *m* price stop
Preisuntergrenze [praɪs'untərgrɛntsə] *f* price floor
Preisverfall ['praɪsfɛrfal] *m* decline in prices, collapse of prices, large-scale slide of prices, crumbling of prices
preiswert ['praɪsve:rt] *adj* reasonably priced, worth the money
Premium ['pre:mjum] *n* premium
Pre-Sales-Services ['pri:'seɪlszø:vɪsəs] *f/pl* pre-sales services *pl*
Presse ['prɛsə] *f* press
Presseaktion ['prɛsəaktsjo:n] *f* press campaign
Presseerklärung ['prɛsəɛrklɛ:ruŋ] *f* *1. (mündlich)* statement to the press; *2. (schriftlich)* press release
Pressekonferenz ['prɛsəkɔnfərɛnts] *f* press conference
Pressemitteilung ['prɛsəmɪtailuŋ] *f* press release
Pressesprecher(in) ['prɛsəʃprɛçər(ɪn)] *m/f* spokesman, spokeswoman
Pressezentrum ['prɛsətsɛntrum] *n* press office, press centre
Prestige [prɛs'ti:ʒ] *n* prestige
Prestigeverlust [prɛs'ti:ʒfɛrlust] *m* loss of prestige
Pretest ['pri:tɛst] *m* pretest
Price Earnings Ratio [praɪz ɜ:nɪŋs reɪʃɔ] *f (Kurs-Gewinn-Verhältnis)* price earnings ratio
Primanota [prima'no:ta] *f* journal
Primapapiere ['primapapi:rə] *n/pl* prime papers *pl*
Primawechsel ['pri:mavɛksəl] *m* first of exchange
Primäraufwand [pri'mɛ:raufvant] *m* primary expenses *pl*
Primärbedarf [pri'mɛ:rbədarf] *m* primary demand
Primärenergie [pri'mɛ:renɛrgi:] *f* primary energy
primärer Sektor [pri'mɛ:rər 'zɛktor] *m* primary sector of the economy
Primärmarkt [pri'mɛ:rmarkt] *m* primary market
Prime Rate ['praɪm 'reɪt] *f* prime rate
Printmedien ['prɪntme:djən] *pl* print media *pl*
Printwerbung ['prɪntvɛrbuŋ] *f* print advertising
Prioritätsaktien [priori'tɛ:tsaktsjən] *f/pl* preference shares *pl*
Prioritätsobligationen [priori'tɛ:tsobligatsjo:nən] *f/pl* priority bonds *pl*
privat [pri'va:t] *adj* private; *adv* privately; ~ *versichert* privately insured
Privatadresse [pri'va:tadrɛsə] *f* home address, private address
Privatbank [pri'va:tbaŋk] *f* private bank

Privatdiskont [pri'va:tdɪskɔnt] *m* prime acceptance
Private Banking ['praɪvət 'bæŋkɪŋ] *n* private banking
private Güter [pri'va:tə 'gy:tər] *n/pl* private goods *pl*
private Kranken- und Unfallversicherung [pri'va:tə 'kraŋkən unt 'unfalfɛrzɪçəruŋ] *f* private medical/health and accident insurance
Privateigentum [pri'va:taɪgəntum] *n* private property
Privateinlagen [pri'va:taɪnla:gən] *f/pl* private contribution
Privatentnahme [pri'va:tɛntna:mə] *f* personal travings *pl*
privater Verbrauch [pri'va:tər fɛr'braux] *m* private consumption, personal consumption, expenditure
Privatgeschäft [pri'va:tgəʃɛft] *n* private transaction
Privathaushalt [pri'va:thaushalt] *m* private household
Privatinitiative [pri'va:tɪnɪtsjati:və] *f* one's own initiative, personal initiative
privatisieren [privati'zi:rən] *v* privatize, transfer to private ownership, denationalize *(UK)*
Privatisierung [privati'zi:ruŋ] *f* privatization
Privatkonto [pri'va:tkɔnto] *n* private account, personal account
Privatmittel [pri'va:tmɪtəl] *n/pl* private means *pl*
Privatrecht [pri'va:trɛçt] *n* private law
Privatversicherung [pri'va:tfɛrzɪçəruŋ] *f* private insurance
Privatwirtschaft [pri'va:tvɪrtʃaft] *f* private industry, private enterprise *(US)*
privatwirtschaftlich [pri'va:tvɪrtʃaftlɪç] *adj* private-enterprise
pro Kopf [pro: kɔpf] per capita
Probe ['pro:bə] *f* *1. (Versuch)* experiment, test, trial; *2. (Muster)* sample, specimen, pattern
Probearbeitsverhältnis ['pro:bəarbaɪtsfɛrhɛltnɪs] *n* probationary employment
Probeauftrag ['pro:bəauftra:k] *m* trial order
Probeexemplar ['pro:bəɛksəmpla:r] *n* sample copy
Probefahrt ['pro:bəfa:rt] *f* trial run
Probelieferung ['pro:bəli:fəruŋ] *f* trial shipment
Probepackung ['pro:bəpakuŋ] *f* trial package
probeweise ['pro:bəvaɪzə] *adv* on a trial basis, as a test
Probezeit ['pro:bətsaɪt] *f* probationary period, trial period
Problemanalyse [pro'ble:manaly:zə] *f* problem analysis
Product-Management ['prɔdakt 'mænɪdʒmənt] *n* product management
Product-Placement ['prɔdakt 'pleɪsmənt] *n* product placement
Produkt [pro'dukt] *n* product
Produkt/Markt-Matrix [pro'dukt'markt-'ma:trɪks] *f* product/market matrix
Produktdifferenzierung [pro'duktdɪfərɛntsi:ruŋ] *f* product differentiation
Produktdiversifikation [pro'duktdivɛrzifikatsjo:n] *f* product diversification
Produkteinführung [pro'duktaɪnfy:ruŋ] *f* launch of a product, product launch
Produktelimination [pro'duktelimina-tsjo:n] *f* product elimination
Produktenbörse [pro'duktənbœrzə] *f* merchantile exchange, produce exchange
Produktenhandel [pro'duktənhandl] *m* produce trade
Produktfamilie [pro'duktfami:ljə] *f* product family
Produktgeschäft [pro'duktgəʃɛft] *n* product business
Produktgestaltung [pro'duktgəʃtaltuŋ] *f* product design
Produkthaftung [pro'dukthaftuŋ] *f* product liability
Produktion [produk'tsjo:n] *f* production, output
Produktionsanlagen [produk'tsjo:nsanla:gən] *f/pl* production plant
Produktionsausfall [produk'tsjo:nsausfal] *m* loss of production
Produktionsfaktoren [produk'tsjo:nsfakto:rən] *m/pl* production factors *pl*
Produktionsgenossenschaft [produk'tsjo:nsgənɔsənʃaft] *f* producers' co-operative
Produktionsgüter [produk'tsjo:nsgy:tər] *n/pl* producer goods *pl,* producers' capital goods *pl*
Produktionskapazität [produk'tsjo:nskapatsitɛ:t] *f* production capacity
Produktionskosten [produk'tsjo:nskɔstən] *pl* production costs *pl*
Produktionsplanung [produk'tsjo:nspla:nuŋ] *f* production planning
Produktionspotenzial [produk'tsjo:nspotɛntsja:l] *n* production potential
Produktionsprogramm [produk'tsjo:nsprogram] *n* production programme

Produktionsschwankung [produk'tsjo:ns-ʃvaŋkuŋ] *f* fluctuations in production *pl*
Produktionstheorie [produk'tsjo:nsteori:] *f* production theory
Produktionswert [produk'tsjo:nsve:rt] *m* production value
produktiv [produk'ti:f] *adj* productive; *adv* productively
Produktivität [produktivi'tɛ:t] *f* productivity, productiveness, productive efficiency
Produktivvermögen [produk'ti:ffɛrmø:gən] *n* productive wealth
Produktlinie [pro'duktli:njə] *f* production scheduling
Produktpalette [pro'duktpalɛtə] *f* range of products
Produktpiraterie [pro'duktpiratəri:] *f* counterfeiting
Produktplanung [pro'duktpla:nuŋ] *f* product planning
Produktplatzierung [pro'duktplatsi:ruŋ] *f* product placement
Produktstandardisierung [pro'duktʃtandardizi:ruŋ] *f* product standardization
Produzent(in) [produ'tsɛnt(ɪn)] *m/f (Hersteller)* producer
Produzentenhaftung [produ'tsɛntənhaftuŋ] *f* product liability
Produzentenrente [produ'tsɛntənrɛntə] *f* producer's surplus
produzieren [produ'tsi:rən] *v* produce, manufacture
professionell [profɛsjo'nɛ:l] *adj* professional; *adv* professionally
profilieren [profi'li:rən] *v sich* ~ distinguish o.s.
Profit [pro'fi:t] *m* profit
profitabel [profi'ta:bəl] *adj* profitable, lucrative
Profit-Center [pro'fi:tsɛntər] *n* profit centre
profitieren [profi'ti:rən] *v* profit, benefit, take advantage of
Profitrate [pro'fi:tra:tə] *f* profit rate
Profitstreben [pro'fi:tʃtre:bən] *n* profit-seeking
Proformarechnung [pro'fɔrmarɛçnuŋ] *f* pro forma invoice
Prognose [prog'no:zə] *f* prognosis, prediction, forecast
Programm [pro'gram] *n* programme, program *(US)*
Programmfehler [pro'gramfe:lər] *m* bug
Programmgesellschaft [pro'gramgəzɛlʃaft] *f* investment program(me)
programmgesteuert [pro'gramgəʃtɔyərt] *adj* programme-controlled
programmieren [progra'mi:rən] *v* programme, program *(US)*
Programmierer(in) [progra'mi:rər(ɪn)] *m/f* programmer
Programmiersprache [progra'mi:rʃpra:xə] *f* programming language
Programmierung [progra'mi:ruŋ] *f* programming
Programmzertifikat [pro'gramtsɛrtifika:t] *n* certificate of participation (in an investment programme)
Progression [progrɛ'sjo:n] *f* progression
progressiv [progrɛ'si:f] *adj* progressive
progressive Abschreibung [progrɛ'si:və 'apʃraɪbuŋ] *f* progressive depreciation
Prohibitivpreis [prohibi'ti:fpraɪs] *m* prohibitive price
Prohibitivzoll [prohibi'ti:ftsɔl] *m* prohibitive duty
Projekt [pro'jɛkt] *n* project, plan, scheme
Projektfinanzierung [pro'jɛktfinantsi:ruŋ] *f* project financing
Projektgesellschaft [pro'jɛktgəzɛlʃaft] *f* joint-venture company
Projektleiter(in) [pro'jɛktlaɪtər(ɪn)] *m/f* project manager
Projektmanagement [pro'jɛktmænɪdʒmənt] *n* project management
Projektor [pro'jɛkto:r] *m* projector
Projektorganisation [pro'jɛktɔrganizatsjo:n] *f* project-type organization
Pro-Kopf-Einkommen [pro:'kopfaɪnkɔmən] *n* per capita income
Prokura [pro'ku:ra] *f* full power of attorney
Prokuraindossament [pro'ku:raɪndɔsamɛnt] *n* per procuration endorsement
Prokurist(in) [proku'rɪst(ɪn)] *m/f* holder of special statutory, company secretary, authorised representative
Prolongation [prolɔŋga'tsjo:n] *f* extension, prolongation
Prolongationsgeschäft [prolɔŋga'tsjo:nsgəʃɛft] *n* prolongation business
Prolongationssatz [prolɔŋga'tsjo:nssats] *m* renewal rate
Promesse [pro'mɛsə] *f* promissory note
Promotion [promo'tsjo:n] *f (Verkaufsförderung)* (sales) promotion
Promptgeschäft ['prɔmptgəʃɛft] *n* sale for quick delivery
Promptklausel ['prɔmptklauzəl] *f* prompt clause

Propaganda [propa'ganda] *f* propaganda
proportionale Kosten [proportsjo'na:lə 'kɔstən] *pl* proportional cost
Prospekt [pro'spɛkt] *m* prospectus, brochure, catalogue, catalog *(US)*
Prospekt bei Emissionen [pro'spɛkt baɪ emɪ'sjo:nən] *m* underwriting prospectus
Prospektprüfung [pro'spɛktpry:fuŋ] *f* audit of prospectus
Prosperität [prosperi'tɛ:t] *f* prosperity
Protektion [protɛk'tsjo:n] *f* *(Begünstigung)* patronage, protection
Protektionismus [protɛktsjo:'nɪsmus] *m* protectionism
Protest [pro'tɛst] *m* protest
Protestliste [pro'tɛstlɪstə] *f* list of firms whose bills and notes have been protested
Protestverzicht [pro'tɛstfɛrtsɪçt] *m* waiver of protest
Protestwechsel [pro'tɛstvɛksəl] *m* protested bill
Protokoll [proto'kɔl] *n* record, minutes *pl*
Protokollführer(in) [proto'kɔlfy:rər(ɪn)] *m/f* clerk of the court, secretary
protokollieren [protokɔ'li:rən] *v* *1.* record, keep a record of; *2. (bei einer Sitzung)* take the minutes
Prototyp [proto'ty:p] *m* prototype
Provenienz [prove'njɛnts] *f* provenance, origin
Provinzbank [pro'vɪntsbaŋk] *f* country bank
Provinzbörse [pro'vɪntsbœrzə] *f* regional stock exchange
Provision [provi'zjo:n] *f* commission
Provisionsabrechnung [provi'zjo:nsaprɛçnuŋ] *f* statement of commission
Provisionsbasis [provi'zjo:nsba:zɪs] *f* *auf ~* on commission
provisionsfrei [provi'zjo:nsfraɪ] *adj* free of commission
provisionsfreies Konto [provi'zjo:nsfraɪəs 'kɔnto] *n* commission-free account
Provisionsgarantie [provi'zjo:nsgaranti:] *f* commission guarantee
provisionspflichtiges Konto [provi'zjo:nspflɪçtɪgəs 'kɔnto] *n* commission-bearing account
Provisionszahlung [provi'zjo:nstsa:luŋ] *f* commission payment
Prozent [pro'tsɛnt] *n* per cent, percentage
Prozentkurs [pro'tsɛntkurs] *m* percentage quotation
Prozentrechnung [pro'tsɛntrɛçnuŋ] *f* percentage arithmetic
Prozentsatz [pro'tsɛntzats] *m* percentage
Prozess [pro'tsɛs] *m* *1. (Entwicklung)* action, proceedings; *2. (Strafverfahren)* trial, lawsuit
Prozessakte [pro'tsɛsaktə] *f* case file, court record
Prozessbevollmächtigte(r) [pro'tsɛsbəfɔlmɛçtɪçtə(r)] *f/m* counsel, attorney of record
Prozessgegner(in) [pro'tsɛsge:gnər(ɪn)] *m/f* opposing party
prozessieren [protsɛ'si:rən] *v* go to court, carry on a lawsuit, litigate
Prozesskosten [pro'tsɛskɔstən] *pl* legal costs *pl,* costs of the proceedings *pl,* costs of litigation *pl*
Prozessor [pro'tsɛsor] *m* *(EDV)* processor
Prozessorganisation [pro'tsɛsɔrganizatsjo:n] *f* process organization
Prüfer(in) ['pry:fər(ɪn)] *m/f* inspector; *(Rechnungsprüfer)* auditor
Prüfung ['pry:fuŋ] *f* inspection, examination
Prüfungsbericht ['pry:fuŋsbərɪçt] *m* audit report
Prüfungskommission ['pry:fuŋskɔmɪsjo:n] *f* examining commission
Prüfungspflicht ['pry:fuŋspflɪçt] *f* statutory audit
Prüfungsverband ['pry:fuŋsfɛrbant] *m* auditing association
Prüfungsvermerk ['pry:fuŋsfɛrmɛrk] *m* certificate of audit
Public Management ['pablɪk 'mænɪdʒmənt] *n* public management
Public Relations (PR) ['pablɪk rɪ'leɪʃənz] *pl* public relations (PR)
Publikationspflicht [publika'tsjo:nspflɪçt] *f* compulsory disclosure
Publikumsaktie ['pu:blikumsaktsjə] *f* popular share
Publikumsfonds ['pu:blikumsfɔ̃:] *m* public fund
Publizität [publitsi'tɛ:t] *f* publicity
Pull-Strategie ['pulʃtrategi:] *f* pulling strategy
pünktlich ['pyŋktlɪç] *adv* punctually, on time
Pünktlichkeit ['pyŋktlɪçkaɪt] *f* punctuality
Push-Strategie ['puʃʃtrategi:] *f* pushing strategy

Q/R

Quadratkilometer [kva'dra:tki:lome:tər] *m* square kilometre
Quadratmeter [kva'dra:tme:tər] *m* square metre
Quadratmeterpreis [kva'dra:tme:tərpraɪs] *m* price per square metre
Quadratzentimeter [kva'dra:ttsɛntime:tər] *m* square centimetre
Qualifikation [kvalifika'tsjo:n] *f* qualification, capacity, ability
qualifiziert [kvalifi'tsi:rt] *adj* qualified
qualifizierte Gründung [kvalifi'tsi:rtə 'gryndʊŋ] *f* formation involving subscription in kind
qualifizierte Legitimationspapiere [kvalifi'tsi:rtə legitima'tsjo:nspapi:rə] *n/pl* eligible title-evidencing instrument
qualifizierte Mehrheit [kvalifi'tsi:rtə 'me:rhaɪt] *f* qualified majority
qualifizierte Minderheit [kvalifi'tsi:rtə 'mɪndərhaɪt] *f* right-conferring minority
Qualität [kvali'tɛ:t] *f* quality; *erstklassige ~* high quality, top quality
qualitativ [kvalita'ti:f] *adj* qualitative
qualitatives Wachstum [kvalita'ti:vəs 'vakstum] *n* qualitative growth
Qualitätsabweichung [kvali'tɛ:tsapvaɪçʊŋ] *f* deviation from quality
Qualitätsarbeit [kvali'tɛ:tsarbaɪt] *f* quality work
Qualitätsbezeichnung [kvali'tɛ:tsbətsaɪçnʊŋ] *f* designation of quality, grade
Qualitätserzeugnis [kvali'tɛ:tsɛrtsɔyknɪs] *n* quality product, quality article
Qualitätskontrolle [kvali'tɛ:tskɔntrɔlə] *f* quality control
Qualitätsmanagement [kvali'tɛ:tsmɛnɛdʒmənt] *n* quality management
Qualitätsmerkmal [kvali'tɛ:tsmɛrkma:l] *n* mark of quality, quality characteristic
Qualitätsminderung [kvali'tɛ:tsmɪndərʊŋ] *f* reduction in quality
Qualitätssicherung [kvali'tɛ:tszɪçərʊŋ] *f* quality assurance
Qualitätssteigerung [kvali'tɛ:tsʃtaɪgərʊŋ] *f* improvement in quality
Qualitätsunterschied [kvali'tɛ:tsʊntərʃi:t] *m* quality difference, difference in quality
Qualitätszirkel [kvali'tɛ:tstsɪrkl] *m* quality circle
Quantität [kvanti'tɛ:t] *f* quantity, amount
quantitativ [kvantita'ti:f] *adj* quantitative
Quantitätsgleichung [kvanti'tɛ:tsglaɪçʊŋ] *f* quantity equation
Quantitätsnotierung [kvanti'tɛ:tsnoti:rʊŋ] *f* fixed exchange
Quantitätstheorie [kvanti'tɛ:tsteori:] *f* quantity theory
Quantum ['kvantum] *n* quantum, quantity, ration
Quartal [kvar'ta:l] *n* quarter
Quartalsbericht [kvar'ta:lsbərɪçt] *m* quarterly report
Quartalsende [kvar'ta:lsɛndə] *n* end of the quarter
Quartalsrechnung [kvarta:lsrɛçnʊŋ] *f* quarterly invoice
quartalsweise [kvar'ta:lsvaɪzə] *adj* quarterly; *adv* quarterly
Quasigeld ['kva:zigɛlt] *n* quasi money
Quasimonopol ['kva:zimonopo:l] *n* quasi monopoly
Quasirente ['kva:zirɛntə] *f* quasi rent
Quasipapiere ['kva:zipapɪ:rə] *n/pl* quasi-paper
Quellenabzugsverfahren ['kvɛlənaptsu:ksfɛrfa:rən] *n* pay as you earn (PAYE)
Quellenprinzip ['kvɛlənprɪntsi:p] *n* source principle
Quellensteuer ['kvɛlənʃtɔyər] *f* tax collected at the source, withholding tax
Quick Ratio ['kvɪk 'reɪʃiəʊ] *f (Liquidität ersten Grades)* quick ratio
quitt [kvɪt] *adj* quits *(UK),* square, even
quittieren [kvɪ'ti:rən] *v (bestätigen)* receipt, give a receipt, acknowledge receipt
Quittung ['kvɪtʊŋ] *f* receipt, voucher
Quittungsblock ['kvɪtʊŋsblɔk] *m* receipt pad
Quittungseinzugsverfahren ['kvɪtʊŋs'aɪntsu:ksfɛrfa:rən] *n* receipt collection procedure
Quorum ['kvo:rum] *n* quorum
Quotation [kvota'tsjo:n] *f* quotation
Quote ['kvo:tə] *f* quota; *(Verhältnisziffer)* rate; *(Anteil)* proportional share
Quotenaktie ['kvo:tənaktsjə] *f* share of no par value
Quotenhandel ['kvo:tənhandl] *m* quota transactions *pl*

Quotenkartell ['kvo:tənkartɛl] *n* commodity restriction scheme
Quotensystem ['kvo:tənzyste:m] *n* quota system
quotieren [kvo'ti:rən] *v (Börse)* quote
Quotierung [kvo'ti:ruŋ] *f (Börse)* quotation
Rabatt [ra'bat] *m* discount, rebate, allowance
Rabattvereinbarung [ra'batfɛraɪnba:ruŋ] *f* rebate agreement
Rack Jobbing ['ræk 'dʒɔbɪŋ] *n* rack jobbing
Rahmenabkommen ['ra:mənapkɔmən] *n* outline agreement, skeleton agreement
Rahmenbedingungen ['ra:mənbədɪŋuŋən] *f/pl* general conditions *pl*
Rahmenkredit ['ra:mənkredi:t] *m* credit line, loan facility
Rahmentarif ['ra:məntari:f] *m* collective agreement
Rahmenvereinbarung ['ra:mənfɛraɪnba:ruŋ] *f* blanket agreement
Rahmenvertrag ['ra:mənfɛrtra:k] *m* basic agreement, skeleton agreement, framework contract
Ramschkauf ['ramʃkauf] *m* rummage sale, jumble sale
Randerscheinung ['rantɛrʃaɪnuŋ] *f* secondary phenomenon
Random-Walk-Theorie [rændəm'wɔ:k teori:] *f* random-walk theory
Randproblem ['rantproble:m] *n* side problem, side issue
Rang [raŋ] *m 1.* rank; *2. (Qualität)* quality, grade, rate
Rangfolge ['raŋfɔlgə] *f* order of rank
Rangierbahnhof [raŋ'ʒi:rba:nho:f] *m* shunting yard *(UK)*, switchyard *(US)*
rangieren [raŋ'ʒi:rən] *v 1. (Eisenbahn)* shunt, switch *(US)*; *2. (Rang einnehmen)* rank; *an erster Stelle ~* rank first, to be in first place
Rangstufe ['raŋʃtu:fə] *f 1. (Abfolge)* rank; *2. (Wichtigkeit)* priority
Ranking ['ræŋkɪŋ] *n* ranking
rapide [ra'pi:də] *adj* rapid
rapider Anstieg [ra'pi:dər 'anʃti:k] *m (Preise, Nachfrage)* rapid rise
Rat [ra:t] *m (Empfehlung)* advice
Rat für gegenseitige Wirtschaftshilfe (RGW) [ra:t fy:r 'ge:gənzaɪtɪgə 'vɪrtʃaftshɪlfə] *m* Council for Mutual Economic Aid (COMECON)
Rate ['ra:tə] *f* instalment *(UK);* installment *(US)*
Ratenanleihen ['ra:tənanlaɪən] *f* instalment loans *pl*
Ratenkauf ['ra:tənkauf] *m* instalment purchase, hire purchase
Ratenkredit ['ra:tənkredi:t] *m* instalment sales credit
Ratensparvertrag ['ra:tənʃpa:rfɛrtra:k] *m* saving-by-instalments contract
Ratenwechsel ['ra:tənvɛksəl] *m* bill payable in instalments
ratenweise ['ra:tənvaɪzə] *adj* in instalments
Ratenzahlung ['ra:təntsa:luŋ] *f* payment by instalments, deferred payment
Ratifikationsklausel [ratifika'tsjo:nsklausəl] *f* ratification clause
Ratifikation [ratifika'tsjo:n] *f* ratification
rationalisieren [ratsjonali'zi:rən] *v* rationalize
Rationalisierung [ratsjonali'zi:ruŋ] *f* rationalisation
Rationalisierungsgewinn [ratsjonali'zi:ruŋsgəvɪn] *m* rationalization profit
Rationalisierungsinvestition [ratsjonali'zi:ruŋsɪnvɛstitsjo:n] *f* rationalization investment
Rationalisierungsmaßnahme [ratsjonali'zi:ruŋsma:sna:mə] *f* efficiency measure
Rationalität [ratsjonali'tɛ:t] *f* efficiency
Rationalkauf [ratsjo'na:lkauf] *m* rational buying
Rationalverhalten [ratsjo'na:lfɛrhaltən] *n* rational behaviour
rationell [ratsjo'nɛl] *adj* efficient; *(wirtschaftlich)* economical
rationieren [ratsjo'ni:rən] *v* ration
Rationierung [ratsjo'ni:ruŋ] *f* rationing
ratsam ['ra:tza:m] *adj* advisable
Ratschlag ['ra:tʃla:k] *m* piece of advice, advice
Raubbau ['raupbau] *m* ruinous exploitation
Raubkopie ['raupkopi:] *f* pirate copy
Raumbedarf ['raumbədarf] *m* required space
räumen ['rɔymən] *v (Lagerbestände)* clear, sell, sell off
Raummangel ['raummaŋəl] *m* lack of room, restricted space
Raummaße ['raumma:sə] *n/pl* cubic measures *pl*
Räumung ['rɔymuŋ] *f* clearance
Räumungsklage ['rɔymuŋskla:gə] *f* action for eviction

Räumungsverkauf ['rɔymuŋsfɛrkauf] *m* clearance sale, closing-down sale, liquidation sale
Rausschmiss ['rausʃmɪs] *m (fam: Entlassung)* ouster
Reaktor [re'aktɔr] *m* reactor
real [re'al] *adj* real, in real terms, in terms of real value
Realeinkommen [re'a:laɪnkɔmən] *n* real income
Realignment [ri:ə'laɪnmənt] *n* realignment of parities
Realinvestition [re'a:lɪnvɛstitsjo:n] *f* real investment
Realisation [realiza'tsjo:n] *f* realization
realisierbar [reali'zi:rba:r] *adj* practicable, feasible, achievable
Realisierbarkeit [reali'zi:rba:rkaɪt] *f* feasibility, viability
realisieren [reali'zi:rən] *v* realize, convert into money; *(Pläne)* carry out
Realisierung [reali'zi:ruŋ] *f 1.* realization, liquidation, conversion into money; *2.* carrying out, implementation
realistisch [rea'lɪstɪʃ] *adj* realistic; *adv* realistically
Realkapital [re'a:lkapita:l] *n 1. (Volkswirtschaft)* real capital; *2. (Betriebswirtschaft)* tangible fixed assets *pl*
Realkauf [re'a:lkauf] *m* cash sale
Realkredit [re'a:lkredi:t] *m* credit on real estate
Realkreditinstitut [re'a:lkredi:tɪnstitu:t] *n* real-estate credit institution
Reallohn [re'a:llo:n] *m* real wages *pl*
Realsteuern [re'a:lʃtɔyərn] *f/pl* tax on real estate
Realvermögen [re'a:lfɛrmø:gən] *n* real wealth
Realzins [re'a:ltsɪns] *m* real rate of interest, interest rate in real terms
Recheneinheit ['rɛçənaɪnhaɪt] *f* calculation unit
Rechenkapazität ['rɛçənkapatsɪtɛ:t] *f* computing capacity
Rechenprüfung ['rɛçənpry:fuŋ] *f* arithmetic check
Rechenschaft ['rɛçənʃaft] *f* account; *jdn zur ~ ziehen* hold s.o. responsible; *über etw ~ ablegen* account for sth
Rechenschaftsbericht ['rɛçənʃaftsbərɪçt] *m* report, status report, accounting
Rechenschaftslegung ['rɛçənʃaftsle:guŋ] *f* rendering of account
Rechenzentrum ['rɛçəntsɛntrum] *n* computer centre
Recherche [re'ʃɛrʃə] *f* investigation, enquiry
recherchieren [reʃɛr'ʃi:rən] *v* investigate
rechnen ['rɛçnən] *v* calculate, compute; *auf etw ~* count on sth; *mit etw ~* expect sth; *(zählen)* count
Rechner ['rɛçnər] *m (Elektronenrechner)* computer; *(Taschenrechner)* calculator
rechnergesteuert ['rɛçnergəʃtɔyərt] *adj* computer controlled
Rechnung ['rɛçnuŋ] *f 1.* invoice, bill; *auf eigene ~* on one's own account; *jdm etw in ~ stellen* bill s.o. for sth; *2.* calculation, arithmetic
Rechnungsabgrenzung ['rɛçnuŋsapgrɛntsuŋ] *f* apportionment between accounting periods
Rechnungsabgrenzungsposten ['rɛçnuŋsapgrɛntsuŋspɔstən] *m/pl* accruals and deferrals *pl*
Rechnungsbetrag ['rɛçnuŋsbətra:k] *m* invoice total
Rechnungsbuch ['rɛçnuŋsbu:x] *n* accounts book
Rechnungseinheit ['rɛçnuŋsaɪnhaɪt] *f* unit of account
Rechnungseinzugsverfahren ['rɛçnuŋsaɪntsu:ksfɛrfa:rən] *n* accounts collection method, direct debit
Rechnungshof ['rɛçnuŋsho:f] *m* Court of Auditors
Rechnungsjahr ['rɛçnuŋsja:r] *n* financial year, fiscal year
Rechnungslegung ['rɛçnuŋsle:guŋ] *f* accounting
Rechnungsnummer ['rɛçnuŋsnumər] *f* invoice number
Rechnungsposten ['rɛçnuŋspɔstən] *m* entry, audit
Rechnungsprüfer(in) ['rɛçnuŋspry:fər(ɪn)] *m/f* auditor
Rechnungsprüfung ['rɛçnuŋspry:fuŋ] *f* audit
Rechnungsstellung ['rɛçnuŋsʃtɛluŋ] *f* invoicing, rendering in account
Rechnungssumme ['rɛçnuŋszumə] *f* invoice amount
Rechnungswesen ['rɛçnuŋsve:zən] *n* accountancy, accounting, bookkeeping
Rechnungszins ['rɛçnuŋstsɪns] *m* interest rate for accounting purposes

Recht [rɛçt] *n 1.* law; ~ *sprechen* administer justice; *2. (Anspruch)* right; *sein ~ fordern* demand sth as a right; *zu ~* rightly; ~ *haben* to be right; ~ *bekommen* have been right; ~ *behalten* turn out to be right
rechtlich ['rɛçtlɪç] *adj* legal, lawful; *adv* legally, lawfully
rechtmäßig ['rɛçtmɛːsɪç] *adj* lawful; *adv* in a lawful manner
rechts [rɛçts] *adv* on the right
Rechtsabteilung ['rɛçtsaptaɪluŋ] *f* legal department
Rechtsanspruch ['rɛçtsanʃprux] *m* legal claim
Rechtsanwalt ['rɛçtsanvalt] *m* lawyer, solicitor *(UK)*, attorney *(US)*
Rechtsanwältin ['rɛçtsanvɛltɪn] *f* (female) lawyer, solicitor *(UK)*, attorney *(US)*
Rechtsanwaltsbüro ['rɛçtsanvaltsbyroː] *n* law office
Rechtsaufsicht ['rɛçtsaufzɪçt] *f* legal supervision
Rechtsausschuss ['rɛçtsausʃus] *m* committee on legal affairs
Rechtsbehelf ['rɛçtsbəhɛlf] *m* legal remedy
Rechtsbeistand ['rɛçtsbaɪʃtant] *m* legal aid
Rechtsberater(in) ['rɛçtsbəraːtər(ɪn)] *m/f* legal counsel
Rechtsberatungsstelle ['rɛçtsbəraːtuŋsʃtɛlə] *f* legal aid office
Rechtsbeschwerde ['rɛçtsbəʃveːrdə] *f* legal appeal, appeal
rechtsfähig ['rɛçtsfɛːɪç] *adj* having legal capacity
Rechtsfähigkeit ['rɛçtsfɛːɪçkaɪt] *f* legal capacity
Rechtsfall ['rɛçtsfal] *m* case
Rechtsform ['rɛçtsfɔrm] *f* legal structure
Rechtsfrage ['rɛçtsfraːgə] *f* point of law, legal matter
Rechtsgeschäft ['rɛçtsgəʃɛft] *n* legal transaction
Rechtsgrundlage ['rɛçtsgruntlaːgə] *f* legal grounds *pl*
rechtsgültig ['rɛçtsgyltɪç] *adj* legally valid, legal
Rechtshaftung ['rɛçtshaftuŋ] *f* legal responsibility
Rechtshilfe ['rɛçtshɪlfə] *f* legal aid
rechtskräftig ['rɛçtskrɛftɪç] *adj* legally binding; *(Urteil)* final
Rechtslage ['rɛçtslaːgə] *f* legal situation, legal position
Rechtsmittel ['rɛçtsmɪtəl] *n* legal remedy, appeal
Rechtsnachfolge ['rɛçtsnaːçfɔlgə] *f* legal succession
Rechtsnachfolger(in) ['rɛçtsnaːxfɔlgər(ɪn)] *m/f* legal successor
Rechtsnorm ['rɛçtsnɔrm] *f* legal norm
Rechtsordnung ['rɛçtsɔrdnuŋ] *f* legal system
Rechtsprechung ['rɛçtʃprɛçuŋ] *f* administration of justice, judicial decision, court rulings *pl*
Rechtsschutz ['rɛçtsʃuts] *m* legal protection
Rechtsstaat ['rɛçtsʃtaːt] *m* state bound by the rule of law
Rechtsstaatlichkeit ['rɛçtsʃtaːtlɪçkaɪt] *f* rule of law
Rechtsstellung ['rɛçtsʃtɛluŋ] *f* legal status
Rechtsstreit ['rɛçtsʃtraɪt] *m* legal action, lawsuit, litigation
rechtsverbindlich ['rɛçtsfɛrbɪntlɪç] *adj* legally binding
Rechtsverhältnis ['rɛçtsfɛrhɛltnɪs] *n* legal relationship
Rechtsweg ['rɛçtsveːk] *m* legal recourse; *der ~ ist ausgeschlossen* the judges' decision is final
Rechtswesen ['rɛçtsveːzən] *n* legal system
rechtswidrig ['rɛçtsviːdrɪç] *adj* unlawful, illegal; *adv* unlawfully, illegally
recycelbar [ri'saɪkəlbaːr] *adj* recyclable
recyceln [ri'saɪkəln] *v* recycle
Recycling [ri'saɪklɪŋ] *n* recycling
Recyclingpapier [ri'saɪklɪŋpapiːr] *n* recycled paper
Recyclingverfahren [ri'zaɪklɪŋfɛrfaːrən] *n* recycling process
redegewandt ['reːdəgəvant] *adj* articulate, eloquent
Redegewandtheit ['reːdəgəvanthaɪt] *f* eloquence
Redezeit ['reːdetsaɪt] *f* time allowed, speaking time
Rediskont [redɪs'kɔnt] *m* rediscount
rediskontieren [redɪskɔn'tiːrən] *v* rediscount
Rediskontierung [redɪskɔn'tiːruŋ] *f* rediscount
Rediskontkontingent [redɪs'kɔntkɔntɪŋgɛnt] *n* rediscount quota
Redner(in) ['reːdnər(ɪn)] *m/f* speaker

Reduktion [reduk'tsjo:n] *f* reduction
Redundanz [redun'dants] *f* redundancy
reduzieren [redu'tsi:rən] *v* reduce, cut
Reeder(in) ['re:dər(ɪn)] *m/f* shipowner
Reederei [re:də'raɪ] *f* shipping company, shipping line
Referent(in) [refe'rɛnt(ɪn)] *m/f* 1. *(Redner)* speaker, orator, reader of a paper; 2. *(Sachbearbeiter)* consultant, expert
Referenz [refe'rɛnts] *f* reference
Referenzkurs [refe'rɛntskurs] *m* reference rate
referieren [refe'ri:rən] *v* report
Refinanzierung [refinan'tsi:ruŋ] *f* refinancing, refunding
Refinanzierungspolitik [refinan'tsi:ruŋspoliti:k] *f* refinancing policy
Reform [re'fɔrm] *f* reform
reformbedürftig [re'fɔrmbədyrftɪç] *adj* in need of reform
Reformbestrebung [re'fɔrmbəʃtre:buŋ] *f* reformatory effort
reformieren [refɔr'mi:rən] *v* reform
Reformkurs [re'fɔrmkurs] *m* reform policy
Regel ['re:gəl] *f* rule
Regelbindung ['re:gəlbɪnduŋ] *f* rule-bound policy
Regelmäßigkeit ['re:gəlmɛ:sɪçkaɪt] *f* regularity
Regelung ['re:gəluŋ] *f* regulation, settlement
Regelwidrigkeit ['re:gəlvi:drɪçkaɪt] *f* irregularity
Regiebetrieb [re'ʒi:bətri:p] *m* publicly owned enterprise, municipal enterprise operated by an administrative agency
regieren [re'gi:rən] *v* govern, rule
Regierung [re'gi:ruŋ] *f* government
Regionalbank [regjo'na:lbaŋk] *f* regional bank
regionale wirtschaftliche Integration [regjo'na:lə 'vɪrtʃaftlɪçə ɪntegra'tsjo:n] *f* regional economic integration
Regionalförderung [regjo'na:lfœrdəruŋ] *f* regional promotion
Register [re'gɪstər] *n* register, index
Registratur [regɪstra'tu:r] *f* *(Abteilung)* records office; *(Aktenschrank)* filing cabinet
registrieren [regɪs'tri:rən] *v* register, record
Registrierung [regɪs'tri:ruŋ] *f* registration, entry
reglementieren [reglemɛn'ti:rən] *v* regulate
Reglementierung [reglemɛn'ti:ruŋ] *f* regimentation
Regress [re'grɛs] *m* recourse
Regressanspruch [re'grɛsanʃprux] *m* recourse claim, claim of recourse
Regression [regrɛ'sjo:n] *f* regression
regresspflichtig [re'grɛspflɪçtɪç] *adj* liable to recourse
Regulierung [regu'li:ruŋ] *f* regulation
Rehabilitation [rehabilita'tsjo:n] *f* rehabilitation
reich [raɪç] *adj* rich
Reifezeugnis ['raɪfətsɔyknɪs] *n* *(Abitur)* school-leaving certificate, certificate of maturity
Reihenfertigung ['raɪənfɛrtɪguŋ] *f* flow shop production
Reihenuntersuchung ['raɪənuntərzu:xuŋ] *f* mass screening
Reimport ['reɪmpɔrt] *m* reimportation
Reinerlös ['raɪnɛrlø:s] *m* net proceeds *pl*
Reinertrag ['raɪnɛrtra:k] *m* net proceeds *pl*, net profit
reines Konossement ['raɪnəs kɔnɔsə'mɛnt] *n* clean bill of lading
Reingewicht ['raɪngəvɪçt] *n* net weight
Reingewinn ['raɪngəvɪn] *m* net profit, net earnings *pl*
Reinvermögen ['raɪnfɛrmø:gən] *n* net assets *pl*
Reinvestition ['reɪnvɛstitsjo:n] *f* reinvestment
Reisekosten ['raɪzəkɔstən] *pl* travel expenses *pl*
Reisekostenabrechnung ['raɪzəkɔstənaprɛçnuŋ] *f* deduction of travelling expenses
Reisekostenbuch ['raɪzəkɔstənbu:x] *n* travelling expenses book
Reisekreditbrief ['raɪzəkredi:tbri:f] *m* traveller's letter of credit
Reisescheck ['raɪzəʃɛk] *m* traveller's cheque
Reisespesen ['raɪzəʃpe:zən] *pl* travelling expenses *pl*
Reiseversicherung ['raɪzəfɛrzɪçəruŋ] *f* travel insurance, tourist policy
Reitwechsel ['raɪtvɛksl] *m* windmill, kite
Reklamation [reklama'tsjo:n] *f* complaint
Reklame [re'kla:mə] *f* advertising, publicity; *(Einzelwerbung)* advertisement
reklamieren [rekla'mi:rən] *v* *(beanstanden)* complain about, object to
Rektaindossament ['rɛktaɪndɔsamɛnt] *n* restrictive endorsement

Rektapapiere ['rɛktapapi:rə] *n/pl* non-negotiable instruments *pl*
Rektawechsel ['rɛktavɛksl] *m* non-negotiable bill of exchange
Relaunch ['rɪlɔ:ntʃ] *m* relaunch
Rembourskredit ['rɑ̃bu:rskredi:t] *m* documentary acceptance credit
Remittent [remɪ'tɛnt] *m* payee
Rendite [rɛn'di:tə] *f* yield, return
Renommee [renɔ'me:] *n* reputation
renommiert [renɔ'mi:rt] *adj* renowned, famous
rentabel [rɛn'ta:bəl] *adj* profitable, lucrative, profit-earning
Rentabilität [rɛntabili'tɛ:t] *f* profitability, earning power
Rentabilitätsschwelle [rɛntabili'tɛ:ts-ʃvɛlə] *f* break-even point
Rente ['rɛntə] *f* *1. (Altersrente)* pension; *2. (aus einer Versicherung)* annuity
Rentenabteilung ['rɛntənaptaɪluŋ] *f* annuity department
Rentenalter ['rɛntənaltər] *n* retirement age
Rentenanleihe ['rɛntənanlaɪə] *f* perpetual bonds *pl*, annuity bond
Rentenberater(in) ['rɛntənbəra:tər(ɪn)] *m/f* consultant on pensions, pension consultant
Rentenbrief ['rɛntənbri:f] *m* annuity certificate
Rentenfonds ['rɛntənfɔ̃:] *m* pension fund, fixed interest securities fund
Rentenhandel ['rɛntənhandl] *m* bond trading
Rentenmarkt ['rɛntənmarkt] *m* bond market, fixed interest market
Rentenpapiere ['rɛntənpapi:rə] *n/pl* bonds *pl*
Rentenreform ['rɛntənrefɔrm] *f* reform of the national pension system, social security reform *(US)*
Rentenversicherung ['rɛntənfɛrzɪçəruŋ] *f* annuity insurance, social security pension insurance
Rentenwert ['rɛntənve:rt] *m* fixed-interest security
rentieren [rɛn'ti:rən] *v sich ~* to be worthwhile, to be profitable, yield a profit
Rentner(in) ['rɛntnər(ɪn)] *m/f* pensioner, recipient of a pension
Reorganisation ['reɔrganizatsjo:n] *f* reorganization
reorganisieren ['reɔrganizɪ:rən] *v* reorganize, reconstruct, regroup, revamp
Reparatur [repara'tu:r] *f* repair
reparaturanfällig [repara'tu:ranfɛlɪç] *adj* breakdown-prone
reparieren [repa'ri:rən] *v* repair, mend, fix
Repartierung [repar'ti:ruŋ] *f* apportionment
Report [re'pɔrt] *m (Kursaufschlag)* contango
Reporteffekten [re'pɔrtɛfɛktə] *pl* contango securities *pl*
Reportgeschäft [re'pɔrtgəʃɛft] *n* contango transaction
Repräsentant(in) [reprɛzɛn'tant(ɪn)] *m/f* representative
repräsentieren [reprɛzɛn'ti:rən] *v* represent, act as representative for
Repressalie [reprɛ'sa:ljə] *f* reprisals *pl*
Reprise [re'pri:zə] *f* reprise
Reprivatisierung [reprivati'si:ruŋ] *f* reprivatisation, reversion to private ownership
Reproduktion [reproduk'tsjo:n] *f* reproduction, copy
Reproduktionskosten [reproduk'tsjo:ns-kɔstən] *pl* reproduction cost
Reproduktionswert [reproduk'tsjo:ns-ve:rt] *m* reproduction value
Reserve [re'zɛrvə] *f* reserve; *stille ~n* secret reserves
Reservebank [re'zɛrvəbaŋk] *f* reserve bank
Reservefonds [re'zɛrvəfɔ̃:] *m* reserve fund
Reservehaltung [re'zɛrvəhaltuŋ] *f* reserve management
Reserven [re'zɛrvən] *f/pl* reserves *pl*
Reservewährung [re'zɛrvəvɛ:ruŋ] *f* reserve currency
reservieren [rezɛr'vɪ:rən] *v* reserve
Reservierung [rezɛr'vi:ruŋ] *f* reservation
Ressort [rɛ'so:r] *n* department; decision unit, organizational unit
Ressource [rɛ'sʊrsə] *f* resources *pl*
Ressourcenknappheit [rɛ'sʊrsənknap-haɪt] *f* scarcity of resources
Ressourcennutzung [rɛ'sʊrsənnutsuŋ] *f* use of resources
Ressourcentransfer [rɛ'sʊrsəntransfe:r] *m* transfer of resources
Restbestand ['rɛstbəʃtant] *m* remaining stock
Restbetrag ['rɛstbətra:k] *m* remainder, balance, residual amount
Restdarlehen ['rɛstda:rle:ən] *n* purchase-money loan

Restlaufzeit ['rɛstlauftsaɪt] *f* remaining time to maturity
Restnutzungsdauer ['rɛstnutsuŋsdauər] *f* remaining life expectancy
Restposten ['rɛstpɔstən] *m* remaining stock, remnant
Restquote ['rɛstkvo:tə] *f* residual quota
Restriktion [restrɪk'tsjo:n] *f* restriction
restriktiv [restrɪk'ti:f] *adj* restrictive
Restrisiko ['rɛstri:ziko] *n* remaining risk, acceptable risk
Restschuld ['rɛstʃult] *f* residual debt, unpaid balance in account, remaining debt
Restschuldversicherung ['rɛstʃultfɛrzɪçəruŋ] *f* residual debt insurance
Resturlaub ['rɛstu:rlaup] *m* paid holidays not yet taken *(UK)*, paid vacation days not yet taken *(US)*
Restwert ['rɛstve:rt] *m* net book value
Retention Marketing [rɪ'tenʃən 'markətɪŋ] *n* retention marketing
Retouren [re'tu:rən] *pl* goods returned *pl; (Finanzwesen)* bills and checks returned unpaid *pl*
retrograde Erfolgsrechnung [retro'gra:də ɛr'fɔlgsrɛçnuŋ] *f* inverse method of determining income
retrograde Kalkulation [retro'gra:də kalkula'tsjo:n] *f* inverse method of cost estimating
Return on Investment (ROI) [rɪ'tɛ:n ɔn ɪn'vestmənt] *m* return on investment (ROI)
revidieren [revi'di:rən] *v (prüfen)* examine, check; *(ändern)* revise
Revision [revi'zjo:n] *f* audit
Revisionsabteilung [revi'zjo:nsaptaɪluŋ] *f* audit department
Revisionspflicht [revi'zjo:nspflɪçt] *f* auditing requirements *pl*
revolvierendes Akkreditiv [revɔl'vi:rəndəs akredi'ti:f] *n* revolving letter of credit
Revolving-Kredit [rɪ'vɔlvɪŋkre'di:t] *m* revolving credit
Rezession [retsɛ'sjo:n] *f* recession
Reziprozität [retsiprotsi'tɛ:t] *f* reciprocity
R-Gespräch ['ɛrgəʃprɛ:ç] *n* reversed-charge call, collect call *(US)*
Rhetorik [re'to:rɪk] *f* rhetoric
Richter(in) ['rɪçtər(ɪn)] *m/f* judge
Richtlinie ['rɪçtli:njə] *f* guideline, standard directive
Richtpreis ['rɪçtpraɪs] *m* standard price, suggested price, recommended (retail) price
Richtwert ['rɪçtve:rt] *m* approximate value
Rimesse [ri'mɛsə] *f* remittance

Risiko ['ri:ziko] *n* risk; *Risiken abwägen* weigh the risks
Risikobereitschaft ['ri:zikobəraɪtʃaft] *f* willingness to take risks
Risikodeckung ['ri:zikodɛkuŋ] *f* risk cover
Risikokosten ['ri:zikokɔstən] *pl* risk-induced costs *pl*
Risikolebensversicherung ['ri:zikole:bənsfɛrzɪçəruŋ] *f* term life insurance
Risikoprämie ['ri:zikoprɛ:mjə] *f* risk premium
Risikozuschlag ['ri:zikotsu:ʃla:k] *m* additional risk premium
Risk Management ['rɪsk mænɪdʒmənt] *n* risk management
riskant [rɪs'kant] *adj* risky
riskieren [rɪs'ki:rən] *v* risk
Roboter ['rɔbɔtər] *m* robot
Rohbilanz ['ro:bilants] *f* rough balance
Rohgewinn ['ro:gəvɪn] *m* gross profit on sales
Rohmaterial ['ro:materja:l] *n* raw material
Rohöl ['ro:ø:l] *n* crude oil
Rohstoff ['ro:ʃtɔf] *m* raw material
Rohstofffonds ['ro:ʃtɔffɔ̃:] *m* raw material funds *pl*
Rohstoffkartell ['ro:ʃtɔfkartɛl] *n* commodities cartel
Rohstoffknappheit *f* raw material shortage
Rohstoffmangel ['ro:ʃtɔfmaŋəl] *m* shortage of raw materials
Rohstoffmarkt ['ro:ʃtɔfmarkt] *m* commodity forward transaction
Rohstoffvermarktung ['ro:ʃtɔffɛrmarktuŋ] *f* marketing of raw materials
Rohzustand ['ro:tsu:ʃtant] *m* natural condition, unprocessed condition, unfinished condition
Roll-on-/Roll-off-Verkehr (RoRo) [rəʊl'ɔn rəʊl'ɔffɛr'ke:r] *m* roll on/roll off transportation (roro)
Rollgeld ['rɔlgɛlt] *n* haulage
Roll-over-Kredit [rəʊl'əʊvərkre'di:t] *m* roll-over credit
rote Zahlen ['ro:tə 'tsa:lən] *f/pl (fig)* red figures *pl*, the red *(fig)*
Route ['ru:tə] *f* route
Routine [ru'ti:nə] *f* routine, experience, daily practice
Rubel ['ru:bəl] *m* rouble, rubel *(US)*
Rückantwort ['rykantvɔrt] *f* reply; *(frankierte Postkarte)* postage-paid reply card
Rückantwort bezahlt (RP) ['rykantvɔrt bə'tsa:lt] reply-paid (RP)

rückdatieren ['rykdati:rən] *v* backdate, antedate
Rückdelegation ['rykdelegatsjo:n] *f* back delegation
rückerstatten ['rykɛrʃtatən] *v* refund, reimburse
Rückerstattung ['rykɛrʃtatuŋ] *f* reimbursement, repayment
Rückfahrkarte ['rykfa:rkartə] *f* return ticket
Rückfahrt ['rykfa:rt] *f* return journey
Rückfluss ['rykflus] *m* reflux
Rückflussstücke ['rykflusʃtykə] *n/pl* securities repurchased *pl*
Rückfrage ['rykfra:gə] *f* question, further inquiry
Rückgabe ['rykga:bə] *f* return, restitution, restoration
Rückgaberecht ['rykgabərɛçt] *n* right of redemption, return privilege
Rückgang ['rykgaŋ] *m* decline, drop, decrease
rückgängig ['rykgɛŋıç] *adj ~ machen* cancel, undo
Rückgarantie ['rykgaranti:] *f* counter guarantee
Rückgriff ['rykgrıf] *m* recourse
Rückkauf ['rykkauf] *m* repurchase, buying back
Rückkaufdisagio ['rykkaufdıza:dʒo] *n* discount on repurchase
Rückkaufgeschäfte ['rykkaufgəʃɛftə] *n/pl* buy-back arrangements *pl*
Rückkaufswert ['rykkaufsve:rt] *m* redemption value
Rückkoppelung ['rykkɔpəluŋ] *f* feedback
Rücklage ['rykla:gə] *f* *1.* reserve; *2. (Ersparnisse)* savings *pl*
rückläufig ['ryklɔyfıç] *adj* declining
Rücknahme ['rykna:mə] *f* taking back
Rückporto ['rykpɔrto] *n* return postage
Rückruf ['rykru:f] *m* call back
Rückscheck ['rykʃɛk] *m* returned cheque
Rückscheckprovision ['rykʃɛkprovizjo:n] *f* commission on returned cheque
Rückschein ['rykʃaın] *m* advice of delivery
Rückschlag ['rykʃla:k] *m (fig)* setback
Rückseite ['rykzaıtə] *f* reverse, back
Rücksendung ['rykzɛnduŋ] *f* return
Rücksprache ['rykʃpra:xə] *f* consultation; *mit jdm ~ halten* consult with s.o.
Rückstand ['rykʃtant] *m* *1. (Außenstände)* arrears *pl*; *2. (Lieferrückstand, Arbeitsrückstand)* backlog; *3. (Abfallprodukt)* residue; *4. (Rest)* remains *pl*
rückständig ['rykʃtɛndıç] *adj* *1. (Zahlung)* overdue, outstanding; *2. (fig: überholt)* outdated
Rückstellung ['rykʃtɛluŋ] *f* reserves *pl*
Rücktransport ['ryktranspɔrt] *m* return transport
Rücktritt ['ryktrıt] *m (Amtsniederlegung)* resignation, retirement; *(von einem Vertrag)* rescission
Rücktrittsklausel ['ryktrıtsklauzl] *f* escape clause
Rücktrittsrecht ['ryktrıtsrɛçt] *n* right to rescind a contract
Rückvergütung ['rykfɛrgytuŋ] *f* refund
Rückversicherung ['rykfɛrzıçəruŋ] *f* reinsurance
Rückwaren ['rykva:rən] *pl* goods returned *pl*
Rückwechsel ['rykvɛksəl] *m* unpaid bill of exchange
rückwirkend ['rykvırkənt] *adj* retroactive, retrospective
rückzahlbar ['ryktsa:lba:r] *adj* repayable
Rückzahlung ['ryktsa:luŋ] *f* repayment, refund, reimbursement
Rückzahlungsagio ['ryltsa:luŋsa:dʒo] *n* premium payable on redemption
Rückzoll ['ryktsɔl] *m* customs drawback
Rufnummer ['ru:fnumər] *f* telephone number, dial sequence
rufschädigend ['ru:fʃɛ:dıgənt] *adj* defamatory
Rüge ['ry:gə] *f* reprimand, reproof, rebuke
Rügepflicht ['ry:gəpflıçt] *f* obligation to lodge a complaint
Ruhestand ['ru:əʃtant] *m* retirement
Ruhestörung ['ru:əʃtø:ruŋ] *f* disturbance of the peace
Ruhetag ['ru:əta:k] *m* day of rest; *„Montags ~"* closed Mondays
Rumpfwirtschaftsjahr ['rumpfvırtʃaftsja:r] *n* short fiscal year
Run [ran] *m* run
runder Tisch ['rundər tıʃ] *m (fig)* round table
Rundfunkwerbung ['rundfunkvɛrbuŋ] *f* radio advertising
Rundschreiben ['runtʃraıbən] *n* circular
Rüstkosten ['rystkɔstən] *pl* preproduction cost
Rüstungsauftrag ['rystuŋsauftra:k] *m* defence contract, arms contract
Rüstungsunternehmen ['rystuŋsuntərne:mən] *n* armaments manufacturer

S

Sabbatical [sə'bætɪkəl] *n* Sabbatical
Sabotage [zabo'ta:ʒə] *f* sabotage
sabotieren [zabo'ti:rən] *v* sabotage
Sachanlagen ['zaxanla:gən] *f/pl* fixed assets *pl*, tangible assets *pl*, physical assets *pl*
Sachanlagevermögen ['zaxanla:gəfɛr-mø:gən] *n* tangible fixed assets *pl*
Sachbearbeiter(in) ['zaxbəarbaɪtər(ɪn)] *m/f* official in charge, clerk in charge
Sachbeschädigung ['zaxbəʃɛ:dɪguŋ] *f* damage to property
Sachbezüge ['zaxbətsy:gə] *f/pl* remuneration in kind
Sachdepot ['zaxdepo:] *n* impersonal security deposit
Sachdiskussion ['zaxdɪskusjo:n] *f* factual discussion
Sache ['zaxə] *f* case, lawsuit, action
Sacheinlage ['zaxaɪnla:gə] *f* investment in kind, contribution in kind
Sachenrecht ['zaxənrɛçt] *n* law of real and personal property
sachenrechtliche Wertpapiere ['zaxən-rɛçtlɪçə 've:rtpapi:rə] *n/pl* property law securities *pl*
Sachfehler ['zaxfe:lər] *m* factual error
Sachfirma ['zaxfɪrma] *f* firm name derived from the object of the enterprise
Sachgebiet ['zaxgəbi:t] *n* field
Sachkapital ['zaxkapita:l] *n* real capital
Sachkapitalerhöhung ['zaxkapita:lɛrhø:-uŋ] *f* capital increase through contribution in kind, increase in noncash capital
Sachkenntnis ['zaxkɛntnɪs] *f* expertise
Sachkredit ['zaxkredi:t] *m* credit based on collateral security
sachkundig ['zaxkundɪç] *adj* expert, competent
Sachleistung ['zaxlaɪstuŋ] *f* payment in kind, allowance
sachlich ['zaxlɪç] *adj* objective
Sachlichkeit ['zaxlɪçkaɪt] *f* objectivity
Sachmangel ['zaxmaŋəl] *m* material defect, material fault
Sachschaden ['zaxʃa:dən] *m* damage to property, physical damage
Sachverhalt ['zaxfɛrhalt] *m* facts *pl*, circumstances *pl*
Sachvermögen ['zaxfɛrmø:gən] *n* material assets *pl*, fixed capital
Sachverstand ['zaxfɛrʃtant] *m* expertise, knowledge
Sachverständige(r) ['zaxfɛrʃtɛndɪgə(r)] *f/m* expert (witness), authority, specialist
Sachverständigenrat ['zaxfɛrʃtɛndɪgən-ra:t] *m* panel of experts; German Council of Economic Experts
Sachwert ['zaxve:rt] *m* real value
Sachwertanleihen ['zaxve:rtanlaɪən] *f/pl* material value loans *pl*
Sachwert-Investmentfonds ['zaxve:rtɪn-vɛstmɛntfɔ̃] *m* material asset investment funds *pl*
Safe [seɪf] *m* safe
Saison [zɛ'zɔ̃] *f* season
saisonabhängig [zɛ'zɔ̃aphɛŋɪç] *adj* seasonal
Saisonarbeit [zɛ'zɔ̃arbaɪt] *f* seasonal work
Saisonarbeiter(in) [zɛ'zɔ̃arbaɪtər(ɪn)] *m/f* seasonal worker
Saisonartikel [zɛ'zɔ̃:artɪkəl] *m* seasonal article
Saisonausverkauf [zɛ'zɔ̃:ausfɛrkauf] *m* end-of-season sale
Saisonbedarf [zɛ'zɔ̃:bədarf] *m* seasonal consumption, seasonal demand
saisonbedingt [zɛ'zɔ̃bədɪŋt] *adj* seasonal
saisonbereinigt [zɛ'zɔ̃bəraɪnɪçt] *adj* seasonally adjusted
Saisonbereinigung [zɛ'zɔ̃bəraɪnɪguŋ] *f* seasonal adjustment
Saisonbeschäftigung [zɛ'zɔ̃:bəʃɛftɪguŋ] *f* seasonal employment
Saisongeschäft [zɛ'zɔ̃gəʃɛft] *n* seasonal business
Saisonkredit [zɛ'zɔ̃kredi:t] *m* seasonal loan
Saisonreserven [zɛ'zɔ̃rezɛrvən] *f/pl* seasonal reserves *pl*
Saisonschwankungen [zɛ'zɔ̃ʃvaŋkuŋən] *f/pl* seasonal fluctuations *pl*
säkulare Inflation [zɛku'la:rə ɪnfla'tsjo:n] *f* secular inflation
Saldenbilanz ['zaldənbilants] *f* list of balances
saldieren [zal'di:rən] *v* balance
Saldo ['zaldo] *m* balance
Saldoübertrag ['zaldoy:bərtra:k] *m* balance carried forward
Sales Promotion ['seɪlz prɔ'mo:ʃən] *f* *(Verkaufsförderung)* sales promotion

Sammelaktie ['zaməlaktsjə] *f* multiple share certificate, global share
Sammelanleihe ['zaməlanlaɪə] *f* joint loan issue
Sammelauftrag ['zaməlauftra:k] *m* collective (giro) order
Sammelbestellung ['zaməlbəʃtɛluŋ] *f* consolidated order, joint order
Sammeldepot ['zaməldepo:] *n* collective deposit
Sammelinkassoversicherung ['zaməlɪnkasofɛrzɪçəruŋ] *f* group collection security
Sammelkonto ['zaməlkɔnto] *n* collective account
Sammelmappe ['zaməlmapə] *f* collecting folder
Sammel-Schuldbuchforderung ['zaməlʃultbuxfɔrdəruŋ] *f* collective debt register claim
Sammeltransport ['zaməltranspɔrt] *m* collective transport
Sammeltratte ['zaməltratə] *f* collective bill
Sammelüberweisung ['zaməly:bərvaɪzuŋ] *f* combined bank transfer
Sammelwertberichtigung ['zaməlve:rtbərɪçtɪguŋ] *f* global value adjustment
sanieren [za'ni:rən] *v* sanify, recapitalize
Sanierung [za'ni:ruŋ] *f* reconstruction, urban renewal
Sanierungsprogramm [za'ni:ruŋsprogram] *n* rescue package, rescue scheme
Sanktion [zaŋk'tsjo:n] *f* sanction, penalty
sanktionieren [zaŋktsjo'ni:rən] *v* sanction, put sanctions on
Sanktionsmaßnahme [zaŋkt'tsjo:nsma:sna:mə] *f* sanction
sättigen ['zɛtɪgən] *v* *(Markt)* saturate
Sättigung ['zɛtɪguŋ] *f* saturation
Sättigungspunkt ['zɛtɪguŋspuŋkt] *m* *(Markt)* point of saturation
Satz [zats] *m* *1. (Menge)* set, batch; *2. (fester Betrag)* rate
Satzung ['zatsuŋ] *f* statutes *pl*
satzungsgemäß ['zatsuŋsgəmɛ:s] *adv* according to the rules/statutes/bylaws
säumig ['zɔymɪç] *adj* *(Schuldner)* defaulting, dilatory
Säumnis ['zɔymnɪs] *n* *1. (Verzug)* delay; *2. (Nichteinhaltung)* delay
Säumniszuschlag ['zɔymnɪstsu:ʃla:k] *m* delay penalty
Scanner ['skænər] *m* scanner
Scannerkasse ['skænərkasə] *f* checkout scanner
Schaden ['ʃa:dən] *m* *1.* damage, loss, harm; *2. (Personenschaden)* injury
Schadenersatz ['ʃa:dənɛrzats] *m* *1.* compensation, indemnity, indemnification; *2. (festgesetzte Geldsumme)* damages *pl*
Schadenersatzansprüche ['ʃa:dənɛrzatsanʃpryçə] *m/pl* claim for damages
Schadenhöhe ['ʃa:dənhø:ə] *f* amount of loss
Schadensbegrenzung ['ʃa:dənsbəgrɛntsuŋ] *f* damage control, damage limitation
Schadensersatz ['ʃa:dənsɛrzats] *m* compensation for loss suffered, recovery of damages
Schadensersatzklage ['ʃa:dənsɛrzatskla:gə] *f* action for damages
Schadensersatzpflicht ['ʃa:dənsɛrzatspflɪçt] *f* liability for damages
Schadensfall ['ʃa:dənsfal] *m* case of damage
Schadensforderung ['ʃa:dənsfɔrdəruŋ] *f* claim for damages
Schadensleistung ['ʃa:dənslaɪstuŋ] *f* compensation
Schadensmeldung ['ʃa:dənsmɛlduŋ] *f* notification of damage
Schadensversicherung ['ʃa:dənsfɛrzɪçəruŋ] *f* casualty insurance
schadhaft ['ʃa:thaft] *adj* damaged; *(mangelhaft)* defective, faulty
schädigen ['ʃɛ:dɪgən] *v* damage; *(jdn ~)* harm
schädlich ['ʃɛ:tlɪç] *adj* harmful, damaging, detrimental
Schädlichkeit ['ʃɛ:tlɪçkaɪt] *f* harmfulness, noxiousness, injuriousness
Schadstoff ['ʃa:tʃtɔf] *m* harmful substance, harmful chemical
schadstoffarm ['ʃa:tʃtɔfarm] *adj* low in harmful chemicals
Schalldämmung ['ʃaldɛmuŋ] *f* soundproofing
Schaltbild ['ʃaltbɪlt] *n* connection diagram, wiring diagram
Schalter ['ʃaltər] *m* *(Theke, Bank~)* counter
Schaltergeschäft ['ʃaltərgəʃɛft] *n* business over the counter
Schalterprovision ['ʃaltərprovizjo:n] *f* selling commission
Schaltkreis ['ʃaltkraɪs] *m* circuit
Schaltzentrale ['ʃalttsɛntra:lə] *f* central control station; *(fig)* central control, systems control, control centre
Scharfsinn ['ʃarfzɪn] *m* *(geschäftlich)* acumen

Schattenwirtschaft ['ʃatənvɪrtʃaft] *f* underground economy
Schatzanweisung ['ʃatsanvaɪzuŋ] *f* treasury bond
Schatzbrief ['ʃatsbri:f] *m* treasury bond, exchequer bond *(UK)*
Schätze ['ʃɛtsə] *m/pl* treasury bonds *pl*
schätzen ['ʃɛtsən] *v (ungefähr berechnen)* estimate; *(annehmen)* suppose, reckon
Schätzer(in) ['ʃɛtsər(ɪn)] *m/f* appraiser, valuer, evaluator, assessor
Schätzung ['ʃɛtsuŋ] *f (ungefähre Berechnung)* estimate, valuation; *(Annahme)* estimation
Schatzwechsel ['ʃatsvɛksəl] *m* treasury bill
Schätzwert ['ʃɛtsve:rt] *m* estimated value, appraised value
Schaufenster ['ʃaufɛnstər] *n* shop window, store window *(US)*
Schaufensterwerbung ['ʃaufɛnstərvɛrbuŋ] *f* shop-window advertising, store-window advertising *(US)*
Scheck [ʃɛk] *m* cheque, check *(US); einen ~ einlösen* cash a cheque
Scheckabrechnung ['ʃɛkaprɛçnuŋ] *f* cheque clearance
Scheckabteilung ['ʃɛkaptaɪluŋ] *f* cheque department
Scheckbetrug ['ʃɛkbətru:k] *m* cheque fraud
Scheckeinzug ['ʃɛkaɪntsu:k] *m* cheque collection
Scheckfähigkeit ['ʃɛkfɛ:ɪçkaɪt] *f* capacity to draw cheques
Scheckformular [ʃɛkfɔrmula:r] *n* cheque form
Scheckheft ['ʃɛkhɛft] *n* cheque book *(UK)*, checkbook *(US)*
Scheckkarte ['ʃɛkkartə] *f* cheque card
Scheckklausel ['ʃɛkklauzəl] *f* cheque clause
Scheckrecht ['ʃɛkrɛçt] *n* negotiable instruments law concerning cheques
Scheckregress ['ʃɛkregrɛs] *m* cheque recourse
Schecksperre ['ʃɛkʃpɛrə] *f* stopping payment order, cancellation of a check
Scheckverkehr ['ʃɛkfɛrke:r] *m* cheque transactions *pl*
Scheckwiderruf ['ʃɛkvi:dərru:f] *m* cheque stopping
Scheckzahlung ['ʃɛktsa:luŋ] *f* payment by cheque
Scheinblüte [ʃaɪnbly:tə] *f (scheinbare Hochkonjunktur)* sham boom
Scheinfirma ['ʃaɪnfɪrma] *f* shell company
Scheingeschäft ['ʃaɪngəʃɛft] *n* fictitious transaction
Scheingesellschaft ['ʃaɪngəzɛlʃaft] *f* ostensible company
Scheingewinn ['ʃaɪngəvɪn] *m* fictitious profit
Scheingründung ['ʃaɪngrynduŋ] *f* fictitious formation
Scheinkaufmann ['ʃaɪnkaufman] *m* ostensible merchant
Scheinkurs ['ʃaɪnkurs] *m* fictitious quotation price
Scheinselbstständigkeit ['ʃaɪnzelpʃtɛndɪçkaɪt] *f* fictitious independence
scheitern ['ʃaɪtərn] *v* fail
Schema [ʃe:ma] *n (Entwurf, Plan)* sketch, plan
Schenkung ['ʃɛŋkuŋ] *f* gift, donation
Schenkungssteuer ['ʃɛŋkuŋsʃtɔyər] *f* gift tax
Schenkungsurkunde ['ʃɛŋkuŋsu:rkundə] *f* deed of donation
Schicht [ʃɪçt] *f 1.* layer; *2. (Arbeitsschicht)* shift
Schichtarbeit ['ʃɪçtarbaɪt] *f* shift work
Schichtwechsel ['ʃɪçtvɛksəl] *m* change of shift
Schieber ['ʃi:bər] *m (Betrüger)* profiteer, racketeer
Schiedsgericht ['ʃi:tsgərɪçt] *n* court of arbitration, arbitral court
Schiedsrichter(in) [ʃi:tsrɪçtər(ɪn)] *m/f JUR* arbitrator
Schiedsspruch ['ʃi:tsʃprux] *m* arbitration
Schiff [ʃɪf] *n* ship, vessel
schiffbar ['ʃɪfba:r] *adj* navigable
Schiffbau ['ʃɪfbau] *m* shipbuilding
Schifffahrt ['ʃɪffa:rt] *f* navigation, shipping
Schiffsregister ['ʃɪfsregɪstər] *n* register of ships
Schiffswerft ['ʃɪfsvɛrft] *f* shipyard
schlechte Qualität ['ʃlɛçtə kvali'tɛ:t] *f* poor quality
Schlechtwettergeld [ʃlɛçt'vɛtərgɛlt] *n* bad-weather compensation
schleichende Inflation ['ʃlaɪçəndə ɪnfla'tsjo:n] *f* creeping inflation
Schleichhandel ['ʃlaɪçhandəl] *m* illicit trade, illicit traffic
Schleichwerbung ['ʃlaɪçvɛrbuŋ] *f* camouflaged advertising

Schleuderpreis ['ʃlɔydərpraɪs] *m* give-away price, rock-bottom price
Schleuderware ['ʃlɔydərva:rə] *f* giveaway article, giveaway product
Schlichtung ['ʃlɪçtuŋ] *f* arbitration
Schlichtungsausschuss ['ʃlɪçtuŋsaus-ʃus] *m* arbitration committee
Schließfach ['ʃli:sfax] *n* *1. (Bankschließfach)* safe deposit box; *2. (Postschließfach)* post-office box
Schluss [ʃlus] *m* closure
Schlussbilanz ['ʃlusbilants] *f* closing balance
Schlussbrief ['ʃlusbri:f] *m* sales note
Schlussdividende ['ʃlusdividɛndə] *f* final dividend
Schlussnotierung ['ʃlusnoti:ruŋ] *f (Börse)* closing rate
Schlüsselindustrien ['ʃlysəlɪndustri:n] *f/pl* key industries *pl*
Schlüsselqualifikation ['ʃlysəlkvalifika-tsjo:n] *f* key qualification
Schlüsseltechnologie ['ʃlysəltɛçnologi:] *f* key technology
Schlusskurs ['ʃluskurs] *m* closing price
Schlussnote ['ʃlusno:tə] *f* broker's note
Schlussverkauf ['ʃlusfɛrkauf] *m* seasonal clearance sale, end-of-season clearance sale
Schmiergeld ['ʃmi:rgɛlt] *n* bribe money
Schmuggel ['ʃmugəl] *m* smuggling
schmuggeln ['ʃmugəln] *v* smuggle, bootleg
Schmuggelware ['ʃmugəlva:rə] *f* smuggled goods *pl*, contraband
Schmutzzulage ['ʃmutstsu:la:gə] *f* dirty work bonus, dirty work pay
Schneeballsystem ['ʃne:balzyste:m] *n* snowball sales system
Schnellhefter ['ʃnɛlhɛftər] *m* binder
Schnellverfahren ['ʃnɛlfɛrfa:rən] *n (fig: rasche Abwicklung)* expeditious handling, rapid processing
Schnitt [ʃnɪt] *m (Muster)* pattern
Schnittstelle ['ʃnɪtʃtɛlə] *f* interface
Schrankenwert ['ʃraŋkənve:rt] *m* officially quoted security
Schreibkraft ['ʃraɪpkraft] *f (Stenotypist(in))* typist, *(Schreibkräfte)* clerical staff
Schreibmaschine ['ʃraɪpmaʃi:nə] *f* typewriter
Schreibtisch ['ʃraɪptɪʃ] *m* desk
schriftlich ['ʃrɪftlɪç] *adj* written; *adv* in writing
Schriftstück ['ʃrɪftʃtyk] *n* document, record, deed
Schriftverkehr ['ʃrɪftfɛrke:r] *m* correspondence
Schriftwechsel ['ʃrɪftvɛksəl] *m* correspondence
Schulabschluss ['ʃu:lapʃlus] *m* school qualification *(UK)*, diploma *(US)*
Schuld [ʃult] *f (Geldschuld)* debt
Schuldanerkenntnis ['ʃultanɛrkɛntnɪs] *f* acknowledgement of a debt
Schuldbrief ['ʃultbri:f] *m* certificate of indebtedness
Schulden ['ʃuldən] *f/pl* debts *pl*, liabilities *pl*; *sich etw zu ~ kommen lassen (fig)* do sth wrong
schulden ['ʃuldən] *v* owe
Schuldenabkommen ['ʃuldənapkɔmən] *n* debt agreement
Schuldendienst ['ʃuldəndi:nst] *m* debt service
Schuldenerlass ['ʃuldənɛrlas] *m* debt relief
schuldenfrei ['ʃuldənfraɪ] *adj* free from debt
Schuldenkonsolidierung ['ʃuldənkɔnzo-lidi:ruŋ] *f* *1. (Recht)* offsetting of receivables and payables in the consolidated financial statements; *2. (Finanzen)* consolidation of debt
Schuldenkriterium ['ʃuldənkrite:rjum] *n* debt criterion
Schuldenmasse ['ʃuldənmasə] *f* liabilities *pl*
Schuldenstand ['ʃuldənʃtant] *m* debt position
Schuldentilgung ['ʃuldəntɪlguŋ] *f* debt liquidation
schuldhaft ['ʃulthaft] *adj* culpable
schuldig ['ʃuldɪç] *adj* *1. (Geld)* due, owing; *2. (verantwortlich)* guilty
Schuldner(in) ['ʃultnər(ɪn)] *m/f* debtor, party liable
Schuldrecht ['ʃultrɛçt] *n* law of obligations
Schuldschein (p.n.) ['ʃultʃaɪn] *m* promissory note (p.n.)
Schuldscheindarlehen ['ʃultʃaɪnda:rle:n] *n* promissory note bond
Schuldspruch ['ʃultʃprux] *m* conviction
Schuldübernahme ['ʃulty:bərna:mə] *f* assumption of an obligation
Schuldverhältnis ['ʃultfɛrhɛltnɪs] *n* obligation
Schuldverschreibung ['ʃultfɛrʃraɪbuŋ] *f* debenture bond
Schuldversprechen ['ʃultfɛrʃprɛçən] *n* promise to fulfil an obligation
Schuldwechsel ['ʃultvɛksəl] *m* bill payable
Schuldzins ['ʃulttsɪns] *m* interest on debts, interest on borrowing

Schulung ['ʃu:luŋ] *f* schooling, training
Schulungspersonal ['ʃu:luŋspɛrzona:l] *n* training staff
Schutzbrille ['ʃutsbrɪlə] *f* protective goggles *pl*
Schutzfrist ['ʃutsfrɪst] *f* term of protection
Schutzgemeinschaft für allgemeine Kreditsicherung (Schufa) ['ʃutsgəmaɪnʃaft fy:r 'algəmaɪnə kre'di:tzɪçəruŋ] *f* Schufa (group for general credit protection)
Schutzhelm ['ʃutshɛlm] *m* safety helmet
Schutzkleidung ['ʃutsklaɪduŋ] *f* protective clothing
Schutzmarke ['ʃutsmarkə] *f* trademark
Schutzzoll ['ʃutstsɔl] *m* protective duty
schwach [ʃvax] *adj* slack
Schwangerschaftsurlaub ['ʃvaŋərʃaftsu:rlaup] *m* maternity leave
Schwankung ['ʃvaŋkuŋ] *f (Abweichung)* fluctuation, variation
Schwänze ['ʃvɛntsə] *pl (planmäßig herbeigeführter Kursanstieg)* corners *pl*
Schwarzarbeit ['ʃvartsarbaɪt] *f* illicit work
schwarze Börse ['ʃvartsə 'bœrzə] *f* black stock exchange
schwarze Liste ['ʃvartsə 'lɪstə] *f* black bourse
schwarze Zahlen ['ʃvartsə 'tsa:lən] *f/pl (fig)* black figures *pl,* „the black"
Schwarzhandel ['ʃvartshandəl] *m* black market operations *pl,* black marketeering
schwebende Geschäfte ['ʃve:bəndə gə'ʃɛftə] *n/pl* pending transactions *pl*
schwebende Schuld ['ʃve:bəndə 'ʃult] *f* floating debt
schwebende Unwirksamkeit ['ʃve:bəndə 'unvɪrkza:mkaɪt] *f* provisionally inefficacy
Schweigepflicht ['ʃvaɪgəpflɪçt] *f* confidentiality
Schweizerische Nationalbank ['ʃvaɪtsərɪʃə natsjo'na:lbaŋk] *f* National Bank of Switzerland
Schwellenland ['ʃvɛlənlant] *n* country undergoing industrialization
Schwemme ['ʃvɛmə] *f (Überangebot)* glut
schwere Papiere ['ʃve:rə pa'pi:re] *n/pl* heavy-priced securities *pl*
Schwergut ['ʃve:rgu:t] *n* heavy freight
Schwestergesellschaft ['ʃvɛstərgəzɛlʃaft] *f* affiliated company
schwimmend ['ʃvɪmənd] *adj* floating
Schwindel ['ʃvɪndəl] *m (Betrug)* swindle, fraud, cheat
Schwindelgründung ['ʃvɪndəlgrynduŋ] *f* fraud foundation
Schwund [ʃvunt] *m* dwindling, fading, decrease; *(Schrumpfen)* shrinkage
Schwundgeld ['ʃvuntgɛlt] *n* scalage
Seefracht ['ze:fraçt] *f* sea freight, maritime freight
Seefrachtbrief ['ze:fraxtbri:f] *m* bill of lading
seemäßige Verpackung ['ze:mɛ:sɪgə fɛr'pakuŋ] *f* sea-tight packing
Seewechsel ['ze:vɛksəl] *m* sea bill
Seeweg ['ze:ve:k] *m* sea route
Sekretariat [zekreta'rja:t] *n* secretary's office, secretariat *(UK)*
Sekretär(in) [zekre'tɛ:r(ɪn)] *m/f* secretary
Sektor ['zɛktɔr] *m* sector, branch
Sektoren der Volkswirtschaft [zɛk'to:rən de:r 'fɔlksvɪrtʃaft] *m/pl* sectors of the economy *pl*
sekundärer Sektor [zekun'dɛ:rər 'zɛkto:r] *m* secondary sector
Sekundärliquidität [zekun'dɛ:rlikviditɛ:t] *f* secondary liquidity
Sekundärmarkt [zekun'dɛ:rmarkt] *m* secondary market
Sekundawechsel [ze'kundavɛksəl] *m* second of exchange
Sekurisation [zekuriza'tsjo:n] *f* securization
Selbstauskunft ['zɛlpstauskunft] *f* voluntary disclosure
Selbstbeteiligung ['zɛlpstbətaɪlɪguŋ] *f* retention
Selbstfinanzierung ['zɛlpstfinantsi:ruŋ] *f* self-financing
Selbstkostenpreis ['zɛlpstkɔstənpraɪs] *m* cost price
selbstständig ['zɛlpʃtɛndɪç] *adj* independent; *sich ~ machen* go into business for o.s.
Selbstständige(r) ['zɛlpʃtɛndɪgə(r)] *f/m* self-employed (person), independent (person)
Selbstständigkeit ['zɛlpʃtɛndɪçkaɪt] *f* independence
Sendung ['zɛnduŋ] *f (Versand)* shipment, consignment
Senioritätsprinzip [ze:njori'tɛ:tsprɪntsi:p] *n* principle of seniority
Serie ['ze:rjə] *f* series
seriell [ze:'rjɛl] *adj* serial
Serienanfertigung ['ze:rjənanfɛrtɪguŋ] *f* serial production
Serienfertigung ['ze:rjənfɛrtɪguŋ] *f* series production

Seriengröße ['ze:rjəngrø:sə] *f* batch size
serienmäßig ['ze:rjənmɛ:sɪç] *adj* serial; *adv* in series
Serienproduktion ['ze:rjənprɔduktsjo:n] *f* mass production
serienreif ['ze:rjənraɪf] *adj* ready for series production, ready for multiple production
seriös [ze'riø:s] *adj* reliable, honest
Seriosität [zerjozi'tɛ:t] *f* seriousness
Server ['sə:və] *m (EDV)* server
Service ['zø:rvɪs] *m (Kundendienst)* service
Servicenetz ['zø:rvɪsnɛts] *n* service network
Shareholdervalue ['ʃeəhəuldər'vælju:] *m* shareholder value
Shelf-Space-Competition ['ʃelfspeɪskɔmpə'tɪʃən] *f* shelf space competition
Shop-in-the-Shop-Konzept ['ʃɔpɪnðə ʃɔpkɔn'tsɛpt] *n* shop-in-the-shop conception
Shoppingcenter ['ʃɔpɪŋsentər] *n* shopping centre
sicherer Server ['zɪçərər sɛ:və] *m* secure server
Sicherheit ['zɪçərhaɪt] *f (Gewähr)* collateral, security
Sicherheitskopie ['zɪçərhaɪtskopi:] *f* back-up copy
Sicherheitsmangel ['zɪçərhaɪtsmaŋəl] *m* security gap
Sicherheitsmaßnahmen ['zɪçərhaɪtsma:sna:mən] *f/pl* safety measures *pl*, security measures *pl*
Sicherheitsvorschriften ['zɪçərhaɪtsfo:rʃrɪftən] *f/pl* safety regulations *pl*
Sicherungsabtretung ['zɪçəruŋsaptre:tuŋ] *f* assignment by way of security
Sicherungsgeschäft ['zɪçəruŋsgəʃɛft] *n* security transaction
Sicherungsgrundschuld ['zɪçəruŋsgruntʃult] *f* cautionary land charge
Sicherungshypothek ['zɪçəruŋshypote:k] *f* cautionary mortgage
Sicherungsschein ['zɪçəruŋsʃaɪn] *m* security note
Sicherungsübereignung ['zɪçəruŋsy:bəraɪgnuŋ] *f* transfer of ownership by way of security
Sichteinlagen ['zɪçtaɪnla:gən] *f/pl* sight deposits *pl*
Sichthülle ['zɪçthylə] *f* transparent cover
Sichtkurs ['zɪçtkurs] *m* sight rate
Sichtvermerk ['zɪçtfɛrmɛrk] *m* indication that one has looked over a document
Sichtwechsel ['zɪçtvɛksəl] *m* demand bill
Signet [zɪn'je:] *n* publisher's mark
Silbermünze ['zɪlbərmyntsə] *f* silver coin
Silberwährung ['zɪlbərvɛ:ruŋ] *f* silver standard
Simulation [zimula'tsjo:n] *f* simulation
Simulator [zimu'la:tɔr] *m* simulator
Single Sourcing ['sɪŋl 'sɔ:sɪŋ] *n* single sourcing
Sitz [zɪts] *m (Firmensitz)* headquarters
Sitzung ['zɪtsuŋ] *f* session, meeting
Skonto ['skɔnto] *n/m* discount
Skontoabzug ['skɔntoaptsu:k] *m* discount deduction
Skontration [skɔntrats'jo:n] *f* settlement of time bargains
sofort (ppt.) [zo'fɔrt] *adv* prompt (ppt.)
sofortige Lieferung [zo'fɔrtɪgə 'li:fəruŋ] *f* immediate delivery
sofortige Regulierung [zo'fɔrtɪgə regu'li:ruŋ] *f* settlement with immediate effect
sofortiger Versand (i.t.) [zo'fɔrtɪgər fɛr'zant] *m* prompt shipment
sofortige Zahlung [zo'fɔrtɪgə 'tsa:lun] *f* immediate payment
Sofortnachricht [zo'fɔrtna:xrɪçt] *f* instant message
Software ['sɔftve:r] *f* software
Solawechsel ['zo:lavɛksəl] *m* promissory note
Solidarhaftung [zoli'da:rhaftuŋ] *f* joint and several liability
Solidaritätszuschlag [zolidari'tɛ:tstsu:ʃla:k] *m* tax benefitting economic recovery of the former East Germany
Soll [zɔl] *n* debit
Soll-Ist-Vergleich [zɔl'ɪstfɛrglaɪç] *m* 1. *(Betriebswirtschaft)* target-performance comparison actual; 2. *(Produktion)* value comparison
Sollkaufmann ['zɔlkaufman] *m* merchant by virtue of registration
Sollkosten ['zɔlkɔstən] *pl* budgeted costs *pl*
Sollzahlen ['zɔltsa:lən] *f/pl* target figures *pl*
Sollzinsen ['zɔltsɪnsən] *m/pl* debtor interest rates *pl*
Sologeschäft ['zo:logəʃɛft] *n* single operation
Solvenz [zɔl'vɛnts] *f* solvency
Sonderabgabe ['zɔndərapga:bə] *f* special tax, special levy
Sonderabschreibungen ['zɔndərapʃraɪbuŋən] *f/pl* special depreciation
Sonderaktion ['zɔndəraktsjo:n] *f* special action

Sonderanfertigung ['zɔndəranfɛrtɪguŋ] *f* manufacture to customer's specifications
Sonderangebot ['zɔndərangəbo:t] *n* special offer, special bargain
Sonderauftrag ['zɔndərauftra:k] *m* special order
Sonderausgaben ['zɔndərausga:bən] *f/pl* special expenses *pl*
Sonderausgaben-Pauschbetrag ['zɔndərausga:bən'pauʃbətra:k] *m* blanket allowance for special expenses
Sonderausschüttung ['zɔndərausʃytuŋ] *f* extra dividend
Sonderbetriebsvermögen ['zɔndərbətri:psfɛrmø:gən] *n* special business property
Sonderbewegung ['zɔndərbəve:guŋ] *f* extraordinary trend
Sonderdepot ['zɔndərdepo:] *n* separate deposit
Sonderfall ['zɔndərfal] *m* special case
Sonderfazilitäten ['zɔndərfatsilitɛ:tən] *f/pl* special credit facilities *pl*
Sondergenehmigung ['zɔndərgəne:mɪguŋ] *f* special permission, special permit, waiver
Sonderkonto ['zɔndərkɔnto] *n* separate account
Sonderlombard ['zɔndərlɔmbart] *m* special lombard facility
Sondermüll ['zɔndərmyl] *m* special (toxic) waste
Sonderposten ['zɔndərpɔstən] *m* separate item
Sonderpreis ['zɔndərpraɪs] *m* special price, exceptional price
Sonderrabatt ['zɔndərrabat] *m* special discount
Sondervergütung ['zɔndərfɛrgy:tuŋ] *f* special allowance
Sondervermögen ['zɔndərfɛrmø:gən] *n* special fund
Sonderziehungsabteilung ['zɔndərtsi:uŋsaptailuŋ] *f* special drawing rights department
Sonderziehungsrechte ['zɔndərtsi:uŋsrɛçtə] *n/pl* special drawing rights *pl*
Sonderzinsen ['zɔndərtsɪnzən] *m/pl* special interests *pl*
sondieren [zɔn'di:rən] *v* study, probe
Sonntagsarbeit ['zɔnta:ksarbaɪt] *f* sunday work
sonstige Verbindlichkeiten ['zɔnstɪgə fɛr'bɪndlɪçkaɪtən] *f/pl* other liabilities *pl*
Sorte ['zɔrtə] *f (Marke)* brand; *(Sorte)* sort
Sorten ['zɔrtən] *pl* foreign notes and coins *pl*
Sortengeschäft ['zɔrtəngəʃɛft] *n* dealings in foreign notes and coins *pl*
Sortenhandel ['zɔrtənhandəl] *m* dealing in foreign notes and coins
Sortenkurs ['zɔrtənkurs] *m* rate for foreign notes and coins, foreign currency rate
sortieren [zɔr'ti:rən] *v (nach Qualität)* grade
Sortiment [zɔrti'mɛnt] *n* assortment, range, variety
Sozialabgaben [zo'tsja:lapga:bən] *f/pl* social welfare contributions *pl*
soziale Marktwirtschaft [zo'tsia:lə 'marktvɪrtʃaft] *f* social market economy
Sozialfonds [zo'tsia:lfɔ̃:] *m* social fund
Sozialhilfe [zo'tsja:lhɪlfə] *f* social welfare assistance
Sozialisierung [zotsia:li'zi:ruŋ] *f* socialization
Sozialismus [zotsja'lɪsmus] *m* socialism
Sozialist(in) [zotsja'lɪst(ɪn)] *m/f* socialist
Sozialkosten [zo'tsia:lkɔstən] *pl* social incurrance costs *pl*
Sozialleistungen [zo'tsja:llaɪstuŋən] *f/pl* employers' social security contributions *pl*, social security benefits *pl*, social services *pl*
Sozialpfandbrief [zo'tsia:lpfantbri:f] *m* mortgage bond serving a social purpose
Sozialplan [zo'tsia:lpla:n] *m* social compensation plan
Sozialpolitik [zo'tsia:lpoliti:k] *f* social policy
Sozialprodukt [zo'tsja:lprɔdukt] *n* national product
Sozialstaat [zo'tsja:lʃta:t] *m* welfare state
Sozialversicherung [zo'tsja:lfɛrzɪçəruŋ] *f* social insurance, Social Security *(US)*
Sozietät [zotsje'tɛ:t] *f* partnership
Sozius ['zotsjus] *m* partner
Spanne ['ʃpanə] *f (Preisspanne)* range, margin
Sparbrief ['ʃpa:rbri:f] *m* savings certificate
Sparbuch ['ʃpa:rbu:x] *n* savings book
Spareinlage ['ʃpa:raɪnla:gə] *f* savings deposit
sparen ['ʃpa:rən] *v* save, economize
Sparer(in) ['ʃpa:rər(ɪn)] *m/f* saver
Sparerfreibetrag ['ʃpa:rərfraɪbətra:k] *m* savers' tax-free amount
Sparguthaben ['ʃpa:rgu:tha:bən] *n* savings account
Sparkasse ['ʃpa:rkasə] *f* savings bank
Sparkonto ['ʃpa:rkɔnto] *n* savings account
Sparmaßnahme ['ʃpa:rma:sna:mə] *f* economy measure

Sparobligation ['ʃpa:robligatsjo:n] *f* savings bond
Sparpläne ['ʃpa:rplɛ:nə] *m/pl* savings plans *pl*
Sparpolitik ['ʃpa:rpoliti:k] *f* austerity policy, budgetary restraint
Sparprämie ['ʃpa:rprɛ:mjə] *f* savings premium
Sparte ['ʃpartə] *f* line of business, division
Sparzulage ['ʃpa:rtsu:lagə] *f* savings bonus
Spätschalter ['ʃpɛ:tʃaltər] *m* night safe deposit
Spätschicht ['ʃpɛ:tʃɪçt] *f* late shift
Speciality Goods ['speʃəlti gudz] *pl* speciality goods *pl*
Spediteur(in) [ʃpedi'tø:r(ɪn)] *m/f* forwarding agent, shipper
Spediteurkonnossement [ʃpedi'tø:rkɔnɔsəmɛnt] *n* house bill
Spediteurübernahmebescheinigung [ʃpedi'tø:ry:bərna:məbəʃaɪnɪguŋ] *f* forwarder's receipt
Spedition [ʃpedi:ts'jo:n] *f (Firma)* forwarding agency, shipping agency
Speditionsgut [ʃpedi'tsjo:nsgu:t] *n* forwarding goods *pl*
Speditionsunternehmen [ʃpedi'tsjo:nsuntərne:mən] *n* shipping company
Speicher ['ʃpaɪçər] *m EDV* memory
Speicherkapazität ['ʃpaɪçərkapatsitɛ:t] *f* memory, storage capacity
speichern ['ʃpaɪçərn] *v* save, store
Speicherplatz ['ʃpaɪçərplats] *m* memory location
Speicherung ['ʃpaɪçəruŋ] *f* storage, saving
Spekulant(in) [ʃpɛku'lant(ɪn)] *m/f* speculator, speculative dealer
Spekulation [ʃpɛkula'tsjo:n] *f* speculation
Spekulationsgeschäft [ʃpɛkula'tsjo:nsgəʃɛ:ft] *n* speculative transaction, speculative operation
Spekulationsgewinn [ʃpɛkulats'jo:nsgəvɪn] *m* speculative profit
Spekulationssteuer [ʃpɛkulats'jo:nsʃtɔyər] *f* tax on speculative gains
spekulieren [ʃpɛku'li:rən] *v* speculate
Spenden ['ʃpɛndən] *f/pl* donations *pl;* voluntary contributions *pl*
Sperrdepot ['ʃpɛrdepo:] *n* blocked safe-deposit
sperren ['ʃpɛrən] *v (Konto)* block
Sperrgut ['ʃpɛrgu:t] *n* bulky goods *pl*
Sperrguthaben ['ʃpɛrgu:tha:bən] *n* blocked balance
Sperrkonto ['ʃpɛrkɔnto] *n* blocked account, frozen account
Spesen ['ʃpe:zən] *pl* expenses *pl*
Spesenabrechung ['ʃpe:zənaprɛçnuŋ] *f* statement of expenses
Spesenpauschale ['ʃpe:zənpauʃa:lə] *f* allowance for expenses
Spesenrechnung ['ʃpe:zənrɛçnuŋ] *f* expense report
Spezialbank [ʃpe'tsja:lbaŋk] *n* specialized commercial bank
Spezialfonds [ʃpe'tsja:lfɔ̃:] *m* specialized fund
Spezialgeschäft [ʃpe'tsja:lgəʃɛft] *n* specialty shop
spezialisieren [ʃpetsjali'zi:rən] *v sich auf etw ~* specialize in sth
Spezialisierung [ʃpetsjali'zi:ruŋ] *f* specialization
Spezialist(in) [ʃpetsja'lɪst(ɪn)] *m/f* specialist
Spezialitätenfonds [ʃpetsjali'tɛ:tənfɔ̃:] *m* speciality fund
Spezialvollmacht [ʃpe'tsja:lfɔlmaxt] *f* special power
Spezialwerte [ʃpe'tsja:lve:rtə] *m/pl* specialties *pl*
Spezifikation [ʃpetsifika'tsjo:n] *f* specification
Spielraum ['ʃpi:lraum] *m* margin
Spin-off ['spɪnɔf] *n (Ausgliederung einer Tochtergesellschaft)* spin off (a subsidiary company)
Spitzenleistung ['ʃpɪtsənlaɪstuŋ] *f* top performance, best achievement; peak output
Spitzenlohn ['ʃpɪtsənlo:n] *m* maximum pay, top wage
Splittingverfahren ['splɪtɪŋfɛr'fa:rən] *n* splitting method
sponsern ['ʃpɔnzərn] *v* sponsor
Sponsor(in) ['ʃpɔnzo:r(ɪn)] *m/f* sponsor
Spotgeschäft ['spɔtgəʃɛft] *n* spot transactions *pl*
Spotmarkt ['spɔtmarkt] *m* spot market
Staat [ʃta:t] *m* state
staatlich ['ʃta:tlɪç] *adj* state, public, governmental; *adv* by the state
Staatsangehörigkeit ['ʃta:tsangəhørɪçkaɪt] *f* nationality, citizenship, national status
Staatsanleihen ['ʃta:tsanlaɪən] *f/pl* government loan, public bonds *pl*
Staatsanwalt ['ʃta:tsanvalt] *m* public prosecutor, Crown Prosecutor *(UK),* district attorney *(US)*

Staatsanwältin ['ʃta:tsanvɛltɪn] *f* (female) public prosecutor, Crown Prosecutor *(UK)*, district attorney *(US)*
Staatsausgaben ['ʃta:tsausga:bən] *f/pl* public spending
Staatsbank ['ʃta:tsbaŋk] *f* state bank
Staatsbankrott ['ʃta:tsbaŋkrɔt] *m* national bankruptcy
Staatsbetrieb ['ʃta:tsbətri:p] *m* nationalized enterprise
Staatseigentum ['ʃta:tsaɪgəntum] *n* state property, public property
Staatseinnahmen ['ʃta:tsaɪna:mən] *f/pl* public revenue
Staatshaushalt ['ʃta:tshaushalt] *m* state budget
Staatskasse ['ʃta:tskasə] *f* treasury
Staatspapiere ['ʃta:tspapi:rə] *n/pl* public securities *pl*
Staatsschulden ['ʃta:tsʃuldən] *f/pl* national debt
Staatsverschuldung ['ʃta:tsfɛrʃulduŋ] *f* state indebtedness
Staatszuschuss ['ʃta:tstsu:ʃus] *m* government grant
stabil [ʃta'bi:l] *adj 1. (robust)* stable; *2. (konstant)* steady
stabile Wechselkurse [ʃta'bi:lə 'vɛksəlkurzə] *m/pl* stable exchange rates *pl*
Stabilisierung [ʃtabili'zi:ruŋ] *f* stabilization
Stabilität [ʃtabili'tɛ:t] *f* stability
Stabilität der Wechselkurse [ʃtabili'tɛ:t de:r 'vɛksəlkurzə] *f* exchange rate stability
stabilitätsgerechte Eintrittsbedingungen ['ʃtabili'tɛ:tsgərɛçtə 'aɪntrɪtsbədɪŋuŋən] *f/pl* convergence conditions of participation *pl*
Stabilitätspolitik [ʃtabili'tɛ:tspoliti:k] *f* stability policy
Stabilitäts- und Wachstumspakt [ʃtabili'tɛ:ts unt 'vakstu:mspakt] *m* Stability and Growth Pact
Stab-Linien-Organisation ['ʃta:pli:njənorganizatsjo:n] *f* line-staff organization structure
Städtebauförderung ['ʃtɛtəbaufœrdəruŋ] *f* city planning development
städtisch ['ʃtɛtɪʃ] *adj* municipal
Stadtwerke ['ʃtatvɛrkə] *pl* municipal utilities *pl*
Staffelanleihe ['ʃtafəlanlaɪə] *f* graduated-interest loan
Staffelpreis ['ʃtafəlpraɪs] *m* graduated price
Staffelung ['ʃtafəluŋ] *f* graduation
Stagflation [ʃtagfla'tsjo:n] *f* stagflation
Stagnation [ʃtagna'tsjo:n] *f* stagnation
stagnieren [ʃtag'ni:rən] *v* stagnate
Stahl [ʃta:l] *m* steel
Stahlindustrie ['ʃta:lɪndustri:] *f* steel industry
Stammaktie ['ʃtamaktsjə] *f* ordinary share
Stammbelegschaft ['ʃtambəle:kʃaft] *f* key workers *pl*
Stammeinlage ['ʃtamaɪnla:gə] *f* original capital contribution, original investment
Stammhaus ['ʃtamhaus] *n* parent company
Stammkapital ['ʃtamkapita:l] *n* original stock, original capital, share capital
Stammkunde ['ʃtamkundə] *m* regular (customer), patron
Stammkundin ['ʃtamkundɪn] *f* (female) regular (customer), patron
Stammrecht ['ʃtamrɛçt] *n* customary law
Stand [ʃtant] *m 1. (Messestand)* booth, stand; *2. (Situation)* position, situation; *auf dem neuesten ~ sein* to be up to date; *der ~ der Dinge* the situation; *im ~e sein, etw zu tun* to be capable of doing sth, to be able to do sth; *zu ~e kommen* come about, come off; *3. (Rang)* rank, class, status
Standard ['ʃtandart] *m* standard
Standardabweichung ['ʃtandartapvaɪçuŋ] *f* standard deviation
Standardausrüstung ['ʃtandartausrystuŋ] *f* standard equipment
Standardbrief ['ʃtandartbri:f] *m* standard-size letter, standard letter
Standardeinstellung ['ʃtandartaɪnʃtɛluŋ] *f EDV* default
Standardformat ['ʃtandartfɔrma:t] *n* standard size
Standardisierung [ʃtandardi'zi:ruŋ] *f* standardization
Standardmodell ['ʃtandartmodɛl] *n* standard model
Standardwerte ['ʃtandartve:rtə] *m/pl* standard values *pl*
Stand-by-Kredit [stænd'baɪkredi:t] *m* stand-by credit
Standing ['stændɪŋ] *n* standing
Standort ['ʃtantɔrt] *m* location, station
Standortfaktoren ['ʃtantɔrtfakto:rən] *m/pl* location factors *pl*
Standortwahl ['ʃtantɔrtva:l] *f* choice of location
stanzen ['ʃtantsən] *v* stamp, punch
Stapel ['ʃta:pəl] *m* pile, heap, stack; *vom ~ laufen* to be launched
Stapelbestand ['ʃta:pəlbəʃtant] *m* stockpile
Stapelplatz ['ʃta:pəlplats] *m* store, depot

Stapelware ['ʃta:pəlva:rə] *f* staple goods *pl*
Starkstrom ['ʃtarkʃtro:m] *m* high voltage
starrer Wechselkurs ['ʃtarər 'vɛksəlkurs] *m* fixed exchange rate
Startbildschirm ['ʃtartbɪltʃɪrm] *m EDV* splash page, splash screen
Starthilfe ['ʃtarthɪlfə] *f (für ein Unternehmen)* launching aid, starting-up aid
Startkapital ['ʃtartkapita:l] *n* startup money
Startseite ['ʃtartzaɪtə] *f EDV* homepage
Start-Up ['startap] *m* start up
Statistik [ʃta'tɪstɪk] *f* statistics
statistisch [ʃta'tɪstɪʃ] *adj* statistical; *adv* statistically
Statistisches Bundesamt [ʃta'tɪstɪʃəs 'bundəsamt] *n* Federal Statistical Office
Status ['ʃta:tus] *m* status, state
Statussymbol ['ʃta:tuszymbo:l] *n* status symbol
Statut [ʃta'tu:t] *n* statute, regulation
Stecker ['ʃtɛkər] *m* plug, connector
steigend ['ʃtaɪgənt] *adj* rising, ascending, mounting
steigern ['ʃtaɪgərn] *v (erhöhen)* increase, raise, advance
Steigerung ['ʃtaɪgəruŋ] *f (Erhöhung)* increase, raising
Steigerungsrate ['ʃtaɪgəruŋsra:tə] *f* rate of escalation
Stellagegeschäft [ʃtɛ'la:ʒəgəʃɛft] *n* double option operation
Stelle ['ʃtɛlə] *f (Anstellung)* position, job; *(Dienststelle)* authority, office, agency
Stellenangebot ['ʃtɛlənangəbo:t] *n* position offered, vacancy, offer of employment
Stellenanzeige ['ʃtɛlənantsaɪgə] *f* position offered, employment ad
Stellenausschreibung ['ʃtɛlənausʃraɪbuŋ] *f* advertisement of a vacancy
Stellengesuch ['ʃtɛləngəzu:x] *n* situation wanted
Stellenmarkt ['ʃtɛlənmarkt] *m* job market
Stellensuche ['ʃtɛlənzu:xə] *f* job search
Stellenvermittlung ['ʃtɛlənfɛrmɪtluŋ] *f* job placement
Stellgeld ['ʃtɛlgɛlt] *n* premium for double option
Stellgeschäft ['ʃtɛlgəʃɛft] *n* put and call
Stellkurs ['ʃtɛlkurs] *m* put and call price
Stellung ['ʃtɛluŋ] *f (Anstellung)* position, post, job
Stellungnahme ['ʃtɛluŋna:mə] *f* comment
stellvertretend ['ʃtɛlfɛrtre:tənt] *adj* representative, deputy, acting
Stellvertreter(in) ['ʃtɛlfɛrtre:tər(ɪn)] *m/f* representative, agent, deputy
Stellvertretung ['ʃtɛlfɛrtre:tuŋ] *f* representation, proxy
Stempel ['ʃtɛmpəl] *m* stamp, postmark; *jdm seinen ~ aufdrücken* leave one's mark on s.o. *den ~ von jdm tragen* bear the stamp of s.o.
Stempelgebühr ['ʃtɛmpəlgəby:r] *f* stamp duty
stempeln ['ʃtɛmpəln] *v* stamp, mark; *~ gehen* to be on the dole
Stempelsteuer ['ʃtɛmpəlʃtɔyər] *f* stamp duty
Stenografie [ʃtenogra'fi:] *f* shorthand, stenography
stenografieren [ʃtenogra'fi:rən] *v* stenograph, write shorthand, write in shorthand
Stenotypistin [ʃtenoty'pɪstɪn] *f* shorthand typist
Sterilisierungsfonds [ʃterili'zi:ruŋsfɔ̃:] *m* sterilization funds *pl*
Sterilisierungspolitik [ʃterili'zi:runspoliti:k] *f* policy of sterilization funds
Sternchen ['ʃtɛrnçən] *n EDV* asterisk
Steuer ['ʃtɔyər] *f (Abgabe)* tax
Steuerabzug ['ʃtɔyəraptsu:k] *m* tax deduction
Steueraufkommen ['ʃtɔyəraufkɔmən] *n* tax yield, tax revenue, receipts from taxes *pl*
Steuerbefreiung ['ʃtɔyərbəfraɪuŋ] *f* tax exemption
steuerbegünstigt ['ʃtɔyərbəgynstɪçt] *adj* tax sheltered, eligible for tax relief
steuerbegünstigte Wertpapiere ['ʃtɔyərbəgynstɪçtə 've:rtpapi:rə] *n/pl* tax-privileged securities *pl*
steuerbegünstigtes Sparen ['ʃtɔyərbəgynstɪçtəs 'ʃpa:rən] *f* tax-privileged saving
Steuerbehörde ['ʃtɔyərbəhø:rdə] *f* tax authority
Steuerberater(in) ['ʃtɔyərbəra:tər(ɪn)] *m/f* tax advisor, tax consultant
Steuerbescheid ['ʃtɔyərbəʃaɪt] *m* notice of tax assessment
Steuerbetrug ['ʃtɔyərbetru:k] *m* fiscal fraud, tax fraud
Steuerbilanz ['ʃtɔyərbilants] *f* tax balance sheet
Steuererhöhung ['ʃtɔyərɛrhø:uŋ] *f* tax increase
Steuererklärung ['ʃtɔyərɛrklɛ:ruŋ] *f* tax return, tax declaration
Steuerermäßigung ['ʃtɔyərɛrmɛ:siguŋ] *f* tax relief

Steuerfahndung ['ʃtɔyərfa:nduŋ] *f* investigation into tax evasion
Steuerflucht ['ʃtɔyərfluxt] *f* tax evasion by leaving the country, becoming a tax exile
steuerfrei ['ʃtɔyərfraı] *adj* tax-free, exempt from taxation
Steuerfreibetrag ['ʃtɔyərfraıbətra:k] *m* statutory tax exemption
Steuerhinterziehung ['ʃtɔyərhıntərtsi:uŋ] *f* tax evasion
Steuerhoheit ['ʃtɔyərho:haıt] *f* jurisdiction to tax
Steuerklasse ['ʃtɔyərklasə] *f* tax bracket
steuerlich ['ʃtɔyərliç] *adj* for tax purposes
steuern ['ʃtɔyərn] *v* control
Steuernachzahlung ['ʃtɔyərna:xtsa:luŋ] *f* additional payment of taxes
Steuernummer ['ʃtɔyərnumər] *f* taxpayer's reference number
Steueroase ['ʃtɔyəroa:zə] *f* tax haven
Steuerparadies ['ʃtɔyərparadi:s] *n* tax haven
steuerpflichtig ['ʃtɔyərpflıçtıç] *adj* taxable, subject to tax
Steuerpolitik ['ʃtɔyərpoliti:k] *f* fiscal policy
Steuerrecht ['ʃtɔyərrɛçt] *n* law of taxation, fiscal law
Steuerreform ['ʃtɔyərrefɔrm] *f* tax reform
Steuerstundung ['ʃtɔyərʃtunduŋ] *f* tax deferral
Steuerung ['ʃtɔyəruŋ] *f* control
Steuerveranlagung ['ʃtɔyərfɛranla:guŋ] *f* tax assessment
Steuerzahler(in) ['ʃtɔyərtsa:lər(ın)] *m/f* taxpayer
Steuerzahlung ['ʃtɔyərtsa:luŋ] *f* payment of taxes
Steuerzeichen ['ʃtɔyərtsaıçən] *n* control character
Stichkupon ['ʃtıçkupõ:] *m* renewal coupon
Stichprobe ['ʃtıçpro:bə] *f* spot check, random test
stichprobenartig ['ʃtıçpro:bənartıç] *adj* random; *adv* on a random basis
Stichtag ['ʃtıçta:k] *m* effective date, key date
Stichtagsinventur ['ʃtıçta:ksınvɛntu:r] *f* end-of-period inventory
Stichtagskurs ['ʃtıçta:kskurs] *m* market price on reporting date
Stichtagsumstellung ['ʃtıçta:ksumʃtɛluŋ] *f* changeover on E-day
Stichwort ['stıçvɔrt] *n* key word
Stift [ʃtıft] *m (Bleistift)* pencil; *(Filzstift)* pen, felt-tip pen
Stiftung ['ʃtıftuŋ] *f* *1. (Schenkung)* donation, bequest; *2. (Gründung)* establishment, foundation
stille Gesellschaft ['ʃtılə ge'zɛlʃaft] *f* dormant partnership
stille Reserve ['ʃtılə re'zɛrvə] *f* hidden reserves *pl*
stille Rücklage ['ʃtılə 'rykla:gə] *f* latent funds *pl*
stille Zession ['ʃtılə tsɛ'sjo:n] *f* undisclosed assignment
stiller Teilhaber ['ʃtılər 'taılha:bər] *m* silent partner, sleeping partner
Stillhaltekredit ['ʃtılhaltəkredi:t] *m* standstill credit
stillhalten ['ʃtılhaltən] *v* to sell an option
Stillhalter ['ʃtılhaltər] *m* option seller
Stilllegung ['ʃtılle:guŋ] *f* shutdown, closure
Stillstand ['ʃtılʃtant] *m* standstill, stop, stagnation
stillstehen ['ʃtılʃte:ən] *v (Maschine)* to be idle
Stimmabgabe ['ʃtımapga:bə] *f* vote
stimmberechtigt ['ʃtımbərɛçtıçt] *adj* entitled to vote
Stimme ['ʃtımə] *f (Wahlstimme)* vote
Stimmenmehrheit ['ʃtımənme:rhaıt] *f* majority of votes
Stimmenthaltung ['ʃtımɛnthaltuŋ] *f* abstention
Stimmrecht ['ʃtımrɛçt] *n* right to vote, suffrage
Stimmrechtsaktie ['ʃtımrɛçtsaktsjə] *f* voting share
stimmrechtslose Vorzugsaktie ['ʃtımrɛçtslo:zə 'fo:rtsu:ksaktsjə] *f* non-voting share
Stimmzettel ['ʃtımtsɛtəl] *m* ballot, voting paper
Stipendium [ʃtı'pɛndjum] *n* scholarship
Stock Exchange ['stɔk ıks'tʃeındʒ] *m* stock exchange
Stockdividende ['stɔkdivi'dɛndə] *f* stock dividend
stocken ['ʃtɔkən] *v* *1. (zum Stillstand kommen)* come to a standstill, stop; *2. (Geschäfte)* drop off
Stoppkurs ['ʃtɔpkurs] *m* stop price
störanfällig ['ʃtø:ranfɛlıç] *adj* breakdown-prone
Störanfälligkeit ['ʃtø:ranfɛlıçkaıt] *f* breakdown proneness
stören ['ʃtø:rən] *v* disturb, trouble, bother

Störfall ['ʃtø:rfal] *m* breakdown, accident, malfunction
stornieren [ʃtɔr'ni:rən] *v* cancel
Stornierung [ʃtɔr'ni:ruŋ] *f* cancellation
Storno ['ʃtɔrno] *m* contra entry, reversal; *(Auftragsstorno)* cancellation
Stornobuchung ['ʃtɔrnobuxuŋ] *f* reversing entry
Stornorecht ['ʃtɔrnorɛçt] *n* right to cancel credit entry
Störung ['ʃtø:ruŋ] *f* disturbance, inconvenience, annoyance
Straddle ['strædl] *n* straddle
Strafanstalt ['ʃtra:fanʃtalt] *f* penal institution
Strafanzeige ['ʃtra:fantsaɪgə] *f* criminal charge; ~ *erstatten gegen* bring a criminal charge against
strafbar ['ʃtra:fba:r] *adj* punishable, subject to prosecution
Strafe ['ʃtra:fə] *f* sentence, penalty
strafen ['ʃtra:fən] *v* punish
Strafsanktionen ['ʃtra:fzaŋktsjo:nən] *f/pl* punitive sanctions *pl*
Strafzins ['stra:ftsɪns] *m* penalty interest
strapazierfähig [ʃtrapa'tsi:rfɛ:ɪç] *adj* sturdy, resilient, heavy-duty
Straßengebühr ['ʃtra:səngəby:r] *f* toll
Straßennetz ['ʃtra:sənnɛts] *n* road network, road system
Strategie [ʃtrate'gi:] *f* strategy
strategisch [ʃtra'te:gɪʃ] *adj* strategic
strategische Allianz [ʃtra'te:giʃə al'jants] *f* strategic alliance
strategische Führung [ʃtra'te:giʃə 'fy:ruŋ] *f* strategic management
strategische Planung [ʃtra'te:giʃə 'pla:nuŋ] *f* strategic planning
strategisches Geschäftsfeld [ʃtra'te:giʃəs ge'ʃɛftsfɛlt] *n* strategic business area
streichen ['ʃtraɪçən] *v irr 1. (durch~)* cross out, delete, strike out; *2. (Plan)* cancel; *(annullieren)* cancel
Streichung ['ʃtraɪçuŋ] *f* deletion
Streifband ['ʃtraɪfbant] *n* postal wrapper
Streifbanddepot ['ʃtraɪfbantdepo:] *n* individual deposit of securities
Streik [ʃtraɪk] *m* strike
Streikaufruf ['ʃtraɪkaufru:f] *m* union strike call
Streikbrecher ['ʃtraɪkbrɛçər] *m* strikebreaker
streiken ['ʃtraɪkən] *v* strike
Streikgelder ['ʃtraɪkgɛldər] *n/pl* strike pay
Streikposten ['ʃtraɪkpɔstən] *m* picketer
Streit [ʃtraɪt] *m (Unstimmigkeit)* disagreement, difference; *(Wortgefecht)* argument, dispute, quarrel, debate, discussion
Streitwert ['ʃtraɪtvɛrt] *m* amount in dispute
streng [ʃtrɛŋ] *adj* strict, severe, exacting; *adv* strictly, severely; ~ *genommen* strictly speaking
streng vertraulich [ʃtrɛŋ fɛr'traulɪç] *adj* strictly confidential
Stress [ʃtrɛs] *m* stress
Stresssituation ['ʃtrɛszɪtuatsjo:n] *f* stressful situation
Streubesitz ['ʃtrɔybəzɪts] *m* diversified holdings
Strichkode ['ʃtrɪçko:d] *m* bar code, UPC code *(US)*
strittig ['ʃtrɪtɪç] *adj* controversial, debatable
Strom [ʃtro:m] *m (elektrischer ~)* current
Stromabnehmer ['ʃtro:mapne:mər] *m (Stromverbraucher)* consumer of electricity, power user
Stromausfall ['ʃtro:mausfal] *m* power failure, power outage
Stromgröße ['ʃtro:mgrø:se] *f* rate of flow
Stromkabel ['ʃtro:mka:bəl] *n* electrical cable, power cable
Stromkreis ['ʃtro:mkraɪs] *m* circuit
Stromrechnung ['ʃtro:mrɛçnuŋ] *f* electricity bill
Stromverbrauch ['ʃtro:mfɛrbraux] *m* power consumption, electricity consumption
Stromzähler ['stro:mtsɛ:lər] *m* current meter
Struktur [ʃtruk'tu:r] *f* structure
strukturell [ʃtruktu'rɛl] *adj* structural; *adv* structurally
strukturieren [ʃtruktu'ri:rən] *v* structure
Strukturkredit [ʃtruk'tu:rkredi:t] *m* structural loan
Strukturkrise [ʃtruk'tu:rkrɪzə] *f* structural crisis
Strukturpolitik [ʃtruk'tu:rpoliti:k] *f* structural policy
Strukturreform [ʃtruk'tu:rrefɔrm] *f* structural reform
strukturschwach [ʃtruk'tu:rʃvax] *adj* lacking in infrastructure, underdeveloped, structurally imbalanced
Strukturwandel [ʃtruk'tu:rvandəl] *m* structural change
Stück [ʃtyk] *n 1.* piece, bit; *2. (Abschnitt)* part, portion, fragment; *3. am ~* at a time
Stückdeckungsbeitrag ['ʃtykdɛkuŋsbaɪtra:k] *m* unit contribution margin

Stücke ['ʃtykə] *pl* securities *pl*
Stückekonto ['ʃtykəkɔnto] *n* shares account
Stückelung ['ʃtykəluŋ] *f* fragmentation
Stückgut ['ʃtykgu:t] *n* mixed cargo
Stückgutverkehr ['ʃtykgu:tfɛrke:r] *m* part-load traffic
Stückkosten ['ʃtykkɔstən] *pl* unit cost, cost per unit
Stückkurs ['ʃtykkurs] *m* price per share
Stücklohn ['ʃtyklo:n] *m* piece-work wage, piece-work pay
stückweise ['ʃtykvaɪzə] *adv ~ verkaufen* sell individually
Stückzahl ['ʃtyktsa:l] *f* number of pieces, quantity
Stückzinsen ['ʃtyktsɪnzən] *m/pl* broken-period interest
Student(in) [ʃtu'dɛnt(ɪn)] *m/f* student
Studie ['ʃtu:djə] *f* study
Stufentarif ['ʃtu:fəntari:f] *m* graduated scale of taxes
stufenweise ['ʃtu:fənvaɪzə] *adv* by steps, gradually, progressively
stufenweise Fixkostendeckungsrechnung ['ʃtu:fənvaɪzə 'fɪkskɔstəndɛkuŋsrɛçnuŋ] *f* multi-stage fixed-cost accounting
stunden ['ʃtundən] *v jdm etw ~* give s.o. time to pay sth
Stundenlohn ['ʃtundənlo:n] *m* hourly wage
Stundung ['ʃtunduŋ] *f* extension, respite
Stützungskauf ['ʃtytsuŋskauf] *m* support buying
subjektiv [zupjɛk'ti:f] *adj* subjective; *adv* subjectively
Subsidiaritätsprinzip [zupzidjari'tɛ:tsprɪntsi:p] *n* principle of subsidiarity
Subskription [zupskrɪp'tsjo:n] *f* subscription
Substanzerhaltung [zup'stantsɛrhaltuŋ] *f* preservation of real-asset values
substanzielle Abnutzung [zupstan'tsjɛlə 'apnutsuŋ] *f* asset erosion
Substanzwert [zup'stantsve:rt] *m* real value
substituierbar [zupstitu'i:rba:r] *adj* replaceable
Substitution [zupstitu'tsjo:n] *f* substitution
Substitutionsgüter [zupstitu'tsjo:nsgy:tər] *n/pl* substitute goods *pl*
Subunternehmer(in) ['zupuntərne:mər(ɪn)] *m/f* subcontractor
Subvention [zupvɛn'tsjo:n] *f* subsidy
subventionieren [zupvɛntsjo'ni:rən] *v* subsidize
Suchabfrage ['zu:xapfra:gə] *f EDV* query
Suchmaschine ['zu:xmaʃi:nə] *f EDV* search engine
Summe ['zumə] *f* sum, amount
Summenaktie ['zumənaktsjə] *f* share at a fixed amount
Summenbilanz ['zumənbilants] *f* turnover balance
summieren [zu'mi:rən] *v* sum up, add up
Sunk Costs ['saŋk 'kɔsts] *pl* sunk costs *pl*
superiore Güter [zuper'jo:rə 'gy:tər] *n/pl* superior goods *pl*
Supermarkt ['zu:pɛrmarkt] *m* supermarket
surfen ['zø:rfən] *v (im Internet)* surf the Internet
suspendieren [zuspɛn'di:rən] *v* suspend
Swap [swɔp] *m* swap
Swapabkommen ['swɔpapkɔmən] *n* swap agreement
Swapgeschäft ['swɔpgəʃɛft] *n* swap transaction
Swaplinie ['swɔpli:njə] *f* swap line
Swappolitik ['swɔppoliti:k] *f* swap policy
Swapsatz ['swɔpzats] *m* swap rate
Swing [swɪŋ] *m (Kreditlinie)* swing
Switch-Geschäft ['swɪtʃgə'ʃɛft] *n* switch
Symbol [zym'bo:l] *n* symbol
Synchronfertigung [zyn'kro:nfɛrtɪguŋ] *f* synchronous production
Syndikat [zyndi'ka:t] *n* syndicate
Syndikatskonto [zyndi'ka:tskɔnto] *n* syndicate account
Syndikus ['zyndikus] *m* syndic
Syndizierung [zyndi'tsi:ruŋ] *f* syndication
Synergie [zynɛr'gi:] *f* synergy
Synodalanleihe [zyno'da:lanlaɪə] *f* synodal loan
Synodalobligation [zyno'da:lobligatsjo:n] *f* synodal bond
System [zys'te:m] *n* system
Systemanalyse [zys'te:manaly:zə] *f* system analysis
systematisch [zyste'ma:tɪʃ] *adj* systematic
Systemberater [zys'te:mbəra:tər] *m* system engineer
Systemplaner [zys'te:mpla:nər] *m* system planner
Systemsteuerung [zys'te:mʃtɔyəruŋ] *f* system control
Systemverwalter [zys'te:mfɛrvaltər] *m* administrator

T

tabellarisch [tabɛ'la:rɪʃ] *adj* tabular, arranged in tables
Tabelle [ta'bɛlə] *f* table, chart
Tabulator [tabu'la:to:r] *m* tabulator
Tabulatortaste [tabu'la:to:rtastə] *f* tab key
Tagegeld ['ta:gəgɛlt] *n* *1. (Reisekosten)* daily allowance, per diem allowance; *2. (Krankenversicherung)* daily benefit
Tagelohn ['ta:gəlo:n] *m* daily wage, daily salary
Tagelöhner(in) ['ta:gəlø:nər(ɪn)] *m/f* day labourer
Tagesablauf ['ta:gəsaplauf] *m* daily routine
Tagesauszug ['ta:gəsaustsu:k] *m* daily statement
Tagesbericht ['ta:gəsbərɪçt] *m* daily report, daily bulletin
Tagesbilanz ['ta:gəsbilants] *f* daily trial balance sheet
Tageseinnahme ['ta:gəsaɪnna:mə] *f* day's receipts *pl*
Tageskurs ['ta:gəskurs] *m* *(von Devisen)* current rate; *(von Effekten)* current price
Tagesleistung ['ta:gəslaɪstuŋ] *f* daily output
Tagesordnung ['ta:gəsɔrdnuŋ] *f* agenda; *an der ~ sein (fig)* to be the order of the day; *zur ~ übergehen* carry on as usual
Tagespensum ['ta:gəspɛnzum] *n* daily quota
Tagessatz ['ta:gəszats] *m* daily rate
Tagesumsatz ['ta:gəsumzats] *m* daily turnover
Tageswechsel ['ta:gəsvɛksəl] *m* day bill
Tageswert ['ta:gəsve:rt] *m* current value
täglich ['tɛ:glɪç] *adj* daily, every day
täglich fälliges Geld ['tɛ:glɪç 'fɛlɪgəs gɛlt] *n* deposit at call
Tagschicht ['ta:kʃɪçt] *f* day shift
Tagung ['ta:guŋ] *f* meeting, conference, session
Tagungsbericht ['ta:guŋsbərɪçt] *m* conference report
Tagungsort ['ta:guŋsɔrt] *m* meeting place, conference site, venue
Take Over ['teɪk əʊvər] *m* take over
taktieren [tak'ti:rən] *v* manoeuvre, maneuver *(US)*
Taktik ['taktɪk] *f* tactics
Taktproduktion ['taktproduktsjo:n] *f* cycle operations *pl*
Talfahrt ['ta:lfa:rt] *f* *1. (Devisen)* downward trend; *2. (Währung)* downward slide
Tantieme [tan'tje:mə] *f* percentage, share in profits, *(Aufsichtsratstantieme)* directors' fee, percentage of profits
Tara ['tara] *n* tare
tarieren [ta'ri:rən] *v* tare
Tarif [ta'ri:f] *m* tariff, rate, scale of charges
tarifäre Handelshemmnisse [tari'fɛ:rə 'handəlshɛmnɪsə] *n/pl* tariff barriers *pl*
Tarifautonomie [ta'ri:fautonomi:] *f* autonomous wage bargaining
tarifbesteuerte Wertpapiere [ta'ri:fbəʃtɔyərtə 've:rtpapi:rə] *n/pl* fully-taxed securities *pl*
Tariferhöhung [ta'ri:fɛrhø:uŋ] *f* *1.* rate increase; *2. (Gehalt)* pay rate increase
Tarifgruppe [ta'ri:fgrupə] *f* pay grade
Tarifkonflikt [ta'ri:fkɔnflɪkt] *m* conflict over wages
Tariflohn [ta'ri:flo:n] *m* standard wage, collectively negotiated wage
Tarifpartner [ta'ri:fpartnər] *m/pl* both sides of industry, unions and management, parties to a collective pay deal/agreement, labour and management
Tarifpolitik [ta'ri:fpoliti:k] *f* pay policy, wages policy
Tarifrunde [ta'ri:frundə] *f* bargaining round, contract renegotiation round
Tarifverhandlung [ta'ri:ffɛrhandluŋ] *f* collective bargaining, collective negotiations *pl*
Tarifvertrag [ta'ri:ffɛrtra:k] *m* collective bargaining agreement
Tarifwert [ta'ri:fve:rt] *m* tariff value
Taschenrechner ['taʃənrɛçnər] *m* pocket calculator
Tastatur [tasta'tu:r] *f* keyboard
tätigen ['tɛ:tɪgən] *v* transact
Tätigkeit ['tɛ:tɪçkaɪt] *f (Beruf)* occupation, job
Tätigkeitsbereich ['tɛ:tɪçkaɪtsbəraɪç] *m* range of activities, sphere of action, field of action
Tätigkeitsfeld ['tɛ:tɪçkaɪtsfɛlt] *n* field of activity
Tausch [tauʃ] *m* trade, exchange, swap
Tauschdepot ['tauʃdepo:] *n* security deposit

tauschen ['tauʃən] *v* trade, exchange, swap
Tauschgeschäft ['tauʃgəʃɛft] *n* exchange deal, swap
Tauschhandel ['tauʃhandəl] *m* barter (trade)
Täuschung ['tɔyʃuŋ] *f* deceit
Tauschwaren ['tauʃva:rən] *f/pl* barter goods *pl*, barter articles *pl*
Tauschwirtschaft ['tauʃvɪrtʃaft] *f* barter economy
taxieren [ta'ksi:rən] *v* appraise, value; *(Wert)* estimate
Taxierung [ta'ksi:ruŋ] *f* appraisal
Taxwert ['taksve:rt] *m* estimated value
Team [ti:m] *n* team
Teamarbeit ['ti:marbaɪt] *f* teamwork
Teamfähigkeit ['ti:mfɛ:ɪçkaɪt] *f* ability to be part of a team
Teamgeist ['ti:mgaɪst] *m* team spirit
Technik ['tɛçnɪk] *f* technology; *(Aufbau)* mechanics; *(Verfahren)* technique
Techniker(in) ['tɛçnɪkər(ɪn)] *m/f* technician
technisch ['tɛçnɪʃ] *adj* technical; *adv* technically
technische Aktienanalyse ['tɛçnɪʃə 'aktsjənanaly:zə] *f* technical analysis
technische Normen ['tɛçnɪʃə 'nɔrmən] *f/pl* technical standards *pl*
technisches Personal ['tɛçnɪʃəs pɛrzo'na:l] *n* technical staff
Technischer Überwachungsverein (TÜV) ['tɛçnɪʃər y:bər'vaxuŋsfɛraɪn] *m* Technical Control Board
Technisierung [tɛçni'zi:ruŋ] *f* mechanization
Technologie [tɛçnolo'gi:] *f* technology
Technologietransfer [tɛçnolo'gi:transfɛ:r] *m* transfer of technology
Technologiezentren [tɛçnolo'gi:tsɛntrən] *n/pl* technology centres *pl*
technologisch [tɛçno'lo:gɪʃ] *adj* technological
Teilakzept ['taɪlaktsɛpt] *n* partial acceptance
Teilauszahlung ['taɪlaustsa:luŋ] *f* partial payment
Teilbeschädigung (P.A.) ['taɪlbəʃɛ:dɪguŋ] *f* partial average (p.a.); partial damage
Teilbetrag ['taɪlbətra:k] *m* partial amount, instalment, fraction
Teilefertigung ['taɪləfɛrtɪguŋ] *f* production of parts and subassemblies
Teilerfolg ['taɪlɛrfɔlk] *m* partial success
Teilerfüllung ['taɪlɛrfʏluŋ] *f* partial fulfilment
Teilforderung ['taɪlfɔrdəruŋ] *f* partial claim
Teilhaber(in) ['taɪlha:bər(ɪn)] *m/f* partner, associate
Teilindossament ['taɪlɪndɔsamɛnt] *n* partial endorsement
Teilkonnossement ['taɪlkɔnɔsəmɛnt] *n* partial bill of lading
Teilkosten ['taɪlkɔstən] *pl* portion of overall costs
Teillieferung ['taɪlli:fəruŋ] *f* partial delivery
Teilnahmebedingung ['taɪlna:məbədɪŋuŋ] *f* condition of entry, condition of participation
Teilnahmebestätigung ['taɪlna:məbəʃtɛ:tɪguŋ] *f* confirmation of attendance
Teilnehmer(in) ['taɪlne:mər(ɪn)] *m/f* subscriber, party
Teilnehmerland ['taɪlne:mərlant] *n* participant country
Teilnehmerwährung ['taɪlne:mərvɛ:ruŋ] *f* participating currency, currency of a euro-participating country; *die bilateralen Kurse zwischen den ~en* bilateral conversion rates between participating currencies
Teilprivatisierung ['taɪlprivatizi:ruŋ] *f* partial privatisation
Teilrechte ['taɪlrɛçtə] *n/pl* partial rights *pl*
Teilverlust (P.L.) ['taɪlfɛrlust] *m* partial loss (p.l.)
Teilwert ['taɪlve:rt] *m* partial value
Teilzahlung ['taɪltsa:luŋ] *f* instalment payment, partial payment
Teilzahlungsbank ['taɪltsa:luŋsbaŋk] *f* instalment sales financing institution
Teilzahlungskauf ['taɪltsa:luŋskauf] *m* hire purchase
Teilzahlungskredit ['taɪltsa:luŋskredi:t] *m* instalment credit
Teilzahlungsrate ['taɪltsa:luŋsra:tə] *f* monthly instalment
Teilzeitarbeit ['taɪltsaɪtarbaɪt] *f* part-time work
Teilzeitbeschäftigung ['taɪltsaɪtbəʃɛftɪguŋ] *f* part-time employment
Telearbeit ['te:ləarbaɪt] *f* telework
Telearbeiter(in) ['te:ləarbaɪtər(ɪn)] *m/f* teleworker
Telebanking ['te:ləbæŋkɪŋ] *n* telebanking
Telefax ['telefaks] *n* fax, facsimile transmission
Telefaxgerät ['telefaksgərɛ:t] *n* fax machine, facsimile machine

Telefaxnummer ['te:ləfaksnumər] *f* fax number
Telefon [tele'fo:n] *n* telephone, phone
Telefonat [telefo'na:t] *n* telephone call
telefonieren [telefo'ni:rən] *v* phone, make a telephone call
Telefonkarte [tele'fo:nkartə] *f* phonecard
Telefonmarketing [tele'fo:nmarkətɪŋ] *n* telephone marketing
Telefonnummer [tele'fo:nnumər] *f* telephone number
Telefonverkauf [tele'fo:nfɛrkauf] *m* telephone selling
Telefonzelle [tele'fo:ntsɛlə] *f* call-box *(UK)*, pay phone, phone booth *(US)*
Telefonzentrale [tele'fo:ntsɛntra:lə] *f* exchange, switchboard
Telegraf [tele'graf] *m* telegraph
telegrafieren [telegra'fi:rən] *v* telegraph, wire, send a telegram
telegrafische Anweisung [tele'gra:fɪʃə 'anvaɪzuŋ] *f* technology payment order
Telegramm [tele'gram] *n* telegram
Telekommunikation ['telekɔmunikatsjo:n] *f* telecommunications *pl*
Telekonferenz ['telekɔnfɛrɛnts] *f* teleconference
Telekonto ['te:ləkɔnto] *n* videotext account
Telekopierer ['te:ləkopi:rər] *m* telecopier
Telematik [te:lə'ma:tɪk] *f* telematics *pl*
Teleservice ['telezɜ:rvɪs] *m* teleservice
Teleshopping ['teleʃɔpɪŋ] *n* teleshopping
temporär [tɛmpo'rɛ:r] *adj* temporary
Tendenz [tɛn'dɛnts] *f* tendency
Tender ['tɛndər] *m* tender
Tenderverfahren ['tɛndərfɛrfa:rən] *n* tender procedure
Termin [tɛr'mi:n] *m* 1. *(Datum)* date; 2. *(Frist)* term, deadline; 3. *(Verabredung)* appointment; 4. *(Verhandlung)* hearing
Terminal ['tɜ:rminəl] *m* terminal
Terminbörse [tɛr'mi:nbørzə] *f* futures market
Termindevisen [tɛr'mi:ndevi:zən] *pl* exchange for forward delivery
Termindruck [tɛr'mi:ndruk] *m* deadline pressure
Termineinlagen [tɛr'mi:naɪnla:gən] *f/pl* time deposit
Termingeld [tɛr'mi:ngɛlt] *n* time deposit
termingerecht [tɛr'mi:ngərɛçt] *adj* on schedule, punctual; *adv* on schedule, at the right time, punctually
Termingeschäft [tɛr'mi:ngəʃɛft] *n* futures business
Terminkalender [tɛr'mi:nkalɛndər] *m* appointment book, appointment calendar, docket
Terminkontrakt [tɛr'mi:nkɔntrakt] *m* forward contract, futures contract
Terminkurs [tɛr'mi:nkurs] *m* forward price
Terminmarkt [tɛr'mi:nmarkt] *m* futures market
Terminpapiere [tɛr'mi:npapi:rə] *n/pl* forward securities *pl*
Terminplan [tɛrm'i:npla:n] *m* schedule, agenda
Terminplaner [tɛr'mi:npla:nər] *m* personal organizer
Terminplanung [tɛr'mi:npla:nuŋ] *f* scheduling
Terminverlängerung [tɛr'mi:nfɛrlɛngəruŋ] *f* extension, prolongation
Terms of Payment [tɛ:mz ɔv 'peɪmənt] *pl (Zahlungsbedingungen)* terms of payment *pl*
Terms of Trade [tɛ:mz ɔv 'treɪd] *pl (Austauschverhältnis zwischen importierten und exportierten Gütern)* terms of trade *pl*
Tertiärbedarf [tɛr'tsjɛ:rbədarf] *m* tertiary demand
tertiärer Sektor [tɛr'tsjɛ:rər 'zɛkto:r] *m* tertiary sector
Testat [tɛs'ta:t] *n* audit opinion
Testbetrieb ['tɛstbətri:p] *m EDV* test mode
Testmarkt ['tɛstmarkt] *m* test market
Testreihe ['tɛstraɪə] *f* battery of tests
Teuerung ['tɔyəruŋ] *f* inflation, rising prices
Teuerungsrate ['tɔyəruŋsra:tə] *f* rate of price increase
Teuerungswelle ['tɔyəruŋsvɛlə] *f* wave of price increase
texten ['tɛkstən] *v (Werbetext)* write copy
Texter(in) ['tɛkstər(ɪn)] *m/f (Werbetexter)* copywriter
Textgestaltung ['tɛkstgəʃtaltuŋ] *f* text configuration
Textilarbeiter(in) [tɛks'ti:larbaɪtər(ɪn)] *m/f* textile worker
Textilindustrie [tɛks'ti:lɪndustri:] *f* textile industry
Textilwaren [tɛks'ti:lva:rən] *f/pl* textiles *pl*
Textverarbeitung ['tɛkstfɛrarbaɪtuŋ] *f* word processing
Thesaurierung [tezau'ri:ruŋ] *f* accumulation of capital
Thesaurierungsfonds [tezau'ri:ruŋsfɔ̃:] *m* accumulative investment fund
Tiefpunkt ['ti:fpuŋkt] *m* low

tilgbar ['tɪlkba:r] *adj* redeemable, repayable
tilgen ['tɪlgən] *v* redeem, repay, pay off
Tilgung ['tɪlguŋ] *f* repayment, redemption, amortization
Tilgungsanleihe ['tɪlguŋsanlaɪə] *f* redemption loan
Tilgungsaussetzung ['tɪlguŋsauszɛtsuŋ] *f* suspension of redemption payments
Tilgungsfonds ['tɪlguŋsfɔ̃:] *m* redemption fund
Tilgungsgewinn ['tɪlguŋsgəvɪn] *m* gain of redemption
Tilgungshypothek ['tɪlguŋshypote:k] *f* amortizable mortgage loan
Tilgungsrate ['tɪlguŋsra:tə] *f* amortization instalment
Tilgungsrückstände ['tɪlguŋsrykʃtɛndə] *m/pl* redemption in arrears
Tilgungsstreckung ['tɪlguŋsʃtrɛkuŋ] *f* repayment extension
Tilgungszeitraum ['tɪlguŋstsaɪtraum] *m* amortization period, redemption period
Timesharing ['taɪmʃɜrɪŋ] *n* time sharing
Timing ['taɪmɪŋ] *n* timing
tippen ['tɪpən] *v (Maschine schreiben)* type
Tippfehler ['tɪpfe:lər] *m* typing error, typographical error
Tochtergesellschaft ['tɔxtərgəzɛlʃaft] *f* subsidiary, affiliate
Top-Down-Prinzip [tɔp'daʊnprɪntsi:p] *n* top-down principle
Topmanagement [tɔp'mænɪdʒmənt] *n* top management
Total Quality Management (TQM) [təʊtl 'kvɔlɪti mænɪdʒmənt] *n* total quality management (TQM)
Totalanalyse [to'ta:lanaly:zə] *f* total analysis
Totalausverkauf [to'ta:lausfɛrkauf] *m* *1.* clearance sale; *2. (Geschäftsaufgabe)* closing-down sale
Totalschaden [to'ta:lʃa:dən] *m* total loss
totes Depot ['to:təs de'po:] *n* dormant deposit
totes Kapital ['to:təs kapi'ta:l] *n* dead capital
totes Konto ['to:təs 'kɔnto] *n* inoperative account
totes Papier ['to:təs pa'pi:r] *n* inactive security
Trade Marts ['treɪd ma:rts] *pl* trade marts *pl*
Trade Terms ['treɪd tɛ:mz] *pl* trade terms *pl*
Trading-Down ['treɪdɪŋdaʊn] *n* trading down
Trading-Up ['treɪdɪŋap] *n* trading up
traditionell [traditsjo:'nɛl] *adj* traditional; *adv* traditionally
Traditionspapier [tradi'tsjo:nspapi:r] *n* negotiable document of title
Trainee [trɛ:ɪ'ni:] *m/f* trainee
Training on the Job [treɪnɪŋ ɔn ðə 'dʒɔb] *n* training on the job
Tranche ['trɑ̃ʃ(ə)] *f* tranche
Transaktion [transak'tsjo:n] *f* transaction
Transaktionsanalyse [transak'tsjo:nsana-ly:zə] *f* transactional analysis
Transaktionskasse [transak'tsjo:nskasə] *f* transaction balance
Transaktionskosten [transak'tsjo:nskɔs-tən] *pl* conversion charge
Transaktionsnummer (TAN) [transak-'tsjo:nsnumər] *f* transaction number
Transaktions- und Kurssicherungskosten [transak'tsjo:ns unt 'kurszɪçəruŋskɔstən] *pl* transaction costs and costs of exchange cover *pl*
Transfer [trans'fe:r] *m* transfer
Transferabkommen [trans'fe:rapkɔmən] *n* transfer agreement
Transferausgaben [trans'fe:rausga:bən] *f/pl* transfer expenditure
Transfergarantie [trans'fe:rgaranti:] *f* guarantee of foreign exchange transfer
Transferleistungen [trans'fe:rlaɪstuŋən] *f/pl* transfer payments *pl*
Transferrisiko [trans'fe:rri:ziko] *n* risk of transfer
Transit ['tranzɪt] *m* transit
Transitgüter ['tranzɪtgy:tər] *n/pl* transit goods *pl,* transit articles *pl*
Transithandel [tran'zɪthandəl] *m* transit trade
Transitklausel [tran'zɪtklauzəl] *f* transit clause
Transitverkehr ['tranzɪtfɛrke:r] *m* transit trade
Transitzoll [tran'zɪttsɔl] *m* transit duty
transnationale Unternehmung ['trans-natsjona:lə untər'ne:muŋ] *f* transnational corporations *pl*
Transparenz [transpa'rɛnts] *f* transparency
Transport [trans'pɔrt] *m* transport, transportation *(US)*
transportabel [transpɔr'ta:bəl] *adj* transportable
Transportbehälter [trans'pɔrtbəhɛltər] *m* container
Transporter [trans'pɔrtər] *m* *1. (Lastwagen)* van; *2. (Flugzeug)* cargo plane

Transporteur [transpɔrt'øːr] *m* carrier
transportieren [transpor'tiːrən] *v* transport
Transportkette [trans'pɔrtkɛtə] *f* transport chain
Transportkosten [trans'portkɔstən] *pl* transport costs *pl*, forwarding charges *pl*, shipping charges *pl*
Transportmittel [trans'portmɪtəl] *n* means of transport, means of conveyance
Transportpapiere [trans'pɔrtpapiːrə] *n/pl* transport documents *pl*
Transportschaden [trans'pɔrtʃaːdən] *m* loss during transport, damage in transit, transport loss
Transportunternehmen [trans'portuntərneːmən] *n* haulage company
Transportunternehmer(in) [trans'pɔrtuntərneːmər(ɪn)] *m/f* hauler, haulier
Transportversicherung [trans'pɔrtfɛrʒɪçəruŋ] *f* transport insurance
Transportversicherung gegen alle Risiken (a.a.r.) [trans'pɔrtfɛrzɪçəruŋ 'geːgən alə 'riːzikən] *f* transportation insurance against all risks (a.a.r.)
Transportweg [trans'pɔrtveːk] *m* route of transportation
Transportwesen [trans'pɔrtveːzən] *n* transportation
Trassant [tra'sant] *m* drawer
Trassat [tra'saːt] *m* drawee
trassiert-eigener Scheck [tra'siːrtaɪgənər ʃɛk] *m* cheque drawn by the drawer himself
trassiert-eigener Wechsel [tra'siːrtaɪgənər 'vɛksəl] *m* bill drawn by the drawer himself
Trassierung [tra'siːruŋ] *f* drawing
Trassierungskredit ['trasiːruŋskrediːt] *m* acceptance credit
Tratte ['tratə] *f* draft
Treasury Bill ['treʒəri bɪl] *f* treasury bill
Treasury Bond ['treʒəri bɔnd] *m* treasury bond
Treasury Note ['treʒəri nəʊtə] *f* treasury note
Trend [trɛnt] *m* trend
Trendanalyse ['trɛntanalyːzə] *f* trend analysis
Trendforschung ['trɛntfɔrʃuŋ] *f* trend research
Trendumkehr ['trɛntumkeːr] *f* trend change, trend reversal
Trendwende ['trɛntvɛndə] *f* reversal of a trend
Trennbanksystem ['trɛnbaŋkzysteːm] *n* system of specialized banking
Trennblatt ['trɛnblat] *n* page divider
Trennungsentschädigung ['trɛnuŋsɛntʃɛːdɪguŋ] *f* severance pay
Tresor [tre'zoːr] *m* safe
Tresorfach [tre'zoːrfax] *n* safe deposit box
Tresorraum [tre'zoːrraum] *m* strongroom
Treu und Glaube ['trɔy unt glaubə] good faith
Treuepflicht ['trɔyəpflɪçt] *f* allegiance, duty of loyality
Treuerabatt ['trɔyərabat] *m* fidelity rebate, patronage discount
Treuhand ['trɔyhant] *f* trust
Treuhandanstalt ['trɔyhantanʃtalt] *f* institutional trustee
Treuhandbank ['trɔyhantbaŋk] *f* trust bank
Treuhanddepots ['trɔyhantdepoːs] *n/pl* trust deposits *pl*
Treuhänder ['trɔyhɛndər] *m* fiduciary, trustee
treuhänderisch ['trɔyhɛndərɪʃ] *adj* fiduciary; *adv* in trust
Treuhandfonds ['trɔyhantfɔ̃ː] *m* trust funds *pl*
Treuhandgelder ['trɔyhantgɛldər] *pl* trust funds
Treuhandgesellschaft ['trɔyhantgəzɛlʃaft] *f* trust company
Treuhandkredit ['trɔyhantkrediːt] *m* loan on a trust basis
Treuhandschaft ['trɔyhantʃaft] *f* trusteeship
Triade [tri'aːdə] *f* company operating in Japan, USA and Europe; triad
Trittbrettverfahren ['trɪtbrɛtfɛrfaːrən] *n* free rider principle
trockener Wechsel ['trɔkənər 'vɛksəl] *m* negotiable promissory note
Trust [trast] *m* trust
Trust Center ['trast sɛntər] *n* trust centre
Trust Fonds ['trast fɔ̃ː] *m* trust fund
Turnaround [tɜːnəraʊnd] *m (Trendwende)* turnaround
Turn-Key-Projekte ['tɜːnkiːpro'jɛktə] *n/pl* turnkey projects *pl*
Turnus ['turnus] *m* rota
TÜV [tyf] *m (technische Überprüfung von Fahrzeugen)* motor vehicle inspection
Typenkauf ['tyːpənkauf] *m* type purchase
Typisierung [typi'ziːruŋ] *f* typification

U

Überangebot ['y:bərangəbo:t] *n* oversupply, glut
überarbeiten [y:bər'arbaɪtən] *v 1. (etw ~)* revise; *2. sich ~* overwork o.s.
Überarbeitung [y:bər'arbaɪtuŋ] *f 1.* revision; *2. (Überanstrengung)* overwork
Überbelastung ['y:bərbəlastuŋ] *f* overloading, overtaxing, overworking, strain
Überbeschäftigung ['y:bərbəʃɛftɪguŋ] *f* overemployment
überbesetzt ['y:bərbəzɛtst] *adj* overstaffed
Überbesetzung ['y:bərbəzɛtsuŋ] *f* overstaffing
Überbewertung ['y:bərbəve:rtuŋ] *f* overvaluation
überbezahlen ['y:bərbətsa:lən] *v* overpay
überbezahlt ['y:bərbətsa:lt] *adj* overpaid
überbieten [y:bər'bi:tən] *v irr 1. (Preis)* overbid, outbid; *2. (Leistung)* outdo, beat, surpass
Überbringer(in) [y:bər'brɪŋər(ɪn)] *m/f* bearer
Überbringerscheck [y:bər'brɪŋərʃɛk] *m* bearer-cheque
Überbrückungsfinanzierung [y:ber'brykuŋsfinantsi:ruŋ] *f* interim financing
Überbrückungsgeld [y:bər'brykuŋsgɛlt] *n* temporary assistance
Überbrückungskredit [y:bər'brykuŋskrɛdi:t] *m* bridging loan, tide-over credit
Überbrückungsrente [y:bər'brykuŋsrɛntə] *f* interim retirement pension
Überdividende ['y:bərdividɛndə] *f* superdividend
übereignen [y:bər'aɪknən] *v jdm etw ~* make sth over to s.o., transfer sth to s.o.
Übereignung [y:bər'aɪknuŋ] *f* transfer of ownership, transfer of title
Übereinkommen [y:bər'aɪnkɔmən] *n* agreement, understanding
übereinkommen [y:bər'aɪnkɔmən] *v irr* agree, come to an agreement, come to an understanding
Übereinkunft [y:bər'aɪnkunft] *f* agreement
Übereinstimmung ['y:bəraɪnʃtɪmuŋ] *f* match, agreement
überfällig ['y:bərfɛlɪç] *adj (zu spät)* overdue; *(abgelaufen)* expired, overdue
Überfinanzierung ['y:bərfinantsi:ruŋ] *f* overfinancing
Überfluss ['y:bərflus] *m 1. (Überschuss)* surplus; *2. (Überangebot)* glut
Überflussgesellschaft ['y:bərflusgəzɛlʃaft] *f* affluent society
überfordern [y:bər'fɔrdərn] *v* overtax, demand too much of
überfordert [y:bər'fɔrdərt] *adj* overtaxed, overstrained
überführen [y:bər'fy:rən] *v (transportieren)* transport, transfer
Überführung [y:bər'fy:ruŋ] *f (Transport)* transport, transportation
Übergabe ['y:bərga:bə] *f* handing over, delivery
Übergangsbestimmungen ['y:bərgaŋsbəʃtɪmuŋən] *f/pl* provisional regulations *pl,* temporary regulations *pl*
Übergangserscheinung ['y:bərgaŋsɛrʃaɪnuŋ] *f* phenomenon of transition
Übergangsfrist ['y:bərgaŋsfrɪst] *f* transition phase, interim period
Übergangsgeld ['y:bərgaŋsgɛlt] *n* transitional pay
Übergangskonten ['y:bərgaŋskɔntən] *n/pl* suspense accounts *pl*
Übergangslösung ['y:bərgaŋslø:zuŋ] *f* temporary solution
Übergangsregelung ['y:bərgaŋsre:gəluŋ] *f* interim arrangement, transitional arrangement
Übergangszeit ['y:bərgaŋstsaɪt] *f* period of transition
übergeben [y:bər'ge:bən] *v irr (etw ~)* deliver, hand over; *jdm etw ~* deliver sth over to s.o.
Übergebot ['y:bərgəbo:t] *n* higher bid
Übergewicht ['y:bərgəvɪçt] *n* overweight
Überhang ['y:bərhaŋ] *m (Überschuss)* surplus
überhöht [y:bər'hø:t] *adj* excessive
Überkapazität ['y:bərkapatsitɛ:t] *f* overcapacity
Überkapitalisierung ['y:berkapitalizi:ruŋ] *f* overcapitalization
Überkreuzverflechtung [y:bər'krɔytsfɛrflɛçtuŋ] *f* interlocking directorate
Überliquidität ['y:bərlikviditɛ:t] *f* excess liquidity
übermitteln [y:bər'mɪtəln] *v* transmit, convey, deliver

Übermittlung [yːbər'mɪtlʊŋ] *f* conveyance, transmission
Übernahme ['yːbərnaːmə] *f* takeover, taking over, taking possession; *(Amtsübernahme)* entering
Übernahmeangebot ['yːbərnaːməangəboːt] *n* takeover bid
Übernahmegewinn ['yːbərnaːməgəvɪn] *m* takeover profit
Übernahmegründung ['yːbərnaːməgryndʊŋ] *f* foundation in which founders take all shares
Übernahmekonsortium ['yːbərnaːməkɔnzɔrtsjum] *n* security-taking syndicate
Übernahmekurs ['yːbərnaːməkurs] *m* underwriting price
Übernahmeverlust ['yːbərnaːməfɛrlust] *m* loss on takeover
übernehmen [yːbər'neːmən] *v irr 1. (entgegennehmen)* accept; *2. (Amt)* take over; *3. sich ~ (sich überanstrengen)* overstrain, overextend, undertake too much
überordnen ['yːbərɔrdnən] *v* give priority to; *jmd ist jdm übergeordnet* s.o. ranks above s.o.
Überpreis ['yːbərpraɪs] *m* excessive price
Überproduktion ['yːbərprɔduktsjoːn] *f* overproduction, excess production
überprüfen [yːbər'pryːfən] *v* check, examine, inspect
Überprüfung [yːbər'pryːfʊŋ] *f* inspection, overhaul, examination
Überqualifikation ['yːbərkvalifikatsjoːn] *f* overqualification
überqualifiziert ['yːbərkvalifitsiːrt] *adj* overqualified
übersättigt [yːbər'zɛtɪçt] *adj (Markt)* glutted
Übersättigung [yːbər'zɛtɪgʊŋ] *f* repletion, glutting
Überschlag ['yːbərʃlaːk] *m* rough calculation, rough estimate
überschlagen [yːbər'ʃlaːgən] *v (ausrechnen)* estimate, approximate; *(Kosten)* make a rough estimate of
überschreiben [yːbər'ʃraɪbən] *v irr 1.* transfer by deed, convey; *2.* write over
Überschreibung [yːbər'ʃraɪbʊŋ] *f* conveyance, transfer by deed, transfer in a register
überschuldet [yːbər'ʃuldət] *adj* heavily indebted
Überschuldung [yːbər'ʃuldʊŋ] *f* overindebtedness, excessive indebtedness
Überschuldungsbilanz [yːbər'ʃuldʊŋsbilants] *f* statement of overindebtedness
Überschuss ['yːbərʃus] *m* surplus, excess
überschüssig ['yːbərʃysɪç] *adj* surplus, excess, left over
Überschussproduktion ['yːbərʃusprɔduktsjoːn] *f* surplus production
Überschussrechnung ['yːbərʃusrɛçnʊŋ] *f* cash receipts and disbursement method
Überschussreserve ['yːbərʃusrezɛrvə] *f* surplus reserve
Überschusssparen ['yːbərʃusʃpaːrən] *n* surplus saving
überschwemmen [yːbər'ʃvɛmən] *v (Markt)* glut, flood
überschwemmt [yːbər'ʃvɛmt] *adj (Markt)* glutted
Übersee ['yːbərzeː] *f in ~* overseas; *von ~* from overseas
Überseehandel ['yːbərzeːhandəl] *m* oversea(s) trade
übersenden [yːbər'zɛndən] *v irr* send, forward, transmit
Übersendung [yːbər'zɛndʊŋ] *f* sending, conveyance, consignment
Übersetzungssoftware ['yːbər'zɛtsuŋssɔftvɛːr] *f* translation software
Übersicht ['yːbərzɪçt] *f 1. (Überblick)* general picture, overall view; *2. (Zusammenfassung)* outline, summary, review
Übersichtstabelle ['yːbərzɪçtstabɛlə] *f* chart
übersteigen ['yːbərʃtaɪgən] *v irr (Preise)* top
Überstunde ['yːbərʃtundə] *f* overtime; *~n machen* work overtime, put in overtime
übertariflich ['yːbərtariːflɪç] *adj* merit
übertarifliche Bezahlung ['yːbərtariːflɪçə bə'tsaːlʊŋ] *f* payment in excess of collectively agreed scale
Überteuerung [yːbər'tɔyərʊŋ] *f* overcharge, excessive prices *pl*
Übertrag ['yːbərtraːk] *m* sum carried over
übertragbar [yːbər'traːkbaːr] *adj (Papiere)* assignable, transferable, conveyable
Übertragbarkeit [yːbər'traːkbarkaɪt] *f (Papiere)* transferability
übertragen [yːbər'traːgən] *v (Auftrag)* transfer, transmit; *(Papiere)* assign, transfer
Übertragung [yːbər'traːgʊŋ] *f* transfer, assignment
Übertragungsfehler [yːbər'traːgʊŋsfeːlər] *m* transcription error
Überversicherung ['yːbərfɛrzɪçərʊŋ] *f* overinsurance
übervorteilen [yːbər'foːrtaɪlən] *v* defraud, cheat

Übervorteilung [y:bər'fo:rtaɪluŋ] *f* cheating
überwachen [y:bər'vaxən] *v* supervise, monitor
Überwachung [y:bər'vaxuŋ] *f* supervision, surveillance, observation
überweisen [y:bər'vaɪzən] *v irr* transfer
Überweisung [y:bər'vaɪzuŋ] *f (von Geld)* transfer, remittance
Überweisungsauftrag [y:bər'vaɪzuŋsauftra:k] *m* transfer instruction
Überweisungsformular [y:bər'vaɪzuŋsfɔrmula:r] *n* credit transfer form
Überweisungsscheck [y:bər'vaɪzuŋsʃɛk] *m* transfer cheque
Überweisungsträger [y:bər'vaɪzuŋstrɛ:gər] *m* remittance slip
Überweisungsverkehr [y:bər'vaɪzuŋsfɛrke:r] *m* money transfer transactions *pl*
überzeichnen [y:bər'tsaɪçnən] *v* oversubscribe
Überzeichnung [y:bər'tsaɪçnuŋ] *f* oversubscription
überzeugen [y:bər'tsɔygən] *v* convince; *(überreden)* persuade; *(juristisch)* satisfy
Überzeugungskraft [y:bər'tsɔyguŋskraft] *f* powers of persuasion *pl*
überziehen [y:bər'tsi:ən] *v irr (Konto)* overdraw an account
Überziehung [y:bər'tsi:uŋ] *f (Konto)* overdraft
Überziehungsgrenze ['y:bərtsi:uŋsgrɛntsə] *f* credit line, credit limit
Überziehungskredit [y:bər'tsi:uŋskrɛdi:t] *m* overdraft provision, overdraft credit; *zinsloser ~* swing
Überziehungsprovision [y:bər'tsi:uŋsprovizjo:n] *f* overdraft commission
überzogen [y:bər'tso:gən] *adj 1. (Preise)* excessive; *2. (Konto)* overdrawn
Überzug ['y:bərtsu:k] *m (Beschichtung)* coating
üblich ['y:plɪç] *adj* usual, customary, conventional, ordinary
übliche Bedingungen (u.c., u.t.) ['y:blɪçə bə'dɪŋuŋən] *f/pl* usual conditions (u.c.) *pl;* usual terms (u.t.) *pl*
Uhrzeit ['u:rtsaɪt] *f* time (of day)
Ultimatum [ulti'ma:tum] *n* ultimatum
ultimo ['ultimo] *adv* end of the month
Ultimoabrechnung ['ultimoaprɛçnuŋ] *f* end-of-month settlement
Ultimogeld ['ultimogɛlt] *n* last-day money
Ultimogeschäft ['ultimogəʃɛft] *n* last-day business
umbilden ['umbɪldən] *v (neu organisieren)* reorganize
Umbrella-Effekt [am'brelə ɛ'fɛkt] *m* umbrella effect
Umbruch ['umbrux] *m* upheaval, change
Umbruchszeit ['umbruxstsaɪt] *f* time of upheaval, time of change
umbuchen ['umbu:xən] *v (Konto)* transfer to another account
Umbuchung ['umbu:xuŋ] *f (Kontoumbuchung)* transfer (of an entry)
Umbuchungsgebühr ['umbu:xuŋsgəby:r] *f* alteration charge
umdisponieren ['umdɪsponi:rən] *v* make new arrangements
Umfang ['umfaŋ] *m (fig: Ausmaß)* scope, scale
Umfinanzierung ['umfinantsi:ruŋ] *f* switch-type financing, refinancing
Umfrage ['umfra:gə] *f* public opinion poll, opinion survey
umgehend ['umge:ənt] *adj* immediate; *adv* immediately
umgestalten ['umgəʃtaltən] *v* reshape, reformat, redesign
Umgestaltung ['umgəʃtaltuŋ] *f* reshaping, reorganization, reformatting, reconfiguration
Umgründung ['umgrynduŋ] *f* reorganization
umgruppieren ['umgrupi:rən] *v (einer Firma)* reshuffle
Umgruppierung ['umgrupi:ruŋ] *f (einer Firma)* reshuffling
umladen ['umla:dən] *v irr* reload; *(einer Schiffsladung)* transship
Umlage ['umla:gə] *f* levy contribution, allocation, charge; *eine ~ machen* split the costs
umlagern ['umla:gərn] *v* move, put in another place
Umlageverfahren ['umla:gəfɛrfa:rən] *n (Kostenrechnung)* method of cost allocation; *(Sozialversicherung)* social insurance on a pay-as-you-go basis
Umlauf ['umlauf] *m* circulation
umlaufen ['umlaufən] *v irr (Geld)* circulate
Umlaufkapital ['umlaufkapita:l] *n* current liabilities *pl*
Umlaufmappe ['umlaufmapə] *f* circular file
Umlaufmarkt ['umlaufmarkt] *m* secondary market
Umlaufrendite ['umlaufrɛndi:tə] *f* yield on bonds outstanding

Umlaufgeschwindigkeit ['umlaufgəʃwındigkaıt] *f (des Geldes)* velocity of circulation
Umlaufvermögen ['umlauffɛrmø:gən] *n* floating assets *pl*, current assets *pl*
umlegen ['umle:gən] *v (verteilen)* allocate, distribute, apportion
umpacken ['umpakən] *v* repack
umprogrammieren ['umprogrami:rən] *v* reprogram
umrechnen ['umrɛçnən] *v* convert
Umrechnung ['umrɛçnuŋ] *f* conversion
Umrechnungsfaktor ['umrɛçnuŋsfakto:r] *m* conversion factor
Umrechnungsgebühren ['umrɛçnuŋsgeby:ren] *f/pl* conversion charges *pl*
Umrechnungskurs ['umrɛçnuŋskurs] *m* exchange rate, rate of conversion
Umrechnungstabelle ['umrɛçnuŋstabɛlə] *f* conversion table
umrüsten ['umrystən] *v (technisch)* retool, adapt, convert
umsatteln ['umzatəln] *v (fig: Beruf)* change one's profession
Umsatz ['umzats] *m* turnover, sales volume
Umsatzbeteiligung ['umzatsbətaılıguŋ] *f (Provision)* commission
Umsatzentwicklung ['umzatsɛntvıkluŋ] *f* turnover trend
Umsatzplan ['umzatspla:n] *m* turnover plan
Umsatzprognose ['umzatsprogno:zə] *f* turnover forecast
Umsatzprovision ['umzatsprovizjo:n] *f* sales commission, commission on turnover
Umsatzrendite ['umzatsrɛndi:tə] *f* net income percentage of turnover
Umsatzrentabilität ['umzatsrɛntabilitɛ:t] *f* net profit ratio
Umsatzrückgang ['umzatsrʏkgaŋ] *m* drop in sales, decline in sales
Umsatzsteigerung ['umzatsʃtaıgəruŋ] *f* increase in sales, turnover increase
Umsatzsteuer ['umzatsʃtɔyər] *f* turnover tax
Umschlag ['umʃla:k] *m 1. (Kuvert)* envelope; *2. (Schutzhülle)* cover, wrapping; *3. (Umladung)* transshipment, reloading
umschlagen ['umʃla:gən] *v irr (umladen)* transfer, transship
Umschlagplatz ['umʃla:kplats] *m* reloading point; *(Handelsplatz)* trade centre
Umschlagshäufigkeit eines Lagers ['umʃla:kshɔyfıçkaıt 'aınəs 'la:gərs] *f* inventory sales ratio; rate of inventory turnover
umschreiben ['umʃraıbən] *v irr (übertragen)* transfer
umschulden ['umʃuldən] *v (Anleihen)* convert
Umschuldung ['umʃulduŋ] *f* debt restructuring
umschulen ['umʃu:lən] *v* retrain
Umschulung ['umʃu:luŋ] *f (für einen anderen Beruf)* retraining
Umschwung ['umʃvuŋ] *m (Meinung)* change, revearsal
umsetzbar ['umzɛtsba:r] *adj (verkäuflich)* marketable, salable, sellable
Umsetzbarkeit ['umzɛtsba:rkaıt] *f (Verkäuflichkeit)* market-ability, salability, sellability
umsetzen ['umzɛtsən] *v (verkaufen)* turn over, sell
umsonst [um'zɔnst] *adv 1. (vergeblich)* in vain, to no avail, uselessly; *2. (erfolglos)* without success; *3. (unentgeltlich)* free, for nothing, gratis
umstellen ['umʃtɛlən] *v (umorganisieren)* reorganize; *sich ~ (anpassen)* accommodate o.s., adapt, adjust
Umstellung ['umʃtɛluŋ] *f 1. (Umorganisierung)* reorganization; *2. (Anpassung)* adaptation
Umstellungstermin ['umʃtɛluŋstɛrmi:n] *m* changeover date
Umstellungszeitplan ['umʃtɛluŋstsaıtpla:n] *m* changeover timetable
umstrukturieren ['umʃtrukturi:rən] *v* restructure
Umstrukturierung ['umʃtrukturi:ruŋ] *f* restructuring, reorganization
Umtausch ['umtauʃ] *m* exchange; *(in eine andere Währung)* conversion
umtauschen ['umtauʃən] *v* exchange, convert
Umtauschrecht ['umtauʃrɛçt] *n* right to exchange goods
umverteilen ['umfɛrtaılən] *v* redistribute
Umverteilung ['umfɛrtaıluŋ] *f* redistribution
umwechseln ['umvɛksəln] *v* change, exchange
Umwechslung ['umvɛksluŋ] *f* exchange
Umwelt ['umvɛlt] *f* environment
Umweltabgabe ['umvɛltapga:bə] *f* environmental levy
Umweltbelastungen ['umvɛltbəlastuŋən] *f/pl* environmentally damaging activities *pl*
umweltfreundlich ['umvɛltfrɔyndlıç] *adj* non-polluting, environment-friendly
Umwelthaftungsgesetz (UmweltHG) ['umvɛlthaftuŋsgəzɛts] *n* Law on Environmental Issues

Umweltpolitik ['umvɛltpolitiːk] *f* environmental policy
umweltpolitisch ['umvɛltpoliːtɪʃ] *adj* ecopolitical
Umweltschutz ['umvɛltʃuts] *m* protection of the environment, pollution control, conservation
Umweltverschmutzung ['umvɛltfɛrʃmutsuŋ] *f* environmental pollution
Umweltverträglichkeit ['umvɛltfɛrtrɛːklɪçkaɪt] *f* environmental impact, effect on the environment
Umweltzeichen ['umvɛlttsaɪçən] *n* environmental label
Unabhängigkeit ['unaphɛŋiçkaɪt] *f* independence
unabkömmlich ['unapkœmlɪç] *adj* indispensable
Unabkömmlichkeit ['unapkœmlɪçkaɪt] *f* indispensability
unaufgefordert ['unaufgəfɔrdərt] *adj* unasked, unsolicited; *adv* without being asked
unausgebildet ['unausgəbɪldət] *adj* untrained, unskilled
unbar ['unbaːr] *adj/adv* non cash
unbeantwortet ['unbəantvɔrtət] *adj* unanswered
unbefristet ['unbəfrɪstət] *adj* for an indefinite period, permanent
unbefugt ['unbəfuːkt] *adj* unauthorized
Unbefugte(r) ['unbəfuːktə(r)] *f/m* unauthorized person, trespasser
unberechenbar ['unbərɛçənbaːr] *adj* incalculable, unpredictable
unbeschränkte Steuerpflicht ['unbəʃrɛŋktə 'ʃtɔyərpflɪçt] *f* unlimited tax liability
unbeständig ['unbəʃtɛndɪç] *adj (Markt)* unsettled
Unbeständigkeit ['unbəʃtɛndɪçkaɪt] *f (Markt)* unsettledness
unbewegliche Vermögen ['unbəveːklɪçə fɛr'møːgən] *n/pl* immovable property
unbezahlbar [unbə'tsaːlbaːr] *adj* unaffordable, prohibitively expensive
unbezahlter Urlaub ['unbətsaːltər 'urlaup] *m* unpaid vacation
unbeziffert ['unbətsɪfərt] *adj* uncosted
unbrauchbar ['unbrauxbaːr] *adj* useless, of no use
unbürokratisch ['unbyrɔkratɪʃ] *adj* unbureaucratic
undurchführbar ['undurçfyːrbaːr] *adj* impracticable, infeasible
unechte Gemeinkosten ['unɛçtə gə'maɪnkɔstən] *pl* fictitious overheads *pl*
unechtes Factoring ['unɛçtəs 'fæktərɪŋ] *n* false factoring
uneinbringliche Forderung ['unaɪnbrɪŋlɪçə 'fɔrdəruŋ] *f* irrecoverable debt
uneingeschränkt ['unaɪngəʃrɛŋkt] *adj* unrestricted, unlimited
uneinheitlich ['unaɪnhaɪtlɪç] *adj (Preise)* irregular
unentgeltlich ['unɛntgɛltlɪç] *adj* free of charge; *adv* free of charge, gratis
unerfahren ['unɛrfaːrən] *adj* inexperienced
unfähig ['unfɛːɪç] *adj* incapable, unable
Unfähigkeit ['unfɛːɪçkaɪt] *f* incompetence, inability
Unfallverhütungsvorschriften ['unfalfɛrhyːtuŋsfoːrʃrɪftən] *f/pl* accident-prevention rules *pl*
Unfallversicherung ['unfalfɛrzɪçəruŋ] *f* accident insurance
unfertige Erzeugnisse ['unfɛrtɪgə ɛr'tsɔyknɪsə] *n/pl 1. (Recht)* work in process; *2. (Produktion)* partly finished products *pl*
unfrankiert ['unfraŋkiːrt] *adj* unpaid, not prepaid
Unfriendly Takeover ['anfrendli 'teɪkəʊvər] *n (feindliche Übernahme)* unfriendly take over
ungedeckter Kredit ['ungədɛktər kre'diːt] *m* uncovered credit
ungedeckter Scheck ['ungədɛktər ʃɛk] *m* uncovered cheque
ungenutzt ['ungənutst] *adj/adv* unused, unutilized
ungesetzlich ['ungəzɛtslɪç] *adj* illegal, illicit, unlawful
ungültig ['ungyltɪç] *adj* invalid, void
Ungültigkeit ['ungyltɪçkaɪt] *f* invalidity, nullity
ungünstig ['ungynstɪç] *adj* unfavourable, inopportune; *adv* unfavourably
Unifizierung [unifi'tsiːruŋ] *f* consolidation
Union [un'joːn] *f* union
Universalbank [univɛr'zaːlbaŋk] *f* allround bank
unkompensierte Bilanz ['unkɔmpɛnziːrtə bi'lants] *f* unoffset balance sheet
Unkosten ['unkɔstən] *pl* expenses *pl*, costs *pl*; *sich in ~ stürzen* go to a great deal of expense
Unkostenbeitrag ['unkɔstənbaɪtraːk] *m* contribution towards expenses
unkündbar [un'kyntbaːr] *adj* permanent, binding, not terminable

unlautere Werbung ['unlautərə 'vɛrbuŋ] *f* unfair advertising
unlauterer Wettbewerb ['unlautərər 'vɛtbəvɛrp] *m* unfair competition
Unmündigkeit ['unmyndɪçkaɪt] *f* minority
unnotierte Werte ['unnoti:rtə 've:rtə] *m/pl* unlisted securities *pl*
unnötig ['unnø:tɪç] *adj* unnecessary, needless
unpraktisch ['unpraktɪʃ] *adj* unpractical *(UK)*, impractical *(US)*
unrealistisch ['unrealɪstɪʃ] *adj* unrealistic
unrechtmäßig ['unrɛçtmɛ:sɪç] *adj* illegal, unlawful
unregelmäßig ['unre:gəlmɛ:sɪç] *adj* irregular; *adv* irregularly
Unregelmäßigkeit ['unre:gəlmɛ:sɪçkaɪt] *f* irregularity
unrentabel ['unrɛnta:bəl] *adj* unprofitable
unsachgemäß ['unzaxgəmɛ:s] *adj* improper, inexpert
unschlüssig ['unʃlysɪç] *adj* uncertain, undetermined, irresolute
Unsicherheit ['unzɪçərhaɪt] *f* uncertainty
unter dem Strich [untər de:m 'ʃtrɪç] *adv* in total
Unterbeschäftigung ['untərbəʃɛftɪguŋ] *f* underemployment
unterbesetzt ['untərbəzɛtst] *adj* understaffed
unterbewerten ['untərbəvɛrtən] *v* undervalue
Unterbewertung ['untərbəve:rtuŋ] *f* undervaluation
Unterbilanz ['untərbilants] *f* deficit balance
unterbreiten [untər'braɪtən] *v* submit
Unterfinanzierung ['untərfinantsi:ruŋ] *f* underfinancing
unterfordern [untər'fɔrdərn] *v* demand too little of, ask too little of, expect too little of
Untergebene(r) [untər'ge:bənə(r)] *f/m (Mitarbeiter)* subordinate
untergeordnet ['untərgəɔrdnət] *adj* subordinate, secondary
Unterhalt ['untərhalt] *m* support, maintenance
Unterhändler(in) ['untərhɛndlər(ɪn)] *m/f* negotiator, mediator
Unterkapitalisierung ['untərkapitalizi:ruŋ] *f* undercapitalization
Unterkonto ['untərkɔnto] *n* subsidiary account, adjunct account, subaccount, auxiliary account
Unterlagen ['untərla:gən] *f/pl (Dokumente)* documents *pl*, materials *pl*, papers *pl*
unterlassen [untər'lasən] *v irr* fail to do, refrain from doing
Unterliquidität ['unterlikviditɛ:t] *f* lack of liquidity
Untermakler ['untərma:klər] *m* intermediate broker
Unternehmen [untər'ne:mən] *n (Firma)* business, enterprise, business firm, business undertaking, firm, concern
Unternehmensberater(in) [untər'ne:mənsbəra:tər(ɪn)] *m/f* business consultant, management consultant
Unternehmensbesteuerung [untər'ne:mənsbəʃtɔyəruŋ] *f* business taxation
Unternehmenseinheit [untər'ne:mənsaɪnhaɪt] *f* unit company, unit of organization
Unternehmensführung [untər'ne:mənsfy:ruŋ] *f* business management, company management, corporation management; *(leitende Personen)* top management
Unternehmensfusion [untər'ne:mənfuzjo:n] *f* merger of companies
Unternehmensgewinn [untər'ne:mənsgəvɪn] *m* company profit, profit of the enterprise, business profit
Unternehmenskonzentration [untər'ne:mənskɔntsɛntratsjo:n] *f* business concentration
Unternehmenskultur [untər'ne:mənskultu:r] *f* corporate culture
Unternehmensleitung [untər'ne:mənslaɪtuŋ] *f* corporate management, business management, company management
Unternehmensphilosophie [untər'ne:mənsfilozofi:] *f* company philosophy
Unternehmensplanung [untər'ne:mənspla:nuŋ] *f* company planning
Unternehmenspolitik [untər'ne:mənspoliti:k] *f* company policy
Unternehmensstrategie [untər'ne:mənsʃtrategi:] *f* corporate strategy
Unternehmensvernetzung [untər'ne:mənsfɛrnɛtsuŋ] *f* group relationships *pl*
Unternehmensverträge [untər'ne:mənsfɛrtrɛ:gə] *f* intercompany agreements *pl*
Unternehmensziel [untər'ne:mənstsi:l] *n* company objective
Unternehmenszusammenschluss [untər'ne:mənstsuzamənʃlus] *m* business combination
Unternehmer(in) [untər'ne:mər(ɪn)] *m/f* entrepreneur, industrialist, contractor

Unternehmergewinn [untər'ne:mərgəvın] *m* corporate profit
unternehmerisch [untər'ne:mərıʃ] *adj* entrepreneurial
Unternehmerlohn [untər'ne:mərlo:n] *m* owner's salary
Unternehmung [untər'ne:muŋ] *f* business enterprise
Unternehmungswert [untər'ne:muŋsve:rt] *m* corporate value
Unter-Pari-Emission [untər'pa:riemısjo:n] *f* issue below par
Unterredung [untər're:duŋ] *f* conference, interview, business talk
unterschlagen [untər'ʃla:gən] *v irr (Geld)* embezzle
Unterschlagung [untər'ʃla:guŋ] *f* embezzlement
unterschreiben [untər'ʃraıbən] *v irr* sign
Unterschrift ['untərʃrıft] *f* signature
Unterschriftenmappe ['untərʃrıftənmapə] *f* signature folder
unterschriftsberechtigt ['untərʃrıftsbərεçtıçt] *adj* authorized to sign
unterschriftsreif ['untərʃrıftsraıf] *adj* ready for signing, ready to be signed, final
unterschwellige Werbung ['untərʃvεlıgə 'vεrbuŋ] *f* subliminal advertising
Unterstützungslinie [untər'ʃtytsuŋsli:njə] *f* support level
Untersuchung [untər'zu:xuŋ] *f* examination
unterversichert ['untərfεrzıçərt] *adj* underinsured
unterversorgt ['untərfεrzɔrgt] *adj* undersupplied
Unterversorgung ['untərfεrzɔrguŋ] *f* undersupply
Untervertreter ['untərfεrtre:tər] *m* subagent
Untervollmacht ['untərfɔlmaxt] *f* delegated authority
unterweisen [untər'vaızən] *v irr* instruct
unterzeichnen [untər'tsaıçnən] *v* sign, subscribe, affix one's signature
Unterzeichnete(r) [untər'tsaıçnətə(r)] *f/m* undersigned
untilgbar [un'tılkba:r] *adj* irredeemable
untragbar ['untra:kba:r] *adj* intolerable, unbearable, *(Preise)* prohibitive
Untreue ['untrɔyə] *f* disloyalty
unverbindlich ['unfεrbındlıç] *adj/adv* not binding
unverbindliche Preisempfehlung ['unfεrbındlıçə 'praısεmpfe:luŋ] *f* non-binding price recommendation
Unverfallbarkeit ['unfεrfalba:rkaıt] *f* nonforfeitability
unverkäuflich ['unfεrkɔyflıç] *adj* unsaleable; *(nicht feil)* not for sale
unverpackt ['unfεrpakt] *adj/adv* unpacked
unverzollt ['unfεrtsɔlt] *adj/adv* duty-free
unvollkommener Markt ['unfɔlkɔmənər markt] *m* imperfect market
unvollständig ['unfɔlʃtεndıç] *adj* incomplete
Unvollständigkeit ['unfɔlʃtεndıçkaıt] *f* incompleteness
unvorhergesehen ['unfo:rhe:rgəze:ən] *adj* unforeseen, unanticipated
unwirksam ['unvırkza:m] *adj* null and void
unwirtschaftlich ['unvırtʃaftlıç] *adj* uneconomical, inefficient
Unwirtschaftlichkeit ['unvırtʃaftlıçkaıt] *f* inefficiency, wastefulness
Unzumutbarkeit der Weiterbeschäftigung ['untsu:mu:tba:rkaıt de:r 'vaıtərbəʃεftıguŋ] *f* unacceptability of continued employment
Urabstimmung ['u:rapʃtımuŋ] *f* strike vote
Urheber(in) ['u:rhe:bər(in)] *m/f* author, originator
Urheberrecht ['u:rhe:bərεçt] *n* copyright
urheberrechtlich ['u:rhe:bərεçtlıç] *adj* copyright
Urkunde ['u:rkundə] *f* certificate, document, deed
urkundlich ['u:rkuntlıç] *adj* documentary; *adv* authentically; ~ *belegt* documented
Urlaub ['u:rlaup] *m* holidays *pl,* vacation *(US); im ~* on holiday, on vacation *(US)*
Urlaubsgeld ['u:rlaupsgεlt] *n* holiday allowance
Urlaubsplaner ['urlaupspla:nər] *m* holiday planner
Urlaubsvertretung ['u:rlaupsfεrtre:tuŋ] *f* replacement (for s.o. who is on holiday/on vacation)
Ursprungsland ['u:rʃpruŋslant] *n* country of origin
Ursprungszeugnis ['u:rʃpruŋstsɔyknıs] *n* certificate of origin
Usancen [y'zɑ̃:sən] *pl* usage
Usancenhandel [y'zɑ̃:sənhandəl] *m* trading in foreign exchange
U-Schätze ['uʃεtsə] *pl* non-interest bearing treasury bond

V

vakant [va'kant] *adj* vacant
Vakanz [va'kants] *f* vacancy
vakuumverpackt ['va:kuumfɛrpakt] *adj* vacuum-packed
Vakuumverpackung ['va:kuumfɛrpakuŋ] *f* vacuum packaging
vakuumversiegelt ['va:kuumfɛrzi:gəlt] *adj* vacuum-sealed
Vakuumversiegelung ['va:kuumfɛrzi:gəluŋ] *f* vacuum sealing
Valoren [va'lo:rən] *pl* securities *pl*
Valorisation [valoriza'tsjo:n] *f* valorization
Valuta [va'lu:ta] *f* currency
Valuta-Akzept [va'lutaaktsɛpt] *n* foreign currency acceptance
Valuta-Anleihen [va'lutaanlaɪən] *f/pl* foreign currency loan
Valutageschäft [va'lutagəʃɛft] *n* currency transactions *pl*
Valutaklausel [va'lutaklauzəl] *f* foreign currency clause
Valutakonto [va'lutakɔnto] *n* foreign currency account
Valutakredit [va'lutakredi:t] *m* foreign currency loan
Valutapolitik [va'lutapoliti:k] *f* currency policy
Valutarisiko [va'lutari:ziko] *n* exchange risk
Valutaschuldschein [va'lutaʃultʃaɪn] *m* foreign currency certificate of indebtedness
Valutierung [valu'ti:ruŋ] *f* fixing of exchange rate
variabel [vari'a:bəl] *adj* variable
variable Kosten [va'rja:blə 'kɔstən] *pl* variable costs *pl*
variabler Kurs [va'rja:blər kurs] *m* variable price
variabler Markt [va'rja:blər markt] *m* variable market
variabler Wert [va'rja:blər ve:rt] *m* variable value
variabler Zins [va'rja:blər tsɪns] *m* variable rate of interest
Varianz [va'rjaŋts] *f* variance
verabschieden [fɛr'apʃi:dən] *v* dismiss, discharge
Verabschiedung [fɛr'apʃi:duŋ] *f* dismissal, discharge
veraltet [fɛr'altət] *adj* obsolete, antiquated, out of date
veranlagt [fɛr'anla:kt] *adj (steuerlich ~)* assessed, rated
Veranlagung [fɛr'anla:guŋ] *f (steuerliche ~)* tax assessment
veranlassen [fɛr'anlasən] *v* cause, bring about, arrange for
Veranlassung [fɛr'anlasuŋ] *f* cause, occasion, initiative
veranschlagen [fɛr'anʃla:gən] *v irr* estimate
Veranschlagung [fɛr'anʃla:guŋ] *f* estimate
veranstalten [fɛr'anʃtaltən] *v* arrange, organize
Veranstaltung [fɛr'anʃtaltuŋ] *f* arrangement, organization
Veranstaltungskalender [fɛr'anʃtaltuŋskalɛndər] *m* calender of events
Veranstaltungsort [fɛr'anʃtaltuŋsɔrt] *m* venue
verantworten [fɛr'antvɔrtən] *v* answer for, take responsibility for, to be accountable for; *sich für etw ~* answer for sth
verantwortlich [fɛr'antvɔrtlɪç] *adj* responsible, answerable; *(juristisch)* liable
Verantwortlichkeit [fɛr'antvɔrtlɪçkaɪt] *f* responsibility, liability, accountability
Verantwortung [fɛr'antvɔrtuŋ] *f* responsibility; *jdn für etw zur ~ ziehen* call s.o. to account for sth
Verantwortungsträger(in) [fɛr'antvɔrtuŋstrɛ:gər(ɪn)] *m/f* person responsible
verarbeiten [fɛr'arbaɪtən] *v (bearbeiten)* manufacture, process
Verarbeitung [fɛr'arbaɪtuŋ] *f (Bearbeitung)* manufacturing, processing, working
veräußern [fɛr'ɔysərn] *v (verkaufen)* sell, dispose of, *(übereignen)* transfer
Veräußerung [fɛr'ɔysəruŋ] *f (von Rechten)* alienation; *(Verkauf)* sale
Veräußerungsgewinn [fɛr'ɔysəruŋsgəvɪn] *m* gain on disposal
Verband [fɛr'bant] *m* association
verbessern [fɛr'bɛsərn] *v* improve, change for the better; *(korrigieren)* correct, revise
Verbesserung [fɛr'bɛsəruŋ] *f* improvement; *(Korrektur)* correction, amendment
verbesserungsbedürftig [fɛr'bɛsəruŋsbədyrftɪç] *adj* in need of improvement, requiring improvement

verbesserungsfähig [fɛr'bɛsəruŋsfɛːɪç] *adj* capable of improvement
Verbesserungsvorschlag [fɛr'bɛsəruŋs-foːrʃlaːk] *m* suggested improvement, proposed improvement
verbilligen [fɛr'bɪlɪgən] *v* lower the price of, reduce
verbilligter Tarif [fɛr'bɪlɪçtər ta'riːf] *m* cheap rate
verbinden [fɛr'bɪndən] *v irr* connect
verbindlich [fɛr'bɪntlɪç] *adj (verpflichtend)* binding
Verbindlichkeiten [fɛr'bɪntlɪçkaɪtən] *f/pl* liabilities *pl*
Verbindung [fɛr'bɪnduŋ] *f* connection, line, combination
Verbot [fɛr'boːt] *n* prohibition
verbotene Aktienausgabe [fɛr'boːtənə 'aktsjənausgaːbə] *f* prohibited share issue
Verbrauch [fɛr'braux] *m* consumption
verbrauchen [fɛr'brauxən] *v* consume, use up; *(ausgeben)* spend
Verbraucher(in) [fɛr'brauxər(ɪn)] *m/f* consumer
Verbraucherberatung [fɛr'brauxərbəraː-tuŋ] *f 1. (Vorgang)* consumer advice; *2. (Geschäftsstelle)* consumer advice centre
verbraucherfreundlich [fɛr'brauxərfrɔynt-lɪç] *adj* consumer-friendly
Verbraucherfreundlichkeit [fɛr'brauxər-frɔyntlɪckaɪt] *f* consumer-friendliness
Verbraucherkreditgesetz [fɛr'brauxər-krediːtgəzɛts] *n* consumer credit act
Verbrauchermarkt [fɛr'brauxərmarkt] *m* consumer market
Verbrauchernachfrage [fɛr'brauxərnaːx-fraːgə] *f* consumer demand
Verbraucherschutz [fɛr'brauxərʃuts] *m* consumer protection
Verbrauchersteuern [fɛr'brauxerʃtɔyərn] *f/pl* general tax on consumption
Verbraucherzentrale [fɛr'brauxərtsɛn-traːlə] *f* Consumers' Central Office
Verbrauchsgüter [fɛr'brauxsgyːtər] *n/pl* consumer goods *pl*
Verbrauchslenkung [fɛr'brauxslɛŋkuŋ] *f* consumer control
Verbrauchssteigerung [fɛr'brauxsʃtaɪ-gəruŋ] *f* consumption increase
verbuchen [fɛr'buːxən] *v 1. (eintragen)* entry; *2. (fig: Erfolg)* notch up
Verbuchung [fɛr'buːxuŋ] *f* entry
Verbund [fɛr'bunt] *m* union
verbundene Unternehmen [fɛr'bundənə untər'neːmən] *n/pl* associated companies *pl*
Verbundwirtschaft [fɛr'buntvɪrtʃaft] *f* integrated economy
verbürgen [fɛr'bʏrgən] *v* guarantee, stand security
verderblich [fɛr'dɛrblɪç] *adj* perishable
verderbliche Ware [fɛr'dɛrplɪçə vaːrə] *f* perishables *pl*
verdienen [fɛr'diːnən] *v (Geld)* earn
Verdienst [fɛr'diːnst] *m 1.* earnings *pl*, income; *2. (Gehalt)* salary; *n 3. (Anspruch auf Anerkennung)* merit
Verdienstausfall [fɛr'diːnstausfal] *m* loss of earnings, loss of salary
Verdienstmöglichkeit [fɛr'diːnstmøːklɪç-kaɪt] *f* income opportunity
Verdienstspanne [fɛr'diːnstʃpanə] *f* profit margin
verdient [fɛr'diːnt] *adj 1. (Person)* deserving, outstanding; *2. (Erfolg)* well-earned
Verdrängungswettbewerb [fɛr'drɛŋuŋs-vɛtbəvɛrp] *m (Kartell)* destructive price cutting; *(Finanzwesen)* crowding-out competition
veredeln [fɛr'eːdəln] *v (Rohstoffe)* process
Veredelung [fɛr'eːdəluŋ] *f* processing
Verein [fɛr'aɪn] *m* association
Vereinbarung [fɛr'aɪnbaːruŋ] *f* agreement, arrangement
vereinbarungsgemäß [fɛr'aɪnbaːruŋsgə-mɛːs] *adj/adv* as agreed
vereinheitlichen [fɛr'aɪnhaɪtlɪçən] *v* standardize
Vereinheitlichung [fɛr'aɪnhaɪtlɪçuŋ] *f* standardization
vereinigen [fɛr'aɪnɪgən] *v (fusionieren)* amalgamate, merge
Vereinigung [fɛr'aɪnɪguŋ] *f (Fusion)* amalgamation, merger
Verfahren [fɛr'faːrən] *n 1. (Vorgehen)* procedure, process; *2. (Methode)* method, practice; *3. (juristisch)* proceedings *pl*, procedure, suit
Verfahrensfehler [fɛr'faːrənsfeːlər] *m* procedural error
Verfahrenstechnik [fɛr'faːrənstɛçnɪk] *f* process engineering; *chemische ~* chemical engineering
Verfahrensweise [fɛr'faːrənsvaɪzə] *f* method, approach
Verfall [fɛr'fal] *m (Fristablauf)* maturity, expiry, expiration
verfallen [fɛr'falən] *v irr (ungültig werden)* expire, lapse
Verfallsdatum [fɛr'falsdaːtum] *n* expiry date, expiration date *(US)*

Verfallstag [fɛr'falsta:k] *m* expiration date, due date, day of expiry
Verfallzeit [fɛr'faltsaɪt] *f* time of expiration
verflechten [fɛr'flɛçtən] *v irr* integrate
verfrachten [fɛr'fraxtən] *v* ship
verfügbar [fɛr'fy:kba:r] *adj* available; *~ haben* have at one's disposal
verfügbares Einkommen [fɛr'fy:kba:rəs 'aɪnkɔmən] *n* disposable income
verfügbares Geld [fɛr'fy:kba:rəs 'gɛlt] *n* available cash
Verfügbarkeit [fɛr'fy:kba:rkaɪt] *f* availability
verfügen [fɛr'fy:gən] *v ~ über* have at one's disposal, have use of
Verfügung [fɛr'fy:guŋ] *f* disposal, order
verfügungsberechtigt [fɛr'fy:guŋsbərɛçtɪçt] *adj* authorized to dispose
Verfügungsrecht [fɛr'fy:guŋsrɛçt] *n* right of disposal
Verfügungsrechte [fɛr'fy:guŋsrɛçtə] *n/pl* property rights *pl*
Vergabe [fɛr'ga:bə] *f (Auftrag)* placing, award
vergeben [fɛr'ge:bən] *v irr (Aufträge)* place, award
vergesellschaften [fɛr'gəzɛlʃaftən] *v* nationalize, convert into a company
Vergleich [fɛr'glaɪç] *m* comparison; *(Einigung)* settlement
vergleichen [fɛr'glaɪçən] *v irr* compare; *(sich ~)* settle
Vergleichsbilanz [fɛr'glaɪçsbilants] *f* comparative balance sheet
Vergleichsjahr [fɛr'glaɪçsja:r] *n* base year
Vergleichsverfahren [fɛr'glaɪçsfɛrfa:rən] *n* composition proceedings *pl*
Vergleichswert [fɛr'glaɪçsve:rt] *m* comparative value
vergriffen [fɛr'grɪfən] *adj (nicht verfügbar)* unavailable
vergüten [fɛr'gy:tən] *v* reimburse, compensate
Vergütung [fɛr'gy:tuŋ] *f* reimbursement, compensation
Verhältnis [fɛr'hɛltnɪs] *n* proportion
verhandeln [fɛr'handəln] *v* negotiate
Verhandlung [fɛr'handluŋ] *f* negotiation
Verhandlungsbasis [fɛr'handluŋsba:zɪs] *f* basis for negotiations
Verhandlungsbereitschaft [fɛr'handluŋsbəraɪtʃaft] *f* readiness to negotiate, willingness to negotiate
verhandlungsfähig [fɛr'handluŋsfɛ:ɪç] *adj* able to stand trial
Verhandlungsgeschick [fɛr'handluŋsgəʃɪk] *n* negotiation skills *pl*
Verhandlungspartner(in) [fɛr'handluŋspartnər(ɪn)] *m/f* negotiating partner
Verhandlungsposition [fɛr'handluŋspozitsjo:n] *f* bargaining position
verjähren [fɛr'jɛ:rən] *v* come under the statute of limitations, become barred by the statute of limitations
Verjährung [fɛr'jɛ:ruŋ] *f* statutory limitation, prescription
Verjährungsfrist [fɛr'jɛ:ruŋsfrɪst] *f* statutory period of limitation
verkalkulieren [fɛrkalku'li:rən] *v sich ~* miscalculate
Verkauf [fɛr'kauf] *m* sale, selling
verkaufen [fɛr'kaufən] *v* sell
Verkäufer(in) [fɛr'kɔyfər(ɪn)] *m/f 1.* seller, vendor; *2. (in einem Geschäft)* salesman/saleswoman
Verkäufermarkt [fɛr'kɔyfərmarkt] *m* seller's market
Verkäuferprovision [fɛr'kɔyfərprovizjo:n] *f* sales commission
verkäuflich [fɛr'kɔyflɪç] *adj* saleable
Verkaufsabschluss [fɛr'kaufsapʃlus] *m* sales contract
Verkaufsabteilung [fɛr'kaufsaptaɪluŋ] *f* sales department
Verkaufsauftrag [fɛr'kaufsauftra:k] *m* order to sell, selling order
Verkaufsbericht [fɛr'kaufsbərɪçt] *m* sales report
Verkaufschance [fɛr'kaufsʃɑ̃:sə] *f* sales possibilities *pl*
Verkaufserlös [fɛr'kaufsɛrlø:s] *m* sale proceeds *pl*
Verkaufsfläche [fɛr'kaufsflɛçə] *f* sales space, selling space
Verkaufsförderung [fɛr'kaufsfœrdəruŋ] *f* sales promotion
Verkaufsgespräch [fɛr'kaufsgəʃprɛ:ç] *n* sales talk
Verkaufsknüller [fɛr'kaufsknʏlər] *m (fam)* moneyspinner, hit
Verkaufsleiter(in) [fɛr'kaufslaɪtər(ɪn)] *m/f* sales manager
Verkaufsmethoden [fɛr'kaufsmeto:dən] *f/pl* sales strategy
Verkaufsniederlassung [fɛr'kaufsni:dərlasuŋ] *f* sales office
Verkaufsoption [fɛr'kaufsɔptsjo:n] *f* option to sell
Verkaufspreis [fɛr'kaufspraɪs] *m* selling price

Verkaufsrückgang [fɛr'kaufsrʏkgaŋ] *f* drop in sales, decline in sales
Verkaufsstab [fɛr'kaufsʃta:p] *m* sales staff
Verkaufstechnik [fɛr'kaufstɛçnɪk] *f* sales technique
Verkaufswert [fɛr'kaufsve:rt] *m* selling value
Verkaufszahlen [fɛr'kaufstsa:lən] *f/pl* sales figures *pl*
verkehrsgünstig [fɛr'ke:rsgynstɪç] *adj* conveniently located
Verkehrshypothek [fɛr'ke:rshypote:k] *f* ordinary mortgage
Verkehrssteuern [fɛr'ke:rsʃtɔyərn] *f/pl* taxes on transactions *pl*
Verkehrswert [fɛr'ke:rsve:rt] *m* market value
verklagen [fɛr'kla:gən] *v* sue, bring action against, take to court
Verladekosten [fɛr'la:dəkɔstən] *pl* loading charges *pl*
verladen [fɛr'la:dən] *v irr* load, ship, freight
Verladeplatz [fɛr'la:dəplats] *m* loading point, entraining point
Verladerampe [fɛr'la:dərampə] *f* loading platform
Verladung [fɛr'la:duŋ] *f* loading, shipment, shipping
Verlag [fɛr'la:k] *m* publishing house, publishers *pl,* publishing firm
Verlängerung [fɛr'lɛŋəruŋ] *f* extension
Verleger(in) [fɛr'le:gər(ɪn)] *m/f* publisher
verloren gegangene Sendung [fɛr'lo:rən gəgaŋənə 'zɛnduŋ] *f* lost shipment
Verlust [fɛr'lust] *m* loss, damage
Verlustausgleich [fɛr'lustausglaɪç] *m* loss-compensation
Verlust bringend [fɛr'lust brɪngənt] *adj* *(Geschäfte)* loss-making
Verlustgeschäft [fɛr'lustgəʃɛft] *n* money-losing deal, loss-making business
Verlustkonto [fɛr'lustkɔnto] *n* deficit account
Verlustrücktrag [fɛr'lustryktra:k] *m* tax loss carryback
Verlustvortrag [fɛr'lustfo:rtra:k] *m* carry-forward of the losses
Verlustzuweisung [fɛr'lusttsu:vaɪzuŋ] *f* loss allocation
Vermächtnis [fɛr'mɛçtnɪs] *n* legacy
vermarkten [fɛr'marktən] *v* market, place on the market; *(fig)* commercialize
Vermarktung [fɛr'marktuŋ] *f* marketing
Vermerk [fɛr'mɛrk] *m* note, entry, remark
Verminderung [fɛr'mɪndəruŋ] *f* reduction, decrease
vermitteln [fɛr'mɪtəln] *v* mediate, act as intermediary, negotiate; *(beschaffen)* obtain sth for s.o.
Vermittler(in) [fɛr'mɪtlər(ɪn)] *m/f* mediator; intermediary, agent
Vermittlung [fɛr'mɪtluŋ] *f* *1.* mediation; *2. (Übereinkunft)* arrangement, negotiation; *3. (Telefonvermittlung)* operator, *(Telefonvermittlung in einer Firma)* switchboard; *4. (Stellenvermittlung)* agency
Vermittlungsgebühr [fɛr'mɪtluŋsgəby:r] *f* commission
Vermittlungsgeschäft [fɛr'mɪtluŋsgəʃɛft] *n* brokerage business
Vermittlungsstelle [fɛr'mɪtluŋsʃtɛlə] *f* agency
Vermögen [fɛr'mø:gən] *n (Besitz)* assets *pl,* wealth, fortune
Vermögensabgabe [fɛr'mø:gənsapga:bə] *f* capital levy
Vermögensanlage [fɛr'mø:gənsanla:gə] *f* investment
Vermögensarten [fɛr'mø:gənsa:rtən] *f/pl* types of property *pl*
Vermögensberater(in) [fɛr'mø:gənsbəra:tər(ɪn)] *m/f* investment consultant
Vermögensbilanz [fɛr'mø:gənsbilants] *f* assets and liability statement
Vermögensbildung [fɛr'mø:gənsbɪlduŋ] *f* wealth creation
Vermögenseffekten [fɛr'mø:gənsɛfɛktən] *pl* real balance effect
Vermögenseinkommen [fɛr'mø:gənsaɪnkɔmən] *n* real balance effect
Vermögenspolitik [fɛr'mø:gənspoliti:k] *f* policy relating to capital formation
Vermögenssteuer [fɛr'mø:gənsʃtɔyər] *f* wealth tax
Vermögenswerte [fɛr'mø:gənsve:rtə] *m/pl* property assets *pl,* assets *pl*
vermögenswirksame Leistungen [fɛr'mø:gənsvɪrkza:mə 'laɪstuŋən] *f/pl* capital forming payment
vernetzen [fɛr'nɛtsən] *v* network
Vernetzung [fɛr'nɛtsuŋ] *f* networking
Veröffentlichung [fɛr'œfəntlɪçuŋ] *f* publication
Veröffentlichungspflicht [fɛr'œfəntlɪçuŋspflɪçt] *f* statutory public disclosure
Verordnung [fɛr'ɔrdnuŋ] *f* decree
verpacken [fɛr'pakən] *v* package, pack

Verpackung [fɛr'pakuŋ] *f* packaging, packing, wrapping
Verpackungsmaterial [fɛr'pakuŋsmatərja:l] *n* packing material
Verpackungsmüll [fɛr'pakuŋsmyl] *m* packing waste
Verpackungstechnik [fɛr'pakuŋstɛçnɪk] *f* packaging technology
Verpackungsvorschriften [fɛr'pakuŋsfo:rʃrɪftən] *f/pl* packing instructions *pl*
verpfänden [fɛr'pfɛndən] *v (hypothekarisch)* mortgage
Verpfändung [fɛr'pfɛnduŋ] *f* pawning, hocking, pledge
verpflichten [fɛr'pflɪçtən] *v* oblige, engage; *(unterschriftlich)* sign on
verpflichtend [fɛr'pflɪçtənt] *adj* binding
Verpflichtung [fɛr'pflɪçtuŋ] *f* commitment, obligation, undertaking; *(finanziell)* liability
verrechnen [fɛr'rɛçnən] *v 1. etw ~* set off against, charge against, settle up; *2. sich ~* miscalculate
Verrechnung [fɛr'rɛçnuŋ] *f* settlement, compensation; *nur zur ~* not negotiable
Verrechnungseinheit [fɛr'rɛçnuŋsaɪnhaɪt] *f* clearing unit
Verrechnungskonto [fɛr'rɛçnuŋskɔnto] *n* offset account
Verrechnungspreise [fɛr'rɛçnuŋspraɪzə] *m/pl* transfer prices *pl*
Verrechnungsscheck [fɛr'rɛçnuŋsʃɛk] *m* crossed cheque *(UK),* voucher check *(US)*
Verruf [fɛr'ru:f] *m* discredit; *in ~ kommen* fall into disrepute; *jdn in ~ bringen* ruin s.o.'s reputation
Versammlung [fɛr'zamluŋ] *f* meeting, gathering, assembly
Versand [fɛr'zant] *m* shipment, delivery, dispatch
Versandabteilung [fɛr'zantaptaɪluŋ] *f* dispatch department
versandbereit [fɛr'zantbəraɪt] *adj/adv* ready for dispatch
Versandbox [fɛr'zantbɔks] *f* dispatch box
Versandform [fɛr'zantfɔrm] *f* manner of delivery
Versandhandel [fɛr'zanthandəl] *m* mail order business, mail order firm
Versandhaus [fɛr'zanthaus] *n* mail-order house
Versandscheck [fɛr'zantʃɛk] *m* out-of-town cheque
Versandtasche [fɛr'santtaʃə] *f* padded envelope
verschieben [fɛr'ʃi:bən] *v irr (aufschieben)* postpone
Verschiebung [fɛr'ʃi:buŋ] *f (eines Termins)* postponement
verschiffen [fɛr'ʃɪfən] *v* ship, transport
Verschiffung [fɛr'ʃɪfuŋ] *f* shipment
Verschleierung der Bilanz [fɛr'ʃlaɪəruŋ de:r bi'lants] *f* doctoring a balance sheet
verschmelzen [fɛr'ʃmɛltsən] *v irr* merge, amalgamate
Verschmelzung [fɛr'ʃmɛltsuŋ] *f* merger
verschrotten [fɛr'ʃrɔtən] *v* scrap
Verschrottung [fɛr'ʃrɔtuŋ] *f* scrapping, junking
verschulden [fɛr'ʃuldən] *v* get into debt
Verschulden vor Vertragsabschluss (culpa in contrahendo) [fɛr'ʃuldən fo:r fɛr'tra:ksapʃlus (kulpa ɪn kɔntrahɛndo)] *n* culpa in contrahendo
Verschuldung [fɛr'ʃulduŋ] *f* indebtedness
Versehen [fɛr'ze:ən] *n (Irrtum)* mistake, error; *aus ~* inadvertently, by mistake
versehentlich [fɛr'ze:əntlɪç] *adv* inadvertently, by mistake
versenden [fɛr'zɛndən] *v irr* dispatch, send, forward
Versendung [fɛr'zɛnduŋ] *f* shipment, sending
versichern [fɛr'zɪçərn] *v (Versicherung abschließen)* assure *(UK),* insure
Versicherung [fɛr'zɪçəruŋ] *f 1. (Eigentumsversicherung)* insurance; *2. (Lebensversicherung)* assurance, life insurance *(US)*
Versicherung auf Gegenseitigkeit [fɛr'zɪçəruŋ auf 'ge:gənzaɪtɪçkaɪt] *f* mutual insurance
Versicherungsagent(in) [fɛr'zɪçəruŋsagɛnt(ɪn)] *m/f* insurance agent
Versicherungsaktie [fɛr'zɪçəruŋsaktsjə] *f* insurance company share
Versicherungsanstalt [fɛr'zɪçəruŋsanʃtalt] *f* Social Insurance Office
Versicherungsbeitrag [fɛr'zɪçeruŋsbaɪtra:k] *m* insurance premium, premium
Versicherungsbetrug [fɛr'zɪçəruŋsbətru:k] *m* insurance fraud
Versicherungsfall [fɛr'zɪçəruŋsfal] *m* occurrence of the event insured against
Versicherungskauffrau [fɛr'zɪçəruŋskauffrau] *f* (female) insurance broker
Versicherungskaufmann [fɛr'zɪçəruŋskaufman] *m* insurance broker
Versicherungsmakler(in) [fɛr'zɪçəruŋsma:klər(ɪn)] *m/f* insurance agent

Versicherungsnehmer(in) [fɛr'zɪçəruŋsne:mər(ɪn)] *m/f* insured person, policy holder
Versicherungspflicht [fɛr'zɪçəruŋspflɪçt] *f* liability to insure
Versicherungspolice [fɛr'zɪçəruŋspɔli:s(ə)] *f* insurance policy
Versicherungsprämie [fɛr'zɪçəruŋsprɛ:mjə] *f* insurance premium
Versicherungsschutz [fɛr'zɪçəruŋsʃuts] *m* insurance coverage
Versicherungssumme [fɛr'zɪçəruŋszumə] *f* insured sum
Versicherungsverein auf Gegenseitigkeit (VVaG) [fɛr'zɪçəruŋsfɛraɪn auf 'ge:gənzaɪtɪçkaɪt] *m* mutual life insurance company
Versicherungsvertrag [fɛr'zɪçəruŋsfɛrtra:k] *m* insurance contract
Versicherungszertifikat (C/I) [fɛr'zɪçəruŋstsɛrtifika:t] *n* certificate of insurance (C/I)
Versorgung [fɛr'zɔrguŋ] *f (Beschaffung)* provision, supply
verspäten [fɛr'ʃpɛ:tən] *v sich ~* to be late; *sich ~ (aufgehalten werden)* to be delayed
Verspätung [fɛr'ʃpɛ:tuŋ] *f (Verzögerung)* delay
Verstaatlichung [fɛr'ʃta:tlɪçuŋ] *f* nationalization, transfer to state ownership
Verständigung [fɛr'ʃtɛndɪguŋ] *f 1.* notification; *2. (Einigung)* agreement
Verständigungsbereitschaft [fɛr'ʃtɛndɪguŋsbəraɪtʃaft] *f* willingness to negotiate, eagerness to reach an agreement, communicativeness
versteckte Arbeitslosigkeit [fɛr'ʃtɛktə 'arbaɪtslo:zɪçkaɪt] *f* hidden unemployment
versteckte Inflation [fɛr'ʃtɛktə ɪnfla-'tsjo:n] *f* hidden inflation
Versteigerung [fɛr'ʃtaɪgəruŋ] *f* auction, public sale
Verstoß [fɛr'ʃto:s] *m* offence, breach, infringement
verstoßen [fɛr'ʃto:sən] *v irr gegen etw ~* infringe upon sth, violate sth
Vertagung [fɛr'ta:guŋ] *f* postponement
Verteilung [fɛr'taɪluŋ] *f* distribution
Verteuerung [fɛr'tɔyəruŋ] *f* rise in price, price increase
vertikale Integration ['vɛrtika:lə ɪntegra'tsjo:n] *f* vertical integration
vertikale Konzentration ['vɛrtika:lə kɔntsɛntra'tsjo:n] *f* vertical concentration
Vertrag [fɛr'tra:k] *m* contract
vertraglich [fɛr'tra:klɪç] *adj* contractual; *adv* according to contract
Vertragsabschluss [fɛr'tra:ksapʃlus] *m* conclusion of a contract
Vertragsänderung [fɛr'tra:ksɛndəruŋ] *f* amendment of a contract
Vertragsbedingungen [fɛr'tra:ksbədɪŋuŋən] *f/pl* conditions of a contract *pl,* terms of a contract *pl,* provisions of a contract *pl*
Vertragsbestimmung [fɛr'tra:ksbəʃtɪmuŋ] *f* provisions of a contract *pl,* stipulations of a contract *pl,* terms of a contract *pl*
Vertragsbindung [fɛr'tra:ksbɪnduŋ] *f* contractual obligation
Vertragsbruch [fɛr'tra:ksbrux] *m* breach of contract, violation of a treaty
Vertragsdauer [fɛr'tra:ksdauər] *f* term of a contract
Vertragsfreiheit [fɛr'tra:ksfraɪhaɪt] *f* freedom of contract
Vertragsgegenstand [fɛr'tra:ksge:gənʃtant] *m* subject matter of a contract, object of agreement
Vertragskontinuität [fɛr'tra:kskɔntinuitɛ:t] *f* continuity of contracts, contractual continuity
Vertragspartner(in) [fɛr'tra:kspartnər(ɪn)] *m/f* party to the contract, party to a contract
Vertragsstrafe [fɛr'tra:ksʃtra:fə] *f* penalty for breach of contract, contractual penalty
vertragswidrig [fɛr'tra:ksvi:drɪç] *adj* contrary to the contract
vertrauensbildend [fɛr'trauənsbɪldənt] *adj* trust-building, confidence-building
Vertrauensbruch [fɛr'trauənsbrux] *m* breach of s.o.'s trust
Vertrauensgüter [fɛr'trauənsgy:tər] *n/pl* confidence goods *pl*
Vertrauensverhältnis [fɛr'trauənsfɛrhɛltnɪs] *n* confidential relationship
vertraulich [fɛr'traulɪç] *adj* confidential; *adv* in confidence, confidentially
vertreiben [fɛr'traɪbən] *v irr (verkaufen)* sell, market
Vertreter(in) [fɛr'tre:tər(ɪn)] *m/f (Repräsentant(in))* representative, delegate; *(Stellvertreter(in))* deputy, proxy
Vertretung [fɛr'tre:tuŋ] *f (Repräsentanz)* agency, representation; *(Stellvertretung)* replacement; *(Vertreten)* representation
Vertrieb [fɛr'tri:p] *m* marketing, sale, distribution
Vertriebsabteilung [fɛr'tri:psaptaɪluŋ] *f* sales department

Vertriebsfirma [fɛr'tri:psfɪrma] *f* distributor, marketing company
Vertriebsgesellschaft [fɛr'tri:psgəzɛlʃaft] *f* distribution company
Vertriebswagnis [fɛr'tri:bsva:gnɪs] *n* accounts receivable risk
Vertriebsweg [fɛr'tri:psve:k] *m* distribution channel
veruntreuen [fɛr'untrɔyən] *v* embezzle, misappropriate
Veruntreuung [fɛr'untrɔyuŋ] *f* embezzlement, misappropriation
Verursacherprinzip [fɛr'urzaxərprɪntsi:p] *n* polluter pays principle
Vervielfältigung [fɛr'fi:lfɛltɪguŋ] *f* reproduction
Verwahrung [fɛr'va:ruŋ] *f* custody
Verwahrungsbetrag [fɛr'va:ruŋsbetra:k] *m* value of custody
Verwahrungsbuch [fɛr'va:ruŋsbu:x] *n* custody ledger
Verwahrungskosten [fɛr'va:ruŋskɔstən] *pl* custody fee
verwalten [fɛr'valtən] *v* administer, manage, supervise
Verwalter(in) [fɛr'valtər(ɪn)] *m/f* administrator, manager
Verwaltung [fɛr'valtuŋ] *f* administration, management
Verwaltungsaktien [fɛr'valtuŋsaktsjən] *f/pl* treasury stock
Verwaltungsgebühr [fɛr'valtuŋsgəby:r] *f* official fees *pl*
verwendbar [fɛr'vɛntba:r] *adj* usable, serviceable
verwenden [fɛr'vɛndən] *v irr* use, utilize, employ; *wieder ~* reuse
Verwendung [fɛr'vɛnduŋ] *f* use, application, utilization; *für etw ~ finden* find a purpose for sth
Verwertungsgesellschaft [fɛr've:rtuŋsgəzɛlʃaft] *f* company or partnership exploiting third-party rights
verzinsen [fɛr'tsɪnzən] *v* pay interest on
Verzinsung [fɛr'tsɪnzuŋ] *f* payment of interest, interest yield
verzollen [fɛr'tsɔlən] *v* pay duty on, declare
verzollt [fɛr'tsɔlt] *adj/adv* duty-paid
Verzollung [fɛr'tsɔluŋ] *f* payment of duty
Verzug [fɛr'tsu:k] *m* delay, default; *mit etw in ~ geraten* fall behind with sth; *mit etw in ~ sein* to be behind in sth, to be in arrears with sth
Verzugszinsen [fɛr'tsu:kstsɪnzən] *m/pl* default interest
Videokonferenz ['videokɔnfərɛnts] *f* video conference
Videotext ['vi:deotɛkst] *m* videotex
vierteljährlich ['fɪrtəljɛ:rlɪç] *adj/adv* quarterly
Vinkulation [vɪŋku'la:tsjon] *f* restriction of transferability
vinkulierte Aktie [vɪŋku'li:rtə 'aktsjə] *f* restricted share
Virtualisierung [vɪrtuali'zi:ruŋ] *f* virtualization
virtuelle Realität [vɪrtu'ɛlə reali'tɛ:t] *f* virtual reality
virtuelles Unternehmen [vɪr'tuɛləs untər'ne:mən] *n* virtual company
Virus ['vi:rus] *m EDV* virus
Visitenkarte [vi'zi:tənkartə] *f* visiting card *(UK)*, business card
Visum ['vi:zum] *n* visa
Voice Mail ['vɔɪsmeɪl] *f* voice mail
Volatilität [volatili'tɛ:t] *f* volatility
Volkseinkommen ['fɔlksaɪnkɔmən] *n* national income
Volksvermögen ['fɔlksfɛrmø:gən] *n* national wealth
Volkswirt(in) ['fɔlksvɪrt(ɪn)] *m/f* economist
Volkswirtschaft ['fɔlksvɪrtʃaft] *f* national economy, political economy
volkswirtschaftlich ['fɔlksvɪrtʃaftlɪç] *adj* national economic, national economy, economic
volkswirtschaftliche Gesamtrechnung ['fɔlksvɪrtʃaftlɪçə gə'zamtrɛçnuŋ] *f* national accounting
Volkswirtschaftslehre ['fɔlksvɪrtʃaftsle:rə] *f* economics
Volkszählung ['fɔlkstsɛ:luŋ] *f* census
Vollbeschäftigung ['fɔlbəʃɛftɪguŋ] *f* full employment
Vollkaskoversicherung ['fɔlkaskɔfɛrzɪçəruŋ] *f* fully comprehensive insurance
Vollkaufmann ['fɔlkaufman] *m* registered trader
Vollkosten ['fɔlkɔstən] *pl* full cost
Vollmacht ['fɔlmaxt] *f* authority; *(juristisch)* power of attorney
vollstrecken [fɔl'ʃtrɛkən] *v* execute, enforce
Volumen [vo'lu:mən] *n* volume
Vorankündigung ['fo:rankyndɪguŋ] *f* initial announcement, preliminary announcement
Voranschlag ['fo:ranʃla:k] *m* estimate

Vorarbeiter(in) ['fo:rarbaɪtər(ɪn)] *m/f* foreman/forewoman
vorausbezahlt (ppd.) [fo'rausbətsa:lt] *adj/adv* prepaid (ppd.) *adj*
Vorausklage [fo'rauskla:gə] *f* preliminary injunction
Vorauszahlung [for'austsa:luŋ] *f* prepayment, payment in advance, advance payment, cash in advance (c.i.a.)
Vorbehalt ['fo:rbəhalt] *m* reservation; *unter dem ~, dass* provided that
vorbehalten ['fo:rbəhaltən] *v irr* reserve; *alle Rechte ~* all rights reserved; *jdm ~ bleiben* to be reserved for
Vorbesprechung ['fo:rbəʃprɛçuŋ] *f* briefing
vorbestellen ['fo:rbəʃtɛlən] *v* order in advance, reserve, make a reservation
Vorbestellrabatt ['fo:rbəʃtɛlrabat] *m* discount on advance orders
Vorbestellung ['fo:rbəʃtɛluŋ] *f* advance order, advance booking, reservation
Vorbörse ['fo:rbørzə] *f* dealing before official hours
vordatierter Scheck ['fo:rdati:rtər ʃɛk] *m* antedated cheque
Vordruck ['fo:rdruk] *m* printed form
Vorentscheidung ['fo:rɛntʃaɪduŋ] *f* precedent
vorfinanzieren ['fo:rfɪnantsi:rən] *v* provide advance financing
Vorfinanzierung ['fo:rfɪnantsi:ruŋ] *f* advance financing
Vorführung ['fo:rfy:ruŋ] *f (Präsentation)* display, demonstration, presentation
Vorgang ['fo:rgaŋ] *m (Akte)* file, record
Vorjahr ['fo:rja:r] *n das ~* the previous year, last year, the preceding year
Vorkalkulation ['fo:rkalkulatsjo:n] *f* estimation of cost
Vorkaufsrecht ['fo:rkaufsrɛçt] *n* right of first refusal, right of pre-emption
Vorleistung ['fo:rlaɪstuŋ] *f* advance performance
Vormerkung ['fo:rmɛrkuŋ] *f* order, advance order
Vormonat ['fo:rmo:nat] *m* preceding month
Vorprodukte ['fo:rproduktə] *n/pl* intermediate products *pl*
Vorrat ['fo:rra:t] *m* store, stock, supply
vorrätig ['fo:rrɛ:tɪç] *adj* in stock, on hand, available
Vorratsaktie ['fo:ra:tsaktsjə] *f* disposable share
Vorrecht ['fo:rrɛçt] *n* privilege, preferential right, prerogative
Vorruhestand ['fo:rru:əʃtant] *m* early retirement
vorsätzlich ['fo:rzɛtslɪç] *adj* deliberate, intentional; *adv* deliberately, intentionally
Vorschaltkonditionen ['fo:rʃaltkɔnditsjo:nən] *f/pl* preliminary conditions *pl*
Vorschlag ['fo:rʃla:k] *m* suggestion, proposal
vorschlagen ['fo:rʃla:gən] *v irr* propose, suggest
Vorschrift ['fo:rʃrɪft] *f* regulation, rule; *(Anweisung)* instruction
vorschriftsmäßig ['fo:rʃrɪftsmɛ:sɪç] *adj* correct, proper; *adv* in due form, according to regulations, as prescribed
Vorschuss ['fo:rʃus] *m* advance
Vorschusszinsen ['fo:rʃustsɪnzən] *m/pl* negative advance interest
Vorsichtskasse ['fo:rzɪçtskasə] *f* precautionary holding
Vorsitz ['fo:rzɪts] *m* chairmanship
Vorstand ['fo:rʃtant] *m 1.* board, board of directors, management board; *2. (~smitglied)* member of the board, director; *(erster ~)* managing director
Vorstandsvorsitzende(r) ['fo:rʃtantsfo:rzɪtsəndə(r)] *f/m* chairman/chairwoman of the board
Vorstellungstermin ['fo:rʃtɛluŋstɛrmi:n] *m* interview appointment
Vorsteuer ['fo:rʃtɔyər] *f* input tax
Vorsteuerabzug ['fo:rʃtɔyəraptsu:k] *m* deduction of input tax
Vorteil ['fo:rtaɪl] *m* advantage
Vorverkauf ['fo:rfɛrkauf] *m* advance sale
Vorvertrag ['fo:rfɛrtra:k] *m* preliminary contract, provisional contract
Vorwahl ['fo:rva:l] *f* dialling code, area code
Vorwoche ['fo:rvɔxə] *f* preceding week
Vorzimmer ['fo:rtsɪmər] *n (eines Büros)* outer office
Vorzugsaktie ['fo:rtsu:ksaktsjə] *f* preference share, preference stock
Vorzugsdividende ['fo:rtsu:ksdividɛndə] *f* preferential dividend
Vorzugskurs ['fo:rtsu:kskurs] *m* preferential price
Vorzugsobligation ['fo:rtsu:ksobligatsjo:n] *f* preference bond
Vorzugsrabatt ['fo:rtsu:ksrabat] *m* preferential discount
Vostrokonto ['vɔstrokɔnto] *n* vostro account

W

Waage ['va:gə] *f* scales *pl*, balance
wachsen ['vaksən] *v irr (zunehmen)* increase, mount, grow
Wachstum ['vakstu:m] *n* growth, *(Zunahme)* increase
Wachstumsfonds ['vakstu:msfɔ̃:] *m* growth fund
wachstumsfördernd ['vakstu:msfœrdərnt] *adj* growth-stimulating, growth-promoting
wachstumshemmend ['vakstu:mshemənt] *adj* growth-retarding
Wachstumskurve ['vakstu:mskurvə] *f* growth curve
Wachstumsrate ['vakstu:msra:tə] *f* growth rate
Wachstumsziel ['vakstu:mstsi:l] *n* growth target
Wagenladung ['va:gənla:duŋ] *f* lorry-load
Waggon [va'gɔ̃:] *m* goods wagon, freight car *(US)*, carriage
Wagnis ['va:knɪs] *n* venture
Wahl [va:l] *f 1. (Auswahl)* choice; *erste ~* top quality; *2. (Abstimmung)* election
Wahlausgang ['va:lausgaŋ] *m* election results *pl*
wählen ['vɛ:lən] *v 1. (auswählen)* choose, select; *2. (eine Telefonnummer)* dial; *3. (stimmen für)* vote for; *4. (durch Wahl ermitteln)* elect
Wahlgeheimnis ['va:lgəhaɪmnɪs] *n* secrecy of the ballot
Wahlstimme ['va:lʃtɪmə] *f* vote
Wahrheitsfindung ['va:rhaɪtsfɪnduŋ] *f* ascertaining the truth
Wahrscheinlichkeit [va:r'ʃaɪnlɪçkaɪt] *f* propability
Wahrscheinlichkeitsrechnung [var'ʃaɪnlɪçkaɪtsrɛçnuŋ] *f* calculation of probabilities
Wahrung ['va:ruŋ] *f 1. (Instandhaltung)* maintenance; *2. (von Interessen)* protection, safeguarding
Währung ['vɛ:ruŋ] *f* currency
Währungsabkommen ['vɛ:ruŋsapkɔmən] *n* currency agreement, monetary agreement
Währungsabsicherung ['vɛ:ruŋsapzɪçəruŋ] *f* safeguarding of the currency
Währungsausgleich ['vɛ:ruŋsausglaɪç] *m* currency conversion compensation
Währungsausgleichsfonds [vɛ:ruŋs'ausglaɪçsfɔ̃:] *m* equalization fund
Währungseinheit ['vɛ:ruŋsaɪnhaɪt] *f* currency unit, monetary unit
Währungsfonds ['vɛ:ruŋsfɔ̃:] *m* monetary fund
Währungsgebiet ['vɛ:ruŋsgəbi:t] *n* currency area
Währungsklausel ['vɛ:ruŋsklauzəl] *f* currency clause
Währungskonto ['vɛ:ruŋskɔnto] *n* currency account
Währungskorb ['vɛ:ruŋskɔrp] *m* currency basket
Währungskrise ['vɛ:ruŋskri:zə] *f* monetary crisis
Währungsordnung ['vɛ:ruŋsɔrdnuŋ] *f* monetary system
Währungsparität ['vɛ:ruŋsparitɛ:t] *f* monetary parity
Währungspolitik ['vɛ:ruŋspoliti:k] *f* currency policy, monetary policy
Währungspool ['vɛ:ruŋspu:l] *m* currency pool
Währungsreform ['vɛ:ruŋsrefɔrm] *f* currency reform, monetary reform
Währungsreserven ['vɛ:ruŋsrezɛrvən] *f/pl* monetary reserves *pl*
Währungsrisiko ['vɛ:ruŋsri:ziko] *n* currency risk, monetary risk
Währungsschlange ['vɛ:ruŋsʃlaŋə] *f* currency snake
Währungsschwankung ['vɛ:ruŋsʃvaŋkuŋ] *f* currency fluctuation
Währungsswap ['vɛ:ruŋsswɔp] *m* currency swap
Währungssystem ['vɛ:ruŋszyste:m] *n* monetary system, currency system
Währungsumstellung ['vɛ:ruŋsumʃtɛluŋ] *f* currency conversion
Währungsunion ['vɛ:ruŋsunjo:n] *f* monetary union
Währungszone ['vɛ:ruŋstso:nə] *f* currency zone, currency area
Wahrzeichen ['va:rtsaɪçən] *n* symbol, emblem
Wandelanleihen ['vandəlanlaɪən] *f/pl* convertible bonds *pl*
Wandelgeschäft ['vandəlgəʃɛft] *n* callable forward transaction
Wandelobligationen ['vandəlobligatsjo:nən] *f/pl* convertible bonds *pl*

Wandelschuldverschreibung ['vandəlʃultfɛrʃraɪbuŋ] *f* convertible bonds *pl*, convertibles *pl*, convertible loan stock *(UK)*
Wandlung ['vandluŋ] *f* cancellation (of a sale)
Ware ['va:rə] *f* merchandise, product, goods *pl*, ware
Warenabkommen ['va:rənapkɔmən] *n* trade agreement
Warenabsatz ['va:rənapzats] *m* sale of goods
Warenangebot ['va:rənangəbo:t] *n* range of merchandise
Warenannahme ['va:rənanna:mə] *f* *1. (Empfang)* receiving merchandise, receiving deliveries; *2. (Betriebsabteilung)* receiving department
Warenausfuhr ['va:rənausfu:r] *f* export, export of goods
Warenausgang ['va:rənausgaŋ] *m* sale of goods
Warenaustausch ['va:rənaustauʃ] *m* exchange of goods
Warenbeleihung ['va:rənbəlaɪuŋ] *f* lending on goods
Warenbestand ['va:rənbəʃtant] *m* stock in hand, stock on hand, inventory
Warenbörse ['va:rənbœrzə] *f* commodity exchange
Wareneinfuhr ['va:rənaɪnfu:r] *f* import
Wareneingang ['va:rənaɪngaŋ] *m* arrival of goods
Wareneingangsbuch ['va:rənaɪngaŋsbu:x] *n* purchase ledger
Warenhaus ['va:rənhaus] *n* department store, departmental store
Warenknappheit ['va:rənknaphaɪt] *f* shortage of goods
Warenkorb ['va:rənkɔrp] *m* batch of commodities
Warenkredit ['va:rənkredi:t] *m* trade credit
Warenlager ['va:rənla:gər] *n* warehouse, stockroom, storeroom
Warenmuster ['va:rənmustər] *n* commercial sample
Warenpapier ['va:rənpapi:r] *n* document of title
Warenprobe ['va:rənpro:bə] *f* sample
Warensendung ['va:rənzɛnduŋ] *f (Senden von Waren)* shipment of merchandise, *(gesandte Waren)* consignment of goods
Warenterminbörse ['va:rəntɛrmi:nbœrzə] *f* commodity futures exchange
Warentermingeschäft ['va:rəntɛrmi:ngəʃɛft] *n* commodity futures trading, forward merchandise dealings *pl*
Warenterminhandel ['va:rəntɛrmi:nhandəl] *m* commodity forward trading
Warentest ['va:rəntɛst] *m* product test
Warenumsatz ['va:rənumzats] *m* turnover of goods
Warenverkehr ['va:rənfɛrke:r] *m* goods traffic
Warenverkehrsbescheinigung ['va:rənfɛrke:rsbəʃaɪnɪguŋ] *f* movement certificate
Warenverzeichnis ['va:rənfɛrtsaɪçnɪs] *n* inventory, list of stocks, list of goods
Warenwechsel ['va:rənvɛksəl] *m* commercial bill
Warenwertpapiere ['va:rənve:rtpapi:rə] *n/pl* commodity securities *pl*
Warenzeichen ['va:rəntsaɪçən] *n* trademark
Wärmetechnik ['vɛrmətɛçnɪk] *f* heat technology, thermal engineering, thermodynamics
Warnanlage ['varnanla:gə] *f* warning device
Warnleuchte ['varnlɔyçtə] *f* warning light
Warnsignal ['varnzɪgna:l] *n* warning signal
Warnstreik ['varnʃtraɪk] *m* token strike, warning strike
warten ['vartən] *v (instand halten)* maintain, service
Wartung ['vartuŋ] *f* service, maintenance, servicing
Wartungsarbeit ['vartuŋsarbaɪt] *f* maintenance work
Wartungstechniker(in) ['vartuŋstɛçnɪkər(ɪn)] *m/f* service engineer
Wasserkraft ['vasərkraft] *f* hydraulic power
Wasserschaden ['vasərʃa:dən] *m* water damage
Wasserwerk ['vasərvɛrk] *n* waterworks *pl*
Watt [vat] *n (Maßeinheit)* watt
Webseite ['webzaɪtə] *f* web page
Wechsel ['vɛksəl] *m (Geldwechsel)* exchange; *(Zahlungsmittel)* promissory note, bill of exchange, bill
Wechselakzept ['vɛksəlaktsɛpt] *n* acceptance of a bill
Wechselaussteller ['vɛksəlausʃtɛlər] *m* drawer of a bill
Wechseldiskont ['vɛksəldɪskɔnt] *m* discount of bills
Wechseldiskontkredit ['vɛksəldɪskɔntkredi:t] *m* credit by way of discount of bills

Wechselgeld ['vɛksəlgɛlt] *n* change
Wechselgeschäft ['vɛksəlgəʃɛft] *n* bill business
Wechselinkasso ['vɛksəlɪnkaso] *n* collection of bills of exchange
Wechselkredit ['vɛksəlkredi:t] *m* acceptance credit
Wechselkurs ['vɛksəlkurs] *m* exchange rate
Wechselkursmechanismus ['vɛksəlkursmeçanɪsmus] *m* exchange rate mechanism
Wechselkursparität ['vɛksəlkursparitɛ:t] *f* exchange rate parity
Wechselkursrisiko ['vɛksəlkursri:ziko] *n* foreign exchange risk
Wechselkursschwankungen ['vɛksəlkursʃvaŋkuŋən] *f/pl* exchange rate fluctuations *pl*, currency fluctuations *pl*
Wechselkurssystem ['vɛksəlkurszyste:m] *n* system of exchange rates
Wechsellombard ['vɛksəllɔmbart] *m* collateral loan based on a bill of exchange, lending on bills
Wechselnehmer ['vɛksəlne:mər] *m* payee of a bill of exchange
Wechselobligo ['vɛksəlɔbligo] *n* customer's liability on bills
Wechselprolongation ['vɛksəlprolɔŋgatsjo:n] *f* renewal of a bill of exchange
Wechselprotest ['vɛksəlprotɛst] *m* protest
Wechselregress ['vɛksəlregrɛs] *m* legal recourse for non-payment of a bill
Wechselreiterei ['vɛksəlraɪtəraɪ] *f* bill jobbing
Wechselschuld ['vɛksəlʃult] *f* bill debt
Wechselschuldner(in) ['vɛkselʃuldnər(ɪn)] *m/f* bill debtor
wechselseitig ['vɛksəlzaɪtɪç] *adj 1. (gegenseitig)* reciprocal; *2. (von beiden Seiten)* mutual
Wechselseitigkeit ['vɛksəlzaɪtɪçkaɪt] *f* reciprocity
Wechselsteuer ['vɛksəlʃtɔyər] *f* tax on drafts and bills of exchange
Wechselstrom ['vɛksəlʃtro:m] *m* alternating current (A.C.)
Wechselstube ['vɛksəlʃtu:bə] *f* exchange bureau
Wegeunfall ['ve:gəunfal] *m* travel accident
Wegfall der Geschäftsgrundlage ['vɛkfal de:r gə'ʃɛftsgrundla:gə] *m* frustration of contract
wegwerfen ['vɛkvɛrfən] *v irr* throw away
Wegwerfgesellschaft ['vɛkvɛrfgəzɛlʃaft] *f* throwaway society
weiche Währung ['vaɪçə 'vɛ:ruŋ] *f* soft currency
weiße Ware ['vaɪsə 'va:rə] *f* white goods *pl*
Weisung ['vaɪzuŋ] *f* directive, instructions *pl*
Weisungsbefugnis ['vaɪzuŋsbəfu:knɪs] *f* right to issue instructions to employees
weisungsgebunden ['vaɪzuŋsgəbundən] *adj* subject to instructions
weisungsgemäß ['vaɪzuŋgsgəmɛ:s] *adj* as instructed, according to instructions
weiterbefördern ['vaɪtərbəfœrdərn] *v* forward, send on
Weiterbeförderung ['vaɪtərbəfœrdəruŋ] *f* forwarding
weiterentwickeln ['vaɪtərɛntvɪkəln] *v* continue to develop
Weiterentwicklung ['vaɪtərɛntvɪkluŋ] *f* further development
weiterverarbeiten ['vaɪtərfɛrarbaɪtən] *v* process
Weiterverarbeitung ['vaɪtərfɛrarbaɪtuŋ] *f* processing
Weiterverkauf ['vaɪtərfɛrkauf] *m* resale
weiterverkaufen ['vaɪtərfɛrkaufən] *v* resell
Weitsicht ['vaɪtzɪçt] *f (Weitblick)* foresight, vision
Weltbank ['vɛltbaŋk] *f* World Bank
Welterfolg ['vɛltɛrfɔlk] *m* worldwide success
Welthandel ['vɛlthandəl] *m* world trade, international trade
Welthandelskonferenzen [vɛlt'handəlskɔnferɛntsən] *f/pl* United Nations Conferences on Trade and Development *pl*
Welthandelsorganisation [vɛlt'handəlsɔrganizatsjo:n] *f* World Trade Organization (WTO)
Weltmarke ['vɛltmarkə] *f* world-famous brand
Weltmarkt ['vɛltmarkt] *m* international market, world market
Weltmarktpreis ['vɛltmarktpraɪs] *m* world market price
weltumspannend ['vɛltumʃpanənt] *adj* global, worldwide
Weltwährungssystem [vɛlt'vɛ:ruŋszyste:m] *n* international monetary system
Weltwirtschaft ['vɛltvɪrtʃaft] *f* world economy
Weltwirtschaftsgipfel [vɛlt'vɪrtʃaftsgɪpfəl] *m* world economic summit
Weltwirtschaftskrise [vɛlt'vɪrtʃaftskri:zə] *f* worldwide economic crisis

Weltwirtschaftsordnung [vɛlt'vɪrtʃafts-ɔrdnuŋ] *f* international economic system
Werbeabteilung ['vɛrbəaptaɪluŋ] *f* publicity department
Werbeagentur ['vɛrbəagəntu:r] *f* advertising agency
Werbeaktion ['vɛrbəaktsjo:n] *f* advertising activity
Werbebanner ['vɛrbəbanər] *n* ad banner, banner
Werbebudget ['vɛrbəbydʒe:] *n* advertising budget
Werbeerfolgskontrolle [vɛrbəɛr'fɔlkskɔntrɔlə] *f* control of advertising effectiveness
Werbefachmann ['vɛrbəfaxman] *m* advertising expert
Werbegeschenk ['vɛrbəgəʃɛŋk] *n* promotional gift
Werbekampagne ['vɛrbəkampanjə] *f* advertising campaign, promotion campaign
Werbemittel ['vɛrbəmɪtəl] *pl* means of advertising *pl*
werben ['vɛrbən] *v irr* advertise, promote
Werbeprospekt ['vɛrbəprospɛkt] *m* advertising prospectus
Werber(in) ['vɛrbər(ɪn)] *m/f* canvasser
Werbeslogan ['vɛrbəslo:gən] *m* advertising slogan
Werbespot ['vɛrbəspɔt] *m* commercial
Werbetext ['vɛrbətɛkst] *m* advertising copy
Werbeveranstaltung ['vɛrbəfɛranʃtaltuŋ] *f* publicity event
Werbeverbot ['vɛrbəfɛrbo:t] *n* prohibition to advertise
werbewirksam ['vɛrbəvɪrkza:m] *adj* effective; *ein ~er Auftritt* good advertising
Werbung ['vɛrbuŋ] *f* advertising, publicity, promotion; *(Fernsehwerbung)* commercial
Werbungskosten ['vɛrbuŋskɔstən] *pl* publicity expenses *pl*
Werk [vɛrk] *n (Fabrik)* plant, works, factory
Werksangehörige(r) ['vɛrksangəhø:rɪgə(r)] *f/m* employee, plant employee
Werkschutz ['vɛrkʃuts] *m* works protection force
Werkstatt ['vɛrkʃtat] *f* workshop
Werkstattfertigung ['vɛrkʃtatfɛrtɪguŋ] *f* job shop operation
Werkstoff ['vɛrkʃtɔf] *m* material
Werkstoffprüfer(in) ['vɛrkstɔfpry:fər(ɪn)] *m/f* material tester
Werkvertrag ['vɛrkfɛrtra:k] *m* contract for work and services
Werkzeug ['vɛrktsɔyk] *n* tool
Wert [ve:rt] *m* value, worth
Wertangabe ['ve:rtanga:bə] *f* declared value
Wertarbeit ['ve:rtarbaɪt] *f* quality work, high-class workmanship
Wertaufholung ['ve:rtaufho:luŋ] *f 1. (Recht)* reinstatement of original values; *2. (Steuer)* increased valuation on previous balance-sheet figures
Wertberichtigung ['ve:rtbərɪçtɪguŋ] *f* adjustment of value
wertbeständig ['ve:rtbəʃtɛndɪç] *adj* of stable value
Wertbrief ['ve:rtbri:f] *m* insured letter
Wertermittlung ['ve:rtɛrmɪtluŋ] *f* determination of the value
Wertgegenstand ['ve:rtge:gənʃtant] *m* article of value, valuable
Wertminderung ['ve:rtmɪndəruŋ] *f* depreciation, decrease in value
Wertpapier ['ve:rtpapi:r] *n* security
Wertpapieranalyse ['ve:rtpapi:ranaly:zə] *f* securities research
Wertpapieranlage ['ve:rtpapi:ranla:gə] *f* investment in securities
Wertpapierarbitrage ['ve:rtpapi:rarbitra:ʒə] *f* arbitrage in securities
Wertpapierbörse ['ve:rtpapi:rbœrzə] *f* stock exchange
Wertpapiere ['ve:rtpapi:rə] *pl* securities *pl*
Wertpapieremission ['ve:rtpapi:remɪsjo:n] *f* issue of securities
Wertpapierfonds ['ve:rtpapi:rfɔ̃:] *m* securities fund
Wertpapiergeschäft ['ve:rtpapi:rgəʃɛft] *n* securities business
Wertpapierleihe ['ve:rtpapi:rlaɪə] *f* lending on securities
Wertpapiermarkt ['ve:rtpapi:rmarkt] *m* securities market
Wertpapierpensionsgeschäft [ve:rtpapi:rpɛn'zjo:nsgəʃɛft] *n* repurchase agreement, repo
Wertpapiersammelbank [ve:rtpapi:r'zaməlbaŋk] *f* central depository for securities
Wertpapiersparvertrag [ve:rtpapi:r'ʃpa:rfɛrtra:k] *m* securities-linked savings scheme
Wertpapier-Terminhandel [ve:rtpapi:rtɛr'mi:nhandəl] *m* trading in security futures
Wertrechtanleihe ['ve:rtrɛçtanlaɪə] *f* government-inscribed debt

Wertschöpfung ['ve:rtʃœpfuŋ] *f* net product
Wertsendung ['ve:rtzɛnduŋ] *f* consignment with value declared
Wertsicherung ['ve:rtzɪçəruŋ] *f* value guarantee
Wertsteigerung ['ve:rtʃtaɪgəruŋ] *f* increase in value
Wertstellung ['ve:rtʃtɛluŋ] *f* availability date
Wertstoff ['ve:rtʃtɔf] *m* material worth recycling, recyclable material
Wertstoffsammlung ['ve:rtʃtɔfzamluŋ] *f* collection of recyclables
Wertverfall ['ve:rtfɛrfal] *m* loss of value
Wertzuwachs ['ve:rttsu:vaks] *m* appreciation
Wettbewerb ['vɛtbəvɛrp] *m* competition; *unlauterer ~* unfair competition
Wettbewerbaufsicht ['vɛtbəvɛrpaufzɪçt] *f* competition supervisory office
Wettbewerbsbeschränkung ['vɛtbəvɛrpsbəʃrɛŋkuŋ] *f* restraint of competition
wettbewerbsfähig ['vɛtbəvɛrpsfɛ:ɪç] *adj* competitive
Wettbewerbsfähigkeit ['vɛtbəvɛrpsfɛ:ɪçkaɪt] *f* competitiveness
Wettbewerbsklausel ['vɛtbəvɛrpsklauzəl] *f* restraint of competition clause; exclusive service clause
Wettbewerbsnachteil ['vɛtbəvɛrpsna:xtaɪl] *m* competitive disadvantage
Wettbewerbspolitik ['vɛtbəvɛrpspoliti:k] *f* competitive policy
Wettbewerbsrecht ['vɛtbəvɛrpsrɛçt] *n* law on competition
Wettbewerbsverbot ['vɛtbəvɛrpsfɛrbo:t] *n* prohibition to compete
Wettbewerbsverzerrung ['vɛtbəvɛrpsfɛrtsɛruŋ] *f* distortion of competition
Wettbewerbsvorteil ['vɛtbəvɛrpsfo:rtaɪl] *m* competitive advantage
White-Collar-Criminality [waɪtkɔlərkrɪmɪ'nælɪtɪ] *f (Wirtschaftskriminalität)* white-collar crime
Widerruf ['vi:dərru:f] *m* revocation, cancellation
widerrufen [vi:dər'ru:fən] *v* revoke
Widerrufsklausel ['vi:dərru:fsklauzəl] *f* revocation clause
Widerrufsrecht ['vi:dərru:fsrɛçt] *n* right of revocation
widersprechen [vi:dər'ʃprɛçən] *v irr* contradict, oppose
Widerspruch ['vi:dərʃprux] *m* contradiction; discrepancy
Widerspruchsvormerkung ['vi:dərʃpruxsfo:rmɛrkuŋ] *f* provisional filing of an objection
Widerstandslinie ['vi:dərʃtantsli:njə] *f* line of resistance
wieder verwerten ['vi:dər fɛr've:rtən] *v* recycle
Wiederanlage ['vi:dəranla:gə] *f* reinvestment
Wiederaufbau ['vi:dəraufbau] *m* reconstruction
Wiederaufbereitung [vi:dər'aufbəraɪtuŋ] *f* reprocessing
Wiederaufbereitungsanlage [vi:dər'aufbəraɪtuŋsanla:gə] *f* reprocessing plant
Wiederausfuhr ['vi:dərausfu:r] *f* reexportation
Wiederbeschaffung ['vi:dərbəʃafuŋ] *f* replacement
Wiederbeschaffungswert ['vi:dərbəʃafuŋsve:rt] *m* replacement value
Wiedereröffnung ['vi:dərɛrœfnuŋ] *f* reopening
Wiedererstattung ['vi:dərɛrʃtatuŋ] *f* reimbursement, refunding
Wiedergutmachung [vi:dər'gu:tmaxuŋ] *f* reparation
Wiederinstandsetzung [vi:dərɪn'ʃtantzɛtsuŋ] *f* repair
Wiederverkaufspreis ['vi:dərfɛrkaufspraɪs] *m* resale price
Wiederverwendung ['vi:dərfɛrvɛnduŋ] *f* reuse
Wiederverwertung ['vi:dərfɛrve:rtuŋ] *f* reuse, recycling
wilder Streik ['vɪldər 'ʃtraɪk] *m* unauthorized strike
Willenserklärung ['vɪlənsɛrklɛ:ruŋ] *f* declaration of intention
Windenergie ['vɪntenɛrgi:] *f* wind energy, wind power
Windhundverfahren ['vɪnthuntfɛrfa:rən] *n* first-come-first served principle
Winterausfallgeld ['vɪntərausfalgɛlt] *n* winter bonus
Wirtschaft ['vɪrtʃaft] *f 1. (Volkswirtschaft)* economy; *2. (Handel)* industry, business
wirtschaftlich ['vɪrtʃaftlɪç] *adj* economic; *(sparsam)* economical
wirtschaftliche Nutzung ['vɪrtʃaftlɪçə 'nutsuŋ] *f* economic use
Wirtschaftlichkeit ['vɪrtʃaftlɪçkaɪt] *f* economic efficiency, profitability

Wirtschaftsabkommen ['vɪrtʃaftsapkɔmən] *n* trade agreement
Wirtschaftsanalyse ['vɪrtʃaftsanaly:zə] *f* economic analysis
Wirtschaftsaufschwung ['vɪrtʃaftsaufʃvuŋ] *m* economic recovery
Wirtschaftsembargo ['vɪrtʃaftsɛmbargo] *n* economic embargo
Wirtschaftsexperte ['vɪrtʃaftsɛkspɛrtə] *m* economic expert
Wirtschaftsexpertin ['vɪrtʃaftsɛkspɛrtɪn] *f* (female) economic expert
Wirtschaftsförderung ['vɪrtʃaftsfœrdəruŋ] *f* measures to spur the economy *pl*
Wirtschaftsgemeinschaft ['vɪrtʃaftsgəmaɪnʃaft] *f* economic community
Wirtschaftsgut ['vɪrtʃaftsgu:t] *n* economic goods *pl*
Wirtschaftshilfe ['vɪrtʃaftshɪlfə] *f* economic aid, economic assistance
Wirtschaftsinformatik ['vɪrtʃaftsɪnfɔrma:tɪk] *f* business data processing
Wirtschaftsjahr ['vɪrtʃaftsja:r] *n* business year
Wirtschaftskreislauf ['vɪrtʃaftskraɪslauf] *m* economic process
Wirtschaftskriminalität ['vɪrtʃaftskriminalitɛ:t] *f* white-collar crime
Wirtschaftskrise ['vɪrtʃaftskri:zə] *f* economic crisis
Wirtschaftsministerium ['vɪrtʃaftsmɪnɪste:rjum] *n* Ministry of Economics
Wirtschaftsordnung ['vɪrtʃaftsɔrdnuŋ] *f* economic order
Wirtschaftsplan ['vɪrtʃaftspla:n] *m* economic plan
Wirtschaftspolitik ['vɪrtʃaftspoliti:k] *f* economic policy
wirtschaftspolitisch ['vɪrtʃaftspoli:tɪʃ] *adj* economic; *~e Zusammenarbeit* economic policy cooperation
Wirtschaftsprüfer(in) ['vɪrtʃaftspry:fər(ɪn)] *m/f* auditor, chartered accountant
Wirtschaftsprüfung ['vɪrtʃaftspry:fuŋ] *f* auditing
Wirtschaftsrecht ['vɪrtʃaftsrɛçt] *n* economic law
Wirtschaftssanktionen ['vɪrtʃaftszaŋktsjo:nən] *f/pl* economic sanctions *pl*
Wirtschaftsunion ['vɪrtʃaftsunjo:n] *f* economic union
Wirtschaftswachstum ['vɪrtʃaftsvakstu:m] *n* growth of the economy, economic growth, expansion of business activity
Wirtschaftswissenschaften ['vɪrtʃaftsvɪsənʃaftən] *f/pl* economics
Wirtschaftswunder ['vɪrtʃaftsvundər] *n* German economic miracle
Wirtschaftszweig ['vɪrtʃaftstsvaɪk] *m* field of the economy
wissenschaftlich ['vɪsənʃaftlɪç] *adj* scientific; *adv* scientifically
Wissensmanagement ['vɪsənsmænɪdʒmənt] *n* knowledge management
Wochenarbeitszeit ['vɔxənarbaɪtstsaɪt] *f* workweek
Wochenausweis ['vɔxənausvaɪs] *m* weekly return
Wochenbericht ['vɔxənbərɪçt] *m* weekly report
Wochenlohn ['vɔxənlo:n] *m* weekly wage, weekly pay
Wochenplaner ['vɔxənpla:nər] *m* weekly planner
wöchentlich ['vœçəntlɪç] *adj* weekly; *adv* weekly, every week
Wohlfahrt ['vo:lfa:rt] *f* welfare
Wohlfahrtsökonomie ['vo:lfa:rtsøkonomi:] *f* welfare economics
Wohlfahrtsstaat ['vo:lfa:rtsʃta:t] *m* welfare state
Wohlstand ['vo:lʃtant] *m* prosperity, wealth, affluence
Wohlstandsgesellschaft ['vo:lʃtantsgəzɛlʃaft] *f* affluent society
Wohneigentumsförderung ['vo:naɪgəntumsfœrdəruŋ] *f* promotion of residential property
Wohngeld ['vo:ngɛlt] *n* accommodation allowance
Wohnungsbau ['vo:nuŋsbau] *m* housing construction
Wohnungsbauförderung ['vo:nuŋsbaufœrdəruŋ] *f* promotion of housing construction
Wohnungsbau-Prämiengesetz [vo:nuŋsbau'prɛ:mjəngəzɛts] *n* Law on the Payment of Premiums for Financing the Construction of Residential Properties
Workstation ['wɜ:ksteɪʃn] *f* work station
World Wide Web (WWW) [wɜ:ld waɪd'web] *n* world wide web (WWW)
Wucherpreis ['vu:xərpraɪs] *m* exorbitant price
Wucherverbot ['vu:xərfɛrbo:t] *n* prohibition of usurious money-lending
Wuchsaktie ['vuksaktsjə] *f* growth share

X/Y/Z

XYZ-Analyse [ɪksypsilɔn'tsɛtana'ly:zə] *f* XYZ analysis
Zahl [tsa:l] *f* *1.* number; *rote ~en schreiben* to be in the red; *schwarze ~en schreiben* to be in the black; *2.* *(Ziffer)* figure
zahlbar ['tsa:lba:r] *adj* payable
zahlbar bei Ablieferung (p.o.d.) ['tsa:l-ba:r baɪ 'apli:fəruŋ] *adv* payable on delivery (p.o.d.)
zahlbar bei Verschiffung (c.o.s.) ['tsa:l-ba:r baɪ fɛr'ʃɪfuŋ] *adv* cash on shipment (c.o.s.)
zahlen ['tsa:lən] *v* *1.* pay; *~!* The bill, please! The check, please! *(US)*; *2.* effect, make payment
zählen ['tsɛ:lən] *v* count
Zahlenregister ['tsa:lənregɪstər] *n* numbered index
Zähler ['tsɛ:lər] *m* *(Messgerät)* meter, counter
Zahlkarte ['tsa:lkartə] *f* Giro inpayment form
Zahlschein ['tsa:lʃaɪn] *m* payment slip
Zahlstelle ['tsa:lʃtɛlə] *f* payments office
Zahltag ['tsa:lta:k] *m* payday
Zahlung ['tsa:luŋ] *f* payment
Zahlung bei Auftragserteilung (c.w.o.) ['tsa:luŋ baɪ 'auftra:ksɛrtaɪluŋ] cash with order (c.w.o.)
Zahlung gegen Dokumente (c.a.d.) ['tsa:luŋ 'ge:gən doku'mɛntə] cash against documents (c a.d.)
Zahlung gegen Nachnahme (c.o.d.) ['tsa:luŋ 'ge:gən 'na:xna:mə] collection on delivery (c.o.d.)
Zahlung per Nachnahme ['tsa:luŋ pɛr 'na:xna:mə] cash on delivery
Zahlungsabkommen ['tsa:luŋsapkɔmən] *n* payments agreement
Zahlungsanweisung ['tsa:luŋsanvaɪzuŋ] *f* order for payment
Zahlungsaufforderung ['tsa:luŋsauffɔr-dəruŋ] *f* request for payment
Zahlungsaufschub ['tsa:luŋsaufʃu:p] *m* extension of credit
Zahlungsauftrag ['tsa:luŋsauftra:k] *m* order for payment
Zahlungsavis ['tsa:luŋsavi:s] *n/m* advice of payment
Zahlungsbedingungen ['tsa:luŋsbədɪŋuŋ-ən] *f/pl* terms of payment *pl*
Zahlungsbefehl ['tsa:luŋsbəfe:l] *m* order for payment
Zahlungsbefreiung ['tsa:luŋsbəfraɪuŋ] *f* exemption from payment
Zahlungsbilanz ['tsa:luŋsbɪlants] *f* balance of payments
Zahlungsbilanzdefizit [tsa:luŋsbilants'de-fitsɪt] *n* balance of payments deficit
Zahlungsbilanzgleichgewicht [tsa:luŋs-bilants'glaɪçgəvɪçt] *n* balance of payments equilibrium
Zahlungsbilanzstatistik [tsa:luŋsbilants-'ʃtatɪstɪk] *f* statistic on the balance of payments
Zahlungsbilanzüberschuss [tsa:luŋsbi-lants'y:bərʃus] *m* balance of payments surplus
Zahlungseinstellung ['tsa:luŋsaɪnʃtɛluŋ] *f* suspension of payments
Zahlungsempfänger(in) ['tsa:luŋsɛmp-fɛŋər(ɪn)] *m/f* payee
Zahlungserinnerung ['tsa:luŋsɛrɪnəruŋ] *f* prompt note
zahlungsfähig ['tsa:luŋsfɛ:ɪç] *adj* solvent, able to pay
Zahlungsfähigkeit ['tsa:luŋsfɛ:ɪçkaɪt] *f* solvency
Zahlungsform ['tsa:luŋsfɔrm] *f* payment system
Zahlungsfrist ['tsaluŋsfrɪst] *f* time allowed for payment, term of payment
zahlungskräftig ['tsa:luŋskrɛftɪç] *adj* solvent
Zahlungsmittel ['tsa:luŋsmɪtəl] *n* means of payment
Zahlungsmittelumlauf ['tsa:luŋsmɪtlum-lauf] *m* notes and coins in circulation
zahlungspflichtig ['tsa:luŋspflɪctɪç] *adj* liable to pay
Zahlungsrisiko ['tsa:luŋsri:ziko] *n* payment risk
Zahlungsrückstand ['tsa:luŋsrykʃtant] *m* payment in arrears
Zahlungsschwierigkeit ['tsa:luŋsʃvi:rɪç-kaɪt] *f* financial difficulties *pl*
Zahlungssitte ['tsa:luŋszɪtə] *f* payment habit
Zahlungsstockung ['tsa:luŋsʃtɔkuŋ] *f* liquidity crunch
Zahlungstermin ['tsa:luŋstɛrmi:n] *m* date of payment

zahlungsunfähig ['tsa:luŋsunfɛ:ɪç] *adj* insolvent, unable to pay
Zahlungsunfähigkeit ['tsa:luŋsunfɛ:ɪç-kaɪt] *f* insolvency, inability to pay
Zahlungsverkehr ['tsa:luŋsfɛrke:r] *m* payment transaction
Zahlungsverzug ['tsa:luŋsfɛrtsu:k] *m* failure to pay on due date
Zahlungsweise ['tsa:luŋsvaɪzə] *f* payment method
Zahlungsziel ['tsa:luŋstsi:l] *n* period for payment
Zahlung unter Protest ['tsa:luŋ 'untər pro'tɛst] payment supra protest
Zedent [tse'dɛnt] *m* assignor
Zehnerklub ['tse:nərklup] *f* club of ten
Zeichen ['tsaɪçən] *n* character, symbol
zeichnen ['tsaɪçnən] *v (unterschreiben)* sign, *(fig)* subscribe; *(entwerfen)* design
Zeichnung ['tsaɪçnuŋ] *f* subscription
zeichnungsberechtigt ['tsaɪçnuŋsbərɛç-tɪçt] *adj* authorized to sign
Zeichnungsberechtigung ['tsaɪçnuŋsbə-rɛçtɪguŋ] *f* authorisation to sign
Zeichnungsfrist ['tsaɪçnuŋsfrɪst] *f* subscription period
Zeichnungsschein ['tsaɪçnuŋsʃaɪn] *m* subscription form
Zeichnungsvollmacht ['tsaɪçnuŋsfɔlmaxt] *f* authority to sign
Zeitabschreibung ['tsaɪtapʃraɪbuŋ] *f* depreciation per period
Zeitarbeit ['tsaɪtarbaɪt] *f* temporary work
Zeitaufwand ['tsaɪtaufvant] *m* expenditure of time
Zeitdruck ['tsaɪtdruk] *m* deadline pressure, time pressure
Zeiteinteilung ['tsaɪtaɪntaɪluŋ] *f (Zeitplan)* time plan
Zeitersparnis ['tsaɪtɛrʃpa:rnɪs] *f* time saved
zeitgemäß ['tsaɪtgəmɛ:s] *adj* timely, up to date, modern
Zeitguthaben ['tsaɪtgu:tha:bən] *n (bei gleitender Arbeitszeit)* time credit
Zeitkauf ['tsaɪtkauf] *m* sale on credit terms
Zeitlohn ['tsaɪtlo:n] *m* time wages *pl*
Zeitraum ['tsaɪtraum] *m* space of time, period
Zeitstudie ['tsaɪtʃtu:djə] *f* time study
Zeitungsinserat ['tsaɪtuŋsɪnzəra:t] *n* newspaper advertisement
Zeitverschwendung ['tsaɪtfɛrʃvɛnduŋ] *f* waste of time
Zeitvertrag ['tsaɪtfɛrtra:k] *m* fixed-term contract, fixed-duration contract, short-term contract
Zeitwert ['tsaɪtve:rt] *m* current market value
Zentiliter ['tsɛntili:tər] *m* centilitre
Zentimeter ['tsɛntime:tər] *m* centimetre, centimeter *(US)*
Zentner ['tsɛntnər] *m* hundredweight
Zentnergewicht ['tsɛntnərgəvɪçt] *n* metric hundredweight
zentral [tsɛn'tra:l] *adj* central; *adv* centrally
Zentralbank [tsɛn'tra:lbaŋk] *f* central bank
Zentralbankgeld [tsɛn'tra:lbaŋkgɛlt] *n* central bank money
Zentralbankpräsident(in) [tsɛn'tra:lbaŋk-prɛzidɛnt(ɪn)] *m/f* President of the Central Bank
Zentralbankrat [tsɛn'tra:lbaŋkra:t] *m* Central Bank Council
Zentralbankstatus [tsɛn'tra:lbaŋkʃta:tus] *m* status of the Central Bank
Zentrale [tsɛn'tra:lə] *f* central office, head office, headquarters *pl*
Zentraleinkauf [tsɛn'tra:laɪnkauf] *m* centralized purchasing
Zentralisation [tsɛntralisa'tsjo:n] *f* centralization
zentralisieren ['tsɛntrali'zi:rən] *v* centralize
Zentralisierung [tsɛntrali'si:ruŋ] *f* centralization
Zentralkasse [tsɛn'tra:lkasə] *f* central credit institution
Zentralverband [tsɛn'tra:lfɛrbant] *m* central federation, national federation, national association
Zerobond ['ze:robɔnt] *m* zero bond
Zertifikat [tsɛrtifi'ka:t] *n* certificate
zertifizierte Bonds [tsɛrtifi'tsi:rtə bɔnts] *m/pl* certified bonds *pl*
Zession [tsɛ'sjo:n] *f* assignment
Zessionar(in) [tsɛsjo'na:r(ɪn)] *m/f* assignee
Zessionskredit [tsɛ'sjo:nskredi:t] *m* advance on receivables
Zeugenaussage ['tsɔygənausza:gə] *f* evidence, testimony
Zeugnis ['tsɔyknɪs] *n* testimonial, letter of reference
Ziehung ['tsi:uŋ] *f* drawing
Ziehungsrechte ['tsi:uŋsrɛçtə] *n/pl* drawing rights *pl*
Ziel [tsi:l] *n (fig: Absicht)* aim, purpose, objective
Zielgruppe ['tsi:lgrupə] *f* target group

Zielhierarchie ['tsi:lhierarçi:] *f* hierarchy of goals
Zielkauf ['tsi:lkauf] *m* purchase on credit
Zielkosten ['tsi:lkɔstən] *pl* target costs *pl*
Zielkostenrechnung ['tsi:lkɔstənrɛçnuŋ] *f* target cost accounting
Zielpreis ['tsi:lpraɪs] *m* target price; norm price
Zielvorgabe ['tsi:lfo:rga:bə] *f* objective, target
Zinsänderungsrisiko ['tsɪnsɛndəruŋsri:ziko] *n* risk of change in interest rates
Zinsanleihe ['tsɪnsanlaɪə] *f* loan repayable in full at a due date
Zinsarbitrage ['tsɪnsarbitra:ʒə] *f* interest rate arbitrage
Zinsbesteuerung ['tsɪnsbəʃtɔyəruŋ] *f* taxation of interest
Zinsbindung ['tsɪnsbɪnduŋ] *f* interest rate control
Zins bringend ['tsɪns brɪngənt] *adj* interest-bearing
Zinselastizität ['tsɪnselastitsitɛ:t] *f* interest elasticity
Zinsen ['tsɪnzən] *m/pl* interest, interests *pl*
Zinsendienst ['tsɪnzəndi:nst] *m* interest service
Zinserhöhung ['tsɪnsɛrhø:uŋ] *f* interest rate increase
Zinserleichterung ['tsɪnsɛrlaɪçtəruŋ] *f* reduction of interest
Zinsertrag ['tsɪnsɛrtra:k] *m* income from interests
Zinseszins ['tsɪnzəstsɪns] *m* compound interest
Zinseszinsrechnung ['tsɪnzəstsɪnsrɛçnuŋ] *f* calculation of compound interest
Zinsfuß ['tsɪnsfu:s] *m* interest rate
Zinsgarantie ['tsɪnsgaranti:] *f* guaranteed interest
Zinsgefälle ['tsɪnsgəfɛlə] *n* gap between interest rates, margin between interest rates
Zinskappe ['tsɪnskapə] *f* cap rate of interest
Zinskappenvereinbarung ['tsɪnskapənfɛraɪnba:ruŋ] *f* cap rate of interest agreement
zinslos ['tsɪnslo:s] *adj* interest-free, non-interest-bearing
zinsloses Darlehen ['tsɪnslo:zəs 'da:rle:ən] *n* interest-free loan
Zinsmarge ['tsɪnsmarʒə] *m* interest margin
Zinsniveau ['tsɪnsnivo:] *n* interest rate level
Zinsparität ['tsɪnsparitɛ:t] *f* interest parity
Zinspolitik ['tsɪnspoliti:k] *f* interest rate policy
Zinsrückstand ['tsɪnsrykʃtant] *m* arrear on interests
Zinssatz ['tsɪnszats] *m* interest rate, rate of interest
Zinsschein ['tsɪnsʃaɪn] *m* coupon
Zinssenkung ['tsɪnszɛŋkuŋ] *f* interest rate decrease, reduction of interest
Zinsspanne ['tsɪnsʃpanə] *f* interest margin
Zinsstabilität ['tsɪnsʃtabilitɛ:t] *f* interest rate stability
Zinsstaffel ['tsɪnsʃtafəl] *f* interest rate table
Zinsstruktur ['tsɪnsʃtruktu:r] *f* interest rate structure
Zinsswap ['tsɪnsswɔp] *m* interest rate swap
Zinstage ['tsɪnsta:gə] *m/pl* quarter days *pl*
Zinstender ['tsɪnstɛndər] *m* interest tender
Zinstermin ['tsɪnstɛrmi:n] *m* interest payment date
Zinstheorie ['tsɪnsteori:] *f* theory of interest
Zinsüberschuss ['tsɪnsy:bərʃus] *m* interest surplus
zinsvariable Anleihe ['tsɪnsvarjablə 'anlaɪə] *f* loan at variable rates
Zinsverlust ['tsɪnsfɛrlust] *m* interest loss
Zinswettbewerb ['tsɪnsvɛtbəvɛrp] *m* interest rate competition
Zinswucher ['tsɪnsvu:xər] *m* usury
Zirkulation [tsɪrkula'tsjo:n] *f* circulation
zitieren [tsi'ti:rən] *v* summon
Zivilprozessordnung (ZPO) [tsivi:lpro'tsɛsɔrdnuŋ] *f* Code of Civil Procedure
Zivilrecht [tsi'vi:lrɛçt] *n* civil law
Zoll [tsɔl] *m* *1. (Behörde)* customs *pl; 2. (Maßeinheit)* inch; *3. (Gebühr)* customs duty, duty
Zollabfertigung ['tsɔlapfɛrtɪguŋ] *f* customs clearance
Zollabkommen ['tsɔlapkɔmən] *n* customs convention
Zollamt ['tsɔlamt] *n* customs office
Zollausland ['tsɔlauslant] *n* countries outside the customs frontier
Zollbeamte(r) ['tsɔlbəamtə(r)] *f/m* customs official, customs officer
Zollbereich ['tsɔlbəraɪç] *m* customs matters *pl*
Zolleinfuhrschein [tsɔl'aɪnfu:rʃaɪn] *m* bill of entry
Zollerklärung ['tsɔlɛrklɛ:ruŋ] *f* customs declaration
Zollfaktura ['tsɔlfaktu:ra] *f* customs invoice
zollfrei ['tsɔlfraɪ] *adj* duty-free
Zollgebiet ['tsɔlgəbi:t] *n* customs territory

Zollgebühren ['tsɔlgəby:rən] *f/pl* customs duties *pl*
Zollgrenze ['tsɔlgrɛntsə] *f* customs frontier
Zollinland [tsɔl'ɪnlant] *n* domestic customs territory
Zollkontrolle ['tsɔlkontrɔlə] *f* customs control, customs inspection
Zolllager ['tsɔlla:gər] *n* customs warehouse
Zolllagerung ['tsɔlla:gəruŋ] *f* customs warehouse procedure
Zollpapiere ['tsɔlpapi:rə] *n/pl* customs documents *pl*
zollpflichtig ['tsɔlpflɪçtɪç] *adj* dutiable, subject to customs
Zollstation ['tsɔlʃtatsjo:n] *f* customs post, customs office
Zolltarif ['tsɔltari:f] *m* customs tariff
Zollunion ['tsɔlunjo:n] *f* customs union
Zollverkehr ['tsɔlfɛrke:r] *m* customs procedure
Zollverschluss ['tsɔlfɛrʃlus] *m* customs seal
Zollvertrag ['tsɔlfɛrtra:k] *m* customs agreement
Zone ['tso:nə] *f* zone
Zug um [tsu:k um] concurrent
Zugabe ['tsu:ga:bə] *f* extra, bonus
Zugang ['tsu:gaŋ] *m (Warenzugang)* supply, receipt
Zugriffsberechtigung ['tsu:grɪfsbərɛçtɪguŋ] *f EDV* access privilege
Zukunftswert ['tsu:kunftsve:rt] *m* future bonds *pl*
Zulage ['tsu:la:gə] *f* additional pay, bonus; *(Gehaltserhöhung)* rise *(UK)*, raise *(US)*
zulässig ['tsu:lɛsɪç] *adj* permissible, allowed, admissible
Zulassung ['tsu:lasuŋ] *f* admission; *(eines Autos)* registration
Zulassungsbeschränkung ['tsu:lasuŋsbəʃrɛŋkuŋ] *f* restricted admission
Zulassungsstelle ['tsu:lasuŋsʃtɛlə] *f* registration office
zu Lasten [tsu 'lastən] chargeable to
Zulauf ['tsu:lauf] *m* popularity; *großen ~ haben* to be very popular, to be in great demand
Zulieferbetrieb ['tsu:li:fərbətri:p] *m* component producer
Zulieferer ['tsu:li:fərər] *m* supplier, component supplier, subcontractor
Zulieferung ['tsu:li:fəruŋ] *f* supply
Zunahme ['tsu:na:mə] *f* increase, growth, rise
Zuname ['tsu:na:mə] *m* family name, surname
zunehmen ['tsu:ne:mən] *v irr* increase, grow, rise
zur Ansicht [tsu:r 'anzɪçt] on approval
zurückerstatten [tsu'rykɛrʃtatən] *v* refund, pay back, reimburse
zurückfordern [tsu'rykfɔrdərn] *v etw ~* ask for sth back, demand sth back
zurückgestaute Inflation ['tsurykgəʃtautə ɪnfla'tsjo:n] *f* pent-up inflation
zurückgewinnen [tsu'rykgəvɪnən] *v irr* win back, regain, recoup
zurückrufen [tsu'rykru:fən] *v irr (eine bereits ausgelieferte Ware)* call back
zurücktreten [tsu'ryktre:tən] *v irr (Rücktritt erklären)* resign, retire
zurückweisen [tsu'rykvaɪzən] *v irr* reject, refuse
zurückzahlen [tsu'ryktsa:lən] *v* pay back, repay
Zurückzahlung [tsu'ryktsa:luŋ] *f* repayment
Zusage ['tsu:za:gə] *f (Verpflichtung)* commitment; *(Versprechen)* promise
zusagen ['tsu:za:gən] *v* confirm; *(versprechen)* promise
Zusammenarbeit [tsu'zamənarbaɪt] *f* cooperation, collaboration
zusammenarbeiten [tsu'zamənarbaɪtən] *v* work together, cooperate, collaborate, act in concert, team up
Zusammenbau [tsu'zamənbau] *m* assembly
zusammenbauen [tsu'zamənbauən] *v* assemble
zusammenfassen [tsu'zamənfasən] *v* sum up, summarize
zusammenschließen [tsu'zamənʃli:sən] *v irr sich ~* get together, team up
Zusammenschluss [tsu'zamənʃlus] *m* union, alliance, merger
Zusammensetzung [tsu'zamənzɛtsuŋ] *f* composition, make-up, construction
zusammenstellen [tsu'zamənʃtɛlən] *v (fig)* make up, put together, combine; *(Daten)* compile
Zusatzaktie ['tsu:zatsaktsjə] *f* bonus share
Zusatzkapital ['tsu:zatskapita:l] *n* additional capital
Zusatzkosten ['tsu:zatskɔstən] *pl* additional cost
Zusatzverkauf ['tsu:zatsfɛrkauf] *m* additional sale

Zusatzversicherung ['tsu:zatsfɛrzɪçəruŋ] *f* additional insurance
Zuschlag ['tsu:ʃla:k] *m* extra charge, surcharge, addition
Zuschlagskalkulation ['tsu:ʃla:kskalkulatsjo:n] *f* job order costing
zuschlagspflichtig ['tsu:ʃla:kspflɪçtɪç] *adj* subject to a supplementary charge
Zuschlagssatz ['tsu:ʃla:kszats] *m* costing rate
Zuschrift ['tsu:ʃrɪft] *f* letter
Zuschuss ['tsu:ʃus] *m* allowance, contribution, subsidy
zusetzen ['tsu:zɛtsən] *v Geld ~* lose money
Zusicherung ['tsu:zɪçəruŋ] *f* assurance, guarantee
zustellen ['tsu:ʃtɛlən] *v (liefern)* deliver, hand over
Zusteller(in) ['tsu:ʃtɛlər(ɪn)] *m/f* deliverer; *(Postbote)* letter carrier, postman/postwoman, mailman
Zustellgebühr ['tsu:ʃtɛlgəby:r] *f* delivery fee, delivery charge
Zustellung ['tsu:ʃtɛluŋ] *f* delivery
Zustimmung ['tsu:ʃtɪmuŋ] *f* consent
Zuteilung ['tsu:taɪluŋ] *f* allocation
Zuteilungsrechte ['tsu:taɪluŋsrɛçtə] *n/pl* allotment right
zu treuen Händen [tsu 'trɔyən 'hɛndən] for safekeeping
zuverlässig ['tsu:fɛrlɛsɪç] *adj/adv* reliable
Zuwachs ['tsu:vaks] *m* growth
Zuwachsrate ['tsu:vaksra:tə] *f* growth rate
zuweisen ['tsu:vaɪzən] *v irr* assign, allocate, allot
Zuweisung ['tsu:vaɪzuŋ] *f* assignment, transfer from profits
Zuwendung ['tsu:vɛnduŋ] *f (Geldbeitrag)* grant, contribution, donation
zuwiderhandeln [tsu'vi:dərhandəln] *v einer Sache ~* act contrary to sth, go against sth; *(einer Vorschrift)* violate
Zuzahlung ['tsu:tsa:luŋ] *f* additional contribution
zuzüglich ['tsutsy:klɪç] *prep* plus
Zwangsabgabe ['tsvaŋsapga:bə] *f* compulsory charge
Zwangsanleihe ['tsvaŋsanlaɪə] *f* compulsory loan
Zwangsgeld ['tsvaŋsgɛlt] *n* enforcement fine
Zwangsmittel ['tsvaŋsmɪtəl] *n/pl* enforcement measures *pl*
Zwangssparen ['tsvaŋsʃpa:rən] *n* compulsory saving
Zwangsvergleich ['tsvaŋsfɛrglaɪç] *m* legal settlement in bankruptcy
Zwangsverkauf ['tsvaŋsfɛrkauf] *m* forced sale
Zwangsversteigerung ['tsvaŋsfɛrʃtaɪgəruŋ] *f* compulsory auction
Zwangsvollstreckung ['tsvaŋsfɔlʃtrɛkuŋ] *f* enforcement, compulsory execution, levy upon property
zweckentfremden ['tsvɛkɛntfrɛmdən] *v* misappropriate, redesignate, misuse
Zweckentfremdung ['tsvɛkɛntfrɛmduŋ] *f* use for a purpose other than the original designation
zweckgebunden ['tsvɛkgəbundən] *adj* earmarked, appropriated, bound to a specific purpose
Zweckgemeinschaft ['tsvɛkgemaɪnʃaft] *f* special-purpose association
zweckmäßig ['tsvɛkmɛ:sɪç] *adj* expedient, practical, proper
Zwecksparen ['tsvɛkʃpa:rən] *n* target saving
Zweigniederlassung ['tsvaɪkni:dərlasuŋ] *f* branch
Zweigstelle ['tsvaɪkʃtɛlə] *f* branch office
Zweitnutzen ['tsvaɪtnutsən] *m* secondary benefit
Zwischenaktionär ['tsvɪʃənaktsjonɛ:r] *m* interim shareholder
Zwischenbericht ['tsvɪʃənbərɪçt] *m* interim report
Zwischenbilanz ['tsvɪʃənbɪlants] *f* interim results *pl,* interim balance sheet
Zwischenfinanzierung ['tsvɪʃənfinantsi:ruŋ] *f* interim financing
Zwischengesellschaft ['tsvɪʃəngəzɛlʃaft] *f* intermediate company
Zwischenhändler(in) ['tsvɪʃənhɛndlər(ɪn)] *m/f* middleman, intermediate dealer
Zwischenkonto ['tsvɪʃənkɔnto] *n* interim account
Zwischenkredit ['tsvɪʃənkredi:t] *m* interim loan, intermediate loan
Zwischenlager ['tsvɪʃənla:gər] *n* intermediate inventory
Zwischenschein ['tsvɪʃənʃaɪn] *m* provisional receipt
Zwischensumme ['tsvɪʃənzymə] *f* subtotal
Zwischenzinsen ['tsvɪʃəntsɪnzən] *m/pl* interim interest
Zyklus ['tsy:klus] *m* cycle

Begriffe und Wendungen

1. Unternehmen und Management

Lines and Forms of Business

Branchen und Unternehmensformen

We have invested heavily in the ***mining industry*** in South Africa.

Wir haben in großem Umfang in die ***Montanindustrie*** Südafrikas investiert.

Coal mines in Yorkshire provide much of Britain's coal.

Kohlenbergwerke in Yorkshire liefern einen großen Teil der britischen Kohle.

The ***north sea oil industry*** has raised oil prices.

Die ***Nordseeölindustrie*** hat die Ölpreise erhöht.

The majority of our electricity comes from the ***coal-fired power station*** you drove past on your way here.

Der Großteil unserer Elektrizität kommt von dem ***Kohlekraftwerk,*** an dem Sie auf dem Weg hierher vorbeigefahren sind.

We are trying to close a deal for cheap electricity from the ***nuclear power station*** nearby.

Wir versuchen einen Handel mit dem nahegelegenen ***Atomkraftwerk*** abzuschließen, um billige Elektrizität zu bekommen.

We buy our barley direct from several different farmers in the area.

Wir kaufen unsere Gerste direkt bei einigen Bauern aus der Gegend.

The agricultural crisis is effecting the ***brewing industry.***

Die Agrarkrise wirkt sich in der ***Brauereiindustrie*** aus.

Our ***paper processing business*** is dependent upon the ***forestry industry.***

Unsere ***Papier verarbeitende Industrie*** hängt von der ***Holzindustrie*** ab.

Our factory ***reprocesses*** fish by-products to produce fertilizer.

Unsere Fabrik ***verarbeitet*** Fischabfälle zur Produktion von Düngemitteln.

In the seventies, Maurice Motors was one of the most notable ***car manufacturers*** in Europe.

In den siebziger Jahren war Maurice Motors einer der namhaftesten ***Autohersteller*** in Europa.

We have good business relations with the manufacturer of our ***components.***

Wir haben gute Geschäftsbeziehungen mit dem Hersteller unserer ***Einzelteile.***

Many of our ***manufactured articles*** are exported to other EU nations.

Viele unserer ***Fabrikate*** werden in andere EU-Staaten exportiert.

We are a long-established ***insurance company*** with many years experience behind us.

Wir sind eine alteingesessene ***Versicherung*** mit langjähriger Erfahrung.

I think that the JA Bank can offer us the best deal for our ***company account.***
Ich glaube, dass die JA Bank uns das beste Angebot für unser ***Firmenkonto*** machen kann.

The most successful ***mail order business*** in Britain for 1998 was Warmers Catalogues.
Das erfolgreichste ***Versandhandelsunternehmen*** in Großbritannien war 1998 Warmers Catalogues.

We have got in touch with the ***publishers*** regarding our "Millennium Catalogue".
Wir haben mit dem ***Verlag*** wegen unseres „Millennium Katalogs" Kontakt aufgenommen.

In our ***line of business,*** one must be prepared to move with the times.
In unserer ***Branche*** muss man darauf vorbereitet sein mit der Zeit zu gehen.

I need to get in contact with an ***accounting firm.***
Ich muss mit einer ***Buchhaltungsfirma*** Kontakt aufnehmen.

The ***advertising company*** that we use has always produced satisfactory results in the past.
Die ***Werbefirma,*** mit der wir arbeiten, hat in der Vergangenheit immer zufrieden stellende Ergebnisse geliefert.

My ***firm of solicitors*** was founded in 1987.
Meine ***Anwaltskanzlei*** wurde 1987 gegründet.

I will have to consult my ***solicitor.***
Ich werde meinen ***Anwalt*** konsultieren müssen.

As a ***marketing company,*** we feel that relations with our customers are important.
Wir glauben, dass für uns als ***Marketingunternehmen*** das Verhältnis zu unseren Kunden entscheidend ist.

Our firm of ***management consultants*** advises companies of ways to increase production through improved ***management.***
Unsere ***Unternehmensberatungsfirma*** berät Unternehmen, wie sie ihre Produktion durch verbessertes ***Management*** steigern können.

Part of our ***service*** as a ***computer consultancy*** is free follow-up advice to customers, via e-mail.
Ein Teil unseres ***Services*** als ***EDV-Berater*** ist es, unseren Kunden anschließend umsonst per E-mail Ratschläge zu geben.

We are considering referring the problem to an I.T. ***(Information Technology) consultancy firm.***
Wir erwägen hinsichtlich dieses Problems eine ***EDV-Beratungsfirma*** hinzuzuziehen.

Our ***head office*** is in Liverpool.
Unser ***Hauptbüro*** ist in Liverpool.

Our ***headquarters*** are located in Camberwell, London.
Unsere ***Zentrale*** ist in Camberwell in London.

Our business began in the eighteenth century as a small group of ***craft traders.***
Unser Unternehmen entstand im achtzehnten Jahrhundert aus einer kleinen Gruppe von ***Handwerkern.***

Our family has been involved in this business for centuries. Our ancestors were ***guildsmen*** in the middle ages.	Unsere Familie ist seit Jahrhunderten an diesem Unternehmen beteiligt. Unsere Vorfahren waren im Mittelalter ***Mitglieder einer Zunft.***
We are only a ***small enterprise.***	Wir sind nur ein ***Kleinbetrieb.***
Our ***company name plate*** until recently contained the family coat of arms.	Unser ***Firmenschild*** enthielt bis vor kurzem noch unser Familienwappen.
As a ***medium size enterprise,*** we are proud of our friendly working atmosphere.	Als ***mittelständischer Betrieb*** sind wir stolz auf unsere freundliche Arbeitsatmosphäre.
My father used to be the ***sole owner*** of our company.	Früher war mein Vater der ***Alleineigentümer*** unseres Unternehmens.
Our ***company name*** is a combination of the names of our ***co-founders.***	Unser ***Firmenname*** ist eine Kombination der Namen der ***Mitbegründer.***
Could I please speak to the ***proprietor?***	Könnte ich bitte den ***Besitzer*** sprechen?
The ***factory owner*** is away on business.	Der ***Fabrikeigentümer*** ist geschäftlich unterwegs.
The ***parent company*** of the TEHV group is today an extremely profitable enterprise.	Die ***Muttergesellschaft*** der TEHV Gruppe ist heute ein enorm profitables Unternehmen.
Our ***holding company*** was founded in 1967.	Unsere ***Dachgesellschaft*** wurde 1967 gegründet.
Our company is ***based*** in Britain, but we have factories and outlets all over the world.	Unser Unternehmen hat seinen ***Unternehmenssitz*** in Großbritannien, aber wir haben Fabriken und Verkaufsstellen auf der ganzen Welt.
We have ***branches*** all over the world. Our most important ***branches abroad*** are in Brazil and Mexico.	Wir haben ***Filialen*** auf der ganzen Welt. Unsere wichtigsten ***Auslandsniederlassungen*** sind in Brasilien und Mexiko.
They are one of the largest ***multinationals*** in the world.	Sie sind eines der größten ***multinationalen Unternehmen*** auf der ganzen Welt.
Our most notable ***agency abroad*** is based in Canada.	Unsere namhafteste ***Auslandsvertretung*** hat ihren Geschäftssitz in Kanada.
TEHV is a ***multinational group.***	TEHV ist ein ***multinationaler Konzern.***
The ***private sector*** in the USA is much stronger than the ***public sector.***	Der ***private Sektor*** ist in den USA sehr viel stärker als der ***öffentliche Sektor.***

We have only ***limited liability*** in the event of bankruptcy.	Im Falle eines Bankrotts übernehmen wir nur ***beschränkte Haftung.***
SIDA is a ***private limited liability company.***	SIDA ist eine ***Gesellschaft mit beschränkter Haftung.***
We became a ***public limited company*** in 1973 (US: ***incorporated company***).	Wir wurden 1973 zu einer ***Aktiengesellschaft*** umgewandelt.
I have sent our ***major share-holders*** our ***sales figures*** for 2006.	Ich habe unseren ***Großaktionären*** die ***Verkaufszahlen*** für 2006 geschickt.
The ***shareholders meeting*** is due to take place next week.	Die ***Aktionärsversammlung*** ist für nächste Woche geplant.
How many will attend the ***annual general meeting (AGM)?***	Wie viele Teilnehmer wird die ***Jahreshauptversammlung*** haben?
Our company is a ***limited partnership.***	Unser Unternehmen ist eine ***Kommanditgesellschaft.***
He is a ***limited partner*** in AHB.	Er ist ein ***Kommanditist*** bei AHB.
May I introduce my ***general partner,*** Frank.	Darf ich Ihnen meinen ***Komplementär*** Frank vorstellen.
She is the youngest person ever to be made ***junior partner*** in the firm.	Sie ist die jüngste Person, die jemals ***Juniorteilhaber*** in unserem Unternehmen geworden ist.
Mr. Taylor is a ***silent partner*** in our business.	Mr. Taylor ist ***stiller Teilhaber*** an unserem Unternehmen.
We are considering going into ***partnership*** with ABC.	Wir überlegen uns, eine ***Partnerschaft*** mit ABC einzugehen.
Our ***trading partner*** has not been in contact regarding our factories in Africa.	Unser ***Handelspartner*** hat uns bisher nicht wegen unserer Fabriken in Afrika kontaktiert.
One of our ***subsidiaries*** (US: ***affiliates***) is based almost wholly in the Far East.	Eine unserer ***Tochtergesellschaften*** ist fast ausschließlich im Nahen Osten ansässig.
AMV is a subsidiary (US: affiliate) of the TEHV Group.	AMV ist eine Tochtergesellschaft der TEHV Gruppe.
We are hoping to arrange a ***video conference*** in July with the managers of all our ***subsidiaries.***	Wir hoffen, im Juli eine ***Video-konferenz*** mit den Leitern aller unserer ***Tochtergesellschaften*** abhalten zu können.

Dialogbeispiele

A: We have recently renewed the machinery of our ***assembly line.***

A: Wir haben erst neulich die Maschinenausstattung unseres ***Fließbandes*** erneuert.

B: Do you think it will pay off in the long run?

B: Glauben Sie, dass sich das auf lange Sicht auszahlen wird?

A: Definitely. Control has already recorded a drop in ***manufacturing defects.***

A: Auf jeden Fall. Die Aufsicht hat jetzt schon ein Abnehmen der ***Fabrikationsfehler*** gemeldet.

A: We distribute ***hand-made*** jewellery made by trained gold- and silversmiths.

A: Wir vertreiben ***handgearbeiteten*** Schmuck, der von ausgebildeten Gold- und Silberschmieden gefertigt wird.

B: Are they all ***original designs?***

B: Sind das alles ***Originalentwürfe?***

A: Yes. We also produce designs to order from our customers.

A: Ja. Wir entwerfen auch nach den speziellen Wünschen unserer Kunden.

B: I think we could certainly be of assistance for your business. Marketing of genuine ***handicrafts*** is our speciality.

B: Ich glaube, dass wir sehr nützlich für ihr Unternehmen sein könnten. Das Marketing von echtem ***Kunsthandwerk*** ist unsere Spezialität.

A: We were considering sending you to our ***branch office*** in Chile for six months, Mrs. Richards.

A: Wir überlegen uns, Sie für sechs Monate in unsere ***Geschäftsstelle*** in Chile zu schicken, Frau Richards.

B: That sounds very challenging.

B: Das klingt nach einer interessanten Herausforderung.

A: Are you aware of ***business protocol*** in South America?

A: Sind Sie sich über das südamerikanische ***Geschäftsprotokoll*** im Klaren?

B: I have some basic knowledge.

B: Ich besitze ein paar grundlegende Kenntnisse.

A: One of our ***affiliates*** distributes and markets our products in Thailand. They receive our goods at a discounted price and can make a greater profit for themselves.

A: Ein mit uns ***befreundetes Unternehmen*** vertreibt und verkauft unsere Produkte in Thailand. Sie bekommen unsere Produkte zu einem ermäßigten Preis und können daher einen größeren Profit machen.

B: That's an ideal arrangement for you both – you must make large savings in distribution costs.

B: Das ist eine ideale Vereinbarung für Sie beide – Sie müssen große Einsparungen bei den Vertriebskosten haben.

A: Yes. It undoubtedly pays off for both our companies.

A: In der Tat. Es zahlt sich zweifellos für beide Unternehmen aus.

Business Organisation

Unternehmensorganisation

The ***board of directors*** meets in the ***boardroom*** to discuss future strategies.

Die ***Direktion*** trifft sich im ***Sitzungssaal,*** um zukünftige Strategien zu besprechen.

I will have to bring the matter up in front of the ***supervisory board.***

Ich werde das Thema vor dem ***Aufsichtsrat*** ansprechen.

Our ***production department*** employs thirty percent less people than in 1986.

Unsere ***Produktionsabteilung*** beschäftigt dreißig Prozent weniger Leute als 1986.

Quality control is not satisfied with the standard of goods produced on the factory floor.

Die ***Qualitätskontrolle*** ist mit dem Standard der Güter, die in der Fabrikhalle produziert werden, nicht zufrieden.

Administration has been ploughing through ***red tape*** all week.

Die ***Verwaltung*** hat sich die ganze Woche lang durch den ***Amtsschimmel*** gegraben.

Our ***administration department*** has arranged an interview for you on Friday 22nd January.

Die ***Verwaltungsabteilung*** hat ein Bewerbungsgespräch für Sie am Freitag, den 22. Januar arrangiert.

The ***administration*** of our company has been improved considerably over the last few years.

Die ***Verwaltung*** unseres Unternehmens hat sich in den letzten Jahren erheblich verbessert.

Our ***administration department*** is having some difficulty coping with new European ***bureaucracy.***

Unsere ***Verwaltungsabteilung*** hat einige Schwierigkeiten, mit der neuen europäischen ***Bürokratie*** zurechtzukommen.

Planning control is based at our headquarters in London. They have produced these ***planning figures*** regarding possible developments in East Asia.

Die ***Planungskontrolle*** ist in unserer Zentrale in London stationiert. Sie haben diese ***Planwerte*** für mögliche Entwicklungen in Ostasien erstellt.

The ***accounts department*** will deal with your query – I'll fax your details to them now.

Die ***Rechnungsabteilung*** wird sich um Ihre Anfrage kümmern – ich werde ihnen sofort die Einzelheiten Ihres Falles faxen.

Could you please take these calculations to ***accounts.***

Könnten Sie bitte diese Berechnungen in die ***Rechnungsabteilung*** bringen.

Our ***cost accounting centre*** is on the second floor.

Unsere ***Kostenstelle*** ist im zweiten Stock.

Most of our ***budgetary planning*** is developed in our ***finance department.***

Der Großteil unserer ***Budgetplanung*** wird in der ***Finanzabteilung*** entwickelt.

Only very large companies require a ***law department.***

Nur sehr große Unternehmen benötigen eine ***Rechtsabteilung.***

Staff of the ***data processing division*** are taking part in a training course this morning.

Das Personal der ***EDV-Abteilung*** nimmt an dem Trainingskurs heute Morgen teil.

Most of our ***data processing*** takes place in our other building.

Ein Großteil der ***Datenverarbeitung*** findet in unserem anderen Gebäude statt.

Marketing is more important than ever in the highly competitive world of multinational business.

Marketing ist in der enorm wettbewerbsorientierten Welt des multinationalen Geschäfts wichtiger denn je zuvor.

The ***marketing department*** wishes to employ more staff to cope with their increasing workload.

Die ***Marketingabteilung*** möchte gerne mehr Personal einstellen, um mit der wachsenden Arbeitslast fertig zu werden.

Our ***marketing division*** is on the fifth floor of our main office building.

Unsere ***Marketingabteilung*** ist im fünften Stock in unserem Hauptgebäude.

Our ***advertising department*** has just completed our coming ***informercial;*** it will be screened on September the fifth.

Unsere ***Werbeabteilung*** hat gerade unsere neue ***Werbesendung*** fertig gestellt. Sie wird am fünften September ausgestrahlt.

Our ***publicity department*** is working on our new series of billboard advertisements.

Unsere ***Werbeabteilung*** arbeitet gerade an einer neuen Serie von Plakatwerbungen.

Our ***public relations department*** has suggested holding an ***open day*** to combat environmental

Unsere ***Public-Relations-Abteilung*** hat vorgeschlagen einen ***Tag der offenen Tür*** abzuhalten, um

objections from the public to our proposed expansion.	Befürchtungen der Öffentlichkeit hinsichtlich der Umwelt aufgrund unserer vorgeschlagenen Expansion entgegenzuwirken.
The ***sales department*** is on the second floor.	Die ***Vertriebsabteilung*** ist im zweiten Stock.
Our ***salesroom*** was understaffed due to illness in January.	Unser ***Verkaufslokal*** war im Januar wegen Krankheit unterbesetzt.
The ***Board of Directors*** has been considering possibilities for expansion of our business into new areas.	Die ***Direktion*** hat die Möglichkeiten einer Expansion unseres Unternehmens in neue Bereiche abgewägt.
Our ***chairman*** has had connections to our company for many years.	Unser ***Vorsitzender*** hatte seit vielen Jahren Beziehungen zu unserer Firma.
The ***chairman of the board*** has called a ***meeting*** for next week.	Der ***Vorstandsvorsitzende*** hat ein ***Meeting*** für nächste Woche anberaumt.
The ***chairman of the supervisory board*** is on holiday (US: vacation) at present.	Der ***Aufsichtratsvorsitzende*** ist im Moment auf Urlaub.
I believe she was delighted to receive the ***chairmanship.***	Ich glaube, sie war sehr erfreut den ***Vorsitz*** zu erhalten.
Our ***managing director*** (US: ***chief executive officer)*** originally comes from Japan.	Unser ***Generaldirektor*** kommt ursprünglich aus Japan.
Our ***executives*** are currently in a meeting.	Unsere ***Verwaltung*** ist im Moment bei einem Meeting.
We need to make an ***executive*** decision as soon as possible.	Wir müssen so bald wie möglich eine ***geschäftsführende*** Entscheidung treffen.
The ***branch manager*** is currently away on business.	Die ***Filialleiterin*** ist im Moment geschäftlich unterwegs.
Her ***deputy*** can help you with any further enquiries.	Ihr ***Stellvertreter*** kann Ihnen bei weiteren Fragen helfen.
I think it would be more fitting if you spoke to the ***manageress*** regarding this matter.	Ich denke, es wäre angebrachter, wenn Sie diese Angelegenheit mit der ***Managerin*** besprechen würden.
The ***manager*** is in a meeting at present. The scheduling of his appointments is organised by his ***secretary*** (US: ***minister***).	Der ***Geschäftsführer*** ist im Moment in einem Meeting. Die Terminplanung organisiert sein ***Sekretär.***

Our ***production manager*** has been criticised for the inefficiency of production on the factory floor.
Unser ***Produktionsleiter*** ist für die Ineffizienz in der Fabrikhalle kritisiert worden.

Our ***purchasing manager*** is abroad visiting one of our component manufacturers.
Unser ***Einkaufsleiter*** ist im Ausland, um einen unserer Zulieferer zu besuchen.

Good morning, my name is Allen, John Allen – I'm the ***financial manager*** of JMC.
Guten Tag, mein Name ist Allen, John Allen – Ich bin der ***Finanzdirektor*** von JMC.

The ***accounts manager*** is out of the office this afternooon.
Der ***Leiter des Rechnungswesens*** ist heute Nachmittag nicht in seinem Büro.

Mrs. Adam is our ***accounting division manager.***
Frau Adam ist die ***Leiterin unserer Buchhaltung.***

Our ***public relations department*** has made several valid suggestions for the improvement of our ***firm's image.***
Unsere ***Öffentlichkeitsabteilung*** hat einige sinnvolle Vorschläge zur Verbesserung unseres ***Firmenimages*** gemacht.

I would like to introduce the ***manager of our data processing division,*** Ms. Meyer.
Ich würde Ihnen gerne die ***Leiterin der EDV-Abteilung*** vorstellen, Ms. Meyer.

Our ***advertising manager*** is not available at present.
Unser ***Werbeleiter*** ist momentan nicht erreichbar.

Mr. Mann has been ***marketing manager*** of the company since 1979 and will retire next year.
Mr. Mann ist seit 1979 unser ***Marketingleiter*** und wird nächstes Jahr in Rente gehen.

The ***human resources manager*** has arranged a staff meeting for Friday.
Der ***Personalleiter*** hat für Freitag ein Personalmeeting arrangiert.

The ***personnel manager*** will take six months ***maternity leave*** in summer.
Die ***Personalmanagerin*** wird im Sommer für sechs Monate in den ***Mutterschaftsurlaub*** gehen.

Our ***research director*** is in charge of all aspects of scientific research within our company.
Unser ***Forschungsdirektor*** ist für alle Bereiche der wissenschaftlichen Forschung in unserem Unternehmen verantwortlich.

We employ several ***scientists*** to research and develop new products for our firm.
Wir beschäftigen einige ***Wissenschaftler*** um neue Produkte für unsere Firma zu erforschen und zu entwickeln.

Our ***research laboratory*** is not situated on our main site.

Unser ***Forschungslabor*** ist nicht auf unserem Hauptgelände.

My ***personal assistant*** can answer any further questions you might have.
I will have my ***P.A.*** prepare the necessary documentation.

Falls Sie noch Fragen haben sollten, steht Ihnen mein ***persönlicher Assistent*** zur Verfügung.
Ich werde meine ***P.A.*** (persönliche Assistentin) die notwendigen Dokumente vorbereiten lassen.

Our ***skilled*** seamstresses prefer ***shift work.***
Our firm employs over a hundred ***semi-skilled workers*** in our ***production team.***
Our ***foreign workers*** are mainly from Southern Europe.

Unsere ***ausgebildeten*** Näherinnen bevorzugen ***Schichtarbeit.***
Unsere Firma beschäftigt über einhundert ***angelernte Arbeiter*** in unserem ***Produktionsteam.***
Unsere ***ausländischen Arbeitnehmer*** kommen vor allem aus Südeuropa.

Our ***factory workers*** have been complaining regarding the lighting in the ***factory building.***
Many of our ***apprentices*** are based here in our main factory.
An ***apprenticeship*** takes at least three years to complete within our firm.

Unsere ***Fabrikarbeiter*** haben sich über die Beleuchtung in unserer ***Fabrikhalle*** beschwert.
Viele unserer ***Lehrlinge*** arbeiten hier in unserer Hauptfabrik.
Eine ***Lehre*** dauert in unserem Unternehmen mindestens drei Jahre.

Our ***blue-collar workers*** earn less than our ***white-collar workers.***
Our ***office staff*** are based in the ***office block*** on our other site.
We have two ***office juniors*** under our employ at present.
My ***secretary*** (US: ***minister***) can deal with any further queries you might have.
Clerical work is vital to the smooth running of our firm.

Unsere ***Arbeiter*** verdienen weniger als unsere ***Büroangestellten.***
Unsere ***Bürokräfte*** sind in dem ***Bürogebäude*** auf unserem anderen Gelände.
Wir haben im Moment zwei ***Bürogehilfen*** beschäftigt.
Bei weiteren Fragen wird Ihnen mein ***Sekretär*** zur Verfügung stehen.
Büroarbeit ist entscheidend für das gute Funktionieren einer Firma.

At the moment, we have a ***temp*** secretary covering for Josephine's maternity leave.

Im Moment haben wir eine ***Aushilfe,*** die während Josephines Mutterschaftsurlaub arbeitet.

Our ***receptionist*** will direct you to our conference room.
We have two ***stenographers*** working for us at the firm.
I think we are slightly ***understaffed*** in respect of ***typists.***

Unsere ***Empfangsdame*** wird sie in den Konferenzraum bringen.
Wir haben zwei ***Stenografen*** in unserem Unternehmen beschäftigt.
Ich denke, wir sind leicht ***unterbesetzt*** mit ***Schreibkräften.***

We have called in a ***marketing consultant*** to help us in our decision making within the department.
We do not have an accounts department – we have our own ***accountant*** with an ***accounting firm*** based in London.
The firm has its own personal ***banker,*** whom we can contact if we have any problems.

Wir haben einen ***Marketingberater*** eingeschaltet, um uns bei der Entscheidungsfindung in der Abteilung zu unterstützen.
Wir haben keine Buchhaltungsabteilung, wir haben unseren eigenen Buchhalter bei einer ***Buchhaltungsagentur*** in London.
Die Firma hat einen persönlichen ***Bankier,*** den wir kontaktieren, wenn wir irgendwelche Probleme haben.

I would propose that we call in a ***management consultant.***
I have had my secretary contact the ***company solicitor*** (US: ***lawyer).***
Have you met our ***middleman*** in South America, Mr. Tetley?
One of our ***main distributors*** is due to meet the manager this afternoon.
I have contacted a ***subcontractor*** for our latest building project.

Ich würde vorschlagen, dass wir einen ***Unternehmensberater*** hinzuziehen.
Ich hatte meinem Sekretär aufgetragen, den ***Firmenanwalt*** zu kontaktieren.
Kennen Sie unseren ***Zwischenhändler*** in Südamerika, Mr. Tetley?
Einer unserer ***Großhändler*** soll heute Nachmittag unseren Geschäftsführer treffen.
Ich habe den ***Subunternehmer*** für unser neuestes Bauprojekt kontaktiert.

We need to contact a ***transatlantic shipping company*** to firm-up our transport costs.
Our ***sales team*** is trying to find suitable ***suppliers*** for the new components in the USA.
Our ***business structure*** has hardly changed at all over the past forty years.

Wir müssen eine ***Übersee-Reederei*** kontaktieren, um unsere Transportkosten abzustützen.
Unser ***Vertriebsteam*** versucht, passende ***Lieferanten*** für die neuen Teile in den USA zu finden.
Unsere ***Betriebsstruktur*** hat sich in den letzten vierzig Jahren kaum verändert.

Many companies have been changing their ***pattern of organisation*** (US: ***organization)*** to move with the times.

Viele Unternehmen haben ihre ***Organisationsform*** gewechselt, um mit der Zeit zu gehen.

Old-fashioned strictly ***hierarchical*** business structures are often replaced by ***centre organisation*** (US: ***center organization***) ***structures.***

Altmodische ***hierarchische*** Geschäftsstrukturen werden oftmals durch die ***Center-Organisationsform*** ersetzt.

We have taken expert advice and decided against ***restructuring.***

Wir haben Expertenrat eingeholt und uns gegen die ***Umstrukturierung*** entschieden.

Management consultancy firms are booming due to widespread ***industrial reorganisation.***

Betriebsberatungsfirmen boomen wegen der weit verbreiteten ***Umorganisationen der Betriebe.***

The board has decided in favour of ***centre organisation*** (US: ***center organization***) for our firm. Our ***reorganisation*** will divide the company into divisions, each targeting a particular geographical area.

Die Direktion hat sich für die ***Centerorganisationsform*** in unserer Firma entschieden. Unsere ***Neu-organisierung*** wird das Unternehmen in Abteilungen gliedern, von denen jede für eine bestimmte geografische Gegend zuständig ist.

My colleagues are very interested in introducing ***matrix organisation*** (US: ***organization***) to our firm.

Meine Kollegen sind sehr interessiert daran, die ***Matrixorganisation*** in unserem Unternehmen einzuführen.

Dialogbeispiele

A: Where's Francis?
B: She's in ***admin*** (fam).

A: Wo ist Francis?
B: Sie ist in der ***Verwaltung.***

A: What do you think of our ***planning department's proposal*** for possible future expansion?

A: Was denken Sie über den ***Vorschlag der Planungsabteilung*** über eine mögliche zukünftige Expansion?

B: Well, I think we need to bring it before the ***board.***

B: Ich denke, wir müssen ihn der ***Direktion*** vorlegen.

A: Would you like a tour of our ***premises,*** Mr. Davies?

A: Möchten Sie unser ***Gelände*** besichtigen, Mr. Davies?

B: I think that would be very informative. As a ***management consultant*** I always try to investigate companies in depth.
A: Here is our ***reception area,*** where we have two ***receptionists*** on duty during busy periods.
B: And is the ***switchboard*** here?

A: Yes, it is. In the office over there. We have a multi-lingual ***telefonist*** working in the company.
B: Which languages does she speak?
A: English, of course, and French, Spanish and German.
B: Where are your ***clerical staff*** based?
A: The majority are on the ground floor of our main building. Shall we go to our ***accounting and finance department?*** Our business requires precise ***budgeting*** – that's why this division is so large.
B: Very interesting. Where is your ***marketing department?***
A: On the third floor.
B: Your departments seem very self-contained. Perhaps you could consider changing your ***management strategies.*** The ***spatial structure*** of your main premises could be improved.
I hope you would like to engage my services. I will leave you my ***business card*** (US: ***calling card***) and you can contact me regarding our next steps.

A: Great. I will have to discuss the matter with the ***board of directors.***

B: Ich denke, das wäre sehr informativ. Als ***Unternehmensberater*** versuche ich immer die Unternehmen genau zu untersuchen.
A: Hier ist unser ***Empfang,*** an dem während betriebsamen Zeiten zwei ***Empfangsdamen*** arbeiten.
B: Ist die ***Telefonvermittlung*** auch hier?
A: Ja. In dem Büro dort drüben. Wir haben eine mehrsprachige ***Telefonistin,*** die für unsere Firma arbeitet.
B: Welche Sprachen spricht sie?
A: Natürlich Englisch, außerdem Französisch, Spanisch und Deutsch.
B: Wo haben Sie Ihre ***Bürokräfte?***
A: Die Meisten sind im Erdgeschoss des Hauptgebäudes. Sollen wir zu unserer ***Buchhaltungs- und Finanzabteilung*** gehen? Unsere Geschäfte verlangen eine präzise ***Budgetierung*** – das ist der Grund, warum diese Abteilung so groß ist.
B: Sehr interessant. Wo ist Ihre ***Marketingabteilung?***
A: Im dritten Stock.
B: Ihre Abteilungen scheinen mir sehr abgeschottet. Vielleicht sollten Sie sich überlegen, Ihre ***Leitungsstrategien*** zu ändern.
Die ***Raumstruktur*** Ihres Hauptgebäudes könnte verbessert werden.
Ich hoffe, Sie wollen meine Dienste in Anspruch nehmen. Ich werde Ihnen meine ***Geschäftskarte*** dalassen und Sie können dann mit mir wegen unserer nächsten Schritte Kontakt aufnehmen.
A: Ausgezeichnet. Ich muss die Angelegenheit auch noch mit der ***Direktion*** besprechen.

A: We are planning to design ***joint publicity*** with our business partners, Smith and Jones Ltd.
B: What ***means of advertising*** had you considered using?
A: We were considering sending out ***mailshots*** describing our new range of products.
B: Have you carried out any ***market research?***
A: We have consulted a ***market research institute*** in Birmingham.
B: I don't know what they concluded, but I would suggest that you need a broader ***marketing mix*** to increase sales and reach a wider audience.

A: Wir planen eine ***Gemeinschaftswerbung*** mit unseren Geschäftspartnern von Smith and Jones Ltd. zu entwerfen.
B: An welche ***Werbemittel*** hatten Sie gedacht?
A: Wir haben uns überlegt, ***Direktwerbung*** zu verschicken, die unser neues Sortiment beschreibt.
B: Haben Sie ***Marktforschung*** betrieben?
A: Wir haben ein ***Marktforschungsinstitut*** in Birmingham konsultiert.
B: Ich weiß nicht, was die herausgefunden haben, aber ich würde behaupten, dass Sie ein breiteres ***Marketing Mix*** brauchen, um die Verkäufe zu erhöhen und ein breiteres Publikum zu erreichen.

A: We were also hoping to make the launch of the range a ***media event.***
B: Offering ***discounts*** to your loyal ***patrons*** could be another possible strategy of promoting initial sales of your new products.

A: Außerdem hoffen wir, den Start des Sortiments zu einem ***Medienereignis*** zu machen.
B: Wenn Sie Ihren ***Stammkunden*** einen ***Preisnachlass*** anbieten, könnte das eine weitere mögliche Strategie sein, um den Anfangsverkauf Ihrer neuen Produkte zu fördern.

A: Our ***marketing team*** has produced a detailed survey based on ***observation of markets.***
B: What did they conclude?

A: Unser ***Marketingteam*** hat eine detaillierte Studie ausgearbeitet, die auf ***Marktbeobachtung*** beruht.
B: Zu welchem Schluss sind sie gekommen?

A: We should ***schedule*** our advertisements to coincide with seasonal increases in demand.

A: Wir sollten unsere Anzeigen so ***planen,*** dass sie mit der saisonbedingten Steigerung der Nachfrage zusammenfallen.

A: I demand to speak to the ***manager!***
B: I'm afraid he's in a meeting at the moment, sir. Could his ***deputy*** be of assistance?

A: Ich verlange den ***Geschäftsführer*** zu sprechen!
B: Es tut mir leid, aber er ist gerade in einem Meeting. Würde Ihnen sein ***Stellvertreter*** weiterhelfen?

A: Would you like to discuss your marketing suggestions with our ***sales manager?***
B: I think that would be the best option open to us.

A: Möchten Sie die Marketing-Vorschläge gerne mit unserem ***Verkaufsleiter*** besprechen?
B: Ich denke, dass wäre die beste Option für uns.

A: I am telephoning to request a meeting with your ***production manager.***
B: I'm afraid he's not available at the moment. Would it be possible for a ***representative*** from the department to help you?
A: I don't know. It was regarding methods of reducing production costs.
B: He's very busy at the moment. Perhaps you could discuss the matter with one of his ***subordinates?***
A: I think for a preliminary meeting that would be fine.

A: Ich rufe an mit der Bitte um ein Treffen mit dem ***Leiter der Produktion.***
B: Es tut mir leid, aber er ist im Moment nicht verfügbar. Wäre es möglich, dass Ihnen ein ***Vertreter*** der Abteilung helfen könnte?
A: Ich weiß es nicht. Es handelt sich um Methoden zur Produktionskostenreduzierung.
B: Er ist im Moment sehr beschäftigt. Vielleicht könnten Sie die Angelegenheit mit einem seiner ***Mitarbeiter*** besprechen?
A: Ich denke für ein Vorgespräch wäre das in Ordnung.

A: We have agreed to promote you to ***distributions manager,*** Miss Green.
B: Thank you. I'm delighted.
A: Well, as you're already familiar with our ***structure of distribution,*** I'm sure you'll prove to be a worthy ***successor*** to Mr. Dobson.

A: Wir haben uns darauf geeinigt, Sie zur ***Vertriebsleiterin*** zu befördern, Miss Green.
B: Danke. Ich bin sehr erfreut.
A: Nun, da Sie schon mit unserer ***Vertriebsstruktur*** vertraut sind, bin ich sicher, dass Sie sich als würdige ***Nachfolgerin*** von Mr. Dobson herausstellen werden.

A: Our ***project leader*** has suggested several changes to previous plans.

B: On what reasons?
A: I think she just disagrees with our overall ***project management*** strategy.

A: Unsere ***Projektleiterin*** hat einige Änderungen an unseren bisherigen Plänen vorgeschlagen.
B: Aus welchen Gründen?
A: Ich denke, sie stimmt unserer gesamten ***Projektmanagement-***Strategie nicht zu.

A: Has your company been achieving its ***sales targets*** this year?
B: Not as yet. We were considering introducing ***payment on a commission basis*** for all our ***sales staff.***
A: That might provide them with the necessary ***incentive.***

A: Hat Ihr Unternehmen das ***Absatzziel*** für dieses Jahr erreicht?
B: Noch nicht. Wir erwägen ***Bezahlung auf Provisionsbasis*** für unseren gesamten ***Verkaufsstab*** einzuführen.
A: Das könnte ihnen den notwendigen ***Anreiz*** geben.

A: Do you have many ***unskilled workers*** here in your factory?
B: Yes, although most of our workers undergo at least some training during their employ.

A: Haben Sie viele ***ungelernte Arbeiter*** in Ihrer Fabrik?
B: Ja, obwohl die meisten unserer Arbeiter während ihrer Beschäftigungszeit zumindest irgendeine Ausbildung bekommen.

A: I was disappointed by the public response to our last ***advertising campaign.*** I feel our market share increased little as a result.
B: Why don't we try using a new ***advertising agency.***
A: That would certainly be a possibility – we need ***advertisers*** who ***canvass*** the public more thoroughly.

A: Ich war enttäuscht von der öffentlichen Reaktion auf unsere ***Werbekampagne.*** Ich glaube, unser Marktanteil ist infolgedessen kaum gestiegen.
B: Warum versuchen wir es nicht mit einer neuen ***Werbeagentur.***
A: Das wäre sicherlich eine Möglichkeit – wir brauchen ein ***Werbeunternehmen,*** das die Öffentlichkeit gründlicher ***befragt.***

A: Along what lines have you ***restructured*** your firm?
B: Our workers are now organised into ***production-oriented teams*** instead of divided into different departments.
A: What effect does that have upon the ***production process?***
B: Well, our workers are more ***motivated*** because they are able to follow the production process from beginning to end. It is far less

A: Nach welchen Richtlinien haben Sie Ihre Firma ***umstrukturiert?***
B: Unsere Arbeiter sind jetzt in ***produktionsorientierten Teams*** organisiert anstatt in verschiedenen Abteilungen.
A: Was für einen Effekt hat das auf das ***Fertigungsverfahren?***
B: Unsere Arbeiter sind höher ***motiviert,*** weil sie in der Lage sind, den Herstellungsprozess von Anfang bis Ende zu verfolgen. Es

monotonous as the permanent work on the ***production line.***

ist sehr viel weniger monoton als die dauernde Arbeit am ***Fließband.***

A: We have allotted our ***teams*** different ***target groups*** within the population. For example, we have a very young, ***dynamic*** team to target ***teens and twens.***

A: Wir haben unseren ***Teams*** verschiedene ***Zielgruppen*** in der Bevölkerung zugewiesen. Beispielsweise haben wir ein sehr junges, ***dynamisches*** Team für den Zielbereich der ***Teenager und Twens.***

B: Do you think this method has increased your appeal within this age group?

B: Glauben Sie, dass sich diese Altersgruppe durch diese Methode stärker angesprochen fühlt?

A: Yes. The method allows us to maximise the potential of our employees and to target precisely ***potential customers.***

A: Ja. Die Methode erlaubt es uns, das Potenzial unserer Mitarbeiter optimal auszuschöpfen und unsere ***potenziellen Kunden*** präzise anzusprechen.

A: We experimented with ***matrix organisation*** in one of our subsidiaries last year.

A: Wir haben letztes Jahr in einer unserer Tochtergesellschaften mit der ***Matrixorganisation*** experimentiert.

B: Did you draw any conclusions?

B: Sind Sie zu irgendwelchen Schlüssen gekommen?

A: It failed to live up to our expectations. The staff never knew which manager to contact, when they had a problem.

A: Es hat nicht unsere Erwartungen erfüllt. Das Personal wusste nie, welchen Abteilungsleiter es kontaktieren sollte, wenn es ein Problem hatte.

B: What do you mean?

B: Was meinen Sie?

A: Well, for example, if they had a problem regarding a faulty component, they could go to their ***team leader*** or to the ***chief buyer.***

A: Wenn sie, zum Beispiel, ein Problem mit einem fehlerhaften Teil hatten, konnten sie entweder zum ***Teamleiter*** oder zum ***Beschaffungsleiter*** gehen.

B: That does sound too confusing.

B: Das klingt sehr verwirrend.

2. Personal und Verwaltung

Staff retraining is necessary following modernisation of production methods.
We have informed all ***members of staff*** that a meeting will take place in the conference room.

Eine ***Personalumschulung*** ist seit der Modernisierung unserer Herstellungsmethoden notwendig geworden.
Wir haben alle ***Mitglieder des Personals*** informiert, dass ein Meeting im Konferenzraum stattfinden wird.

Can we have a copy of the ***minutes*** of the meeting posted in all departments, please?
I have sent an e-mail to all our ***office staff*** informing them of the ***power cut*** on Tuesday.

Können wir eine Kopie des ***Protokolls*** des Meetings an alle Abteilungen verschickt bekommen, bitte?
Ich habe unserem gesamten ***Büropersonal*** ein E-Mail geschickt, das sie über den ***Stromausfall*** am Dienstag informiert.

Dialogbeispiel

A: I was not informed that the meeting was ***scheduled*** for Friday.
B: It was clearly an ***administrative error.*** We have ***postponed*** it until further notice.

A: Ich war nicht informiert, dass das Meeting für Freitag ***vorgesehen*** war.
B: Das war ganz klar ein ***Verwaltungsfehler.*** Wir haben es bis auf weiteres ***verschoben.***

Job Applications

Bewerbungen

During April, it became apparent that we had severe ***staff shortages.***

Im April wurde es klar, dass wir einen ernsthaften ***Personalmangel*** hatten.

We are hoping to ***take on*** two new members of staff with degrees in business administration.
We ***advertised*** our ***vacancy*** for deputy manager in the Herald.

Wir hoffen, zwei neue Mitarbeiter mit Abschlüssen in Betriebswirtschaftslehre ***einzustellen.***
Wir haben unsere ***freie Stelle*** für einen stellvertretenden Geschäftsführer im Herald ***inseriert.***

I have informed the ***job centre*** (UK) of our vacancies.

Ich habe das ***Arbeitsamt*** über unsere offenen Stellen informiert.

We have designed our ***advert*** for the Financial Times.	Wir haben ein ***Inserat*** für die Financial Times entworfen.
The ***personnel manager*** has instructed his secretary to publish the ***position*** in the national newspapers.	Der ***Personalleiter*** hat seinen Sekretär angewiesen, die ***Stelle*** in einer überregionalen Tageszeitung auszuschreiben.
We have received hundreds of ***applications*** for the ***post.***	Wir haben hunderte ***Bewerbungen*** für die ***Stelle*** erhalten.
I would like to ***apply for the position of ...***	Ich möchte mich ***um die Stelle als ... bewerben.***
I think we should ***interview*** this ***candidate*** – her C.V. (***curriculum vitae***) looks very promising.	Ich denke, wir sollten mit dieser ***Bewerberin ein Gespräch führen*** – ihr ***Lebenslauf*** sieht sehr viel versprechend aus.
This applicant, if his résumé is anything to go by, has all the qualities we are looking for.	Dieser Bewerber hat alle Eigenschaften, nach denen wir gesucht haben, wenn man auf den Lebenslauf etwas geben kann.
During the first stage of our ***recruitment procedure,*** reading application documents, we reject over fifty percent of applicants.	Während der ersten Phase des ***Einstellungsverfahrens,*** nach dem Lesen der Bewerbungsunterlagen, lehnen wir über fünfzig Prozent der Bewerber ab.
We would like to offer you the position of ***chief secretary*** here at JMC.	Wir möchten Ihnen gerne die Stelle als ***Chefsekretärin*** bei JMC anbieten.
We feel that you will make a valuable contribution to our finance division.	Wir glauben, dass sie einen wertvollen Beitrag zu unserer Finanzabteilung leisten werden.
We will prepare a ***contract of employment*** for signing by the end of the week.	Wir werden einen ***Arbeitsvertrag*** unterschriftsreif für das Ende der Woche vorbereiten.
That is a definite ***offer of employment.***	Dies ist ein verbindliches ***Stellenangebot.***
We offer a comprehensive package for our sales employees – a ***company pension, company car*** and an ***expense account.***	Wir bieten ein umfassendes Paket für all unsere Verkaufsangestellten – ***Pension, Firmenwagen*** und ***Spesenkonto.***
The ***recruitment*** of new staff is particularly difficult this year.	Die ***Anwerbung*** neuen Personals ist dieses Jahr besonders schwierig.
Staff changes are necessary.	Ein ***Personalwechsel*** ist notwendig.

Dialogbeispiele

A: We have advertised our ***graduate training scheme*** in university magazines and national newspapers.

A: Wir haben unser ***Graduierten-Trainingsprogramm*** in den Universitätszeitschriften und den überregionalen Zeitungen inseriert.

B: Are you anticipating a large ***response?***

B: Erwarten Sie eine große ***Reaktion?***

A: Last year, we had over four hundred ***applicants.***

A: Letztes Jahr hatten wir über vierhundert ***Bewerber.***

A: Good morning. I wanted to ask a few questions regarding your advertisement for the position in your ***computing department.***

A: Guten Morgen. Ich habe nur ein paar Fragen bezüglich Ihres Inserates für die Stelle in Ihrer ***EDV-Abteilung.***

B: The position would involve almost exclusively ***work at a computer terminal.***

B: Die Stelle ist fast ausschließlich ***Bildschirmarbeit.***

A: I have ten years experience as a ***computer programmer.***

A: Ich habe zehn Jahre Erfahrung als ***Programmierer.***

B: Then I would certainly recommend that you apply for the position. I will have my secretary send you the ***application forms.***

B: Dann würde ich auf jeden Fall empfehlen, dass Sie sich auf die Stelle bewerben. Ich werde meine Sekretärin anweisen, Ihnen die ***Antragsformulare*** zuzuschicken.

A: We expect the initial interviews to take place over two days.

A: Wir erwarten, dass die Vorbewerbungsgespräche zwei Tage dauern werden.

B: What is the next stage in your ***selection process?***

B: Was ist der nächste Schritt in Ihrem ***Auswahlverfahren?***

A: From all those interviewed we select the ten we feel could be most suitable for the position. Then we send them to an ***assessment centre*** (US: ***center***) for a weekend. During the weekend at the ***assessment centre***, you will participate in a ***planning game.***

A: Von all denen, mit denen wir gesprochen haben, wählen wir zehn, von denen wir glauben, dass sie für die Position geeignet sind, aus. Dann schicken wir sie für ein Wochenende in ein ***Assessment Center.*** Während des Wochenendes im ***Assessment Center*** werden Sie an ***Planspielen*** teilnehmen.

Working Hours

What kind of ***working hours*** would the job entail?
As a ***secretary,*** we would employ you to work Monday to Friday, ***office hours.***
We cannot offer this position as anything other than a ***full-time job.***

We have introduced a degree of ***flexitime*** in our office, but the majority nevertheless work ***nine to five.***
Our employees have different ***working schedules*** according to their personal preferences and the nature of their work.

We could offer you a ***part-time position.***
All our factories base their production on ***shift work.***

The afternoon shift has been producing consistently less than the ***morning shift*** this week.
We are finding it difficult to find enough people to work the ***night shift.***
When you arrive in the morning, you must ***clock on.***
Don't forget to ***clock off*** for lunch and on your way out in the evening.

Arbeitszeiten

Was für ***Arbeitszeiten*** würde der Job beinhalten?
Als Sekretär würden wir Sie von Montag bis Freitag zu den normalen ***Dienststunden*** beschäftigen.
Wir können Ihnen diese Stelle nur als ***Ganztagsstellung*** anbieten.

Wir haben ein gewisses Maß an ***Gleitzeit*** eingeführt, aber die meisten arbeiten trotzdem ***von neun bis fünf.***

Unsere Angestellten haben verschiedene ***Arbeitszeitpläne***, die von ihren persönlichen Vorlieben und der Art ihrer Arbeit abhängen.

Wir können Ihnen eine ***Teilzeitstelle*** anbieten.
Alle unsere Fabriken verlassen sich bei der Produktion auf ***Schichtarbeit.***

Die Nachmittagsschicht hat diese Woche durchgehend weniger produziert als die ***Frühschicht.***
Es ist schwierig für uns, genügend Leute zu finden, die während der ***Nachtschicht*** arbeiten.
Wenn Sie morgens ankommen, müssen Sie ***einstempeln (an der Stechuhr).***
Vergessen Sie nicht ***auszustempeln,*** wenn Sie zum Mittagessen oder nach Hause gehen.

Dialogbeispiele

A: I don't know if I would be interested in a ***full-time job.***

A: Ich weiß nicht, ob ich an einer ***Ganztagsstellung*** interessiert wäre.

B: We also have ***flexitime positions*** available.
A: That would be of interest to me in particular. My wife ***works part-time*** as a nurse, so we need to juggle our working hours to pick up our children from school.

B: Wir können Ihnen auch ***Gleitzeit*** anbieten.
A: Das wäre für mich besonders interessant. Meine Frau ***arbeitet Teilzeit*** als Krankenschwester, sodass wir unsere Arbeitszeiten so koordinieren müssen, dass wir die Kinder von der Schule abholen können.

A: Would you be interested in ***job sharing?*** We could take that into account as another alternative.
B: Definitely.

A: Wären Sie daran interessiert eine ***Arbeitsstelle zu teilen?*** Das könnten wir als Alternative in Betracht ziehen.
B: Auf jeden Fall.

Pay

Lohn und Gehalt

Your ***salary*** will be paid on the fifteenth of each month.

Ihr ***Gehalt*** wird zum Fünfzehnten jeden Monats bezahlt.

If your promotion is agreed within the department, you will receive a ***salary increase.***

Wenn Ihrer Beförderung in der Abteilung zugestimmt wird, dann werden Sie eine ***Gehaltserhöhung*** bekommen.

Our managerial team are all in the same ***salary bracket.***
Staff in our distribution department are not all ***salaried.***

In unserem Direktionsteam sind alle in einer ***Gehaltsgruppe.***
Nicht das ganze Personal in unserer Vertriebsabteilung ist ***angestellt.***

If you do go on the business trip with Mr. Allen, we will pay all your ***expenses.***
Have you received your ***travelling expenses*** for the trip to Britain?

Wenn Sie mit Mr. Allen auf Geschäftsreise gehen, werden wir die ***Spesen*** übernehmen.
Haben Sie Ihre ***Reisespesen*** für die Reise nach Großbritannien bekommen?

Does your secretary receive a ***wage*** or a ***salary?***
Our workers can collect their ***wages*** on Friday afternoons.
Your wages will be paid ***every second week.***

Bekommt Ihre Sekretärin einen ***Lohn*** oder ein ***Gehalt?***
Unsere Arbeiter können ihren ***Lohn*** freitags abholen.
Ihr Lohn wird ***vierzehntägig*** bezahlt.

We have awarded all our office staff a ***pay rise*** (US: ***pay raise***) as from this week.	Wir haben unserem gesamten Büropersonal von dieser Woche an den ***Lohn erhöht.***
We have reached a ***wage agreement*** with our unskilled ***labour force.***	Wir haben eine ***Lohnvereinbarung*** mit unseren ungelernten ***Arbeitskräften*** getroffen.
Is Friday ***pay-day?***	Ist am Freitag ***Zahltag?***
What is the ***wage scale*** within your company?	Welchen ***Lohntarif*** haben Sie in Ihrem Unternehmen?
The ***tax on earnings*** for Miss Walker has been miscalculated.	Die ***Ertragssteuer*** von Frau Walker ist falsch berechnet worden.
All our factory employees work ***two weeks in hand.***	All unsere Fabrikarbeiter arbeiten ***zwei Wochen im Voraus.***
Did you work any ***overtime*** last week?	Haben Sie letzte Woche ***Überstunden*** gemacht?
Overtime for your shift is paid ***time and a half*** before midnight.	Überstunden werden bei Ihrer Schicht vor Mitternacht ***mit 150 %*** bezahlt.
If you do want to work the night shift, you'll receive ***double time*** after midnight.	Wenn Sie die Nachtschicht arbeiten wollen, bekommen Sie ***doppelten Lohn*** nach Mitternacht.
We pay our workers an ***hourly wage.***	Wir bezahlen unsere Arbeiter ***nach Stunden.***
Although we obviously don't pay ***wages in kind*** our workers often take surplus produce home with them.	Obwohl wir natürlich keinen ***Naturallohn*** bezahlen, nehmen unsere Arbeiter doch oftmals überschüssige Produkte mit nach Hause.
Have you received your ***bonus?***	Haben Sie Ihre ***Sondervergütung*** erhalten?
Many of our sales staff earn ***on commission basis*** only.	Ein Großteil unseres Personals verdient nur ***auf Provisionsbasis.***
We pay our sales staff a ***commission bonus*** for every sale they make, but we also pay them a basic salary.	Wir bezahlen unserem Verkaufspersonal eine ***Provision*** für jeden Verkauf, aber wir zahlen ihnen auch ein Grundgehalt.
Although ***piece work*** is becoming out-dated in Europe, our factory workers in India are paid a ***piece-work wage.***	Obwohl ***Akkordarbeit*** in Europa aus der Mode kommt, bekommen unsere Arbeiter in Indien einen ***Akkordlohn.***

Dialogbeispiele

A: I didn't pay for my hotel last week from the ***expenses account.***
B: Have you still got the ***receipt?***
A: Yes – I have it here.
B: Then we can ***reimburse*** you with your salary for this month.

A: Ich habe das Hotel letzte Woche nicht vom ***Spesenkonto*** bezahlt.
B: Haben Sie die ***Quittung*** noch?
A: Ja – ich habe sie hier.
B: Dann werden wir Ihnen das zusammen mit Ihrem Monatsgehalt ***erstatten.***

A: This receipt here details the ***special expenses*** I incurred on the trip.
B: We can credit those to your account with your salary.

A: Diese Quittung hier führt detailliert die ***Sonderausgaben*** auf, die ich während der Reise hatte.
B: Wir werden sie mit Ihrem Gehalt auf Ihr Konto überweisen.

A: I don't seem to have received my ***earnings*** for last week.
B: Just a moment ... I can't find your name on the ***payroll.***

A: Ich habe meinen ***Verdienst*** von letzter Woche noch nicht bekommen.
B: Einen Moment bitte ... ich kann Ihren Namen nicht auf der ***Lohnliste*** finden.

A: The ***wage-price spiral*** is out of control in Britain at the moment.
B: Yes. The government is considering introducing a ***wage freeze*** to combat the problem.

A: Momentan ist die ***Lohn-Preis-Spirale*** in Großbritannien außer Kontrolle geraten.
B: Ja. Die Regierung erwägt einen ***Lohnstopp*** einzuführen, um das Problem zu bekämpfen.

A: I think I paid too much ***wage tax*** last week – here is my ***pay cheque*** (US: ***paycheck***).
B: Yes – you paid for the wrong ***tax bracket*** – we will reimburse you with next week's wages.

A: Ich glaube ich habe letzte Woche zu viel ***Lohnsteuer*** bezahlt. Hier ist mein ***Lohnscheck.***
B: Ja – Sie haben für die falsche ***Steuergruppe*** bezahlt – wir werden Ihnen das zusammen mit Ihrem Lohn für nächste Woche zurückerstatten.

A: When will I receive my first ***pay-cheque*** (US: ***check***)?
B: We require all our employees to ***work a week in hand.*** That means that you will have to wait until

A: Wann werde ich meinen ersten ***Lohnscheck*** bekommen?
B: Wir erwarten von all unseren Arbeitnehmern, dass sie ***eine Woche im Voraus*** arbeiten. Das bedeutet, dass

the Friday of your second week with us before you receive your first week's pay.

Sie bis zum Freitag der zweiten Woche warten müssen, bevor Sie den Lohn für die erste Woche ausgezahlt bekommen.

A: We were considering introducing a ***bonus*** for factory workers with a higher than average output.

A: Wir überlegen uns, eine ***Sondervergütung*** für Fabrikarbeiter, die ein überdurchschnittliches Ergebnis haben, einzuführen.

B: It might provide an effective ***incentive*** to increase production.

B: Das könnte ein effektiver ***Anreiz*** sein, um die Produktivität zu erhöhen.

A: We are considering introducing a ***piece work wage*** for our ***production team,*** to make sure the order is completed on time.
B: Will they also retain their ***basic wage?***
A: Yes – we anticipate it being a short-term measure only.

A: Wir erwägen es, ***Akkordlohn*** für unser ***Produktionsteam*** einzuführen, um sicherzustellen, dass der Auftrag rechtzeitig fertig wird.
B: Werden Sie außerdem Ihren ***Grundlohn*** behalten?
A: Ja – wir gehen davon aus, dass es nur eine kurzfristige Maßnahme sein wird.

Working Relations

Betriebsklima

Do you think we ***could try*** to work in the office with a little less noise?
Would it be possible to complete the project by Wednesday?

Könnten wir nicht ***versuchen***, die Arbeit im Büro etwas leiser zu gestalten?
Wäre es möglich, das Projekt bis Mittwoch fertig zu machen?

Could you ***kindly refrain*** from making such comments during working hours?
Would it be possible for us ***to discuss this in my office?***
Anthony, ***could you make sure*** that my correspondence is posted this afternoon?
I don't want to ask you again, Alan, to remain at your post

Könnten Sie es ***bitte unterlassen*** solche Kommentare während der Arbeitszeit zu machen?
Wäre es möglich, dass wir ***das in meinem Büro besprechen?***
Anthony, ***könntest*** du bitte ***sicherstellen,*** dass meine Korrespondenz heute Nachmittag rausgeht.
Alan, ***ich möchte dich nicht nochmal darum bitten müssen,*** während der

at all times during the shift.

Schicht immer auf deinem Posten zu bleiben.

Might I have a word with you regarding this matter, John?

John, ***könnte*** ich dich mal kurz in dieser Angelegenheit sprechen?

How are you enjoying your ***internship*** with us, Rachel?

Wie gefällt dir dein ***Praktikum*** bei uns, Rachel?

We hope you'll find our company a suitable ***place of employment***.

Wir hoffen in unserer Firma einen geeigneten ***Arbeitsplatz*** für Sie zu finden.

It is important to us that all members of staff obtain ***job satisfaction*** from their work.

Es ist sehr wichtig für uns, dass all unsere Angestellten mit ihrer ***Arbeit zufrieden sind.***

As ***employers,*** it is important for us that our workers develop a ***team spirit***.

Als ***Arbeitgeber*** ist es sehr wichtig für uns, dass unsere Arbeiter ***Teamgeist*** entwickeln.

Personell have been doing all they can to encourage greater ***worker participation.***

Die ***Personalabteilung*** hat alles getan, um eine stärkere ***Arbeitnehmerbeteiligung*** zu fördern.

Many of our ***employees*** have been working with us for many years.

Viele unserer ***Arbeitnehmer*** sind schon seit vielen Jahren bei uns beschäftigt.

We must ensure that we maintain standards of ***working conditions and human relations.***

Wir müssen sicherstellen, dass der Standard unseres ***Betriebsklimas*** erhalten bleibt.

We have to consider managing our ***manpower*** in greater depth than previously.

Wir müssen erwägen, unser Potenzial an ***Arbeitskraft*** intensiver als bisher zu verwalten.

JMC has always been a ***performance-oriented company.***

JMC waren schon immer ein ***leistungsorientiertes Unternehmen.***

We like to be considered fair ***employers.***

Wir möchten als faire ***Arbeitgeber*** eingeschätzt werden.

Labour relations (US: ***labor)*** are the worst they've been for several years.

Die ***Beziehungen zwischen Arbeitgeber und Arbeitnehmer in den Firmen*** sind die schlechtesten seit einigen Jahren.

I think that ***mismanagement*** has resulted in our present problems.

Ich denke, dass ***Missmanagement*** unsere jetzigen Probleme verursacht hat.

We are struggling to settle the present ***trade dispute*** in Asia; the workers are demanding that we introduce a higher ***piece rate.***

Wir tun uns schwer, den momentanen ***Arbeitskampf*** in Asien zu beenden. Die Arbeiter verlangen, dass wir einen höheren ***Leistungslohn*** einführen.

The ***reduction of staff*** in October was unavoidable in the face of falling turnover.

Der ***Personalabbau*** im Oktober war angesichts des fallenden Umsatzes unvermeidbar.

Our workers have voiced strong objections to ***piece work pay.***

Unsere Arbeiter haben großen Widerstand gegen den ***Stücklohn*** zum Ausdruck gebracht.

He has threatened to ***give his notice.***

Er hat gedroht zu ***kündigen.***

There has not been a ***general strike*** for many years in the UK.

In Großbritannien gab es seit vielen Jahren keinen ***Generalstreik*** mehr.

The workers of Maurice Motors have begun a ***go-slow*** to protest against ***lay offs.***

Die Arbeiter von Maurice Motors haben einen ***Bummelstreik*** begonnen, um gegen die ***Entlassungen*** zu protestieren.

There have been increasing demands for a fair ***minimum wage*** in the UK.

In Großbritannien hat es immer lautere Forderungen nach einem fairen ***Mindestlohn*** gegeben.

We have agreed to the demands of the ***trade union*** (US: ***labor union***) with one ***proviso*** – that they return to work immediately.

Wir sind übereingekommen, die Forderungen der ***Gewerkschaft*** zu erfüllen, unter dem ***Vorbehalt,*** dass sie sofort wieder zu arbeiten beginnen.

I'm afraid that we're going to have to ***let you go,*** George.

Es tut mir leid, George, aber wir werden ***Sie gehen lassen*** müssen.

Your work has simply not been ***up to scratch*** over the past months.

Ihre Arbeit hat in den letzten Monaten einfach nicht ***unseren Erwartungen entsprochen.***

I'm afraid we find your consistent lateness and ***absenteeism*** to be ***something of a problem.***

Ich bedauere, aber Ihr ständiges Zuspätkommen und Ihr ***unentschuldigtes Fernbleiben*** finden wir ***etwas problematisch.***

Your ***absence rate*** is consistently the highest in the department.

Ihre ***Fehlzeitenquote*** ist dauernd die höchste der ganzen Abteilung.

We have to consider ***laying off*** some staff.

Wir müssen erwägen, etwas Personal ***zu entlassen.***

I have given him his notice.
We have given your case deep consideration and we have no alternative than to ***ask you to leave.***
Your reputation seems to indicate that you are something of a ***floater.***
We have made fifty workers ***redundant.***
We have recently ***dismissed*** our chief accountant, for fraudulent activities.
That's it – you're ***fired!***
We have ***given her the sack.***

Ich habe ihm gekündigt.
Wir haben lange über Ihren Fall nachgedacht und es bleibt uns keine andere Wahl, als Sie zu ***bitten uns zu verlassen.***
Ihr Ruf scheint anzudeuten, dass Sie etwas von einem ***Springer*** haben.
Wir haben fünfzig Arbeitsplätze abgebaut.
Wir haben neulich unseren Chefbuchhalter wegen betrügerischer Aktivitäten ***entlassen.***
Sie sind ***gefeuert***!
Wir haben sie ***rausgeworfen.***

This time you've gone too far – ***you're sacked!***
We should have ***given him the boot*** years ago.
She has been ***given her cards.***

Dieses Mal sind Sie zu weit gegangen – ***Sie sind raus***!
Wir hätten ihn schon vor Jahren ***vor die Tür setzen*** sollen.
Sie hat ihre ***Entlassungspapiere bekommen.***

I ***quit*** my job because I didn't enjoy working in that kind of atmosphere.
I've given them ***six weeks notice.***

Ich ***kündigte*** meinen Job, weil es mir keinen Spaß machte, in dieser Atmosphäre zu arbeiten.
Ich habe ihnen eine ***sechswöchige Frist*** gegeben.

I ***resign*** – I cannot work under such conditions.
I ***tendered my resignation*** this Monday.

Ich ***höre auf.*** Unter diesen Umständen kann ich nicht arbeiten.
Ich habe diesen Montag ***meine Kündigung eingereicht.***

Dialogbeispiele

A: The new ***trainees*** are in the waiting room. Can you contact the ***training staff*** for me to let them know?
B: Certainly. I'll call them right away.

A: Die neuen ***Auszubildenden*** sind im Wartezimmer. Können Sie das ***Schulungspersonal*** für mich benachrichtigen?
B: Natürlich. Ich werde sie sofort anrufen.

A: We have considered introducing a ***job rotation scheme*** to encourage ***teamwork.***

A: Wir haben uns überlegt, einen ***systematischen Arbeitsplatzwechsel*** einzuführen, um ***Teamarbeit*** zu fördern.

B: That's certainly one method of improving ***working relationships.***

B: Das ist sicherlich einen Möglichkeit um das ***Betriebsklima*** zu verbessern.

A: Another strategy we have seen implemented in other companies is ***team oriented production.***

A: Eine andere Strategie, die wir bei anderen Unternehmen angewendet gesehen haben, ist ***teamorientierte Produktion.***

B: I think that can help increase worker ***motivation,*** particularly on the ***production line.***

B: Ich denke, dass das die ***Motivation*** bei den Arbeitern erhöhen kann, besonders am ***Fließband.***

A: It's definitely a sound method of optimising ***production potential.***

A: Es ist sicherlich eine vernünftige Methode, um das ***Produktionspotenzial*** zu optimieren.

A: I would like to discuss possible ***personell management strategies*** within the firm.

A: Ich würde gerne die möglichen ***Personalmanagement-Strategien*** innerhalb des Unternehmens besprechen.

B: I will call a meeting of all department managers for this afternoon.

B: Ich werde ein Meeting aller Abteilungsleiter für heute Nachmittag einberufen.

A: Thank you. Once we have clearly defined our objectives, we should have fewer problems with our ***labour force*** (US: ***labor force***).

A: Danke. Sobald wir klar definierte Ziele haben, sollten wir weniger Probleme mit unserer ***Arbeiterschaft*** haben.

3. Einkauf und Verkauf

Enquiries	**Anfragen**
We visited your stand at the Frankfurt ***fair*** last week.	Wir haben letzte Woche Ihren Stand auf der Frankfurter ***Messe*** besucht.
We saw your ***advertisement*** in the latest edition of ...	Wir haben Ihre ***Anzeige*** in der aktuellen Ausgabe von ... gesehen.
The British Chamber of Commerce was kind enough to ***pass on the name and address*** of your company.	Die britische Handelskammer hat uns freundlicherweise ***den Namen und die Adresse*** Ihrer Firma ***gegeben.***
We have previously bought material from your ***competitors,*** but they are presently having ***difficulties with their production.***	Wir haben früher Material von Ihren ***Konkurrenten*** gekauft, aber sie haben zurzeit ***Produktionsschwierigkeiten.***
We see a good opportunity to sell your products here ***in the German market.***	Wir sehen gute Chancen, Ihre Produkte hier ***auf dem deutschen Markt*** zu vertreiben.
We would be ***interested*** in pocket notebooks, do you stock such items?	Wir sind an Taschennotizbüchern ***interessiert***, führen Sie solche Artikel?
At the show in New York you let us have some ***samples;*** we would now like to receive your ***offer*** for...	Auf der Messe in New York haben Sie uns einige ***Muster*** mitgegeben; wir würden jetzt gerne Ihr ***Angebot*** über ... erhalten.
Please send us a ***detailed offer based on*** ...	Bitte schicken Sie Ihr ***detailliertes Angebot auf der Basis von*** ...
We would need an offer for ***shipments ex works*** including price and ***present lead time.***	Wir benötigen ein Angebot für ***Lieferungen ab Werk*** einschließlich Preisen und ***aktueller Lieferzeit.***
Please ***quote*** on basis of a regular monthly quantity of 500 kg.	Bitte ***machen Sie Ihr Angebot*** auf der Basis einer regelmäßigen monatlichen Menge von 500 kg.
Do you offer a ***discount for large quantities?***	Gewähren Sie ***Mengenrabatte?***
We would appreciate you letting us have a ***company brochure*** and some	Wir wären Ihnen sehr dankbar, wenn Sie uns eine ***Firmenbroschüre*** und

samples showing your ***product range.***	einige Muster Ihrer ***Produktpalette*** zukommen lassen würden.
Are you presently ***represented*** in the Japanese market?	Werden Sie zurzeit im japanischen Markt ***vertreten?***
Looking forward to receiving your offer.	In Erwartung Ihres Angebotes.
Do you have the following material ***in stock:*** ...?	Haben Sie folgendes Material ***auf Lager:*** ...?
We have received an ***enquiry*** for two bottles of item 4379, is this presently ***available?***	Wir haben eine ***Anfrage*** für zwei Flaschen vom Artikel 4379 erhalten, ist er zurzeit ***vorrätig?***
Yes, this could be dispatched immediately.	Ja, wir könnten ihn sofort verschicken.
No, I'm sorry, ***we're completely out of this item*** at the moment.	Nein, tut mir leid, ***wir haben diesen Artikel*** im Moment ***nicht mehr auf Lager.***
We will have this item ***ready for dispatch*** by the beginning of next week.	Dieser Artikel wird bis Anfang nächster Woche wieder ***lieferbar*** sein.
Do you supply item 776 in 50-kg packets?	Liefern Sie Artikel 776 in 50-kg-Packungen?
Could you let us have the following ***samples?***	Könnten Sie uns bitte die folgenden ***Muster*** zukommen lassen?
Yes, I'll make sure they are put in the post this afternoon.	Ja, ich werde dafür sorgen, dass sie heute Nachmittag mit der Post weggeschickt werden.
I only have the samples in brown, would this be ***acceptable?***	Ich habe die Muster nur in Braun, wäre das ***akzeptabel?***
I'll have to check first whether we can accept this.	Ich muss zuerst überprüfen, ob wir das annehmen können.
Do you have any ***special items*** that you would like to ***clear?***	Haben Sie irgendwelche ***Sonderartikel,*** die Sie ***räumen*** möchten?
We would be very ***interested*** in ***regularly receiving advertisements concerning special offers.***	Wir wären sehr daran ***interessiert, regelmäßig Anzeigen über Sonderangebote zu erhalten.***
Please leave your e-mail address and I will put you on our ***mailing list.***	Bitte hinterlassen Sie Ihre E-Mail-Adresse und ich werde Sie auf unsere ***Mailingliste*** setzen.

Dialogbeispiele

A: Would you be able to dispatch three ***units*** at the end of this week?
B: Yes, of course, should I enter this for shipment?
A: We would need three boxes this week and two more boxes at the end of next week. Is this possible?

A: Könnten Sie Ende dieser Woche drei ***Einheiten*** zum Versand bringen?
B: Ja, natürlich, soll ich das jetzt zur Lieferung eintragen?
A: Wir bräuchten diese Woche drei Kartons und Ende nächster Woche weitere zwei Kartons. Wäre das möglich?

B: The three boxes will be OK, but the two additional boxes won't be here until the week after next.

B: Die drei Kartons gehen in Ordnung, aber die zwei weiteren Kartons sind vor übernächster Woche nicht hier.

A: We received the name of your company from ***mutual business associates*** in the USA. We are ***wholesalers*** of chemical products and would be interested in selling your products in the Far East.
B: I'm sorry, but at the moment we are represented in this area by a company in Tokyo. They have ***exclusive rights*** for the whole area.

A: Wir haben den Namen Ihrer Firma von ***gemeinsamen Geschäftspartnern*** in den USA erhalten. Wir sind ***Großhändler*** von chemischen Produkten und wären daran interessiert, Ihre Produkte im Fernen Osten zu vertreiben.
B: Es tut mir leid, aber wir sind zurzeit in dieser Gegend von einer Firma in Tokio vertreten. Sie haben die ***Alleinvertriebsrechte*** für das ganze Gebiet.

A: We saw your ***advertisement*** in the last issue of "Business Week". We have previously bought material from your competitors, but they are having difficulties with their production. Are you in a position to ***deliver at short notice?***
B: Yes, which products are you interested in?
A: We would need twelve silver frames 36' x 24' by the end of next week.
B: We would have these ready by the middle of next week.

A: Wir haben Ihre ***Anzeige*** in der letzten Ausgabe von „Business Week" gesehen. Wir haben früher Material von Ihren Konkurrenten gekauft, aber sie haben zurzeit Produktionsschwierigkeiten. Sind Sie in der Lage, ***kurzfristig zu liefern?***
B: Ja, für welche Produkte interessieren Sie sich?
A: Wir bräuchten zwölf Silberrahmen im Format 36'x 24' bis Ende nächster Woche.
B: Wir würden sie bis Mitte nächster Woche fertig stellen.

A: Could you ***fax*** me your detailed offer based on ex works prices? Please also quote on the basis of a ***regular monthly quantity*** of 12 units.

A: Könnten Sie mir bitte Ihr detailliertes Angebot ***per Fax schicken,*** basierend auf Preisen ab Werk? Bitte offerieren Sie auch auf der Basis einer ***regelmäßigen monatlichen Menge*** von 12 Einheiten.

B: Certainly, we'll send it this afternoon. I am sure that we can make you a ***favourable offer.***

B: Natürlich, wir schicken es heute Nachmittag ab. Ich bin sicher, dass wir Ihnen ein ***günstiges Angebot*** machen können.

A: I saw on your homepage yesterday that you have article no. 669 also in colour green, now. We would be very interested. When would it be available?
B: According to the latest print-out, we could ***dispatch by*** next Tuesday. Would that be acceptable?
A: I will ***ring*** (US: ***call***) my customer and get back to you this afternoon.

A: Ich habe gestern auf Ihrer Homepage gesehen, dass es jetzt Artikel Nr. 669 auch in Grün gibt. Wir wären sehr interessiert. Wann wäre er lieferbar?
B: Nach dem aktuellsten Ausdruck könnten wir ***bis*** nächsten Dienstag ***liefern.*** Würde das gehen?
A: Ich werde meinen Kunden ***anrufen*** und mich heute Nachmittag wieder melden.

A: What is the present lead time for item 557 in green?
B: At the moment we have five in stock and four in preparation.
A: Would you be able to dispatch three units at the end of this week?
B: Yes, of course, should I enter this as a ***firm order?***
A: Yes, and please ***reserve*** two of the other four for dispatch at the end of the month.

A: Wie ist die aktuelle Lieferzeit für Artikel 557 in Grün?
B: Zurzeit haben wir fünf Stück auf Lager und vier in Vorbereitung.
A: Könnten Sie Ende dieser Woche drei Einheiten zum Versand bringen?
B: Ja, natürlich, soll ich das als ***verbindlichen Auftrag*** buchen?
A: Ja, und bitte ***reservieren*** Sie zwei von den anderen vier für Versand Ende des Monats.

A: ***Do you supply*** item 778 in 50-kg packets?
B: No, I'm sorry, the largest ***packet*** we supply is 30 kg.
A: OK, we'll have to order two 30-kg packets then.
B: Yes, that would be most helpful.

A: ***Liefern Sie*** Artikel 778 in 50-kg-Packungen?
B: Nein, es tut mir leid, die größte lieferbare ***Packung*** hat 30 kg.
A: Gut, dann müssen wir zwei 30-kg-Packungen bestellen.
B: Ja, das wäre sehr hilfreich.

A: Do you have any samples of this item that you could send me?

A: Hätten Sie irgendwelche Muster von diesem Artikel, die Sie mir zuschicken könnten?

B: Yes, certainly, but I only have them in brown. Would this be all right?

B: Ja, selbstverständlich, aber ich habe sie nur in Braun. Wäre das in Ordnung?

A: That will be OK for now, we would just like to see how the product looks.
B: I could also send you our ***catalogue,*** so that you can see our other materials.

A: Im Moment reicht es, wir wollen nur sehen, wie das Produkt aussieht.
B: Ich könnte Ihnen auch unseren ***Katalog*** schicken, damit Sie unsere anderen Materialien sehen können.

A: We would be very interested in regularly receiving advertisements concerning ***special offers.***
B: Of course, we can arrange this. Please leave your e-mail address with me and I will put you on our ***mailing list.*** Our offers are updated weekly.
A: Here's my address: tmistry@talcumind.de.
B: Thank you. You'll receive our advertisement regularly starting next week.
A: That would be wonderful. Thank you.

A: Wir wären sehr daran interessiert, regelmäßig Ankündigungen von ***Sonderangeboten*** zu erhalten.
B: Sicher, das können wir einrichten. Bitte geben Sie mir Ihre E-Mail-Adresse und ich setze Sie auf unsere ***Mailingliste.*** Die Angebote werden wöchentlich aktualisiert.
A: Hier ist meine Adresse: tmistry@talcumind.de.
B: Danke. Sie werden ab nächster Woche unsere Angebote regelmäßig erhalten.
A: Das wäre wunderbar. Danke.

Offers

Angebote

Last week you visited our stand at the Cologne fair and ***expressed interest*** in our products.

Letzte Woche haben Sie unseren Stand auf der Kölner Messe besucht und ***Interesse*** an unseren Produkten ***bekundet.***

We noticed your ***advert*** (US: ***ad***) in the latest edition of ...

Wir haben Ihre ***Anzeige*** in der letzten Ausgabe von ... gesehen.

You were advertising for partners in the European market.
Thank you for your interest.

Sie haben für Partner im europäischen Markt inseriert.
Vielen Dank für Ihr Interesse.

We would first of all like to tell you something about our company.	Wir würden Ihnen zuerst gerne ein bisschen über unsere Firma erzählen.
We are pleased to hear of your interest in our products, but would like more information as to your ***specific needs.***	Wir haben uns über Ihr Interesse an unseren Produkten gefreut, möchten aber genauere Informationen über Ihre ***speziellen Anforderungen.***
We will then be in a position to make an offer ***based on*** the required application.	Wir werden dann in der Lage sein, Ihnen ein Angebot ***basierend auf*** der gewünschten Anwendung zu machen.
On what ***terms*** should we quote?	Zu welchen ***Bedingungen*** sollen wir anbieten?
Should we base our offer on ***full shipments*** or on ***smaller quantities?***	Sollen wir auf der Basis von ***vollen Sendungen*** oder ***kleineren Mengen*** anbieten?
The present ***lead time*** is ex works three weeks after receipt of firm order.	Die aktuelle ***Lieferzeit*** ab Werk beträgt drei Wochen nach Erhalt des festen Auftrages.
At the moment there is a tremendous increase in raw material prices, but I'm sure that we can ***agree on a price.***	Zurzeit steigen die Rohstoffpreise erheblich an, aber ich bin sicher, dass wir uns ***preislich einigen*** können.
We offer a ***quantity discount*** if the annual quantity exceeds 50 units.	Wir bieten einen ***Mengenrabatt*** an, falls mehr als 50 Einheiten pro Jahr gekauft werden.
All our prices are quoted in euro.	Alle Preise sind in Euro errechnet.
Our general payment term for overseas business is ***Letter of Credit,*** less 3% ***discount,*** or ***cash in advance.***	Unsere allgemeinen Zahlungsbedingungen für Auslandsgeschäfte lauten gegen ***Akkreditiv,*** abzüglich 3% ***Skonto,*** oder ***Vorauskasse.***
We would of course be delighted to send you our company brochure and some samples.	Wir würden Ihnen natürlich gerne eine Firmenbroschüre sowie einige Muster zusenden.
We will ***confirm*** this by fax.	Wir werden dies per Fax ***bestätigen.***
We are pleased to offer as follows:	Wir bieten Ihnen frei bleibend an:
All our prices are to be understood **FOB** German port including packing.	Unsere Preise verstehen sich **FOB** deutscher Hafen einschließlich Verpackung.
These prices are based on a ***minimum quantity*** of 50 units per order.	Diese Preise basieren auf einer ***Mindestabnahmemenge*** von 50 Stück pro Auftrag.

For ***CIF (cost, insurance, freight) deliveries*** we would have to charge an extra 10% on list price.

Für ***CIF (Kosten, Versicherung, Fracht) Lieferungen*** müssen wir einen Aufschlag von 10% auf den Listenpreis berechnen.

We hope that we have made you a favourable offer and look forward to hearing from you.

Wir hoffen, Ihnen ein günstiges Angebot gemacht zu haben, und würden uns freuen, von Ihnen zu hören.

Please visit our homepage. You can find our ***latest price lists*** there.

Bitte besuchen Sie auch unsere Homepage. Hier finden Sie unsere ***aktuellsten Preislisten.***

This offer is ***subject to availability.***

Dieses Angebot gilt, ***solange der Vorrat reicht.***

Please advise whether this offer is of interest to you.

Würden Sie uns bitte mitteilen, ob dieses Angebot für Sie von Interesse ist.

Dialogbeispiele

A: Mr. Davis from Sundale mentioned that you had shown ***interest in our products.***

A: Herr Davis von der Firma Sundale hat erwähnt, ***dass Sie Interesse an unseren Produkten*** geäußert haben.

B: Yes, I saw some of your locks when I visited his premises last week.

B: Ja, ich habe einige Ihrer Schlösser gesehen, als ich letzte Woche sein Werk besucht habe.

A: For what sort of ***application*** do you need the locks?

A: Für welche Art von ***Anwendung*** brauchen Sie die Schlösser?

B: For attaché cases.

B: Für Aktenkoffer.

A: Then I will send you an offer. On what terms should we quote?

A: Dann schicke ich Ihnen ein Angebot zu. Zu welchen Bedingungen sollen wir anbieten?

B: Please quote based on ***full lorry (US: truck) loads free German border.***

B: Bitte bieten Sie auf der Basis von ***vollen LKW-Ladungen frei deutsche Grenze an.***

A: For a first order, we could only offer a payment term of ***Cash against Documents,*** less 2% discount. For further deliveries we could consider an ***open payment term.***

A: Für einen ersten Auftrag können wir nur eine Zahlungskondition ***Kasse gegen Dokumente,*** abzüglich 2% Skonto anbieten. Für weitere Lieferungen können wir ein ***offenes Zahlungsziel*** berücksichtigen.

B: All right, I agree. Could you also let me have some catalogues and a few sample locks?
A: Of course. We will dispatch them today together with our offer.

B: Einverstanden. Könnten Sie mir auch ein paar Kataloge und einige Musterschlösser zuschicken?
A: Natürlich. Wir schicken sie heute zusammen mit unserem Angebot los.

A: Thank you for your interest in our products. We would be pleased to send you an offer. Should we base this on full shipments or on smaller quantities?
B: Could you send us both?
A: Of course. We do offer a ***quantity discount*** if the annual quantity exceeds 50 units.
B: What is the present lead time?
A: Ex works three weeks ***after receipt*** of order. We will ***submit*** our offer ***in writing.***

A: Vielen Dank für Ihr Interesse an unseren Produkten. Wir schicken Ihnen gerne ein Angebot zu. Sollen wir auf der Basis von vollen Sendungen oder kleineren Mengen anbieten?
B: Könnten Sie uns beides schicken?
A: Natürlich. Wir bieten einen ***Mengenrabatt*** an, falls mehr als 50 Einheiten pro Jahr gekauft werden.
B: Wie ist die aktuelle Lieferzeit?
A: Ab Werk drei Wochen ***nach Auftragserhalt.*** Wir werden unser Angebot ***schriftlich vorlegen.***

A: At the moment we have some items in stock which we would like ***to clear.*** We could offer these items at a discount of 15 – 20% ***depending on quality.*** Would this be of interest?

A: Zurzeit haben wir einige Posten auf Lager, die wir gerne ***räumen*** möchten. Wir können diese Posten ***abhängig von der Qualität*** zu einem Rabatt von 15 – 20% anbieten. Wäre das interessant für Sie?

B: What kind of items are they?
A: This material is stock remaining from ***discontinued lines.*** Should we send you some samples?
B: Yes, that would be helpful.
A: The material has of course been offered to other customers and ***is subject to being unsold.*** Please advise whether this offer is of interest to you.

B: Was für Posten sind das?
A: Dieses Material ist ein Restvorrat an ***Auslaufmodellen.*** Sollen wir Ihnen einige Muster zuschicken?
B: Ja, das wäre sehr hilfreich.
A: Das Material ist natürlich auch anderen Kunden angeboten worden und ***Zwischenverkauf ist vorbehalten.*** Bitte sagen Sie mir Bescheid, ob dieses Angebot für Sie interessant wäre.

New developments

We are pleased to announce that this item is now available in three different ***new versions.***
We have developed a new series of machines for the cleaning industry.

We have ***updated*** our existing technology.
We are in the process of developing a new cleaning system.
We have ***adjusted*** our machines to better suit the present market requirements.
Would you be interested in seeing some brochures about this material?

Should we send some with your next order?
We have now appointed a ***salesman*** to concentrate on your part of the country.
Could you send us some information on your new product, please?
This will enable you to benefit from ***on-the-spot service.***
He can be contacted at the following telephone number: ...
We have just had our catalogues translated into English, we will let you have some with your next order.

We are pleased to inform you that Mr. H. Müller is now responsible for all ***dealings*** with your company.
We are pleased to announce that you can now place your orders directly per Internet. Just go to our homepage and click on "Orders".

Neuheiten

Wir freuen uns, Ihnen mitteilen zu können, dass dieser Artikel jetzt in drei ***neuen Ausführungen*** lieferbar ist.
Wir haben eine neue Reihe von Maschinen für die Reinigungsindustrie entwickelt.
Wir haben unsere jetzige Technologie ***auf den neuesten Stand*** gebracht.
Wir sind gerade dabei, ein neues Reinigungssystem zu entwickeln.
Wir haben unsere Maschinen ***geändert***, um den aktuellen Anforderungen am Markt besser zu entsprechen.
Wären Sie daran interessiert, einige Broschüren über dieses Material zu sehen?
Sollen wir Ihnen einige mit Ihrem nächsten Auftrag schicken?
Wir haben jetzt einen ***Verkäufer*** für Ihre Region eingestellt.
Könnten Sie uns bitte Informationen zu Ihrem neuen Produkt zusenden?
Sie werden jetzt die Vorteile des ***„Vor-Ort-Services"*** genießen können.
Sie können ihn unter nachfolgender Telefonnummer erreichen: ...
Wir haben unsere Kataloge gerade ins Englische übersetzen lassen, wir schicken Ihnen einige mit Ihrem nächsten Auftrag zu.
Wir freuen uns, Ihnen mitteilen zu können, dass Herr H. Müller jetzt für ***Geschäfte*** mit Ihnen zuständig ist.
Wir freuen uns, Ihnen mitteilen zu können, dass Sie nun Ihre Bestellungen direkt über das Internet durchführen können. Gehen Sie einfach auf unsere Homepage und klicken Sie das Feld „Bestellungen" an.

Dialogbeispiele

A: We are pleased to announce that we have ***updated*** our technology and ***developed*** a new series of machines for the ***cleaning industry.***

A: Wir freuen uns, Ihnen mitteilen zu können, dass wir unsere Technologie ***auf den neuesten Stand gebracht*** und eine neue Reihe von Maschinen für die ***Reinigungsindustrie entwickelt haben.***

B: How do these differ from the previous ones?

B: Wie unterscheiden sie sich von den vorherigen?

A: They clean more thoroughly and are ***more economical.*** This is something that we have been working on for the last 12 months.

A: Sie reinigen gründlicher und sind ***wirtschaftlicher.*** Daran haben wir seit zwölf Monaten gearbeitet.

B: Do you know how much they will cost?

B: Wissen Sie, wie viel sie kosten werden?

A: ***We will send you more information*** as soon as we have completed our testing.

A: ***Wir schicken Ihnen mehr Informationen zu,*** sobald wir unsere Tests beendet haben.

A: We are proud to tell you that we have added five new colours (US: colors) to our ***range.***

A: Wir sind stolz, Ihnen mitteilen zu können, dass wir fünf neue Farben in unsere ***Produktpalette*** aufgenommen haben.

B: What kind of colours?

B: Was für Farben?

A: Five new pastel colours. These were actually ***developed for*** the American market, but they were so successful that we have decided to extend them to other markets.

A: Fünf neue Pastelltöne. Diese wurden eigentlich ***für*** den amerikanischen Markt ***entwickelt,*** aber sie waren so erfolgreich, dass wir uns entschieden haben, sie auch auf anderen Märkten zu vertreiben.

B: Please send me more details.

B: Bitte schicken Sie mir nähere Informationen zu.

A: You can also go to our homepage. There we even have samples of all our colours.

A: Sie können auch unsere Homepage besuchen. Wir haben dort sogar Muster aller unserer Farben.

A: ***We have extended*** our ***range*** to include accessories and belts.

A: ***Wir haben unsere Palette*** jetzt um Accessoires und Gürtel ***erweitert.***

B: That sounds interesting.

B: Das klingt interessant.

A: We have catalogues showing this new range and would be more than happy to send you one.
B: Yes, that would be great.
A: Samples of these new items ***will be available*** in a few days. Have a look through the catalogue and then we can forward some.

A: Wir haben Kataloge, die unsere neue Reihe zeigen und würden Ihnen sehr gerne einen zuschicken.
B: Ja, das wäre gut.
A: Muster dieser neuen Artikel ***werden*** in ein paar Tagen ***verfügbar sein.*** Sehen Sie sich den Katalog an, und dann können wir Ihnen welche zusenden.

A: We ***are*** now ***in a position to*** offer a more comprehensive service, as we have just opened a second office in Cologne.
B: Where is this office situated?
A: In the city centre (US: center), not far from the main post office.

A: Wir ***sind*** jetzt ***in der Lage,*** Ihnen einen umfassenderen Service anzubieten, da wir jetzt ein zweites Büro in Köln eröffnet haben.
B: Wo befindet sich dieses Büro?
A: In der Stadtmitte nicht weit vom Hauptpostamt.

A: We are pleased to inform you that we now have a ***representative*** in the United States.
B: In which part of the country?
A: On the East Coast, not far from Boston.
B: How will this affect the present situation?
A: You will order as you always do, but they will arrange for ***customs clearance and domestic transport*** from within the USA.
B: This will be a great help for us, can you let us have their name and address?

A: Wir freuen uns, Ihnen mitteilen zu können, dass wir jetzt eine ***Vertretung*** in den Vereinigten Staaten haben.
B: In welchem Teil des Landes?
A: An der Ostküste, nicht weit von Boston.
B: Wie wird sich das auf die aktuelle Situation auswirken?
A: Sie bestellen wie üblich, aber ***die Verzollung und der Inlandstransport*** werden in den USA arrangiert.
B: Das wird uns sehr helfen, können Sie uns bitte den Namen und die Adresse dieser Firma geben?

Prices

What is your ***current list price*** for item 472?
Our ***latest*** price list is from January of last year.

Preise

Wie ist der ***aktuelle Listenpreis*** für Artikel 472?
Unsere ***aktuelle*** Preisliste ist vom Januar letzten Jahres.

Could you ***guarantee*** that you will take this quantity?	Können Sie ***garantieren,*** dass Sie diese Menge abnehmen?
We would then have to ***reduce the commission*** from 5% to 4%.	Wir müssten die ***Provision*** dann von 5% auf 4% ***reduzieren.***
Our prices include 5% ***commission*** which will be paid monthly as agreed.	Unsere Preise verstehen sich einschließlich 5% ***Provision,*** die, wie vereinbart, monatlich bezahlt wird.
Commission will be paid on all orders.	Eine Provision wird auf alle Aufträge bezahlt.
The prices are ***subject*** to change.	Die Preise sind ***unverbindlich.***
At the moment the ***exchange rate*** is very weak, could you grant a ***currency rebate?***	Zurzeit ist der ***Währungskurs*** sehr schlecht, können Sie uns einen ***Währungsrabatt*** gewähren?
Unfortunately we have no other choice than to ***increase*** our prices.	Leider bleibt uns nichts anderes übrig, als unsere Preise zu ***erhöhen.***
The increasing costs of raw materials make it impossible for us to hold our prices any longer.	Die zunehmenden Kosten für Rohstoffe lassen nicht zu, dass wir unsere Preise weiter halten können.
The costs of the required environmental measures force us to ***adjust our prices accordingly.***	Die Kosten der erforderlichen Umweltmaßnahmen zwingen uns dazu, unsere ***Preise entsprechend zu korrigieren.***
We are, however, prepared to ***guarantee*** these prices until the end of this year.	Wir sind jedoch in der Lage, diese Preise bis Jahresende zu ***garantieren.***
After that time we would have to ***reconsider the cost situation.***	Nach dieser Zeit müssen wir die ***Kostensituation neu überdenken.***
We also accept ***payment*** in US dollar.	Wir akzeptieren auch ***Zahlungen*** in US-Dollar.
Please keep exchange rates in mind when paying in euro.	Bitte bedenken Sie die Wechselkurse, wenn Sie in Euro bezahlen.

Dialogbeispiele

A: Would you be able to ***accept an order*** for 400 at the 500-kg price?	A: Können Sie ***einen Auftrag*** über 400 kg zum 500-kg-Preis ***annehmen?***
B: Only if really necessary, we like to keep to the price list.	B: Nur wenn zwingend notwendig, wir halten uns lieber an die Preisliste.

A: Could we then place a ***larger order with call off*** to achieve a cheaper price?
B: How big would the order be?
A: About 2,500 kg.
B: Could you ***guarantee*** that you will really take this quantity?
A: Yes, this is a large project.
B: OK, but we would have to draw up an agreement that the quantity will be ***called off*** within 9 months.
A: At the moment the ***exchange rate*** is very weak, could you grant us a ***currency rebate?***
B: How much would you need?
A: We would need at least 2%. The dollar has lost 4% against the euro. This means for us an ***indirect price increase*** of 4%.

B: Let me talk it over with my boss and get back to you.

A: Können wir dann einen ***größeren Auftrag auf Abruf*** erteilen, um einen billigeren Preis zu bekommen?
B: Wie groß wäre der Auftrag?
A: Ungefähr 2.500 kg.
B: Können Sie ***garantieren,*** dass Sie diese Menge wirklich abnehmen?
A: Ja, es ist ein großes Projekt.
B: OK, aber wir müssten eine Vereinbarung aufsetzen, dass die Menge innerhalb von 9 Monaten ***abgerufen*** wird.
A: Zurzeit ist der ***Währungskurs*** sehr schlecht, können Sie uns einen ***Währungsrabatt*** gewähren?
B: Wie viel würden Sie brauchen?
A: Wir würden mindestens 2% brauchen. Der Dollar hat gegenüber dem Euro 4% verloren. Das bedeutet für uns eine ***indirekte Preiserhöhung*** von 4%.
B: Lassen Sie mich mit meinem Chef reden, dann melde ich mich wieder.

A: Our price list has now been in effect for three years. It is time to bring our prices ***up to date.***

B: This will ***weaken our market position*** considerably.
A: Unfortunately we have no other choice. The ***costs*** of the required environmental measures force us to ***adjust*** our ***prices accordingly.***

B: Will this be the only increase this year?
A: Yes, we are prepared to guarantee our prices until the end of March next year.

A: Unsere Preisliste ist jetzt schon seit drei Jahren gültig. Es ist an der Zeit, unsere Preise wieder zu ***aktualisieren.***
B: Dies wird unsere ***Marktposition*** erheblich ***schwächen.***
A: Leider bleibt uns nichts anderes übrig. Die ***Kosten*** der erforderlichen Umweltmaßnahmen zwingen uns dazu, unsere ***Preise entsprechend zu korrigieren.***
B: Wird es die einzige Erhöhung in diesem Jahr sein?
A: Ja, wir sind bereit, unsere Preise bis Ende März nächsten Jahres zu garantieren.

B: Would you also be willing to accept payments in euro?	B: Wären Sie auch bereit, Zahlungen in Euro zu akzeptieren?
A: Yes we would. But please keep the exchange rates in mind when placing your order.	A: Ja dazu wären wir bereit. Aber bitte bedenken Sie bei Ihrer Bestellung die Wechselkurse.

Orders	**Bestellungen**
We would like to ***place an order.***	Wir möchten ***einen Auftrag erteilen.***
Enclosed our ***firm order*** for ...	Anbei unser ***verbindlicher Auftrag*** über ...
May we ***confirm*** the following order:	Hiermit ***bestätigen*** wir den folgenden Auftrag:
We are pleased to ***order*** as follows:	Wir freuen uns, wie folgt zu ***bestellen:***
Please accept the following order: 5 cartons of item 4567 in colour navy blue. Price as per our ***current price list dated*** November 15th, 2005. Including 5% ***discount*** as usual.	Bitte nehmen Sie folgenden Auftrag an: 5 Kartons von Artikel 4567 in Farbe Marineblau. Preis gemäß unserer ***aktuellen Preisliste vom*** 15. November 2005. Einschließlich 5% ***Rabatt*** wie üblich.
Our ***commission*** for this order would be 4%.	Unsere ***Provision*** für diesen Auftrag wäre 4%.
Price ***as per your offer*** dated September 5th, 2005.	Preis ***gemäß Ihrem Angebot*** vom 5. September 2005.
Delivery, as agreed on the telephone, on December 7th ex works.	***Lieferung,*** wie telefonisch besprochen, am 7. Dezember ab Werk.
Please fly this order to New York and ***bill us for the freight.***	Bitte schicken Sie den Auftrag nach New York und ***stellen Sie uns die Fracht in Rechnung.***
Please ***confirm in writing.***	Bitte ***bestätigen Sie dies schriftlich.***
Please confirm ***dispatch date*** by return fax immediately.	Bitte bestätigen Sie den ***Versandtermin*** sofort per Fax.
Please be sure to supply this item as ***per our previous order.***	Bitte achten Sie darauf, dass dieser Artikel ***gemäß vorherigem Auftrag*** geliefert wird.
We have an order from a new ***customer.***	Wir haben einen Auftrag von einem neuen ***Kunden.***
This is a ***new account.***	Es handelt sich dabei um einen ***Neukunden.***

Dialogbeispiele

A: We would like to ***place an order.***	A: Wir möchten einen ***Auftrag erteilen.***
B: Yes, for which ***item?***	B: Ja, für welchen ***Artikel?***
A: For five cartons of item 4567.	A: Für fünf Kartons von Artikel 4567.
B: In which colour?	B: In welcher Farbe?
A: Navy blue.	A: Marineblau.
B: Price would be as ***per our current price list*** dated November 15th.	B: Der Preis entspricht unserer ***aktuellen Preisliste*** vom 15. November.
A: No, I spoke to Mr. Jones yesterday and we agreed on a price of EUR 5.20 less the usual 5% ***discount.***	A: Nein, ich habe gestern mit Herrn Jones gesprochen, und wir haben uns auf einen Preis von EUR 5,20 geeinigt, abzüglich der üblichen 5% ***Rabatt.***
B: I'll have to check with him.	B: Ich muss es mit ihm abklären.
A: Please fly this order to Sydney and ***bill us for the freight.***	A: Bitte fliegen Sie diesen Auftrag nach Sydney und ***stellen Sie uns die Fracht in Rechnung.***
B: OK, fine.	B: Gut, alles klar.
A: Could you please ***confirm dispatch date and price*** by return fax?	A: Bitte ***bestätigen Sie uns den Versandtermin und den Preis*** sofort per Fax.
A: Please note the following order for 300 yards of material with the pattern name "Jasmine". ***Price as per your offer*** dated September 5th, including ***commission*** of 4%.	A: Bitte notieren Sie folgenden Auftrag über 300 Yards vom Stoff mit dem Musternamen „Jasmine". ***Preis gemäß Ihrem Angebot*** vom 5. September, einschließlich 4% ***Provision.***
B: Thank you, yes, I'll make a note of it. The usual ***delivery term?***	B: Danke, ich werde es notieren. Die übliche ***Lieferbedingung?***
A: Yes, FOB German port.	A: Ja, FOB deutscher Hafen.
B: OK, I'll ***confirm in writing***.	B: Gut, ich ***bestätige schriftlich.***
A: This is an important ***new customer,*** please send your best quality material.	A: Es handelt sich um einen wichtigen ***Neukunden,*** bitte schicken Sie Stoff von bester Qualität.
B: I'll make a note on the order.	B: Ich notiere es auf dem Auftrag.
A: Could you please also add to this order a ***sample book*** and some samples of your material "Primrose"?	A: Können Sie bitte diesem Auftrag ein ***Musterbuch*** und einige Muster Ihres Stoffes „Primrose" beifügen?
B: Of course.	B: Selbstverständlich.

A: Please mark the samples ***F.A.O.*** (US: ***Attn.***) Mr. Matthews.

A: Bitte senden Sie die Muster ***zu Händen von*** Herrn Matthews.

Order confirmation

Auftragsbestätigung

We have just received your fax and can ***confirm the order as stated.***
Confirm ***price as per our offer*** dated November 15th.
We received your e-mail concerning the order of article 289 in colour yellow this morning and would like to ***confirm this order as stated.***
We confirm your e-mail order dated June 2nd.
We have attached our current price list.

Wir haben gerade Ihr Fax erhalten und ***können den Auftrag so bestätigen.***
Wir bestätigen den ***Preis gemäß unserem Angebot*** vom 15. November.
Wir haben Ihre E-Mail, die Bestellung über Artikel 289 in Gelb, heute Morgen erhalten und möchten ***sie hiermit so bestätigen.***
Wir bestätigen Ihre Bestellung per E-Mail vom 2. Juni.
Unsere aktuelle Preisliste haben wir angehängt.

Dialogbeispiele

A: We are pleased to ***confirm the order as per your fax*** dated May 15th.

A: Wir freuen uns, den ***Auftrag gemäß Ihrem Fax*** vom 15. Mai zu bestätigen.

B: How many chairs will the container hold?
A: The ***maximum load*** is 100 chairs.

B: Wie viele Stühle passen in den Container?
A: Die ***maximale Auslastung*** ist 100 Stühle.

B: What is your ***present price?***
A: Confirm 100 chairs at a price of EUR 30 each. The container will be loaded on June 1st for ***shipment ex German port*** on June 4th, ***ETA*** Washington on June 18th.

B: Wie sind Ihre ***aktuellen Preise?***
A: Wir bestätigen 100 Stühle zu einem Preis von EUR 30,– pro Stück. Der Container wird am 1. Juni für ***Verschiffung ab deutschem Hafen*** am 4. Juni geladen, ***voraussichtliche Ankunft*** Washington am 18. Juni.

B: Thank you. Could you put this in writing for me?
A: Of course, could you also confirm the ***forwarding agents*** for us?
B: I'll fax this through.

B: Danke. Können Sie mir dies schriftlich geben?
A: Natürlich, können Sie uns bitte auch die ***Spediteure*** bestätigen?
B: Ich faxe es durch.

Fairs and exhibitions

Next month there is an ***exhibition*** in Munich.
We would like to be presented at the "CEBIT Home" next year.
Last year our company had a ***stand*** on the first floor.
The main attractions of the ***fair*** will be found in hall no. 7.
We had to rent a ***booth*** at the "New York Spring Fair".
It would be good for our company if we could ***exhibit*** in hall 1.

Messen und Ausstellungen

Nächsten Monat ist eine ***Ausstellung*** in München.
Wir wären gerne nächstes Jahr auf der „CEBIT Home" vertreten.
Letztes Jahr hatte unsere Firma einen ***Stand*** im Erdgeschoss.
Die Hauptattraktionen der ***Messe*** werden in Halle Nr. 7 zu finden sein.
Wir mussten auf der „New Yorker Frühlingsmesse" einen ***Stand*** mieten.
Es wäre gut für unsere Firma, wenn wir in Halle 1 ***ausstellen*** könnten.

Dialogbeispiele

A: We would like to ***exhibit*** at the "CEBIT Home" fair in April 2007. Could you please send us an ***application form?***
B: Of course, in which ***hall*** were you thinking of exhibiting?
A: Would it be possible to exhibit in hall 4?
B: That hall is very popular, make a note on the form and I will see what I can do.
A: Thank you.
B: How large should the ***stand*** be?
A: Large enough to fit three coffee tables and twelve chairs.
B: Then tick (US: check) the box for size B.
A: Could you provide us with refreshments?
B: We will send all the details with the form.
A: Fine. And how about ***accommodation?***

A: Wir möchten gerne auf der „CEBIT Home" im April 2007 ***ausstellen.*** Könnten Sie uns bitte ein ***Anmeldeformular*** zusenden?
B: Natürlich, in welcher ***Halle*** möchten Sie ausstellen?
A: Wäre es möglich, in Halle 4 auszustellen?
B: Diese Halle ist sehr beliebt, notieren Sie es auf dem Formular und ich werde sehen, was sich machen lässt.
A: Vielen Dank.
B: Wie groß soll der ***Stand*** sein?
A: Groß genug, dass drei Bistrotische und zwölf Stühle Platz haben.
B: Dann kreuzen Sie das Kästchen für Größe B an.
A: Können Sie Erfrischungen für uns organisieren?
B: Wir werden alle Details mit dem Formular schicken.
A: In Ordnung. Und wie ist es mit der ***Unterkunft?***

B: We have three hotels on site, I will send the brochures as well. But be sure to ***book*** early!

B: Wir haben drei Hotels auf dem Gelände, ich schicke Ihnen dann auch die Broschüren mit. Aber ***reservieren*** Sie rechtzeitig!

A: We will be at the "Ideal Home Exhibition" next month. We are exhibiting there for the first time.
B: Where will you be?
A: We have a stand in hall 6 on the second floor (US: third floor). Will you be there, too?
B: Yes, but I'm not sure exactly when.

A: Wir werden nächsten Monat auf der „Ideal Home Exhibition" sein. Wir stellen dort zum ersten Mal aus.
B: Wo werden Sie sein?
A: Wir haben einen Stand in Halle 6 im zweiten Stock. Werden Sie auch dort sein?
B: Ja, aber ich weiß nicht genau wann.

A: Come along and ***visit*** us. ***I will be at the stand*** on Wednesday and Thursday and my colleague Frank Marshall will be there on Friday and Saturday.

A: Kommen Sie uns einfach ***besuchen. Ich werde*** am Mittwoch und Donnerstag ***am Stand sein*** und mein Kollege Frank Marshall am Freitag und Samstag.

B: OK, I'll try and ***stop by*** on Wednesday or Thursday. I don't really know Frank very well.

B: Gut, ich werde versuchen, am Mittwoch oder Donnerstag ***vorbeizuschauen.*** Ich kenne Frank nicht so gut.

4. Auftragsabwicklung

Transport and Forwarding	Transport- und Versandwesen
How should we ***forward*** this order?	Wie sollen wir diesen Auftrag ***verschicken?***
Should we ***ship*** to Singapore as usual?	Sollen wir wie üblich nach Singapur ***verschiffen?***
It is possible for us to ***load*** this order tomorrow, otherwise it will be next week.	Wir haben eine Möglichkeit, diesen Auftrag morgen zu ***verladen***, ansonsten in der nächsten Woche.
We could ***dispatch*** this on Thursday for ***shipment*** in a 20' container. ETA Busan Port on May 15th.	Wir könnten es am Donnerstag ***wegschicken,*** für die ***Verschiffung*** in einem 20' Container. Voraussichtliche Ankunft Busan Hafen am 15. Mai.
The ***lorry*** (US: ***truck***) arrived in London yesterday at 4 p.m., but there was no one there to accept the goods. We will be charged for the second ***delivery.***	Der ***LKW*** kam gestern um 16 Uhr in London an, aber es war niemand da, um die Ware entgegenzunehmen. Man wird uns die zweite ***Zustellung*** berechnen.
Is a specific ***forwarding agent*** named?	Wird ein bestimmter ***Spediteur*** genannt?
As we are delivering CIF (cost insurance, freight) Dublin, we reserve the right to choose the forwarder.	Da wir CIF (Verladekosten, Versicherung, Fracht inbegriffen) Dublin liefern, behalten wir uns das Recht vor, den Spediteur auszusuchen.
This forwarding agent has increased his rates, we are looking for another partner.	Dieser Spediteur hat die Raten erhöht, wir suchen nach einem anderen Partner.
We will send a ***trial shipment*** with this forwarder next week, please keep us informed about the service.	Wir werden nächste Woche eine ***Probelieferung*** mit diesem Spediteur schicken, bitte halten Sie uns auf dem Laufenden über den Service.
The order was due to leave tomorrow, but the forwarders haven't got any lorries available.	Der Auftrag sollte morgen weggehen, aber die Spediteure haben keine LKWs verfügbar.

The lorry has been held up at the border, as the ***customs officers*** are on strike.
On Sundays and public holidays ***HGVs*** are banned from the motorways (US: ***highways***), and so this will hold things up even longer.
All HGVs have to pay ***motorway*** (US: ***highway***) ***tolls.***
The necessary repair work was not finished ***on time.***

Der LKW ist an der Grenze aufgehalten worden, da die ***Zollbeamten*** zurzeit streiken.
An Sonn- und Feiertagen haben ***LKWs*** auf Autobahnen Fahrverbot, was alles noch weiter verzögern wird.
Alle LKWs müssen ***Autobahngebühren*** bezahlen.
Die notwendigen Reparaturarbeiten wurden nicht ***rechtzeitig*** beendet.

We will now have to send this material on the ship next week.
This ship will only take nine days.

Wir werden das Material jetzt mit dem Schiff nächste Woche schicken müssen.
Dieses Schiff hat eine Laufzeit von nur neun Tagen.

Is there really no quicker alternative?

Gibt es wirklich keine schnellere Alternative?

We will forward the ***bill of lading*** as soon as possible to speed up the ***customs clearance*** at your end.

Wir werden das ***Konnossement*** (Seefrachtbrief) sofort weiterleiten, um bei Ihnen die ***Verzollung*** zu beschleunigen.

Could you send us a box by ***air freight***?
They have quoted us € 3.20 per kg.
This ***airline*** has increased its prices, should we try another?

Könnten Sie uns eventuell einen Karton per ***Luftfracht*** schicken?
Sie haben uns € 3,20 pro kg angeboten. Diese ***Fluglinie*** hat die Preise erhöht, sollen wir eine andere probieren?

We are still awaiting the ***airway bill.***

Wir erwarten immer noch den ***Luftfrachtbrief.***

As this is an ***inner-community*** purchase we would need your ***VAT (value added tax) registration number.***
We have checked with the ***Federal Finance Office*** in Saarlouis, but they have no record of your company under this name and address.

Da es sich um einen Kauf ***innerhalb der EU*** handelt, brauchen wir Ihre ***Umsatzsteuernummer.***
Wir haben beim ***Bundesamt für Finanzen*** in Saarlouis nachgefragt, aber Sie werden nicht unter diesem Namen und dieser Adresse geführt.

The ***pallets*** were broken and the goods were ***damaged*** on arrival.

Die ***Paletten*** waren kaputt, und die Ware war bei der Ankunft bereits ***beschädigt.***

The ***boxes*** were not properly sealed. The material was wet on opening.	Die ***Kartons*** waren nicht richtig verschlossen. Das Material war beim Öffnen nass.
The ***consignment*** was not ***insured*** at our end.	Die ***Sendung*** war bei uns nicht ***versichert.***
Please get in touch with ***this insurance broker.***	Bitte setzen Sie sich mit diesem ***Versicherungsmakler*** in Verbindung.
Please have the damage ***assessed.***	Bitte lassen Sie den Schaden ***schätzen.***
Then we can hand in the ***claim.***	Dann können wir den ***Schadensanspruch*** einreichen.

Dialogbeispiele

A: It is possible for us to ***load*** this order tomorrow, otherwise it will be next week.	A: Wir haben die Möglichkeit, diesen Auftrag morgen zu ***verladen,*** ansonsten erst in der nächsten Woche.
B: No, I can't wait that long, please go ahead with dispatch tomorrow.	B: Nein, so lange kann ich nicht warten, bitte schicken Sie den Auftrag morgen weg.
A: This ***consignment*** was due to leave tomorrow, but the ***forwarders*** haven't got any lorries available.	A: Diese ***Sendung*** sollte morgen abgehen, aber die ***Spediteure*** haben keine LKWs verfügbar.
B: When is the next possibility?	B: Wann ist die nächste Möglichkeit?
A: On Monday morning, this will cause a ***delay*** of three days.	A: Am Montagmorgen, dies wird eine ***Verzögerung*** von drei Tagen verursachen.
B: That will be all right, I will inform my ***customer*** straight away.	B: Das wird in Ordnung sein, ich werde meinen ***Kunden*** sofort informieren.
A: This order has arrived in Hamburg, but we cannot ***clear it through customs,*** as we are missing the ***commercial invoice.***	A: Dieser Auftrag ist in Hamburg angekommen, aber wir können die Ware nicht ***verzollen,*** da die ***Handelsrechnung*** fehlt.
B: We sent it threefold with the shipment, it must have got lost.	B: Wir haben sie der Sendung in dreifacher Ausführung beigelegt, sie muss verloren gegangen sein.
A: Could you fax one through directly to our ***customs broker***?	A: Können Sie bitte eine direkt an unseren ***Zollagenten*** durchfaxen?

A: Please put this and the other two orders in a 20' Container.

A: Können Sie bitte diesen und die anderen zwei Aufträge in einen 20'-Container laden?

B: This really isn't quite enough for a container.
A: We would be prepared to pay the difference between ***consolidated and full shipment,*** as this speeds up the customs clearance.
B: Fine. Could you give me the name and address of your forwarding agent?

B: Es ist eigentlich nicht genug für einen Container.
A: Wir wären bereit, den Unterschied zwischen ***Stückgut und Vollcontainer*** zu bezahlen, da die Zollabwicklung damit beschleunigt wird.
B: In Ordnung. Könnten Sie mir bitte den Namen und die Adresse Ihres Spediteurs mitteilen?

A: We are sorry to inform you that the order was not loaded on the MS "Marie" as planned.
B: What happened?
A: The necessary repair work was not finished on time. We will now have to send this material on the ship next week, but this will only take nine days.

A: Wir müssen Ihnen leider mitteilen, dass der Auftrag nicht wie geplant auf die MS „Marie" geladen wurde.
B: Was ist passiert?
A: Die notwendigen Reparaturarbeiten wurden nicht rechtzeitig fertig. Wir werden das Material jetzt mit dem Schiff nächste Woche schicken müssen, aber dieses hat eine Laufzeit von nur neun Tagen.

B: Is there really no quicker alternative?
A: No, I'm sorry. We will forward the ***bill of lading*** as soon as possible to speed up the ***customs clearance*** at your end.

B: Gibt es wirklich keine schnellere Alternative?
A: Nein, es tut mir leid. Wir werden das ***Konnossement*** (Seefrachtbrief) sofort weiterleiten, um bei Ihnen die ***Verzollung*** zu beschleunigen.

A: Unfortunately the ***goods*** are still at Frankfurt airport. The ***freight space*** was double-booked.
B: When can they be flown now?

A: Die ***Ware*** ist leider noch am Frankfurter Flughafen. Der ***Frachtraum*** war doppelt gebucht.
B: Wann kann sie jetzt transportiert werden?

A: On Saturday, we can get a better rate for a weekend flight.

A: Am Samstag, wir bekommen bessere Preise für einen Wochenendflug.

B: What would this cost?
A: They have quoted us € 3.20 per kg.

B: Was würde es kosten?
A: Sie haben uns € 3,20 pro kg angeboten.

Terms of Payment | **Zahlungsbedingungen**

cash in advance — ***Vorauskasse***
cash on delivery (COD) — ***per Nachnahme***
cash against documents (CAD) — ***Kasse gegen Dokumente***

Sixty days after date of invoice, net.
Sechzig Tage nach Rechnungsdatum, netto.

The order will be shipped with ***payment term*** 30 days after date of invoice, net.
Der Versand des Auftrages erfolgt unter der ***Zahlungsbedingung*** 30 Tage nach Rechnungsdatum, netto.

We need a ***bank guarantee.***
Wir benötigen eine ***Bankgarantie.***

The ***pro forma invoice*** will be faxed.
Die ***Proformarechnung*** wird gefaxt.

When the invoice is paid, we will arrange for the goods to be sent.
Nachdem die Rechnung bezahlt ist, werden wir den Versand vornehmen.

Payable immediately after ***receipt*** of the goods.
Zahlbar sofort nach ***Erhalt*** der Ware.

Please open the L/C as follows: Part shipments allowed. Tolerance of 5% for quantity and amount. Latest date of shipment: 31/07/2006.
Bitte eröffnen Sie den Akkreditiv wie folgt: Teillieferungen erlaubt, Toleranzbereich von 5% für Menge und Betrag. Verschiffung spätestens am: 31.07.2006.

Would it be possible to ***issue*** the ***invoice*** in US dollars?
Wäre es möglich, die ***Rechnung*** in US-Dollar ***auszustellen?***

It is our company policy only to ***invoice*** in euros.
Es entspricht unserer Firmenpolitik, nur in Euro zu ***fakturieren.***

What is your ***usual payment term***?
Wie ist Ihre ***übliche Zahlungsbedingung?***

We could offer you ***cash in advance*** less 3% ***discount.***
Wir könnten Ihnen ***Vorauskasse*** abzüglich 3% ***Skonto*** anbieten.

Dialogbeispiele

A: Would it be possible to ***amend*** the term of payment to 60 days after date of invoice, net?
A: Wäre es möglich, die Zahlungskondition auf 60 Tage nach Rechnungsdatum netto ***abzuändern?***

B: In this case, we would have to apply for ***credit insurance*** and a ***credit limit.***
B: In diesem Fall müssten wir eine ***Kreditversicherung*** und ein ***Limit*** anfordern.

A: Could you apply and let me know what happens?
A: Könnten Sie ein Limit beantragen und mir Bescheid sagen, was passiert?

Reminders	**Mahnungen**
I'm ringing to enquire about .../ I'm calling regarding ...	Ich rufe an wegen ...
We are ***still waiting*** for ...	Wir ***warten immer noch auf*** ...
We have ***not yet received*** ...	Wir haben ... ***immer noch nicht bekommen.***
This order was due to dispatch on ...	Dieser Auftrag sollte am ... zum Versand kommen.
When placing the order we were assured that it would be ***ready on time.***	Als wir den Auftrag erteilt haben, hat man uns versichert, dass er ***rechtzeitig fertig*** werden würde.
Can you tell me/give me any idea when ...?	Können Sie mir sagen, wann ...?
I have this order entered in my ***schedule*** for dispatch on ...	Ich habe diesen Auftrag in meiner ***Terminliste*** für den Versand am ... eingetragen.
We are now planning to dispatch this material on ...	Wir haben den Versand dieses Materials jetzt für den ... eingeplant.
At the moment we are experiencing production difficulties because of ...	Zur Zeit haben wir Produktionsprobleme wegen ...
We were not able to complete the order any earlier due to a ***lack*** of parts/raw materials/manpower.	Wir konnten diesen Auftrag wegen eines ***Mangels*** an Teilen/Rohstoffen/ Arbeitskräften leider nicht früher fertig stellen.
We're in ***urgent need*** of the goods.	Wir ***brauchen*** die Ware ***ganz dringend.***
This will cause us problems.	Das wird bei uns Probleme verursachen.
Is there any chance of ...?	Gibt es irgendeine Möglichkeit ...?
Could you maybe dispatch part of the order?	Könnten Sie eventuell eine Teillieferung vornehmen?
This order is to be shipped to our customer in France next week.	Dieser Auftrag soll nächste Woche an unseren Kunden in Frankreich geschickt werden.
Our schedules are very ***tight.***	Unser Terminplan ist sehr eng.
Let me check again with ...	Lassen Sie mich noch einmal mit ... reden.
I'll get back to you.	Ich melde mich wieder bei Ihnen.
If we don't receive the material on time this will cause us ***contractual problems.***	Wenn wir das Material nicht pünktlich erhalten, wird dies zu ***vertragsrechtlichen Problemen*** führen.

We really must ***insist*** that the goods be dispatched tomorrow.	Wir müssen wirklich darauf ***bestehen,*** dass die Ware morgen zum Versand kommt.
This order has ***top priority*** now.	Dieser Auftrag hat jetzt ***erste Priorität***.
This invoice has actually been ***overdue*** for payment for ... days.	Diese Rechnung ist eigentlich seit ... Tagen ***überfällig.***
We seem to have ***overlooked*** this invoice.	Wir haben diese Rechnung anscheinend ***übersehen.***
We'll send you a cheque (US: check) this afternoon.	Wir schicken Ihnen heute Nachmittag einen Scheck.
The cheque must have ***got lost*** in the post (US: mail).	Der Scheck muss in der Post ***verloren gegangen*** sein.
Our records show that the ***invoice still has not been paid.***	Laut unseren Unterlagen ***ist die Rechnung noch offen.***
We actually paid the invoice last week, I will contact our bank and see why the payment has been delayed.	Wir haben die Rechnung eigentlich schon letzte Woche bezahlt. Ich werde mich mit unserer Bank in Verbindung setzen, um festzustellen, warum sich die Zahlung verzögert.
When we spoke last week, you ***assured*** me that the invoice would be paid.	Als wir letzte Woche miteinander gesprochen haben, haben Sie mir ***versichert,*** dass die Rechnung bezahlt wird.
We must receive ***at least*** a part payment.	Wir brauchen ***zumindest*** eine Teilzahlung.
We have many ***outstanding obligations.***	Wir haben viele ***Verpflichtungen*** zu begleichen.
The ***book-keeping department*** will only release this order for shipment if we receive a copy of your cheque/transfer.	Die ***Buchhaltungsabteilung*** gibt diesen Auftrag nur zur Lieferung frei, wenn wir von Ihnen eine Kopie des Schecks/der Überweisung erhalten.

Dialogbeispiele

A: I'm calling to enquire about the status of our order no. 452 dated June 5th. On the ***order confirmation*** it states delivery ***ex works*** on September 5th. When ***placing*** the order, we were assured that it would	A: Ich rufe wegen unseres Auftrages Nr. 452 vom 5. Juni an. In der ***Auftragsbestätigung*** steht als Liefertermin ***ab Werk*** der 5. September. Als wir den Auftrag ***erteilt*** haben, hat man uns versichert, dass der Auftrag rechtzeitig

be ready on time. However, today is September 7th and we ***still have not received any advice of dispatch.*** Do you know, by any chance, when the order will be dispatched?

fertig werden würde. Heute ist aber bereits der 7. September, und wir haben ***immer noch keine Versandanzeige*** von Ihnen erhalten. Wissen Sie zufällig, wann wir mit der Lieferung dieses Auftrages rechnen können?

B: I have this order entered in my schedule for dispatch on September 12th. Unfortunately we were not able to complete this order any earlier due to production ***delays*** caused by the late ***delivery*** of certain parts.

B: Dieser Auftrag ist jetzt in meinem Terminplan für den Versand am 12. September eingetragen. Wir konnten diesen Auftrag leider nicht früher fertig stellen, da die ***verspätete Lieferung*** von einigen Teilen zu ***Verzögerungen*** in der Produktion geführt hat.

A: September 12th is rather late, this would cause us considerable problems, as the order is to be sent on to our depot in Manchester. Is there any chance of sending it a bit earlier than that?

A: Der 12. September ist ein bisschen spät, das würde uns beträchtliche Probleme bereiten, da der Auftrag an unser Lagerhaus in Manchester weiter verschickt wird. Gibt es irgendeine Möglichkeit, den Auftrag früher zu schicken?

B: Let me check again with our production department and get back to you.
A: Could you get back to me this morning? My customer is waiting for an answer.
B: Of course, and I'm sorry for any ***inconvenience*** that this delay will cause.

B: Lassen Sie mich noch einmal mit der Produktionsabteilung reden, dann melde ich mich wieder bei Ihnen.
A: Könnten Sie mich heute Vormittag zurückrufen? Mein Kunde wartet nämlich auf eine Antwort.
B: Selbstverständlich und entschuldigen Sie bitte die ***Unannehmlichkeiten,*** die Ihnen diese Verzögerung bereitet.

A: I'm calling once again regarding our order no. 452. Last week you ***promised*** us delivery by Friday at the latest. This order has now been delayed by two weeks. If we don't receive the goods by the day after tomorrow, we'll have no other choice but to ***cancel*** the order and look for another ***supplier.***

A: Ich rufe jetzt noch einmal an bezüglich unseres Auftrags Nr. 452. Letzte Woche haben Sie uns die Lieferung bis spätestens Freitag ***versprochen.*** Dieser Auftrag ist nun seit zwei Wochen überfällig. Wenn wir die Ware nicht bis übermorgen bekommen haben, sehen wir uns gezwungen, den Auftrag zu ***stornieren*** und einen anderen ***Lieferanten*** zu suchen.

B: ***I'm really sorry*** about that, but the delay is due to ***circumstances beyond our control.*** At the moment there is a strike at the docks and our deliveries are all still waiting to be unloaded.
A: Please check if there is anything you can do, as this order is now ***top priority.***

B: ***Es tut mir wirklich leid,*** aber die Verzögerung beruht auf ***höherer Gewalt.*** Zurzeit streiken die Hafenarbeiter und unsere Lieferungen sind immer noch nicht entladen worden.
A: Bitte überprüfen Sie noch einmal, ob Sie irgendetwas erreichen können, da dieser Auftrag mittlerweile ***erste Priorität*** hat.

A: I'm calling regarding our invoice no. 5562 dated June 5th. It has actually now been ***overdue*** for payment for seven days.
B: Invoice no. 5562, let me see. Oh yes, it seems to have been ***overlooked,*** I'm sorry about that. We'll get a cheque in the post to you this afternoon, you should have it tomorrow morning.

A: Ich rufe wegen unserer Rechnung Nr. 5562 vom 5. Juni an. Diese Rechnung ist nun seit sieben Tagen ***überfällig***.
B: Rechnung Nr. 5562, lassen Sie mich nachsehen. O ja, wir haben sie anscheinend ***übersehen,*** es tut mir leid. Wir schicken Ihnen bereits heute Nachmittag einen Scheck per Post, er sollte morgen früh bei Ihnen sein.

A: May I ***remind*** you that our invoice dated April 4th is still overdue?

B: We actually paid the invoice last week, I will contact our bank and see why the payment has been delayed.

A: Darf ich Sie daran ***erinnern,*** dass unsere Rechnung vom 4. April immer noch überfällig ist?
B: Wir haben die Rechnung eigentlich schon letzte Woche bezahlt, ich werde unsere Bank kontaktieren, um festzustellen, warum sich die Zahlung verzögert.

A: I'm sorry, but I must ask ***once again*** for payment of our ***outstanding*** invoices. We have four orders for dispatch next week and I cannot let them be shipped unless we receive at least a part payment of your outstanding balance.

B: Unfortunately, at the moment we have many ***outstanding obligations,***

A: Entschuldigen Sie, aber ich muss ***noch einmal*** um die Bezahlung Ihrer ***fälligen*** Rechnungen bitten. Wir haben vier Aufträge zur Lieferung nächste Woche, und ich kann sie nicht verschicken, ohne zumindest eine Teilzahlung Ihrer Außenstände zu erhalten.
B: Zurzeit haben wir leider ausstehende ***Verbindlichkeiten***, könnten wir uns

could we agree on the ***part payment*** for the moment?
A: Aren't there any other acceptable solutions?

für den Augenblick auf eine ***Teilzahlung*** einigen?
A: Gibt es keine anderen annehmbaren Möglichkeiten?

Delays and problems

Verzögerungen und Probleme

We regret to have to inform you that this order will not be ready for dispatch tomorrow.

Wir bedauern, Ihnen mitteilen zu müssen, dass dieser Auftrag morgen nicht zum Versand fertig sein wird.

We are sorry to have to tell you that the material cannot be completed ***on time.*** At the moment we are having problems with the acquisition of materials.

Leider müssen wir Ihnen mitteilen, dass das Material nicht ***rechtzeitig*** fertig sein wird. Zurzeit haben wir Probleme mit der Beschaffung von Materialien.

Our production schedule is ***very tight.***

Unser Produktionszeitplan ist ***sehr eng.***

One of our machines has to be repaired.
Unfortunately one of our suppliers has ***let us down.***

Eine unserer Maschinen muss repariert werden.
Leider hat uns einer unserer Lieferanten ***im Stich gelassen.***

We are ***still waiting*** for these parts to complete your order.

Wir ***warten immer noch*** auf diese Teile, um Ihren Auftrag fertig zu stellen.

This material did not meet the high standards set by our ***quality control department.***

Dieses Material hat die hohen Standards, die unsere ***Qualitätskontrolle*** festlegt, nicht erfüllt.

The colour does not correspond to the previous deliveries.
We are therefore not ***prepared to release*** this ***for dispatch.***
We could accept this if you were prepared to grant us a discount.

Die Farbe entspricht nicht den früheren Lieferungen.
Wir sind daher ***nicht bereit,*** die Ware ***zum Versand freizugeben.***
Wir könnten es akzeptieren, wenn Sie bereit wären, uns einen Rabatt zu gewähren.

We ***miscalculated*** the amount required and did not acquire sufficient supplies.

Wir haben die Menge ***falsch kalkuliert*** und nicht genügend Vorräte besorgt.

We will do our best to dispatch earlier.	Wir werden unser Bestes tun, um früher zu liefern.
We have only received three of the four boxes ordered.	Wir haben nur drei der vier bestellten Kartons erhalten.
Should we go ahead with shipment? Should we send the three boxes or wait and send all four together?	Sollen wir die Ware verschicken? Sollen wir die drei Kartons schicken oder warten und alle vier zusammen schicken?
We would of course pay the freight for the ***extra shipment.***	Wir würden natürlich die Frachtkosten für die ***zusätzliche Lieferung*** übernehmen.
Unfortunately our computer system was not working properly and the material confirmed for dispatch is actually ***not in stock.*** The next possible dispatch would be in about two weeks. We could offer you two 25-kg bags as an alternative. We could send the delivery by express.	Leider funktionierte unser Computersystem nicht, und das Material, das wir zum Versand bestätigt haben, ist gar ***nicht auf Lager.*** Der nächstmögliche Versand wäre in ungefähr zwei Wochen. Als Alternative könnten wir Ihnen zwei 25-kg-Beutel anbieten. Wir könnten die Lieferung per Express schicken.
Unfortunately we quoted the wrong price. We ***mixed up*** the lists for ex works and FOB.	Leider haben wir den falschen Preis angegeben. Wir haben die Listen für die Preise ab Werk und FOB ***vertauscht.***
We entered your order for the wrong item.	Wir haben Ihren Auftrag für den falschen Artikel eingetragen.
We will send you the order confirmation with the correct price.	Wir schicken Ihnen die Auftragsbestätigung mit dem korrekten Preis.
The product you ordered is ***no longer in our range.*** May we offer you product 437 as an alternative?	Das von Ihnen bestellte Produkt ist ***nicht mehr in unserer Produktpalette.*** Dürfen wir Ihnen Produkt 437 als Alternative anbieten?

We sincerely ***apologise*** (US: ***apologize***) for this ***mistake.***
We are truly ***sorry about*** this delay.
Please accept our ***apologies.***
We will make sure that this does not happen again.

Wir ***entschuldigen*** uns für diesen ***Fehler.***
Wir ***bedauern*** diese Verzögerung sehr.
Wir bitten Sie um ***Entschuldigung.***
Wir werden darauf achten, dass dies nie wieder passiert.

Thank you for your ***understanding.***
Thank you for your ***cooperation.***

Vielen Dank für Ihr ***Verständnis.***
Vielen Dank für Ihre ***Hilfe***.

Dialogbeispiele

A: We are sorry to have to tell you that the material cannot be completed on time.
B: What exactly is the problem?
A: Unfortunately one of our suppliers has ***let us down.*** A delivery has been ***delayed.*** We need these parts to complete your order.
B: How long a delay will this be?
A: About four days.
B: OK, but please dispatch on Friday, and thank you for letting me know.

A: Leider müssen wir Ihnen mitteilen, dass das Material nicht rechtzeitig fertig sein wird.
B: Was genau ist das Problem?
A: Leider hat uns einer unserer Lieferanten ***im Stich gelassen.*** Eine Lieferung ist ***verzögert*** worden. Wir brauchen diese Teile, um Ihren Auftrag fertig zu stellen.
B: Wie lange wird die Verzögerung dauern?
A: Ungefähr vier Tage.
B: In Ordnung, aber bitte verschicken Sie es am Freitag, und vielen Dank für die Information.

A: Unfortunately the material for your order did not meet the high standards set by our ***quality control department.***
B: What is wrong with the material?
A: The colour does not correspond to the previous deliveries, therefore we cannot dispatch this order without your consent.
B: How long will I have to wait for a new production?
A: About four weeks.

A: Leider hat das Material für Ihren Auftrag die hohen Standards, die von unserer ***Qualitätskontrolle*** festgelegt werden, nicht erfüllt.
B: Was stimmt nicht mit dem Material?
A: Die Farbe entspricht nicht den früheren Lieferungen, wir können diesen Auftrag daher nicht ohne Ihre Zustimmung verschicken.
B: Wie lange muss ich dann auf eine neue Produktion warten?
A: Ungefähr vier Wochen.

B: No, that's too long. The colour is not that important, it isn't a series. A: We could send you a sample today by ***courier service.*** If the colour is acceptable, we will send the whole order on Thursday.	B: Nein, das ist zu lang. Die Farbe ist nicht so wichtig, es ist keine Serie. A: Wir könnten Ihnen heute per ***Kurierdienst*** ein Muster zuschicken. Wenn die Farbe akzeptabel wäre, würden wir den ganzen Auftrag am Donnerstag versenden.
A: We ***regret*** to have to inform you that this order will not be ready for dispatch tomorrow. We only have three of the four boxes ordered.	A: Wir ***bedauern,*** Ihnen mitteilen zu müssen, dass dieser Auftrag morgen nicht zum Versand fertig sein wird. Wir haben nur drei der vier bestellten Kartons.
B: When will the order be complete?	B: Wann wird der Auftrag komplett sein?
A: The remaining box would be ready by next Wednesday. Should we send the three boxes or wait and send all four together? B: That would mean ***additional transport*** costs for us. A: We would of course be prepared to pay the freight for the ***extra shipment.***	A: Der noch ausstehende Karton wäre bis nächsten Mittwoch fertig. Sollen wir die drei Kartons schicken oder warten und alle vier zusammen schicken? B: Dies würde für uns ***zusätzliche Transportkosten*** bedeuten. A: Wir würden natürlich die Frachtkosten für die ***zusätzliche Lieferung*** übernehmen.
B: OK. Please ship the three boxes, we'll expect the fourth box by the end of next week. A: Thank you, and ***please accept our apologies*** for this delay.	B: Gut. Bitte schicken Sie die drei Kartons, wir erwarten dann den vierten Karton bis Ende nächster Woche. A: Danke, und bitte ***entschuldigen*** Sie die Verzögerung.
A: We are sorry to have to tell you that our computer system was not working properly and the material confirmed for dispatch is actually ***not in stock.*** B: When could we have it then? A: The ***next possible*** dispatch would be in two weeks' time. B: That will be difficult. A: We could offer you two 25-kg bags as an alternative.	A: Wir müssen Ihnen leider mitteilen, dass unser Computersystem nicht richtig funktioniert hat, und dass das zum Versand bestätigte Material gar ***nicht auf Lager*** ist. B: Wann können wir es dann haben? A: Der ***nächstmögliche*** Versandtermin wäre in ungefähr zwei Wochen. B: Das wird schwierig. A: Als Alternative könnten wir Ihnen zwei 25-kg-Beutel anbieten.

B: OK, we need the material ***urgently,*** so we'll have to take them.

B: In Ordnung, wir brauchen das Material ***sehr dringend.*** Dann müssen wir also die Beutel nehmen.

A: Thank you for your help. We are really sorry about this ***mistake.***

A: Vielen Dank für Ihre Hilfe. Wir bedauern diesen ***Fehler*** sehr.

A: Unfortunately we quoted the wrong price for this item. We ***mixed up*** the lists for ex works and FOB.

A: Leider haben wir den falschen Preis für diesen Artikel angegeben. Wir haben die Listen für die Preise ab Werk und FOB ***vertauscht.***

B: How could that happen? I ***specifically said*** that I needed the FOB price.

B: Wie konnte das passieren? Ich habe ***ausdrücklich gesagt***, dass ich den FOB-Preis brauche.

A: The person usually in charge of your orders was on holiday (US: on vacation) at that time. We will send you the ***order confirmation*** with the correct price.

A: Der Mitarbeiter, der normalerweise für Ihre Aufträge zuständig ist, war zu der Zeit im Urlaub. Wir schicken Ihnen die ***Auftragsbestätigung*** mit dem korrekten Preis.

B: OK, but please ***make sure it doesn't happen again***. This makes things quite difficult.

B: Gut, aber bitte ***achten Sie darauf, dass es nicht wieder passiert.*** Es macht alles ziemlich schwierig.

A: Of course. Thank you for your understanding and please accept our apologies.

A: Selbstverständlich. Danke für Ihr Verständnis und entschuldigen Sie nochmals.

Complaints

Beschwerden

The material ordered was green and the material we have just received is brown.
Please check what has happened.

Wir haben grünes Material bestellt und das Material, das wir bekommen haben, ist braun.
Bitte überprüfen Sie, was passiert ist.

Both the ***order confirmation*** and the ***delivery note*** show three boxes, but we have only received two, what has happened?

Die ***Auftragsbestätigung*** und der ***Lieferschein*** zeigen beide drei Kartons, aber wir haben nur zwei bekommen, was ist passiert?

We ordered 5mm screws and you have sent us 6mm. We are prepared to keep these, but would need a

Wir haben 5-mm-Schrauben bestellt, und Sie haben uns 6-mm-Schrauben geschickt. Wir wären bereit, diese zu

delivery of 5mm screws by the end of this week.	behalten, bräuchten aber bis Ende dieser Woche eine Lieferung von 5-mm-Schrauben.
Two of the chairs are badly damaged, the cushion material is ripped. Could you give them back to our driver when he comes on Friday? We will arrange for two replacement chairs to be dispatched tomorrow.	Zwei der Stühle sind schwer beschädigt, das Kissenmaterial ist aufgerissen. Könnten Sie sie am Freitag dem Fahrer wieder mitgeben? Wir werden dann morgen zwei Ersatzstühle wegschicken.
The quality of this material is ***not up to your usual standard.***	Die Qualität dieses Materials ***entspricht nicht Ihrem üblichen Standard.***
The paper we received is too thin.	Das Papier, das wir bekommen haben, ist zu dünn.
Could you send us a few leaves so that we can have our quality control people check this?	Könnten Sie uns ein paar Blätter zuschicken, damit unsere Leute in der Qualitätskontrolle diese überprüfen können?
The material is ***within our standard tolerance level.***	Das Material liegt ***innerhalb unserer Standardtoleranzgrenze.***
I cannot accept your ***claim.***	Ich kann Ihre ***Reklamation*** nicht annehmen.
I will ***let you know.***	Ich werde mich ***wieder melden.***/Ich werde Ihnen ***Bescheid geben.***
I have passed this on to the person in charge and will get back to you when we have the results.	Ich habe es an die zuständige Person weitergeleitet und werde mich melden, wenn die Ergebnisse vorliegen.
You ***promised*** to get back to me. When will I hear from you?	Sie haben ***versprochen,*** sich noch einmal bei mir zu melden. Wann höre ich von Ihnen?
I have sent you an e-mail placing an order last week and I still haven't received any confirmation.	Ich habe Ihnen letzte Woche eine E-Mail über eine Bestellung geschickt und habe immer noch keine Bestätigung erhalten.
We had computer problems.	Wir hatten Probleme mit dem Computer.
We didn't get your e-mail.	Wir haben Ihre E-Mail nicht bekommen.

Dialogbeispiele

A: We have just received our order no. 156. Upon opening the box, we found that only eleven bottles were sent. We actually ordered twelve.	A: Wir haben soeben unseren Auftrag Nr. 156 erhalten. Als wir den Karton geöffnet haben, fanden wir nur elf Flaschen vor. Wir haben eigentlich zwölf bestellt.
B: I'm sorry about that, there seems to have been a ***mistake*** in the packing department on that day.	B: Das tut mir leid, aber es scheint an dem Tag einen ***Fehler*** in der Verpackungsabteilung gegeben zu haben.
A: Could you ***make sure*** that the invoice is ***altered***?	A: Könnten Sie ***dafür sorgen,*** dass die Rechnung ***abgeändert*** wird?
A: We ordered 5mm screws and you have sent us 6mm.	A: Wir haben 5-mm-Schrauben bestellt, und sie haben uns 6-mm-Schrauben geschickt.
B: Oh yes, the delivery note was ***incorrectly typed.***	B: Oh ja, der Lieferschein wurde ***falsch getippt.***
A: We are prepared to keep this delivery, but would need one of 5mm screws by the end of this week.	A: Wir wären bereit, diese Lieferung zu behalten, bräuchten aber bis Ende dieser Woche eine von 5-mm-Schrauben.
B: Yes, we'll dispatch them tomorrow.	B: Ja, wir werden sie morgen verschicken.
A: As we do not need the 6mm screws until the beginning of next month, could you ***extend*** the due date of the invoice by two weeks?	A: Da wir die 6-mm-Schrauben erst Anfang nächsten Monats brauchen, könnten Sie das Fälligkeitsdatum der Rechnung um zwei Wochen ***verlängern?***
B: Of course, no problem.	B: Natürlich, kein Problem.
A: After unpacking and examining the material, we noticed that two of the items are damaged.	A: Nachdem wir das Material ausgepackt und überprüft hatten, stellten wir fest, dass zwei Artikel beschädigt sind.
B: Are they ***badly damaged***?	B: Sind sie ***schwer beschädigt?***
A: They have slight ***scratch marks*** on the case.	A: Sie haben leichte ***Kratzer*** am Gehäuse.
B: Would you be able to keep them if we granted you a discount?	B: Könnten Sie sie behalten, wenn wir Ihnen einen Rabatt gewährten?

A: Yes, we should be able to sell them.
B: OK, we'll ***credit*** 20% of the invoice.

A: Ja, wir müssten sie eigentlich verkaufen können.
B: In Ordnung, dann ***schreiben*** wir 20% des Rechnungsbetrages ***gut.***

A: The quality is not up to your usual standard, the paper we received is too thin.
B: Our samples show that the material is ***within our tolerance level.*** I am sorry, but I ***cannot accept your claim.***

A: Die Qualität entspricht nicht Ihrem üblichen Standard, das Papier, das wir bekommen haben, ist zu dünn.
B: Unsere Muster zeigen, dass das Material ***innerhalb unserer Toleranzgrenze*** liegt. Es tut mir leid, aber ich ***kann Ihre Reklamation nicht annehmen.***

A: When we ordered, we ***specifically stated*** that the colour was to be the same as previously supplied.

A: Als wir bestellten, haben wir ***ausdrücklich darauf hingewiesen,*** dass die Farbe genauso wie bei früheren Lieferungen sein muss.

B: I'm very sorry about that.
A: This material is for a special series and must be the same colour.

B: Das tut mir sehr leid.
A: Dieses Material ist für eine Sonderreihe und muss die gleiche Farbe haben.

B: Could you let us have a sample, we will have this checked and get back to you.
A: We sent you a sample last week.

B: Könnten Sie uns ein Muster zuschicken, wir werden es überprüfen und uns wieder melden.
A: Wir haben Ihnen bereits letzte Woche ein Muster zugesandt.

B: Yes, we have had it examined and must agree that this material is not acceptable. How can we solve this problem, would you be able to sell this as a ***closeout item*** at 20% discount?

B: Ja, wir haben es überprüfen lassen und müssen zugeben, dass dieses Material nicht akzeptabel ist. Wie können wir dieses Problem lösen? Würden Sie die Ware als ***Sonderposten*** zu einem Rabatt von 20% verkaufen können?

A: No, I don't think so. I will have to ***return*** this material.

A: Nein, ich glaube nicht. Ich werde dieses Material ***zurückschicken*** müssen.

5. Rechnungswesen und Finanzen

Accounting	**Rechnungswesen**
He is our ***chief accountant.***	Er ist unser ***Buchhalter.***
Book-keeping plays a vital role in every business.	***Buchhaltung*** spielt in jedem Unternehmen eine zentrale Rolle.
Accounting methods vary from business to business.	Die ***Buchführungsmethoden*** sind von Unternehmen zu Unternehmen verschieden.
Our ***balance sheets*** of the past ten years show a steady rate of growth.	Unsere ***Handelsbilanz*** der letzten zehn Jahre zeigt ein stetiges Wachstum.
Our ***budget*** for 2006 is complete.	Unser ***Haushalt*** für 2006 ist vollständig.
John, could you fetch our ***account books and balance sheets?***	John, könnten Sie bitte unsere ***Geschäftsbücher*** holen?
Ms. Clarke is in charge of our ***financial accounting.***	Frau Clarke ist für unsere ***Finanzbuchhaltung*** verantwortlich.
According to our ***calculations,*** the profits for this year are less than those for 2005.	Nach unseren ***Berechnungen*** sind die diesjährigen Gewinne geringer ausgefallen als die von 2005.
Our ***sales analysis*** for 2006 showed a 10% increase in sales within the EU.	Unsere ***Absatzanalyse*** für 2006 zeigte einen Zuwachs von 10% bei den Verkäufen innerhalb der EU.
We insist that members of staff provide a ***receipt*** for purchases from the ***petty cash.***	Wir bestehen darauf, dass unsere Mitarbeiter eine ***Quittung*** für Einkäufe aus der ***Portokasse*** abliefern.
Our ***gross profits*** are up on this time last year.	Unsere ***Bruttogewinne*** sind höher als zum selben Zeitpunkt des letzten Jahres.
Neil's work is a fine example of ***adequate and orderly accounting.***	Neils Arbeit ist ein ausgezeichnetes Beispiel ***ordnungsgemäßer Buchführung.***
The ***end of our first quarter*** is in July.	Unser ***erstes Quartalsende*** ist im Juli.
When does your ***accounting reference day*** fall?	Wann ist Ihr ***Bilanzstichtag?***

Our ***accounting year*** will end in May 2006.	Unser ***Buchführungsjahr*** endet im Mai 2006.
We have published and filed our ***annual accounts*** in Companies House.	Wir haben unseren ***Jahresabschluss*** veröffentlicht und im Companies House archiviert.
Our ***internal accounting period*** is three months long.	Unser ***Abrechnungszeitraum*** beträgt drei Monate.
Our accounting manager will present the ***annual economic report.***	Der Leiter der Buchhaltung wird den ***Jahreswirtschaftsbericht*** vorlegen.
Our ***interim accounts*** were published in the Financial Times in September.	Unsere ***Zwischenkonten*** wurden im September in der Financial Times veröffentlicht.
The TEHV group have also released ***interim balance sheets.***	Die TEHV Gruppe hat auch ihre ***Zwischenbilanz*** veröffentlicht.
We have completed our ***profit and loss accounts.***	Wir haben unsere ***Ertragsrechnung*** fertig gestellt.
Our ***opening balance sheets*** for this month are being prepared.	Unsere ***Eröffnungsbilanz*** für diesen Monat wird vorbereitet.
Our annual ***audit*** will take place in April.	Unsere jährliche ***Buchprüfung*** findet im April statt.
Auditing will be carried out later this month.	Die ***Wirtschaftsprüfung*** wird gegen Ende dieses Monats stattfinden.
The ***audit fees*** have been paid for 2006.	Die ***Kosten der Abschlussprüfung*** für 2006 sind bezahlt worden.
The ***fiscal audit of operating results*** for 2006 is complete.	Die ***Betriebsprüfung*** für 2006 ist abgeschlossen.
Can you get in touch with our ***auditor*** regarding the matter?	Könnten Sie wegen dieses Problems mit unserem ***Betriebsprüfer*** Kontakt aufnehmen?
The ***fiscal audit of operating results*** was completed in May.	Die ***Betriebsprüfung*** wurde im Mai abgeschlossen.
We predict, applying ***discounting,*** that our cash flow will remain consistent.	Nach durchgeführter ***Abzinsung*** nehmen wir an, dass der Geldfluss konstant bleiben wird.
Our ***accounting profit*** shows a marked improvement in comparison to 2005.	Unser ***Buchgewinn*** zeigt einen deutlichen Zuwachs gegenüber 2005.
The ***closing balance*** of our June accounts has already been carried forward to July.	Die ***Schlussbilanz*** unserer Bücher vom Juni ist schon auf den Juli übertragen worden.

Our ***actual outlay*** decreased considerably following ***restructuring*** in 2005.
The ***total costs*** of our recent reorganisation were minimal.

Unsere ***Istausgaben*** haben seit der 2005 durchgeführten ***Umstrukturierung*** erheblich abgenommen.
Die ***Gesamtkosten*** unserer unlängst durchgeführten Reorganisation waren minimal.

The ***variable costs*** of commission to be paid to our sales staff cannot be approximated in view of the current unstable economic situation.

Die ***variablen Kosten,*** die durch unserem Verkaufspersonal gezahlte Kommissionen entstehen, können in Anbetracht der instabilen wirtschaftlichen Situation nicht abgeschätzt werden.

Our ***turnover forecasts*** for the 1990s proved to be incorrect.
Our company's ***turnover*** increased tenfold in comparison to the previous decade.
The ***turnover increase*** for 2006 fulfilled our expectations.
The ***appreciation*** of our assets is mainly due to the current ***rate of inflation.***
Accounts payable and ***accruals*** are to be entered as current liabilities on the balance sheet.

Die ***Umsatzprognose*** für die Neunziger Jahre hat sich als falsch herausgestellt.
Der ***Umsatz*** unseres Unternehmens hat sich, im Vergleich zu vor zehn Jahren, verzehnfacht.
Der ***Umsatzanstieg*** 2006 hat unsere Erwartungen erfüllt.
Der ***Wertzuwachs*** unserer Aktiva liegt hauptsächlich an der momentanen ***Inflationsrate.***
Verbindlichkeiten und ***Rückstellungen*** müssen als laufende Passiva in die Bilanz eingetragen werden.

I instructed her to fax details of our ***accounts receivable.***
You should enter that under ***special expenses.***
Deterioration of our premises has been taken into account as ***amortization.***
The purchase of our new factory will be entered in the books as a ***capital transaction.***
The costs incurred during the ***renovation*** of our office buildings will be treated as ***capital investment.***

Ich habe sie angewiesen, mir Details über die ***Außenstände*** zu faxen.
Sie sollten das unter ***Sonderausgaben*** eintragen.
Die Wertminderung unserer Gebäude wurde als ***Amortisation*** in die Bücher aufgenommen.
Der Kauf unserer neuen Fabrik wird als ***Kapitalverkehr*** in die Bücher eingetragen.
Die Kosten, die uns durch die ***Renovierung*** unserer Geschäftsgebäude entstanden sind, werden als ***Kapitaleinlage*** behandelt.

Our ***calculation of the budget costs*** for 2006 has changed little from that of 2005.

Unsere ***Plankostenrechnung*** für 2006 hat sich gegenüber 2005 kaum verändert.

Our ***prime costs*** are low in relation to our profits.

Unsere ***Selbstkosten*** sind im Vergleich zum Gewinn gering.

We need to look at ways of lessening our ***indirect labour costs*** (US: ***labor).***

Wir müssen Wege finden, die ***Lohnnebenkosten*** zu senken.

The ***rationalisation profits*** following the modernisation of our factory last year were considerable.

Der ***Rationalisierungsgewinn*** nach der Modernisierung unserer Fabrik letztes Jahr war beachtlich.

Our ***return on capital*** was higher in 2004 than in the following years.

Unser ***Kapitalertrag*** war 2004 höher als in den darauf folgenden Jahren.

I think this ***entry*** is incorrect.

Ich glaube, diese ***Buchung*** ist nicht korrekt.

Our accounts don't ***balance.*** It must be due to a ***book-keeping error.***

Unsere Bücher ***saldieren*** nicht. Es muss an einem ***Buchungsfehler*** liegen.

Our ***overhead costs*** don't seem to be entered in the books.

Unsere ***Gemeinkosten*** sind scheinbar nicht in die Bücher eingetragen worden.

The ***tax assessment*** we received for 2006 appears to be incorrect.

Die ***Steuerveranlagung,*** die wir für 2006 bekommen haben, scheint nicht korrekt zu sein.

Someone has completed our ***tax return*** incorrectly.

Jemand hat unsere ***Steuererklärung*** falsch ausgefüllt.

We can reclaim ***value added tax*** at the end of the year.

Wir können die ***Mehrwertsteuer*** am Ende des Jahres zurückfordern.

Unfortunately, it seems we are liable for an ***additional payment of taxes.***

Leider scheint es so, als ob wir zu einer ***Steuernachzahlung*** verpflichtet wären.

Taking into account the ***linear depreciation*** of the value of our assets, there seems to be no alternative than to ***declare ourselves bankrupt.***

Unter Berücksichtigung der ***linearen Abschreibung*** des Wertes unserer Aktiva scheint es keine Alternative zu einer ***Bankrotterklärung*** zu geben

The ***annual profits*** are fifteen percent down on last year's figures.

Der ***Jahresgewinn*** liegt fünfzehn Prozent unter dem des Vorjahres.

Despite stringent measures to bring our ***budget*** under ***control,*** we seem

Trotz drastischer Maßnahmen um unseren ***Haushalt*** unter ***Kontrolle*** zu

to be unable to reach ***break-even point*** this summer.

bringen, werden wir in diesem Sommer wohl nicht in der Lage sein, die ***Gewinnschwelle*** zu erreichen.

We will have to introduce ***budget cuts*** in all departments.

Wir werden ***Etatkürzungen*** in allen Abteilungen durchführen müssen.

Their ***budgetary deficit*** is huge.

Ihr ***Haushaltsdefizit*** ist riesig.

Although we may have saved money in respect of the initial ***outlay*** required, the ***operating expenses*** of our factory in Nigeria have exceeded all expectations.

Obwohl wir vielleicht Geld bei der anfänglichen ***Auslage*** gespart haben, haben die ***Betriebskosten*** unserer Fabrik in Nigeria unsere Befürchtungen übertroffen.

Our ***basic income*** has proved to be less than consistent.

Es hat sich gezeigt, dass unsere ***Basiseinkünfte*** nicht konstant genug sind.

We will have to ***plough-back*** the majority of our 2005 profits.

Wir werden den Großteil unserer Gewinne von 2005 ***reinvestieren*** müssen.

We have no alternative than to ***write off*** our obsolete machinery in our overseas factories.

Wir haben keine andere Wahl als die veraltete Maschinenanlage unserer Fabriken in Übersee ***abzuschreiben.***

Dialogbeispiele

A: Good morning, Ms. Parkin.

A: Guten Morgen, Frau Parkin.

B: Good morning. Would you like to see our ***ledger?***

B: Guten Morgen. Möchten Sie das ***Hauptbuch*** sehen?

A: Yes, please. I think that will be very informative. What ***accounting system*** do you use here?

A: Ja bitte. Ich denke, das wäre sehr aufschlussreich. Was für ein ***Buchführungssystem*** benutzen Sie hier?

B: We use ***double entry bookkeeping*** for our accounts.

B: Wir benutzen ***doppelte Buchführung*** für unsere Bücher.

A: And what does this column on the left show?

A: Und was bedeutet diese linke Spalte?

B: They are the ***debits.***

B: Das sind unsere ***Belastungen.***

A: And on this page – this figure – what does that represent?

A: Und auf dieser Seite – diese Zahl – was bedeutet die?

B: They're the ***development costs*** we needed for the refurbishing of our old premises.

B: Das sind die ***Entwicklungskosten,*** die bei der Renovierung unserer alten Gebäude anfallen.

A: Do you keep your ***real accounts*** in a separate ***ledger***?

A: Führen Sie Ihre ***Bestandskonten*** in einem separaten ***Hauptbuch?***

B: No, we don't. It is all in this ledger here.
A: Have you valued your assets using ***historical costing***?
B: Yes, we have.
A: And here are details of all ***assets and liabilities***?
B: Yes. You can see the ***net book value*** of our assets here.

B: Nein, es ist alles in diesem Hauptbuch.
A: Haben Sie Ihre Aktiva mit einer ***Nachkalkulation*** bewertet?
B: Ja, haben wir.
A: Und hier sind die Details über ***Aktiva und Passiva?***
B: Ja. Hier können Sie den ***Nettobuchwert*** unseres Vermögens sehen.

A: Thank you. Do you have details of ***net profits*** made in the previous ten years?
B: Certainly. Will that be all?
A: For the moment, thank you.

A: Danke schön. Haben Sie Details über die ***Nettogewinne,*** die Sie in den letzten zehn Jahren gemacht haben?
B: Sicherlich. War das dann alles?
A: Im Moment ja, danke.

A: Our ***debtors*** have been slow settling their accounts this month.
B: ***Settlement day*** should have been this Tuesday for the Berry consignment.

A: Unsere ***Schuldner*** haben diesen Monat Ihre Rechnungen spät bezahlt.
B: ***Abrechnungstag*** für die Berry Sendung hätte dieser Dienstag sein sollen.

Financial Policy

Our ***financial standing*** has improved considerably.
Sales financing in 2006 will take up a considerable percentage of our budget.
If our ***financial status*** does not improve, we will have to go into ***liquidation.***
Maurice Motors have sold some of their ***assets*** to pay off their debts.
They have only their ***fixed assets*** remaining.
We will have to sell some of our ***non-core assets*** to resist takeover.

Finanzpolitik

Unsere ***Kreditfähigkeit*** hat erheblich zugenommen.
Die ***Absatzfinanzierung*** wird 2006 einen beträchtlichen Teil unseres Budgets ausmachen.
Wenn unsere ***Vermögenslage*** sich nicht verbessert, werden wir in die ***Liquidation*** gehen müssen.
Maurice Motors haben einige ihrer ***Vermögenswerte*** verkauft, um ihre Schulden zu bezahlen.
Sie haben nur noch ihr ***Vermögen*** übrig.
Wir werden alles außer dem ***Kernvermögen*** verkaufen müssen, um eine Übernahme zu vermeiden.

The ***fiscal year*** begins in April in the UK.
Our ***finances*** are in dire straits.

Das ***Geschäftsjahr*** beginnt in Großbritannien im April.
Unsere ***Finanzen*** befinden sich in einer Notlage.

WSC went into ***receivership.***
Fiona will present our ***financial report*** for 2006.
Since 2003 we have faced increasing ***financial difficulties.***

WSC ist in ***Konkurs gegangen.***
Fiona wird uns den ***Finanzbericht*** für 2006 vorstellen.
Seit 2003 stehen wir wachsenden ***finanziellen Schwierigkeiten*** gegenüber.

Our ***financial assets*** are steadily increasing.
I think we should consider taking the advice of a ***financier.***
Our ***fiscal policy*** in Indonesia must adapt with the change of government.
Did you hear about the ***fiscal fraud*** of AW Enterprises?

Unser ***Geldvermögen*** wächst stetig.
Ich denke, wir sollten uns überlegen einen ***Finanzier*** hinzuzuziehen.
Unsere ***Steuerpolitik*** in Indonesien muss nach dem Regierungswechsel angepasst werden.
Haben Sie von dem ***Steuerbetrug*** von AW Enterprises gehört?

Banks and activities

Banken und Bankgeschäfte

Many ***building societies*** in Britain converted to banks in the 1990s.
I would like to invest in the ANA ***mortgage bank.***
The MSG bank is one of the best-known ***investment banks*** in Asia.
We use the NRR ***merchant bank*** for our main company accounts.
The ***regional banks*** of this area are not to be recommended.
Our ***savings bank*** in Switzerland has neglected to send us our account balance.
We have our ***business account*** with TNT bank.

Viele ***Bausparkassen*** in Großbritannien wurden in den 90ern zu Banken umgewandelt.
Ich würde gerne in die ANA ***Hypothekenbank*** investieren.
Die MSG Bank ist eine der bekanntesten ***Investmentbanken*** Asiens.
Wir haben unsere Hauptgeschäftskonten bei der NRR ***Handelsbank.***
Die ***Regionalbanken*** dieser Gegend kann man nicht empfehlen.
Unsere ***Sparkasse*** in der Schweiz hat vergessen, uns unseren Kontoauszug zu senden.
Wir haben unser ***Geschäftskonto*** bei der TNT Bank.

We have arranged ***acceptance credit*** with the MK bank in Japan.	Wir haben einen ***Akzeptkredit*** mit der MK Bank in Japan ausgehandelt.
Our ***account balance*** looks very positive at the present time.	Unser ***Kontostand*** sieht im Moment sehr gut aus.
Are you an ***account holder*** within this branch?	Sind Sie ***Kontoinhaber*** bei dieser Filiale?
I would like to open an ***interest account,*** please.	Ich würde gerne ein ***Zinskonto*** eröffnen, bitte.
May I speak to someone from your ***loan department,*** please?	Könnte ich mit jemanden aus Ihrer ***Kreditabteilung*** sprechen, bitte?
Can you tell me your ***account number,*** please?	Können Sie mir bitte Ihre ***Kontonummer*** geben?
I have ***special drawing rights*** on that account.	Ich habe ***Sonderziehungsrechte*** von diesem Konto.
There seems to be some mistake in our company's ***bank statement.***	Der ***Kontoauszug*** unseres Unternehmens ist scheinbar fehlerhaft.
Your ***bank charges*** are too high.	Ihre ***Bankgebühren*** sind zu hoch.
I demand to see the ***manager***!	Ich verlange den ***Filialleiter*** zu sprechen!
We will repay the ***bank loan*** over a period of five years.	Wir werden das ***Bankdarlehen*** über einen Zeitraum von fünf Jahren zurückzahlen.
We could apply for a ***bridging loan*** to tide us over the first six months.	Wir könnten versuchen, einen ***Überbrückungskredit*** für die ersten sechs Monate zu bekommen.
Overdrafts will be subject to interest six percent above our ***base rate.***	***Kontoüberziehungen*** werden mit sechs Prozent über dem ***Leitzins*** verzinst.
We will pay for the goods, upon delivery, by ***bank transfer.***	Bei Lieferung werden wir für die Waren per ***Banküberweisung*** bezahlen.
OL Incorporated have set up a ***banker's order*** to pay for their regular shipments of goods.	OL Incorporated haben einen ***Dauerauftrag*** erteilt, um für die regelmäßige Verschiffung ihrer Waren zu bezahlen.
A ***banking consortium*** has loaned ten billion dollars to Mozambique.	Ein ***Bankenkonsortium*** hat Mosambik einen Kredit in Höhe von 10 Milliarden Dollar gewährt.
I have brought a ***bank letter of credit*** with me from the SK bank, Germany.	Ich habe ein ***Bankakkreditiv*** der SK Bank aus Deutschland dabei.

International Financial Markets	**Internationale Finanzmärkte**
Shares (US: ***stocks***) are ***at a premium*** at the moment.	Die ***Aktien*** sind im Moment ***über dem Nennwert.***
Our ***shares*** fell 2.9% yesterday.	Unser ***Aktienkurs*** fiel gestern um 2,9%.
I would like to check out share prices on the ***stock exchange*** this afternoon.	Ich würde mich heute Nachmittag gerne über die Aktienpreise an der ***Börse*** erkundigen.
I would like a ***quotation*** of ***share*** (US: ***stock***) ***prices*** for Megamarkets P.L.C.	Ich hätte gerne die ***Notierung*** des ***Aktienkurses*** von Megamarkets P.L.C.
Could I have a ***quotation*** for the ***market price*** for shares in MK Enterprises?	Könnte ich die ***Notierung*** des ***Börsenkurses*** der Aktien von MK Enterprises haben?
The ***bottom price*** for shares in our company has dropped to a new low.	Der ***Niedrigstkurs*** der Aktien unseres Unternehmens ist auf einen neuen Tiefststand gefallen.
We are planning to launch a euro-dominated ***bond.***	Wir überlegen uns, Euro-dominierte ***Rentenpapiere*** einzuführen.
If we reinvest the money we made from selling our assets under the enterprise investment scheme, we can avoid paying ***capital gains tax.***	Wenn wir das Geld, das wir durch den Verkauf unserer Aktiva nach dem Investitionsentwurf verdient haben, reinvestieren, können wir die ***Kapitalertragssteuer*** vermeiden.
JMC Limited have recently made a loss on their ***foreign bonds*** in Switzerland.	JMC Limited haben in der letzten Zeit mit ihren ***Auslandsanleihen*** in der Schweiz Verluste gemacht.
The ***stock exchange index*** is showing signs of improvement.	Der ***Börsenindex*** zeigt Indizien einer Verbesserung.
Did you take note of the Dow Jones ***share index***?	Haben Sie den Dow-Jones-***Aktienindex*** zur Kenntnis genommen?

Stock Markets	**Aktienmärkte**
Stock markets all over the world were particularly unstable in September.	Die ***Aktienmärkte*** auf der ganzen Welt waren im September besonders instabil.
Dealing before official hours is taking place in Tokyo.	Die ***Vorbörse*** findet in Tokio statt.
Stock market trading will begin at eight a.m.	Der ***Börsenhandel*** wird um acht Uhr morgens beginnen.

Closing of the exchange is due to take place at seventeen hundred hours in London.	Der ***Börsenschluss*** wird um siebzehn Uhr in London stattfinden.
Allen and Walsh are a firm of ***stockbrokers.***	Allen und Walsh haben eine ***Börsenmakler-***Firma.
Global markets are currently experiencing a ***boom.***	Die globalen Märkte erleben im Moment einen ***Boom.***
The ***stock market crash*** of 1929 was the worst this century.	Der ***Börsenkrach*** von 1929 war der Schlimmste in diesem Jahrhundert.
Taking the strong global ***bull market*** into account, I think we can view the situation positively.	Wenn man den globalen ***Haussemarkt*** miteinbezieht, dann denke ich, dass wir die Situation positiv beurteilen können.
He's a ***bull.***	Er ist ein ***Haussier.***
The stock market this year has been a ***buyers market.***	Der Aktienmarkt war dieses Jahr ein ***Käufermarkt.***
The market's reaction was not too ***bearish.***	Die Reaktion des Marktes war nicht übermäßig ***pessimistisch.***
That stockbroker is participating in ***bear sales.***	Dieser Börsenmakler beteiligt sich an ***Leerverkäufen.***
At the moment, I fear we're looking at a ***bear market.***	Ich befürchte, dass es zu einem ***ständigen Fallen der Kurse am Markt (Baissemarkt)*** kommen wird.
He's a ***bear.***	Er ist ein ***Baissier.***
It's a ***seller's market*** at the moment.	Im Moment gibt es einen ***Verkäufermarkt.***
The bottom has fallen out of the market.	Die Nachfrage und die Preise sind auf einem Tiefstand.
A good place to find ***stock exchange news*** throughout Europe is the "Financial Times".	***Börsenberichte*** aus ganz Europa findet man vor allem in der „Financial Times".
Our ***share capital*** played a part in our survival during the recession.	Unser ***Aktienkapital*** hat einen Teil zu unserem Überleben während der Rezession beigetragen.
They have invested heavily in ***securities.***	Sie haben in großem Umfang in ***Wertpapiere*** investiert.
The Bank of Taiwan announced that it is trying to strengthen ***securities business.***	Die Bank von Taiwan hat angekündigt, dass sie versuchen wird, ihre ***Effektengeschäfte*** zu verstärken.

Futures markets reached an all-time low in May.
A round of buying boosted Healthman Tea ***futures*** on the London International Financial Futures and Options Exchange.

Die ***Terminbörse*** hat im Mai einen Rekordtiefstand erreicht.
Eine Phase hoher Kaufbereitschaft hat ***Termingeschäfte*** der Healthman Tea auf der Londoner Börse für Finanz- und Terminkontrakte in die Höhe getrieben.

JMC have been conducting ***futures business*** on the MATIF (Marché à Terme des Instruments Financiers).

JMC haben ***Termingeschäfte*** an der MATIF abgewickelt.

Sugar has been selling extremely well on the ***commodity futures exchange*** last month.
We have recently purchased shares in your company via ***internet.***
Internet share trading is on the up and up.
The internet provides ***potential investors*** with an easy method of buying shares.
Firms trading in stocks on the internet have gained a huge ***competitive advantage.***

Zucker hat sich an der ***Warentermin-börse*** im letzten Monat ausgezeichnet verkauft.
Wir haben neulich Aktien Ihres Unternehmens über das ***Internet*** gekauft.
Aktienhandel über das Internet nimmt immer weiter zu.
Das Internet gibt ***potenziellen Investoren*** die Möglichkeit, auf einem einfachen Weg Aktien zu kaufen.
Unternehmen, die Aktien über das Internet verkaufen, haben dadurch einen riesigen ***Wettbewerbsvorteil*** erlangt.

We offer on-line trading as part of a ***package.***

Wir bieten Online-Handel als Teil eines ***Pakets*** an.

The ***flotation*** of our company raised 120 million euro.

Die ***Emission von Aktien*** brachte unserem Unternehmen 120 Millionen Euro ein.

They are ***shareholders*** in our business.
We are interested in buying ***a parcel of shares*** (US: ***stocks***) in your business.
We are planning to invest more heavily in ***blue chip*** companies.
Geiger's PLC holds the ***controlling interest*** in our company.
JMC is a ***public limited company*** (US: ***joint stock company***).

Sie sind ***Aktionäre*** unseres Unternehmens.
Wir sind daran interessiert, ein ***Aktien-paket*** Ihres Unternehmen zu kaufen.
Wir planen, mehr in Unternehmen mit ***erstklassigen Aktien*** zu investieren.
Geigers PLC hält in unserem Unternehmen die ***Aktienmehrheit.***
JMC ist eine ***Aktiengesellschaft.***

The ***issuing of shares*** (US: ***stock***) took place yesterday.	Die ***Aktienausgabe*** fand gestern statt.
The ***face value*** of our shares is lower than their market value.	Der ***Nennwert*** unserer Aktien ist niedriger als ihr Marktwert.
Did you make a satisfactory ***earning per share*** (US: ***yield on stocks***)?	Haben Sie eine zufrieden stellende ***Aktienrendite*** erreicht?
The ***risk premium*** for shares in the TEHV group was greater than expected last year.	Die ***Risikoprämie*** für Aktien der TEHV Gruppe war letztes Jahr größer als erwartet.
The ***price-earnings ratio*** for shares in JMC reflects the fast growth rate of the company.	Das ***Kurs-Gewinn-Verhältnis*** für JMC-Aktien spiegelt das schnelle Wachstum des Unternehmens wider.
In 2005, our shareholders received a ***dividend*** of ninety pence per share.	2005 erhielten unsere Aktionäre eine ***Dividende*** von neunzig Pence pro Aktie.
The TEHV group have paid out a ***distribution*** from their profits.	Die TEHV Gruppe hat eine ***Gewinnausschüttung*** durchgeführt.
Their shares have become ***ex-dividend.***	Ihre Aktien sind jetzt ***ohne Dividende.***
The executive has decided to make a ***one-off pay-out*** of sixty pence per share to all our shareholders.	Der leitende Angestellte hat entschieden, eine ***einmalige Ausschüttung*** von sechzig Pence pro Aktie an alle Aktionäre durchzuführen.
We will pay a ***percentage of profits*** to all our investors.	Wir werden all unseren Investoren ***Tantiemen*** zahlen.
We are planning to issue bonus shares with our profits from ***share premiums (or agio).***	Wir planen mit unseren Gewinnen aus dem ***Agio*** Bonusaktien auszugeben.
The next ***shareholders' meeting*** will take place on the 25th of January.	Die nächste ***Hauptversammlung*** findet am 25. Januar statt.
The ***annual general meeting (AGM)*** is scheduled to take place in March.	Die ***Jahreshauptversammlung*** ist für März angesetzt.
The company hopes that the introduction of a ***profit sharing scheme*** will inspire greater loyalty from our workers.	Das Unternehmen hofft, dass die Einführung einer ***Gewinnbeteiligung*** die Arbeiter zu größerer Loyalität bewegen wird.
He has a ***subscription right*** (or ***share option***) to shares (US: stocks) in Wharmby Foods.	Er hat ein ***Aktienbezugsrecht*** für Aktien von Wharmby Foods.
Mergers and ***acquisitions*** are the favoured means of growth	***Fusionen*** und ***Akquisitionen*** sind für viele Unternehmen die bevorzug-

and expansion for many companies.
The ***hostile takeover*** of Runge Ltd. by the TEHV group was the largest this year in the manufacturing sector.
The ***hostile bid*** to take over JLC failed last week.
Walker Developments took advantage of recent economic crises to take over STV of Italy.

ten Instrumente für Wachstum und Expansion.
Die ***feindliche Übernahme*** von Runge Ltd. durch die TEHV Gruppe war im herstellenden Bereich die größte in diesem Jahr.
Das ***feindliche Übernahmeangebot*** für JLC scheiterte letzte Woche.
Walker Developments nutzte die vor kurzem aufgetretenen wirtschaftlichen Krisen aus, um die italienische STV zu übernehmen.

Maurice Motors have sold some of their ***assets*** to pay off their debts. It seems that they have only their ***fixed assets*** and some securities remaining.
A black knight company has made a bid for JMC.

Maurice Motors haben einige ihrer ***Vermögenswerte*** verkauft, um ihre Schulden zu bezahlen. Es scheint so, als ob sie nur noch ihre ***festen Anlagen*** und einige Sicherheiten übrig hätten.
Ein ***„schwarzer Ritter“ (Investor, der eine Firma mit einer Übernahme bedroht)*** hat ein Übernahmeangebot für JMC gemacht.

A ***white knight*** rescued Maurice Motors from a hostile takeover last week.

Ein ***„weißer Ritter“ (Investor, der eine Firma vor einer Übernahme rettet)*** hat Maurice Motors vor einer feindlichen Übernahme bewahrt.

OL Incorporated and TRIX Products have ***amalgamated.***
One of our more recent ***business acquisitions*** was ABC Limited.

OL Incorporated und TRIX Products haben ***fusioniert.***
Eines unserer neueren Geschäfte war die ***Geschäftsübernahme*** von ABC Limited.

We will have to sell some of our ***non-core assets*** to resist takeover.
TRIX Products also have debts in the form of ***debenture loans.***
CDSA have ***gone into liquidation.***
Holders of ***preference shares*** will receive some of their share capital, others may not be so lucky.

Wir werden einige unserer ***Aktiva*** verkaufen müssen, um die Übernahme zu vermeiden.
TRIX Products haben zudem Schulden in Form von ***Obligationsanleihen.***
CDSA sind ***in Liquidation getreten.***
Die Besitzer von ***Vorzugsaktien*** werden einen Teil Ihres Aktienkapitals wiederbekommen. Andere werden vielleicht nicht so viel Glück haben.

Our ***floating assets*** have remained stable.
The figures suggest that we will be able to retain ***financial sovereignty.***

Unser ***Umlaufvermögen*** ist stabil geblieben.
Die Zahlen sprechen dafür, dass wir in der Lage sein sollten, unsere ***Finanzhoheit*** zu behaupten.

Dialogbeispiele

A: It seems that wrangles over the eventual fate of JLC are becoming more complicated.
B: I know that two firms have already expressed their interest.
A: But now there is a third on the scene – a ***grey knight.***
B: What are his intentions?
A: Well, that's the problem, nobody knows what his plans are.

A: Es scheint, als ob der Streit über das endgültige Schicksal von JLC immer komplizierter werden würde.
B: Ich weiß, dass schon zwei Firmen ihr Interesse angemeldet haben.
A: Aber es gibt noch einen dritten – einen ***„grauen Ritter" (Investor mit unklaren Absichten).***
B: Was sind seine Absichten?
A: Das ist das Problem. Niemand weiß, was er will.

Currencies and Foreign Exchange

Währungen und Devisen

The ***monetary zone*** covered by the euro will expand in the future.

Die ***Währungszone,*** die vom Euro abgedeckt wird, wird in der Zukunft expandieren.

Currency risk should be lessened by the introduction of the euro.

Das ***Währungsrisiko*** sollte sich durch die Einführung des Euro vermindern.

The value of the US dollar is subject to the fluctuations of the ***international monetary system.***
We would like the ***currency unit of payment*** to be the yen.
Although Scotland has its own parliament, the British Isles will still have a ***unified currency.***
We will accept payment only in ***hard currency.***

Der Wert des US-Dollars ist den Schwankungen der ***internationalen Währungsordnung*** unterworfen.
Als ***Zahlungsmittel*** hätten wir gerne den Yen.
Obwohl Schottland ein eigenes Parlament hat, werden die Britischen Inseln auch weiterhin eine ***Einheitswährung*** haben.
Wir werden die Bezahlung ausschließlich in ***harter Währung*** akzeptieren.

The Malawian Kwacha is a ***soft currency.***

Der Kwacha Malavis ist eine ***weiche Währung.***

It is predicted that ***devaluation*** of the Indian rupee will take place in the near future.

Es wird davon ausgegangen, dass es in der nahen Zukunft eine ***Abwertung*** der indischen Rupie geben wird.

We need to invest in a country with prospects of long-term ***monetary stability.***

Wir müssen in einem Land mit Aussicht auf dauerhafte ***Währungsstabilität*** investieren.

Has the ***monetary policy*** of New Zealand changed since the elections?

Hat sich die ***Währungspolitik*** Neuseelands seit den Wahlen verändert?

The rate of inflation in Brazil is problematic for our investments.

Die ***Inflationsrate*** in Brasilien ist für unsere Investitionen problematisch.

There have been considerable ***currency reforms*** in the area.

In der Region gab es beachtliche ***Währungsreformen.***

The ***monetary agreement*** between Canada and the USA has collapsed.

Das ***Währungsabkommen*** zwischen den USA und Kanada ist zusammengebrochen.

Does your company have sufficient ***foreign exchange*** to pay immediately?

Hat ihr Unternehmen genügend ***Devisen*** um sofort zu bezahlen?

Where is the nearest ***exchange bureau?***

Wo ist die nächste ***Wechselstube?***

What is the ***foreign currency rate*** for yen in the USA at present?

Wie ist der momentane ***Sortenkurs*** für Yen in den USA?

We have participated in ***foreign exchange dealings*** in the past.

In der Vergangenheit haben wir uns am ***Devisenhandel*** beteiligt.

Our ***foreign exchange operations*** play an important role in our overseas business ventures.

Unsere ***Devisenverkehrabkommen*** spielen eine wichtige Rolle bei unseren Geschäftsvorhaben in Übersee.

I think we failed to take the ***two-tier exchange rate*** into consideration.

Ich glaube, dass wir den ***gespaltenen Wechselkurs*** nicht in unsere Überlegungen einbezogen haben.

One way to minimize risk of loss when dealing in foreign currency are ***forward exchange dealings.***

Ein Weg das Verlustrisiko bei Geschäften mit fremden Währungen zu minimieren, sind ***Devisentermingeschäfte.***

Foreign exchange markets show that the dollar is weakening in relation to the euro.

Die ***Devisenmärkte*** zeigen, dass der Dollar im Vergleich zum Euro schwächer wird.

What is the current ***exchange rate*** of sterling against the dollar?
The euro fell to a new low against the dollar yesterday.
The ***fluctuation margins*** of the South African Rand have been extreme in the last few months.

Wie ist der ***Devisenkurs*** des Pfund Sterling gegenüber dem Dollar?
Der Euro fiel gestern auf ein neues Tief gegenüber dem Dollar.
Die ***Schwankungsbandbreite*** des südafrikanischen Rand war in den letzten paar Monaten enorm hoch.

Fixed exchange rates may help the Brazilian economy.
Sterling has a ***flexible exchange rate.***

Feste Wechselkurse könnten der brasilianischen Wirtschaft helfen.
Das Pfund Sterling hat einen ***flexiblen Wechselkurs.***

Dialogbeispiele

A: Hello, I seem to be having a problem with my ***bank card.***
B: What exactly is the problem?
A: A little while ago, I tried to buy something with my bank card and the card was ***rejected.*** I have enough money in my ***account,*** so I don't understand why there should be a problem.
B: Did the sales clerk try a second machine?
A: Yes, she did, but it still didn't work. And the person who paid before me also paid with a card, so it couldn't be the machine.

A: Hallo, ich habe anscheinend ein Problem mit meiner ***Geldkarte.***
B: Was genau ist es für ein Problem?
A: Neulich habe ich versucht, mit meiner Geldkarte etwas zu kaufen, und die Karte wurde ***abgewiesen.*** Ich habe genug Geld auf meinem ***Konto,*** also verstehe ich nicht, warum es ein Problem geben soll.
B: Hat die Verkäuferin einen anderen Automaten ausprobiert?
A: Ja, das hat sie, aber es funktionierte immer noch nicht. Und die Person, die vor mir bezahlt hat, hat auch mit einer Karte bezahlt, also lag es nicht am Automaten.

B: Did you put the card on anything magnetic?
A: I don't believe so. It worked yesterday, when I ***withdrew*** some ***money.***

B: Haben Sie die Karte auf etwas Magnetisches gelegt?
A: Das glaube ich nicht. Gestern hat sie noch funktioniert, als ich ***Geld abhob.***

B: Okay, let's go and see what happens when we try it here.
A: Yes, please do.
B: Hmm. What kind of account do

B: Okay, sehen wir, was passiert, wenn wir sie hier ausprobieren.
A: Ja, bitte.
B: Hmm. Was für ein Konto haben

you have with us, Ms Carter?
A: A ***gold account.***
B: Okay, now I know what's wrong, ma'am. Didn't you get a letter from us several weeks ago, informing you of the change in our accounts?

Sie bei uns, Frau Carter?
A: Ein ***Goldkonto.***
B: Okay, jetzt weiß ich, was das Problem ist. Haben Sie nicht vor einigen Wochen einen Brief von uns bekommen, der Sie über die Änderungen zu unseren Konten informierte?

A: I don't remember such a letter.

A: Ich kann mich an einen solchen Brief nicht erinnern.

B: Well, we have reorganised our bank accounts and the gold account no longer exists. That's why the card no longer works. You were supposed to fill out a form and tell us what kind of account you want.

B: Also, wir haben unsere Bankkonten umgestellt, und das Goldkonto existiert nicht mehr. Daran liegt es, dass die Karte nicht mehr funktioniert. Sie sollten ein Formular ausfüllen, um uns mitzuteilen, was für ein Konto Sie haben möchten.

A: And since I didn't do that, you just ***closed*** my ***account.***

A: Und weil ich das nicht gemacht habe, haben Sie mein ***Konto*** einfach ***geschlossen.***

B: I'm sorry, but all ***customers*** were sent two letters and one email requesting them to fill in a ***form*** and select a new account.

B: Es tut mir leid, aber allen ***Kunden*** wurden zwei Briefe und eine Mail zugeschickt, in denen sie gebeten wurden, ein ***Formular*** auszufüllen und ein neues Konto auszusuchen.

A: That's absurd …
B: I understand, but we can take care of everything right now, if you have a moment. It takes just five minutes.

A: Das ist absurd …
B: Ich verstehe, aber wir können gleich jetzt alles regeln, wenn Sie einen Augenblick Zeit haben. Es dauert nur fünf Minuten.

I just need you to fill this in and sign here.

Sie müssen nur das hier ausfüllen und hier unterschreiben.

Europe

Europa

The ***European Community*** has brought with it many benefits for our company.
The ***European Monetary System*** (EMS) controlled the exchange

Die ***Europäische Gemeinschaft*** hat unserem Unternehmen viel Vorteile gebracht.
Das ***Europäische Währungssystem*** (EWS) kontrollierte die Wechsel-

rates of European currencies in relation to each other.
The European ***Exchange Rate Mechanism*** (ERM) was designed to keep currencies within laid down fluctuation margins.

kurse der europäischen Währungen untereinander.
Der ***Europäische Wechselkursmechanismus*** wurde entwickelt, um die Währungen nur innerhalb einer festgelegten Bandbreite fluktuieren zu lassen.

The ***European Monetary Union*** has improved our profit margins on exported goods.

Die ***Europäische Währungsunion*** hat die Gewinnspanne unserer Exporte verbessert.

We will pay for the goods by bank transfer in ***euro*** when we receive them.

Wir werden für die Waren per Überweisung in ***Euro*** zahlen, sobald wir sie erhalten haben.

The ***European Annuities Market*** is the second largest in the world after the USA since the ***monetary union.***

Der ***Europäische Rentenmarkt*** ist seit der ***Währungsunion*** der zweitgrößte der Welt hinter den USA.

Our company's ***Eurobonds*** are selling well, particularly in Japan.

Die ***Eurobonds*** unseres Unternehmens verkaufen sich sehr gut, vor allem in Japan.

The ***Euromarket*** is worth billions of dollars.

Der ***Euromarkt*** ist Milliarden von Dollar wert.

Their Polish company received a loan from the ***European Bank for Reconstruction and Development.***

Ihr polnisches Unternehmen erhielt einen Kredit von der ***Europäischen Bank für Wiederaufbau und Entwicklung.***

The ***European Investment Bank*** loaned us the necessary capital to upgrade our plant in Cork.

Die ***Europäische Investitionsbank*** hat uns das notwendige Kapital zum Ausbau unserer Fabrik in Cork geliehen.

If we do not win in the British courts, we will take our case to the ***European Parliament.***

Sollten wir unseren Fall nicht vor britischen Gerichten gewinnen können, dann wenden wir uns an das ***Europäische Parlament.***

The ***European Central Bank*** is based in Frankfurt.

Die ***Europäische Zentralbank*** hat ihren Sitz in Frankfurt.

6. Telefonieren

Calling and Answering Calls	**Anrufen und Anrufe entgegennehmen**
Is that Smith & Co.? (US: Is this ...)	Bin ich richtig bei Smith & Co.?
David Jones here from Smith & Co., may I ***speak to*** .... please?	Hier David Jones von Smith & Co., kann ich bitte ***mit ... sprechen?***
Could you ***put me through to*** ... please?	Könnten Sie mich bitte ***mit ... verbinden?***
Is ... ***available***?	Ist ... ***zu sprechen?***
I'm sorry, I've ***dialled*** (US: ***dialed***) ***the wrong number.***	Es tut mir leid, ich habe ***mich verwählt.***
I can't hear you very clearly, ***it's a bad line.***	Ich kann Sie nur undeutlich verstehen, ***die Verbindung ist sehr schlecht.***
Who would you like to speak to?	Wen möchten Sie sprechen?
Who's speaking please?/May I ask who's calling?	Mit wem spreche ich bitte?
Could I have your name, please?	Könnten Sie mir bitte Ihren Namen sagen?
I'm sorry, he's ***on the other line*** at the moment.	Es tut mir leid, er spricht gerade auf ***der anderen Leitung.***
Sorry, he's ***not in*** right now.	Tut mir leid, er ist im Augenblick ***nicht im Büro.***
Please ***hold the line.***	***Bleiben*** Sie ***am Apparat.***
Would you like to hold, or should he ***call*** you ***back***?	Möchten Sie warten oder soll er Sie ***zurückrufen?***
I'm sorry, but he has recently left the company, Mr. Jones is now in charge of that department.	Es tut mir leid, aber er hat vor kurzem die Firma verlassen, Herr Jones ist jetzt Leiter dieser Abteilung.
May I ***give him a message***?	Kann ich ***ihm etwas ausrichten?***
Can he ***call*** you ***back***?	Kann er Sie ***zurückrufen?***
Would you hold the line for a moment, I'll just ***put you through***.	Warten Sie einen Moment, ich ***verbinde*** Sie.
Speaking./This is he./This is she.	***Am Apparat.***
How can I help you?	Wie kann ich Ihnen behilflich sein?

What does it concern, please?	***Worum geht es*** bitte?
I'm afraid she's away on business this week.	Leider ist sie diese Woche geschäftlich unterwegs.
I'm sorry, but he's at the Munich fair all week.	Es tut mir leid, aber er ist die ganze Woche auf der Münchener Messe.
He's ***on holiday*** (US: ***on vacation***) until the end of next week.	Er befindet sich bis Ende nächster Woche ***in Urlaub.***
May I ***put*** you ***through*** to her assistant/her secretary?	Kann ich Sie mit ihrer Assistentin/ihrer Sekretärin ***verbinden?***
I have already called twice today.	Ich habe heute schon zweimal angerufen.
May I ***take your name and number*** and get someone to call you back?	Kann ich ***Ihren Namen und Ihre Telefonnummer notieren***? Es wird Sie dann jemand zurückrufen.
All of our sales team are presently ***unavailable.***	Alle unsere Verkäufer sind zurzeit ***nicht zu erreichen.***
He's just taking his lunch break.	Er hat gerade Mittagspause.
He's in a meeting this morning, could you ***call back*** again this afternoon?	Heute Vormittag hat er eine Besprechung, könnten Sie heute Nachmittag ***wieder anrufen***?
She has asked for ***no calls to be put through.***	Sie hat mich gebeten, ***keine Anrufe durchzustellen.***
OK, I'll ***call back*** later.	Gut, ich ***rufe später zurück.***
All right, I'll ***try again*** this afternoon.	In Ordnung, ich ***probiere es noch einmal*** heute Nachmittag.
Could he give me a call back?	Könnte er mich zurückrufen?
I would just like to ***reconfirm*** our meeting tomorrow at 11 a.m.	Ich möchte nur unsere Besprechung morgen um 11.00 Uhr ***bestätigen.***
When would be the best time to ***reach*** you?	Wann wäre die beste Zeit, Sie zu ***erreichen***?
I'll be out of the office for the rest of the day.	Ich bin den Rest des Tages nicht mehr im Büro.

Talking	**Gespräche führen**
A: David Jones here from Smith & Co., may I speak to Mr. Müller please?	A: Hier David Jones von Smith & Co., kann ich bitte mit Herrn Müller sprechen?

B: I'm sorry, ***he's on the other line at the moment. May I take a message***?

B: Es tut mir leid, aber ***er spricht gerade auf der anderen Leitung. Kann ich ihm etwas ausrichten?***

A: Yes. Could you please tell him to ***call me back*** this afternoon?

A: Ja. Könnten Sie ihm bitte sagen, dass er mich heute Nachmittag ***zurückrufen soll***?

B: Yes, of course.
A: Could you ***put*** me ***through*** to John Smith please?
B: May I ask who's calling?
A: Jane Dawson, Reeve Electronics.
B: ***Please hold the line for a moment,*** I'll just put you through.

B: Ja, natürlich.
A: Könnten Sie mich bitte mit John Smith ***verbinden***?
B: Mit wem spreche ich bitte?
A: Jane Dawson, Reeve Electronics.
B: ***Einen Moment bitte***, ich verbinde.

A: May I speak to someone in the sales department?
B: I'm sorry, they are all at lunch until 1.30 p.m. ***May I take your name and number*** and get someone to ***call you back***?

A: Könnten Sie mich bitte mit der Verkaufsabteilung verbinden?
B: Es tut mir leid, dort sind alle bis 13.30 Uhr in der Mittagspause. ***Kann ich Ihren Namen und Ihre Telefonnummer notieren***? Es wird Sie dann jemand ***zurückrufen.***

A: All right, I'll ***try again*** this afternoon.

A: In Ordnung, ich ***probiere es noch einmal*** heute Nachmittag.

A: Harald Wagner, please.

A: Ich hätte gerne Harald Wagner gesprochen.

B: He's just taking his lunch break. May I help you at all?
A: Yes, you could ***give him a message.***
B: Yes, of course. What would you like to tell him?
A: I would just like to ***reconfirm*** our meeting tomorrow at 11.30 a.m. If there is a problem maybe he can call me back.
B: When would be the ***best time to reach you?***
A: I'm also just going to lunch, but will be back in the office after 2 p.m.

B: Er hat gerade Mittagspause. Kann ich Ihnen vielleicht behilflich sein?
A: Ja, Sie könnten ***ihm etwas ausrichten.***
B: Selbstverständlich. Was soll ich ihm ausrichten?
A: Ich möchte nur unsere Besprechung morgen um 11.30 Uhr ***bestätigen.*** Vielleicht kann er mich zurückrufen, wenn es Probleme gibt.
B: Wann wäre ***die beste Zeit, Sie zu erreichen***?
A: Ich gehe jetzt auch gerade zum Mittagessen, werde aber nach 14 Uhr wieder im Büro sein.

A: Hello, Peter. How are you?
B: I'm fine, thank you. How are you?
A: I'm having a ***really busy*** day. And with this wonderful weather outside ... I wish I could go home early.

A: Hallo Peter, wie geht's Ihnen?
B: Gut, danke. Und Ihnen?
A: Ich bin ***furchtbar beschäftigt*** heute. Und das bei diesem wunderbaren Wetter draußen ... Ich wünschte, ich könnte heute früher nach Hause.

B: Then why don't you?
A: Because we're having troubles with one of our machines. This is actually ***the reason for my call.*** I need to see you and talk over our ***production schedules*** as soon as possible. Do you have time for a short meeting tomorrow morning at 10?

B: Warum tun Sie es nicht?
A: Weil wir Schwierigkeiten mit einer unserer Maschinen haben. Übrigens ist das ***der Grund, weshalb ich anrufe.*** Wir müssen uns so bald wie möglich treffen und den ***Produktionszeitplan*** besprechen. Haben Sie morgen Vormittag um 10 Uhr Zeit für ein kurzes Meeting?

B: Yes, I think I'll be able to make it.

B: Ja, ich denke ich kann es einrichten.

A: Wonderful. See you tomorrow, then.
B: Yes, see you tomorrow,

A: Wunderbar. Dann also bis morgen.
B: Ja, bis morgen.

7. Geschäftskorrespondenz

Proper Letters and Fax Messages	**Korrekte Briefe und Faxe**
Dear Sir,	Sehr geehrter Herr ...,
Dear Madam,	Sehr geehrte Frau ...,
Dear Sirs,	Sehr geehrte Damen und Herren,
Dear Sir or Madam,	Sehr geehrte Damen und Herren, (Adressat unbekannt)
To whom it may concern,	Sehr geehrte Damen und Herren, (Adressat unbekannt)
Dear Mr. Walsh,	Sehr geehrter Herr Walsh,
Dear Mrs. Walsh,	Sehr geehrte Frau Walsh, (verheiratete Frau)
Dear Miss Walsh,	Sehr geehrte Frau Walsh, (ledige Frau)
Dear Ms. Walsh,	Sehr geehrte Frau Walsh, (Familienstand nicht bekannt)
Dear Andrew,	Lieber Andrew,
Gentlemen,	Meine Herren,
Enc./Encl.	Anlage
cc.	Verteiler
Att:/Attn:	zu Händen von
F.A.O. (For attention of)	zu Händen von
Your ref.	Ihr Betreff
Our ref.	Unser Betreff
dd. (dated)	datiert
Yours sincerely,/ Sincerely yours,	Mit freundlichen Grüßen
Yours truly,	Mit freundlichen Grüßen
Yours faithfully,	Mit freundlichen Grüßen
Best regards,	Mit freundlichen Grüßen
Kind regards,	Mit herzlichem Gruß
With kindest regards,	Herzliche Grüße Mit herzlichen Grüßen
P.P.	i.A, i.V. oder ppa.
Dictated by/signed in absence	nach Diktat verreist
memo	Hausmitteilung/interne Mitteilung

registered letter	Einschreiben
by registered letter	per Einschreiben
recorded delivery (UK)	per Einschreiben
certificate of posting	Einlieferungsschein
express	Eilzustellung
air mail	Luftpost
parcel	Paket
small packet	Päckchen
courier service	per Eilbote
overnight service	per Eilbote
desk	Schreibtisch
typewriter	Schreibmaschine
photocopier/xerox copier/copy machine	Fotokopierer
printer	Drucker
word processing	Textverarbeitung
to dictate	diktieren
shorthand	Kurzschrift/Stenografie
envelope	Umschlag/Kuvert
label	Etikett
letterhead	Briefkopf
business card (US: calling card)	Visitenkarte
index card/filing card	Karteikarte
to file	ablegen, ordnen
We are ***referring to*** …/Referring to …	Wir ***beziehen uns auf*** …
Further to …/With reference to …	***Bezugnehmend auf*** …/***Mit Bezug auf*** …
With reference to …	In Bezugnahme auf …
Thank you for ***your letter of*** .../***dated*** ...	Vielen Dank für ***Ihr Schreiben vom*** ...
We are writing to you …	Wir wenden uns an Sie …
We are pleased to note from your letter…	Ihrem Schreiben entnehmen wir gerne …
We received your address from …/… (kindly) provided us with your address.	Ihre Anschrift hat uns … (freundlicherweise) zur Verfügung gestellt.
Let us ***draw your attention to*** …/ We would like to ***point out to you*** …	Wir möchten ***Sie darauf aufmerksam machen*** …
We learned from … that …	Wie wir von … erfahren haben …
You have been mentioned/recommended to us as one of the leading suppliers of …	***Sie wurden uns*** als einer der führenden Lieferanten für … ***genannt/empfohlen.***

We would be grateful if you would …	Wir wären Ihnen dankbar, wenn …
Please send us further information.	***Bitte senden Sie uns weiteres Informationsmaterial zu.***
We require …/We need the following goods …	Wir benötigen die folgenden Waren ...
May we ***draw*** your ***attention to*** …/ ***point out to*** you …	Dürfen wir Sie ***darauf aufmerksam machen*** …
We look forward to hearing from you soon.	Wir freuen uns sehr darauf, bald von Ihnen zu hören.
Awaiting your reply, we remain, yours faithfully	***In Erwartung Ihrer Antwort,*** verbleiben wir mit freundlichen Grüßen
If you have any ***further questions*** …	Sollten Sie noch ***weitere Fragen*** haben …
Please do not hesitate to contact us if you have any queries.	***Für Rückfragen stehen wir Ihnen gerne zur Verfügung.***
If we can be of further assistance to you, please do not hesitate to contact us (at any time).	Sollten wir Ihnen noch anderweitig behilflich sein können, zögern Sie nicht, uns (jederzeit) zu kontaktieren.
Please let us know if you need any more help.	Sollten Sie noch weitere Hilfestellung benötigen, lassen Sie es uns einfach wissen.
Please refax.	Bitte noch einmal faxen.
Please repeat ***transmission.*** The first transmission was difficult to read.	Bitte ***Übertragung*** wiederholen. Die erste Übertragung war schwer leserlich.
Someone using this ***fax number*** tried to fax us this morning.	Jemand mit dieser ***Faxnummer*** hat heute Morgen versucht uns zu zu faxen.
Our ***fax machine*** ran out of paper. Please resend.	Unser ***Faxgerät*** hatte kein Papier mehr. Bitte schicken Sie es noch einmal.
Dear Mike, Please enter new order for 400 kg cement. ***Please fax OK by return.***	Lieber Mike, bitte merken Sie folgenden Neuauftrag über 400 kg Zement vor. ***Bitte bestätigen Sie per Fax.***
Thank you.	Vielen Dank.

Sample Letters **Musterbriefe**

368 East 13th Avenue
Chicago Heights
Illinois 36597
U.S.A

May 5 2006

Dear Sir/Madam,

I am writing to apply for the position of public relations manager, which I saw advertised in the Chicago Herald on May 2 of this year. I have had several years of experience in the field of public relations and feel that I am fully capable of fulfilling your requirements.

I completed my first class business degree at the University of Chicago in 1999 and was subsequently selected for the graduate training programme with LVL, an affiliate of the TEHV Group. Following my year's training with LVL, I worked for four years in various subsidiaries of the TEHV Group, including six months in Brazil and two years in Europe. Thus I am fully aware of the business culture in South America and in the European Union. My time overseas has taught me to be versatile and flexible in my approach to public relations and to adjust my strategies in accordance with the expectations of very different cultures.

I am multilingual and can speak and write Spanish, French and Portuguese to the high standard necessitated by your company.

I have enclosed my current résumé as requested, including details of two referees and hope to be able to discuss the position with you in more depth at interview.

Yours sincerely,

Mary Hughes (Ms.)

368 East 13th Avenue
Chicago Heights
Illinois 36597
U.S.A

5. Mai 2006

Sehr geehrte Damen und Herren,

ich schreibe, um mich für die Stelle eines Public Relations Managers zu bewerben, die ich im Chicago Herald vom 2. Mai diesen Jahres inseriert gesehen habe. Ich habe einige Jahre Erfahrung auf dem Public Relations Sektor und glaube, dass ich absolut in der Lage sein werde, Ihre Anforderungen zu erfüllen.

Ich habe mein Studium der Betriebswirtschaftslehre an der Universität von Chicago 1999 mit „Eins" abgeschlossen. Danach wurde ich für das Graduierten-Trainings-Programm der LVL, einer Tochtergesellschaft der TEHV Gruppe, ausgewählt. Nach meinem Trainingsjahr bei LVL arbeitete ich vier Jahre lang bei verschiedenen Tochtergesellschaften der TEHV Gruppe, unter anderem sechs Monate lang in Brasilien und zwei Jahre in Europa. Daher bin ich sowohl mit der südamerikanischen wie auch mit der europäischen Geschäftskultur gut vertraut. Die Zeit in Übersee hat mich gelehrt, vielseitig und flexibel in meinen Methoden in der Öffentlichkeitsarbeit zu sein, und meine Strategien den Erwartungen von verschiedenen Kulturen anzupassen.

Ich bin mehrsprachig und beherrsche Spanisch, Französisch und Portugiesisch in Wort und Schrift auf dem hohen Standard, der von Ihrem Unternehmen benötigt wird.

Wie gewünscht habe ich meinen aktuellen Lebenslauf inklusive zweier Referenzen beigefügt und hoffe, die Stelle mit Ihnen in größerer Ausführlichkeit beim Bewerbungsgespräch besprechen zu können.

Mit freundlichen Grüßen

Mary Hughes (Ms.)

Highland Hideouts
Aviemore
Inverness-shire
PH21 7AW
Scotland

Kincardine Cottage
Pityoulish
Aviemore
Inverness-shire
PH22 6JL

7th February 2006

Dear Mrs. Norman,

We are delighted to offer you the position of accountant within our firm. We feel that you are fully capable of becoming a valuable and efficient member of our team. We hope that you will accept the position and would be extremely grateful if you could contact us as soon as possible to inform us of your decision.

If at all possible, we would like you to start work with us on Monday 13th February, although we realise that you may have to work a month's notice with your present company and will because of this perhaps not be available for work on this date.

I look forward to hearing from you.

Kind regards,

Geraldine Craig

Highland Hideouts
Aviemore
Inverness-shire
PH21 7AW
Scotland

Kincardine Cottage
Pityoulish
Aviemore
Inverness-shire
PH22 6JL

7. Februar 2006

Sehr geehrte Frau Norman,

wir schätzen uns glücklich, Ihnen die Stelle als Buchhalterin in unserer Firma anbieten zu können. Wir glauben, dass Sie dazu in der Lage sind, ein wertvolles und effizientes Mitglied unseres Teams zu werden. Wir hoffen, dass Sie unser Angebot wahrnehmen und wären Ihnen sehr dankbar, wenn Sie uns so früh wie möglich über Ihre Entscheidung informieren würden.

Wenn irgend möglich, würden wir unsere Zusammenarbeit gerne am Montag dem 13. Februar beginnen, obwohl uns klar ist, dass Sie wahrscheinlich bei Ihrem jetzigen Unternehmen eine einmonatige Kündigungsfrist einhalten müssen und uns deshalb zu diesem Zeitpunkt vielleicht noch nicht zur Verfügung stehen werden.

Ich freue mich darauf von Ihnen zu hören.

Mit freundlichen Grüßen

Geraldine Craig

Stanley Products Limited
Endon
Staffordshire
ST17 6TG
England

Oak Cottage
Bagnall Lane
Endon
ST16 8UG

5th September 2005

Dear Miss Mills,

We are sorry to inform you that despite your extremely convincing interview on August 23rd and your subsequent good performance during our assessment weekend in the Lake District, we cannot offer you the position of trainee marketing manager within our company. We were astonished by the unusually high standard of applicants and our decision was an extremely difficult one.

Your C.V. and application forms are enclosed.

We wish you all the best in your future career.

Yours sincerely,

Sue Hancock, *Personnel Manager*

Stanley Products Limited
Endon
Staffordshire
ST17 6TG
England

Oak Cottage
Bagnall Lane
Endon
ST16 8UG

5. September 2005

Liebe Frau Mills,

es tut uns sehr leid, Ihnen mitteilen zu müssen, dass wir Ihnen trotz Ihres sehr überzeugenden Bewerbungsgesprächs vom 23. August und Ihrer nachfolgenden guten Leistung während unseres Assessment-Wochenendes im Lake District, die Stelle als Marketingmanagertrainee in unserem Unternehmen nicht anbieten können. Wir waren selber von dem ungewöhnlich hohen Standard der Bewerber überrascht und die Entscheidung ist uns sehr schwer gefallen.

Ihren Lebenslauf und die Bewerbungsunterlagen haben wir beigefügt.

Für Ihre berufliche Zukunft wünschen wir Ihnen alles Gute.

Mit freundlichen Grüßen,

Sue Hancock, *Leiterin der Personalabteilung*

Maurice Motors, Pentonville Industrial Estate, Newcastle-upon-Tyne.

MEMO 07/05

TO: All members of staff

FROM: The Board of Directors

SUBJECT: Planned flotation of Maurice Motors

All our staff are already aware of our future plans to float Maurice Motors on the stock market. The Board has now fixed a definite date; sales of our shares are as from today scheduled to begin on 1st September of this year.

As loyal members of staff within our company, we consider you deserving of receiving a share option to shares in our company. This means that you will be able to buy shares in Maurice Motors, at the reduced price of ninety percent per share. We have agreed, after much discussion, to offer one hundred shares per employee at this special price.

We realise that many of our staff may never have purchased shares before and therefore are unaware of the advantages of doing so. We have decided therefore to give a presentation on shareholding and what you can expect to gain from being a shareholder. This is scheduled to take place on August 3rd.

If employees have any questions before this date or cannot attend the presentation, our financial manager Miss Joyce is prepared to give advice on the matter. Please contact her either via e-mail, address SJB.fin@mm.newc.uk, or by telephone on extension 257. Please do not visit her in her office without prior appointment.

Please note that employees wishing to buy shares must notify us of their interest on or before 14th August, in order to allow enough time for their issue before flotation on 1st September.

Maurice Motors, Pentonville Industrial Estate, Newcastle-upon-Tyne.

MEMO 07/05

An: Alle Mitarbeiter

Von: Direktion

Betreff: Geplanter Börsengang von Maurice Motors

Allen unseren Mitarbeitern ist bekannt, dass wir planen, mit Maurice Motors an die Börse zu gehen. Die Direktion hat jetzt einen endgültigen Termin festgelegt. Der Verkauf unserer Aktien beginnt nach dem heute fixierten Zeitplan am 1. September diesen Jahres.

Wir sind der Meinung, dass Sie als loyale Mitarbeiter unserer Firma ein Aktienbezugsrecht für Aktien unseres Unternehmens verdienen. Das bedeutet, dass Sie die Gelegenheit haben werden, Aktien von Maurice Motors mit einem Preisnachlass von neunzig Prozent pro Aktie zu erwerben. Wir sind nach langer Diskussion übereingekommen, jedem Mitarbeiter 100 Aktien zu diesem Vorzugspreis anzubieten.

Es ist uns klar, dass viele unserer Mitarbeiter niemals zuvor Aktien erworben haben und daher die Vorteile eines solchen Kaufes nicht kennen. Wir haben uns daher entschieden eine Informationsveranstaltung zum Aktienbesitz und den damit verbundenen Vorteilen abzuhalten. Diese Veranstaltung wird am 3. August stattfinden.

Wenn Mitarbeiter vor diesem Zeitpunkt irgendwelche Fragen haben sollten oder der Veranstaltung nicht beiwohnen können, so ist unsere Finanzleiterin Frau Joyce bereit, in dieser Sache zu beraten. Bitte kontaktieren Sie sie entweder über E-Mail unter SJB.fin@mm.newc.uk oder telephonisch unter der Durchwahl 257. Bitte besuchen Sie sie nicht in ihrem Büro ohne vorherige Anmeldung.

Bitte berücksichtigen Sie, dass Mitarbeiter, die Aktien zu kaufen wünschen, uns dies bis zum 14. August mitteilen müssen, sodass genügend Zeit für ihre Anfrage vor dem Börsengang am 1. September verbleibt.

Smith & Co., 19 Station Road, Liverpool

Jones Bros. Ltd.
5 Newton Street
Newport, Gwent

7th September 2005
Ref.: Our order no. 452 dated June 5th

Dear Mr. Jones,

We refer to our order no. 452 dated June 5th for five boxes of article 372 in green and your order confirmation no. 1357 dated 11th June.

This order, which is the third part of our annual order, was due to leave your factory on the 5th of September to arrive in Liverpool by today, the 7th of September. Up to now, we have received neither your advice of dispatch, nor information as to the status of this order.
This material is now required by our depot in Manchester, as it is needed to make up a large order which we need to ship by the end of next week. If we delay our shipment, there is a danger of us losing the order altogether. Therefore we really must insist that the goods are dispatched tomorrow, otherwise this will cause us contractual difficulties.

Please let us know by return fax when we can expect delivery of these goods.
Looking forward to your positive reply, we remain

yours sincerely,

D. Smith (Mrs.)

Smith & Co., 19 Station Road, Liverpool

Jones Bros. Ltd.
5 Newton Street
Newport, Gwent

07. 09. 2005
Unser Auftrag Nr. 452 vom 5. Juni

Sehr geehrter Herr Jones,

wir beziehen uns auf unseren Auftrag Nr. 452 vom 5. Juni über fünf Kisten des Artikels 372 in Grün und Ihre Auftragsbestätigung Nr. 1357 vom 11. Juni.

Dieser Auftrag, der dritte Teil unserer jährlichen Bestellung, sollte am 5. September Ihr Werk verlassen, um spätestens heute, am 7. September, in Liverpool anzukommen. Bis jetzt haben wir weder eine Versandanzeige noch Informationen über den Stand dieses Auftrags erhalten.
Das Material wird nun in unserem Lager in Manchester dringend benötigt, um unsererseits einen Auftrag fertigzustellen, den wir bis Ende nächster Woche verschiffen müssen. Wenn wir unsere Lieferung verzögern, besteht die Gefahr, dass wir den Auftrag ganz verlieren. Wir müssen daher darauf bestehen, dass die Ware morgen zum Versand kommt, ansonsten könnte es für uns zu vertragsrechtlichen Problemen kommen.

Bitte lassen Sie uns unverzüglich per Telefax wissen, wann wir mit der Lieferung der Ware rechnen können.
In Erwartung Ihrer positiven Antwort verbleiben wir

mit freundlichen Grüßen

D. Smith

Miller Machines Inc.
1552 South Cherry Avenue
Chicago, IL 60607

Fa. Georg Schmid GmbH
Neckarstraße 15
70469 Stuttgart
Germany

04/30/2006 ff/gn

Ref.: Enquiry

Dear Sirs,

The German Chamber of Commerce was kind enough to pass on the name and address of your company as a manufacturer of small motors for industrial uses. We would like to import your products to the American market and would also be interested to learn whether you are represented in this part of America. We are a medium-sized company with thirty employees. We have seven salesmen in the Chicago area and twelve more across the states of Illinois, Ohio and Indiana.
Please let us have your detailed offer as follows: For full 20' containers CIF port of Chicago via Montreal Gateway, including price per unit and present lead time.
As payment we would suggest 60 days after date of invoice, net.
Would you offer a discount for large quantities or for regular orders?
Please send us a company brochure and some catalogues showing the different kinds of motors and the different applications that you can offer.

We look forward to hearing from you.

Sincerely,

Frank Fitzpatrick
Purchasing Manager

Miller Machines Inc.
1552 South Cherry Avenue
Chicago, IL 60607

Fa. Georg Schmid GmbH
Neckarstraße 15
D-70469 Stuttgart

Angebotsanfrage 30. 4. 2006

Sehr geehrte Damen und Herren,

die Deutsche Handelskammer hat uns freundlicherweise den Namen und die Adresse Ihrer Firma als Hersteller von Kleinmotoren für industrielle Zwecke gegeben. Wir würden gerne Ihre Produkte in den amerikanischen Markt importieren und wären auch interessiert zu erfahren, ob Sie in diesem Teil der Vereinigten Staaten vertreten sind.
Wir sind ein mittelständisches Unternehmen mit 30 Angestellten. Im Raum Chicago beschäftigen wir sieben Verkäufer sowie zwölf weitere in den Staaten Illinois, Ohio und Indiana.
Bitte schicken Sie uns Ihr detailliertes Angebot wie folgt:
Auf Basis von vollen 20' Containern CIF Chicago über Montreal Gateway, einschließlich Preis pro Einheit und aktueller Lieferzeit.
Als Zahlungsbedingung würden wir 60 Tage nach Rechnungsdatum, netto vorschlagen.
Gewähren Sie Mengenrabatte oder Rabatte für regelmäßige Bestellungen?
Könnten Sie uns bitte auch eine Firmenbroschüre sowie Kataloge über die verschiedenen Motoren und deren Verwendungsmöglichkeiten zukommen lassen?

In Erwartung Ihrer baldigen Antwort verbleiben wir
mit freundlichen Grüßen

Frank Fitzpatrick
Einkaufsleiter

Georg Schmid GmbH, Neckarstraße 15, D-70469 Stuttgart

Miller Machines Inc.
Attn: Mr. Fitzpatrick
Purchasing Manager
1552 South Cherry Avenue
Chicago, IL 60607
USA

June 6, 2006 gs/st

Ref.: Your enquiry dated April 30, 2006

Dear Mr. Fitzpatrick,

Thank you for your letter of April 30, 2006 and the interest you showed in our products. We would first of all like to tell you something about our company: Our company was founded in 1935, has at present 120 employees and we are hoping to expand next year to a further unit in the Stuttgart area. We mainly sell our products here in Germany but are hoping to expand our export activities.
At the moment we are not represented in the eastern United States, and we would be very interested in arranging a meeting to discuss your proposal.
We have enclosed our current price list. Please note the following:
All our prices are to be understood FOB German port including packing. For CIF deliveries we would have to charge an extra 10% on list price. These prices are based on a minimum quantity of 50 units per order in 20' containers. For regular orders we would offer a discount of 5%. Present lead time is ex works four weeks after receipt of order.
For the first order we would prefer payment "Cash against Documents", for which we would offer a discount of 3%. For further orders we would consider an open payment term.
We have enclosed the requested company brochure and various catalogues.
We hope that we have made you a favorable offer and look forward to hearing from you soon.

With best regards,

G. Schmid

Georg Schmid GmbH, Neckarstraße 15, D-70469 Stuttgart

Miller Machines Inc.
z. Hd. Herrn Fitzpatrick
Einkaufsleiter
1552 South Cherry Avenue
Chicago, IL 60607
USA

05.06.2006 gs/st

Ihre Anfrage vom 30.04.2006

Sehr geehrter Herr Fitzpatrick,

vielen Dank für Ihren Brief vom 30.04.06 und Ihr Interesse an unseren Produkten. Wir möchten Ihnen zunächst etwas über unsere Firma erzählen: Unsere Firma wurde 1935 gegründet und hat zurzeit 120 Mitarbeiter und wir hoffen, nächstes Jahr eine weitere Fabrik in der Stuttgarter Gegend zu erwerben. Wir verkaufen unsere Produkte hauptsächlich in Deutschland, hoffen aber, dass wir unsere Exportaktivitäten weiter ausbauen können.
Zurzeit sind wir nicht im Osten der USA vertreten und wir wären sehr daran interessiert, ein Treffen zu vereinbaren, um Ihren Vorschlag zu diskutieren.
Anbei unsere aktuelle Preisliste, bitte beachten Sie Folgendes:
Unsere Preise verstehen sich FOB deutscher Hafen einschließlich Verpackung. Für CIF Lieferungen müssen wir einen Aufschlag von 10% auf den Listenpreis berechnen. Diese Preise basieren auf einer Mindestabnahmemenge von 50 Stück pro Auftrag in 20' Containern. Für regelmäßige Bestellungen können wir einen Rabatt von 5% anbieten. Aktuelle Lieferzeit ab Werk ist vier Wochen nach Auftragserhalt. Für den ersten Auftrag würden wir eine Zahlungskondition „Kasse gegen Dokumente" vorziehen, wofür wir aber einen Rabatt von 3% anbieten würden. Für weitere Aufträge könnten wir ein offenes Zahlungsziel berücksichtigen. Wir haben die gewünschte Firmenbroschüre und verschiedene Kataloge beigelegt.
Wir hoffen, Ihnen ein günstiges Angebot gemacht zu haben und würden uns freuen, bald von Ihnen zu hören.

Mit freundlichen Grüßen
G. Schmid

Candy Computer Components
Wall Grange Industrial Estate
Buxton
Derbyshire
DB26 8TG
Great Britain

Dandy Distributions Poland
21 Zapikamke Street
Gdansk
Poland

16th October 2005

Re: Agency Agreement

Dear Mr. George,

Following our meeting last week and in reply to yesterday's fax message, I would like to suggest terms, as enclosed, for our proposed agency agreement. This will, as agreed, award you sole agency for the distribution and sale of our products in Poland.

I have enclosed two copies of our proposed contract. I hope you find the terms acceptable for your company. If you would like to make any amendments or have any questions regarding the terms of contract, please do not hesitate to contact me and we can discuss the matter further.

Please read the provisions in the agreement carefully. If you find them to be acceptable to you, please sign both copies and return them to me as soon as possible.

I look forward to our doing business together and hope that this marks the beginning of a mutually profitable business relationship.

Best regards,

Andy Bartler

Candy Computer Components
Wall Grange Industrial Estate
Buxton
Derbyshire
DB26 8TG
Great Britain

Dandy Distributions Poland
21 Zapikamke Street
Gdansk
Poland

16. Oktober 2005

Vertretungsvertrag

Sehr geehrter Herr George,

nach unserem Treffen letzte Woche und als Antwort auf Ihr gestriges Fax möchte ich Ihnen hiermit die Bedingungen für unseren vorgeschlagenen Vertretungsvertrag übersenden. Diese geben Ihnen wie vereinbart das alleinige Vertretungsrecht für Vertrieb und Verkauf unserer Produkte in Polen.

Ich habe zwei Kopien des vorgeschlagenen Vertrages beigefügt. Ich hoffe, dass die Konditionen für Ihr Unternehmen annehmbar sind. Sollten Sie irgendwelche Nachbesserungen vornehmen wollen oder irgendwelche Fragen hinsichtlich der Vertragsbedingungen haben, so zögern Sie bitte nicht, mich zu kontaktieren, sodass wir die Angelegenheit weiter besprechen können.

Bitte lesen Sie die Bestimmungen des Vertrages sorgfältig. Sollten Sie sie annehmbar finden, so unterzeichnen Sie bitte beide Kopien und schicken Sie sie sobald als möglich an mich zurück.

Ich freue mich darauf, mit Ihnen Geschäfte zu machen und hoffe, dass dies den Beginn einer für beide Seiten profitablen Geschäftsbeziehung darstellt.

Mit freundlichen Grüßen
Andy Bartler

Hans Müller GmbH & Co., Rosenstraße 76, D-60313 Frankfurt

Lloyd Automation Ltd.
Attn: Mr. Patrick Hughes
15 River Bank Industrial Estate
Birmingham B4
Great Britain

27 May 2006 hm/fe

Ref.: Addition to our product range

Dear Mr. Hughes,

We are pleased to announce that item no. 12967 is now available in three different versions: the existing two products and now a third alternative in black leather. This is something we have been working on for almost six months and after extensive tests the new version has been released for sale.
This is an important addition to our product range and we are sure that this will serve to complement the present products. We now have the unique opportunity to cover three different sectors of the market at once and to update our present technology.
We have enclosed a brochure and a revised price list which now includes this item. For initial orders we would be prepared to offer an introductory discount of 5%.
We hope that this new addition to our product range will enable you to consolidate and even to increase your sales, and we look forward to receiving your trial orders.

With best regards,

H. Müller

Encl.: Brochure
Revised price list

Hans Müller GmbH & Co., Rosenstraße 76, D-60313 Frankfurt

Lloyd Automation Ltd.
z. Hd. Herrn Patrick Hughes
15 River Bank Industrial Estate
Birmingham B4
Großbritannien

27. Mai 2006 hm/fe

Ergänzung unserer Produktpalette

Sehr geehrter Herr Hughes,

wir freuen uns, Ihnen mitteilen zu können, dass unser Artikel Nr. 12967 jetzt in drei verschiedenen Ausführungen lieferbar ist: die zwei bereits existierenden Versionen und nun eine dritte Alternative in schwarzem Leder. Wir habe fast sechs Monate daran gearbeitet, und nach ausführlichen Tests ist die neue Version nun für den Verkauf freigegeben worden.
Es handelt sich um eine wichtige Erweiterung unserer Produktpalette und wir sind sicher, dass dies unsere bestehenden Produkte ergänzen wird. Wir haben jetzt die einmalige Möglichkeit, drei verschiedene Marktsektoren gleichzeitig abzudecken und unsere jetzige Technologie auf den neuesten Stand zu bringen.
Anbei eine Broschüre und eine revidierte Preisliste, die jetzt diesen Artikel enthält. Für Erstaufträge wären wir bereit, einen Sondereinführungsrabatt von 5% zu gewähren.
Wir hoffen, dass diese neue Ergänzung unserer Produktpalette es Ihnen ermöglichen wird, Ihre Umsätze zu konsolidieren oder sogar zu steigern. Wir freuen uns auf den Erhalt Ihrer Musterbestellungen.

Mit freundlichen Grüßen

H. Müller

Anlage: Broschüre
Revidierte Preisliste

F. Huber Chemie GmbH, Isarstraße 102, D-80469 München

C. Bryan Chemicals Ltd.
Attn: Mr. John Perkins
5 Green Lane
Brighton, East Sussex
Great Britain

10 December 2005 fh/me

Ref.: Price increase as from 1st of January, 2006

Dear Mr. Perkins,

Unfortunately we have to inform you that as of the 1st of January we will be increasing our prices by 5%. This is the first adjustment in two years and has been made necessary by several factors.
The price of raw materials has increased by up to 20% within a matter of months; the prices for natural rubber in particular have been affected.
The introduction of motorway tolls for lorries at the beginning of this year has lead to a 5-10% increase in freight costs, which, as our orders are delivered CIP Brighton, has also to be covered by us.
The increasingly stringent environmental legislation in Great Britain makes it more and more difficult for us to ensure cost-effective production. Also the new laws make it more expensive for us to dispose of our waste and packing materials.
All of these factors leave us no other choice than to adjust our prices accordingly. We are, however, prepared to guarantee these new prices until the end of April 2007. The new price list will be forwarded in the near future.
We sincerely regret having to take this step, but hope that we can nevertheless maintain our position in the European market.

With kindest regards,

F. Huber

F. Huber Chemie GmbH, Isarstraße 102, D-80469 München

C. Bryan Chemicals Ltd.
z. Hd. Herrn John Perkins
5 Green Lane
Brighton, East Sussex
Großbritannien

10. Dezember 2005 fh/me

Preiserhöhung ab 1. Januar 2006

Sehr geehrter Herr Perkins,

leider müssen wir Ihnen mitteilen, dass wir ab 1. Januar 2006 eine Preiserhöhung von 5% vornehmen werden. Es ist die erste Angleichung seit zwei Jahren und sie ist wegen verschiedener Faktoren notwendig geworden.
Die Preise für Rohstoffe sind innerhalb der letzten Monate um bis zu 20% gestiegen; besonders die Preise für Naturkautschuk sind davon betroffen.
Die Einführung von Autobahngebühren für LKWs Anfang dieses Jahres haben zu einer Anhebung der Frachtkosten um 5-10% geführt, die, da unsere Aufträge CIP Brighton geliefert werden, auch von uns gedeckt werden müssen.
Die zunehmend strengen Umweltgesetze Großbritanniens erschweren es uns, eine kosteneffektive Produktion zu sichern. Zudem machen die neuen Verordnungen es für uns immer teurer, unseren Abfall und unser Verpackungsmaterial zu entsorgen.
All diese Faktoren lassen uns keine andere Wahl als unsere Preise entsprechend anzupassen. Wir sind jedoch bereit, diese neuen Preise bis Ende April 2007 zu garantieren. Die neue Preisliste erhalten Sie in Kürze.
Wir bedauern sehr, diesen Schritt unternehmen zu müssen, hoffen aber, dass wir dennoch unsere Position auf dem europäischen Markt beibehalten können.

Mit freundlichen Grüßen

F. Huber

Accounting Services, 159 Gastown Street, Vancouver, V1 7KH, British Columbia.

Marie Bardel
Software Showmen
145 Tenth Avenue West
Vancouver
V23 9HG

5th June 2005

Dear Marie,

I am sorry to persist in contacting you regarding this matter, but I remain doubtful of the quality of the service you have provided regarding the training of our staff in the new, "user-friendly" software packages you installed in our offices.

I realise that my employees may share the blame for this problem, but I must admit that it seems to me that they have quite simply been misinformed regarding some aspects of the potential uses of the software you provided. I wonder if it would perhaps be possible for us to arrange a second training day, perhaps at a reduced price with a more senior member of your team, in order to ensure that we can use the new computerised accounting systems to our full advantage.

I do realise that you made a considerable effort to help us in every way possible thus far and would be most grateful if you would assist us further in this matter.

I look forward to hearing from you.

Best Regards,

Paul Bernard.

Accounting Services, 159 Gastown Street, Vancouver, V1 7KH, British Columbia.

Marie Bardel
Software Showmen
145 Tenth Avenue West
Vancouver
V23 9HG

5. Juni 2005

Liebe Marie,

es tut mir leid, Sie ein weiteres Mal in dieser Angelegenheit zu kontaktieren, aber ich habe immer noch Zweifel an der Qualität des von Ihnen zur Verfügung gestellten Services. Dabei beziehe ich mich auf das Training unserer Mitarbeiter an dem von Ihnen in unseren Büros installierten „benutzerfreundlichen" Softwarepaket.

Es ist mir klar, dass ein Teil des Problems bei unseren Mitarbeitern liegt, aber ich muss zugeben, dass es mir so scheint, als ob sie einfach falsch über einige Aspekte des von Ihnen gelieferten Softwarepakets informiert worden sind. Ich frage mich, ob es nicht möglich wäre, einen zweiten Trainingstag für uns zu arrangieren, und zwar möglicherweise zu einem reduzierten Preis und mit einem erfahreneren Mitglied Ihres Teams, so dass sichergestellt ist, dass wir das neue computerisierte Buchhaltungsprogramm zu unserem größtmöglichen Vorteil ausnützen können.

Es ist mir klar, dass Sie sich bisher große Mühe gegeben haben, uns soweit wie möglich zu unterstützen und ich wäre sehr dankbar, wenn Sie uns auch weiterhin in dieser Angelegenheit helfen würden.

Ich freue mich darauf, von Ihnen zu hören.

Mit freundlichen Grüßen

Paul Bernard

Taylor and Ball Constructions, 189 Paisley Road, Hamilton, Scotland.

Gulliver's Distributions
23 Lilliput Lane
Stoke-on-Trent
England

5th October 2005

Ref: Delivery of copper piping

Dear Mr. Swift,

Following several telephone conversations with both your secretary and yourself, I feel I have no choice but to inform you that if we do not receive our delivery of copper piping by 10th October 2005 at the very latest, we will be forced to take legal action and sue for damages. I realise that problems can and do occur and I am always reasonable in respect of short delays. As yet, however, your firm has failed to provide a valid reason for the inexcusable delay and we have waited for more than two weeks for our consignment.

Obviously, I would like to avoid the time and trouble involved in a legal case, but feel that there is scarcely another option remaining open to me. We enjoy an extremely good reputation in the Hamilton area and have many loyal customers throughout Scotland who rely on our prompt service. The absence of the copper piping has brought our construction project in the Tomintoul Estate for our loyal customer, Lord Yahoo, to a standstill, as our engineers cannot work without their raw materials.

I expect a response from you or a member of your staff by return post or alternatively, by fax or e-mail.

Yours sincerely,

Christine Peters

Taylor and Ball Constructions, 189 Paisley Road, Hamilton, Scotland.

Gulliver's Distributions
23 Lilliput Lane
Stoke-on-Trent
England

5. Oktober 2005

Lieferung von Kupferrohren

Sehr geehrter Herr Swift,

nach mehreren Telefongesprächen, die ich sowohl mit Ihrem Sekretär als auch mit Ihnen geführt habe, sehe ich keine andere Möglichkeit als Sie darauf aufmerksam zu machen, dass wir uns gezwungen sehen, rechtliche Schritte einzuleiten und auf unseren Schaden zu klagen, wenn wir unsere Lieferung Kupferrohre nicht bis spätestens zum 10. Oktober 2005 erhalten haben.
Es ist mir bewusst, dass Probleme auftreten können und ich bin sehr verständnisvoll bei kurzen Verzögerungen. Doch Ihre Firma hat bis heute keinen vernünftigen Grund für die unentschuldbare Verzögerung angegeben und wir haben bereits mehr als zwei Wochen auf Ihre Lieferung gewartet.

Natürlich möchte ich gerne die Zeit und den Ärger, die ein Gerichtsverfahren mit sich bringt, vermeiden, aber ich habe kaum noch eine andere Möglichkeit. Wir haben einen sehr guten Ruf in der Region um Hamilton und viele loyale Kunden in ganz Schottland, die sich auf unseren prompten Service verlassen. Das Fehlen der Kupferrohre hat unser Bauprojekt auf dem Tomitoul Besitz für unseren treuen Kunden, Lord Yahoo, zum Stillstand gebracht, und unsere Ingenieure können nicht ohne ihre Rohmaterialien arbeiten.

Ich erwarte eine Antwort von Ihnen oder einem Ihrer Mitarbeiter entweder auf dem Postweg oder alternativ via Fax oder E-Mail.

Hochachtungsvoll,

Christine Peters

Gulliver's Distributions, 23 Lilliput Lane, Stoke-on-Trent, England.

Taylor and Ball Constructions
189 Paisley Road
Hamilton
Scotland

7th October 2005

Ref: Delivery of copper piping

Dear Miss Peters,

I cannot apologise enough for the inconvenience caused by the delay in delivering the copper piping and am pleased to inform you that the piping left the yard this morning and should be with you by the time you receive this letter.

As I explained in our telephone conversation yesterday, our driver was injured during the loading of the piping and as a result, we have been very short-staffed over the past two weeks. I'm afraid to say that in the aftermath of the accident, my secretary failed to realise that the consignment had not been delivered. He also failed to pass on your telephone messages and thus I heard of the problem only when the consignment was already one week overdue. I have since taken appropriate action and given my secretary a written caution.

In view of the unfortunate situation which has arisen, I would like to offer you a discount of fifty percent on the normal delivery charge. I hope this settles the matter to your satisfaction and I hope that we can continue to do business together in the future.

Once again, please accept my sincere apologies.

Yours sincerely,

Jon Swift

Gulliver's Distributions, 23 Lilliput Lane, Stoke-on-Trent, England.

Taylor and Ball Constructions
189 Paisley Road
Hamilton
Scotland

7. Oktober 2005

Lieferung von Kupferrohren

Sehr geehrte Frau Peters,

ich kann mich nicht genug für die Unannehmlichkeiten entschuldigen, die Ihnen durch die Verzögerung bei der Lieferung der Kupferrohre entstanden sind und bin glücklich, Ihnen mitteilen zu können, dass die Rohre heute Morgen unseren Hof verlassen haben und zu dem Zeitpunkt, zu dem Sie diesen Brief erhalten, bei Ihnen eingetroffen sein sollten.

Wie ich Ihnen in unserem gestrigen Telefonat erklärt hatte, hat sich unser Fahrer beim Verladen der Rohre verletzt und infolgedessen waren wir während der letzten zwei Wochen ziemlich unterbesetzt. Ich befürchte, dass mein Sekretär auf Grund der Nachwirkungen des Unfalls übersehen hatte, dass die Lieferung noch nicht überbracht war. Er versäumte es außerdem, Ihre telefonischen Nachrichten an mich weiterzuleiten, sodass ich erst von dem Problem zu hören bekam, als die Lieferung bereits eine Woche überfällig war. Ich habe seither die angemessenen Schritte eingeleitet und meinen Sekretär schriftlich verwarnt.

Angesichts der unglücklichen Situation, die entstanden ist, möchte ich Ihnen einen fünfzigprozentigen Nachlass unseres üblichen Lieferpreises anbieten. Ich hoffe, dass die Angelegenheit auf diese Weise für Sie zufrieden stellend geklärt ist und ich hoffe, dass wir auch in Zukunft noch miteinander Geschäfte machen werden.

Ich möchte noch einmal mein tiefes Bedauern ausdrücken.

Mit freundlichen Grüßen

Jon Swift

TRIX Products
78 South Richmond Avenue
Palm Springs
50227
California

The Nicey Bank
67 Generous Avenue
Palm Springs
50702
California

April 1st 2006

Re: Credit Application

Dear Sirs/Madams,

Having obtained credit from your bank at a competitive rate of interest in the past, we would like to ask whether you would consider offering our company a loan for $100,000.

As you are aware, we have always been very reliable patrons of your bank and can provide good credit references if necessary. We are a large firm with considerable assets, which we could offer as ample security for a loan of this size. If you were nevertheless to require additional securities, these could also be obtained.

We have enclosed details of our accounts and our balance sheets for the past five years. If you require any further information please do not hesitate either to contact myself or a member of our book-keeping division.

I look forward to receiving your reply.

Yours faithfully,

Alan Zimmerman, General Director, TRIX Products.

TRIX Products
78 South Richmond Avenue
Palm Spring
50227
California

The Nicey Bank
67 Generous Avenue
Palm Springs
50702
California

1. April 2006

Kreditantrag

Sehr geehrte Damen und Herren,

da wir bereits in der Vergangenheit von Ihrer Bank einen Kredit zu einem günstigen Zinssatz erhalten haben, wollten wir Sie darum bitten, es in Erwägung zu ziehen, uns einen weiteren Kredit über $100.000 einzuräumen.

Wie Ihnen bekannt ist, waren wir immer äußerst zuverlässige Kunden Ihrer Bank und sind in der Lage, gute Kreditreferenzen beizubringen, wenn es nötig sein sollte. Wir sind ein großes Unternehmen mit einem beträchtlichem Vermögen, das wir als ausreichende Sicherheit für einen Kredit dieser Größenordnung anbieten können. Sollten Sie trotzdem zusätzliche Sicherheiten benötigen, so können diese beigebracht werden.

Wir haben eine detaillierte Aufstellung unserer Konten und Bilanzen der letzten fünf Jahre beigefügt. Sollten Sie noch zusätzliche Informationen benötigen, so zögern Sie nicht, mich oder einen Mitarbeiter unserer Buchhaltung zu kontaktieren.

Ich freue mich auf Ihre Antwort.

Hochachtungsvoll

Alan Zimmerman, Generaldirekor TRIX Products

Barmy Books
139 West Richmond Street
San Fransisco
58739
USA

Tardy Tattlers
35 Late Lane
San Fransisco
12345
USA

July 22nd 2006

Ref: SH 371772/hb

First Reminder

Dear Mr. Tardy,

When balancing our accounts for this month, it came to my attention that there appears to be a payment for $599 outstanding, for a consignment of goods delivered on July 10th, invoice number SH 371772/hb.

As you have always settled your accounts with us punctually in the past, I assume that this was an oversight in your accounts department.

I would be extremely grateful if you could send the outstanding amount to us within the next few days or contact us if you have any queries regarding the payment.

If you have already settled the account, please disregard this notice and accept our thanks for your payment.

Yours sincerely,

Ian Mickleson

Barmy Books
139 West Richmond Street
San Fransisco
58739
USA

Tardy Tattlers
35 Late Lane
San Fransisco
12345
USA

22. Juli 2006

SH 371772/hb

Erste Erinnerung

Sehr geehrter Herr Tardy,

beim diesmonatigen Abschluss unserer Konten ist mir aufgefallen, dass noch eine Zahlung über $599 für eine Lieferung von Gütern mit der Rechnungsnummer SH 371772/hb vom 10. Juli aussteht.

Da Sie Ihre Rechnungen in der Vergangenheit stets pünktlich beglichen haben, nehme ich an, dass es diesmal nur der Aufmerksamkeit Ihrer Buchhaltung entgangen ist.

Ich wäre Ihnen äußerst dankbar, wenn Sie uns den ausstehenden Betrag innerhalb der nächsten Tage zukommen lassen würden oder uns kontaktieren, falls Sie irgendwelche Fragen hinsichtlich der Bezahlung haben sollten.

Sollten Sie die Rechnung bereits beglichen haben, so betrachten Sie dieses Schreiben als hinfällig und wir bedanken uns für Ihre Bezahlung.

Mit freundlichen Grüßen

Ian Mickleson

Brite-on Chemicals Limited
Smithfield Industrial Estate
Brighton
England

16th February 2006 ed/sh

Dear shareholder,

We would like to thank you for your support during the past years and to invite you to our annual general meeting, which has been scheduled for 27th March 2006. We hope you will be able to attend.

This has perhaps been the most successful year for Brite-on since our inauguration in 1963. Our researchers have successfully developed several exciting new products and despite increasingly intense competition we have succeeded in keeping our position at the forefront of chemical dye production. Two of these new products have already been launched and are on the market, one is to be introduced in 2006.

We are pleased to inform you that over the past economic year our net profits have increased by over ten percent. Consequently, we are hoping to expand into eastern European markets in the coming year and have signed a contract with a well-known distribution company to maximize the possibilities for sales in the region. If all goes according to plan, we hope to open a regional office there in the year 2009.

Consequently, we anticipate that our dividend payments for 2005 will be higher than those paid in 2004. We will have precise figures available at the AGM next month.

We hope to enjoy your company on 27th March and would like to thank you once again for your support.

Yours faithfully,

Ewan Davidson, Managing Director

Brite-on Chemicals Limited
Smithfield Industrial Estate
Brighton
England

16. Februar 2006 ed/sh

Sehr geehrter Aktionär,

wir möchten Ihnen für Ihre Unterstützung während der letzten Jahre unseren Dank aussprechen und Sie zu unserer jährlichen Hauptversammlung am 27. März 2006 einladen. Wir hoffen, dass Sie in der Lage sein werden teilzunehmen.

Dieses Jahr war vielleicht das erfolgreichste seit unserer Gründung im Jahr 1963. Unsere Forscher haben einige neue aufregende Produkte erfolgreich entwickelt und trotz des zunehmenden Wettbewerbs ist es uns gelungen, unsere Position an der Spitze der chemischen Farbstoffproduktion zu behaupten. Zwei unserer neuen Produkte sind bereits lanciert und auf dem Markt, ein weiteres wird 2006 eingeführt.

Wir freuen uns, Ihnen mitteilen zu können, dass unsere Nettogewinne im Laufe des letzten Wirtschaftsjahres um zehn Prozent zugenommen haben. Folglich hoffen wir, im nächsten Jahr in die osteuropäischen Märkte zu expandieren und haben mit einer bekannten Vertriebsgesellschaft einen Vertrag geschlossen, um Verkaufsmöglichkeiten in der Region zu maximieren. Wenn alles gut geht, hoffen wir, im Jahr 2009 dort ein Regionalbüro einzurichten.

Deshalb gehen wir davon aus, dass unsere Dividende für 2005 höher sein wird als die von 2004. Wir werden die exakten Zahlen bei der Hauptversammlung nächsten Monat zur Verfügung haben.

Wir hoffen, am 27. März das Vergnügen Ihrer Anwesenheit zu haben und möchten uns nochmals für Ihre Unterstützung bedanken.

Mit freundlichen Grüßen

Ewan Davidson, Generaldirektor

Sample Faxes **Musterfaxe**

FAX MESSAGE

Hans Müller GmbH
Seestraße 7
D-28717 Bremen

TO: Mr. B. Williams
Clark Industries

FROM: Mr. R. Wagner

Date: 15 January 2006

Ref.: My visit next week

Dear Mr. Williams,

As discussed, here my itinerary for next week's visit to England:

20th January

9.30 a.m.	Arrival London Heathrow on flight BA 723.
2.00 p.m.	Meeting at Clark Industries with Messrs. Smith, Jones and Williams. Subject: Market Strategy in Great Britain.
7.00 p.m.	Dinner with Mr. West from Smith & Partners.

21st January

10.00 a.m.	Visit to Brighton Seals & Coatings in Maidenhead.

22nd January

9.00 a.m.	Visit to Smiths Coatings. Subject: Market development.
3.00 p.m.	Depart London Heathrow on flight BA 724.

Could you please arrange for me to be picked up from the airport and book me a room for two nights in a hotel near you?

Looking forward to seeing you again next week.
Best regards,
R. Wagner

FAXMITTEILUNG

Hans Müller GmbH
Seestraße 7
D-28717 Bremen

AN: Herrn B. Williams
Clark Industries

VON: Herrn R. Wagner
Datum: 15. Januar 2006

Mein Besuch in der nächsten Woche

Sehr geehrter Herr Williams,

wie besprochen mein Programm für den Besuch nächste Woche in England:

20. Januar	
9.30 Uhr	Ankunft London Heathrow mit Flug BA 723
14.00 Uhr	Besprechung bei Clark Industries mit den Herren Smith, und Williams. Thema: Marktstrategie in Großbritannien
19.00 Uhr	Abendessen mit Herrn West von Smith & Partners
21. Januar	
10.00 Uhr	Besuch bei Brighton Seals & Coatings in Maidenhead
22. Januar	
9.00 Uhr	Besuch bei Smiths Coatings. Thema: Marktentwicklung
15.00 Uhr	Abflug London Heathrow mit Flug BA 724

Könnten Sie bitte meine Abholung vom Flughafen arrangieren und ein Zimmer für zwei Nächte in einem Hotel in Ihrer Nähe buchen?

Ich freue mich, Sie nächste Woche wieder zu sehen.
Mit freundlichen Grüßen

R. Wagner

FAX MESSAGE

W. Phillips & Co.
17 New Street
Liverpool.

TO: Mr. B. Clarke
Wayview Ltd.

FROM: Mr. M. Taylor

Date: 7 June 2006
Ref.: Our order no. 159/06, your invoice no. 3479 dated 21st May, 2006

Dear Mr. Clarke,

We refer to our order no. 159/06 and your invoice no. 3479 dated 21st May, 2006. The material which was delivered the week before last is not acceptable. The cloth is torn in the middle and the edges are not neatly sewn. We have examined all the material and unfortunately must confirm that the contents of all boxes are faulty.

We have contacted our customer, who is also of our opinion. We must therefore ask you to cancel the invoice no. 3479 and to deliver replacement material without delay.

When could we expect this replacement delivery? The material is needed for some important samples that we need to dispatch to our customer by the end of next week.

Awaiting your comments.

Best regards,

Mr. Taylor

cc. Mr. Phillips
Mrs. Green

FAXMITTEILUNG

W. Phillips & Co.
17 New Street
Liverpool

AN: Herrn B. Clarke
Wayview

ABSENDER: Herr M. Taylor

Datum: 7. Juni 2006
Unser Auftrag Nr. 159/06, Ihre Rechnung Nr. 3479 vom 21. Mai 2006

Sehr geehrter Herr Clarke,

wir beziehen uns auf unseren Auftrag Nr. 159/06 und Ihre Rechnung Nr. 3479 vom 21. Mai 2006. Das Material, das Sie vorletzte Woche geliefert haben, ist nicht akzeptabel. Der Stoff ist in der Mitte zerrissen und die Ränder sind nicht sauber genäht. Wir haben das ganze Material überprüft und müssen leider feststellen, dass der Inhalt aller Kartons fehlerhaft ist.

Wir haben mit unserem Kunden Kontakt aufgenommen und er ist völlig unserer Meinung. Wir müssen Sie daher bitten, die Rechnung Nr. 3479 zu stornieren und sofort eine Ersatzlieferung vorzunehmen.

Wann können wir diese Ersatzlieferung erwarten? Wir brauchen das Material für einige wichtige Muster, die wir bis Ende nächster Woche an unseren Kunden abschicken müssen.

In Erwartung Ihrer Rückantwort verbleibe ich
mit freundlichen Grüßen

M. Taylor

Verteiler: Herr W. Phillips
Frau C. Green

FAX MESSAGE

Walsh Electronics Co.
5 New Lane
Edinburgh

TO: Ms. C. Schmidt
Wagner Maschinenbau GmbH

FROM: Robert Jeffries

Date: 21 September 2005
Ref.: Your order 729/05 dd. 2nd September

Dear Claudia,

We regret to have to inform you that order 729/05 dd. 2nd September will not be ready for dispatch on this coming Friday as originally confirmed. One of our machines has broken down, which in turn affects the whole production line, and until this can be mended our production is at a complete standstill. As a result all our orders are affected, not just yours for this particular item. We are hoping that the maintenance people will be able to start work this morning, and all being well our machines will be running again by tomorrow afternoon.

Unfortunately, I cannot let you have a more concrete answer as concerns dispatch until we know how long the repair work will take. I will, of course, let you know as soon as we have some firm answers. Half of the order is already complete and so we could at least send a part of the order if necessary. Please advise how we should proceed.

We apologize again for this delay and for any inconvenience that this may cause, but hope that we can settle this matter promptly.

Thank you and kind regards,

Robert Jeffries

FAXMITTEILUNG

Walsh Electronics Co.
5 New Lane
Edinburgh

AN: Fr. C. Schmidt
Wagner Maschinenbau GmbH

VON: Robert Jeffries

Datum: 21. September 2005
Ihre Bestellung 729/05 vom 2. September

Liebe Claudia,

wir bedauern, Ihnen mitteilen zu müssen, dass der Auftrag 729/05 vom 2. September nicht wie ursprünglich bestätigt am kommenden Freitag zum Versand kommen kann. Eine unserer Maschinen ist defekt, wovon wiederum die ganze Fertigungsstraße betroffen ist, und bis diese repariert ist, steht unsere gesamte Produktion still. Dies hat Auswirkungen auf alle unsere Aufträge, nicht nur Ihren, die diesen bestimmten Artikel betreffen. Wir hoffen, dass unser Wartungspersonal noch heute Vormittag mit der Reparatur anfangen kann, und wenn alles gut geht, können die Maschinen schon morgen Nachmittag wieder anlaufen.

Ich kann Ihnen leider, was den Versand betrifft, keine konkretere Antwort geben, bis wir wissen, wie lange die Reparaturarbeiten dauern werden. Ich werde Sie selbstverständlich informieren, sobald wir genauere Antworten haben. Die Hälfte des Auftrags ist bereits fertig, und wir könnten – wenn notwendig – zumindest einen Teil des Auftrags verschicken. Bitte geben Sie mir Bescheid.

Wir bitten nochmals um Entschuldigung für diese Verzögerung und für eventuelle Unannehmlichkeiten. Wir hoffen aber, dass wir diese Angelegenheit schnellstens abschließen können.

Mit freundlichen Grüßen
Robert Jeffries

FAX MESSAGE **PAGES: 2**

TO: Katherine
ADEN Products Limited
Porthcawl, PC13 2EJ
Phone/Fax: **01298 863 963**

FROM: Colin
Taff Management Consultancy
Swansea, SW6 7JS
Phone/Fax: **0121 631 2776**

Ref: Results!

27th September 2005.

Dear Katherine,

I am pleased to inform you that following your initial consultation with us on 13th August, our team of management consultants have now completed their plans for what we consider to be the most appropriate restructuring programme for ADEN Products Limited.

The next step forward in our advisory process usually takes the form of a meeting with your executive, to present our recommendations and answer any queries they might have regarding implementation of our strategies. This is subsequently followed by a meeting with all company staff, where we explain the actual effect our measures will have upon the workers themselves. Only after both management and all other members of staff are fully informed of the changes our programme will introduce, do we advise implementing reforms of the company's structure.

Because we suggest that our clients should begin reorganisation as soon as possible to gain maximum benefit from our advice, I have included a copy of our up-to-date appointments calendar (see fax p.2). I have clearly marked when I am personally available. Please reply promptly to ensure that your preferred date remains available, or to make alternative arrangements.

I look forward to hearing from you in the near future,

Colin

FAXMITTEILUNG **SEITEN: 2**

AN: Katherine
ADEN Products Limited
Porthcawl, PC13 2EJ
Phone/Fax: **01298 863 963**

VON: Colin
Taff Management Consultancy
Swansea, SW6 7JS
Phone/Fax: **0121 631 2776**

Ergebnisse!

27. September 2005

Liebe Katherine,

ich freue mich, dir mitteilen zu können, dass auf der Grundlage unserer ersten Beratung vom 13. August unser Unternehmensberatungsteam jetzt unsere Pläne für eine nach unseren Vorstellungen angemessene Umstrukturierung von Aden Products Limited fertiggestellt haben.

Der nächste Schritt in unserem üblichen Beratungsprozess ist jetzt ein Meeting mit Eurer Verwaltung, um unsere Empfehlungen vorzustellen und um mögliche Fragen zur Anwendung unserer Strategien zu beantworten. Danach folgt ein Meeting mit dem gesamten Personal, bei dem wir die tatsächlichen Konsequenzen unserer Maßnahmen für die Arbeiter selbst erklären. Erst nachdem sowohl die Geschäftsleitung als auch alle anderen Mitarbeiter voll über die Änderungen, die unser Programm mit sich bringen wird, informiert worden sind, empfehlen wir die Anwendung der Reformen der Unternehmensstruktur.

Da wir glauben, dass unsere Kunden so früh wie möglich mit der Reorganisation beginnen sollten, um maximalen Vorteil durch unseren Rat zu erlangen, habe ich eine Kopie unseres aktuellen Terminkalenders beigefügt (siehe Fax S.2). Ich habe deutlich markiert, wann ich persönlich zur Verfügung stehe. Bitte antworte unverzüglich, um sicherzustellen, dass dein bevorzugter Termin noch zur Verfügung steht, oder um alternative Vereinbarungen zu treffen.

Ich freue mich auf deine baldige Antwort.

Colin

FAX MESSAGE

OL Incorporated
Los Angeles
59037
USA
Tel/Fax (001 54) 475869

TO: Linda Lombada
Toronto Trinx
Tel/Fax: (098) 1234567

FROM: Oliver Pebble
Fax: (001 54) 475869

Date: April 30, 2006

Dear Linda,

Here are the details you requested regarding our delegation for the forthcoming conference in Toronto.

We will be a party of six, requiring four single rooms and one double room with cot for a child, and we expect to arrive in Toronto on 06/03/06. Our flight is scheduled to arrive at 6 p.m., flight number TWA 9874 and we would be grateful if you could send your driver to collect us from the airport.

Our return flight is provisionally booked for 06/10/06, leaving at 9 p.m. in the evening, flight number TWA 9875. Can I ask you to confirm that these dates are suitable by fax?

If you require any further information please do not hesitate to contact me. I am planning to be in the office all day today, so I should be comparitively easy to get hold of.

I'm looking forward to seeing you on June 3rd.

Kind regards,

Oliver Pebble

FAXMITTEILUNG

OL Incorporated
Los Angeles
59037
USA
Tel/Fax (001 54) 475869

AN: Linda Lombada
Toronto Trinx
Tel/Fax: (098) 1234567

VON: Oliver Pebble
Fax: (001 54) 475869

Datum: 30. April 2006
Liebe Linda,

hier sind die von dir gewünschten Einzelheiten über unsere Delegation für die bevorstehende Konferenz in Toronto.

Wir werden eine Gruppe von sechs Personen sein und benötigen vier Einzelzimmer und ein Doppelzimmer mit einer Wiege für ein Kind. Wir werden voraussichtlich am 3.6.06 um 18.00 Uhr in Toronto landen. Die Flugnummer ist TWA 98749. Wir wären dankbar, wenn du uns einen Fahrer schicken könntest, der uns vom Flughafen abholt.

Unser Rückflug ist vorläufig für den 10.6.06 gebucht und startet um 21.00 Uhr. Die Flugnummer ist TWA 9875. Ich bitte dich, mir per Fax zu bestätigen, dass diese Daten in Ordnung gehen.

Solltest du noch zusätzliche Informationen benötigen, zögere bitte nicht mich zu kontaktieren. Ich bin heute wahrscheinlich den ganzen Tag im Büro, sodass es relativ einfach sein sollte, mich zu erreichen.

Ich freue mich darauf, dich am 3. Juni zu treffen.

Mit freundlichen Grüßen

Oliver Pebble

Possum Products, The Gap, Brisbane, QL 986, Australia.

From: Michael Weber, Pommie Products
Tel/Fax: 475 6689

To: The Wallaby Walk-In Hotel
Fax: 908 9988

13/10/05

Dear Sir/Madam,

Our company is planning to organise a conference in Brisbane this May and business associates of ours recommended your hotel facilities to us. We would like information regarding your facilities and your availability between the 12th and the 14th of December.

We require fifteen en-suite single rooms for all three nights, a large conference room with overhead projector, a flip chart, suitable seating facilities for at least forty people (preferably in a circular formation) and both lunch and dinner on all three days. If possible, we would like to keep numbers approximate at this stage and confirm them nearer the time.

We were also interested in other facilities available at your hotel: do you have a swimming pool or squash courts? Are you centrally located in the city of Brisbane? How many bars are there within the hotel itself?

I would be grateful if you could reply to my fax as soon as possible, including a detailed description of your hotel's facilities and a quotation of your best price for the conference.

Best regards,

Michael Weber

Possum Products, The Gap, Brisbane, QL 986, Australia.

Von: Michael Weber, Pommie Products
Tel/Fax: 475 6689

An: The Wallaby Walk-In Hotel
Fax: 908 9988

13.10.05

Sehr geehrte Damen und Herren,

unser Unternehmen plant, diesen Mai eine Konferenz in Brisbane zu organisieren. Geschäftsfreunde von uns haben uns Ihr Hotel empfohlen. Wir hätten daher gerne Informationen über Ihre Ausstattung und über Ihre Raumauslastung für den Zeitraum vom 12. bis zum 14. Dezember.

Wir benötigen fünfzehn Einzelzimmer mit Bad für alle drei Nächte, einen großen Konferenzraum mit Overhead Projektor, Flipchart, geeignete Sitzgelegenheiten (vorzugsweise kreisförmig angeordnet) und sowohl Mittag- als auch Abendessen für alle drei Tage. Wenn möglich, würden wir die Zahlen im Moment gerne offen lassen und sie zu einem späteren Zeitpunkt bestätigen.

Wir sind zudem auch an den anderen Einrichtungen in Ihrem Hotel interessiert: Haben Sie ein Schwimmbad oder Squash-Courts? Liegen Sie im Zentrum von Brisbane? Wie viele Bars gibt es innerhalb des Hotels?

Ich wäre Ihnen dankbar, wenn Sie mir auf mein Fax sobald als möglich antworten und mir eine detaillierte Aufstellung der Ausstattung Ihres Hotels und ein Angebot über den günstigsten Preis für die Konferenz beifügen könnten.

Mit freundlichen Grüßen

Michael Weber

Minutes **Protokolle**

Minutes of the meeting held on 15th July 2005 at Walter Hughes Ltd.

Participants:
Mr. W. Hughes
Mr. S. Davies
Mr. R. Humphries
Mr. L. Collins

1. Annual sales to date.

Mr. S. Davis of the sales department reported that the sales as per 30 June 2005 showed an increase of 12% compared to the previous year. This was seen as a positive development and could partly be attributed to the generally positive market trends in all lines of business.

2. Sales strategy.

It was agreed that the present sales strategies are successful and should be continued. New sales should be sought in the Far East, particularly in China. Mr. S. Davies will report on the development at our next quarterly meeting in October.

3. Production.

Mr. R. Humphries of the production department presented the figures for the half year to 30th June. These showed a trend to more cost-effective production which should be continued. There are still too many stoppages for repair and maintenance work. It was agreed to further analyse this area and present more detailed results in October.

4. Miscellaneous.

Several complaints from the staff regarding the new computer system. Mr. W. Hughes will discuss this personally with Mr. Matthews from the EDP department. Christmas shutdown agreed from 23rd December to 3rd. January. Customers to be informed by the sales department.

The date for the next meeting was set for 20th October.
18/07/05 wh/fl

Protokoll der Besprechung vom 15. Juli 2005 bei Walter Hughes Ltd.

Teilnehmer:
Herr W. Hughes
Herr S. Davies
Herr R. Humphries
Herr L. Collins

1. Jahresumsatz bis dato

Herr S. Davies, Vertrieb, berichtete, dass die Umsätze bis 30. Juni 2005 einen Zuwachs von 12% gegenüber dem Vorjahr aufwiesen. Dies wurde als eine positive Entwicklung bewertet und könnte teilweise auf die allgemein positiven Markttrends in allen Branchen zurückzuführen sein.

2. Verkaufsstrategie

Man war sich einig, dass die gegenwärtigen Verkaufsstrategien erfolgreich sind und daher weitergeführt werden sollen. Neue Märkte sollen im Fernen Osten, vor allem in China, gesucht werden. Herr S. Davies wird bei der nächsten Quartalsbesprechung im Oktober über die Entwicklung berichten.

3. Produktion

Herr R. Humphries, Produktion, präsentierte die Zahlen für das Halbjahr bis zum 30. Juni. Es zeigte sich ein Trend zu einer kosteneffektiveren Produktion, die fortgeführt werden sollte. Immer noch gibt es zu viele Unterbrechungen für Reparatur- und Wartungsarbeiten. Es wurde vereinbart, diesen Bereich weiter zu analysieren und detailliertere Ergebnisse im Oktober vorzustellen.

4. Sonstiges

Mehrere Beschwerden vom Personal wegen des neuen Computersystems. Herr W. Hughes wird dies mit Herrn Matthews von der EDV-Abteilung persönlich besprechen. Weihnachtsferien wurden festgelegt vom 23. Dezember bis zum 3. Januar. Die Kunden werden von der Verkaufsabteilung informiert.

Der Termin für die nächste Besprechung wurde für den 20. Oktober vorgemerkt.
18.07.05 wh/fl

Invitations	Einladungen
We take pleasure in ***inviting you*** to join us in celebrating this year's Christmas party.	Wir möchten ***Sie*** zu unserer diesjährigen Weihnachtsfeier ***einladen.***
We would be delighted if you could come.	Über Ihr Kommen ***würden wir uns sehr freuen.***
Enclosed you will find a map of how to get there.	Anbei finden Sie eine Anfahrtsskizze.
We should ***like to take the opportunity*** of the presentation of our new …	Wir ***möchten*** die Vorstellung unseres neuen … ***zum Anlass nehmen*** …
We hope that you will ***give us the pleasure*** of your company.	Wir hoffen, Sie ***bereiten uns die Freude*** und nehmen teil.
I am looking forward to ***meeting you in person*** at this function.	Ich freue mich, ***Sie*** zu diesem Anlass ***persönlich kennen zu lernen.***
Accommodation will be provided at …	Für Ihre Unterkunft ist im Hotel … gesorgt.
Many thanks for your invitation.	***Vielen Dank für Ihre Einladung.***
We were delighted to receive your invitation.	***Über*** Ihre Einladung ***haben wir uns sehr gefreut.***
We look forward to seeing you again.	Wir freuen uns darauf, Sie wiederzusehen.
Thank you very much for ***your invitation*** which we ***accept with the greatest pleasure.***	Vielen Dank für ***Ihre Einladung,*** die wir ***mit größtem Vergnügen annehmen.***
We would love to come.	Wir kommen sehr gerne.
I will be delighted to ***join you*** on Thursday.	Ich freue mich sehr, am Donnerstag ***dabei zu sein.***
I ***hereby register*** Mr Goody for the conference.	Ich ***melde hiermit*** Herrn Goody für die Teilnahme an der Konferenz ***an.***
Thank you for the ***directions of how to get there.***	Vielen Dank für die ***Wegbeschreibung.***
We would like to ***express our gratitude*** for your invitation and would like to confirm …	Wir möchten Ihnen für Ihre Einladung ***herzlich danken*** und bestätigen …
Many thanks for the ***invitation to lunch,*** which we will be delighted to accept.	Vielen Dank für die ***Einladung zum Mittagessen,*** die wir sehr gerne annehmen.

We ***deeply regret*** being unable to …

Wir ***bedauern außerordentlich,*** dass es uns unmöglich ist …

Ms Schmidt is deeply sorry to ***have to decline*** your invitation due to family commitments.

Frau Schmidt bedauert außerordentlich, Ihre Einladung aus familiären Verpflichtungen ***ablehnen zu müssen.***

Unfortunately, Mr Dräger will be on a business trip at this time.

Unglücklicherweise befindet sich Herr Dräger zu diesem Zeitpunkt auf Geschäftsreise.

Unfortunately I am ***unable to come*** to this event as I will be abroad in January.

Leider ***kann*** ich zu dieser Veranstaltung ***nicht kommen,*** da ich mich im Januar im Ausland aufhalte.

Invitation acceptance

Annahme einer Einladung

Dear Mr Harper,

Sehr geehrter Herr Harper,

Ms Daisy Angel thanks you for the ***kind invitation*** to the opening of your new gallery on Sunday, 13th February at the Pittsburgh Mall in Cambridge and ***gladly accepts the same.***

Frau Daisy Angel dankt Ihnen für die ***freundliche Einladung*** zur Eröffnung Ihrer neuen Galerie am Sonntag, dem 13. Februar, im Pittsburgh Einkaufszentrum in Cambridge, ***die sie mit Freuden akzeptiert.***

Yours sincerely,

Mit freundlichen Grüßen

Lisa Backhouse
(Secretary to Ms Angel)

Lisa Backhouse
(Sekretariat Frau Angel)

Declining an invitation

Ablehnung einer Einladung

Dear Mr Smith,

Sehr geehrter Herr Smith,

Many thanks for your invitation. It is ***with deep regret*** that we inform you that Ms Davidson will not be able to join you ***due to other commitments.*** Ms Davidson appreciates your inviting her and she hopes that she will soon

vielen Dank für Ihre Einladung. Wir ***bedauern zutiefst,*** dass es Frau Davidson ***aufgrund anderweitiger Verpflichtungen*** leider nicht möglich ist, an den Feierlichkeiten teilzunehmen. Frau Davidson hat sich sehr über Ihre

have the opportunity to meet you on a similar occasion.

Einladung gefreut und hofft, Sie bald bei einem ähnlichen Anlass kennenzulernen.

Yours sincerely,
Delia Lawson

Mit freundlichen Grüßen
Delia Lawson

Invitation

On the occasion of the presentation of this year's Bullog Design Award,
we request the pleasure of the company
of Mr David Glan.

The celebrations will be held on Sunday 5th June
at the Winston Churchill Hotel in London.

Following a brief reception by Nick Miller, chairman of the Modern Art Association, presentation of the awards will take place in the Regent's Ball Room accompanied by a 5-course dinner.

R.S.V.P.
black tie

Einladung

Aus Anlass der diesjährigen Verleihung des Bullog Design Award,
geben wir uns die Ehre
Herrn David Glan
zu Ihrer werten Teilnahme einzuladen.

Die Feierlichkeiten finden am Sonntag, den 5. Juni,
im Winston Churchill Hotel in London statt.

Nach einer kurzen Begrüßung durch Herrn Nick Miller, Vorsitzender der Modern Art Association erfolgt die Verleihung der Auszeichnung im Regent Ballsaal begleitet von einem fünfgängigen Menü.

u.A.w.g.
Smoking, Abendkleid

E-mails and the Internet

E-Mails und das Internet

Due to a ***malfunction*** our entire computer network has ***crashed*** and we are unable to see your ***homepage*** at the present time.

Wegen einer ***Fehlfunktion*** ist unser gesamtes Computer-Netzwerk ***abgestürzt*** und wir sind daher nicht in der Lage, Ihre ***Homepage*** zum jetzigen Zeitpunkt anzuschauen.

We have finally ***debugged*** the ***disc*** you sent us last week.

Wir haben es endlich geschafft, die ***CD,*** die Sie uns letzte Woche geschickt haben, von ***Fehlern zu befreien.***

We have sent you a ***double density disc*** containing the information you requested under the ***filename*** 'Bod'.

Wir haben Ihnen eine ***Double-Density-Diskette*** geschickt, die die Information, die Sie gewünscht hatten, unter dem ***Dateinamen*** 'Bod' enthält.

If you need to use my PC, to ***log in*** type FOG.

Wenn Sie meinen PC (Personal Computer) benutzen müssen, geben Sie FOG ein, um ***einzuloggen.***

So many people are trying to access the ***Internet*** this afternoon – I'm stuck in a ***jam.***

Heute Nachmittag versuchen so viele Leute Zugang zum ***Internet*** zu bekommen, dass ich in einem ***Stau*** stecke.

I have downloaded the ***data*** onto a ***hard disk.***

Ich habe die ***Daten*** auf die ***Festplatte*** heruntergeladen.

Please don't forget to ***save*** your work on disk.

Bitte vergessen Sie nicht, Ihre Arbeit auf Diskette zu ***speichern.***

If you require photos on your web site, we have a ***scanner*** here in the office.

Wenn Sie Fotos auf Ihrer Webseite benötigen, wir haben einen ***Scanner*** hier im Büro.

I will send my P.A. over to you this afternoon with a ***CD-ROM*** – our ***printhead*** is not working.

Ich werde Ihnen meinen persönlichen Assistenten heute Nachmittag mit einer ***CD-ROM*** vorbeischicken. Unser ***Druckkopf*** funktioniert nicht.

I think the new ***terminal operator*** has ***overloaded*** our system.

Ich glaube, dass die neue ***Datentypistin*** unser System ***überbeansprucht*** hat.

Our ***programmer*** lost the ***best part*** of a day's work yesterday because of a ***disk crash.***

Unser ***Programmierer*** hat gestern einen großen Teil seiner Tagesarbeit wegen der ***Störung eines Laufwerkes*** verloren.

Have you tried out the new s***oftware***?	Haben Sie die neue ***Software*** schon ausprobiert?
There seems to be a problem with the ***CD drive.***	Es scheint ein Problem mit dem ***CD-Laufwerk*** zu geben.
Are you ***online***?	Sind Sie ***online***?
The address of our ***web-page*** is as follows ...	Die Adresse unserer ***Webseite*** ist folgende ...
I was very interested in the ***web site design concepts*** described in your ***e-mail*** yesterday.	Ich war sehr an den ***Entwurfs-konzepten der Webseite*** in Ihrer ***E-Mail*** von gestern interessiert.
The ***attachment*** is in Word 2000 format.	Das ***Attachment*** ist im Word 2000 Format.
I had problems reading your message sent 12/12/05.	Ich hatte Schwierigkeiten, Ihre Mail vom 12.12.05 zu lesen.
I had problems ***converting*** your attachment, sent yesterday. Could you ***re-send*** it in simple text format?	Ich hatte Schwierigkeiten, Ihr gestriges Attachment zu ***konvertieren.*** Könnten Sie es ***noch einmal*** im Simple Text Format ***schicken***?
I could not open your attachment this morning; my ***virus check program*** detected a virus.	Ich konnte heute Morgen Ihr Attachment nicht öffnen; mein ***Anti-Virus-Programm*** hat einen Virus entdeckt.
I apologise for not ***forwarding*** this message sooner, but due to a typing error your mail was returned marked “user unknown” on several occasions.	Ich bedauere, Ihre Nachricht nicht früher ***weitergeleitet*** zu haben, aber wegen eines Tippfehlers bekam ich Ihre Mail mehrere Male zurück mit dem Vermerk „user unknown“.
For further information ***please consult our web site at*** www.ert.blag.	Für weitere Informationen ***besuchen Sie bitte unsere Webseite unter*** www.ert.blag.
Our ***modem*** does not have the capacity needed to ***download*** the information.	Unser ***Modem*** hat nicht die erforderliche Kapazität, um die Information ***herunterzuladen.***
To access our site, please use the Java ***web browser.***	Zugang zu unserer Webseite ist nur mit einem Java ***Webbrowser*** möglich.

Sample E-Mails **Muster E-Mails**

Date: 14 February 2006
From: viertill@gfd.bav.de
To: wyattjl@dds.bham.uk
CC:

Hi Jeremy,
Many thanks for your mail which I received yesterday.

I have taken into account the changes you suggested and have attached, in simple text format, what I would suggest should be the final draft of the marketing concept for your new range of products.

If you have any problems reading the attachment, please let us know and we can fax the relevant documents to you.

I look forward to hearing from you soon,
Till

Datum: 14. Februar 2006
Von: viertill@gfd.bav.de
An: wyattjl@dds.bham.uk
Verteiler:

Hallo Jeremy,

vielen Dank für deine Mail, die ich gestern bekommen habe.

Ich habe deine Änderungen berücksichtigt und übersende dir jetzt ein Attachment im Simple Text Format, in welchem mein endgültiger Vorschlag für das Marketingkonzept für eure neue Produktpalette enthalten ist.

Solltest du irgendwelche Probleme haben, das Attachment zu lesen, bitte sage uns Bescheid, dann faxen wir dir die relevanten Dokumente.

Ich hoffe bald von dir zu hören.

Till

Date: December 10 2005
From: phildaniel@erba.arl
To: ugreen@xxtu.cam
CC:

Subject: Your order no. 123 of 12 units of article 2 in colour grey

Dear Ms. Green,
I would like to confirm your order dated December 4th 2005. Since we have this article in stock, we will be able to dispatch it this week. The invoice will be enclosed as usual.
Please note that we will shut down our plant for Christmas from December 22nd 2005 to January 7th 2006.

With best regards,

P. Daniel

Datum: 10. Dezember 2005
Von: phildaniel@erba.arl
An: ugreen@xxtu.cam
Verteiler:

Thema: Ihr Auftrag Nr. 123 über 12 Einheiten des Artikels 2 in Grau

Sehr geehrte Frau Green,
hiermit möchte ich Ihren Auftrag vom 4.12. 2005 bestätigen. Da wir diesen Artikel auf Lager haben, können wir ihn noch diese Woche verschicken. Die Rechnung wird, wie immer, beigelegt.
Bitte beachten Sie, dass unser Werk über Weihnachten vom 22.12.05 bis zum 7.1.06 geschlossen bleibt.

Mit freundlichen Grüßen

P. Daniel

Date: 12 July 2005
From: auction@data.can
To: CJK.mark@lds.usa
CC:

Dear all,
In response to your enquiry regarding our online auction site, we would like to propose a visit to your company, where we could explain the different packages we provide, and assess which would be most appropriate for your company's requirements.

We are in no doubt that, in today's marketing climate, the way forward for companies requiring new outlets for their products is the Internet. Our attachment describes how the online auction system works and details various options available to your firm.

We look forward to meeting you,
F. Watkins (Miss) – marketing manager

Datum: 12. Juli 2005
Von: auction@data.can
An: CJK.mark.lds.usa
Verteiler:

An Alle,
als Antwort auf eure Frage nach unserer Online-Auktionsseite möchten wir euch einen Besuch in unserem Unternehmen vorschlagen, bei dem wir euch die verschiedenen Pakete, die wir anbieten, erklären können, um dann abzuschätzen, welches für die Bedürfnisse eures Unternehmens am besten geeignet ist.

Wir haben keine Zweifel, dass es unter den heutigen Marketingbedingungen für Unternehmen, die neue Absatzmöglichkeiten benötigen, keinen besseren Weg gibt als das Internet. Unser Attachment beschreibt wie ein Online-Auktions-System funktioniert und stellt genau die verschiedenen Optionen, die für eure Firma verfügbar sind, dar.

Wir freuen uns, euch bald begrüßen zu dürfen.
F. Watkins – Marketingmanager

Date: 11 January 2006
From: CJK.mark@lds.usa
To: auction@data.can
CC:

Dear Miss Watkins,
We have a couple of questions before we set a date for you to visit our company and make your presentation. Firstly, are your packages user-friendly? We are not a large firm and are concerned that we will have difficulties designing our entries for the online auction site – or would you do that for us in any event? Secondly, we would like to see some figures regarding the performance of your service. Have you any statistics from other companies already using your site? If so, please forward them ASAP.
Pending receipt of your info, I would like to suggest a visit to us next week – how about Tuesday 19th January?
Best regards,
The team at CJK

Datum: 11. Januar 2006
From: CJK.mark@lds.usa
To: auction@data.can
CC:

Sehr geehrte Frau Watkins,

wir haben ein paar Fragen, bevor wir einen Termin für Ihren Besuch in unserem Unternehmen und Ihre Präsentation vereinbaren. Erstens, sind Ihre Pakete benutzerfreundlich? Wir sind keine besonders große Firma und befürchten, dass wir Schwierigkeiten haben könnten, unsere Einträge für die Online-Seite zu entwerfen – oder würden Sie das sowieso für uns erledigen? Zweitens würde ich gerne einige Zahlen über die Leistungsfähigkeit Ihrer Dienstleistung haben. Haben Sie Statistiken von anderen Unternehmen, die Ihre Seite schon benutzen? Wenn ja, senden Sie sie bitte so schnell wie möglich an uns weiter.
Nach Erhalt dieser Informationen würde ich einen Besuch bei uns für nächste Woche vorschlagen – wie wäre es mit Dienstag, den 19. Januar?
Herzliche Grüße,
Ihr CJK Team

8. Geschäftsreisen

Making Appointments	**Terminvereinbarungen**
May I come and ***visit*** you?	Kann ich Sie ***besuchen*** kommen?
Can we arrange a ***meeting?***	Können wir ein ***Treffen*** vereinbaren?
I think we should meet.	Ich glaube, wir sollten uns treffen.
I would like an ***appointment*** to see Mr. Green, please.	Ich möchte bitte einen ***Termin*** bei Herrn Green.
This is best discussed ***face to face***.	Wir sollten es besser ***persönlich*** besprechen.
When could we meet?	Wann könnten wir uns treffen?
When would it ***suit*** you?	Wann würde es Ihnen ***passen***?
Is next Tuesday OK with you?	Passt Ihnen nächsten Dienstag?
Let me check my ***appointment book.***	Lassen Sie mich in meinem ***Terminkalender*** nachsehen.
I'll ***check with*** my secretary.	Ich ***frage*** bei meiner Sekretärin nach.
I'll just see if I have any appointments on that day.	Ich sehe nur nach, ob ich an dem Tag irgendwelche Termine habe.
Four o'clock next Thursday?	16 Uhr nächsten Donnerstag?
I'll see ***if he's free***.	Ich sehe nach, ***ob er frei ist.***
He won't be in until about 10 a.m.	Er wird nicht vor 10 Uhr hier sein.
He has a meeting in the city in the morning.	Er hat vormittags eine Verabredung in der Stadt.
Could we make it ***a bit earlier/later?***	Ginge es ***ein bisschen früher/später***?
He has a meeting all day, how about Tuesday morning?	Er hat den ganzen Tag eine Besprechung, wie wäre es mit Dienstagvormittag?
He won't be back off holiday (US: back from vacation) until next Thursday.	Er ist bis nächsten Donnerstag im Urlaub.
Should we say Monday at 10 a.m.?	***Sollen wir*** Montag um 10 Uhr ***sagen***?
Let me check with John whether he can make it as well.	Lassen Sie mich bei John nachfragen, ob er auch kommen kann.
Can you ***join*** us next Monday at 4 p.m.?	Können Sie am nächsten Montag um 16 Uhr ***teilnehmen***?
Where should we meet, in your office?	Wo sollen wir uns treffen, in Ihrem Büro?
In the ***reception hall*** (US: ***lobby***).	In der ***Eingangshalle***.
Thursday is ***a holiday***.	Donnerstag ist ***ein Feiertag.***

Dialogbeispiele

A: We have a problem with the new system.
B: I think this is best discussed ***face to face.*** Can we arrange a ***meeting?***

A: Wir haben ein Problem mit dem neuen System.
B: Ich glaube, dass wir es besser ***persönlich*** besprechen sollten. Können wir ein ***Treffen*** vereinbaren?

A: Yes, fine. How would next Tuesday at 11 o'clock ***suit*** you?

A: Ja, in Ordnung. Würde Ihnen nächsten Dienstag um 11 Uhr ***passen***?

B: Let me check my ***appointment book.*** No, that's no good. How about Monday, would 10.30 a.m. suit you?

B: Lassen Sie mich in meinem ***Terminkalender*** nachsehen. Nein, das geht nicht. Wie wäre es mit Montag, passt es Ihnen gegen 10.30 Uhr?

A: Yes, that'll be fine.
B: OK, see you next Monday then.

A: Ja, das passt mir gut.
B: Gut, dann bis nächsten Montag.

A: May I come and ***visit*** you?
B: Yes, ***is*** next Wednesday ***OK with you?***
A: Yes, fine, I'll ***make a note*** in my appointment book.

A: Kann ich Sie ***besuchen***?
B: Ja, ***passt es Ihnen*** nächsten Mittwoch?
A: Ja, in Ordnung, ich werde es in meinem Terminkalender ***notieren***.

A: I would like an ***appointment*** to see Mr. Green, please.
B: Yes, when would you like to come?
A: Friday the 20th would suit me best.

A: Ich möchte bitte einen ***Termin*** bei Herrn Green.
B: Ja, wann möchten Sie kommen?
A: Am Freitag, den 20., würde es mir am besten passen.

B: I'm sorry, but he has a meeting in the city on that day. How about Monday the 23rd?

B: Es tut mir leid, aber er hat an diesem Tag eine Besprechung in der Stadt. Wie wäre es am Montag, den 23.?

A: No, that's a holiday.
B: Oh yes, I overlooked that. On Tuesday the 24th then?
A: That's OK. At what time?
B: ***About*** 3 o'clock?
A: Fine. Thank you. See you then.

A: Nein, da ist ein Feiertag.
B: Ach ja, das habe ich übersehen. Dann am Dienstag, den 24.?
A: Ja, in Ordnung. Um wie viel Uhr?
B: ***Gegen*** 15 Uhr?
A: Gut. Danke. Bis dann.

A: Could we meet for breakfast tomorrow?

A: Können wir uns morgen zum Frühstück treffen?

B: Let me check with my secretary if I've any appointments.
B: Lassen Sie mich bei meiner Sekretärin nachfragen, ob ich schon Termine habe.

A: OK, I'll wait.
A: Gut, dann warte ich solange.
B: Yes, seems to be OK.
B: Ja, scheint in Ordnung zu sein.
A: Should we say 8.30?
A: Sagen wir 8.30 Uhr?
B: Fine, see you tomorrow.
B: In Ordnung, bis morgen.

A: When is the meeting due ***to take place?***
A: Wann soll die Besprechung ***stattfinden***?
B: On Wednesday afternoon at 2 p.m.
B: Am Mittwochnachmittag um 14 Uhr.

A: Do you have the ***agenda?***
A: Haben Sie die ***Tagesordnung***?
B: Yes, we are supposed to make a presentation of the sales figures.
B: Ja, wir sollen die Verkaufszahlen präsentieren.
A: Maybe we should meet for lunch to discuss this.
A: Vielleicht sollten wir uns zum Mittagessen treffen, um dies zu besprechen.

B: OK, tomorrow at 1 p.m. at "Dusty's"?
B: OK, morgen um 13 Uhr bei „Dusty"?
A: Fine. Who else will be at the meeting?
A: In Ordnung. Wer nimmt sonst noch an der Besprechung teil?
B: Stephen and John.
B: Stephen und John.
A: OK. I'll tell them to be there at 1.
A: In Ordnung. Ich sage ihnen, dass sie um 13 Uhr da sein sollen.

A: Sorry to trouble you again, but ***I can't make it*** tomorrow at 4. Can we make it a bit earlier, say 2.30?
A: Es tut mir leid, dass ich noch mal störe, aber morgen um 16 Uhr ***passt mir nicht***. Geht es ein bisschen früher, sagen wir um 14.30 Uhr?

B: Fine, I'll change it.
B: In Ordnung, ich ändere es.
A: Thank you. See you then.
A: Danke. Bis dann.

Reservations/Hotel

Reservierungen/Hotel

Do you have any ***vacancies?***
Haben Sie ***freie Zimmer***?
I would like to ***book a room.***
Ich würde gerne ***ein Zimmer buchen.***

We have ***singles and doubles.***
Wir haben ***Einzel- und Doppelzimmer.***

I would need the room for two nights.	Ich bräuchte das Zimmer für zwei Nächte.
Will there be a restaurant and a bar?	Gibt es dort ein Restaurant und eine Bar?
How will I get there from the ***bus station?***	Wie werde ich von der ***Bushaltestelle*** dorthin kommen?
We would like to ***place a reservation for a conference room.***	Wir würden gerne ***einen Konferenzraum reservieren.***
Could you ***fax*** this for me?	Können Sie mir das ***durchfaxen***?
Please ***charge everything to my account.***	Bitte schreiben Sie ***alles auf meine Rechnung.***
Please ***charge this to my credit card.***	Bitte ***buchen Sie das von meiner Kreditkarte ab***.
I would need an overhead projector.	Ich bräuchte einen Overheadprojektor.
I'm sorry, we're ***fully booked*** due to the exhibition starting next week.	Es tut mir leid, wir sind ***völlig ausgebucht*** wegen der Messe nächste Woche.
Maybe you could ***try*** the Regency.	Vielleicht ***versuchen*** Sie es beim Hotel Regency.
Do you have ***special rates for business travellers?***	Haben Sie ***Sondertarife für Geschäftsreisende***?
Could you ***confirm*** the reservation by fax?	Können Sie die Reservierung bitte per Fax ***bestätigen***?
Could you let me have the full address and telephone and fax numbers, please?	Können Sie mir bitte die vollständige Adresse sowie Telefon- und Faxnummer geben?
Is it possible to get more information through the internet?	Ist es möglich, über das Internet mehr Informationen zu bekommen?
There's a photo of our hotel on our internet homepage.	Es gibt ein Foto unseres Hotels auf unserer Internet-Homepage.
Thank you for your ***assistance.***	Vielen Dank für Ihre ***Hilfe.***
What is the best way to get to the hotel from the airport?	Wie kommt man am besten vom Flughafen zum Hotel?
There is a ***shuttle bus*** to the ***main station*** every twenty minutes, the hotel is just around the corner.	Ein ***Pendelbus*** fährt alle zwanzig Minuten zum ***Hauptbahnhof,*** das Hotel ist gleich um die Ecke.
There is a ***map*** on our homepage where you can see how to get to us.	Auf unserer Homepage ist eine ***Karte,*** der Sie entnehmen können, wie Sie zu uns finden.

Dialogbeispiele

A: I would like to ***book a single room*** for two nights from the 21st to 23rd April in the name of Jones. The company is Jones & Son, London.	A: Ich möchte vom 21. bis zum 23. April ein ***Einzelzimmer*** auf den Namen Jones ***reservieren.*** Die Firma ist Jones & Son, London.
B: Yes, we have ***rooms left.***	B: Ja, wir haben noch ***Zimmer frei.***
A: Do you have small ***conference rooms*** available? We would need a room for eight people, ***refreshments and lunch included.***	A: Stehen kleine ***Konferenzzimmer*** zur Verfügung? Wir bräuchten einen Raum für acht Personen, ***inklusive Erfrischungen und Mittagessen.***
B: That would be no problem.	B: Das wäre kein Problem.
A: Could you send us a ***brochure*** and a ***price list?***	A: Können Sie uns eine ***Broschüre*** und eine ***Preisliste*** zuschicken?
B: We'll send it off today.	B: Schicken wir heute weg.
A: Is it possible to ***rent a car*** there?	A: Ist es möglich, dort ein ***Auto zu mieten***?
B: I would recommend renting a car ***at the airport.*** We have sufficient parking here.	B: Ich würde empfehlen, ein Auto ***am Flughafen*** zu mieten. Wir haben hier genügend Parkplätze.
A: Is it also possible to place a reservation by e-mail?	A: Ist es auch möglich, per E-Mail zu reservieren?
B: Yes, you can do that.	B: Ja, das können Sie tun.
A: Fine, thank you for your help.	A: In Ordnung, vielen Dank für Ihre Hilfe.
B: You are welcome.	B: Gern geschehen.
A: Are there any ***messages*** for me?	A: Gibt es irgendwelche ***Nachrichten*** für mich?
B: Yes, here, a fax.	B: Ja, hier, ein Fax.
A: Is ***everything prepared*** for our meeting tomorrow?	A: Ist ***alles*** für unsere morgige Besprechung ***vorbereitet***?
B: Yes, in the Berkeley room.	B: Ja, im Berkeley Zimmer.
A: Do you have a television and DVD player available?	A: Stehen ein Fernseher und ein DVD-Spieler zur Verfügung?
B: Yes, I'll have them brought over.	B: Ja, ich sorge dafür, dass sie herübergebracht werden.
A: We would like to have a ***coffee break*** at 10 a.m.	A: Wir möchten um 10 Uhr eine ***Kaffeepause*** machen.
B: No problem.	B: Kein Problem.

A: When Mr. Smith arrives, can you please tell him that I am waiting in the bar?

A: Wenn Herr Smith ankommt, könnten Sie ihm bitte sagen, dass ich in der Bar auf ihn warte?

Transportation

Verkehrsmittel

When does the next ***flight*** to London leave?
Is it possible to ***change my ticket*** to stop over in Chicago for two days?

Wann geht der nächste ***Flug*** nach London?
Kann ich eventuell ***mein Ticket umtauschen,*** damit ich zwei Tage in Chicago bleiben kann?

Is there somewhere here where I can ***rent a car?***
Could you please tell me where I can find the closest ***car rental?***

Kann ich hier irgendwo ***ein Auto mieten***?
Könnten Sie mir bitte sagen, wo ich die nächste ***Autovermietung*** finden kann?

How much are the costs for a ***rental car?***
Does the price include tax, insurance and free mileage?

Was kostet ein ***Mietwagen***?
Beinhaltet der Preis Steuer, Versicherung und unbeschränkte Meilen?

What about ***oneway*** rentals?
Where is the nearest ***taxi stand?***

Wie ist es mit ***„Oneway“***-Mieten?
Wo ist der nächste ***Taxistand***?

Dialogbeispiele

A: When does the next ***flight*** to London leave?
B: 7.30 p.m. ***via*** New York.
A: Is it possible to ***change my ticket*** to stop over in New York for two days?
B: Of course, no problem, but we would have to ***charge*** you $50.

A: Wann geht der nächste ***Flug*** nach London?
B: 19.30 Uhr ***über*** New York.
A: Kann ich eventuell ***mein Ticket umtauschen,*** damit ich zwei Tage in New York bleiben kann?
B: Natürlich, kein Problem, aber wir müssen eine ***Gebühr*** von $50 ***berechnen.***

A: My name is Smith, you have a car reserved for me.
B: Yes, the white car over there.

A: Mein Name ist Smith, für mich ist ein Auto reserviert.
B: Ja, das weiße Auto da drüben.

A: There has been a change of plan, can I ***hand it back*** in Boston?

A: Meine Pläne haben sich geändert, kann ich das Auto in Boston ***wieder abgeben***?

B: No problem, but that would cost a little more.

B: Kein Problem, aber das kostet ein bisschen mehr.

A: Please ***charge it to my credit card.***

A: Bitte ***buchen Sie es von meiner Kreditkarte ab.***

A: From which ***platform*** is the train to London leaving?

A: Von welchem ***Gleis*** fährt der Zug nach London ab?

B: From platform 5. It ***is delayed by*** 15 minutes.

B: Von Gleis 5. Der Zug ***hat*** 15 Minuten ***Verspätung.***

Arrival and Reception

Ankunft und Empfang

Good morning, how are you? – Guten Morgen, wie geht es Ihnen?

I am fine, thank you. – Mir geht es gut, danke.

Nice to meet you. – Schön, Sie kennen zu lernen.

How do you do? – Wie geht es Ihnen?

Hello, it's nice to see you again. – Guten Tag, schön, Sie wieder zu sehen.

I'm here to see Mr. Lewis. – Ich bin mit Herrn Lewis verabredet.

I have an ***appointment*** with Mr. Green. – Ich habe eine ***Verabredung*** mit Herrn Green.

Is he ***expecting*** you? – ***Erwartet*** *er Sie*?

Would you like to ***wait*** for him in this room? – Möchten Sie hier in diesem Zimmer auf ihn ***warten***?

Please ***take a seat.*** – Bitte ***nehmen Sie Platz***.

Please make ***yourself comfortable.*** – Bitte ***machen Sie es sich bequem.***

He'll be along shortly. – ***Er kommt sofort.***

May I ***offer*** you a cup of coffee? – Darf ich Ihnen eine Tasse Kaffee ***anbieten***?

With milk and sugar? – Mit Milch und Zucker?

Would you like some tea? – Möchten Sie eine Tasse Tee?

Would you like something to drink? – Möchten Sie etwas trinken?

Can I get you some more tea? – Kann ich Ihnen noch etwas Tee anbieten?

I'm afraid we have run out of biscuits (US: cookies). – Es tut mir leid, aber wir haben keine Kekse mehr.

Is there somewhere I can hang my coat? – Kann ich irgendwo meinen Mantel aufhängen?

May I ***use the phone?***	Darf ich ***telefonieren***?
Is there a phone here I can use?	Kann ich hier irgendwo telefonieren?
Could you ***dial this number*** for me?	Könnten Sie für mich ***diese Nummer anwählen***?
Could you fax this through to my company in London?	Könnten Sie dies bitte an meine Firma in London faxen?
Did you have a good flight?	Hatten Sie einen guten Flug?
How was your ***trip?***	Wie war die ***Reise***?/Wie war Ihr ***Flug***?
I'll have our driver ***pick you up*** at about 1.30 p.m.	Ich werde unserem Fahrer sagen, dass er ***Sie*** gegen 13.30 ***abholen*** soll.
When are you ***leaving*** Germany?	Wann ***verlassen*** Sie Deutschland?
When are you going back to the States?	Wann fliegen Sie zurück in die Vereinigten Staaten?
What time are you leaving?	Um wie viel Uhr fliegen/fahren Sie ab?

Dialogbeispiele

A: Hello, it's nice to see you again.	A: Guten Tag, schön, Sie wieder zu sehen.
B: Yes, it's been a long time. I'm here to see Mr. Williams.	B: Ja, ist schon lange her. Ich bin mit Herrn Williams verabredet.
A: I'll just call him. Would you like ***to take a seat?***	A: Ich rufe ihn schnell an. Möchten Sie ***Platz nehmen***?
A: ***He'll be along shortly***, may I ***offer*** you a cup of coffee?	A: ***Er kommt sofort,*** kann ich Ihnen eine Tasse Kaffee anbieten?
B: Yes, please.	B: Ja, bitte.
A: If you would like to wait in here, I'll bring the coffee.	A: Wenn Sie hier warten möchten, dann bringe ich den Kaffee.
A: Mr. Gregory, how nice to see you. Mr. Frank has been called away, but should be back in ten minutes. Would you like some coffee while you're waiting?	A: Mr. Gregory, schön Sie wieder zu sehen. Mr. Frank musste kurz weg, aber er sollte in zehn Minuten wieder hier sein. Möchten Sie eine Tasse Kaffee, während Sie warten?
B: I would prefer tea. Is there a phone here I can use?	B: Ich trinke lieber Tee. Kann ich hier irgendwo telefonieren?
A: Yes, please ***follow me***.	A: Ja, bitte ***folgen Sie mir.***

A: Can I get you some tea?

B: No, thank you. Do you have any cold drinks?
A: Yes, we also have orange juice, cola (US: coke) or mineral water.
B: I'll have some orange juice, then.
A: Here you are.
B: Thank you.
A: Not at all.

A: Kann ich Ihnen etwas Tee anbieten?
B: Nein, danke. Haben Sie auch kalte Getränke?
A: Ja, wir haben auch Orangensaft, Cola oder Mineralwasser.
B: Dann nehme ich einen Orangensaft.
A: Bitte sehr.
B: Danke.
A: Bitte schön.

Small Talk

Is it much colder in Germany than here in winter?
I hope that the ***weather*** was better in Hannover than it is here this morning.
Isn't it an awful day today?

The sun shone every day last week but that's very unusual for this time of year.
This rain is terrible, it's a shame that you can't see Liverpool on a sunny day.

Is ***doing business*** here very different from doing business in Britain?
How long have you been working for H.G.C. Limited?
Are you a member of an ***employer's association?***
His latest business venture is proving to be a ***cash cow***.
Do you travel abroad much on business?
Is there a strong ***work ethic*** in the US?

Smalltalk

Ist es in Deutschland viel kälter im Winter als hier?
Ich hoffe, dass das ***Wetter*** in Hannover heute Morgen besser war als hier.
Ist es nicht ein scheußlicher Tag heute?
Letzte Woche schien die Sonne jeden Tag, aber das ist sehr ungewöhnlich zu dieser Jahreszeit.
Dieser Regen ist schrecklich, es ist schade, dass Sie Liverpool nicht an einem sonnigen Tag sehen können.
Unterscheidet sich das ***Geschäftsleben*** hier sehr stark von dem in Großbritannien?
Wie lange sind Sie schon bei H.G.C. Limited?
Sind Sie ein Mitglied des ***Arbeitgeberverbandes***?
Sein letztes Geschäft hat sich als wahrer ***Goldesel*** herausgestellt.
Machen Sie viele Geschäftsreisen ins Ausland?
Gibt es eine starke ***Arbeitsmoral*** in den USA?

The ***Chancellor of the Exchequer*** (US: ***Finance Minister***) resigned at the weekend.	Der ***Finanzminister*** ist am Wochenende zurückgetreten.
The ***balance of payments deficit*** in the UK contrasts starkly with the ***balance of payments surplus*** in Germany.	Das ***Zahlungsbilanzdefizit*** in Großbritannien steht in völligem Gegensatz zum ***Zahlungsbilanzüberschuss*** in Deutschland.
The ***economic recovery*** in New Zealand won't last.	Der ***Konjunkturaufschwung*** in Neuseeland wird nicht von Dauer sein.
I don't know if you enjoy the ***theatre*** ...?	Mögen Sie ***Theater?***
I don't know whether this ***exhibition*** would interest you ...?	Würde Sie diese ***Ausstellung*** interessieren?
If you are interested in art, one possibility for this afternoon would be visiting the Alte Pinakothek here in Munich.	Wenn Sie an Kunst interessiert sind, gäbe es hier in München die Alte Pinakothek, die wir besuchen könnten.
Would an evening in the ***opera*** be of interest to you?	Wären Sie an einem Abend in der ***Oper*** interessiert?
I don't know whether you were considering any ***sight-seeing*** ...?	Hatten Sie geplant, einige ***Sehenswürdigkeiten*** zu ***besuchen?***
Are you interested in history?	Sind Sie an Geschichte interessiert?
Do you like classical music?	Mögen Sie klassische Musik?
Do you enjoy shopping?	Gehen Sie gerne einkaufen?
It's ***half-day closing*** today – if you need anything from the shops you should go this morning.	Die Geschäfte ***schließen*** heute schon ***mittags***. Wenn Sie noch etwas einkaufen wollen, sollten Sie das heute Morgen erledigen.
There are some very good ***shops*** in the town centre.	Es gibt einige sehr gute ***Geschäfte*** in der Stadtmitte.
Market day is Wednesday in Leek.	In Leek ist am Mittwoch ***Markttag***.
In London, one of the most famous ***shopping streets*** is Oxford Street.	Eine der bekanntesten ***Einkaufsstraßen*** in London ist die Oxford Street.
What is it like in Frankfurt?	Wie ist es in Frankfurt?
Where do you live in Germany?	Wo leben Sie in Deutschland?
Do you like living in London?	Leben Sie gerne in London?
Do you prefer living in Leipzig or in Berlin?	Leben Sie lieber in Leipzig oder in Berlin?

Are you married?	***Sind Sie verheiratet?***
No, I'm divorced/separated/ single.	Nein, ich bin geschieden/ lebe getrennt/bin ledig.
Do you have a ***family?***	Haben Sie ***Familie?***
Does your husband work?	Arbeitet Ihr Mann?
What does he do?	Was macht er?
How old are your children?	Wie alt sind Ihre Kinder?
Do you have a large family?	Haben Sie eine große Familie?
Do you ski?	Fahren Sie Ski?
Have you ever been horse-riding?	Sind Sie schon mal geritten?
Do you like playing squash?	Spielen Sie gerne Squash?
Have you ever tried sailing?	Haben Sie schon mal Segeln versucht?
Do you enjoy jogging?	Mögen Sie Jogging?
Do you play tennis?	Spielen Sie Tennis?
Do you like doing crosswords?	Lösen Sie gerne Kreuzworträtsel?
Do you play chess?	Spielen Sie Schach?
Have you ever been to Italy?	Waren Sie schon mal in Italien?
Can you ***speak*** French?	***Sprechen*** Sie Französisch?
Where did you go on ***holiday*** (US: ***vacation***) last summer?	Wo haben Sie letzten Sommer Ihren ***Urlaub*** verbracht?
Was the weather nice?	Hatten Sie gutes Wetter?
What did you do?	Was haben Sie gemacht?
Did you ***have a nice time?***	***Hat*** es Ihnen ***gefallen***?
What was it like there?	Wie war es da?
Was it very different to the US?	War es sehr anders als in den USA?
Where would you like ***to go for lunch?***	Wo möchten Sie ***zu Mittag essen***?
Do you like Japanese food?	Mögen Sie japanisches Essen?
Would you like to try traditional ***German food?***	Mögen Sie die traditionelle ***deutsche Küche***?
Are you ***vegetarian?***	Sind Sie ***Vegetarier***?
I am ***allergic*** to nuts.	Ich bin gegen Nüsse ***allergisch.***
I don't like spicy food.	Ich esse nicht gerne scharf.
Are you ready ***to order?***	Möchten Sie jetzt ***bestellen***?
I think I need a few more minutes to read the menu.	Ich denke ich brauche noch ein paar Minuten, um die Speisekarte zu lesen.
I would like the ***dish of the day*** with a side salad, please.	Ich hätte gerne das ***Tagesgericht*** und als Beilage einen Salat, bitte.

Would you like a ***starter?***	Möchten Sie eine ***Vorspeise***?
Yes, please. I would like the smoked salmon paté.	Gerne. Ich möchte die Pastete vom geräucherten Lachs.
What would you like to drink?	Was möchten Sie trinken?
I would like a glass of mineral water, please.	Ich hätte gerne ein Glas Mineralwasser, bitte.
Could I have a glass of water, please?	Kann ich ein Glas Leitungswasser haben, bitte?
Would you prefer red or white wine?	***Möchten Sie lieber*** Rotwein oder Weißwein?
Would you like some coffee?	Möchten Sie einen Kaffee?
Yes please, ***white,*** no sugar.	Ja, bitte, ***mit Milch*** und ohne Zucker.
Can I get you anything else?	Möchten Sie etwas anderes?
No, I'm fine, thank you.	Nein danke.
Could we have the bill, please?	Können wir zahlen, bitte?
What would you like to drink?	Was möchten Sie trinken?
I would like a pint of lager and half of bitter, please.	Ich hätte gern ein großes Bier und ein kleines Bitter (britisches Bier).
I'll get these.	***Ich werde diese Runde zahlen.***
Is it my round?	Ist es meine Runde?
I'd like two brandys, please – and have one yourself.	Ich hätte gerne zwei Weinbrand, bitte – und nehmen Sie auch einen (als Trinkgeld in Großbritannien).
Same again, please.	***Dasselbe nochmal,*** bitte.
Are we allowed to smoke here?	Darf man hier rauchen?
Could we have an ashtray, please?	Können wir einen Aschenbecher haben, bitte.
Last orders at the bar, please!	Letzte Bestellungen vor der Sperrstunde, bitte!
What time does your train leave?	Um wie viel Uhr geht Ihr Zug?
I hope you ***enjoyed your stay*** in Germany.	Ich hoffe, Sie ***hatten einen angenehmen Aufenthalt*** in Deutschland.
If you have any ***queries,*** please do not hesitate to contact us.	Sollten Sie noch ***irgendwelche*** Fragen haben, zögern Sie bitte nicht, mit uns in Kontakt zu treten.
It was ***a pleasure*** doing business with you.	Es war ***ein Vergnügen*** mit Ihnen Geschäfte zu machen.
Likewise.	Danke, gleichfalls.
I hope that we can continue to work together in the future.	Ich hoffe, dass wir auch in Zukunft zusammenarbeiten werden.

I'll e-mail you to ***keep you posted*** of new developments.

Ich werde Ihnen mailen, um Sie über neue Entwicklungen ***auf dem Laufenden zu halten.***

We'll see each other at the conference next month.

Wir sehen uns nächsten Monat auf der Tagung.

I hope we have the opportunity to discuss these developments ***face to face*** in the near future.

Ich hoffe, wir werden in naher Zukunft die Gelegenheit haben diese Entwicklungen ***persönlich*** zu besprechen.

Goodbye. It was a pleasure to meet you.

Auf Wiedersehen. Es war ein Vergnügen, Sie kennen gelernt zu haben.

I'm glad to have made your ***acquaintance.***

Ich bin sehr erfreut, Ihre ***Bekanntschaft*** gemacht zu haben.

Dialogbeispiele

A: How was your ***business year*** in comparison to last year?
B: Our ***business report*** shows a considerable improvement.

A: Wie war Ihr ***Wirtschaftsjahr*** im Vergleich zum letzten Jahr?
B: Unser ***Geschäftsbericht*** zeigt eine beachtliche Verbesserung.

A: What is the ***unemployment rate*** in Switzerland?
B: Nowhere in Europe has ***full employment.***
A: We have introduced many ***job creation schemes*** in Capetown to combat the problem.

A: Gibt es eine hohe ***Arbeitslosenquote*** in der Schweiz?
B: In Europa gibt es nirgendwo ***Vollbeschäftigung.***
A: In Kapstadt haben wir viele ***Arbeitbeschaffungsmaßnahmen*** eingeführt, um das Problem zu bekämpfen.

A: Do you think the US economy is ***on the upturn*** at the moment?

A: Glauben Sie, dass sich die US-Wirtschaft im Moment ***im Aufschwung*** befindet?

B: The ***balance of trade*** does seem to indicate that it is improving.

B: Die ***Handelsbilanz*** scheint anzuzeigen, dass sie stärker wird.

A: Have you visited Berlin before?
B: Only briefly, in 1993.

A: Waren Sie schon mal in Berlin?
B: Nur kurz, 1993.

A: Were you hoping to do some sightseeing?
B: Certainly. What can you recommend?
A: Perhaps a walking tour of the ***city centre*** – to take advantage of the good weather. Afterwards, I can heartily recommend the Shiva restaurant for lunch.

A: Hatten Sie eine Sightseeingtour geplant?
B: Natürlich. Was würden Sie empfehlen?
A: Vielleicht einen Spaziergang durch das ***Stadtzentrum*** – bei diesem schönen Wetter. Danach empfehle ich dringend das Restaurant Shiva zum Mittagessen.

A: Does your wife work?
B: Yes, she works part-time s a midwife. After we had the children she gave up full time work.

A: Arbeitet Ihre Frau?
B: Ja, sie arbeitet Teilzeit als Hebamme. Seit wir die Kinder haben, hat sie aufgehört, Vollzeit zu arbeiten.

A: Is your ***daughter*** in school?
B: No, she has already ***graduated*** (UK: ***finished school***).

A: Ist Ihre ***Tochter*** in der Schule?
B: Nein. Sie ist bereits ***fertig***.

A: What subject is your daughter reading at university?
B: She is ***reading*** law at the University of Queensland.
A: My son graduated from Oxford last year.
B: Where does your ***son*** work?

A: Was studiert Ihre Tochter?
B: Sie ***studiert*** Jura an der Universität von Queensland.
A: Mein Sohn hat letztes Jahr seinen Abschluss in Oxford gemacht.
B: Wo arbeitet Ihr ***Sohn***?

A: What ***sports*** do you enjoy?
B: I like golf and enjoy fishing in summer, if I have the time.

A: Welche ***Sportarten*** mögen Sie?
B: Ich spiele gerne Golf und im Sommer gehe ich Fischen, wenn ich Zeit habe.

A: You should go to Scotland – there are a lot of golf courses and good fishing rivers there.

A: Sie sollten Schottland besuchen – es gibt dort viele Golfplätze und gute fischreiche Flüsse.

B: I'd like to visit Scotland some day, especially the highlands.

B: Ich würde gerne mal nach Schottland fahren, besonders in die Highlands.

A: Edinburgh is well worth a visit, too.

A: Auch Edinburgh ist eine Reise wert.

B: Perhaps next year, I should visit Scotland.

B: Vielleicht sollte ich nächstes Jahr in Schottland Urlaub machen.

A: Nicola, I'd like to introduce you to one of our overseas partners, Mr. Franz Deffner. Mr. Deffner, Mrs. Adam, our chief accountant.

A: Nicola, ich würde dich gerne einem unserer ausländischen Partner vorstellen, Herrn Franz Deffner. Herr Deffner, Frau Adam, unsere Chefbuchhalterin.

B: Pleased to meet you, Mrs. Adam.

B: Es freut mich Sie kennen zu lernen, Frau Adam.

C: Please, ***call me*** Nicola.
A: Have a seat, Mr. Deffner.
B: Thank you. Please ***call me*** Franz.

C: Bitte, ***nennen Sie mich*** Nicola.
A: Setzen Sie sich, Herr Deffner.
B: Danke, ***nennen Sie mich*** Franz.

A: ***Did*** you ***enjoy your meal?***
B: It was ***delicious***, thank you.

A: ***Hat es*** Ihnen ***geschmeckt***?
B: Es war ***hervorragend***, danke der Nachfrage.

A: Can I get you anything else?
B: I would like a cup of coffee, please. Black, no sugar.
A: Can we have the bill, please?
B: ***Let me get this.***
A: No, please, allow me.
B: Thank you.
A: You're welcome.

A: Möchten Sie noch etwas Anderes?
B: Ich hätte gerne eine Tasse Kaffee, bitte. Schwarz, ohne Zucker.
A: Können wir zahlen, bitte?
B: ***Darf ich das übernehmen***?
A: Bitte überlassen Sie es mir.
B: Danke schön.
A: Keine Ursache.

A: Was the hotel ***to your satisfaction?***
B: Yes, everything was just fine, thank you.
A: When are you flying back to the States?
B: This evening (US: tonight) at 6.30 p.m.
A: I'll have our driver pick you up at 4.30 p.m.

A: War das Hotel ***zufrieden stellend***?
B: Ja, es war alles völlig in Ordnung, danke.
A: Wann fliegen Sie in die USA zurück?
B: Heute Abend um 18.30 Uhr.
A: Ich werde unserem Fahrer sagen, dass er Sie so gegen 16.30 Uhr abholen soll.

B: That's great, thanks for all your help.
A: Not at all. Have a good trip back. I hope to see you again soon. ***Please give my regards to*** Jane.

B: Prima, und danke für Ihre Hilfe.
A: Bitte schön. Eine gute Heimreise, und ich hoffe, Sie bald wieder zu sehen. ***Bitte bestellen Sie Grüße an*** Jane.

Idioms	**Typische Redewendungen**
I have heard that their finances are in a ***sorry state of affairs.***	Ich habe gehört, dass Ihre Finanzen in ***einem traurigen Zustand*** sind.
I think the dispute was definitely a case of ***six of one and half a dozen of the other.***	Ich glaube, der Streit war sicherlich ***von beiden Seiten gleichermaßen verursacht.***
I am determined to ***get to the bottom*** of this issue.	Ich bin entschlossen, dieser Sache ***auf den Grund zu gehen.***
Our new products will be launched and ***on the market*** next week.	Unser neues Produkt wird nächste Woche ***auf dem Markt*** lanciert.
I must say, we don't seem to have much ***room for manoeuvre.***	Ich muss sagen, wir haben ***nur begrenzten Handlungsspielraum.***
At least we had the ***last word.***	Zumindest hatten wir ***das letzte Wort.***
There is undoubtedly ***room for improvement*** in your management strategies.	Es gibt zweifellos ***noch Raum für Verbesserungen*** in Ihren Managementstrategien.
He knows ***all the tricks of the trade.***	Er kennt ***alle Tricks in seinem Geschäft***.
His arguments ***cut no ice*** with me.	Seine Argumente machen ***keinen Eindruck*** auf mich.
Our latest series of advertisements is designed ***with the man in the street in mind.***	Unsere letzte Anzeigenserie wurde ***für den Mann auf der Straße*** entworfen.
I would be grateful if you could ***show Clare the ropes.***	Ich wäre sehr dankbar, wenn Sie ***Clare herumführen könnten.***
She doesn't seem able to ***make up her mind.***	Sie scheint nicht zu ***wissen, was sie will.***
I had the feeling they were ***looking down their noses*** at me.	Ich hatte das Gefühl, dass sie äußerst ***hochnäsig mir gegenüber waren.***
When I ***caught her secretary's eye*** I had the feeling that she knew something.	Als ich ihrer ***Sekretärin einen Blick zuwarf,*** hatte ich das Gefühl, dass sie etwas wusste.
My suggestion was met with a general ***raising of eyebrows.***	Mein Vorschlag rief ein allgemeines ***Stirnrunzeln*** hervor.
Your experience here with us will ***stand you in good stead*** when furthering your career.	Ihre Erfahrung hier bei uns wird sehr ***nützlich*** für Ihre weitere Karriere sein.
A stitch in time saves nine.	Vorsicht ist besser als Nachsicht.

It would have been better to have fully repaired our machinery in 1993 – as they say, ***a stitch in time...***	Es wäre besser gewesen, wenn wir unsere Maschinenanlage 1993 vollständig repariert hätten – ***das hätte uns viel Ärger erspart.***
When the cat's away, the mice will play.	Wenn die Katze aus dem Haus ist, tanzen die Mäuse.
I'm not at all surprised that deadlines were not met in your absence – ***when the cat's away***...	Ich bin überhaupt nicht überrascht, dass die Deadlines in deiner Abwesenheit nicht eingehalten wurden – ***wenn die Katze aus dem Haus ist...***
Birds of a feather flock together.	Gleich und gleich gesellt sich gern.
In for a penny, in for a pound.	Wer A sagt, muss auch B sagen.
Two's company, three's a crowd.	Drei sind einer zu viel.
What you make on the swings you lose on the roundabouts.	Wie gewonnen so zerronnen.
He has really ***put his foot in it.***	Da ist er wirklich ***ins Fettnäpfchen getreten.***
I think she is quite ***down in the dumps*** about the whole thing.	Ich glaube, sie ist ziemlich ***am Boden zerstört*** wegen dieser Geschichte.
She can't ***stand the sight*** of him.	Sie kann ihn ***nicht ausstehen.***
The Clodock Herald has ***dragged our name through the mud.***	Der Clodock Herald hat ***unseren Namen durch den Schmutz gezogen.***
He seems to have ***taken quite a shine to her.***	Ich glaube, ***er ist sehr von ihr eingenommen***.

Dialogbeispiele

A: I was quite annoyed by his behaviour on Wednesday.	A: Ich war ziemlich verärgert über sein Verhalten am Mittwoch.
B: You have to ***take him with a pinch of salt.***	B: Du darfst ihn ***nicht zu ernst nehmen.***
A: Yes – but I don't ***suffer fools gladly.***	A: Ja – aber ich ***toleriere Ignoranten ungern.***

A: This delay is extremely annoying – I wish they'd come to a decision.

B: I fear they might ***chicken out*** eventually.

A: Diese Verzögerung ist sehr ärgerlich – ich wünschte, sie würden zu einer Entscheidung kommen.
B: Ich fürchte, dass sie im letzten Moment ***kalte Füße bekommen*** werden.

A: I think you've ***hit the nail on the head***. Perhaps we should go ahead without them.

A: Ich glaube, Sie haben den ***Nagel auf den Kopf getroffen.*** Vielleicht sollten wir ohne sie weitermachen.

A: I would be grateful if you could inform me promptly of any further developments.

B: We'll keep our ***ears to the ground.***

A: Ich wäre dankbar, wenn Sie mich über weitere Entwicklungen auf dem Laufenden halten könnten.
B: Wir werden ***unsere Augen offen halten.***

A: Would you be interested in participating in a joint marketing scheme?
B: I could certainly ***bear it in mind*** at the next board meeting.

A: Wären Sie daran interessiert, an einem gemeinsamen Marketing-Projekt teilzunehmen?
B: Ich werde sicherlich bei der nächsten Direktionssitzung ***daran denken***.

A: Our sales have declined by ten per cent since we stopped doing business with JMC.

B: Perhaps we will have to ***swallow our pride*** and ***settle our differences*** with them.

A: Unsere Verkäufe sind um zehn Prozent zurückgegangen seit wir aufgehört haben, mit JMC Geschäfte zu machen.
B: Vielleicht sollten wir unseren ***Stolz herunterschlucken*** und unsere ***Streitigkeiten*** mit ihnen ***beilegen.***

A: Do you anticipate any problems updating our database?

B: To be honest, I could do it ***standing on my head.***

A: Erwarten Sie irgendwelche Probleme mit dem Update unserer Datenbank?
B: Um ehrlich zu sein, das könnte ich ***im Schlaf erledigen.***

A: I find them difficult to deal with when they're together in the office.
B: Well, ***birds of a feather...***

A: Ich finde es schwierig mit ihnen auszukommen, wenn sie zusammen im Büro sind.
B: Na ja, ***gleich und gleich...***

A: I was considering pulling out if I still could.

A: Ich habe mir überlegt, mich zurückzuziehen, wenn ich es noch könnte.

B: I honestly don't think that's possible. You might as well carry on now you've got this far – ***in for a penny,*** you know?

B: Ich glaube wirklich nicht, dass das noch möglich ist. Du kannst jetzt auch weiter machen, nachdem du so weit gegangen bist – ***wer A sagt, muss auch B sagen.***

A: How have you found working with our new deputy manager?

A: Wie hast du es gefunden, mit unserem neuen stellvertretenden Leiter zusammenzuarbeiten?

B: Well, I preferred working just with Sarah – ***two's company,*** after all.

B: Ich habe es bevorzugt, nur mit Sarah zu arbeiten – schließlich ***sind drei einer zu viel.***

A: Has your expansion in the USA paid off?
B: Well, at the moment it's all ***swings and roundabouts.***

A: Hat sich die Expansion in die USA rentiert?
B: Im Moment ***gleicht sich das alles aus***.

A: Are you sure you want me to take over this project?
B: Definitely – Alan ***has had a fair crack of the whip.***

A: Sind Sie sicher, Sie wollen, dass ich das Projekt übernehme?
B: Auf jeden Fall. Alan ***hat seine Chance gehabt.***

A: May I explain my plans to you in more depth?
B: I'm ***all ears.***

A: Kann ich Ihnen meine Pläne etwas ausführlicher erklären?
B: Ich bin ***ganz Ohr.***

9. Besprechungen

Presentations	Präsentationen
We will schedule our next ***quarterly meeting*** for ...	Wir werden unsere nächste ***Quartalsbesprechung*** für ... ansetzen.
We should ***notify the participants*** of the next annual production meeting as soon as possible.	Wir sollten die ***Teilnehmer*** der nächsten Jahresproduktionsbesprechung so schnell wie möglich ***benachrichtigen.***
Handouts containing the ***agenda*** should be sent out beforehand to everybody.	***Handouts*** mit der ***Tagesordnung*** sollten vorab an alle verschickt werden.
Will all the ***staff*** be able to come?	Wird die gesamte ***Belegschaft*** kommen können?
Shall we ***postpone*** the meeting?	Sollen wir die Besprechung ***auf später verschieben***?
Should we settle on a ***later date?***	Sollten wir uns auf einen ***späteren Termin*** einigen?
Would it be better to ***cancel*** the meeting altogether?	Wäre es besser, die Besprechung ganz ***abzusagen***?
Ladies and gentlemen, ***welcome*** to today's meeting.	Meine Damen und Herren, ***ich begrüße Sie*** zu der heutigen Sitzung.
Ladies and gentlemen, I am happy to welcome you to our annual ***business meeting.***	Meine Damen und Herren, ich freue mich, Sie zu unserer jährlichen ***Geschäftsbesprechung*** willkommen zu heißen.
Welcome and thank you for coming today.	Herzlich willkommen und vielen Dank, dass Sie heute erschienen sind.
Ladies and gentlemen, we are gathered here today to listen to Mrs. Smith's ***presentation*** on ...	Meine Damen und Herren, wir haben uns heute hier versammelt, um Frau Smiths ***Präsentation*** über ... zu hören.
We have an extremely important session today.	Wir haben heute eine ausgesprochen wichtige Sitzung.
This month's meeting will have the following subject: ...	Die Besprechung dieses Monats hat folgendes Thema: ...
The ***subject*** of tomorrow's session has been decided on by Mr. ...	Das ***Thema*** der morgigen Sitzung hat Herr ... bestimmt.
Mr. Daniel's talk on ... will introduce us to today's ***topic.***	Herrn Daniels Vortrag ... wird uns in das heutige ***Thema*** einführen.

It is my pleasure to introduce our ***guest,*** Mrs. Green, to you.	Es ist mir eine Freude, Ihnen unseren ***Gast,*** Frau Green, vorzustellen.
We are pleased to have Mr. Alfons as our guest.	Wir freuen uns, Herrn Alfons als unseren Gast zu haben.
I am sorry to announce that Mr. Wilbert will be late.	Es tut mir leid, Ihnen mitteilen zu müssen, dass Herr Wilbert sich verspäten wird.
We will begin the meeting in five minutes.	Wir werden in fünf Minuten mit der Besprechung beginnen.
I hope that we will have an interesting discussion.	Ich hoffe, dass wir eine interessante Diskussion haben werden.
We will start even if not everybody has arrived.	Wir werden beginnen, auch wenn noch nicht alle da sind.
Handouts are provided for every member.	Jedes Mitglied bekommt ein ***Handout*** (Informationsblatt).
The ***agenda*** has been handed out ***in advance.***	Die ***Tagesordnung*** ist schon ***vorab*** ausgeteilt worden.
Everybody should be in possession of a detailed description of today's topic.	Jeder sollte im Besitz einer detaillierten Beschreibung des heutigen Themas sein.
On the handout you can see this meeting's agenda.	Der Tischvorlage können Sie die Tagesordnung dieser Besprechung entnehmen.
The meeting will follow the ***items*** on the agenda.	Die Sitzung wird den ***Punkten*** der Tagesordnung folgen.
Items can be ***added*** to today's agenda.	Der Tagesordnung können Punkte ***hinzugefügt*** werden.
Items can be ***deleted*** from the agenda.	Es können Punkte von der Tagesordnung ***gestrichen*** werden.
We need somebody to ***keep the minutes.***	Wir brauchen jemanden, der ***Protokoll führt.***
Somebody has to be appointed to keep the ***minutes.***	Irgendjemand muss dazu ernannt werden, ***Protokoll*** zu führen.
Mr. Wilson, would you be so kind to keep the minutes today?	Herr Wilson, wären Sie so freundlich, heute Protokoll zu führen?
If nobody ***volunteers*** I will have to appoint someone.	Falls ***sich*** niemand ***freiwillig meldet,*** muss ich jemanden bestimmen.
Before going into detail I will give you the necessary ***background information.***	Bevor ich ins Detail gehe, werde ich Ihnen die notwendigen ***Hintergrundinformationen*** geben.

I am going to confront you with some ***controversial issues.***
Some ***problematic aspects*** will be ***raised*** during Mr. Daniel's talk.

Ich werde Sie mit einigen ***sehr umstrittenen Punkten*** konfrontieren.
Während Herrn Daniels Vortrag werden einige ***problematische Aspekte aufgeworfen*** werden.

Due to the controversial topic of the presentation we will probably have a very ***lively*** discussion.

Aufgrund des umstrittenen Themas der Präsentation werden wir wahrscheinlich eine sehr ***lebhafte*** Diskussion haben.

Could you please ***hold back*** all questions and comments until after I am done?
I would prefer answering any questions after having finished my talk.
If any questions arise please do not hesitate to ***interrupt*** me.

Könnten Sie bitte alle Fragen und Anmerkungen ***zurückhalten*** bis ich fertig bin?
Ich würde es vorziehen, Fragen erst zu beantworten, nachdem ich meinen Vortrag beendet habe.
Falls irgendwelche Fragen aufkommen, scheuen Sie sich bitte nicht, mich zu ***unterbrechen.***

Ms. Maier will be happy to react to your comments ***any time***.
Please feel free to interrupt me any time.
There will be enough time for questions and comments after the presentation.
After the first half of the presentation there will be a ***break*** of ten minutes.

Frau Maier wird gerne ***jederzeit*** auf Ihre Kommentare eingehen.
Bitte zögern Sie nicht, mich jederzeit zu unterbrechen.
Im Anschluss an die Präsentation wird genug Zeit für Fragen sein.
Nach der ersten Hälfte der Präsentation wird es eine ***Pause*** von zehn Minuten geben.

I will begin my presentation with giving you an ***overview*** of ...

Ich werden meine Präsentation damit beginnen, Ihnen einen ***Überblick*** über ... zu geben.

We will use ***foils*** to present the facts.

Wir werden ***Folien*** verwenden, um die Sachverhalte darzustellen.

Pie charts are best suited for the presentation of percentages.
He will be using ***flip charts*** to illustrate ...
To show you ... I have brought some ***slides.***
This short film will introduce you to ...

Kreisdiagramme sind am geeignetsten für prozentuale Darstellungen.
Er wird ***Flipcharts*** zur Verdeutlichung von ... benutzen.
Um Ihnen ... zu zeigen, habe ich einige ***Dias*** mitgebracht.
Dieser kurze Film wird Sie mit ... vertraut machen.

I have brought a video to demonstrate ...	Ich habe ein Video mitgebracht, um zu zeigen, ...
From this ***table*** you can see ...	Aus dieser ***Tabelle*** können Sie ... entnehmen.
For this, two factors are ***responsible.***	Hierfür sind zwei Faktoren ***verantwortlich.***
First, ... Second, ...	Erstens, ... Zweitens, ...
I believe that there are several reasons. Firstly, ... Secondly, ...	Ich glaube, dass es verschiedene Gründe gibt. Erstens, ... Zweitens, ...
The ***main reason*** for this is, ...	Der ***Hauptgrund*** hierfür ist, ...
Furthermore, ...	***Darüber hinaus/des Weiteren ...***
Consequently, ...	***Folglich ...***
Therefore/because of this ...	***Deshalb/deswegen ...***
In addition, ...	***Zusätzlich, ...***
There are still the following aspects of the problem to talk about ...	Über folgende Aspekte des Problems müssen wir noch sprechen ...
I almost forgot to tell you ...	Beinahe vergaß ich, Ihnen zu sagen, dass...
I think that we have finally found a ***compromise.***	Ich glaube, dass wir endlich einen ***Kompromiss*** gefunden haben.
The following ***suggestions*** have been made.	Folgende ***Vorschläge*** sind gemacht worden.
To present a possible way out of this conflict was the ***intention*** of my presentation.	***Ziel*** meiner Präsentation war, einen möglichen Weg aus diesem Konflikt aufzuzeigen.
I hope that no ***misunderstandings*** will result from this paper, which I have presented here.	Ich hoffe, dass aus dem Aufsatz, den ich hier vorgestellt habe, keine ***Missverständnisse*** erwachsen.
To ***sum up*** ...	Um es ***zusammenzufassen*** ...
Finally I should say that ...	***Abschließend*** sollte ich sagen, dass ...
With the following quotation I will bring my presentation to an end.	Mit dem folgenden Zitat möchte ich meine Präsentation beenden.
With this last ***statement*** we should open the discussion.	Mit dieser letzten ***Feststellung*** sollten wir die Diskussion eröffnen.
You may now ask all questions that arose during my presentation.	Sie dürfen jetzt sämtliche Fragen stellen, die während meiner Präsentation aufgekommen sind.
I am now willing to answer any questions.	Ich bin jetzt bereit, Fragen zu beantworten.
We can now discuss whatever you would like to be discussed.	Wir können jetzt alles diskutieren, was Sie zur Diskussion stellen möchten.

Now is the time to comment on Mr. Wilbur's ***point of view,*** which he has elaborated on this past hour.

Jetzt ist der Zeitpunkt gekommen, Herrn Wilburs ***Ansicht*** zu kommentieren, die er in der letzten Stunde ausführlich dargelegt hat.

Thank you, ladies and gentlemen, for being here today.

Meine Damen und Herren, vielen Dank, dass Sie heute gekommen sind.

Thats's all for now, thank you for listening.

Das ist fürs Erste alles; danke, dass Sie zugehört haben.

I think we should ***call it a day*** and leave this problem for the time being.

Ich denke, wir sollten ***Feierabend machen*** und dieses Problem vorläufig beiseite lassen.

Dialogbeispiele

A: I think we should ***schedule*** our next quarterly meeting for Monday next week.

A: Ich denke, wir sollten unsere nächste Quartalsbesprechung für Montag kommender Woche ***ansetzen.***

B: That's a good idea, but then we should ***notify*** everybody as soon as possible. We should also send out ***handouts containing the agenda.***

B: Das ist eine gute Idee, aber wir sollten dann jeden so schnell wie möglich ***benachrichtigen.*** Außerdem sollten wir ***Handzettel mit der Tagesordnung*** verschicken.

A: O.K., I will do this tomorrow. Do you think that all the ***staff*** will be able to come?

A: In Ordnung. Das werde ich morgen machen. Glauben Sie, dass die gesamte ***Belegschaft*** kommen kann?

B: I don't know. If not, we can always ***postpone*** the meeting to a later date.

B: Ich weiß nicht. Falls nicht, können wir die Besprechung immer noch auf einen späteren Termin ***verschieben.***

A: I hope that we will not have to ***cancel*** the meeting altogether.

A: Ich hoffe, dass wir die Besprechung nicht ganz ***absagen*** müssen.

A: Ladies and gentlemen, welcome to today's meeting. We are here to listen to Mrs. Smith's presentation on the recent marketing strategies of our European branches. Mrs. Smith, thank you for being here. Will you

A: Meine Damen und Herren, herzlich willkommen zur heutigen Besprechung. Wir sind hier, um Frau Smiths Präsentation der aktuellen Marketingstrategien unserer europäischen Filialen zu hören. Frau

be kind and tell us how you will proceed?

Smith, vielen Dank, dass Sie heute hier sind. Würden Sie uns bitte sagen, wie Sie verfahren werden?

B: Thank you. I am pleased to be here today. Before I begin, I will show you a short film about the changes in the European market situation over the last years. My presentation will then cover several very ***controversial aspects*** and I hope that we will have a very lively discussion afterwards. If you have any questions, feel free to interrupt me any time.

B: Danke. Ich freue mich, heute hier zu sein. Bevor ich anfange, werde ich Ihnen einen kurzen Film über die Veränderungen der europäischen Marktsituation in den letzten Jahren zeigen. Meine Präsentation wird dann einige sehr ***umstrittene Aspekte*** abhandeln und ich hoffe, dass wir danach eine sehr lebhafte Diskussion haben werden. Sollten Sie irgendwelche Fragen haben, können Sie mich jederzeit gerne unterbrechen.

A: We are pleased to have Mr. Alfons, sales coordinator of our Russian branch, as our guest today. His presentation is not on the agenda but will nevertheless be an important ***addition*** to our topic.

A: Wir freuen uns, Herrn Alfons, den Verkaufskoordinator unserer russischen Filiale, heute als unseren Gast zu haben. Seine Präsentation steht zwar nicht auf der Tagesordnung, aber sie wird dennoch eine wichtige ***Ergänzung*** unseres Themas sein.

A: Good morning, ladies and gentlemen. I am pleased to welcome Mr. Daniel of Talcum Industries as our guest. Mr. Daniel's talk on the possibilities of entry into the Chinese market will ***introduce us to today's topic.*** Mr. Daniel will you please begin?

A: Guten Morgen, meine Damen und Herren. Ich freue mich, Herrn Daniel von Talcum Industries als unseren Gast willkommen zu heißen. Herrn Daniels Vortrag über die Möglichkeiten des Markteinstiegs in China wird uns ***in das heutige Thema einführen.*** Herr Daniel, würden Sie bitte beginnen?

B: Thank you. I am glad to be here. I will begin my presentation with giving you an overview of last year's development of the sales figures of different European companies. In order to present the facts, I will use ***overhead foils.*** To illustrate the percentage of European companies

B: Danke. Ich freue mich, hier zu sein. Ich werde meine Präsentation damit beginnen, Ihnen einen Überblick über die Entwicklung der Verkaufszahlen des letzten Jahres verschiedener europäischer Firmen zu geben. Um die Fakten darzustellen, werde ich ***Overhead-Folien*** verwenden. Ich

in the Chinese market, I have decided that ***pie charts are most convenient.***

habe beschlossen, dass für die Darstellung der Prozentanteile europäischer Firmen auf dem chinesischen Markt ***Kreisdiagramme am geeignetsten sind.***

A: Mr. Daniel, sorry to interrupt you, but before you go into detail could you please give us the necessary ***background information?***

A: Herr Daniel, entschuldigen Sie, dass ich Sie unterbreche, aber könnten Sie uns bitte die nötigen ***Hintergrundinformationen*** geben, bevor Sie ins Detail gehen?

B: Of course. That is what I had in mind. But could you then please ***hold back*** any questions and comments until after the first part of my presentation?

B: Sicher. Das hatte ich vor. Aber könnten Sie dann bitte alle Fragen und Anmerkungen bis nach dem ersten Teil meiner Präsentation ***zurückhalten***?

A: To show you the present situation, I have brought some ***slides.***

A: Um Ihnen die aktuelle Situation zu zeigen, habe ich einige ***Dias*** mitgebracht.

Later on we can watch a video which shows how our Brazilian partners have set up the production.

Später können wir uns ein Video anschauen, das zeigt, wie unsere brasilianischen Partner die Produktion eingerichtet haben.

A: From this table you can see how much the foundation of the NAFTA has affected import rates from Mexico.
The following ***suggestions*** have been made to end this intolerable situation.

A: Aus dieser Tabelle können Sie entnehmen, wie stark sich die Gründung der NAFTA auf die Importraten aus Mexiko ausgewirkt hat.
Folgende ***Vorschläge*** sind zur Beendigung dieser unerträglichen Situation gemacht worden.

A: I come now to the last point of my presentation. ... ***To sum up***, we can say that there seem to be several ways to solve this problem.
The ***intention*** of my talk was to confront you with different alternative solutions.
Thank you for your attention.

A: Ich komme nun zum letzten Punkt meiner Darstellung. ... ***Zusammenfassend*** können wir sagen, dass es mehrere Wege zu geben scheint, dieses Problem zu lösen.
Ziel meines Vortrags war es, Sie mit verschiedenen alternativen Lösungen zu konfrontieren. Vielen Dank für Ihre Aufmerksamkeit.

A: Finally, all I have to say is that I think we should ***leave this aspect of the problem for the time being*** and call it a day. Good bye, ladies and gentlemen, and thank you for being here. We will meet here again next week.

A: Abschließend bleibt mir nur zu sagen, dass ich denke, wir sollten ***diesen Aspekt des Problems für heute beiseite lassen*** und Feierabend machen. Auf Wiedersehen, meine Damen und Herren, vielen Dank, dass Sie hier waren. Nächste Woche treffen wir uns wieder hier.

Argumentation

I think that ...
I believe that ...
I am ***sure/certain*** that ...
I am absolutely sure that ...
In my opinion ...
From my point of view ...
In my eyes ...
I ***presume/assume*** that ...
As I see it ...
I am persuaded that ...
I am ***positive*** that ...

The first ***reason*** for this I would like to mention is ...
Second/secondly there is ... to talk about.
In addition, we shouldn't forget that ...
Furthermore ...
Moreover ...
I would like to add ...

Not only ... but also ...
On the one hand ... on the other hand ...
In general ...
Generally speaking ...
On the whole ...
All in all ...

Argumentation

Ich denke, dass ...
Ich glaube, dass ...
Ich bin ***sicher,*** dass ...
Ich bin absolut sicher, dass ...
Meiner Ansicht nach ...
Nach meiner Auffassung ...
In meinen Augen ....
Ich ***nehme an/vermute,*** dass ...
So wie ich das sehe ...
Ich bin überzeugt, dass ...
Ich bin (mir) ***ganz sicher,*** dass ...

Der erste ***Grund*** hierfür, den ich erwähnen möchte ist ...
Zweitens sollten wir über ... sprechen.

Zusätzlich sollten wir nicht vergessen, dass ...
Ferner/des Weiteren ...
Darüber hinaus ...
Ich würde gerne ... hinzufügen.

Nicht nur ... sondern auch.
Einerseits ... andererseits ...

Im Allgemeinen ...
Allgemein gesprochen ...
Im Großen und Ganzen ...
Alles in allem ...

Nevertheless I should not forget to mention ...	***Nichtsdestotrotz*** sollte ich nicht vergessen zu erwähnen ...
In spite of ...	***Trotz ...***
Despite the fact that ...	***Trotz der Tatsache, dass ...***
However ...	***Aber/trotzdem/jedoch ...***
Although ...	***Obwohl ...***
Instead of ...	***Statt/anstatt ...***
Instead, ...	***Stattdessen ...***
Therefore ...	***Deshalb/deswegen ...***
For that reason ...	***Darum/aus diesem Grund ...***
I am not at all ***convinced.***	Ich bin überhaupt nicht davon ***überzeugt.***
I am not quite sure if I can agree.	Ich bin nicht ganz sicher, ob ich dem zustimmen kann.
What if you are wrong?	Was ist, wenn Sie sich irren?
Could it be that you ***got something wrong here?***	Könnte es sein, dass Sie hier ***etwas falsch verstanden haben?***
I am afraid I cannot follow your argument.	***Ich fürchte,*** ich kann Ihrem Argument nicht folgen.
Could you please go more into detail?	Könnten Sie bitte mehr ins Detail gehen?
Wouldn't it be better if we stuck to the subject?	Wäre es nicht besser, wenn wir beim Thema blieben?
It might be better if ...	Es wäre vielleicht besser, wenn ...
What about Mr. Fielding's ***proposal?***	Was ist mit Herrn Fieldings ***Vorschlag***?
Shouldn't we ***take into account*** other opinions on this subject?	Sollten wir nicht andere Meinungen zu diesem Thema ***berücksichtigen***?
Maybe you should ***consider*** what Ms. Green said earlier.	Vielleicht sollten Sie ***bedenken,*** was Frau Green vorhin gesagt hat.
Why don't you tell us more about ...?	Warum erzählen Sie uns nicht mehr zu ... ?
I agree with most of what you presented here, ***yet*** don't you think that ...	Dem meisten von dem, was Sie hier vorgestellt haben, ***stimme ich zu, aber*** denken Sie nicht, dass ...
Have you thought about looking at this problem ***from a different angle?***	Haben Sie daran gedacht, dieses Problem ***aus einem anderen Blickwinkel*** zu betrachten?

Everything you said is fine, but one could also ***take other aspects into account.***	Was Sie gesagt haben ist schön und gut, aber man könnte auch ***andere Aspekte in Betracht ziehen.***
I ***wonder*** if you have taken into account that ...	Ich ***frage mich,*** ob Sie berücksichtigt haben, dass ...
Aren't there more sides to this ***issue?***	Hat diese ***Angelegenheit*** nicht mehrere Seiten?
You are right with what you are saying.	***Sie haben recht,*** mit dem was Sie sagen.
Yes, you could also look at it from this point of view.	Ja, Sie könnten es auch aus dieser Sicht sehen.
Let me see!	Lassen Sie mich überlegen!
Yes, you could actually be right.	Ja, Sie könnten tatsächlich recht haben.
No, I think you are ***mistaken.***	Nein, ich denke, dass Sie hier ***falsch liegen.***
Really, I am convinced that one couldn't say it this way at all.	Wirklich, ich bin davon überzeugt, dass man das so überhaupt nicht sagen kann.
Are you really convinced that this is a realistic project?	Sind Sie wirklich überzeugt davon, dass es sich um ein realistisches Projekt handelt?
Excuse me, Madam/Sir, ***may I interrupt you?***	Entschuldigen Sie, meine Dame/mein Herr, ***darf ich Sie unterbrechen?***
Sorry to ***break in,*** but ...	Tut mir leid, dass ich Sie ***unter-breche,*** aber ...
Excuse me, may I ask you a question?	Entschuldigen Sie, darf ich Ihnen eine Frage stellen?
I would like to say a few words.	Ich würde gerne einige Worte sagen.
There is something I would like to say.	Ich würde gerne etwas sagen.
It would be good if we could have other opinions on that.	Es wäre gut, wenn wir auch andere Meinungen dazu hören könnten.
If I might just ***add something?***	Wenn ich dazu ***etwas hinzufügen*** dürfte?
Let me ***conclude*** with the following statement: ...	Lassen Sie mich mit der folgenden Feststellung ***abschließen***: ...
To ***wrap up*** this discussion, ...	Um diese Diskussion ***zusammen-zufassen ...***

Before coming to a ***hasty decision*** we should leave it here.	Bevor wir zu einer ***übereilten Entscheidung*** kommen, sollten wir es hierbei belassen.
I believe that most of us are ***opposed*** to this suggestion.	Ich glaube, dass die meisten von uns diesen Vorschlag ***ablehnen.***
I am afraid we cannot ***back up*** your proposal.	Ich befürchte, dass wir diesen Vorschlag nicht ***unterstützen*** können.
I am sorry, but we cannot ***support*** your idea.	Es tut mir leid, aber wir können Ihre Idee nicht ***unterstützen.***
It is impossible to ***accept*** this offer.	Es ist (uns) unmöglich, dieses Angebot ***anzunehmen.***
I am absolutely sure that this point will not be accepted.	Ich bin absolut sicher, dass dieser Punkt nicht akzeptiert werden wird.
We will ***definitely not*** pursue this option.	Wir werden diese Option ***auf keinen Fall*** weiterverfolgen.

Dialogbeispiele

A: Mr. Daniel, I am sure that most of us ***agree*** with you when you are saying that we should change our marketing strategies. ***However,*** I am not at all convinced that the suggestions you made are feasible.	A: Herr Daniel, ich bin sicher, dass die meisten von uns ***zustimmen***, wenn Sie sagen, dass wir unsere Marketingstrategien ändern sollten. ***Trotzdem*** bin ich überhaupt nicht davon überzeugt, dass die Vorschläge, die Sie gemacht haben, umsetzbar sind.
B: Despite the fact that you seem to ***disagree,*** I believe that those strategies are realistic. Not only do we have to look at the future of our company in Germany, but we also have to ***take into account*** developments in other European countries. Therefore, in my eyes, new ideas are absolutely necessary.	B: Trotz der Tatsache, dass Sie mir ***nicht zuzustimmen*** scheinen, halte ich diese Strategien für realistisch. Wir müssen nicht nur die Zukunft unserer Firma in Deutschland sehen, sondern auch Entwicklungen in anderen europäischen Ländern ***in Betracht ziehen.*** Deshalb sind in meinen Augen neue Ideen absolut notwendig.
A: What you are saying is fine, yet don't you think that we have to keep in mind our budget as well?	A: Was Sie sagen ist schön und gut, aber denken Sie nicht, dass wir auch unser Budget im Auge behalten müssen?

C: Sorry for interrupting. May I just ask a question? I am afraid I cannot follow your ***arguments.*** Could you go more into detail, please?

C: Tut mir leid, wenn ich Sie unterbreche. Darf ich Sie etwas fragen? Ich fürchte, ich kann Ihren ***Argumenten*** nicht folgen. Könnten Sie bitte etwas mehr ins Detail gehen?

A: The ***main reason*** for this decline in sales figures is that we have lost one of our best clients. ***Secondly,*** the increase in prices that we introduced last year has also affected the sales of this product.

A: Der ***Hauptgrund*** für den Rückgang der Verkaufszahlen ist der, dass wir einen unserer besten Kunden verloren haben. ***Zweitens*** hat sich auch die Preiserhöhung, die wir letztes Jahr eingeführt haben, auf den Absatz ausgewirkt.

B: Excuse me, Sir, ***may I interrupt you?*** I would like to ***add something.***

B: Entschuldigen Sie, ***darf ich Sie unterbrechen?*** Ich würde gerne ***etwas hinzufügen.***

A: Go ahead, please.

A: Bitte sehr, fahren Sie fort/Nur zu!

B: Thank you. I ***assume*** that you are working with the sales figures from last month. ***In addition,*** we should not forget that our company is also ***affected*** by the closing of one of our American subsidiaries.

B: Danke. Ich ***vermute,*** dass Sie mit den Verkaufszahlen des letzten Monats arbeiten. ***Zusätzlich*** sollten wir nicht vergessen, dass unsere Firma auch von der Schließung einer unserer amerikanischen Tochterfirmen ***betroffen*** ist.

A: Agreeing with all that you talked about I still think that we should go more into detail in certain points. ***First,*** in my opinion, there is more than one solution to the problem. ***Moreover,*** I am sure that we will find a much cheaper alternative if we tried to adapt our production lines to the new technology. ***Finally,*** there is the question of timing that we should talk about. I am absolutely positive that we can save a lot more time than you have ***estimated.***

A: Obwohl ich allem zustimme, worüber Sie gesprochen haben, denke ich trotzdem, dass wir in gewissen Punkten mehr ins Detail gehen sollten. ***Erstens*** gibt es meiner Ansicht nach mehr als eine Lösung für das Problem. ***Darüber hinaus*** bin ich sicher, dass wir eine viel billigere Alternative finden können, wenn wir versuchen, die Produktion an die neue Technologie anzupassen. ***Schließlich*** ist da noch die Frage des Timings, über die wir reden sollten. Ich bin ganz sicher, dass wir viel mehr Zeit einsparen können, als Sie ***veranschlagt*** haben.

B: ***I wonder*** if you realize that we are talking about different things here. I

B: ***Ich frage mich,*** ob Sie sich bewusst sind, dass wir über verschiedene

was not trying to point out just one solution. Instead, I intended to ***set off*** a discussion that would help to find the best of several options.

Dinge sprechen. Ich habe nicht versucht, nur eine Lösung ***aufzuzeigen.*** Stattdessen war mein Ziel, eine Diskussion ***in Gang zu bringen,*** die uns helfen würde, die beste von mehreren Optionen herauszufinden.

A: There seems to have been some slight ***misunderstanding.*** Could you please go back to your first point and ***clarify*** it?
B: Certainly. Let me put this ***foil*** on the overhead projector again to illustrate what I had in mind.

A: Hier scheint ein kleines ***Missverständnis*** vorzuliegen. Könnten Sie bitte Ihren ersten Punkt noch einmal aufgreifen und ***klären***?
B: Sicherlich. Lassen Sie mich diese ***Folie*** noch einmal auf den Overheadprojektor legen, um zu veranschaulichen, was ich im Sinn hatte.

A: Ladies and gentlemen, thank you again for coming to this important meeting today. ***To wrap up*** our session, the only thing there to say for me is that I think that we have had a very ***fruitful discussion.***
On the one hand it is true that we have not come to an agreement concerning the marketing strategies of our different foreign branches in the future. ***On the other hand*** we have decided on many other points that are equally important.
All in all, I am very ***satisfied*** with the result of this meeting. For this reason let me thank you for your ***participation.***
I am positive that everybody has learned very much today.

A: Meine Damen und Herren, nochmals vielen Dank, dass Sie zu dieser wichtigen Besprechung heute gekommen sind. Um unsere Sitzung ***zusammenfassend abzuschließen,*** bleibt mir nur zu sagen, dass ich denke, dass wir eine sehr ***ergiebige Diskussion*** hatten. ***Einerseits*** konnten wir uns zwar nicht über die Marketingstrategien unserer Auslandsfilialen einigen. ***Andererseits*** haben wir über viele andere wichtige Punkte entschieden. ***Im Großen und Ganzen*** bin ich mit dem Ergebnis dieser Sitzung sehr ***zufrieden.*** Lassen Sie mich Ihnen aus diesem Grund für ihre ***Teilnahme*** danken.
Ich bin ganz sicher, dass jeder heute sehr viel gelernt hat.

Agreement/Disagreement

Zustimmung/Ablehnung

I ***agree.***
I agree with you.

Ich ***stimme zu/bin einverstanden.***
Ich bin Ihrer Meinung.

I can agree with what you said.	Ich kann dem, was Sie sagen, zustimmen.
I can see his point.	***Ich verstehe, was er meint.***
I ***absolutely/completely*** agree with you.	Ich bin ***absolut/völlig*** Ihrer Meinung.
We have come to an ***agreement.***	Wir sind zu einer ***Übereinstimmung*** gelangt./Wir sind uns einig.
Yes, ***you are right.***	Ja, ***Sie haben recht.***
Maybe you are right.	Vielleicht haben Sie recht.
This is a very ***good concept.***	Dies ist ein sehr ***gutes Konzept.***
This is a great idea.	Das ist eine großartige Idee.
I hope that we can continue on such good terms.	Ich hoffe, dass wir unser gutes Verhältnis weiterhin aufrechterhalten können.
I am definitely positive that this is correct.	***Ich bin absolut sicher,*** dass das richtig ist.
I ***sympathize*** with your ideas very much.	Ich bin von Ihren Ideen ***sehr angetan.***
I can ***support*** your concept.	Ich kann Ihr Konzept ***unterstützen***.
This is exactly how I see it.	Genauso sehe ich es.
This is exactly my ***opinion.***	Das ist genau meine ***Meinung.***
Me too, I think that this is the only ***feasible*** way.	Auch ich denke, dass das der einzig ***gangbare*** Weg ist.
In my opinion this is ***the best solution.***	Meiner Meinung nach ist dies ***die beste Lösung.***
We couldn't have found a better solution.	Wir hätten keine bessere Lösung finden können.
That's what I think.	Das ist genau, was ich denke.
These are exactly my words.	Das sind genau meine Worte.
There is ***no need to worry.***	Es gibt ***keinen Grund zur Sorge.***
I disagree.	***Ich stimme nicht zu./Ich bin anderer Meinung.***
I disagree with you.	Ich bin anderer Meinung als Sie.
We do not agree.	Wir stimmen nicht zu.
I cannot ***share*** your point of view.	Ich kann Ihre Ansicht nicht ***teilen.***
I don't think I can agree with your idea.	***Ich denke nicht, dass ich*** Ihrer Idee ***zustimmen kann.***
I am absolutely ***opposed*** to his point of view.	Ich bin absolut ***gegen*** seine Ansicht.

In my opinion, his figures are wrong.	Meiner Meinung nach sind seine Zahlen falsch.
As a matter of fact, I am convinced that you are ***on the wrong track.***	***Ehrlich gesagt*** bin ich davon überzeugt, dass Sie ***auf dem falschen Weg*** sind.
Actually, I do think that you are mistaken.	Eigentlich denke ich wirklich, dass Sie sich irren.
No, I believe that you are wrong.	Nein, ich glaube, dass Sie falsch liegen.
I absolutely/completely disagree with you.	Ich kann Ihnen absolut/überhaupt nicht zustimmen.
To be honest, don't you think that his suggestion is more realistic?	***Um ehrlich zu sein,*** denken Sie nicht, dass sein Vorschlag realistischer ist?
I'm afraid that we cannot come to an agreement.	***Ich fürchte,*** wir können zu keiner Übereinstimmung kommen.
We still have our ***doubts*** about the increase in sales.	Wir haben immer noch ***Zweifel*** an einer Verkaufssteigerung.
I doubt that you have considered everything.	***Ich bezweifle,*** dass Sie alles in Betracht gezogen haben.
I can't quite agree with your statement.	Ich kann Ihrer Feststellung nicht ganz zustimmen.
I am afraid that ***I cannot share your point of view.***	Ich fürchte, dass ***ich Ihre Ansicht nicht teilen kann.***
I am sorry to say that you are gravely ***mistaken.***	Leider muss ich Ihnen sagen, dass Sie sich sehr ***irren.***
I am sorry, but I disagree entirely.	Es tut mir leid, aber ich bin ganz anderer Meinung.
We can not agree at all.	Wir können überhaupt nicht zustimmen.
I would like to ***contradict*** you in this point.	In diesem Punkt würde ich Ihnen gerne ***widersprechen.***
I really have to contradict you here.	Hier muss ich Ihnen wirklich widersprechen.
I am afraid we ***cannot support*** your proposal.	Ich fürchte, wir können Ihren Vorschlag ***nicht unterstützen.***
Unfortunately we have to ***reject*** your offer.	Leider müssen wir Ihr Angebot ***ablehnen.***
We cannot ***back up*** your suggestion.	Wir können Ihren Vorschlag nicht ***unterstützen.***
In principle, I disagree with your concept, but there are certain points with which I can agree.	***Im Prinzip*** stimme ich mit Ihrem Konzept nicht überein, aber einigen Punkten kann ich zustimmen.

I can see what you mean, ***yet*** I still think ...	Ich verstehe, was Sie meinen, ***aber*** trotzdem denke ich ...
I think that your ***proposition*** is very good, however, ...	Ich denke, dass Ihr ***Antrag*** sehr gut ist, dennoch ...
I can agree with you on this point, but ...	Ich stimme Ihnen in diesem Punkt zu, aber ...
Although I respect your ***attitude*** towards this development, I still think ...	Obwohl ich Ihre ***Einstellung*** gegenüber dieser Entwicklung respektiere, denke ich ...
Even though I can understand what you mean, I am ***opposed*** to your strategy.	Obwohl ich verstehe, was Sie meinen, ***lehne*** ich Ihre Strategie ***ab.***
Although I am not convinced that this is feasible, I believe that we should ***give it a try.***	Obwohl ich nicht überzeugt bin, dass das machbar ist, glaube ich, dass wir ***einen Versuch wagen sollten.***
Wouldn't it be better if we tried to ***settle on a compromise?***	Wäre es nicht besser, wenn wir versuchten, uns ***auf einen Kompromiss zu einigen***?
What about ***leaving the differences aside*** and finding a solution?	Wie wäre es, wenn wir die ***Meinungsverschiedenheiten beiseite ließen*** und eine Lösung fänden?
Why can't we decide on the most important issues today and ***postpone*** everything else to the next meeting?	Warum können wir nicht über die wichtigsten Punkte heute entscheiden und alles andere auf die nächste Besprechung ***verschieben***?
Would you be willing to support such a proposition?	Würden Sie einen solchen Antrag unterstützen?
Do you think that this would be satisfactory?	Denken Sie, dass dies zufrieden stellend wäre?
Would you have any ***objections*** to this idea?	Hätten Sie ***Einwände*** gegen diese Idee?
This should be negotiable, don't you think?	***Darüber sollten wir verhandeln können,*** denken Sie nicht?
Would you be prepared to accept this offer?	Wären Sie bereit, dieses Angebot anzunehmen?
If you don't try to understand our point of view, we will not be willing to ***strike a compromise.***	Wenn Sie nicht versuchen, unseren Standpunkt zu verstehen, werden wir nicht bereit sein, ***einen Kompromiss zu finden.***
Provided that ..., I will accept your ***conditions.***	Vorausgesetzt, dass ..., werde ich Ihre ***Bedingungen*** akzeptieren.

His solution is as good as mine.	Seine Lösung ist so gut wie meine.
I assume that, ***in fact,*** my example is less realistic than yours.	Ich nehme an, dass mein Beispiel ***in der Tat*** weniger realistisch ist als Ihres.
This sounds good to me and I think I can accept it.	***Das klingt*** gut und ich denke, ich kann es akzeptieren.
Good then, I will accept your suggestion.	Also gut, ich werde Ihren Vorschlag annehmen.
I am glad that we found a common solution.	Ich bin froh, dass wir eine gemeinsame Lösung gefunden haben.
No, we will not support this ***compromise.***	Nein, wir werden diesen ***Kompromiss*** nicht unterstützen.
I still have to ***reject*** your offer.	Ich muss Ihr Angebot immer noch ***zurückweisen.***
That's all I have to say.	Das ist alles, was ich zu sagen habe.
This is ***my last offer.***	Das ist ***mein letztes Angebot.***
There is no way that you can convince me.	Sie werden es nie schaffen, mich zu überzeugen.
There is no chance that we will ***give in.***	Wir werden nie ***nachgeben.***
He won't ever agree.	Er wird niemals zustimmen.
We will ***never*** say yes.	Wir werden ***niemals*** ja sagen.

Dialogbeispiele

A: Mr. Wilson, I'm afraid I cannot ***agree*** with you on the concept of new marketing strategies. Even though I can accept certain points, I still have my ***doubts*** about the realisation of your idea.	A: Mr. Wilson, ich fürchte, ich kann Ihnen bei Ihrem Konzept neuer Marketingstrategien nicht ***zustimmen.*** Obwohl ich einige Punkte akzeptieren kann, habe ich ***Zweifel*** an der Realisierung Ihrer Idee.
B: ***I cannot see your point*** here and I am absolutely convinced that I am right.	B: ***Ich verstehe nicht, was Sie meinen,*** und ich bin absolut überzeugt davon, dass ich recht habe.
A: I am sorry, but ***in my opinion*** the figures that you presented in your table are wrong.	A: Es tut mir leid, aber ***meiner Meinung nach*** sind die Zahlen, die Sie in Ihrer Tabelle gezeigt haben, falsch.
A: I hope that we ***can settle on a compromise*** between our two	A: Ich hoffe, dass wir uns ***auf einen Kompromiss*** zwischen unseren

companies. We have heard Ms. Green's presentation on the new prototype. Mr. Daniel, would you be willing to support such a ***proposition*** and start with the production?

beiden Firmen ***einigen können.*** Wir haben Frau Greens Präsentation über den neuen Prototyp gehört. Herr Daniel, würden Sie einen solchen ***Antrag*** unterstützen und mit der Produktion beginnen?

B: I am not sure if I can agree with everything Ms. Green said. Although ***I am not convinced*** that this plan is feasible, I believe that we should ***give it a try.*** Yet, I doubt that you have considered the problem of our tight schedule for the next year.

B: Ich bin nicht sicher, ob ich allem, was Frau Green gesagt hat, zustimmen kann. Obwohl ***ich nicht*** davon ***überzeugt bin,*** dass der Plan machbar ist, glaube ich, dass wir ***einen Versuch wagen*** sollten. Trotzdem bezweifle ich, dass Sie das Problem unseres engen Zeitplans für das kommende Jahr in Betracht gezogen haben.

A: I can see your point, but I think that there is ***no need to worry.*** In my opinion this plan is very good. Of course we could change the timing a little bit. Would this be ***satisfactory*** for you?
B: Yes, I think that this is the only feasible way. This ***sounds good*** to me and I think we can accept it.
A: I see that ***we have come to an agreement.***

A: Ich verstehe, was Sie meinen, aber ich denke, dass es ***keinen Grund zur Sorge*** gibt. Meiner Meinung nach ist der Plan sehr gut. Natürlich könnten wir das Timing ein wenig ändern. Wäre das für Sie ***zufrieden stellend***?
B: Ja, ich denke, dass das der einzig machbare Weg ist. Das ***klingt gut*** und ich denke, wir können es akzeptieren.
A: Ich sehe, ***wir sind uns einig.***

A: I can ***support*** your concept, Mr. Alfons. Would you be willing to support Mr. Black's proposition?
B: No, I'm afraid ***I cannot share your point of view.*** I am sorry, but I think that you are ***gravely mistaken*** concerning the future market developments in Europe. You are wrong when you are saying that imports will become easier in the future. To be honest, don't you think that Mr. Miller's suggestion is more realistic?

A: Ich kann Ihr Konzept ***unterstützen,*** Herr Alfons. Wären Sie bereit, Herrn Blacks Antrag zu unterstützen?
B: Nein, ich fürchte, ***ich kann Ihre Ansicht nicht teilen.*** Es tut mir leid, aber ich denke, dass Sie sich in Bezug auf die zukünftigen Marktentwicklungen in Europa ***sehr irren.*** Sie liegen falsch, wenn Sie sagen, dass Importgeschäfte in Zukunft einfacher sein werden. Um ehrlich zu sein, denken Sie nicht, dass Herrn Millers Vorschlag realistischer ist?

A: ***I assume*** that, in fact, my example is less realistic than his. Even though I can understand what you mean, ***I am opposed to*** Mr. Miller's strategy. That's all I have to say.

A: ***Ich nehme an,*** dass mein Beispiel tatsächlich weniger realistisch ist. Obwohl ich verstehe, was Sie meinen, ***bin ich gegen*** Herrn Millers Strategie. Das ist alles, was ich dazu zu sagen habe.

B: Well then, if you don't try to understand our point of view, we will not be willing to ***strike a compromise.***

B: Gut, wenn Sie nicht versuchen, unseren Standpunkt zu verstehen, werden wir nicht bereit sein, ***einen Kompromiss einzugehen.***

A: I am sorry, but I have to contradict you. We have to find a solution. ***Provided that*** Mr. Miller and I can ***work out*** a new strategy together, I will accept your conditions. Would you be prepared to accept this offer?

A: Es tut mir leid, aber ich muss Ihnen widersprechen. Wir müssen eine Lösung finden. ***Vorausgesetzt, dass*** Herr Miller und ich gemeinsam eine neue Strategie ***erarbeiten*** können, werde ich Ihre Bedingungen akzeptieren. Wären Sie bereit, dieses Angebot anzunehmen?

B: ***There's no need trying to convince us*** how good your ideas are. As a matter of fact, I am convinced that you are on the wrong track. ***I'm afraid that*** we cannot come to an agreement. There's no chance that we will ***give in***.

B: ***Sie brauchen gar nicht versuchen, uns davon zu überzeugen,*** wie gut Ihre Ideen sind. Ehrlich gesagt, bin ich überzeugt, dass Sie auf dem falschen Weg sind. ***Ich fürchte,*** wir werden uns nicht einigen können. Wir werden auf keinen Fall ***nachgeben***.

A: This was a very fruitful discussion. I hope that we can ***continue on such good terms.*** Therefore I think that we should leave the differences aside and try to find a solution together.

A: Das war eine sehr ergiebige Diskussion. Ich hoffe, dass wir ***weiterhin ein so gutes Verhältnis aufrechterhalten*** können. Deshalb denke ich, dass wir die Meinungsverschiedenheiten beiseite lassen und versuchen sollten, gemeinsam eine Lösung zu finden.

B: This is exactly how I see it. ***I sympathize*** with your ideas very much and I can support your concept. If Talcum Industries agrees it should be negotiable, don't you think?

B: Genauso sehe ich es auch. ***Ich bin*** von Ihren Ideen sehr ***angetan*** und kann Ihr Konzept unterstützen. Wenn Talcum Industries zustimmt, sollten wir darüber verhandeln können, meinen Sie nicht auch?

C: I disagree with you. I doubt that you have considered everything.
B: I really have to contradict you here. We have taken every aspect related to the problem into account.

C: Not only do I have my doubts about the figures you presented, but I also believe that your ***estimation*** of future sales is wrong.

B: Excuse me, Sir, you are the one who is wrong: the charts and diagrams showed exactly the percentages of different goods sold on the American market.

A: Sirs, I think we should end the discussion. I ***propose*** that we decide on the most important issues today and ***postpone*** everything else to the next meeting.

C: Ich bin nicht Ihrer Meinung. Ich bezweifle, dass Sie alles bedacht haben.
B: Hier muss ich Ihnen wirklich widersprechen. Wir haben jeden Aspekt, der mit dem Problem in Verbindung steht, in Betracht gezogen.
C: Ich habe nicht nur meine Zweifel was die Zahlen angeht, die Sie vorgestellt haben, sondern ich glaube auch, dass Ihre ***Schätzung*** zukünftiger Verkäufe falsch ist.
B: Entschuldigen Sie, Sie liegen falsch: die Schaubilder und Diagramme zeigten genau die Prozentanteile verschiedener Güter, die auf dem amerikanischen Markt verkauft werden.
A: Meine Herren, ich denke, dass wir die Diskussion beenden sollten.
Ich ***schlage vor,*** dass wir über die wichtigsten Punkte heute entscheiden und alles andere auf die nächste Besprechung ***verschieben.***

10. Konversation

Welcome	**Begrüßung**
Greeting people for the first time	**Erste Begegnung**
Mr .../Ms ...?	Herr .../Frau ...?
Excuse me, are you ...?	Entschuldigen Sie, sind Sie ...?
Hello, ***you must be*** Mr/Ms ...	Hallo, ***Sie müssen*** Herr/Frau ... ***sein.***
Pleased to meet you. I'm ...	***Freut mich, Sie kennen zu lernen.*** Ich bin ...
I'm glad to meet you, too.	Freut mich ebenfalls, Sie kennen zu lernen.
Introducing someone	**Jemanden vorstellen**
I'd like you to meet ...	***Ich möchte, dass Sie*** ... kennen lernen.
Let me introduce you to ...	Darf ich Ihnen ... vorstellen?
May I introduce you to ...?	Darf ich Ihnen ... vorstellen?
Do you happen to know ...?	***Kennen Sie bereits*** ...?
How do you do ...	Guten Tag ...
I'm honoured to meet you.	***Es ist mir eine Ehre, Sie kennen zu lernen.***
I'm delighted to meet you.	Sehr erfreut, Sie kennen zu lernen.
I'm very pleased to meet you.	Sehr erfreut, Sie kennen zu lernen.
Nice to meet you.	Es freut mich, Sie kennen zu lernen.
Glad to meet you, too.	Ganz meinerseits.
The pleasure is mine.	***Ganz meinerseits.***
I'm very pleased to make your ***acquaintance.***	Sehr erfreut, Ihre ***Bekanntschaft*** zu machen.
I'd be honoured if you ...	Es wäre mir eine Ehre, wenn Sie ...
This is ... ***I've been telling you about.***	Das ist ... , ***von dem/der ich Ihnen erzählt habe.***
Come and join us!	Kommen Sie und leisten Sie uns Gesellschaft!
Any friend of ...'s is a friend of mine.	...s Freunde sind auch meine Freunde.

Greeting an acquaintance	Eine(n) Bekannte(n) begrüßen
Hello ..., ***good to see you again.***	Hallo ..., ***schön, Sie wiederzusehen.***
Nice to see you again.	Schön, Sie wiederzusehen.
How do you do?	Guten Tag.
Hello, ***how are you?***	Hallo, ***wie geht es Ihnen?***
How are things?	Wie läuft es so?
How's work?	Wie ist die Arbeit?
How are you keeping?	***Wie geht es bei Ihnen so?***
How about you?	Und Ihnen?
Fine, thanks.	Danke, ***gut.***
I'm ***very well.***	Mir geht es ***sehr gut.***
Great.	Großartig.
Not so bad, thanks.	***Ganz gut,*** danke.
OK, thanks.	***Gut,*** danke.
I've been ***very busy.***	Ich war ***sehr beschäftigt.***/Ich hatte ***viel zu tun.***
Very busy, as usual.	Ich bin wie immer sehr beschäftigt.
No complaints.	***Kein Grund zur Klage.***
Can't complain.	Ich ***kann mich nicht beschweren.***
Pretty good, thanks.	***Ziemlich gut,*** danke.
Things could be worse.	Es könnte schlimmer sein.
So-so.	***So lala.***
Well, surviving, thanks.	Mittelprächtig.
Not so good, actually.	Eigentlich nicht so gut.
And you?	Und Sie?
All right. ***It's been some time.***	Gut. ***Es ist schon lange her, dass wir uns gesehen habe.***
I haven't seen you for a while.	Ich habe Sie eine Weile nicht gesehen.

Becoming acquainted with someone — **Miteinander bekannt werden**

Asking someone's profession	Jemanden nach dem Beruf fragen
What do you do?	***Was machen Sie*** (beruflich)?
I'm assistant director of sales.	Ich bin stellvertretender Direktor der Verkaufsabteilung.
And what do you do?	Und was machen Sie (beruflich)?
I'm (working) ***in*** finance.	***Ich arbeite im*** Finanzwesen.
I used to ..., now I ...	Früher habe ich ..., heute ...

Asking about someone's hobbies	Jemanden nach seinen Hobbys fragen
What do you do at the weekend? How do you ***spend*** your weekends?	Was machen Sie am Wochenende? Wie ***verbringen*** Sie Ihre Wochenenden?
Have you got a hobby? What are your hobbies? I love ... in my ***spare time.*** It's very relaxing. It's very ***absorbing.***	Haben Sie ein Hobby? Welche Hobbys haben Sie? Ich ... sehr gern in meiner ***Freizeit.*** Es ist sehr entspannend. Es ***füllt*** mich sehr ***aus.***
Are you interested in sports? What ***kind of sports*** do you do? Yes, I'm interested in most kinds of sports and ***enjoy playing myself.***	Interessieren Sie sich für Sport? Welche ***Sportarten*** betreiben Sie? Ja, ich interessiere mich für die meisten Sportarten und bin ***selbst begeisterter Sportler.***
What do you enjoy reading? I like ***non-fiction.*** I enjoy reading the ***daily papers.*** What are you reading at the moment? Who's your ***favourite author?*** I love ...'s books. This book ***reads well.*** Have you read the ***editorial*** today?	Was lesen Sie gern? Ich lese gern ***Sachbücher***. Ich lese gern die ***Tageszeitungen.*** Was lesen Sie denn im Moment? Wer ist Ihr ***Lieblingsschriftsteller?*** Ich liebe die Bücher von ... Dieses Buch ***liest sich sehr gut.*** Haben Sie heute den ***Leitartikel*** gelesen?
The editorial is very ***controversial*** today.	Der Leitartikel ist heute sehr ***kontrovers.***

Making a date	Sich verabreden
Do let me invite you to ... ***May I come*** and visit you? I think ***we should meet.*** ***How about*** meeting in ...?	***Darf ich Sie*** zu ... einladen? ***Darf ich Sie*** besuchen kommen? Ich glaube, ***wir sollten uns treffen.*** ***Wie wäre es,*** wenn wir uns in ... treffen würden?
What about meeting after ...?	Vielleicht können wir uns nach ... treffen?
Would you like to meet for lunch?	Sollen wir gemeinsam zu Mittag essen?

I suggest that I come and meet you at ...	***Ich schlage vor,*** ich treffe Sie in/bei ...
When could we meet?	Wann könnten wir uns treffen?
When would it ***suit you?***	Wann würde es ***Ihnen passen?***
Is next Thursday OK with you?	Passt es Ihnen nächsten Donnerstag?
How about ...?	Wie wäre es mit ...?
Could we make it a bit earlier/later?	***Ginge es*** etwas früher/später?
Should we say Tuesday at 3 pm?	***Sollen wir*** Dienstag um 15 Uhr ***sagen?***
Where shall we meet, in ...?	Wo sollen wir uns treffen, in ...?
Yes, ***that'll be fine.***	Ja, ***das passt mir gut.***

Social activites	**Gemeinsame Unternehmungen**
I would like to ***visit the museum.***	Ich würde gern ***das Museum besuchen.***
There are some very interesting ***galleries*** in the city centre.	Es gibt einige sehr interessante ***Galerien*** in der Innenstadt.
I would like to see the ***exhibition about French Impressionism.***	Ich würde gern die ***Ausstellung über den französischen Impressionismus*** besuchen.
Have you already visited the ***cathedral?***	Haben Sie schon die ***Kathedrale*** besucht?
Let's take a look at ***the sights.***	Lassen Sie uns ***die Sehenswürdigkeiten*** besichtigen.
Why don't we ***get through the cultural part*** first?	Warum ***nehmen*** wir uns nicht zuerst ***den kulturellen Teil vor?***
There's so much to see at the ... museum.	***Es gibt*** im ... Museum ***so viel zu sehen.***
I never pass an opportunity to visit it.	***Ich lasse nie eine Gelegenheit aus,*** es zu besuchen.
The ***current exhibition*** has received ***major exposures*** in the press.	Die ***aktuelle Ausstellung*** hat einen ***großen Anklang*** in der Presse erfahren.
Would you like a ***guide?***	Hätten Sie gern einen ***Führer?***
I'll take a ***catalogue.***	Ich nehme einen ***Katalog.***
We'll ***tackle*** this gallery ***first.***	***Nehmen*** wir uns diese Galerie ***zuerst vor.***
Let's go to the cinema this evening.	***Lassen Sie uns*** heute Abend ***ins Kino gehen***.

What do you think about ***going to the pictures?***	Was halten Sie davon, ***ins Kino zu gehen?***
What's on at the moment?	***Was läuft*** im Moment?
That film is very ***popular*** at the moment.	Der Film ist im Moment sehr ***populär.***
The film ***has received very good reviews.***	Der Film ***hat sehr gute Kritiken bekommen.***
We should ***ring and reserve tickets.***	Wir sollten ***telefonisch Karten reservieren.***
I've seen that film before.	Ich habe diesen Film schon gesehen.
I'd love to see that film.	Ich würde diesen Film gern sehen.
Did you ***enjoy*** the film?	Hat Ihnen der Film ***gefallen?***
I really enjoyed the film.	Mir hat der Film sehr gut gefallen.
I think it's ***overrated.***	Ich glaube, er wird ***überschätzt.***
The ***acting*** was very good.	Die ***schauspielerischen Leistungen*** waren sehr gut.
The ***plot*** was rather weak.	Die ***Handlung*** war etwas schwach.
The ***performance*** was a success.	Die ***(Theater-)Aufführung*** war ein Erfolg.
It's a very old play.	Es ist ein sehr altes Theaterstück.
This ***is a controversial production.***	Die ***Inszenierung ist umstritten.***
The ***set*** was wonderful.	Das ***Bühnenbild*** war fantastisch.
I was very impressed by the acting.	Die schauspielerische Leistung ***hat mich sehr beeindruckt.***
The acting was ***not very convincing.***	Die schauspielerische Leistung war ***nicht sehr überzeugend.***
An ***unknown actress*** is cast in the ***leading role***.	Die ***Hauptrolle*** hat eine ***unbekannte Schauspielerin.***
The play has ***a well-known cast.***	Das Stück ist mit ***bekannten Schauspielern*** besetzt.

Saying goodbye	**Sich verabschieden**
Goodbye.	Auf Wiedersehen.
Have a good journey.	Gute Reise.
Give my regards to ...	Grüßen Sie ... von mir.
See you again soon!	Bis bald!
Say hello to ... from me.	Grüßen Sie ... von mir.
I'll take you to the ...	Ich bringe Sie noch zu ...

I enjoyed it very much.	Es hat mir sehr gut gefallen.
When are you leaving?	Um wie viel Uhr reisen Sie ab?
See you then!	Bis dann!
I'll be back in touch once ...	***Ich melde mich bei Ihnen*** sobald ...
I definitely look forward ***to hearing from you.***	Ich freue mich wirklich darauf, ***von Ihnen zu hören.***
I'm really looking forward to it.	Ich freue mich schon darauf.
It was nice to see you again.	Es hat mich gefreut, Sie wieder zu sehen.
Nice to meet you, too.	Es hat mich auch gefreut.
You're leaving already?	Sie gehen schon?
I'm sorry ***I didn't get more of a chance*** to speak to you.	Es tut mir leid, ***dass ich nicht mehr Gelegenheit hatte,*** mit Ihnen zu reden.
I'm sure ***we'll have more opportunities*** later.	Ich bin sicher, ***dass wir dazu*** später ***noch Gelegenheiten haben werden.***
It's been a pleasure ***talking to you.***	Es war mir ein Vergnügen, ***mich mit Ihnen zu unterhalten.***
Here's my ***card.***	Hier ist meine ***Karte.***
And do take mine.	***Und hier ist meine.***
I can ***put you in touch with*** some ***useful contacts.***	Ich kann ***Ihnen*** einige ***nützliche Kontakte vermitteln.***
I'll be pleased to see you ***whenever you get over to London.***	Es würde mich freuen, Sie wieder zu sehen, ***wenn Sie einmal wieder nach London kommen.***
It's been lovely talking to you, but ***I'm afraid I really have to go now.***	Es war schön, mit Ihnen zu reden, aber ***ich muss jetzt wirklich gehen.***
We'll have to ***get together again soon.***	Wir müssen ***uns*** unbedingt ***bald einmal wieder treffen.***
Give me a ring when you're free.	***Rufen Sie mich an,*** wenn Sie Zeit haben.

Dialogbeispiele

Welcome	**Begrüßung**
A: ***Hello, you must be*** Mr Pale! ***I'm so pleased to meet you.***	A: ***Guten Tag, Sie müssen*** Herr Pale ***sein***! ***Es freut mich sehr, Sie kennen zu lernen.***

B: Hello, Mrs Jones? ***I'm glad to meet you, too.***
A: Did you have a good trip?
B: Yes, thank you. The flight was very comfortable.
A: I'm glad to hear that.

B: Guten Tag, Frau Jones? ***Freut mich ebenfalls, Sie kennen zu lernen.***
A: Hatten Sie eine gute Reise?
B: Ja, vielen Dank. Der Flug war sehr angenehm.
A: Freut mich, das zu hören.

A: Oh, there's Trevor Sharp, the Senior Consultant of Mino Ltd. Trevor! Over here! ***Come and join us!*** Trev, ***I haven't seen you for ages***.

A: Ah. Da ist Trevor Sharp, der leitende Berater von Mino Ltd. Trevor! Hier drüben! ***Komm und leiste uns Gesellschaft!*** Trev, ***ich habe dich eine Ewigkeit nicht gesehen.***

B: Hi, Mike. Nice to meet you.

B: Hallo Mike. Schön, dich zu sehen.

A: ***I'd like you to meet*** my two friends from London. They're businessmen, too. Boys! This is Trevor Sharp, Senior Consultant of a big electronic company. Trev, ***let me introduce you to*** Peter Ross and Arthur May.

A: ***Ich möchte, dass du*** meine beiden Freunde aus London ***kennen lernst***. Sie sind ebenfalls Geschäftsleute. Jungs! Das ist Trevor Sharp, leitender Berater einer großen Elektrofirma. Trev, ***lass mich dir*** Peter Ross und Arthur May ***vorstellen***.

B: ***How do you do***, ***I'm honoured to meet you***.
C: How do you do, ***I'm delighted to meet you.***

B: ***Guten Tag, es ist mir eine Ehre, Sie kennen zu lernen.***
C: Guten Tag, ***sehr erfreut, Sie kennen zu lernen.***

A: Hello, Daisy.
B: Hello, Roger. ***Nice to see you again.***
A: ***Good to see you, too. How are things?***
B: Pretty good, thanks. My new job is really interesting and my colleagues are very nice people.
A: ***I'm glad to hear that,*** Daisy.
B: ***How about you,*** Roger? ***I haven't seen you for a while***. How's work?

A: Hallo Daisy.
B: Hallo Roger. ***Schön, dich wieder zu sehen.***
A: ***Ganz meinerseits. Wie läuft es so?***

B: Ziemlich gut, danke. Meine neue Arbeit ist wirklich interessant und meine Kollegen sind sehr nett.
B: ***Freut mich, das zu hören,*** Daisy.
A: ***Und du,*** Roger? ***Ich habe dich eine Weile nicht gesehen.*** Wie ist die Arbeit?

A: ***No complaints.*** But we still miss you at N.N. Enterprises, Daisy.

B: ***Kein Grund zur Klage.*** Aber bei N.N. Enterprises vermissen wir dich noch immer, Daisy.

Becoming acquainted with someone

A: And you, John, ***what do you do?*** I know Janet just told me, but I didn't catch it.

B: Actually, ***I'm assistant director of sales.*** Our ***director*** is away on business at the moment, so I'm filling in for him. ***And what do you do?***

A: ***I used to*** design websites; ***now I*** just tell other people what to do, how to do it and when they have to be done with it.
B: Oh.
A: Yeah, everybody says that. But ***it's really an interesting job*** and it's creative, too. You have to solve quite a variety of technical problems.

A: ***And what do you do at the weekend,*** Peter?
B: It depends on the time of year. ***I go biking*** in the summer. In winter, ***I often go swimming.*** And you?
A: I shop, go swimming, sometimes ***go for bike rides*** with a friend. And ***I go to museums***, too, if there's an interesting ***exhibition***. I get ideas for making adverts more interesting while walking around a museum.

C: Yes, I get ideas in museums too – in the Manchester museums. We have quite a few. What about you, John, ***how do you spend your weekends?***

D: I work out, spend some time with my daughters.

Miteinander bekannt werden

A: Und Sie, John, ***was machen Sie?*** Ich weiß, Janet hat es mir gerade erzählt, aber ich habe es nicht richtig verstanden.
B: Eigentlich ***bin ich stellvertretender Leiter der Verkaufsabteilung.*** Unser ***Abteilungsleiter*** ist gerade auf Geschäftsreise, also vertrete ich ihn. ***Und was machen Sie?***
A: ***Früher habe ich*** Webseiten gestaltet; ***jetzt*** sage ich einfach anderen Mitarbeitern, was sie zu tun haben, und bis wann sie fertig sein müssen.
B: Ach so.
A: Ja, das sagen alle. Aber ***es ist wirklich ein interessanter Job***, und auch kreativ. Man muss viele verschiedene technische Probleme lösen.

A: ***Und was machen Sie am Wochenende,*** Peter?
B: Es kommt auf die Jahreszeit an. Im Sommer ***fahre ich Rad.*** Im Winter ***gehe ich oft schwimmen.*** Und Sie?
A: Ich gehe einkaufen, gehe schwimmen, manchmal ***mache*** ich mit einer Freundin ***eine Fahrradtour.*** Und ***ich besuche Museen,*** wenn es eine interessante ***Ausstellung*** gibt. Beim Gang durch ein Museum komme ich auf Ideen, wie man Werbung interessanter gestalten kann.
C: Ja, ich komme in Museen auch auf Ideen – in den Museen von Manchester. Wir haben ziemlich viele davon. Und was ist mit Ihnen, John, ***wie verbringen Sie Ihre Wochenenden?***
D: Ich trainiere, und ich verbringe Zeit mit meinen Töchtern.

A: Oh, so ***you have children.***
D: Yes, two daughters. ***My wife and I are divorced***, but I get the girls every other weekend.

A: Ach, ***Sie haben Kinder?***
D: Ja, zwei Töchter. ***Meine Frau und ich sind geschieden,*** aber ich bekomme die Mädchen jedes zweite Wochenende.

A: ***What are your hobbies?***
B: Well, ***I love painting.*** It's very ***absorbing***. ***What about you?***
A: ***I enjoy riding*** very much.
B: Isn't that a bit expensive?
A: Yes, sometimes. But I love it so much that it's worth it.

A: ***Welche Hobbys haben Sie?***
B: Also, ***ich male sehr gern.*** Es ***füllt mich*** sehr ***aus***. ***Und Ihr Hobby?***
A: ***Ich reite*** unheimlich ***gern***.
B: Ist das nicht ein bisschen teuer?
A: Ja, schon. Aber ich habe solche Freude daran, dass es sich lohnt.

A: ***Have you got any children?***
B: Yes, two. A girl and a boy.

A: ***Haben Sie Kinder?***
B: Ja, zwei. Ein Mädchen und einen Jungen.

A: And ***how old are they?***
B: The elder one is 17 and the younger is only nine.
A: That's a big difference! ***Are they both still at school?***
B: My son is still at ***primary school***, of course, but my daughter ***is doing an apprenticeship*** and ***has*** already ***left home***.
A: That's interesting. What kind of apprenticeship is she doing?
B: ***She's training to be a*** jeweller.

A: Und ***wie alt sind sie?***
B: Die Ältere ist 17 und der Jüngere ist erst neun.
A: Das ist ja ein großer Unterschied! ***Besuchen beide noch die Schule?***
B: Mein Sohn besucht natürlich noch die ***Grundschule***, aber meine Tochter ***macht eine Lehre*** und ***ist*** schon ***aus dem Haus***.
A: Das ist interessant. Was für eine Lehre macht sie denn?
B: ***Sie macht eine Ausbildung zur*** Juwelierin.

A: ***Are you interested in sports?***
B: Yes, I'm interested in most kinds of sports and ***enjoy playing myself***.

A: ***Interessieren Sie sich für Sport?***
B: Ja, ich interessiere mich für die meisten Sportarten und ***bin selbst begeisterter Sportler***.

A: ***What kind of sports do you do?***
B: ***I play tennis*** and I also ***play football*** with some friends sometimes. And you?
A: Oh, I prefer to watch it on TV.

A: ***Welchen Sport betreiben Sie?***
B: ***Ich spiele Tennis*** und manchmal ***spiele*** ich auch mit ein paar Freunden ***Fußball***. Und Sie?
A: Oh, ich bevorzuge Sport im Fernsehen.

A: ***What do you enjoy reading?***
B: It depends. During the week, I enjoy reading the ***dailies*** but at the weekend or on holiday, I love to lose myself in a good ***novel***.

A: ***Was lesen Sie gern?***
B: Es kommt darauf an. Während der Woche lese ich gern die ***Tageszeitungen***, aber am Wochenende oder im Urlaub vertiefe ich mich sehr gern in einen guten ***Roman***.

A: ***Who's your favourite author?***

A: ***Wer ist Ihr Lieblingsschriftsteller?***

B: That's difficult to say. Perhaps Turgenev.
A: Oh, I find his books ***very heavy-going***. I prefer ***light reading***, ***detective novels***, for example.

B: Das ist schwer zu sagen, vielleicht Turgenew.
A: Oh, ich finde seine Bücher ***sehr schwierig***. Ich bevorzuge ***Unterhaltungsliteratur***, z. B. ***Krimis***.

Making a date

Sich verabreden

A: ***When do you leave for*** Berlin, Peter?
B: The day after tomorrow, Ben.
A: I'm here until the following week, you know. So we should have a little ***farewell party***. ***I'll call around*** and see if people are free tomorrow evening. ***Unless you have something else in mind?***

A: ***Wann fahren Sie nach*** Berlin ***zurück,*** Peter?
B: Übermorgen, Ben.
A: Ich bin bis nächste Woche hier, wissen Sie. Also sollten wir eine kleine ***Abschiedsparty*** machen. ***Ich werde herumtelefonieren*** und schauen, ob die Leute morgen Abend Zeit haben. Das heißt, ***wenn Sie nichts anderes vorhaben?***

B: No, Ben. ***I'd like that.***

B: Nein, Ben. ***Das würde mir Spaß machen.***

A: ***I'm free tomorrow afternoon,*** so ***let's make*** an excursion ***together.*** Do you know Staten Island?

A: ***Morgen Nachmittag habe ich frei, lassen Sie uns*** einen Ausflug ***zusammen machen.*** Kennen Sie Staten Island?

B: I know it's there, but ***I haven't been there yet.***
A: It's not the island that's so interesting, but the means of getting there and back – by ferry. If you want to get to know a city on the water then take a boat. So, ***I'll***

B: Ich weiß, dass es das gibt, aber ***ich bin bisher noch nicht dort gewesen.***
A: Die Insel ist nicht so interessant, aber die Art und Weise, wie man hin- und zurückkommt – mit der Fähre. Wenn Sie eine Stadt am Wasser kennen lernen wollen, nehmen Sie

pick you up at the hotel at two o'clock.
B: Great! ***I'm really looking forward to it,*** Ben.

ein Boot. Also, ***ich hole Sie*** dann um zwei vom Hotel ***ab.***
B: Großartig! ***Ich freue mich sehr darauf,*** Ben.

A: Will you be staying for the ***final session***, John?
B: No, ***I have to get moving.*** But, look, ***join me for a drink afterwards.*** You can then fill me in on the rest of the day's proceedings. I'll wait for you in the lobby – ***if you have nothing else in mind,*** I mean.

A: Werden Sie bis zur ***Abschlusssitzung*** bleiben, John?
B: Nein, ***ich muss weiter.*** Aber ***gehen wir danach doch noch auf einen Drink.*** Sie können mich dann über den Rest des Tagesverlaufs informieren. Ich werde in der Lobby auf Sie warten – ***wenn Sie nichts anderes vorhaben,*** meine ich.

A: No, of course. That's a great idea. ***I'll come straight to*** the hotel ***after*** the session ***ends***.

A: Nein, natürlich nicht. Eine großartige Idee. ***Ich komme nach Ende der*** Sitzung ***direkt ins*** Hotel.

Social Activites

Gemeinsame Unternehmungen

A: ***I would like to*** see some art.

A: ***Ich würde*** mir ***gern*** ein wenig Kunst ansehen.

B: That's an excellent idea. ***Do you mind if I accompany you*** to the museum?
A: ***On the contrary, I would appreciate it!*** But I would like to visit some ***art galleries,*** too.
B: There are some excellent ones in the ***city centre.*** Very modern. Very avant-garde.
A: Indeed? So, ***let's tackle*** the galleries first, then go to the ***museum*** ...
B: ... and after getting through the ***cultural part***, we should have dinner together.
A: Brilliant idea! I'm convinced you know a pretty good restaurant in town.

B: Das ist eine hervorragende Idee. ***Hätten Sie etwas dagegen, wenn ich Sie*** ins Museum ***begleiten würde?***
A: ***Im Gegenteil, das wäre sehr angenehm.*** Aber ich würde auch gern einige ***Kunstgalerien*** besuchen.
B: Es gibt einige sehr gute in der ***Innenstadt.*** Sehr modern. Sehr avantgardistisch.
A: Tatsächlich? Nun, ***nehmen wir uns*** zuerst die Galerien ***vor,*** anschließend gehen wir ins ***Museum*** ...
B: ... und wenn wir den ***kulturellen Teil*** hinter uns haben, ***sollten wir gemeinsam zu Abend essen.***
A: Tolle Idee! Ich bin überzeugt davon, dass Sie ein wirklich gutes Restaurant in der Stadt kennen.

A: ***Have you any plans for this evening?***
B: Actually, ***I have nothing special in mind.***
A: ***What do you think about*** going to the pictures?
B: Good idea! ***What's on*** at the moment?
A: The new film by NN: It's very popular in Britain at the moment.
B: Yes, I've heard of it. It has received excellent ***reviews.***

A: ***Haben Sie heute Abend schon etwas vor?***
B: Eigentlich ***habe ich nichts besonderes vor.***
A: ***Was halten Sie davon,*** ins Kino zu gehen?
B: Gute Idee! ***Was läuft*** zur Zeit?
A: Der neue Film von NN: Er ist in England momentan sehr populär.
B: Ja, ich habe davon gehört. Er hat hervorragende ***Kritiken*** bekommen.

A: Well Janet, ***how did you enjoy the performance?***
B: Very much! The ***set*** was wonderful and ***I was really impressed by the acting! What do you think,*** Roger?

A: The ***main actor*** was fantastic, but the ***supporting actress*** nearly stole the show!
B: You're right, Roger. ***She's very promising.***

A: Nun, Janet, ***hat Ihnen die Aufführung gefallen?***
B: Sehr! Das ***Bühnenbild*** war fantastisch und ***ich bin wirklich von der schauspielerischen Leistung beeindruckt! Was meinen Sie,*** Roger?
A: Der ***Hauptdarsteller*** war herausragend, aber die ***Nebendarstellerin*** hat ihm fast die Show gestohlen!
B: Sie haben recht, Roger. ***Sie ist sehr vielversprechend.***

Saying goodbye

A: ***When are you leaving?***

B: My airplane leaves at 5.15, so I will arrive in Berlin in time to have dinner with my family.

A: Well, ***goodbye then, and have a good journey.*** And remember: I'll be visiting Germany next spring.

B: I'm really looking forward to it. ***See you then!***

Sich verabschieden

A: ***Um wie viel Uhr reisen Sie ab?***
B: Mein Flugzeug startet um 17.15, so dass ich in Berlin rechtzeitig ankomme, um mit meiner Familie zu Abend zu essen.
A: Nun, ***dann auf Wiedersehen und eine gute Reise.*** Und denken Sie daran: Ich komme im nächsten Frühjahr nach Deutschland.
B: Ich freue mich schon darauf. ***Bis dann!***

A: ***It was nice to see you again,*** Angela.
B: ***Nice to see you, too,*** Harry.
A: ***I'll be back in touch*** once I've had a few more meetings and made some decisions.

A: ***Es hat mich gefreut, Sie wieder zu sehen,*** Angela.
B: ***Es hat mich auch gefreut,*** Harry.
A: ***Ich melde mich bei Ihnen,*** sobald ich einige weitere Besprechungen geführt und ein paar Entscheidungen getroffen habe.

B: Well, ***I definitely look forward to hearing from you.*** Goodbye.

B: Also, ***ich freue mich wirklich darauf, von Ihnen zu hören.*** Auf Wiedersehen.

A: Oh, ***you're leaving already?***
B: Yes, I've got quite a lot of work to do at the moment and ***I've got to catch an early flight*** tomorrow morning.
A: Well, ***I'm sorry I didn't get more of a chance to speak to you.***

A: Ach, ***Sie gehen schon?***
B: Ja, ich habe momentan ziemlich viel Arbeit und ***ich muss*** morgen ***einen frühen Flug nehmen.***
A: Also, ***es tut mir leid, dass ich nicht mehr Gelegenheit hatte, mit Ihnen zu reden.***

B: ***I'm sure we'll have more opportunities later.***

B: ***Ich bin sicher, dass wir dazu später noch Gelegenheiten haben werden.***

A: ... ***It's been a pleasure talking to you,*** Mr. Grant. ***Here's my card.***

A: ... ***Es war mir ein Vergnügen, mich mit Ihnen zu unterhalten,*** Mr. Grant. ***Hier ist meine Karte.***

B: ***And do take mine. I'll be pleased to see you*** whenever you get over to London.

B: ***Und hier ist meine. Es würde mich freuen, Sie wieder zu sehen,*** wenn Sie einmal wieder nach London kommen.

A: If you ever have to go to Germany ***I can put you in touch with*** some useful contacts there, too.

A: Sollten Sie jemals nach Deutschland müssen, ***kann ich Ihnen*** auch ***dort*** einige nützliche Kontakte ***vermitteln.***

A: Well, ***it's been lovely talking to you, but I'm afraid I really have to go now***.
B: That's a pity. ***We'll have to get together again soon.***
A: That would be great. ***Give me a ring when you're free.***

A: ***Es war schön, mit Ihnen zu reden, aber ich muss jetzt wirklich gehen.***
B: Das ist schade. ***Wir müssen uns unbedingt bald einmal wieder treffen.***
A: Das wäre toll. ***Rufen Sie mich an, wenn Sie Zeit haben.***

Anhang

Occupational Titles

accountant	Buchhalter(in), Rechnungsprüfer(in)
account manager	Kundenbetreuer(in)
administrative manager	Verwaltungsdirektor(in), Geschäftsführer(in)
advertising director/manager	Leiter(in) der Werbeabteilung, Werbeleiter(in)
agent	Vertreter(in)
area manager	Bereichsleiter(in), Gebietsleiter(in)
assistant	Assistent(in), Mitarbeiter(in), Stellvertreter(in)
assistant ...	...assistent(in), stellvertretende(r) ...
auditor	Wirtschaftsprüfer(in), Rechnungsprüfer(in)
bank director/manager	Bankdirektor(in)
branch manager	Filialleiter(in), Zweigstellenleiter(in)
broker	(Börsen-)Makler(in), Broker(in)
business (sales) manager	kaufmännische(r) Direktor(in)
business consultant	Unternehmensberater(in)
buyer	Einkäufer(in)
chairman	Vorsitzender, Präsident
chairperson	Vorsitzende(r), Präsident(in)
chairperson of the board (of directors)	Vorstandsvorsitzende(r)
chairperson of the supervisory board	Aufsichtsratsvorsitzende(r)
chairperson and managing director *(UK)*	Vorstandsvorsitzende(r)
chairwoman	Präsidentin, Vorsitzende
chief ...	Chef..., Haupt..., leitende(r) ...
chief accountant	Hauptbuchhalter(in), Leiter(in) der Buchhaltung
chief engineer	leitende(r) Ingenieur(in)
chief executive (officer) *(US)* CEO	Hauptgeschäftsführer(in), Vorstandsvorsitzende(r)
chief financial officer *(US)* CFO	Leiter(in) der Finanzabteilung
civil servant	Staatsbedienstete(r), Beamte(r)
commercial representative	Handelsvertreter(in)
consultant	Berater(in)
copywriter	Werbetexter(in)
customer relations manager	Kundendienstleiter(in)
customer service manager	Kundendienstleiter(in)
data processing manager	Leiter(in) der EDV-Abteilung, Leiter(in) des Rechenzentrums
departmental manager	Abteilungsleiter(in), Referatsleiter(in)
department head	Abteilungsleiter(in), Referatsleiter(in)
deputy	...assistent(in), stellvertretende(r) ...
design engineer	Konstrukteur(in)

development director/manager	Leiter(in) der Entwicklungsabteilung
development engineer	Entwicklungsingenieur(in)
director	Direktor(in), Leiter(in), Vorstandsmitglied
director general	Generaldirektor(in), Hauptgeschäftsführer(in)
director of finance	Leiter(in) der Finanzabteilung
director of marketing	Marketingleiter(in)
director of planning	Leiter(in) der Planungsabteilung
director of public relations/PR	PR-Leiter(in), Leiter(in) der Abteilung Öffentlichkeitsarbeit
director of sales	Verkaufsleiter(in)
director of the ... department	Abteilungsleiter(in) ...
distribution director/manager	Vertriebsleiter(in)
district manager	Gebietsleiter(in), Bezirksleiter(in)
divisional director/manager	Geschäftsbereichsleiter(in)
editor	Redakteur(in)
editor-in-chief	Chefredakteur(in)
employee	Angestellte(r)
engineer	Ingenieur(in)
engineering manager	Leiter(in) der technischen Abteilung
export director/manager	Leiter(in) der Exportabteilung
factory manager	Fabrikdirektor(in), Werksleiter(in)
field sales manager	Außendienstleiter(in)
financial manager	Leiter(in) der Finanzabteilung
general (executive) manager GM	Generaldirektor(in), leitende(r) Direktor(in), Geschäftsführer(in)
head	Chef(in), Leiter(in), Direktor(in)
head of department/division/section	Abteilungsleiter(in)
head of staff	Personalleiter(in), Leiter(in) der Personalabteilung
human resources manager	Personalleiter(in), Leiter(in) der Personalabteilung
import director/manager	Leiter(in) der Importabteilung
lawyer, solicitor; attorney *(US)*	Rechtsanwalt/Rechtsanwältin
lecturer	Dozent(in), Lektor(in)
logistics manager	Leiter(in) der Logistikabteilung
management consultant	Unternehmensberater(in)
manager	Geschäftsführer(in), (Abteilungs-)Leiter(in)
managing director *(UK)* MD	geschäftsführende(r) Direktor(in), Hauptgeschäftsführer(in)
managing partner	geschäftsführende(r) Gesellschafter(in)
marketing (and sales) manager	Verkaufsleiter(in), Vertriebsleiter(in)
marketing assistant	Assistent(in) der Marketingabteilung
marketing manager	Leiter(in) der Marketingabteilung
office manager	Geschäftsstellenleiter(in)
office staff	Bürokräfte

partner	Gesellschafter(in), Teilhaber(in), Partner(in)
personal assistant to managing director *(UK)*	Sekretär(in) der Geschäftsleitung, Direktionsassistent(in)
personnel director/manager	Personalleiter(in)
planning director	Leiter(in) der Planungsabteilung
plant manager	Fabrikdirektor(in), Werksdirektor(in)
president	Vorstandsvorsitzende(r)
press officer	Pressereferent(in), Pressesprecher(in)
principal	Direktor(in)
private secretary	Privatsekretär(in)
product manager	Produktmanager(in), Produktbetreuer(in)
production director/manager	Fertigungsleiter(in), Produktionsleiter(in), Betriebsleiter(in)
programmer	Programmierer(in)
project leader/manager	Projektleiter(in)
public relations/PR director	Leiter(in) der Abteilung Öffentlichkeitsarbeit, Leiter(in) der PR-Abteilung, Pressesprecher(in)
public servant	Staatsbedienstete(r), Beamte(r)
publicity manager	Werbeleiter(in)
purchasing executive/officer	Einkäufer(in)
purchasing manager	Einkaufsleiter(in), Leiter(in) der Abteilung Einkauf
regional director/manager	Bezirksleiter(in), Gebietsleiter(in)
research director/manager	Leiter(in) der Forschungsabteilung
sales director/manager	Verkaufsleiter(in), Vertriebsleiter(in)
sales engineer	Verkaufsingenieur(in), Vertriebsingenieur(in)
salesman	Verkäufer
salesperson	Verkäufer(in)
sales representative	Handelsvertreter(in), Verkäufer(in)
saleswoman	Verkäuferin
semi-skilled worker	angelernte(r) Arbeiter(in)
senior manager	leitende(r) Mitarbeiter(in)
service manager	Leiter(in) der Kundendienstabteilung
shareholder *(UK)*	Aktionär(in), Anteilseigner(in)
shipping agent	Spediteur(in)
skilled worker	Facharbeiter(in)
special assistant to managing director	Sekretär(in) der Geschäftsleitung, Direktionsassistent(in) mit besonderen Aufgaben
staff director/manager	Leiter(in)/Direktor(in) der Personalabteilung, Personalleiter(in), Personalchef(in)
stockholder *(US)*	Aktionär(in), Anteilseigner(in)
(computer) systems manager	Leiter(in) der EDV-Abteilung
team leader	Gruppenleiter(in), Teamleiter(in)

technical director/manager	technische(r) Direktor(in)/Leiter(in)
treasurer *(US)*	Finanzdirektor(in)
unskilled worker	ungelernte Arbeitskraft
vice chairman, vice president *(US)*	stellvertretende(r) Generaldirektor(in)
works manager	Werksleiter(in), Fabrikdirektor(in)

Berufsbezeichnungen

Abteilungsleiter(in)	department head, (departmental) manager
Abteilungsleiter(in) ...	director of the ... department, head of the ... department/division/section
Aktionär(in)	shareholder *(UK),* stockholder *(US)*
angelernte(r) Arbeiter(in)	semi-skilled worker
Angestellte(r)	employee
Assistent(in)	assistant
...assistent(in)	assistant ..., deputy ...
Assistent(in) der Marketingabteilung	marketing assistant
Aufsichtsratsvorsitzende(r)	chairperson of the supervisory board
Außendienstleiter(in)	field sales manager
Bankdirektor(in)	bank director/manager
Beamte(r)	civil servant, public servant
Berater(in)	consultant
Bereichsleiter(in)	area manager
Betriebsleiter(in)	production director/manager
Bezirksleiter(in)	district manager, regional director/manager
Börsenmakler(in)	broker
Buchhalter(in)	accountant
Bürokräfte	office staff
Chefredakteur(in)	editor-in-chief
Direktionsassistent(in)	personal assistant to managing director *(UK)*
Direktor(in)	director, principal
Dozent(in)	lecturer
Einkäufer(in)	buyer, purchaser, purchasing executive/officer
Einkaufsleiter(in)	purchasing manager
Entwicklungsingenieur(in)	development engineer
Fabrikdirektor(in)	factory/plant manager
Facharbeiter(in)	skilled worker
Filialleiter(in)	branch manager
Finanzdirektor(in)	treasurer *(US)*
Gebietsleiter(in)	district manager, area manager
Generaldirektor(in)	director general; managing director *(UK)* MD, chief executive (officer) CEO

Geschäftsbereichsleiter(in)	divisional director/manager
Gesellschafter(in)	partner, director
geschäftsführende(r) Direktor(in)	managing director *(UK)* MD, chief executive (officer) *(US)* CEO
geschäftsführende(r) Gesellschafter	managing partner
Geschäftsführer(in)	manager
Geschäftsstellenleiter(in)	office manager
Gruppenleiter(in)	team leader
Handelsvertreter(in)	commercial representative, sales representative
Hauptbuchhalter(in)	chief accountant
Hauptgeschäftsführer(in)	general (executive) manager GM, managing director *(UK)* MD
Ingenieur(in)	engineer
kaufmännische(r) Direktor(in)	business (sales) manager
Konstrukteur(in)	design engineer
Kundenbetreuer(in)	account manager
Kundendienstleiter(in)	customer relations/service manager
leitende(r) Ingenieur(in)	chief engineer
leitende(r) Mitarbeiter(in)	senior manager
Leiter(in) der Abteilung Öffentlichkeitsarbeit	public relations director, PR director
Leiter(in) der EDV-Abteilung	data processing manager, (computer) systems manager
Leiter(in) der Entwicklungsabteilung	development director/manager
Leiter(in) der Exportabteilung	export director/manager
Leiter(in) der Finanzabteilung	director of finance, financial manager, chief financial officer *(US)* CFO
Leiter(in) der Forschungsabteilung	research director/manager
Leiter(in) der Importabteilung	import manager
Leiter(in) der Kundendienstabteilung	customer service manager
Leiter(in) der Logistikabteilung	logistics manager
Leiter(in) der Marketingabteilung	marketing manager
Leiter(in) der Personalabteilung	personnel director/manager, staff director/manager, human resources manager
Leiter(in) der Planungsabteilung	director of planning, planning director
Leiter(in) des Rechenzentrums	data processing manager, (computer) systems manager
Leiter(in) der technischen Abteilung	engineering manager
Leiter(in) der Werbeabteilung	advertising director/manager
Marketingleiter(in)	director of marketing
Personalleiter(in)	head of staff, human resources manager, personnel director/manager
Präsident(in)	chairman, chairwoman, chairperson

Pressesprecher(in)	press officer, PR director
Privatsekretär(in)	private secretary
PR-Leiter(in)	director of public relations, PR director
Produktionsleiter(in)	production director/manager
Produktmanager(in)	product manager
Programmierer(in)	programmer
Projektleiter(in)	project leader/manager
Rechnungsprüfer(in)	accountant, auditor
Rechtsanwalt/Rechtsanwältin	lawyer, solicitor, attorney *(US)*
Redakteur(in)	editor
Spediteur(in)	shipping agent
stellvertretende(r) ...	assistant ..., deputy ...
stellvertretende(r) Generaldirektor(in)	vice chairman, vice president *(US)*
technische(r) Direktor(in)/Leiter(in)	technical director/manager
Teilhaber(in)	partner, director
ungelernte Arbeitskraft	unskilled worker
Unternehmensberater(in)	business/management consultant
Verkäufer(in)	salesman, saleswoman, salesperson
Verkaufsleiter(in)	director of sales, sales director/manager, marketing (and sales) manager
Vertreter(in)	agent
Vertriebsleiter(in)	distribution director/manager, sales director/manager
Verwaltungsdirektor(in)	administrative manager
Vorsitzende(r)	chairman, chairwoman, chairperson
Vorstandsvorsitzende(r)	chairman/chairwoman/chairperson of the board (of directors), chairman/chairwoman/chairperson and managing director *(UK)*
Werbeleiter(in)	publicity manager, advertising director/manager
Werbetexter(in)	copywriter
Werksleiter(in)	factory/plant/works manager
Wirtschaftsprüfer(in)	auditor
Zweigstellenleiter(in)	branch manager

Im Englischen werden Berufsbezeichnungen bei der Anrede, auch in Briefen, üblicherweise groß geschrieben.
Der Trend in deutschen Unternehmen geht dahin, Titel aus dem anglo-amerikanischen Raum zu verwenden. Dabei ist allerdings zu beachten, dass sich die Aufgabenbereiche und Funktionen der einzelnen Positionen in der deutschen und der amerikanischen bzw. englischen Unternehmensstruktur stark unterscheiden.
„Manager", zum Beispiel, bedeutet vor allem im amerikanischen Englisch nicht generell Abteilungsleiter, sondern wird für eine verantwortungsvolle Position in einem bestimmten Bereich verwendet. Differenziert wird hierbei anhand des Artikels:
*He's **the** sales manager.* – Er ist (der) Verkaufsleiter.
*He's **a** sales manager.* – sinngemäß: Er ist Leiter eines Verkaufsteams.

Unternehmensaufbau

Chairman and Managing Director
Aufsichtsratsvorsitzende(r)/Vorstandsvorsitzende(r)

- Marketing Director
  Direktor(in) der Marketingabteilung
  - Sales Manager
    Vertriebsleiter(in)
  - Client Services Manager
    Leiter(in) der Kundendienstabteilung
- Personnel Director
  Leiter(in) der Personalabteilung
  - Office Manager
    Geschäftsstellenleiter(in)
- Company Secretary
  Geschäftsführer(in)
  - Chief Accountant
    Leiter(in) der Buchhaltung
- Technical Director
  Technische(r) Direktor(in)
  - R&D Manager
    Leiter(in) Forschung und Entwicklung
- Production Director
  Fertigungsleiter(in)
  - Factory Manager
    Werksleiter(in)

Die deutschen Übersetzungen sind nur ungefähre Entsprechungen und können je nach Unternehmen variieren.

Rechtsformen

Deutschland	UK	USA
Aktiengesellschaft (AG)	joint-stock company, public limited company (plc)	open corporation, general corporation (Inc., incorporated)
eingetragene Gesellschaft	registered company	incorporated (Inc.) company
Einzelunternehmung	sole proprietor(ship)	sole proprietor(ship)
gemeinnützige Gesellschaft	non-profit(-making) organization	non-profit(-making) organization
Gesellschaft des bürgerlichen Rechts (GbR)	civil-law company	civil-law company
Gesellschaft mit beschränkter Haftung (GmbH)	(private) limited company (Ltd., Limited)	close(d) corporation, limited liability company (LLC, Corp.)
Kapitalgesellschaft	joint-stock company	corporation
Kommandit-gesellschaft (KG)	limited partnership	limited partnership
Offene Handels-gesellschaft (OHG)	general partnership	ordinary partnership
öffentlich-rechtliche Gesellschaft	public-law corporation	public-law corporation
Personengesellschaft	partnership	partnership

Important International Organizations

Andean Community (CAN)	Gemeinschaft der Andenstaaten (CAN)
Asia-Pacific Economic Cooperation (APEC)	Asiatisch-Pazifische Wirtschaftsgemeinschaft (APEC)
Association of South East Asian Nations (ASEAN)	Verband Südostasiatischer Nationen (ASEAN)
Bank for International Settlements (BIS)	Bank für Internationalen Zahlungsausgleich (BIZ)
Caribbean Community and Common Market (CARICOM)	Karibische Gemeinschaft und Gemeinsamer Markt (CARICOM)
Common Market for Eastern and Southern Africa (COMESA)	Gemeinsamer Markt für das östliche und südliche Afrika (COMESA)
Economic Community of West African States (ECOWAS)	Wirtschaftsgemeinschaft Westafrikanischer Staaten (ECOWAS)
European Central Bank (ECB)	Europäische Zentralbank (EZB)
European Free Trade Association (EFTA)	Europäische Freihandelsassoziation (EFTA)
European Union (EU)	Europäische Union (EU)
General Agreement on Tariffs and Trade (GATT)	Allgemeines Zoll- und Handelsabkommen (GATT)
International Air Transport Association (IATA)	Internationaler Luftverkehrsverband (IATA)
International Atomic Energy Agency (IAEA)	Internationale Atomenergie-Organisation (IAEO)
International Bank for Reconstruction and Development (IBRD)	Internationale Bank für Wiederaufbau und Entwicklung (IBRD)
International Centre for Settlement of Investment Disputes (ICSID)	Internationales Zentrum für die Beilegung von Investitionsstreitigkeiten (ICSID)
International Chamber of Commerce (ICC)	Internationale Handelskammer (ICC)
International Development Association (IDA)	Internationale Entwicklungsorganisation (IDA)
International Energy Agency (IEA)	Internationale Energie-Agentur (IEA)
International Finance Corporation (IFC)	Internationale Finanz-Corporation (IFC)
International Labour Organization (ILO)	Internationale Arbeitsorganisation (IAO)
International Monetary Fund (IMF)	Internationaler Währungsfonds (IWF)
International Standards Organization (ISO)	Internationale Standardorganisation (ISO)
Mercosur (Southern Common Market)	Mercosur (Gemeinsamer Markt des Südens)
Multilateral Investment Guarantee-Agency (MIGA)	Multilaterale Investitions-Garantie-Agentur (MIGA)

North American Free Trade Agreement (NAFTA)	Nordamerikanisches Freihandelsabkommen (NAFTA)
Organization for Security and Cooperation in Europe (OSCE)	Organisation für Sicherheit und Zusammenarbeit in Europa (OSZE)
Organization for Economic Cooperation and Development (OECD)	Organisation für wirtschaftliche Zusammenarbeit und Entwicklung (OECD)
Organization of Petroleum Exporting Countries (OPEC)	Organisation Erdöl exportierender Länder (OPEC)
United Nations (UN)	Vereinte Nationen (VN, UNO)
United Nations Conference on Trade and Development (UNCTAD)	Handels- und Entwicklungskonferenz der Vereinten Nationen (UNCTAD)
United Nations Industrial Development Organization (UNIDO)	Organisation der Vereinten Nationen für industrielle Entwicklung (UNIDO)
World Bank (group)	Weltbank(gruppe)
World Customs Organization (WCO)	Weltzollorganisation (WZO)
World Intellectual Property Organization (WIPO)	Weltorganisation für geistiges Eigentum (WIPO)
World Trade Organization (WTO)	Welthandelsorganisation (WTO)

Wichtige Internationale Organisationen

Allgemeines Zoll- und Handelsabkommen (GATT)	General Agreement on Tariffs and Trade (GATT)
Asiatisch-Pazifische Wirtschaftsgemeinschaft (APEC)	Asia-Pacific Economic Cooperation (APEC)
Bank für Internationalen Zahlungsausgleich (BIZ)	Bank for International Settlements (BIS)
Gemeinsamer Markt für das östliche und südliche Afrika (COMESA)	Common Market for Eastern and Southern Africa (COMESA)
Gemeinschaft der Andenstaaten (CAN)	Andean Community (CAN)
Europäische Zentralbank (EZB)	European Central Bank (ECB)
Europäische Freihandelsassoziation (EFTA)	European Free Trade Association (EFTA)
Europäische Union (EU)	European Union (EU)
Handels- und Entwicklungskonferenz der Vereinten Nationen (UNCTAD)	United Nations Conference on Trade and Development (UNCTAD)
Internationale Arbeitsorganisation (IAO)	International Labour Organization (ILO)
Internationale Atomenergie-Organisation (IAEO)	International Atomic Energy Agency (IAEA)

Internationale Bank für Wiederaufbau und Entwicklung (IBRD)	International Bank for Reconstruction and Development (IBRD)
Internationale Energie-Agentur (IEA)	International Energy Agency (IEA)
Internationale Entwicklungsorganisation (IDA)	International Development Association (IDA)
Internationale Finanz-Corporation (IFC)	International Finance Corporation (IFC)
Internationale Handelskammer (ICC)	International Chamber of Commerce (ICC)
Internationaler Luftverkehrsverband (IATA)	International Air Transport Association (IATA)
Internationaler Währungsfonds (IWF)	International Monetary Fund (IMF)
Internationale Standardorganisation (ISO)	International Standards Organization (ISO)
Internationales Zentrum für die Beilegung von Investitionsstreitigkeiten (ICSID)	International Centre for Settlement of Investment Disputes (ICSID)
Karibische Gemeinschaft und Gemeinsamer Markt (CARICOM)	Caribbean Community and Common Market (CARICOM)
Mercosur (Gemeinsamer Markt des Südens)	Mercosur (Southern Common Market)
Multilaterale Investitions-Garantie-Agentur (MIGA)	Multilateral Investment Guarantee Agency (MIGA)
Nordamerikanisches Freihandelsabkommen (NAFTA)	North American Free Trade Agreement (NAFTA)
Organisation der Vereinten Nationen für industrielle Entwicklung (UNIDO)	United Nations Industrial Development Organization (UNIDO)
Organisation Erdöl exportierender Länder (OPEC)	Organization of Petroleum Exporting Countries (OPEC)
Organisation für Sicherheit und Zusammenarbeit in Europa (OSZE)	Organization for Security and Cooperation in Europe (OSCE)
Organisation für wirtschaftliche Zusammenarbeit und Entwicklung (OECD)	Organization for Economic Cooperation and Development (OECD)
Verband Südostasiatischer Nationen (ASEAN)	Association of South East Asian Nations (ASEAN)
Vereinte Nationen (VN, UNO)	United Nations (UN)
Weltbank(gruppe)	World Bank (group)
Welthandelsorganisation (WTO)	World Trade Organization (WTO)
Weltorganisation für geistiges Eigentum (WIPO)	World Intellectual Property Organization (WIPO)
Weltzollorganisation (WZO)	World Customs Organization (WCO)
Wirtschaftsgemeinschaft Westafrikanischer Staaten (ECOWAS)	Economic Community of West African States (ECOWAS)

Curriculum Vitae *(UK)*/Resumé *(US)*

Personal Information:
Name: Thomas Smith
Address: 5 Harbour Street, London, SW9 8RU
Telephone: 0181-1234567
Nationality: British
Date of Birth: 29/01/1982
Marital status: Single

Education:

10/05 – 05/06	**Know-How Institute of Management,** London: Advanced Diploma Advertising, E-Business & PR
10/04 – 08/05	**University of London**, Business School, final year B.A. International Business
10/03 – 07/04	**Philipps University Marburg**, Germany: one year Erasmus exchange programme - International Business
10/01 – 08/03	**University of London**, Business School, B.A. International Business & German
09/95 – 06/01	**Two Towers Secondary School**, London: A levels German and Mathematics

Professional Experience:

02/05 – 05/06	**AIC Bank Headquarters,** London: Investment Administrator
04/02 – 10/04	**Gilderoy,** London: Temporary Account Manager
10/03 – 12/03	**Brown David International,** London: internship with focus on market research and analysis
06/01 – 04/02	**Guppi,** London: Sales Consultant

Skills and Interests:

fluent German, good working knowledge of French, MS Office sailing, web design, photography

References can be requested from:

Mrs Sarah McLean
Human Resources Management
AIC Bank Headquarters
Central Road 01
London
SW1 2DA

Prof. John Knower
Business School
University of London
London
NW2 1RD

Tabellarischer Lebenslauf

Persönliche Daten:
Name: Thomas Smith
Adresse: 5 Harbour Street, London, SW9 8RU
Telefon: 0181-1234567
Nationalität: Brite
Geburtsdatum: 29.01.1982
ledig

Ausbildung:

10/05 – 05/06	**Know-How Management Institut,** London: Abschluss Werbung, E-Business & PR
10/04 – 08/05	**Universität London**, Fakultät für Wirtschaftswissenschaften: Abschluss: B.A. International Business (VWL)
10/03 – 07/04	**Philipps-Universität Marburg**, Deutschland: Auslandsjahr als Erasmus Student (VWL)
10/01 – 08/03	**Universität London**, Fakultät für Wirtschaftswissenschaften: B.A. International Business (VWL)
09/95 – 06/01	**Two Towers Secondary School**, London: A-Levels in Deutsch und Mathematik

Beruflicher Werdegang:

02/05 – 05/06	**AIC Bank Headquarters,** London: Sachbearbeiter Investment
04/02 – 10/04	**Gilderoy,** London: Kundenbetreuer
10/03 – 12/03	**Brown David International,** London: Praktikum im Bereich Marktforschung und Datenanalyse
06/01 – 04/02	**Guppi,** London: Verkaufsberater

Sonstige Qualifikationen und Interessen:
Deutsch (fließend), Französisch (gut), MS Office
Segeln, Webdesign, Fotografie

London, 16.05.2006

Countries and Continents

Continents

Africa
America
Asia
Australia
Europe

Countries of the World

Country	*Region*	*Capital*	*Difference to CET in h*
Afghanistan	Central Asia	Kabul	+ 3
Albania	Southeastern Europe	Tirana	0
Algeria	Northern Africa	Algiers	0
Andorra	Western Europe	Andorra la Vella	0
Angola	Southwestern Africa	Luanda	0
Antigua and Barbuda	Central America; Caribbean	St. John's	– 5
Argentina	South America	Buenos Aires	– 4
Armenia	Southwestern Asia	Yerevan	+ 3
Australia	Oceania	Canberra	+ 7/+ 9
Austria	Central Europe	Vienna	0
Azerbaijan	Southwestern Asia	Baku	+ 3
Bahamas	Central America; Caribbean	Nassau	– 6
Bahrain	Middle East	Manama	+ 3
Bangladesh	Southern Asia	Dhaka	+ 5
Barbados	Central America; Caribbean	Bridgetown	– 5
Belarus	Eastern Europe	Minsk	+ 1
Belgium	Western Europe	Brussels	0
Belize	Central America	Belmopan	– 7
Benin	Western Africa	Cotonou	– 1
Bhutan	Southern Asia	Thimphu	+ 7
Bolivia	Central South America	La Paz	– 5
Bosnia and Herzegovina	Southeastern Europe	Sarajevo	0
Botswana	Southern Africa	Gaborone	+ 1
Brazil	South America	Brasilia	– 3/– 6
Brunei Darussalam	Southeast Asia	Bandar Seri Begawan	+ 7
Bulgaria	Southeastern Europe	Sofia	+ 1

Burkina Faso	Western Africa	Ouagadougou	– 1
Burundi	Eastern Africa	Bujumbura	+ 1
Cambodia	Southeast Asia	Phnom Penh	+ 6
Cameroon	Central Africa	Yaoundé	0
Canada	North America	Ottawa	– 6/– 9
Cape Verde	Western Africa	Cidade de Praia	– 2
Central African Republic	Central Africa	Bangui	0
Chad	Central Africa	N'Djamena	0
Chile	South America	Santiago de Chile	– 5
China	East Asia	Beijing	+ 7/+ 8
Colombia	South America	Bogotá	– 6
Comoros	Eastern Africa	Moroni	+ 4
Congo	Central Africa	Brazzaville	0
Congo, The Democratic Republic	Central Africa	Kinshasa	0
Costa Rica	Central America	San José	– 5
Croatia	Southeastern Europe	Zagreb	0
Cuba	Central America; Caribbean	Havana	– 6
Cyprus	Southeastern Europe	Nicosia	+ 1
Czech Republic	Central Europe	Prague	0
Denmark	Northern Europe	Copenhagen	+ 7/+ 8
Djibouti	Northeastern Africa	Djibouti	+ 2
Dominica	Central America; Caribbean	Roseau	– 5
Dominican Republic	Central America; Caribbean	Santo Domingo	– 5
East Timor (Timor-Leste)	Southeast Asia	Díli	+ 8
Ecuador	South America	Quito	– 6
Egypt	Northeastern Africa	Cairo	+ 1
El Salvador	Central America	San Salvador	– 7
Equatorial Guinea	Central Africa	Malabo	0
Eritrea	Northeastern Africa	Asmara	+ 2
Estonia	Northeastern Europe	Tallinn	+ 1
Ethiopia	Northeastern Africa	Addis Ababa	+ 2
Fiji	Oceania	Suva	+ 11
Finland	Northern Europe	Helsinki	+ 1
France	Western Europe	Paris	0
Gabon	Central Africa	Libreville	0
Gambia	Western Africa	Banjul	– 1
Georgia	Southwestern Asia	Tbilisi	+ 3
Germany	Central Europe	Berlin	0
Ghana	Western Africa	Accra	– 1
Great Britain	Western Europe	London	– 1
Greece	Southeastern Europe	Athens	+ 1
Grenada	Central America; Caribbean	St. George's	– 5

Guatemala	Central America	Guatemala City	– 7
Guinea	Western Africa	Conakry	– 1
Guinea-Bissau	Western Africa	Bissau	– 1
Guyana	South America	Georgetown	– 5
Haiti	Central America; Caribbean	Port-au-Prince	– 6
Honduras	Central America	Tegucigalpa	– 7
Hungary	Central Europe	Budapest	0
Iceland	Northern Europe	Reykjavik	– 1
India	Southern Asia	New Delhi	+ 4
Indonesia	Southeast Asia	Jakarta	+ 6/+ 7
Iran	Middle East	Tehran	+ 2
Iraq	Middle East	Baghdad	+ 2
Ireland	Western Europe	Dublin	– 1
Israel	Middle East	Jerusalem	+ 1
Italy	Southern Europe	Rome	0
Ivory Coast (Cote D'Ivoire)	Western Africa	Abidjan	– 1
Jamaica	Central America; Caribbean	Kingston	– 6
Japan	East Asia	Tokyo	+ 8
Jordan	Middle East	Amman	+ 1
Kazakhstan	Central Asia	Astana	+ 3
Kenya	Eastern Africa	Nairobi	+ 2
Kiribati	Oceania	Bairiki	+ 11
Kuwait	Middle East	Kuwait	+ 2
Kyrgyzstan	Central Asia	Bishkek	+ 4
Laos	Southeast Asia	Vientiane	+ 6
Latvia	Northeastern Europe	Riga	+ 1
Lebanon	Middle East	Beirut	+ 1
Lesotho	Southern Africa	Maseru	+ 1
Liberia	Western Africa	Monrovia	– 1
Libya	Northern Africa	Tripoli	0
Liechtenstein	Central Europe	Vaduz	0
Lithuania	Northeastern Europe	Vilnius	+ 1
Luxembourg	Western Europe	Luxembourg	0
Macedonia	Southeastern Europe	Skopje	0
Madagascar	Southeastern Africa	Antananarivo	+ 2
Malawi	Southeastern Africa	Lilongwe	+ 1
Malaysia	Southeast Asia	Kuala Lumpur	+ 6/+ 7
Maldives	Southern Asia	Male	+ 4
Mali	Western Africa	Bamako	– 1
Malta	Southern Europe	Valletta	0
Marshall Islands	Oceania	Majuro	+ 11
Mauritania	Northwestern Africa	Nouakchott	– 1
Mauritius	Southeastern Africa	Port Louis	+ 3
Mexico	North America	Mexico City	– 7/– 9

Micronesia	Oceania	Palikir	+ 10
Moldova	Southeastern Europe	Chisinau	+ 1
Monaco	Western Europe	Monaco	0
Mongolia	Central Asia	Ulaanbaatar	+ 6
Morocco	Northwestern Africa	Rabat	– 1
Mozambique	Sotheastern Africa	Maputo	+ 1
Myanmar (Birma)	Southeast Asia	Rangoon	+ 5
Namibia	Southwestern Africa	Windhoek	+ 1
Nauru	Oceania	Yaren	+ 11
Nepal	Southern Asia	Kathmandu	+ 4
Netherlands	Western Europe	Amsterdam	0
New Zealand	Oceania	Wellington	+ 11
Nicaragua	Central America	Managua	– 7
Niger	Western Africa	Niamey	0
Nigeria	Western Africa	Abuja	0
North Korea	East Asia	Pyongyang	+ 8
Norway	Northern Europe	Oslo	0
Oman	Middle East	Muscat	+ 3
Pakistan	Southern Asia	Islamabad	+ 4
Palau	Oceania	Koror	+ 8
Panama	Central America	Panama City	– 6
Papua New Guinea	Oceania	Port Moresby	+ 9
Paraguay	South America	Asunción	– 5
Peru	South America	Lima	– 6
Philippines	Southeast Asia	Manila	+ 7
Poland	Central Europe	Warsaw	0
Portugal	Southwestern Europe	Lisbon	– 1
Qatar	Middle East	Doha	+ 2
Romania	Southeastern Europe	Bucharest	+ 1
Russia (Russian Federation)	Eastern Europe/Asien	Moscow	+ 1/+ 7
Rwanda	Eastern Africa	Kigali	+ 1
Samoa	Oceania	Apia	– 12
San Marino	Southern Europe	San Marino	0
São Tomé and Príncipe	Central Africa	São Tomé	– 1
Saudi Arabia	Middle East	Riyadh	+ 2
Senegal	Western Africa	Dakar	– 1
Serbia and Montenegro	Southeastern Europe	Belgrade	0
Seychelles	Eastern Africa	Victoria	+ 3
Sierra Leone	Western Africa	Freetown	– 1
Singapore	Southeast Asia	Singapore	+ 7
Slovakia	Central Europe	Bratislava	0
Slovenia	Central Europe	Ljubljana	0
Solomon Islands	Oceania	Honiara	+ 10
Somalia	Northeastern Africa	Mogadishu	+ 2
South Africa	Southern Africa	Pretoria (Tshwane)	+ 1

South Korea	East Asia	Seoul	+ 8
Spain	Southwestern Europe	Madrid	0
Sri Lanka	Southern Asia	Colombo	+ 4
St. Kitts and Nevis	Central America; Caribbean	Basseterre	– 5
St. Lucia	Central America; Caribbean	Castries	– 5
St. Vincent and the Grenadines	Central America; Caribbean	Kingstown	– 5
Sudan	Northeastern Africa	Khartoum	+ 1
Suriname	South America	Paramaribo	– 4
Swaziland	Southeastern Africa	Mbabane	+ 1
Sweden	Northern Europe	Stockholm	0
Switzerland	Central Europe	Bern	0
Syria	Middle East	Damascus	+ 1
Taiwan (Republik China)	East Asia	Taipei	+ 7
Tajikistan	Central Asia	Dushanbe	+ 4
Tanzania	Eastern Africa	Dodoma	+ 2
Thailand	Southeast Asia	Bangkok	+ 6
Togo	Western Africa	Lomé	– 1
Tonga	Oceania	Nuku'alofa	+ 12
Trinidad and Tobago	Central America; Caribbean	Port-of-Spain	– 5
Tunisia	Northern Africa	Tunis	0
Turkey	Southeastern Europe/ Southwestern Asia	Ankara	+ 1
Turkmenistan	Central Asia	Ashgabat	+ 4
Tuvalu	Oceania	Funafuti	+ 11
Uganda	Eastern Africa	Kampala	+ 2
Ukraine	Eastern Europe	Kiev	+ 1
United Arab Emirates	Middle East	Abu Dhabi	+ 3
United Kingdom (UK)	Western Europe	London	– 1
United States of America (USA)	North America	Washington D.C.	– 6/– 11
Uruguay	South America	Montevideo	– 4
Uzbekistan	Central Asia	Tashkent	+ 4
Vanuatu	Oceania	Port Vila	+ 10
Vatican City	Southern Europe	Vatican City	0
Venezuela	South America	Caracas	– 5
Viet Nam	Southeast Asia	Hanoi	+ 6
Yemen	Middle East	Sana	+ 2
Zambia	Southern Africa	Lusaka	+ 1
Zimbabwe	Southern Africa	Harare	+ 1

Länder und Kontinente

Kontinente

Afrika
Amerika
Asien
Australien
Europa

Länder der Welt

Land	*Region*	*Hauptstadt*	*Zeitunterschied in h zur MEZ*
Afghanistan	Zentralasien	Kabul	+ 3
Ägypten	Nordostafrika	Kairo	+ 1
Albanien	Südosteuropa	Tirana	0
Algerien	Nordafrika	Algier	0
Andorra	Südwesteuropa	Andorra la Vella	0
Angola	Südwestafrika	Luanda	0
Antigua und Barbuda	Mittelamerika; Karibik	St. John's	– 5
Äquatorialguinea	Zentralafrika	Malabo	0
Argentinien	Südamerika	Buenos Aires	– 4
Armenien	Vorderasien	Jerewan	+ 3
Aserbaidschan	Vorderasien	Baku	+ 3
Äthiopien	Nordostafrika	Addis Abeba	+ 2
Australien	Ozeanien	Canberra	+ 7/+ 9
Bahamas	Mittelamerika; Karibik	Nassau	– 6
Bahrain	Vorderasien	Manama	+ 3
Bangladesch	Südasien	Dhaka	+ 5
Barbados	Mittelamerika; Karibik	Bridgetown	– 5
Belarus (Weißrussland)	Osteuropa	Minsk	+ 1
Belgien	Westeuropa	Brüssel	0
Belize	Mittelamerika	Belmopan	– 7
Benin	Westafrika	Cotonou	– 1
Bhutan	Südasien	Thimphu	+ 7
Bolivien	Südamerika	La Paz	– 5
Bosnien-Herzegowina	Südosteuropa	Sarajevo	0
Botsuana	Südafrika	Gaborone	+ 1
Brasilien	Südamerika	Brasilia	– 3/– 6
Brunei Darussalam	Südostasien	Bandar Seri Begawan	+ 7
Bulgarien	Südosteuropa	Sofia	+ 1

Burkina Faso	Westafrika	Ouagadougou	– 1
Burundi	Ostafrika	Bujumbura	+ 1
Chile	Südamerika	Santiago de Chile	– 5
China	Ostasien	Peking (Beijing)	+ 7/+ 8
Costa Rica	Mittelamerika	San José	– 5
Dänemark	Nordeuropa	Kopenhagen	+ 7/+ 8
Deutschland	Mitteleuropa	Berlin	0
Dominica	Mittelamerika; Karibik	Roseau	– 5
Dominikanische Republik	Mittelamerika; Karibik	Santo Domingo	– 5
Dschibuti	Nordostafrika	Dschibuti	+ 2
Ecuador	Südamerika	Quito	– 6
Elfenbeinküste (Cote D'Ivoire)	Westafrika	Abidjan	– 1
El Salvador	Mittelamerika	San Salvador	– 7
Eritrea	Nordostafrika	Asmara	+ 2
Estland	Nordosteuropa	Tallinn	+ 1
Fidschi	Ozeanien	Suva	+ 11
Finnland	Nordeuropa	Helsinki	+ 1
Frankreich	Westeuropa	Paris	0
Gabun	Zentralafrika	Libreville	0
Gambia	Westafrika	Banjul	– 1
Georgien	Vorderasien	Tiflis	+ 3
Ghana	Westafrika	Accra	– 1
Grenada	Mittelamerika; Karibik	St. George's	– 5
Griechenland	Südosteuropa	Athen	+ 1
Großbritannien	Westeuropa	London	– 1
Guatemala	Mittelamerika	Guatemala-Stadt	– 7
Guinea	Westafrika	Conakry	– 1
Guinea-Bissau	Westafrika	Bissau	– 1
Guyana	Südamerika	Georgetown	– 5
Haiti	Mittelamerika; Karibik	Port-au-Prince	– 6
Honduras	Mittelamerika	Tegucigalpa	– 7
Indien	Südasien	Neu-Delhi	+ 4
Indonesien	Südostasien	Jakarta	+ 6/+ 7
Irak	Vorderasien	Bagdad	+ 2
Iran	Vorderasien	Teheran	+ 2
Irland	Westeuropa	Dublin	– 1
Island	Nordeuropa	Reykjavík	– 1
Israel	Vorderasien	Jerusalem	+ 1
Italien	Südeuropa	Rom	0
Jamaika	Mittelamerika; Karibik	Kingston	– 6
Japan	Ostasien	Tokio	+ 8
Jemen	Vorderasien	Sana	+ 2
Jordanien	Vorderasien	Amman	+ 1
Kambodscha	Südostasien	Phnom Penh	+ 6
Kamerun	Zentralafrika	Jaunde	0
Kanada	Nordamerika	Ottawa	– 6/– 9

Kap Verde-Inseln	Westafrika	Cidade de Praia	– 2
Kasachstan	Zentralasien	Astana	+ 3
Katar	Vorderasien	Doha	+ 2
Kenia	Ostafrika	Nairobi	+ 2
Kirgisistan	Zentralasien	Bischkek	+ 4
Kiribati	Ozeanien	Bairiki	+ 11
Kolumbien	Südamerika	Bogotá	– 6
Komoren	Ostafrika	Moroni	+ 4
Kongo	Zentralafrika	Brazzaville	0
Kongo, Demokratische Republik	Zentralafrika	Kinshasa	0
Kroatien	Südosteuropa	Zagreb	0
Kuba	Mittelamerika; Karibik	Havanna	– 6
Kuwait	Vorderasien	Kuwait	+ 2
Laos	Südostasien	Vientiane	+ 6
Lesotho	Südafrika	Maseru	+ 1
Lettland	Nordosteuropa	Riga	+ 1
Libanon	Vorderasien	Beirut	+ 1
Liberia	Westafrika	Monrovia	– 1
Libyen	Nordafrika	Tripolis	0
Liechtenstein	Mitteleuropa	Vaduz	0
Litauen	Nordosteuropa	Vilnius	+ 1
Luxemburg	Westeuropa	Luxemburg	0
Madagaskar	Südostafrika	Antananarivo	+ 2
Malawi	Südostafrika	Lilongwe	+ 1
Malaysia	Südostasien	Kuala Lumpur	+ 6/+ 7
Malediven	Südasien	Male	+ 4
Mali	Westafrika	Bamako	– 1
Malta	Südeuropa	Valletta	0
Marokko	Nordwestafrika	Rabat	– 1
Marshall-Inseln	Ozeanien	Majuro	+ 11
Mauretanien	Nordwestafrika	Nouakchott	– 1
Mauritius	Südostafrika	Port Louis	+ 3
Mazedonien	Südosteuropa	Skopje	0
Mexiko	Nordamerika	Mexiko-Stadt	– 7/– 9
Mikronesien	Ozeanien	Palikir	+ 10
Moldawien	Südosteuropa	Chisinau	+ 1
Monaco	Westeuropa	Monaco	0
Mongolei	Zentralasien	Ulan-Bator	+ 6
Mosambik	Südostafrika	Maputo	+ 1
Myanmar (Birma)	Südostasien	Yangon	+ 5
Namibia	Südwestafrika	Windhuk	+ 1
Nauru	Ozeanien	Yaren	+ 11
Nepal	Südasien	Kathmandu	+ 4
Neuseeland	Ozeanien	Wellington	+ 11
Nicaragua	Mittelamerika	Managua	– 7
Niederlande	Westeuropa	Amsterdam	0

Niger	Westafrika	Niamey	0
Nigeria	Westafrika	Abuja	0
Nordkorea (Demokratische Volksrepublik Korea)	Ostasien	Pjöngjang	+ 8
Norwegen	Nordeuropa	Oslo	0
Oman	Vorderasien	Maskat	+ 3
Österreich	Mitteleuropa	Wien	0
Osttimor (Timor-Leste)	Südostasien	Díli	+ 8
Pakistan	Südasien	Islamabad	+ 4
Palästinensische Gebiete	Vorderasien	Gaza/Ramallah	+ 1
Palau	Ozeanien	Koror	+ 8
Panama	Mittelamerika	Panama-Stadt	– 6
Papua-Neuguinea	Ozeanien	Port Moresby	+ 9
Paraguay	Südamerika	Asunción	– 5
Peru	Südamerika	Lima	– 6
Philippinen	Südostasien	Manila	+ 7
Polen	Mitteleuropa	Warschau	0
Portugal	Südwesteuropa	Lissabon	– 1
Ruanda	Ostafrika	Kigali	+ 1
Rumänien	Südosteuropa	Bukarest	+ 1
Russland (Russische Föderation)	Osteuropa/Asien	Moskau	+ 1/+ 7
Salomonen	Ozeanien	Honiara	+ 10
Sambia	Südafrika	Lusaka	+ 1
Samoa	Ozeanien	Apia	– 12
San Marino	Südeuropa	San Marino	0
São Tomé und Príncipe	Zentralafrika	São Tomé	– 1
Saudi-Arabien	Vorderasien	Riad	+ 2
Schweden	Nordeuropa	Stockholm	0
Schweiz	Mitteleuropa	Bern	0
Senegal	Westafrika	Dakar	– 1
Serbien und Montenegro	Südosteuropa	Belgrad	0
Seychellen	Ostafrika	Victoria	+ 3
Sierra Leone	Westafrika	Freetown	– 1
Simbabwe	Südafrika	Harare	+ 1
Singapur	Südostasien	Singapur	+ 7
Slowakei	Mitteleuropa	Bratislava	0
Slowenien	Mitteleuropa	Ljubljana	0
Somalia	Nordostafrika	Mogadischu	+ 2
Spanien	Südwesteuropa	Madrid	0
Sri Lanka	Südasien	Colombo	+ 4
St. Kitts und Nevis	Mittelamerika; Karibik	Basseterre	– 5
St. Lucia	Mittelamerika; Karibik	Castries	– 5

St. Vincent und die Grenadinen	Mittelamerika; Karibik	Kingstown	– 5
Südafrika	Südafrika	Pretoria (Tshwane)	+ 1
Sudan	Nordostafrika	Khartum	+ 1
Südkorea (Republik Korea)	Ostasien	Seoul	+ 8
Suriname	Südamerika	Paramaribo	– 4
Swasiland	Südostafrika	Mbabane	+ 1
Syrien	Vorderasien	Damaskus	+ 1
Tadschikistan	Zentralasien	Duschanbe	+ 4
Taiwan (Republik China)	Ostasien	Taipeh	+ 7
Tansania	Ostafrika	Dodoma	+ 2
Thailand	Südostasien	Bangkok	+ 6
Togo	Westafrika	Lomé	– 1
Tonga	Ozeanien	Nuku'alofa	+ 12
Trinidad und Tobago	Mittelamerika; Karibik	Port-of-Spain	– 5
Tschad	Zentralafrika	N'Djamena	0
Tschechien (Tschechische Republik)	Mitteleuropa	Prag	0
Tunesien	Nordafrika	Tunis	0
Türkei	Südosteuropa/ Vorderasien	Ankara	+ 1
Turkmenistan	Zentralasien	Aschgabat	+ 4
Tuvalu	Ozeanien	Funafuti	+ 11
Uganda	Ostafrika	Kampala	+ 2
Ukraine	Osteuropa	Kiew	+ 1
Ungarn	Mitteleuropa	Budapest	0
Uruguay	Südamerika	Montevideo	– 4
Usbekistan	Zentralasien	Taschkent	+ 4
Vanuatu	Ozeanien	Port Vila	+ 10
Vatikanstaat	Südeuropa	Vatikanstadt	0
Venezuela	Südamerika	Caracas	– 5
Vereinigte Arabische Emirate	Vorderasien	Abu Dhabi	+ 3
Vereinigte Staaten von Amerika (USA)	Nordamerika	Washington D.C.	– 6/– 11
Vereinigtes Königreich	Westeuropa	London	– 1
Vietnam	Südostasien	Hanoi	+ 6
Zentralafrikanische Republik	Zentralafrika	Bangui	0
Zypern	Südosteuropa	Nikosia	+ 1

Buchstabieralphabet – Spelling Alphabet

	Deutsch	*UK*	*US*	*International (NATO)*
A	Anton	Alfred	Abel	Alpha
B	Berta	Benjamin	Baker	Bravo
C	Cäsar	Charles	Charlie	Charlie
D	Dora	David	Dog	Delta
E	Emil	Edward	Easy	Echo
F	Friedrich	Frederick	Fox	Foxtrott
G	Gustav	George	George	Golf
H	Heinrich	Harry	How	Hotel
I	Ida	Isaac	Item	India
J	Julius	Jack	Jig	Juliet
K	Kaufmann	King	King	Kilo
L	Ludwig	London	Live	Lima
M	Martha	Mary	Mike	Mike
N	Nordpol	Nelly	Nan	November
O	Otto	Oliver	Oboe	Oscar
P	Paula	Peter	Peter	Papa
Q	Quelle	Queen	Queen	Quebec
R	Richard	Robert	Roger	Romeo
S	Siegfried	Samuel	Sugar	Sierra
T	Theodor	Tommy	Tare	Tango
U	Ulrich	Uncle	Uncle	Uniform
V	Viktor	Victor	Victor	Victor
W	Wilhelm	William	William	Whiskey
X	Xanthippe	X-Ray	X	X-Ray
Y	Ypsilon	Yello	Yoke	Yankee
Z	Zeppelin	Zebra	Zebra	Zulu
Ä	Ärger			
CH	Charlotte			
Ö	Ökonom			
SCH	Schule			
Ü	Übermut			

Unregelmäßige Verben im Englischen

Infinitiv	*Präteritum*	*Partizip*
abide	abided, abode	abided, abode
arise	arose	arisen
awake	awoke	awoken
babysit	babysat	babysat
be	was	been
bear	bore	born
beat	beat	beaten
become	became	become
befall	befell	befallen
beget	begot	begotten
begin	began	begun
behold	beheld	beheld
bend	bent	bent
bereave	bereft, bereaved	bereft, bereaved
beseech	besought	besought
beset	beset	beset
bet	bet, betted	bet, betted
betake	betook	betaken
bid *(bieten)*	bid	bid
bid *(sagen)*	bade, bid	bidden
bind	bound	bound
bite	bit	bitten
bleed	bled	bled
blow	blew	blown
break	broke	broken
breastfeed	breastfed	breastfed
breed	bred	bred
bring	brought	brought
broadcast	broadcast, broadcasted	broadcast, broadcasted
browbeat	browbeat	browbeaten
build	built	built
burn	burnt, burned	burnt, burned
burst	burst	burst
bust	bust, busted	bust, busted
buy	bought	bought
cast	cast	cast
catch	caught	caught
chide	chid	chidden
choose	chose	chosen
cleave *(spalten)*	cleft, clove	cleft, cloven
cleave *(treu bleiben)*	cleaved	cleaved
cling	clung	clung

come	came	come
cost	cost	cost
creep	crept	crept
cut	cut	cut
deal	dealt	dealt
dig	dug	dug
dive	dived, dove *(US)*	dived
do	did	done
draw	drew	drawn
dream	dreamt, dreamed	dreamt, dreamed
drink	drank	drunk
drip-feed	drip-fed	drip-fed
drive	drove	driven
dwell	dwelt, dwelled	dwelt, dwelled
eat	ate	eaten
fall	fell	fallen
feed	fed	fed
feel	felt	felt
fight	fought	fought
find	found	found
fit	fitted, fit *(US)*	fitted, fit *(US)*
flee	fled	fled
fling	flung	flung
fly	flew	flown
forbid	forbade	forbidden
forecast	forecast, forecasted	forecast, forecasted
foresee	foresaw	foreseen
foretell	foretold	foretold
forget	forgot	forgotten
forgive	forgave	forgiven
freeze	froze	frozen
get	got	got, gotten *(US)*
give	gave	given
go	went	gone
grind	ground	ground
grow	grew	grown
hang *(jdn erhängen)*	hanged	hanged
hang *(etw aufhängen)*	hung	hung
have	had	had
hear	heard	heard
heave	heaved, hove	heaved, hove
hew	hewed	hewed, hewn
hide	hid	hidden, hid
hit	hit	hit
hold	held	held
hurt	hurt	hurt
inlay	inlaid	inlaid
input	input	input
inset	inset	inset

keep	kept	kept
kneel	knelt, kneeled *(US)*	knelt, kneeled *(US)*
knit	knitted, knit	knitted, knit
know	knew	known
lay	laid	laid
lead	led	led
lean	leaned, leant	leaned, leant
leap	leapt, leaped	leapt, leaped
learn	learnt, learned	learnt, learned
leave	left	left
lend	lent	lent
let	let	let
lie	lay	lain
light	lit, lighted	lit, lighted
lose	lost	lost
make	made	made
mean	meant	meant
meet	met	met
miscast	miscast	miscast
mishear	misheard	misheard
mishit	mishit	mishit
mislay	mislaid	mislaid
mistake	mistook	mistaken
misunderstand	misunderstood	misunderstood
mow	mowed	mown, mowed
offset	offset	offset
overcome	overcame	overcome
overdo	overdid	overdone
overeat	overate	overeaten
overhang	overhung	overhung
overhear	overheard	overheard
overlay	overlaid	overlaid
overrun	overran	overrun
oversee	oversaw	overseen
oversleep	overslept	overslept
overtake	overtook	overtaken
overthrow	overthrew	overthrown
overwrite	overwrote	overwritten
partake	partook	partaken
pay	paid	paid
plead	pleaded, pled *(US)*	pleaded, pled *(US)*
prove	proved	proved, proven *(US)*
put	put	put
quit	quit, quitted *(UK)*	quit, quitted *(UK)*
read	read	read
rebuild	rebuilt	rebuilt
recast	recast	recast
redo	redid	redone
repay	repaid	repaid

resell	resold	resold
reset	reset	reset
restring	restrung	restrung
retake	retook	retaken
retell	retold	retold
rewind	rewound	rewound
rewrite	rewrote	rewritten
ride	rode	ridden
ring	rang	rung
rise	rose	risen
run	ran	run
saw	sawed	sawn, sawed *(US)*
say	said	said
see	saw	seen
seek	sought	sought
sell	sold	sold
send	sent	sent
set	set	set
sew	sewed	sewn, sewed
shake	shook	shaken
shear	sheared	shorn, sheared
shed	shed	shed
shine *(glänzen)*	shone	shone
shine *(Schuhe putzen)*	shined	shined
shit	shit, shat	shit, shat
shoot	shot	shot
show	showed	shown, showed
shrink	shrank, shrunk	shrunk
shut	shut	shut
sing	sang	sung
sink	sank, sunk	sunk
sit	sat	sat
slay	slew	slain
sleep	slept	slept
slide	slid	slid
sling	slung	slung
slink	slunk	slunk
slit	slit	slit
smell	smelt, smelled	smelt, smelled
smite	smote	smitten
sow	sowed	sown, sowed
speak	spoke	spoken
speed	sped, speeded	sped, speeded
spell	spelt, spelled	spelt, spelled
spend	spent	spent
spill	spilt, spilled *(US)*	spilt, spilled *(US)*
spin	spun	spun
spit	spat, spit *(US)*	spat, spit *(US)*
split	split	split

spoil	spoilt, spoiled	spoilt, spoiled
spread	spread	spread
spring	sprang, sprung *(US)*	sprung
stand	stood	stood
stave	staved, stove	stave, stove
steal	stole	stolen
stick	stuck	stuck
sting	stung	stung
stink	stank, stunk	stunk
strew	strewed	strewed, strewn
strike	struck	struck
string	strung	strung
strive	strove	striven
swear	swore	sworn
sweep	swept	swept
swell	swelled	swollen, swelled
swim	swam	swum
take	took	taken
teach	taught	taught
tear	tore	torn
tell	told	told
think	thought	thought
throw	threw	thrown
thrust	thrust	thrust
tread	trod	trodden
unbend	unbent	unbent
undercut	undercut	undercut
undergo	underwent	undergone
underlie	underlay	underlain
underpay	underpaid	underpaid
understand	understood	understood
undertake	undertook	undertaken
underwrite	underwrote	underwritten
undo	undid	undone
unfreeze	unfroze	unfrozen
unwind	unwound	unwound
upset	upset	upset
wake	woke, waked	waken, waked
wear	wore	worn
weave	wove	woven
wed	wedded, wed	wedded, wed
weep	wept	wept
wet	wet, wetted	wet, wetted
win	won	won
wind	wound	wound
withdraw	withdrew	withdrawn
withstand	withstood	withstood
wring	wrung	wrung
write	wrote	written

German Irregular Verbs

Infinitive	*Past Tense*	*Past Participle*	*Prs. Sing. 1st + 2nd pers.*
backen	backte/buk	gebacken	ich backe, du bäckst
bedürfen	bedurfte	bedurft	ich bedarf, du bedarfst
befehlen	befahl	befohlen	ich befehle, du befiehlst
befleißen	befliss	beflissen	ich befleiße, du befleißt
beginnen	begann	begonnen	ich beginne, du beginnst
behalten	behielt	behalten	ich behalte, du behältst
beißen	biss	gebissen	ich beiße, du beißt
bergen	barg	geborgen	ich berge, du birgst
bersten	barst	geborsten	ich berste, du birst
bewegen *(induce)*	bewog	bewogen	ich bewege, du bewegst
biegen	bog	gebogen	ich biege, du biegst
bieten	bot	geboten	ich biete, du bietest
binden	band	gebunden	ich binde, du bindest
bitten	bat	gebeten	ich bitte, du bittest
blasen	blies	geblasen	ich blase, du bläst
bleiben	blieb	geblieben	ich bleibe, du bleibst
bleichen *(bleach)*	blich	geblichen	ich bleiche, du bleichst
braten	briet	gebraten	ich brate, du brätst
brechen	brach	gebrochen	ich breche, du brichst
brennen	brannte	gebrannt	ich brenne, du brennst
bringen	brachte	gebracht	ich bringe, du bringst
denken	dachte	gedacht	ich denke, du denkst
dreschen	drosch	gedroschen	ich dresche, du drischst
dringen	drang	gedrungen	ich dringe, du dringst
dünken	dünkte	gedünkt	mich dünkt, dich dünkt
dürfen	durfte	gedurft	ich darf, du darfst
empfangen	empfing	empfangen	ich empfange, du empfängst
empfehlen	empfahl	empfohlen	ich empfehle, du empfiehlst
empfinden	empfand	empfunden	ich empfinde, du empfindest
enthalten	enthielt	enthalten	ich enthalte, du enthälst
erbleichen	erblich	erblichen	ich erbleiche, du erbleichst
erküren	erkor	erkoren	ich erküre, du erkürst
erlöschen	erlosch	erloschen	ich erlösche, du erlöschst
erschallen	erscholl/erschallte	erschollen	es erschallst
erschrecken	erschrak/ erschreckte	erschrocken/ erschreckt	ich erschrecke, du erschrickst

essen	aß	gegessen	ich esse, du isst
fahren	fuhr	gefahren	ich fahre, du fährst
fallen	fiel	gefallen	ich falle, du fällst
fangen	fing	gefangen	ich fange, du fängst
fechten	focht	gefochten	ich fechte, du fich(t)st
finden	fand	gefunden	ich finde, du findest
flechten	flocht	geflochten	ich flechte, du flich(t)st
fliegen	flog	geflogen	ich fliege, du fliegst
fliehen	floh	geflohen	ich fliehe, du fliehst
fließen	floss	geflossen	ich fließe, du fließt
fressen	fraß	gefressen	ich fresse, du frisst
frieren	fror	gefroren	ich friere, du frierst
gären	gor/gärte	gegoren/gegärt	es gärt
gebären	gebar	geboren	ich gebäre, du gebärst/gebierst
geben	gab	gegeben	ich gebe, du gibst
gedeihen	gedieh	gediehen	ich gedeihe, du gedeihst
gefallen	gefiel	gefallen	ich gefalle, du gefällst
gehen	ging	gegangen	ich gehe, du gehst
gelingen	gelang	gelungen	es gelingt
gelten	galt	gegolten	ich gelte, du giltst
genesen	genas	genesen	ich genese, du genest
genießen	genoss	genossen	ich genieße, du genießt
geraten	geriet	geraten	ich gerate, du gerätst
gerinnen	gerann	geronnen	es gerinnt
geschehen	es geschah	geschehen	es geschieht
gestehen	gestand	gestanden	ich gestehe, du gestehst
gewinnen	gewann	gewonnen	ich gewinne, du gewinnst
gießen	goss	gegossen	ich gieße, du gießt
gleichen	glich	geglichen	ich gleiche, du gleichst
gleiten	glitt	geglitten	ich gleite, du gleitest
glimmen	glomm/glimmte	geglommen	es glimmt
graben	grub	gegraben	ich grabe, du gräbst
greifen	griff	gegriffen	ich greife, du greifst
haben	hatte	gehabt	ich habe, du hast
halten	hielt	gehalten	ich halte, du hältst
hängen	hing	gehangen	ich hänge, du hängst
hauen	hieb/haute	gehauen	ich haue, du haust
heben	hob	gehoben	ich hebe, du hebst
heißen	hieß	geheißen	ich heiße, du heißt
helfen	half	geholfen	ich helfe, du hilfst
kennen	kannte	gekannt	ich kenne, du kennst
klimmen	klomm	geklommen	ich klimme, du klimmst
klingen	klang	geklungen	ich klinge, du klingst
kneifen	kniff	gekniffen	ich kneife, du kneifst
kommen	kam	gekommen	ich komme, du kommst
können	konnte	gekonnt	ich kann, du kannst
kriechen	kroch	gekrochen	ich krieche, du kriechst
küren	kürte/kor	gekürt	ich küre, du kürst

laden	lud	geladen	ich lade, du lädst
lassen	ließ	gelassen	ich lasse, du lässt
laufen	lief	gelaufen	ich laufe, du läufst
leiden	litt	gelitten	ich leide, du leidest
leihen	lieh	geliehen	ich leihe, du leihst
lesen	las	gelesen	ich lese, du liest
liegen	lag	gelegen	ich liege, du liegst
löschen	losch/löschte	geloschen	ich lösche, du lischt
lügen	log	gelogen	ich lüge, du lügst
mahlen	mahlte	gemahlt	ich mahle, du mahlst
meiden	mied	gemieden	ich meide, du meidest
melken	molk	gemolken/gemelkt	ich melke, du melkst
messen	maß	gemessen	ich messe, du misst
misslingen	es misslang	misslungen	es misslingt
mögen	mochte	gemocht	ich mag, du magst
müssen	musste	gemusst	ich muss, du musst
nehmen	nahm	genommen	ich nehme, du nimmst
nennen	nannte	genannt	ich nenne, du nennst
pfeifen	pfiff	gepfiffen	ich pfeife, du pfeifst
pflegen	pflegte	gepflegt	ich pflege, du pflegst
preisen	pries	gepriesen	ich preise, du preist
quellen	quoll	gequollen	ich quelle, du quillst
raten	riet	geraten	ich rate, du rätst
reiben	rieb	gerieben	ich reibe, du reibst
reißen	riss	gerissen	ich reiße, du reißt
reiten	ritt	geritten	ich reite, du reitest
rennen	rannte	gerannt	ich renne, du rennst
riechen	roch	gerochen	ich rieche, du riechst
ringen	rang	gerungen	ich ringe, du ringst
rinnen	rann	geronnen	es rinnt
rufen	rief	gerufen	ich rufe, du rufst
salzen	salzte	gesalzen/gesalzt	ich salze, du salzt
saufen	soff	gesoffen	ich saufe, du säufst
saugen	sog/saugte	gesogen/gesaugt	ich sauge, du saugst
schaffen *(create)*	schuf	geschaffen	ich schaffe, du schaffst
schallen	schallte/scholl	geschallt	es schallt
scheiden	schied	geschieden	ich scheide, du scheidest
scheinen	schien	geschienen	ich scheine, du scheinst
scheißen	schiss	geschissen	ich scheiße, du scheißt
schelten	scholt	gescholten	ich schelte, du schiltst
scheren	schor	geschoren	ich schere, du scherst
schieben	schob	geschoben	ich schiebe, du schiebst
schießen	schoss	geschossen	ich schieße, du schießt
schinden	schund/schindete	geschunden	ich schinde, du schindest
schlafen	schlief	geschlafen	ich schlafe, du schläfst
schlagen	schlug	geschlagen	ich schlage, du schlägst
schleichen	schlich	geschlichen	ich schleiche, du schleichst
schleifen *(sharpen)*	schliff	geschliffen	ich schleife, du schleifst

schließen	schloss	geschlossen	ich schließe, du schließt
schlingen	schlang	geschlungen	ich schlinge, du schlingst
schmeißen	schmiss	geschmissen	ich schmeiße, du schmeißt
schmelzen	schmolz	geschmolzen	ich schmelze, du schmilzt
schnauben	schnaubte/schnob	geschnaubt/ geschnoben	ich schnaube, du schnaubst
schneiden	schnitt	geschnitten	ich schneide, du schneidest
schrecken	schrak	erschrocken	ich schrecke, du schrickst
schreiben	schrieb	geschrieben	ich schreibe, du schreibst
schreien	schrie	geschrien	ich schreie, du schreist
schreiten	schritt	geschritten	ich schreite, du schreitest
schweigen	schwieg	geschwiegen	ich schweige, du schweigst
schwellen	schwoll	geschwollen	ich schwelle, du schwillst
schwimmen	schwamm	geschwommen	ich schwimme, du schwimmst
schwinden	schwand	geschwunden	ich schwinde, du schwindest
schwingen	schwang	geschwungen	ich schwinge, du schwingst
schwören	schwor	geschworen	ich schwöre, du schwörst
sehen	sah	gesehen	ich sehe, du siehst
sein	war	gewesen	ich bin, du bist
senden	sandte/sendete	gesandt/gesendet	ich sende, du sendest
singen	sang	gesungen	ich singe, du singst
sinken	sank	gesunken	ich sinke, du sinkst
sinnen	sann	gesonnen	ich sinne, du sinnst
sitzen	saß	gesessen	ich sitze, du sitzt
sollen	sollte	gesollt	ich soll, du sollst
spalten	spaltete	gespalten/gespaltet	ich spalte, du spaltest
speien	spie	gespien	ich speie, du speist
spinnen	spann	gesponnen	ich spinne, du spinnst
sprechen	sprach	gesprochen	ich spreche, du sprichst
sprießen	spross	gesprossen	ich sprieße, du sprieß(es)t
springen	sprang	gesprungen	ich springe, du springst
stechen	stach	gestochen	ich steche, du stichst
stecken	steckte/stak	gesteckt	ich stecke, du steckst
stehen	stand	gestanden	ich stehe, du stehst
stehlen	stahl	gestohlen	ich stehle, du stiehlst
steigen	stieg	gestiegen	ich steige, du steigst
sterben	starb	gestorben	ich sterbe, du stirbst
stieben	stob	gestoben	ich stiebe, du stiebst
stinken	stank	gestunken	ich stinke, du stinkst
stoßen	stieß	gestoßen	ich stoße, du stößt

streichen	strich	gestrichen	ich streiche, du streichst
streiten	stritt	gestritten	ich streite, du streitest
tragen	trug	getragen	ich trage, du trägst
treffen	traf	getroffen	ich treffe, du triffst
treiben	trieb	getrieben	ich treibe, du treibst
treten	trat	getreten	ich trete, du trittst
triefen	triefte/troff	getrieft/getroffen	ich triefe, du triefst
trinken	trank	getrunken	ich trinke, du trinkst
trügen	trog	getrogen	ich trüge, du trügst
tun	tat	getan	ich tu(e), du tust
überessen	überaß	übergessen	ich überesse, du überisst
verbieten	verbot	verboten	ich verbiete, du verbietest
verbrechen	verbrach	verbrochen	ich verbreche, du verbrichst
verderben	verdarb	verdorben	ich verderbe, du verdirbst
verdingen	verdingte	verdungen/verdingt	ich verdinge, du verdingst
verdrießen	verdross	verdrossen	ich verdrieße, du verdrießt
vergessen	vergaß	vergessen	ich vergesse, du vergißt
verhauen	verhaute	verhauen	ich verhaue, du verhaust
verlieren	verlor	verloren	ich verliere, du verlierst
verlöschen	verlosch	verloschen	es verlöscht
verraten	verriet	verraten	ich verrate, du verrätst
verschleißen	verschliss	verschlissen	ich verschleiße, du verschleißt
verschwinden	verschwand	verschwunden	ich verschwinde, du verschwindest
verstehen	verstand	verstanden	ich verstehe, du verstehst
verwenden	verwendete/ verwandte	verwendet/verwandt	ich verwende, du verwendest
verzeihen	verzieh	verziehen	ich verzeihe, du verzeihst
wachsen	wuchs	gewachsen	ich wachse, du wächst
wägen	wog	gewogen	ich wäge, du wägst
waschen	wusch	gewaschen	ich wasche, du wäschst
weben	webte/wob	gewebt/gewoben	ich webe, du webst
weichen	wich	gewichen	ich weiche, du weichst
weisen	wies	gewiesen	ich weise, du weist
wenden	wandte/wendete	gewandt/gewendet	ich wende, du wendest
werben	warb	geworben	ich werbe, du wirbst
werden	wurde	geworden	ich werde, du wirst
werfen	warf	geworfen	ich werfe, du wirfst
wiegen	wog/wägte	gewogen	ich wiege, du wiegst
winden	wand	gewunden	ich winde, du windest
wissen	wusste	gewusst	ich weiß, du weißt
wollen	wollte	gewollt	ich will, du willst
wringen	wrang	gewrungen	ich wringe, du wringst
ziehen	zog	gezogen	ich ziehe, du ziehst
zwingen	zwang	gezwungen	ich zwinge, du zwingst

Wichtige Abkürzungen im Englischen

abbrev.	*abbreviation*	Abkürzung
AC	*alternating current*	Wechselstrom
A.D.	*anno Domini*	A.D.
a.m.	*ante meridiem*	vormittags
amt.	*amount*	Menge
approx.	*approximately*	ca.
attn.	*to the attention of*	z.Hd.
Ave.	*Avenue*	Allee
b.	*born*	geboren
B.A.	*Bachelor of Arts*	akademischer Grad vor dem M.A.
BBC	*British Broadcasting Corporation*	BBC
B.C.	*before Christ*	v. Chr.
BR	*British Rail*	Britische Eisenbahngesellschaft
Bros.	*brothers*	Gebrüder
c/ct	*cent*	Cent
Capt.	*Captain*	Kapitän
cd	*cash discount*	Rabatt für Barzahlung
CD	*compact disc*	CD
CEO	*Chief Executive Officer*	Generaldirektor
CET	*Central European Time*	MEZ
cf.	*confer*	vgl.
CIA	*Central Intelligence Agency*	CIA (der amerikanische Geheimdienst)
c/o	*care of*	bei, c/o
Co.	*company*	Fa.
C.O.D.	*cash on delivery*	per Nachnahme
CV	*Curriculum Vitae*	Lebenslauf
D.A.	*district attorney*	Staatsanwalt
dir.	*director*	Direktor
dbl.	*double*	doppel
D.C.	*direct current*	Gleichstrom
Dept.	*department*	Abteilung
€	*euro*	Euro
E.C.	*European Community*	Europäische Gemeinschaft
EDP	*Electronic Data Processing*	EDV
EEMU	*European Economics and Monetary Union*	EWWU, Europäische Wirtschafts- und Währungsunion
e.g.	*exempli gratia*	z. B.
encl.	*1. enclosed*	anbei
	2. enclosure	Anlage
esp.	*especially*	besonders
etc.	*et cetera*	usw.
EU	*European Union*	Europäische Union
FBI	*Federal Bureau of Investigation*	FBI (Bundespolizei in den USA)
ft.	*foot*	Fuß
GNP	*gross national product*	Bruttosozialprodukt
HP	*Hire Purchase*	Ratenkauf
H.R.H.	*His/Her Royal Highness*	Seine/Ihre Königliche Hoheit
ID	*identification*	Ausweis

i.e.	*id est*	das heißt
inc.	*incorporated*	eingetragen
incl.	*including*	einschließlich, inklusive
IOU	*I owe you*	Schuldschein
IQ	*intelligence quotient*	Intelligenzquotient
Jr.	*junior*	Junior
lb.	*pound*	Pfund
Ld	*Lord*	Herr (Teil eines Titels)
Ltd.	*limited*	GmbH
MD	*Medicinae Doctor*	Dr. med.
m.p.h.	*miles per hour*	Meilen pro Stunde
Mr	*Mister*	Herr
Mrs	*(nur als Abkürzung)*	Frau
Ms	*(nur als Abkürzung)*	Frau (auch für Unverheiratete)
Mt	*mount*	Teil des Namens vor einem Berg
n/a	*not applicable*	nicht zutreffend
NATO	*North Atlantic Treaty Organization*	NATO
NB	*nota bene*	bitte beachten
no.	*number*	Nr.
oz.	*ounce*	Unze
p.	*1. page*	S.
	2. pence	Penny
p.a.	*per annum*	jährlich
PC	*personal computer*	Personalcomputer
pd	*paid*	bezahlt
p.m.	*post meridiem*	nachmittags, abends
p.o.	*post office*	Post
pp.	*pages*	Seiten
PTO	*please turn over*	bitte wenden
Rd.	*road*	Str.
Ref.	*reference*	Bezug
ret.	*retired*	in Ruhestand
ROM	*read-only memory*	ROM
rpm	*revolutions per minute*	Umdrehungen pro Minute
RSVP	*répondez s'il vous plaît*	u.A.w.g.
RV	*recreational vehicle*	Wohnmobil
sq.	*square*	Quadrat
Sr.	*Senior*	Senior (nach einem Namen)
St.	*1. Saint*	St.
	2. Street	Str.
TV	*television*	Fernsehen
U.K.	*United Kingdom*	Vereinigtes Königreich (England, Schottland, Wales, Nordirland)
USA	*United States of America*	USA
VAT	*value-added tax*	Mwst.
VCR	*video cassette recorder*	Videorekorder
vol	*volume*	Band
VP	*vice president*	Vizepräsident
vs.	*versus*	gegen
yd.	*yard*	Yard
ZIP code	*Zone Improvement Plan*	Postleitzahl

Important German Abbreviations

Abb.	*Abbildung*	illustration
Abk.	*Abkürzung*	abbreviation
Abs.	*Absender*	sender
Abschn.	*Abschnitt*	paragraph
Abt.	*Abteilung*	department
Adr.	*Adresse*	address
AG	*Aktiengesellschaft*	joint stock company
allg.	*allgemein*	general
Anl.	*Anlage*	enclosure
Anm.	*Anmerkung*	note
AZUBI	*Auszubildende*	trainee, apprentice
Betr.	*Betreff*	reference
bezgl.	*bezüglich*	with regard to
Bj.	*Baujahr*	year of construction
BLZ	*Bankleitzahl*	sort code, *(US)* bank identification number
BRD	*Bundesrepublik Deutschland*	Federal Republic of Germany
b. w.	*bitte wenden*	please turn over
bzw.	*beziehungsweise*	or, or rather, respectively
ca.	*circa*	approx.
c/ct	*Cent*	cent
DB	*Deutsche Bahn*	German Railways
d.h.	*das heißt*	i.e.
DIN	*Deutsche Industrienorm*	German Industrial Standard
Dipl. Ing.	*Diplomingenieur*	academically trained engineer
Dipl. Kfm.	*Diplomkaufmann*	person with a degree in commerce
Dr.	*Doktor*	Dr.
Dr. med.	*Doktor medicinae*	M.D.
dt.	*deutsche(r,s)*	German
Dtzd.	*Dutzend*	dozen
€	*Euro*	euro
ebf.	*ebenfalls*	as well
EDV	*Elektronische Datenverarbeitung*	EDP
EWWU	*Europäische Wirtschafts- und Währungsunion*	EEMU European Economic and Monetary Union
einschl.	*einschließlich*	including
engl.	*englisch*	English
EU	*Europäische Union*	European Union
ev.	*evangelisch*	Protestant
e.V.	*eingetragener Verein*	registered society
evtl.	*eventuell*	possibly, perhaps
Fa.	*Firma*	firm
FCKW	*Fluorchlorkohlenwasserstoff*	fluorocarbon
ff.	*folgende Seiten*	in the following
Fr.	*Frau*	Mrs./Ms./Miss
geb.	*geboren*	born
Gebr.	*Gebrüder*	Bros.
ggf.	*gegebenenfalls*	if necessary

Ges.	*Gesellschaft*	Co.
GmbH	*Gesellschaft mit beschränkter Haftung*	Ltd.
Hbf	*Hauptbahnhof*	central railway station
Hbj.	*Halbjahr*	half year
hlg.	*heilig*	holy
HP	*Halbpension*	half board
Hr.	*Herr*	Mr.
i. A.	*im Auftrag*	on behalf of
inkl.	*inklusive*	incl.
i. R.	*im Ruhestand*	retired
i. V.	*in Vertretung*	on behalf of
Jh.	*Jahrhundert*	century
kath.	*katholisch*	Catholic
Kfz	*Kraftfahrzeug*	motor vehicle
KG	*Kommanditgesellschaft*	limited partnership
Kto.	*Konto*	account
Lkw	*Lastkraftwagen*	lorry, truck *(US)*
MEZ	*Mitteleuropäische Zeit*	CET
mtl.	*monatlich*	monthly
Mrd.	*Milliarde*	thousand million *(UK)*/billion *(US)*
Mwst.	*Mehrwertsteuer*	value-added tax
n. Chr.	*nach Christus*	A.D.
Nr.	*Nummer*	no.
n. V.	*nach Vereinbarung*	by arrangement
Pkt.	*Punkt*	point
Pkw	*Personenkraftwagen*	motor car, automobile
PLZ	*Postleitzahl*	postal code, ZIP code *(US)*
PS	*Pferdestärke*	horsepower
P.S.	*post scriptum*	P.S.
rd.	*rund*	approx.
s.	*siehe*	see
S.	*Seite*	page
s.o.	*siehe oben*	see above
SSV	*Sommerschlussverkauf*	summer sale
Std.	*Stunde*	hour
Str.	*Straße*	St.
s.u.	*siehe unten*	see below
TÜV	*Technischer Überwachungsverein*	Association for Technical Inspection
u.	*und*	and
u. a.	*unter anderem*	among other things
usw.	*und so weiter*	etc.
u. U.	*unter Umständen*	circumstances permitting
u. v. a.	*und viele(s) andere*	and much/many more
v. Chr.	*vor Christus*	B.C.
vgl.	*vergleiche*	cf.
Wdh.	*Wiederholung*	repetition
WSV	*Winterschlussverkauf*	winter sale
z. B.	*zum Beispiel*	e.g.
z. Hd.	*zu Händen*	attn.
z. T.	*zum Teil*	partly
zzt.	*zurzeit*	at present

SMS Glossary

AIUI	*as I understand it*	soweit ich es verstehe
ATM	*at the moment*	zurzeit, im Moment
BBL	*be back later*	ich komme später wieder
BCNU	*be seeing you*	man sieht sich, bis bald
BION	*believe it or not*	ob du es glaubst oder nicht
BRB	*be right back*	komme gleich zurück
CU	*see you*	bis bald
CUL	*see you later*	bis später
DIKU	*do I know you?*	kenne ich dich?
EOM	*end of message*	Ende der Nachricht
FYI	*for your information*	zu deiner Information
J/K	*just kidding*	war nur Spaß
JAM	*just a minute*	einen Moment bitte!
L8R	*later*	später
LOL	*laughing out loud*	ich muss laut lachen
MYOB	*mind your own business*	kümmere dich um deinen Kram
NRN	*no reply necessary*	keine Antwort nötig
RFD	*request for discussion*	Diskussionsbedarf
TIA	*thanks in advance*	vielen Dank im voraus
THX	*thanks*	vielen Dank
TTYL	*talk to you later*	wir sprechen uns später
4U	*for you*	für dich

Mobile rules: There are no rules governing the use of a mobile telephone in Britain, apart from during the take-off and landing of an aircraft. But the sensitive businessperson follows certain rules:

He or she switches their mobile off in a restaurant – and of course in the cinema, theatre, opera house and concert hall.

In the office, it's considerate to switch the mobile off during important staff conferences. The secretary can be instructed to break in with calls requiring urgent attention.

Legislation making it illegal to use a mobile in the hand while driving is also being considered in Britain.

Die Zahlen

Die Grundzahlen

0	*nought, zero*
1	*one*
2	*two*
3	*three*
4	*four*
5	*five*
6	*six*
7	*seven*
8	*eight*
9	*nine*
10	*ten*
11	*eleven*
12	*twelve*
13	*thirteen*
14	*fourteen*
15	*fifteen*
16	*sixteen*
17	*seventeen*
18	*eighteen*
19	*nineteen*
20	*twenty*
21	*twenty-one*
22	*twenty-two*
etc.	
30	*thirty*
40	*forty*
50	*fifty*
60	*sixty*
70	*seventy*
80	*eighty*
90	*ninety*
100	*one hundred*
101	*one hundred and one*
200	*two hundred*
1,000	*one thousand*
1,001	*one thousand and one*
1,000,000	*one million*

Die Ordnungszahlen

1st	*first*
2nd	*second*
3rd	*third*
4th	*fourth*
5th	*fifth*
6th	*sixth*
7th	*seventh*
8th	*eighth*
9th	*ninth*
10th	*tenth*
11th	*eleventh*
12th	*twelfth*
13th	*thirteenth*
14th	*fourteenth*
15th	*fifteenth*
16th	*sixteenth*
17th	*seventeenth*
18th	*eighteenth*
19th	*nineteenth*
20th	*twentieth*
21st	*twenty-first*
22nd	*twenty-second*
23rd	*twenty-third*
24th	*twenty-fourth*
25th	*twenty-fifth*
26th	*twenty-sixth*
27th	*twenty-seventh*
28th	*twenty-eighth*
29th	*twenty-ninth*
30th	*thirtieth*
40th	*fortieth*
50th	*fiftieth*
60th	*sixtieth*
70th	*seventieth*
80th	*eightieth*
90th	*ninetieth*
100th	*(one) hundredth*
137th	*(one) hundred and thirty-seventh*
$1,000^{th}$	*(one) thousandth*

Numbers

cardinal numbers		ordinal numbers	
0	*null*	1.	*erste*
1	*eins*	2.	*zweite*
2	*zwei*	3.	*dritte*
3	*drei*	4.	*vierte*
4	*vier*	5.	*fünfte*
5	*fünf*	6.	*sechste*
6	*sechs*	7.	*sieb(en)te*
7	*sieben*	8.	*achte*
8	*acht*	9.	*neunte*
9	*neun*	10.	*zehnte*
10	*zehn*	11.	*elfte*
11	*elf*	12.	*zwölfte*
12	*zwölf*	13.	*dreizehnte*
13	*dreizehn*	14.	*vierzehnte*
14	*vierzehn*	15.	*fünfzehnte*
15	*fünfzehn*	16.	*sechzehnte*
16	*sechzehn*	17.	*siebzehnte*
17	*siebzehn*	18.	*achtzehnte*
18	*achtzehn*	19.	*neunzehnte*
19	*neunzehn*	20.	*zwanzigste*
20	*zwanzig*	21.	*einundzwanzigste*
21	*einundzwanzig*	22.	*zweiundzwanzigste*
22	*zweiundzwanzig*	23.	*dreiundzwanzigste*
23	*dreiundzwanzig*	24.	*vierundzwanzigste*
30	*dreißig*	25.	*fünfundzwanzigste*
40	*vierzig*	26.	*sechsundzwanzigste*
50	*fünfzig*	27.	*siebenundzwanzigste*
60	*sechzig*	28.	*achtundzwanzigste*
70	*siebzig*	29.	*neunundzwanzigste*
80	*achtzig*	30.	*dreißigste*
90	*neunzig*	40.	*vierzigste*
100	*(ein)hundert*	50.	*fünfzigste*
101	*hundert(und)eins*	60.	*sechzigste*
230	*zweihundert(und)dreißig*	70.	*siebzigste*
538	*fünfhundert(und)achtundreißig*	80.	*achtzigste*
1 000	*(ein)tausend*	90.	*neunzigste*
10 000	*zehntausend*	100.	*(ein)hundertste*
100 000	*(ein)hunderttausend*	230.	*zweihundert(und)-dreißigste*
1 000 000	*eine Million*	1 000.	*(ein)tausendste*

0 is always read as *null*.
Numbers less than one million are written as one word.

Maße und Gewichte

Seit 1996 gilt in Großbritannien parallel das internationale Einheitensystem (Système International d'Unités = SI).

Längenmaße

1 mm		*0.03937079 inches*
1 cm	10 mm	*0.03937 inches*
1 m	100 cm	*3.281 feet*
1 km	1000 m	*0.62138 miles*
1 inch		2,54 cm
1 foot	*12 inches*	30,48 cm
1 yard	*3 feet*	91,44 cm
1 mile	*5280 feet*	1,609 km
1 acre		4046,8 qm

Handelsgewichte

1 Tonne	1.000 kg	*0.984 ton* (UK)/ *1.1023 tons* (US)
1 dt. Pfund	0,5 kg	
1 ounce		28,35 g
1 pound	*16 ounces*	453,59 g
1 ton	*2,240 s.* (UK)	1016,05 kg (UK)
	2,000 lbs. (US)	907,185 kg (US)
1 stone	*14 pounds*	6,35 kg

Flüssigkeitsmaße

1 l	*1.7607 pints* (UK)	*2.1134 pints* (US)	
	0.8804 quarts (UK)	*1.0567 quarts* (US)	
	0.2201 gallons (UK)	*0.2642 gallons* (US)	
1 gill		0,142 l (UK)	0,1183 l (US)
1 pint		0,568 l (UK)	0,4732 l (US)
1 quart	*2 pints*	1,136 l (UK)	0,9464 l (US)
1 gallon	*4 quarts*	4,546 l (UK)	3,785 l (US)

Temperaturumrechnung

Grad Celsius in Grad Fahrenheit: Grad Celsius mal 9 geteilt durch 5 plus 32
Grad Fahrenheit in Grad Celsius: Grad Fahrenheit minus 32 mal 5 geteilt durch 9

Celsius °C	Fahrenheit °F	Celsius °C	Fahrenheit °F	Celsius °C	Fahrenheit °F
–20	–4	0	32	25	77
–17,8	0	5	41	30	86
–15	5	10	50	35	95
–10	14	15	59	37,8	100
–5	23	20	68		